HISTÓRIA DA AMÉRICA LATINA

VOLUME V

DE 1870 A 1930

HISTÓRIA DA AMÉRICA LATINA

VOLUME V

DE 1870 A 1930

Leslie Bethell / organizador

Professor Emérito de História da América Latina, Universidade de Londres, e Diretor do Centro de Estudos Brasileiros, Universidade de Oxford

Tradução

Geraldo Gerson de Souza

edusp

IMPRENSA OFICIAL SP

FUNAG FUNDAÇÃO ALEXANDRE DE GUSMÃO

Título do original em inglês:
The Cambridge History of Latin América vol. V

Dados Internacionais de Catalogação na Publicação (CIP)
(Câmara Brasileira do Livro, SP, Brasil)

História da América Latina: de 1870 a 1930, volume V / Leslie Bethell organização; tradução Geraldo Gerson de Souza. — São Paulo : Editora da Universidade de São Paulo; Imprensa Oficial do Estado; Brasília Fundação Alexandre de Gusmão, 2002.

Título original: The Cambridge History of Latin America vol. V
Bibliografia.
ISBN 85-314-0651-X (Edusp)
ISBN 85-7060-008-9 (Imprensa Oficial do Estado)

1. América Latina — História I — I. Bethell, Leslie.

01-3744 CDD-980

Índices para catálogo sistemático:

1.América Latina : História 980

Edusp – Editora da Universidade de São Paulo
Av. Prof. Luciano Gualberto, Travessa J, 374
6º andar – Ed. da Antiga Reitoria – Cidade Universitária
05508-900 – São Paulo – SP – Brasil – Fax (0xx11) 3091-4151
Tel. (0xx11) 3091-4008/3091-4150
www.usp.br/edusp – e-mail: edusp@edu.usp.br

Imprensa Oficial do Estado de São Paulo
Rua da Mooca, 1921 – Mooca
Tel.: (0xx11) 6099-9800 – Fax: (0xx11) 6692-3503
www.imprensaoficial.com.br
imprensaoficial@imprensaoficial.com.br
SAC 0800-123 401

Printed in Brazil 2002

Foi feito o depósito legal

Sumário

Lista de Mapas

Lista de Figuras

Capítulo 6

Prefácio Geral

Depois que a *Cambridge Modern History*, organizada por Lorde Acton, em dezesseis volumes, veio à luz entre 1902 e 1912, as *Histórias de Cambridge*, publicadas em múltiplos volumes e editadas por historiadores de reputação comprovada, com capítulos específicos escritos por eminentes especialistas em sua área, estabeleceu os mais elevados padrões de conhecimento internacional cooperativo. À *Cambridge Modern History* seguiram-se a *Cambridge Ancient History*, a *Cambridge Medieval History* e outras. A *Modern History* foi substituída pela *New Cambridge Modern History*, em 14 volumes. Já foram publicadas ou estão em andamento as Histórias do Irã, do Sudeste da Ásia, da África, da China, do Japão, da Índia e da América Latina.

No início da década de 1970, a Cambridge University Press decidiu ter chegado o momento de enfrentar a tarefa de editar uma História da América Latina vista por Cambridge. A partir da Segunda Guerra Mundial e, em especial, desde 1960, vinham-se desenvolvendo e continuaram a desenvolver-se a uma velocidade sem precedente as pesquisas e os escritos sobre a história da América Latina – nos Estados Unidos (da lavra de historiadores norte-americanos em particular, mas também de historiadores britânicos, europeus e latino-americanos residentes nos Estados Unidos), na Grã-Bretanha e na Europa continental, e cada vez mais na própria América Latina (onde começou a surgir uma nova geração de jovens historiadores profissionais, muitos deles formados nos Estados Unidos, na Inglaterra ou na Europa). As perspectivas tinham mudado na mesma proporção em que haviam mudado as realidades políticas, econômicas e sociais na América Latina – e o papel da América Latina no mundo. Os historiadores da América Latina estavam adotando em crescente medida inovações metodológicas e novos modelos conceituais extraídos das ciências sociais (economia, ciência política, demografia histórica, sociologia, antropologia), bem como de outras áreas da pesquisa histórica.

O dr. Leslie Bethell, na época Reader de História da América Espanhola e do Brasil no University College London e atualmente Emeritus Professor de

História da América Latina na University of London e Diretor do Centre for Brazilian Studies da University of Oxford, foi convidado a editar a *Cambridge History of Latin America*. A ele foi confiada a responsabilidade de planejar, coordenar e editar o que veio a tornar-se uma História em dez volumes, em cujo projeto começou a trabalhar no final da década de 1970. Os volumes I–V foram publicados em 1984–1985 e os volumes VI–VIII e o volume X entre 1990 e 1995. Falta publicar apenas o volume IX.

A *Cambridge History of Latin America* constitui uma extensa discussão da experiência histórica singular que a América Latina viveu durante os cinco séculos desde os primeiros contatos entre os índios americanos nativos e os europeus (e o início do tráfico transatlântico de escravos africanos), no final do século XV e início do XVI, até os dias atuais. Parte-se do pressuposto de que a América Latina abrange as regiões da América continental ao sul dos Estados Unidos que falam predominantemente o espanhol e o português – México, América Central e América do Sul – juntamente com as ilhas do mar dos Caraíbas de língua espanhola e, por convenção, o Haiti. Foram excluídos em sua maioria os vastos territórios da América do Norte que, na primeira metade do século XIX, a Espanha e, posteriormente, o México perderam para os Estados Unidos por força de tratados e de guerras. Tampouco foram incluídas as ilhas britânicas, francesas e holandesas do mar dos Caraíbas, ou as Guianas, ainda que a Jamaica e Trinidad, por exemplo, tenham antecedentes hispânicos em suas origens. O objetivo é produzir uma síntese de alto nível do conhecimento atual, que possa oferecer aos historiadores da América Latina uma base sólida para pesquisa futura, que possa ser de utilidade para os estudiosos da América Latina e de interesse para historiadores de outras regiões do mundo. Espera-se igualmente que esta *História* possa dar uma contribuição mais abrangente para que os Estados Unidos, a Europa e outras regiões adquiram um conhecimento mais aprofundado da América Latina através de sua história e, não menos importante, para que a América Latina obtenha maior consciência de sua própria história.

A tradução brasileira da *Cambridge History of Latin America*, publicada pela Editora da Universidade de São Paulo (com apoio financeiro da Fundação Alexandre de Gusmão – Funag), será publicada também em dez volumes, ainda que tenham sido omitidos alguns capítulos da edição inglesa original, principalmente os que tratam da história específica das repúblicas da América Central e das Antilhas, e tenha sido dada uma nova ordenação aos capítulos dos diversos volumes, especialmente no período posterior a 1930.

Os Volumes I e II da *História da América Latina*, além de um estudo introdutório dos povos e civilizações americanas nativas às vésperas da "descoberta", conquista e colonização européias do "Novo Mundo", no final do século XV e início do XVI, apresentam primordialmente a história econômica, social, política, intelectual e cultural da América Latina sob o domínio colonial espanhol e português – no caso do Brasil – do século XVI ao XVIII.

O Volume III estuda o colapso e a derrocada do domínio colonial em toda a América Latina (com exceção de Cuba e Porto Rico), no início do século XIX, e traça a história econômica, social e política das repúblicas hispano-americanas independentes e do Império do Brasil independente no meio século que decorre entre c. 1820 e c. 1870–1880.

Os Volumes IV e V concentram-se no meio século que vai de c. 1870–1880 a 1930 – para a maior parte da América Latina uma "Idade de Ouro" do crescimento econômico com base fundamentalmente na exportação – época em que a região se incorporou de maneira mais completa à economia internacional em expansão e experimentou um período de prosperidade material (pelo menos para as classes dominantes), de mudanças sociais expressivas (tanto urbanas quanto rurais), de estabilidade política (com algumas notáveis exceções, como o México durante a revolução), de consenso ideológico (pelo menos até a década de 1920) e de significativas realizações na vida intelectual e cultural.

Os Volumes VI–X são dedicados às seis décadas vividas pela América Latina de 1930 a c. 1990. Os Volumes VI e VII reúnem ensaios gerais sobre temas importantes da história econômica, social e política do conjunto da região: a quadruplicação da população (de 110 para 450 milhões); o impacto da Depressão de 1929 e da Segunda Guerra Mundial sobre as economias latino-americanas; a segunda "Idade de Ouro" do crescimento econômico (1950–1980), desta vez baseado amplamente na ISI (industrialização para a substituição de importações), seguida, no entanto, pela chamada "década perdida" de 1980; a rápida urbanização (em 1930, menos de 20 por cento da população da América Latina era classificada como urbana; em 1990, quase 70 por cento) e a mudança social urbana; a transformação das estruturas agrárias; o desenvolvimento da organização do Estado e, na década de 1980, os primórdios da "redução do Estado"; o avanço da democracia na América Latina (bem como os reveses que ela sofreu); os (poucos) sucessos e os (muitos) fracassos da esquerda latino-americana, seja democrática ou não-democrática; os militares na política latino-americana; as intervenções e os golpes militares, os regimes militares e o problema da transição para o governo civil;

a classe trabalhadora urbana e os movimentos trabalhistas urbanos; a mobilização rural e a violência rural; as mudanças no papel econômico, social e político das mulheres; a persistência da Igreja Católica como força importante não só na vida política mas também na vida religiosa e social de toda a região, e o rápido crescimento das Igrejas Protestantes; e, finalmente, as relações internacionais da América Latina, predominantemente com a Grã-Bretanha, com a Europa continental (sobretudo com a Alemanha) e, principalmente, com os Estados Unidos, e a história de conflito e cooperação entre os Estados latino-americanos. O Volume VIII é uma coletânea de ensaios gerais sobre as idéias e a cultura da América Latina: a questão da identidade (tanto nacional quanto regional) investigada através dos textos escritos de romancistas, ensaístas, filósofos, historiadores e sociólogos; as idéias e ideologias econômicas; a história da ciência; o romance; a poesia; as literaturas e culturas autóctones; a música; a arte e a arquitetura; o cinema; e os meios de comunicação de massa. O Volume IX estuda a história do México, da América Central, das ilhas do mar dos Caraíbas (Cuba, em especial) e das repúblicas andinas (Venezuela, Colômbia, Equador, Peru e Bolívia). O Volume X é a história das repúblicas do Cone Sul (Argentina, Uruguai, Paraguai e Chile) e do Brasil.

Assim, cada volume ou conjunto de volumes estuda um período da história econômica, social, política, intelectual e cultural da América Latina. A ênfase recai claramente sobre o período pré-moderno, vale dizer, no período que se segue às primeiras décadas do século XIX, quando se estabeleceram todos os vinte Estados latino-americanos independentes, menos dois (Cuba e Panamá). Dos dez volumes desta História, oito são dedicados aos séculos XIX e XX. Tanto nos volumes que tratam do período colonial quanto nos que estudam o período moderno, o Brasil, que foi freqüentemente negligenciado nas histórias gerais da América Latina, escritas ou editadas, em sua maioria, por historiadores hispano-americanos ou por historiadores da América espanhola, recebe a atenção que merece em vista do seu tamanho, de sua população e de sua história e cultura peculiares.

Uma característica importante desta *História* são os ensaios bibliográficos referentes a cada capítulo. Dão ênfase especial aos livros e artigos publicados desde o aparecimento, em 1971, de *Latin America: A Guide to the Historical Literature*, obra editada por Charles C. Griffin e publicada pela University of Texas Press para a Conference on Latin American History da American Historical Association. O indispensável *Guide* de Griffin incluiu poucos trabalhos publicados após 1966.

Prefácio aos Volumes IV e V

Os Volumes I e II da *História da América Latina*, já publicados, foram dedicados, em grande parte, à história econômica, social, política, intelectual e cultural da América Latina nos três séculos de domínio colonial espanhol e português (no caso do Brasil) desde a "descoberta", a conquista e a colonização do "Novo Mundo" pelos europeus no final do século XV e início do XVI até o final do século XVIII e início do XIX, às vésperas da sua independência. O Volume III, já publicado, estudou o colapso e a derrocada dos impérios coloniais espanhol e português na América Latina no primeiro quarto do século XIX, concentrando o foco principal desse estudo na história econômica, social, política e cultural das repúblicas hispano-americanas e do Império do Brasil depois da independência, no meio século que se estendeu da autonomia política até c. 1870. Com os Volumes IV e V, a *História da América Latina* se desloca para o período entre 1870 e 1930.

No curso do primeiro meio século após a independência, a América Latina experimentou, no melhor dos casos, índices muito modestos de crescimento econômico e foi sacudida, pelo menos na América espanhola, por violento conflito político e ideológico e por enorme instabilidade política. Além da guerra travada entre o México e os Estados Unidos (1846–1848) e das freqüentes intervenções estrangeiras na América Latina, sobretudo por parte dos ingleses, não se pode esquecer dois conflitos importantes entre países latino-americanos ocorridos no final do período: a Guerra do Paraguai (1865–1870) e a Guerra do Pacífico (1879–1883). Em contrapartida, o meio século seguinte, e particularmente o período que vai até a Primeira Guerra Mundial, foi para a maioria dos países latino-americanos a "Idade de Ouro" do crescimento econômico com base predominantemente na exportação, da prosperidade material (pelo menos para as classes dominantes e as classes médias urbanas), do consenso ideológico e da estabilidade política, com algumas notáveis exceções quanto a esse último aspecto, como o México no período da Revolução (1910–1920). Além do mais, ainda que durante todo esse tempo tenha sido constante a intervenção estrangeira na América Latina – principalmente dos Estados Unidos no México, na América Central e no Caribe –, no período que vai do fim da Guerra do Pacífico (1883) à eclosão da Guerra do Chaco (1932) não aconteceram grandes conflitos internacionais no continente.

O Volume IV, o primeiro dos dois volumes que tratam do período de 1870 a 1930, é constituído por doze capítulos gerais sobre a história econômica, social, política, intelectual e cultural da América Latina como um todo. Na Parte 1, dois capítulos examinam o crescimento das economias latino-americanas, o primeiro no período de 1870 a 1914, o segundo da Primeira Guerra Mundial às vésperas da Grande Depressão da década de 30. Este crescimento foi uma conseqüência, em grande parte, tanto da incorporação extremamente acelerada das economias latino-americanas como produtores primários à economia internacional em expansão quanto das entradas significativas de capital estrangeiro, sobretudo da Grã-Bretanha e, no século XX, dos Estados Unidos. Ao mesmo tempo não foram esquecidos o mercado interno de cada país e sua acumulação de capital. Um capítulo separado analisa os primórdios da indústria, sobretudo no Brasil, na Argentina, no Chile, na Colômbia e no México. O crescimento da população da América Latina (de 30 milhões em 1850 para 105 milhões em 1930), resultado em parte da imigração européia em massa, especialmente para a Argentina e para o Brasil, é estudado em outro capítulo. O profundo impacto da penetração capitalista na zona rural é tema de um capítulo, concentrado nas regiões tradicionais de planalto do México, da América Central e dos Andes. Embora sustente que as economias e as sociedades rurais sofreram mudanças maiores no período de 1870–1930 do que em qualquer época anterior, salvo no tempo da Conquista, este capítulo tenta mostrar também que em muitas áreas rurais, particularmente nos Andes, as forças da mudança encontraram resistência e sobreviveram estruturas pré-capitalistas. A sociedade urbana também sofreu rápidas mudanças neste período, mudanças estudadas em capítulos separados: sobre o crescimento das cidades latino-americanas, especialmente as cidades primárias como Buenos Aires, Rio de Janeiro e Cidade do México, todas as quais, com uma população estimada em 1930 entre um e dois milhões, rivalizavam com as principais cidades da Europa e dos Estados Unidos; e sobre o surgimento de uma classe trabalhadora urbana como força importante em muitas repúblicas e sobre a história dos primeiros movimentos trabalhistas na América Latina. A Parte 2 é constituída por três capítulos, um dos quais estuda a evolução das idéias políticas e sociais na América Latina nesse período (e em particular a adaptação do liberalismo a sociedades extremamente estratificadas com economias subdesenvolvidas e uma tradição política autoritária, e a influência do positivismo sobre o governo e as elites intelectuais); o segundo examina de que maneira a Igreja Católica na América Latina adaptou-se ao declínio de seu poder e à diminuição de seus privilégios numa época secular, ao mesmo tempo em que manteve a adesão da grande maioria dos latino-americanos; e o terceiro analisa os principais movimentos e as notáveis realizações individuais na literatura, na música e na arte latino-americanas (bem como dos primeiros tempos do cinema na América Latina). Finalmente, o volume conclui com dois capítulos que estudam, um as relações da América Latina com a Inglaterra, e o outro as relações políticas com as principais potências européias e, sobretudo na América Central e no Caribe, com os Estados Unidos, uma nação em crescente expansão.

O Volume V é constituído por dezesseis capítulos sobre a história econômica, social e sobretudo política dos vários países latino-americanos de 1780 a 1930. A Parte 1 trata com alguma minúcia da história do México e da América Central nesse período. Traz capítulos sobre o Porfiriato (a ditadura de Porfirio Díaz, que se manteve por 35 anos, de 1876 a 1911), sobre a Revolução Mexicana e sobre a reconstrução no curso da década de 1920, comandada pela "dinastia de Sonora"; e um capítulo separado sobre a era liberal na América Central. A Parte 2, "As Repúblicas Andinas", traz capítulos separados sobre a Venezuela, a Colômbia e o Equador no período de 1880 a 1930 e sobre o Chile, a Bolívia e o Peru no meio século que se seguiu à Guerra do Pacífico. A Parte 3, "As Repúblicas do Prata", apresenta três capítulos sobre a evolução econômica, social e política da Argentina, que em 1930 se tornou sob muitos aspectos a nação mais adiantada da América Latina, bem como capítulos separados sobre o Uruguai e o Paraguai. Finalmente, a Parte 4 é dedicada ao Brasil. Traz capítulos sobre a economia do Brasil neste período dominado pelo café, sobre o sistema político e as políticas reformistas no final do Império (1870–1889) e sobre a estrutura social e política da Primeira República (1889–1930).

Muitos dos historiadores que contribuíram com capítulos para estes dois volumes – doze norte-americanos, seis latino-americanos (três do Brasil, dois da Argentina e um do Uruguai), oito britânicos e três da Europa continental – também leram e comentaram os capítulos de seus colegas. Neste aspecto, sou especialmente grato a Malcolm Deas, Ezequiel Gallo e Colin Lewis. Além disso, Christopher Abel, Alan Knight e Rory Miller fizeram avaliações críticas de mais de um desses capítulos. Desde o início do projeto, vários historiadores latino-americanos e historiadores da América Latina ofereceram conselhos e estímulos valiosos. Gostaria de aproveitar a oportunidade para agradecer, em especial, a John Lynch, Richard Morse e John Womack.

1

O México e a América Central

O México revolucionário

1

O México: A República Restaurada e o Porfiriato, 1867–1910

A REPÚBLICA RESTAURADA

As Conseqüências da Guerra

OS LIBERAIS, QUANDO subiram ao poder em 1855, 34 anos depois que o México se libertara do jugo colonial espanhol, haviam esperado oferecer ao país a mesma produtividade e estabilidade que tinham os Estados Unidos, o seu vizinho ao norte. Tinham visto a nação perder quase a metade do território para os norte-americanos na guerra travada um pouco antes entre os dois países (1846–1878) e temiam que, se não houvesse crescimento econômico e estabilidade política, a própria existência do México como nação-Estado independente estaria ameaçada. Seu programa objetivava, então, substituir o que lhes parecia ser os pilares infirmes da ordem antiga – a Igreja, o Exército, os caciques regionais e as aldeias comunais – por uma "fundação moderna". Não arredaram um passo sequer dele. Na tentativa de enfraquecer o poder da Igreja, aprovaram primeiro uma série de leis reformistas e, mais tarde, a Constituição de 1857. O catolicismo deixou de ser a religião oficial do Estado. Os tribunais eclesiásticos perderam grande parte de sua jurisdição. Os casamentos podiam ser realizados por um ato civil. O clero podia ser julgado por tribunais civis. As terras da Igreja foram colocadas à venda. Quanto ao Exército, foi destituído de muitas de suas antigas prerrogativas. Como a Igreja, ele perdeu os privilégios jurídicos. Pela primeira vez na história do México, o chefe do Estado e o chefe do gabinete eram civis. Quanto aos caciques, antes todo-poderosos, o sustentáculo do regime conservador destituído, que por tanto tempo haviam governado suas fortalezas locais com uma autonomia quase total, muitos deles foram forçados a entregar o poder aos novos funcionários nomeados. Com a adoção da Lei Lerdo em 1856, os liberais lançaram uma investida total contra a Igreja e contra as aldeias comunais. A nova lei proibiu que as instituições eclesiásticas possuíssem ou administrassem propriedades, a não ser aquelas com finalidades exclusivamente religiosas, e estendeu essa proibição às instituições civis. Com isso, aboliu a posse comunal da terra. As grandes propriedades das comunidades foram vendidas. Doravante, somente os agricultores individuais ou as companhias privadas tinham direito a possuir terra.

Os liberais, ao estabelecerem que o catolicismo deixava de ser a religião oficial do Estado, reduzindo o papel político da Igreja e destruindo a base econômica de seu poder político, esperavam que o México, a exemplo dos Estados Unidos, atraísse imigrantes europeus de todas as religiões. Como acontecera no vizinho do norte, esses imigrantes iriam constituir uma classe média agrária, que promoveria um grande crescimento econômico, a estabilidade política e a criação de instituições democráticas. Entretanto, esperavam que os dispositivos constitucionais que proibiam a Igreja e as comunidades indígenas de possuir terra tivessem efeitos semelhantes. Ambas as instituições seriam substituídas por uma grande classe de pequenos proprietários que, no entender de alguns líderes liberais, iriam aprovar a transformação dos imigrantes no sustentáculo da modernização, da estabilidade e da democracia no México. No pior dos casos, mesmo que as coisas não evoluíssem desse modo, muitos liberais esperavam que, se a terra passasse da "mão morta" da Igreja para a "mão viva" dos proprietários de orientação capitalista, ocorreria um grande desenvolvimento econômico, com aumento da estabilidade. É possível que esses proprietários rurais não estivessem interessados em democracia política, mas, como seus congêneres argentinos, brasileiros e chilenos, iriam exigir estabilidade política para garantir o sucesso de seus empreendimentos comerciais recém-criados. No entanto, a destruição do antigo exército, dominado por oficiais conservadores, poria fim às insurreições e golpes militares. O novo exército, organizado pelos liberais, teria uma formação fundamentalmente diferente[1].

Quando o presidente liberal Benito Juárez retornou a Cidade do México, em julho de 1867, depois da guerra contra os franceses, que se seguira a três anos de guerra civil entre os liberais e os conservadores, o entusiasmo da

1. O leitor que estiver interessado numa discussão detalhada da política mexicana no período de 1855–1867 deve consultar JAN BAZANT, *História da América Latina*, Edusp, 2001, vol. III, cap. 8.

vitória militar quase não disfarçava a frustração dos liberais diante do fracasso de muitos dos objetivos que haviam estabelecido doze anos antes. Com efeito, a execução de Maximiliano e, portanto, a derrota de Napoleão III afastara por muito tempo a ameaça de uma intervenção européia, e a sobrevivência do México como nação independente parecia assegurada. A Igreja perdera a maior parte de sua influência política e econômica sobre o país; e os golpes que ela tantas vezes inspirara eram coisa do passado. O antigo exército dos conservadores, tão propenso à indisciplina e à revolta, fora dissolvido para sempre. O governo regional achava-se firmemente nas mãos dos liberais. O número das grandes propriedades comunais diminuíra consideravelmente. Mas esses desdobramentos não produziram os resultados esperados. A desapropriação da terra da Igreja não deu origem a uma classe de pequenos agricultores, porque a terra foi vendida em leilão pelo maior lance e sua maior parte foi parar nas mãos dos ricos fazendeiros locais. Para grande pesar dos liberais mais radicais, isso apenas aumentou a força econômica e a coesão política de uma classe já dominante de *hacendados* ricos. O novo exército dos liberais não foi uma garantia de estabilidade maior do que fora a antiga instituição dos conservadores. Era apenas uma frouxa aglomeração de soldados, do corpo regular do exército e de guerrilheiros, sendo cada unidade chefiada por um comandante local diferente com graus variáveis de lealdade ao governo central. Era grande demais para as necessidades de uma época de paz; e mais, a simples dispensa dos veteranos das duas guerras sem uma recompensa adequada por seu longo serviço ameaçava desencadear novas revoltas. Apesar do novo sentimento de patriotismo que a vitória contra os franceses e o surgimento de um novo líder genuinamente popular como Juárez haviam despertado, o país estava mais distante da integração do que jamais estivera. Durante os anos de guerra, diversas províncias desenvolveram uma existência quase autônoma, com a vida social, econômica e política totalmente isolada do restante do México. O parcelamento das terras comunais aumentara muito pouco os quadros da classe média. Algumas das melhores terras tinham sido perdidas para os ricos fazendeiros. Os poucos camponeses que adquiriram um pedaço de terra próprio foram chamados *los riquitos* por seus irmãos menos afortunados. No final, formaram um grupo muito mais parecido com os *kulaks* russos ou com os *coqs du village* franceses.

Esses problemas estruturais somaram-se àqueles que a luta civil e a guerra contra os franceses haviam criado. Dez anos de guerra tinham deixado a economia mexicana no caos. A riqueza da Igreja, com que os liberais haviam contado para financiar alguns de seus projetos mais ambiciosos, fora consumida pelo esforço de guerra. As minas e os campos estavam arruinados. A base tributária federal diminuíra tanto que quase chegara a desaparecer. Durante a maior parte da gestão de Juárez na presidência, como se pode ver pelas memórias de Francisco Mejía, seu último ministro das Finanças, o tesouro esteve literalmente vazio. As gélidas relações com a Europa, devido à execução de Maximiliano e à recusa de Juárez em honrar as dívidas do imperador, não ajudaram muito. Os Estados Unidos, dos quais o México passou a depender muito mais, não conseguiram suprir a perda dos mercados europeus e do seu capital de investimento.

O Estado mexicano era constituído, de um lado, por um exército superdesenvolvido, cujos efetivos eram, em sua maioria, controlados frouxamente pela administração central, e, de outro, pelos demais órgãos governamentais enormemente enfraquecidos. Após a derrota inicial dos liberais em 1863, grande parte da burocracia abandonara o governo Juárez e juntara-se a Maximiliano. Mesmo que tivessem continuado leais a Juárez, os burocratas pouco poderiam ter feito durante muitos anos, porque os liberais controlavam uma parte muito pequena do país. A debilidade do Estado e o pequeno controle do governo sobre o exército teriam sido menos graves se tivesse podido contar com uma base política e social unida e coerente. Seu sustentáculo era o movimento liberal, e este se encontrava bastante estilhaçado. Em nome, em programa e em terminologia o Partido Liberal do México assemelhava-se aos da Europa, mas não em composição social. O apoio dado a ele pela burguesia mexicana era mínimo. Na verdade, a burguesia era um grupo pequeno, formado em sua maioria de industriais do ramo têxtil e dos chamados *agiotistas*, comerciantes que especulavam com empréstimos ao governo. O restante não eram naturais da terra, mas estrangeiros. Logo após a Independência, os comerciantes espanhóis, que até então dominaram o mercado, foram substituídos pelos ingleses. Nas décadas de 1840 e de 1850, estes foram superados pelos alemães, os quais, por sua vez, foram afastados dos empreendimentos comerciais pelos empresários franceses, os chamados *barcelonnettes*, do nome da cidade do sul da França de onde eram oriundos a maioria deles.

Foram os grandes fazendeiros que emprestaram ao movimento liberal um apoio mais substancial. Alguns se aliaram a eles porque, a exemplo dos barões alemães dos séculos XV e XVI, esperavam ganhar os grandes domínios fundiários da Igreja. Outros, porque não gostaram da tentativa dos conservadores de impor-lhes um controle centralizado. Um exemplo típico desse grupo foi Luis Terrazas, exceto pelo fato de não ter nascido na riqueza; tendo começado como açougueiro, Terrazas casou-se numa família rica. Esse *hacendado* tinha múltiplas queixas contra o regime conservador. Queixava-se da incapacidade do governo de proteger seu Estado natal de Chihuahua contra as pilhagens dos índios. Ficou ofendido com sua recusa em admiti-lo em sua oligarquia muito fechada. E cobiçava as terras públicas controladas pelo governo central. Quando se tornou governador do seu Estado, utilizou o poder tanto para enriquecer, com a aquisição de grandes extensões de terras públicas (e algumas propriedades da Igreja), quanto para praticar uma política popular de resistência, muito mais enérgica do que a de seus antecessores, aos ataques cada vez mais ferozes dos apaches à população do Estado.

Outro grupo que apoiava os liberais eram vistos com desconfiança pelos fazendeiros, como Terrazas. Estamos falando da classe média: comerciantes locais, pequenos empresários, *rancheros*, empregados públicos do baixo escalão e alguns intelectuais radicais. A classe média chegara à conclusão de que o poder dos fazendeiros era um grande obstáculo a seu próprio avanço. Estimularam o governo central a encurtar as rédeas de seus barões regionais, extraindo, por exemplo, das grandes propriedades uma porção muito maior de sua receita tributária.

Essas duas alas do partido empenharam-se em manter um estado de trégua e de colaboração no tempo da guerra, mas, assim que a guerra terminou, ambas entraram em profundas querelas e conflitos. Não obstante, uniram-se para opor-se às reivindicações de um terceiro grupo, o "setor popular". A composição desse grupo, ainda hoje conhecida de maneira incompleta, era difusa. Compreendia alguns camponeses e um proletariado rudimentar, formado por trabalhadores têxteis, ferreiros, empregados de lojas e semelhantes. Tinham como objetivo principal uma redistribuição radical da grande propriedade. Na época da guerra civil, os liberais haviam relutado bastante em mobilizar esse grupo. Lembravam-se muito bem de como os camponeses se haviam transformado numa força incontrolável quando, em 1810, o padre Hidalgo os convocara para juntar-se às suas fileiras e quando, no final da década de 1840, uma das facções belicosas dentro da oligarquia do Estado fizera o mesmo nas guerras de casta do Yucatán. Na luta contra os franceses, porém, Juárez pusera de lado a cautela e lançara um apelo geral às armas contra os invasores estrangeiros. E mais uma vez, os movimentos populares, tão logo se sentiram organizados, não mostraram sinais de rápido arrefecimento.

Diante dessas brechas profundas, à primeira vista parece surpreendente que Juárez tenha conseguido manter-se por mais de cinco anos como líder do movimento liberal mexicano. Mas, na verdade, foi a própria divisão do movimento liberal que ajudou Juárez a sobreviver. Os dois principais sustentáculos do movimento – os *hacendados* e a classe média – atacaram-no alternadamente por não se ter mostrado suficientemente sensível a seus interesses, mas nem um nem o outro tentou derrubá-lo porque sabiam que, enquanto ele estivesse no poder, o outro lado não iria prevalecer. Nem um nem o outro encorajou o setor popular a derrubá-lo do governo. Mesmo que estivessem muito descontentes com a Lei Lerdo que Juárez continuava a aplicar, veneravam-no como um dos seus, um antigo índio pobre que ascendera ao governo de seu país e nunca deixara de admitir com orgulho suas origens.

Vencidos os franceses e os conservadores, Juárez, numa reação às crescentes divisões e à impotência do movimento liberal, tentou criar um Estado centralizado forte, que se tornasse cada vez mais independente de sua base política e social de poder, uma base profundamente dividida. Com o prestígio então no seu auge, Juárez convocou novas eleições. Propunha que o povo, além de depositar seu voto, fosse chamado a responder a um referendo sobre uma série de emendas constitucionais. A primeira delas acrescentava um Senado à já existente Câmara dos Deputados, com o propósito de dividir e diluir o poder do Congresso. A segunda concedia ao presidente o direito de vetar qualquer projeto de lei, um veto que só poderia ser derrubado por uma maioria de dois terços do Congresso. Uma terceira autorizava os membros de seu gabinete a responder às perguntas dos congressistas por escrito, em vez de fazê-lo pessoalmente. Uma quarta destituía a comissão permanente do parlamento, um órgão que se mantinha em sessão durante o recesso do Congresso, do direito de convocá-lo em qualquer época. Em termos estritos, o referendo não tratava da adoção dessas propostas, mas do direito do Congresso de aprová-las por maioria simples em vez de submetê-las a uma aprovação especial pelos legislativos estaduais. Por um breve período, as duas principais facções antagônicas do Partido Liberal uniram-se contra os projetos de Juárez, e, diante da pressão que se levantou contra essas medidas, o presidente achou por bem retirá-las.

Agora, para se manter no poder, Juárez precisava fazer maiores concessões aos dois grupos sociais que lhe faziam oposição. Deu aos *hacendados* liberais uma autoridade quase total sobre seus redutos locais. Para conquistar o apoio da classe média, expandiu a burocracia do Estado, uma das fontes prediletas de emprego dos seus membros, e orientou os gastos federais para áreas de interesse particular da classe, como, por exemplo, melhoria do ensino público, principalmente nas cidades. Em 1857, havia no México 2 424 escolas públicas primárias e secundárias. Em 1874, dois anos após a morte de Juárez, um censo do governo revelou que esse número aumentara para 8 103 estabelecimentos. Mais importante ainda para a classe média foi talvez o fato de Juárez ter mantido (é provável que não tenha tido muita escolha) algumas instituições democráticas. Enquanto o governo interveio, as eleições foram mais honestas do que antes. O Parlamento, que deixara de ser um órgão impotente, abrigava uma oposição mais sonora. A imprensa dispunha de liberdade quase total. Alguns dos intelectuais mais conhecidos do país – Manuel de Zamacona, Ignacio Altamirano, Francisco Zarco – expressavam abertamente suas críticas aos erros do governo.

Houve um segmento da classe média liberal cuja influência esteve em ascensão nos últimos anos do mandato de Juárez: os oficiais do exército liberal que permaneceram no serviço ativo. Até certo ponto isso era uma contradição, pois tanto Juárez quanto os principais ideólogos do Partido Liberal sempre tinham visto no militarismo uma das principais desgraças do México. Na Constituição de 1857, haviam abolido os privilégios judiciais dos militares e, depois da vitória sobre Maximiliano, tinham desmobilizado o exército em sua grande parte. No entanto, com o crescimento das contradições dentro da sociedade mexicana e com o aumento do número de revoltas, o governo passou a depender cada vez mais dessa instituição e seus oficiais voltaram a exercer influência política, social e econômica na zona rural mexicana.

Juárez, num esforço para ampliar a base de apoio de seu governo, procurou fazer um pacto com alguns de seus antigos antagonistas. Os perdedores ostensivos nos dez anos de guerra que haviam dilacerado o México entre 1857 e 1867 saíram-se melhor do que eles mesmos ou muitos contemporâneos haviam esperado. Isso é especialmente válido no que se refere aos políticos, aos fazendeiros e aos burocratas conservadores. Em 1870, três anos após sua vitória, Juárez decretou uma ampla anistia para todos aqueles que de algum modo haviam cooperado com Maximiliano. As terras foram devolvidas aos fazendeiros e os burocratas conservadores voltaram a pleitear cargos no governo. No conjunto, a Igreja saiu-se pior do que seus aliados. Nunca recuperou as terras e propriedades que lhe foram tomadas e perdeu a supremacia econômica como a maior fonte de crédito no México. Perdeu o direito legal de cobrar taxas da população. Nunca recobrou os privilégios legais do clero, a supremacia oficial do catolicismo e sua influência em matéria de ensino de que desfrutara antes de 1857. A posse da terra continuou a ser regida pelas leis da reforma. Em termos práticos, porém, ela começou a ressarcir-se rapidamente de suas perdas. Seus cofres voltaram a encher-se de contribuições de membros ricos da Igreja, as quais foram investidas, sub-repticiamente, em propriedade urbana. Juárez não fez qualquer tentativa de impedir essa nova acumulação de riqueza da parte do clero e este arrefeceu sua antiga intransigência para com os liberais. É possível que essa atitude tenha sido inspirada pela esmagadora vitória dos liberais depois de muitos anos de guerra civil, mas em alguns líderes eclesiásticos ficou a convicção de que na verdade a perda de suas terras fortalecera sua posição no campo ao reduzir o conflito potencial entre a Igreja e grandes segmentos da população rural. Agora, para muitos camponeses o inimigo não era ela, mas os fazendeiros. Essa atitude foi-se fortalecendo cada vez mais à medida que os funcionários eclesiásticos se mostraram mais sensíveis do que antes às queixas e reivindicações dos camponeses.

A esperança de Juárez era de que essas medidas conciliatórias com relação à classe média e à classe alta mexicanas, bem como a alguns segmentos do exército, impedissem sua destituição por um golpe e lhe permitissem pacificar o país. No primeiro momento, as esperanças do presidente revelaram-se corretas. Juárez permaneceu no cargo até sua morte, em 1872, por causas naturais. No segundo instante, porém, foram ilusórias. Juárez sacrificara os interesses da classe camponesa para conciliar a elite do país. Em conseqüência, a inquietação social no campo no período da República Restaurada alcançou proporções nunca vistas. O governo era fraco demais para reprimir essa inquietação, o que enfraqueceu ainda mais sua administração. Isso encorajou outras forças a pegar em armas e a desafiar o governo, desde algumas tribos nômades da fronteira aos oposicionistas da classe média e da classe alta. Conseqüentemente, o governo mostrou-se incapaz de reprimir a agitação do campo. Era um círculo vicioso.

As causas da inquietação camponesa estendiam-se de expectativas frustradas a uma real deterioração das condições de vida no campo. O governo liberal nada fez para satisfazer as expectativas dos camponeses ou mesmo para protegê-los de uma erosão ulterior de sua posição econômica e social. O fim da guerra lançara na zona rural mexicana grande número de veteranos sem-terra e desempregados, que se juntaram ao já excessivo contingente que se achava na mesma situação. A Lei Lerdo expulsara centenas de pessoas das terras comunais onde sempre haviam praticado sua agricultura de subsistência, depois distribuiu entre elas, muitas vezes de maneira desigual, a propriedade da qual os *hacendados* ou os especuladores não se tinham apropriado diretamente.

Mesmo que tivesse querido, o governo dos liberais não podia ter impedido que as terras da Igreja fossem transferidas para os grandes proprietários rurais, em detrimento dos camponeses. Durante os longos anos da guerra contra os conservadores e contra os franceses, ele controlou apenas uma fração do México e seus exércitos precisaram da receita da venda dessas terras para financiar o conflito. Após a vitória, os liberais podiam ter usado tanto as fazendas dos conservadores derrotados quanto as terras públicas, vastas e freqüentemente desocupadas, para pôr em prática um programa de distribuição da terra e criar uma classe de agricultores. No entanto, salvo a concessão de uma parte das terras públicas a um número limitado de veteranos da guerra, o governo de Juárez nunca pensou seriamente em implementar essa opção. As terras dos *hacendados* conservadores ou voltaram a seus antigos donos ou, na melhor das hipóteses, foram dadas ou vendidas aos fazendeiros liberais. O governo mexicano nunca tentou fazer o que os Estados Unidos fizeram depois da guerra civil: dissolver as tensões sociais introduzidas pela guerra com um Homestead Act, que concedeu terras públicas aos colonos. Parte das terras do governo foi dada ou vendida a *hacendados* mexicanos, enquanto outra parte foi deixada em reserva para atender a uma esperada onda de imigrantes camponeses estrangeiros que nunca chegou.

Juárez também não foi capaz de administrar outra grande fonte de descontentamento dos camponeses: a carga desigual de impostos. A *alcabala*, taxas alfandegárias internas, e a contribuição pessoal – o equivalente ao salário de seis a doze dias de trabalho para o trabalhador típico de *hacienda* – oneravam de maneira desproporcional os pobres e os ricos. Um *hacendado* que possuía terra no valor de vinte mil pesos pagava ao governo a mesma taxa que seu empregado que não tinha quaisquer bens que merecessem registro. No começo, os liberais haviam defendido a abolição da *alcabala*, não tanto por causa de seu impacto desproporcional sobre os pobres quanto por sua interferência no livre comércio. Todavia, os cofres vazios do tesouro impediram-nos de adotar essa medida. Os fazendeiros, é claro, não queriam ouvir falar de reajustar a carga tributária. No final, a única medida adotada para aliviar os mais oprimidos pelos impostos foi isentar da contribuição pessoal todo aquele que ganhasse menos de 26 centavos por dia.

Juárez também não fez mais do que um fraco esforço para impedir os piores excessos da servidão por dívida (*peonaje*) e, associado intimamente a ela, o poder arbitrário do fazendeiro sobre os seus peões. Em 1868, um congressista liberal, Julio Zarate, apresentou uma proposta que proibia os *hacendados* de instalar cárceres privados, de ministrar castigos corporais ou de transferir as dívidas dos pais para os filhos. O Congresso rejeitou-a, sob a alegação de que não tinha jurisdição para decidir sobre essa questão, que era um caso de competência exclusiva do Judiciário local. Juárez apoiou a proposta de Zarate e tentou intervir, mas as limitadas medidas que decretou no tocante à servidão por dívida nunca foram implementadas.

Os Levantes de Camponeses no Governo de Juárez

No período colonial, três tipos de conflito armado aconteceram na zona rural, cada um específico de uma região determinada. Primeiramente, foram as rebeliões locais, limitadas geralmente a uma única aldeia e destinadas mais a resolver queixas particulares contra a administração colonial do que a derrubar o sistema colonial *in toto*. Esse tipo de agitação concentrou-se nas regiões da zona rural do México central. Em segundo lugar, os grandes levantes contra o sistema colonial como um todo, desfechados por grupos que haviam assimilado de maneira superficial a civilização espanhola e a religião cristã, que procuravam restaurar o que seria supostamente a ordem social, econômica e religiosa anterior à Conquista. Tiveram lugar principalmente no sul do país. Finalmente, os movimentos de resistência de povos ainda não conquistados às tentativas espanholas de colonização. Esse tipo restringiu-se quase que exclusivamente à fronteira setentrional.

No período da República Restaurada rebentaram revoltas nessas três regiões, mas esses levantes apresentaram um caráter mais radical, um raio de ação mais amplo, uma duração mais longa e uma violência maior do que nos tempos coloniais. Uma das mais radicais aconteceu no México central, em 1868, perto da própria capital. A imprensa de Cidade do México chamou os rebeldes de "socialistas raivosos" e parece que eles mesmos também se consideravam como tais. Foram fortemente influenciados pelo socialista Plotino Rhodakanati, que via em Jesus Cristo o "socialista divino da humanidade" e o "salvador da liberdade do mundo". Plotino fundou em Chalco uma escola onde dois de seus discípulos propagaram suas teorias. Seus ensinamentos, por sua vez, inspiraram um de seus alunos, um camponês de nome Julio López, a fazer uma proclamação pela qual convocava os camponeses de Chalco, de Texcoco e de outras cidades vizinhas a levantar-se contra os fazendeiros locais. "Queremos o socialismo", escreveu ele, "queremos destruir o atual estado viciado de exploração. [...] Queremos terra que seja nossa e onde possamos cultivar em paz"[2]. De fato, os homens de López conseguiram ocupar uma faixa de terra em volta das cidades de Chalco e Texcoco e dividiram-na imediatamente entre si. Cinco meses depois, tropas federais derrotaram os insurretos e López foi preso e fuzilado.

A influência socialista manifestou-se igualmente em Estados mais afastados da capital, como Hidalgo. Dois camponeses, Francisco Islas e Manuel Domínguez, à frente de um contingente de vários milhares de homens, ocuparam a vila de Tezontepec e o centro mineiro de Mineral del Monte, com o principal objetivo de recuperar a terra da qual, segundo acreditavam, os *hacendados* locais haviam se apropriado indevidamente. "A violência é o meio que temos de consertar os erros que cometeram contra nós", escreveu Francisco Islas numa carta ao jornal *La Libertad*. "O governo está por trás dos *hacendados*, também a 'sociedade' os apóia e o mesmo acontece com os jornalistas, que não se envergonham de vender sua consciência a quem der mais. Que outra coisa nos resta a não ser lutar?"[3] Os rebeldes resistiram por dois meses, dezembro de 1869 e janeiro de 1870. Quando, finalmente, as tropas federais retomaram as cidades, muitos dos revoltosos, inclusive Islas e Domínguez, refugiaram-se nas montanhas de Hidalgo e sobreviveram para, muitos anos depois, chefiar outra revolta contra o governo.

Os movimentos camponeses do sul do México continuaram a apresentar o mesmo caráter que tinham mostrado em todo o período colonial: eram fortemente messiânicos, mesclando idéias sociais e religiosas numa visão única milenar. O exemplo mais notável é a história de uma jovem camponesa, Augustina Gómez Chechep, que vivia na aldeia de Tzarjalhemel entre os índios chamulas. Tornou-se a padroeira de novo culto religioso, que logo se transformou num veículo de protesto social – contra a dominação dos

2. *Apud* GASTON GARCÍA CANTU, *El Socialismo en México*, México, 1969, p. 173.

3. *Idem*, pp. 60 e 76.

brancos. No final, a insurreição dos chamulas (12 de junho de 1869 a 20 de outubro de 1870) foi dominada por tropas federais com um mínimo de sangue derramado.

Os maias foram mais felizes. Após as guerras de casta de 1847–1855, estabeleceram um Estado independente no sul do Yucatán, onde resistiram até 1901 a inúmeras tentativas das tropas federais de restaurar a soberania mexicana. Além disso, equipados com armas compradas na vizinha Honduras Britânica, fizeram freqüentes incursões aos territórios mexicanos adjacentes com relativa impunidade.

Tal como acontecera na era colonial, a fronteira setentrional do México continuou a escapar ao controle federal. As guerras apaches, cujo ritmo não diminuíra desde 1831, atingiram um novo clímax. Empurrados cada vez mais para o oeste por uma investida de colonos norte-americanos, os índios saqueavam com mais freqüência a fronteira mexicana mais vulnerável. Sob o comando do lendário Cochise e de seus sucessores Victorio e Ju, quase paralisaram a vida da fronteira por algum tempo. "Não se pode arar a terra, porque quem trabalha nela pode ser assassinado pelos apaches. Não há trabalho nas cidades porque há escassez de tudo, tudo está em declínio e ninguém investe", afirmava já em 1879 um editorial de um jornal de Sonora[4]. Num período de poucos anos os bandos de Cochise causaram a morte de quinze mil pessoas. Os soldados enviados para combatê-los na fronteira setentrional, fracos e mal pagos, não foram adversários para os índios.

Somente aos poucos, já no final da gestão de Juárez, o México conseguiu reunir força suficiente para combater esses invasores. Os fazendeiros armaram-se e treinaram seus peões, transformando-os em milícias particulares. O governo ofereceu generosas concessões de terra a quem estivesse disposto a defender sua propriedade com a vida. Em conseqüência, as colônias militares existentes foram reforçadas e novos assentamentos foram criados. Desse modo, embora dizimados no Sul e no Centro do país, os camponeses independentes fortaleceram-se no Norte. Foi feita uma nova aliança entre os fazendeiros do Norte e os camponeses contra os apaches; aos olhos dos camponeses, os *hacendados* que organizavam as guerras contra os atacantes adquiriam legitimidade. Em Chihuahua, foi Joaquín Terrazas o comandante da

4. *Apud* LUIS GONZÁLEZ Y GONZÁLEZ, "Los Campesinos", em DANIEL COSÍO VILLEGAS (ed.), *Historia Moderna de México: La República Restaurada. Vida Social*, México, 1956, p. 186.

milícia que combateu os apaches. Joaquín Terrazas era primo do governador Luis Terrazas, o mesmo que ajudou a organizar e financiar as guerras índias. Todavia, apesar dessas milícias de camponeses, os governos da República Restaurada, do mesmo modo que não conseguiram reprimir os outros tipos de rebelião, foram incapazes de controlar a fronteira setentrional.

O protesto social organizado foi apenas uma parte da inquietação social que caracterizou os últimos anos do governo de Juárez. O banditismo generalizara-se. Peões fugitivos, camponeses insatisfeitos, soldados desmobilizados percorriam a zona rural, roubando carruagens, atacando as grandes propriedades e assaltando os comboios das minas carregados de ouro e de prata. No final de 1868, foi estimado em mais de mil o número de bandidos que operavam na periferia de uma única cidade, Guadalajara, no Estado de Jalisco. Os *rurales*, a força policial que Juárez acabara de organizar, pouco fizeram contra a mais ubíqua das pragas que assolaram a zona rural do país.

A Primeira Insurreição de Díaz

A queda de popularidade de Juárez era um convite constante a seus adversários para afastá-lo do poder. Entre esses estavam antigos caudilhos conservadores que Juárez destituíra do governo do Estado e substituíra por seus próprios homens, ou antigos generais liberais ressentidos com Juárez por não lhes ter dado o que mereciam. Faziam proclamações pelo jornal local que controlavam, prometendo "salários mais elevados", "leis mais justas" e um "governo mais democrático", reuniam um exército maltrapilho formado pelos peões que trabalhavam em suas *haciendas* e por diversos descontentes e tomavam o controle de uma pequena cidade ou município das vizinhanças. Raramente iam muito longe antes que fossem dispersados pelas tropas federais.

Houve uma única exceção. A figura mais popular que surgiu da guerra contra os franceses foi talvez o antigo subordinado de Juárez, general Porfirio Díaz. Nascido, em 1830, no Estado de Oaxaca, o mesmo Estado natal de Juárez, Díaz recebeu formação escolar no mesmo seminário católico onde estudou o presidente. Com dezessete anos, alistou-se no exército para lutar contra as forças norte-americanas invasoras. Chegou tarde demais para presenciar muitos combates, porém foi mais do que recompensado na guerra contra os franceses. Foi promovido rapidamente ao posto de general-de-brigada e, em 1862, ganhou fama pela primeira vez quando figurou entre os comandantes mexicanos que infligiram aos franceses a mais humilhante derrota na primeira batalha de Puebla. Logo depois, capturado pelo inimigo, conseguiu escapar. Algum tempo depois, comandou outra vitória militar importante na batalha de La Carbonera. Tinha 37 anos ao término da guerra e, no seu entender, não tinha menos merecimento do que Juárez. Em 1867, lançou-se candidato à presidência contra Juárez. Voltou a concorrer em 1871, sendo novamente derrotado. Em 1872, lançou o Plano de La Noria, do nome de uma fazenda de sua propriedade, no qual acusava o governo de ter fraudado as eleições e convocava o povo a revoltar-se. O plano fazia vagas alusões à necessidade de reformas sociais, mas, na verdade, tinha um único ponto específico: a Presidência devia limitar-se a um único mandato. Para dar ao programa um caráter menos pessoal, Díaz prometeu não concorrer nas eleições seguintes.

O apelo de Díaz às armas teve alguma audiência e provocou uma insurreição de natureza local. Félix Díaz, o irmão de Porfirio, mobilizou, em seu Estado natal de Oaxaca, uma grande força de ataque, formada por milícias do Estado às quais se juntaram algumas tropas federais alojadas na vizinhança, e tomou a capital do Estado. Diversos generais do Norte, tendo à frente o governador de Nuevo León, Gerónimo Treviño, reuniram um exército de vários milhares de homens e capturaram grande parte de Nuevo León, de Durango, de Sinaloa e de Zacatecas. O próprio Porfirio Díaz, à frente de um contingente de mil soldados, marchou contra Cidade do México. Alcançou a periferia da cidade em Chalco e Texcoco e reiterou seu apelo a um levante geral, mas não obteve resposta. Juárez enviou soldados leais para enfrentar os rebeldes e Díaz retirou-se às pressas. Nesse meio tempo, as tropas de Félix Díaz em Oaxaca entraram em desordem com a morte de seu comandante por um assassino desconhecido e foram derrotadas logo depois por forças federais. Os homens de Treviño não se sustentaram por muito mais tempo. Juárez resistira ao mais sério levante que já enfrentara desde a derrota de Maximiliano. Mas não viveu muito tempo para saborear a vitória.

A Sucessão de Juárez

Em 17 de julho de 1872, Juárez sofreu um ataque cardíaco, falecendo no dia seguinte. Seu sucessor constitucional era o presidente do Supremo Tribunal, Sebastián Lerdo de Tejada. Ao contrário de Juárez, Lerdo não era descendente de índio, mas um *criollo*; seu pai era um comerciante espanhol. Como Juárez, iniciou sua formação escolar num seminário católico; chegou a receber as ordens menores. Em seguida, voltou as costas ao presbiterato e passou a estudar direito. Ainda estudante, envolveu-se na política liberal e atraiu as atenções de um dos chefes do movimento liberal, Ignacio Comonfort. Com o patrocínio deste, foi indicado para o Supremo Tribunal com apenas 27 anos de idade. Quando Comonfort foi deposto, Lerdo renunciou a seu posto no tribunal e tornou-se reitor de sua *alma mater*, o Colegio de San Ildefonso, em Cidade do México. O sucessor de Comonfort, Juárez, convidou Lerdo a participar de seu gabinete, primeiro como ministro da Justiça e, posteriormente, como secretário de Estado. Lerdo tornou-se uma das vozes mais importantes do México independente durante a invasão francesa. Terminada a guerra, Lerdo retornou ao Supremo Tribunal como seu presidente. Em 1871, concorreu com Juárez pela Presidência, mas perdeu. Ao contrário de Díaz, não se rebelou, mas reassumiu seu posto no Supremo. Embora pudesse por direito assumir a Presidência com a morte de Juárez, Lerdo convocou imediatamente novas eleições, realizadas em outubro de 1872. Dessa vez ele ganhou.

A espinha dorsal do governo de Juárez nos seus últimos anos fora a coalizão entre os intelectuais liberais, cujo liberalismo social estava sendo substituído progressivamente pelo liberalismo econômico, e os fazendeiros liberais, cuja única afirmação de liberalismo político e social – sua oposição ao poder econômico e político da Igreja – deixara de ter sentido quando a Igreja perdeu sua preeminência, juntamente com o Exército, cuja influência aumentava continuamente. Nessa altura, os militares apoiaram Lerdo. Acreditavam que ele possuía as virtudes de Juárez e não tinha os defeitos. Como o fora Juárez nos anos finais de seu governo, Lerdo era um conservador em questões sociais. Ao contrário de Juárez, porém, era oriundo da classe alta *criolla* e não tinha as ocasionais reações de simpatia de seu antecessor pela condição dos segmentos mais pobres da sociedade.

Sob muitos aspectos, Lerdo, adotando políticas semelhantes, conseguiu realizar muito mais do que fez Juárez nos últimos anos. Fortaleceu consideravelmente o papel do Estado. Nos primeiros dias de seu mandato, a Câmara dos Deputados mostrou-se mais sensível a seus desejos do que fora com Juárez. Além disso, Lerdo permitiu a criação do Senado, diluindo assim grande parte do poder da Câmara e aumentando, ao mesmo tempo, o papel central do Executivo.

Ademais, Lerdo conseguiu, no início, pacificar o país mais do que conseguira seu antecessor. As raízes dessa pacificação tinham sido lançadas no tempo de Juárez. Lerdo colheu os benefícios da recente vitória militar de seu antecessor sobre Porfirio Díaz. Deu uma impressão de magnanimidade quando ofereceu anistia ao derrotado Díaz e a seus homens. Este não estava em condições de recusar, por mais humilhantes que, a seu ver, tenham sido os termos. Foi destituído de seu posto militar e exilado permanentemente em sua fazenda La Noria. A derrota de Díaz serviu para desencorajar por algum tempo os pretensos revolucionários, e os três primeiros anos e meio do governo de Lerdo foram muito mais pacíficos do que todo o período que Juárez ficou na Presidência.

Lerdo estendeu o poder do governo federal a regiões que até então haviam escapado ao controle do governo. Destruiu o único caudilho regional que instaurara uma espécie de república dos camponeses no México: Manuel Lozada, no território de Tepic. Lozada, que a imprensa mexicana denominou "o Tigre de Arica" (Arica era a cadeia de montanhas onde estava seu quartel-general), era sob muitos aspectos igual aos muitos caudilhos que, no México do século XIX, governavam suas regiões com punho de ferro. O termo "tigre" refere-se à ferocidade com que esmagava seus adversários. Disposto a estabelecer uma aliança com alguém que reconhecesse seu poder, ofereceu seu apoio ora a Maximiliano ora a Juárez. Manteve estreitas relações por algum tempo com a casa comercial Barron and Forbes, que pretendia obter grandes concessões em Tepic em troca de seu apoio. Sob outros aspectos, porém, Lozada foi atípico em comparação com a maioria dos outros caudilhos. A base de seu poder foram as aldeias indígenas a quem devolvera as terras que as fazendas lhes haviam tirado. Os representantes de aldeia assumiram um poder cada vez maior em seu movimento, que, por isso, era muito temido pelos fazendeiros de Tepic e dos Estados vizinhos. Em recompensa por uma subordinação nominal a seu governo, Juárez permitiu que Lozada controlasse amplamente sua região. Lerdo, ao contrário, enviou tropas federais para combatê-lo. Em 1873, Lozada foi capturado e fuzilado, seus índios derrotados e muitas de suas terras cedidas aos fazendeiros.

A economia mexicana desenvolveu-se mais do que nos anos anteriores, aumentando ainda mais o prestígio de Lerdo. Esse desenvolvimento resultou da maior pacificação do país e do fato de Lerdo ter conseguido colher os frutos de várias iniciativas econômicas adotadas por seu antecessor. Particularmente, inaugurou, em 1873, a primeira linha ferroviária importante do país, que ligava Cidade do México à cidade portuária de Veracruz. Essa ferrovia acelerou enormemente o desenvolvimento econômico do país.

Tendo em vista esses sucessos, parece a princípio surpreendente que Lerdo não tenha conseguido repetir o seu antecessor: reeleger-se para mais um mandato. Em 1876, a tentativa de Díaz de derrubar Lerdo teve mais sucesso do que com relação a Juárez. Isso se deveu em parte ao fato de Lerdo não ter o prestígio que os anos de liderança na guerra contra os franceses haviam dado a Juárez. Também não manteve o apoio consensual da classe alta de que desfrutava no início de sua gestão. O prestígio de Lerdo junto a essas forças foi minado por uma política mais enérgica contra a Igreja do que a de Juárez no período da República Restaurada. Este, depois da vitória sobre as forças comandadas pela Igreja, da desapropriação das propriedades eclesiásticas e da adoção das leis reformistas, tentara evitar qualquer confronto com o poder clerical e dera pouca atenção às violações do clero a algumas leis da reforma, como o novo processo de acumulação de riqueza. Lerdo, ao contrário, desapropriou as propriedades eclesiásticas, baniu do país os jesuítas nascidos no exterior e, num gesto simbólico, incorporou as leis da reforma à constituição.

O apoio das classes altas a Lerdo foi minado também por suas políticas contraditórias com respeito à construção das estradas de ferro. O presidente apoiou, entusiasticamente, a ligação ferroviária entre Cidade do México e Veracruz e revelou igual entusiasmo na defesa de uma conexão leste–oeste entre ambas as costas do país, mas mostrou-se reticente quanto à construção de uma linha ferroviária entre o México e os Estados Unidos. Conta-se ter ele dito: "Entre a fraqueza e a força o deserto". Diante das pressões para que concordasse com a construção de uma estrada de ferro norte–sul, Lerdo tentou criar uma companhia mexicana para executar a maior parte das obras. Mas sua companhia não conseguiu reunir capital suficiente, e o presidente foi forçado a entregar a construção da linha-tronco para os Estados Unidos a Edward Lee Plumb, um construtor ferroviário norte-americano. Por causa dessas políticas, indispôs-se tanto com os defensores quanto com os opositores da construção da nova via férrea. Segundo seus partidários, havia demorado demais para conceder autorização efetiva à construção da linha, enquanto os opositores temiam que, com o estreitamento dos vínculos econômicos e das comunicações com os Estados Unidos, este país acabaria por controlar e absorver o México. Esses opositores juntaram-se aos grupos tradicionais que estavam fora do governo, os quais imaginavam que, com a queda da administração existente, teriam acesso ao poder e aos postos do governo. Em 1876, aliaram-se ao maior adversário de Lerdo, Porfirio Díaz.

O PRIMEIRO MANDATO DE DÍAZ, 1876–1880

O Levante de Tuxtepec

Em seu retiro forçado em La Noria, Díaz parecia um homem subjugado; suas atividades diárias limitavam-se, ostensivamente, a cuidar de suas plantações e a fabricar cadeiras. Mas, na verdade, ele continuou ativo, pedindo o apoio de antigos camaradas de armas para outra investida à Presidência. Quando os azares políticos de Lerdo se exacerbaram, Díaz empreendeu novo ataque em janeiro de 1876. A seu pedido, o comandante militar de Oaxaca lançou uma proclamação, o Plano de Tuxtepec, no qual convocava uma revolta armada contra Lerdo e a favor da eleição de Díaz para a Presidência. Como no Plano de La Noria, defendia o princípio da não-reeleição. Mas, ao contrário do plano anterior, este estendia-o ao nível municipal. A defesa da democracia municipal era uma causa muito popular tanto entre a classe média quanto junto à classe baixa da sociedade; além disso, era apoiada por alguns *hacendados* cujo poder estava sendo minado progressivamente pela crescente autoridade dos governadores, que muitas vezes eram também os maiores fazendeiros do Estado. Sensibilizava especialmente a classe média, que até então exercera grande controle não só nas pequenas cidades, onde era fortemente representada, mas também em muitas aldeias, que freqüentemente escolhiam para prefeito e administrador pessoas que sabiam ler e escrever e tinham uma situação econômica melhor do que a maioria dos camponeses. Parece que a exigência de autonomia municipal levou alguns membros da classe camponesa a apoiar Porfirio Díaz, embora não existam provas de que ele tenha mostrado grande interesse em obter sua adesão.

A impressão inicial é que a segunda revolta de Díaz iria fracassar mais rapidamente do que a primeira. As tropas de Lerdo desbarataram habilmente as milícias de arremedo de Oaxaca. Em Icamole, o exército federal derrotou os soldados comandados pelo próprio Díaz. Lerdo, sentindo-se suficientemente forte, convocou novas eleições e foi reeleito. Mas a dissensão de Díaz era infecciosa. O novo presidente do Supremo Tribunal, José María

Iglesias, constitucionalmente o segundo na linha sucessória, acusou Lerdo de fraudar as eleições e recusou-se a reconhecer os resultados. Ele mesmo tentou assumir a Presidência. Obteve o apoio de diversos governadores, de senadores e deputados que haviam se sentido excluídos pelo governo. Essa divisão infundiu nova vitalidade à rebelião de Díaz. Suas tropas enfrentaram as forças de Lerdo em Tecoac e infligiram-lhes penosa derrota. Sob a pressão combinada de Iglesias e de Díaz, Lerdo renunciou e fugiu do país. Díaz propôs reconhecer Iglesias como presidente provisório desde que este o reconhecesse como chefe do novo exército revolucionário e prometesse convocar imediatamente novas eleições. Iglesias, superestimando sua força, não concordou. Quando Díaz marchou contra ele, as tropas de Iglesias simplesmente se desintegraram. Na primavera de 1877, foram realizadas novas eleições e Díaz foi eleito presidente.

A princípio, o governo de Díaz representou uma descontinuidade do regime de seus antecessores menos do que freqüentemente se tem admitido. Foi um governo de orientação militar mais acentuada do que o de Juárez ou o de Lerdo, na medida em que uma parte muito maior do orçamento foi destinada aos militares. Para manter a lealdade do exército, Díaz colocou na folha de pagamento suas próprias tropas e os homens que haviam lutado ao lado de Lerdo e de Iglesias. No entanto, Díaz viu que o exército era fraco demais e, ainda por cima, estava demasiado dividido; portanto, era pouco confiável para tornar-se a única ou mesmo a principal base de poder do regime. Tentou restabelecer e até mesmo fortalecer aquela que fora a base política e social do poder de seus antecessores: a coalizão entre a classe média e a classe alta. Com relação a esta última, Díaz praticou uma política do "dividir para reinar". Afastou do poder os caciques locais leais a seus antecessores, como o governador de Chihuahua, Luis Terrazas, e os substituiu por adversários de origens sociais idênticas. No entanto, enquanto não lhe ofereceram resistência, permitiu que os homens que afastara conservassem seus bens e expandissem sua influência econômica. Para muitos *hacendados*, a perda do poder político foi mais do que compensada pela política de Díaz relacionada com a venda das terras públicas, que lhes ofereceu grandes oportunidades de enriquecimento.

À primeira vista, pode parecer que Díaz teve mais dificuldade em obter o apoio da classe média, já que seus recursos econômicos tinham sido reduzidos drasticamente pelas vultosas somas de dinheiro que precisou investir na reconstrução do exército. Assim, como não podia oferecer, no momento, grandes recompensas econômicas à classe média, sua melhor opção foi fazer concessões políticas. Fez o Congresso recém-eleito aprovar a não-reeleição não apenas para o presidente mas também para os governadores. Com isso, muitos elementos da classe média que estavam fora do governo sentiram que tinham maiores chances de chegar ao poder tão logo terminassem os mandatos dos atuais dirigentes. Ao fortalecer a autonomia municipal, Díaz conseguiu algum apoio dos membros da classe média regional que, em sua maioria, tinham sido ignorados por Juárez e por Lerdo.

Díaz não ordenou nenhuma repressão em massa, prisão ou execução de seus inimigos. Os grupos políticos civis existentes não foram banidos, mas continuaram a existir e a participar da vida política. Continuaram a ser realizadas eleições nacionais, regionais e locais e não foram nem mais nem menos honestas do que as convocadas por seus antecessores. A imprensa manteve sua ampla margem de liberdade. O fato de a oposição a Díaz não ter aproveitado suas oportunidades legais para combatê-lo como haviam feito os adversários de Juárez e de Lerdo deveu-se em grande parte ao aparecimento da primeira ameaça externa à soberania do México desde a derrota de Maximiliano.

Durante dez anos, de 1867 a 1877, o México conhecera, com relação à intervenção externa, uma espécie de trégua, que raramente experimentara antes e dificilmente voltaria a experimentar. A fatal experiência da França sufocara quaisquer esperanças coloniais que a Europa alimentou algum dia com respeito ao México. Não foram restabelecidas relações diplomáticas com os antigos agressores, França, Inglaterra e Espanha, mas nenhum desses países estava disposto a arriscar outra intervenção direta no México. A Alemanha estabeleceu relações diplomáticas e os comerciantes alemães assumiram algumas posições fundamentais no comércio exterior do país, mas nessa época ela tampouco nutria quaisquer ambições políticas com relação ao México.

Durante o período de intervenção francesa as relações com os Estados Unidos haviam sido amigáveis. Entre 1867 e 1877, começaram a esfriar consideravelmente, preparando o palco para os confrontos que se seguiram. As fontes do conflito foram diversas. À medida que os colonos norte-americanos continuavam seu avanço para o oeste, as tribos de índios e os ladrões de gado usavam muitas vezes a fronteira mexicana, menos povoada e menos protegida, como ponto de apoio para incursões ao território dos Estados Unidos. Conseqüentemente, as autoridades de ambos os lados da fronteira faziam constantes acusações uma à outra por não agirem com energia suficiente contra os saqueadores. Além disso, o governo mexicano, numa tentativa de atrair colonos para essa região perigosa e pobre, havia criado uma espécie de zona franca de mais de quinze quilômetros ao longo da fronteira norte-americana. Os produtos vendidos nessa zona eram mais baratos do que os dos territórios adjacentes, mexicanos ou norte-americanos. Isso gerou um contrabando generalizado, causando grande descontentamento dos comerciantes do país vizinho. Finalmente, Díaz declarou-se contrário às generosas concessões de Lerdo aos construtores ferroviários norte-americanos. Manifestou publicamente os temores dos nacionalistas mexicanos, que provavelmente ele não compartilhava, de que a penetração das estradas de ferro norte-americanas no México seria apenas um prelúdio da total anexação do país.

De modo geral, em todo o século XIX, tanto os Estados Unidos quanto os países europeus reconheceram os governos "revolucionários" da América Latina tão logo mostravam que tinham o controle do país e afirmavam sua disposição a cumprir as obrigações internacionais. No caso do México, os Estados Unidos deixaram de lado esse princípio. A administração Grant, que estava no poder na época da vitória de Díaz, recusou-se a reconhecer o seu governo, a não ser que fossem resolvidas favoravelmente pelo menos algumas das controvérsias entre os dois países. Díaz mostrou-se acessível. Uma de suas primeiras medidas administrativas, ao entrar em Cidade do México, foi reunir grande número de banqueiros e comerciantes da capital para levantar dinheiro para os primeiros pagamentos aos Estados Unidos, prometidos pelo governo Lerdo, em compensação pelas perdas sofridas pelos norte-americanos no México. A administração Hayes, que sucedeu ao governo Grant, aceitou o pagamento de trezentos mil dólares e Díaz tomou isso como um reconhecimento implícito. Estava errado: Hayes não pretendia reconhecer o governo de Díaz. Queria mais do que essas concessões feitas em parcelas, queria um pedaço do México.

Um dos primeiros atos de Hayes na Presidência foi dar ao general C. Ord, comandante dos distritos militares ao longo da fronteira, autorização para perseguir saqueadores, invasores índios, ladrões de gado e quem quer que, no seu entender, tivesse violado a lei dos Estados Unidos, do outro lado da fronteira sem antes pedir consentimento ao governo mexicano. Díaz não podia tolerar tal ato sem prejudicar seriamente a soberania do país e dar margem a acusações de ter-se "vendido" aos norte-americanos. Tão logo foi informado das instruções de Ord, Díaz posicionou ao longo da fronteira um grande contingente de soldados, comandados por Gerónimo Treviño, e deu ordens para resistir a qualquer avanço norte-americano com quaisquer meios de que dispusessem. A guerra entre os dois países parecia inevitável; mas, de repente, os norte-americanos e os mexicanos deram mostras de extrema circunspecção. Os soldados norte-americanos somente entravam no México quando tinham relativa certeza de que as tropas mexicanas não estavam nas proximidades. Em contrapartida, os mexicanos tentaram evitar qualquer confronto com unidades militares norte-americanas que os forçasse em a um conflito. Em vez de guerra havia apenas um impasse.

O que acabou por dissipar a crise foi o persistente namoro de Díaz com os investidores norte-americanos. Enviou aos Estados Unidos um de seus assessores mais capazes e confiáveis, Manuel de Zamacona, com a missão de incentivar os homens de negócio norte-americanos a investir no México. Zamacona pediu a ajuda de Matías Romero, durante muitos anos embaixador de Juárez nos Estados Unidos, que publicou uma série de livros e panfletos nos quais descrevia as oportunidades pretensamente ilimitadas que o México oferecia aos investidores. Ao mesmo tempo, Díaz convidou grupos eloqüentes e influentes de empresários norte-americanos, como Ulysses S. Grant, o ex-presidente, a visitar o México e lhes ofereceu valiosas concessões ferroviárias e prometeu-lhes outros subsídios. Em conseqüência, os investidores dos Estados Unidos, que há tão pouco tempo exigiam aos brados a intervenção, tornaram-se adeptos entusiastas do regime de Díaz e passaram a pressionar a administração Hayes para que reconhecesse seu governo. Além disso, quando a perspectiva de uma nova guerra, pouco mais de dez anos depois da última, tornou-se uma possibilidade real, cresceu a oposição interna às políticas de Hayes. Finalmente, em 1878 este cedeu e reconheceu o governo de Díaz e, em 1880, revogou as instruções dadas a Ord.

A Elaboração da Estratégia Porfiriana

Não é fácil determinar a influência que os conflitos de Díaz com os norte-americanos em 1877 e em 1878 tiveram na configuração de seu regime. Parecem ter inspirado fortemente as três principais medidas políticas que Díaz adotou depois de 1878, mantidas por seu sucessor transitório Manuel González (1880–1884) e pelo novo governo de Díaz depois de 1884. Primeiro, fez aos investidores e empresários norte-americanos e de outras nacionalidades concessões de todo o tipo em condições extremamente generosas. Segundo, tentou ao mesmo tempo tudo o que estava ao seu alcance para renovar e depois estreitar os vínculos com a Europa a fim de contrabalançar a influência dos Estados Unidos. Terceiro, manteve a estabilidade política a qualquer preço. Até mais ou menos 1900, a aplicação dessas medidas políticas fortaleceu o Estado mexicano. De 1900 a 1910, lançaram a base para uma das mais profundas convulsões sociais que ocorreram na América Latina no século XX: a Revolução Mexicana.

No restante de seu primeiro mandato, a primeira prioridade de Díaz foi a estabilidade interna. Para consegui-la, seu governo pôs em prática uma complexa política de concessões e repressão. No seu primeiro mandato presidencial, além de preservar muitas das liberdades políticas já existentes na época de Juárez, Díaz acrescentou outra importante concessão política: a decisão de manter sua palavra e de não concorrer a um segundo mandato. Isso agradou aos membros da elite e da classe média que estavam fora do governo: sentindo que tinham uma chance de participar da próxima administração, não viam qualquer necessidade de preparar a "tradicional" revolução. Obviamente, onde fosse necessário, Díaz estava pronto e disposto a usar a força bruta para manter os dissidentes sob controle. Quando o governador de Veracruz, Mier y Terán, participou-lhe que diversos cidadãos proeminentes estavam tramando contra ele, o presidente respondeu num lacônico telegrama: "Mátalos en caliente" – mata-os imediatamente. Não se mostrou menos impiedoso no tratamento dado a alguns camponeses de Hidalgo, de Puebla e de San Luis Potosí que, imaginando receber apoio do governo em seu esforço revolucionário, haviam ocupado algumas *haciendas* da vizinhança. Com efeito, Díaz abriu negociações com vários desses grupos e prometeu examinar suas reivindicações, se depusessem as armas. Uma vez desarmados, ordenou seu fuzilamento.

As políticas internas de Díaz, que prometiam estabilidade interna e concediam subsídios extremamente generosos, levaram os empresários norte-americanos a assinar contratos para a construção de duas importantes estradas de ferro, que deviam ligar os Estados Unidos ao México. Para a elite política mexicana, a construção das ferrovias era o único meio de salvaguardar a independência política do país da possível agressão militar do vizinho. Claramente, a esperança de Díaz era de que os empresários norte-americanos e seus financiadores e políticos, por terem muita coisa em jogo, não iriam correr o risco de uma nova guerra mexicano-norte-americana que no final poderia arruinar o México. No entanto, seus adversários insistiam em dizer que os investimentos em massa e a longo prazo do exterior mais aumentavam do que diminuíam os riscos de uma intervenção estrangeira. Se o governo mexicano não conseguisse manter o tipo de estabilidade que esses investidores queriam, eles então constituiriam um *lobby* extremamente poderoso em favor da intervenção no México.

Além disso, Díaz conseguiu, nos últimos anos de seu primeiro mandato, restabelecer relações diplomáticas com a França. Não foi uma medida fácil, tendo em vista a intervenção de Napoleão no México. As pressões mexicanas foram fortes, exigindo que, para a retomada das relações entre os dois países, os franceses deveriam desistir de todas as reclamações contra o México e de pagar uma grande indenização. No entanto, o governo mexicano reiterara repetidas vezes que as relações só podiam ser restabelecidas se a iniciativa partisse dos franceses. A queda de Napoleão em 1870 e a proclamação da República Francesa haviam criado uma situação nova e muito mais favorável. Não obstante isso, somente dez anos mais tarde é que ambos os países trocaram embaixadores oficialmente. Isso aconteceu, finalmente, em 1880, quando os franceses renunciaram a quaisquer reclamações contra o México e o governo mexicano desistiu da idéia de exigir reparações da França. Ao restabelecer relações com a França, Díaz imaginava criar um contrapeso econômico tanto aos Estados Unidos quanto às outras potências européias. O capital francês e os banqueiros franceses exerceram papel decisivo na criação do Banco Nacional Mexicano e, nos anos seguintes, a França tornou-se uma das principais fontes de empréstimos do México.

Durante e após a era porfiriana, a França viria a ser, aos olhos da elite mexicana, mais do que "um outro" país europeu. A moda, a cultura e a arquitetura francesas eram modelos que tentavam imitar. O positivismo de Auguste Comte influenciou fortemente a ideologia do regime, embora em uma combinação com o darwinismo social de Herbert Spencer, que logo o eclipsou. Senhores de terra absenteístas passavam parte de seu tempo em Paris e os membros da elite mandavam seus filhos estudar na França. O exército mexicano foi equipado com artilharia francesa e alguns de seus mais destacados oficiais estudaram técnicas militares francesas. Quando Díaz foi finalmente apeado do poder em 1911, foi para a França que ele se retirou.

O INTERREGNO GONZÁLEZ, 1880–1884

Mantendo sua promessa, Díaz não foi candidato nas eleições presidenciais de 1880; em seu lugar concorreu o general Manuel González, um sucessor escolhido a dedo. Muitos cínicos admiraram-se da ingenuidade da escolha de Díaz. Muitos achavam que González era o mais corrupto e o menos capaz dos protegidos de Díaz. Provavelmente seria um adversário fraco se Díaz decidisse concorrer a outro mandato em 1884.

González destacou-se por sua corrupção, embora haja muito exagero nos boatos de que levou consigo todos os móveis do Palácio Nacional quando deixou o cargo. Foi muito menos inepto do que freqüentemente se supôs e nomeou um gabinete capaz de porfiristas, mas não era Porfirio Díaz. Em sua gestão, tentou implementar as três políticas básicas de seus antecessores: concessões aos interesses estrangeiros e especialmente aos Estados Unidos, reaproximação com a Europa e manutenção da estabilidade interna a qualquer custo. No conjunto, porém, foi muito menos capaz do que Díaz de impedir que seus esforços para aplicar essas três estratégias ao mesmo tempo gerassem profundas contradições.

Procurando resguardar e ampliar o interesse dos investidores estrangeiros, especialmente das companhias ferroviárias norte-americanas no México, González manteve as concessões especiais que Díaz lhes fizera e acrescentou mais algumas. Por solicitação do presidente, o Congresso aprovou uma nova lei, que estimulava a transferência de terras públicas para as mãos de particulares. A lei autorizou o executivo a contratar companhias privadas para fazerem um levantamento das terras públicas; em troca recebiam um terço das terras que considerassem "públicas". Não surpreende que as companhias tenham ignorado os direitos dos pequenos proprietários, que, embora tivessem cultivado essas terras por gerações, não conseguiram apresentar títulos formais. Os benefícios tanto para os licitantes estrangeiros quanto para os nacionais foram diversos. Agora podia-se adquirir muita terra pública que não fora posta à venda anteriormente. Agora podia-se comprar muita terra privada, reclassificada como "pública", num único lance, em vez de fazê-lo em negociações parceladas com uma multidão de pequenos proprietários.

Uma concessão ainda maior aos investidores externos foi a decisão do governo de revogar o antigo código de minas espanhol, pelo qual um proprietário de terra não era dono dos minérios do subsolo. Isso significava que os direitos de mineração tinham de ser adquiridos separadamente da superfície da terra, de modo que o Estado estava de posse de uma quantidade muito maior da riqueza do país. A nova lei de 1884 revogou esse princípio, transformando-se numa grande vantagem tanto para os proprietários rurais quanto para os investidores estrangeiros.

Mas os *lobbies* mais poderosos do investimento externo no México, os norte-americanos, queriam mais. O problema de González era que ceder às exigências norte-americanas significava arriscar uma deterioração das relações restabelecidas havia pouco com a Europa. Em 1882, o governo dos Estados Unidos propôs ao México um acordo especial de reciprocidade, pelo qual seriam elevadas as tarifas de importação sobre determinadas mercadorias dos dois países. Os Estados Unidos insinuaram a pouca lucratividade de outras construções ferroviárias no México e, portanto, seriam interrompidas se o tratado não fosse assinado. González mostrou-se pouco entusiasmado. O tratado não apenas iria contra a reaproximação tentada com a Europa, mas também privaria o tesouro já depauperado de receitas tributárias muito necessárias. No entanto, cedendo à pressão dos norte-americanos, o Congresso mexicano aprovou o tratado em 1883. Mas, vários meses depois, fez uma viravolta e aprovou um novo acordo, pelo qual concedia à Alemanha a condição de nação mais favorecida, na verdade oferecia a esse país as mesmas reduções de tarifa e esvaziava muitas das vantagens unilaterais que os Estados Unidos haviam obtido com seu tratado. Estes protestaram com veemência. O ministro alemão no México advertiu González com palavras rudes: o descumprimento do tratado com a Alemanha colocaria em risco as relações do México com toda a Europa. González escapou por um triz de uma explicação final: os agricultores norte-americanos, temerosos da concorrência mexicana com seus produtos, pressionaram o Senado dos Estados Unidos para que rejeitasse o tratado.

Em outras oportunidades, a busca de melhores relações com a Europa entrou em conflito com a necessidade de estabilidade interna. Depois de longas e complicadas negociações, González conseguiu persuadir a Inglaterra a restabelecer relações diplomáticas com o México. Em troca, González reconheceu uma dívida de 15,4 milhões de libras esterlinas com os portadores ingleses de obrigações do governo, dívida contraída pelas administrações conservadoras anteriores. Esse acordo foi anunciado em 1884, durante a aguda crise financeira. Foi denunciado no Congresso. Muitos desordeiros saíram às ruas e a paz só foi restaurada depois de algumas sonoras estocadas de sabre e depois que vários quilos de chumbo foram atirados sobre densas multidões.

A administração González passou para a história como um dos governos mais corruptos do México. Provavelmente essa fama é merecida, embora aos olhos do público a imagem negativa de González tenha resultado em parte da crise econômica que assolou o país em 1884 e de um esforço consciente de

Porfirio Díaz para desacreditar seu sucessor. Em conseqüência dessa imagem, desviou-se a atenção da profunda transformação que ocorreu no país entre 1880 e 1884. As mudanças legais esboçadas acima constituem apenas uma parte do quadro. A primeira estrada de ferro entre o México e os Estados Unidos foi inaugurada em 1884. Os investimentos norte-americanos no país estavam aumentando a um ritmo espantoso. Pela primeira vez desde a derrota de Maximiliano o México mantinha relações diplomáticas com todos os principais países europeus. A construção da estrada de ferro e a derrota final dos apaches, ocorridas nos anos intermediários entre 1880 e 1884, abriram vastas regiões da fronteira setentrional, que até então eram em grande parte inacessíveis. Depois, na segunda gestão de Porfirio Díaz, que foi reeleito presidente em 1884 e permaneceu no cargo até 1911, o México viveu sua mais profunda transformação econômica, política e social desde o advento da independência, em 1821.

O REGIME DE DÍAZ, 1884–1900

Entre 1877 e 1900, a população do México aumentou de quase dez milhões para mais de quinze milhões. Não houve nessa época nenhuma guerra que pudesse ter detido esse aumento. Ao contrário, foi ajudado por uma modesta melhoria do padrão de vida. As secas e fomes periódicas, antes tão comuns na vida econômica de muitas regiões, deixaram de exercer o impacto devastador que tinham exercido até então: agora as estradas de ferro podiam trazer alimentos para os aldeões famintos e levar o excedente de força de trabalho para os locais onde havia procura. Em contrapartida, os cuidados médicos melhoraram muito pouco. O número de médicos subiu de 2 282, em 1895, para 3 021, em 1900, mas estavam concentrados nas cidades. A expectativa de vida no país estava muito distante da que prevalecia na Europa ocidental e nos Estados Unidos.

Esse aumento de população foi muito desigual. As regiões que mais se expandiram foram os Estados de fronteira, antes pouco povoados, e as áreas urbanas. Entre 1877 e 1910, a população dos Estados fronteiriços de Sonora, Chihuahua, Coahuila, Nuevo León e Tamaulipas aumentou 227 por cento. A capital do país e as cidades de Guadalajara, Monterrey e Torreón cresceram de maneira ainda mais acentuada. Essas tendências tiveram sua origem principalmente num aumento da população nativa. Apesar dos esforços e das esperanças do governo Díaz, a imigração continuou mínima, constituída sobretudo de comerciantes, investidores e técnicos da classe alta e da classe média. Os salários das indústrias eram baixos demais para atrair trabalhadores europeus, com exceção de alguns mecânicos especializados, que eram muito bem pagos. Os trabalhadores rurais europeus não aceitariam os baixos salários pagos pelos fazendeiros mexicanos e, enquanto os Estados Unidos estiveram abertos à imigração, não viram razão para se deslocarem para o sul da fronteira.

O Desenvolvimento Econômico na Gestão de Díaz

Entre 1884 e 1900, o México experimentou grande desenvolvimento econômico. A onda de investimentos externos – no valor de quase 1 200 milhões de dólares – contribuiu para um aumento do produto nacional bruto a uma taxa anual de oito por cento. Foi um índice de crescimento sem precedentes na história do México desde a Independência. Mas também produziu disparidades nunca vistas: entre empresas agrícolas equipadas com a tecnologia mais moderna e as outras em que o trabalho era feito muitas vezes da maneira mais primitiva; entre o desenvolvimento da indústria pesada e o da indústria leve; entre o controle da economia pelos estrangeiros e o controle pelos naturais da terra; e entre a evolução de diferentes regiões.

O progresso econômico foi mais acentuado nos setores da economia voltados para a exportação. O crescimento mais visível foi registrado pela mineração. Até a construção das estradas de ferro, a mineração no México estivera confinada aos metais preciosos, sobretudo à prata e a algum ouro. O transporte por mulas era caro demais para encorajar um aumento da produção. Praticamente inexistente no primeiro governo de Díaz, na virada do século o sistema ferroviário já compreendia 14 mil quilômetros de trilhos, resultando em maior lucratividade para a exploração do cobre, do zinco e do chumbo, e muito mais da prata. A produção desse último mineral subiu de 607 037 quilos em 1877/1878 para 1 816 605 quilos em 1900/1901 (e 2 305 094 quilos em 1910/1911). A produção de chumbo começou com 38 860 toneladas em 1891/1892 e subiu para 79 011 toneladas em 1900/1901 (e 120 525 toneladas em 1910/1911). O cobre aumentou sua produção de 6 483 toneladas em 1891/1892 para 28 208 toneladas em 1900/1901 (e 52 116 toneladas em 1910/1911). O cultivo comercial de produtos agrícolas também cresceu a passos largos. O exemplo mais espetacular foi o sisal, cuja produção subiu de 11 383 toneladas em 1877 para 78 787 em 1900 (e 128 849 toneladas em 1910). A produção de outras mercadorias de exportação, como a borracha, o guaiule (um substituto da borracha), o café e a cochonilha, também cresceu de forma impressionante. Além disso, a indústria orientada para a exportação começou a consolidar-se. Em 1891, os Estados Unidos aprovaram a tarifa McKinley, que impunha altas taxas alfandegárias sobre a importação de minérios não processados. Como as tarifas para os minérios processados eram muito mais baixas, as maiores companhias mineiras dos Estados Unidos, principalmente a American Smelting and Refining Company, controlada pelos Guggenheim, preferiram instalar fundições de minério no México.

Com relação à indústria leve, orientada para o mercado interno, houve grande avanço econômico até a virada do século. A indústria têxtil floresceu. Quando o valor da prata, sobre o qual a moeda mexicana estava baseada, começou a cair na década de 1880, os produtos têxteis importados subiram muito seus preços e os comerciantes que dominavam esse mercado, os franceses, passaram a trabalhar com os manufaturados têxteis do país. Imensas fábricas, como a de Río Blanco, brotaram nas regiões de Orizaba e Puebla. Outras indústrias leves foram instaladas, como fábricas de papel, de vidro, de sapatos, de cerveja e de processamento de alimentos. A indústria pesada ficou muito para trás e só veio a surgir na virada do século. Em 1902, a Compañía Fundidora de Ferro y Acero construiu em Monterrey uma fundidora de aço que, em 1910, fabricava 72 mil toneladas do produto por ano.

Depois de 1900 o desenvolvimento industrial diminuiu enormemente seu ritmo. Isso se deveu em parte a uma queda do padrão de vida depois da virada do século, fazendo com que o mercado de produtos industriais se expandisse de maneira muito mais limitada do que antes. Além disso, algumas políticas do governo reduziram o crescimento industrial. A administração Díaz nunca fez muito esforço para ajudar os produtores nacionais em dificuldades. A Nova Lei das Indústrias, promulgada em 1881, concedeu algumas generosas isenções de impostos às indústrias locais em formação e ofereceu uma proteção tarifária seletiva a determinadas indústrias locais, como as têxteis. Mas nunca proporcionou à indústria pesada o tipo de proteção especial muito comum nos países europeus, como, por exemplo, obrigar os empresários ferroviários norte-americanos a comprar dos produtores mexicanos o material de que necessitavam. A indústria pesada também não teve acesso preferencial ao crédito.

Ao contrário das estradas de ferro, a indústria nunca recebeu subsídios. O governo Díaz não tinha planos para desenvolver indústrias particulares, nem programa para estimular a importação de tecnologia, nem políticas de proteção às indústrias em formação. Além de tudo, seus investimentos no chamado capital humano foram extremamente limitados. Mesmo que os gastos em educação tenham aumentado durante o Porfiriato, os resultados tiveram um alcance muito reduzido. Entre 1895 e 1910, a percentagem da população alfabetizada aumentou de 14,39 para 19,79 por cento. O ensino vocacional público, destinado a formar trabalhadores especializados, era insignificante. De 1900 a 1907 as matrículas nas escolas vocacionais aumentaram de 720 para 1 062.

Durante o Porfiriato, grandes discrepâncias surgiram no setor agrícola, não tanto na produção de bens (a produção de mercadorias de exportação e de gêneros alimentícios básicos aumentou, embora a taxas diferentes) quanto no nível de modernização técnica. Houve uma espécie de revolução tecnológica no cultivo de produtos para o mercado, como o sisal e o açúcar, mas as *haciendas* produtoras de trigo e de milho ainda utilizavam técnicas antigas e tradicionais. Muitas vezes a falta de modernização desses fazendeiros foi atribuída mais a causas psicológicas que econômicas. Os fazendeiros, como já dissemos, tinham uma mentalidade essencialmente feudal, valorizando a terra como um símbolo de *status*, e não como um recurso econômico. Estavam por demais preocupados em privar com a *haute couture* de Paris, em visitar os *spas* de Gstaad (e de Garmisch Partenkirchen) e em jogar em Monte Carlo para dar atenção aos negócios de suas propriedades. Mas isso não explica o fato de as pessoas a quem as confiaram nesse meio tempo não terem elas próprias administrado bem, cultivando o que mais provavelmente daria lucro.

Os avanços tecnológicos que resultaram na modernização e no barateamento da produção agrícola nos Estados Unidos continuaram pouco importantes num país que dispunha de uma oferta de mão-de-obra tão barata quanto a do México. Em 1911, um dos proeminentes especialistas agrícolas do país, Lauro Viadas, fez uma comparação entre o custo de um agricultor norte-americano que usava modernos implementos agrícolas e um *hacendado* mexicano que trabalhava com uma tecnologia mais primitiva mas empregava mão-de-obra barata. A produção da mesma quantidade de trigo custava ao agricultor norte-americano 4,95 pesos e ao *hacendado* mexicano 4,50 pesos.

Além da existente entre a produção para a exportação e a destinada ao mercado interno, apareceu outra disparidade muito importante determinada pelo grande crescimento econômico do México: aquela entre o controle estrangeiro da economia e o controle interno. Com exceção da agricultura, os setores mais importantes da economia estavam nas mãos do capital estrangeiro. Até o final do século XIX, o governo Díaz não tentou qualquer medida que incentivasse o controle de alguns setores da economia por parte dos mexicanos ou mesmo um aumento de sua participação.

Ainda que a administração Díaz tenha mostrado-se relativamente indiferente à propriedade ou à participação dos mexicanos nas novas empresas que nasciam no país, o mesmo não se pode dizer com relação à sua atitude no tocante ao controle norte-americano *versus* europeu de importantes segmentos da economia. O governo Díaz fez tudo o que estava ao seu alcance para aumentar os investimentos europeus sem restringir os dos Estados Unidos. Até o final do século XIX, o governo lançou seus títulos exclusivamente na Europa e as concessões de serviços bancários foram entregues a banqueiros europeus. Os projetos de obras públicas, como as instalações portuárias em Veracruz e os serviços de drenagem do vale do México, foram entregues a empresas inglesas, sobretudo àquelas controladas por Sir Weetman Pearson, um empresário e político inglês, jovem mas extremamente experiente.

No conjunto, porém, essas políticas do governo mexicano, embora tenham contribuído substancialmente para a penetração econômica da Europa no México, não provocaram, até o final do século XIX, qualquer volume significativo de concorrência ou conflito entre os europeus e os norte-americanos. Os Estados Unidos permaneciam muito mais uma nação devedora do que credora e os maiores bancos norte-americanos continuavam a interessar-se principalmente por investimentos internos; assim, não se melindraram com os investimentos europeus no México ou com as incursões européias no sistema financeiro mexicano. Mesmo naqueles setores em que os europeus (especialmente os ingleses) e os norte-americanos tinham interesses idênticos (estradas de ferro e minas), desenvolveu-se entre eles uma espécie de divisão do trabalho: os ingleses concentraram-se essencialmente no Centro e no Sul do México, enquanto os investimentos norte-americanos tenderam a dirigir-se sobretudo para o Norte do país.

Até o final do século XIX, a rivalidade mais aguda e mais conflituosa com relação à influência econômica no país não colocou frente a frente os Estados Unidos e a Inglaterra, mas duas outras potências, a Alemanha e a França, cujos interesses no México eram bem menores. A primeira área de conflito entre elas foi o comércio exterior mexicano que, até 1870, vinha sendo controlado em grande parte por comerciantes alemães das cidades hanseáticas de Hamburgo, Bremen e Lübeck. Na década de 1870, os comerciantes franceses de Barcelonnette (ainda hoje a principal rua da cidade tem o nome de avenida Porfirio Díaz) desalojaram seus concorrentes alemães. Isso foi apenas a primeira batalha de uma longa e intensa luta franco-alemã no país. Alguns anos mais tarde, houve uma competição entre os dois países em nível mais alto. Em 1888, o governo mexicano assinou seu primeiro acordo importante de empréstimo com um banco estrangeiro desde a queda de Maximiliano. Negociou com a casa bancária alemã dos Bleichroeder, administradora das finanças pessoais do chanceler alemão Bismarck. Os alemães ofereceram taxas de juros extremamente vantajosas, mas forçaram o governo mexicano a assinar um tratado secreto que garantia praticamente à firma o monopólio sobre as finanças externas do país: o governo mexicano não teria direito a levantar quaisquer empréstimos sem antes fazer uma oferta à casa dos Bleichroeder. O México aceitou as condições onerosas dos alemães, mas apenas seis anos mais tarde, com a ajuda dos franceses, rompeu o contrato e acabou com o poder dos Bleichroeder sobre as finanças do país.

Em outro campo os franceses conquistaram vitórias ainda mais significativas sobre seus concorrentes alemães. Em toda a América Latina, os fabricantes de armas alemães e franceses competiram por esse lucrativo comércio na região. A maior empresa alemã no setor era a casa Krupp. Obteve extremo sucesso em seus negócios na maior parte da América Latina, mas, no México, apesar dos grandes esforços para vender armas de artilharia ao exército, Krupp foi suplantado por seus competidores franceses de Saint Chamond.

Até o final do século XIX, esses conflitos não tiveram grande importância para o governo mexicano. Somente no século seguinte é que outro tipo de conflito envolveu as duas principais potências interessadas no México: os Estados Unidos e a Inglaterra. Ao contrário da rivalidade franco-alemã, esta iria ter conseqüências importantes e duradouras para o México.

Disparidades Regionais no Desenvolvimento Mexicano

Outra profunda discrepância produzida no México pelo desenvolvimento porfiriano foi a crescente disparidade regional entre o Centro, o Sul e o Norte. Essa disparidade não era nova. Na verdade, remontava às origens da civilização na região. Muito antes da conquista européia, tanto no Centro quanto no Sul a agricultura era intensiva, havia grandes cidades, uma sociedade altamente estratificada e uma cultura complexa, ao passo que a região Norte era habitada por caçadores e coletores nômades e por alguns agricultores primitivos. A chegada dos espanhóis introduziu novas diferenças nessas regiões. Na economia colonial da Nova Espanha o Sudeste ficou bastante marginalizado, porque nele não foram encontrados recursos minerais. Em contrapartida, o Norte tornou-se parte fundamental da Nova Espanha colonial. Foram descobertas aqui algumas das minas mais ricas. Infelizmente para os espanhóis, não conseguiram povoar a região, cujo desenvolvimento econômico foi inibido seriamente pelos constantes e implacáveis ataques de índios nômades, sobretudo dos apaches no século XVIII, ataques que não arrefeceram nem mesmo depois da Independência. Durante a era porfiriana, tanto o Norte quanto o Sudeste do país experimentaram grande expansão econômica e se integraram no mercado mundial.

O Sudeste mexicano começou a revelar características até então peculiares de grande parte da América Central e das Antilhas. A economia da maioria dos Estados do Sudeste apoiava-se em um ou em dois produtos agrícolas de exportação, com pouquíssima diversificação agrícola e ainda menos atividade industrial. A península do Yucatán é talvez o exemplo mais proeminente desse desenvolvimento. O sisal, ou *henequén*, como era chamado no México, sempre fora uma cultura agrícola importante na região. Enquanto seu uso esteve limitado principalmente à fabricação de cordas e cordames, seu mercado ficou limitado. A procura de sisal cresceu enormemente quando começou a ser usado pela segadeira mecânica McCormick na década de 1880; e a exportação do produto pelo Yucatán tomou um grande vulto. As *haciendas* produtoras de sisal, bem como o sistema ferroviário que o transportava do interior para a costa, eram de propriedade dos nacionais. Os compradores e usuários da fibra, dos quais o maior era a empresa norte-americana Peabody Company, competiam pelo sisal, mas no final do século a maioria dessas empresas se fundiram num grande conglomerado: a International Harvester Corporation, com sede em Chicago. Logo dominou o mercado e, em colaboração com firmas locais, tentou manipular o preço do produto em seu proveito.

Em contraste com o que ocorria no Yucatán, onde praticamente todas as propriedades pertenciam aos mexicanos, a situação nos outros Estados do Sudeste, especialmente em Chiapas e em Tabasco, era um pouco diferente. Alguns produtos básicos, como a borracha e em menor medida o café, eram produzidos diretamente por investidores externos. A única coisa comum entre esses Estados e o Yucatán foi o fato de suas economias se basearem em um único produto ou no máximo em dois e sua total dependência das condições do mercado internacional.

Como aconteceu no Sudeste, a periferia do Norte mexicano também experimentou um desenvolvimento econômico extremamente rápido, dirigido em grande parte para o mercado externo. No entanto, cessa aqui a semelhança entre as duas regiões. Em contraste com o Sudeste, a economia do Norte era muito mais diversificada. Exportava grande variedade de minérios: cobre, estanho e prata, além de mercadorias como grão-de-bico, gado e madeira. Um segmento muito mais importante da economia do Norte, em contraste com a do Sudeste, baseava-se na produção para o mercado interno. Era o caso, sobretudo, das grandes lavouras irrigadas de algodão, de alta produção, na região de Laguna, nos Estados de Coahuila e Durango. Com relação ao restante da economia, o desenvolvimento industrial foi maior no Norte do que na maior parte do México. Na cidade de Monterrey desenvolveu-se uma indústria siderúrgica e foram construídas no Norte várias fundições de minérios, de propriedade tanto de mexicanos quanto de norte-americanos; em muitas das grandes fazendas foram instaladas indústrias de processamento de alimentos. Assim, sob muitos aspectos, a economia do Norte era a mais equilibrada do país. No entanto, foi nessa região que o investimento estrangeiro participou de maneira mais volumosa e preponderante do que no Sudeste. Todavia, foi igualmente uma das regiões do país onde, durante o período porfiriano, o capital mexicano desempenhou papel importante, embora geralmente subordinado, no desenvolvimento das novas indústrias (com exceção da mineração) e de lavouras comerciais.

Em grandes porções do México central, as mudanças da economia foram menos importantes em termos globais. Foi o caso, por exemplo, das grandes fazendas produtoras de trigo e de milho. Esse lento desenvolvimento determinou agudo contraste com a grande expansão industrial tanto do vale do México e das regiões vizinhas quanto dos novos centros industriais dos Estados de Puebla e de Veracruz.

Aos olhos da maioria dos intelectuais porfirianos, essas profundas transformações da economia criaram a base para o desenvolvimento progressivo do México, que deveria tornar-se um Estado moderno, independente, nos moldes da Europa ocidental ou dos Estados Unidos. O que realmente apareceu, porém, foi um país dependente dos interesses estrangeiros numa extensão sem paralelo. Essa dependência assumiu duas formas diferentes mas complementares. De um lado, sua manifestação mais clara foi a predominância dos estrangeiros nos setores importantes e não agrícolas da economia mexicana: bancos, mineração, indústria e transportes. De outro lado, o México tornara-se um exemplo clássico de país subdesenvolvido que produzia matérias-primas subordinadas aos mercados do industrializado Atlântico norte.

A Transformação Política do México

Nos anos que se seguiram a 1884, o regime Díaz tornou-se a primeira ditadura efetiva e de longa duração a surgir no México desde a Independência. No seu segundo mandato, Díaz impediu a eleição de qualquer membro da oposição para o Congresso. Em 1888, este se tornara para todas as finalidades práticas uma instituição que se limitava a carimbar as propostas do Executivo. Todo candidato, para ser eleito ou reeleito, tinha de receber a aprovação prévia de Díaz. Esse Congresso subserviente aprovou emendas constitucionais que deram ao presidente possibilidade de "atender" aos desejos da população e condições de ser reeleito em 1888, em 1892 (nesse ano a constituição foi mudada, ampliando para seis anos o mandato presidencial), em 1898, em 1904 e em 1910. A imprensa de oposição, antes tão combativa, em que a crítica ao governo se combinava muitas vezes com o brilhantismo literário, foi amordaçada e controlada; a oposição chamejava às vezes apenas nos pequenos jornais.

A consolidação da ditadura esteve ligada intimamente a dois processos: a realização da estabilidade interna (a *Pax* Porfiriana) e a emergência de um Estado mexicano eficiente e poderoso. Essas realizações, por sua vez, estavam associadas inextricavelmente ao desenvolvimento econômico do país.

A "pacificação" do país foi um processo multifacetado e complexo que, em grande parte (mas não inteiramente), teve grande sucesso até 1900 e constituiu a obra de que os ideólogos porfirianos mais se orgulhavam. Os conflitos que haviam surgido continuamente antes de Díaz assumir o poder tiveram muitas origens: golpes militares, insurreições de caudilhos, banditismo no campo, ataques de índios nômades e revoltas de camponeses e de tribos indígenas da fronteira. No final do século XIX, apenas duas formas de violência continuavam endêmicas: as revoltas dos grupos indígenas de fronteira e os levantes das comunidades camponesas dispersas, principalmente no Norte. Todos os outros tipos de violência ou haviam desaparecido totalmente ou tinham diminuído enormemente.

Essa redução do nível de violência estava associada intimamente à formação do Estado mexicano. E a precondição para o desenvolvimento do Estado porfiriano era um contínuo crescimento de sua receita. Díaz não queria usar os meios pelos quais os governos anteriores tinham tentado aumentar sua renda (empréstimos compulsórios ou aumento de impostos), porque tais métodos contribuíam para afastar os investidores externos e para antagonizar a oligarquia do país. As fontes de receita do governo de Díaz foram principalmente os reduzidos impostos pagos pelas empresas estrangeiras, as taxas alfandegárias relativamente altas cobradas sobre os bens que entravam no país e os impostos sobre os metais preciosos. Todas essas rendas dependiam do aumento do nível de investimento externo e de uma melhor categorização do crédito internacional do México, que lhe permitisse obter mais empréstimos em melhores condições. Além de atrair investidores estrangeiros para o país, o principal meio de que Díaz dispunha para aumentar sua receita era dinamizar a administração financeira do país e modernizá-la. Esse processo já tivera início no governo de Juárez, porém o fautor mais eficiente da modernização revelou-se também um dos mais capazes financistas do país, José Yves Limantour, a quem Díaz confiou o Ministério das Finanças em maio de 1893. Em 1896, pela primeira vez na história do México, Limantour equilibrou o orçamento. Com isso, a taxa de crédito do país aumentou enormemente e os empréstimos internacionais ficaram mais fáceis: o governo de Díaz pôde fazê-los em condições muito mais vantajosas do que antes.

Com essa sólida retaguarda financeira, Díaz teve melhores condições de encurtar as rédeas dos grupos mais independentes e mais propensos aos motins dentro do país. Um desses grupos foram os caciques regionais, que governavam suas províncias como se fossem senhores feudais. A primeira medida de Díaz foi substituir muitos dos homens poderosos que haviam restado da era anterior, como Luis Terrazas, em Chihuahua, e Ignacio Pesqueira, em Sonora, por indivíduos mais leais ao presidente. Não havia nada de muito novo nessa estratégia. Praticamente todos os seus antecessores haviam feito a mesma coisa quando puderam. No passado, infelizmente para o governo, isso se revelara um remédio bastante temporário. Assim que se firmavam no poder, os novos caciques esforçavam-se por conseguir a mesma autonomia de seus antecessores. Além disso, os destituídos costumavam ficar nos bastidores, à espera de uma oportunidade para derrubar o regime que os demitira. Por conseguinte, a estabilidade política continuava precária e eram freqüentes as lutas entre caciques rivais ou os conflitos entre os caudilhos recém-nomeados e o governo federal. Na administração Díaz, o remédio foi muito mais eficaz. As estradas de ferro, construídas havia pouco, deram ao exército de Díaz condições de chegar rapidamente às províncias; e isso ajudou a manter os possíveis rebeldes sob controle.

Mais importante talvez do que isso foi o encorajamento de Díaz ou pelo menos a permissão para que tanto os caciques que estavam no poder quanto os demitidos enriquecessem, com seu trabalho de intermediários de investidores estrangeiros que queriam estabelecer-se ou adquirir propriedades na região. Assim, Díaz deu aos membros da oligarquia local, tanto aos que estavam "dentro" quanto aos que se achavam "fora" do governo, um poderoso papel na estabilidade de sua região. Qualquer levante, qualquer distúrbio local, poderia facilmente assustar os possíveis investidores e, desse modo, estancar importante fonte de renda dos membros da oligarquia local.

Dois outros meios Díaz empregou para tentar neutralizar possíveis levantes de homens fortes locais. Um foi nomear comandantes militares sem quaisquer raízes na região, com o objetivo de vigiar os funcionários civis locais. O outro foi conceder mais autoridade ao *jefe político,* os administradores de distrito, um cargo que antes de Díaz tivera poder limitado. Agora, em seus distritos, os *jefes* comandavam a polícia e as forças armadas auxiliares, nomeavam os funcionários distritais e municipais, preparavam o caminho para os investidores estrangeiros e muitas vezes deviam lealdade primeiramente ao governo central e depois aos governadores, a quem estavam diretamente subordinados.

Com um segundo grupo que por muito tempo fora contrário a um governo central forte, Díaz empregou uma tática semelhante de repressão combinada com cooptação e outros estímulos. Trata-se da tradicional oposição da classe média, que operava principalmente na capital do país. Tradicionalmente, esses grupos desempenhavam papel importante no Congresso e editavam os mais destacados jornais de oposição. Díaz impediu a eleição de membros da oposição para o Congresso e deu continuidade a uma medida implantada na administração González, pela qual todos os jornais oposicionistas eram considerados ilegais. Todavia, a classe média não manifestou qualquer resistência a essas medidas repressivas, porque ao mesmo tempo Díaz deu a milhares de seus membros novas oportunidades de avanço social e econômico. Entre 1884 e 1900 o número de cargos na burocracia do Estado aumentou enormemente. Ao mesmo tempo, nos Estados onde Díaz demitiu os caciques locais, foram criados novos cargos para homens ambiciosos. A destituição dos homens fortes locais raramente significou sua eliminação total em termos políticos. Luis Terrazas, o homem forte de Chihuahua, manteve sua força na política local e criou uma poderosa organização política, que Díaz foi obrigado a tolerar e que resistiu à estrutura existente de poder político no Estado. Em conseqüência, emergiu em Chihuahua e em diversos outros Estados uma espécie de sistema bipartidário numa época em que, em Cidade do México, os resquícios de democracia estavam sendo cada vez mais erodidos. Esse sistema, por sua vez, propiciou às classes médias regionais maior poder político quando ambos os partidos entraram em competição pelo seu apoio.

Esses "partidos" tiveram um caráter apenas regional e se assemelharam mais a grupos de famílias extensas ou a coalizões patrono-cliente do que às agremiações políticas que se estavam desenvolvendo na Europa nesse período. Díaz não se opôs apenas à formação de verdadeiros partidos de oposição; foi contrário também à criação de um partido político de governo. Em 1891, alguns de seus principais partidários do meio intelectual e da classe alta tentaram cimentar o regime porfiriano com a criação de um Partido Liberal baseado nos princípios *científicos* do positivismo. (Daí a alcunha de *científicos* com que esses homens foram conhecidos no México.) Os objetivos dessa proposta eram unicamente e ao mesmo tempo para ampliar a base do regime a fim de fortalecê-lo e impor algum tipo de restrição ao próprio Díaz. No entanto, a criação de um partido asseguraria algum tipo de sucessão ordeira e impediria o que uma grande parte da elite mexicana mais temia: o ressurgimento dos distúrbios e conflitos no país, se Díaz morresse ou não conseguisse completar seu mandato.

No entanto, Díaz rejeitou a formação de um partido político; preferiu dar continuidade à tática que começara a aplicar com bastante sucesso quando assumiu o poder em 1876: jogar as diferentes facções da elite mexicana uma contra a outra. Uma dessas facções era liderada por Manuel Romero Rubio, ex-ministro do governo de Lerdo, que posteriormente se aliara a Díaz, tornando-se em 1884 seu ministro do Interior. Sob muitos aspectos, Romero Rubio foi o arquiteto do Estado porfiriano. Foi ele quem transformou a instituição do *jefe político* e controlou e manipulou os governadores dos Estados. Sua facção era constituída principalmente de civis: financistas, fazendeiros, tecnocratas, burocratas etc. Depois de sua morte em 1895, seu aluno mais inteligente, José Yves Limantour, ministro das Finanças a partir de 1891, tornou-se o líder reconhecido dessa facção. Seu principal concorrente era uma outra facção liderada por militares. Nos primeiros anos depois que Díaz reassumiu o poder, seu principal representante foi o ex-presidente Manuel González; nos anos posteriores, essa função foi ocupada por um dos mais íntimos confidentes de Díaz, Bernardo Reyes. Essa facção era composta de camaradas de armas de Díaz, de tradicionais homens fortes regionais e de alguns burocratas. Suas maiores críticas eram dirigidas contra o aumento de poder e influência dos *científicos*.

Com uma terceira força, que durante todo o século XIX constituíra uma ameaça constante a qualquer governo central do país: o exército, Díaz empregou métodos de repressão combinados com cooptação, semelhantes àqueles que utilizara para pacificar os homens fortes regionais. De um lado, aumentou o orçamento militar (em termos absolutos e não em termos relativos) e comprou armas modernas na Europa, colocou muitos líderes do exército em importantes cargos políticos e permitiu-lhes que inchassem a folha de pagamento. Fundou ainda uma moderna academia militar onde procurou formar um corpo de oficiais de elite. Ao mesmo tempo, porém, Díaz enfraqueceu a influência do exército com a criação de outras forças paramilitares, muitas vezes mais importantes do que o exército. Grande parte da repressão interna foi executada por tropas auxiliares não subordinadas diretamente ao exército. Uma dessas forças mais importantes foram os *rurales* nacionais, um corpo de polícia profissional que existira antes de Díaz mas cuja influência e efetivo foram muito aumentados em seu governo. Os soldados do exército eram recrutados compulsoriamente e mal pagos, de modo que freqüentemente tinham um sentimento apenas limitado de lealdade à sua instituição. No entanto, os *rurales* recebiam melhores salários e eram mais bem tratados. Em menor medida, o mesmo foi válido com relação aos *rurales* estaduais, unidades armadas subordinadas diretamente às administrações individuais dos Estados, mas que no final deviam obediência ao governo federal. No entanto, Díaz alistou nas unidades de polícia alguns dos bandidos mais famosos e utilizou-se de sua energia e talentos em seu proveito. Mas não foram apenas Díaz e o Estado central que desempenharam papel decisivo na eliminação do banditismo. Agora, os homens fortes locais, que muitas vezes tinham-se aliado aos fora-da-lei, ou pelo menos tinham feito vista grossa às suas depredações desde que poupassem suas propriedades, descobriram que esses mesmos bandidos poderiam deter o fluxo de investimentos externos para seus distritos e, dessa maneira, matar a galinha dos ovos de ouro. Assim, sua ajuda ativa ao governo foi muitas vezes decisiva.

A política de repressão, conciliação e cooptação que Díaz empregara com as forças de classe alta e classe média, a fonte de insurreições e instabilidade no começo do século XIX, foi estendida a mais uma força que durante algum tempo fora uma das principais ameaças a qualquer governo liberal: a Igreja católica. Díaz não deu continuidade às políticas anticlericais de Lerdo. Na verdade, o seu governo nunca revogou as restrições legais que as leis reformistas impuseram à Igreja e não devolveu suas antigas propriedades, mas na prática houve uma mudança de política. Usando de meios subreptícios, mas que não eram difíceis de detectar, a Igreja estava acumulando novas riquezas por meio de investimentos e de doações dos fiéis. O governo não fez qualquer tentativa de restringir esse processo. Permitiu a publicação de mais de 23 jornais ligados de perto à Igreja e deixou que as escolas de organização e inspiração religiosas se multiplicassem. O casamento de Díaz com Carmen Romero Rubio, uma católica devota que mantinha as melhores relações com a hierarquia eclesiástica, tanto quanto as relações cordiais de alguns bispos, como monsenhor Gillow, de Oaxaca, com altos funcionários da administração, aprofundaram ainda mais a reconciliação entre a Igreja e o Estado.

Nesse período, a principal ameaça à Igreja não proveio do Estado, mas dos missionários protestantes e dos movimentos dissidentes na zona rural. Com o aumento dos investimentos dos Estados Unidos no México e com a imigração de norte-americanos para o país, vieram juntos os missionários, que se mostraram especialmente ativos no Norte. Em Chihuahua, os missionários metodistas chegaram às aldeias mais afastadas e fizeram ótimo trabalho de influência junto aos camponeses. Em conseqüência, muitos funcionários eclesiásticos tornaram-se cada vez mais nacionalistas e antiamericanos.

Um perigo ainda maior para a Igreja foram talvez os movimentos de dissidência entre os camponeses. Tais movimentos sempre haviam existido, mas, enquanto o catolicismo era a religião oficial do país, a Igreja sempre tivera meios de reprimi-los. Agora, suas possibilidades de combatê-los foram fortemente diminuídas, e em diversas partes do país apareceram homens e mulheres "santos" e "sagrados" fortemente opostos à Igreja. No Estado de Sonora, milhares de pessoas veneravam uma jovem de 16 anos de idade, Teresita, chamada a Santa de Cabora, que curava os doentes e supostamente obrava milagres; em Cohuilimpo, os índios das aldeias acreditavam que um dos seus, a quem chamavam de San Juan, era um santo. Em todo o México central os ídolos pré-colombianos foram escondidos em cavernas e lá adorados.

O Estado somente perseguia esses cultos quando defendiam mudanças sociais ou políticas. Os missionários protestantes, ligados a igrejas dos Estados Unidos, eram tolerados e às vezes até apoiados pelas autoridades porfirianas. Desprovida da ajuda do Estado, a Igreja católica precisou buscar novas maneiras de combater seus inimigos religiosos. Isso porque não bastava os padres pregarem contra a idolatria, pois muitos desses santos e rebeldes não eram apenas cismáticos religiosos, mas também dissidentes sociais. Além da necessidade de cooptar esses movimentos sociais, a décima terceira encíclica, *Rerum Novarum*, do papa Leão XIII, que pregava o envolvimento da Igreja nos problemas sociais, estimulou um ativismo social da parte de segmentos do catolicismo. O principal defensor dessa nova tendência foi o bispo de Tulancingo. Com sua ajuda, foram realizados, nos últimos anos da era porfiriana, diversos congressos católicos, nos quais se discutiram os problemas da classe camponesa. Numa conferência católica realizada em 1903 na cidade de Tulancingo, leigos católicos instaram com os *hacendados* para que abolissem a *peonaje** e oferecessem mais instrução e escolas aos camponeses. No entanto, apelaram aos camponeses para que aceitassem a ordem divina das coisas e não se insurgissem contra seus superiores. Os jornais de inspiração católica freqüentemente protestavam contra as expropriações das terras das aldeias. É fora de dúvida que a Igreja teve sua nova política facilitada porque, tendo perdido suas terras, não estava mais envolvida, como estivera no começo do século XIX, na *peonaje* e em outras formas de servidão camponesa.

Embora a Igreja não tenha conseguido estabilizar a situação no campo, foi sumamente bem-sucedida em outros aspectos. Com o apoio de Díaz, fez uma *rentrée* econômica e política e conseguiu ao mesmo tempo aumentar sua influência junto aos camponeses. Esse apoio do campo manifestou-se claramente durante a Revolução, quando os revolucionários agrários mais radicais (sobretudo os zapatistas em Morelos) não adotaram qualquer política anticlerical.

---

* Sistema de trabalho, usado também no México, pelo qual o trabalhador era retido na fazenda até que fossem saldadas suas dívidas, representadas por adiantamentos ou compras feitas no armazém da fazenda. Também chamada *servidão por dívida*. Mesmo havendo em português o termo "peonagem", preferiu-se usar o vocábulo espanhol, porque não é esse o primeiro sentido da palavra portuguesa. (N. do T.)

No conjunto, o fortalecimento do Estado porfiriano representou para grandes segmentos tradicionais da classe alta e da classe média uma perda de grande parte do poder político que até então exerciam. Em compensação, participaram dos frutos do grande crescimento econômico do país. O mesmo não se pode dizer da classe camponesa, que no período do governo de Díaz perdeu seus direitos políticos tradicionais e ao mesmo tempo sofreu profundas perdas econômicas. Já foi dito muitas vezes que a eliminação, pelo governo de Díaz, das estruturas democráticas existentes no México quase não afetou os camponeses. A maioria deles eram analfabetos e não liam os jornais de oposição mesmo quando esses chegavam a suas vilas distantes, o que raramente ocorria. Não estavam interessados nas eleições nacionais, nem delas participavam.

Isso talvez tenha sido verdadeiro, mas existe um aspecto da democracia no México que teve importância decisiva para um grande segmento da classe camponesa: a autonomia local. Por tradição a maioria dos aldeões elegia seus conselhos e prefeitos, que detinham um poder não apenas político, mas também econômico. Esses funcionários concediam acesso às terras, à água e aos pastos da comunidade, freqüentemente resolviam conflitos dentro das aldeias e às vezes determinavam quem devia alistar-se no Exército e quem estava isento do serviço militar. É possível buscar as origens da autonomia aldeã no período pré-colombiano, quando as aldeias do Centro e do Sul desfrutaram de alto nível de auto-suficiência e de direitos políticos. Isso não se acabou com a conquista espanhola. A Espanha permitiu que muitas comunidades indígenas conservassem suas terras e suas instituições comunais e concedeu-lhes uma certa autonomia, embora sob a estreita vigilância dos funcionários do Estado e da Igreja. Nas áreas de fronteira do Norte, como um incentivo para estabelecer-se nessa região perigosa e lutar contra os saqueadores índios, o governo concedeu a muitas comunidades um grau muito maior de liberdade. No conjunto, o poder e a autonomia das comunidades aldeãs tenderam a crescer depois da Independência. O governo federal era fraco demais para violar seus direitos tradicionais. A única autoridade suficientemente poderosa para desafiar seriamente os conselhos e prefeitos de aldeia eram os caciques locais e regionais. Muitos deles utilizaram seu poder recém-adquirido para impor seu domínio sobre as aldeias (ao contrário do Estado colonial, o fraco Estado nacional do século XIX não tinha condições de opor-lhes restrições efetivas). Muitos outros, porém, hesitaram em atacar os direitos adquiridos dos camponeses. Muitas vezes, para defender-se dos adversários ou de um governo federal hostil, os caciques locais envolveram-se em guerras civis intermináveis e, em alguns momentos críticos, fizeram alianças com as aldeias. Assim, tenderam a misturar uma certa repressão e controle com tentativas de conquistar a lealdade e o apoio de muitas das aldeias que controlavam. Essa situação mudou radicalmente nos últimos anos do Porfiriato.

A Domesticação da Fronteira Setentrional

No último quartel do século XIX, o Estado mexicano começou a afirmar seu domínio sobre sua fronteira setentrional: Sonora, Chihuahua, Nuevo León e Durango. A subjugação dos apaches e a construção das estradas de ferro prepararam o cenário para uma imigração em massa tanto de norte-americanos quanto de sul-mexicanos. Mais de quinze mil pessoas vindas dos Estados Unidos estabeleceram-se na região. Em alguns aspectos, eram semelhantes àqueles que no mesmo período se dirigiam para o restante do México. Como seus congêneres do Sul e do Centro, muitos deles eram investidores ricos ou executivos de grandes empresas. Por exemplo, a empresa norte-americana Smelting and Refining Company, dona da maioria das minas e fundições do Norte do México, importou numerosos técnicos e pessoal de apoio. Muitos administradores haviam sido trazidos por empresários como William Randolph Hearst, para dirigir suas vastas propriedades agrícolas na região, e como William C. Greene, que os empregou em seu império de gado e de madeira. Todavia, muitos outros norte-americanos que se dirigiram para o Norte pertenciam a grupos sociais pouco representados no restante do México. Na maioria das estradas de ferro mexicanas, principalmente no Norte, muitos norte-americanos ocuparam todos os altos postos não só na administração, mas também na divisão de operações, enquanto no setor mineiro os norte-americanos constituíam um importante segmento da força de trabalho, especialmente num dos maiores centros de mineração do México, Cananea, no Estado de Sonora. Nos Estados Unidos, sua condição não teria sido diferente da dos outros trabalhadores, mas no México formavam uma minoria privilegiada e recebiam melhores salários e melhor tratamento do que seus colegas mexicanos.

Os 300 mil ou mais mexicanos que se estabeleceram no Norte do México entre 1877 e 1910 revelavam um caráter social um tanto diferente. A massa dos migrantes eram camponeses desalojados de suas terras, artesãos arruinados ou aventureiros à procura de melhores oportunidades. O impacto desses homens sobre a composição demográfica da região foi enorme: contribuíram para um aumento da população de Monterrey de 14 mil em 1877 para 78 528 em 1910 e transformaram a obscura aldeia de Torreón, que na década de 1870 não contava mais do que algumas centenas de habitantes, na cidade que mais se modernizou e mais cresceu no México, chegando a 23 mil habitantes em 1900 e a 43 mil em 1910.

No Norte os recém-chegados não desalojaram a elite da região. Na verdade, as grandes famílias do Norte haviam renunciado a parte de seu poder político em favor do governo central e partilhavam o poder econômico com os empresários estrangeiros, mas no conjunto saíram muito mais fortalecidos pelas transformações que estavam ocorrendo na fronteira. O clã Terrazas–Creel em Chihuahua, os Madero em Coahuila, os donos das fundições de aço de Monterrey constituíam o equivalente mexicano dos Rockefellers e dos Guggenheims dos Estados Unidos.

Na virada do século, o Norte era uma das regiões mais "modernas" do México tanto em termos econômicos quanto sociais. Não só sua economia era a mais diversificada do país, como a proporção da população rural era menor do que no restante do México. O índice de analfabetismo era o mais baixo. Na zona rural, as formas tradicionais de relacionamentos sociais haviam sido substituídas, em grande parte, por modernas relações capitalistas. Até a década de 1890, os peões das grandes fazendas muitas vezes não eram pagos em dinheiro, mas com vales que só podiam ser resgatados no armazém da fazenda. Muitos peões ficavam presos às grandes propriedades pela dívida que contraíam e, mesmo quando isso não acontecia, era-lhes extremamente difícil e perigoso deixar seu local de residência devido à insegurança do campo, à escassez de comunicações e às incursões dos apaches.

No entanto, com o fim das guerras dos apaches, com o estabelecimento de comunicações com os Estados Unidos, com as chances que muitos trabalhadores rurais mexicanos e sobretudo vaqueiros tiveram de encontrar trabalho do outro lado da fronteira e a pouca disposição das autoridades e dos empresários norte-americanos ou, nessa questão, dos empresários industriais mexicanos de devolver os peões fugitivos a suas fazendas, o sistema de *peonaje* tornou-se cada vez mais caro e improfícuo. Em conseqüência, os mexicanos foram obrigados a procurar outros meios para manter em suas *haciendas* seus vaqueiros e trabalhadores agrícolas. Alguns deles, como os produtores de algodão das lavouras irrigadas de Laguna, chegaram a pagar os mais altos salários da agricultura. Outros estabeleceram contratos de meias e de parceria em condições mais favoráveis do que no restante do país. Enquanto, no Centro, os meeiros e parceiros recebiam no máximo 50 por cento do que colhiam, no Norte chegaram a ganhar até dois terços. Muitos vaqueiros tinham permissão de ter seu próprio gado e de apascentá-los nas terras da fazenda. Se permanecessem por muito tempo no mesmo emprego, podiam facilmente tornar-se capatazes e ganhar o dobro do que percebiam antes. Alguns fazendeiros especialmente progressistas, como Francisco Madero no Estado de Coahuila, instalaram escolas e clínicas médicas em suas fazendas e chegaram a alimentar a população das aldeias vizinhas em épocas de fome e de colheita ruim.

Até o final do século XIX, as mudanças econômicas e sociais derivadas da absorção política e econômica do Norte pelo Centro e pelos Estados Unidos suscitaram melhorias substanciais em importantes segmentos das classes altas, das classes médias e dos menos favorecidos da sociedade. Não obstante, a região Norte testemunhou a maior violência social e política durante o período porfiriano. Em alguns pontos, até o final do século XIX, esses conflitos ocorreram entre, de um lado, aquele que se podia chamar o setor moderno da sociedade e, de outro, os elementos "tradicionais" da sociedade do Norte. Todavia, o único segmento dessa sociedade que rejeitou inteiramente toda e qualquer característica de uma sociedade industrial moderna foram alguns dos cerca de 50 mil índios tarahumaras. Concentrados principalmente no Estado de Chihuahua, muitos deles nos redutos da Sierra Madre, estiveram envolvidos apenas de forma marginal nos conflitos sociais que assolaram o Norte do México durante o Porfiriato e a Revolução de 1910–1920.

Os índios yaquis de Sonora e os antigos colonos militares de Chihuahua, os que mais resistiram à modernização porfiriana e que, repetidas vezes, organizaram conflitos armados contra as autoridades, constituíam um setor tradicional, na medida em que estavam aferrados a suas terras e a seus direitos estabelecidos. Não eram "tradicionais", no sentido de se oporem à moderna tecnologia, indústria ou produção para o mercado. No período colonial, sob a égide dos missionários jesuítas, os yaquis haviam assimilado técnicas sofisticadas de agricultura intensiva, que aplicaram com sucesso no solo fértil do vale do rio Yaqui. Muitos de seus produtos eram vendidos nas feiras das zonas de mineração. Ao mesmo tempo, muitos desses índios foram trabalhar nas minas e nas *haciendas* longe de sua região de nascimento, e seus empregadores os tinham na conta dos trabalhadores mais confiáveis e inteligentes.

Durante todo o período colonial e no curso do século XIX, os antigos colonos militares, os quais se estabeleceram principalmente no Estado de Chihuahua, constituíram um dos pontos de apoio daquela que pode ser considerada a classe média agrária. Possuíam muito mais terra do que o camponês médio do Centro e do Sul e eram independentes em termos econômicos. Não só tinham terra e gado suficientes para subsistir por si sós, como também, mesmo que tivessem mostrado desejos de trabalhar para as *haciendas* vizinhas, o estado perigoso das comunicações durante as guerras apaches teria tornado essa opção pouquíssimo atraente. Ao contrário dos camponeses do Centro e do Sul, cujas terras, até a lei da reforma de 1856, pertenciam às comunidades e, portanto, não podiam ser vendidas, nas aldeias do Norte a terra era uma mercadoria comprada e vendida livremente.

Assim, os índios yaquis e muitos dos antigos colonos militares do Norte insurgiram-se diversas vezes contra o governo de Díaz, não porque fossem contrários à economia capitalista "moderna", mas porque sentiram que essa economia estava desenvolvendo-se às suas custas. Por exemplo, os índios yaquis fizeram diversos levantes sangrentos contra as autoridades mexicanas quando essas tentaram confiscar grandes extensões de suas terras férteis para entregá-las à empresa norte-americana Richardson Company. Para os colonos militares de Chihuahua, que pegaram em armas, em 1891–1893, contra o governo estadual e contra a administração Díaz, o problema da terra estava associado intimamente a uma tradição de autonomia municipal. As autoridades municipais, eleitas livremente por eles, tinham sido seus principais instrumentos de defesa contra todos os tipos de ataques externos às suas terras e à sua posição social e econômica. Em 1891, o governo do Estado promulgou uma nova lei, pela qual os *jefes políticos* tinham direito de nomear os prefeitos das maiores cidades. Muitas aldeias de Chihuahua insurgiram-se contra a aplicação dessa lei pelas autoridades. Esses aldeões tinham duas coisas em comum com os yaquis: uma capacidade de luta invulgar, nutrida em mais de um século e meio de guerra com os apaches, e a posse de armas. Todavia, existia uma diferença importante entre os dois grupos. Os yaquis de Sonora estavam sozinhos, isolados do resto da população do Estado por diferenças étnicas e sociais. Quanto aos colonos militares, tinham aliados poderosos embora secretos: alguns dos maiores proprietários rurais do Estado, antigos caudilhos como Luis Terrazas, tentaram utilizar esses camponeses para exercer pressão sobre o governo.

Essas diferenças induziram o governo Díaz a aplicar táticas bastante diferentes nos dois casos. Depois de anos de tentativas infrutíferas para convencer os yaquis a aceitar a perda da maior parte de suas terras ou para submetê-los mediante campanhas militares cada vez mais intensivas, o governo recorreu a novos métodos de repressão nunca vistos antes. Entre 1903 e 1907 lançou uma campanha total contra eles e deportou uma grande quantidade para as plantações de sisal do Yucatán, tivessem ou não resistido ao governo. Essa tática não apenas dizimou os índios, como foi lucrativa para o governo. O coronel Francisco B. Cruz, que no curso desses três anos deportou 15 700 yaquis para o Yucatán, recebia dos fazendeiros 65 pesos por cabeça (homem, mulher ou criança); ele, pessoalmente, ficava com 10 pesos e repassava 55 ao Ministério da Guerra.

Todavia, com relação aos colonos militares rebeldes de Chihuahua, o governo mostrou-se muito mais inclinado a executar uma política de acordos, que no mais das vezes foram celebrados com seus manipuladores da elite, e não com os próprios camponeses. Depois de uma série de revoltas rurais organizadas por Terrazas de 1891 a 1893, o adversário deste, Lauro Carrillo, foi destituído do cargo de governador de Chihuahua e substituído por um homem mais próximo do caudilho. Os próprios camponeses, com exceção da anistia, receberam concessões muito menores – uma redução das desapropriações de terra e a manutenção de alguns elementos de autonomia municipal. Na maioria dos casos, essa estratégia obteve sucesso; houve um caso, porém, o único e o mais famoso, que foi um desastre. Referimo-nos ao que ocorreu na pequena e obscura aldeia de Tomochi, nos redutos montanheses a oeste de Chihuahua. A rebelião de Tomochi, que rebentou em novembro de 1891, não foi diferente das ocorridas em dezenas de outras aldeias do Norte. No começo, foi apenas uma revolta contra o prefeito recém-nomeado, um sobrinho do *jefe político* do distrito, que apascentava suas ovelhas nos pastos dos aldeões e os obrigava a trabalhar por salário reduzido em sua própria terra ou nas propriedades do ministro das Finanças, José Yves Limantour, localizadas perto da aldeia. Quando alguns habitantes de Tomochi protestaram contra essas exigências, o prefeito os submeteu à *leva*, o temido recrutamento para o exército. A revolta assumiu um caráter messiânico. Os líderes da aldeia, Cruz e Manuel Chávez, eram adeptos do culto à jovem de 16 anos, Teresita, a Santa de Cabora. Os moradores de Tomochi acreditaram que, tendo Deus a seu lado, não precisariam ter medo de entrar em confronto com as tropas do governo. Depois de 80 ou mais homens da aldeia terem derrotado por duas vezes mais de 500 soldados enviados para combatê-los, um ataque federal concentrado de mais de 1 200 homens reduziu a aldeia a escombros. O líder da revolta, Cruz Chávez, junto com todos os homens da aldeia que sobraram, foram fuzilados. De seu lado, o governo sofreu quase 500 baixas. Rapidamente espalharam-se por todo o Chihuahua diversas lendas sobre a insurreição de Tomochi.

Tendo em vista as disparidades de ambos os lados, foi uma vitória que teve muito mais o sabor de uma derrota. O governo foi obrigado a fazer um recuo tácito no tocante às políticas anteriores, reduzindo ainda mais, por algum tempo pelo menos, o ritmo das expropriações de terra e os ataques à autonomia das aldeias. Em conseqüência disso, os levantes de camponeses em Chihuahua começaram a rarear. No final do século XIX, o governo Díaz acreditava que a situação no Norte estava sob controle. Com exceção da região dos yaquis, o nível de violência declinou e aparentemente os caudilhos apoiavam o governo incondicionalmente. No entanto, foi apenas um adiamento. No começo do século XX, os conflitos entre o setor moderno e o tradicional repontaram mais uma vez, complicados agora por novas e profundas tensões que apareciam dentro do próprio setor moderno. No final, elementos rebeldes de ambos os grupos derrubariam o governo de Díaz e assolariam todo o México nos anos entre 1910 e 1920.

O Desapossamento da Classe Camponesa no Centro e no Sul

Já na era Juárez tinham sido feitas sérias investidas contra as terras das aldeias comunais. Mas, no governo Díaz, o que foram antes meras invasões transformaram-se em verdadeiro assalto. Estimou-se que, no momento em que o México se tornou independente da Espanha, no começo do século XIX, cerca de 40 por cento de toda a terra de agricultura, no Centro e no Sul, pertenciam às aldeias comunais. Quando Díaz caiu em 1911, apenas cinco por cento dessas terras continuavam nas mãos dos aldeões. Cerca de 90 por cento dos camponeses do México não possuíam terra. Não existe uma estatística exata sobre esse processo: afirma-se geralmente, porém, que foi no governo de Díaz que a onda de expropriações atingiu seu ponto mais alto.

Houve mais incentivos a esse tipo de desapropriação do que antes. Com o surgimento de novos mercados, internos e externos, para seus produtos agrícolas, os fazendeiros mexicanos procuraram maximizar a produção e para isso tiveram de aumentar suas propriedades. Dois dos casos mais notáveis em que aumentos maciços na produção conjugaram-se com a destruição econômica das comunidades de aldeia foram as plantações de cana-de-açúcar de Morelos e as fazendas de sisal do Yucatán.

No entanto, o surgimento de novos mercados não foi o único estímulo à expropriação de terra. Outro motivo igualmente poderoso foi a especulação. Quando uma estrada de ferro era construída, ou mesmo quando estava sendo apenas planejada, os preços da terra ao longo dela subiam às alturas, dando início a uma corrida de especuladores de todas as espécies para adquiri-las. Apossar-se de novos domínios sem pagar era outro meio de aumentar a produção sem grandes investimentos. Para muitos fazendeiros, esse poderia ter sido o meio mais fácil de maximizar a produção sem grandes custos.

Uma hipótese mais controvertida é que os fazendeiros destruíram as aldeias para minar sua independência econômica, obrigando, desse modo, os habitantes a trabalhar nas terras das *haciendas*. É lógico que foi esse um dos motivos das expropriações, mas exagerou-se sua importância. Quando a fazenda Cantabria expropriou as terras da aldeia de Naranja, apenas três famílias da comunidade dos índios tarascos foram trabalhar na propriedade. Todos os outros empregaram-se em outras *haciendas* que não tiveram nenhuma ligação com a expropriação. Há fortes provas de que a maioria das fazendas encontravam trabalhadores em número suficiente sem precisar destruir a base econômica das aldeias à sua volta. Uma das causas dessa crescente disponibilidade de mão-de-obra foi o aumento populacional das aldeias livres, o que obrigou um número cada vez maior de camponeses a procurar trabalho complementar nas *haciendas*. Existem outras provas de que eram tão grandes a amargura e o ressentimento que a expropriação de uma aldeia vizinha por uma fazenda causava nos camponeses que a maioria deles preferiam trabalhar para outros a fazê-lo para aquela que destruiu sua comunidade.

No governo Díaz, não só os incentivos à expropriação das terras das comunidades aldeãs foram maiores, como os expropriadores encontraram novos meios legais para fazê-lo. Depois da Lei Lerdo (ver acima), que constituiu a base legal de tais ações durante a República Restaurada, na administração de Manuel González foram promulgadas novas leis, que concederam a companhias particulares licença para demarcar terras públicas, ficando com um terço das que descobrissem. Mais importante do que esses meios legais foi o fato de que somente na era porfiriana é que o governo mexicano teve força suficiente para impor um ataque em massa às comunidades aldeãs. As estradas de ferro recém-construídas deram ao exército e às novas forças dos *rurales* maiores possibilidades de subjugar a resistência camponesa.

Não existem estatísticas precisas que estabeleçam com algum grau de certeza em que época ocorreu o processo de expropriação de terra e quando ele atingiu seu ponto máximo. Também não dispomos de uma explicação suficientemente boa para a freqüente e às vezes enorme disparidade encontrada nos desenvolvimentos regionais. Por que tantas aldeias indígenas foram expropriadas no Yucatán, enquanto em Oaxaca, onde se concentrava talvez a maior proporção de índios do México, as aldeias conseguiram conservar a maior parte de suas terras e muitos de seus direitos tradicionais? Terá sido porque a produção para exportação foi maior no Yucatán do que em Oaxaca? Que papel desempenharam os outros fatores, como a maior coesão das comunidades de Oaxaca, a fraqueza tradicional da *hacienda* no Estado, a existência de uma classe média índia e os vínculos pessoais de Díaz com seu Estado natal? Essas são questões para as quais ainda não temos uma resposta definitiva.

Uma questão mais complexa ainda é: Quem foram os beneficiários dessas expropriações? Durante muito tempo traçou-se um quadro demasiado simples de seus resultados; supôs-se que, em decorrência das mudanças porfirianas, apenas duas classes sociais, no final das contas, povoavam o campo: um grupo cada vez mais rico de *hacendados* e um grupo empobrecido de peões sem terra.

Na verdade, porém, parece que uma classe média agrária em expansão, cuja existência nem sempre é fácil de documentar, desempenhou um papel cada vez mais importante nos processos sociais que ocorriam no campo. Em muitas aldeias, grupos de camponeses ricos, agiotas das aldeias e homens fortes locais, que não eram fazendeiros, lucraram tanto quanto os últimos, e às vezes mais, com as expropriações das terras dos camponeses. Muitos deles apareceram muito antes do período porfiriano. O aumento populacional do México acarretara fortes diferenças dentro das aldeias, e seus habitantes mais ricos tornaram-se sócios dos senhores de terra e das autoridades porfirianas na expropriação das terras. Alguns deles adquiriram propriedades de tamanho médio (*ranchos*) e, por isso, aparecem nos censos de 1895 e de 1900, que registraram 32 mil "*ranchos*" (nem todos eles eram unidades independentes; alguns faziam parte de *haciendas*). Outros, porém, investiram sua riqueza em processos que são mais difíceis de documentar estatisticamente. Alguns se tornaram ricos parceiros, outros arrendaram gado a meeiros e parceiros mais pobres. O censo de 1900 enumera 400 mil *agricultores*; no entanto, a base dessa categoria não foi bem estabelecida, mas deve ter abrangido a maior parte dessa classe média agrícola que constituiu um segmento importante da população rural do México. Suas relações com os aldeões eram extremamente variadas. Alguns deles tornaram-se agiotas, agentes do Estado ou dos *hacendados*, enquanto outros se transformaram em líderes populares. Com o tempo muitos mudaram de uma categoria para outra.

Na aldeia de Anenecuilco, no Estado de Morelos, no final do verão de 1909 os aldeões elegeram um camponês relativamente próspero, Emiliano Zapata, para representá-los nas suas tentativas de recuperar as terras que a vizinha Hacienda del Hospital lhes tomara. Centenas de milhas ao norte, na aldeia de Cuchillo Parado, na fronteira, os aldeões também elegeram um representante, Ezequiel Montes, para ajudá-los a impedir que um dos fazendeiros mais ricos de Chihuahua, Muñoz, tomasse-lhes as terras. Tanto Zapata quanto Montes tinham uma posição social superior à da maioria dos outros aldeões. Zapata era oriundo de família conhecida e estava relativamente bem de vida, pois possuía terras, cavalos e mulas. Ezequiel Montes não tinha esses antecedentes de família. Chegou a Cuchillo Parado, na década de 1880, um trabalhador sem terra, e não trazia consigo outras posses a não ser seu violão, como escreveu sem muito respeito um cronista de aldeia. Mas Montes, obviamente, tinha mais talentos do que o de cantor. Falava muito bem, sabia ler e escrever, conhecia o mundo das vizinhanças e logo ganhou a confiança dos aldeões. Em 1903, eles o elegeram para representá-los na Junta de Vecinos de Cuchillo Parado, criada para lutar contra as pretensões de Muñoz. De início, Montes teve mais sucesso do que Zapata. A Hacienda del Hospital manteve as terras de que se apoderara, mas Muñoz desistiu de seu ataque a Cuchillo Parado.

Os dois líderes, usando o poder e o prestígio que haviam adquirido, comandaram de forma extremamente diferente as tentativas dos aldeões de garantir seus direitos. Zapata liderou os homens de Anenecuilco e, posteriormente, os de todo o Estado de Morelos na Revolução Mexicana. Montes foi nomeado prefeito de Cuchillo Parado pelas autoridades do Estado, tornou-se um agiota e acabou sendo expulso da aldeia no dia em que eclodiu a Revolução.

É possível que o surgimento dessa classe média agrária forneça uma das melhores explicações, embora não a única, para um fato que intrigou por muito tempo os historiadores: a relativa falta de resistência dos camponeses do Centro e do Sul à expropriação generalizada de suas terras. É pouco duvidoso que a fraca resistência camponesa nas décadas de 1880 e de 1890, em comparação com o período de 1876 a 1880, esteja ligada igualmente ao aumento de poder do Estado, ao fortalecimento do exército e à sua maior mobilidade por causa das estradas de ferro e à criação de novas unidades de polícia. No entanto, apenas a repressão não oferece uma explicação suficiente. Além do maior apoio que a classe média emergente concedia ao governo, dois outros fatores contribuíram provavelmente para disseminar a resistência camponesa. Um foi a desintegração de seus principais órgãos de resistência, a administração comunal da aldeia. Com o fim da autonomia aldeã, os camponeses já não podiam contar com a tradicional organização que os comandara em tempos anteriores na resistência às usurpações dos fazendeiros ou do Estado. Outro fator, talvez ainda mais importante, foi a transformação da tradicional relação patrono-cliente que por algum tempo dominara a vida na zona rural mexicana. No período colonial, o patrono foi o Estado espanhol, que freqüentemente tentou proteger os camponeses das usurpações dos proprietários de terra a fim de impedir que esses últimos se tornassem poderosos demais. Já no início do século XIX, essa função foi assumida pelos caudilhos regionais, que dependiam do apoio camponês para conduzir suas freqüentes guerras civis com seus adversários de outras regiões. Quando alguns *hacendados* do Estado de Guerrero tentaram expropriar terras pertencentes às aldeias livres, os camponeses apelaram para Juan Álvarez, o *hacendado* mais rico e o caudilho liberal mais poderoso da região, para retomá-las. Álvarez ajudou. Em troca, milhares de camponeses juntaram-se ao seu exército em 1855 quando ele derrubou o governo conservador de Santa Anna. Álvarez não foi o único. Outros caudilhos, como o conservador Manuel Lozada em Tepic, também socorreram os camponeses quando estes lhe pediram ajuda. Muitos desses protetores tradicionais foram absorvidos pelo Estado porfiriano e posteriormente se voltaram contra seus antigos protegidos. Quando perderam seus patronos tradicionais, muitos camponeses sentiram-se desorientados e abandonados. É possível que o prestígio pessoal de Porfirio Díaz, bem como algumas medidas limitadas de ajuda a algumas aldeias, tenham impedido o aparecimento da resistência camponesa. Alguns indícios mostram que às vezes Díaz tentou vestir o manto tradicional do Estado colonial espanhol de protetor e patrono das aldeias indígenas. Repetidas vezes escreveu a governadores e funcionários locais, exigindo que respeitassem os direitos de propriedade dos índios quando esses possuíam os títulos da terra, ou mesmo que respeitassem os direitos *de facto*. Assim, em 1897 os aldeões de Tamazunchale solicitaram sua ajuda para impedir a expropriação de suas terras. Díaz mandou-os procurar o título da terra nos Arquivos Nacionais e, em seguida, escreveu ao governador do Estado de San Luis Potosí:

Com referência aos índios de San Francisco, Matlapa e os restantes, não pode haver dúvida de que são os proprietários por concessões vice-reais há muito tempo atrás, mesmo que seus títulos apresentem alguns vícios e irregularidades; no entanto, ainda que seus títulos fossem irregulares e nulos, foram considerados os proprietários das terras que agora um intruso está tentando comprar porque os índios carecem de meios para pagar por elas. O resultado prático seria uma expropriação e a substituição dessas aldeias de índios por intrusos que viriam habitar os locais que eles abandonaram, mas provavelmente depois de muitas cenas sangrentas que os índios considerariam sua justa vingança, convencidos fanaticamente da consciência certa ou errada de seus direitos[5].

No entanto, esses princípios entravam em conflito com outras normas mais profundas da administração porfiriana: o desejo de atrair o capital estrangeiro e a vontade de conciliar os *hacendados*. Díaz, além de intervir em alguns casos, não se mostrou disposto ou foi incapaz de aplicar essas medidas de restrição. Até os últimos anos de seu governo, não adotou providências que pudessem realmente restringir a perda de terra ou a autonomia dos aldeões.

Em 1910, Díaz tomou a única medida em escala nacional que, se tivesse sido adotada alguns anos antes, poderia ter contido de fato as expropriações das terras das aldeias. Proibiu a venda das terras públicas. Nessa altura, algumas das mais ricas já haviam sido adjudicadas e vendidas e a medida teve poucos resultados. Somente no século XX, por motivos que serão descritos a seguir, é que surgiram novos patronos e convocaram os camponeses à revolta, e eles responderam e acabaram por constituir uma força decisiva no temporal revolucionário que varreu o México depois de 1910.

A Evolução da *Peonaje* para Escravidão ou para Liberdade

Em muitas *haciendas* do Centro e do Sul, a condição dos trabalhadores, chamados de modo geral de peões, sofreu mudanças não menos drásticas do que as ocorridas nas aldeias livres que haviam sido desapossadas. Quando a produção de safras para o mercado se tornou cada vez mais lucrativa, muitos

5. *Apud* DONALD FITHIAN STEVENS, "Agrarian Policy and Instability in Porfirian Mexico", *The Americas*, 39: 161, October 1982.

hacendados começaram a substituir os acordos de parceria, preferindo contratar trabalhadores que cultivassem a terra das fazendas para eles. A parceria não foi de modo nenhum abolida, mas os parceiros foram empurrados aos poucos para as terras marginais, mais sujeitas às oscilações do tempo. Em outros casos, os acordos de parceria foram substituídos por outros arranjos ainda mais desfavoráveis aos camponeses. A evolução dos padrões de meação numa fazenda perto de Celaya, no Estado de Guanajuato, ilustra com mais clareza como as *haciendas* realizaram essa substituição. Até a última parte do século XIX havia nessa *hacienda* dois tipos de meeiros: os *medieros al rajar* e os *medieros al quinto*. Os primeiros forneciam seus próprios implementos agrícolas e os bois e recebiam 50 por cento da colheita. Os segundos usavam os equipamentos e os animais da fazenda e, em troca, pagavam aos costumeiros 50 por cento de suas safras, mais um quinto do restante em pagamento pelo uso das máquinas e dos animais. Isso os deixava com no máximo 40 por cento da colheita. No final do século XIX, essa *hacienda* começou a reduzir o número dos *medieros al rajar*, simplesmente não permitindo que os meeiros usassem os pastos da fazenda para apascentar seu gado. No começo do século XX, somente alguns colonos privilegiados ainda trabalhavam suas terras numa base de meias. Todos os outros haviam tornado-se *medieros al quinto*.

Uma outra diferença ocorreu no tipo de trabalhador que os fazendeiros empregavam. Tanto na periferia do Norte quanto na do Sul do país, muito menos povoadas do que o Centro, os *hacendados* freqüentemente sofreram grandes reduções da oferta de mão-de-obra e as enfrentaram de formas muito diferentes. No Norte, a *peonaje* tendeu a desaparecer, ao passo que no Sul, especialmente nas plantações de sisal do Yucatán, nas lavouras de algodão do Valle Nacional em Oaxaca e nas fazendas de café em Chiapas, os trabalhadores continuaram obrigados a permanecer na propriedade, em condições servis próximas muitas vezes da escravidão. Não podiam deixar as fazendas até pagar suas dívidas, que o fazendeiro, mediante fraude – aumento dos preços no armazém da fazenda, ou forçando os camponeses a aceitar créditos de que muitas vezes não necessitavam –, garantia que nunca fossem saldadas. No Yucatán, a servidão por dívida foi institucionalizada numa extensão muito maior do que em qualquer outra parte do México. Em 1901, dizia um observador:

> um dos meios legais de prender os *criados* à fazenda consiste num pagamento adiantado: nessa condição significa que um trabalhador que deixa a *hacienda* pode ser trazido de volta à força pela polícia. Geralmente, esses pagamentos adiantados são feitos quan-

do um jovem nascido na fazenda atinge a idade de 18 ou 20 anos e se casa. Então, seu patrão lhe dá cem a cento e cinqüenta, algumas vezes até duzentos pesos, para construir uma casa e ambas as partes concordam tacitamente que essa soma e outras quantias que possam ser adiantadas em data posterior em caso de acidente ou de doença nunca serão pagas. É o preço pelo qual o jovem yucateco vende sua liberdade[6].

Nos casos em que essa institucionalização se mostrou frágil, foi empregada a força bruta.

Em 1914, John Lind, representante especial de Woodrow Wilson no México, foi convidado, junto com o almirante Fletcher, comandante da frota norte-americana em Veracruz, a visitar uma plantação de cana-de-açúcar nessa cidade, de propriedade de um norte-americano, Sloane Emery, que empregava apenas trabalhadores contratados. John Lind relatou depois:

Eram trabalhadores contratados, mas eram praticamente prisioneiros e haviam sido mandados pelo governo. O almirante Fletcher e eu vimos no século XX esta surpreendente situação: homens sendo espalhados pelos campos de milho em pequenos grupos de oito ou dez acompanhados por um capataz, um cacique, um índio do litoral, um camarada grande e rude, com um par de revólveres presos ao cinturão, e uma cobra preta que media uns dois metros e meio ou três, logo depois do grupo que estava cavando, e na extremidade da estrada adiante um homem com uma espingarda de cano serrado. Esses homens eram levados para o trabalho de manhã, trabalhavam sob os olhos desses vigias e eram trancados de noite num grande alpendre que servia para tudo. Tanto o almirante Fletcher quanto eu ficamos admirados de que ainda pudessem existir essas condições, mas elas existiam[7].

O isolamento em que muitas regiões do Sul se encontravam, a falta de uma indústria para concorrer com os donos de fazenda por uma mão-de-obra escassa, o fortalecimento tanto das forças de polícia da *hacienda* quanto dos órgãos do Estado, tudo isso tornou extremamente difícil para os peões ludi-

6. KARL KAERGER, "Landwirtschaft und Kolonisation", em *Spanisches Südamerika*, Leipzig, 1901–1902, 2 vols.; a citação aparece no vol. II, p. 637.

7. United States Senate Documents, Foreign Relations Committee, Investigation of Mexican Affairs, Report and Hearings 66th Congress, 2nd Session, Senate Document Nº. 285, Washington, 1920, 2 vols.; a citação aparece no vol. II, p. 2 326.

briar seus donos. Essas medidas repressivas foram reforçadas por um processo de dividir para reinar: os rebeldes yaquis do Estado de Sonora, os nômades do México central, os cules chineses e coreanos, todos foram trazidos para o Sul onde os fazendeiros fizeram uso dos antagonismos de um contra o outro e contra a população nativa maia da região para impedir o surgimento de qualquer tipo de resistência. No conjunto, os donos de terra foram bem-sucedidos no campo econômico, social e político. A produção aumentou, a resistência foi extremamente limitada e a instabilidade daí decorrente atraiu novos capitais e investimentos.

As tendências contraditórias na zona rural – mais incentivos econômicos e liberdade *versus* repressão e semi-escravidão – que se manifestaram nas periferias do Norte e do Sul apareceram também no Centro. A causa disso foi que os fatores que determinaram a escassez de mão-de-obra e outros que provocaram um excedente de força de trabalho afetaram o Centro na mesma época, embora obviamente nem sempre nas mesmas regiões. As expropriações das terras das aldeias, junto com o aumento demográfico, criaram grandes segmentos de trabalhadores desempregados, que em muitas regiões eram mais do que suficientes para atender às necessidades das fazendas. Em tais casos, alguns *hacendados* descobriram as vantagens do trabalho livre sobre o servil.

Em 1906, Manuel Brassetti, o administrador da *hacienda* de Tochatlaco, dizia que

> nessa propriedade o sistema de trabalho predominante estava baseado em peões pagos por ano (isso significa que recebiam um pequeno adiantamento e compravam tudo de que precisavam a crédito na *tienda de raya*, acertando as contas uma vez por ano). Todos eles tinham contraído grandes dívidas com a fazenda, eram preguiçosos, bebiam e no conjunto eram trabalhadores ruins e rebeldes; depois de estudar cuidadosamente o problema, decidi abrir mão dos três mil pesos que me deviam e já faz dois anos que eles são pagos por semana. [...] Quando estavam devendo, não trabalhavam no sábado antes da Semana Santa, ficavam bêbados durante toda a Semana Santa e era muito difícil reuni-los no trabalho na terça-feira de Páscoa. Agora que são pagos por semana, trabalham na segunda e na terça-feira santas e já na segunda-feira de Páscoa estão no trabalho[8].

8. Biblioteca del Boletín de la Sociedad Agrícola Mexicana; Segundo Congreso Agrícola de Tulacingo, México, 1906, pp. 144–145.

Segundo Manuel Brassetti, agora os peões estavam mais contentes do que antes e diziam aos peões endividados de outras fazendas: "vocês são escravos, nós somos livres". Em outros lugares do México central, porém, a concorrência das indústrias recém-criadas, a construção das estradas de ferro e a necessidade dos fazendeiros de mais trabalhadores para cultivar suas lavouras comerciais produziram o efeito inverso e produziram uma escassez de mão-de-obra. Essa escassez de trabalhadores real ou, às vezes, forjada levou muitos fazendeiros a manter as condições de servidão por dívida, mesmo quando às vezes eram economicamente contraproducentes e provavelmente desnecessárias.

O Surgimento de uma Classe Dirigente Nacional

Na outra extremidade da escala social, houve também uma mudança significativa no período de governo de Díaz: a criação do que se poderia chamar uma classe dirigente nacional. Com exceção da Igreja, que sempre teve um caráter nacional, a elite econômica mexicana, na primeira parte do século XIX, fora essencialmente local ou regional. Entre seus membros contavam-se os proprietários rurais cuja riqueza estava concentrada, geralmente, em um ou dois Estados; os comerciantes e *agiotistas,* especuladores cuja principal fonte de renda era a concessão de empréstimos ao governo e a especulação com as finanças públicas, que viviam em Cidade do México; e alguns poucos industriais, embora nenhum deles controlasse indústrias importantes. Já a maioria dos mineiros e comerciantes eram estrangeiros.

Alguns membros da classe dirigente nacional que emergiu do Porfiriato eram fazendeiros regionais, mas que estavam começando a estender suas atividades a outros setores da economia e a outras regiões do país. O grupo Terrazas–Creel, talvez o clã familiar mais rico e mais poderoso do México porfiriano, é o exemplo mais proeminente. Luis Terrazas era um dos fazendeiros mais destacados do Estado de Chihuahua e seu genro, Enrique Creel, um fazendeiro abastado e um financista de médio porte da região. Na virada do século, esses dois homens uniram suas atividades e expandiram enormemente sua escala de operações. Possuíam indústrias de processamento de alimentos em todo o Chihuahua e controlavam o maior banco do Estado. Eram donos de um banco na região recém-desenvolvida de Laguna, no Estado de Coahuila. Creel participava da diretoria dos dois maiores bancos de Cidade do México: o Banco de Londres y México e o Banco Nacional de México. Ambos intermediaram muitos negócios para inúmeras companhias estrangeiras que queriam estabelecer-se no México, e Creel foi o presidente de uma das maiores e mais poderosas dessas companhias, a Mexican Eagle Oil Company (El Águila), de propriedade de Sir Weetman Pearson (posteriormente Lorde Cowdray). Do mesmo modo, o ministro das Finanças, José Yves Limantour, filho de próspero comerciante francês, trabalhou em empresas em muitos Estados diferentes. Comprou grandes extensões de terra em Chihuahua e, como Creel e Terrazas, participou da diretoria de muitas das maiores empresas estrangeiras e mexicanas que tinham negócios no país.

A riqueza da nova classe dirigente do México não só provinha da terra, mas também e sobretudo era fruto do trabalho como intermediários para as companhias estrangeiras. Toda grande empresa que quisesse fazer negócios no México logo aprendia que a melhor maneira de evitar a burocracia e superar qualquer outro tipo de obstáculo econômico ou político à sua penetração era ter esses homens como advogados ou, melhor ainda, como membros de sua diretoria. O segmento mais poderoso e articulado dessa nova classe dirigente foi o dos chamados *científicos*, o grupo de financistas, tecnocratas e intelectuais reunidos por Manuel Romero Rubio, ministro do Interior de Díaz (e seu sogro), e liderados, após a morte de Romero Rubio em 1895, pelo ministro das Finanças Limantour (ver acima).

Um dos traços mais marcantes da classe dirigente mexicana foi sua orientação pró-Europa. Essa foi definida com muita lucidez pelo ministro alemão no México, quando escreveu:

> Na opinião deles, o futuro político do país depende inteiramente do desenvolvimento da economia. Para realizar isso, porém, o país necessita de ajuda do exterior, inclusive dos Estados Unidos. Assim, o México está destinado a tornar-se cada vez mais uma área de atividade para firmas capitalistas de todos os países. No entanto, os cosmopolitas, por mais paradoxal que isso possa parecer, vêem exatamente na dependência econômica a garantia de independência política, na medida em que admitem que os grandes interesses europeus que fazem investimentos aqui constituem um contrapeso aos apetites anexionistas dos Estados Unidos e abrem caminho para a total internacionalização e neutralização do México. Nos bastidores, mas à frente do grupo cosmopolita, está o ministro das Finanças, Señor Limantour. Seus aliados são a *haute finance*, bem como os servidores civis do primeiro escalão com interesses nas empre-

sas nacionais e estrangeiras, senadores e deputados e, finalmente, os representantes locais do capital europeu investido no México[9].

Essas opiniões não podem ser explicadas apenas pelo fato de que os *científicos* eram representantes dos interesses europeus, enquanto outros membros da oligarquia mexicana representavam os dos Estados Unidos. Na verdade, os *científicos* eram intermediários tanto das companhias européias quanto das norte-americanas. A razão de terem, apesar de tudo, preferido os europeus aos vizinhos do Norte se devia exatamente ao fato de se terem tornado uma classe dirigente nacional cujos pontos de vista transcendiam limites regionais e assumiam proporções nacionais. Acreditavam que o apoio europeu era fundamental para a manutenção da independência do México. No entanto, é pouco duvidoso que seu papel de intermediários dos interesses europeus tenha sido muito diferente daquele que representaram com relação aos norte-americanos. Os europeus, por causa de sua fraqueza relativa no México, estavam muito mais dispostos do que os norte-americanos a fazer concessões reais a seus intermediários mexicanos. É significativo, por exemplo, que a maior companhia petrolífera inglesa no país, a Águia Mexicana, tenha tido membros da elite mexicana entre seus sócios, embora apenas na classe de sócios interessados. As maiores empresas norte-americanas de petróleo com interesses no México, a Doheny's Mexican Petroleum Company e a Waters Pierce Oil Company, a segunda das quais ligada à Standard Oil, nunca usaram esse tipo de sociedade com membros da oligarquia do México.

As simpatias da classe dirigente mexicana pela Europa foram reforçadas por uma aliança com outro grupo de origem européia, que até o final do século XIX raramente estabelecera qualquer tipo de sociedade com naturais do país. Trata-se dos comerciantes de origem européia, especialmente franceses e em menor extensão alemães, que começaram a instalar indústrias no México quando as importações da Europa se tornaram mais caras devido à queda do preço da prata. Conseguiram que a elite mexicana e sobretudo os *científicos* investissem grandes somas de capital em suas fábricas.

9. Documentos do Ministério das Relações Exteriores da Alemanha, Arquivos do Ministério das Relações Exteriores da Alemanha em Bonn, México, vol. 17, Wangenheim a Bülow, 7.1.1907.

Em decorrência dessas múltiplas atividades, a atitude da nova classe dirigente pareceu a muitos observadores bastante esquizofrênica. Em algumas questões eram totalmente subservientes aos interesses estrangeiros, ao passo que em outras manifestavam surtos inesperados de nacionalismo. Essa classe dirigente nacional e o papel predominante que os *científicos* desempenharam nela provocaram grandes divisões na elite do país. As elites regionais freqüentemente se opunham à sua preeminência e eram apoiadas em sua atitude pelo único grupo que se considerava de caráter "nacional", o exército. Não foi certamente por coincidência que Bernardo Reyes, chefe da oposição da classe alta aos *científicos*, foi um general do exército e um dos militares mais poderosos do México.

No conjunto, é possível que as mudanças e transformações que o governo Díaz introduziu na classe alta do México tenham aumentado as tensões e os conflitos entre seus membros. Até a virada do século, porém, o regime de Díaz conseguiu evitar que qualquer um desses grupos tentasse promover seus interesses por meio de uma revolta armada. Seu regime ofereceu-lhes tantas oportunidades de acumular riqueza que eles simplesmente tinham muito a perder se fizessem um levante armado.

O Surgimento de um Proletariado Industrial

A modernização porfiriana aumentou enormemente o tamanho da classe trabalhadora do México, mudou seu *status* e suas condições de vida e transformou profundamente sua consciência. O grande crescimento econômico acarretou um aumento do número de trabalhadores industriais. Entre 1895 e 1900 seu total cresceu de 692 697 para 803 294 (excluídos os empregados no setor de transportes e os funcionários públicos). Estavam concentrados, em sua maioria, na capital e nos Estados de México, Puebla, Jalisco, Guanajuato e Veracruz e nos Estados da fronteira setentrional.

Suas condições de vida variaram enormemente. Na região petrolífera, as empresas forneceram moradia, construíram escolas e instalaram até mesmo um serviço médico rudimentar. Em troca, exigiram obediência inquestionável. Nas vilas das empresas de petróleo os prefeitos faziam parte da folha de pagamento das companhias, e estas também criavam e controlavam as forças de polícia. Sindicatos e greves eram proibidos. Nas fábricas têxteis, as condições podiam ser muito mais duras. Na indústria têxtil de Santa Teresa y

Contreras, na capital, os trabalhadores não recebiam em dinheiro mas em vales, que só podiam resgatar no armazém da companhia. Os trabalhadores se queixaram muito de uma sobretaxa de 18 por cento que fora aplicada sobre todos os produtos vendidos nesse armazém. Na fábrica Hercules Textile, em Querétaro, os trabalhadores manifestaram reclamações idênticas, mas denunciaram sobretudo o sistema arbitrário de castigo praticado pela companhia: quem chegasse um minuto depois do horário de início do trabalho, 5 horas da manhã, podia ser demitido imediatamente. Não havia provisões para seguro médico, de acidente ou de incapacidade.

Não obstante, até a virada do século, foram raras as greves e outros movimentos de protesto da parte dos trabalhadores industriais. Não somente os padrões de vida estavam subindo, como também as condições de trabalho, por difíceis que fossem, ainda eram melhores do que as vigentes nas *haciendas* de onde muitos trabalhadores tinham vindo, ou nas aldeias onde muitos camponeses haviam perdido suas terras. Ademais, a administração Díaz, numa tentativa de controlar os trabalhadores industriais, incentivou a criação de organizações trabalhistas como o Congreso Obrero e a Convención Radical, que mantinham estreitos vínculos com o governo. Essas organizações faziam propaganda em favor de Díaz e contra as ideologias radicais. Editaram dois jornais, nos quais pregavam coisas como "o respeito de um povo pela polícia é o termômetro que marca sua civilização"[10]. Em 1891, o Congreso Obrero impediu que os operários festejassem o Primeiro de Maio.

Ao mesmo tempo, essas organizações tentaram mediar algumas disputas entre os trabalhadores e os industriais e ajudaram a fundar sociedades de auxílio mútuo, organizações de auto-ajuda que, financiadas exclusivamente por contribuições dos trabalhadores, ofereciam benefícios mínimos em caso de acidente, de incapacidade ou de morte.

No final do século XIX, as atitudes da classe trabalhadora do México, então em formação, começaram aos poucos a mudar com relação ao Estado e a seus empregadores. Um elemento que moldou e influenciou enormemente seu modo de pensar foi o crescente contato com os estrangeiros. A maioria das fábricas, especialmente as grandes empresas, pertenciam aos estrangeiros; até mesmo as companhias de propriedade de mexicanos eram administradas

10. DAVID WALKER, "Porfirian Labor Politics: Working Class Organizations in Mexico City and Porfirio Díaz, 1876–1902", *The Americas*, 37: 268, 272, January 1981.

muitas vezes por estrangeiros. Aos poucos foi-se desenvolvendo um sentimento de nacionalismo entre os trabalhadores mexicanos, que se mostraram cada vez mais fortes no confronto com seus colegas estrangeiros, que, trabalhando nas mesmas empresas, ganhavam salários várias vezes maiores. Foi o caso especialmente das estradas de ferro em que os empregados norte-americanos tinham preferência tanto no acesso aos empregos quanto em termos dos salários percebidos.

Um outro meio pelo qual os trabalhadores mexicanos entraram em contato com os estrangeiros foi a migração para os Estados Unidos. Milhares de trabalhadores mexicanos, especialmente dos Estados do Norte, cruzaram a fronteira ou permanentemente ou por longos períodos para trabalhar nas minas e indústrias ou nas fazendas de gado norte-americanas. A discriminação a que eram submetidos na maioria das vezes provocou em muitos deles fortes sentimentos de nacionalismo. Em outros, porém, esse nacionalismo esteve ligado ao nascimento de uma consciência de classe, quando entraram em contato com sindicatos norte-americanos, sobretudo com o radical IWW (Industrial Workers of the World).

Uma das grandes diferenças entre a classe trabalhadora industrial mexicana e seus congêneres dos países industrializados desenvolvidos foi a fraqueza relativa do segmento privilegiado de trabalhadores especializados. Isso se deveu, de um lado, à predominância, no México, da indústria leve e extrativa, que requeria um número menor de trabalhadores especializados do que outras indústrias, e, de outro, ao grande número de estrangeiros entre esses operários especializados.

O Amansamento da Classe Média

Um dos maiores sucessos de Porfirio Díaz foi a capacidade de seu governo de domar as classes médias do México, tradicionalmente rebeldes e inclinadas às revoltas. (Essas classes médias eram os burocratas do governo, os comerciantes, os intelectuais, os empregados colarinhos-brancos, os artesãos e outros.) Até a virada do século, essa doma foi feita com um grau reduzido de violência e repressão.

Quando retornou à presidência em 1884, Díaz suprimiu aos poucos os direitos que concedera às classes médias no seu primeiro mandato. Os partidos políticos autônomos quase haviam desaparecido, raramente eram realizadas eleições parlamentares e o Congresso praticamente não dispunha de poder. A imprensa, o domínio outrora dos intelectuais liberais, era cada vez mais controlada pelo governo. Grandes segmentos da classe média aceitaram essas restrições de seu poder e liberdade sem manifestar qualquer resistência mais séria ao regime. O Porfiriato lhe ofereceu oportunidades nunca vistas de avanço em termos econômicos. Em muitos Estados onde Díaz substituiu os caudilhos em quem não confiava por funcionários leais ao regime, apareceram para muitos membros da classe média que estavam fora do governo novas oportunidades de partilhar o poder local e regional.

Muitos elementos da classe média mexicana tinham consciência de que precisavam pagar um preço pela paz e pelo desenvolvimento econômico porfirianos. Outros foram simplesmente cooptados pelo regime. Aqueles que não ingressaram no serviço público lucraram com o crescimento geral da economia. Não obstante, o número de opositores ao regime começou aos poucos a diminuir. Em contraste com os beneficiários do regime de Díaz, grandes grupos da classe média ou não lucraram ou começaram a sofrer perdas econômicas na virada do século.

Os maiores perdedores foram os almocreves e transportadores locais, que foram suplantados pelas estradas de ferro recém-construídas, e os artesãos, que não conseguiram competir com a indústria têxtil que então surgia. Os principais membros da classe média que fizeram oposição ao regime foram os intelectuais descontentes. Alguns eram jornalistas independentes, como Filomeno Mata em Cidade do México ou Silvestre Terrazas em Chihuahua. Até mesmo uma crítica amena ao regime provocava o fechamento de jornais e a prisão dos editores dissidentes (Filomeno Mata foi preso 14 vezes).

Os professores, cujo número subiu de 12 748 em 1895 para 21 017 em 1900, foram especialmente eloqüentes em sua oposição ao regime. Embora o aumento na sua quantidade ateste um certo desenvolvimento do ensino no México no governo Díaz, na opinião de grande número deles o governo fazia muito pouco para educar o povo. Apesar da construção de novas escolas, sobretudo nas grandes cidades, a porcentagem de analfabetos quase não diminuiu no período do Porfiriato. O ensino superior permaneceu pouco desenvolvido e o número relativo de estudantes no país quase não aumentou. Contudo, a política educacional do Porfiriato e a condição de má remuneração de muitos professores não são a única explicação para sua oposição ao regime; não teve menos importância o estreito contato que muitos professores mantinham com a população rural, seu forte sentimento de nacionalismo e seu ressentimento pela preferência dada às culturas estrangeiras.

Ainda que a oposição dos intelectuais a uma ditadura fosse um fenômeno quase natural, o mesmo não se pode dizer da oposição maciça dos comerciantes ao regime de Díaz. Geralmente, os comerciantes não são um segmento radical da sociedade. No entanto, na sua avaliação das causas da Revolução de 1910, Pablo Martínez del Río, herdeiro de uma das famílias importantes do Porfiriato, atribuiu os levantes revolucionários em grande parte aos comerciantes insatisfeitos. As raízes dessa insatisfação residem no fato de que em muitas cidades os comerciantes mexicanos eram obrigados a competir ou com estrangeiros ou com clientes da oligarquia que recebiam concessões das empresas estrangeiras para instalar armazéns da companhia. Os pequenos empresários que tentavam montar fábricas ou pequenos negócios dependiam do crédito dos bancos, que pertenciam a estrangeiros ou a membros da oligarquia. Em igualdade de condições, esses bancos davam tratamento preferencial aos devedores que tinham boas relações.

A CRISE DO PORFIRIATO, 1900–1910

Apesar das profundas mudanças sociais e econômicas introduzidas por Díaz e dos antagonismos que provocaram, o presidente mexicano conseguiu, surpreendentemente, impedir até a virada do século o surgimento de forças importantes de oposição a seu governo. As revoltas limitaram-se sobretudo à periferia do país e afetaram algumas tribos indígenas ou apenas um número reduzido de aldeias. No conjunto, os trabalhadores industriais tenderam a mostrar docilidade e não ocorreram greves importantes. Não surgiu nenhum grupo político de oposição em escala nacional ou mesmo regional. Em conseqüência, não apenas alguns membros da elite mexicana mas também muitos políticos estrangeiros cobriram Díaz de elogios sicofânticos. No entanto, no curto intervalo de dez anos, de 1900 a 1910, essa situação mudou drasticamente. Desenvolveram-se movimentos regionais de oposição. Realizaram-se greves com a participação de milhares de trabalhadores. Surgiram três movimentos nacionais de oposição, dois dos quais pregavam a derrubada violenta do regime.

A base da Pax Porfiriana fora a sedução ou neutralização por parte de Díaz dos grupos e classes que, tradicionalmente, comandavam os movimentos revolucionários e armados no México: o Exército, a classe alta e a classe média. Sem eles, as rebeliões das classes baixas que irrompiam apesar da máquina repressiva do governo de Díaz eram facilmente derrotadas e nunca ultrapassavam o âmbito local. A situação mudou profundamente na primeira década do século XX, quando o regime de Díaz se mostrou cada vez menos capaz de manter esse consenso da classe alta e da classe média. Além disso, quando o descontentamento das classes baixas aumentou e os Estados Unidos se mostraram insatisfeitos com o regime, a classe alta e a classe média se dividiram ainda mais. No momento em que esses três grupos e classes diferentes uniram suas forças, rebentou a Revolução Mexicana e o governo de Díaz caiu.

Essa drástica mudança na direção dos acontecimentos não teve uma única causa. Uma depressão econômica de proporções nunca vistas, mudanças políticas no âmbito nacional e no plano regional, aumento e maior visibilidade da repressão do governo, a luta pela sucessão do idoso presidente, uma nova onda de nacionalismo e a emergência do México como centro de disputa entre europeus e norte-americanos, todos esses fatores ajudaram a destruir primeiro a Paz Porfiriana e depois o regime.

Entre 1900 e 1910, o fluxo de investimentos externos para o México assumiu proporções torrenciais. Totalizou quase três bilhões de dólares, três vezes mais do que nos primeiros 24 anos do governo de Porfirio. Essa nova onda de investimentos acarretou forte alta dos preços, que se acentuou ainda mais com a decisão do governo mexicano de abandonar o padrão-prata e adotar o padrão ouro. O resultado desses desdobramentos foi uma forte queda dos salários reais em muitas partes do país. Essa tendência acentuou-se quando o surto de prosperidade deu origem a uma das maiores crises econômicas que o México de Porfirio Díaz já enfrentara. Em 1907/1908, uma crise cíclica nos Estados Unidos estendeu-se até o México, causando a dispensa maciça de empregados e a redução dos salários. O desemprego interno aumentou ainda mais com o retorno dos milhares de trabalhadores que haviam migrado para os Estados Unidos e foram os primeiros a ser dispensados quando a recessão afetou a economia do vizinho do norte. À recessão econômica veio somar-se ao mesmo tempo uma crise agrícola. Colheitas ruins, em parte por causa da seca e em parte devido a inundações, dizimaram a produção alimentícia do México e provocaram fortes aumentos dos preços numa época em que não só os salários reais mas até mesmo os salários nominais estavam sendo reduzidos na indústria.

Nesse momento, todas as conseqüências das tentativas porfirianas de modernização se fizeram sentir. O regime de Díaz não estava disposto e nem se mostrava capaz de amparar importantes segmentos da classe alta, a maior parte da classe média e as camadas mais pobres da sociedade. Não ofereceu nenhum alívio tributário às empresas de porte médio profundamente afetadas pela crise. Ao contrário, com total aprovação do governo, a oligarquia tentou deslocar o ônus da crise não só para os ombros dos segmentos mais pobres da sociedade, mas também para os da classe média e daqueles membros da classe alta que não tinham estreita ligação com os *científicos*. Durante o período de prosperidade, tanto os empresários estrangeiros quanto os membros da nova classe dirigente nacional do México foram premiados com grandes isenções de impostos. Quando a receita do governo começou a cair visivelmente em conseqüência da diminuição da atividade econômica, os *científicos* tentaram aumentar os impostos para a classe média. No entanto, os bancos, que eram controlados tanto pelos estrangeiros quanto pela oligarquia, não só reduziram o volume de crédito e aumentaram os juros dos empréstimos, como também começaram a cobrar num ritmo acelerado todas as dívidas pendentes.

O governo não fez qualquer esforço para aliviar a restrição de crédito. Com exceção da redução de algumas tarifas para estimular a importação de alimentos básicos, a administração Díaz nada mais fez. O resultado foi a ruína ou pelo menos grandes dificuldades para muitos empresários da classe média e uma catastrófica redução nos padrões de vida de grandes segmentos da população do país. Essa política foi fruto, em parte, da ideologia *laissez-faire* da oligarquia porfiriana; todavia, mesmo que a administração Díaz tivesse disposta a fazer mais para aliviar os efeitos da crise, sua capacidade era extremamente limitada. As receitas do governo em todos os níveis – federal, estadual e municipal – foram responsáveis por apenas oito por cento do produto nacional bruto[11]. Essa crise econômica, por grave que tenha sido, não foi a única causa imediata da explosão social do México nos anos de 1910–1920. As contradições internas que produziram a Revolução Mexicana foram mais profundas e muito mais complexas do que o desarranjo produzido pela crise de 1907, mesmo que essa crise tenha intensificado as contradições já existentes dentro da sociedade.

---

11. JOHN COATSWORTH, "The State and the External Sector in Mexico 1800–1900" (estudo inédito). As estimativas do PNB são baseadas em LEOPOLDO SOLIS, "La Evolución Económica de México a partir de la Revolución de 1910", *Demografía y Economía*, 3(1): 4, 1969.

Um fator importante que contribuiu para a desestabilização do regime de Díaz em seus últimos anos foi o surgimento de forte oposição da classe trabalhadora. Suas primeiras manifestações foram algumas greves, sem precedentes no alcance e na repressão oficial que suscitaram, e o surgimento de um partido político nacional de oposição com fortes tendências anarco-sindicalistas. As raízes dessa oposição da classe trabalhadora foram múltiplas. Aparecera uma nova geração de trabalhadores: não eram ex-camponeses e não comparavam sua atual situação com as condições ainda piores das fazendas ou das aldeias. Um grande número de trabalhadores, numa época ou noutra, cruzaram a fronteira norte para trabalhar nos Estados Unidos. Lá foram influenciados tanto pelo exemplo dos altos padrões de vida e dos direitos de sindicalização quanto pela ideologia anarco-sindicalista do IWW. Quando os trabalhadores se opuseram não só aos investidores e administradores estrangeiros mas também aos próprios operários estrangeiros, foram movidos por um crescente sentimento de nacionalismo.

A causa mais imediata da insatisfação dos trabalhadores foi a forte diminuição dos padrões de vida entre 1900 e 1910. Mesmo no período de prosperidade até 1907 os salários reais foram corroídos pela inflação. Entre 1907 e 1910 as condições se deterioraram brutalmente, sobretudo no Norte do país. Em Chihuahua, o cônsul alemão estimou, em 1909, que os preços dos alimentos e produtos essenciais tinham subido 80 por cento, enquanto os salários nominais haviam caído 20 por cento. O resultado foi uma queda catastrófica dos salários reais daqueles que ainda tinham emprego. Obviamente, para milhares de outros que haviam sido dispensados durante a recessão, as condições eram ainda piores. Um fato bastante interessante, porém, é que os mais importantes movimentos sociais dos trabalhadores mexicanos entre 1900 e 1910 não aconteceram durante a recessão econômica, mas no período anterior de prosperidade. Dos três maiores conflitos trabalhistas que chamaram a atenção nacional nesses anos – uma greve na fábrica têxtil de Río Blanco, no Estado de Veracruz, em junho de 1906; uma greve de mineiros em Cananea, no Estado de Sonora, em janeiro de 1907; e movimentos de ferroviários em Chihuahua em 1908 – somente no primeiro é que preponderaram questões puramente econômicas. Mesmo nele as condições de trabalho foram pelo menos tão importantes quanto as outras causas. Nos outros dois casos, o nacionalismo esteve ligado intrinsecamente às reivindicações dos trabalhadores. Os mineiros mexicanos de Cananea se irritaram com o fato de os empregados norte-americanos que foram trazidos do outro lado da fronteira receberem salários duas vezes maiores para fazer o mesmo trabalho. Indignações semelhantes foram o motivo central da greve dos ferroviários mexicanos em Chihuahua, que se queixavam de que todos os melhores postos do sistema ferroviário mexicano eram reservados aos norte-americanos. Essa greve terminou com um acordo entre as partes, mas as outras duas foram reprimidas com uma brutalidade tão grande que superou tudo o que ocorrera nos primeiros anos do governo de Díaz. "Graças a Deus que ainda posso matar", dizem que Díaz exclamou, e ordenou a execução desumana de dezenas de operários têxteis de Río Blanco, que haviam solicitado ao presidente mexicano que servisse de árbitro na sua disputa com a empresa. Nessa altura, já ocorrera um banho de sangue, embora de menores proporções, em Cananea, onde as chamas da indignação foram acesas pela chegada de centenas de norte-americanos armados, que haviam cruzado a fronteira para combater o movimento dos mineiros.

Nos anos anteriores do governo Díaz, esse tipo de repressão maciça e altamente visível fora muito mais a exceção do que a regra. Na época Díaz preferia negociar a reprimir e, quando usou meios de repressão, tentou mantê-los o mais possível em segredo. O alcance e o caráter nunca vistos dos massacres, bem como a existência de um partido de oposição nacional de orientação trabalhista converteram Río Blanco e Cananea em nomes familiares a centenas de milhares de mexicanos. Levaram milhares de trabalhadores a simpatizar com o primeiro e mais radical movimento de oposição em escala nacional que surgiu durante o Porfiriato. Trata-se do Partido Liberal Mexicano (PLM), fundado no início do século por diversos intelectuais da província. Exigia o retorno aos princípios das facções radicais do movimento liberal do tempo de Juárez. O aumento de repressão por parte do governo levou o partido a deslocar-se rapidamente para a esquerda, que logo assumiu características e manifestações anarco-sindicalistas. Seus líderes mais destacados foram os dois irmãos Enrique e Ricardo Flores Magón, que comandaram o partido a partir do exílio em St. Louis. O jornal que editavam, *Regeneración*, proibido de circular no México, era trazido ilegalmente dos Estados Unidos. No entanto, chegou a vender no México mais de 25 mil exemplares por edição e inspirou enormemente as grandes greves que eclodiram no país.

O PLM exerceu influência não só sobre os operários industriais como também sobre alguns setores da classe média mexicana. Para eles o conflito com a administração Díaz era, em parte, uma luta de classes e, em grau muito maior, um conflito de gerações. Aos olhos de muitos jovens, o regime de Díaz era uma sociedade ditatorial fechada, subserviente aos interesses estrangeiros e, especialmente, dos Estados Unidos, que, no entender deles, eram uma ameaça à integridade e à independência do México. Sentiam que tinham muito menos oportunidades de mobilidade social do que a geração de seus pais. A geração mais velha ainda ocupava os postos da burocracia federal e Díaz não dava qualquer mostra de que planejasse algum tipo de substituição. Um ministro francês profundamente preocupado informou a seu governo em 1900:

> apesar da paz que agora reina no país existe uma insatisfação real. [...] a base dessa insatisfação é um partido de jovens que, sob a capa de uma adesão a princípios, esconde um apetite pelo poder e deseja tomar parte nos direitos e privilégios do poder. Advogados, juízes, engenheiros, escritores e jornalistas formam a maioria desse partido. Ele pretende falar em nome de toda a sociedade civil e declara que o atual regime militar deveria ser substituído pelo parlamentarismo e por um regime de livre discussão[12].

As grandes empresas estrangeiras que na época estavam entrando no México não forneciam nenhum meio de escape, nem novas oportunidades para os jovens mexicanos formados, que não viam qualquer possibilidade de ingressar na burocracia federal ou local. Os estrangeiros preferiam escolher gerentes de nível médio e superior do seu próprio meio. A tendência era os empregos de nível superior serem entregues a amigos, a membros da família ou a fregueses de seus sócios mexicanos que, geralmente, também eram membros da oligarquia.

A frustração dos elementos jovens e formados da classe média do México não teve apenas raízes econômicas. Muitos se indignavam com o que diziam ser a cega aceitação dos valores e cultura estrangeiros por parte da elite porfiriana. Para muitos a "diplomacia do dólar", a crescente emigração dos norte-americanos para o Norte do México e o aumento dos investimentos dos Estados Unidos nessa região reviveram os temores de uma anexação do país. Esses temores foram fortalecidos pelos repetidos pedidos da imprensa norte-americana de anexação do México.

---

12. Archives de Ministère des Affaires Étrangères, Paris, CC, Mexique, Bd 17, Blondel a Delcassé, 3 décembre 1900.

O PLM conseguiu inspirar ou fortalecer a oposição em grande escala ao regime de Díaz. No entanto, seu apelo a uma revolução nacional não foi ouvido. Eclodiram uma série de revoltas locais, a maioria delas no Norte, sob o comando de exilados que haviam retornado com armas e propaganda. Fracassaram, não só porque freqüentemente tinham pouca coordenação, mas também porque muitas vezes havia agentes do governo infiltrados nos grupos que as comandavam. Um tipo bastante diferente de oposição, que congregou desde *hacendados* dissidentes a camponeses militantes, pretendeu derrubar Porfirio Díaz do poder. Teve origem nas mudanças sociais e políticas, tanto no plano nacional quanto no âmbito regional, nos Estados da fronteira setentrional, Sonora, Coahuila e Chihuahua, e em Morelos, um Estado do Centro.

Na virada do século aconteceu no México uma profunda mudança política. Nos últimos dez anos de seu governo, Díaz reduziu enormemente a aplicação de uma de suas políticas básicas, a estratégia de dividir para reinar, que tanto fortalecera seu regime nos primeiros anos. Até a virada do século, tanto no âmbito nacional quanto no plano regional, Díaz criara um complicado sistema de controle, que impedia que qualquer grupo ou facção obtivesse demasiado poder. No plano nacional, Díaz permitiu e chegou mesmo a estimular o crescimento de facções que combatessem os *científicos*. Seus adversários mais influentes eram uma frouxa aliança de fazendeiros e empresários do Norte, apoiados por alguns militares, cujo líder, Bernardo Reyes, foi um dos generais mais poderosos de Díaz e por muitos anos fora comandante militar e posteriormente governador de Nuevo León e secretário da Guerra de 1900 a 1904. No plano regional, os tradicionais caudilhos, que geralmente mantinham as rédeas do poder político e econômico, foram substituídos por homens que deviam sua ascensão a Porfirio. Alguns eram funcionários transferidos de outras partes do país com pouquíssimas raízes locais; outros eram membros menos poderosos da elite local. Freqüentemente, por sobre os constantes conflitos que irrompiam entre grupos e facções da elite, eram obrigados a competir com seus antecessores. Díaz foi o grande árbitro que manteve um precário equilíbrio entre eles. Na virada do século, estava cada vez mais evidente que Díaz tinha pouca disposição ou menos capacidade de aplicar essa estratégia complexa com o mesmo vigor com que fizera nos primeiros anos de seu mandato.

No plano nacional, os *científicos* pressionavam Díaz para que lhes concedesse maior poder, mas acima de tudo queriam que o presidente mexicano, então com 70 anos de idade, indicasse com bastante clareza um membro do grupo para lhe suceder em caso de sua morte. Decerto, o aumento de poder econômico desse grupo e seu sucesso na administração da economia do país, elevando as receitas e aumentando sua taxa de crédito no exterior, foram um fator importante a influenciar Díaz. Outro elemento pelo menos tão importante quanto esse foi o fato de que os interesses estrangeiros que investiam cada vez mais no país queriam do presidente algum tipo de garantia de que, no caso de sua morte, as políticas que ele adotara não seriam interrompidas. Na opinião deles, a melhor garantia que o presidente lhes podia dar era uma indicação de que os *científicos*, com quem tinham estreitas ligações, continuariam no poder. Em 1903, Díaz sentiu que chegara o momento de fazer um gesto decisivo para tranqüilizar tanto os *científicos* quanto os investidores e financistas estrangeiros. Concordou com a eleição de Ramón Corral, um membro do grupo *científico* originário do Estado de Sonora, no noroeste, para a vice-presidência e com isso sinalizou que Corral seria seu sucessor se ele morresse durante o seu mandato. A eleição de Corral aconteceu em 1904. Foi uma importante vitória para os *científicos*, sublinhada por Díaz quando afastou do posto de secretário da Guerra o mais poderoso inimigo do grupo, Bernardo Reyes. Ao mesmo tempo os *científicos* decidiram minar o poder econômico e político dos membros da elite que lhes faziam oposição. No Estado de Sonora, o próprio governador, muito ligado a Corral, passou a tratar com acrimônia muitos fazendeiros que eram seus adversários políticos, entre eles um dos mais ricos *hacendados* do Estado, José María Maytorena. Em Coahuila, Díaz obrigou o governador Miguel Cárdenas, apoiado por grandes grupos de fazendeiros, a renunciar e impediu a eleição de outro fazendeiro, Venustiano Carranza, que tinha o apoio da maioria dos membros da classe alta do Estado. Pode ser que a irritação de Díaz contra importantes segmentos da elite do Nordeste e a deles contra ele tenham se originado nos muitos conflitos destes com os interesses estrangeiros. A disputa mais conhecida, mas de nenhum modo a única, foi com o clã Madero, a família mais rica e mais poderosa de Laguna, senão de Coahuila, que nunca dera apoio a Reyes, embora um de seus membros mais proeminentes, Francisco Madero, tenha tentado durante alguns anos criar uma oposição política à administração Díaz. Em contraste com as famílias Torres e Terrazas, os Madero nunca cooperaram harmoniosamente com as empresas norte-americanas e eram muito conhecidos entre essas empresas por suas táticas pouco dissimuladas de confronto. Na virada do século XX, Francisco Madero formara e chefiara uma coligação de fazendeiros na região de Laguna para combater as tentativas da empresa anglo-americana Tlahualilo de monopolizar os direitos de água da qual essa região dependia para suas lavouras irrigadas. Quando os Maderos passaram a cultivar guaiule, o substituto da borracha, entraram em conflito com a Continental Rubber Company. Outro conflito foi com a empresa Smelting and Refining Company, pois antes de 1910 os Madero eram os donos do único forno de fundição no Norte do México que não dependia da companhia norte-americana.

Em Chihuahua, o ataque dos *científicos* não foi dirigido contra os fazendeiros dissidentes, que eram pouquíssimos, mas contra os camponeses e importantes segmentos da classe média. Foi aqui que os *científicos* obtiveram suas maiores vitórias, devido ao controle total que um dos seus mais poderosos companheiros, Luis Terrazas, e seu clã familiar exerciam no Estado. Em 1903, conseguiram uma reconciliação entre o caudilho de Chihuahua e o presidente, que haviam lutado em lados opostos nos levantes de 1871 e de 1876 chefiados por Díaz. Com o apoio deste, Terrazas voltou ao governo de seu Estado em 1903. Chihuahua agora se transformara numa empresa familiar. Foi governado alternadamente por Luis Terrazas, pelo seu genro Enrique Creel, pelo filho de Luis, Alberto, e nos interregnos por candidatos indicados por eles. Seu poder superava os sonhos mais ardentes de seus antecessores na era anterior a Díaz. Quem quisesse manter seu posto no governo, no plano local ou no regional, tinha de procurar os novos corretores do poder. Quem recorresse aos tribunais tinha de se haver com juízes indicados por eles. Quem procurasse emprego numa companhia estrangeira tinha provavelmente de depender de sua mediação. Quem perdesse sua terra para uma companhia demarcadora ou para um fazendeiro podia culpá-los. A nova oligarquia não obtivera apenas um poder nunca visto, livrou-se igualmente das coerções e obrigações que seus antecessores criaram. Não respeitava a autonomia municipal, nem precisava fornecer proteção contra os assaltos dos apaches ou contra o governo federal. O resultado foi uma crescente polarização de forças e um aumento da indignação da classe média.

Os camponeses livres do Estado e sobretudo os antigos colonos militares sofreram mais ainda com o retorno de Terrazas ao poder. Uma nova estrada de ferro, a Kansas Pacific Railroad, estava sendo construída através da região montanhosa do oeste de Chihuahua, local de grande parte das antigas colônias militares. Conseqüentemente, os preços da terra subiram. Como o governo já não precisava do poder de luta desses colonos, Enrique Creel empreendeu uma grande ofensiva para despojá-los de suas terras. Foi decretada nova lei agrária para o Estado. Especificava que as terras municipais não podiam mais ser vendidas ao maior licitante. Com isso, as últimas propriedades das colônias militares começaram a ser expropriadas. "Se não tivermos sua proteção, perderemos nossas terras pelas quais nossos antepassados lutaram contra os bárbaros", escreveram a Porfirio Díaz os habitantes de uma das colônias militares mais antigas e mais prestigiosas do Estado, Namiquipa[13]. Em dezenas de aldeias do Estado, como San Andrés, Cuchillo Parado e Bocoyna, os aldeões protestaram inutilmente junto ao governo central contra a expropriação de suas terras. As expropriações anteriores haviam empobrecido os camponeses. A nova lei de Creel ameaçava a sua própria existência.

A ofensiva dos *científicos* e a crise econômica de 1907 criaram uma situação única e sem precedentes no triângulo setentrional de Sonora, Chihuahua e Coahuila. O que pareceu singular nessa região foi a união de parcelas substanciais de todas as classes da sociedade, dos *hacendados* e da classe média aos trabalhadores das indústrias e aos antigos colonos militares despojados de suas terras, contra o regime de Díaz.

Em muitas partes do México via-se uma classe média descontente, indignada com sua exclusão do poder político, aparentemente colhendo apenas as migalhas da prosperidade econômica do México, e irritada com o papel cada vez mais importante que os estrangeiros desempenhavam na estrutura econômica e social do país. Em nenhum lugar, porém, ela crescera mais do que no Norte e em nenhum lugar sofrera essas perdas num intervalo tão curto de tempo. A classe média do Norte não só foi afetada profundamente pela crise de 1907, que atingiu a região com mais força do que qualquer outra parte do México, mas também sofreu grandes perdas políticas, quando Díaz entregou o controle político de seus Estados à oligarquia e pôs fim ao sistema bipartidário.

A mesma crise afetou as classes trabalhadoras industriais do Norte num grau sem precedentes em sua experiência e sem paralelos no restante do México. Com a possível exceção de Cidade do México, era no Norte do país que, às vésperas da Revolução, estava o maior número de trabalhadores desempregados. Em muitas partes do México podia-se encontrar fazendeiros

13. Departamento Agrario, Dirección de Terrenos Nacionales, Diversos, Chihuahua, Exp. 178, Carta dos habitantes de Namiquipa ao presidente Porfirio Díaz, 20 julio 1908.

insatisfeitos com alguma medida do regime de Díaz (e especialmente com a maneira como os *científicos* tentaram transferir o ônus da crise de 1907 para outros setores da sociedade). A maioria deles temia demais os camponeses, de cujo desapossamento muitos se haviam beneficiado, para desafiar o governo de Díaz. Todavia, muitos *hacendados* dissidentes do Norte, sobretudo em Sonora e em Coahuila, não mostravam esses temores. Em Coahuila, a maioria dos fazendeiros dissidentes estavam localizados na região de Laguna. Antes que os fazendeiros a reclamassem, essa área fora um deserto despovoado. Eles não precisaram confrontar-se com uma massa de camponeses, cujas terras fossem forçados a expropriar. Como os peões de suas fazendas recebiam os mais altos salários e desfrutavam de maior liberdade do que em qualquer outro lugar da zona rural mexicana, criara-se um novo tipo de relação paternalista entre esses fazendeiros e seus empregados. Os *hacendados* tentaram fortalecer esse relacionamento mediante o fornecimento de escolas e de cuidados médicos a seus trabalhadores. Alguns fazendeiros esclarecidos, como Francisco Madero, chegaram a estender muitos desses serviços aos peões não residentes nas fazendas, ganhando dessa maneira a sua lealdade. Em Sonora, José María Maytorena protegeu seus trabalhadores yaquis da deportação decretada pelas autoridades federais, os quais passaram a considerá-lo seu patrono. Os três Estados do Norte que foram mais afetados pelo ataque dos *científicos* formaram a base mais poderosa dos movimentos de oposição surgidos no México entre 1907 e 1910.

No Estado de Morelos, a ofensiva dos *científicos* teve igualmente profundas repercussões, mas afetou principalmente uma classe da sociedade: os camponeses. O governador do Estado, Manuel Alarcón, morrera em 1908. Os fazendeiros agrícolas não viam com bons olhos Alarcón, um caudilho tradicional, mas, ainda assim, consideravam-no um dos seus, com quem podiam pelo menos negociar em época de crise e que não fazia parte da oligarquia local. Foi substituído no governo por Pablo Escandón, um homem pertencente à oligarquia agrária do Estado e muito ligado aos *científicos*. Como em Chihuahua, agora o poder estava totalmente nas mãos da oligarquia local. O governo de Escandón foi um desastre completo para as aldeias livres do Estado. Com o crescimento da procura de açúcar, os plantadores de cana passaram a expropriar as terras restantes das centenas ou mais de aldeias livres que pontilhavam o Estado de Morelos. Os camponeses sentiram-se então totalmente abandonados pelo Estado mexicano. Para muitos deles o governo central fora, durante muito tempo, uma espécie de poder neutro ao qual podiam recorrer. Agora que o mito de um governo benevolente em Cidade do México, que agiria em favor dos camponeses se soubesse o que estava acontecendo, foi abolido com a nomeação de um plantador para o governo do Estado, cresceu sua predisposição à revolta. A exemplo dos três Estados setentrionais de Sonora, Chihuahua e Coahuila, Morelos iria converter-se num dos principais centros da Revolução de 1910.

Com a aproximação de novas eleições presidenciais, marcadas para 1910, abriu-se uma nova luta pela sucessão. Membros dissidentes da classe alta e da classe média voltaram a pensar em limitar a influência dos *científicos* e em persuadir Díaz a escolher o candidato à vice-presidência fora do grupo. Formaram uma organização política que recebeu o nome de Partido Democrata e apresentou Bernardo Reyès como seu candidato. A influência e a força do partido cresceram enormemente por causa de importante erro tático cometido por Díaz em 1908. Numa entrevista a James Creelman, correspondente de um jornal norte-americano, Díaz deu a entender que estava convidando outros candidatos a se apresentarem às urnas. Nessa entrevista, o ditador declarou que, na sua opinião, o México estava maduro para a democracia, que não seria candidato nas próximas eleições presidenciais e que acolheria muito bem a formação de grupos políticos de oposição. Não está claro o motivo de Díaz ter assumido compromissos verbais que não tinha nenhuma intenção séria de cumprir, mas suas conseqüências foram bastante definidas.

Os opositores do regime acreditaram que Díaz dera sua bênção oficial a um partido de oposição e que não sofreriam qualquer represália se formassem um grupo desse tipo. As autoridades ficaram desorientadas e, por algum tempo, permitiram a tais movimentos um grau muito maior de liberdade do que haviam tido antes. Quando milhares de pessoas, originárias principalmente da classe média, começaram a reunir-se em torno de Reyes, Díaz disse-lhe abertamente que nunca o aceitaria como candidato à vice-presidência e mandou-o à Europa, numa missão militar. Diante da opção de rebelar-se ou aceitar a decisão do presidente, Reyes retirou-se da corrida presidencial.

Com o exílio de Reyes, seus partidários da classe alta viram-se diante de uma decisão dolorosa. Haviam esperado pressionar Díaz e talvez até mesmo afastá-lo do poder com o auxílio de uma coligação semelhante àquela que o colocara no poder trinta anos antes: uma aliança de membros dissidentes da classe alta e da classe média com possíveis rebeldes dentro do Exército. O elo que ligava quaisquer prováveis dissidentes no Exército era Reyes. Quando ele se submeteu a Díaz, esse elo foi rompido e a opção militar deixou de existir.

Qualquer tentativa séria de pressionar o presidente ou de derrubá-lo teria de basear-se numa estratégia totalmente diferente: uma aliança com as classes baixas da sociedade, entre elas a dos camponeses. Para muitos partidários de Reyes, especialmente do Centro do país, essa era uma opção inaceitável, pois temiam que, tão logo os camponeses se mobilizassem, marchariam também contra eles e tornar-se-iam uma força incontrolável; renunciaram, portanto, a qualquer oposição ativa a Díaz.

Os fazendeiros dissidentes do Norte, especialmente em Sonora e em Coahuila, como vimos, não mostravam esses temores dos camponeses. Os antigos partidários de Reyes na região passaram a apoiar outro partido nacional de oposição que começava a surgir: o Partido *Anti-Reeleccionista*, chefiado por Francisco I. Madero, um rico fazendeiro de Coahuila. Madero tornou-se uma figura nacional em 1908 quando publicou um livro sobre a sucessão presidencial, no qual afirmava que o problema fundamental do México era o absolutismo e o poder ilimitado de um homem. Somente a introdução de uma democracia parlamentar, um sistema de eleições livres e a independência da imprensa e dos tribunais poderiam transformar o México num Estado moderno, democrático. O livro foi escrito com muita cautela. Criticava duramente o sistema de Díaz, mas elogiava as qualidades pessoais do ditador. Atacava, porém, as excessivas concessões feitas aos estrangeiros e acusava Díaz de ter sido brando demais com os Estados Unidos. As questões sociais quase não foram mencionadas.

Alguns historiadores pós-revolucionários, bem como o próprio Porfirio Díaz, consideraram Madero um ingênuo sonhador por ter levado a sério a promessa do presidente de realizar eleições democráticas. Madero pintava-se a si mesmo com uma luz um tanto diferente. Numa entrevista que deu em 1911, disse ele:

> No começo da campanha política, a maioria dos habitantes do nosso país acreditavam na eficácia absoluta do voto público para lutar contra o general Díaz. Contudo, eu compreendi que o general Díaz só podia ter sido derrubado pelas armas. Mas, para implementar a revolução, a campanha democrática foi indispensável porque prepararia a opinião pública e justificaria um levante armado. Fizemos a campanha democrática como se não tivéssemos qualquer intenção de recorrer a uma revolta armada. Usamos de todos os meios legais e, quando ficou claro que o general Díaz não respeitaria a vontade nacional [...] fizemos um levante armado. [...] [Díaz] me respeitava porque, não sendo eu um militar, ele nunca acreditou que fosse capaz de pegar em

armas contra ele. Compreendi que essa era a minha única defesa e sem recorrer à hipocrisia consegui fortalecer essa concepção em sua mente[14].

Quando Madero formou seu partido, Díaz não o levou a sério. Além disso, acreditava que poderia dividir e enfraquecer o único grupo de oposição que realmente temia: o Partido Democrata de Reyes. Por conseguinte, em 1908 e parte de 1909 Madero fez sua campanha presidencial com relativa liberdade. O *hacendado* de espírito filantrópico conseguiu fazer aquilo em que o PLM fracassara visivelmente. Despertou e mobilizou importantes setores da classe camponesa, embora seu programa agrário fosse muito prolixo e ele nunca tivesse anunciado o tipo de reforma agrária que os liberais defendiam. Quando os partidários desiludidos de Reyes se uniram ao partido, os anti-reeleccionistas tornaram-se o único grupo no México a incluir membros de todas as classes da sociedade, desde ricos fazendeiros a humildes peões das grandes fazendas. Essa coligação heterogênea e inesperada, comandada por um homem sem qualquer experiência militar, conseguiu derrubar o regime de Díaz em 1910/1911.

Existem indícios, embora não haja nenhuma prova absoluta, de que, no momento em que rebentou a Revolução, algumas empresas dos Estados Unidos (sobretudo os interesses petrolíferos) apoiaram-na ativamente, enquanto a administração Taft demonstrou uma certa "tolerância" para com as atividades de Madero, o que preocupou profundamente o governo Díaz. Embora os vínculos dos Estados Unidos com os revolucionários de 1910/1911 continuem tema de muito debate, está fora de dúvida que as relações entre a administração Díaz e o governo dos Estados Unidos, bem como com algumas empresas norte-americanas, tornaram-se cada vez mais tensas entre 1900 e 1910.

Tanto o governo quanto os *científicos* se mostraram profundamente indignados com a maré crescente de intervencionismo norte-americano na América Central e no Caribe depois da Guerra Hispano-Americana. Estavam seriamente preocupados com o fato de, na virada do século, empresas norte-americanas maiores e mais poderosas estarem substituindo as companhias de

14. Essas observações fazem parte de uma entrevista que Madero deu à Hearst Press em 1911. São citadas em JERRY W. KNUDSON, "When did Francisco I. Madero Decide on Revolution?", *The Americas*, 30: 532–534, April 1974.

tamanho médio que, nos primeiros anos do Porfiriato, haviam predominado entre os investidores dos Estados Unidos. Já em 1902 o ministro austríaco no México relatava:

> Atualmente o governo mexicano se posicionou de maneira formal contra os trustes formados com capital norte-americano. Em jornais semi-oficiais apareceram uma série de artigos que apontavam os crescentes perigos que as atividades intensivas dos trustes apresentam para os produtores mexicanos. Esses logo se tornarão escravos do mercado monetário norte-americano[15].

Díaz recusou-se a atender às reivindicações de medidas políticas mais nacionalistas, emanadas principalmente da classe média, mas tentou combater a influência dos Estados Unidos estimulando uma presença européia mais forte no México.

Esses esforços do presidente e dos *científicos* suscitaram forte apoio da Inglaterra. Um dos mais importantes financistas do país, Sir Weetman Pearson (Lorde Cowdray), que atuara durante muitos anos em projetos de obras públicas no México, tornou-se, no começo do século XX, o maior produtor de petróleo do país, desafiando a supremacia que os empresários norte-americanos do petróleo haviam exercido até então no México. O governo inglês demonstrou grande interesse no petróleo mexicano, um produto muito importante para suas tentativas de trocar pelo petróleo o carvão que a marinha inglesa usava como combustível. De seu lado, o governo mexicano mudou sua política para ajudar os interesses petrolíferos britânicos, arrendando-lhes terras do governo e concedendo-lhes contratos exclusivos de fornecimento às estradas de ferro controladas pelo governo (no processo revogava outro contrato de fornecimento de petróleo que uma administração anterior assinara com a Mexican Petroleum Company, de propriedade de norte-americanos).

Foi essa a mais forte medida antiamericana que o governo mexicano tomou. Mas não foi a única. O governo dos Estados Unidos mostrou-se muito indignado com o apoio que Díaz dera ao presidente da Nicarágua, Zelaya, que eles estavam tentando derrubar, bem como com o cancelamento por parte do México da concessão de uma estação de abastecimento de car-

15. Haus-, Hof- und Staatsarchiv Wien, Politischen Archiv, Relatórios do México, 1902, Auersthal a Goluchowsky, 24.11.1902.

vão na Baja California, que ele garantira anteriormente à marinha norte-americana. Esse cancelamento foi considerado, nos Estados Unidos, uma tentativa do México de cortejar o Japão. No conjunto, o alcance das atitudes antiamericanas do governo Díaz permaneceu limitado e o presidente fez todo o possível para não as tornar públicas. Conseqüentemente, em 1910 sua administração achava-se numa situação paradoxal. No México, enquanto as medidas políticas do presidente indignavam cada vez mais algumas empresas norte-americanas e a própria administração de Washington, a oposição via nele um satélite dos Estados Unidos. No cômputo final, esse paradoxo iria contribuir enormemente para a sua queda.

O Fim do Porfiriato

Em 16 de setembro de 1910, o regime de Díaz parecia haver atingido o ápice de seu poder. Nesse dia embaixadores especiais de todos os países do mundo participavam de cerimônias grandiosas para comemorar o centésimo aniversário do dia em que o padre Miguel Hidalgo proclamou a independência do México na pequena aldeia de Dolores. Aparentemente, Díaz conseguira resolver a maioria das dificuldades que o tinham atormentado nos dois anos anteriores. Não só Reyes fora para o exílio, como também Francisco Madero fora eliminado como força política séria, pelo menos no entender das autoridades porfirianas. Em 5 de junho de 1910, um pouco antes das eleições, fora preso sob a acusação de sedição. Em 21 de junho, haviam sido realizadas as eleições em meio a maciças acusações de fraude da parte do Partido *Anti-Reeleccionista.* O governo declarou eleita a chapa Díaz–Corral e afirmou ainda que nenhum candidato da oposição recebera votos suficientes para eleger-se para o novo Congresso. Alguns levantes locais esporádicos em Valladolid (Yucatán) e em Veracruz foram rechaçados, e o governo estava convencido de que agora tinha total controle da situação. Sentiu-se tão seguro que, em 22 de julho, concordou em libertar Madero. "Considero que a revolução geral está fora de questão, como se pode ver pela opinião pública e pela imprensa", escrevia, em 4 de dezembro de 1910, de forma otimista, o enviado alemão ao México, Karl Bünz, a seu governo[16].

16. GFO Bonn, Mexico 1, vol. 25, Bünz a Bethmann-Hollweg, 4.12.1910.

Em 6 de outubro, Madero fugira da cidade de San Luis Potosí, onde, depois de ser libertado da prisão, aguardava julgamento. De San Antonio, no Texas, lançou seu programa, o Plano de San Luis Potosí. Acusando Díaz de haver fraudado as eleições, Madero assumiu o cargo de presidente provisório e convocou o povo a revoltar-se em 20 de novembro de 1910. Embora o plano tivesse um caráter essencialmente político, Madero incluiu uma cláusula na qual prometia devolver a seus verdadeiros donos as terras das comunidades aldeãs que tivessem sido confiscadas injustamente.

A revolta no Estado natal de Madero, Coahuila, no qual o presidente revolucionário depositara grandes esperanças, não se concretizou. Uma tentativa de levante chefiada por Aquiles Serdan, chefe do Partido *Anti-Reeleccionista* em Puebla, foi rechaçada pelas autoridades porfirianas. Mas, para surpresa tanto de Díaz, que tomou posse em 1º de dezembro, quanto de Madero, irrompeu uma revolta popular nas montanhas a oeste de Chihuahua. Chefiados por Pascual Orozco e por Pancho Villa, os revolucionários passaram a controlar uma grande porção do Estado.

Em 14 de fevereiro de 1911, Madero cruzou a fronteira dos Estados Unidos para o México e assumiu o comando dos revolucionários de Chihuahua. Em fevereiro e em março, uma série de revoltas locais começaram a explodir em todo o México. Emiliano Zapata liderou um levante de camponeses no Estado de Morelos, enquanto Jesús Agustín Castro, Orestes Pereira e Calixto Contreras se revoltaram na região de Laguna, em Coahuila. Revoltas menores eclodiram no restante do país e, em abril de 1911, a maior parte da zona rural mexicana encontrava-se nas mãos dos revolucionários. Em maio, os rebeldes tomaram a primeira grande cidade, Ciudad Juárez, localizada na fronteira. Em março, a administração Díaz sofrera enorme golpe no seu prestígio, quando o presidente Taft mobilizou 20 mil homens ao longo da fronteira México–Estados Unidos e enviou navios de guerra norte-americanos aos portos mexicanos. O governo dos Estados Unidos declarou oficialmente que o objetivo da mobilização era facilitar a aplicação das leis de neutralidade, mas essa não foi uma atitude neutra. Provocou temores generalizados no México de que os Estados Unidos estava preparado para intervir e aumentou a pressão sobre Díaz, mesmo da parte de seus partidários mais próximos, para que renunciasse e encontrasse um meio de fazer um acordo com os revolucionários. Em 21 de maio de 1911, foi assinado o Tratado de Ciudad Juárez entre Madero e o governo federal. Nele ficou decidido que Díaz e Corral renunciariam aos cargos no fim de maio e seriam substituídos por um presidente provisório, Francisco León de la Barra, que não participara da Revolução. O governo provisório devia convocar eleições para outubro de 1911. Nesse meio tempo, o exército revolucionário seria dissolvido. Sentindo que estava sendo tirada deles uma vitória iminente, grandes segmentos dos partidários de Madero fizeram fortes objeções ao tratado. Apesar disso, Madero aceitou suas cláusulas e nos meses seguintes cooperou com o governo provisório para implementá-lo, sobretudo fazendo tudo o que estava a seu alcance para ajudar na dissolução do exército revolucionário que lhe dera a vitória. Depois de algumas hesitações, ainda apoiou os esforços do governo provisório para desarmar à força os revolucionários do Estado de Morelos comandados por Emiliano Zapata. Em muitas partes do país os revolucionários depuseram suas armas pacificamente, convencidos de que, tão logo Madero fosse eleito, seriam finalmente implementadas as mudanças sociais pelas quais tantos deles haviam lutado. Em 15 de outubro de 1911, Madero foi eleito presidente por uma maioria esmagadora de votos naquela que foi provavelmente a eleição mais honesta que o país conheceu. Foi empossado no cargo em 6 de novembro de 1911, firmemente persuadido de que a Revolução Mexicana chegara ao fim, pois, na forma como os via, seus objetivos haviam sido atingidos.

2

A Revolução Mexicana, 1910–1920

TRÊS PRESSUPOSTOS TEÓRICOS da sociologia liberal dominaram por muito tempo o estudo da Revolução Mexicana: a ação das massas é consensual, intencional e redistributiva; a violência coletiva dá a medida da transformação estrutural; e o nacionalismo agrega interesses numa divisão limitada do trabalho. Em palavras simples, o movimento "do povo" é um movimento "pelo povo" para "o povo"; quanto mais sangrenta for a luta, maior é a diferença entre os meios de vida antes e depois da luta; e a familiaridade gera solidariedade. Além disso, os estudiosos mais destacados do assunto levantaram duas hipóteses radicais sobre o México em particular. A primeira: em 1910, o fato mais importante no país foi a luta entre a classe alta e a classe baixa. A segunda: o conflito estava prestes a explodir. E, com base nessas premissas, pesquisas e análises respeitáveis estruturaram uma história pró-revolucionária da ascensão dos oprimidos: a Revolução foi desencadeada inicialmente para resolver um problema político, a sucessão de Porfirio Díaz, mas as massas populares em todas as regiões logo se envolveram numa luta que transcendeu a política para exigir reformas econômicas e sociais. Para que a luta popular triunfasse, como aconteceu, foi necessária uma enorme destruição material, a ruína dos negócios e uma grande desconfiança com relação aos Estados Unidos. E por meio da luta os paladinos do "povo" tornaram-se os líderes revolucionários. As condições socioeconômicas melhoraram em conformidade com as políticas revolucionárias, de modo que a nova sociedade tomou forma num quadro de instituições revolucionárias oficiais. A luta terminou em 1917, ano da promulgação da constituição revolucionária. O novo Estado revolucionário gozava de tanta legitimidade e força quanto seus porta-vozes diziam.

Daí o julgamento histórico profissional, aceito amplamente até a década de 1970, de que a Revolução Mexicana foi uma revolução "social". Os movimentos de 1910 a 1917 foram descritos como um levante em massa, extremamente violento e intensamente nacionalista, no qual "o povo" destruiu o antigo regime, os camponeses reclamaram suas terras, os trabalhadores organizaram-se em sindicatos e o governo revolucionário iniciou o desenvolvimento da riqueza do país para o bem-estar nacional, inaugurando uma nova era na história mexicana. Em algumas versões, a Revolução Mexicana foi considerada "a primeira revolução social do século XX", comparável, em todas as conseqüências, à Revolução Russa e à Revolução Chinesa.

Essa interpretação suscitou alguns problemas. Desde o começo, os críticos insistiram em afirmar que "o povo" fora usado por líderes enganosos para lutar por uma causa falsa e terminara em piores condições. Mas quase todos os estudiosos rejeitaram essas versões, acusando-as de propaganda contra-revolucionária. Muito mais difícil de interpretar foi a contestação da legitimidade revolucionária por dezenas de milhares de elementos "do povo" numa rebelião católica na década de 1920. O problema que os historiadores profissionais não puderam ignorar foi um sentimento, que se difundiu depois de 1940, de que o desenvolvimento do México seguiu muito mais as linhas do antigo regime do que as da alegada Revolução. As instituições revolucionárias permaneceram formalmente intactas e a retórica revolucionária continuou a fluir, mas os benefícios para os camponeses e os trabalhadores foram menores do que antes, ao passo que os negócios, sobretudo as empresas norte-americanas, multiplicaram-se, cresceram e converteram seus lucros num indicador do bem-estar nacional. Se o México fizera uma revolução social na década seguinte a 1910, o que explica a recorrência, 30 anos depois, de antigas práticas em formas modernas? Os historiadores que propuseram essa pergunta formularam várias respostas: a Revolução morrera, fora traída, entrara em novo estágio. Ninguém ficou convencido. Em 1968, o governo mexicano reprimiu de forma sangrenta um movimento popular em favor de direitos civis. A interpretação-modelo da Revolução, segundo a qual a vontade do povo fora institucionalizada no governo, tornou impossível a explicação histórica da repressão. Para alguns estudiosos mais jovens, a explicação mais tentadora foi afirmar, como os críticos sempre fizeram, que a Revolução fora um logro para "o povo".

O debate acadêmico sobre a Revolução cresceu consideravelmente nas décadas de 1960 e de 1970. Nos novos estudos mais ponderados estava implícita uma desconfiança imparcial dos antigos pressupostos, um uso inteligente das velhas críticas. "O povo" pode mover-se por si mesmo ou ser movido por outros para lutar entre si, e a distinção entre movimento autônomo e movimento manipulado nada prediz em si mesma sobre as diferenças entre suas conseqüências. Lutas sangrentas podem mudar profundamente uma sociedade, mas não da maneira proposta no início, ou podem mudá-la apenas superficialmente. E a familiaridade muitas vezes gera desprezo.

Guiadas por uma conceituação mais objetiva, as novas pesquisas e análises modificaram significativamente a história antiga e deram margem a nova interpretação. A luta que começou em 1910 pôs em confronto não só a classe baixa *versus* a classe alta, mas também elementos frustrados da classe alta e da classe média *versus* elementos favorecidos das mesmas classes. Nessa luta, as massas populares envolveram-se menos em causas econômicas e sociais do que numa guerra civil burguesa, mas intermitentemente, de forma diferente de região para região e na maioria das vezes sob a direção da classe média. Em alguns lugares, a destruição foi terrível; em outros, foi reduzida e passageira ou nula. No conjunto, os negócios ajustaram-se e tiveram continuidade. A longo prazo aumentaram. Do princípio ao fim da Revolução, as atividades estrangeiras figuraram de forma decisiva, não um simples antagonismo ao governo dos Estados Unidos, mas complicadas rivalidades imperialistas entre europeus e norte-americanos, extremamente intricadas durante a Primeira Guerra Mundial. O que realmente aconteceu foi uma luta pelo poder, na qual facções revolucionárias diferentes brigaram não apenas contra o antigo regime e os interesses estrangeiros, mas também, e muitas vezes em maiores proporções, entre si por questões tão profundas quanto classe e tão superficiais quanto inveja: a facção vitoriosa conseguiu dominar os movimentos de camponeses e os sindicatos de trabalhadores para favorecer empresas norte-americanas e nacionais escolhidas. As condições socioeconômicas mudaram um pouco em conformidade com a política adotada, mas em grande parte em obediência às mudanças nos mercados internacionais, às contingências da guerra e aos interesses pessoais e faccionais de líderes locais ou regionais ascendentes temporariamente; asssim, as relações em todos os níveis tornaram-se muito mais complexas e flutuantes do que as instituições oficiais indicavam. O Estado constituído em 1917 não foi popular em sentido amplo e profundo e, pressionado pelos Estados Unidos e por adversários internos, mal sobreviveu até que a facção que o sustentava se dividiu, produzindo uma nova facção suficientemente coerente para negociar sua consolidação. Daí as diversas novas periodizações, das quais a mais plausível é a que vai de 1910 a 1920, o ano da última revolta faccional vitoriosa.

Algumas teses antigas não estão em discussão. Durante a Revolução, a sociedade mexicana viveu realmente crises extraordinárias e experimentou sérias mudanças. Os movimentos camponeses e os sindicatos de trabalhadores tornaram-se forças importantes. E a Constituição representou um novo respeito aos direitos a uma justiça igualitária e fraterna. Mas, pelas revisões que se fizeram, parece claro agora que, fundamentalmente, não houve continuidade no México entre 1910 e 1920. As crises não foram suficientemente profundas para romper o domínio capitalista da produção. As grandes questões foram questões de Estado. O desenvolvimento mais significativo foi a organização improvisada de novas forças burguesas capazes de lidar com os Estados Unidos, de enfrentar os camponeses e trabalhadores, de construir um novo regime e pô-lo em funcionamento. Na prática, as reformas econômicas e sociais não foram muito diferentes das realizadas nos mesmos anos, sem guerra civil, no Peru, no Chile e na Argentina. Levando em conta toda a violência, é este o principal significado histórico da Revolução Mexicana: a tenacidade capitalista na economia e a reforma burguesa do Estado, o que ajuda a explicar a estabilidade do país em meio às lutas das décadas de 1920 e de 1930 e seu crescimento extraordinário, discordante depois de 1940.

Por conseguinte, o assunto não é mais tanto a revolução social quanto a administração política. E a interpretação aqui é primordialmente uma história política. É carente de movimentos sociais, porque, por mais importante que tenha sido seu surgimento, o que importa muito mais é sua derrota ou subordinação. Fala muito da política que criou o novo Estado, porque, onde a *fortuna* e a *virtù* fizeram tudo o que era possível, somente os detalhes revelam a razão do resultado.

OUTUBRO DE 1910 – FEVEREIRO DE 1913

O fantasma que obsedava o México em 1910 era o da reforma política. A política do país precisava mudar rapidamente, porque sua instituição política central, o presidente Porfirio Díaz, era mortal e tinha 80 anos de idade. E a mudança teria de ser profunda, porque, depois de trinta anos de forte desenvolvimento capitalista e de rude ditadura pessoal, política queria dizer negócio. Em meio a um dédalo de suborno e colusão entre políticos e empresários, reforma significava renegociação de uma miríade de acordos escusos.

Dos vários tipos importantes de conflito do país, os dois mais prementes giravam em torno dos negócios. Um era a rivalidade entre vinte ou mais grandes bancos e empresas inglesas, norte-americanas, francesas, alemãs, canadenses e mexicanas, que disputavam títulos, concessões e mercados nacionais. Tratada nos círculos financeiros e políticos mais altos e mais estanques, ela continuou ordeira. O outro tipo era a competição entre as grandes firmas e centenas de pequenas empresas mexicanas pelas oportunidades locais de lucro. Essas lutas quase sempre eram perturbadoras, porque ameaçavam negociatas estabelecidas. Se os empresários, grandes ou pequenos, se lançassem num novo empreendimento, corriam o risco de subverter uma hierarquia local de interesses e autoridade; vice-versa, a subversão podia abrir um novo campo de transações. Desde a crise econômica de 1907, os desapontamentos na política e nos negócios haviam irritado tanto alguns empresários que passaram a sentir necessidade de uma revolução para favorecer seus negócios. Depois da fraude eleitoral e da repressão do verão de 1910, muitos membros do Partido *Anti-Reeleccionista* sentiram que a revolução era uma obrigação sua.

O Porfiriato era um regime terrível que precisava ser derrubado. Suas forças óbvias num país com 15 milhões de habitantes eram o respeito internacional no valor de 450 milhões de pesos em empréstimos dos obrigacionistas europeus e norte-americanos, o tesouro que geria um superávit de dez milhões de pesos, o exército federal de trinta mil homens, pelo menos outros trinta mil nas forças auxiliares e irregulares federais e na guarda nacional, vinte mil quilômetros de linhas férreas para o movimento das tropas e 2 500 *rurales*. Mas entre os novos subversivos não estava em questão todo o regime. Para eles a remoção do idoso ditador e de seus associados mais próximos abriria os negócios do país o suficiente para atender a seus propósitos.

Em outubro de 1910, os planos para essa revolução foram amadurecidos em San Antonio, Texas. Nessa cidade, Francisco I. Madero, depois de ter fugido do México, manteve encontros com elementos proeminentes do Partido *Anti-Reeleccionista* e com os homens mais ativos de sua grande e rica família. No começo de novembro, deu a público seu programa, o Plano de San Luis Potosí. Acusando de fraudulentas as recentes eleições presidenciais, parlamentares e judiciais, declarou-se presidente provisório, anunciou uma insurreição nacional para 20 de novembro e prometeu eleições "democráticas" para escolher um novo governo. "Democrático" ou não, a perspectiva de um novo governo interessou aos proprietários rurais dos Estados do Norte, que se achavam em dificuldades financeiras e irritados com a política, e entusiasmou os pequenos fazendeiros e comerciantes de todo o país. Uma cláusula de menor interesse do Plano de San Luis, uma promessa de estudar as reclamações das aldeias sobre a perda de suas terras, atraiu a atenção dos camponeses, particularmente em Chihuahua e em Morelos[1].

A estratégia particular de Madero para a revolução era mais organizada. O irmão de Francisco, Gustavo – posteriormente um diplomata alemão o chamou de principal *Geschäftemacher* da família –, contratou um advogado de Washington, Sherburne G. Hopkins, como conselheiro legal do movimento nos Estados Unidos. Hopkins, o melhor urdidor de revoluções latino-americanas do mundo, em estreito contato com a Standard Oil, deveria despertar a simpatia dos norte-americanos para um rápido levante do "povo mexicano". Em 20 de novembro, Francisco comandaria a tomada de uma cidade na fronteira de Coahuila, Piedras Negras (então chamada Ciudad Porfirio Díaz), onde instalaria um governo provisório; e agentes do Partido *Anti-Reeleccionista* comandariam revoltas em Cidade do México, na cidade de Puebla, em Pachuca e em distritos rurais de Chihuahua e de Guerrero. A propaganda devia concentrar-se na ligação de Díaz com os *científicos,* para seduzir os partidários do general Reyes, os mentores do exército. Não deveria haver muita luta. Díaz renunciaria em alguns meses. E a eleição "democrática" escolheria Francisco Madero.

Partes dessa estratégia revelaram-se vitoriosas. A Standard Oil entabulou negociações animadoras com Gustavo Madero. Funcionários norte-americanos torceram as leis de neutralidade em favor dos revolucionários. E o general Reyes, que poderia ter empalmado a iniciativa dos Madero, continuou em seu exílio na Europa. Mas a revolução virou um emaranhado.

O governo neutralizou os principais planos de 20 de novembro. Francisco Madero retirou-se para o Texas e em 1º de dezembro Díaz foi reempossado no cargo. Mas em janeiro de 1911 os maderistas, acantonados nas montanhas de Chihuahua, reuniram cerca de dois mil guerrilheiros. Os anarquistas magonistas, ressurgindo na Baja California, tomaram a cidade de Mexicali, na fronteira. Em fevereiro, Francisco Madero juntou-se aos maderistas de Chihuahua, onde, em lugar de agentes confiáveis do Partido *Anti-Reeleccionista*, encontrou chefes desconhecidos e indisciplinados, tendo à frente Pascual Orozco, que tinha entre seus oficiais um famoso bandido, Francisco Villa. E os guerrilheiros não eram dóceis peões, mas camponeses das antigas colônias militares, que lutavam na esperança de recuperar suas terras perdidas.

1. ISIDRO & JOSEFINA E. DE FABELA (eds.), *Documentos Históricos de la Revolución Mexicana*, México, 1960–1976, 27 vols.; o fato é tratado no vol. V, pp. 69–76.

O Exército e os *rurales* mantiveram a ordem em quase todas as grandes cidades e ao longo das estradas de ferro. Todavia, em 6 de março, os Estados Unidos tomaram uma medida decisiva: o presidente Taft ordenou a mobilização de forças norte-americanas na fronteira. Na verdade, isso representava uma intervenção na política do México, e para os mexicanos queria dizer que os Estados Unidos haviam condenado Díaz. Em New York, Limantour, o ministro das Finanças, negociou com o pai de Francisco, com o irmão Gustavo e com Francisco Vásquez Gómez, o candidato do Partido *Anti-Reeleccionista* à presidência. No México, os empresários e os políticos apressaram-se a reorganizar seus negócios. Díaz exilou o vice-presidente Ramón Corral na Europa, o que abriu a possibilidade de negociações para sua substituição.

Mas os revolucionários multiplicaram-se nos Estados do Norte. Em meados de abril, os maderistas de Sonora ocuparam a cidade de Agua Prieta, na fronteira. Ao sul de Cidade do México, vários outros bandos revoltaram-se, mais significativamente camponeses de aldeias comunitárias em Morelos, decididos a reclamar das *haciendas* as terras que seus antepassados haviam cultivado. Então, os Maderos tentaram pôr fim ao levante com novas negociações. Mas, em 10 de maio, desobedecendo às ordens, Pascual Orozco tomou Juárez, a cidade mais importante da fronteira setentrional. Novos bandos maderistas brotaram em todos os Estados. Estavam em campo cerca de 25 mil revolucionários no total, capturando grandes cidades, ameaçando as capitais de Estado, lutando por cargos, por negócios, por espólios, por vingança e, de modo mais alarmante, por terra. A insurreição nacional que Francisco Madero convocara mas para a qual não estava preparado havia se materializado, com o óbvio perigo de desencadear movimentos camponeses incontroláveis.

Os Maderos aproveitaram-se da vitória de Orozco para voltar a negociar. Francisco Madero instalou seu governo provisório em Juárez e, em 21 de maio, assinou com enviados de Díaz um tratado que punha fim às hostilidades. Com efeito, repudiou o Plano de San Luis em troca de uma ligação com os *científicos*. Nos termos do tratado, Díaz renunciou em 25 de maio; uma semana depois, viajou para a França. Seguindo a Constituição, foi substituído por seu ministro das Relações Exteriores, Francisco León de la Barra, até que fossem realizadas eleições especiais em outubro. Todos os governadores porfirianos renunciaram e vários deles e os associados mais próximos de Díaz, entre eles Limantour, partiram igualmente para o exílio. Mas, para substituir Limantour, foi escolhido um banqueiro e empresário que os *científicos* tinham praticamente como um dos seus, Ernesto Madero, tio de Francisco. E quase todos os congressistas, os juízes e a burocracia federal continuaram nos seus postos. O mesmo aconteceu com o exército federal e com os *rurales*, garantindo a estabilidade política. As forças revolucionárias foram desarmadas e licenciadas.

León de la Barra assumiu o cargo e foi reconhecido pelos governos dos Estados Unidos e dos países europeus. Com todos os tremendos recursos do regime, tinha quatro meses para liquidar a revolução e preparar a transição para um governo Madero–*científico*. Francisco Madero chegou a Cidade do México em 7 de junho, como ídolo popular, "o apóstolo da democracia". Ele e seu irmão Gustavo tinham quatro meses para transformar a popularidade em votos.

Sua campanha não sofreu qualquer antagonismo da parte dos Estados Unidos; ao contrário, os norte-americanos cooperaram com o exército federal para dispersar os anarquistas de Baja California. E não experimentou dificuldades muito grandes com relação à economia. A recente luta causara apenas danos leves nos centros de produção e nas estradas de ferro. Tanto a Mexican Petroleum, de propriedade de norte-americanos, quanto a Petróleo El Águila, de Lorde Cowdray, tinham acabado de fazer importantes descobertas nos campos do Golfo. A siderúrgica Fundidora, de Monterrey, ia muito bem, a caminho de um ano esplêndido de produção e de vendas. (Com respeito a estatísticas de algumas importantes linhas de produção, ver Tabela 1.) E as chuvas de verão foram boas, prometendo boas colheitas no outono.

Mesmo assim, o maderismo perdeu terreno político. Não conseguiu apoio direto dos bancos e das grandes empresas que apoiavam os *científicos*. Estes aceitaram "o apóstolo" apenas para frustrar Reyes, no caso de ele retornar; muitos deles filiaram-se ao Partido Nacional Católico, um novo partido político que de repente se tornara bastante forte e defendia a chapa Madero–León de la Barra. O general Reyes retornou e aceitou ser candidato. Os próprios maderistas ficaram divididos. Em Sonora e em Coahuila, alguns anti-reeleccionista*s* locais que gozavam da confiança dos Maderos, proprietários rurais à sua própria imagem, controlavam firmemente a situação. Mas em Chihuahua, onde a família apoiava para governador o anti-reeleccionista Abrahám González, o herói revolucionário Orozco ficou muito desapontado com o maderismo; não ficou satisfeito em ser nomeado comandante de sua antiga força, salva da dispensa e convertida em milícia do Estado. Em Morelos, Francisco Madero deixou furiosos os líderes revolucionários quando lhes

TABELA 1 / PRODUÇÃO NA ECONOMIA MEXICANA, PRODUTOS ESCOLHIDOS, 1910–1920 (EM TONELADAS, COM EXCEÇÃO DO PETRÓLEO QUE É MEDIDO EM BARRIS)

Ano	Cevada	Milho	Algodão	Sisal	Açúcar	Trigo	Cobre	Ouro	Ferro/aço de Monterrey	Petróleo	Prata
1910	131 700	–	42 776	94 790	159 049	320 785	48 160	41 420	165 373	3 634 080	2 416 669
1911	139 264	–	34 203	116 547	152 551	320 546	56 072	37 120	217 999	12 552 798	2 518 102
1912	120 128	2 062 971	51 222	139 902	146 323	320 849	57 245	32 431	155 247	16 558 215	2 526 715
1913	211 308	–	43 830	145 280	125 922	286 549[a]	52 592	25 810	46 321	23 692 291	1 725 861
1914	232 271	1 961 073	–	169 286	108 262	214 288	26 621	8 635	5	26 235 403	810 647
1915	214 260	–	20 356	162 744	88 480	207 144	206	7 358	8 741	32 910 508	712 599
1916	211 308	–	18 109	201 990	49 210	286 549[a]	28 411	11 748	37 513	40 545 712	925 993
1917	–	–	13 582	127 092	65 396	–	50 946	23 542	49 536	55 292 770	1 306 988
1918	379 525	1 899 625	78 040	140 001	68 894	280 441	70 200	25 313	68 710	63 828 326	1 944 542
1919	–	–	–	113 870	90 546	381 399	52 272	23 586	90 020	87 072 954	2 049 898
1920	–	–	–	160 759	113 183	400 469	49 192	22 864	76 000	157 068 678	2 068 938

Nota: [a] Dados incompletos.

Fontes: Institut International d'Agriculture, Service de la Statistique Générale, *Annuaire International de Statistique Agricole, 1909 à 1921*, Roma, 1922, Tabelas 7, 13, 19, 33, 56; ENRIQUE AZNAR MENDOZA, "Historia de la Industria Henequenera desde 1919 hasta Nuestros Días", em *Enciclopedia Yucatanense*, México, 1947, 8 vols.; v. vol. III, p. 779; FRÉDÉRIC MAURO, "Le développement économique de Monterrey (1890–1960)", *Caravelle*, 2, 1964, Tabelas 21, 22, 24; LORENZO MEYER, *México y los Estados Unidos en el Conflicto Petrolero (1917–1942)*, México, 1968, Tabela I; e G. A. ROUSH & ALLISON BUTTS (eds.), *The Mineral Industry, its Statistics, Technology and Trade during 1921*, New York, 1922, p. 845. A produção média anual de milho, em 1906–1910, foi de 3 219 624 toneladas. ROBERT G. CLELAND (ed.), *The Mexican Year Book*, Los Angeles, 1924, p. 420.

avisou que as reivindicações das aldeias teriam de aguardar o "estudo" da "questão agrária". Para provocar um escândalo que favorecesse Reyes, forças federais sob o comando do general Victoriano Huerta ocuparam Morelos. As tentativas de Madero de mediar o conflito fracassaram e os aldeões, ofendidos, voltaram ao campo de luta sob o comando de um chefe de uma aldeia próxima de Cuautla, Emiliano Zapata. Irritados com a coalizão entre Madero e os *científicos*, Francisco Vásquez Gómez e seu irmão Emilio uniram-se a outros chefes locais decididos a manter suas forças em armas na forma de milícia local. Gustavo Madero reagiu e reorganizou o Partido *Anti-Reeleccionista*, que tomou o nome de Partido *Progresista* Constitucional. Este indicou como seu candidato à vice-presidência um advogado do Yucatán, José María Pino Suárez, o que provocou uma grave rixa política em meia dúzia de Estados importantes.

Em 1º de outubro, nas eleições mais livres talvez da história do México, a popularidade pessoal de Francisco Madero e a máquina do Partido *Progresista* de Gustavo saíram vencedores. A chapa Madero-Pino Suárez conseguiu 53 por cento dos votos; as outras quatro chapas ficaram com o restante. Em 6 de novembro de 1911, reconhecido pelos governos dos Estados Unidos e dos países europeus, Madero tomou posse para exercer um mandato de cinco anos. Ernesto Madero continuou como ministro das Finanças.

O presidente Madero defendia acima de tudo a liberdade política. Era sincero sem dúvida, mas a verdade é que não teve outra escolha. Seu poder efetivo limitava-se a seu gabinete. E, em contraste memorável com a ditadura de Díaz, desenvolveu uma política pública enérgica, que surpreendeu muito mais pela seriedade de seus partidos políticos. O Partido *Progresista* e o Partido Católico organizaram-se com entusiasmo para as eleições parlamentares marcadas para meados de 1912.

No governo de Madero, enquanto durou, o país desfrutou de grande prosperidade econômica. Com o aumento dos preços internacionais dos minérios, a mineração aumentou sua produção. A grande American Smelting and Refining Company (Asarco) registrou maiores lucros na sua atividade do que tivera anteriormente; a produção de petróleo cresceu; um bom período de chuvas novamente em 1912 valeu ao país maiores safras para o consumo interno e para a exportação. (A Tabela 2 mostra estatísticas sobre as exportações e as importações do México.)

Mas a melhoria dos negócios não restaurou a ordem antiga. Com o afrouxamento dos controles políticos, o crescimento da economia agravou o conflito entre as grandes empresas, abalando violentamente o novo governo. O

TABELA 2 / VALOR DAS EXPORTAÇÕES E IMPORTAÇÕES MEXICANAS, 1910–1920 (EM DÓLARES)

	Total das exportações	Exportações para os EUA	Total das importações	Importações dos EUA
1910	138 006 937	61 092 502	99 864 422	63 858 939
1911	147 462 298	57 311 622	96 823 317	53 454 407
1912	149 119 955	76 767 931	93 438 730	56 079 150
1913	154 392 312	81 735 434	90 610 659	48 052 137
1914	92 285 415	86 280 966	52 391 919	33 215 561
1915	125 199 568	83 551 993	26 331 123[a]	41 066 775
1916	242 688 153	105 065 780	42 214 449[a]	54 270 283
1917	152 872 380	130 370 565	94 915 092[a]	111 124 355
1918	182 199 284	158 643 427	137 666 784	97 788 736
1919	196 264 936	148 926 376	118 139 912[a]	131 455 101
1920	426 178 872	179 331 755	197 706 190[a]	207 858 497

[a] Dados incompletos.

Fontes: As colunas 1 e 3 são extraídas de Banco Nacional de Comercio Exterior, *México Exportador*, México, 1939, pp. 11–12. As primeiras cinco linhas dessas colunas foram recalculadas, para ajustar os anos que terminam em 30 de junho aos anos civis. As colunas 2 e 4 são extraídas de US Department of Commerce, *Statistical Abstracts of the United States, 1920 and 1920*, table 283, p. 399, e table 288, p. 407, respectivamente.

conflito mais incômodo teve como alvo o petróleo, com a Standard Oil e a Mexican Petroleum exigindo concessões iguais às dadas a El Águila, e essa defendendo seus privilégios. A Asarco e as companhias rivais e clientes norte-americanas, inglesas, alemãs, francesas e mexicanas faziam pressões sobre os políticos de forma quase tão dura como a que exerciam uma sobre a outra.

Sem um controle político rigoroso, o crescimento econômico deu aos trabalhadores melhores condições de organização. A União Mexicana dos Mecânicos (UMM, fundada em 1900), a Aliança Ferroviária Mexicana (AFM, 1907), a Sociedade Mútua dos Despachantes e Telegrafistas (SMDT, 1909) e a mais poderosa de todas, a União dos Condutores, Maquinistas, Guarda-freios e Foguistas (UCMGF, 1910) conseguiram conquistar bastante força nas empresas ferroviárias. Encorajada pelos movimentos grevistas, a nova União dos Mineiros Mexicanos multiplicou suas sucursais no Nordeste; também os portuários de Veracruz e de Tampico fundaram seus sindicatos. As fiações têxteis e os negócios urbanos foram sacudidos por algumas greves. Não foi criado nenhum sindicato de têxteis, mas os gráficos e outros ramos profissionais sindicalizaram-se quase de forma evangélica, alguns sob a influência de líderes anarquistas.

Além disso, Madero enfrentou violenta oposição. Em 25 de novembro, desgostosos com a atitude acadêmica do governo para com a "questão agrária", os chefes camponeses de Morelos, comandados por Emiliano Zapata, denunciaram formalmente Madero e proclamaram, em seu Plano de Ayala, uma campanha nacional a favor da devolução das terras às aldeias pelas *haciendas*. Esse movimento foi profundamente incômodo, uma séria ameaça de revolução social, pelo menos no Sul. Tropas federais passaram a época da estiagem queimando as aldeias de Morelos, mas não conseguiram deter as guerrilhas zapatistas – como nenhuma outra força o conseguiu nos nove anos seguintes. Em dezembro, um vingador muito diferente, o general Reyes, revoltou-se no Nordeste. De El Paso, Emilio Vásquez Gómez pregava a revolta em Chihuahua.

Durante alguns meses o desempenho do governo foi bom. O fato mais importante foi sua administração da disputa da Standard Oil e da Mexican Petroleum contra El Águila, de modo a preservar o apoio dos *científicos* a Madero. A revolta de Reyes fracassou e o soldado de maior prestígio do país terminou encarcerado numa prisão militar da capital e três generais antireyistas foram promovidos a general-de-divisão, a mais alta patente do Exército. Encorajado por Pino Suárez, o Yucatán criou uma Comisión Reguladora del Mercado de Henequén, um órgão de valorização, que tomou posição contra a International Harvester e conquistou a adesão dos plantadores de sisal. Em janeiro de 1912, foi criado um Departamento do Trabalho dentro do Ministério de Obras Públicas. Pouco interferiu nos sindicatos dos ferroviários ou dos portuários; eram poderosos demais. Não teve qualquer participação na solução de um conflito sobre as Ferrovias Nacionais em abril, quando uma greve das turmas norte-americanas interrompeu todo o sistema e a UCMGF as substituiu. Mas restabeleceu a ordem nos distritos mineiros e persuadiu o Congresso a aprovar novas regras de segurança para o trabalhador das minas. E tranqüilizou a indústria têxtil, apoiando a criação de comitês de reclamação para os operários e de convenções de coordenação de preços e salários para as empresas.

O governo passou por um teste importante na primavera de 1912: uma revolta no Estado de Chihuahua. Em 4 de fevereiro, após um levante dos partidários de Vásquez Gómez em Juárez, o presidente Taft ordenara às forças norte-americanas que se preparassem para entrar em ação na fronteira. Sua intenção – num ano de eleições presidenciais – era, na verdade, desencorajar outra revolução no México, mas para os mexicanos essa ordem significara a condenação de Madero por Washington. As grandes empresas de mineração norte-americanas de Chihuahua e a família Terrazas, irritadas com o aumento de impostos que o governador Abrahám González decretara, fizeram contatos secretos com o exasperado Orozco. Em 3 de março, Orozco e sua milícia revoltaram-se, muitos de seus homens contando ganhar terras quando fossem vitoriosos. Em 23 de março, oito mil orozquistas destruíram uma força federal ao longo da estrada de ferro, no sul de Chihuahua; em seguida, ameaçaram tomar Torreón, o ponto estratégico entre Juárez e o Bajío. Os orozquistas não dominaram apenas Chihuahua; logo passaram a operar também em Sonora e em Coahuila. Nessa altura, porém, Taft corrigira seu erro; em 14 de março, anunciara um embargo de todo e qualquer carregamento de armas e munição dos Estados Unidos para o México, salvo se fossem destinadas ao governo. Em 1º de abril, Madero entregou ao general Victoriano Huerta o comando de nova expedição federal enviada ao Norte, que, em 23 de maio, derrotou os orozquistas ao sul de Chihuahua. Nesse meio tempo, Sonora e Coahuila estavam recrutando a milícia do Estado para garantir a defesa local e prestar serviço na zona de guerra; a UCMGF, a UMM e a União dos Mineiros também organizaram corpos de voluntários. Em 7 de julho, Huerta entrou na cidade de Chihuahua.

Todavia, esse sucesso particular custou caro. Foi gasto tanto dinheiro que o governo não conseguiu pagar os juros da dívida externa. Em 7 de junho, Madero contraiu junto a James Speyer and Company, o banco de New York preferido dos *científicos*, um empréstimo de 10 milhões de dólares pelo prazo de um ano, para atender aos pagamentos imediatos. Contudo, para restabelecer a respeitabilidade financeira iria precisar, daí a um ano, de um empréstimo muito maior e a prazo mais longo, que teria de ser autorizado pelo Congresso. A repressão também deixou Madero com uma pesada dívida política com o Exército, que aumentou sua cota do orçamento de 20 para 25 por cento e dobrou seu efetivo, chegando a 60 mil homens, com mais cinco generais-de-divisão, entre os quais despontava Huerta.

No verão de 1912, as condições externas que poderiam ter dado estabilidade ao governo começaram a desaparecer. Um fato decisivo foi a entrada do petróleo mexicano nas discussões das campanhas presidenciais norte-americanas. Em 3 de junho, numa tentativa de aumentar a receita a fim de garantir um grande empréstimo no ano seguinte, Madero tributou pela primeira vez a produção de petróleo no México – 20 centavos por tonelada, cerca de 0,015 centavos de dólar por barril. As empresas petrolíferas norte-americanas criticaram a medida, chamando-a de "confisco"[2]. E fizeram forte pressão tanto sobre o Partido Republicano, que em 22 de junho indicou Taft como seu candidato à presidência, quanto sobre o Democrata, que em 2 de julho escolheu Woodrow Wilson. (Em agosto, o Partido Progressista indicou Theodore Roosevelt, o chauvinista universal.) A Comissão de Relações Exteriores do Senado nomeou uma subcomissão para investigar a política de Taft com relação ao México. Taft enviou navios de guerras em visita à costa do golfo do México e do Pacífico e, em setembro, o Departamento de Estado exigiu que o governo mexicano garantisse a lei e a ordem em seu território ou os Estados Unidos iriam "pensar que medidas tomar para atender às exigências da situação"[3].

Entrementes, Gustavo Madero preparava-se, corajosamente, para libertar o governo da dependência em relação aos *científicos*. Contava apenas com uma parte da base de apoio de que precisava, porque, nas eleições parlamentares de 30 de junho, ainda que seu Partido *Progresista* tenha conseguido a maioria da Câmara dos Deputados e tenha eleito mais da metade das cadeiras do Senado em disputa, o Partido Católico elegeu um número de deputados e senadores, entre eles León de la Barra, suficiente para formar uma maioria com os *científicos* e os reyistas remanescentes no Congresso. Mas ele não podia esperar que aparecesse uma oportunidade melhor. Em julho, Ernesto Madero, o ministro das Finanças, deu início a negociações secretas na França, fora dos círculos bancários *científicos*, para levantar um empréstimo de 20 milhões de libras (quase 200 milhões de pesos). Se os Madero tivessem sucesso nesse golpe financeiro, um governo puramente maderista conseguiria manter o poder com uma certa facilidade até 1916, quando então o próprio Gustavo poderia muito bem ser eleito presidente.

O caminho direto para a ruína maderista foi aberto com a sessão de inauguração da 26ª Legislatura em 14 de setembro. Enquanto o governo conti-

2. LORENZO MEYER, *Mexico and the United States in the Oil Controversy, 1917–1942*, Austin (Texas), 1977, p. 31.

3. P. EDWARD HALEY, *Revolution and Intervention: The Diplomacy of Taft and Wilson with Mexico, 1910–1917*, Cambridge, 1970, p. 48.

nuava suas negociações financeiras secretas, os progressistas de Gustavo – liderados pelo deputado Luis Cabrera – falavam como jacobinos. Chamando-se a si mesmos de *renovadores*, exigiam uma "renovação" do país que fosse além das promessas "democráticas" do Plano de San Luis, inclusive a reforma agrária para as aldeias[4]. Os católicos e os *científicos*, comandados por León de la Barra, transformaram o Senado num reduto da oposição. Nessa altura dos acontecimentos, os *científicos* que estavam exilados em Paris ouviram falar do programa financeiro do governo e pediram a seus amigos no México que o fizessem fracassar, mesmo que tivessem de unir-se aos reyistas.

A primeira tentativa de depor Madero com um golpe militar fracassou. Em meados de outubro, com pressa de conseguir seu intento antes das eleições norte-americanas em novembro, um grupo de *científicos* organizou uma revolta sob o comando do general Félix Díaz, sobrinho de Porfirio Díaz. Com navios de guerra norte-americanos observando ao largo, Díaz tomou o porto de Veracruz e convocou o exército a assumir o comando do país. Nem um único general atendeu a seu apelo. Na mesma semana, o exército reocupou o porto, e uma corte marcial trancou Díaz numa masmorra de Veracruz. Mas a dívida de Madero com o Exército cresceu.

Em 5 de novembro, Wilson ganhou as eleições presidenciais nos Estados Unidos e seu partido conquistou a maioria nas duas casas do Congresso. Altos funcionários maderistas voltaram a fazer contato com Sherburne Hopkins, que restabeleceu relações amistosas com a Standard Oil. Os políticos mexicanos deduziram que, com os democratas no poder, a pressão de Washington sobre o governo de Madero diminuiria. Mas Taft tinha mais quatro meses na presidência, até março de 1913, e, desconfiando de Wilson e de Madero, decidiu aparentemente que, antes de deixar o cargo, o México deveria ser governado por um presidente grato aos Estados Unidos e ao Partido Republicano. O embaixador norte-americano no México quase não pôde disfarçar sua nova missão. Isso deu nova coragem à oposição católico-*científico*-reyista, mas colocou-a num impasse. Em dezembro, o governo mexicano pediu formalmente ao Congresso que autorizasse o empréstimo de 20 milhões de libras feito "na Europa". Isso forneceu à oposição uma questão pública importante. Em 13 de janeiro, a autorização foi aprovada na Câmara. Mas a oposição no Senado fê-la em pedaços.

4. LUIS CABRERA, *La Revolución es la Revolución: Documentos*, Guanajuato, 1977, pp. 137–145.

As organizações trabalhistas também causaram problemas. Em 26 de dezembro, reivindicando uma jornada de trabalho de oito horas, a UMM convocou uma greve nas Ferrovias Nacionais e transtornou todo o sistema de transportes do país. O Departamento do Trabalho tentou mediar, inutilmente. Somente em 11 de janeiro, graças à intervenção da UCMGF, a UMM aceitou uma jornada de dez horas e um aumento de 10 por cento nos salários. Então, de forma independente, um centro anarquista, Casas del Obrero, fundada em setembro em Cidade do México com o objetivo de substituir os sindicatos, estimulou a realização de greves na cidade por uma jornada de trabalho menor e por aumento de salário. Os sindicatos de Veracruz, comandados pelos anarquistas, convocaram uma convenção das organizações trabalhistas, a realizar-se no porto, em 1º de janeiro, e criou uma confederação nacional com a missão de lutar pela jornada de oito horas.

A segunda tentativa de golpe militar também fracassou. Mais bem organizada do que a primeira, foi comandada pelo general Manuel Mondragón, um protegido dos *científicos*, cujos planos eram subornar as unidades de elite em Cidade do México, tomar o Palácio Nacional, libertar Reyes e Díaz (este último fora transferido recentemente para a capital), instalar Reyes como presidente provisório e, depois de um intervalo decente, eleger Díaz presidente. Em 9 de fevereiro, as unidades de Mondragón libertaram Reyes e Díaz. Mas, na luta para invadir o palácio, Reyes foi morto. Mondragón, Díaz e os rebeldes sobreviventes mal puderam fugir para um arsenal do outro lado da cidade, a Ciudadela. No mesmo dia, Madero chamou Huerta, que derrotara os orozquistas, e confiou-lhe a missão de esmagar a nova rebelião. Em 11 de fevereiro, Huerta deu início a seus ataques, supostamente contra a Ciudadela. A batalha, porém, logo se espalhou e tornou-se mais generalizada, com a artilharia matando diariamente grande número de civis e destruindo muitas propriedades. Mondragón e Díaz continuaram a exigir a renúncia de Madero e Pino Suárez e a pressionar outros generais a derrubar o governo. Em particular, o embaixador norte-americano e León de la Barra, líder da aliança católico-*científico*-reyista, tramavam pela mesma causa. De modo mais permanente os rebeldes e conspiradores sonharam em vencer Huerta, em vão. Dos cem ou mais generais do Exército, todos menos os dois que estavam na Ciudadela continuaram leais ao governo. Mas agora Madero dependia totalmente de seus generais.

A terceira tentativa foi vitoriosa. Em 18 de fevereiro, avisado de que os rebeldes, em desespero, tentariam romper o cerco da Ciudadela, Huerta ordenou um cessar-fogo, determinou a detenção do presidente, do vice-presidente, dos membros do Gabinete, de Gustavo Madero e do general mais chegado aos Maderos, Felipe Ángeles, e declarou-se no comando do país. Alguns dos outros generais reconheceram imediatamente sua autoridade. Naquela noite, a convite do embaixador dos Estados Unidos, Huerta e Díaz encontraram-se na embaixada e assinaram um pacto: Huerta seria o presidente provisório, nomearia um gabinete de católicos, *científicos* e reyistas e – a coisa mais importante para o embaixador – apoiaria a campanha de Díaz na "eleição futura" para a presidência regular[5]. Nessa mesma noite, Gustavo Madero foi assassinado. Em 19 de fevereiro, Francisco Madero e Pino Suárez apresentaram suas renúncias e a Câmara, dominada pelos *progresistas*, aceitou-as por maioria esmagadora de votos. O ministro das Relações Exteriores, agora presidente provisório, nomeou imediatamente Huerta para o Ministério do Interior e renunciou; Huerta tornou-se o presidente provisório. No novo Gabinete figuravam León de la Barra no Ministério das Relações Exteriores, Mondragón no Ministério da Guerra e o filho de Reyes, Rodolfo, no Ministério da Justiça. Quase todos os generais que ainda não haviam reconhecido a autoridade de Huerta fizeram-no nesse momento; alguns preferiram ir para a reforma, mas nenhum resistiu. Em 21 de fevereiro, o Supremo Tribunal de Justiça congratulou-se com o novo presidente. Em conversa privada, Huerta sinalizou que permitiria a partida de Madero e Pino Suárez para o exílio, mas na noite de 22 de fevereiro, sob guarda militar, os dois prisioneiros foram assassinados.

FEVEREIRO DE 1913 – AGOSTO DE 1914

O novo governo não conseguiu o apoio de setores importantes. A questão mais decisiva é que não agradou os Estados Unidos. Desde 1910, a rivalidade entre os Estados Unidos e a Inglaterra no México vinha tornando-se cada vez mais tensa, em grande parte por causa do petróleo. Para a nova administração em Washington, o golpe pareceu uma contra-revolução dos *científicos* para favorecer os interesses britânicos, ou seja, El Águila. Já o Foreign Office raciocinou que, quando Wilson fosse empossado na presidência, reconheceria

5. LUIS LICEAGA, *Félix Díaz*, México, 1958, p. 216.

Huerta de qualquer modo a fim de reafirmar a influência norte-americana sobre ele. Assim, antecipando-se a Washington, a Inglaterra reconheceu seu governo em 31 de março de 1913, seguido de perto por outros países europeus. Conseqüentemente, Wilson, supondo que poderia provocar a ascensão de um governo mais tranqüilizador para os norte-americanos, negou seu reconhecimento. Essa confusão preocupou os banqueiros e os grandes empresários, duvidosos de que, sem a bênção dos Estados Unidos, o novo governo pudesse saldar os pagamentos da dívida externa a vencer no começo de junho.

Além disso, a economia começou a enfrentar extraordinárias dificuldades. As companhias de petróleo continuavam a prosperar, mas uma baixa dos preços da prata no mercado internacional, na primavera de 1913, aumentou a evasão de metais preciosos do país, reduziu a indústria mineira e provocou um grande declínio do setor nos Estados de fronteira no Norte, local de predomínio da mineração. As organizações trabalhistas continuaram combativas. Os sindicatos anarquistas de Veracruz não realizaram sua convenção para a criação de uma confederação nacional, mas a Casa del Obrero em Cidade do México, num novo ímpeto de organização, preparou a primeira celebração pública do Primeiro de Maio no país. Os principais sindicatos ferroviários e portuários uniram-se para formar a Confederación de Gremios Mexicanos, que representava a maioria dos trabalhadores nos transportes do país. Logo a CGM despontou como um poder nacional.

Além disso, não demorou muito para que o novo governo enfrentasse grande resistência armada. A exemplo do Exército, do Congresso e do Supremo Tribunal, todos os governadores, com exceção de alguns, aceitaram a autoridade de Huerta. Mas o ressurgimento dos *científicos* agravou os conflitos, os antigos e os novos. E logo explodiram em vários Estados diversas revoltas contra a "usurpação", sendo as mais perigosas as ocorridas em toda a extensão da fronteira setentrional, em Sonora, em Chihuahua e em Coahuila. Nessa região, apesar do embargo norte-americano à exportação de armas e de munição para os rebeldes, os líderes locais mobilizaram as milícias estaduais que sobraram da campanha contra Orozco e recrutaram novos soldados entre os inúmeros desempregados. No final de fevereiro, o governador de Sonora fugira para o Arizona, mas os oficiais de milícia do Estado conseguiram que o Legislativo nomeasse um governador interino, declararam o Estado independente do governo federal e passaram a arrecadar taxas alfandegárias e impostos federais. Um exército regular tomou forma sob o comando de um jovem político-fazendeiro, Álvaro Obregón, que, no final de março, contando com oito mil homens, isolara a principal força federal em Guaymas. Em Chihuahua, onde o governador González fora assassinado no início de março, a revolta começou meio desconjuntada. Mas no final do mês diversas unidades milicianas e muitos rebeldes novos, cuja esperança era voltar a reclamar suas terras, agiram juntos sob o comando de Francisco Villa. Sua revolta incentivou a eclosão de outras insurreições em Durango e em Zacatecas.

Em Coahuila, a resistência foi comandada pelo governador Venustiano Carranza. Um veterano da política provinciana da época porfiriana, de 53 anos de idade, um senhor de terra aparentado por sangue e por afinidade com diversas grandes famílias do Nordeste (mas não com os Maderos), Carranza tentou primeiramente aliciar outros governadores para protestar contra o golpe de Huerta, mas foi inútil. Em 26 de março de 1913, seus subordinados locais, por sua instigação, proclamaram o Plano de Guadalupe. Os coahuilenses, acusando Huerta, o Congresso e o Supremo Tribunal de traição e anunciando a organização do Exército Constitucionalista, nomearam Carranza seu Primeiro Chefe, que devia assumir interinamente a chefia do Executivo nacional e convocar eleições para o restabelecimento do governo constitucional. O Plano de Guadalupe não continha uma única palavra sobre reforma econômica e social. Além disso, o Exército Constitucionalista tinha um efetivo pequeno; seu oficial de mais alta patente era um general de milícia refugiado de Veracruz, Cándido Aguilar, e suas forças eram constituídas apenas por algumas milícias locais sob o comando de Jesús, irmão de Carranza, e de Pablo González, seu primo. Mas, em 1º de abril, agentes constitucionalistas contrataram Hopkins como consultor jurídico em Washington. Em 18 de abril, o Plano de Guadalupe foi endossado por representantes das revoluções de Sonora e de Chihuahua e, em 26 de abril, Carranza, querendo evitar empréstimos internos compulsórios ou tornar-se dependente dos credores estrangeiros, autorizou a emissão de cinco milhões de pesos-papel para pagar as campanhas constitucionalistas.

Em outros Estados, a principal resistência adveio dos zapatistas em Morelos. Alguns chefes, que antes tinham visto em Madero o pior inimigo, abandonaram o campo de luta. Mas os outros, com o Plano de Ayala, acompanharam Zapata numa guerra de guerrilhas independente para recuperar as terras de suas aldeias. O próprio menoscabo que mostravam pelas mudanças que fossem apenas políticas fortaleceu seu compromisso com uma causa camponesa nacional e ampliou os horizontes de sua estratégia. Zapata encontrou excelente secretário administrativo para gerenciar seus quartéis:

Manuel Palafox, um ex-estudante de engenharia e ex-contador. Em meados de abril de 1913, lançou uma séria ofensiva a leste de Morelos. Em maio, o movimento zapatista possuía a determinação e a organização para vencer pelo menos uma revolução social regional.

Mas o novo governo sobreviveu à sua estréia. À medida que tomava forma, revelava sua diferença do governo anterior: era meramente faccional e pessoal; seus ministros adotaram praticamente as mesmas políticas anteriores com relação aos negócios, ao trabalho e à "questão agrária". O que é mais surpreendente e significativo é que não foi Félix Díaz mas Huerta que se destacou. Em março e em abril de 1913, os felicistas organizaram-se em todo o país para apoiar uma chapa Díaz–León de la Barra nas "futuras eleições". Mas o presidente provisório aumentou o soldo do exército, manobrou para que vários generais leais pessoalmente a ele fossem indicados governadores provisórios e assinou um tratado de paz e aliança política com Orozco. Em 23 de abril, com uma maioria de *progresistas* que obteve na Câmara, marcou a data das eleições presidenciais para seis meses depois, 26 de outubro. Díaz e León de la Barra renunciaram às suas candidaturas, para embaraçá-lo; alguns de seus subalternos tramaram seu assassinato. Mas, sem qualquer embaraço e sem temor, Huerta entabulou novas negociações nos círculos *científicos* para levantar um empréstimo de 20 milhões de libras. Em 30 de maio, o Congresso autorizou a dívida e, em 8 de junho, exatamente a tempo de fazer os pagamentos devidos, um consórcio liderado pelo Banque de Paris et des Pays-Bas subscreveu um empréstimo de seis milhões de libras por um prazo de dez anos e assinou opções de compra de títulos do governo para um novo empréstimo de dez milhões de libras depois de seis meses.

O empréstimo não logrou ajudar a economia. No meio do ano, a Asarco e outras grandes empresas de mineração informaram uma receita bastante reduzida; algumas delas diminuíram fortemente a produção. Os pequenos negócios no Norte entraram tão depressa numa maré montante de falências que os bancos estaduais levaram sua câmara de compensação em Cidade do México ao vermelho. As chuvas naquele verão foram fracas, provocando uma alta dos preços dos grãos e uma depressão ainda maior. De junho a setembro, o peso caiu de 0,48 centavos de dólar para 0,36 (o valor do peso nesse período está registrado na Tabela 3).

Todavia, em termos políticos, o novo crédito significou um golpe huertista. Huerta, desrespeitando o pacto com Díaz, afastou os felicistas de seu gabinete, entre eles o ministro da Guerra, Mondragón, que partiu para o exílio,

TABELA 3 / VALOR DO PESO-PAPEL EM DÓLARES, 1913–1916

Mês	1913	1914	1915	1916
janeiro	0, 4955	0,3699	0,1431	0,0440
fevereiro	0,4873	0,3478	0,1314	0,0407
março	0,4830	0,3138	0,1190	0,0285
abril	0,4592	0,3001	0,0923	0,0343
maio	0,4702	0,3360	0,0863	0,0229
junho	0,4761	0,3313	0,0926	0,0970
julho	0,4306	0,3146	0,0739	0,0970
agosto	0,3936	0,2629	0,0676	0,0380
setembro	0,3649	0,2108	0,0659	0,0311
outubro	0,3607	0,2055	0,0714	0,0232
novembro	0,3580	0,1986	0,0716	0,0099
dezembro	0,3594	0,1870	0,0590	0,0046

Fonte: EDWIN W. KEMMERER, *Inflation and Revolution: Mexico's Experience of 1912–1917*, Princeton, 1940, pp. 14, 45, 46 e 101.

seguido por León de la Barra. As medidas políticas com relação aos negócios, ao trabalho e à "questão agrária" continuaram as mesmas, mas agora os próprios homens de Huerta é que as administravam. Em meados de julho, exilou Díaz, dando-lhe o cargo de "embaixador especial" no Japão, e libertou Ángeles, mandando-o para o exílio na França[6]. A Inglaterra, aprovando as mudanças, anunciou a nomeação de novo ministro para o México, que se jactava de sua amizade com Lorde Cowdray, dono da Eagle Oil.

Com total controle do Exército, Huerta aumentou para 30 por cento a cota dos militares no orçamento, elevou seu efetivo para 85 mil homens, reorganizou seus comandos, promoveu 50 ou mais oficiais a general, nomeou vários novos generais-de-divisão, ampliou os arsenais e expandiu o contingente dos *rurales* para dez mil homens. Durante todo o verão, lançou suas forças contra os revolucionários. E diante de sérios ataques das tropas federais o Exército Constitucionalista esfacelou-se. Em Sonora, que continuou sendo uma central dos constitucionalistas, os federais continuaram sem poder mexer-se de Guaymas. Mas no Norte, reforçados por Orozco e por sua milícia, recuperaram o controle das principais cidades e das estradas de ferro.

6. LUIS LICEAGA, *Félix Díaz, op. cit.*, pp. 302–303.

No final de julho, rechaçaram um ataque dos constitucionalistas a Torreón de forma tão completa que Carranza quase perdeu sua Primeira Chefia. No Nordeste, em agosto, destroçaram as forças de González e recuperaram o comando em todos os lugares, com exceção de Piedras Negras e de Matamoros. Em Morelos, expulsaram os guerrilheiros zapatistas para os Estados vizinhos e jogaram os aldeões em campos de concentração.

À medida que Huerta se fortalecia, aumentava a irritação dos Estados Unidos com seu governo. As companhias petrolíferas norte-americanas e Wilson não viam apenas um militar no governo mas o poder de construção do capital britânico no México. Em julho, os Estados Unidos chamaram de volta seu embaixador. Graças a Hopkins, seus funcionários de fronteira fechavam os olhos ao contrabando de material de guerra em Sonora e em Tamaulipas para os constitucionalistas. Em agosto, antes que o novo ministro inglês partisse para o México, Wilson enviou um agente especial para pedir a Huerta que decretasse um imediato cessar-fogo e realizasse "eleições livres logo"[7]. Washington ajudaria a impor o armistício, reconheceria o novo governo e patrocinaria um novo empréstimo. Se Huerta se recusasse a fazê-lo, os Estados Unidos "não assistiriam inativos"[8]. Huerta recusou-se. Em 27 de agosto, Wilson anunciou sua política de "espera vigilante" e decretou um embargo sem exceção aos carregamentos de armas e munição para o México. Mas Huerta rapidamente fez novas encomendas de armas à Europa e ao Japão.

Em setembro de 1913, Huerta consolidara seu poder. Agora contava não só com o Exército, mas também – numa economia em depressão – com fornecedores contratados do Exército, que se tornaram seus partidários ardorosamente leais. Jogando com a exasperação dos Estados Unidos, desenvolvera um programa de treinamento militar para civis, que atraiu muitos burocratas e funcionários patriotas. Quando o Congresso voltou a reunir-se, revelou um tal desarranjo entre *progresistas*, católicos, *científicos* e reyistas que Huerta tomou mais liberdades. Impôs ao Partido Católico seus candidatos a presidente e a vice para as eleições de 26 de outubro e, em 30 de setembro, conseguiu junto aos bancos de Cidade do México um empréstimo de 18 milhões de pesos por um prazo de três meses.

7. HALEY, *Revolution and Intervention...*, *op. cit.*, p. 98.

8. ARTHUR S. LINK, *Wilson: The New Freedom*, Princeton, 1956, pp. 357–358 e 361.

Foi então que o governo huertista enfrentou três duros testes. O primeiro proveio do campo oposicionista: uma tentativa de desacreditar as eleições de 26 de outubro. No mês de setembro, os bandos constitucionalistas de Chihuahua, Durango e Zacatecas haviam se unido e formado a Divisão do Norte, sob o comando de Villa. Em 1º de outubro, na primeira grande vitória dos constitucionalistas, tomaram Torreón e um grande espólio militar. Ainda no mês de setembro, os constitucionalistas de Sonora receberam Carranza em seu Estado. Lá o Primeiro Chefe assumiu novas posições políticas. Declarou que, depois da restauração constitucional, "deve ter início a luta social, a luta de classe em todo o seu poder e grandeza"[9]. Reorganizou o Exército Constitucionalista, entregando a Álvaro Obregón o comando do Corpo do Exército do Noroeste e a Pablo González o do Nordeste. Em 17 de outubro, anunciou a formação de um governo provisório, incluindo em seu Gabinete como subsecretário da Guerra o general Felipe Ángeles, que regressara da França. E, em 21 de outubro, afirmou que, em caso de vitória dos constitucionalistas, dissolveria o exército federal. Em 23 de outubro, o Corpo do Nordeste, comandado por González, atacou Monterrey. Enquanto isso, os zapatistas coordenaram alguns ataques em torno de Cidade do México. E Félix Díaz desembarcou em Veracruz para participar das eleições.

Huerta reagiu com argúcia e coragem. Em 10 de outubro, depois da chegada do novo ministro britânico, a Cidade do México dissolveu o Congresso e convocou eleições para a Câmara e o Senado para o mesmo dia do pleito presidencial. No dia seguinte, o ministro britânico apresentou suas credenciais ao presidente provisório, praticamente abençoando seu último golpe. O ataque dos constitucionalistas a Monterrey fracassou. Em 24 de outubro, Huerta decretou o aumento do efetivo do exército para 150 mil homens. Nas eleições de 26 de outubro, uma maioria obtida por meios militares deu a Huerta a presidência, a seu ministro da Guerra a vice-presidência e aos católicos a maioria do Congresso, mas, como tanto Huerta quanto seu ministro da Guerra eram inelegíveis para um cargo eletivo, a eleição para o Executivo foi invalidada – Huerta continuou presidente provisório. Em 27 de outubro, Díaz fugiu de Veracruz num navio de guerra norte-americano.

O segundo teste foi outra ofensiva dos constitucionalistas. Partindo de Sonora, Obregón juntou-se às forças de Sinaloa e, em 14 de novembro, to-

9. JESÚS CARRANZA CASTRO, *Origen, Destino y Legado de Carranza*, México, 1977, p. 199.

maram Culiacán. González capturou Victoria em 18 de novembro, instalou um governo provisório, tendo à frente Luis Caballero, seu principal subordinado de Tamaulipas, e marchou para Tampico. A Divisão do Norte, comandada por Villa – agora com dez mil homens com artilharia e trens – dominou a guarnição da cidade de Chihuahua, capturou Juárez e mais suprimentos militares em 15 de novembro, destroçou as milícias de Orozco, forçou a evacuação da capital do Estado e ocupou-a em 7 de dezembro. O exército reagiu com competência. No Noroeste, a artilharia e canhoneiras federais em Guaymas e em Mazatlán, atirando contra a estrada de ferro que passava perto, impediram que Obregón recebesse reforços e suprimentos do sul. A marcha de González para Tampico deteve-se diante das defesas federais. Os generais federais ordenaram um recrutamento em massa em todos os Estados centrais e, em 9 de dezembro, uma força federal constituída de novos recrutas recuperou Torreón, empurrando Villa de volta a Chihuahua. Para consolidar sua base nesse Estado, Villa adotou uma medida gigantesca com relação à reforma social e econômica, decretando em 21 de novembro o confisco sem compensação das extensas fazendas existentes no Estado, para fazer receita imediata e lotear entre seus soldados no fim da guerra. Mas em 28 de dezembro, vivamente irritado com Villa por ter começado "a luta social" cedo demais e reconhecendo que o governo continuava a ter superioridade estratégica, Carranza autorizou seu tesouro a emitir mais 15 milhões de peso-papel para pagar as longas campanhas que ainda estavam por vir.

O terceiro teste foi mais um antagonismo oposto pelos Estados Unidos. Quando Huerta dissolveu o Congresso com a bênção do ministro britânico, a reação do presidente Wilson tornou-se implacável. Em 13 de outubro, advertiu que os Estados Unidos não reconheceriam o resultado das eleições de 26 de outubro. Em 1º de novembro, ameaçou Huerta: renúncia, ou – pela primeira vez – os Estados Unidos apoiariam os constitucionalistas. Em 7 de novembro, o Departamento de Estado anunciou que Wilson iria "exigir o afastamento de Huerta"; em seguida, mediariam a formação de novo governo provisório que se prontificasse a realizar "eleições livres" e restaurar a ordem constitucional[10]. Em 12 de novembro, um agente especial do governo norte-americano encontrou-se com Carranza em Nogales. Diante dessa pressão, a

10. KENNETH J. GRIEB, *The United States and Huerta*, Lincoln, 1969, pp. 115–116.

Inglaterra deu instruções a seu ministro para abandonar Huerta, e o ministro das Finanças da França notificou o governo mexicano que os bancos franceses não subscreveriam o empréstimo de 10 milhões de libras.

Mas o governo reagiu com teimosia e engenhosidade. Em 15 de novembro, foi aberto o Congresso, então dominado pelos católicos. Em 15 de dezembro, confirmou Huerta no cargo de presidente provisório e marcou outra eleição presidencial para 5 de julho. Em recompensa, Huerta afastou a liderança católica mas permitiu que, em 11 de janeiro de 1914, a Igreja consagrasse o México ao Sagrado Coração de Jesus e encenasse grandes cerimônias públicas em honra de Cristo Rei – as mais impressionantes já realizadas em Guadalajara. Tolerou ainda um novo órgão da Igreja, que passou a envolver-se cada vez mais em questões cívicas, a Associação Católica da Juventude Mexicana (ACJM). Para compensar a falta de crédito no exterior, mais do que triplicou os impostos sobre o petróleo, conseguiu que o Congresso autorizasse uma nova dívida interna de cem milhões de pesos, impôs pesados empréstimos compulsórios às empresas, decretou a cobrança de uma taxa sobre os depósitos bancários e monetarizou as notas de banco. Em 23 de dezembro, depois que uma nova queda nos preços da prata desencadeou uma corrida ao Banco de Londres, Huerta declarou moratória bancária. Em 7 de janeiro, diminuiu as exigências de reserva de 50 para 33 1/3 por cento, em seguida suspendeu os pagamentos de juros da dívida nacional até que os bancos emprestassem ao governo o dinheiro que adviria dessa medida. Os bancos norte-americanos, ingleses e franceses protestaram, mas Huerta sabia que podia contar com o apoio particular do ministro britânico e de Lorde Cowdray. E seu programa militar com relação aos civis alistava muitos novos patriotas.

Em resumo, no início de 1914 o governo huertista provara que era o poder dominante no México. Perdera terreno valioso, mas governava os dois terços do país onde viviam provavelmente quatro quintos da população. Continuava a controlar todos os portos de mar. Mantinha sob controle os interesses dos bispos, dos empresários e dos banqueiros. E nas cidades centrais, o seu antiamericanismo e seu pró-clericalismo lhe valiam grande apoio popular. Isso levou os Estados Unidos a apoiar diretamente os constitucionalistas. Em 29 de janeiro de 1914, Wilson advertiu a Inglaterra de que, no seu entender, a paz no México viria não de uma mediação mas da vitória militar do mais forte. Em 3 de fevereiro, revogou o embargo à remessa de armas e permitiu a exportação legal de material bélico indiscriminadamente. Armas e munição chegaram em profusão a Sonora, Chihuahua e Tamaulipas. O ministro britânico logo foi chamado de volta a Londres.

Diante dessa ajuda, Carranza autorizou, em 12 de fevereiro, nova emissão de dez milhões de pesos e, em 3 de março, deu ordens aos constitucionalistas para marchar contra as forças inimigas. O Corpo do Nordeste, de González, que nessa altura dos acontecimentos ostentava vários chefes subordinados proeminentes – Luis Caballero, Jesús Carranza, Cesáreo Castro, Francisco Coss, Francisco Murguía e Antonio I. Villareal – devia ocupar Monterrey, Tampico e Saltillo. O Corpo do Noroeste, de Obregón – tendo como principais chefes Salvador Alvarado, Lucio Blanco, Plutarco Elías Calles, Manuel Diéguez e Benjamín Hill – tinha ordens de conquistar a costa oeste e tomar Guadalajara. A Divisão do Norte, comandada por Villa, à qual se juntou Ángeles no comando da artilharia, devia recuperar Torreón para viabilizar a campanha estratégica ao longo da estrada de ferro rumo ao centro do país. Carranza mudou seu governo para Chihuahua a fim de vigiar Villa e supervisionar a campanha no Sul.

Huerta fez mais um aumento do efetivo do exército, elevando-o para 200 mil homens em fevereiro e para 250 mil em março, com outro recrutamento em massa nos Estados do Centro. Promoveu cerca de 250 oficiais a general, comissionou diversos novos generais-de-divisão e indicou Orozco para comandar uma nova ofensiva no Norte. Nomeou para governador do Distrito Federal um contraparente de Limantour, Eduardo Iturbide, supostamente um católico. E em 31 de março, depois de arrancar dos bancos mexicanos, com a ajuda de Lorde Cowdray, um empréstimo de 45 milhões de pesos, anunciou a retomada dos pagamentos da dívida nacional para 15 de abril.

Nesse ínterim, as campanhas constitucionalistas tomavam impulso. Em 26 de março, González ordenou a Caballero que sitiasse Tampico e, em 8 de abril, enquanto Jesús Carranza, Coss e Murguía acossavam as tropas federais em todo o Nordeste, ele mesmo, Castro e Villareal atacaram Monterrey. Obregón, que deixara Calles no comando de Sonora e Alvarado na chefia do sítio a Guaymas, levou Blanco, Diéguez e Hill para preparar as forças no sul de Sinaloa e de Tepic para marchar contra Jalisco. Em 23 de março, Villa e Ángeles comandaram 15 mil homens contra 10 mil soldados federais em Torreón, em 2 de abril tomaram a cidade e em 14 de abril desbarataram 12 mil reforços federais. Quando os generais constitucionalistas conquistavam um novo território, criavam um novo órgão característico, a Oficina de

Bienes Intervenidos, com a missão de administrar o seqüestro de propriedades privadas para fornecer abrigo e provisões aos militares. Nesse meio tempo, os zapatistas tinham incorporado seus guerrilheiros ao exército do Sul, uma unidade regular, e começaram uma ofensiva em Guerrero. No início de abril, controlavam a maior parte do Estado e suas minas de prata.

Esses avanços levaram os Estados Unidos a retomar suas tentativas de mediação, dessa vez pela força. Em 10 de abril, Wilson aproveitou-se da prisão de marinheiros norte-americanos em Tampico para pedir que o governo mexicano saudasse a bandeira dos Estados Unidos, ou teria de enfrentar "as mais graves conseqüências"[11]. Huerta recusou-se a fazê-lo. Em 14 de abril, Wilson ordenou à Frota do Atlântico que navegasse para Tampico e Veracruz. Quatro dias depois, o Departamento de Estado recebeu a informação de que um navio alemão com armas e munição para o exército federal aportaria em Veracruz em 21 de abril. Um dia antes, certo de que as guarnições federais nos portos não resistiriam aos desembarques norte-americanos, Wilson decidiu ocupar Veracruz e Tampico. Se Huerta persistisse no seu propósito de não renunciar, Wilson tinha planos de enviar por trem uma expedição de fuzileiros navais de Veracruz para Cidade do México a fim de derrubá-lo. Então, os Estados Unidos poderiam supervisionar as negociações entre seu substituto e os constitucionalistas para a instauração de um novo governo provisório, "eleições livres" e a restauração constitucional. Em 21 de abril, 1 200 fuzileiros navais e marinheiros da Armada desembarcaram em Veracruz.

A intervenção fracassou. A guarnição de Veracruz resistiu e o desembarque em Tampico nunca aconteceu, porque a força teve de ser desviada para ajudar em Veracruz. Em 22 de abril, seis mil soldados norte-americanos ocuparam o porto. Mas, ao invés de renunciar, Huerta obteve do Congresso poderes ditatoriais em matéria de guerra, de finanças e de comunicações, nomeou líderes dos sindicatos dos ferroviários para administrar as Ferrovías Nacionales, mobilizou manifestações patrióticas de apoio a seu programa de militarização dos civis e convocou todos os rebeldes a se juntarem às tropas federais para lutar contra a invasão ianque. Os católicos, a ACJM e os bispos apoiaram publicamente seus apelos à união nacional contra a profanação protestante da mãe-pátria. Em 22 de abril, Carranza acusou a intervenção norte-americana de violação da soberania. Seguindo o parecer do conselho

11. LINK, *Wilson: The New Freedom*, *op. cit.*, p. 396.

privado em Washington, para evitar desastrosas hostilidades ao longo da fronteira, não a chamou de ato de guerra, mas exigiu a imediata retirada dos Estados Unidos e prometeu combater as intrusões norte-americanas em seu território constitucionalista, inclusive naquela altura nos arredores de Tampico. Zapata também prometeu combater as forças norte-americanas que entrassem em seu território. Os europeus escarneceram da intervenção. Os sul-americanos lamentaram-na. Mesmo entre os norte-americanos a tendência foi de oposição.

Conseqüentemente, Wilson limitou-a a Veracruz. Em 25 de abril, para salvar os farrapos de seu plano de mediação, aceitou uma oferta da Argentina, do Brasil e do Chile de realização de uma conferência para mediar a briga "entre os Estados Unidos e o México"[12]. Em 27 de abril, voltou a impor um embargo total à remessa de armas, mas não interrompeu o contrabando dos constitucionalistas na fronteira.

Huerta aceitou a oferta de mediação dos "países do ABC", planejando usá-la contra os constitucionalistas. Mas, privado da receita da alfândega de Veracruz e de suprimentos militares, o governo atrapalhou-se. Não conseguiu mais pagar os juros da dívida externa; o peso caiu para 0,30 centavos de dólar (ver Tabela 3). O Exército exagerou no recrutamento e na militarização de civis, invadindo as fileiras do trabalho organizado, provocando a revolta dos anarquistas de Cidade do México. Em 27 de maio, o governo fechou a Casa del Obrero.

Exteriormente, o constitucionalismo ganhou força. O Primeiro Chefe aceitou a mediação do "ABC" apenas "em princípio", admitindo que se discutisse somente o incidente de Tampico e a intervenção em Veracruz, e declarou desafiadoramente que seu governo iria continuar sua guerra até o restabelecimento da Constituição[13]. Mas, sob a superfície, por causa de suas exibições de independência dos Estados Unidos, suas forças começaram a dividir-se. Os generais do Nordeste, onde as principais fontes de receita eram as minas e as empresas petrolíferas norte-americanas, receberam com entusiasmo a declaração de autoridade nacional feita pelo Primeiro Chefe: ela incentivaria as empresas a pagar impostos aos constitucionalistas. Os generais do Norte – que tinham suas principais fontes de renda nas fazendas de gado desapro-

12. *Idem*, p. 407.

13. *Idem*, pp. 408–409.

priadas em Chihuahua, pertencentes aos mexicanos, e nas lavouras de algodão em volta de Tampico, de propriedade dos ingleses, mas precisavam vender o gado e o algodão aos norte-americanos – não gostaram do desafio de Carranza a Washington: poderia provocar alguma retaliação na alfândega de El Paso. O mais irritado era Villa, que professou publicamente sua amizade pelos Estados Unidos.

A divisão despertou ciúmes antigos. Durante três meses, desde que Wilson declarou seu apoio ao constitucionalismo, os Madero mais velhos, que viviam exilados nos Estados Unidos, manobraram para definir a restauração constitucional como uma restauração maderista. Tinham muitos aliados em Sonora, onde o governo maderista que fugira em 1913 pensava instalar-se, e em Chihuahua, onde o velho amigo da família, Ángeles, tinha muita influência junto a Villa. Em maio, Villa estava convencido de que Carranza pretendia sabotá-lo. Chefes constitucionalistas, desejosos de uma volta dos Maderos, começaram a insistir com Carranza para conter Villa.

Os constitucionalistas continuaram suas campanhas militares. Já durante a crise de Veracruz, González, Castro e Villareal haviam capturado Monterrey, onde Villareal, indicado governador provisório de Nuevo León, instalou seu governo. Em 14 de maio, González, Caballero e Castro tomaram Tampico e passaram a arrecadar os impostos sobre o petróleo. Em 18 de maio, Cándido Aguilar tomou Tuxpan, tornando-se governador provisório de Veracruz. Em 21 de maio, Villa capturou Saltillo, entregou-a a González e voltou para Torreón. No oeste, Obregón, Blanco, Diéguez e Hill tomaram Tepic em 16 de maio e deram início à campanha rumo a Guadalajara. Em todo o território constitucionalista foram abertas mais Oficinas de Bienes Intervenidos, nas quais alguns generais descobriram irresistíveis oportunidades de negócios particulares. As forças de conquista também deram vazão a paixões de vingança. Com ódio da Igreja – uma raiva anticlerical antiga dos liberais do Norte aguçada pela colaboração que os católicos, os bispos e a ACJM deram a Huerta – alguns generais trataram com fúria particular as igrejas e os padres. A partir de Guerrero o Exército do Sul zapatista independente recuperou todo o Estado de Morelos, com exceção de Cuernavaca, e marchou com firmeza para o Estado do México e de Puebla. No território que ele controlava, os aldeões já estavam recuperando a terra para começar a plantar.

Mas as pressões divisionistas aumentaram. Os Estados Unidos aplicaram-nas, deliberadamente, por meio da Conferência do ABC, que foi inaugurada em 20 de maio de 1914, em Niagara Falls, Ontario. Nas semanas seguintes, o Departamento de Estado, reconhecendo as concessões mineiras e petrolíferas britânicas existentes, eliminou o último motivo de apoio dos ingleses a Huerta. Além disso, sob a direção dos norte-americanos, a conferência não se limitou a discutir o incidente de Tampico e a intervenção de Veracruz, mas manteve a proposta de fazer a mediação entre os Estados Unidos, Huerta e os constitucionalistas para formar um novo governo provisório. Um plano recorrente propôs Ángeles para presidente.

O constitucionalismo entrou em crise no início de junho. Carranza transferiu seu governo de Chihuahua para Saltillo, ordenou que as propriedades confiscadas por Villa fossem chamadas apenas de seqüestradas (para eventual devolução a seus donos), interrompeu os embarques de carvão de Coahuila para as estradas de ferro em poder de Villa e, em 11 de junho, ordenou às forças locais de Zacatecas-Durango que atacassem a cidade de Zacatecas, para tentar formar uma Divisão Central a fim de impedir qualquer movimento dos nortistas para o Sul. Em 13 de junho, Villa renunciou a seu comando, mas no dia seguinte seus generais reintegraram-no no cargo e, contra as ordens de Carranza, desceram pela estrada de ferro para atacar Zacatecas. Em 19 de junho, Carranza demitiu Ángeles do Ministério da Guerra. Em 23 de junho, as tropas do Exército do Norte venceram uma força federal de 12 mil homens em Zacatecas, entregaram a cidade aos chefes locais e retornaram a Torreón. Em 29 de junho, Carranza nomeou González e Obregón os primeiros generais-de-divisão do Exército Constitucionalista, deixando Villa no limbo militar.

Nessa crise, os constitucionalistas mantiveram-se unidos. Em 4 de julho, González enviou Caballero, Castro e Villareal para se encontrarem com os delegados de Villa em Torreón a fim de negociar a reunificação. Todos os delegados concordaram em que Carranza devia continuar como Primeiro Chefe e Villa como comandante da Divisão do Norte. Mas concordaram também com mudanças radicais no Plano de Guadalupe para reconstituir um governo regular. Com a vitória da revolução, o Exército Constitucionalista dissolveria o exército federal, tomaria seu lugar e instalaria Carranza como presidente provisório, tornando-o assim inelegível para um mandato regular. Sua única função seria convocar uma junta de chefes constitucionalistas que nomeariam delegados a uma convenção. Essa elaboraria um programa de reformas – punir a Igreja por sua colaboração com Huerta, garantir "o bem-estar dos trabalhadores" e "emancipar os camponeses economicamente" – e em seguida supervisionaria a eleição de um governo regular para executar as reformas[14]. Assinado em 8 de julho, o Pacto de Torreón não foi aprovado por Carranza, mas também não foi contestado.

Em 13 de julho, a Conferência do ABC encerrou-se com os Estados Unidos ainda em Veracruz e propôs reconhecer um governo provisório negociado entre Huerta e os constitucionalistas. Mas, em 7 de julho, na primeira grande batalha do Corpo do Noroeste, Obregón, Blanco, Diéguez, Hill e uma força de 15 mil homens derrotaram 12 mil homens do exército federal, no terminal ferroviário a oeste de Guadalajara, e, em 8 de julho, ocuparam a cidade. Obregón imediatamente infligiu horríveis castigos à Igreja.

No dia em que Guadalajara caiu, Huerta nomeou Francisco C. Carbajal para o Ministério das Relações Exteriores. Carbajal fora o representante do governo Díaz nas negociações que terminaram no Tratado de Juárez em 1911 e poderia novamente preservar o exército federal e a burocracia. Em 15 de julho, Huerta renunciou e Carbajal foi indicado presidente provisório. Em 20 de julho, a bordo de um navio alemão, Huerta partiu de Coatzacoalcos (chamada então Puerto México) para o exílio.

Jesús Carranza já ocupara San Luis Potosí, abrindo ao Corpo do Nordeste o caminho direto para o Bajío. Carbajal solicitou um cessar-fogo para que fossem entabuladas negociações. O Primeiro Chefe recusou. Em 23 de julho, Wilson advertiu-o de que os Estados Unidos poderiam deixar de reconhecer seu governo se ele desrespeitasse os interesses estrangeiros ou permitisse represálias contra seus opositores e, em 31 de julho, lembrou-lhe que, sem o reconhecimento dos Estados Unidos, um governo constitucionalista "não conseguiria obter empréstimos e iria rapidamente à bancarrota"[15]. Carranza replicou que os constitucionalistas ofereceriam as mesmas garantias de sempre aos estrangeiros e ministrariam justiça aos mexicanos de acordo com "nossos interesses nacionais"[16].

Para a última campanha, a tomada da própria capital do país, o Primeiro Chefe reviu sua estratégia. Embora a principal força constitucionalista fosse a

14. JESÚS SILVA HERZOG, *Breve Historia de la Revolución Mexicana*, México, 1960, 2 vols.; ver, especificamente, o vol. II, pp. 144–160.

15. HALEY, *Revolution and Interventio...*, *op. cit.*, pp. 149–150.

16. United States Department of State, *Papers Relating to the Foreign Relations of the United States, 1914*, Washington, D. C., 1922, p. 575.

Divisão do Norte, nessa altura da situação com um efetivo de 30 mil homens, ele não iria correr o risco de permitir que Villa e Ángeles participassem da vitória final. Para segurá-los em Torreón, mandou que González e Murguía trouxessem 22 mil soldados do Norte para o Bajío através de San Luís Potosí. Ordenou que Obregón avançasse a partir do oeste e forçasse a rendição incondicional do exército federal. Em 26 de julho, Obregón deixou Diéguez em Guadalajara como governador provisório de Jalisco e levou Blanco, Hill e uma força de 18 mil homens para o Bajío. Em 9 de agosto, enquanto aguardava a 30 quilômetros ao norte de Cidade do México, recebeu a informação de que os comandantes federais queriam render-se.

Em 12 de agosto, Carbajal e a maior parte de seu gabinete partiram para Veracruz e o exílio. O governador do Distrito Federal, Iturbide, e o recém-nomeado agente de Carranza em Cidade do México, Alfredo Robles Domínguez, assumiram a responsabilidade pela ordem de transição na capital. Em 13 de agosto, Obregón e Blanco, sem González (para sua irritação), assinaram um tratado com representantes do exército federal e da Marinha, acabando formalmente com a guerra. As tropas federais e os *rurales* que estavam na capital foram evacuados de trem para Puebla, onde Castro e Coss deveriam administrar seu desarmamento e dispensa. Carranza ordenou a seus governadores provisórios e comandantes de Estado que reunissem as forças derrotadas em outros locais. Particularmente, indicou seu irmão Jesús para assumir o comando de um quarto do país: de Oaxaca, onde todas as forças federais do oeste e do sul iriam reunir-se para serem dispensadas, ao Yucatán, onde não existiam revolucionários locais. Os oficiais federais mais odiados fugiram para o exílio, entre eles Orozco; alguns conservadores ferrenhos foram esconder-se nas montanhas de Puebla–Oaxaca.

Em 15 de agosto, Obregón, à frente de seis mil homens do Corpo do Noroeste, marchou para a capital, colocando Blanco com mais dez mil homens nos subúrbios do sul para evitar que os zapatistas entrassem na cidade. Em 20 de agosto, Carranza penetrou na cidade à frente de um cortejo. No dia seguinte, instalou seu governo no Palácio Nacional e começou um expurgo da burocracia. Embora a guerra tivesse terminado, foram abertas muitas outras Oficinas de Bienes Intervenidos, velhos e novos cargos que serviam cada vez mais aos interesses particulares.

A luta interna do regime mexicano para restabelecer sua constitucionalidade resultara em sua destruição: o colapso de todas as emaranhadas transações comerciais e políticas nacionais, regionais e locais desenvolvidas nos mais de 30 anos anteriores, a perda de todo o crédito internacional, a exaustão de um tesouro que gastava demais e a dissolução do exército federal e dos *rurales*. O que era pior, as ruínas continuavam obstruindo a construção de um novo regime. A dívida externa subira para 675 milhões de pesos, sem qualquer perspectiva de amortização enquanto os Estados Unidos continuassem ocupando o porto de Veracruz; tinham também se acumulado fortes reclamações dos estrangeiros contra mortes e destruição de propriedades. O sistema bancário resvalava para a bancarrota. Contra as reservas metálicas de 90 mil pesos, as notas de banco e outras obrigações chegavam a 340 milhões de pesos e circulavam mais 60 milhões de pesos entre as várias moedas constitucionalistas sem lastro, a um valor de troca de apenas 25 centavos de dólar. Os prejuízos causados às estradas de ferro e os transtornos provocados nas minas e nas fábricas haviam agravado a depressão econômica do país. A Fundidora de Monterrey quase suspendera suas operações. E, como se a guerra tivesse também estragado o tempo, pelo segundo verão consecutivo as chuvas foram fracas, o que significava fome ou importação de alimentos em 1915.

Além disso, as forças vitoriosas estavam indefinidas com relação ao tipo de regime que deviam construir. O conflito entre elas era mais profundo do que a rivalidade pessoal. Como os grandes exércitos revolucionários haviam se desenvolvido em regiões diferentes tanto material quanto socialmente, Nordeste, Noroeste, Norte e Sul, cada um deles representava uma configuração particular de forças sociais. Três dos quatro exércitos se desenvolveram de maneira tão diferente que a luta para construir o novo regime teria de começar como uma guerra, embora secreta, em torno das relações sociais da produção. E, como se desenvolveram separadamente, as diferentes forças não tinham um partido em que pudessem confiar para mediar o conflito.

O Corpo do Nordeste e o do Noroeste eram idênticos. Desenvolvidos a partir dos núcleos das milícias de Coahuila e de Sonora, transformaram-se em exércitos profissionais, com as tropas lutando por soldo, agora 60 mil homens juntos. Na realidade, ambos eram formados por várias unidades profissionais, pertencentes a diversos generais que as haviam recrutado, garantiam seus salários e (salvo com relação a Jesús Carranza e alguns outros) obedeciam ao

Primeiro Chefe e cooperavam um com o outro apenas por razões maquiavélicas. Tanto no Noroeste quanto no Nordeste, esses chefes revolucionários tinham sido na virada do século, caracteristicamente, jovens e empreendedores comerciantes, fazendeiros e criadores provincianos. Frustrando-se à medida que amadureciam – alguns deles magonistas em 1906, a maioria anti-reeleccionista em 1910, quase todos maderistas em 1911, todos eles funcionários municipais ou estaduais em 1912 e constitucionalistas em 1913 para salvar suas carreiras –, viram no colapso nacional das antigas negociatas uma oportunidade para refazê-las com novos parceiros. Nos territórios que dominaram, prosperando dentro e fora das Oficinas de Bienes Intervenidos, foram reconquistando monopólios locais para si mesmos, para seus parentes, seus amigos e seu quadro de auxiliares. E foram afirmando seu patrocínio às organizações trabalhistas. Imediatamente após a ocupação de Cidade do México, mudaram a administração das Ferrovías Nacionales, ameaçaram os líderes da UCMGF e da UMM com punições por causa do apoio a Huerta e cancelaram os contratos dos sindicatos portuários; a CGM foi dissolvida. Declararam-se protetores da já reduzida União Mineira e dos comitês de fábrica da indústria têxtil. Em 21 de agosto, com um subsídio concedido pelos quartéis de Obregón, reabriram a Casa del Obrero de Cidade do México. Com relação à "questão agrária", pensaram apenas no peão e apenas nos sintomas de sua condição – suas dívidas antigas, que cancelaram, e seus baixos salários, que ordenaram que fossem aumentados. Com exceção de dois ou três dom-quixotes, não tinham qualquer interesse em redistribuir terra aos camponeses.

A Divisão do Norte, comandada por Pancho Villa, era também um exército profissional, com 30 mil soldados pagos regularmente, o corpo militar mais forte do país. Mas, formada por uma história mais complicada do que a do Nordeste ou do Noroeste, era uma força mais heterogênea. Entre suas unidades originais estavam milícias e contingentes de camponeses que lutavam por terra. Mas, à medida que o exército cresceu, foi incorporando muitos elementos novos, mineiros, vaqueiros, ferroviários desempregados e bandidos, que lutavam por pagamento, por promoção e por interesse pessoal. Teve a coleção mais diversificada de chefes. Alguns tinham sido, na virada do século, jovens representantes dos meeiros, humilhados à medida que ficavam mais velhos, muitas vezes em dificuldades com os *rurales*, maderistas em 1910, capitães de milícia na luta contra Orozco em 1912, constitucionalistas em 1913 para salvar suas vidas e seus homens. Muitos outros tinham vindo praticamente de nenhum lugar, tendo-se distinguido apenas a partir de 1913, quando sua coragem, sua crueldade e sua sorte os haviam elevado ao alto comando. No território que governavam, agarravam tudo o que podiam, velho e novo. As contradições da força do Norte apareceram com mais clareza no destino que deram às *haciendas* confiscadas. A intenção de Villa era agradar os camponeses que haviam lutado sob seu comando para reclamar terras perdidas, e conceder "colônias" ao restante de seus soldados[17]. Mas não pôde prosseguir com seu plano, enquanto pudesse necessitar de um exército para operar fora de sua região, porque, assim que seus homens obtivessem suas fazendas, não se deslocariam facilmente para lutar em lugares distantes. Seu órgão encarregado das propriedades confiscadas administrava as *haciendas* como um truste, arrendando-as aos colonos, gastando a receita em provisões e salários dos militares, em pensões para as viúvas e órfãos da Divisão e na administração do Estado, adiando a redistribuição da terra para quando o exército pudesse ser dispensado com segurança. Mas alguns chefes de Divisão mantinham grandes propriedades que operavam como baronatos.

Para solucionar essas complicações, Villa compusera-se com os políticos maderistas que estavam ressurgindo em Sonora e em Chihuahua. Não mais do que fizeram os generais do Nordeste e do Noroeste, esses líderes revolucionários tinham planos de lotear terra para suas tropas. Seu objetivo era que a Divisão do Norte apoiasse Ángeles para presidente, de modo que pudessem pegar as peças de fevereiro de 1913 e reordená-las num novo regime apropriado para senhores de terra empreendedores.

De todos os exércitos revolucionários, o Exército do Sul, zapatista, foi o mais simples. Não era profissional; seus 15 mil soldados regulares e dez mil guerrilheiros, na época, não recebiam pagamento. O Exército do Sul não pertencia a Zapata ou a ele e todos os seus chefes, mas às aldeias que haviam recrutado todos os chefes e soldados e lhe davam o apoio necessário para uma guerra pela terra. Tendo suas raízes nas aldeias, gozando de sua confiança e confiando nelas, os chefes do Sul eram, portanto, os mais decididos de todos os revolucionários a fazer sérias mudanças econômicas e sociais. Heróis da comunidade na virada do século, amadurecidos nas lutas locais para reclamar antigos direitos a campos, florestas e riachos particulares, sem-

17. FRIEDRICH KATZ, "Agrarian Changes in Northern Mexico in the Period of Villista Rule, 1913–1915", em *Contemporary Mexico: Papers of the IV International Congress of Mexican History*, Los Angeles, 1976, pp. 261 e 272.

pre em dificuldades com a polícia, líderes de aldeia em 1910, quase todos maderistas em 1911, todos zapatistas em 1912 e zapatistas a partir de então, haviam lutado mais tempo contra as antigas formas de tratamento, e agora, ignorantes da teoria mas sempre compelidos, rumavam para a construção de um anarco-comunismo agrário. O que os ajudou enormemente em sua causa foi o fato de terem tido a moeda mais sólida do país, a prata de Guerrero. O que não os ajudou menos foi o fato de ter a administração dos quartéis ficado a cargo de Manuel Palafox, que mostrou ser um administrador honesto, responsável, arguto, decisivo, destemido e visionário da reforma agrária. No território que governavam, depois de terem acabado com os velhos monopólios locais, os chefes do Exército do Sul foram rearrumando o comércio para atender às necessidades locais. E, com sua expropriação de terras, fizeram Palafox autorizar as aldeias a reocupar suas antigas terras, administrar o restante para atender ao pagamento do exército, de pensões e de subsídios locais e preparar-se para distribuir fazendas aos assentamentos que nunca as tinham tido. Outra peculiaridade do Exército do Sul foi os quartéis terem abrigado os intelectuais anarquistas refugiados da Casa del Obrero. Os anarquistas não tomaram parte nas decisões zapatistas sobre estratégia ou política. Mas propagaram o zapatismo como a fonte da civilização burguesa.

Somente essas condições já exigiam um arbitramento estrangeiro. Muito mais importante, a guerra acabara de eclodir na Europa, aumentando as responsabilidades imperialistas dos Estados Unidos, que se mantiveram neutros no conflito. Em particular, confirmou a hegemonia norte-americana no hemisfério ocidental com a Doutrina Monroe. E, por ter desarranjado os transportes marítimos mundiais, diminuiu o ritmo da produção mexicana para exportação (em especial de petróleo), tolheu as capacidades materiais do país de impor a ordem e praticamente ditou as tentativas norte-americanas de administrar os negócios do México. Quando Carranza se instalou no Palácio Nacional sem a mediação dos Estados Unidos, Wilson absteve-se de reconhecer seu governo. Portanto, os Estados Unidos envolveram-se diretamente com as principais forças sociais do México. Os objetivos de Washington – a reconciliação dos remanescentes do antigo regime com pelo menos alguns chefes do novo para uma restauração constitucional conservadora mas respeitavelmente popular, um empréstimo norte-americano para reformar a dívida externa e consubstanciar uma comissão de reclamações, e a supervisão financeira do desenvolvimento econômico do México pelos Estados Unidos – harmonizavam-se muito bem com os interesses das vinte ou mais grandes companhias estrangeiras e nacionais. De qualquer modo, devido à devastação da Europa, companhias que haviam negociado com os países europeus teriam agora de orientar seus negócios para os mercados norte-americanos. Mas o grande negócio não tinha partido nem exército.

Escolhendo o melhor entre os ruins, os Estados Unidos colocaram em Villa suas esperanças de construir o novo regime. Sendo aparentemente o mais pró-americano dos generais constitucionalistas, estando aparentemente sob a renovada influência conservadora maderista, Villa manteve o firme comando da mais forte máquina de luta do país. Se Washington o apoiasse, muitos generais das Divisões do Nordeste e do Noroeste acorreriam para seu campo para forçar a maioria dos outros a juntar-se-lhe também. Já existia uma fórmula de unificação no Pacto de Torreón, a convenção dos delegados constitucionalistas. No final de agosto de 1914, o agente do Departamento de Estado nos quartéis da Divisão do Norte informou que Villa e Obregón estavam negociando os preparativos para a convenção. Em 1º de setembro, observando o novo rumo dos acontecimentos, Hopkins renunciou ao posto de conselheiro de Carranza.

Vendo-se assim desvalido, o Primeiro Chefe tornou-se mais flexível. Em 5 de setembro, marcou a realização da Convenção para 1º de outubro, em Cidade do México. Para manter atraentes as perspectivas de seu próprio campo, decretou a substituição da moeda constitucionalista emitida anteriormente por uma nova emissão de 130 milhões de pesos em papel-moeda. E fez tudo para que a oposição a seu governo se dividisse. Quando a convenção foi aberta, sua presidência coube a Luis Cabrera, um advogado que se tornara um dos mais próximos conselheiros de Carranza, ex-líder de Gustavo Madero e um destacado renovador na 26ª Legislatura. Não compareceram delegados da Divisão do Norte nem da do Sul.

No entanto, aconteceu o deslocamento favorável a Villa. Em 5 de outubro, seguindo os argumentos de Obregón, a Convenção votou sua transferência para o Norte, para Aguascalientes, em território neutro, mas perto da base de Villa em Torreón, e a exclusão dos civis (Cabrera, em particular). Em 15 de outubro, já em Aguascalientes, ela pediu a Zapata que enviasse representantes e, assim que chegaram, aprovou "em princípio" o Programa de Ayala, que determinava a redistribuição de terras aos camponeses[18]. Em 30 de outubro,

---

18. JOHN WOMACK JR., *Zapata and the Mexican Revolution*, New York, 1968, pp. 217–218.

foi votada a deposição do Primeiro Chefe e, em 1º de novembro, foi eleito um presidente provisório, Eulalio Gutiérrez, um general de San Luis Potosí. No dia seguinte, ela aceitou a ocupação de Aguascalientes por Villa. Em 6 de novembro, Gutiérrez foi empossado no cargo. Em 10 de novembro, como Carranza se recusasse a retirar-se, a Convenção declarou-o em rebelião e Gutiérrez nomeou Villa comandante dos exércitos da Convenção. Já o Primeiro Chefe mudara seu governo de Cidade do México para Orizaba. Nessa altura dos acontecimentos, o valor do peso caíra para 20 centavos de dólar (ver Tabela 3). Na opinião de Washington, a tendência era tão satisfatória que, em 13 de novembro, Wilson ordenou a evacuação do porto de Veracruz para dez dias depois.

Entretanto, Carranza preparara uma resistência surpreendentemente ampla. Desde o primeiro momento, ele contou com a lealdade de três homens: Aguilar em Veracruz; González, que fora obrigado a recuar para o Nordeste; e Jesús Carranza, que ficara em Coatzacoalcos, para arrecadar a renda dos campos petrolíferos de Minatitlán. Assim que outros generais do Nordeste e do Noroeste mostraram um certo medo do repentino aumento de poder da Divisão do Norte sobre a Convenção, ele habilmente jogou com seus ciúmes. Uma semana depois que a Convenção declarou o Primeiro Chefe em rebelião, quase todos os subordinados dos Exércitos do Nordeste e do Noroeste – Alvarado, Caballero, Calles, Castro, Coss, Diéguez, Hill, Murguía, Villareal – proclamaram-se carrancistas. Em seguida, Obregón também se juntou ao Primeiro Chefe em Orizaba. De todos os subordinados importantes, somente Blanco ficou com a Convenção. Quando os Estados Unidos evacuaram o porto de Veracruz em 23 de novembro, Aguilar ocupou-o. Em 26 de novembro, Carranza instalou seu governo no porto, onde podia contar com a renda da alfândega e com um escoadouro para as exportações com cuja receita podia adquirir armas e munição de contrabando.

Nem todos os revolucionários optaram por um lado ou por outro. Em muitos distritos isolados, os chefes locais lançaram-se como senhores de guerra secundários. O mais notável deles, Manuel Peláez, apareceu nas montanhas ao norte de Veracruz. Em novembro, começou a vender às companhias de petróleo proteção para suas operações nas planícies contíguas, entre Tampico e Tuxpan.

No final de novembro de 1914, as forças de Villa e de Zapata ocuparam juntas a capital do país. No começo de dezembro, Gutiérrez anunciou seu ministério, no qual incluiu um subordinado de Villa como subsecretário da Guerra e Manuel Palafox como ministro da Agricultura. Os grandes empresários receberam o novo governo sem grandes queixas. O mesmo aconteceu com os sindicatos. Num apoio quase explícito, os trabalhadores da Mexico Power and Light organizaram o Sindicato Mexicano dos Eletricitários (SME), garantindo um controle amigável de energia não só para as fábricas e bondes da cidade, mas também para as grandes minas de Hidalgo e do Estado do México.

De Chihuahua ao Bajío, os generais de Villa recrutaram milhares de novos soldados para ação imediata. Em meados de dezembro, suas forças haviam capturado Guadalajara e lançaram ofensivas contra as guarnições carrancistas de Sonora a Tamaulipas; e os zapatistas haviam tomado a cidade de Puebla. Em 4 de janeiro, em Cidade do México, Villa incorporou cerca de 1 500 oficiais do antigo exército federal (entre eles sete generais-de-divisão), dando-lhes novos comandos em seus exércitos, cujos efetivos foram aumentados.

Todavia, os exércitos carrancistas também ganharam força. Em 4 de dezembro, antecipando uma volta à ofensiva, Carranza decretou o arresto de quase todas as estradas de ferro do país. E, onde os generais carrancistas mantinham o controle, criaram um órgão caracteristicamente carrancista, uma Comisión Reguladora del Comercio, de âmbito local, para controlar a distribuição das provisões e estimular o alistamento em suas fileiras. Saindo de Coatzacoalcos, Jesús Carranza cruzou o istmo de Tehuantepec, velejou pelo litoral ocidental aliciando chefes locais até no longínquo Estado de Sinaloa e retornou para levantar um exército em Oaxaca a fim de encetar uma campanha sul-oeste. Diéguez, que estava em Jalisco, juntou-se a Murguía em Michoacán, onde a ocupação de Cidade do México pelos villistas o deteve, e juntos interromperam as comunicações dos villistas através do Bajío. No final de dezembro, Villareal ocupava Monterrey e González conservava Tampico e suas receitas. Enquanto os villistas espremiam o já esgotado Norte, angariando dinheiro para comprar armas e munição com que pudessem manter seus amplos ataques, e enquanto os zapatistas amealhavam sua prata e redistribuíam terras, os carrancistas arrancavam das mais ricas companhias do Golfo impostos e empréstimos para formar um novo Exército de Operações. Sob o comando de Obregón, tendo Castro e Coss como seus principais subalternos, o novo corpo transformou-se rapidamente numa força bem suprida e especializada de 12 mil homens. Em 15 de janeiro de 1915, recapturou facilmente Puebla e preparou-se para marchar para Cidade do México.

Os carrancistas também se organizaram politicamente. Para justificar sua suspeita da Convenção, os generais persuadiram o Primeiro Chefe a publicar um programa de reformas. Em 12 de dezembro de 1914, Carranza declarou não só que seu movimento constitucionalista teria prosseguimento, mas também que, no tocante às necessidades urgentes da nação, decretaria medidas provisórias no sentido de garantir as liberdades políticas, devolver a terra aos desapossados, tributar os ricos, melhorar as condições de vida das "classes proletárias", expurgar os tribunais, afastar de novo a Igreja da política, reafirmar o interesse nacional nos recursos naturais e facilitar o divórcio[19]. Em 14 de dezembro, fez uma reforma do seu ministério, colocando Luis Cabrera na pasta das Finanças e outros renovadores na maioria dos outros ministérios. Em 6 de janeiro, autorizou as comissões agrárias a ouvir as queixas de desapropriação e examiná-las para a concessão de terras às aldeias sem terra. Em 7 de janeiro de 1915, decretou que as companhias petrolíferas deviam solicitar a seu governo novas licenças para todas as suas operações.

Os Estados Unidos aumentaram suas apostas em Villa. Em 8–9 de janeiro, o chefe do Estado-Maior do Exército norte-americano e o agente do Departamento do Estado no Norte mantiveram encontros públicos com Villa em Juárez e em El Paso. No Nordeste, Ángeles derrotou Villareal, tomando Monterrey em 10 de janeiro. Em Oaxaca, por questões locais mas com conseqüências nacionais importantes, um chefe local assassinara Jesús Carranza.

Para consternação de Washington, a Convenção fracassou. Em 16 de janeiro, comprometido por manter correspondência com carrancistas, o presidente provisório Gutiérrez fugiu de Cidade do México para San Luis Potosí e para a obscuridade. Seu substituto, o villista Roque González Garza, só pôde presidir os infortúnios da cidade que se acumulavam, inclusive escassez de alimentos e uma epidemia de tifo. Diéguez e Murguía retomaram Guadalajara. E, quando o Exército de Operações de Obregón se aproximou de Cidade do México, a guarnição villista-zapatista evacuou-a e a Convenção retirou-se para Morelos. Em 28 de janeiro, Obregón ocupou a cidade.

Villa organizou seu próprio governo no Norte e, em meados de fevereiro, retomou Guadalajara. Seu intuito era então derrotar Diéguez e Murguía para desobstruir seu flanco direito a fim de empreender um ataque a Obregón. Mas Ángeles insistiu na necessidade de grandes reforços em Monterrey para começar uma campanha contra Tampico. Acatando seu pedido, Villa deslocou o grosso de suas forças para trás, passando por Torreón, rumo ao Nor-

19. FABELA & FABELA, *Documentos Históricos...*, *op. cit.*, vol. IV, pp. 107–112.

deste. Esse movimento desmoralizou de tal modo Villareal que ele se retirou para o exílio no Texas. E Villa ganhou um novo tipo de apoio no Yucatán, onde antigas tropas federais haviam se revoltado em seu nome.

Nesse meio tempo, quando os transportes marítimos mundiais se ajustaram às condições bélicas na Europa, as companhias petrolíferas do México retomaram sua produção máxima para exportação aos Estados Unidos. Não solicitaram novas licenças para suas operações conforme o decreto de Carranza, mas as receitas de petróleo para o governo carrancista aumentaram. Com isso e as rendas alfandegárias de Veracruz, Carranza enviou Alvarado para lutar pelo Yucatán, por sua Comisión de Henequén e por mais receita. Em Cidade do México, numa explosão jacobina de anticlericalismo e antimercantilismo, Obregón cobrou empréstimos compulsórios da Igreja, decretou impostos especiais para as grandes casas comerciais, prendeu os padres e os comerciantes recalcitrantes, comprou o apoio da Casa del Obrero e por meio dela recrutou cerca de cinco mil trabalhadores para formar os "Batalhões Vermelhos".

Depois de três meses de resistência carrancista, Wilson tentou um caminho mais ameaçador. Em 6 de março, os Estados Unidos informaram a Obregón e a Carranza que os considerariam "pessoalmente responsáveis [...] por qualquer sofrimento causado às vidas ou propriedades norte-americanas"[20]. Carranza foi auxiliado em sua resposta por Charles A. Douglas, seu novo conselheiro legal nos Estados Unidos. Douglas, outro advogado de Washington, durante muito tempo confidente do secretário de Estado e agente legal nos Estados Unidos também dos governos cubano, nicaragüense e panamenho, estava na época em Veracruz. Depois de consultá-lo, o Primeiro Chefe recuou. Em 10 de março, ordenou que Obregón evacuasse a capital faminta e assolada pela febre, que os zapatistas e a Convenção voltaram a ocupar. Mas os carrancistas ganharam mais terreno valioso quando, em 19 de março, Alvarado ocupou Mérida e no dia seguinte invadiu Progreso.

Em março de 1915, a guerra envolvia cerca de 160 mil homens – 80 mil carrancistas, 50 mil villistas, 20 mil zapatistas e dez mil ligados a outros generais. Seu fim começou no mês seguinte. No final de março, Villa desencadeou sua campanha contra Tampico. Se não tivesse tido sua atenção desviada, provavelmente teria esmagado as defesas montadas na cidade por um novo e

20. HALEY, *Revolution and Intervention...*, *op. cit.*, p. 155.

notável subordinado de Carranza, Jacinto Treviño, pois o próprio González fora juntar-se a Carranza em Veracruz. Mas Diéguez e Murguía voltaram a ameaçar Guadalajara. E Obregón, deixando Cidade do México, marchou com Castro e Hill para o norte rumo ao Bajío, contando com os chefes carrancistas de Hidalgo e Puebla para proteger a estrada de ferro que lhe enviava suprimentos de Veracruz. Em 4 de abril, fortificou o entroncamento principal do Bajío, Celaya, com onze mil homens, forças de artilharia e metralhadoras. Villa atacou a cidade com 12 mil homens e artilharia. Os villistas chegaram perto da vitória em 6–7 de abril, mas as forças de Obregón resistiram energicamente. Novos reforços chegaram para ambos os lados: Obregón contava agora com 15 mil homens e com grande volume de munição mandado de Veracruz, e Villa com 20 mil soldados. A segunda batalha de Celaya começou em 13 de abril. Terminou dois dias depois com a retirada dos villistas para o Norte. Em 18 de abril, Diéguez e Murguía tomaram Guadalajara.

Em Washington, na primavera de 1915, as notícias de submarinos alemães nas rotas de transporte do Atlântico Norte abafaram os informes sobre Celaya. Mas, como a guerra na Europa começara a restringir a liberdade de ação dos norte-americanos no exterior, Washington precisava logo de ordem política no México. Antes, sofrera a ameaça de novo distúrbio: desde janeiro, Orozco, os partidários de Félix Díaz e de Huerta que viviam nos Estados Unidos vinham mantendo contato com norte-americanos e mexicanos rebeldes no sul do Texas, com bispos católicos norte-americanos e com advogados de Wall Street e, em 12 de abril, o próprio Huerta chegou a New York trazendo recursos alemães para iniciar uma contra-revolução. Em 23 de abril, Carranza propôs um acordo: Douglas, extra-oficialmente, submeteu ao Departamento de Estado um rascunho das promessas do Primeiro Chefe se os Estados Unidos reconhecessem seu governo; entre elas estavam incluídas proteção especial às vidas e aos bens dos estrangeiros, indenização por quaisquer perdas que tivessem tido, nenhum confisco na solução da "questão agrária", uma anistia geral e respeito à religião. Em maio, um alto funcionário do Departamento de Estado e o secretário do Interior estabeleceram uma variante do plano contra-revolucionário, montado com base na escolha de Eduardo Iturbide para presidente; o governo daí resultante, se fosse reconhecido pelos Estados Unidos, receberia um empréstimo, por intermédio de Speyer, de nada menos que 500 milhões de dólares. Mas, preocupado na época com a crise do *Lusitania*, Wilson decidiu fazer pressões a favor de uma reconciliação revolucionária. Em 2 de junho, ofereceu apoio ao "homem ou grupo de homens [...]

que possam [...] ignorar, se não puderem unir, as facções do país que estão em guerra [...] e instalar no México um governo [...] com quem o programa da revolução seja um negócio e não apenas uma plataforma"[21].

A oferta de Wilson chegou no momento exato em que suas chances de sucesso estavam ruindo. No mês de maio, Villa reorganizara suas forças e voltara a atacar Obregón – que contava agora com o reforço de Diéguez e Murguía – numa longa e complicada batalha em torno de León. Chamando de volta Ángeles do Nordeste, abandonando Monterrey aos carrancistas locais e reduzindo tanto o cerco de Tampico que ele se esboroou diante das defesas de Treviño, Villa concentrou 35 mil homens contra os 30 mil de Obregón. O combate decisivo começou em 1º de junho. No dia 3, os villistas quase haviam chegado novamente à vitória; Obregón foi ferido e seu substituto, Hill, tinha apenas um comando nominal sobre Castro, Diéguez e Murguía. Mas, quase sem munição, os villistas sucumbiram taticamente e, em 5 de junho, retiraram-se novamente para o Norte.

Em 9 de junho, Villa aceitou o apelo de Wilson à reconciliação e propôs discussões imediatas com Carranza. Mas agora os carrancistas tinham melhores razões para continuar a luta. Tinham cerca de cem mil homens em armas contra 40 mil villistas e 20 mil zapatistas. As Oficinas de Bienes Intervenidos e as Comisiones Reguladoras davam suporte material às suas guarnições. González e Coss estavam formando, em Puebla, um novo Corpo do Exército do Leste para retomar Cidade do México. Quatro outros comandantes foram promovidos a general-de-divisão: Castro, Diéguez, Hill e Murguía. O dinheiro para uma ofensiva fluía em grande quantidade, não só dos distritos petrolíferos e de Veracruz, mas também da Comisión de Henequén, que Alvarado transformara numa fonte regular de dólares; dentro de um mês, Alvarado tornou-se o sétimo general-de-divisão. Em 11 de junho, insistindo com os villistas e zapatistas para que se reunificassem sob sua autoridade, Carranza publicou seu programa de governo com as promessas que fizera, em abril, ao Departamento de Estado e anunciou sua esperança de ser reconhecido.

Em 18 de junho, Wilson advertiu Carranza de que os Estados Unidos logo poderiam intervir para salvar o México de si mesmo, mas garantiu que, se

21. ARTHUR S. LINK, *Wilson: The Struggle for Neutrality, 1914–1915*, Princeton, 1960, pp. 476–477.

Carranza fizesse "um esforço verdadeiro para unir todas as partes e grupos", então os Estados Unidos "pensariam seriamente" na possibilidade de reconhecê-lo[22]. Três dias depois, Carranza respondeu que, se os Estados Unidos permanecessem neutros, "a causa constitucionalista subjugaria a oposição"[23]. Em 27 de junho, o Departamento de Justiça norte-americano subjugou a principal oposição em sua jurisdição, prendendo Huerta e Orozco em El Paso. As notícias devem ter aumentado a amargura dos últimos dias de Don Porfirio: em 2 de julho, ele morreu em Paris. (Orozco fugiu da prisão, mas foi morto pela polícia do Texas em 30 de agosto. Huerta, cuja pena fora convertida em prisão domiciliar em El Paso, morreu de cirrose hepática em 13 de janeiro de 1916.)

Nesse meio tempo, surgira em Oaxaca uma nova oposição para os carrancistas subjugarem. Em 3 de junho, sob a influência de conservadores locais, o governo do Estado declarara sua independência. Mas, no começo de julho, Carranza, confiantemente, encarregou um antigo subordinado de seu irmão, Jesús A. Castro, de restabelecer a autoridade carrancista no Estado. Mais importante, o villismo entrou em colapso como possível força governante. Sua moeda raramente circulou no Norte. A prática de aplicar impostos especiais transformou-se em incursões de pilhagem. Muitos oficiais e grande quantidade de soldados desertaram; as forças que restaram mal conseguiram conter Treviño em Monterrey, mas não puderam impedir que Obregón, agora com novo suprimento de munição e novos soldados que vieram de Veracruz, mandasse Cesáreo Castro, Murguía e vinte mil soldados para o Norte, rumo a Aguascalientes. Nessa cidade dez mil villistas montaram resistência. O combate começou em 6 de julho. No dia 10, as forças de Obregón romperam as linhas dos villistas e esses mais uma vez recuaram para o Norte. Ángeles deixou o país para fazer pressões em Washington. Enquanto isso, González marchara com seus dez mil soldados do Exército do Leste para Cidade do México, de onde a Convenção fugiu pela última vez em 9 de julho, e no dia 11 ele ocupou a cidade. Carrancistas locais tomaram San Luis Potosí e Murguía capturou Zacatecas. Num golpe de ousadia e de grande recuperação, uma força villista que ainda estava no oeste cruzou às pressas o Bajío e atacou as linhas de suprimento de Obregón com Veracruz. Mas, em 17 de

22. HALEY, *Revolution and Intervention...*, *op. cit.*, p. 164.

23. LINK, *Wilson: The Struggle*, *op. cit.*, p. 480.

julho, González evacuou Cidade do México para defender as linhas. Em 2 de agosto, depois de expulsar os villistas com Coss e suas forças, ele reocupou a capital em caráter definitivo. E Coss tornou-se o oitavo general-de-divisão.

À medida que o carrancismo se expandia militarmente, tornava-se mais interessante para os grandes negócios. Como agora os carrancistas obtinham uma receita regular com as exportações, não precisavam mais aplicar impostos especiais; na verdade, até aliviaram a carga de impostos que Villa criara. Seus pesos-papel aumentavam a inflação: de novembro de 1914 a maio de 1915, o valor do peso carrancista caiu de 20 para 9 centavos de dólar (ver Tabela 3). Mas, como a guerra na Europa e a guerra civil impediam os investimentos produtivos, a inflação oferecia alternativas bem-vindas na especulação de mercadorias. Em junho, o Ministério das Finanças fez nova emissão de moeda para aumentar a oferta para 215 milhões de pesos, depois anunciou, em julho, que, como grande parte do papel em circulação era falso, logo emitiria 250 milhões de pesos numa moeda totalmente nova – com efeito convidando à especulação.

Desenvolveram-se alguns vínculos políticos com os pequenos empresários. A chave era o controle militar local. Já que comandavam as estradas de ferro, as Oficinas de Bienes Intervenidos e as Comisiones Reguladoras, os chefes carrancistas particulares obrigaram firmemente os agricultores, os criadores de gado, os industriais e os comerciantes em seus distritos a fazer negócios com eles – ou com seus parentes, amigos e auxiliares de comando. Com a inflação e dois anos de colheitas ruins, o comércio altamente lucrativo de grãos sustentou a maioria dessas sociedades. Naquele verão, as chuvas foram ainda mais fracas, prenunciando outro ano de colheita ruim, lucros maiores e a consolidação das novas negociatas.

Os carrancistas ampliaram também seu patrocínio às organizações trabalhistas. Aqui também a chave era o controle militar local. A própria guerra, que mudava freqüentemente o comando sobre as estradas de ferro, já rachara a UCMGF e a UMM. Agora, os favores militares em troca de serviço leal e as ameaças de punições por villismo paralisaram-nas. Sob vigilância militar, os sindicatos mineiros do Nordeste quase não sobreviveram. A tolerância militar a acordos anteriores manteve os sindicatos portuários trabalhando no movimento de cargas. Do mesmo modo, com alguns decretos de aumento de salários, Aguilar manteve nas fábricas os trabalhadores têxteis de Orizaba. E subsídios carrancistas criaram, em 30 ou mais cidades e vilas das províncias, novas Casas del Obrero, a maioria delas subservientes. Em Cidade do

México, porém, onde no tempo da Convenção os sindicatos haviam se desenvolvido livremente, González não conseguiu manter o controle. O SME, dos eletricitários, desenvolvera sua própria liderança e sua autoridade e, em maio, organizou sua primeira greve vitoriosa. Em 12 de agosto, apesar de González, deu início a outro movimento grevista que, com o auxílio de camaradas de Tampico, Pachuca e das minas de El Oro no Estado do México, prolongou-se por oito dias e saiu vitorioso.

Wilson tentou novamente servir de mediador entre os exércitos em luta. Em 11 de agosto, realizou em Washington uma Conferência Pan-Americana, que reuniu representantes dos Estados Unidos, dos países do "ABC", da Bolívia, da Guatemala e do Uruguai e solicitou a "todas as proeminentes autoridades civis e militares do México" que fizessem um novo pacto revolucionário para discutir a criação de um novo governo revolucionário[24]. Os generais villistas e o próprio Villa aceitaram imediatamente, bem como os zapatistas. Mas nenhum dos generais carrancistas discutiu o convite; todos deixaram ao Primeiro Chefe a decisão sobre o parecer da Conferência. Em 10 de setembro, Carranza respondeu formalmente, recusando-se a discutir qualquer coisa que não fosse o reconhecimento de seu governo.

Em 4 de setembro, os villistas haviam perdido Saltillo, seu último ponto de apoio no Nordeste. Em 19 de setembro, começaram a evacuar Torreón, retirando-se para sua antiga base em Chihuahua. Em 26 de setembro, o último deles deixou a cidade, que foi ocupada por Murguía dois dias depois. Nas mesmas semanas, forças carrancistas que saíam de Acapulco empurraram os zapatistas de volta à sua antiga base em Morelos.

Chegara ao fim quase um ano de guerra regular entre os revolucionários com a vitória dos partidários de Carranza. Em 9 de outubro os delegados da Conferência Pan-Americana concluíram que "o partido de Carranza é o único que possui os elementos essenciais para ser reconhecido como governo de fato do México. [...]"[25]. Em 19 de outubro, os Estados Unidos reconheceram o governo *de facto* de Carranza, reduzindo os villistas e os zapatistas a simples rebeldes.

24. LINK, *Wilson: The Struggle, op. cit.*, p. 493.

25. *Idem*, p. 639.

Em triunfo, Venustiano Carranza, o Primeiro Chefe, definiu como nova tarefa do carrancismo "a reconstrução da Pátria". Queria dizer com isso mais do que restaurar o serviço ferroviário regular e o valor do peso. Depois de seu país ter vivido uma história que ele agora descrevia como "o desequilíbrio de quatro séculos, três de opressão e um de lutas internas, [...] trinta anos de tirania, [...] a Revolução [...] e um terrível caos [...], um golpe de caserna e um assassinato [...]", ele queria dizer a construção ponderada de um Estado mexicano[26]. Após três anos de guerra civil, tinha firmemente no pensamento a forma que o Estado devia ter. Não enumerou teorias sobre ele, mas projetou-o claramente nas medidas políticas que logo adotou – ignorando a Doutrina Monroe, aumentando os impostos para as companhias estrangeiras, fundando um banco central para administrar as finanças mexicanas e promover os negócios do México, devolvendo aos antigos senhores de terras as propriedades seqüestradas, institucionalizando a mediação entre os empresários e entre o negócio e o trabalho e aniquilando os camponeses e trabalhadores desobedientes. Se essas medidas fossem bem-sucedidas, um Estado centralizado manteria os mercados nacionais livres de privilégio, seriam criados mais benefícios para todos os mexicanos e, na prosperidade que viria com certeza, os velhos sonhos de equilíbrio e ordem tornar-se-iam realidade.

A "reconstrução" carrancista enfrentou tremendos obstáculos, o pior dos quais foi o poder da Doutrina Monroe. Os Estados Unidos não só reconheceram o governo de Carranza em 19 de outubro, como também detalharam em caráter particular suas obrigações, entre elas "proteger a propriedade estrangeira e evitar uma tributação excessiva, [...] emissão de moeda com base em garantias substanciais" e "uma solução rápida e justa" para todas as reclamações dos estrangeiros[27]. Vários eram os obstáculos internos. Um exército de cem mil homens, que o governo não podia reduzir imediatamente com segurança, absorvia grandes porções da receita. As poucas grandes empresas

26. FABELA & FABELA, *Documentos Históricos...*, *op. cit.*, vol. IV, pp. 153–156.

27. Canova to Lansing, 15 October 1915, United States National Archives (USNA), Record Group 59, 812.00/ 16546–1/2; Canova to Lansing, 16 October 1915, USNA 59, 812.00/ 16547–1/2; Lansing, Memorandum to Arredondo, 19 October 1915, USNA 59, 8.00/ 16548–1/2.

mexicanas haviam reduzido despesas e os empresários das províncias, muito desconfiados dos comandantes carrancistas locais, conduziam seus negócios quase em segredo. A Casa del Obrero de Cidade do México, que ainda mantinha seus Batalhões Vermelhos em armas, ao anúncio dos planos para formar uma confederação nacional de sindicatos, acabara por declarar sua independência e filiou-se à "Internacional". Além disso, os villistas, os zapatistas e os exilados continuavam sendo perigosas ameaças.

Mas Carranza detinha poderes promissores. Pelo menos fora reconhecido pelos Estados Unidos, que mais uma vez legalizou as importações de armas e munição norte-americanas para suas forças. Em 10 de novembro, foi reconhecido também pela Alemanha e, em dezembro, pela Inglaterra. Além disso, mantinha fluindo, por meio de seu Ministério das Finanças, as principais fontes de receita do país – as taxas alfandegárias de todos os principais portos, os impostos sobre a mineração e o petróleo, e as vendas de sisal. Por meio de elaborado mecanismo de contrapeso, dominou os oito generais-de-divisão da ativa no exército. Colocou os vários escritórios de bens seqüestrados sob uma Administración Central de Bienes Intervenidos. Como conselheiros tinha Douglas em Washington e vários colegas conhecedores do mundo e bem informados no México: o ministro das Finanças, Cabrera, que não era um financista, mas era o analista político mais perspicaz e o polemista mais acerbo do país; Alberto J. Pani, um engenheiro há muito ligado a empreiteiros de Cidade do México, com boas ligações junto à Standard Oil, diretor geral das estradas de ferro constitucionalistas desde 1914 e que logo seria eleito presidente das Ferrovías Nacionales; Ignacio Bonillas, um engenheiro formado no MIT, há muito ligado às companhias de mineração e a empreiteiras de Sonora, com boas ligações na Southern Pacific, ministro constitucionalista das Comunicações (ferrovias) de 1913; e, não menos importante, Fernando González Roa, conselheiro legal da Wells Fargo, das Ferrovías Nacionales, das estradas de ferro do Yucatán, da Comisión de Henequén e do Departamento de Agricultura e sócio principal da firma de advocacia que tratava da maioria das reclamações estrangeiras contra o México. E tinha os *renovadores* para organizar o apoio em eventual eleição e prestar serviços no governo regular que se seguisse.

Tinha também uma estratégia sólida: discutir com os Estados Unidos seus interesses no México, mas adiar as soluções até que terminasse a guerra na Europa, quando poderia apelar para o Velho Mundo a fim de restaurar o equilíbrio no Novo; restituir as propriedades aos senhores de terra que negociassem com ele; e devolver a tranqüilidade aos empresários mantendo um firme controle sobre os sindicatos. A manobra decisiva seria a realização de uma assembléia que redigisse uma nova constituição, que justificasse um empréstimo a curto prazo em New York, obrigasse os senhores de terra e os empresários a aceitar seus riscos no novo Estado e terminasse na dominação carrancista do governo regular.

A "reconstrução" começou com força. Sob a orientação do Primeiro Chefe, Douglas preparou-se para discutir as reclamações e um empréstimo. Em novembro e em dezembro, um órgão recém-criado, a Comissão Reguladora de Crédito, fiscalizou os vinte e quatro bancos do país que tinham cartas patentes e fechou catorze deles, uma preparação para a criação de um banco central. Infelizmente, o peso caiu para 4 centavos de dólar (ver Tabela 3, acima). Mas em janeiro Cabrera viajou para Washington a fim de consultar Douglas e, em seguida, para New York para uma tentativa de aproximação com a Morgan House.

A dissolução da ameaça villista pelos carrancistas parecia definitiva. Em 1º de novembro, Villa atacou Agua Prieta, esperando iniciar uma nova guerra em Sonora e desacreditar o governo há pouco reconhecido. Mas, graças a uma autorização dos Estados Unidos, o Primeiro Chefe conseguiu enviar reforços de Torreón por intermédio de Eagle Pass (Texas) e de Douglas (Arizona), a tempo de salvar a cidade. Em 5 de novembro, Villa acusou Carranza publicamente de ter vendido o México aos Estados Unidos em troca do reconhecimento e prosseguiu em sua luta no Sul em direção a Hermosillo. Mas Carranza ordenou que Diéguez subisse de Jalisco para Sonora, empurrando de volta os villistas, e deslocou Treviño de Monterrey para juntar-se a Murguía numa campanha rumo ao estado de Chihuahua. Em 23 de dezembro, Treviño ocupou a cidade de Chihuahua e tornou-se o nono general-de-divisão. Em 1º de janeiro, de volta às montanhas de Chihuahua, Villa dispensou os remanescentes de seu exército, transformando-os em guerrilheiros. Em 14 de janeiro, Villa foi declarado um fora-da-lei, podendo ser morto por qualquer um que o avistasse.

O Primeiro Chefe não contestou "a questão agrária" que Villa e Zapata continuavam a representar. Em 19 de janeiro de 1916, criou por decreto uma Comissão Agrária Nacional. Sua função, porém, não era redistribuir as terras, mas superintender e circunscrever as decisões locais sobre as reclamações das aldeias. (A Tabela 4 mostra um quadro estatístico da distribuição de terra por Carranza.)

TABELA 4 / DISTRIBUIÇÃO DEFINITIVA DE TERRA A ALDEIAS SEGUNDO O DECRETO DE 19 DE JANEIRO E O ARTIGO 27 DA CONSTITUIÇÃO DE 1917, 1915–1920

Ano	Aldeias	Chefes de família	Hectares
1915	0	0	0
1916	1	182	1 246
1917	8	2 615	5 635
1918	57	15 071	68 309
1919	60	14 94	40 276
1920	64	15 566	64 333
TOTAL	190	48 382	179 799

Fonte: EYLER N. SIMPSON, *The Ejido: Mexico Way Out*, Chapel Hill, 1937, Table 17.
Nota: A área total do México era de 198 720 100 hectares.

Nesse meio tempo, o governo controlou uma súbita eclosão de movimentos do trabalho organizado provocados pela inflação. Em 16 de novembro, a UCMGF e os sindicatos dos trabalhadores das oficinas das estradas de ferro organizaram uma greve nas Ferrovías Nacionales. Em 30 de novembro, Carranza dispensou todo o pessoal empregado nas ferrovias. Nos meses de novembro e dezembro, os trabalhadores têxteis, os padeiros, os gráficos e o SME entraram em greve em Cidade do México, seguidos pelos mineiros da mina próxima de El Oro, e em 2 de janeiro, a Casa del Obrero da capital e o SME tomaram a iniciativa de formar uma nova Federación de Sindicatos Obreros del Distrito Federal (FSODF), que declarou iniciada uma "luta de classes" para "a socialização dos meios de produção"[28]. Em 13 de janeiro, Carranza ordenou a dispensa dos Batalhões Vermelhos da Casa. Em 18 de janeiro, González advertiu a FSODF de que "o governo não pode apoiar a tirania proletária" e, em 5 de fevereiro, acabou com os subsídios que eram concedidos à Casa[29].

Carranza teve grandes desapontamentos. Morgan fez pouco caso da proposta inicial de Cabrera. E, depois que o governo mexicano anulou uma concessão de uma subsidiária da Standard Oil, que não fora registrada nos ter-

28. LUIS ARAIZA, *Historia del Movimiento Obrero Mexicano*, México, 1964–1965, 4 vols. em um; a citação aparece no vol. III, p. 115.

29. *Idem*, p. 124.

mos do decreto de 7 de janeiro de 1915, as companhias petrolíferas e o Departamento de Estado acusaram-no de pretender nacionalizar o petróleo. Em fevereiro, as companhias começaram a pagar um tributo mensal regular a Manuel Peláez para policiar seus campos de Tampico–Tuxpan. E algumas mantiveram contatos com exilados que viviam nos Estados Unidos, que, com a ajuda particular interna do Departamento de Estado, se reuniram em torno de Félix Díaz e embarcaram em segredo para Veracruz a fim de instigar uma contra-revolução.

No entanto, novas circunstâncias no exterior melhoraram as chances de uma consolidação centralizada. Ajustada à produção para a guerra na Europa, a economia norte-americana já começara a crescer em 1915. Com base em sua força, a mineração e as indústrias iniciaram sua recuperação no princípio de 1916, propiciando novas receitas. E o governo carrancista continuou a mostrar poder e competência. Em 1º de fevereiro, anunciou que González comandaria 30 mil homens, numa campanha contra os zapatistas em Morelos. Em 13 de fevereiro, anunciou a criação de uma comissão encarregada de redigir a nova constituição. Em 25 do mesmo mês, antecipando-se a uma agitação dos felicistas, Carranza promoveu o governador Aguilar a general-de-divisão (o décimo). No mesmo dia, ordenou a Cabrera que preparasse o resgate dos vários pesos correntes por uma nova emissão de 500 milhões em papel-moeda impossível de falsificar, os *infalsificables*. O Ministério das Finanças orientou os governadores a entregar suas Oficinas de Bienes Intervenidos a seus agentes. Em 5 de março, coroando oito meses de campanha, as forças de Jesús Castro retomaram a cidade de Oaxaca. Esse avanço impressionou favoravelmente os Estados Unidos e, em 9 de março, o Departamento de Estado enviou um embaixador regular ao México.

Todavia, o projeto de Carranza fracassou, porque os carrancistas subestimaram o poder e a autoridade de que Villa ainda dispunha. Em 9 de março de 1916, Villa atravessou a fronteira com 500 guerrilheiros e atacou Columbus, no Novo México, matou dezessete norte-americanos e retirou-se para as montanhas de Chihuahua. Seu objetivo era destruir a ligação entre Carranza e os Estados Unidos, obrigar os generais de Carranza a derrubá-lo do poder e negociar com eles uma nova coligação revolucionária. Não o conseguiu. Mas seu ataque, cometendo um ultraje ao povo norte-americano num ano de eleições presidenciais, provocou uma crise nas relações entre o México e os Estados Unidos tão séria que seu impacto mudou a forma da "reconstrução".

Em 15 de março de 1916, uma expedição punitiva do exército norte-americano entrou em Chihuahua. Wilson não tinha planos de iniciar uma guerra com o México; sua preocupação primordial nesse momento era persuadir o Congresso a votar um aumento do efetivo das Forças Armadas para rebater os apelos do Partido Republicano por uma ação ainda maior na guerra na Europa. O ataque ao *Sussex* em 24 de março deixou todos os políticos norte-americanos moderados preocupados com a Europa. A força expedicionária contava apenas seis mil homens (aumentados depois para dez mil) e tinha ordem tão-somente de dispersar bandos villistas perto da fronteira. Mas somente quatro meses mais tarde, depois das convenções dos republicanos e dos democratas de indicação do candidato do partido à presidência, é que os Estados Unidos conseguiram recuperar a calma suficiente para iniciar as deliberações sobre a retirada da força.

Em meio à crise, Carranza conduziu uma diplomacia de mestre na defesa da soberania e na preservação da paz. Desde o início, recebeu relatórios de Douglas sobre os limitados objetivos de Washington. Em 13 de março, para ligar ainda mais o Exército ao governo, nomeou Aguilar para o Ministério das Relações Exteriores e Obregón para o Ministério da Guerra. Permitiu que a expedição se acantonasse em Chihuahua sem resistência militar; não antes de 12 de abril, por causa de um motim sangrento a favor de Villa em importante cidade-mercado de Chihuahua, exigiu que a expedição se retirasse do México. Em 28 de abril, tiveram início em Juárez negociações entre os enviados de Wilson e os seus próprios, chefiados por Obregón. Os norte-americanos pediram uma garantia de Carranza contra outra "invasão mexicana do território norte-americano" e, se as forças carrancistas não podiam policiar a fronteira, queriam permissão para que as forças dos Estados Unidos agissem em seu lugar[30]. Para mostrar sua determinação, Wilson embargou quaisquer embarques de armas e munição para o governo do México. Obregón pediu a retirada rápida e incondicional da expedição. E para mostrar seu poder e determinação de esmagar a rebelião, Carranza mandou que González atacasse Morelos. Os bandidos da fronteira fizeram incursões no Texas e Wilson convocou as milícias do Texas, do Novo México e do Arizona. Em 11 de maio, os enviados suspenderam as negociações. Em 20 de maio, Wilson obteve uma ajuda do Congresso: foi aprovada a Lei de Defesa Nacional, que autorizava aumentos

30. ARTHUR S. LINK, *Wilson: Confusions and Crises, 1915–1916*, Princeton, 1960, p. 290.

medianos dos efetivos do exército e das milícias. Nesse meio tempo, Carranza mandou chamar Douglas a Querétaro para consultas e, em 22 de maio, pediu a Aguilar que desse a público uma longa nota enviada ao Departamento de Estado na qual explicava que, se os Estados Unidos queriam ordem no México, teriam de retirar seus soldados do país e voltar a permitir os embarques de armas e munição para o governo. Aguilar deixou implícito também que o governo mexicano pagaria os danos advindos das incursões na fronteira.

Em 10 de junho, o Partido Republicano indicou um moderado como candidato à presidência. Em 12 de junho, para mostrar sua determinação a restaurar a ordem constitucional, Carranza anunciou para setembro eleições municipais em todo o país. Em 16 de junho, o Partido Democrata escolheu Woodrow Wilson como seu candidato. De qualquer modo, as relações entre os dois países pioraram. Rebeldes mexicano-norte-americanos continuaram a fazer suas incursões no Texas e, em 18 de junho, Wilson mobilizou toda a milícia dos EUA para prestar serviço na fronteira. Em 21 de junho, uma patrulha expedicionária provocou em Chihuahua uma escaramuça com uma força carrancista e a metade de seus homens foi morta ou capturada. Em 24 de junho, Wilson ameaçou fazer uma intervenção militar no México em grande escala. Mas Carranza ordenou a libertação dos expedicionários capturados. No final do mês, Wilson recuou. No começo de julho, ele e Carranza aceitaram retomar as negociações numa Comissão Conjunta Estados Unidos–México que devia reunir-se em Washington. Mas Carranza, sabendo que nada de substancial aconteceria nessas negociações antes das eleições de novembro nos Estados Unidos, não indicou representantes para a Comissão, marcada para reunir-se em agosto. Os representantes que nomeou posteriormente foram aqueles carrancistas que tinham maiores possibilidades de conseguir condições mais vantajosas para seu governo: Luis Cabrera, Alberto Pani e Ignacio Bonillas.

No entanto, no plano interno, o Primeiro Chefe estava perdendo muito poder. A causa principal foi a nomeação de Obregón para o Ministério da Guerra, que em 15 de março recebeu autorização de Carranza para dispor que os pagamentos viessem diretamente do Tesouro. Logo campeou em todo o Exército uma corrupção sem tamanho. O número de soldados subiu para 125 mil. Com ou sem a aprovação de Obregón, os generais praticamente se apropriaram das estradas de ferro, das Oficinas de Bienes Intervenidos e das Comisiones Reguladoras. De maneira independente, o comando de Treviño em Chihuahua tornou-se um modelo de concussão e a campanha de González em Morelos, uma vitrine de pilhagem.

O fracasso espetacular da política monetária do governo também foi debilitante. Em 4 de abril, Carranza instituiu a Comissão Monetária, um banco central rudimentar, que em junho emitiu os 500 milhões de *infalsificables*. As notícias exacerbaram a inflação e, quando os salários reais voltaram a cair, as organizações trabalhistas tornaram-se fortemente ativas. Já entre 5 e 17 de março, uma convenção de representantes de cem ou mais sindicatos do Distrito Federal e de sete Estados, convocada pela FSODF e pelos portuários de Veracruz ligados aos anarquistas, havia fundado a Confederación de Trabajadores de la Región Mexicana (CTRM), com a missão de liderar a "luta de classes" por "ação direta" em favor da "socialização dos meios de produção"[31]. Em maio, o peso caiu para dois centavos de dólar. Desafiando os regulamentos do Ministério da Guerra, a UCMGF e os principais sindicatos ferroviários organizaram uma greve nas estradas de ferro constitucionalistas exigindo o pagamento em padrão ouro. O governo reprimiu o movimento, em seguida concedeu aos sindicatos uma jornada de oito horas, a primeira numa indústria do país. Simultaneamente, a FSODF realizou uma greve geral em Cidade do México, reivindicando o pagamento em padrão ouro; suas reivindicações foram atendidas pelo menos no papel. Em junho, o *infalsificable* valia 10 centavos de dólar, mas a especulação monetária continuava, em detrimento dos pequenos devedores e dos trabalhadores, e em 31 de julho a FSODF convocou outra greve geral, que fechou a cidade por sete dias. O governo reprimiu-a e uma corte marcial mandou os líderes para a prisão. Outras greves também afetaram os distritos mineiros e as instalações petrolíferas de Tuxpan e Minatitlán.

Em todo esse desapontamento, a única vitória interna de Carranza digna de nota foi contra Félix Díaz. Este esperou até julho para se reunir com renegados do antigo exército federal em Veracruz, em Oaxaca e em Chiapas; mas sua ofensiva deteve-se diante de Jesús Castro, que dominava a região. Em troca desse serviço, Castro foi promovido a general-de-divisão, elevando seu total para onze.

Passada a crise, Carranza retomou sua política de "reconstrução". Em 15 de agosto, o governo exigiu que as companhias estrangeiras que exploravam recursos naturais renunciassem a seus direitos nacionais. Em 3 de setembro, promoveu as eleições municipais, o primeiro passo para a coordenação cen-

31. ROSENDO SALAZAR & JOSÉ G. ESCOBEDO, *Las Pugnas de la Gleba, 1907–1922*, México, 1923, 2 vols. em um; ver especialmente vol. I, p. 179.

tralizada dos chefes locais. Embora a Comissão Conjunta tenha iniciado suas sessões em 6 de setembro e os norte-americanos tenham proposto um adiamento das discusões sobre a retirada da expedição punitiva até que o México desse "uma garantia formal" de que protegeria as vidas e os bens dos estrangeiros, Carranza decretou, em 14 de setembro, a retomada por parte das companhias de mineração de suas operações regulares ou perderiam seus direitos à propriedade[32]. No mesmo dia anunciou para 22 de outubro a realização de eleições para uma Assembléia Constituinte e, no dia seguinte, incorporou todos os bancos e suas reservas metálicas, em torno de 25 milhões de dólares em ouro, para fundar um banco central.

No entanto, por causa da crise, a essência da "reconstrução" foi regionalizada. Agora, o conflito decisivo no México envolvia, de um lado, o governo, com um projeto nacional mas pouco poder, e, de outro, talvez uns vinte generais importantes, ciosamente divididos entre si – uns poucos a favor de Carranza, principalmente Aguilar e Cesáreo Castro; alguns independentes, sobretudo Obregón e González; outros acantonados em redutos regionais, como Calles em Sonora, Caballero em Tamaulipas, Diéguez em Jalisco, Jesús Castro em Oaxaca, ou Alvarado no Yucatán. Este último organizara na região uma máquina política, o Partido Socialista. Nova escassez de chuvas nesse verão fez as garras dos generais apertarem-se sobre os negócios locais. E nessa crise os rebeldes retomaram suas ações. Em 15–16 de setembro, Villa invadiu a cidade de Chihuahua em busca de mais espólio militar. Duas semanas mais tarde, os zapatistas começaram a fazer incursões no Distrito Federal.

Em outubro, o Primeiro Chefe e os generais definiram suas estratégias para deter o novo conflito. O plano de Carranza era, a curto prazo, usar seu cargo executivo para eliminar as razões de seu declínio antes do retorno a um governo regular. Em seu primeiro contato com a Alemanha, sugeriu a Berlim que, se ajudasse a apressar a retirada da expedição punitiva por parte de Washington, ele facilitaria a entrada dos submarinos alemães no Golfo. Renunciou às tarifas sobre importações de alimento. E, quando o *infalsificable* caiu a três centavos de dólar, ordenou que o pagamento de impostos e salários fosse feito em padrão ouro. Quanto à estratégia dos generais, era a longo prazo não desafiar Carranza diretamente, mas tampouco deixá-lo governar efetivamente e, na

---

32. ROBERT F. SMITH, *The United States and Revolutionary Nationalism in Mexico, 1916–1932*, Chicago, 1972, p. 57.

ocasião oportuna, conseguir que seu sucessor fosse escolhido entre eles próprios. Em 22 de outubro, títeres de Carranza e dos generais foram eleitos para a Assembléia Constituinte. No dia seguinte, González, Obregón e outros generais reuniram-se em Cidade do México e fundaram formalmente o Partido Liberal Constitucionalista, um nome que escondia suas máquinas políticas pessoais. Conforme anunciaram, o PLC apoiaria Carranza para presidente. Devia fornecer-lhe também uma oposição manietada.

Fatos internacionais ocorridos em novembro de 1916 facilitaram a descentralização política do México. Quando o impasse no Somme e a reeleição de Wilson colocaram os Estados Unidos e a Alemanha em curso de colisão, tanto Washington quanto Berlim procuraram tratar Carranza com mais cautela. Agora nem um nem outro queria um governo mexicano centralizado, pois cada um esperava que o outro pudesse no final conquistar sua lealdade. Para que nenhum dos dois conseguisse um aliado importante, ambos os países incentivaram o conflito entre Carranza, os generais e os rebeldes.

Em novembro, o Primeiro Chefe fez outra proposta a Berlim. Não rompeu a neutralidade, mas torceu-a bastante, oferecendo à Alemanha estreita cooperação comercial e militar. O Ministério do Exterior da Alemanha rejeitou a "sugestão". Em vez disso, o embaixador alemão, mediante suborno, converteu alguns generais importantes em pró-germanistas, e o serviço secreto da Alemanha manobrou para apoiar Villa e para plantar sabotadores em Tampico. Assim que o governo alemão selou, em 9 de janeiro, sua decisão de retomar a guerra submarina sem restrições, o ministro do Exterior Zimmermann enviou por telegrama ao embaixador novas instruções, que chegaram em 19 de janeiro. Os submarinos entrariam em ação irrestrita em 1º de fevereiro. Se, como se esperava, os Estados Unidos então declarasse guerra à Alemanha, o embaixador deveria propor a Carranza uma aliança germano-mexicana: "a condução conjunta da guerra, a conclusão conjunta da paz. Vultoso apoio financeiro e uma concordância de nossa parte de que o México reconquiste seus antigos territórios no Texas, no Novo México e no Arizona"[33]. Mas essa fórmula seria a destruição do Estado mexicano.

Em 24 de novembro, os delegados à Comissão Conjunta México-Estados Unidos assinaram um protocolo que exigia a retirada incondicional da expe-

33. FRIEDRICH KATZ, *The Secret War in Mexico: Europe, the United States, and the Mexican Revolution*, Chicago, 1981, p. 354.

dição punitiva. No entanto, ficara implícito na discussão anterior que as forças norte-americanas podiam retornar ao México se o governo mexicano não desse proteção às vidas e propriedades dos estrangeiros. Pagando o preço da eliminação da cláusula implícita que dava ao governo norte-americano direito de voltar a intervir, Carranza aboliu os infames *infalsificables* (que haviam caído a $0,005), decretou o retorno à moeda de ouro e prata e adiou por quatro meses a exigência de que as companhias estrangeiras renunciassem a seus direitos nacionais. Nessa altura dos acontecimentos, os seus representantes na Comissão informaram sua recusa em aceitar o protocolo. Em 3 de janeiro, os representantes dos Estados Unidos recomendaram a Wilson uma simples retirada, e este ordenou a volta da expedição. Mas Carranza não ganhou nenhum poder. Em janeiro, mandou um emissário a New York para pedir a Morgan um empréstimo de curto prazo de dez milhões de dólares. Seguindo sugestão do Departamento de Estado, Morgan não examinaria o pedido. Em 5 de fevereiro, dia em que os últimos expedicionários norte-americanos retornaram ao país, o governo mexicano solicitou permissão para importar munição embargada. O Departamento de Estado recusou-se a levar o pedido a Wilson. Ao mesmo tempo, o novo adido militar dos Estados Unidos em Cidade do México prestigiou calorosamente o ministro Obregón. Em caráter privado, agentes norte-americanos começaram a restabelecer contato com Villa e o tributo continuou a fluir para os bolsos de Peláez.

Nesse meio tempo, os generais voavam cada vez mais alto. O ministro da Guerra Obregón comportava-se como chefe de uma oposição, desancando em público os ministros e colegas renovadores do Primeiro Chefe. Os rebeldes intensificaram suas campanhas: em 27 de novembro, Villa fez nova incursão na cidade de Chihuahua em busca de mais espólio militar; no final de dezembro, os villistas ocuparam Torreón por uma semana, impuseram um pesado empréstimo compulsório e levaram mais espólio. Logo Villa encontrou um antagonista à sua altura, quando Carranza mandou Treviño de volta a Monterrey e enviou Murguía a Chihuahua. Tendo sido derrotado por Murguía no começo de janeiro, Villa levou suas tropas de volta a Sierra Madre, mas com recursos para sustentar uma longa guerra de guerrilhas. Em meados de janeiro, estava em marcha, nos campos de petróleo de Tampico–Tuxpan, uma ampla ofensiva conduzida por Peláez. Os zapatistas também se recuperaram. Gastando sua última prata para comprar lotes de armas e munição nos mercados negros carrancistas, lançaram uma ofensiva que atravessou Morelos e chegou até Puebla. Por volta da metade de janeiro, haviam expulsado as forças de González de sua base e estavam organizando sua administração civil. No início de fevereiro, deram ordens a Palafox que organizasse comissões de terra locais e uma nova força militar regular.

Como se estivesse no olho de um furacão, a Assembléia Constituinte abriu suas sessões em Querétaro em 20 de novembro de 1916. A maioria dos 200 ou mais deputados representavam nominalmente distritos dos Estados populosos de todo o México central, de Jalisco a Veracruz, onde vários generais tinham sido eleitos. Pelo menos 80 por cento deles eram burgueses e 75 por cento desses eram pequenos-burgueses provincianos. Em termos políticos, a maioria tinha grande experiência: 31 haviam sido parlamentares na 26ª Legislatura; talvez outros 150 haviam desempenhado funções oficiais nos governos estaduais maderistas, na burocracia constitucionalista em 1914–1915 e nos altos comandos militares constitucionalistas. Em termos ideológicos, a grande maioria professava um simples liberalismo anticlerical. Alguns dos mais letrados esposavam um reformismo liberal que chamavam de socialismo. Um deles era um sindicalista sério.

Em 1º de dezembro, o Primeiro Chefe inaugurou a Assembléia, apresentou seu projeto da nova constituição e instruiu os deputados a encerrar suas atividades mais ou menos em 31 de janeiro de 1917. As únicas mudanças importantes que propôs com relação à Constituição de 1817 foram o fortalecimento da presidência, o enfraquecimento do Congresso e dos governos estaduais e a autorização para a criação do banco central. Em compensação, recomendou um mandato presidencial de quatro anos e sem reeleição (tampouco para a vice-presidência), um Judiciário independente e garantias de autonomia municipal.

A direção executiva da Assembléia era ocupada por carrancistas de confiança. Mas, dentro de uma semana, perderam a liderança para uma comissão cujos membros haviam feito freqüentes consultas a Obregón e exigiam reformas sociais e econômicas escritas na Constituição. Em 11 de dezembro, a comissão começou a relatar as emendas ao projeto de Carranza. A executiva queixou-se de uma divisão entre "liberais carrancistas" leais e "jacobinos obregonistas" arrogantes[34]. Seus adversários se queixavam de uma divisão

34. *Diario de los Dsebates del Congreso Constituyente, 1916–1917*, México, 1960, 2 vols.; ver especificamente vol. I, pp. 641–682; E. VICTOR NIEMEYER JR., *Revolution at Querétaro: The Mexican Constitucional Convention of 1916–1917*, Austin (Texas), 1974, pp. 60–61 e 220–222.

entre uma minoria direitista de velhos, civis carrancistas, e uma maioria esquerdista de jovens, soldados populares. Isso, na sua maior parte, não passava de retórica. Assim que teve início a votação, os deputados aprovaram artigo após artigo por grande maioria, alguns até por unanimidade. Carranza ganhou uma presidência mais forte e autorização para criar um banco central. A comissão ganhou suas seções econômicas e sociais: o artigo 3º proscreveu a educação religiosa; o artigo 27 concedeu à nação mexicana a propriedade dos recursos naturais do país, declarou mexicanos todos os direitos a terra e água e ordenou a desapropriação das grandes propriedades e sua subdivisão em pequenas fazendas e posses comunais; o artigo 123 limitou a jornada de trabalho em oito horas, garantiu o direito à sindicalização e à greve e estabeleceu o arbitramento compulsório; o artigo 130 regulamentou o culto religioso e proibiu os padres de criticar a Constituição ou o governo.

Em 31 de janeiro de 1917, os deputados aprovaram a nova constituição, promulgada por Carranza em 5 de fevereiro. O novo presidente desfrutaria de muito maior autoridade formal. No entanto, como ele não podia impô-la efetivamente, a oposição teria vasto campo para protesto, denúncias e agitações.

Nesse momento, a crise internacional intensificara-se. Em resposta ao anúncio alemão de sua nova política com relação aos submarinos feito em 1º de fevereiro, Wilson rompera relações diplomáticas com Berlim em 3 de fevereiro. Os Estados Unidos e a Alemanha lutavam cada vez mais para impedir a influência um do outro no México. As companhias de mineração e de petróleo norte-americanas protestaram veementemente contra a nova constituição, especialmente contra o "confiscatório" artigo 27[35]. Em 8 de fevereiro, Zimmermann, o ministro alemão do Exterior, orientou seu embaixador no México a propor "sem demora" a aliança germano-mexicana[36]. Em 20 de fevereiro, o embaixador apresentou a proposta ao ministro das Relações Exteriores, Aguilar. Nesse meio tempo, o serviço secreto alemão canalizava fundos para os generais e elaborava redes de sabotagem em torno de Tampico. Em 1º de março, Wilson deu a público o telegrama inicial de Zimmermann sobre a aliança germano-mexicana, estimulando um previsível clamor público norte-americano. Em 3 de março, o embaixador dos Estados

35. HALEY, *Revolution and Intervention...*, *op. cit.*, p. 245; SMITH, *The United States and Revolutionary Nationalism...*, *op. cit.*, pp. 89, 91 e 105–106.

36. KATZ, *The Secret War...*, *op. cit.*, p. 363.

Unidos no México apresentou suas credenciais a Carranza, mas logo em seguida o Departamento de Estado repeliu a proposta de um banco de New York de emprestar ao governo *de facto* do México 20 milhões de dólares. Também aprovou secretamente embarques de munição para Peláez. Em meados de março, submarinos alemães puseram a pique três navios norte-americanos no norte do Atlântico. Em 6 de abril, os Estados Unidos declararam guerra à Alemanha.

Debaixo de tanta pressão de ambas as direções, Venustiano Carranza e os generais mostraram consenso em duas questões importantes. Em primeiro lugar, para evitar outra intervenção dos Estados Unidos, uniram-se em torno de uma política estrangeira de neutralidade na guerra européia, uma estratégia de flerte tanto com os Estados Unidos quanto com a Alemanha. Em 12 de fevereiro, Carranza nomeou o pró-norte-americano Bonillas para a embaixada de Washington, mas no dia seguinte enfatizou publicamente a neutralidade do México. Nas semanas seguintes de muita tensão, adiou a exigência de que as companhias de mineração retornassem a suas atividades normais, anunciou que o futuro governo regular retomaria os pagamentos da dívida externa, indicou o pró-norte-americano Pani para o Ministério da Indústria e Comércio (responsável pelo petróleo) e negou aos Estados Unidos que tivesse conhecimento de alguma proposta de aliança germano-mexicana. Depois que os Estados Unidos declararam guerra, ele secretamente declinou da oferta de Zimmermann. Em 24 de abril, adiou novamente a exigência de que as companhias estrangeiras renunciassem a seus direitos nacionais. Mas deu asilo a espiões e propagandistas alemães; propositadamente, manteve no Ministério das Comunicações um agente mexicano pró-Alemanha.

Em segundo lugar, Carranza e os generais montaram juntos um governo constitucional. Em 11 de março, o exército supervisionou as eleições para a presidência e para o Congresso. De 213 mil votos válidos para a presidência, Carranza recebeu 197 mil (González e Obregón dividiram o resto). O PLC ganhou todas as cadeiras do Congresso. Em 1º de abril, Carranza autorizou os governadores provisórios a realizar eleições para governos estaduais regulares. Quase imediatamente depois da primeira reunião do Congresso em 15 de abril, os duzentos ou mais deputados dividiram-se em 20 carrancistas incondicionais, 80 obregonistas e mais de 100 "independentes".

Em 1º de maio de 1917, surgiu formalmente o novo Estado mexicano. O Primeiro Chefe foi empossado no cargo em Cidade do México como novo presidente, para um mandato que terminaria em 30 de novembro de 1920. E a nova constituição foi posta em vigor. Nesse meio tempo, prosseguia a verdadeira "reconstrução" – a religação permanente dos negócios nacionais e estrangeiros com a política nacional e regional.

MAIO DE 1917 – OUTUBRO DE 1918

Durante todo o ano de 1917, a economia mexicana mostrou sinais de recuperação. Com o estímulo que a Primeira Guerra Mundial forneceu à economia norte-americana, esta aumentou sua demanda de produtos exportados mexicanos. A Standard Oil, a Mexican Petroleum e El Águila aumentaram mais do que nunca a produção de petróleo. As companhias de mineração fizeram o mesmo; suas produções de ouro, prata e cobre atingiram níveis quase normais. Embora as chuvas desse verão tivessem sido fracas novamente, grandes oportunidades foram abertas para a agricultura irrigada do Noroeste, onde os plantadores de algodão de Mexicali, os agricultores de grão-de-bico de Sonora e os plantadores de cana-de-açúcar de Sinaloa tornaram-se os magnatas do comércio de exportação. No Yucatán, a Comisión Reguladora del Mercado de Henequén reduziu fortemente a produção, mais do que dobrou o preço e teve um lucro que nunca alcançara antes. E, em virtude das exportações, os mercados internos se refizeram. A Fundidora de Monterrey voltou a produzir em escala respeitável. Os negociantes de grãos fizeram excelentes negócios com seus pequenos estoques.

A recuperação econômica proporcionou aumentos em várias espécies de poder político: impostos, concussão, contratos. Mas somente os impostos iam para o tesouro e não eram suficientes para que Carranza centralizasse as outras espécies de poder. A receita do governo recém-constituído alcançava 11 milhões de pesos mensais, mais do que os governos anteriores tinham conseguido. Mas as despesas correntes chegavam a 16,5 milhões por mês, dez milhões dos quais iam para o Exército. O déficit de 5,5 milhões era coberto pelas reservas bancárias seqüestradas, que nesse ritmo não durariam um ano. O governo precisava de um empréstimo talvez apenas para sobreviver, e certamente para consolidar-se. De outro modo, a parte do leão nas concussões e contratos continuaria a aumentar para quaisquer generais que pudessem controlá-los, consolidando a descentralização do poder.

O presidente Carranza empenhou-se imediatamente em obter controle financeiro e político. Em 1º de maio, pediu a renúncia do ministro da Guerra

Obregón e manteve seu substituto, Jesús Castro, como subsecretário. Em 8 de maio, solicitou ao Congresso a aprovação de uma lei que lhe permitisse criar um banco central. Em meados de maio, um banqueiro mexicano de visita a New York sondou Morgan em caráter extra-oficial sobre a possibilidade de um apoio à medida. O banqueiro norte-americano, obsequiosamente, mandou-o a Washington. No final de maio, a convite de Carranza, uma equipe de consultores privados norte-americanos chegou a Cidade do México para aconselhar o governo sobre reforma fiscal e financeira. Esse apelo de Carranza aos Estados Unidos incomodou a Alemanha e novamente Zimmermann propôs-lhe secretamente uma aliança. Mas Carranza esquivou-se.

O presidente continuou adulando os antigos senhores de terra com a devolução de um número cada vez maior de propriedades a seus antigos donos. Como relatou um dos administradores de Cowdray no México: "Pode-se notar uma tendência ao conservadorismo agora que o governo não está [...] tão dependente do elemento militar radical. É fora de dúvida que Carranza está fazendo o máximo possível para libertar-se dos extremistas. [...] V. S. provavelmente sabe que eles devolveram as propriedades de Don José Limantour [...]"[37].

Em junho, o ministro das Finanças Cabrera anunciou a intenção do México de pedir um empréstimo aos banqueiros norte-americanos. Em seguida, deixou o Ministério para assumir uma cadeira na Câmara dos Deputados e defender a política do governo. De 12 de julho a 4 de agosto, Pani, ministro da Indústria e Comércio, liderou um grupo de comerciantes altamente suspeitos do país num encontro nacional que terminou em sonoros endossos ao governo e em planos para a fundação de uma Confederação Nacional das Câmaras de Comércio. Em 23 de julho, o Congresso autorizou o governo a fazer um empréstimo, no exterior, de 250 milhões de pesos, 100 milhões dos quais seriam empregados na criação de um banco central. Em caráter privado, emissários mexicanos em New York convenceram Morgan a examinar a perspectiva de um empréstimo num prazo de cinco ou dez anos para o resgate das parcelas não pagas e uma eventual reforma de toda a dívida externa. No começo de agosto, quando o embaixador norte-americano relatou as extremas preocupações das companhias de petróleo com relação ao artigo 27, Carranza garantiu-lhe que a nova constituição não permitiria

37. KATZ, *The Secret War...*, *op. cit.*, p. 293.

"confiscos"[38]. Zimmermann voltou a apresentar secretamente sua proposta de uma aliança germano-mexicana; e de novo Carranza esquivou-se. Em 20 de agosto, o presidente Wilson anunciou que o Departamento de Estado aprovaria moralmente os empréstimos norte-americanos ao México e, em 31 de agosto, reconheceu o governo *de jure* de Carranza. Em 1º de setembro, Carranza enviou Cabrera a New York para dar início a negociações formais para a obtenção de um empréstimo e chamou Douglas ao México para consultas, que duraram um mês inteiro. Duas semanas mais tarde, a alfândega dos Estados Unidos liberou a munição mexicana que há muito tempo estava embargada na fronteira.

Todavia, toda essa conversa e atividade não rendeu um único centavo. Em New York, Cabrera encontrou Morgan pouco disposto a emprestar qualquer quantia a não ser que tivesse o aval de Washington, e os Estados Unidos, em guerra, não avalizariam nada a não ser que o México se colocasse contra a Alemanha. O Departamento de Estado sugeriu que o México fizesse um empréstimo junto ao próprio governo norte-americano. Carranza recusou-se. Nessa situação, o Departamento de Estado, sabendo da necessidade mexicana de importar moeda sonante e milho, colocou restrições sobre as exportações norte-americanas de ouro, equipamento industrial e alimentos do México. Em meados de outubro, Cabrera acusou as companhias petrolíferas norte-americanas de fazerem pressões contra o empréstimo e, em 1º de novembro, encerrou as negociações em New York.

Enquanto isso, os generais começaram a fortificar-se politicamente para a longa corrida até 1920. Aguilar, agora genro de Carranza, deixou o Ministério do Exterior para tornar-se governador de Veracruz. Licenciado do exército, Obregón fez rápida fortuna na corretagem do comércio de grão-de-bico em Sonora e, em meados de setembro, partiu em óbvia campanha pelos Estados Unidos, de Los Angeles a Washington, onde obrigou Bonillas a apresentá-lo ao secretário de Estado. González, que fez fortuna como corretor do comércio de grãos em Cidade do México, ao se encarregar do embarque de munição de setembro, surgiu como a principal figura militar do país. De seus postos oficiais em Cidade do México, Hill e Treviño estabeleceram ligações na capital. Calles instalou seu domínio em Sonora e Diéguez, eleito governador de Jalisco,

38. United States Department of State, *Papers Relating to the Foreign Relations of the United States, 1917*, Washington, D. C., 1926, p. 1 072.

estendeu sua influência aos Estados vizinhos. Murguía tornou-se por si mesmo o manda-chuva de Chihuahua. Coss estava se preparando para vencer as eleições para governador de Coahuila. Caballero estava fazendo o mesmo em Tamaulipas. E Alvarado desenvolvia seu domínio sobre todo o Sudeste.

Além disso, a recuperação econômica e as divisões políticas fortificaram os movimentos trabalhistas. A UCMGF e a UMM reorganizaram suas antigas sucursais de modo tão independente como nunca. Incentivados pela recente onda de sindicalismo do IWW nos Estados Unidos, os organizadores de sindicatos apareceram nos distritos mineiros, em Torreón e em Tampico. Já em abril os trabalhadores do petróleo em todas as instalações de Tampico estavam em greve. Em maio, pararam de novo suas atividades em Minatitlán, em junho organizaram uma greve geral em Tampico e, em outubro, voltaram a parar. Do começo de setembro a meados de outubro, os trabalhadores têxteis de Puebla e de Veracruz fecharam diversas grandes fábricas. O fato mais notável foi a nova assembléia trabalhista que se realizou em meados de outubro em Tampico. Delegados de 19 organizações do Distrito Federal e de 11 Estados reconstituíram a CTRM com o nome de Confederación General Obrera (CGO), declararam a "luta de classes" por "ação direta" em favor da "comunização dos meios de produção" e concordaram em basear a nova CGO, estrategicamente, em Torreón[39].

Entrementes, os rebeldes tinham pelo menos mantido a região que ocupavam. Em maio, os villistas haviam feito incursões em Ojinaga. Em julho, atacaram vários lugares ao sul de Chihuahua. Peláez mantivera o controle dos campos petrolíferos de Tampico–Tuxpan. Os zapatistas em Morelos tinham começado a negociar uma ação conjunta com outros movimentos rebeldes. E de junho em diante, depois de vagarem daqui para ali por um ano, os felicistas vinham fazendo investidas contra os campos de petróleo de Minatitlán.

Com a exaustão do exército britânico na Bélgica em outubro e com a Revolução Bolchevique na Rússia em novembro de 1917, a Primeira Guerra Mundial, estrategicamente, passou a ser travada na Frente Ocidental entre os reforços norte-americanos e os alemães. Ao mesmo tempo, os termos do conflito entre os Estados Unidos e a Alemanha no México mudaram novamente: enquanto Washington continuava a opor-se à concentração de poder por

39. SALAZAR & ESCOBEDO, *Las Pugnas de la Gleba...*, *op. cit.*, vol. I, p. 245.

parte de Carranza, Berlim aceitava a neutralidade do México. Em novembro, depois do fracasso de suas negociações em New York, Cabrera foi a Washington pedir o relaxamento das restrições às exportações norte-americanas para o México. Carranza tentou facilitar o acordo com a criação da comissão de reclamações que seus consultores nos Estados Unidos haviam proposto. Mas o Departamento de Estado protelou a discussão do assunto de maneira tão eficiente que Cabrera deixou Washington em meados de dezembro. E tramou-se nova conspiração para derrubar o governo mexicano, envolvendo a Standard Oil, um alto funcionário do Departamento de Estado e os exilados em torno de Iturbide. Em contraste, diplomatas alemães no México agora ofereciam a Carranza um empréstimo de 70 milhões de pesos para que ele permanecesse neutro durante toda a guerra e favorecesse posteriormente o comércio e os investimentos alemães. Mas não conseguiram obter a confirmação de Berlim.

Sem o apoio norte-americano nem alemão, Carranza foi forçado a levantar recursos em outros lugares, ou o governo logo enfrentaria graves dificuldades financeiras. Para preparar o caminho para um empréstimo interno, pediu a Pani que organizasse uma assembléia nacional de industriais. Enquanto isso, pediu a González que planejasse uma ofensiva para tomar Morelos e suas lavouras e chamou Diéguez de Jalisco e Murguía de Chihuahua para empreenderem uma grande campanha a fim de tomar os campos de petróleo de Tampico–Tuxpan. Num tiro de longo alcance, conseguiu ainda uma aproximação com Cowdray, pois o colapso britânico na Europa deixara a empresa El Águila extremamente vulnerável às disputas norte-americanas no México.

Todas essas ações revelaram-se desapontadoras, com exceção de uma. De 17 a 25 de novembro de 1917, os industriais realizaram seu encontro. Todavia, ao contrário dos comerciantes, queixaram-se da nova constituição e afirmaram em alto e bom som o caráter privado de suas empresas, que defenderiam numa nova Confederação Nacional das Câmaras de Indústria. As forças de González conseguiram apossar-se apenas do terço leste de Morelos e a campanha de Diéguez-Murguía na verdade perdeu terreno. Diéguez marchou para os campos de petróleo, porém, tão logo Murguía deixou Chihuahua, os villistas fizeram nova investida contra Ojinaga e ele teve de retirar-se para sua base enfraquecida. Debatendo-se em volta do Nordeste em dezembro, Diéguez arruinou o projeto de eleição de Coss em Coahuila, o que o fez revoltar-se. Em Tamaulipas, onde Diéguez destruiu os planos de Caballero para as eleições de fevereiro, um novo bando felicista começou sua própria rebelião e os partidários de Peláez reforçaram suas posições. Somente a aproximação com Cowdray teve algum sucesso – uma transação em meados de dezembro sobre a Companhia de Estradas de Ferro de Tehuantepec (da qual Cowdray era co-proprietário junto com o governo mexicano) liberou três milhões de dólares em dinheiro e 4,5 milhões em títulos.

Logo apareceram fortes sinais de nova turbulência. Em 1º de janeiro de 1918, os obregonistas do PLC pela primeira vez criticaram publicamente o presidente por ele interferir nas eleições estaduais. Em 12 de janeiro, por causa de novos distúrbios ao longo da fronteira do Texas, os Estados Unidos deram ordens para que suas forças perseguissem os suspeitos até dentro do México. Em 14 de janeiro, foi descoberta uma conspiração militar para derrubar Carranza, envolvendo guarnições de Cidade do México, de Veracruz e de outras cidades importantes.

A busca de apoio por parte de Carranza tornou-se cada vez mais difícil. Para neutralizar o PLC, incentivou a formação do novo Partido Nacional Cooperatista, que começou com uma assembléia trabalhista nacional em Saltillo, para atrair os sindicatos afastados da CGO. Voltou a seqüestrar propriedades e encorajou os senhores de terra a organizar seus peões em milícias locais, mas, pela primeira vez, a Comissão Agrária Nacional, que ele criara para atrair o interesse das aldeias por seu governo, funcionava pelo menos em ritmo lento. Secretamente, mandou Diéguez negociar com Peláez. E enviou um subsecretário de Finanças a Washington para tentar de novo um relaxamento das restrições impostas às exportações norte-americanas. As duas últimas tentativas fracassaram.

Então, Carranza assumiu um grande risco. Em 18 de fevereiro, nos termos do artigo 27 da Constituição, decretou um novo imposto para a indústria petrolífera: como primeira exigência os títulos de todas as terras onde existisse petróleo tinham de ser registrados até 20 de maio, as terras não registradas seriam abertas à denúncia e seriam tributadas não só as terras como também os arrendamentos, os *royalties* e a produção por contratos com data anterior à promulgação da nova constituição. Alguns dias depois, como que em recompensa, Berlim aprovou um empréstimo, mas apenas de cinco milhões de pesos, e isso escondido em pesetas numa conta em Madri. As companhias petrolíferas norte-americanas não protestaram apenas contra a lei do imposto. Em março, aliciaram a International Harvester e algumas outras grandes companhias para formar uma coalizão incomumente ampla a fim de tramar a deposição de

Carranza. Dessa vez, escolheram como candidato à sucessão um antigo agente destacado de Carranza, Alfredo Robles Domínguez, que pressurosamente aceitou a incumbência. Enquanto isso, outra greve geral fechou Tampico. Aumentaram os violentos confrontos entre norte-americanos e mexicanos ao longo da fronteira Texas–Chihuahua. Em 2 de abril, o Departamento de Estado acusou o governo mexicano de, com a lei do imposto, violar direitos adquiridos dos norte-americanos no México. Advertiu que os Estados Unidos poderiam ser forçados "a proteger a propriedade de seus cidadãos [...] esbulhada ou afetada lesivamente [...]"[40]. Robles Domínguez passou a visitar a embaixada dos Estados Unidos e a legação britânica quase diariamente.

Carranza aproveitou uma de suas últimas oportunidades de obter ajuda no exterior, enviando um agente para negociar com os alemães em Madri. No plano interno, quase não lhe sobrava espaço para manobra. O exército exigia 65 por cento do orçamento. Os industriais voltavam a pedir respeito à propriedade privada, inclusive à dos norte-americanos. Em meados de abril, o barulho ao longo da fronteira Texas–Chihuahua parecia o prólogo de uma guerra e Villa atacou o sul de Chihuahua. Em Tamaulipas, depois de perder na contagem final as eleições para governador, Caballero revoltou-se. Disputas locais em Guerrero, em Puebla e em Tlaxcala converteram-se em revoltas. O próprio subsecretário da Guerra precisou assumir um comando em Puebla.

Nessa altura, a tentativa de Carranza de cooptar os trabalhadores saiu pela culatra. Em 1º de maio, representantes de organizações trabalhistas do Distrito Federal e de 16 Estados reuniram-se em Saltillo. Graças aos preparativos carrancistas, mais de um terço dessas organizações eram sindicatos submissos de Coahuila. Mas esses perderam o controle do SME e da Casa del Obrero de Tampico. A assembléia encerrou-se em 12 de maio com a formação da Confederación Regional Obrera Mexicana (CROM), uma coalizão instável mas politicamente independente de operários sindicalizados e sindicalistas.

Em 20 de maio, Carranza estendeu para 31 de julho o prazo final para as companhias de petróleo registrarem seus títulos e Pani iniciou discussões com os advogados das companhias norte-americanas sobre a introdução de emendas na lei. Os Estados Unidos também afrouxaram um pouco. Em 7 de junho, Wilson voltou a expressar o desejo dos Estados Unidos de manter relações amistosas com o México. Já quase no final do mês, o Departamento

40. SMITH, *The United States and Revolutionary Nationalism...*, *op. cit.*, p. 118.

de Estado decidiu por uma "política de embargo mais liberal"[41]. Logo foram emitidas licenças para diversos embarques de grandes volumes de mercadorias para o México, principalmente milho.

No entanto, no final de junho, o governo estava correndo atrás de dinheiro. O representante de Carranza nada conseguira de material com os alemães em Madri. O presidente não podia mais tirar dos comerciantes e industriais do México nem mesmo uma prece de apoio. Não conseguiu melhor coisa com a UCMGF, com a UMM, ou com a nova CROM. Os villistas continuavam a colocar problemas para Murguía em Chihuahua. Apesar do comando de Diéguez em Monterrey, ocorreram três ou quatro rebeliões em Coahuila e em Tamaulipas, e os soldados de Peláez continuavam a patrulhar os campos de petróleo de Tampico–Tuxpan. Os zapatistas permaneciam no controle da maior parte de Morelos, embora sem Palafox (dispensado quando houve mudança de estratégia no sentido de estabelecer negociações). Pelo menos uns doze outros bandos rebeldes haviam se recuperado ou surgido em todo o centro do país. E os felicistas haviam se multiplicado em Puebla, em Oaxaca e em Veracruz, onde intensificaram suas operações nos campos petrolíferos de Minatitlán.

Em 15 de julho de 1918, o exército alemão iniciou seu ataque através do Marne. A campanha não só levaria a Primeira Guerra Mundial a aproximar-se do seu fim, mas também resolveria a ainda importante questão política do México. As eleições para o Congresso, realizadas em 28 de julho, deram maioria ao PLC carrancista. E as chuvas naquele verão foram boas, pela primeira vez em cinco anos. Mas, até que se decidisse o sucesso ou fracasso da campanha alemã, os políticos mexicanos mantiveram-se em suspenso. Em 31 de julho, Carranza estendeu por mais duas semanas o prazo final para aplicação do imposto do petróleo.

No início de agosto, finalmente tornou-se evidente a derrota alemã. Em 14 de agosto, Carranza abandonou a primeira exigência da lei do imposto, cancelando a necessidade de registro dos títulos, e instruiu Pani a iniciar negociações com os advogados das companhias de petróleo norte-americanas para adequar o artigo 27 a uma lei orgânica que pudesse ser aceita por ambos os lados. Mas toda pessoa que tivesse um pouco de informação política sabia que o presidente não tinha mais chance de reconquistar o poder sobre seus adversários. Em meados de setembro, Obregón começou por liquidar seus bens à

41. *Idem*, p. 122.

vista para poder entrar seriamente na política. Villa, mais forte do que estivera em dois anos, voltou a atacar no sul de Chihuahua. Em 1º de outubro, Díaz publicou um elogio aos Aliados e convocou a união de todos os "patriotas" para depor Carranza[42]. Em 20 de outubro, suas forças iniciaram sua primeira grande ofensiva em Veracruz, em Puebla e em Oaxaca.

NOVEMBRO DE 1918 – JUNHO DE 1920

Em 11 de novembro de 1918, a Primeira Guerra Mundial chegou a seu término. Os Estados Unidos, o maior vencedor, desfrutava de novas liberdades em todo o mundo. Particularmente, tinha a liberdade de ser a única nação estrangeira a fazer pressão sobre o México. Sem correr o risco de uma interferência de outras potências estrangeiras, podia até mesmo revogar o reconhecimento ao governo de Carranza, a não ser, por exemplo, que esse concordasse em negociar o artigo 27 da Constituição. Isso punha por terra as chances de um governo centralizado no país.

As condições econômicas do pós-guerra confirmaram uma "reconstrução" regionalizada no México. Embora a prosperidade dos Estados Unidos tenha continuado por mais dois anos, sua demanda de produtos mexicanos variou bastante. A procura de metais preciosos e de petróleo continuou alta, mas a de cobre caiu rapidamente e a de sisal quase parou. A pandemia de gripe espanhola, talvez o golpe mais devastador já desferido no México em 350 anos, também reduziu a produção e os negócios. Atacando primeiramente o Nordeste no início de outubro de 1918, sua terrível "segunda onda" campeou em volta do país até meados de janeiro. No exército, de 125 mil homens alistados, 25 270 caíram doentes de gripe e 1 862 morreram. É possível que, no total, cerca de cinco milhões de mexicanos tenham sucumbido a essa epidemia. Uma estimativa moderada das mortes chega entre 2,5 e 3 por cento da população, em torno de 400 mil pessoas. E a metade das mortes ocorreu provavelmente na faixa etária de 20 a 40 anos, de modo que em apenas quatro meses morreram quatro por cento dos mexicanos de maior capacidade física. A região que melhor superou as tendências econômicas e a pandemia foi o Golfo; vieram em seguida o Nordeste e o Noroeste, muito melhor do que o

42. LICEAGA, *Félix Díaz, op. cit.*, pp. 489–504.

Norte e o Oeste. E as duas últimas regiões, quaisquer que tenham sido suas perdas, saíram-se melhor do que o Centro e o Sul e muito melhor do que o Sudeste, que mergulhou em longa depressão.

A política nacional começou a mover-se em novas direções. A partir de novembro de 1918, os conflitos mais prementes do país tornaram-se parte de uma luta cuja solução estava marcada para as eleições presidenciais de julho de 1920. No entanto, essa deixara de ser uma luta pelo poder centralizado; era muito mais do que uma luta das províncias por um cargo central. Levantou questões de conseqüência histórica: se, numa sociedade mexicana profundamente contenciosa, algum grupo da província era capaz ou não de instaurar um governo em Cidade do México e, se fosse possível, que espécie de grupo ou que tipo de governo. Suscitou também os perigos de uma nova violência de grande duração. Visto que nem Carranza nem qualquer de seus adversários tinha o poder de controlar a sucessão e como o PLC não passava de um nome para designar facções ambiciosas no plano nacional, a luta acabaria não numa coalizão, mas num teste final de força, em que cada uma das facções mais fortes lutaria para impor-se às outras.

Havia apenas duas bases estratégicas para uma política de imposição: o Noroeste e o Nordeste. Assim que terminou a guerra, Obregón começou a organizar sua campanha presidencial. Com boas relações na Califórnia e em Washington e sendo um dos homens mais ricos do Noroeste, manteve, como civil, o mesmo prestígio nacional que adquirira como herói militar do México. Em janeiro de 1919, Calles confiara-lhe Sonora, e Hill construíra em Cidade do México uma base de apoio a Obregón fora e dentro do PLC. Enquanto isso, González também dava início à sua campanha. Com boas ligações no Texas e no Nordeste e sendo talvez o general mais rico do país, manteve um comando ativo em Cidade do México, em Morelos e em Guerrero e, em dezembro, recuperou o restante de Morelos para seus subordinados, a maioria deles oriunda do Nordeste, que arrendaram as plantações do Estado para a safra de 1919. No próprio Nordeste, vários de seus parentes e antigos colegas e subalternos promoviam a causa gonzalista. Treviño fazia o mesmo em Cidade do México. Nem uma nem outra facção pedira apoio às organizações trabalhistas – esse setor era muito difícil e estava dividido. A CROM causara irritação na UMM por ter avançado sobre as oficinas ferroviárias, e, em novembro, opondo-se a uma aliança da CROM com a American Federation of Labour contra o IWW, a FSODF se dividira e fundara, em Cidade do México, o Gran Cuerpo Central de Trabajadores, sindicalista.

Dos outros seis generais importantes, quatro permaneceram neutros. Foram eles: Diéguez em Monterrey; Murguía, que renunciou a seu comando em Chihuahua e retirou-se para Cidade do México; o subsecretário da Guerra, Castro, que substituiu Murguía em Chihuahua; e Alvarado, que deixou o decadente Yucatán para publicar em Cidade do México um jornal obcecado pela questão presidencial.

Carranza não indicou seu candidato. Contando com certeza apenas com Aguilar e com Cesáreo Castro, em Veracruz e em Puebla, não tinha motivos para fazer tão cedo uma escolha que antagonizaria necessariamente Obregón e seus aliados ou González e os seus, talvez ambos os campos, e talvez os quatro generais neutros. Graças à produção de petróleo e de prata, que aumentava continuamente a receita do governo, pôde adiar o confronto. Em 1º de janeiro de 1919, ordenou um grande aumento dos salários dos oficiais do exército e iniciou uma redução lenta e silenciosa do efetivo de soldados. Em 15 de janeiro, condenou publicamente as campanhas presidenciais, acusando-as de prematuras, e insistiu para que fossem adiadas para o final do ano.

Nesse meio tempo, procurou concluir diversas alianças para fortalecer sua facção. Em meados de novembro, nomeou Pani ministro na França, na esperança de persuadir a Conferência de Paz de Paris a anular a Doutrina Monroe, ou pelo menos a revitalizar os interesses dos banqueiros franceses e ingleses pelo México. Curvou-se às companhias de petróleo norte-americanas. Em 14 de novembro, estendera a isenção de registro até o final do ano. Em 23 de novembro, o acordo que os advogados das empresas e Pani haviam concluído para dar uma forma orgânica ao artigo 27 foi apresentado no Congresso como um projeto de lei do presidente. Mais importante, isentou de seus efeitos as terras em que, antes de 1º de maio de 1917, as companhias tinham feito investimentos para a produção. Em 27 de dezembro, Carranza estendeu a isenção de registro até que o Congresso se pronunciasse sobre o projeto de lei. (A tendência pró-Estados Unidos impressionou Cowdray, que três meses mais tarde vendeu El Águila à Royal Dutch Shell.) No plano interno, Carranza cortejou os hierarcas católicos, propondo as reformas dos artigos 3º e 130 da Constituição para coibir o anticlericalismo local e convidando (no que foi atendido por Roma) um protonotário apostólico para reorganizar a Igreja no México. Continuou a devolver as propriedades seqüestradas aos senhores de terra – entre os favorecidos em março de 1919 estava a família Terrazas – e lançou uma enxurrada de decretos e circulares para proteção de suas fazendas. Além disso, preparou candidatos carrancistas locais para as próximas eleições para governador do Estado, estando a primeira marcada para realizar-se em Sonora em 27 de abril.

Penosamente, Carranza também tentou uma aliança em New York. Desde outubro, Morgan vinha coordenando os bancos norte-americanos, ingleses e franceses interessados na dívida mexicana. Em janeiro, o subsecretário de Finanças de Carranza incorporou-se às negociações. Em 23 de fevereiro, Morgan anunciou a formação do International Committee of Bankers on Mexico (ICBM) e, um mês depois, para tranqüilizar o ICBM, Carranza permitiu que Limantour retornasse da França para visitar o México. Em 29 de março, o subsecretário das Finanças retornou com a oferta do Comitê: reconsolidar a dívida e emitir novos títulos para "desenvolvimento interno" garantidos pela receita alfandegária sob "administração internacional"[43]. Em 9 de abril, Carranza convidou Cabrera a ocupar novamente a pasta das Finanças, para dirigir a aprovação do projeto de lei sobre o artigo 27 e a oferta do ICBM numa sessão especial do Congresso marcada para 1º de maio. Manobrou também para dividir a campanha de González, despachando Treviño para uma visita proveitosa às fábricas de armas e munição na Europa.

No entanto, apesar de todas as suas promessas, a facção carrancista logo sofreu rudes golpes. Em Paris, o Conselho dos Quatro reconheceu, em abril, a Doutrina Monroe; Carranza rejeitou o convite para que o México participasse da Liga das Nações. Em Chihuahua, Villa lançou uma ampla ofensiva. González conquistou um sólido crédito com os senhores de terra quando suas forças emboscaram e mataram Zapata em 10 de abril, em Morelos. Na eleição para governador de Sonora, o candidato de Carranza perdeu e o de Calles ganhou: Adolfo De la Huerta. A sessão especial do Congresso não aprovaria o projeto de lei sobre o artigo 27 nem a oferta do ICBM.

Carranza trouxe Diéguez do Nordeste e Cesáreo Castro de Puebla para ajudar Jesús Castro a derrotar Villa mais uma vez. Em meados de maio, ele ameaçou usar a força para impedir novas perfurações não registradas nos campos de petróleo. Para dividir os obregonistas, indicou Calles para o Ministério da Indústria e do Comércio (com responsabilidade sobre o petróleo). Para preocupar González, ampliou seu comando com a inclusão de Puebla, Tlaxcala e Oaxaca.

43. EDGAR TURLINGTON, *Mexico and Her Foreign Creditors*, New York, 1930, p. 275.

Todavia, os malogros de Carranza encorajaram seus adversários. Em 1º de junho, Obregón anunciou formalmente sua candidatura à presidência e, em 27 de junho, obteve seu primeiro apoio formal, o do Partido Socialista do Yucatán. O subsecretário da Guerra, Castro, retornou de Chihuahua para Cidade do México e ofereceu-lhe apoio particular por meio do Ministério da Guerra. Apesar de suas novas incumbências, González também se mostrou mais corajoso, debatendo publicamente com Obregón a maneira apropriada de anunciar uma candidatura; e seus agentes no Nordeste organizaram-se com mais firmeza. Em Chihuahua, mal Diéguez abrira à força seu caminho para a capital do Estado quando, em 15 de junho, os villistas fizeram uma investida contra Juárez e provocaram uma intervenção dos Estados Unidos por 24 horas. Em 8 de junho, na eleição para governador em Nuevo León saiu vitorioso um homem (um velho amigo de Villarreal) que não fora aprovado por Carranza. Este suspendeu a publicação dos resultados eleitorais e o Estado alvoroçou-se – a favor de Obregón e de González. Em Tampico, os sindicalistas decretaram mais uma greve geral. Em todo o Nordeste, com a redução das guarnições por causa do afastamento de Diéguez, os vários grupos rebeldes retomaram seus ataques. Em 6 de junho, Murguía tornou-se o comandante de Monterrey, mas logo entrou em disputa com chefes locais. Em 25 de junho, os rebeldes fizeram uma investida contra Victoria. Nos distritos petrolíferos, Peláez mudou-se para perto de Tampico.

No verão, Carranza obteve alguns ganhos. Diéguez desbaratou a ofensiva villista e instalou seu comando em Chihuahua. Cesáreo Castro passou a controlar Torreón. González acreditava que não precisaria fazer uma campanha formal para a presidência, que depois de muitas fintas e paradas o governo e o Exército protegeriam a sucessão para ele. E uma segunda estação de boas chuvas propiciou um alívio da escassez de alimentos e das importações antes das eleições. Todavia, de maneira muito mais importante, a ameaça contra as perfurações de petróleo não registradas provocou outro confronto com os Estados Unidos. No final de junho, as companhias acusaram o governo mexicano de haver praticado "atos ostensivos" para confiscar suas propriedades[44]. Em 22 de julho, o Departamento de Estado advertiu Carranza de que Washington poderia revogar o reconhecimento a seu governo. Em 8 de agosto, o Senado norte-americano criou uma subcomissão presidida por seu

44. SMITH, *The United States and Revolutionary Nationalism...*, *op. cit.*, p. 154.

intervencionista mais veemente, Albert B. Fall, "para investigar os assuntos mexicanos"[45]. Em 19 de agosto, a segunda expedição punitiva, formada por 60 mil soldados estacionados ao longo da fronteira, entrou no México até Ojinaga a uma semana de marcha.

Nesse meio tempo, Obregón também obteve seus ganhos. Em 17 de julho, graças a Hill, o PLC apoiou formalmente sua candidatura. O subsecretário da Guerra, Castro, colocou generais simpáticos a ele próprio em comandos estratégicos nas cidades da fronteira setentrional. E os generais obregonistas entabularam negociações particulares com os líderes da CROM. Os obregonistas queriam que a CROM reprimisse em parte a agitação do IWW entre os mineiros de Sonora, principalmente para promover a campanha de Obregón em outros locais, não só no México como também nos Estados Unidos, com a AFL. Os líderes da CROM queriam aproximar-se de Calles no Ministério da Indústria e Comércio, para recuperar o poder de organização que tinham perdido para os sindicalistas. Logo depois, a FSODF abandonou o sindicalista Cuerpo Central e uniu-se à CROM. Nas mesmas semanas, o governador de Sonora, De la Huerta, ajudou a UCMGF a organizar os trabalhadores da Southern Pacific Railway de Sonora.

Em 8 de setembro, a Comissão Fall iniciou sua "investigação". Em 10–11 de setembro, sua testemunha-chave, o presidente do Conselho de Diretores da Mexican Petroleum, testemunhou durante oito horas sobre o desgoverno de Carranza.

Sob essa pressão interna e externa, Carranza tomou uma decisão particular sobre o candidato de sua facção. Acreditando que as ligações em Washington importavam mais do que nunca, escolheu para embaixador nos Estados Unidos o discípulo político de Douglas, Ignacio Bonillas. No final de setembro, Carranza encontrou-se com Diéguez em Coahuila e obteve sua aprovação para a escolha. Em 2 de outubro, Bonillas juntou-se a eles e as conversações prolongaram-se por uma semana.

Mais um confronto com os Estados Unidos enfatizou a importância dos contatos em Washington para a política mexicana. Em 19 de outubro, o vice-cônsul dos Estados Unidos em Puebla desapareceu, supostamente raptado

45. United States Senate, Committee on Foreign Relations, *Investigation of Mexican Affairs: Preliminary Report and Bearings*, 66 Congress, 2nd session, Washington, D. C., 1920, 2 vols.; ver especificamente vol. I, p. 23.

por rebeldes de Peláez. Washington pediu com grandes brados uma intervenção no México. Em 26 de outubro, o vice-cônsul reapareceu livre e o clamor de Washington diminuiu. Em 1º de novembro Carranza anunciou que era hora de dar início à campanha presidencial e apresentou seu candidato, Ignacio Bonillas.

Mas nas seis semanas seguintes Obregón tornou irrevogável sua pretensão de ocupar a presidência. Em 27 de outubro, iniciara uma viagem de trem por toda a costa oeste. Em meados de dezembro, levara sua campanha política aos Estados de Sonora, Sinaloa, Nayarit, Colima, Jalisco, Michoacán, Guanajuato, México e Hidalgo e demorou dez dias em Cidade do México. Em 21 de dezembro, seus aliados da CROM anunciaram a formação do Partido Laborista Mexicano.

Enquanto isso, González reafirmava sua posição. Em 5 de novembro, informou que logo anunciaria sua candidatura. Nessa altura, as forças sob seu comando em Puebla provocaram outro confronto com os Estados Unidos, ao prender, em 14 de novembro, o vice-cônsul norte-americano, sob a acusação de ter tramado com seus seqüestradores a fim de dar a seu governo um pretexto para uma intervenção nos assuntos mexicanos. Novos clamores em Washington pediram a intervenção. Enquanto Douglas e Bonillas negociavam febrilmente para acalmar a gritaria, González induziu os chefes zapatistas e felicistas a aceitar "uma anistia patriótica" e celebrar com ele uma trégua[46]. Em 27 de novembro, os partidários de González em Cidade do México anunciaram a formação de um partido gonzalista, a Liga Democrática. Em 28 de novembro, o Secretário de Estado disse a Bonillas que, se o México não "mudasse radicalmente sua atitude para com os Estados Unidos", o povo norte-americano obrigaria seu governo a romper relações com ele, o que significaria "uma guerra quase inevitável"[47]. De volta da Europa, Treviño apareceu em Monterrey fazendo campanha política em favor de González. Em 3 de dezembro, Fall apresentou no Senado uma resolução em que pedia a Wilson que rompesse relações diplomáticas com "o pretenso governo" de Carranza[48]. Em 4 de dezembro, o vice-cônsul foi libertado. Em 8 de dezem-

46. *El Universal*, 21 noviembre, 30 noviembre, 5 diciembre, 6 diciembre, 16 diciembre, 24 diciembre, 25 diciembre 1919.

47. SMITH, *The United States and Revolutionary Nationalism...*, *op. cit.*, p. 162.

48. *Congressional Record*, 66 Congress, 2nd session, LIX, Parte I, 1919–1920, p. 73.

bro, Wilson manifestou sua oposição à resolução de Fall e o confronto terminou. Em 10 de dezembro, González aceitou formalmente a indicação de seu nome pela Liga Democrática para a presidência.

Villa também desencadeou nova campanha. Em 2 de novembro, atacara Saltillo, dividindo e agitando ainda mais profundamente o Nordeste. Em meados de dezembro, fez uma investida contra os distritos de carvão, na estrada para Piedras Negras. Ainda em briga com os chefes locais, Murguía não conseguiu empurrar os villistas para fora de Coahuila, nem mesmo proteger contra os rebeldes locais as estradas de ferro de Nuevo León e Tamaulipas.

Nessa altura dos acontecimentos, estava claro em Washington e no México que antes das eleições presidenciais iria explodir uma grave onda de violência. A única questão era saber quem agiria primeiro – Carranza esmagaria Obregón, ou Obregón revoltar-se-ia. Num e noutro caso, se os carrancistas e os obregonistas travassem uma luta, González podia usar suas forças localizadas em volta da capital para dar um golpe. Nem os obregonistas nem os gonzalistas acreditavam na possível ameaça dos mais poderosos organismos que favoreciam uma revolta ou um golpe: as companhias de petróleo norte-americanas, o Departamento de Estado e o Senado dos Estados Unidos.

No final de dezembro, Carranza fez uma reunião com Aguilar, Diéguez, Murguía e outros a fim de organizar a repressão. Preparou ainda a campanha de Bonillas. Em 13 de janeiro de 1920, as companhias de petróleo, aconselhadas por Douglas e por Bonillas, pediram licenças provisórias para fazer perfurações. Em 17 de janeiro, Carranza concordou em concedê-las. No dia seguinte, o Partido Nacional Democrático, um grupo de congressistas, governadores e generais carrancistas, indicou Bonillas para disputar a presidência. No início de fevereiro, o Ministério do Exterior iniciou as preliminares para a negociação de um tratado sobre a instalação de uma comissão mista de reclamações. Continuou a redução do efetivo do exército.

Obregón ampliou sua organização, preparando-se para a revolta. Enquanto viajava novamente pelo Bajío e por Michoacán, o Partido Laborista anunciava-lhe formalmente o seu apoio. Diversos políticos importantes do Norte manifestaram suas simpatias por Obregón, tal como o fez Alvarado. Agentes obregonistas fizeram contato em segredo com Villarreal no Texas, com o ainda revoltado Coss em Coahuila e com um proeminente chefe felicista em Veracruz, que concordaram em aceitar uma "anistia" e esperar instruções de Obregón sobre novas incumbências. Em 1º de fevereiro, Calles renunciou ao Ministério da Indústria e Comércio para participar integralmente na campanha. Em 2 de fevereiro, os obregonistas fizeram em Cidade do México uma convenção nacional. Em 4 de fevereiro, o próprio Obregón viajou para o norte a fim de visitar Aguascalientes e Zacatecas, depois para o leste até San Luis Potosí. Em 15 de fevereiro, chegou a Saltillo, onde passou duas semanas em campanha política.

Nesse meio tempo, González desenvolvia sua força em Cidade do México. Em 31 de dezembro, anunciando a total pacificação do Sul, deixou o exército. Em 13 de janeiro, com um discurso aos homens mais ricos da capital, começou sua procura formal de aliados. Seus agentes multiplicaram-se no Nordeste.

Em 10 de fevereiro, Carranza demitiu Castro da subsecretaria da Guerra e nomeou o próprio chefe do Estado-Maior para administrar o exército, que nesse momento tinha um efetivo de 85 mil homens. Em meados de fevereiro, Diéguez concluiu uma inspeção de um mês em seu comando de Chihuahua. Em 27 de fevereiro, seguindo ordens especiais do presidente, ele apareceu em Sonora para fazer uma inspeção de três semanas das forças do exército nesse Estado, continuando sua viagem por Sinaloa, Nayarit, Jalisco e Michoacán. Os villistas fizeram novas incursões no sul de Chihuahua. Murguía reuniu-se com Carranza em Cidade do México e retornou a Monterrey, onde declarou publicamente sua oposição a Obregón. Em Saltillo, Obregón reuniu-se com Calles e, em 3 de março, começou sua viagem para Coahuila, Nuevo León e Tamaulipas. Nos campos de petróleo de Tampico–Tuxpan, os pelaecistas lançaram ampla ofensiva. No conjunto, esses movimentos assustaram até mesmo os peões: com a eliminação das restrições à imigração do México, em 1º de fevereiro, por parte dos Estados Unidos, cerca de 100 mil "mexicanos errantes" cruzaram, em meados de março, a fronteira para fugir da violência que se prenunciava[49].

Em Morelos, esses movimentos tiveram um significado diferente: foram uma oportunidade para os zapatistas se armarem novamente para prosseguir sua luta pela terra. Em março, agentes obregonistas mantiveram contato secreto com os chefes sobreviventes e obtiveram suas promessas de cooperação em troca de um compromisso de respeito às suas aldeias.

Em 17 de março, Bonillas chegou a Nova Laredo e aceitou formalmente sua candidatura. Em 21 de março, viajou para Cidade do México, onde o des-

49. J. T. DICKMAN, *General Conditions along the Mexican Border*, Weekly Report, n. 362, 20 March 1920, USNA 59, 812.00/ 22844.

file de recepção entrou em conflito com uma manifestação pró-Obregón. Em 25 de março, Diéguez também chegou à capital. Em 28 de março, depois de quase um ano de inatividade, os zapatistas retomaram seus ataques em Morelos e no Distrito Federal.

Os acontecimentos públicos em Washington pareciam favorecer Carranza. Em janeiro, o embaixador dos Estados Unidos no México, que viera à cidade para ajudar a Comissão Fall, pedira demissão. Em meados de fevereiro, Wilson demitira o secretário de Estado, que ameaçara revogar o reconhecimento, e em 22 de março o Senado confirmou a escolha de seu sucessor. No dia seguinte, Wilson nomeou um novo embaixador "progressista" para o México. Mas, na verdade, a veemência da política presidencial dos Estados Unidos era um mau augúrio para os planos de Carranza. Em março, democratas e republicanos começaram resolutamente suas campanhas para suas convenções de indicação de candidatos em junho e as eleições em novembro. Ambos os partidos iriam tirar proveito da ascensão violenta de um novo governo no México, o que lhes permitiria recomendar o seu reconhecimento somente se ele atendesse às suas exigências com relação ao artigo 27 e restabelecesse os direitos dos norte-americanos, especialmente os direitos das companhias de petróleo.

Em 30 de março, Carranza deu início à repressão, ampliando o comando de Diéguez para incluir, além de Chihuahua, os Estados de Sonora, Sinaloa, Nayarit, Jalisco e Colima, instruindo Diéguez para mandar imediatamente grandes reforços a Sonora e ordenando a prisão de Obregón e do chefe felicista "anistiado", sob a acusação militar de conspirar para a revolta. A tentativa fracassou rapidamente. Em Sonora, De la Huerta e Calles denunciaram a nomeação de Diéguez e, em 3 de abril, sob o pretexto de uma greve da UCMGF contra a Southern Pacific, capturaram as estradas de ferro no Estado, o que bloqueou o tráfico em toda a costa oeste. Diéguez partiu para Guadalajara, mas não conseguiu passar daí. Em 4 de abril, Obregón encontrou-se em Monterrey em caráter privado com Alvarado, que embarcou imediatamente para Nogales. Dois dias depois, Obregón compareceu diante de uma corte marcial em Cidade do México e negou as acusações que lhe eram assacadas. Em 9 de abril, o Legislativo de Sonora declarou o Estado independente do governo federal. Em 10 de abril, Calles assumiu o comando de todas as Forças Armadas do Estado. Em 12 de abril, informado de que devia comparecer novamente ao tribunal no dia seguinte, Obregón desapareceu de Cidade do México e Hill também fugiu da cidade.

Calles começou a revolta em 15 de abril, enviando uma força de Sonora para capturar a principal cidade ferroviária no norte de Sinaloa. O movimento cresceu rapidamente. De Nogales Alvarado correu a Washington e contratou Sherburne Hopkins para conselheiro da "Revolução Constitucionalista Liberal". Os obregonistas de Sinaloa ocuparam Culiacán e sitiaram Mazatlán. Os governadores de Michoacán e Zacatecas revoltaram-se, tal como o fizeram os comandantes ao longo das estradas de ferro de Michoacán a Matamoros e Tampico, e nos campos de petróleo de Tampico–Tuxpan. Escondido em Morelos, Hill convenceu os comandantes gonzalistas do Estado de que Obregón e González estavam cooperando entre si secretamente. O próprio Obregón reapareceu em Guerrero, sendo recebido pelo governador e pelo comandante do Estado. Em 20 de abril, em Chilpancingo, o Legislativo apoiou a declaração de independência de Sonora, Obregón publicou um Manifesto à Nação e uma Mensagem ao Povo dos Estados Unidos, anunciando sua incorporação à luta de Sonora pela "liberdade do sufrágio", e a comissão executiva do Partido Laborista convocou a classe trabalhadora do México a revoltar-se pela mesma causa[50].

Em resposta, Carranza tentou, em caráter privado, fazer uma aliança com González. Propôs que, se González abandonasse sua campanha à presidência e oferecesse ao governo seus serviços militares, Bonillas também retiraria sua candidatura e Carranza e González negociariam a escolha de outro candidato civil. Mas González queria mais – se Bonillas retirasse sua candidatura e Carranza requisitasse os serviços de González, este abandonaria sua campanha e ajudaria a reprimir a revolta, mas retomaria sua candidatura "num momento oportuno"[51]. Carranza não aceitou.

Em 22 de abril, os obregonistas de Sonora publicaram o Plano de Agua Prieta em inglês[52]. No dia seguinte, deram a público uma versão em espanhol. Acusando Carranza de violar a Constituição, Calles e outros oficiais e funcionários locais deram às forças em revolta o nome de Exército Constitucionalista Liberal, indicaram De la Huerta como seu chefe supremo interino, prometeram que, quando seu exército ocupasse Cidade do México, o

50. Gamoy to State Department, 9 May 1920, USNA 59, 812.00/ 24119.

51. Hanna to State Department, 30 April 1920, USNA 59, 812.00/ 23781.

52. CLODOVEO VALENZUELA & AMADO CHAVERRI MATAMOROS, *Sonora y Carranza*, México, 1921, pp. 274–275.

atual Congresso elegeria um presidente provisório que devia convocar eleições, e juraram garantir "toda proteção legal e a manutenção dos direitos legais dos cidadãos e dos estrangeiros e [...] especialmente promover o desenvolvimento da indústria, do comércio e de todos os negócios"[53]. Em 26 de abril, os comandantes da cidade de Chihuahua e de Ojinaga revoltaram-se em favor do Plano de Agua Prieta e, no oeste do Estado do México e em Morelos, os comandantes gonzalistas entraram em discussões públicas com agentes de Obregón.

Em 27 de abril, Carranza e González voltaram a negociar. González concordou em retirar sua candidatura e ajudar Carranza, se este substituísse Bonillas por um candidato de González. Mas, em 28 de abril, Carranza recusou o candidato gonzalista e chamou Murguía para assumir o comando em torno de Cidade do México.

Em Washington, os republicanos assumiram controle total da política norte-americana com relação ao México. O Senado não confirmaria o novo embaixador que Wilson indicara. A Comissão Fall aumentou o ritmo das investigações contra Carranza: em 29 de abril, ouviu o testemunho de Hopkins, no qual este dizia que o governo de Carranza fora "um terrível fracasso", que Obregón com certeza o derrubaria e que o novo governo estabeleceria a ordem correta das coisas[54].

González desencadeou o golpe em 30 de abril, quando ele e Treviño fugiram da capital, denunciaram Carranza formalmente e, sem fazer menção ao Plano de Agua Prieta, convocaram o exército a lutar pelos "princípios revolucionários"[55]. Em 3 de maio, os dois generais ocuparam a cidade de Puebla e instalaram o quartel do Exército Revolucionário Liberal, na verdade as forças gonzalistas de cerca de 12 mil homens acantonadas no leste do Estado do México, nos Estados de Puebla e Tlaxcala. O golpe destruiu o governo. Em 5 de maio, Carranza adiou as eleições e, prevendo uma violenta rivalidade entre obregonistas e gonzalistas, convocou o exército e o povo a apoiá-lo até que ele pudesse passar a presidência a um sucessor eleito legalmente. Ordenou a Murguía que garantisse um meio de fuga para o leste e, em 7 de

53. *Idem*, p. 362.

54. *The New York Times*, 30 April 1920.

55. Partido de Reconstrucción Nacional, *Recopilación de Documentos y de Algunas Publicaciones de Importancia*, Monterrey, 1923, pp. 66–78.

maio, ele, seu ministério, Bonillas, o Supremo Tribunal e muitos congressistas, funcionários e suas famílias viajaram de trem para Veracruz, onde esperavam reorganizar o governo sob a proteção de Aguilar.

O golpe foi vitorioso, mas a revolta voltou a crescer. Villa, Peláez e vários chefes felicistas (o próprio Díaz não se manifestou) anunciaram seu apoio. Em 2 de maio, Obregón, os antigos comandantes gonzalistas de Morelos e os chefes zapatistas – todos agora constitucionalistas liberais – ocuparam Cuernavaca. Em 3 de maio, o comandante de Juárez revoltou-se em apoio ao Plano de Agua Prieta, no que foram acompanhados, em 6 de maio, pelos comandantes de Saltillo e de Veracruz. Em 7 de maio, Cesáreo Castro entregou o comando de Torreón aos constitucionalistas liberais.

Assim que Carranza deixou Cidade do México, a rivalidade entre a revolta e o golpe tornou-se explícita. Em 7 de maio, Treviño ocupou a capital e González nomeou suas autoridades. No dia seguinte, a rivalidade tornou-se oficial. Em Hermosillo, De la Huerta anunciou a formação de seu gabinete que incluía Calles como ministro da Guerra e Alvarado no Ministério das Finanças. Em Cidade do México, González também apresentou seu gabinete, no qual ele próprio ocupava a Pasta da Guerra. Em 9 de maio, enquanto os constitucionalistas liberais tomavam Nuevo Laredo, Obregón, à frente de oito mil soldados, marchava contra a capital. No mesmo dia, novamente sem qualquer menção ao Plano de Agua Prieta, González pediu ao Congresso que "resolvesse a presente situação"[56].

A revolta continuou a espalhar-se. Em 10 de maio, os constitucionalistas liberais tomaram Mazatlán. Em 11 de maio, a força de Diéguez em Guadalajara amotinou-se e o prendeu e os governadores de Coahuila, Nuevo León e Tamaulipas fugiram para a fronteira; por ordem de Calles, Villarreal saiu de El Paso para assumir o comando de Monterrey. No dia seguinte, Coss tomou Piedras Negras, e o comandante constitucionalista liberal de Tampico–Tuxpan e Peláez ocuparam juntos Tampico. Dois dias depois, os constitucionalistas liberais tomaram a última cidade da fronteira, Matamoros.

Em 12 de maio, Obregón e González encontraram-se no Ministério da Guerra. Fizeram um acordo de não lutarem entre si. González reconheceu a autoridade de De la Huerta para convocar o Congresso a fim de eleger um

56. L. N. RUVALCABA (ed.), *Campaña Política del C. Alvaro Obregón, Candidato a la Presidencia de la República, 1920–1924*, México, 1923, 5 vols.; ver especificamente vol. IV, p. 153.

presidente provisório. Mas não assinaria o Plano de Agua Prieta nem dissolveria seu Exército Revolucionário Liberal enquanto o presidente provisório não assumisse o cargo, e foi entregue a Treviño o comando das forças obregonistas e gonzalistas que perseguiam Carranza. Em 13 de maio, ainda em Hermosillo, De la Huerta convocou o Congresso para uma sessão especial, a realizar-se em 24 de maio, na qual devia ser eleito o presidente provisório. Em 15 de maio, González tentou outra manobra, retirando sua candidatura às eleições presidenciais regulares e livrando-se, dessa maneira, do cargo provisório.

As notícias da rivalidade nunca chegaram a Carranza. Forças hostis de várias tendências haviam bloqueado em Puebla a frente e a retaguarda de seu comboio. Em 14 de maio, Carranza, alguns companheiros mais próximos e guardas sob o comando de Murguía dirigiram-se a cavalo para as montanhas ao norte de Puebla, onde Carranza foi morto, em 21 de maio, por pelaecistas locais "anistiados". Obregón e González denunciaram imediatamente o crime e nomearam uma comissão conjunta para investigá-lo. Treviño removeu os carrancistas capturados – Bonillas, Murguía e alguns outros – para uma prisão militar de Cidade do México. Em 22 de maio, De la Huerta marcou para 1º de agosto as eleições para escolher o novo Congresso e para 5 de setembro o pleito presidencial.

Nessa altura, a revolta sobrepujara o golpe. As companhias petrolíferas, que haviam deixado de pagar seus impostos durante a violência, concordaram em fazê-lo aos constitucionalistas liberais. Em 24 de maio, o Congresso votou a favor de Huerta, dando-lhe 224 votos contra apenas 28 para González. Em 26 de maio, Calles mudou-se para o Ministério da Guerra. Em 30 de maio, De la Huerta chegou à capital. Em 1º de junho, foi empossado no cargo de presidente provisório com um mandato até 30 de novembro. Em 2 de junho, depois de comandar uma grande parada militar pela cidade, Obregón renunciou a seu comando e, alguns dias mais tarde, retomou sua campanha para as eleições presidenciais regulares. Em 5 de junho, González renunciou a seu comando e foi para casa em Monterrey.

JUNHO DE 1920 – DEZEMBRO DE 1920

No teste final, os unidos noroestinos haviam derrotado os divididos nordestinos e assumido a responsabilidade pela "reconstrução". Todavia, como aqueles não contavam com os fortes vínculos que estes tinham com os grandes empresários nacionais de Cidade do México e de Monterrey, não granjearam o respeito e a confiança exigidos pela organização política do governo. Não conseguiram governar como sócios principais que lideravam legitimamente associados, mas apenas como conquistadores que lidavam cautelosamente com as próprias forças de cuja cooperação mais necessitavam para garantir a segurança de seu regime.

Imediatamente, portanto, sua preocupação maior foi obter tão depressa quanto possível o reconhecimento dos Estados Unidos. Mas a Comissão Fall acabara de entregar um relatório contrário. Com a aprovação do Departamento de Estado, recomendava que os Estados Unidos não reconhecessem nenhum governo no México sem a assinatura de um tratado entre os dois países que isentasse os norte-americanos da obediência a determinados artigos da Constituição mexicana, principalmente o artigo 27. A Comissão recomendava ainda que, assinado o tratado, fosse feito ao México um grande empréstimo para reconsolidar sua dívida e reformar as estradas de ferro. Se os mexicanos se recusassem a assinar o tratado e aplicassem a Constituição aos norte-americanos do mesmo modo que faziam aos outros, a Comissão recomendava os Estados Unidos que enviassem forças ao México para apoderar-se de todas as linhas de comunicação entre Cidade do México e as fronteiras e os portos do país. Em 12 de junho, a convenção republicana indicou Harding como candidato à presidência. A plataforma do partido com relação ao México, rascunhada por Fall, prometia reconhecimento quando os norte-americanos que viviam no México tivessem "suficientes garantias" de respeito às suas vidas e a seus bens[57]. Em 6 de julho, a convenção democrata indicou Cox como candidato e a plataforma do partido com relação ao México prometia reconhecimento quando os Estados tivessem "amplas provas" do respeito mexicano pelas vidas e pelos bens dos norte-americanos[58].

Durante todo o verão, os noroestinos fizeram um governo provisório notavelmente ordeiro. De la Huerta enviou um "embaixador especial" a Washington. Atraído pelo aumento das receitas regulares, graças à contínua prosperidade do petróleo, pediu a Alvarado que anunciasse a preparação de um programa financeiro para consolidar a dívida externa e depois viajasse a New York para entabular negociações oficiosas com Morgan. Admitiu 21 novos

57. *The New York Times*, 11 June 1920.

58. *Idem*, 3 July 1920.

generais-de-divisão e 13 mil soldados no exército. Designou Treviño para o Ministério da Indústria e Comércio, para brigar com as companhias de petróleo; nomeou um líder da CROM como governador do Distrito Federal, para controlar os sindicalistas da capital, que um novo Partido Comunista organizara com o nome de Federación Comunista del Proletariado Mexicano; e indicou Villareal para o Ministério da Agricultura, para planejar uma reforma agrária que pacificasse os zapatistas. Manteve Diéguez e Murguía na prisão, mas mandou para o exílio Bonillas e a maioria dos outros civis carrancistas, junto com Aguilar e Cesáreo Castro. Solucionou uma greve da UCMGF–UMM nas Ferrovías Nacionales e greves gerais em Tampico e em Veracruz. E manteve conversações formais com Díaz para pôr fim à sua rebelião. Conseguiu até mesmo um acordo de paz com Villa, que em 28 de julho aceitou a oferta do governo de retirar-se com seus homens para uma fazenda de gado em Durango.

Nesse meio tempo, Obregón, Hill e Calles impuseram sobre o país o domínio político do Noroeste. Instalaram alguns chefes da revolta como governadores provisórios e regulares e outros como comandantes militares dos Estados. E aproveitaram uma oportunidade que surgiu para mandar González indefinidamente para a reforma. No início de julho, antigos subalternos seus, zangados por causa do cancelamento de seus direitos a cargos e transações, tentaram revoltar-se em Coahuila e em Nuevo León, mas fracassaram totalmente. Em 15 de julho, González foi preso. O Ministério da Guerra levou-o à corte marcial sob a mesma acusação que Carranza fizera a Obregón. Em 20 de julho, depois que a corte marcial enviou o réu para um tribunal civil, Calles ordenou sua soltura: González, prudentemente, retirou-se para o exílio. Em 1º de agosto, nas eleições para o Congresso foram eleitos deputados e senadores do PLC, do Partido Nacional Cooperatista, do Partido Laborista e de um novo Partido Nacional Agrarista (ex-zapatistas), todos favoráveis a Obregón. A única manifestação de oposição mais duradoura surgiu entre os antigos católicos, que se reuniram ao Partido Nacional Republicano para indicar Robles Domínguez candidato à presidência.

Em meados de agosto, De la Huerta mandou Alvarado a New York para lançar uma campanha pública em favor do reconhecimento e de um empréstimo. Em 26 de agosto, Alvarado causou "uma profunda impressão nos [...] financistas, homens de negócio e profissionais", que o ouviram no Bankers' Club[59]. Em

59. *Idem*, 27 August 1920.

Cidade do México, o ministro da Guerra anunciou sua intenção de eliminar inteiramente os recém-organizados "bolchevistas", com a garantia de De la Huerta, feita a *The New York Times,* de que "os mexicanos que pensam no bem-estar de seu país querem estrangeiros no México pelos seus investimentos [...]"[60].

As eleições presidenciais de 5 de setembro transcorreram como fora planejado, uma maioria esmagadora a favor de Obregón. A campanha pelo reconhecimento intensificou-se. De la Huerta fez elogios a Wilson, chamando-o de "o maior homem público atual", acusou Harding de "tendências imperialistas", deportou alguns comunistas estrangeiros, solucionou outra greve da UCMGF e enviou a New York outro aluno de Douglas como Agente de Confiança para substituir Alvarado[61]. Obregón declarou: "Nossa esperança [...] está colocada na economia e na indústria e na amizade com nossos vizinhos e capitalistas estrangeiros. [...] Em primeiro lugar, cuidaremos das obrigações externas do México"[62]. (O respeito que Obregón demonstrou pelos interesses norte-americanos impressionou tanto a Mexican Petroleum que ela arrendou 800 mil acres de terras de petróleo em Tamaulipas.) No final de setembro, Wilson enviou um emissário particular para negociar com o Agente de Confiança do México com propósitos de reconhecimento. Em 15 de outubro, depois de conversar com o agente, com o emissário de Wilson, com Obregón e com Calles, De la Huerta declarou que o México não aceitaria as condições para o reconhecimento, mas pagaria "tudo o que ele deve legitimamente em conformidade com [...] o direito internacional"[63]. Em 26 de outubro, o agente mexicano fez um pedido formal de reconhecimento ao Departamento de Estado, após o que os Estados Unidos e o México trocariam protocolos em que deviam estar registradas as promessas do México de criar comissões de reclamações e de arbitramento e de não aplicar qualquer efeito retroativo no tocante ao artigo 27. No mesmo dia, o Congresso mexicano declarou formalmente o vencedor das eleições presidenciais, Obregón sobre Robles Domínguez, por 1,132 milhão de votos contra 47 mil. Em 29 de outubro, o secretário de Estado sinalizou que brevemente os Estados Unidos e o México trocariam protocolos, após o que Wilson reconheceria o governo mexicano.

---

60. *Idem,* 28 August, 31 August 1920.
61. *Idem,* 9 September 1920.
62. *Idem,* 10 September 1920.
63. *Idem,* 16 October 1920.

Em 2 de novembro, Harding venceu Cox fragorosamente nas eleições norte-americanas. Isso acabou com as chances de rápido reconhecimento dos Estados Unidos a qualquer governo mexicano que mantivesse a Constituição. Ainda assim, o Departamento de Estado manifestou seu desejo de ver Obregón "empossado auspiciosamente", e o banco Speyer, prevendo a retomada pelo México dos pagamentos de sua dívida externa, convidou seus clientes a depositar os títulos mexicanos não resgatados que tinham em seu poder[64]. Em 25 de novembro, o Departamento de Estado propôs ao México que nomeasse representantes para negociar um tratado que garantisse o reconhecimento do governo de Obregón pelos Estados Unidos. O Departamento de Justiça acabou com as conspirações anteriores à posse entre os novos exilados na fronteira.

De la Huerta encerrou seu mandato provisório dentro da ordem. Acabou com uma greve dos mineiros de carvão em Coahuila, ocupando temporariamente as minas, fez os trabalhadores retornar ao trabalho com um aumento de salários e transferiu os lucros para as companhias. Dissolveu uma campanha dos comunistas por uma greve geral nacional. E, em 20 de novembro, organizou a primeira comemoração oficial da insurreição de Madero dez anos antes, marcando o triunfo da "Revolução Mexicana"[65].

A "revolução" fora na maneira de governar. Historicamente, nada houve de definitivo em seus principais resultados econômicos e sociais: as mesmas grandes companhias existiam como antes, mais algumas novas, dependentes mais do que nunca dos mercados e bancos norte-americanos; uma população que a guerra, a emigração e a gripe haviam reduzido de 15 milhões para cerca de 14,7 milhões; uma dívida externa em torno de um bilhão de pesos, além dos mais de 300 milhões de pesos em juros vencidos; um excedente de receita que chegava a três milhões de pesos por ano; um exército de quase 100 mil homens, que exigia 62 por cento do orçamento; confederações nacionais de comerciantes e industriais; uma confederação nacional do trabalho em disputa com os sindicatos ferroviários do país e os novos movimentos sindicalistas; e uma classe camponesa em sua grande maioria ainda sem terra, que continuava a exigir suas próprias terras.

64. *Idem*, 18 November 1920.

65. BERNARDO J. GASTELUM, *La Revolución Mexicana: Interpretación de su Espíritu*, México, 1966, p. 401.

Em 1º de dezembro de 1920, sem o reconhecimento dos Estados Unidos, da Inglaterra nem da França, Álvaro Obregón tomou posse na presidência. De seu gabinete faziam parte Hill no Ministério da Guerra, Calles na Pasta do Interior, De la Huerta como ministro das Finanças e Villareal na Agricultura. Obregón recompensou a CROM, mantendo seu líder como governador do Distrito Federal e colocando seu secretário-geral na direção dos arsenais federais.

Assim, a luta entre os vencedores de 1914 resultou num regime novo. A instituição política central não era um líder ou partido nacional, mas uma facção regional, a burguesia do Noroeste, não consagrada internacionalmente, mas entrincheirada inflexivelmente nos níveis mais altos do Estado e pronta para administrar uma "reconstrução" flexível, regionalizada por meio de negociações com facções de outras classes. O Estado novo em si seria, portanto, o partido burguês da nação. Sua função prenunciava seu programa, uma longa série de reformas a partir de cima, para eliminar, dividir, diminuir e restringir as ameaças à soberania mexicana e ao capitalismo vindas do exterior e de baixo.

3

O México: Revolução e Reconstrução nos Anos de 1920

A REVOLUÇÃO MEXICANA foi iniciada e comandada, em sua maior parte, pelas classes alta e média do Porfiriato*. Houve, porém, várias revoluções dentro da Revolução. A linha de frente revolucionária era fluida e os grupos revolucionários, muito heterogêneos e tinham objetivos bastante diferentes e até mesmo contraditórios. A massa do povo, a parcela da população mais afetada pelas profundas mudanças introduzidas no período de 1870–1910, tinha uma percepção apenas reduzida do que estava em jogo na luta pelo poder político. Desde 1913, os sonorenses, a facção noroestina dentro do movimento carrancista ou constitucionalista, tentavam apoderar-se do poder político no âmbito nacional e acabaram conseguindo-o em 1920. A hegemonia dos habitantes do Estado de Sonora foi total e duradoura. Na verdade, foi uma "invasão" feita pelo Norte. Os hábitos seculares, o pragmatismo selvagem e a luta violenta pela sobrevivência, características do povo da fronteira noroocidental, eram totalmente estranhos ao conjunto da nação mexicana[1].

Luis L. León, um ex-ministro da época, pintou-nos um quadro bastante claro do que esses homens do Nordeste pensavam de si mesmos e do México, e do programa que pretendiam impor ao país[2]. Conta-nos ele que o Estado de Sonora foi para os sonorenses a escola e o laboratório, tanto no setor da política quanto no campo dos negócios. Chamavam-se a si mesmos os californianos do México e queriam transformar seu país numa segunda Califórnia. Assim que assumiram a gigantesca tarefa de controlar os recursos nacionais de água e de terra, descobriram, admirados, que o Centro e o Sul do país eram totalmente diferentes de seu extremo Noroeste. León conta ainda que, quando perceberam que tipo de vida os camponeses do México

* O Editor deseja agradecer ao prof. John Womack e ao dr. Alan Knight a ajuda na preparação final deste capítulo.

1. Cf. HECTOR AGUILAR, *La Frontera Nómada: Sonora y la Revolución Mexicana*, México, 1977.
2. Entrevistas com Luis L. León feitas por Jean Meyer, México, 1968 e 1973–1974.

tradicional levavam, sentenciaram que os camponeses não eram homens no real sentido da palavra, pois beijavam as mãos dos grandes fazendeiros e dos padres, não compreendiam a lógica do mercado e gastavam todo o dinheiro que tinham em álcool e em foguetes. Os sonorenses tinham vivido experiência semelhante em seu Estado com os índios yaquis, mas essa tribo guerreira era uma pequena minoria (que acabou controlada em 1926), ao passo que no Centro-Sul a maioria da população pertencia a um mundo que os sonorenses não entendiam e, portanto, condenavam. A violência da colisão entre a Igreja e o Estado e a insurreição dos camponeses (a rebelião dos Cristeros, 1926–1929) que se seguiu estiveram ligadas estreitamente à profunda diferença existente entre os homens que estavam administrando o Estado com o objetivo de modernizá-lo e aqueles, talvez dois terços da população em 1920, que constituíam o México tradicional.

Entre 1920 e 1930, após uma década de guerra civil (1910–1920), surgiu no México um novo Estado capitalista. Nesse contexto, o conflito entre as companhias de petróleo estrangeiras e a Igreja, bem como as negociações com as organizações trabalhistas, principalmente com a CROM (Confederación Regional Obrera Mexicana), foram mais importantes do que as insurreições militares tradicionais de 1923, 1927 e 1929 ou as crises eleitorais de 1928/1929. A inovação foi mais política que econômica e afetou principalmente as instituições e a administração. Não se pode separar a principal inovação política, a criação do Partido Nacional Revolucionário (PNR) em 1929, da formação de um Estado poderoso.

Conforme uma definição clássica, o Estado é o convite que um grupo de homens faz a outros para a realização conjunta de uma empresa comum. Nesse caso, o convite não foi entendido pela maioria dos mexicanos. Como se podia construir um todo unificado com tantas peças heterogêneas? Era o governo que tinha a unidade, a do *imperium* exercido por um pequeno grupo. O abismo que separava os dois grupos provocou impaciência nos governantes e ressentimento nos governados. A impaciência gerou a violência, e o ressentimento produziu, algumas vezes, a revolta.

O Estado queria sanar todas as deficiências econômicas, culturais e políticas do país; a administração federal, apesar de sua debilidade, era a coluna dorsal do país. No entanto, embora na ofensiva, ele continuava estruturalmente fraco, pois dependia obrigatoriamente dos homens fortes das regiões, os caciques ou chefes políticos locais, cuja cooperação era o sustentáculo da estabilidade. Entre esses podemos citar Felipe Carrillo Puerto no Yucatán;

Tomás Garrido Canabal, senhor de Tabasco de 1920 a 1936; Saturnino Cedillo, *patron* de San Luis de Potosí até 1937; Adalberto Tejeda, o homem forte de Veracruz de 1920 a 1935; e muitos outros que, apesar de não terem durado muito, governaram à revelia do centro. As organizações trabalhistas nos moldes da CROM tentaram apoderar-se do Estado, a começar pelo Ministério da Indústria e Comércio, que fora entregue ao secretário-geral da CROM, mas fracassaram diante da oposição do Exército e de outros grupos.

O que emergiu daí foi uma nova forma de despotismo esclarecido, uma convicção predominante de que o Estado sabia o que devia ser feito e precisava de plenos poderes para cumprir sua missão; aos mexicanos só restava obedecer. O Estado rejeitou a divisão da sociedade em classes e deveria superintender a união harmoniosa dos interesses convergentes. Tinha de fazer tudo em nome de todos. Não podia permitir nenhuma crítica, nenhum protesto, nenhum poder fora de si mesmo. Assim, precisou subjugar ao mesmo tempo os índios yaquis, os ferroviários em greve "ilegal", os trabalhadores "vermelhos" que rejeitavam o "bom" sindicato, o Partido Comunista quando deixou de colaborar (1929) e os camponeses católicos quando recorreram às armas. Ao lado da violência e complementando-a, a charada política das assembléias e eleições envolveu apenas uma minoria. Contudo, o desenvolvimento do sistema político e sobretudo a fundação, em 1929, do PNR mostraram que, num país em processo de modernização, o controle político também precisa ser modernizado. "Uma política cujo objetivo é fornecer, de uma vez por todas, uma base firme à nossa nacionalidade", foi como o presidente Calles definiu seu plano político em 1926[3], especificando ainda que a construção do Estado era condição necessária para a criação de uma nação.

Na gestão de Álvaro Obregón (1920–1924) na presidência, os problemas mais importantes foram antes de tudo políticos. Entre eles merecem menção as relações com os Estados Unidos; o restabelecimento da autoridade federal sobre um regionalismo fortalecido por dez anos de crise revolucionária; e a sucessão presidencial de 1924. No mandato de Plutarco Elías Calles (1924–1928) e durante o Maximato (1928–1934, período durante o qual Calles continuou a exercer o verdadeiro poder sem assumir realmente a presidência, como um *jefe máximo*), apesar dos acontecimentos que cercaram primeiro a reeleição e depois o assassinato de Obregón em 1928, não se deu

3. CALLES, "The Policies of Mexico to-day", *Foreign Affairs*, 1 October 1926.

prioridade às considerações políticas e passou-se a privilegiar as questões sociais e econômicas, como, por exemplo, o programa econômico geral, o petróleo, a guerra dos Cristeros e o impacto da grande depressão.

Em 1920, as palavras "revolução" e "reconstrução" eram sinônimas. O desejo de reconstruir não era novo, mas até 1920 não houve paz, e sem ela nada se pôde fazer. Depois de 1920, houve uma paz instável. Interrompida por uma insurreição militar em dezembro de 1923, a paz foi restabelecida brutalmente em algumas semanas. De 1920 a 1924, duas preocupações atormentavam o governo: primeiro, evitar a intervenção norte-americana e, para isso, obter o reconhecimento diplomático há muito desejado; e, segundo, retomar os pagamentos da dívida externa a fim de recuperar o crédito internacional. Esses objetivos impunham prudência e moderação. Não obstante, José Vasconcelos pôde iluminar o horizonte com sua política educacional, como iremos ver. Em 1924, Vasconcelos foi exilado e seu ministério, desmontado. Então, o entusiasmo foi transferido para as finanças, para a indústria e para o comércio. No ano anterior, os Estados Unidos haviam reconhecido o regime de Obregón; o crédito internacional fora restabelecido e chegara a hora de realizar os grandes empreendimentos planejados entre 1920 e 1924. Foi então que eclodiu a crise econômica, primeiro no México (1926) e depois no mundo inteiro, parando todos os projetos. Era chegada a hora de recuar e formular as novas soluções que seriam postas em prática na presidência de Lázaro Cárdenas (1934–1940).

A PRESIDÊNCIA DE OBREGÓN, 1920–1924

Álvaro Obregón, filho de rico fazendeiro de Sonora, endurecido na luta contra a natureza e contra o índio, veterano das guerras revolucionárias, tinha 40 anos de idade quando assumiu o poder em 1º de dezembro de 1920. Apoiado pelo exército e ele próprio um soldado de talento, o vencedor de Pancho Villa era também um notável político, capaz de fazer aliança com os sindicatos e de coligar-se com uma facção agrária zapatista. Socialista, capitalista, jacobino, espiritualista, nacionalista e americanófilo, não se embaraçou com considerações doutrinárias, embora tenha sido o promotor de uma ideologia: o nacionalismo revolucionário. Seus principais objetivos eram a unidade e a reconstrução nacionais, e devia administrar o país como uma grande empresa.

Apesar da grande depressão do pós-guerra, que provocou uma queda dos preços da maioria dos produtos primários e o retorno dos trabalhadores mexicanos expulsos dos Estados Unidos, a situação econômica geral do início da década de 1920 favoreceu Obregón. Nessa época, o México era responsável por um quarto da produção mundial de petróleo, e este produto, juntamente com outros itens de exportação, principalmente os minérios, garantiu a prosperidade do Estado e o financiamento de importantes projetos econômicos e sociais característicos do período, entre eles as realizações do Ministério da Educação sob a direção de José Vasconcelos.

Os generais que haviam determinado o curso da vida política a partir de 1913 não eram soldados de carreira, mas revolucionários vitoriosos, políticos a cavalo, prontos a recorrer às armas. Obregón, o protótipo do general revolucionário, soube melhor do que ninguém como fazer uso do exército (mesmo que isso não tenha evitado que enfrentasse, em 1923, grande insurreição de seus antigos camaradas de farda). A base social do novo sistema era constituída pelas organizações trabalhistas urbanas, ligadas ao Estado desde o pacto de agosto de 1919 celebrado entre Obregón e a CROM. Fortalecida por essa aliança, a CROM tinha pretensões de controlar todo o movimento trabalhista e, para isso, fundou em dezembro de 1919 uma agremiação política, o Partido Laborista Mexicano. O outro grande pilar do novo regime eram os *agraristas*, compreendidos pelas Ligas Agrárias e pelo Partido Nacional Agrarista, de Antonio Díaz Soto y Gama, um dos secretários de Zapata. O denominador comum desse sistema triangular – exército, sindicatos e *agraristas* – era o nacionalismo. O presidente controlava-o por meio de complicada manobra: convocava os sindicatos e as milícias rurais para combater o exército e chamava este para reprimir as greves ou para lidar com as milícias rurais. O enriquecimento dos generais, dos chefes de sindicatos e dos políticos, em suma da nova classe dirigente, foi uma característica do sistema que atraiu também a elite econômica do Porfiriato, sem que lhes tenha oferecido algum poder político. Nem Obregón nem seus sucessores toleraram a existência de qualquer partido político que pudesse pôr em questão a legitimidade do regime. Por força das circunstâncias, a Igreja católica romana ocupou o vazio político e desempenhou o papel de uma oposição substituta, que no final acabou redundando no violento confronto de 1926–1929.

A principal preocupação de Obregón foi o reconhecimento de seu governo pelos Estados Unidos. Todavia, para defender os interesses das companhias petrolíferas e dos cidadãos norte-americanos, o Departamento de

Estado dos EUA exigiu do governo mexicano, primeiro, que assumisse a dívida de Díaz e, depois, que não aplicasse às empresas de petróleo os preceitos do artigo 27 da Constituição de 1917, pelo qual o Estado era o proprietário soberano dos minérios da superfície e do subsolo; e, por último, que fossem indenizados todos aqueles cidadãos norte-americanos cujos interesses a Revolução tivesse lesado. Nenhum governo mexicano podia concordar com uma capitulação nesses termos. Na ausência de boa vontade suficiente ou de concessões adequadas no caso da dívida e das indenizações, logo Obregón abandonou a tentativa de reconciliação até 1923, quando precisou desesperadamente da ajuda dos Estados Unidos para solucionar grave crise política.

Até o ano de 1923, o governo de Obregón obteve sucesso, e o futuro da Revolução parecia assegurado, apesar das mortes de alguns revolucionários, algumas delas misteriosas, como a de Benjamín Hill, o ministro da Guerra, que foi envenenado, outras violentas, como no caso de Lucio Blanco, que foi seqüestrado enquanto estava no exílio nos EUA e assassinado. O "triângulo de Sonora", Obregón, Adolfo De la Huerta (que fora presidente provisório em 1920 e ocupava agora a Pasta das Finanças) e Calles, ministro do Interior, continuava unido; o sistema funcionava bem. Em 1923, Obregón fez uma declaração, anunciando Calles como seu sucessor, um homem pouco conhecido no âmbito nacional e bastante impopular junto a muitos generais, mas que gozava do apoio da CROM e dos *agraristas.* Os descontentes, usando de habilidade, escolheram De la Huerta como seu candidato, separando-o de Obregón e de Calles, mas logo ficou evidente que a questão seria decidida pelas armas. Obregón, certo da oposição de muitos de seus colegas de arma, aproximou-se dos Estados Unidos no intuito de obter seu apoio na crise. Os acordos de Bucareli Street, assinados em agosto de 1923, selaram a reconciliação entre os dois países à custa de imensas concessões em favor dos interesses norte-americanos. E foi nesse contexto que Pancho Villa foi assassinado como medida de precaução. A Revolução devorara mais um de seus filhos.

A rebelião militar que eclodiu em dezembro de 1923 assumiu inesperada gravidade, porque dois terços do exército eram simpatizantes ativos do movimento. Contudo, as operações militares permaneceram em compasso de espera durante todo o mês de dezembro, enquanto o destino do movimento estava sendo decidido em Washington, pois não se tinha certeza se o Departamento de Estado apoiaria Obregón ou os rebeldes. Para conseguir o apoio norte-americano, Obregón teria de forçar o Senado mexicano a ratificar os acordos de Bucareli. Conseguiu seu intento comprando senadores venais e aterrorizando outros com o assassínio de seu membro mais destacado (o senador Field Jurado), fato narrado por Martin Luis Guzmán em seu romance *La Sombra del Caudillo* (1929). Imediatamente o presidente Coolidge enviou uma frota com a missão de bloquear o Golfo contra os rebeldes e entregar os armamentos que as tropas de Obregón precisavam. A guerra eclodiu no dia seguinte, contra rebeldes que estavam divididos entre si, soldado contra civil, general contra general. Obregón tirou proveito da situação e, no curso de quinze dias e três batalhas, conduziu uma de suas mais belas campanhas. O resto não passou de uma caçada humana: todos os líderes rebeldes foram mortos, 54 ex-obregonistas, colegas de muito tempo. Esse grande expurgo prenunciou outros em 1927 e em 1929 e no final provocou a subjugação de um exército ainda não profissionalizado que perdera seus chefes mais importantes.

A crise sucessória de 1923/1924, que pôs em evidência o papel decisivo que os Estados Unidos ainda desempenhavam nos assuntos mexicanos, acabou com o que restava de liberalismo político no México. Os parlamentares e os juízes do Supremo Tribunal foram obrigados a curvar-se, e Calles ganhou as eleições pré-arranjadas diante de uma nação indiferente. O "golpe" de Obregón fora vitorioso, e ele próprio podia pensar em retornar ao poder em 1928. Mas o preço fora alto. Incluía a saída de José Vasconcelos do Ministério da Educação.

No governo de Obregón, Vasconcelos praticamente recebeu carta branca para resolver a questão do ensino no Estado. Membro da classe média provinciana que desempenhara importante papel na queda de Porfirio Díaz e maderista desde a primeira hora, Vasconcelos vivera longos anos de exílio nos Estados Unidos até que foi chamado, em 1920, pelos vitoriosos sonorenses para assumir a direção da Universidade do México e, posteriormente, do Ministério da Educação.

Como todos os entusiastas, Vasconcelos era ao mesmo tempo admirado e detestado, um grande servidor do Estado e, mesmo que o tenha negado várias vezes, um grande político. Era também prodigioso escritor. Nas palavras de Mariano Azuela, a história de sua vida é o melhor romance sobre a revolução mexicana. Suas qualidades de escritor, seu namoro posterior com o fascismo (por motivos semelhantes aos de Ezra Pound) e sua aparente retratação de seu passado revolucionário propiciaram-lhe a importância como homem de ação a ser esquecido. Todos vêem nele um homem das letras, ao passo que negligenciam seu papel de organizador de um programa ideológico do qual o governo mexicano continua a depender até hoje.

Advogado de formação, Vasconcelos era um autodidata em matéria cultural; lia muito (talvez até demais), de Plotino a Lunatchárski e de Santo Agostinho a Tagore. Para os intelectuais mexicanos tornou-se rapidamente o seu "professor". Na sua gestão de reitor, deu pouca atenção à universidade, embora tenha lutado para que o Ministério da Educação, suprimido por Carranza, fosse restabelecido. Depois, como ministro, viajou no lombo de um cavalo aos distritos mais remotos do país, debateu no Congresso, escreveu nos jornais e fez uma viagem pela América do Sul, pois seu tipo de nacionalismo populista cresceu rapidamente e tornou-se um sonho de unidade hispano-americana, de uma "corrida cósmica" que devia partir, na América, do cadinho de todos os grupos étnicos.

Trabalhou para produzir o novo homem, o mexicano do século XX, o futuro cidadão de um Estado que ainda não se tornara uma nação. Foi por isso que o presidente Obregón apoiou esse indivíduo demoníaco que ajudou a legitimar seu regime aos olhos da história. Obregón deu a Vasconcelos os meios financeiros para realizar esse trabalho; para pagar melhor aos professores, para construir escolas, para abrir bibliotecas e publicar livros e jornais. Vasconcelos lançou um gigantesco programa de alfabetização de crianças e adultos, de integração do índio na nação embrionária, de valorização do trabalho manual e de concessão ao país dos recursos técnicos para a formação intelectual. Mesmo hoje o México ainda não esgotou inteiramente seu legado.

Em coerência com sua ambição, Vasconcelos percebeu que o campo inteiro da educação precisava de atenção, no sentido vertical e horizontal, do jardim de infância à universidade, das classes noturnas às escolas agrícolas. Seu interesse pela universidade era menor, porque ela envolvia relativamente poucas pessoas. Para descrever melhor suas idéias utópicas em matéria de educação, podemos dizer que eram uma forma de nacionalismo cultural. Elas propugnavam, no espírito de uma cruzada religiosa, a educação rápida e em grande escala de todos os mexicanos, jovens e velhos (em 1921 o México tinha 72 por cento de analfabetos; em 1934, essa proporção ainda era de 62 por cento). Os professores eram considerados os "missionários" e assemelhavam-se aos franciscanos do século XVI. Para ganhar essa luta eram necessários livros e bibliotecas, e os "clássicos do povo" foram impressos aos milhões para formar uma biblioteca básica em toda escola e em toda aldeia. Vasconcelos teve a boa sorte de contar com o apoio do presidente Obregón; o orçamento do Ministério da Educação aumentou de 15 milhões de pesos em 1921 para 35 milhões em 1923.

O programa de Vasconcelos era abrangente: todas as artes tinham de ser mobilizadas para forjar a nação e impedi-la de transformar-se em outro Texas, em outro Porto Rico. O Departamento de Belas Artes teria a responsabilidade de estimular o entusiasmo pela pintura, pela música e pela canção, enquanto eram mantidos contatos culturais com o restante da América espanhola. Dessa campanha surgiu a escola mexicana de pintura mural. Vasconcelos forneceu aos pintores os materiais com que trabalhar, deu-lhes as paredes dos edifícios públicos para cobrir e temas (relacionados com o nacionalismo cultural) para ilustrar, com a exigência provocativa: "Quero que a pintura seja feita o mais rápido possível e ocupe a maior área possível. Que seja uma arte monumental e didática, no extremo oposto da pintura de estúdio". Em 1923, David Alfaro Siqueiros, Diego Rivera, José Clemente Orozco, Carlos Merida e outros assinaram o Manifesto do Sindicato dos Trabalhadores, Técnicos, Pintores e Escultores, no qual aparecia a seguinte declaração de otimismo populista:

> A arte popular do México é a mais importante e a mais sadia das manifestações espirituais e sua tradição nativa é a melhor de todas as tradições. [...] Repudiamos a chamada arte de estúdio e todas as formas de arte de *coteries* ultra-intelectuais por seus elementos aristocráticos e exaltamos as manifestações da arte monumental como uma amenidade pública. Proclamamos que todas as formas de expressão estética que são estranhas ou contrárias ao sentimento popular são burguesas e deveriam ser eliminadas, na medida em que contribuem para corromper o gosto de nossa raça, que já foi corrompido quase totalmente nas cidades[4].

A saída de Vasconcelos do Ministério da Educação, em 1924, assinalou o fim dessa fase breve mas brilhante durante a qual os intelectuais e os artistas foram atrelados ao serviço do Estado sob os auspícios do Ministério. A partir de então, firmaram-se dois pontos de vista opostos: de um lado, apoio ao regime, ajudado por uma cultura dotada de um certo conteúdo social; do outro, a expressão cultural de uma recusa a cooperar, acompanhada de isola-

4. JOSÉ CLEMENTE OROZCO, *Autobiografía* (1945), México, 1970, pp. 57–63.

mento ou exílio no exterior. Assim, o próprio presidente Calles estabeleceu uma distinção entre os "intelectuais de boa fé" e os outros.

A educação no México não raro refletiu os pontos de vista do ministro que ocupava o cargo: se Vasconcelos está associado invariavelmente às idéias espirituais descritas acima, Moisés Sáenz foi a encarnação da política educacional de Calles, que concedia grande importância às escolas rurais, as quais eram vistas como o centro da comunidade e um substituto social da Igreja. Enfatizava-se muito mais a instrução de tipo prático, em contraposição à educação acadêmica. Nas palavras de Sáenz, "é tão importante criar galinhas quanto ler poesia".

Sáenz deixou o México no começo da década de 1930, em razão de diferenças com seu sucessor, Narciso Bassols. Acabara de passar sete meses na aldeia de Carapan, para observar os resultados práticos de sua escola rural. Suas conclusões foram publicadas num livro, *México Integro*, no qual, desiludido, declarou que a política educacional fora um fracasso. Deve-se dizer a seu favor que, depois de Vasconcelos, a parte do orçamento nacional destinada à educação caiu de quinze para sete por cento e que houve pelo menos um declínio comparável de entusiasmo. Outras idéias utópicas em matéria de educação iriam surgir no curso da década de 1930, tais como a ênfase na educação sexual e a escola socialista; provocaram grandes polêmicas, mas nenhuma delas foi igual à utopia de Vasconcelos em sua generosidade e em sua extensão.

Os intelectuais e os artistas que haviam seguido Vasconcelos deixaram de ter seu lugar determinado. Alguns escritores, como Jorge Cuesta, José Gorostiza, Salvador Novo, Carlos Pellicer, Bernardo Ortiz de Montellano, Jaime Torres Bodet e Xavier Villaurrutia, junto com o compositor Carlos Chávez e os pintores Agustín Lazo, Manuel Rodríguez Lozano e Rufino Tamayo, cuja obra de criação era grandemente apreciada na década de 1920, formaram um grupo em torno da revista *Contemporáneos* (1928–1931)[5]. Todos, em maior ou menor medida, carregavam a marca de Vasconcelos e todos foram acusados brutalmente de serem "intelectuais de má fé", "traidores da pátria", *descastados* (párias, sem casta); de fato, combatiam o nacionalismo cultural de Calles, uma caricatura do de Vasconcelos, e exigiam liberdade absoluta de expressão e declaravam que o México devia abrir suas portas a

5. Edição em fac-símile, Fondo de Cultura Económica, México, 1981. Cf. igualmente GERALD MARTIN, *História da América Latina*, Edusp, 2001, vol. IV, cap. 10.

todas as culturas, particularmente às européias. Dedicaram grande parte de seu tempo a traduzir, com grande maestria, os escritores mais importantes do século XX. Em nenhum momento a influência desses homens foi mais forte do que é hoje, um fato que podemos considerar um triunfo póstumo.

A PRESIDÊNCIA DE CALLES, 1924–1928

A repressão do levante de De la Huerta em 1923/1924 demonstrou que, se uma decisão era tomada nos conselhos mais íntimos do governo, devia ser aceita por toda a "família revolucionária"; aqueles que se recusavam a submeter-se aos rigores desse princípio eram esmagados. Calles, que chegou à presidência aos 47 anos de idade, era uma figura obscura. Filho bastardo de poderosa família de fazendeiros de Sonora, era um pobre professor primário quando sua vida foi mudada pela eclosão da Revolução. Subiu nas fileiras do exército revolucionário e tornou-se governador provisório de Sonora em 1917 e depois ministro do Interior no governo de Obregón. Apesar de sua fama de radical e de suas ligações socialistas, Calles estava tão decidido quanto Obregón a realizar um programa de desenvolvimento econômico segundo as linhas capitalistas e nacionalistas. O Estado devia desempenhar um papel importante e não podia de modo nenhum ser contrário à posse da terra pelo proprietário rural e ao capital, nacional ou estrangeiro, desde que isso atendesse aos interesses do país. Essa forma de nacionalismo acarretou seu rompimento com as empresas petrolíferas norte-americanas e com os sindicatos dos ferroviários, quando se opuseram à reorganização da malha ferroviária. No conflito com a Igreja o fator fundamental foi o nacionalismo. Calles era um nacionalista e um homem de ferro, mas era também realista e sabia como mudar o rumo quando necessário, como mostrou não só no confronto com os Estados Unidos, a quem desafiou num momento em que estava à beira do precipício, mas não o fez depois; como também nas relações com a Igreja, quando se tornou evidente a impossibilidade de subjugar os rebeldes Cristeros; e com a CROM, um fiel aliado que abandonou aos inimigos obregonistas quando lhe foi conveniente.

Entre os aliados políticos mais íntimos de Calles podemos incluir o general Joaquín Amaro e o líder trabalhista Luis N. Morones. Por intermédio de Amaro, seu ministro da Guerra, Calles assumiu a difícil tarefa de domar a guarda pretoriana e transformar seus oficiais numa classe profissional. A tentativa foi interrompida pela campanha contra os Cristeros (1926–1929) e pela resistência dos rebeldes obregonistas, que só foram subjugados em março de 1929, oito meses após o assassinato do próprio Obregón. A CROM, sob a liderança de Morones, ministro do Comércio, Indústria e Trabalho, serviu de contrapeso ao exército e ao general Obregón. Morones, que anteriormente cerrara fileiras com os obregonistas, tornou-se o braço direito de Calles e forneceu a inspiração para uma grande parcela de sua política socioeconômica.

Calles, lançado por Obregón, nunca se mostrou suficientemente forte para desfazer-se desse patrocínio. O ex-presidente Obregón, como era o verdadeiro comandante e o mais velho do exército, estava entranhado no próprio coração do sistema político. Calles foi forçado a aceitar as reformas constitucionais que possibilitaram a reeleição de Obregón para um mandato presidencial de seis anos em julho de 1928, contrária a toda a tradição revolucionária e passível de provocar uma rebelião. (Com efeito, uma rebelião foi cortada pela raiz em outubro de 1927 e isso propiciou a oportunidade de liquidar muitos generais remanescentes, com exceção de Obregón.) Calles usou Morones contra Obregón, mas tinha de evitar uma ruptura aberta. Não se pode dizer como essas manobras sutis teriam terminado se Calles não tivesse sido aliviado dos seus dois colegas poderosos ao mesmo tempo. O assassinato de Obregón em 17 de julho de 1928, um dia depois de sua eleição, pelo místico católico José de León Toral, deu a Calles a oportunidade para exonerar Morones, que os obregonistas acusavam de estar implicado no homicídio.

A política da administração Calles foi dominada em primeiro lugar por grave crise nas relações entre os Estados Unidos e o México por causa do petróleo; em segundo lugar, pela crise da reeleição; e, em terceiro lugar, por uma crise nas relações entre a Igreja e o Estado. O rompimento do México com os Estados Unidos e o aumento das dificuldades políticas no plano interno coincidiram com uma recessão da economia. Tudo e todos pareciam então conspirar contra Calles e isso talvez ajude a explicar a violência de suas reações contra os seus adversários mais indefesos, os *campesinos* católicos, que até então eram considerados, erroneamente, pouco perigosos.

O conflito com os Estados Unidos tornou-se inevitável desde o instante em que Calles se recusou a endossar os acordos negociados por Obregón. Em 1925, o governo mexicano, com a garantia do apoio dos banqueiros e das câmaras de comércio nos EUA por ter retomado o pagamento dos juros da dívida externa, passou à ofensiva contra as companhias petrolíferas. O projeto de lei do petróleo, apresentado por Morones em dezembro de 1925, não considerou os acordos Bucareli de 1923 e seguiu meticulosamente a constituição. Isso poderia ter acarretado a desapropriação, que Cárdenas acabou fazendo em 1938. Quando as companhias, apoiadas pelo embaixador norte-americano Rockwell Sheffield, reagiram com violência, Calles e Morones endureceram sua posição. Em 1926, o México ofereceu ajuda material aos insurretos nicaragüenses contra os fuzileiros navais dos Estados Unidos, e Augusto César Sandino recebeu suas estrelas de general das mãos de um general mexicano. Dessa forma, o México aparecia como o paladino da luta contra o imperialismo; diante disso, o grupo de pressão contra os mexicanos nos Estados Unidos, aproveitando-se das emoções despertadas pelo conflito entre a Igreja e o Estado (ver abaixo), exigiu uma intervenção militar.

Contudo, a crise foi resolvida em 1927/1928 por um compromisso negociado habilmente pelo novo embaixador, Dwight Morrow, graças aos bons ofícios dos banqueiros de ambos os países. (O próprio Morrow era sócio da firma J. P. Morgan.) Sem perder qualquer crédito por isso, Calles fez a concessão desejada: a lei do petróleo não seria retroativa. Daí por diante nenhuma nuvem toldava as relações entre os dois países. Conseqüentemente, nem os insurretos Cristeros, nem os conspiradores contra a reeleição de Obregón, nem os próprios rebeldes obregonistas podiam contar com a simpatia do governo norte-americano.

A disputa com os Estados Unidos foi complicada pela crise interna provocada por Obregón. Não existem provas da existência de um pacto entre Obregón e Calles pelo qual ambos seriam presidentes um depois do outro. Contudo, a partir de 1924, os obregonistas começaram a trabalhar para remover o impedimento constitucional à reeleição. Levaram dois anos para alcançar seu objetivo e contaram com a intervenção pessoal de Obregón nas eleições parlamentares de 1926. Depois disso, Obregón passou a intervir continuamente na política e sua luta com Calles foi permanente, embora nunca tenha sido aberta. Obregón não concordava nem com a política petrolífera de Calles nem com sua política religiosa. No final do ano de 1926, todos os problemas influenciavam-se mutuamente: a reforma constitucional e a sucessão presidencial, o início da guerra dos Cristeros, uma grande greve nas estradas de ferro (ver abaixo), a insurreição dos índios yaquis em Sonora e a ameaça de intervenção do vizinho país do Norte. A deterioração geral da posição de Calles favoreceu Obregón. Imediatamente três generais apresentaram-se como possíveis candidatos à sucessão do presidente e, como numa tragédia de Shakespeare, os três iriam morrer: Arnulfo Gómez e Francisco Serrano em 1927 na época do golpe fracassado e Obregón em julho de 1928, no mesmo dia em que, como presidente eleito, iria encontrar-se com o embaixador Morrow para tentar pôr fim à luta religiosa.

Nas relações entre a Igreja e o Estado Calles tomou uma posição anticlerical extremada. O povo reagiu com violência, e foi então que rebentou a guerra dos Cristeros, conhecida como a Cristiada. Foi uma terrível guerra do povo comum que se levantou contra o Estado e seu exército. Continha todos os elementos de uma guerra revolucionária e de um conflito anticolonial, embora se tenha afirmado na época que o governo era o representante da "esquerda" e os insurretos, a "contra-revolução".

O anticlericalismo da facção dirigente era uma herança do racionalismo do século XVIII e do liberalismo do século XIX, distorcida por uma ignorância política do Velho México, com sua população índia/mestiça e cristã. A Constituição de 1917 deu ao Estado o direito de controlar a "profissão clerical", mas Carranza e Obregón haviam tido o cuidado de não aplicá-la. O grupo de pressão contra os padres, tanto dentro do exército quanto no movimento trabalhista, reapareceu no decorrer da crise de 1923/1924. Por outro lado, os militantes do movimento Ação Católica haviam sido provocados, em fevereiro de 1925, pela tentativa da CROM de criar uma Igreja cismática. Os católicos fundaram uma organização de luta, a Liga, que devolveu golpe por golpe. No calor da disputa com os Estados Unidos, o governo, obcecado pela ameaça de uma frente de batalha doméstica, na verdade criou uma: uma profecia que se cumpriria por si só. Em 1926, foi aprovada uma lei que tornava as infrações em matéria religiosa delitos criminais; os bispos reagiram com a suspensão dos serviços eclesiásticos a partir de 31 de julho. Em agosto, Calles repreendeu os bispos que haviam comparecido a uma audiência convocada à última hora: "Se vocês não querem se submeter, nada mais lhes resta senão recorrer ao Congresso ou às armas". O Congresso recusou-se a examinar a petição dos bispos e um pedido de reforma assinado por um grande número de católicos. Começou então um demorado jogo de xadrez no qual Roma e Washington, Obregón e os banqueiros do Estado e, finalmente, o embaixador Morrow intervieram. As negociações arrastaram-se por três anos, enquanto a guerra se alastrava, uma guerra que assustou tanto a Igreja quanto o Estado.

Os primeiros tumultos aconteceram logo depois da suspensão dos serviços religiosos e tiveram um caráter espontâneo. A repressão nada mais fez que provocar a generalização do movimento, pois as pessoas da zona rural (e o

México era 75 por cento rural) não tinham mais qualquer outro meio de protesto. A Liga, que prosseguia em sua ação subterrânea, estava convencida da futilidade de qualquer ato legal e propugnou uma solução armada; foi convocado um levante geral para janeiro de 1927. Nos cinco Estados do Centro-Oeste, a insurreição já assumira uma grande escala, mas as massas desarmadas eram metralhadas pelo exército. Como seus objetivos eram fundamentalmente religiosos e tinham, portanto, validade permanente, os levantes eram retomados logo depois que os soldados iam embora. Seguiu-se um estado de guerra que absorveu 45 por cento do orçamento nacional. A severidade das medidas de repressão, a tática da terra arrasada, o realinhamento de setores da população, tudo serviu para inflamar a revolta. O exército mantinha o controle das cidades e das estradas de ferro, mas não conseguia resolver o problema.

O nome Cristeros foi dado pelo governo, depois que ouviram o grito de guerra dos insurretos: "Viva Cristo Rei! Viva a Virgem de Guadalupe!" De um total de vinte mil homens em julho de 1927, seu contingente cresceu para 35 mil em março de 1928, distribuídos por treze Estados. A grande ofensiva que o governo lançou contra eles em 1928/1929 foi um fracasso. Em junho de 1929, o movimento estava no auge, com 25 mil soldados treinados e 25 mil guerrilheiros irregulares. Foi nesse momento que o Estado decidiu assumir um compromisso com a Igreja a fim de resgatar a situação que rapidamente se deteriorava e, como veremos, evitar a ameaça de aliança, marcada para o outono, entre os Cristeros e José Vasconcelos, candidato à presidência da República.

Entre 12 e 21 de junho, o conflito institucional foi resolvido nos termos de um plano traçado pelo embaixador Morrow. A lei de 1926 permaneceu em vigor, mas não foi aplicada; a Igreja retomou seus serviços. Quando esses *arreglos* foram anunciados, as ações mexicanas subiram na Wall Street, os sinos tangeram e os Cristeros voltaram para casa. No entanto, isso foi apenas uma trégua no conflito entre a Igreja e o Estado.

O MAXIMATO

Em 17 de julho de 1928, Álvaro Obregón foi assassinado no dia seguinte à sua reeleição. Seus 30 generais e seu bloco parlamentar teriam conseguido derrubar Calles, suspeito de ter instigado o crime, juntamente com Morones. Todavia, Calles soube contemporizar. Tirando vantagem das diferenças entre seus adversários, confiou a presidência interina por um ano a Emilio Portes

Gil, um político importante de Tamaulipas, um homem de compromisso e partidário ao mesmo tempo de Obregón e de Calles. Em 1º de setembro de 1928, Calles pronunciou seu famoso "testamento político": com ele chegava ao fim a era dos caudilhos e tinha início o período do Estado institucional, começando imediatamente com a fundação do Partido Nacional Revolucionario (PNR), o antepassado do atual PRI (Partido Revolucionario Institucional). Esse golpe de mestre deixou os obregonistas numa indecisão entre um *putsch* imediato e uma campanha eleitoral em 1929, como propunha Calles. Perderam vários meses antes de finalmente se rebelarem em março de 1929, quando já era tarde demais. Nessa altura dos acontecimentos, os pretorianos Escobar e Manzo, que haviam dominado a cena política em julho de 1928, tinham a seu lado menos de um terço do exército. Tinham contra si os Estados Unidos, que forneceram a Calles, então ministro da Guerra, o apoio material de que necessitava para dominar a revolta em semanas.

A eleição de 1929 não representou simples formalidade, pois o desaparecimento de Obregón encorajou aqueles que se opunham à reeleição e todos aqueles que estavam fora do poder. Diante de um candidato oficial que não convencia a ninguém, Pascual Ortiz Rubio, que fora chamado de sua embaixada no Rio de Janeiro, José Vasconcelos, que ainda desfrutava de grande prestígio, tentou vestir a camisa de Madero. Sua campanha triunfal assumiu o *glamour* de um plebiscito e foi tão vitoriosa que as autoridades recorreram a todos os meios de que dispunham para derrubá-lo. O serviço secreto norte-americano, cujos agentes estavam trabalhando pela eleição de Ortiz Rubio, relatou: "É provável que Vasconcelos tenha o maior número de partidários, mas parece evidente que será eliminado. Tem contra si a máquina do governo, e o medo dos homens de negócio e cumpridores da lei, que estão satisfeitos com um regime que favorece a cooperação do trabalho e do capital, e da Igreja"[6].

Durante algum tempo o governo ficara seriamente alarmado com a possível combinação das armas dos Cristeros na zona rural com a popularidade de Vasconcelos nas cidades pequenas. Em janeiro de 1929, fora feito um primeiro contato entre essas duas forças. O embaixador Morrow, Portes Gil e Calles se apressaram a fazer as pazes com a Igreja, e nada havia então que Vascon-

6. National Archives, Washington, D.C., Military Intelligence Division, 2657-G-605/210, 5 September 1929.

celos pudesse fazer a não ser comentar: "as notícias da rendição forçada dos Cristeros me dá um calafrio na espinha. Vejo nisso a mão de Morrow. Dessa maneira ele nos tirou todos os pretextos para a revolta que as fraudes nas eleições teriam logicamente provocado"[7]. As eleições de novembro foram visivelmente fraudulentas e o desconhecido Ortiz Rubio ganhou por uma proporção de vinte para um. Vasconcelos fugiu para o exterior, enquanto o terror engolfava seus partidários.

Depois da presidência cheia de maquinações de Portes Gil, Calles compreendeu perfeitamente como poderia manter seu poder. Passou seis anos a desempenhar o mesmo papel que Obregón desempenhara quando ele mesmo era presidente, com as mesmas dificuldades porém mais poder, porque cuidou para que os presidentes (três em seis anos) fossem reduzidos a meros subalternos. Sem que ele mesmo reassumisse a presidência, colocou e tirou outros presidentes e controlou todos os ministérios. Foi chamado com justiça o *jefe máximo* – do qual deriva o nome dado a esse período, o Maximato.

Emilio Portes Gil, o presidente de transição, mostrou-se na verdade mais difícil de manipular do que parecera à primeira vista e adotou um estilo apropriado ao seu curto mandato, preferindo o compromisso à repressão e a discussão à força. Passou para a história por ter sido responsável por três decisões positivas: a conclusão dos *arreglos* (acordos) de junho de 1929, que restabeleceram a paz religiosa; a concessão de autonomia à Universidade do México, também em 1929; e a retomada da distribuição de terra (ver abaixo), a que Calles era totalmente contrário. O presidente Ortiz Rubio foi dominado pelo exército, sob o comando do general Calles, e ridicularizado cruelmente pela opinião pública. Os generais controlavam os principais ministérios e recebiam suas ordens do ex-presidente, sem qualquer preocupação em manter as aparências. Ortiz Rubio, vítima de um atentado contra a sua vida no começo de seu mandato e cumulado de insultos, começou a afirmar-se, embora com a timidez que o caracterizava. O general Amaro, ministro da Guerra por vários anos, estimulava-o ("Vamos, você é o presidente"). Calles, tendo a notícia de um possível golpe, tomou a iniciativa, obrigou Ortiz Rubio a renunciar em 3 de setembro de 1932 e rapidamente o substituiu pelo general Abelardo Rodríguez, que foi eleito por aclamação no Congresso. Rodrí-

7. JOSÉ VASCONCELOS, *Obras Completas*, México, 1957–1961, 4 vols.; a citação aparece no vol. II, p. 162.

guez, o primeiro presidente milionário, que fizera sua fortuna na administração de alfândegas na Califórnia, foi tratado um pouco melhor do que Ortiz Rubio. Ele também, estimulado pelo cargo presidencial, tentou sacudir o jugo de seu patrono, mas não impediu que seus ministros recebessem ordens de Calles antes de dirigir-se à câmara do conselho. Contudo, pelo menos permaneceu até o fim de seu mandato (em 1934).

Tanto Ortiz Rubio quanto Abelardo Rodríguez foram atrapalhados por uma situação econômica adversa, porque, por razões nacionais e internacionais, a indústria mineira estava totalmente arruinada e a produção agrícola em seu patamar mais baixo desde 1900; ademais, depois de 1929 fora fechada a válvula de segurança da emigração para os Estados Unidos. Ainda pior, entre 1930 e 1934, os norte-americanos deportaram 400 mil mexicanos para o outro lado do rio Grande. O colapso financeiro provocado pela crise econômica mundial acarretou uma desvalorização de 50 por cento da moeda e a substituição das cédulas bancárias por moedas de metal precioso. Todavia, mesmo com o desaparecimento do dinheiro cunhado, o público recusava-se a aceitar as cédulas. Foi nessa época que a insatisfação popular com as autoridades atingiu seu ponto máximo.

O general Calles, cuja habilidade política alicerçara o sistema político contemporâneo, foi obrigado a eclipsar-se a fim de que suas obras pudessem perdurar. Em seu discurso de 1928, seu chamado "testamento político", jurara que a época dos homens fortes tinha passado e que ele mesmo não nutria mais ambições de ascender à presidência. Não estava mentindo, pois nunca mais foi presidente, mas a partir de uma posição acima do presidente governou o país por mais seis anos sem infringir o sagrado princípio da não-reeleição. Único sobrevivente dos heróis da revolução do Norte, reinou como o homem do destino em isolamento precário. Um gigante de pés de barro, porém, sua queda aconteceu rapidamente, sem grandes violências e em meio ao espanto geral, dois anos depois da eleição de Lázaro Cárdenas para a presidência, em julho de 1934. Calles começara a institucionalizar a revolução; caberia a Cárdenas completar o processo.

O PROJETO ECONÔMICO DE CALLES

A exemplo de Porfirio Díaz, o plano favorito de Álvaro Obregón era "muita administração e pouca política"; Plutarco Calles poderia ter dito "muitas medidas econômicas e nenhuma política". E poderia parecer que o primeiro objetivo da política econômica do presidente Calles e de seus especialistas técnicos tivesse sido a libertação do país do domínio econômico estrangeiro. O projeto fazia parte de um programa de modernização ciosamente nacionalista, cuja meta maior era o desenvolvimento sistemático das forças produtivas da nação, ao mesmo tempo em que o Estado era modificado por meio de uma reorganização do governo federal "como se fosse um negócio"[8]. Assim, o Estado transformava-se num órgão econômico, como explicou Manuel Gómez Morín, um dos principais ativistas desse período:

> Nos últimos anos, quase a única fonte de capital tem sido o governo. Os bancos antigos têm recorrido a essa fonte para se recuperar. O de México e o de Crédito Agrícola procedem dela, e para qualquer empresa de certa quantia que se planeje, a tendência inevitável é pensar em termos de obter do Estado o capital suficiente. Os bancos, por sua falta de capital ou por seu funcionamento primitivo [...] não podem ser fonte direta de capital [...]. Os bancos estrangeiros, assim como as companhias estrangeiras, somente desenvolvem os negócios que lhes interessa desenvolver, quando é de seu interesse esse desenvolvimento, e como convém a seus planos, que nem sempre coincidem com os planos mexicanos, com os melhores desejos do México. Desse modo, o Estado, se quiser estimular a economia, vê-se obrigado a fazer o enorme esforço de subsidiar grandes empresas em períodos críticos: o México continua sem o controle da exploração de seus recursos naturais, e uma multidão de empresas úteis ou necessárias não são realizadas, ou o são em termos longe de satisfatórios. [...] O México não tem uma única companhia mexicana que possa explorar seriamente nossos recursos minerais; não temos uma única companhia mexicana que possa desenvolver a capacidade técnica para explorar nossos recursos florestais; em suma, não temos empresas mexicanas capazes de aproveitar nossos recursos naturais. Com nossos recursos bancários atuais, com os procedimentos de crédito que agora se seguem, é impossível pensar em desenvolver iniciativas úteis para a exploração de nossos recursos. Nem para começar novas empresas nem para impulsionar as existentes existem elementos [...]. E, apesar do nacionalismo que nossas leis proclamam, dia a dia estamos perdendo o controle da nossa economia e a esperança de podermos adquiri-lo algum dia. Se o México deseja criar uma economia nacional, seu primeiro passo deve ser buscar os instrumentos necessários para realizar seu propósito, isto é, obter o capi-

8. A expressão é de Manuel Gómez Morín, 1922.

tal que o desenvolvimento dessa economia possa requerer. No entanto, é mister não incorrer no grave erro da geração passada. Não se trata de colocar o México no mercado; não se trata de pedir que venha capital para o México indiscriminadamente. Precisamos conseguir esse capital, mas consegui-lo de acordo com um plano previamente estudado; consegui-lo para nosso desenvolvimento e não para ser esbulhado por ele; consegui-lo, em suma, sujeito ao nosso controle e aplicado às nossas necessidades. Em vez de virem companhias estrangeiras para o México para trabalhar quando, onde e como lhes seja conveniente, sem nenhuma outra sujeição a não ser a que procede das leis políticas ou administrativas e que é sempre fraca, ineficiente ou prejudicial, devemos tentar criar nós mesmos nossas empresas sobre bases razoáveis e seguras, de conformidade com nossos planos e nossos propósitos, e procurar capitalizá-las no exterior ou em nosso país. Dessa maneira, o capital que pudermos obter estará desde o início sujeito financeiramente aos desejos e à política do México e será um servidor e não um dominador da economia mexicana. Reconquistar o mercado exterior para valores mexicanos é empresa difícil; não é impossível. Sua realização requer, naturalmente, paz interna e segurança; mas, sobretudo, exige prudência e habilidade técnica [...]. Não se pode falar de reconquista do mercado interno, porque esse mercado nunca existiu [...]. Porém existem as possibilidades de um mercado interno [...]. E não é absurdo imaginar que um esforço, continuado e inteligente, poderia em breve período de tempo infundir novos hábitos e ativar financeiramente o capital interno de trezentos a quinhentos milhões de pesos que existe parado e escondido não tanto pela situação política e econômica, quanto pela falta de métodos financeiros que possam utilizá-lo devidamente[9].

Era um programa de liberalismo clássico – o equilíbrio do orçamento, a restauração da confiança na capacidade do México de pagar suas dívidas e uma moeda estável. Alberto Pani, ministro das Finanças nos governos de Obregón e de Calles (1923–1927), reduziu os salários dos servidores públicos, aboliu alguns departamentos em todos os ministérios e impôs várias outras medidas draconianas de economia. Instituiu o imposto de renda e realizou outros projetos fiscais, cujos efeitos se espalharam por várias gerações. O resultado foi que, em 1925, as receitas do orçamento superaram em grande parte as despesas. No final de 1925, Pani conseguiu renegociar a dívida exter-

9. Memorandum de Manuel Gómez Morín, *apud* JEAN MEYER, *Historia de la Revolución Mexicana*, México, 1977, vol. XI, p. 286.

na em melhores condições. Em troca, o Estado devolveu ao setor privado as estradas de ferro que haviam sido nacionalizadas (Ferrocarriles Mexicanos). Com o crescimento da economia no começo da década de 1920, graças principalmente às exportações de petróleo, foram retomados os pagamentos dos juros da dívida. No mesmo ano Pani pôs em prática um antigo projeto, tão antigo quanto a independência do México: a fundação de um banco central, o Banco de México, com um capital inicial de 50 milhões de pesos. Foram criadas outras instituições bancárias, como a Comisión Nacional Bancaria, e foi aprovada nova legislação financeira. Em 1926 foi fundado o Banco de Crédito Agrícola. No entanto, a recessão econômica congelou os planos de criação de novas instituições bancárias, como o Banco de Crédito Popular, um Banco de Seguridad Social e um Banco Obrero.

A atividade financeira e bancária esteve associada às grandes obras públicas. Em 1925, diante da razoável esperança de obter os créditos necessários, a Comisión Nacional de Caminos lançou um programa cuja meta era construir dez mil quilômetros de estradas em quatro anos. Ao mesmo tempo foi planejada a moderna rede rodoviária. A Southern Pacific Railway, de Nogales (Arizona) a Guadalajara, foi terminada em 1927 com a construção do ramal de Tepic a Guadalajara.

Para abrir novas terras aos métodos agrícolas modernos, foram iniciadas importantes obras de irrigação. Entre 1925 e 1928 foram gastos 6,5 por cento do orçamento nacional na construção de barragens e canais. Esse investimento concentrou-se no Norte e no Noroeste.

Nos setores da mineração, do petróleo e da eletricidade, não se pensou em substituir o investimento das companhias estrangeiras pelo doméstico, mas em fazer pressão sobre estas para que trabalhassem pelo interesse do país. A lei básica de dezembro de 1925, regulamentada em março de 1926, fez uma provisão formal para a futura recuperação da soberania sobre o petróleo e o desenvolvimento de uma indústria petroquímica. Contudo, essa iniciativa provocou uma rixa tão séria com os Estados Unidos que, como vimos, o governo mexicano teve de bater em retirada.

O Porfiriato e os primeiros dez anos da Revolução haviam deixado como herança uma economia predominantemente capitalista, desenvolvida de forma desigual entre as regiões: na vanguarda estavam o Noroeste e o Nordeste, o Distrito Federal e o Golfo. A indústria concentrava-se em Cidade do México e em Monterrey e no corredor que ligava Puebla a Veracruz, regiões pouco afetadas pela violência revolucionária. A indústria petrolífera atingiu seu apogeu em 1922, após o que experimentou um declínio contínuo de produção. Em 1920, nos principais centros, a produção industrial mal retornara ao nível de 1910. Em resumo, o período que vai de 1910 a 1920 nem testemunhou o colapso da produção nem a paralisia da economia[10]. A produção recuperou-se rapidamente, mas dentro de uma economia que se caracterizava por desigualdades geográficas e setoriais, disparidades agravadas pela Revolução e pelos vínculos com a economia norte-americana. Apesar da recessão que grassava em vários setores, torna-se claro, de um ponto de vista global, que o período de 1920 a 1940 foi o segundo momento de expansão (o primeiro foi o intervalo entre 1880 e 1910), com um ponto de virada em torno de 1925, que assinala o começo de uma mini-recessão, seguida pela depressão. A situação internacional do México não mudou; ao contrário, foi marcada por uma penetração maior dos estrangeiros. Entre 1910 e 1929 os investimentos ingleses e norte-americanos aumentaram. Dos 4,6 milhões de pesos de capital externo que estavam investidos no México em 1929, três milhões vieram dos Estados Unidos e 900 milhões da Inglaterra. Durante a grande depressão, os valores estrangeiros diminuíram em termos absolutos, mas a participação dos norte-americanos cresceu. O comércio externo continuou a desenvolver-se no sentido de reforçar os laços com os Estados Unidos. Em 1930, como em 1900, o comércio exterior era responsável por 20 por cento do produto nacional bruto (PNB); mas, no período de 1900–1930, as importações de produtos norte-americanos subiram de 50 para 70 por cento do total das importações mexicanas, enquanto as vendas para os Estados Unidos se mantiveram no patamar de 70–80 por cento do total das exportações.

Apesar da grande depressão do pós-guerra, que provocou a queda dos preços da maioria dos produtos primários, o período de 1920 a 1925 foi uma idade de ouro para o México graças a suas exportações de petróleo e de outros minérios. No entanto, após uma série de anos favoráveis, as exportações começaram a declinar em 1926/1927 e, aos poucos, todos ou quase todos os setores da economia foram afetados. O Banco de México teve de contentar-se com a sobrevivência, mantendo-se impotente enquanto a reces-

10. Cf. JOHN WOMACK JR., "The Mexican Economy During the Revolution, 1910–1920: Historiography and Analysis", *Marxist Perspectives*, 1(4): 80–123, 1978. Cf. também WOMACK, neste volume, cap. 2.

são se alastrava. O programa de obras públicas foi abandonado: dos vinte mil quilômetros de estradas projetados, foram concluídos pouco mais de cinco mil. As ferrovias foram à falência e o Estado, que as devolvera ao setor privado, foi forçado a retomar seu controle. À crise econômica seguiu-se uma crise financeira e bancária; tanto o orçamento nacional quanto o balanço de pagamentos eram deficitários. O governo fez um esforço desesperado para honrar seus compromissos internacionais, mas em agosto de 1928 teve de resignar-se a suspender de novo os pagamentos dos juros da dívida externa. O tesouro estava vazio; os servidores públicos e as Forças Armadas eram pagos em atraso, e depois somente com os fundos adiantados pelos bancos norte-americanos e ingleses[11]. As reservas de ouro do México caíram consideravelmente. Em maio de 1926, as reservas dos bancos chegavam a 110 milhões de pesos, comparados aos 135 milhões de 1925. No final do ano de 1926, haviam caído para 88 milhões e um ano depois para 73 milhões[12].

A principal causa da crise financeira e da queda de confiança foi uma combinação de circunstâncias desfavoráveis que atuou sobre a estrutura da economia mexicana. O México dependia fortemente de seu comércio externo para financiar o desenvolvimento interno. Quando a balança de pagamentos deixou de ser positiva, ou, melhor, quando as exportações deixaram de pagar as importações – os bens de consumo para a classe dirigente e para a classe média, máquinas, minerais e metais, veículos, produtos químicos e cereais dos Estados Unidos em decorrência da queda da produção interna dos produtos básicos (ver abaixo) – toda a economia foi afetada.

A Revolução não havia alterado a estrutura do comércio exterior do México. Ao contrário, suas características tradicionais tornaram-se cada vez mais arraigadas. O México mais do que nunca era um país produtor e exportador de matérias-primas (ver Tabelas 1 e 2). Enquanto, em 1910, os minérios e hidrocarbonetos eram responsáveis por 60 por cento das exportações, em 1926 essa proporção subiu para 76 por cento. É inegável que as exportações agrícolas aumentaram, mas foram superadas pelo aumento das vendas de

11. Cf. G. BUTLER SHERWELL, *Mexico's Capacity to Pay: A General Analysis of the Present International Economic Position of Mexico*, Washington, D. C., 1929, p. 70; e J. E. STERRETT & J. S. DAVIS, *The Fiscal and Economic Condition of Mexico*, Report submitted to the International Committee of Bankers on Mexico, 1928, p. 124.

12. *Estadística Nacional*, enero 1928.

TABELA 1 / AS EXPORTAÇÕES MEXICANAS, 1903–1927 (EM MILHÕES DE PESOS)

					Outros Produtos Exportados			
	Ouro e Prata	Petróleo e Derivados	Outros Minérios	Total	Produtos Agrícolas	Produtos da Pecuária	Manufaturas e Outros Produtos	Total Exportado
1903/1904	103,4	—	29,4	77,5	60,5	10,9	6,1	210,3
1904/1905	93,9	—	36,4	78,2	59,1	10,5	8,6	208,5
1905/1906	157,1	—	35,6	78,4	62,9	11,7	3,8	271,1
1906/1907	123,7	—	36,5	87,8	71,8	11,2	4,8	248,0
1907/1908	124,9	—	33,5	84,3	70,2	9,6	4,5	242,7
1908/1909	113,1	—	31,2	86,8	67,9	13,9	5,0	231,1
1909/1910	119,0	—	37,5	103,5	77,7	20,1	5,7	260,0
1910/1911	143,0	—	37,0	113,8	91,3	16,8	5,7	293,8
1911/1912	139,5	—	46,7	111,8	83,6	19,9	8,3	298,0
1912/1913	130,9	—	58,8	110,7	85,9	19,8	5,0	300,4
1920	134,0	516,8	77,2	127,1	105,4	6,5	15,2	855,1
1921	89,8	576,3	22,9	67,8	60,7	2,3	4,8	756,8
1922	109,9	412,0	46,1	75,6	67,1	4,4	4,1	643,6
1923	116,7	270,2	98,1	83,5	74,3	4,4	4,8	568,5
1924	122,2	293,3	94,8	104,4	96,1	5,0	3,3	614,7
1925	135,7	292,1	119,9	134,8	120,9	9,8	4,1	682,5
1926	137,5	227,6	159,7	167,0	147,6	14,2	5,2	691,8
1927	87,0	133,4	218,7	188,3	161,4	19,4	7,5	627,4

Fonte: JOSEPH B. STERRETT & JOSEPH S. DAVIS, *The Fiscal and Economic Condition of Mexico*, Report submitted to the International Committee of Bankers on Mexico, 1928, p. 110.

TABELA 2 / VALOR DAS EXPORTAÇÕES, 1909/1910 E 1926 (MILHÕES DE PESOS)

Produtos	1909/1910	1926	% a mais ou a menos
Minérios e petróleo	156,5	524,8	+ 336
Agricultura	77,7	147,6	+ 190
Gado e produtos da pecuária	20,1	14,2	– 30
Manufaturas e outros produtos	5,7	5,2	– 8
Total	260,0	691,8	+ 265

Fonte: Tabela 1.

petróleo e de minérios. O decréscimo nas exportações de gado refletiu a desintegração, entre 1913 e 1920, do sistema que regia o arrendamento da criação de gado a fazendeiros. Poucos produtos manufaturados eram exportados. Em 1922, 64 por cento das importações provinham dos Estados Unidos e, em 1926, esse número subira para 70 por cento. Outrossim, em 1922 mais de 80 por cento de todas as exportações do México eram dirigidos para os Estados Unidos, mas em 1926, graças à exportação de zinco para a Bélgica e a Alemanha, esse número desceu para 71 por cento[13]. Assim, a tendência geral era que o México continuasse fortemente dependente do grande país do Norte e da indústria de mineração, uma combinação que acarretou para a sua economia uma certa fragilidade. Essa tendência era visível depois de 1926, e a depressão de 1929 só veio corroborar as provas de sua existência.

O petróleo foi o primeiro produto a causar problemas. Em 1921, o México era o segundo produtor mundial e o petróleo representava 76 por cento de suas exportações. De 1921 a 1927, a produção e as exportações do produto caíram cerca de 72 por cento, incluindo uma queda de não menos que 42 por cento num único ano, 1926/1927. Diversas razões, técnicas, econômicas e políticas, causaram essa contração, que continuou a aumentar. As companhias estrangeiras tinham explorado sem piedade os poços até esgotar totalmente sua capacidade, algumas vezes chegando a inundá-los com água salgada[14]. As novas perfurações foram menos vantajosas e as empresas, irritadas com a política de Morones em relação a elas, transferiram seus investimentos para a Venezuela, que de fato em 1927 superou o México em produção (ver Tabelas 3 e 4).

13. *Estadística Nacional*, 15 julio 1927, p. 5.

14. STERRETT & DAVIS, *The Fiscal and Economic Condition of Mexico*, *op. cit.*, p. 200.

TABELA 3 / A INDÚSTRIA PETROLÍFERA DO MÉXICO, 1911–1927

	Produção de petróleo cru (milhões de barris)	Exportação de petróleo cru e derivados (milhões de barris)	Valor unitário da produção (pesos por barril)	Valor da produção (milhões de pesos)	Impostos sobre a produção e sobre a venda (milhões de pesos)
1911	12,6	0,9	0,20	2,5	–
1912	16,6	7,7	0,25	4,1	0,5
1913	25,7	21,3	0,30	7,7	0,8
1914	26,2	23,4	0,30	7,9	1,2
1915	32,9	24,8	0,40	13,2	2,0
1916	40,5	27,3	0,55	22,3	3,1
1917	55,3	46,0	0,85	47,0	7,1
1918	63,8	51,8	1,40	89,7	11,5
1919	87,1	75,6	1,83	159,0	16,7
1920	157,1	145,5	2,00	314,1	45,4
1921	193,4	172,3	1,89	365,9	62,7
1922	182,3	180,9	1,93	351,7	86,0
1923	149,6	135,6	1,91	285,9	60,5
1924	139,7	129,7	1,95	272,1	54,6
1925	115,5	96,5	2,59	299,3	42,1
1926	90,4	80,7	2,49	225,1	34,8
1927	64,1	48,3	2,46	157,5	19,0

Fonte: STERRETT & DAVIS, *The Fiscal and Economic Condition of Mexico, op. cit.*, p. 197.

TABELA 4 / PRODUÇÃO MUNDIAL DE PETRÓLEO, 1910–1927 (MILHÕES DE PESOS)

	Estados Unidos	México	Rússia	Pérsia	Colônias Holandesas	Venezuela	Colômbia
1910	209,6	3,6	70,3	–	11,0	–	–
1911	220,4	12,6	66,2	–	12,2	–	–
1912	222,9	16,6	68,0	–	10,8	–	–
1913	248,4	25,7	62,8	1,9	11,2	–	–
1914	265,8	26,2	67,0	2,9	11,4	–	–
1915	281,1	32,9	68,5	3,6	11,9	–	–
1916	300,8	40,5	65,8	4,5	12,5	–	–
1917	335,3	55,3	63,1	7,1	13,2	0,1	–
1918	355,9	63,8	27,2	8,6	12,8	0,3	–
1919	378,4	87,1	31,8	10,1	15,5	0,4	–
1920	442,9	157,1	25,4	12,2	17,5	0,5	–
1921	472,2	193,4	29,0	16,7	17,0	1,4	–
1922	557,5	182,3	35,7	22,2	17,1	2,2	0,3
1923	732,4	149,6	39,1	25,2	19,9	4,2	0,4
1924	713,9	139,7	45,4	32,4	20,5	9,0	0,4
1925	763,7	115,5	52,4	35,0	21,4	19,7	1,0
1926	770,9	90,4	64,3	35,8	21,2	37,2	6,4
1927	903,8	64,1	72,4	36,8	21,4	64,4	14,6

Fonte: *Idem*, p. 198.

No final de 1924, estimava-se em 800 milhões de pesos o capital investido na indústria petrolífera, 57,5 por cento do qual era norte-americano, 26,2 por cento inglês, 11,4 por cento holandês e apenas três por cento mexicano. Em 1926, algumas companhias continuavam a obter 100 por cento de lucro líquido na venda de óleo cru. Em 1924, existiam no México seis refinarias com uma capacidade de refino de 800 mil barris diários, mas em 1927 essa produção caiu 40 por cento. Em março de 1928, apenas duas refinarias estavam operando, e em 1927 quase todo o óleo fino era enviado para a refinaria em vez de ser exportado. As taxas alfandegárias do petróleo, que em 1921 haviam representado um terço da receita nacional, cerca de 85 milhões de pesos, haviam caído para um oitavo, mais ou menos 19 milhões, e no mesmo ano as companhias sacaram seus depósitos bancários, provocando desse modo a desvalorização *de facto* do peso[15].

Durante algum tempo, a exportação de metais não ferrosos (zinco, cobre e chumbo), que aumentara dez vezes entre 1921 e 1927, juntamente com as exportações agrícolas, deram condições ao país de resistir à pressão. Todavia, em 1926, as exportações de prata caíram a zero em conseqüência da queda dos preços no mercado mundial; a China e a Índia, os principais compradores, suspenderam seus negócios. As exportações de zinco, de chumbo, de cobre e de produtos agrícolas não foram suficientes em si mesmas para evitar as dificuldades financeiras. O capital fugiu de volta para os Estados Unidos, os investimentos estrangeiros declinaram e o déficit da balança de pagamentos chegou, em 1926, a 50 milhões de pesos[16].

Foi o começo da crise econômica do final da década de 1920, acompanhada de desemprego, de greves mais violentas e de emigração para os Estados Unidos. Ao mesmo tempo, a guerra dos Cristeros assolava a zona rural e virava um grande buraco no orçamento: em 1927, de cada peso do orçamento 33 centavos foram gastos com o exército. Manuel Gómez Morín e Alberto Pani deixaram o cargo: mais uma vez considerações de política e de guerra prevaleceram sobre o plano econômico. Finalmente, em 1929 os dois setores que não haviam sido afetados anteriormente – zinco, cobre e chumbo, e a agricultura – foram atingidos pela força total da grande depressão. As exportações de produtos agrícolas, que entre 1921 e 1927 haviam subido de 60 para 161 milhões de pesos, desceram para 92 milhões em 1928 e para 52 milhões em 1930[17].

O TRABALHO ORGANIZADO E O ESTADO NO GOVERNO DE CALLES

Uma das características essenciais da política econômica na administração Calles foi a tentativa de conciliar os interesses de classe com a mediação do

15. MERILL RIPPY, *Oil and the Mexican Revolution*, Muncie (Indiana), 1972, pp. 166–167; STERRETT & DAVIS, *The Fiscal and Economic Condition of Mexico*, *op. cit.*, pp. 200–201.
16. *Estadística Nacional*, febrero 1928, pp. 74–76, e RIPPY, *Oil and the Mexican Revolution*, *op. cit.*, pp. 124–125.
17. National Archives, Washington, D.C., Military Intelligence Division, 2525-G-11/9, 24 May 1932.

Estado. O homem identificado com essa iniciativa foi Luis N. Morones, secretário-geral da principal organização trabalhista, a CROM, colega de Obregón mas, subseqüentemente, seu inimigo, depois que romperam relações em 1923/1924. Morones tornou-se o braço direito de Calles e foi seu poderoso ministro da Indústria, Comércio e Trabalho (1924–1928), mais poderoso, por exemplo, do que o ministro da Gobernación (Interior). Para conciliar o capital e o trabalho sob a égide do Estado, Morones empreendeu uma enorme tarefa legislativa e administrativa, em cuja execução não hesitou em eliminar "elementos irresponsáveis" e "provocadores" do movimento trabalhista. Como escreveu um observador norte-americano em 1927:

> O primeiro objetivo dos sindicatos, que para essa finalidade asseguraram a cooperação das grandes organizações de empregadores, é criar uma estrutura para a indústria mexicana que aumente os números da classe trabalhadora, ofereça-lhe melhores condições de trabalho e um padrão de vida mais elevado e, no final, acarrete a independência econômica do país[18].

Morones partiu do princípio de que nada havia que não pudesse ser negociado, desde que empregadores e trabalhadores mostrassem "responsabilidade" e "moderação". Em seus discursos, usava regularmente as palavras "conciliação", "cooperação" e "coordenação". Toda greve tinha de ser oficial, com a concordância do sindicato, que devia consultar seu comitê executivo nacional. Era o ministro quem decidia sobre a legalidade da greve, e uma greve ilegal estava fadada ao fracasso. Para os empregadores isso era muito vantajoso, porque, dessa maneira, ficavam protegidos teoricamente de greves ilegítimas desde que respeitassem a lei que favorecia os trabalhadores. Nessa legislação, deu-se atenção especial aos problemas causados por acidentes e doenças; foram impostos padrões de segurança, junto com dispositivos sobre aposentadoria e salário mínimo.

Em 1926/1927, as reformas de Morones foram aprovadas com distinção em importante teste. Há vários anos que a indústria têxtil estava em recessão. Apesar de ser a principal indústria do país, estava atrasada em termos tecnológicos e era paralisada por constantes disputas; em 1922, os têxteis foram res-

18. W. ENGLISH WALLING, *The Mexican Question*, New York, 1927, citado em ENRIQUE KRAUZE, *Historia de la Revolución Mexicana*, México, 1977, vol. X, p. 25.

ponsáveis por 71 por cento do total de greves no país. Morones enfrentou o problema de frente e convocou os representantes de empregadores e trabalhadores a fim de resolver as questões trabalhistas e dar um impulso à modernização da indústria. O resultado desse encontro foi a criação de um contrato coletivo (*contrato ley*) para toda a indústria têxtil, a adoção de uma escala salarial e a introdução em todos os níveis de arbitramento por comissões mistas.

Para complementar essa estratégia, foi projetado um sistema de proteção para incentivar a criação de indústrias nacionais que dobrava as vantagens fiscais concedidas aos industriais. Uma campanha publicitária exortava os mexicanos "a consumir os produtos de seu país". Os advogados elaboraram uma legislação para nacionalizar a indústria elétrica (*código nacional eléctrico*) e a indústria do petróleo e prepararam a reforma da Constituição para possibilitar a nacionalização das minas, do comércio, do crédito, dos meios de comunicação e das fontes de energia. Contudo, a crise econômica e política do final da década de 1920 deixou essas medidas paradas por muitos anos.

Essa política provocou algumas disputas com os produtores de petróleo e com o Departamento de Estado, como vimos, mas as relações com os banqueiros e os industriais estrangeiros – sobretudo os norte-americanos – eram boas. Entre 1924 e 1928, muitas empresas, Ford, Siemens, Colgate, Palmolive, British-American Tobacco e International Match, estabeleceram-se no México. Sem dúvida, o grau de industrialização continuava modesto, porque a combinação das circunstâncias nacionais e internacionais não era muito favorável; além disso, para a maioria dos administradores, técnicos e ideólogos, as verdadeiras riquezas do país eram os produtos agrícolas e os minérios. Desse ponto de vista, Morones foi um visionário solitário que prenunciava os desenvolvimentos da década de 1940. É simples demais dizer que Morones foi um traidor da classe trabalhadora, aquele que se vendeu aos interesses capitalistas. Morones, como Calles, foi um dos grandes construtores do Estado mexicano, no qual o movimento trabalhista desempenhou papel decisivo.

É inevitável que toda discussão sobre os trabalhadores acabe por se concentrar na CROM. No entanto, esta foi apenas um elemento dentro do movimento trabalhista, e o sindicalismo representou tão-somente um aspecto da vida diária dos trabalhadores. De 1910 a 1918, a relação da classe trabalhadora com o Estado passou por sucessivas fases de hostilidade, indiferença ou colaboração; suas esperanças oscilavam de acordo com as mudanças no relacionamento. Em 1918, Morones, um ex-eletricista, pronunciou seu famoso discurso por ocasião da fundação da CROM sob o patrocínio do Estado; a partir desse momento e pelos dez anos seguintes a CROM encarnou o realismo político e compartilhou a responsabilidade com o Estado. Nas palavras de Rosendo Salazar, um velho militante sindical:

> O Estado como intermediário é uma criação da Revolução Mexicana e não implica nem a ditadura do proletariado nem a do Estado capitalista. Exclui de sua esfera toda e qualquer ideologia estrangeira e promove o entendimento entre empregadores, trabalhadores e governo. O trabalho amolda suas reivindicações à lei e o Estado lhe dá proteção contra os abusos dos empregadores[19].

Assim, o movimento trabalhista organizado tornou-se um componente da máquina do governo, uma situação que gerou o oportunismo e a corrupção, mas que também propiciou uma influência muito maior do que os números poderiam sugerir. Os trabalhadores e os artesãos, em números inferiores a 600 mil, exerceram muito mais influência do que os quatro milhões de camponeses; cem mil membros de sindicato fizeram da CROM um parceiro a ser respeitado, porque por intermédio de seu Partido Laborista enviou deputados e senadores para o Congresso e conseguiu controlar o governo em vários Estados.

É difícil fornecer dados precisos, porque aqueles de que dispomos não são confiáveis. A CROM proclamava, em 1928, possuir dois milhões de filiados, mas reconheceu que o número verdadeiro era muito inferior e que a metade desses eram camponeses. O único dado digno de crédito, o dos membros que pagavam taxas, alcançava apenas 15 mil. Na ausência de melhor informação, podemos concordar com a afirmação de que a CROM reuniu 100 mil trabalhadores, artesãos, profissionais, pequenos negociantes e, em teoria, 50 mil trabalhadores agrícolas. Os sindicatos católicos anunciavam 40 mil membros; 30 mil outros devem ser contados entre os ferroviários, que foram enfraquecidos pelas divisões resultantes da fundação da CROM; e vinte mil deve ter tido a CGT (Confederación General del Trabajo). É certo que os comunistas, os inimigos figadais da CROM, não conseguiram ganhar a confiança das "grandes massas dos trabalhadores e dos camponeses semiproletários"[20].

19. *Apud* JEAN MEYER, *La Révolution mexicaine*, Paris, 1973, p. 102.

20. Cf., por exemplo, *Correspondence Internationale*, 25: 327, janvier 1927.

A CROM atingiu o ponto mais alto de sua influência entre 1924 e 1928, quando seu secretário-geral Morones foi o ministro mais importante do gabinete de Calles. Ela se aproveitou da situação de maneira positiva, para melhorar a posição dos trabalhadores, e de forma negativa, para combater os outros sindicatos por todos os meios possíveis. Explorou o conflito religioso para eliminar os sindicatos católicos e usou as greves para destruir os adversários, como os sindicatos dos petroleiros, dos eletricistas, dos ferroviários e dos têxteis, que, segundo todos diziam, tinham mais filiados do que a CROM. Esta exigiu que os trabalhadores se unissem numa única confederação e respeitassem as novas leis (que lhes eram favoráveis). Quase sempre as greves dos sindicatos que não eram filiados à CROM eram decretadas ilegais. A crise econômica de 1926 multiplicou os movimentos grevistas em todos os setores, e não raras vezes Morones mudou da mediação para a repressão, provocando algumas vezes outras greves.

Durante dez anos a atitude da CROM foi decisiva, seja na promoção ou no término de uma greve. Lançou, apoiou ou revitalizou movimentos para conquistar novas posições, para destruir seus inimigos ou para instituir um monopólio sindical. Os avanços da CROM caminharam paralelos aos do governo de Calles: quando este empreendeu a reorganização das estradas de ferro, a CROM aproveitou a oportunidade e tentou tomar o lugar dos sindicatos independentes. Na briga do petróleo, a CROM entrou na batalha contra as companhias. Tudo isso explica o caráter freqüentemente sangrento de uma luta que muitas vezes colocou trabalhadores em conflito com outros trabalhadores.

A luta foi sangrenta porque os movimentos independentes, fossem "vermelhos" ou "brancos", não careciam de força; esses sindicatos eram encontrados na indústria têxtil, nas estradas de ferro, em algumas minas e nas padarias. Quando, após o assassinato de Obregón em 1928, a CROM sofreu uma rápida erosão de seu poder, os sindicatos independentes tiveram sua chance de vingança: a CROM perdeu grande parte de sua força, embora ainda mantivesse grande capacidade de resistência. Entre 1928 e 1937, o movimento sindical estava dividido mais profundamente do que nunca. Somente na administração Cárdenas é que a CTM (Confederação de Trabalhadores Mexicanos) foi fundada e obteve uma posição de predominância.

Todas as greves foram de natureza política e não podiam ser separadas das lutas interpartidárias e parlamentares, dos conflitos em torno da sucessão presidencial e das disputas locais e nacionais. Os ferroviários, em particular, tinham uma velha tradição de independência e militância sindical, que remontava ao Porfiriato e se consolidara durante a guerra civil quando, por força das circunstâncias, estiveram na linha de frente. A guerra foi, acima de tudo, um problema das estradas de ferro. Em 1920, o presidente interino, Adolfo De la Huerta, facilitara a formação de uma Confederação do Sindicato dos Trabalhadores Ferroviários, na época o maior sindicato do país. Em 1921, ela fez oposição ao governo de Obregón e teve grande dificuldade para ser reconhecida. Quando no mesmo ano a Confederação recorreu a uma greve, o governo definiu essa decisão como *rebelión abierta* e o presidente Obregón mandou o exército ocupar as oficinas, as estações e os trens. A CROM abandonou a disputa, enquanto De la Huerta, desempenhando o papel de mediador geral, reforçava sua posição junto aos ferroviários. Em dezembro de 1923, portanto, a rebelião de la huertista conseguiu algum apoio dentro da Confederação (como também de outros sindicatos, tais como alguns afiliados da CGT, que era adversária da CROM e do governo).

Uma conseqüência lógica da derrota de De la Huerta foi um expurgo dos trabalhadores ferroviários, expurgo dirigido pela CROM, que aproveitou a oportunidade para tentar dominar um setor que até então lhe estivera fechado. Essa manobra, juntamente com a reorganização das estradas de ferro e a redução de pessoal, provocou em 1926 uma série de disputas, as quais desaguaram na grande greve dos ferroviários de 1926/1927. O presidente Calles reagiu da mesma maneira que fizera em 1921, quando era ministro do Interior: enviou as tropas, uma centena de soldados para cada oficina, e apoiou Morones, que reconheceu novos sindicatos, os quais lhe serviriam de armas na guerra contra a Confederação dos Trabalhadores Ferroviários. Em dezembro de 1926, no momento em que a greve já se espalhara para todas as regiões, é possível que os ferroviários não tivessem percebido plenamente a perigosa posição do governo. De fato, a disputa com os Estados Unidos por causa do petróleo e de outras questões diplomáticas estava em seu clímax e corriam boatos de "envio dos fuzileiros navais" e de incêndio dos poços de petróleo. Além disso, a guerra dos yaquis estava em seu auge, e em questão de dias os Cristeros estariam em revolta.

A greve das estradas de ferro, um movimento penoso, durou três meses. Os soldados viajavam nas locomotivas dirigidas por fura-greves; nunca se soube quantos trens foram descarrilados ou quantos ferroviários e sabotadores foram mortos a tiros. Aos poucos, nos meses de abril e maio de 1927, a agitação perdeu seu entusiasmo e malogrou no curso do verão. A vitória do governo e da CROM ficou muito cara tanto para os trabalhadores quanto para as ferrovias.

Outras greves, mesmo em grande número e igualmente muito violentas, perdem a importância diante do movimento de 1926/1927 dos ferroviários. De 1920 a 1926 a indústria têxtil esteve em contínuo estado de agitação, agravado por disputas entre os sindicatos. Também aqui a influência da CROM foi avassaladora: para poder controlar todo o movimento trabalhista nacional, foi obrigada, com base em sua lealdade política, a destruir os sindicatos que mostraram relutância em alinhar-se. E toda vez que surgiu a oportunidade, ela o fez. No setor têxtil, travou uma luta armada contra os sindicatos "vermelhos" e os "livres" na capital, no Estado do México, em Puebla e em Veracruz. Após a Convenção dos Têxteis, houve muito menos greves por causa dos acordos celebrados entre os empregadores, os sindicatos e o Estado. Então, veio a crise econômica e enfraqueceu a posição dos trabalhadores, ameaçados pelo acúmulo dos estoques e pelo ritmo lento da produção.

Em todos os setores, a tendência foi sempre a mesma: greves em 1921, seguidas de um período de relativa calma; greves entre 1924 e 1926 caracterizadas por divisões internas dos sindicatos; greves menos numerosas mas muitas vezes desesperadas nos anos subseqüentes, sob a sombra da crise econômica, época em que foi comum o fechamento de fábricas e de minas. Qual foi o resultado de tanto barulho e de tanta fúria? A vitória da CROM, obtida com grande dificuldade, não teria futuro, pois em 1928/1929 ela foi afastada do governo e nunca voltou a ser a única organização dos trabalhadores mexicanos que gostaria de ter sido.

A década de 1920 caracterizou-se especialmente pela reorganização e modernização das indústrias existentes. Contudo, o processo veio acompanhado, de modo geral, de uma redução no número de trabalhadores, sobretudo nas minas, nas estradas de ferro e na indústria têxtil, um fato que explica a natureza freqüentemente desesperada da resistência dos operários. A partir de 1925, a CROM colaborou na tarefa de modernização e deixou a resistência para seus inimigos, os "vermelhos". Aqueles trabalhadores que tiveram a sorte de manter seus empregos ou de encontrar outra colocação talvez tenham imaginado que sua condição melhoraria em conseqüência da nova legislação e da política de Morones. Foi então que a queda brusca e repentina dos preços no México e a grande depressão no mundo inteiro provocaram o fechamento de muitas fábricas. A CROM e o governo tentaram, sem muito sucesso, colocar ou recolocar os trabalhadores desempregados nas zonas rurais. Foi uma curiosa tentativa de voltar os olhos para os trabalhadores rurais que tinham acabado de sair do campesinato num país que estava longe de resolver sua própria questão agrária. Isso demonstra até que ponto o México continua sendo, em 1930, um país rural.

A REFORMA AGRÁRIA, A AGRICULTURA E OS CAMPONESES

Talvez se tenha exagerado na participação que se atribuiu à questão agrária na derrocada do Porfiriato. Do mesmo modo, talvez se tenha superestimado, na história da Revolução, a importância da reforma agrária. No curso da guerra civil, medidas legais decisivas foram adotadas, de maneira improvisada e sob a pressão da necessidade, contra a propriedade privada da terra em grande escala, como ilustram o decreto de janeiro de 1915 e o artigo 27 da Constituição de 1917. No entanto, uma versão modificada dos princípios corporificados no decreto de 1915 e no artigo 27 da Constituição foi posta em vigor somente em 1934, e então apenas de maneira lenta e confusa, com a publicação do Código Agrário. De acordo com a Constituição e com o código de regulamentação, a terra pertencia à nação que, por meio do Estado, podia reconhecê-la como propriedade privada legítima ou desapropriá-la e concedê-la a comunidades definidas pelo termo *ejido* ou a pequenos proprietários individuais. A concessão era inalienável e não podia ser alugada, vendida ou herdada.

Antes da derrota dos zapatistas e de outras forças guerrilheiras importantes para Obregón e seus soldados, Carranza já distribuíra de forma um tanto tímida e irresoluta vinte mil hectares de terras, ratificando as ocupações feitas durante a guerra civil, sobretudo na zona zapatista (Morelos e Guerrero). No curso de quatro anos, Obregón, com o objetivo político de comprar a paz, distribuiu mais de um milhão de hectares. A princípio o presidente Calles seguiu essa iniciativa, mas depois reduziu o ritmo do processo. Como Obregón, teria preferido encerrar a reforma agrária dentro de um quadro político e concluí-la rapidamente, a fim de passar à modernização e à produtividade – colonização, irrigação e agricultura capitalista em grande escala – que lhe interessavam mais do que a distribuição.

O movimento colonizador iniciado no Porfiriato, um ataque pioneiro às terras secas e irrigáveis de Sonora e às florestas tropicais de Veracruz, Tabasco, Campeche etc., teve de ser interrompido por causa da Revolução. Foi relançado por Obregón e por Calles com o apoio do Estado (Lei da Colonização, de 5 de abril de 1926). Todavia, a grande depressão interferiu nesse projeto de obras públicas em massa, como vimos: as exportações agrícolas ruíram; 400 mil mexicanos voltaram dos Estados Unidos; e o governo foi obrigado a rever sua estratégia econômica, favorecendo assim o jogo do grupo de pressão agrário. Apesar de sua declaração, em 1929, de que "o agrarismo tal como o entendemos e aplicamos foi um fracasso"[21], Calles foi forçado a concordar com a retomada da distribuição de terras. No governo de Portes Gil, em 1929/1930, foram distribuídos 1,7 milhões de hectares. No período de 1915 a 1933, mais 7,6 milhões de hectares foram entregues aos camponeses. E em menos de dois anos (1933–1934), Abelardo Rodríguez distribuiu mais 2,5 milhões de hectares.

Em 1934, às vésperas da grande distribuição de terras feita por Cárdenas, num total de 18 milhões de hectares, o balanço da reforma revela três características. Em primeiro lugar, as concessões foram limitadas: dez milhões de hectares, 10 por cento talvez da terra cultivável, foram entregues a 10 por cento da classe camponesa. (Até 1934, os *peones acasillados*, trabalhadores agrícolas alojados nas *haciendas*, não podiam ser beneficiados pela reforma agrária.) O resultado institucional foi um total talvez de quatro mil *ejidos*. Em segundo lugar, as concessões concentraram-se num pequeno número de distritos. E, em terceiro lugar, esses distritos estiveram confinados ao Velho México do alto planalto central e a suas escarpas tropicais do Sul e do Sudeste (Morelos, Veracruz, Hidalgo). Na maioria dos casos, o núcleo central da *hacienda* foi respeitado e os pedaços de terra foram distribuídos aos *ejidos* em títulos separados, em pequenos lotes de quatro a dez hectares. De acordo com as condições predominantes em cada Estado, as reformas, administradas pelas autoridades, eram às vezes executadas com vigor, outras vezes eludidas e outras ainda adiadas para um tempo futuro. Conseqüentemente, surgiu uma ampla diversidade de situações e uma certa falta de controle no curso das operações, o que resultou em corrupção e em extorsão dos camponeses, inclusive dos beneficiados pela distribuição.

A política local complicou a questão agrária, porque permitiu que os caciques controlassem uma grande clientela e ao mesmo tempo manipulassem os proprietários. Dentro do *ejido* a comissão administrativa dispunha e redispunha sobre a distribuição dos pedaços de terra em seu próprio benefício, um fato que explica a violência da luta pelo poder e o grande número de assassinatos perpetrados nos *ejidos*. Paul Friedrich estudou os massacres que perduraram por mais de 25 anos na região de Naranja (Michoacán), e Luis Gon-

21. MEYER, *La Révolution mexicaine*, *op. cit.*, pp. 244–245.

zález registrou um episódio em San José de Gracia que ele descreve como "uma insanidade assassina"[22]. O *ejido* de Auchén chegou a ser apelidado de "*ejido* das viúvas", porque todos os homens foram mortos com exceção de um que se tornara o dono e explorava todo o *ejido.*

A reforma agrária não criou divisões apenas entre os próprios *ejidatarios*; também dividiu a classe camponesa em dois grupos: os 10 por cento que tinham recebido um pedaço de terra e aqueles que nada haviam recebido. A tática de dividir os camponeses em facções hostis e inconciliáveis garantiu ao governo o controle da terra e a lealdade eleitoral de seus donos. Desde o começo, a política agrária fora uma arma brandida tanto contra os fazendeiros, que eram ameaçados com desapropriação, quanto contra os beneficiários, que tinham medo de ser expulsos dos *ejidos.* Às milícias dos *ejidos,* denominadas "forças sociais de defesa", eram distribuídas armas sem pensar no risco de nunca mais serem recuperadas, como aconteceu em Veracruz em 1932; assim, essas milícias podiam usá-las como um instrumento de repressão contra outros camponeses ou como um meio de chantagear os fazendeiros, grandes e pequenos.

O *hacendado* tradicional foi atingido duramente pelo tríplice ordálio: as guerras de 1913–1917 e de 1926–1929, a crise econômica depois de 1929 e a própria reforma agrária. Daí por diante o conflito rural colocou o camponês sem terra contra seu vizinho com terra, ou o pequeno proprietário privado tradicional ou *ejidatario*, e o pequeno proprietário ou o *comunero* (membro de uma comunidade indígena) contra o *ejidatario.* O programa agrário foi imprevidente, pois o colapso da sociedade estabelecida e a reforma multiplicaram interminavelmente diversos antagonismos entre os camponeses. Não se pode esquecer os outros elementos humanos envolvidos: o arrendatário, o meeiro, o trabalhador rural, o criador de gado migrante. Multiplicaram-se os conflitos de classe, de raça e de cultura, e a disputa religiosa certamente não ajudou a pacificar o sentimento popular.

Grupos regionais diferentes, que representavam as províncias contra a capital, a periferia contra o Centro e o Norte contra o Sul, todos exploravam os camponeses que haviam ajudado a derrubar Don Porfirio e que, em alguns

22. PAUL FRIEDRICH, *Agrarian Revolt in a Mexican Village*, Englewood Cliffs (N. J.), 1970; LUIS GONZÁLEZ, *Puebla en Vilo: Microhistoria de San José de Gracia*, 3. ed., México, 1979, pp. 186 e 190.

distritos, haviam conseguido com uma rápida demonstração de força recuperar das grandes fazendas parte de suas terras desapropriadas. Os revolucionários que subiram ao poder nunca tiveram um verdadeiro programa agrário; tiveram um programa agrícola, o que não é a mesma coisa. Nunca atacaram o princípio da *hacienda*, mas foram apenas a favor da pequena e da média propriedade. Entre 1915 e 1928, apenas 10 por cento dos *hacendados* eram proprietários legítimos e, paradoxalmente, a metade das fazendas que possuíam eram pequenas. De fato, as áreas invadidas pelos próprios camponeses eram muito maiores. Aos camponeses foi dada a satisfação temporária de tomar e consolidar seu poder; depois fizeram uso desse poder para desmontar as grandes propriedades privadas no interesse de uma agricultura capitalista. Os camponeses estavam fadados a ser os instrumentos e as vítimas de uma versão mexicana da acumulação primitiva de capital.

Os camponeses obtiveram mais do que estava incluído no programa revolucionário, mas seu sucesso foi limitado. O político tomou o lugar do *hacendado* e o camponês teve com o governo a mesma relação que tivera anteriormente com seu empregador, salvo que o governo devia ser temido de maneira diferente. "Nada foi feito para libertar o camponês do político", escreveu Marjorie Clark em sua obra *Organized Labor in Mexico* (1934).

> Se ele quer fugir da repressão, deve cuidar de relacionar-se com quem quer que seja o mais forte em sua região. Prometem-lhe terra, dinheiro, implementos se se comportar bem; é a ameaçado com a perda da terra que já recebeu, com a visão de suas lavouras destruídas e de seu gado abatido se deixar de responder às exigências do grupo que está no poder. No regime de Porfirio Díaz foi instaurada uma tirania igual à dos *caciques* (chefes)[23].

Não é difícil perceber por que a reforma agrária não despertou o entusiasmo dos camponeses. As organizações agrárias foram dominadas pela burocracia; nunca se transformaram em verdadeiros órgãos camponeses. Alguns camponeses preferiram manter-se fora delas e recusaram os lotes de terra a que tinham direito. Tais recusas foram atribuídas ao medo do grande fazendeiro e de sua "guarda branca" ou dos padres que eram contrários ao programa e que algumas vezes, contra a ordem dos bispos, declararam ser pecado

23. MARJORIE CLARK, *Organized Labor in Mexico*, Chapel Hill (N. C.), 1934, pp. 161–162.

mortal aceitar um *ejido*. Sem dúvida, o medo desempenhou seu papel, mas houve também a própria concepção que os camponeses tinham da propriedade e dos meios adequados para adquiri-la. Todos sonhavam em tornar-se fazendeiros, mas não por quaisquer métodos. Luis González dizia que havia apenas dois meios honrados de tornar-se um fazendeiro: por compra ou por herança. Centenas de milhares de camponeses migraram para os Estados Unidos na década de 1920, trabalhando duro para poupar oito de cada dez dólares que ganhavam a fim de um dia comprar um pedaço de terra em sua aldeia natal. Um presente sempre compromete aquele que o recebe, e, quando era oferecido por um governo de quem tradicionalmente se desconfiava, era difícil aceitar. Não pôde ser aceito decididamente entre 1926 e 1929 quando o Estado e a Igreja estavam em guerra. Durante esses anos terríveis, muitas vezes os Cristeros fizeram os *agraristas* (pelo menos aqueles que tinham recebido pedaços de terra) pagar caro, com seu sangue, sua ligação com o Estado.

Obregón e Calles sonharam em criar uma grande classe de pequenos proprietários dinâmicos e donos de propriedades de tamanho médio, no modelo do "fazendeiro" californiano. Essa classe já existia em seu Noroeste natal – o próprio Obregón era um seu representante perfeito – e fora beneficiada pelas atividades econômicas do governo, como crédito agrícola, obras de irrigação e novas estradas. Segundo parece, enquanto parcelou a terra no planalto e no Sudeste em pequenos lotes, o governo derramou muito dinheiro no Noroeste. A distribuição de terra contemplou os índios e mestiços mexicanos do Velho México, mas os investimentos de capital beneficiaram os donos de grandes e médias propriedades em outras regiões. Nas áreas setentrionais protegidas pelos sonorenses, raramente se podia encontrar um *ejido* em 1934, mas havia importantes estradas e um programa de irrigação em que foi investido um quarto dos recursos públicos entre 1925 e 1935. Nas palavras de Obregón: "A justa distribuição de terra ao proletariado é a primeira essência do programa revolucionário, mas os fundamentos da vida agrícola do país não devem ser solapados"[24].

De 1907 a 1929 a produção de milho e de feijão preto, os alimentos básicos do povo, caiu 40 e 31 por cento respectivamente, enquanto a população aumentou nove por cento. (Embora por motivo de guerras, fome, epidemias

24. Em LUIS GONZÁLEZ Y GONZÁLEZ, *Los Presidentes de México ante la Nación*, México, 1966, vol. III, p. 423.

TABELA 5 / PRODUÇÃO AGRÍCOLA *PER CAPITA* (1900 = 100)		
Regiões	**1907**	**1929**
Centro	112	69
Sul	145	98
Norte	60	318

Fonte: CLARKE REYNOLDS, *The Mexican Economy: Twentieth Century Structure and Growth*, New Haven, 1970, p. 105.

e emigração o México não tivesse em 1920 mais habitantes do que tinha em 1910, sua população cresceu de menos de 15 milhões para 16 milhões entre 1920 e 1930 e para 17 ou 18 milhões – os dados são inexatos – em 1934.) Em algumas regiões, as condições foram mais graves do que os números globais sugerem. A região central, lar de 45 por cento da população rural em 1930, foi testemunha da queda de 31 por cento de sua produção agrícola de 1913 a 1929. A Tabela 5 demonstra as disparidades na produção agrícola *per capita* entre 1907 e 1929. A produção total de milho, que fora de 3,5 milhões de toneladas em 1910 e de 2,9 milhões em 1920, caiu para 2,2 milhões em 1929, por causa da eliminação das *haciendas* produtoras de milho e da proliferação de produtores pequenos e pobres[25]. A produção de feijão cresceu continuamente para mais de 200 mil toneladas em 1926, mas diminuiu para menos de 100 mil em 1929[26]. Em compensação, a exportação de gêneros alimentícios aumentou durante todo o período de 1920 a 1927. Por exemplo, as exportações de café subiram de 10 500 toneladas (9,3 milhões de pesos) em 1929 para 26 100 toneladas (28,9 milhões de pesos) em 1927; as de banana cresceram de 700 toneladas (300 mil pesos) para 5 700 toneladas (8 milhões de pesos); as de tomate aumentaram de 9 200 toneladas (700 mil pesos) para 57 400 toneladas (19,6 milhões de pesos); e finalmente as exportações de outras verduras e legumes frescos subiram de 800 toneladas (200 mil pesos) para 14 800 toneladas (5,5 milhões de pesos)[27].

Segundo o fundador do Banco Nacional de Crédito Agrícola (1925), Manuel Gómez Morín, endossado pelo presidente Calles, o crédito agrário

25. E. N. SIMPSON, *The Ejido: Mexico's Way out*, Chapel Hill (N. C.), 1937, pp. 175 e 214.
26. *Estadística Nacional*, marzo 1929, p. 95; mayo 1929, p. 76; e SIMPSON, *The ejido*, pp. 175 e 214.
27. STERRETT & DAVIS, *The Fiscal and Economic Condition of Mexico*, *op. cit.*, p. 152.

foi criado com o propósito de levar a classe camponesa ao segundo estágio da reforma agrária: à distribuição da terra deveria seguir-se a produção. Infelizmente, o capital inicial foi insuficiente e o banco não teve condições de resistir à prática dos "empréstimos preferenciais", isto é, crédito disponível para personagens importantes, generais ou políticos, os novos *latifundistas*. Em 1926, o próprio general Obregón foi o maior beneficiário do crédito "preferencial". Nessas circunstâncias, o dinheiro não chegou às mãos de quem realmente precisava dele, e só por milagre o banco conseguiu sobreviver até 1930, o ano do desastre financeiro e da pilhagem pelos políticos.

A utopia dos sonorenses era um México com uma agricultura próspera, baseada num grande esforço e no trabalho duro dos lavradores servidos por uma sólida infra-estrutura de irrigação, estradas, tecnologia e crédito bancário. Não houve qualquer idéia séria de industrializar o país – Calles dissera: "Nossa indústria pesada é a agricultura" –, mas apenas de dar um acabamento industrial aos produtos agrícolas para exportação. O México deveria tornar-se uma espécie de Estados Unidos agrícola: esse princípio era essencial para a nova política econômica, e é muito significativo o envolvimento primeiramente do general Obregón e depois do general Calles em grandes empreendimentos agrícolas no Noroeste do país. As regiões do Norte aumentaram realmente sua produção e obtiveram resultados excelentes; sua participação nas exportações nacionais cresceu, apesar de alguns obstáculos como a concorrência e o boicote norte-americanos, a inexperiência e a escassez de crédito.

CONCLUSÃO

Em 1920, depois de dez anos de revolução e guerra civil, um grupo de homens do Noroeste mexicano assumiu uma empresa histórica: nada menos do que transformar o mosaico que era o México numa nação-Estado moderna. Na década de 1920, os grupos belicosos foram eliminados a ferro e fogo. Não só o exército foi controlado, como também os principais generais revolucionários e caudilhos desapareceram, os chefes políticos das milícias regionais foram colocados na linha, e triunfou uma espécie de centralismo. Saturnino Cedillo, de San Luis Potosí, era na década de 1930 o único cacique do velho estilo que sobrevivera. Ao mesmo tempo, os trabalhadores tiveram permissão para se organizar, a Igreja foi posta em seu lugar e a educação recebeu um caráter nacional. O problema do poder e de sua transmissão ordeira numa sociedade mais ou menos fragmentada, onde a democracia parlamentar não podia funcionar, foi resolvido até certo ponto com a criação, em 1929, do PNR. Cinqüenta anos depois, seu sucessor, o PRI, ainda estava no poder, dando um exemplo único de estabilidade política na América Latina.

Nos governos de Obregón e de Calles, o poder econômico e a força política estiveram mais uma vez concentrados nas mãos do presidente e de seus ministros e conselheiros técnicos. Foi dada prioridade absoluta à construção de uma economia moderna, ao mesmo tempo nacional e capitalista. O papel do Estado foi predominante: assumiu a responsabilidade pela criação das instituições financeiras e pelos projetos de infra-estrutura que não estavam ao alcance da empresa privada mexicana. Houve uma identidade de interesses entre o Estado e o setor privado. Na verdade, nessa fase de construção do Estado e de desenvolvimento capitalista nacional, houve um entendimento básico entre a "família revolucionária", os industriais, os banqueiros e os empresários, a CROM, os interesses rurais capitalistas e mesmo os capitalistas estrangeiros. As companhias de petróleo, os anarquistas e o Partido Comunista foram os únicos grupos que se recusaram a colaborar.

No entanto, as ambições dos homens de Sonora afundaram nos dois escolhos: a dependência e a recessão econômicas. O desenvolvimento capitalista do México foi financiado em parte pelos investimentos estrangeiros e, acima de tudo, pelas exportações. Desde a década de 1870, a economia mexicana vinha sendo integrada com sucesso na economia internacional por intermédio de suas exportações de minérios e de produtos agrícolas. A Revolução não mudou a estrutura fundamental da economia mexicana. E até 1926 as exportações financiaram o crescimento econômico. Mas seguiram-se sete anos de vacas magras, e quando o poder de compra das exportações mexicanas entrou em colapso, revelou-se a fraqueza estrutural de sua economia. Haviam sido atingidos os limites do nacionalismo econômico que vinha sendo afirmado desde 1917. Obregón, Calles, Gómez Morín, Pani e Morones, no final, foram incapazes de realizar o milagre nacionalista de crescimento e independência.

4

A AMÉRICA CENTRAL: A ERA LIBERAL, c. 1870–1930

AS SEIS DÉCADAS compreendidas entre 1870 e 1930 testemunharam a total integração, embora algo tardia, da América Central no mercado do mundo capitalista por meio do desenvolvimento de suas economias de exportação. Assistiram à formação de diversos Estados relativamente viáveis, fortalecendo a separação das Províncias Unidas da América Central – unidade política criada após a Independência – em cinco repúblicas. E viram diversas tentativas de restaurar a união. Os estudiosos centro-americanos sempre estiveram, e ainda estão, predispostos a ver na história do Istmo uma unidade (com exceção do Panamá, que somente em 1903 se tornou um Estado independente). Preservaram uma aspiração um tanto vaga, ou mesmo romântica, de que as cinco *patrias chicas* voltariam a fundir-se, um dia, numa *patria grande* (isto é, numa América Central unida). Até certo ponto existem motivos para alimentar essa ambição. Nesse período, por exemplo, a maioria dos países centro-americanos tinham em comum algumas das características básicas da vida econômica, como a produção e a exportação de café e de banana; e, na política, quase todos experimentaram as mesmas convulsões provocadas pelas reformas liberais e, em seguida, sofreram as provações advindas das ditaduras liberais, assim como uma fortíssima dependência dos Estados Unidos. No entanto, numa região tão pequena, muito mais surpreendentes foram as grandes diferenças existentes entre as cinco Repúblicas. Neste capítulo, estaremos muitas vezes comparando a evolução da Costa Rica com a dos outros países do Istmo. No período de 1870 a 1930, Costa Rica, Guatemala e El Salvador podiam ser considerados países mais adiantados em termos econômicos e políticos do que a Nicarágua e, em maior grau, do que Honduras. Devido às grandes divergências no quadro anterior, a expansão do café e a disseminação das grandes lavouras de banana nem sempre criaram as mesmas estruturas em todas as Repúblicas, nem produziram as mesmas conseqüências. Assim, mesmo estudando a região como um todo, examinaremos alguns de seus contrastes históricos mais importantes.

A População

A Tabela 1 apresenta os números da população de cada país centro-americano e da região como um todo no período de 1870 a 1930. Como podemos ver, era grande a disparidade entre os cinco países em termos de população, de índice de crescimento populacional e de densidade demográfica. No início da década de 1860, por exemplo, já era patente na Costa Rica a chamada "revolução demográfica", enquanto ela só começou realmente na Guatemala por volta de 1920. Já El Salvador é um caso incomum, já que apresenta uma densidade populacional muito mais elevada do que a de qualquer outro país da América Latina.

Uma característica comum aos cinco países foi o malogro de todos os esforços dos governos, conservadores e liberais, para promover programas de colonização rural com europeus ou norte-americanos com o objetivo de criar uma classe camponesa branca na América Central. Na verdade, foi limitado o número de imigrantes que vieram da Europa e dos Estados Unidos; todavia, a maioria deles já possuíam um pouco de capital e acabaram transformando-se em membros influentes das classes altas locais. Perto do final do século XIX, imigrantes das Índias ocidentais e da China chegaram às quase desertas planícies caribenhas do Istmo, para trabalhar na construção de estradas de ferro e mais tarde nas plantações de banana. Mas a evolução da população centro-americana é explicada mais em termos de movimentos demográficos internos do que em termos de imigração.

Dentro da América Central, o desenvolvimento da produção de café e de banana provocou grande migração interna. Na Guatemala, por exemplo, a cultura do café desenvolveu-se na costa do Pacífico e em seu interior imediato, regiões pouco povoadas anteriormente e que foram então colonizadas. No mesmo país, a colheita do café provocava a cada ano grande migração sazonal de trabalhadores, vindos das comunidades indígenas dos planaltos ocidentais para a zona cafeeira e depois fazendo o caminho de volta. Graças aos salários pagos pelas lavouras de banana, mais altos do que a média da América Central, essa cultura atraiu desde o início um movimento constante de pessoas dos planaltos centrais para as planícies caribenhas e de El Salvador e da Nicarágua para Honduras e Costa Rica.

TABELA 1 / A POPULAÇÃO DA AMÉRICA CENTRAL, c. 1870–c. 1930

	População (milhares de habitantes)	Taxa média anual de crescimento (%)	Densidade (por km^2)
Guatemala			
1880	1 225	–	11,2
1893	1 365	0,8	12,5
1921	2 003	1,4	18,4
El Salvador			
1878	554	–	26,3
1892	703	1,7	33,4
1899	758	1,1	36,0
1930	1 459	2,1	69,3
Honduras			
1881	307	–	2,7
1895	399	1,9	3,6
1910	553	2,2	4,9
1930	948	2,7	8,5
Nicarágua			
1875	373	–	2,6
1906	505	1,0	3,6
1920	638	1,7	4,5
1930	742	1,5	5,2
Costa Rica			
1864	120	–	2,4
1883	182	2,2	3,6
1892	243	3,3	4,8
1927	489	2,0	9,6
América Central[a]			
1870	2 370	–	5,4
1900	3 533	1,3	8,1
1915	4 915	2,2	11,3
1930	6 019	1,4	13,8

[a] Sem Belize.

Fontes: Guatemala: Censos (para 1880, 1893, 1921). El Salvador: RODOLFO BARÓN CASTRO, *La población de El Salvador*, Madrid, 1942 (para 1878, 1892, 1899); *Anuario Estadístico* (para 1930). Honduras: HÉCTOR PÉREZ BRIGNOLI, "Economía y Sociedad en Honduras Durante el Siglo XIX. Las Estructuras Demográficas", *Estudios Sociales Centroamericanos*, 2(6): 51–82, 1973 (para 1881, 1895, 1910); NICOLÁS SÁNCHEZ-ALBORNOZ, *La Población de América Latina*, Madrid, 1973 (para 1930). Nicarágua: ALBERTO LANUZA MATAMOROS, "Estructuras Socioeconómicas, Poder y Estado en Nicaragua (1821–1875)", San José, 1976, dissertação inédita (para 1875); *Censo Nacional de Población*, Managua, 1950 (para 1906, 1920); ALBORNOZ, *La Población de América Latina* (para 1930). Costa Rica: Censos (para 1864, 1883, 1892, 1927). América Central: RALPH L. WOODWARD JR., *História da America Latina*, vol. III, cap. 9 (para 1870); ALBORNOZ, *La Población de América Latina* (para 1900); RALPH L. WOODWARD JR., *Central America: A Nation Divided*, New York, 1976 (para 1915, 1930).

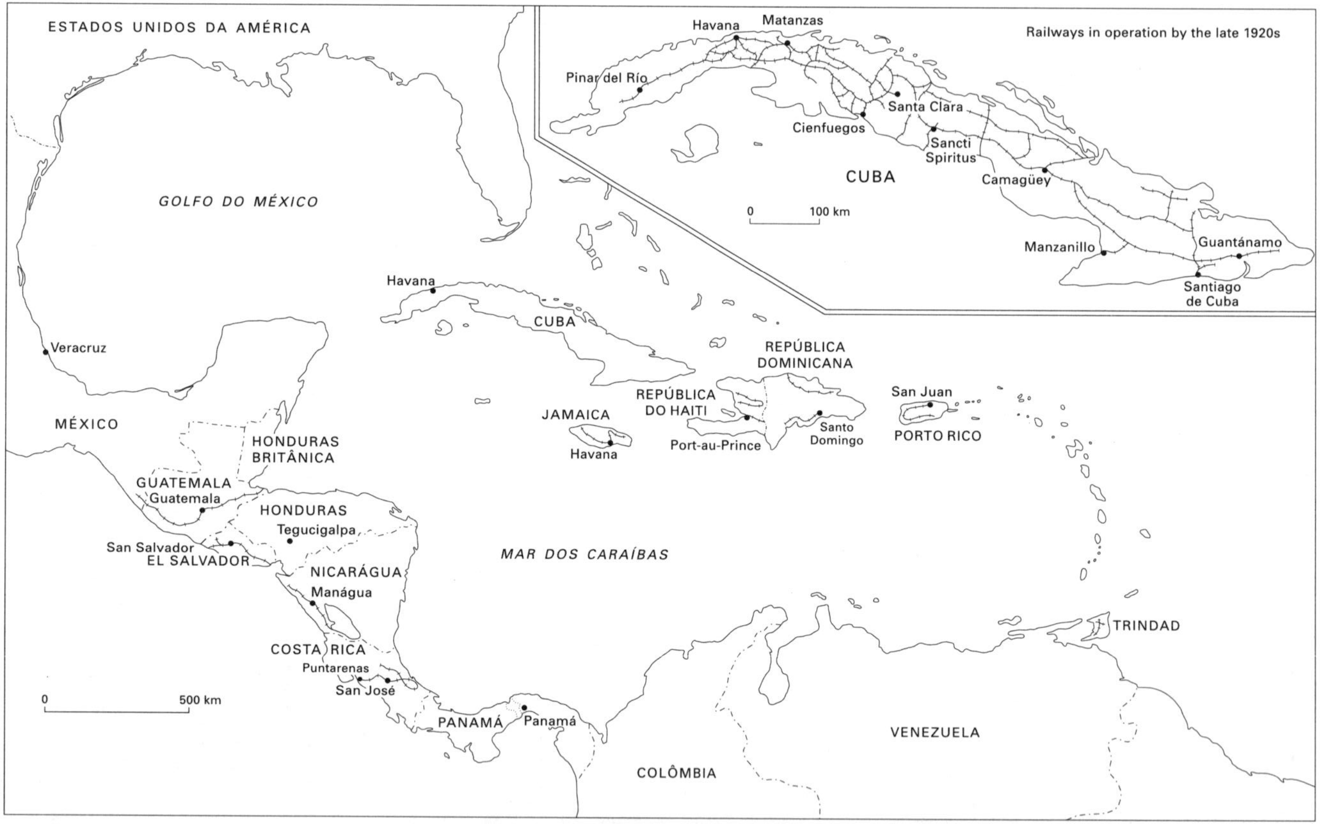

A América Central e o Caribe

São notáveis, na América Central, as condições naturais para a produção de cafés "finos" de alta qualidade, especialmente nos planaltos vulcânicos centrais. A maioria dos países dessa região integrara-se totalmente no mercado mundial capitalista por meio da produção e exportação de café. Estudaremos aqui a expansão da economia cafeeira apenas em três países: Costa Rica, Guatemala e El Salvador. As tentativas hondurenhas de cultivar o produto fracassaram e, na Nicarágua, suas exportações, apesar de terem crescido depois de 1870, normalmente não alcançaram uma proporção tão alta quanto nos três países escolhidos, porque na economia nicaragüense a nova cultura competiu com a pecuária, a atividade econômica tradicionalmente predominante.

Talvez se deva chamar a atenção, desde o início, para o forte contraste entre o processo de expansão do café na Costa Rica, de um lado, e na Guatemala e em El Salvador, de outro. Por carecer de estruturas coloniais fortes, a Costa Rica, um pouco mais de uma década após a sua independência, mudou diretamente para a era do café sem qualquer convulsão interna importante, e mais cedo do que o restante do Istmo. Tanto na Guatemala quanto em El Salvador, desenvolveram-se na época da Independência interesses de grupo fortemente entrincheirados. As reformas liberais exigidas pela disseminação dessa cultura foram postas em vigor somente após o declínio do mercado mundial de corantes, até então os principais produtos de exportação da América Central, nas décadas de 1860 e de 1870, e após uma luta muito intensa entre grupos rivais. Veremos também que a estrutura social forjada na Costa Rica pela economia cafeeira foi muito peculiar, enquanto o restante dos países centro-americanos produtores de café tiveram em comum características sociais semelhantes.

A partir da década de 1830, o café tornou-se o principal produto agrícola comercial da Costa Rica. Seu cultivo passou por três períodos principais de crescimento em três regiões do país. Até o final da década de 1840, esteve confinado aos planaltos centrais em torno de San José (Meseta Central); entre 1850 e 1890, seguindo a estrada que leva ao porto de Puntarenas (na costa do Pacífico), espalhou-se pelas escarpas florestadas a oeste dos planaltos centrais, na província de Alajuela; e a partir de 1890, em estreita ligação com os desenvolvimentos ferroviários da época, expandiu-se para os vales do Reventazón e do Turrialba, a leste de San José. Não obstante essa expansão, a Meseta Central continuou sendo de longe a zona cafeeira mais importante do país: em 1890, dos 17 940 hectares plantados com pés de café 13 800 (77 por cento) estavam nessa região e, em 1935, apesar de a proporção ter diminuído (59 por cento), o total de hectares plantados aumentou (27 600 de 46 920 hectares).

Na Guatemala, a cochonilha, um produto de alto valor por unidade de volume, cuja produção exigia relativamente pouco capital e mão-de-obra, não teve um forte efeito multiplicador sobre a economia nacional. O país não dispunha de uma rede de estradas, de um sistema moderno de crédito rural e de um sistema viável de oferta de mão-de-obra. As comunidades indígenas foram mantidas quase livres das grandes necessidades de mão-de-obra por várias décadas. Mas, a partir de meados do século XIX, à medida que a cochonilha perdeu importância na economia nacional, o governo começou a incentivar, timidamente a princípio, o cultivo do café e de outros produtos agrícolas para o mercado (açúcar, algodão), concedendo isenção de impostos, procurando difundir o conhecimento técnico necessário e importando máquinas. Mesmo assim, os conservadores, que dependiam do apoio das comunidades indígenas, não colocaram em prática as reformas necessárias sem as quais o café não podia atingir seu potencial total. O café é um produto que exige um sistema de transportes eficiente e barato (tem um valor relativamente baixo por unidade de volume), a criação de instituições de crédito (o cafeicultor iniciante tem de esperar vários anos para obter algum lucro com o produto) e uma oferta abundante de terra e de mão-de-obra. A revolução liberal, que introduziu as reformas radicais exigidas pelos interesses do café, foi desencadeada em 1871, o primeiro ano em que o café se transformou no principal produto agrícola de exportação da Guatemala.

Em El Salvador o processo foi bastante semelhante. A partir de mais ou menos 1850, a queda repentina das exportações de índigo induziu o governo a incentivar a produção de café, cacau, agave e outros produtos agrícolas para o mercado. A expansão da cafeicultura entre 1864 e 1880 tornou esse produto uma solução viável para a ameaçada economia nacional. A partir de 1881 – ano em que o café se tornou o principal produto agrícola de El Salvador – uma série de reformas mudou as estruturas econômicas do país para favorecer os interesses dos cafeicultores.

Na Costa Rica, três processos marcaram a formação da base territorial para a expansão cafeeira: a apropriação de terras públicas, as transações de terra por particulares e a dissolução das formas comunais de propriedade. As conseqüências desse último processo foram pequenas, porque as terras comunais pertencentes às comunidades indígenas e às vilas espanholas – uma forma de propriedade abolida de 1841 a 1851 – não eram uma característica muito importante da zona rural costa-riquenha. Na época da Independência, a população da Costa Rica não chegava a mais de uns 60 mil habitantes. Assim, as terras devolutas e as terras públicas eram abundantes mesmo na Meseta Central, onde vivia a maior parte da pequena população. A expansão do café tendeu a fortalecer e ampliar a estrutura fragmentada da pequena propriedade herdada do período colonial, porque até a década de 1890 continuou fácil o acesso às terras públicas. Com relação às transações de terras por particulares, com o crescimento das exportações de café a partir da década de 1830, o preço da terra começou a subir rapidamente, sobretudo para aquelas da Meseta Central apropriadas para a cafeicultura. De 1800 a 1850, o preço médio da terra no vale central aumentou 1 773 por cento. O grau de concentração da terra na Costa Rica foi objeto de alguma discussão. No entanto, pesquisa recente mostrou sem qualquer sombra de dúvida que essa concentração não foi muito grande antes dos anos de 1930. As causas dessa peculiaridade local da propriedade da terra na principal zona cafeeira da Costa Rica – *sui generis* em termos do conjunto da América Latina – foram principalmente a escassez crônica de mão-de-obra, o preço excessivamente alto da terra e a limitação dos recursos financeiros dos principais cafeicultores.

Na Guatemala, existiram igualmente três processos que, juntos, formam a chamada reforma agrária dos liberais, mas são totalmente diferentes daqueles predominantes na Costa Rica. Em primeiro lugar, o Estado liberal apropriou-se, em 1873, das extensas propriedades agrárias da Igreja e entregou-as aos particulares por venda ou mesmo por concessões livres de ônus, às vezes com a especificação de que, nas terras assim adquiridas, devia-se plantar café ou outras culturas comerciais. Depois, em 1877 uma lei aboliu uma forma de arrendamento da terra, o *censo enfitéutico*. A maior parte das terras envolvidas pertenciam às comunidades e, como muitos de seus ocupantes não tiveram dinheiro para comprar seus lotes no prazo de seis meses determinado pela lei, elas foram confiscadas. O Estado apropriou-se desses lotes, cujo total montava a 74 250 hectares, e vendeu-os em hasta pública. A terceira reforma foi a decisão dos liberais de vender, em condições muito mais fáceis, as terras públicas aos plantadores de café e de outras culturas comerciais. Entre 1871 e 1873, foram vendidos 397 755 hectares de terras devolutas. A reforma agrária feita pelos liberais é um dos fatores que explicam o desenvolvimento do café em Amatitlán, Suchitepéquez, Sololá e Quezaltenango. Como aconteceu no México, o desejo dos primeiros governos liberais era incentivar as propriedades pequenas e médias e evitar a formação de grandes latifúndios, mas nesse caso suas leis agrárias, embora tenham sido promulgadas novamente em 1888 e em 1894, fracassaram.

Na Guatemala, a maior parte das terras comunais subsistiu às reformas liberais. Não foi o que aconteceu em El Salvador. Existem provas de que, a partir de 1864, quando teve início a grande expansão do café, as terras das comunidades foram expropriadas. Não obstante, em 1879 os *ejidos* e os lotes comunais ainda representavam 25 por cento do total da terra de superfície do pequeno país. Além disso, estavam localizados exatamente nos planaltos vulcânicos centrais onde o solo era mais propício ao cultivo do café. Em 1879, o presidente Zaldívar (1876–1885) decidiu garantir a posse plena aos ocupantes da terra que plantassem café, cacau, agave ou outras culturas comerciais. As comunidades, indígenas ou *ladinas* (mestiças), cederam a essa pressão e tentaram cultivar café, mas faltaram-lhes as técnicas necessárias, o capital e o acesso ao crédito. Em 1881, uma lei aboliu o sistema de terras comunais e no ano seguinte essa abolição foi estendida aos *ejidos*. Essas terras tinham de ser adquiridas por seus ocupantes por compra, dentro de um determinado prazo, prolongado várias vezes; de qualquer modo, a maioria dos *comuneros* perderam suas propriedades, que foram compradas pelos fazendeiros de café.

Durante todo o século XIX, houve escassez de mão-de-obra na Costa Rica e os salários tenderam a subir. Esse fenômeno teve várias causas. Primeiramente, embora o crescimento demográfico tenha sido expressivo, em 1900 a população continuava pequena e, como vimos, não houve uma imigração em grande escala. Mas o fator mais importante foi, sem dúvida, o modelo de propriedade da terra. Já fizemos menção ao grande número de pequenos proprietários e à estrutura predominante no campo: a pequena propriedade. Herdada do período colonial, expandiu-se ainda mais nas primeiras décadas após a Independência. O fato de possuir um pequeno pedaço de terra não impedia o camponês de fornecer trabalho para as fazendas agrícolas nas lavouras ou no transporte, mas continua verdadeiro que a distribuição generalizada de pequenas propriedades limitou a oferta de mão-de-obra. Ademais, a partir de 1899, a sedução dos salários altos pagos pela United Fruit Company, estabelecida nas planícies da costa atlântica, provocou migrações internas para as grandes plantações de banana, tirando potencial humano da zona cafeeira. Esses fatores explicam por que o trabalhador rural costa-riquenho, embora não tenha faltado de todo a dependência pessoal, foi basicamente um empregado, um trabalhador assalariado, e não um "servo".

Na Guatemala, a maioria dos habitantes eram índios e as comunidades em que viviam tinham terras. As *haciendas* de café estavam localizadas nas zonas de população esparsa perto da costa do Pacífico. Em 1877, com a promulgação pelo governo liberal do Reglamento de Jornaleros (diaristas), os fazendeiros de café foram autorizados a recrutar um determinado número de trabalhadores, por períodos limitados, nas comunidades indígenas do planalto, mesmo contra a vontade dos *comuneros*. Esse sistema se manteve durante todo o período que estamos estudando, embora, a partir do início do século XX, tenham sido adotadas algumas medidas para melhorar a condição dos trabalhadores rurais forçados, como, por exemplo, o estabelecimento de níveis mínimos de salário garantidos por lei.

Em El Salvador, mesmo que a população tenha sido grande para um território pequeno, antes das reformas liberais a maioria das pessoas vivia em comunidades. Os fazendeiros de café foram forçados a idealizar diversos meios de conseguir mão-de-obra, mas, após a década de 1880, o problema foi resolvido com a política agrária do presidente Zaldívar. Milhares de camponeses foram desapossados de suas terras comunais e não conseguiram adquirir novos lotes. Tiveram de estabelecer-se nas *haciendas* como colonos, ou viver como posseiros de terras devolutas na maior parte do ano, empregando-se com suas famílias como trabalhadores alugados durante a colheita do café. A agitação social tornou-se uma característica comum da zona rural salvadorenha depois das reformas, sobretudo na região ocidental onde vivia maior número de índios; a repressão dos movimentos camponeses foi entregue à *policia montada* (guarda rural) criada em 1889.

No começo, a expansão cafeeira na Costa Rica foi financiada com pequenas somas de capital acumuladas, no período colonial e na primeira década da Independência, com o cultivo do cacau e do fumo, a exportação do corante *palo brasil* e a extração de metais preciosos das minas de Monte del Aguacate, descobertas em 1815 e exploradas sobretudo a partir de 1820. Quando tiveram início, em 1843, as exportações regulares de café para a Inglaterra, as casas de comércio de Londres e de Liverpool começaram a adiantar créditos contra colheitas futuras, canalizando-os por meio das casas de comércio costa-riquenhas, fundadas a partir dos anos de 1840, em sua maioria pelos fazendeiros de café mais ricos. Essas casas de comércio, por sua vez, concediam créditos aos pequenos produtores, que desse modo foram forçados a uma dependência econômica dos grandes cafeicultores e dos comerciantes. Isso deu aos grandes produtores a possibilidade de exercer alto grau de pressão e de controle social sobre os pequenos fazendeiros, para garantir a mão-de-obra necessária para a colheita de seu próprio café e mesmo para o trabalho nas grandes instalações de processamento. Em 1857, o governo do presidente Juan Rafael Mora (1849–1859), mediante um contrato assinado com o comerciante Crisanto Medina, criou o Banco Nacional Costarricense, com a permissão de receber depósitos, fornecer crédito e emitir cédulas bancárias. O banco foi inaugurado em 1º de janeiro de 1858. Aos cafeicultores que praticavam a usura e usavam-na como forma de controle social sua fundação pareceu uma grande ameaça. Assim, deram um golpe de Estado que derrubou Mora. Essa oposição dos fazendeiros e as perdas causadas pela falência de uma firma de Liverpool à qual estava ligado levaram o banco a interromper suas operações. No entanto, a partir da década de 1860, o número de estabelecimentos de crédito multiplicou-se, muitos deles de vida efêmera. Os mais importantes foram o Banco Anglo-Costarricense, fundado em 1863, e o Banco de la Unión (1877), que se transformou mais tarde no Banco de Costa Rica.

Na Guatemala, durante o longo período de governo conservador antes de 1871, as estruturas de crédito e de finança eram muito primitivas. A hipoteca rural era praticamente desconhecida, porque quase não havia segurança legal para o emprestador de dinheiro. As taxas de juros chegavam às vezes a 50 por cento, apesar de ser de apenas seis por cento ao ano a taxa legal. Os agiotas conseguiram impedir a criação de várias casas bancárias. Com a revolução liberal, foram feitas algumas tentativas de criar um moderno sistema financeiro. As propriedades da Igreja, expropriadas em 1873, foram usadas pelo governo para dar suporte ao Banco Nacional, criado em 1874, com a autorização para receber depósitos, emitir notas bancárias e fornecer crédito. Mas esse banco não resistiu ao pânico financeiro provocado, em 1876, pela guerra contra El Salvador e desapareceu no ano seguinte, abrindo caminho para a criação de diversos bancos comerciais particulares, todos eles autorizados pelo Código de Comércio (1877) a emitir cédulas bancárias. O código regulamentou também o sistema de hipotecas e determinou o registro público obrigatório das propriedades agrárias e das hipotecas. Os principais bancos foram: o Banco Internacional (1877), o Banco Colombiano (1878), o Banco de Occidente de Quezaltenango (1881), o Banco Americano (1892), o Banco Agrícola Hipotecario (1893) e o Banco da Guatemala (1894). Mesmo assim, o crédito continuou difícil, levando os cafeicultores a depender de um crédito pessoal e comercial pelo qual pagavam altas taxas de juros (12 por cento ao ano). Os bancos e outros emprestadores de dinheiro obtinham na Europa crédito barato e repassavam-no na Guatemala a juros mais altos. Desse modo, os cafeicultores alemães, que tinham ligações com os bancos de Brêmen e de Hamburgo, aproveitaram-se da longa crise cafeeira do final do século XIX e tomaram as propriedades dos produtores guatemaltecos que lhes deviam dinheiro e não conseguiram pagar.

Em El Salvador, os primeiros estágios da expansão cafeeira foram financiados – pelo menos em parte – pela hipoteca de propriedades produtoras de índigo. Muitos plantadores desse corante venderam suas terras e equipamento para cultivar café. Os fazendeiros e os moradores das cidades (comerciantes, militares, padres, servidores públicos etc.) obtiveram crédito suficiente para dar início ao ciclo econômico do café. Como na Costa Rica, o capital inglês financiou as colheitas futuras. Os primeiros bancos apareceram depois de 1880, todos eles com autorização de emitir cédulas bancárias: Banco Occidental, Banco Salvadoreño, Banco Agrícola Comercial. O seu crédito concentrou-se nas mãos dos grandes fazendeiros, os quais, por sua vez, repassavam o dinheiro aos pequenos produtores. Somente por volta de 1920 os bancos passaram a fazer empréstimos destinados especialmente ao financiamento da produção cafeeira.

Durante todo o período em estudo, o cultivo do café nos países da América Central permaneceu extensivo e bastante primitivo, com exceção até certo ponto de El Salvador. Nas melhores terras da Meseta Central costa-riquenha, o declínio no rendimento médio por hectare, já visível em 1881, é confirmado pelos dados quantitativos de que dispomos para o século XX. De 1909 a 1956, o rendimento médio caiu 52,5 por cento[1]. Os aumentos de produção foram obtidos com a ampliação da área de cultivo. Os cafezais da América Central eram explorados por empresas permanentes (ao contrário do Brasil, onde o café era uma cultura de fronteira ou migratória), mas o uso de fertilizantes foi fortemente limitado. Na segunda metade do século XIX,

1. Cf. CARMEN S. DE MALAVASSI & BELÉN ANDRÉS S., *El Café en la Historia de Costa Rica*, dissertação inédita, San José, 1958, pp. 35–36.

estabeleceu-se o costume de plantar à sombra das árvores para proteger os pés de café dos ventos e do excesso de chuva e resguardar o solo contra a erosão. Na Guatemala, as técnicas de cultivo eram semelhantes às usadas na Costa Rica. Todavia, em El Salvador, devido à escassez absoluta de solos apropriados e, às vezes, ao fato de os cafezais serem plantados em encostas íngremes, procurou-se usar melhores técnicas agrícolas, a ponto de algumas das maiores fazendas conseguirem os melhores rendimentos mundiais[2].

Em contraste com o cultivo, o processamento passou a ser feito cada vez mais com máquinas e especialização técnica. A pioneira no desenvolvimento dessas técnicas foi a Costa Rica, que as ensinou aos outros países da América Central – e à Colômbia. Já em 1838 começou-se a usar no país o *beneficio húmedo* (processamento úmido). Os grãos eram amontoados para amaciar a polpa e, em seguida, colocados em tanques pelos quais passava uma corrente de água; aí sofriam um processo contínuo de agitação para a remoção da polpa externa. Em seguida, espalhavam-se os grãos numa plataforma para secarem ao sol, após o que removia-se a casca interna por meio de moinhos d'água. Na década de 1850 disseminou-se o uso de máquinas de processamento a vapor, importadas da Inglaterra e posteriormente dos Estados Unidos. Obviamente, os altos custos e a complexidade técnica dos novos meios de processamento provocaram a concentração dessa etapa de produção em alguns moinhos. Por volta de 1888, existiam na Costa Rica apenas 256 *beneficios*, ao passo que, quatro anos antes, havia 7 490 fazendas de café[3]. A Costa Rica transmitiu o conhecimento das técnicas de processamento à Guatemala e a El Salvador. Nesses países também, a etapa de processamento tendeu a concentrar-se em algumas grandes fazendas ou moinhos. Na Guatemala, os cafeicultores alemães usaram técnicas mais modernas e obtiveram um rendimento mais elevado: em 1913, possuíam dez por cento das fazendas de café da Guatemala, mas produziam 40 por cento dos grãos processados.

Nos três países que vimos estudando, o crescimento da cultura cafeeira deu o principal impulso à modernização do sistema de transportes e influenciou de maneira decisiva a forma das malhas rodoviária e ferroviária. Na Costa Rica, foi preciso construir uma estrada para que os carros de boi

2. DAVID BROWNING, *El Salvador: Landscape and Society*, Oxford, 1971, p. 224.

3. JOAQUÍN BERNARDO CALVO, *Apuntamientos Geográficos, Estadísticos y Históricos*, San José, 1887, p. 47.

pudessem transportar o café ao porto de Puntarenas, no Pacífico. Construída entre 1844 e 1846, foi financiada por um imposto cobrado sobre as exportações do produto. Os navios que transportavam o café para a Europa e para a costa atlântica dos Estados Unidos tomavam a rota do Cabo Horn, que prolongava a viagem e, portanto, aumentava os fretes. A construção da Panama Railway (1851–1855), ligando o oceano Atlântico ao Pacífico, abriu outra possibilidade, mas não solucionou realmente o problema. No mesmo período, o governo costa-riquenho de Juan Rafael Mora assinou um contrato com a Pacific Mail and Steamship Company, pelo qual garantiu a chegada de seus navios até Puntarenas; esse contrato foi extremamente favorável à companhia de navegação. Mesmo assim, ainda era preciso abrir uma estrada – ou uma ferrovia – para o Atlântico e construir um novo porto na costa do mar das Antilhas. Puerto Limón foi construído em 1870, mas somente em 1890 foi concluída a Estrada de Ferro do Atlântico, ligando San José a seu novo escoadouro. Daí para a frente, a Costa Rica pôde desfrutar de fretes mais baixos (em razão também da disseminação de vapores nas rotas atlânticas) e de acesso direto a seus principais mercados. Nessa época, também estava em construção a Estrada de Ferro do Pacífico, que não foi terminada antes de 1910.

A partir de 1873, o regime liberal na Guatemala fez um grande esforço para construir estradas melhores e mais numerosas, ligando a capital a Quezaltenango, a Huehuetenango, aos portos do Pacífico e, mais tarde, ao porto de Santo Tomás, no Atlântico. Todos esses projetos foram financiados pela emissão de títulos do tesouro e por um imposto aplicado sobre a propriedade rural. Todo adulto do sexo masculino era obrigado a trabalhar três dias por ano na construção e manutenção de estradas, ou obter sua isenção mediante o pagamento de uma soma determinada. O primeiro contrato ferroviário que produziu efeitos práticos foi assinado em 1877–1880 com William Nanne: a estrada de ferro, construída com capital nacional, ligou o porto de San José a Escuintla (1880) e a Cidade de Guatemala (1884). Em 1881, foi assinado novo contrato para a construção de uma estrada de Retalhuleu ao porto de Champerico, destinada ao transporte do café produzido na região; foi concluída em 1883. Em 1884, foi construído na costa do mar dos Caraíbas um porto (chamado depois Puerto Barrios) e iniciada a abertura de uma estrada até esse porto, financiada com capital nacional. Mas suas obras foram interrompidas e ela só foi concluída em 1908, depois de um contrato assinado (em 1900) com a Central American Improvement Company

Inc. Esse contrato – que marcou o início do controle das estradas de ferro guatemaltecas pelos norte-americanos – garantiu a essa empresa a concessão, por 99 anos, da exploração de Puerto Barrios, forneceu-lhe terras em ambos os lados dos trilhos e concedeu-lhe isenção de impostos. Em 1912, toda a rede ferroviária da Guatemala estava sob controle dos norte-americanos através da Guatemala Central Railway Company, que foi absorvida pela International Railway of Central America. Entre 1881 e 1884, o governo de Justo Rufino Barrios assinou contratos com dez companhias estrangeiras de navegação a vapor. Esses contratos previam subsídios anuais do governo, concessões de terra e isenções de impostos para as companhias.

Em El Salvador, as estradas para o transporte do café foram construídas no final do século XIX, financiadas pelos impostos nacionais e municipais cobrados sobre a produção cafeeira e sua comercialização. Como na Costa Rica e na Guatemala, mediante contratos muito generosos o governo atraiu companhias estrangeiras de navegação a vapor para os portos salvadorenhos (Acajutla, La Libertad). As estradas de ferro foram construídas em parte com recursos do governo e com capital nacional (Sonsonate–Acajutla, La Unión–San Miguel). A The Salvador Railway Company (uma empresa inglesa) recebeu, em 1885, uma concessão para construir uma ferrovia para ligar as principais zonas cafeeiras ao porto de Acajutla. Mais tarde, foi construída uma outra via férrea com capital norte-americano, ligada à rede guatemalteca, permitindo a exportação do café salvadorenho por Puerto Barrios. Como não tinha acesso ao Atlântico, El Salvador, antes da construção do canal do Panamá, estava mais isolado do que a Costa Rica e a Guatemala dos mercados internacionais mais importantes do café.

No século XIX, os principais compradores do café costa-riquenho eram a Inglaterra, a França, a Alemanha e os Estados Unidos. Depois da Primeira Grande Guerra, os vínculos comerciais e financeiros com a Inglaterra começaram a enfraquecer, enquanto ao mesmo tempo melhoravam as relações com os Estados Unidos. No início, quase todo o café da Guatemala era vendido para a Inglaterra. Com o passar do tempo, os ingleses continuaram os maiores fornecedores da Guatemala, mas, no tocante à importação de café, foram substituídos primeiro pelos Estados Unidos, depois pela Alemanha e posteriormente, durante a Primeira Guerra Mundial, novamente pelos Estados Unidos. No começo do século XX, os maiores importadores de café de El Salvador eram, nessa ordem, a França, os Estados Unidos, a Alemanha, a Itália e a Inglaterra.

O café tornou-se o mais importante produto agrícola de exportação primeiro na Costa Rica (nas décadas de 1830 e de 1840), depois na Guatemala (onde substituiu a cochonilha em 1870) e finalmente em El Salvador (onde em 1880 desbancou o índigo do primeiro lugar). Seu valor percentual em relação ao total das exportações atingiu o ponto máximo no final do século XIX na Guatemala (92 por cento em 1880) e na Costa Rica (91 por cento em 1890). Em El Salvador, somente no século XX conseguiu dominar inteiramente o comércio exterior e tornou a economia salvadorenha totalmente dependente das exportações do produto.

É fácil, portanto, compreender por que as crises do mercado mundial do café – resultantes de superprodução ou de crises gerais do capitalismo – tiveram conseqüências econômicas muito graves para a América Central. A mais importante dessas crises aconteceu no período de 1897 a 1907 (em decorrência da superprodução mundial do produto) e na década de 1930, na esteira do *crash* de 1929; somente em 1946 os preços do café recuperaram o nível anterior a 1929.

Os principais efeitos da expansão cafeeira nesse período foram semelhantes na Costa Rica, na Guatemala e em El Salvador. Em algumas zonas, o café substituiu progressivamente a agricultura de subsistência. O desenvolvimento da monocultura mudou a zona rural e provocou graves crises na oferta nacional de alimentos. Com a escassez de alimentos, os governos foram forçados a proibir a exportação de grãos e de gado e incentivar sua importação, a estabelecer preços máximos para os gêneros básicos etc., mas essas medidas não ajudaram muito na solução efetiva do problema. Na Costa Rica, à medida que as melhores terras do vale central eram ocupadas aos poucos pelo café, a produção de milho, feijão, cana-de-açúcar (para consumo interno) e a criação de gado leiteiro e de corte foram relegadas às terras devolutas em torno da área dos cafezais. Como a bibliografia mostra em abundância, foram freqüentes as crises de subsistência e os gêneros alimentícios básicos, que na época da independência eram muito baratos, ficaram cada vez mais caros. Na Guatemala, um relatório de 1902 do Departamento de Agricultura (uma seção do Ministério do Desenvolvimento) informava que, antes da expansão do café, a oferta de gêneros alimentícios para o consumo popular fora adequada e seus preços haviam baixado; mas o café havia mudado tudo isso, e agora os produtos básicos eram importados e caríssimos. Então, o governo adotou medidas para incentivar a produção de milho, de batatas, de arroz e de trigo, com pouco efeito discernível. Na zona central de El Salvador, a mais povoada, embora em época posterior à da Costa Rica e da Guatemala, o café também expulsou o milho e outros gêneros alimentícios básicos, que passaram a ser produzidos em solos menos férteis e às vezes em terras ocupadas pelos posseiros no intervalo entre uma colheita do café e a seguinte.

Não pode haver dúvida de que a elite de fazendeiros de café exerceu uma influência decisiva sobre a vida social, política e econômica desses países (particularmente da Costa Rica). Excetuando de lado os empréstimos estrangeiros, os impostos sobre a exportação do café foram a única grande fonte de financiamento de projetos importantes, como estradas, ferrovias e edifícios públicos. Aos poucos na Costa Rica, e mais apressadamente na Guatemala e em El Salvador, a expansão dos cafezais provocou total reorganização das estruturas sociais e econômicas e foi decisiva para a plena integração desses países no mercado mundial, com todas as vantagens e desvantagens que a acompanharam.

AS ECONOMIAS DE ENCRAVE[4]

As grandes fazendas de banana e as minas de ouro e de prata foram economias de encrave na América Central. No começo, as grandes fazendas agrícolas, muito mais importantes em termos históricos do que os empreendimentos mineiros, foram uma espécie de projeção ou conseqüência dos contratos ferroviários, mas acabaram tornando-se por si sós uma característica básica das economias centro-americanas.

A banana tornou-se objeto de comércio internacional em 1870, quando a New Orleans Bay Island Fruit Company começou a fazer exportações regulares do produto de Honduras para New Orleans. Logo apareceram empresas concorrentes. Depois, a partir da década de 1890, a expansão do mercado norte-americano estimulou fortemente o estabelecimento de grandes fazendas de banana na América Central.

4. Para uma definição de economia de encrave, cf. FERNANDO H. CARDOSO & ENZO FALETTO, *Dependencia y Desarrollo en América Latina*, México, 1973, pp. 48–53. Esta seção segue de perto CIRO CARDOSO & HÉCTOR PÉREZ BRIGNOLI, *Centroamérica y la Economía Occidental (1520–1930)*, San José, 1977, cap. 9.

A primeira etapa no desenvolvimento do negócio da banana foi marcada por forte concorrência no plano da produção e no âmbito do comércio. A banana era cultivada por trabalhadores independentes, com um investimento muito pequeno e boas probabilidades de lucro. Os comerciantes norte-americanos que exportavam a fruta para os Estados Unidos, ao mesmo tempo em que pressionavam os produtores para manter os preços baixos (sendo a banana um produto muito perecível, os fazendeiros tinham muita pressa em vendê-la), tinham de enfrentar os riscos de grandes perdas na viagem e feroz concorrência em New Orleans. Em conseqüência, o negócio de exportação especializou-se. O transporte em navios maiores, providos de câmara de refrigeração, e a construção de instalações apropriadas para armazenamento e carga em alguns portos centro-americanos exigiram grandes dispêndios de capital. Além disso, a disseminação do cultivo da banana fora da linha costeira exigiu um sistema de transporte adequado para os portos, atendido pelas redes ferroviárias.

A consolidação das grandes companhias bananicultoras foi um processo complicado e envolveu concessões de terras pelos Estados, a construção de estradas de ferro e de instalações portuárias, a introdução de tecnologia e capital estrangeiros, a sagacidade e habilidade de alguns empresários, conflitos e fusões entre as próprias companhias, o confisco de terras ocupadas pelos fazendeiros independentes nativos e mesmo conflitos de fronteira entre países vizinhos.

A United Fruit Company (UFCO), fundada em 1899, iniciou suas atividades na Guatemala mediante um acordo com a International Railway of Central America, que recebera grandes concessões de terras devolutas. A partir de 1906, mediante compras e novas concessões, essa empresa expandiu suas propriedades no vale do Motagua. Em 1928, usando uma companhia subsidiária, a UFCO começou a comprar terras também na costa do Pacífico e, a partir de 1936, desenvolveu suas plantações nessa região.

Em Honduras, a produção de banana esteve, até 1913, nas mãos dos agricultores nativos. Diversas companhias, como a Vaccaro Brothers, a Hubbard-Zemurray, a empresa de navegação a vapor Oterí e a UFCO, partilhavam entre si o transporte por mar e a distribuição. Por volta de 1913, os preços caíram e uma forte seca afetou as lavouras, provocando uma crise durante a qual algumas dessas companhias se retiraram do negócio. A poderosa UFCO aproveitou-se do momento para penetrar em grande escala em Honduras. Com efeito, já em 1912 duas de suas companhias subsidiárias – a Tela Railroad Company e a Trujillo Railroad Company – haviam assinado vultosos contratos ferroviários com o governo hondurenho, obtendo no processo vastas concessões de terra. Na década de 1920, Honduras produzia a maior parte das bananas vendidas pela UFCO. A companhia dos irmãos Vaccaro operava na região de La Ceiba e no vale do Aguán. Foi reorganizada em 1924 e em 1926, transformando-se na Standard Fruit and Steamship Company. Samuel Zemurray também começou suas empresas com a compra e venda de banana, mas, em 1902, obteve uma concessão de terras públicas no lado hondurenho do rio Motagua. Em 1911, após uma crise que quase o levou à ruína, sua empresa transformou-se na Cuyamel Fruit Company. O governo de Honduras concedeu-lhe novas terras junto à fronteira da Guatemala, mas teve início, em 1913, uma série de conflitos entre Honduras e Guatemala, visto que as linhas limítrofes entre os dois países ainda não estavam claramente definidas; na verdade, esses conflitos foram apenas os efeitos da rivalidade entre a Cuyamel e a UFCO. Cessaram em 1929 com a fusão das duas empresas. A partir de 1920, as principais plantações da Cuyamel localizavam-se no vale do Ulúa.

Na Nicarágua, a produção de banana teve menor importância. Desde a década de 1890 a UFCO operava na costa do Atlântico, mas o volume das exportações ainda era pequeno. Na década de 1920, a Cuyamel Fruit Company estabeleceu-se no país, expandindo o cultivo da fruta. Não obstante, a maioria dessas lavouras estavam localizadas em solos inadequados. Em 1930, a UFCO vendeu suas propriedades na Nicarágua e passou a ocupar-se exclusivamente com operações de comércio através de uma empresa subsidiária, a Cukra Development Company.

Na Costa Rica, o negócio da banana esteve ligado, no início, às atividades de Minor Keith e à complicada história da Estrada de Ferro do Atlântico. Em 1899, a UFCO conseguiu que as concessões feitas anteriormente a Keith fossem transferidas para seu nome. A United Fruit conseguiu manipular todo o mercado da banana no país, depois de expulsar duas empresas concorrentes, a American Banana Company e a Atlantic Fruit Steamship Company. Em 1927, duas novas empresas da costa do Pacífico começaram a exportar o produto, mas a UFCO comprou imediatamente suas plantações e na década de 1930 expandiu-as enormemente. Em 1930, a UFCO havia superado todos os seus concorrentes na América Central: 63 por cento dos 103 milhões de cachos de banana exportados vinham de suas fazendas.

O litoral caribenho da América Central, o primeiro local onde se desenvolveu a produção de banana, tinha uma população bastante esparsa. A construção de estradas de ferro e o cultivo da banana em grande escala provocaram algumas correntes migratórias: dos planaltos centrais para a costa; e das Índias Ocidentais e da China para a América Central. Honduras também atraiu trabalhadores imigrantes de El Salvador. E a disseminação das lavouras de banana suscitou o desenvolvimento de importante proletariado rural. Geralmente, os salários pagos pelas companhias estrangeiras eram mais altos do que os oferecidos nas outras regiões da América Central, mas os trabalhadores tinham sua situação agravada pelas várias práticas de pagamento. Por exemplo, em Honduras era costume pagar os trabalhadores com vales, resgatáveis nos armazéns da companhia, os chamados *comisariatos*; ou então os salários eram fixados em dólares e pagos em moeda hondurenha a uma taxa de câmbio abaixo da legal. Além disso, enquanto os demais trabalhadores hondurenhos eram pagos usualmente por semana, as companhias pagavam às vezes a cada 40 dias.

As exportações de banana da Costa Rica expandiram-se rapidamente depois de 1880, chegando ao máximo de 11 milhões de cachos em 1913, apesar do chamado mal-de-panamá, uma doença que começou a afetar as plantações a partir de 1904. Após a Primeira Grande Guerra, as exportações diminuíram lentamente, até chegar a mais ou menos sete milhões de cachos na década de 1920. Nessa altura, a UFCO começou a abandonar suas fazendas no Atlântico e se estabeleceu na costa do Pacífico. Na zona do Caribe, a banana passou a ser cultivada por fazendeiros costa-riquenhos, que vendiam a fruta à companhia. Em 1927–1928, eles formaram uma Cooperativa Costa-riquenha de Banana.

Em Honduras, as exportações de banana alcançaram mais ou menos 1,5 milhão de cachos por ano na década de 1890. Com a penetração das companhias estrangeiras, as vendas ao exterior cresceram enormemente: 9,8 milhões de cachos em 1920, 16,3 milhões em 1925, 29 milhões em 1929. Na década de 1920, Honduras tornou-se o maior produtor mundial de bananas. O mal-de-panamá apareceu em 1926, principalmente nas plantações da Trujillo Railroad Company, provocando o completo abandono de Puerto Castilla em 1935, o que, por sua vez, levou ao abandono de 125 quilômetros de estradas de ferro nessa região.

As exportações da Guatemala, que entrou no mercado da banana bem mais tarde, totalizaram três milhões de cachos em 1913, chegando a seis milhões por ano nas décadas de 1920 e de 1930. Na Nicarágua, de 1900 a 1920, as exportações do produto chegaram a um pouco mais de 1,5 milhão de cachos por ano. Subiram para três milhões de cachos entre 1920 e 1930, mas seu declínio foi rápido depois de 1935.

Já em 1864, inúmeras concessões de minas foram pedidas e atendidas em Honduras. Na década de 1870, a produção mineira começou a receber incentivos do governo, o que a fez recuperar-se de longo período de depressão. No governo do liberal Marco Aurelio Soto (1876–1883), que em declaração anterior proclamara a agricultura a pedra angular do desenvolvimento hondurenho, as minas foram declaradas o esteio da economia nacional. A política de Soto, favorável à mineração e aos interesses estrangeiros, foi seguida por seus sucessores, especialmente por Luis Bográn (1883–1891). Inúmeras concessões foram feitas às companhias estrangeiras, mas apenas uma delas dominou todo o negócio da mineração: a New York and Honduran Rosario Mining Company. Essa companhia registrou, entre 1921 e 1937, um lucro líquido de 36 por cento e pagou dividendos de cerca de oito milhões de dólares no total. A principal produção mineral de Honduras era a prata, e as minas mais importantes estavam localizadas em torno da capital, Tegucigalpa. Em 1887, os minérios foram responsáveis por cerca de 50 por cento do valor total das exportações do país, mas, com o crescimento da banana, esse valor diminuiu progressivamente (até chegar a apenas seis por cento em 1928).

Na Nicarágua, a mineração de ouro, que gerou altos lucros para algumas companhias estrangeiras, foi responsável, em 1912, por 23 por cento do total das exportações do país. No entanto, como em Honduras, tendeu a diminuir de importância, especialmente depois de 1923. As principais minas encontravam-se em Nueva Segovia (San Albino Gold Mining Ltd., Nicaragua Development Syndicate), em Chontales, em Matagalpa e na região atlântica.

Na Costa Rica, por outro lado, as minas de ouro e de prata, localizadas na região noroeste do país, aumentaram sua produção depois de 1920 e alcançaram o ponto máximo em 1928. Mas aqui, como na Guatemala e em El Salvador, a mineração não foi muito importante; nunca representou mais de três por cento do total das exportações do país.

As economias de encrave da América Central tiveram pouco efeito dinâmico sobre as economias nacionais como um todo; a expansão econômica que geraram tendeu a limitar-se às zonas de mineração ou de grandes fazendas agrícolas.

As concessões originais feitas às companhias estrangeiras lhes foram extraordinariamente favoráveis. No caso das empresas de banana, as concessões consistiram de terras, do direito de uso de outros recursos naturais, de isenção de impostos e da livre importação de numerosos produtos (que tiveram um efeito deletério sobre o desenvolvimento das indústrias nacionais, com a entrada no país de artigos importados isentos de taxas, que eram vendidos aos trabalhadores das fazendas agrícolas nos *comisariatos*). Os contratos ferroviários transferiram o controle de todo o transporte interno para as companhias de banana. O pequeno comércio das zonas dominadas pelas grandes empresas agrícolas foi expulso pelos *comisariatos*. As isenções – sobretudo as de tarifas alfandegárias – geraram Estados fracos, com poucos recursos financeiros. Foi o que aconteceu particularmente com Honduras, onde as plantações e exportações de banana constituíam o núcleo da economia nacional. Em 1917–1918, as isenções concedidas às companhias produtoras de frutas ultrapassavam a receita total do Estado hondurenho.

Sendo a banana um negócio extremamente concentrado, as poucas possibilidades de industrialização que ele abriu foram muito bem aproveitadas pelas próprias empresas, como um complemento de suas atividades agrícolas, que se diversificaram aos poucos. Em Honduras, por exemplo, a Standard Fruit Company, a partir da década de 20, possuía engenhos de açúcar, fábricas de bebidas, indústrias de óleo vegetal, de sabão e fertilizantes, extraídos de sementes de algodão, coco e outros produtos cultivados em suas terras ou adquiridos de fazendeiros locais.

Os efeitos mais danosos da economia de encrave foram, provavelmente, as fraudes que geraram e o descumprimento por parte das empresas das condições que os governos dos países centro-americanos pequenos e fracos exigiram no momento das concessões: embarques clandestinos, a evasão de impostos, a construção de estradas de ferro clandestinas (em Honduras), a falta de construção de alguns ramais ferroviários especificados nas concessões (que eram de interesse nacional, mas não do interesse da exportação), a prática de preços variados de frete em seus trens de modo a favorecê-las em detrimento dos produtores locais etc.

Um aspecto diferente dessa questão é a absoluta falta de respeito à soberania dos países centro-americanos por parte das companhias estrangeiras, a pressão às vezes aberta sobre os governos locais e a intervenção nos assuntos nacionais. Por várias vezes os Estados Unidos intervieram militarmente em favor dessas empresas, embora por breve tempo: toda vez que os cidadãos norte-americanos e seus bens foram ou se declararam ameaçados houve desembarque de fuzileiros navais ou navios de guerra atracaram em portos centro-americanos.

A SOCIEDADE

As Estruturas Sociais

Para estudar a extensão com que as mudanças econômicas e políticas no período em exame afetaram as estruturas sociais da América Central, deve-se notar, primeiramente, que a expansão do café e as reformas liberais não mudaram de forma significativa a composição dos grupos dominantes na sociedade. Depois das revoluções liberais, muitos conservadores perderam sua posição e sua fortuna pessoal por confisco, ou foram obrigados a exilar-se, enquanto os liberais usaram o poder político adquirido para obter vantagens econômicas (por exemplo, concessões de terras públicas e de antigas terras comunais). No entanto, não há dúvida de que a ordem liberal, ao incluir muitos membros das velhas oligarquias nos novos grupos dominantes, permitiu a criação de uma base mais ampla de poder. Mesmo assim, isso não evitou lutas ferozes no seio da classe dominante. O grau de absorção das antigas oligarquias variou de país para país. Foi mínimo talvez na Guatemala e na Nicarágua, ao passo que na Costa Rica é possível demonstrar uma notável continuidade desde os tempos coloniais[5]. Algumas mudanças importantes foram a redução do poder político e da influência da Igreja católica e a profissionalização dos exércitos nacionais; o exército ofereceu uma das poucas possibilidades de mobilidade social.

A presença acentuada de estrangeiros nos grupos sociais dominantes merece um pouco de atenção. No negócio do café, na maioria das vezes a produção esteve sob o controle de plantadores centro-americanos. No caso da banana, porém, em quase toda a parte os produtores locais foram alijados do negócio pelas companhias norte-americanas. A influência econômica estrangeira foi decisiva no comércio, nos transportes e nas finanças. No sécu-

5. SAMUEL STONE, *La Dinastía de los Conquistadores*, San José, 1975.

lo XX, o número de comerciantes estrangeiros residentes no local – principalmente ingleses, alemães, norte-americanos, franceses e médio-orientais – cresceu enormemente, vindo juntar-se aos primeiros imigrantes que haviam chegado como processadores e negociantes de café. De modo geral, mesmo que na Costa Rica muitos residentes estrangeiros se tenham naturalizado, sua integração na sociedade centro-americana não foi completa.

Para a plebe em geral, predominantemente rural, a grande contradição do liberalismo centro-americano foi a divergência entre a proclamação da igualdade de todos os cidadãos e a situação social real, que incluía até mesmo trabalho forçado (na Guatemala chegou a ser legalizado). A Costa Rica, com sua firme estrutura de pequenas propriedades, era um tipo diferente de país, mas nos outros Estados centro-americanos as comunidades indígenas sobreviventes (principalmente na Guatemala) e os trabalhadores rurais – ou fixos permanentemente nas fazendas (colonos ou *peones*) ou empregados como diaristas (*jornaleros*) – foram submetidos ao sistema de trabalho forçado. Esse reviveu e ampliou os métodos coloniais, como os *mandamientos* (pagamentos adiantados que geravam dívidas e muitas vezes amarravam o camponês à fazenda) e as leis contra a vadiagem. Os camponeses, sempre que tentaram organizar-se e insurgir-se contra essa situação, foram reprimidos pelos fazendeiros e pelas tropas do governo. Na fazenda centro-americana típica, encontravam-se os moradores, que reproduziam sua força de trabalho em parte através de uma economia de subsistência (cultivo de pedaços de terra dentro da fazenda como parte ou complemento do salário), e os trabalhadores alugados, que prestavam serviço apenas na colheita e, no resto do ano, eram posseiros ou rendeiros e praticavam uma agricultura de subsistência. Esse sistema permitiu grandes economias de gastos ao fazendeiro e constituiu um forte obstáculo à formação de um verdadeiro mercado de trabalho capitalista e de um proletariado rural propriamente dito[6].

Contudo, os encraves estrangeiros, fossem minas ou grandes fazendas agrícolas, criaram um proletariado mais típico. A disseminação das lavouras de banana acarretou a colonização e a exploração econômica das planícies caribenhas. Para dar condições de assentamento humano na região, a United Fruit Company iniciou uma luta contra a febre amarela, contra a malária e

6. Cf. EDELBERTO TORRES RIVA, *Interpretación del Desarrollo Social Centroamericano*, San José, 1971, pp. 75–82.

outras doenças tropicais, no que foi seguida pelas outras companhias produtoras de frutas. Como vimos, as correntes migratórias trouxeram mão-de-obra, principalmente das Índias ocidentais e dos planaltos centro-americanos. A presença dos ilhéus das Índias ocidentais, não assimilados totalmente até os tempos atuais e falando seus próprios dialetos, criaram um novo tipo de problema social e étnico. Na Costa Rica, por exemplo, durante várias décadas os chineses e os ilhéus das Índias ocidentais não se integraram na sociedade como cidadãos nacionais e sofreram sérias limitações em sua liberdade de locomoção. Antes do início da construção das estradas de ferro e das docas, e da implantação do sistema de *plantations*, um problema étnico (ou "racial") da América Central foi a discriminação social sofrida pelos índios, principalmente na Guatemala – onde constituíam uma clara maioria da população – e no oeste de El Salvador. Os habitantes do resto de El Salvador e de toda a Honduras e Nicarágua eram predominantemente mestiços, e na Costa Rica a maioria da população (cerca de 80 por cento em 1925) tinha origem européia.

O entusiasmo da economia de exportação suscitou uma certa urbanização e modernização, que tiveram diversos efeitos sobre a estrutura social dos países centro-americanos. No final do século XIX, as capitais de todos os países começaram a crescer num ritmo contínuo. Os diversos serviços requeridos pelas atividades de exportação e o fortalecimento da burocracia em virtude da consolidação dos Estados nacionais atraíram para as cidades muitos moradores da zona rural. Com isso, formou-se uma primeira classe média urbana, sobretudo nas capitais, que desempenhou papel importante na evolução política da região. Por outro lado, apareceram também os primeiros sinais de um proletariado urbano, depois do estabelecimento de algumas pequenas fábricas (têxteis, alimentos e bebidas) em San Salvador, em Guatemala e em San José. Deve-se ressaltar, porém, que os artesãos continuavam a predominar, pois a total industrialização da América Central só veio a ocorrer na década de 1950. A urbanização significou ainda a execução de obras públicas, como pavimentação e iluminação das ruas, a difusão dos meios de transporte moderno, a construção de grandes edifícios e parques, a proliferação de jornais diários, alguns progressos na medicina e um avanço modesto na educação; essa última, porém, limitou-se, com exceção da Costa Rica, a atender quase que exclusivamente a classe alta e a classe média. Nas primeiras décadas do século XX, os estudantes transformaram-se numa nova força política. Não é preciso dizer que, considerando as condições sociais, a urbanização provocou ainda a proliferação de alguns bairros paupérrimos, inclusive "favelas".

Como já notamos anteriormente, a Costa Rica tinha uma estrutura econômica muito peculiar, e o mesmo se pode dizer de sua organização social, marcada por uma participação popular mais ampla na educação e mesmo na política e por uma maior assistência do Estado aos trabalhadores em matéria de saúde, educação e legislação trabalhista do que nos outros países do Istmo.

As Lutas Sociais

No início da década de 1870, os únicos movimentos sociais que se pode identificar facilmente são aqueles que George Rudé chamou a "multidão pré-industrial": por exemplo, as revoltas de camponeses no oeste de El Salvador na década de 1880, devido ao confisco das terras comunais pelo governo liberal. As primeiras organizações trabalhistas que surgiram no final do século XIX foram as sociedades de socorro mútuo, seguindo claramente o modelo das tradicionais guildas de artesãos. Na década de 1920, é possível observar, nos cinco países, fortes avanços na organização, nas ações e – em menor grau – na consciência política dos trabalhadores. Pode-se ver isso na fundação dos primeiros sindicatos e do Conselho Centro-americano do Trabalho (1926), que tinha o objetivo de unificar os movimentos trabalhistas em toda a América Central e foi responsável pela difusão das idéias socialistas até 1930. Os primeiros Partidos Comunistas também foram fundados entre 1920 e 1931.

Existe um grande número de catalisadores que explicam, ou ajudam a explicar, o que aconteceu em seguida aos movimentos e organizações populares. Antes de tudo, temos os primeiros balbucios de uma classe baixa e de uma classe média urbanas, que forneceram líderes como Agustín Farabundo Martí (de origens rurais, mas educado numa escola secundária em San Salvador, onde iniciou também seus estudos universitários) ou Miguel Mármol (um sapateiro remendão). Em segundo lugar, apesar de ter sido fortemente reprimido, desenvolveu-se nas minas e nas grandes companhias agrícolas estrangeiras um grande proletariado, criando um ambiente propício à ocorrência de greves "modernas", principalmente depois de 1920. O documento político que desencadeou a insurreição de Sandino foi escrito em 1927, no centro mineiro de San Albino, na Nicarágua. Finalmente, houve a influência de fatores como a redução da repressão em alguns países centro-americanos na década de 1920, a Revolução Mexicana, a Revolução Russa e a criação da Terceira Internacional.

No entanto, o desenvolvimento dos sindicatos e da ideologia e das lutas populares foi muito mais lento e menos profundo na América Central do que em outros países latino-americanos, como o México, a Argentina ou o Chile. Mesmo as greves "modernas" nas grandes fazendas agrícolas e nas minas foram, até 1930, estritamente econômicas e não apresentaram qualquer conotação política; e o governo chefiado por Augusto Sandino foi muito mais nacionalista do que socialista. Os efeitos sociais da depressão econômica gerada pela crise de 1929 permitiram, na década de 1930, uma aceleração do ritmo do movimento e organização trabalhistas, deram grande impulso à guerra de guerrilhas na Nicarágua e forneceram a oportunidade para a grande revolta de camponeses ocorrida em 1932 em El Salvador.

O Desenvolvimento Intelectual

As pequenas cidades desses países pobres, onde a educação esteve restrita a uma minoria diminuta (sendo Costa Rica uma exceção parcial), não poderiam ostentar uma vida cultural comparável à de suas vizinhas latino-americanas bem maiores. Contudo, tivemos nesse período uma exceção obviamente importante: Rubén Darío (1867–1916), nascido na Nicarágua – embora tenha passado a maior parte de sua vida fora da América Central – é considerado por muitos o maior poeta hispano-americano. Sob sua influência, o modernismo floresceu na América Central, com nomes como Alfonso Cortés e José Coronel Urtecho (Nicarágua), José Valdés e Vicente Rosales (El Salvador), Enrique Gómez Carrillo e Máximo Soto Hall (Guatemala), Juan Ramón Molina e Froilán Turcios (Honduras), Rafael Cardona e Julián Marchena (Costa Rica). Além do modernismo, pelo menos duas outras tendências literárias merecem menção: o *costumbrismo* na Costa Rica, que tentou transmitir a vida do campo na poesia (Aquileo Echeverría, Joaquín García Monge) ou na prosa (Manuel González Zeledón); e, também na Costa Rica, a poesia mística muito interessante de Roberto Brenes Mesén.

Alguns escritores centro-americanos são conhecidos e lidos em outros países hispano-americanos, mas é difícil encontrar exemplos comparáveis em outros campos. O compositor guatemalteco Jesús Castillo, por exemplo, ou o escultor e pintor costa-riquenho Max Jiménez estão hoje quase esquecidos fora de seus próprios países.

As Reformas e as Ditaduras dos Liberais

As reformas liberais na América Central têm similaridades distintas quando comparadas de um ponto de vista exclusivamente institucional. As constituições, os códigos, as leis relativas à laicização da educação e a outros aspectos da vida social têm uma semelhança definida nos cinco países, pois foram inspirados nos mesmos modelos europeus e norte-americanos. Todavia, quando se estudam o verdadeiro sentido e as conseqüências dessas reformas, pode-se descobrir notáveis diferenças (embora sejam grandes as semelhanças entre o caso da Guatemala e o de El Salvador). Com respeito aos resultados sociais e políticos das transformações liberais, Costa Rica é o único país onde a comparação de algumas leis com a realidade mostra uma certa coerência em pontos relativos à liberdade, à igualdade e aos direitos dos cidadãos.

O primeiro país a realizar uma verdadeira reforma liberal foi a Guatemala. Depois de um movimento fracassado (em 1869), uma revolução liberal derrubou, em 1871, o regime conservador de Vicente Cerna. Essa revolução foi planejada em território mexicano, com o apoio do governo liberal de Benito Juárez. Seus chefes foram Miguel García Granados, presidente de 1871 a 1873, e Justo Rufino Barrios, presidente e virtual ditador de 1873 até sua morte, em 1885. Já mencionamos as principais medidas econômicas do novo regime liberal. No campo político, a constituição liberal de 1879 instituiu uma forma de governo com uma presidência forte, centralizada e representativa, e com uma assembléia legislativa unicameral. Introduziu a total separação entre o Estado e a Igreja, coroando várias medidas anticlericais e secularizadoras adotadas a partir de 1871. No entanto, a realidade do poder político dos liberais na Guatemala, tal como no restante do Istmo, corporificou-se em severas ditaduras, que favoreceram a oligarquia local e o crescimento econômico com base na exportação, exerceram uma vigilância repressiva sobre as classes trabalhadoras e violaram sistematicamente a constituição. O ditador mais importante desse período foi, depois de Barrios, Manuel Estrada Cabrera (1898–1920).

Em El Salvador, as reformas liberais foram desencadeadas – depois de uma primeira tentativa fracassada – por líderes liberais muito influenciados pela Guatemala, Santiago González (1871–1876) e Rafael Zaldívar (1876–1885).

Zaldívar foi apeado do poder pelo general Francisco Menéndez (1885–1890), em cujo governo o processo liberal foi concluído com a promulgação da Constituição de 1886. Foi o regime liberal mais estável de todos os países centro-americanos; de 1898 a 1931 não houve nenhuma luta civil. De 1913 até 1927, o país foi governado pela chamada dinastia dos Meléndez–Quiñónez, com três presidentes aparentados – Carlos Meléndez (1913–1918), Jorge Meléndez (1919–1923) e Alfonso Quiñónez Molina (1923–1927). Como no caso da Guatemala, se quisermos aplicar um rótulo apropriado ao regime liberal de El Salvador, apesar da constituição e de outros documentos liberais, podemos chamá-lo muito mais de ditadura oligárquica do que de república representativa.

Na Costa Rica, as medidas liberais foram adotadas cedo por governos conservadores moderados, como os de Braulio Carrillo (1835–1842) e de Juan Rafael Mora (1849–1859). A Constituição de 1844 já era claramente liberal. Assim, o golpe de Estado de 1870, comandado por Tomás Guardia, que assumiu a presidência (1870–1872), e a constituição liberal de 1871 foram apenas parte de um processo muito paulatino de transformação, que suscitou menos revoltas violentas do que as ocorridas na Guatemala e em El Salvador. Todavia, na Costa Rica o Estado liberal, tanto social quanto politicamente, teve menos de farsa grotesca do que nos outros países da América Central. Já em 1889, os liberais sofreram uma derrota eleitoral e aceitaram-na. É verdade que, em 1917, o processo constitucional foi interrompido pela ditadura de Federico Tinoco Granados, mas por curtíssimo tempo. A participação política das massas populares (sobretudo camponeses) e a atitude de governos mais liberais e conservadores, menos repressivos e mais propensos às reformas sociais, deram mais estabilidade ao regime de Costa Rica. Isso explica sua atitude mais enérgica para com os donos das plantações de banana, que a partir de 1909 passaram a pagar impostos na Costa Rica, antes de qualquer tentativa de tributação da parte dos outros países centro-americanos, e foram obrigados a cumprir seus compromissos relativos à construção de estradas de ferro.

Honduras é um caso manifesto de reforma liberal frustrada. Em outras palavras, foram feitas as reformas e foi construído o quadro institucional de um Estado liberal, mas a falta de uma classe dominante forte no plano nacional provou que, a longo prazo, seria um processo muito vazio. No século XIX, Honduras tinha uma economia e uma sociedade que consistiam de atividades locais numerosas mas pouco importantes, que não eram ligadas realmente uma à outra dentro de uma estrutura integrada: minas de prata (Tegucigalpa), madeira (costa do Atlântico), criação de gado (Olancho e na região meridional), fumo (Copán) etc. A geografia local dificultou as comunicações, e seu efeito foi reforçado pela destruição e pelos massacres nas guerras civis e pelas "pacificações" após a Independência. Entre 1876 e os primeiros anos do século XX, sob a influência dos liberais guatemaltecos e de líderes como Marco Aurelio Soto e Ramón Rosa, foi feita uma real tentativa de reforma liberal, com a laicização do Estado e da sociedade, novos códigos legais, uma nova organização tributária, uma política ferroviária, forte apoio às minas e às plantações de café etc. Mas ela malogrou por falta de uma classe dominante capaz de dar sentido ao Estado e a suas medidas reformistas globais e de integrar o país e suas oligarquias locais. O que surgiu foi um governo fraco e bastante instável, que acabou se tornando presa fácil das companhias de banana. Como nos outros países do Istmo, Honduras viveu várias ditaduras nesse período: as de Marco Aurelio Soto (1876–1883), de Luis Bográn (1883-1891) e de Policarpo Bonilla (1893–1899).

Na Nicarágua, uma reforma liberal tardia mas muito característica foi feita por José Santos Zelaya (1893–1909), com medidas como a Lei Agrária de 1902, que instituiu um forte controle sobre a força de trabalho. Mas o nacionalismo de Zelaya em questões econômicas (embora bastante moderado) levou muitos residentes estrangeiros a procurar a aliança dos conservadores nicaragüenses, uma força ainda respeitada apesar das reformas liberais. A revolta de 1909, que derrubou o líder liberal e restabeleceu o governo conservador, recebeu o apoio de Washington. Três anos depois, os Estados Unidos intervieram militarmente na Nicarágua e administraram o país nos vinte anos seguintes (ver abaixo).

Os líderes liberais da América Central tiveram em comum uma ideologia positivista. Diferentemente dos antigos liberais do período da independência, mesmo que não tenham renunciado formalmente ao ideal político democrático, acreditavam que, antes que a democracia se tornasse possível, era preciso que as economias nacionais do Istmo progredissem com a ajuda de forte controle político e social. Também sentiam profundo desprezo pelas massas índias e camponesas, de quem desconfiavam e que submeteram a forte repressão. É evidente, porém, que seria de esperar uma contradição entre instituições importadas fortemente liberais e a manifesta opressão social. O tipo de crescimento econômico dependente vivido pelos países centro-americanos não tinha qualquer serventia para trabalhadores com plenos direitos trabalhistas e cidadania. Ao contrário, seriam necessários um firme controle político e social e salários baixos. Costa Rica foi uma exceção, mas apenas em parte.

O Sonho de União: uma Base para a Intervenção Estrangeira

No final do século XIX, a maioria dos Estados centro-americanos estavam tão consolidados que seria difícil voltar a uni-los numa federação. Além disso, semelhante projeto nunca obtivera o apoio das classes dominantes e sempre carecera de qualquer base popular ou econômica. Era um sonho de intelectuais da classe média e ocasionalmente uma ferramenta ou um pretexto nas mãos de políticos ambiciosos, ou mesmo de nações estrangeiras, como o México e os Estados Unidos.

Ao tentar construir uma nova união centro-americana em seu próprio proveito, Justo Rufino Barrios, por exemplo, provocou em 1876 uma guerra entre a Guatemala e El Salvador; foi derrotado e morto, em 1885, em território salvadorenho. O projeto unionista seguinte foi uma conseqüência da última tentativa inglesa de diplomacia de canhoneira na América Central em 1894/1895. Após um incidente diplomático, navios de guerra ingleses bloquearam o porto nicaragüense de Corinto, mas a intervenção dos Estados Unidos levou a um acordo pelo qual a Inglaterra reconheceu a soberania nicaragüense sobre a costa do Mosquito em troca do pagamento de uma indenização. Depois disso, as tendências aceitas foram a retirada dos ingleses e a preeminência dos norte-americanos no Istmo, assim como em todo o Caribe. Aproveitando-se da oportunidade dessa última ameaça inglesa, o presidente de Honduras, Policarpo Bonilla, convidou seus colegas da América Central para um encontro em Amapala, onde Honduras, Nicarágua e El Salvador assinaram um pacto, pelo qual se uniriam numa Grande República Centro-Americana (20 de junho de 1895). Os Estados Unidos pareceram, a princípio, aceitar essa medida, mas em 1896 não reconheceram o embaixador enviado a Washington pela nova República. Na verdade, todo o projeto era frágil demais e não durou muito; logo depois de uma minuta de constituição redigida em 1898, a nova república se desfez.

No começo do século XX, os Estados Unidos e o governo mexicano de Porfirio Díaz decidiram unir esforços para intervir nos assuntos centro-americanos. Washington já havia apoiado a Convenção de Corinto realizada em

1902 e assinada por todas as repúblicas da América Central com exceção da Guatemala. Por essa convenção, toda e qualquer disputa que surgisse entre elas deveria ser submetida a um tribunal regional de arbitramento. Quando, em 1906, revolucionários guatemaltecos tentaram derrubar o ditador Manuel Cabrera Estrada com a ajuda do governo salvadorenho, o resultado foi uma guerra que acabou envolvendo Honduras. Os Estados Unidos e o México agiram juntos e, com a Costa Rica, organizaram um encontro a bordo do navio norte-americano *Marblehead*, em julho de 1906, onde foi assinado um pacto que pôs fim à guerra e marcou um novo encontro a realizar-se em San José. Mas Nicarágua recusou-se a reconhecer a interferência norte-americana na América Central e não mandou representante ao encontro. Em San José, as outras quatro nações decidiram que os presidentes dos Estados Unidos e do México arbitrariam as possíveis conseqüências da recente guerra, enquanto um tribunal centro-americano resolveria futuros problemas dentro da região. O primeiro tribunal, alguns meses depois, não conseguiu solucionar uma complicada questão que envolveu primeiramente a Nicarágua e Honduras e depois Guatemala e El Salvador. Então, Porfirio Díaz e Theodore Roosevelt convenceram os governos centro-americanos a enviar representantes para uma conferência a realizar-se em Washington.

No encontro de Washington (1907) foi decidido o desenvolvimento de importante programa de cooperação entre os países da América Central, a criação de um Escritório Centro-Americano para promover a reunificação e um Tribunal de Justiça Centro-Americano para solucionar futuras disputas. Logo depois da conferência, em 1908, o tribunal atuou com sucesso numa questão que envolvia a Guatemala e El Salvador contra Honduras. Funcionou até 1917, quando foi desfeito por não ter conseguido condenar o Tratado Bryan-Chamorro assinado entre os Estados Unidos e a Nicarágua. Outras tentativas de união da América Central foram feitas sem sucesso em 1921 e em 1923.

A Questão do Canal Interoceânico: Nascimento Ilegítimo do Panamá e Intervenção na Nicarágua

Depois do Tratado Clayton-Bulwer (1850) os planos para a eventual construção de um canal interoceânico sofreram mudanças substanciais. A Colômbia concedeu direitos no Panamá a uma companhia francesa,

Companhia Universal do Canal Interoceânico, que deu início à sua construção em 1882, sob a direção de Ferdinand de Lesseps. Mas a companhia foi à falência em 1889 sem concluir a obra. Seu engenheiro-chefe, Bunau-Varilla, vendeu a concessão francesa aos Estados Unidos. Todavia, os norte-americanos somente vieram a interessar-se pela rota do Panamá depois que a tentativa de construir seu próprio canal na Nicarágua fracassou por volta de 1895, devido às extremas dificuldades e aos custos, e a problemas financeiros ligados à depressão econômica mundial da época.

Quando os norte-americanos retomaram seu interesse por um canal interoceânico, haviam ocorrido novos desenvolvimentos. Pelo segundo Tratado Hay–Pauncefote, assinado com a Inglaterra (1901), abriu-se a possibilidade para os Estados Unidos de ter um controle total de um canal fortificado. Do ponto de vista estratégico, isso tinha grande importância, devido aos crescentes interesses dos norte-americanos pelo Caribe e pelo oceano Pacífico. Mas o presidente da Nicarágua, Zelaya, obstinou-se na sua decisão de não permitir qualquer controle estrangeiro sobre qualquer parte do território do país. Portanto, em 1902, foram entabuladas negociações com a Colômbia em torno da construção de um canal no Panamá pelos Estados Unidos e da inclusão da questão da soberania norte-americana na zona do canal. Todavia, em 1903, tendo em vista a intervenção militar dos Estados Unidos no Panamá sem o consentimento nem da Colômbia nem das autoridades locais (setembro de 1902), o Congresso colombiano recusou-se a ratificar o Tratado Hay–Herrán. Foi então que os norte-americanos, favorecendo um movimento panamenho liderado pelo dr. Manuel Amador, decidiram apoiar a separação entre o Panamá e a Colômbia. O novo país foi reconhecido imediatamente pelos Estados Unidos e foi negociado rapidamente um tratado (1903), que autorizou a construção do canal e estabeleceu o controle norte-americano, por um século, de uma zona de 16 quilômetros de largura ao longo do canal. Este foi aberto em 1914 e o Panamá tornou-se a economia de encrave mais característica da América Latina, totalmente dependente da nova rota interoceânica e dos serviços que ela exigia. Além disso, era, em termos políticos, uma espécie de protetorado dos Estados Unidos, muito semelhante a Cuba.

Nesse meio tempo, Zelaya estava negociando com capitalistas europeus a possibilidade de abrir um canal interoceânico alternativo na Nicarágua. Isso contrariava os interesses econômicos e estratégicos dos Estados Unidos, o que, associado a outros fatores, acarretou o rompimento de relações diplomáticas entre os dois países em 1908 e a derrubada de Zelaya no ano seguinte. Foi então que os Estados Unidos, aproveitando o estado caótico das finanças nicaragüenses, intervieram no país: desembarcaram fuzileiros navais (1912), confirmaram um governo-fantoche conservador que fora instalado em 1911, obtiveram o controle sobre as alfândegas, sobre as estradas de ferro e sobre o Banco Nacional da Nicarágua e criaram uma guarda nacional comandada por oficiais norte-americanos. A situação foi colocada melhor no Tratado Bryan-Chamorro (1916), que garantiu aos Estados Unidos o direito perpétuo e exclusivo de construir e operar um canal interoceânico na Nicarágua e cimentou *de facto* o protetorado norte-americano sobre este país, mesmo que, para facilitar a sua ratificação pelo Senado dos Estados Unidos, tenham sido eliminados do texto do documento os dispositivos que estabeleceriam um protetorado formal.

A resistência liberal acabou se transformando numa verdadeira revolução, que rebentou em 1925–1926, com o apoio do México, quando os fuzileiros se retiraram pela primeira vez. Mas o comandante do exército liberal, José María Moncada, com o propósito de ganhar as eleições presidenciais nicaragüenses no ano seguinte (o que ele conseguiu), negociou em 1927 um acordo com os Estados Unidos; seu substituto, Augusto César Sandino, rejeitou o acordo e transformou-se no líder de uma luta nacional de guerrilhas. Denunciou o Tratado Bryan-Chamorro e todos os tipos de intervenção dos Estados Unidos na vida nicaragüense e destruiu algumas propriedades de cidadãos norte-americanos. Por cerca de seis anos, ele e seu pequeno grupo, contando com grande apoio popular, desafiaram com sucesso não só a guarda nacional, alimentada e treinada pelos Estados Unidos, mas também os fuzileiros navais. Então, com a mudança na política externa introduzida por Franklin D. Roosevelt, os fuzileiros deixaram o país e Roberto Sacasa foi eleito presidente. Sandino interrompeu sua luta em janeiro de 1933 e aproximou-se do presidente Sacasa, apenas para ser assassinado traiçoeiramente no ano seguinte pela guarda nacional, por ordem de seu líder Anastasio Somoza García, que já exercia um controle *de facto* sobre o governo nicaragüense.

CONCLUSÃO

Por volta de 1930, o modelo de crescimento econômico, de controle social e de organização política estabelecido pelas oligarquias liberais da América Central cinco ou seis décadas antes parecia estar exaurido e fadado ao malogro, exprobrado pelos movimentos populares e de classe média da década de 1920 e depois de enfrentar a crise econômica de 1929. Mas como não estava à vista nenhum outro modelo alternativo a esse construído no auge da economia de exportação, a transição para novas estruturas sociais, econômicas e políticas foi um processo longo e difícil.

A integração definitiva da América Central no mercado mundial, que produziu um longo período de crescimento econômico, também gerou um dilema nascido das novas estruturas que ele ajudou a criar e que mesmo hoje ainda não está totalmente resolvido. A ordem liberal, exceto na Costa Rica, excluiu a vasta maioria da população dos lucros derivados do crescimento econômico e de qualquer participação política. As massas camponesas nunca aceitaram totalmente o novo modelo de dominação, e o abismo cultural, econômico e social que existia entre os grupos dominantes e os dominados tornou-se mais profundo do que nunca. Em tais condições, é difícil construir nações modernas viáveis, ou estruturas políticas e sociais estáveis.

2

As Repúblicas Andinas

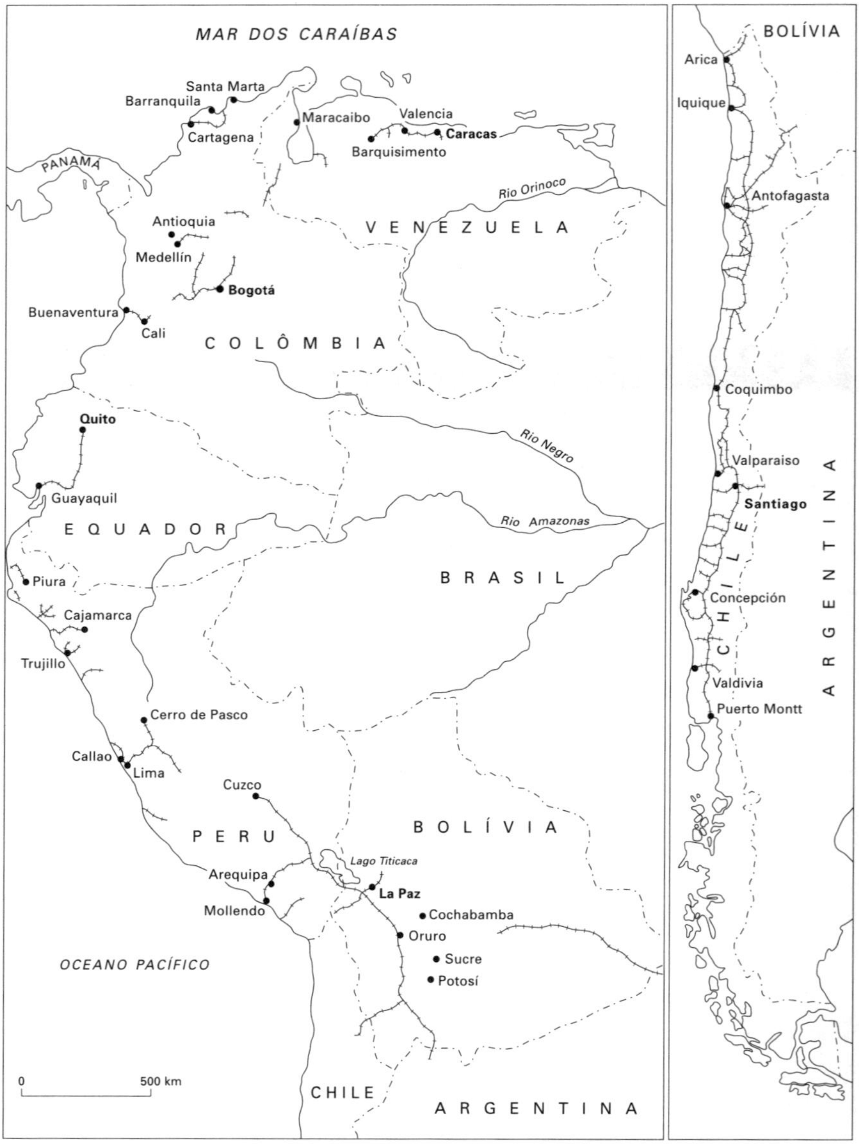

As Repúblicas Andinas

5

Venezuela, Colômbia e Equador, c. 1880–1930

NOS CINQÜENTA ANOS compreendidos entre 1880 e 1930 – o segundo meio século de vida independente das Repúblicas da Venezuela, Colômbia e Equador – seus habitantes mais inteligentes manifestavam-se sobre o progresso com uma cautela muito maior do que seus contemporâneos das partes mais afortunadas do mundo. Como escreveram, em 1896, os chefes da ala dissidente do conservadorismo colombiano: "O progresso na vida política de todos os povos é lento como o avanço das marés – para seguir o pensamento de famoso escritor inglês [Arthur Hugh Clough] –, as ondas avançam e recuam alternadamente, mas a terra conquistada é sempre maior do que a terra perdida; há um avanço constante". Para outro conservador da Colômbia, Miguel Antonio Caro, o progresso nunca foi muito visível aos que dele participavam: "O avanço das idéias mistura-se misteriosamente à história humana. O conflito de princípios se entretece com os embates entre os partidos e os homens, lutando por um lado ou por outro, por vantagens individuais ou por interesse coletivo, servem ou combatem a causa da civilização, muitas vezes sem qualquer objetivo ou sem consciência de estarem fazendo-o"[1].

Nessa parte do mundo, o conflito armado, endêmico no século XIX, persistiu até os primeiros anos do século XX. Na Venezuela, esporádicas revoltas voltaram a eclodir durante alguns anos após a derrota do último grande levante armado, a Revolución Libertadora de 1903. Na Colômbia, a "Guerra dos Mil Dias" chegou a seu fim em 1902 com os tratados de Neerlandia e Wisconsin, pelos quais os liberais general Rafael Uribe Uribe e general Benjamín Herrera admitiram a respectiva derrota num futuro centro de plantação de bananas e a bordo de um navio de guerra norte-americano. No

1. "Motivos de Disidencia", *apud* L. MARTÍNEZ DELGADO, *República de Colombia, 1885–1910* (vol. X de *Historia Extensa de Colombia*, Bogotá, 1970, 2 vols.); a citação está no vol. I, p. 381. CARO, *idem.*, vol. II, p. 15.

Equador, as guerrilhas dos radicais liberais na província de Esmeraldas foram sufocadas somente em 1916.

Alguns episódios e ciclos do período de 1880 a 1930 – a pretensa "revolução burguesa" de Eloy Alfaro no Equador, em 1895, o desenvolvimento da indústria petrolífera na Venezuela, a expansão da produção cafeeira na Colômbia, a repressão da greve de 1922 em Guayaquil e a greve de 1928 na zona bananicultora de Santa Marta na Colômbia – já foram objeto de estudos, mas muitos desses episódios estão sendo repensados e muita coisa permanece obscura por motivos que ultrapassam o desenvolvimento tardio de uma historiografia local sistemática. Na Colômbia, o período caracterizou-se pelo domínio dos conservadores; não atraiu a simpatia dos historiadores liberais, que vêem nele uma época de longa resistência que acabou justificada em 1930, e a maioria dos historiadores colombianos que escreveram sobre "a república conservadora" foram liberais, ou progressistas que não conseguiram livrar-se da influência liberal nem na história nem na política. De modo inverso, até recentemente os conservadores dominaram a historiografia equatoriana e em seus escritos verberaram o liberalismo com uma virulência tal que vez por outra lhes rendeu surpreendentes aliados intelectuais, e mesmo políticos, na esquerda socialista. Os venezuelanos foram separados do século XIX pela longa ditadura de Juan Vicente Gómez (1908–1935), uma figura que ainda hoje mesmeriza materialistas e românticos em detrimento do estudo histórico sério. Além de serem partidários, a maioria dos textos históricos locais mostraram-se preocupados com os problemas políticos e com as questões de estrutura ou de sistema. Um fosso separa a velha historiografia política da polêmica, das memórias e da anedota, da nova análise superassertiva da classe e do capital. As dimensões do conflito em torno da Igreja também se perderam entre o emaranhamento prolixo dos velhos argumentos e a indiferença das recentes décadas para com eles, décadas que produziram uma geração que tem dificuldade em lembrar-se de que o liberalismo um dia já foi pecado. A medida do progresso material nesses anos, se quisermos avaliar corretamente o seu impacto, requer uma sensibilidade pelas escalas e circunstâncias locais do começo. Esse senso de escala está tão ausente nos escritores recentes, ávidos por descobrir novas formações de classe, quanto o estava entre os partidários da empresa burguesa local na idade heróica. Poucos são os observadores estrangeiros dignos de confiança, e somente um desses – Spencer Dixon, vice-cônsul inglês em Bogotá em 1900 e ministro inglês na mesma cidade em 1930 – voltou ao país depois de muitos anos. Nesse período, nem a Colômbia nem o Equador atraíram muitos imigrantes e a Venezuela começou a fazê-lo em maior quantidade na década de 1920, mas nada que se pudesse caracterizar como espetacular. Com exceção da questão de fronteira entre a Guiana Inglesa e a Venezuela, do bloqueio desse último país por ingleses e alemães em 1902 e do envolvimento dos Estados Unidos na separação do Panamá e Colômbia em 1904, esses países não atraíram muito interesse diplomático. Até a década de 1920 os investimentos estrangeiros foram muito pequenos. No entanto, apesar de todas as falhas de conhecimento que resultam dessas circunstâncias, ainda podemos dizer que em 1930 esses três países tinham uma existência totalmente diferente da que haviam vivido em 1880.

Na história da Venezuela, da Colômbia e do Equador, no período de 1880 a 1930, existem alguns temas comuns, mas não se pode deixar de observar grandes diferenças. Em termos políticos, Nova Granada (Colômbia) e o Equador tomaram caminhos diferentes tão logo se separaram da Gran Colombia. Em Nova Granada, persistiu a rejeição inicial dos civis ao domínio dos militares, nessa época em sua grande maioria venezuelanos, e de 1863 a 1885 os destinos dos "Estados Unidos da Colômbia" foram regidos por uma constituição federal de inspiração radical-liberal. De seu lado, o Equador, quando surgiu como nação, era governado pelo general venezuelano Juan José Flores, que ocupou a presidência do país nos períodos de 1830–1834 e de 1839–1845; e as experiências liberais, sob a chefia de Vicente Rocafuerte (1835–1839), um civil, e de liberais militares ocasionais, como o general José María Urbina (1851–1856) ou o general Ignacio de Veintemilla em sua primeira fase, não compensaram os anos de feroz autoritarismo e ultramontanismo de Gabriel García Moreno, iniciados em 1857. Depois do assassinato de García Moreno, em 1875, quase uma década foi dominada pela figura equívoca de Veintemilla, um homem que procurou apoio onde pudesse obtê-lo, e, depois dele, por uma série de governos progressistas, entre os quais sobressaiu o de Antonio Flores Jijón (1888–1892), filho do general Flores. Este governo, mediante uma sólida administração, procurou harmonizar os diversos interesses regionais do país e evitou o conservadorismo terrorista dos sucessores de García Moreno ou o liberalismo anticlerical e demagógico dos herdeiros de Juan Montalvo, arquiinimigo de García Moreno, e dos inúmeros aventureiros e panfletistas colombianos que, depois da vitória dos conservadores na guerra civil de 1885 na Colômbia, foram buscar uma oportunidade ou um refúgio no Sul. Assim, por volta de 1880, embora se pudesse dizer com razão que nenhuma das três Repúblicas conseguira uma estabilidade duradoura, suas dificuldades políticas e suas possibilidades de evolução não eram as mesmas. As experiências liberais da Colômbia tinham sido mais intensas – na verdade, foram as mais intensas da América do Sul – e estavam entrando num período de crise. O extremo conservadorismo do Equador – novamente, o programa minucioso de García Moreno não tem paralelos em nenhum outro país – abrira o caminho para sucessores mais transigentes, mas para nenhum compromisso que chegasse ao fundo: os "progressistas" eram um pequeno círculo da elite, tão pequeno que foram chamados *la argolla* (o anel). Já no início da década de 1880 eram visíveis os sinais de uma ameaça radical-liberal a essa exclusividade, e o Equador não iria conseguir evitar o tipo de experiências que seu vizinho do Norte já estava rejeitando na época.

Colombianos e equatorianos pelo menos tiveram em comum a persistência tanto da corrente liberal quanto da conservadora. Na Venezuela, os vinte anos que se seguiram à derrubada da hegemonia de José Antonio Páez e ao fim da "república conservadora" em 1846–1848 viram desaparecer do cenário qualquer corrente confessadamente conservadora. Sob o governo da família Monagas na década de 1850, a República havia adquirido uma fama de corrupção e de descalabro administrativo que as Guerras Federais de 1859–1864 somente vieram piorar. Todavia, o descalabro fora corrigido espetacularmente, em 1880, pelo governo de Antonio Guzmán Blanco (1870–1887), que utilizou recursos e técnicas que não existiram ou não puderam ser aplicadas nas outras Repúblicas sucessoras da "Gran Colombia". Um colombiano que visitasse a Venezuela em 1830 teria tomado consciência de que estava num país estrangeiro. Em 1880 o mesmo visitante teria tomado consciência, com uma agudeza ainda maior, de que não estava em sua pátria.

A VENEZUELA

Antonio Guzmán Blanco, que ascendeu ao poder na Venezuela com a Revolução Liberal de abril de 1870 e iria dominar a política do país até sua partida apressada para Paris em 1888, não era o "caudilho típico" da imaginação anglo-saxã. Nascido na aristocracia de Caracas, uma origem pouco comum para um político venezuelano, era filho do conspirador, jornalista e demagogo do Partido Liberal, Antonio Leocadio Guzmán. Quando, em 1858, a era dos Monagas chegou ao fim, ele ocupava o posto de cônsul nos Estados Unidos. Juntou-se ao grupo que viria a tornar-se o núcleo do comando do

Partido "Federal", não no interior mais remoto mas em Curaçao, e fez sua carreira dentro do partido sempre nos postos de comando. Não era um covarde e sabia comandar soldados, mas seus talentos principais não eram militares. Tampouco o modo como tomou o poder ajustou-se ao padrão que tantos historiadores acharam de impingir, ou seja, a dominação da Venezuela por caudilhos oriundos de sucessivas regiões. Guzmán não representou uma região. Fez uma coligação eficiente com os diversos elementos que estavam em ação no final das Guerras Federais. Saiu vitorioso porque combinava idéias políticas mais amplas com desumanidade e porque sabia quais eram os recursos essenciais do governo e como podiam ser aumentados para seu proveito. Sem dúvida, tinha uma visão mais clara dos problemas e possibilidades nacionais do que qualquer outro do Partido Federal. Era um hábil financista, embora claramente ganancioso, e não mostrava receio das complicadas combinações entre estrangeiros e naturais da terra – foi o primeiro multimilionário hispano-americano a figurar na sociedade parisiense, alguns anos antes dos *rastacueros* da Argentina. Como um demagogo filho de seu pai, era um propagandista incessante e descarado de suas próprias virtudes e, como presidente, converteu a lisonja num sistema que fez tudo o que se viu antes no tempo de Páez ou dos irmãos Monagas parecer verdadeira modéstia republicana. É importante ressaltar que tudo isso fazia parte de um sistema. Certamente Guzmán era vazio, mas não era louco, e as extravagâncias eram, em parte, um meio de controle, do mesmo modo que extravagâncias semelhantes o haviam sido na Argentina de Rosas. Colocava-se acima dos adversários, assim como as construções públicas que fez em Caracas elevaram a capital acima de todas as outras cidades venezuelanas. Manuel Briceño, um colombiano crítico de seu governo, detectou muito bem sua tendência a recorrer ao povo passando por cima das classes instruídas. Observou ainda que uma escolta pretoriana limpava as ruas quando o presidente saía do palácio, que ele usava um extenso sistema de polícia e espionagem, interferia nos correios, mandava prender os oponentes, ordenava que nas cadeias os prisioneiros usassem ferros nas pernas, alimentava uma imprensa servil e métodos violentos de censura – elementos todos que freqüentemente estão associados a outro ditador que governou por muitos anos nessa época, Juan Vicente Gómez.

Nenhum governo anterior fora inspirado por idéias tão conscientes de modernização, e foram essas idéias que Guzmán e seus partidários ofereceram como justificativa. Sem dúvida, Guzmán podia argumentar que um país que estava saindo de uma década de governo dos Monagas, reconhecidos universalmente como desordeiros e corruptos, e de cinco anos de guerra civil (1859–1864), seguidos pelo governo apático do presidente Falcón, precisava de ordem. Procurou construir uma economia mais dinâmica para seu próprio bem, para o bem de seu governo e para o bem de sua fortuna particular, pois era um monopolista habitual e foi acionista de todas as empresas locais. Construiu trezentos quilômetros de estradas de ferro e, quando deixou o governo, a Venezuela estava sendo ligada ao mundo por cabo submarino. Viu as possibilidades de acelerar o desenvolvimento do país se atraísse capital estrangeiro em grande quantidade. Conseguiu fazê-lo com algum sucesso, mas seus programas mais grandiosos não se concretizaram, como a parceria que propôs à firma francesa Péreire.

É fora de dúvida que Guzmán introduziu maior sofisticação nas finanças públicas e instaurou mais ordem durante algum tempo. Conseguiu um *modus vivendi* mutuamente proveitoso com as casas de comércio locais, e seu governo propiciou maior disciplina burocrática e um contexto administrativo mais previsível; mesmo que isso tenha tido um custo, ele foi facilmente ressarcido. Foi certamente um administrador melhor do que seus antecessores ou sucessores imediatos e seu desempenho nesse campo e na codificação do direito venezuelano foi genuíno, mesmo onde o primeiro ímpeto mostrou uma tendência a fracassar. Os avanços na educação no seu primeiro governo foram notáveis, apesar de seu desempenho não se ter mantido nesse caso. Guzmán não tolerou qualquer tipo de oposição da parte da Igreja. Sempre mais fraca na Venezuela do que na Colômbia ou no Equador, quando o Papa entrou em acordo em 1883 – enfrentou uma ameaça de cisma e uma Igreja da Venezuela inspirada por Guzmán – ela continuou mais fraca ainda. Guzmán não gostou da recusa do arcebispo de celebrar um te-deum triunfal em 1870 e expulsou-o; mais tarde instituiu o casamento civil e o registro civil de nascimentos e óbitos.

A coligação de Guzmán manteve a retórica do Partido Federal – durante muito tempo *Díos y Federación* foi a frase oficial na assinatura das cartas na Venezuela – mas foi centralista na prática, e o centralismo foi reforçado pelo embrião de um exército nacional e, mais importante ainda, por subsídios fiscais do tesouro nacional. A execução formal de um dissidente, o general Matías Salazar, Guzmán transformou num exemplo, mas seus métodos característicos eram mais políticos e conciliatórios. A Constituição que promulgou em 1881 estabeleceu a eleição indireta do presidente para um mandato de dois anos: é possível que tenha imaginado um sistema no qual subordinados leais ocupariam o cargo em rodízio sob seu total controle. O problema é que os subordinados tinham outras idéias. Essas inspirações desleais explicam a divisão da ascendência de Guzmán em três períodos nos quais exerceu o poder diretamente: o *Septenio* (1870–1877), o *Quinquenio* (1879–1884) e a *Aclamación* (1886–1887). Em duas ocasiões, Guzmán achou que teria de voltar de Paris para reafirmar sua autoridade, a primeira vez pela força. Retornou a Paris em definitivo em agosto de 1887, no final da *Aclamación*, e morreu na capital francesa em 1899. Algumas de suas empresas locais foram desapropriadas, levantando protestos, mas a maior parte de sua fortuna – em sua própria frase famosa, "poco común en América" – ficou fora de alcance.

Seu estilo de governo foi espetacular. Seus sucessores na Venezuela iriam imitá-lo ocasionalmente. Outorgou-se o título de *El Ilustre Americano* e consentiu que seu lugar-tenente, general Joaquín Crespo, fosse chamado *El Héroe del Deber Cumplido*. Depois, o general Gómez tornar-se-ia *El Benemérito*. Outros títulos como esse aparecem na República Dominicana, na América Central. Irrefletidamente, europeus e norte-americanos presumiram que essa linguagem empolada era típica da América Latina, e nesse aspecto Guzmán não foi útil à América Latina. Na verdade, essa linguagem não era típica – provocou ridículo na Colômbia e protestos no Chile – nem foi causal. Era um expediente usado pela autocracia em circunstâncias particulares e refletia a fraqueza peculiar das elites da sociedade civil da Venezuela na época de Guzmán. Uma linha análoga de análise poderia prosperar se fosse aplicada a outros casos hispano-americanos de extravagância ditatorial. Deve-se lembrar ainda que, em Napoleão III, no Kaiser Guilherme II e em Mussolini, o Velho Mundo ofereceu ao Novo alguns exemplos igualmente imodestos. Um leitor atento pode detectar em *Los ilustres* (1884), de Manuel Briceño, antecipações da notável justificação sociológica do despotismo venezuelano que Vallenilla Lanz faz em *Cesarismo democrático* (1929).

Guzmán herdou um país de pouco menos de dois milhões de habitantes, que estava entrando em seu segundo ciclo de exportação de café. Continuava um país essencialmente rural e tinha apenas três cidades de bom tamanho – Caracas com uns 60 mil habitantes, Valencia com 35 mil e Maracaibo com 25 mil. Além do café, também exportava couro e cacau. Não tinha praticamente nenhuma indústria e, mesmo no plano da produção artesanal, realizava menos do que a Colômbia ou o Equador. A Venezuela era o segundo produtor de café da América do Sul depois do Brasil e, na segunda metade do último século, a cultura cafeeira deslocou-se dos planaltos centrais para o oeste, para os Estados andinos. O café gerou nessa região uma prosperidade modesta. Era uma cultura em que estavam envolvidos os pequenos e médios fazendeiros. Grande parte da mão-de-obra para a colheita vinha de uma região remota, o departamento de Boyacá, nos Andes colombianos. A maior parte desse café, assim como grande volume da produção colombiana, eram exportados por Maracaibo, onde a presença comercial dos alemães era bastante forte: esses comerciantes eram muito respeitados por sua honestidade comercial e integraram-se muito bem na sociedade local; muitos se casaram com moças venezuelanas e estabeleceram-se permanentemente no país, um hábito que parece mais comum entre eles do que entre outros comerciantes europeus ou norte-americanos. A região andina produtora de café, centralizada em Maracaibo, desenvolveu uma sociedade com independência e autoconfiança acentuadas, mesmo se descontarmos as versões demasiado românticas de uma Arcádia rural burguesa que o café gerou em seguida tanto na Venezuela quanto na Colômbia. As comunicações por terra entre a região andina e o resto do país eram primitivas até que Gómez concluiu a construção da Rodovia Transandina em 1925.

É melhor admitir que sabemos muito pouco sobre a vida econômica de grande parte da Venezuela nesses anos. Em muitas regiões a criação de gado continuou sendo a principal atividade rural, mais ainda é pouco estudada. Grande parte da Venezuela foi retratada, segundo os gostos do autor, como o domínio do *latifundista*, o grande proprietário de terras, ou do *conuquero*, o pequeno proprietário inconstante. Na opinião de alguns autores, esses últimos foram transformados pelo café numa classe camponesa estabelecida, que antes não existia. O argumento é plausível, mas os estudos para sustentar essa afirmação ainda estão por fazer. A natureza e a função do latifúndio venezuelano também aguardam investigação. Pode-se aventar a hipótese de que o *latifundista* e o *conuquero* coexistiram em muitos lugares com pouca tensão entre si e que nas regiões produtoras de gado a vida continuou nos moldes tradicionais. Esse tipo de atividade foi vulnerável à guerra civil, mas é difícil concluir que, no século XIX, ele tenha sido pouco afetado pelas políticas governamentais; os interessados fariam seus arranjos costumeiros com os sucessivos funcionários que cobravam os impostos locais.

Tais considerações prosaicas servem para diminuir a grandeza de Guzmán Blanco. Suas ambições eram grandiosas, mas a inserção da Venezuela na economia internacional não as realizou. Em termos econômicos, foi presidente de um país que exportava café, cacau e couro, que possuía poucas minas, que podia oferecer um número bem pequeno de grandes contratos e que tinha um mercado interno fortemente reduzido. As realidades econômicas explicam também o contraste entre a consciência histórica local e a nacional: uma história, por exemplo, de Maracaibo pode incluir observações passageiras sobre o Guzmanato – Guzmán não favoreceu Maracaibo, que ele suspeitava, com razão, de abrigar propósitos separatistas – ao mesmo tempo em que considera as políticas nacionais como, no pior dos casos, um obstáculo periférico ao progresso local. Como na Colômbia e no Equador, sem negar a existência e a importância intermitente e a longo prazo da nação, os historiadores locais freqüentemente ignoram a política nacional com uma certa impunidade.

A figura dominante da década, depois da saída de Guzmán, foi o general Joaquín Crespo (presidente de 1892–1897). Era um *llanero*, um fazendeiro das planícies de gado, e não tinha a sofisticação cosmopolita de Guzmán e seus impulsos de autoglorificação. Não se destaca, portanto, entre seus contemporâneos, embora tenha sido um soldado eficiente, capaz de inspirar devoção nos partidários e respeito nos inimigos. O final da década de 1890 foi também o período da queda dos preços do café e isso, sem dúvida, teria ofuscado o brilho de qualquer governo. Crespo teve de enfrentar a nova oposição nas campanhas do liberal-nacionalista general José Manuel Hernández, "El Mocho" Hernández, uma figura quixotesca que granjeou extraordinária popularidade e combinou levantes armados com campanhas eleitorais influenciadas por exemplos norte-americanos – dizem que ele observara William Jennings Bryan. "El Mocho" entrou para o folclore:

> Quién inspira al pueblo fé?
> José!
>
> Quién lucha por serle fiel?
> Manuel!
>
> QPor hacer su nombre grande?
> Hernández!
>
> QPor eso es que en Venezuela
> de la Guayana a los Andes
>
> Qsuman vítores doquiera
> a José Manuel Hernández![2]

2. *Apud* J. A. DE ARMAS CHITTY, *"El Mocho" Hernández: Papeles de su Archivo*, Caracas, 1978, p. 60.

Mas os governos não perderam eleições e Hernández não ganhou batalhas. Todavia, a década de 1890 e certamente o governo de Cipriano Castro, que lhe sucedeu, foram um período de contínua agitação política, que envolveu visivelmente pessoas menos privilegiadas como professores, jornalistas e outros talentos que tinham em mira fazer carreira e da qual o *pueblo* não esteve de modo nenhum ausente. Crespo considerava-se um liberal radical – ajudou Alfaro no Equador a combater pela mesma causa. A longa duração de governos como os de Guzmán e de Juan Vicente Gómez levou alguns historiadores a ignorar os interstícios entre eles, quando a autoridade foi muito menor. Figuras como o dr. Juan Pablo Rojas Paúl (presidente de 1888–1890) e o dr. Raimundo Andueza Palacio (1890–1892) nunca pareceram seguras. O mesmo aconteceu, por todo o seu talento maior, com Cipriano Castro, que tomaria o poder em 1899 e exercê-lo-ia de sua maneira singular até 1908.

Joaquín Crespo escolhera para seu sucessor o general Ignacio Andrade. Poderia também ter conseguido sustentar a autoridade do seu indicado, mas foi morto nas escaramuças de "La Mata Carmelera", quando reprimia um primeiro levante contra Andrade. Assim como Crespo foi uma figura menor do que Guzmán Blanco, não surgiu entre seus sucessores outro que tenha tido seu prestígio e popularidade locais. Contra essa confusa República Cipriano Castro liderou, em 1899, a partir da Colômbia, uma pequena invasão ("os sessenta"), que posteriormente receberia o nome de Revolución Restauradora. Castro era um andino, um nativo do estado de Táchira, na fronteira com a Colômbia. Fora educado nesse país e sua política tinha o matiz particular do radicalismo colombiano – alguns radicais da Colômbia também tentaram atuar ou refugiar-se ou ambas as coisas na Venezuela ou no Equador depois que foram apeados do poder em seu país em 1885. Fora muito atuante na política local e nacional na Venezuela; além disso, representara seu estado natal no Congresso e mais tarde fora governador. Passara alguns anos no exílio na Colômbia durante a gestão de Crespo na presidência. Embora devesse tornar-se famoso internacionalmente por suas atitudes públicas e privadas confusas graças ao bloqueio anglo-germano-italiano dos portos de Venezuela em 1902/1903, Castro foi também, no melhor dos casos, um líder ousado e atraente. O sucesso da Revolución Restauradora deve muita coisa à sorte, porém muito mais à sua habilidade em aproveitar as oportunidades, a seu poder de improvisação e à sua rápida percepção da situação política nacional. Estava pronto a lutar no momento certo, escolheu hábeis subordinados e ganhou porque era melhor político do que seus adversários. Uma vez de posse da República (como seu melhor soldado, o general Gómez, o disse, "ya que la república nos pertenece"), foi impiedoso no uso de todos os recursos possíveis para sua vantagem política e pessoal, e seus caprichos serviram para mostrar quem era o senhor. Guzmán exaltou-se a si mesmo com títulos e estátuas, Castro com escândalos e desafiando a opinião pública em seu próprio país e no exterior.

A ascensão de Castro ao poder foi considerada, por convenção, o começo de um período de dominação da política venezuelana pelos andinos. Não apenas Castro era originário dos Andes, mas também seu sucessor Goméz, bem como os presidentes que lhes sucederam antes de 1945, o general Eleazer López Contreras e o general Isaias Medina Angarita. Marcos Pérez Jiménez, o ditador dos anos 1950, era também um andino. Todavia, Germán Carrera Damas pôs em dúvida a utilidade dessa caracterização dos governos de Castro e de Gómez, mostrando que as mudanças essenciais aconteceram na década de 1920, quando o petróleo passou a dominar a economia[3]. O questionamento pode ser levado mais adiante. O primeiro pequeno exército de Castro era andino e na gestão de Gómez os andinos quase chegaram a monopolizar o corpo de oficiais, mas fora do exército houve uma profusão de outros elementos em ambos os governos. Tanto Castro como Gómez confirmaram o *modus vivendi* essencial que existira entre todos os governos venezuelanos vitoriosos e os interesses comerciais e empresariais de Caracas, de Valencia e dos portos. Ambos colheram rapidamente seus lucros em atividades presidenciais tradicionais como a regulamentação da urbanização de Caracas para sua vantagem pessoal e a monopolização do fornecimento de carne. Com exceção da preocupação de Gómez com os oficiais andinos – e Gómez foi o principal general de Castro – nem a região natal nem seus habitantes foram particularmente favorecidos. Nas campanhas que se seguiram à vitória inicial de Castro, Gómez adquiriu profundo conhecimento do país e foi um bom juiz de todos os tipos de homem.

Castro sobreviveu à Revolución Libertadora de 1903, chefiada por um general-banqueiro que se tornaria mais tarde um dos ministros das Relações Exteriores de Gómez. Recebeu algum apoio do governo norte-americano. Castro estava pronto a oferecer aos estrangeiros concessões e contratos, mas

3. Cf., por exemplo, GERMÁN CARRERA DAMAS, "Proceso a la Formación de la Burguesía Venezolana", em *Tres Temas de Historia*, 2. ed., Caracas, 1978.

foi incapaz de manter o que Joseph Conrad chamou, em *Nostromo* (1904), "as condições de um negócio civilizado". Foram seus caprichos, bem como uma crise fiscal, que redundaram no bloqueio anglo-germano-italiano de 1902/1903. Não foi essa a primeira questão desse tipo – o próprio Guzmán Blanco tinha uma vez ou outra rompido relações com a Holanda, a Inglaterra, a França e a Colômbia, mas Guzmán manteve relações ruins sob um controle melhor. No entanto, Castro sobreviveu ao bloqueio e chegou mesmo a tirar alguma vantagem política local do fato. O bloqueio também produziu declarações de hostilidade da América Latina às expedições de cobrança de dívidas, declarações que foram importantes na formação de convicções regionais no direito internacional – a doutrina Drago, do nome do ministro das Relações Exteriores da Argentina que a formulou – e o corolário Roosevelt à doutrina Monroe: "o mau comportamento persistente" de um Estado latino-americano devia ser controlado por uma força de polícia dos Estados Unidos, do mesmo modo que os Estados Unidos não podiam aceitar intervenções européias nas Américas, e menos ainda incursões navais dos alemães no mar dos Caraíbas.

Cinco anos depois da Revolución Libertadora e do bloqueio, Castro foi forçado a viajar para Europa a fim de submeter-se a uma operação cirúrgica que não podia ser feita na Venezuela e, em sua ausência, o vice-presidente, o general Gómez, apoderou-se do governo. A presença naval norte-americana ao largo da costa durante a transição e Washington deram uma ajuda discreta a Gómez para impedir que Castro tentasse retornar ao país até sua morte em 1924 – seus ossos voltaram finalmente à sua terra natal, Capacho, na década de 1970. Gómez não precisou da ajuda dos Estados Unidos, mas ofereceu estabilidade, as "condições de um negócio civilizado". Gómez dominou a Venezuela até sua morte, em 1935.

Gómez tinha um talento natural para a organização militar e seu papel na revolução de Castro e nos anos seguintes proporcionou-lhe grande experiência de campanha. Não foi o primeiro governante a realizar uma modernização parcial do exército venezuelano – Guzmán e Crespo tiveram suas forças de elite, ou *sagradas*, muito bem armadas – mas o crescimento das receitas do governo lhe propiciou maiores recursos. As forças armadas de que ele dependia foram um híbrido complicado: ele realmente criou um exército regular um pouco maior e mais profissional, mas manteve redes de oficiais veteranos da guerra civil nas províncias, muitas vezes em suas próprias terras, com a missão de organizar as antigas *levas* de *gente de confianza* em épocas de emergência. Manteve também a *sagrada* em Maracay, a sede efetiva de seu governo. Maracay era o centro estratégico do país e um centro conveniente de operações agrícolas lucrativas. Lá estava viva a maneira de Gómez de pôr-se acima de todos. Por conveniência, permitiu que civis confiáveis ocupassem a presidência. Nunca abandonou o comando do exército.

Seu poder militar foi complementado por um extenso sistema de espionagem interna e externa, pela prisão de adversários, na cadeia de Rotunda, por longos períodos com correntes nas pernas, pela supressão de todo debate público vital: o Congresso era um corpo servil de nomeados, e não havia imprensa de oposição. Ainda assim, conhece-se muita coisa. Em defesa de Gómez, pode-se afirmar que em 1908 ele não se apoderou da República atemorizada de 1935 e que muitos daqueles que ele prendeu ou exilou teriam bem-recebido uma nova guerra civil e, se tivessem ganho, não teriam governado de maneira diferente. O *Gomecismo* não deve ser tratado como um sistema uniforme para todos os anos entre 1908 e 1934, nem foi consolidado imediatamente e não enfrentou oposições em 1908. Gómez levou muitos anos desarmando o país. Nunca foi favorável a grandes guarnições ou a arsenais dispersos, e mesmo na década de 1920 continuaram a irromper pequenos levantes e surtidas na fronteira a partir do território colombiano. Em 1929, o general Ramón Delgado Chalbaud, prisioneiro da Rotunda por longo tempo, preparou uma pequena invasão a partir da Europa no navio a vapor *Falke*. Foi morto logo após seu desembarque em Cumaná e os invasores e seus aliados foram dispersados, mas ele tivera pelo menos uma chance de fora. Se Gómez tivesse morrido em 1925, e não em 1935, teria conseguido um crédito maior por seu desempenho na manutenção da ordem e menos críticas a seu trabalho de repressão. Usualmente, as vítimas no exílio e na Rotunda não eram venezuelanos comuns. Gómez tinha idéias simples de disciplina e o tato comum: afinal de contas fora até os quarenta anos um fazendeiro e pecuarista andino, e inicialmente a visão maior fora a de Castro, e não a dele.

Pode-se dizer, portanto, que administrou grande parte da economia venezuelana com a mentalidade de um prudente *hacendado*. Como Germán Carrera Damas insiste em afirmar, não era um camponês, mas um "burguês rural"[4]. Gómez conservou seu apetite por terras e adquiriu grandes proprie-

4. GERMÁN CARRERA DAMAS, "Cirios para Gómez", em *Jornadas de Historia Crítica*, Caracas, 1983.

dades e, por meio de monopólios, tornou-as lucrativas. Os competidores, até mesmo a empresa britânica Lancashire Cattle Company, viram dificultados seus acessos aos mercados. Mas Gómez não se interessou exclusivamente por terras, tampouco foi vítima de alguma obsessão "telúrica". Aproveitou sem hesitação as maiores possibilidades que o petróleo oferecia.

As origens da indústria petrolífera venezuelana remontam a mais de um século, com a fundação, em 1878 (no estado natal de Castro e de Gómez), da Compañía de Petróleo del Táchira. Em 1883, foi feita a primeira concessão a uma empresa norte-americana, para a exploração do lago de asfalto de Guanoco. A contemplada foi a New York and Bermúdez Company, cujas diferenças com Castro levaram-na a apoiar o general Matos em 1903. A seus partidários Castro concedeu direitos a uns seis milhões de hectares de terras, instituindo o padrão pelo qual eram dadas concessões a venezuelanos individuais que depois as vendiam a companhias estrangeiras. Algumas vezes, essas recebiam concessões diretamente, como aconteceu em 1909/1910 quando Gómez cedeu aos ingleses 27 milhões de hectares de terras. A data inicial dessas concessões não significa o início das exportações de petróleo em volume expressivo; começaram realmente em 1917, ano em que a Venezuela exportou 21 194 toneladas. Em 1926, o país já exportava quase quatro milhões de toneladas, fazendo do petróleo o principal produto de exportação. Em 1928, a produção subiu para quinze milhões de toneladas. Então, o país era o segundo produtor mundial depois dos Estados Unidos, contribuindo com oito por cento do total da produção petrolífera do universo e convertendo-se no maior exportador do mundo.

Assim, os vínculos da Venezuela com a economia mundial foram fortalecidos de uma forma que a Colômbia e o Equador nunca conseguiram e de tal maneira que a receita do governo aumentou diretamente. Gómez gastou-a em estradas, e com o exército. Fundou o Banco Agrícola y Pecuario em 1928, mas essa iniciativa não foi seguida de uma política coerente de desenvolvimento agrícola: a agricultura venezuelana, particularmente o café, sofreu muito na década de 1930 devido à manutenção de uma taxa cambial elevada. Essa questão foi pouco estudada, mas já se disse muitas vezes que os empréstimos feitos pelo Banco Agrícola não foram usados na agricultura. O petróleo fez aumentar as migrações para as zonas de produção e para as cidades em geral, embora tenha se mantido pequeno o número de empregados diretos da indústria. Em termos locais, foi a elite comercial que usufruiu os maiores benefícios. No final, o advento do petróleo e a Primeira Guerra Mundial reorientaram o comércio exterior da Venezuela de modo definitivo para os Estados Unidos, que conseguiu manter esse domínio no pós-guerra.

Só recentemente tentou-se fazer um balanço desapaixonado da administração de Gómez com relação à indústria do petróleo. A magnífica obra de Rómulo Betancourt, *Venezuela: Política y petróleo* (1956) – poucos chefes de Estado escreveram um livro tão bom – naturalmente não faz a defesa do caso. Gómez e seu *entourage* tiraram grandes proveitos. Gómez não era um patriota desprendido – sua pergunta "Es amigo?" era o equivalente venezuelano da "Ele é um patriota?" de Francisco José – mas, depois de uma experiência infeliz com investimentos na Alemanha antes de 1914, não voltou a investir sua riqueza no exterior. Mais importante, foi um sério estudioso da posição da Venezuela no mercado e empregou, particularmente no caso de Gumersindo Torres, homens capazes de fazer negociações cada vez mais duras com as companhias. Teve o cuidado de manter o equilíbrio entre os norte-americanos e a Royal Dutch Shell. Seu registro poderia ter terminado com uma nota mais nacionalista se não tivessem sido as condições de mercado mais fracas da depressão. Os críticos de Gómez nem sempre basearam seus ataques num sólido conhecimento das condições de mercado variáveis na época e ignoraram a rapidez inaudita com que a indústria petrolífera da Venezuela evoluiu na década de 1920. Tendo de enfrentar interlocutores poderosos e sofisticados – as companhias de petróleo eram diferentes em ambos esses aspectos dos antigos aventureiros-empresários estrangeiros na Venezuela – Gómez não foi um simples *vendepatria*. Pode-se ver uma nota de nacionalismo por trás de sua decisão de devotar parte da receita do petróleo ao pagamento da dívida externa da Venezuela: a última prestação foi resgatada em 17 de dezembro de 1930, cem anos depois da morte de Bolívar. Em matéria de finanças públicas, Gómez era estritamente conservador. Que outro governo latino-americano sobreviveu à crise da Grande Depressão?

Nenhum outro governo latino-americano reprimiu de maneira tão implacável seus inimigos no plano interno e vigiou-os tão de perto no exterior. Por outro lado, Gómez empregou grande número de homens de hábitos austeros e industriosos que, apesar de seus compromissos, continuam a inspirar um certo respeito: Gumersindo Torres, Román Cárdenas, Pedro Manuel Arcaya, Eleazer López Contreras, José Gil Fortoul, Laureano Vallenilla Lanz e Vicencio Pérez Soto, todos tinham essa qualidade que Gómez certamente valorizava, a *seriedad*, e que era uma parte essencial de sua longa ascendência.

Nem todos os asseclas locais de Gómez foram brutais ou corruptos: alguns permaneceram no cargo até a década seguinte depois de sua morte. O calibre de seu ministro da Guerra, general López Contreras, pode ser visto na habilidade com que tratou a mudança afinal inadiável que aconteceu com a morte de Gómez em 17 de dezembro de 1935.

No final do regime de Gómez a população da Venezuela ainda era predominantemente rural (77 por cento) e as cidades continuavam pequenas. Havia cerca de 3,5 milhões de venezuelanos, mas Caracas tinha apenas 230 mil habitantes e nem Maracaibo, nem Barquisimeto nem Valencia chegavam aos cem mil. Não houvera grandes avanços no ensino e na saúde. No entanto, apesar de toda a sua imobilidade, Gómez deixou um país radicalmente mudado, e maduro para novas mudanças. A conexão do petróleo alterou as condições de governo, e a administração Gómez transformara a política. Fizera *tabula rasa* da política venezuelana, de uma maneira que nenhum outro governante de um país importante da América Latina fez. Nenhum partido foi deixado vivo: já no início de seu governo rejeitou até mesmo as referências retóricas rituais ao passado liberal. Após sua morte, as tradições de autoridade perduraram – continuam a persistir nos partidos políticos venezuelanos – mas a vida política teve de ser reconstruída a partir do zero. Precisou buscar seus líderes e sua inspiração na oposição mais moderna que surgira, particularmente nas manifestações estudantis de 1928.

A vida cultural não foi totalmente asfixiada, embora seja talvez em seu efeito façanhudo no caso que o *gomecismo* cobrou o preço mais alto. Partidários isolados do regime – José Gil Fortoul, Laureano Vallenilla – escreveram livros que ainda hoje merecem ser lidos. Maracay vigiou a vida cultural de Caracas à procura de sinais de subversão e aqueles que fizeram um nome por si mesmos poderiam receber um chamado para irem até lá a fim de serem inspecionados pelo general, e seu grau de "amizade" avaliado pessoalmente, mas em outras circunstâncias o governo de Gómez mostrou-se desinteressado. Esse clima permitiu algumas notáveis realizações pedagógicas particulares – o *liceo* dirigido por Rómulo Gallegos formou uma geração de líderes políticos subseqüentes. Gómez gostou da obra *Doña Bárbara* (1929), de Gallegos: o autor a lera para ele ao ar livre (não porque o general fosse analfabeto; apenas preferia que lessem para ele), e quando ficou escuro ordenou que a leitura continuasse à luz dos faróis do carro. Testou Gallegos nomeando-o senador; Gallegos preferiu o exílio.

Em 1880, os liberais colombianos tinham consciência de que a constituição radical de Rionegro (1863) – com a exclusão da Igreja da vida oficial do país, a criação de nove estados "soberanos", suas perpétuas eleições, confusas e necessariamente fraudulentas, sua dependência final das intervenções da Guardia Colombiana nos negócios dos estados, suas variedades vexatórias de legislação, suas finanças anárquicas e o mandato presidencial de dois anos – estava totalmente fora de sintonia com as necessidades da época. Além disso, segundo seus próprios dispositivos, não podia ser reformada – um inconveniência completa. Quando as coisas ficaram ainda mais difíceis com o colapso econômico da metade da década de 1880, o presidente Rafael Núñez, em meio à guerra civil, declarou-a morta e nomeou uma assembléia constituinte "independente" e conservadora para escrever uma nova carta que garantisse uma "paz científica". A Constituição de 1886 restabeleceu a autoridade do governo central e reduziu os estados a departamentos dirigidos por governadores nomeados pelo presidente; os *alcaldes*, por sua vez, seriam nomeados pelos governadores. As eleições seriam indiretas, das quais participariam eleitores qualificados pela posse de bens ou pela instrução. A religião católica romana foi declarada oficial no país: "Os poderes públicos deverão protegê-la e assegurar que seja respeitada como um elemento essencial da ordem social". Posteriormente, na Concordata de 1887 e na Convenção dos Territórios de Missão, a Igreja foi premiada com novas concessões e garantias. A liberdade absoluta de imprensa do período da Constituição de Rionegro, 1863–1885, foi substituída primeiro por uma espécie de censura prévia e depois por leis que deram ao Executivo e aos juízes poderes para tratar, o primeiro das publicações subversivas e os segundos das ofensivas. A nova carta pôs fim ao livre comércio de armas e restabeleceu simbolicamente a pena de morte, que os liberais haviam abolido com tanto orgulho. O presidente Núñez e seus sucessores mantiveram também o grande efetivo do exército, habitualmente em torno de seis mil homens, e desfrutaram de algumas "faculdades extraordinárias"; o mandato presidencial foi ampliado para seis anos, com a possibilidade de reeleição, dois dispositivos que foram reformados posteriormente.

Essa receita da "paz científica" revelar-se-ia incompleta; por isso, ela sofreu sucessivas alterações, mas a Colômbia ainda hoje é regida, em seus elementos essenciais, pela Constituição de 1886. No início, essa carta desfrutou de muito sucesso. Carlos Holguín, que, como vice-presidente de Núñez, governou o país de 1888 a 1892 sob a vigilância do arquiteto da "Regeneração" de seu semi-isolamento em Cartagena, pôde afirmar ao fim de seu mandato que, "nos quatro anos que governei, não se ouviu um só tiro, nenhuma gota de sangue foi derramada, nenhuma lágrima foi vertida. Deixei a República em paz e não contraí dívidas". Recusou-se a aplicar a pena de morte, que praticamente caiu em desuso. Pode parecer que, nesses últimos anos do século XIX, com o Partido Liberal e os dissidentes do Partido Conservador excluídos da participação no governo, o primeiro também das assembléias eleitas, eles tenham sofrido uma repressão apenas moderada. Carlos Holguín suspendeu sete periódicos, multou doze deles e três impressores. Usou suas "faculdades extraordinárias" em três oportunidades, duas para restringir as atividades de indivíduos conservadores e uma para prestar um favor de família a um dos descendentes do general Santander. Miguel Antonio Caro, vice-presidente e (com a morte de Núñez em 1894) presidente de 1892 a 1898, mostrou mais energia, principalmente contra alguns elementos da imprensa liberal: uma *cause célèbre* que causou ao governo mais mal do que bem foi o fechamento do jornal liberal *El Relator* e o exílio de seu diretor, o ex-presidente Santiago Pérez (1874–1876). Mas esse controle raramente foi exercido de maneira tão direta, e o quadro que os panfletistas radicais pintavam do governo da "Regeneração" no exterior contrasta com o que um exame mais conspícuo pode revelar: uma imprensa de modo nenhum uniforme, muita discussão dentro de amplos limites, um Congresso ainda refratário, mesmo que o Partido Liberal contasse com um único parlamentar, uma persistente dissidência regional disfarçada, uma virtual ausência de polícia e um exército que na maioria das vezes pouco aparecia. Persistiam os "costumes republicanos" simples, e exteriormente nada havia que distinguisse os que estavam no poder da sociedade de comerciantes, fazendeiros, advogados e literatos que os produzia. Foi o governo dos polemistas civis; Núñez, Caro e Holguín, todos foram questionadores e não concebiam a vida política sem discussões na imprensa ou no Congresso. Basta compará-los com Guzmán Blanco ou com Joaquín Crespo, seus contemporâneos na Venezuela, para ver imediatamente a diferença. Suas discussões superficialmente rarefeitas estão na tradição clerical e legalista de Santa Fé de Bogotá, e a capacidade de argumentar é essencial ao tipo mais comum de carreira política. O excessivo questionamento poderia às vezes ser prejudicial, como no caso de Caro, que às vezes caía num dogmatismo irritante. O fluxo da discussão também era interrompido pelas necessidades de fraude eleitoral e de guerra civil.

A capacidade de manipular as eleições era muito mais importante para o círculo que estava no poder do que as formas de repressão do tempo de paz. A aliança entre o Partido Independente e o Partido Conservador, concluída em 1885, logo conseguiu equiparar-se ao sucesso hermético que a prerrogativa do Partido Liberal desfrutara na maior parte do país a partir de 1863. O sistema de listas foi substituído por chapas com um único candidato, mas uma combinação de controle oficial, privado e clerical frustrou qualquer intenção que pudesse ter havido de garantir uma representação das minorias. Entre 1885 e 1904, apenas dois membros do Partido Liberal conseguiram ser eleitos para o Congresso, o advogado Luis A. Robles, de Magdalena, e o incansável candidato à presidência do partido, Rafael Uribe Uribe, de Antioquia. A vantagem eleitoral era toda dos partidos do governo, o "Independente" e o Conservador. Os cabos eleitorais mais importantes dessa ampla coligação eram os funcionários locais e o clero das cidades, que devem ter cabalado muito mais votos do que os entusiastas "fazendeiros conservadores" da mitologia popular; é claro que esses existiram, mas freqüentemente os fazendeiros evitaram envolver-se diretamente na política e, como a maioria deles eram liberais, um eleitorado controlado por fazendeiros não teria produzido um resultado tão uniforme. As novas leis eleitorais tornaram muito mais fácil a tarefa da máquina do funcionalismo e da apuração. Esta era apoiada por uma Igreja que aprendera a encarregar-se de sua própria defesa e que se tornou, e continuou sendo durante todo esse período e além dele, um temível cabalador de votos, imune a tudo salvo a uma divisão dos conservadores. O voto do exército também era dirigido. Nessas circunstâncias, o Partido Conservador não precisava de nenhuma organização própria separada. Poderia perder as eleições em algumas cidades, mas a República, em sua esmagadora maioria, continuava rural e a maioria da população rural da Colômbia era conservadora.

Entretanto, sistemas eleitorais de uma circularidade excessivamente perfeita são uma fonte de fraqueza. O Partido Liberal não foi silenciado; foi apenas oprimido, e as tendências belicosas dentro do partido se fortaleceram. Se tivessem as condições certas – tempos ruins na economia, divisão dos conselhos do governo, um pequeno encorajamento do exterior, a perspectiva de suplantar a liderança de alguém do próprio partido mesmo que se tivesse de trair o próprio governo – uns poucos homens podiam começar uma guerra civil, e as práticas eleitorais e a exclusividade das administrações até 1899 foram um pretexto comum para esse tipo de conflito. A maioria do Partido

Liberal reconheceu que a decisão dos radicais de ir à guerra contra Núñez em 1885 fora desastrosa, e a liderança do partido foi firmemente favorável à paz. O ex-presidente Santiago Pérez, do Partido Liberal, teimou em combater "os novos delírios com metralhadoras e rifles, que somente existiam no papel, que apenas iriam sacrificar mais patriotas e dar à Regeneração novo motivo para mais salvações da pátria"[5]. Não obstante, foi difícil para os liberais pacíficos defender sua linha de ação, se o governo lhes recusava todas as concessões. A habitual dependência de um sistema fortemente manipulado também levou os sucessores de Núñez, sobretudo Miguel Antonio Caro, a dar pouca atenção à opinião de seu próprio partido. Caro, diante das críticas a seus métodos arbitrários feitas pelos conservadores "históricos" e *antioqueños*, grupos que não digeriram totalmente a "Regeneração", chegou a rejeitar o epíteto de conservador, preferindo ser chamado de "católico". Caro chegou ao fim de seu mandato em 1898 brigado com o Congresso, e foi o promotor de uma desastrosa sucessão destinada a excluir os elementos de seu próprio partido que haviam dado ouvido a seus críticos ou mostrado sinais de algum compromisso. Escolheu para ocupar a presidência na fria Bogotá um inválido octogenário de uma região quente, Manuel Antonio Sanclemente, antigo ministro do gabinete do presidente Mallarino em 1855. Para vice-presidente a escolha recaiu sobre o *hacendado*, mestre-escola e homem de letras José Manuel Marroquín, de 70 anos de idade, sem qualquer outra experiência política além daquela que todo bogotano bem relacionado adquiria por diversão e autopreservação. Theodore Roosevelt, referindo-se mais tarde, num momento de exasperação, a esse autor de regras gramaticais em rimas e do equivalente local do *Black Beauty**, chamou-o de "bem conhecido bandoleiro da América do Sul".

Em 1895, uma revolução do Partido Liberal fora sufocada rapidamente pelas forças do governo; o país vivia um momento de relativa prosperidade e a rebelião não conseguira muitos adeptos. Durante o período em que ocupou a presidência até à chegada do idoso Sanclemente à capital, Marroquín, em 1898, fez algumas concessões em matéria eleitoral, judicial e com relação à

5. CARO, *op. cit.*, vol. I, p. 343.

* Referência à clássica história para crianças *Black Beauty* (*Beleza Negra*), filmada por Walt Disney; a história de um cavalo que, sendo um animal de estimação de um garoto, foi vendido para trabalhar no transporte de cargas. (N. do T.)

imprensa que poderiam ter deixado satisfeitos os membros do Partido Liberal e os dissidentes do Partido Conservador, mas essas medidas foram abolidas tão logo Sanclemente tomou posse. Os liberais foram à guerra novamente em agosto de 1899; isto é, nesse mês um pequeno grupo de conspiradores do Partido Liberal, com uma quantidade ainda menor de rifles – talvez uns dezesseis no máximo – atacou Bucaramanga com notável insucesso. Ainda assim, a guerra subseqüente perdurou por quase três anos, os "Mil Dias", e alastrou-se por todo o país. Seu início coincidiu com uma queda dos preços do café, na época o principal produto de exportação da Colômbia, e com a conseqüente depressão econômica e diminuição dos recursos do governo. Os liberais receberam apoio moral e alguma ajuda material dos governos liberais da Venezuela, do Equador e da Nicarágua; alcançaram algumas vitórias – provocaram a renúncia de Sanclemente e sua substituição mais uma vez por Marroquín – mas não conseguiram dividir seus adversários no campo de batalha nem equiparar-se-lhes em recursos, muito superiores em recrutas, em armas e em papel-moeda. Abandonaram a luta em 1902. Custou dezenas de milhares de vidas – nunca foi possível fazer o cálculo exato – e uma perda incontável de bens materiais. A essa guerra logo se seguiu a secessão do Panamá, com o encorajamento e sob proteção dos Estados Unidos. Tanto os liberais quanto os conservadores podem ser responsabilizados por esse fato, os primeiros por transformarem o Panamá em teatro de guerra e os segundos por terem adiado irrealisticamente as negociações para transferir a Concessão do Canal da companhia francesa para os Estados Unidos e por não terem levado em conta os interesses e as suscetibilidades dos panamenhos. Nem um partido nem o outro puderam fazer alguma coisa para deter a separação. As reações na Colômbia variaram: reprovação impotente de alguns poucos que eram conscientes, indiferença da massa do povo e inveja e conspiração de alguns separatistas de outras regiões do país. É bastante significativo que a questão não tenha provocado nenhum sentimento antinorte-americano mais duradouro. José Manuel Marroquín terminou seu mandato, sendo substituído, em 1904, pelo general Rafael Reyes, um veterano da guerra de 1885, o vencedor compassivo da guerrazinha de 1895 e um dos candidatos pouco confiáveis que Caro eliminara da campanha eleitoral de 1898. Reyes não lutara na guerra que terminara há pouco: a maior parte dela ele passara em Paris como ministro da Colômbia na França.

A ditadura-presidência de Reyes, o "qüinqüênio" de 1904–1909, tentou diversas inovações políticas. A mais importante delas foi a representação das minorias, mesmo que tenha sido uma representação imposta nos moldes pessoais e autoritários de Reyes. Escolheu membros do Partido Liberal para dois dos seis ministérios de seu governo e para a assembléia constituinte que nomeou para subjugar um Congresso recalcitrante. O general Uribe serviu a seu governo como diplomata e, a pedido de Reyes, enviou dois de seus filhos para a escola de cadetes do Chile a fim de prepará-los para ingressar no novo exército profissional da Colômbia, que estava sendo planejado. (Para treiná-lo foi contratada uma missão militar chilena.) No governo de Reyes, o Partido Liberal abandonou seu federalismo – em 1899 ainda se mantinha leal à Constituição de Rionegro – e com o tempo deixou de recorrer à guerra civil. A guerra provocou uma mudança na liderança do partido: em seu curso vários antigos líderes "pacifistas" proeminentes haviam morrido de morte natural e, como é comum nos campos de batalha, mesmo na derrota, adquiriram reputações que podiam ser usadas na paz, como aconteceu principalmente com os generais Benjamín Herrera e Rafael Uribe Uribe. O primeiro foi considerado o melhor soldado da Colômbia e, até sua morte em 1924, suas qualidades de líder taciturno e sólido exerceram uma atração particular nos principais veteranos do Partido Liberal. Filho de um sargento, Herrera ingressara como voluntário na Guardia Colombiana com 15 anos de idade e, até o advento da "Regeneração" em 1885, fora um soldado profissional, uma raridade na Colômbia da época. Sem ser um ideólogo, seu senso político prático levou-o, como líder do Partido Liberal, a estimular a incorporação dos trabalhadores ao partido e, no fim da vida, mostrou-se bastante ativo na fundação da Universidad Libre, na linha do livre pensamento. A carreira militar do general Uribe Uribe foi menos espetacular – duas desvantagens o prejudicaram: ser originário de Antioquia, uma região ao mesmo tempo pacífica e conservadora, e ser muito disciplinador – mas era dotado de maior energia intelectual. Fora, no final da década de 1890, a única voz do Partido Liberal no Congresso. Levou a Roma sua polêmica com o arcebispo de Bogotá sobre a questão de saber se o liberalismo era pecado – o futuro papa Pio XII declarou que era – e fez várias conferências sobre o socialismo. Retornou das viagens diplomáticas que fez para o governo do presidente Reyes para escrever sobre café, sobre melhoramento de pastos e sobre banana. Fundou seu próprio jornal e sua correspondência mostra que pretendia construir uma rede do Partido Liberal num nível um pouco abaixo daquele que os notáveis mais comuns do partido desejavam. Organizou em Bogotá um *bloque obrero* (bloco operário), que adquiriu bastante força no *barrio* de La Perseverancia, habitado sobretudo por artesãos pobres. Não desfrutou de muita popularidade entre seus pares, que o consideravam vazio e oportunista. Ele e Herrera detestavam-se mutuamente. As tensões geradas por suas atitudes políticas individualistas devem ter contribuído para seu assassinato em 1914.

As aspirações do general Reyes de ser o Porfirio Díaz da Colômbia desvaneceram-se em 1910 diante da crescente oposição de todos os quartéis, que viram uma boa saída nas suas tentativas prematuras de restabelecer as relações com os Estados Unidos. De qualquer modo, a lenta recuperação da economia o condenara à frustração prática: tinha planos, mas carecia dos meios financeiros para implementá-los. Seu autoritarismo moderado e suas vaidades ocasionais haviam produzido alguns inimigos em ambos os partidos. Convencido de que não tinha mais apoio, abandonou o país sem dizer a ninguém enquanto fazia uma visita à região bananicultora de Santa Marta, um empreendimento que fora bastante incentivado por ele. No clima bipartidário vigente na hora em que deixou o cargo – que teve algo a ver também tanto com sua tolerância e amplitude de visão quanto com seus defeitos – uma Assembléia Nacional reduziu o mandato presidencial para quatro anos, proibiu a reeleição imediata, determinou reuniões anuais do Congresso, restabeleceu as eleições diretas e adotou algumas medidas com relação à representação das minorias. Elegeu para presidente no período 1910–1914 Carlos E. Restrepo, líder da Unión Republicana, uma coligação *ad hoc* de alguns proeminentes líderes de partido. Assim, o centenário da Independência foi celebrado em meio a um pacto cívico, com as liberdades restauradas e um *civilismo* resoluto. A *generación del Centenario* tem sido considerada algumas vezes uma tentativa de preservação desses valores.

Na gestão da Unión Republicana de Carlos E. Restrepo, a vida política do país permaneceu essencialmente nas mãos dos conservadores. O restabelecimento do voto direto também favoreceu esse partido – o Partido Liberal e os dissidentes do Partido Conservador que os apoiavam poderiam ganhar em Bogotá e em algumas outras cidades, mas nunca conquistariam o eleitorado rural como um todo. Em 1914, a máquina oficial, a Igreja, os *caciques* e a *opinión* conservadora – essa corrente também teve seu místico e seus heróis – elegeram o presidente José Vicente Concha com 300 735 votos contra 36 763 dados a seu adversário do Partido Liberal Republicano. Em 1918, elegeram Marco Fidel Suárez com 216 595 votos contra 166 498 dados a seu adversário Guillermo Valencia, um dissidente do Partido Conservador apoiado pelo

Partido Liberal, que ganhou em Bogotá e em onze das quatorze capitais de departamento. Em 1922, o general Pedro Nel Ospina suplantou o general Herrera por 413 619 votos contra 256 213. À fraude, à violência e à participação dos padres na eleição de 1922 o Partido Liberal respondeu com a abstenção no sufrágio de 1926, que elegeu com 370 492 votos Miguel Abadía Méndez, que concorreu sozinho. Somente em 1930, com a divisão do Partido Conservador, o Partido Liberal pôde ganhar as eleições presidenciais: Enrique Olaya Herrera foi eleito com 369 934 votos, contra Guillermo Valencia, que recebeu 240 360 sufrágios, e Alfredo Vásquez Cobo, com 213 583 votos.

Esses números extraídos de fontes oficiais incorporam muita fraude eleitoral. No sistema eleitoral de 1886, instituído por Rafael Núñez e emendado em 1910, o sufrágio era restrito oficialmente àqueles que sabiam ler e escrever ou que possuíam bens até um determinado valor ou uma determinada renda – um mil e dois mil pesos respectivamente em 1922. Não é difícil calcular *grosso modo* o que pode ter sido o eleitorado numa ou noutra região e observar, naqueles lugares onde imperou a fraude, o número de votantes que ultrapassou a lista oficial de eleitores, principalmente nas áreas rurais conservadoras. Às vezes, isso foi apenas um problema de papel e não refletiu uma participação ou mobilização verdadeira. No entanto, às vezes não o foi: pode ter sido o resultado da participação dos excluídos oficialmente do direito de voto, uma característica das eleições colombianas desde os primeiros dias da República. Os números incluem também um inegável crescimento de uma participação genuína, como o prova a parte urbana da oposição liberal. No começo da década de 1920, os contemporâneos calculavam o eleitorado total em algo inferior a 10 por cento da população. O Partido Liberal, denunciando o fato de os departamentos de Boyacá e de Nariño, habitados por camponeses índios pobres e analfabetos, encabeçarem a lista dos votos do Partido Conservador, as evidentes fraudes na costa do Atlântico, o controle por parte do governo dos votos do exército, da polícia, das *gendarmeries* e do monopólio da bebida, e a aprovação dada pelo Partido Conservador à cabala de votos pelos padres, o Partido Liberal calculava que tivera tantos sufrágios quantos aqueles que seu adversário recebera.

Diante dessas acusações e contra-acusações e do folclore das fraudes do sistema, é muito fácil perder de vista o sistema como um todo. As origens das duas correntes tradicionais remontavam aos primeiros anos da República. Nas guerras civis foram criadas e confirmadas lealdades que estavam fadadas a perdurar. Nem o caráter das mudanças econômicas nem sua extensão iriam alterá-las. O Partido Conservador continuou a depender fortemente do apoio da Igreja. Na década de 1920, particularmente no governo de Pedro Nel Ospina, mostrou que era capaz de tirar vantagem das novas circunstâncias econômicas, e o apoio popular que recebeu não esteve confinado às zonas rurais: muitos empresários eram conservadores e alguns desses eram sincera e eficientemente paternalistas. O Partido Liberal abandonara a oposição hostil pela competição eleitoral, o que acabou lhe dando a vitória. Era a única oposição plausível, e sua flexibilidade e as condições sociais do país impediram com sucesso o crescimento dos movimentos esquerdistas: por várias vezes os sindicalistas, os marxistas e os anarquistas da Colômbia tentaram mas não conseguiram atrair um eleitorado separado ou fazer carreiras distintas uns dos outros, fato que devemos analisar mais adiante. A organização partidária permaneceu rudimentar, e cada corrente constituía uma aliança de grupos regionais, sempre prontos a criar uma facção, onde nenhuma teve algum dia o poder de emitir algo formal como uma carteira de sócio, onde a mais permanente manifestação visível da existência do grupo era talvez a edição de um jornal local, onde as campanhas de filiação e de conquista de votos tinham de ser curtas e baratas. As *giras*, as excursões políticas – não totalmente desconhecidas no século XIX – só se tornaram mais comuns no século XX: o flamejante político-poeta Guillermo Valencia fez várias viagens-comício de carro nas vizinhanças da capital e Jorge Eliécer Gaitán, o líder liberal assassinado em 1948, fez sua primeira jornada política em campanha pelo general Herrera em Boyacá em 1922. Por volta de 1930, Alfonso López Pumajero, o arquiteto da vitória do Partido Liberal nesse ano, fez sua campanha de avião e de hidroplano.

Esse tipo de atividade era essencial. Não havia na política nacional colombiana uma fonte alternativa de poder. Das instituições nacionais, a Igreja era a mais comprometida politicamente com o Partido Conservador; tanto era dirigida por ele quanto o dirigia, ela mesma dividida numa corrente de bispados quase autônomos. O arcebispo de Bogotá tinha pouco controle sobre as outras dioceses ou sobre os extensos territórios de missão e sobre as numerosas ordens religiosas. O exército mudara desde a Guerra dos Mil Dias. Muitos generais e coronéis *ad hoc* continuaram a manter suas patentes na vida civil; e, embora na época o corpo de oficiais fosse profissional sob muitos aspectos, o comando do exército na breve guerra contra o Peru em 1932 foi entregue ao general Vásquez Cobo, essencialmente um guerreiro feito no campo de combate. Mas era um exército pequeno, tinha pouco prestígio e era conservador. Era totalmente incapaz de uma ação política independente, ou mesmo de uma conspiração independente. A Colômbia era um país governado com rédeas frouxas, e suas receitas antes da década de 1920 haviam sustentado apenas um esqueleto de administração. O poder público existente estava nas mãos de políticos essencialmente civis. Alguns desses, em ambos os partidos, eram de extração "oligárquica", filhos de antigas famílias ricas e de prestígio; muitos, porém, não o eram. As fortunas colombianas ainda eram modestas, e a aversão à política era um traço de caráter da classe alta pelo menos tão comum quanto a ambição política. A política ficava essencialmente para os políticos, e muitos desses provinham de origens modestas.

Uma exposição que dê alguma ênfase à lenta mobilização, aos indícios de modernidade e de adaptação, às virtudes *centenarias*, muitas vezes proclamadas e poucas vezes praticadas, pode ser um corretivo útil da prática costumeira de rejeitar esses anos por terem sido um período de clientelismo estático. No entanto, uma exposição desse tipo seria incompleta. Os estudiosos da evolução de outros Estados da América Latina e de outras regiões estariam familiarizados com muitos elementos dessa democracia imperfeita, mas pouco conheceriam do potencial colombiano de violência sectária. Depois da Guerra dos Mil Dias esse potencial manteve-se escondido por algum tempo sob o autoritarismo imparcial do general Reyes, na oposição de ambos os partidos ao general e na Unión Republicana. Depois disso, voltou a emergir. As eleições de 1922 foram uma ocasião de violência suficiente para produzir um protesto pactuado e detalhado do Partido Liberal:

> As manifestações públicas dos liberais, feitas de forma civilizada e pacífica, foram em muitos lugares dispersadas por multidões de conservadores que os atacaram com a tolerância, o apoio, a intervenção e mesmo a autorização de autoridades do governo. Em não poucos casos esses ataques foram estimulados pela pregação de padres intransigentes nos púlpitos das igrejas. Cidades importantes, entre elas a capital da República, assistiram a cenas da mais cruel efusão de sangue, comparáveis somente ao *apachismo más selvage*, e as aldeias e a zona rural presenciaram o uso de métodos de terror que os mantiveram e ainda os mantêm num estado de intranqüilidade que é prejudicial ao progresso regular de uma nação bem organizada[6].

6. ANÓN., *Los Partidos Políticos en Colombia*, Bogotá, 1922, pp. 22–23.

O governo replicou que o Partido Liberal estava exagerando, que os conservadores não eram os responsáveis exclusivos, que numa República liberal a Igreja tinha todo o direito de expressar sua opinião e que muitos dos chamados ataques políticos, quando examinados com mais profundidade, tiveram outros motivos. Não negou que havia distribuído uns três mil rifles aos governadores de estado para a formação de "corpos cívicos de polícia departamental". Quase a metade dessas armas foram para o departamento de Norte de Santander, sabidamente conflitivo, e nem todos elas retornaram. Os liberais realmente exageraram, e os historiadores que procuraram antecedentes para a violência eleitoral sectária muito mais intensa do final dos anos 1940 e início da década de 1950 também tiveram seus exageros. A violência eleitoral de 1922 não deixou muitos mortos ou feridos. O maior perigo de uma revolta liberal – é um dos momentos em que parecia que a Colômbia do século XX poderia voltar aos métodos do século XIX – foi evitado por uma liderança prudente. As eleições de 1930 não foram violentas, e a transferência de poder para o Partido Liberal, com exceção de alguma resistência nos Santanders, foi pacífica. Mas o potencial de uma violência mais generalizada estava presente, e posteriormente outras circunstâncias e a demagogia competitiva de Jorge Eliécer Gaitán e de Laureano Gómez deviam trazê-lo a furo.

Em 1880, Rafael Núñez dizia que para a Colômbia o problema da ordem era o primeiro em importância, e talvez não fosse preciso justificar essa afirmação com um exame mais aprofundado de sua solução parcial nos 50 anos que decorreram até 1930, tanto à luz do que acontecera quanto do que estava por vir. Os problemas políticos têm sua própria autonomia e não mantêm uma relação simples com as mudanças econômicas, tanto aqui quanto alhures. De certa forma, as mudanças sociais e econômicas desse meio século tiveram um efeito político menos óbvio do que se poderia esperar de sua magnitude. Foram acomodadas dentro das práticas políticas existentes.

Em meados da década de 1880, as exportações colombianas de fumo, de casca de quinino e de café entraram num estado de prostração. O fumo vinha sendo o principal produto de exportação desde a metade do século e a casca de quinino, que não era cultivada mas coletada, foi causa de ampliações intermitentes da fronteira nas regiões de Tolima e Santander. Essas exportações nunca mais se recuperariam, e a crise causou o fim da era de governo do Partido Liberal com a guerra civil de 1885. Na época, não estava muito claro que atividade econômica se iria descobrir para tirar a República de tão grande pobreza. Mesmo Rafael Núñez confiava pouco nas exportações de produtos agrícolas e pensava numa revitalização da indústria mineira. Nova Granada fora uma colônia de mineração, não tão espetacular quanto o México ou o Peru, mas fora o principal produtor de ouro da América espanhola e se equiparara ao Brasil na história da produção das Américas antes da descoberta das jazidas da Califórnia em 1849. É certo que a mineração nas regiões do Chocó, na costa do Pacífico, fora arruinada pela emancipação final dos escravos na Colômbia em 1851, mas a produção como um todo se manteve e alcançou uma média de dois a três milhões de pesos por ano, a maior parte dela vinda de Antioquia. Nos melhores anos, as exportações de fumo haviam superado os três milhões de pesos e as de casca de quinino tinham excedido um dia os cinco milhões, mas a de ouro era mais constante – uma vantagem particular para os comerciantes e empresários de Antioquia. Na década de 1870, o total de exportações anuais da Colômbia foi calculado entre dez e quinze milhões de pesos. Em termos *per capita* elas haviam crescido pouco desde o início do século.

Contudo, a solução não viria da mineração. Foi encontrada no café, que a Colômbia já vinha exportando desde a década de 1850, um produto que a região oriental de Santander, seguindo os passos da Venezuela, começara a cultivar nessa época. Na década de 1880, a Colômbia já exportava cerca de cem mil sacas por ano. Esse número elevou-se, nos primeiros anos do século XX, para quase meio milhão. Embora o país continuasse a produzir apenas uma porcentagem pequena do café mundial, o produto era responsável na época por quase a metade do valor total das exportações colombianas. Em 1930, as vendas para o exterior superaram os três milhões de sacas, transformando o país no segundo produtor do mundo depois do Brasil e no principal produtor de café suave. O cultivo espalhara-se de Santander para Cundinamarca e Tolima e para o oeste, para Antioquia e as regiões de colonização *antioqueña* em Caldas. Os métodos de produção variaram, à medida que os fazendeiros adaptaram sistemas locais já variados: parceria a meia em Santander, uso de *arrendatarios* (colonos) em Cundinamarca, emprego misto de *arrendatarios* e de pequenos proprietários no oeste. O café provocou e apoiou as migrações, permanentes e sazonais, para a *tierra templada*, as quentes escarpas das cordilheiras: ofereceu novas oportunidades e salários adicionais. Seu processamento e comercialização permaneceram predominantemente nas mãos dos naturais da terra: o capital estrangeiro esteve presente, mas a indústria desde o começo continuou sendo essencialmente colombiana. A necessidade de transportar o produto causou alguns prolongamentos das estradas de ferro, muitas vezes em condições bastante críticas: em 1885 a Colômbia tinha apenas 203 quilômetros de ferrovia em uso; esse número subiu para 901 quilômetros em 1909, para 1 481 quilômetros em 1922 e para 3 262 em 1934. Esses números por si sós não causam grande impressão, mesmo num país que é sabidamente um dos mais montanhosos do mundo, e nem todas essas linhas serviam às regiões produtoras de café. Não obstante, aquelas que atendiam as zonas cafeeiras eram de grande importância.

Em Antioquia e em Caldas o café sustentou, embora nem sempre com generosidade, uma raça de pequenos proprietários-produtores em simbiose com as *fincas* (propriedades rurais) maiores, com os processadores e com os exportadores. No oeste, em Cundinamarca e em Tolima, o café empregou, como *arrendatarios* e colhedores, os camponeses das terras altas de Cundinamarca e de Boyacá, alguns dos mais pobres do país. Esses nem sempre se mostraram satisfeitos com suas condições, daí os conflitos em algumas das grandes fazendas de café já visíveis no final da década de 1920. Mas o café colombiano desafia as teorias sociais puras. O cultivo do café não foi praticado por algum conjunto distinto de empresários burgueses; atraiu fazendeiros que anteriormente haviam tentado outras atividades e comerciantes que freqüentemente também eram agricultores.

Não tiveram sucesso os esforços dos historiadores para determinar um "interesse do café", de orientação política diferente. Ele não adotou uma afiliação política particular para discernir qual era o investimento mais atraente, e as funções de governo pouco podiam oferecer em matéria de concorrência. Tampouco o desenvolvimento do café gerou um avanço imediato na divisão burguesa de trabalho local, difícil de discernir como aquela que existiu durante todo o século XIX: não era prudente para alguém colocar todos os seus recursos numa única empresa, e o investimento no café podia combinar-se naturalmente com outras linhas de negócio. Estabelecendo e mantendo as propriedades, colhendo e processando o produto e fornecendo máquinas e sacas – dos quais uma boa parte era conseguida no local –, transportando e suprindo outros serviços, uma grande parcela de colombianos acabou se envolvendo mais ou menos diretamente nessa cultura. Rafael Uribe Uribe, uma espécie de representante autonomeado do café no Congresso no final dos anos 1890, calculou para esse envolvimento uma impressionante proporção de um para quatro habitantes. Como o café era responsável por uma tão alta proporção do comércio exterior da Colômbia, como a receita do governo continuava a depender bastante das taxas alfandegárias, pode-se dizer que nada escapou à dominação do café. Já se disse que a cultura se estabeleceu por meio dos salários artificialmente baixos que acompanharam a introdução do papel-moeda inconversível depois de 1885, mas esse ponto de vista não se sustenta a um exame mais aprofundado. Houve grande competição pela mão-de-obra e os salários reagiram a isso; a tendência não é de consistente pauperização e proletarização da força de trabalho do café. Os salários tinham de ser altos para atrair mão-de-obra para o duro serviço sazonal em regiões consideradas insalubres e onde os preços de muitas mercadorias eram mais elevados do que nos lugares de origem dos trabalhadores. Levando em conta os ciclos regionais e sazonais diferentes de demanda de mão-de-obra, os salários recebidos no trabalho do café foram para esses migrantes proventos adicionais. O mercado nacional ampliou-se e aprofundou-se. O Comissário de Comércio dos Estados Unidos, P. L. Bell, resumiu isso em 1911 da seguinte forma:

> Se [...] se acabasse com as exportações de café, o país perderia mais de 50% de seu poder de compra no exterior e as importações diminuiriam em relação direta com esse decréscimo. Em torno da cultura e dos preços do café gira a condição econômica do país inteiro, afetando diretamente mesmo aquelas regiões que não produzem café, porque, quando os setores produtores de café vendem uma safra grande a preços altos, os lucros resultantes fluem para outros setores não-produtivo, no comércio de outros produtos como milho, fumo, ouro, platina, borracha, chicle, gado, mulas, cavalos, carneiros e cabras, couros e peles, algodão, sal etc., e o resultado é a prosperidade geral. Isto porque uma boa safra de café vendida a preços altos significa maior investimento na propriedade real e aumento das construções; afeta as prefeituras cujos retornos em impostos são aumentados e resulta imediatamente em aumento dos gastos em melhoramentos. Significa também aumento das compras nos mercados estrangeiros de todos os tipos de mercadoria, de cuja importação o Governo retira a maior porção de sua receita, na forma de impostos sobre as importações; afeta, portanto, diretamente as condições financeiras do Governo nacional, o que se reflete nas condições dos vários Departamentos. Significa igualmente um influxo de capital, que é investido em novas instalações industriais (tais como ampliações de antigas fiações de algodão e fundação de novas), na pecuária e na produção de mais café, algodão, açúcar etc.[7]

7. P. L. BELL, *Colombia: A Commercial and Industrial Handbook*, Washington (D.C.), 1921, p. 166.

Bell escrevia no início de uma década que proporcionou à Colômbia a primeira experiência de otimismo sustentado desde os primeiros anos da década de 1870. Além do café, as exportações de banana e de petróleo estavam crescendo. O general Reyes, o general Uribe Uribe e uma empresa de frutas de Boston, todos se mostraram entusiasmados com as possibilidades de produção de banana no interior de Santa Marta, na costa do mar dos Caraíbas. Também o general Benjamín Herrera, que tinha uma propriedade na região, mostrou grande entusiasmo. A longo prazo, para a United Fruit Company o encrave revelou-se mais difícil de administrar do que suas propriedades na América Central. Tinha de tratar com um número grande demais de fazendeiros e políticos locais, o governo nacional estava muito longe e nem sempre se mostrava cooperativo, as relações ruins com o trabalho culminaram na greve e no massacre de 1928 (ver adiante), do qual ela nunca se recuperou. A zona era muito açoitada por ventos e a água escassa. Apesar disso, a produção na década de 20 subiu para dez milhões de cachos, tornando a Colômbia durante algum tempo o maior produtor mundial. Mais da metade da terra onde a banana era cultivada pertencia aos nativos e alguns lucros ficavam na Colômbia, apesar dos constantes atritos por causa dos preços que a Companhia pagava aos produtores particulares. Sempre restava a esperança de que a proporção pudesse aumentar. Às vésperas da crise mundial, a banana representava cerca de seis por cento das exportações do país.

Esperanças ainda maiores foram despertadas pelo petróleo, que no final da década de 20 chegara a constituir cerca de 20 por cento do total das exportações. Diz a lenda que o general Virgilio Barco, um dos primeiros detentores de concessão, foi posto na rua por um mordomo dos Rockefeller quando tentou pela primeira vez negociar seus direitos em New York. Com incertezas no México e sucessos na Venezuela, por ocasião da Primeira Guerra Mundial o interesse pela Colômbia cresceu. A década de 1920 foram anos de entusiasmada exploração, e algum sucesso. Foi frustrante. A Colômbia tinha políticos-advogados demais, um Congresso sensível demais e, o pior de tudo, não tinha petróleo suficiente para satisfazer essas altas expectativas. O petróleo criou poucos empregos, pagou poucos impostos e a maior parte de seus lucros seguiram para o exterior.

Entre 1905 e 1929, as exportações da Colômbia multiplicaram nove vezes – as de café quase quinze vezes. No mesmo período, as importações aumentaram onze vezes. De 1924 a 1928, as exportações subiram de 85,5 milhões de dólares para 130,8 milhões, as importações de 61,8 milhões para 158,9 milhões de dólares. As receitas alfandegárias alcançaram um nível sem precedentes, subindo de 19,9 milhões de pesos em 1924 para 41,2 milhões em 1928. O mesmo aconteceu com a dívida externa. No princípio do século, a Colômbia era um devedor inadimplente. Saindo de uma guerra civil e de uma hiperinflação, a partir de 1878 a República não fez nenhum pagamento de uma dívida externa já antiga. Seu endividamento, ao nível irrisório de 14 shillings e 11 pence *per capita*, era um dos mais baixos da América Latina, proporcionalmente menos de um vigésimo da dívida da Argentina ou do Uruguai. No entanto, isso não era sinal de prudência, mas de atraso. O sistema fiscal da Colômbia estava arruinado e, no entender do general Reyes, o Estado era incapaz de consertá-lo: seu desejo foi entregá-lo totalmente aos particulares mediante contrato. A moeda corrente era a torrente de papel produzida pela guerra civil. Contudo, o panorama de desastre transformou-se durante o quarto de século seguinte, e sobretudo na década de 1920. O Tratado Urrutia-Thompson, assinado em 1922, propiciou à Colômbia uma indenização de 25 milhões de dólares para compensar a perda do Panamá, em 1903, inspirada pelos Estados Unidos. A missão de consultores financeiros chefiada pelo Dr. Edwin Kemmerer, trazida pelo governo do general Pedro Nel Ospina (1923–1926), deu ao sistema de contabilidade pública e bancária do país uma atraente forma ortodoxa e atualizada, e o país começou novamente a fazer grandes empréstimos no exterior, e os departamentos o fizeram com uma avidez que o governo nacional não conseguia controlar. Os conterrâneos do Dr. Kemmerer estavam felizes em emprestar. A dívida externa de longo prazo, nacional, departamental e municipal, subiu de 27,5 milhões de pesos em 1924 para 203 milhões em 1928. Enquanto o governo de Marco Fidel Suárez (1918–1922) gastou um pouco mais de 13 milhões de pesos em obras públicas, a administração de Pedro Nel Ospina, nos quatro anos seguintes, despendeu mais de 55 milhões, e o último governo conservador de Miguel Abadía Méndez (1926–1930), 158 milhões.

Em retrospecto, essa "dança dos milhões", "prosperidade com dívida", foi criticada: foi um episódio do desperdício nacional, um *despilfarro*. Dizem que os sucessivos governos não tiveram a experiência ou o poder para administrar os recursos fornecidos pelos superávidos emprestadores norte-americanos. Os apetites de ignorantes provincianos tinham de ser satisfeitos, e poucos entendiam a diferença entre investimento produtivo e investimento improdutivo ou se sentiam incomodados com a falta de um planejamento nacional coerente. Apareceu um novo tipo de inflação e, quando a demanda aumentou e a mão-de-obra foi deslocada da velha zona rural para as obras públicas e para outras novas atividades, a oferta de alimentos deixou de atender às necessidades. Essas críticas parecem duras e injustas e não captam o espírito de uma década que foi a primeira durante longo tempo a oferecer a chance de uma modernização consciente. De qualquer modo, todo o investimento foi concebido de forma errônea: por exemplo, a rede de transportes passou por grandes melhoramentos. Os governos conservadores conseguiram realizar importante reforma administrativa: as críticas posteriores feitas às reformas financeiras do Dr. Kemmerer, sob a alegação de adotarem uma excessiva rigidez, não pensaram no que ele estava substituindo e combatendo. Os conservadores mudaram também suas atitudes em face das novas circunstâncias. A legislação social mais dramática e francamente progressista do Partido Liberal, na década de 1930, teve seus precedentes locais na década de 1920. O principal economista colombiano da época, o culto e eclético Esteban Jaramillo, serviu ao Partido Conservador na década de 1920 e ao Partido Liberal nos anos mais difíceis depois de 1930; os dois partidos eram diferentes em termos políticos, mas não no que diz respeito aos elementos essenciais de economia política. Não obstante, sob as novas circunstâncias econômicas e fiscais da década de 1920, estes dois fatos permaneceram válidos na vida política colombiana: as forças políticas regionais continuaram fortes e conseguiram, por intermédio do Congresso, impedir que os departamentos tivessem aumentada sua cota num aumento do orçamento, grande parte do qual foi empregado na expansão da burocracia e em obras públicas que talvez fossem indesejáveis e certamente desnecessárias.

Entre 1870 e 1928 a população da Colômbia aumentou de 2,92 milhões para 7,212 milhões de habitantes. No mesmo período, as quatro maiores cidades do país cresceram enormemente. Em 1870, nenhuma cidade no país tinha 50 mil habitantes; Bogotá, com 41 mil, era a maior delas, seguida por Medellín com 31 mil, Cali com 13 mil e Barranquilla com 12 mil. Bogotá ultrapassou a marca dos cem mil em torno de 1905 e, em 1928, já contava 235 mil habitantes; no mesmo ano, Barranquilla tinha 140 mil, enquanto Cali e Medellín tinham cada uma 120 mil.

Esses números envolvem uma medida de mudança social, uma medida que freqüentemente escapou aos observadores estrangeiros de um país que, ainda em 1930, possuía uma população pequena, predominantemente rural – três quartos da qual eram analfabetos –, sem imigrantes (o maior grupo era o turco ou sírio-libanês, a maioria deles envolvidos no pequeno comércio), retirada e pouco revolucionária. Mas o país era bastante diferente daquele que Alfred Hettner e Ernst Rothlisberger descreveram, na década de 1880, com uma inteireza germânica. Havia uma grande classe média urbana, um pouco mais do que o embrião mestiço que Hettner detectou:

> [...] um modo de vida urbano específico dos artesãos, dos empregados do comércio, dos proprietários de pequenas lojas e dos funcionários subordinados. Esses deixaram em parte de usar a *ruana* e o chapéu de palha, e imitam o estilo europeu de vestir das classes altas, de tal modo que, para dizer a verdade, a qualificação coletiva com que são designados, *gente de ruana*, deixou de ser correta[8].

Hettner descrevera um país praticamente sem indústria – "a menos que algumas tipografias e cervejarias possam ser chamadas de indústria"; em 1930, a Colômbia criara uma base industrial com indústrias têxteis, de processamento e outras pequenas indústrias de consumo com o apoio das tarifas protecionistas. Todavia, isso não produzira muita coisa em termos de proletariado de massa. As maiores concentrações de mão-de-obra situavam-se nas fiações de tecidos de Medellín e eram constituídas predominantemente de mulheres. Também no processamento do café a mulher representou grande parte da força de trabalho mais espalhada. Algumas minas de ouro empregaram várias centenas de trabalhadores, como a mina de prata de Santa Ana em Tolima, e o mesmo aconteceu com os *ingenios* de açúcar La Manuelita e Sincerín, mas tais concentrações de mão-de-obra foram raras e distantes dos centros de poder. Isso se refletiu na história das primeiras organizações trabalhistas da Colômbia. Os mineiros conseguiram organizar-se, bem como os portuários, os ferroviários e os hidroviários. Obteve-se algum progresso com a força de trabalho pouco uniforme da região bananicultora e com os trabalhadores têxteis, apesar de seu sexo e do paternalismo dos empregadores de Medellín. Além disso, pouca coisa se pôde fazer com uma mão-de-obra urbana, pequena e atomizada: as organizações mutualistas dirigidas pela Igreja tiveram tanto sucesso quanto qualquer outro tipo nessas circunstâncias. Como disse firmemente o representante colombiano no congresso de Partidos Comunistas da América Latina, que se realizou em Buenos Aires em 1929, a Colômbia não tinha massas.

A esse problema somou-se um outro de consciência. Os melhores relatos das primeiras agitações na Colômbia mostram frustrações recorrentes que

8. A. HETTNER, *Viajes por los Andes Colombianos, 1882–1884*, Bogotá, 1976, p. 91.

são específicas do país. As tentativas de formar um movimento autônomo de classe trabalhadora tinham de disputar com os poderes de absorção da política convencional, em particular da política liberal. O general Uribe Uribe e o general Herrera não deixaram de apelar para elementos populares, de apresentar o Partido Liberal como o veículo natural da causa dos trabalhadores. Esses não viam qualquer contradição em associar-se para fins imediatos a alguma organização socialista, ao mesmo tempo em que davam seu apoio, na política nacional, ao Gran Partido Liberal e a seus heróis, mártires e veteranos. O partido sempre esteve aberto ao talento e ofereceu pelo menos a oportunidade de um palco mais amplo. Sua história prévia continha episódios e figuras de um radicalismo genuíno e prometia um futuro. Pouco se admira que os muitos socialistas, comunistas, anarquistas e outros líderes trabalhistas autônomos tenham sido continuamente esvaziados pelo "oportunismo".

Uma segunda fonte de frustração derivou da natureza da sociedade colombiana e atuou em favor dos governos conservadores e ao mesmo tempo em favor da oposição liberal. A natureza das distâncias sociais na Colômbia não favoreceu a consciência de classe dos trabalhadores. Pode-se fazer com que as distâncias sociais pareçam muito grandes, se, por exemplo, se comparar um índio do Boyacá com um banqueiro de Bogotá, ou um negro do Valle com um aristocrata de Popayán. Talvez a distância entre os extremos colombianos fosse reduzida em comparação com outras sociedades, mas de qualquer modo os novos conflitos não ocorriam entre esses extremos e continuavam sendo conflitos numa sociedade cuja escala era estreita. Ignacio Torres Giraldo, um dos primeiros líderes trabalhistas a escrever sobre suas experiências pessoais, diz como na greve do Ferrocarril del Pacífico, em 1926, o *gerente*, general Vásquez Cobo, visitou a sede dos grevistas em Cali sem escolta, para congratular-se com eles por sua disciplina, encantando-os com suas maneiras de cavalheiro. O general Vásquez Cobo era também um político do Partido Conservador ávido por conquistar os votos do povo. Torres Giraldo, em sua viagem a Moscou, retribuiu-lhe mais tarde a visita na embaixada colombiana em Paris. Esse não é o tipo de clima no qual floresce a guerra de classes. Em parte é porque um líder trabalhista de certa proeminência já é uma pessoa de *status* muito superior à sua proclamada posição classista, em parte é porque ainda não existe suficiente diferenciação. Deve ter havido também em Cali pessoas que se lembraram de que o general David Peña, um negro de 40 anos de idade, do Partido Liberal, obrigou algumas matronas do Partido Conservador a varrerem as ruas da cidade. Torres Giraldo deixou-nos também um relato da vida de María Cano, uma dama de Medellín cuja simpatia pelos pobres, inspirada a princípio por Victor Hugo, levou-a das obras sociais à eleição como "Flor del Trabajo", dessa a campanhas organizacionais entre os trabalhadores do rio Magdalena e nas minas de Antioquia e finalmente ao marxismo: um detalhe importante é que, no começo, sua família estava mais preocupada com protegê-la devidamente do que com as doutrinas que pregava. O folheto *Colombia cafetera*, de Diego Monsalve, um texto magnífico sobre o progresso da nação, compilado no final da década de 1920, registrando com orgulho o número de organizações trabalhistas, dizia que isso era um sintoma de modernidade, e não um indício de conflitos futuros. Sua atitude é pelo menos tão defensável quanto a daqueles historiadores do trabalho que escrevem como se estivessem fazendo a crônica dos santos e mártires de alguma Igreja primitiva. Tampouco a atitude dos membros do Partido Conservador na década de 1920 para com os novos sindicatos e organizações trabalhistas foi de modo algum uniformemente alarmista ou pouco esclarecida. O general Vásquez Cobo foi mais típico do que seu adversário, general Ignacio Rengifo, originário do Valle, que como ministro do governo no final da década de 1920 promoveu uma campanha malsucedida e muito ridicularizada em favor de medidas heróicas contra a Ameaça Vermelha. Tal linha de ação era tão exótica quanto a ameaça que ela combatia e contrariava as crenças dos membros do Partido Conservador de que sua agremiação estava mais sintonizada com o povo colombiano essencial do que seus adversários do Partido Liberal, de que esses é que eram habitualmente os exploradores do proletariado nascente e de que a tradição do Partido Conservador de um paternalismo ativo derivava dos melhores elementos existentes na tradição colonial, que o partido nunca abandonara. Tais opiniões encontraram eco, por exemplo, no líder *indigenista* do Valle del Cauca, Manuel Quintín Lame, que por todas as suas excentricidades e peculiaridades é o líder índio mais temível que essa República mestiça produziu desde a Independência. "Dr. Quintino", com seu conhecimento do código civil e seu gasto exemplar de *El abogado en casa*, mantém-se claramente dentro de uma certa tradição. Encontrou um ouvinte complacente em Marco Fidel Suárez, que o ajudou a obter acesso aos Arquivos Nacionais, e apoiou o Partido Conservador nas eleições de 1930: "Eles haviam perseguido os índios de uma forma ordinária ao passo que o Partido Liberal o fizera de maneira extraordinária"[9].

9. D. CASTRILLÓN ARBOLEDA, *El Indio Quintín Lame*, Bogotá, 1973, p. 237.

A perseguição que aconteceu não foi muito extraordinária. A greve e o massacre de 1928 na região de banana de Santa Marta foi o produto de circunstâncias especiais: a greve desenvolveu-se de uma maneira nunca vista pelo outro lado, a repressão que se seguiu foi moderada, o governo responsável ficou enfraquecido por causa dela e nada parecido com ela voltou a acontecer. Ocorreram muitos conflitos na Colômbia: conflitos pela terra, como seria de esperar numa sociedade predominantemente rural com muitas áreas de assentamento recente; conflitos nascidos das tentativas de aplicar modelos antigos de trabalho rural em novas circunstâncias, como na zona cafeeira de Cundinamarca, ou das mudanças de demanda, como quando a abertura do Canal do Panamá em 1914 ofereceu novo mercado para o gado de Cauca. Houve até mesmo conflitos "modernos", como os surgidos entre os trabalhadores nativos e os empresários norte-americanos do petróleo em Barrancabermeja. Mas não ocorreram conflitos grandiosos, e pareceram aos estrangeiros (que não tinham lembranças da guerra civil e nutriam pouco interesse pelas eleições em Santander) pequenas ilhas de discórdia num mar de harmonia fora de moda. Para eles, a falta de um impressionante progresso tinha suas compensações numa atmosfera geral de cortesia e segurança na qual os agitadores nativos – "a pior espécie de político sul-americano" – eram um aborrecimento menor e irrelevante, nada mais. O quanto o país era seguro pode-se ver na narrativa da vida da Expedição Ornitológica Norte-americana, feita em 1917 por Frank M. Chapman:

> Do peão da beira da estrada aos donos das fazendas, todos mostraram para conosco a atenção mais cortês. Viajando por regiões distantes, quase desabitadas, com equipamento valioso e muitas vezes com grandes somas de dinheiro, sentimo-nos tão seguros (talvez mais seguros até) quanto em nossas casas. No campo ou em hotéis, em estalagens rurais ou *posadas*, não tivemos nenhum cuidado especial em guardar nosso equipamento e nossas provisões; no entanto, durante os cinco anos de nosso trabalho não tivemos a perda de um único item por roubo. Na verdade, passando por uma aldeia onde um elemento de nosso grupo havia trabalhado anteriormente, fomos parados por um nativo que trazia uma agulha e linha que havíamos esquecido no local[10].

10. F. M. CHAPMAN, "The Distribution of Bird-Life in Colombia", *Bulletin of the American Museum of Natural History*, New York, XXXVI: 9, 1917.

Em 1895, o Japão, então em guerra com a China, comprou do Chile um navio de guerra, o *Esmeralda*. Os chilenos, querendo proteger sua neutralidade nessa transação, conseguiram, por intermédio do cônsul equatoriano em New York, que antes de incorporar-se à armada japonesa, o *Esmeralda*, fizesse uma viagem com bandeira equatoriana. Essa "venda de bandeira" envolveu subornos, e o ex-presidente José María Caamaño, na época governador de Guayas, levou um governo ingênuo a pensar que se tratava de um simples favor diplomático que o Equador, sabidamente, ia prestar a um inimigo de seu vizinho às vezes ameaçador, o Peru. O escândalo veio à tona, e logo irromperam diversas revoltas, em diversas partes do país, tanto dos conservadores quanto dos liberais. Em 5 de junho de 1895, uma junta de Guayaquil nomeou o "benemérito general sr. d. Eloy Alfaro" Jefe Supremo de la República e comandante-chefe do exército, num documento que, segundo eles mesmos anunciaram, continha quase 16 mil assinaturas.

Fazia dez anos que Alfaro não vivia no Equador, mas tinha uma reputação que o tornava, como dizia o documento, "a alma do movimento popular que derrubou a oligarquia dos maus". Quinto filho de um comerciante espanhol estabelecido em Montecristi, uma cidade costeira especializada na fabricação de chapéus, o pai acabou casando com sua mãe equatoriana quando ele tinha 21 anos de idade. Na época, já iniciara sua carreira nos embates políticos e militares do litoral, fazendo oposição a García Moreno. Se procurarmos modelos ou paralelos da carreira de Alfaro, o exemplo mais apropriado é o de Garibaldi, que na verdade passou por Guayaquil em 1851, quando já era famoso por sua defesa de Roma.

Alfaro tinha então nove anos de idade. Assemelha-se a Garibaldi na coragem, no entusiasmo, na capacidade de improvisar, na maneira pessoal de um homem comum, no total desinteresse, numa nobreza de caráter republicana pré-marxista e em seu anticlericalismo. A moderna historiografia equatoriana mostra-se tão ansiosa para definir como burguesa a revolução liberal que viu nele seu líder absoluto, um movimento dos interesses comerciais e exportadores do litoral contra os elementos clerical-latifundiários da *sierra*, que muitas dessas qualidades garibaldinas são esquecidas e a natureza de sua revolução é deturpada, até mesmo reduzida sua importância. O pai de Alfaro era um comerciante, mas, na primeira vez em que o jovem Eloy foi deixado a cargo dos negócios, investiu todo o capital disponível numa revolução. Mais tarde, o próprio Eloy, no exílio, fez fortuna com negócios no Panamá, onde também contraiu casamento. Gastou a fortuna em outras revoluções, deixando sua família bem-amada em terríveis condições: as cartas que escreve são em menor número do que poderiam ser, conta um filho, por causa do preço dos selos. Nos intervalos de suas descidas ao Equador, presta serviços à causa radical-liberal na América Central – Alfaro sempre considerou o liberalismo uma causa universal e, em 1895, tinha certamente muita fama na América Latina, adquirida com suas façanhas militares, espetaculares embora nem sempre bem-sucedidas, e mantida através de seus contatos com outros liberais e revolucionários: Joaquín Crespo na Venezuela, o nicaragüense José Santos Zelaya, os cubanos José Martí e Antonio Maceo, colombianos como os panfletistas Vargas Vila e "El Indio" Uribe; foi o amigo admirado e aliado do original Cícero sul-americano, seu conterrâneo Juan Montalvo. Em suma, foi um revolucionário profissional. Não foi mais burguês do que seu congênere colombiano, Rafael Uribe Uribe, foi um administrador profissional de fazendas de café. Isso não o impediu de liderar um movimento que, em suas intenções e resultados, pode em parte ser caracterizado corretamente como burguês: os comerciantes e banqueiros de Guayaquil e os plantadores de cacau não tinham sido grupos impotentes nos governos anteriores – poder-se-ia dizer que a *argolla* satisfez muito deles melhor do que o *alfarismo* – mas sua dominação parece mais tranqüila no final do ciclo. Mas a revolução liberal também recebeu o apoio de grupos pequeno-burgueses, tais como os funcionários de baixo escalão e os professores primários, e, além desses, atraiu o povo.

Alfaro reuniu um exército, o núcleo do exército liberal no qual sempre confiou bastante, e invadiu a *sierra*. Preocupou-se em afirmar que para ele a luta não era de uma região contra a outra e que havia inúmeros conservadores moderados ou honestos tanto na *sierra* quanto na oposição ao governo de Quito onde ele estava. Havia liberais também nas montanhas, como revelam as manifestações e as insurreições. Seu exército tinha um senso de missão: seus oficiais semi-instruídos e seus soldados negros e das terras quentes – usavam nos uniformes as divisas "Alfaro o muerte" ou "No pido ni doy cuartel" – estavam no mínimo empenhados em fazer uma carreira revolucionária aberta ao talento. No começo, encontrou pouca resistência das forças do governo, "cansadas de tantas rezas, açoites e preguiça", e depois de algumas pequenas batalhas Alfaro entrou em Quito. A resistência mais séria veio depois, e sua inspiração proveio da Igreja, particularmente do bispo de Portoviejo, Pedro Schumacher, um ultramontano renano expatriado, do bispo de Riobamba, Andrade, e, pelo menos na opinião dos liberais, dos frades regulares estrangeiros. As forças que conseguiram reunir basearam suas operações na diocese colombiana de Pasto, do outro lado da fronteira setentrional, onde receberam ajuda e conforto das autoridades conservadoras da Colômbia e do bispo Ezequiel Moreno Díaz, um ultramontano espanhol. Alfaro manteve *manu militari* a *sierra*: apesar da observância das formas de democracia representativa, foi um governo militar muito mais radical do que o habitual. Alfaro também manipulou eleições, mas não conseguiu excluir todos os seus oponentes e adversários, e os Congressos que foram eleitos mostraram-se muitas vezes recalcitrantes. Ele precisou de um grande exército para manter-se no poder.

O programa do Partido Liberal foi resumido num conveniente decálogo publicado em *El Pichincha*, um jornal radical semi-oficial de Quito:

1. Um decreto sobre a propriedade da Igreja (*Decreto de manos muertas*).
2. Supressão dos conventos.
3. Fechamento dos mosteiros.
4. Educação laica obrigatória.
5. Liberdade para os índios.
6. Abolição da concordata.
7. Secularização eclesiástica.
8. Expulsão dos padres estrangeiros.
9. Um exército forte e bem pago.
10. Estradas de ferro para o Pacífico.

Nos planaltos equatorianos, a Igreja, poderosa na época da colônia e fortalecida (até certo ponto de maneira involuntária) por García Moreno, tinha raízes mais profundas e exercia uma influência muito mais dominadora do que em qualquer outro país da América espanhola. Na Colômbia, a Igreja perdera suas terras e sofrera perseguição nas mãos dos liberais, e seus bispos, em comparação com a maioria dos líderes eclesiásticos no Equador, tinham aprendido a usar de prudência. Também não tinha qualquer esperança de dominar os políticos conservadores e neoconservadores do quilate de Núñez, Caro ou Reyes – não era bom para um conservador colombiano ser considerado beato demais. Já no Equador, a Igreja até então mantivera intatas suas terras, seus *fueros* e sua influência, e García Moreno não deixara atrás de si nenhum Partido Conservador secular forte. Aliás, García Moreno, reformador católico como era, fora a maior ameaça à sua autonomia que ela já enfrentara. Sete dos dez itens da lista de *El Pichincha* eram ataques diretos às prerrogativas da Igreja.

Alfaro e seu sucessor, o general Leónidas Plaza, que assumiu a presidência em 1901, agiram conforme a lista. Alfaro libertou a imprensa da censura da Igreja, aboliu a concordata, expulsou Schumacher, Andrade e muitos outros estrangeiros e assumiu a tarefa de secularizar o ensino. Na gestão de Plaza, houve um ataque mais sistemático às terras da Igreja. Enquanto Alfaro antes temera encontrar mais resistência do que já vinha enfrentando, Plaza conseguiu fazer um pacto interessante com os senhores de terra da *sierra* e reforçar, às custas da Igreja, sua clientela em relação à de seu líder anterior. O registro dos nascimentos, casamentos e mortes, que durante todo o século XIX tinha sido monopólio dos padres, foi nacionalizado; o Estado retirou seu apoio a todas as formas de tributação eclesiástica. Em 1902, foram instituídos o casamento civil e o divórcio e foi determinada a obrigatoriedade do primeiro. Os votos dos padres deixaram de ser reconhecidos e foram aprovadas leis contra a pregação política. Foi decidido que a República não era mais consagrada oficialmente ao Sagrado Coração de Jesus, e o Catolicismo romano deixava de ser a religião do Estado: a Constituição de 1906 não fez qualquer menção à Igreja.

Alfaro não era um clerófobo extremado; era originário da região litorânea, onde a Igreja era fraca, e a clerofobia desenvolveu-se melhor na *sierra*, no longo e estreito contato com o inimigo. Também não era um sistemático em seus argumentos como o general Plaza, era mais racional e em outros aspectos mais moderado. Ambos, porém, sentiam que derrubar o poder da Igreja era uma necessidade política, um condição *sine qua non* se o Equador quisesse ter um governo nacional coerente em vez de uma série de compromissos e alianças inerentemente instáveis. Seus motivos provinham da alta política e podem ser considerados burgueses no sentido remoto de que a instituição de um governo nacional coerente era um processo de algum modo essencialmente burguês – uma idéia que na história européia requer uma certa qualificação, o que pode ser aplicado também ao Equador. A ampliação do controle clerical antes da Revolução liberal foi obscurecida nos relatos posteriores pelos detalhes mais folclóricos da resistência dos padres, e assim a natureza da revolução é mal interpretada e suas realizações são subestimadas. A Igreja era menos rica do que seus inimigos supunham. As terras que ela perdeu não foram divididas, mas entregues, como era costume, talvez contra uma renda um pouco mais alta, a novos *arrendatarios* (em Quito, o *arrendatario*, que em outros locais dos Andes designa usualmente um tipo mais humilde de pessoa, é um termo que produz prestígio social). A educação secular levou algum tempo até tornar-se tão abrangente quanto as antigas escolas da Igreja, e nem sempre foi melhor, particularmente nas camadas mais altas da sociedade. A Igreja, obrigada a depender de seus próprios recursos, continuou sendo uma presença poderosa. Apesar disso, fora feita uma verdadeira revolução.

Alfaro e o empresário norte-americano Archer Harman também ligaram a *sierra* e o litoral pelos trilhos da estrada de ferro Quito–Guayaquil, outra obra que posteriormente foi racionalizada como parte da agenda da burguesia de Guayaquil. Na época não parecia figurar no topo da lista dos burgueses. Os fazendeiros de cacau, os exportadores e os banqueiros do litoral não tinham grande interesse no medíocre mercado das terras altas e mostraram-se relutantes em pagar a conta da construção dessa estrada. Muitas vezes, os fazendeiros e os manufatureiros do interior temeram a competição por sua mão-de-obra e por seus produtos. O Congresso freqüentemente atacou o contrato dessa construção. Os interesses locais conspiravam incessantemente contra a estrada mesmo quando eram persuadidos a apoiar o empreendimento. Foi mais um negócio heróico do que burguês e como tal deslumbrou Alfaro, reforçando suas acentuadas tendências místicas e autoritárias. Tal qual a mina San Tomé na Costaguana de Joseph Conrad, essa estrada foi para ele a maior obra da República e, como aquela mina, ele conseguiu um financiador estrangeiro romântico na forma de um milionário escocês, cuja recompensa foi ser nomeado cônsul do Equador em Perth. A organização da ferrovia deu a Alfaro uma ajuda crítica quando ele retornou ao poder em 1906. Quando a estrada foi terminada em 1908, Alfaro ainda não podia deixar o poder, embora já não corporificasse nenhuma causa identificável. Sua persistente intromissão de velho culminou num último golpe fracassado em 1912. Foi feito prisioneiro em Guayaquil, uma cidade de casas de madeira onde a população estava tão exasperada contra ele que, na opinião de seus captores, não haveria paredes suficientemente grossas para mantê-lo a salvo. Assim, por sua própria ferrovia, segurando firmemente o manuscrito da história que escrevera sobre sua construção, foi levado para Quito onde o sentimento contra ele se mostrou até mais forte: as pessoas queriam matá-lo pelas guerrinhas que ele começara. Assim, ele e seus companheiros foram assassinados na prisão *panóptica* e seus corpos arrastados pelas ruas e queimados no parque Ejido, fora da cidade. "Qué calvario!", teria dito um deles no trem.

Para muitos equatorianos Alfaro continua sendo um símbolo sem par da vontade republicana e para os marxistas foi, mais do que gostariam de admitir, um problema.

A morte de Alfaro em 1912 deixou o poder mais uma vez nas mãos comprometedoras do general Plaza, auxiliado pelo arcebispo Federico González Suárez, um realista clerical de grande prudência e habilidade, que sobreviveu aos extremos tanto dos liberais quanto dos conservadores e que veio a exercer grande autoridade. Durante quatro anos o governo de Plaza enfrentou uma guerra de guerrilhas na província de Esmeraldas contra as forças do alfarista coronel Carlos Concha. O novo liberalismo não foi radical, tampouco procurou construir algumas estradas de ferro mais duvidosas. Acabou caindo cada vez mais sob a influência dos bancos de Guayaquil, principalmente do Banco Comercial y Agrícola e de seu diretor, Francisco Urbina Jado. O contraste entre a fama que os partidos tinham na Colômbia e aquela de que gozavam no Equador tornou-se mais profundo nos anos que se seguiram a 1912. Pode ser que alguns colombianos do Partido Liberal fossem ricos – os membros do Partido Conservador da Colômbia teimavam em afirmar, na década de 20, que o Partido Liberal era o partido dos homens notoriamente mais ricos – mas não estavam no poder. No Equador até 1925, embora divididos profundamente, os políticos do Partido Liberal eram ricos. Alfaro acabara de uma vez por toda com qualquer perspectiva de uma hegemonia dos conservadores. No Equador foi o Partido Liberal que levou a culpa pelos tempos ruins no final do grande surto do cacau. Os liberais reprimiram a greve de 1922 em Guayaquil, que foi sufocada impiedosamente pelos veteranos da campanha de Esmeraldas. É possível que o governo do Partido Liberal não tenha sido responsável pelo massacre na *hacienda* Leyto, em Chimborazo, no ano seguinte. Foi o partido que fez os acordos financeiros excessivamente onerosos e pessoais – e inflacionários – que mantiveram o governo flutuando e que, no caso do Equador, deu ao dr. Kemmerer os ares de um libertador. A década de 1920 no Equador não foi um período de progresso econômico – como, tomada em conjunto, o foi na Colômbia. Foi o último decênio de predominância do cacau, mas uma época agitada e irregular. Os conservadores estavam até certo ponto mais bem colocados para apelar para uma oposição popular, e começaram a fazê-lo na *sierra* com uma organização denominada Compactación Obrera. Em 9 de julho de 1925, o governo dos liberais foi derrubado por uma conspiração militar, a Revolución Juliana da Liga de los Militares Jóvenes. Este movimento, de vida curta e confuso, apenas prenunciou um longo período de fragmentação política cujo maior beneficiário seria uma figura que pudesse apelar ao mesmo tempo para a *sierra* e para a costa, para os políticos de ambas as correntes tradicionais e, de tempos em tempos, para o povo: José María Velasco Ibarra. Sua carreira e suas múltiplas presidências deviam estender-se até a década de 1970.

É difícil encontrar estimativas gerais da população do Equador. Um cálculo oficial para 1882 registra 946 mil habitantes e uma estimativa cuidadosa para 1905 fala em 1,15 milhão; o *Commercial Traveler's Guide to Latin America* para a década de 1920, publicação do Departamento de Comércio dos Estados Unidos, diz: "estima-se o total em 1,5 a 2 milhões" e inclina-se para o número mais baixo. A população das duas principais cidades do Equador cresceu continuamente durante todo o período. A de Guayaquil aumentou de 44 mil em 1890 para 70–75 mil em 1908 e para 120 mil em 1930. Quito não contava mais de 50 mil habitantes quando a estrada de ferro chegou em 1908, mas então começou a crescer mais rapidamente. Em 1930 a população da cidade igualava-se mais ou menos à de Guayaquil.

Até a década de 1920, o desenvolvimento econômico do Equador foi menos marcado por crises e mudanças do que o da Colômbia. O cacau dominava suas exportações e nesses anos um grande desenvolvimento do produto transformou o Equador, por algum tempo, no seu maior produtor mundial. As plantações expandiram-se. O sistema de produção era um meio-termo característico entre tipos ideais: os fazendeiros do litoral contratavam *sembradores* (semeadores), que deviam cuidar de um determinado número de árvores até que começassem a produzir, recebendo em troca adiantamentos em dinheiro e o direito de plantar, no meio tempo, suas roças para subsistência e mesmo para venda no mercado. Eles mesmos, suas famílias e outros trabalhadores podiam também trabalhar como peões nas partes das plantações que já estavam produzindo. O litoral continuou a atrair mão-de-obra da *sierra*, como acontecera pelo menos desde o século XVIII. Os adiantamentos que os fazendeiros faziam a seus *sembradores* e peões podem parecer uma rigorosa servidão por dívida, mas as provas de mobilidade e de competição modificam esse quadro. É o que faz a literatura sobre o personagem *costeño* mestiço do Equador, o *montuvio*, retratado não usualmente como condescendente. Já foi dito que aqueles que não estavam empregados nas fazendas de cacau eram particularmente propensos ao alfarismo, mas pode-se arriscar dizer que as mesmas atitudes afetariam os trabalhadores das plantações.

As lavouras de cacau foram muitas vezes grandes empreendimentos; raramente eram negócios pequenos. Alguns grandes fazendeiros estiveram envolvidos nas atividades de banco e do comércio exterior, mas Guayaquil também gerou uma comunidade banqueira e comercial que estava ligada diretamente às lavouras de cacau. O capital estrangeiro marcou sua presença, mas não foi dominante. A produção e a comercialização do cacau prefiguram de certa maneira a produção independente de banana que a substituiu por vezes no litoral e não continuou subserviente à companhia estrangeira. O cacau também gerou um pequeno número de milionários com condições de viver em Paris.

O consumo mundial de cacau dobrou entre 1894 e 1903 e voltou a dobrar entre 1903 e 1912 e novamente desse ano até 1924; isto é, aumentou oito vezes entre 1894 e 1924. Em 1894, o Equador era responsável por 28 por cento da produção mundial, mais do que os 24 por cento produzidos no Império Britânico e duas vezes a quantidade de seu rival mais próximo, o Brasil. Essa proporção diminuiu para 6,5 por cento em 1924, data em que as colônias britânicas da África produziram 53,5 por cento. Houve claros sinais de crise antes da Primeira Guerra Mundial, e o surto chegou ao fim no Equador na década de 1920, em virtude da combinação da concorrência da África britânica, de um excesso mundial e da chegada e difusão de doenças.

Como em outros países, pode-se ver nesses anos o começo ainda modesto da industrialização local com vistas à substituição de importações, complicado aqui pela continuidade e adaptação da produção têxtil tradicional. Apesar das vicissitudes, essa nunca desaparecera da *sierra.* A fabricação de chapéus também sobreviveu, declinando na costa mas persistindo em melhores condições na região de Cuenca, onde se manteve até a Segunda Guerra Mundial, quando o uso desse artigo caiu de moda. A melhoria das comunicações, entre elas a estrada de ferro de Alfaro, produziu um certo impacto, mas nenhuma mudança mais drástica. As condições da população índia da região montanhosa mudaram muito lentamente. Em 1916, o presidente Baquerizo Moreno modificou as leis sobre prisão por dívida, uma medida que muitos consideraram a abolição legal da *concertaje,* a servidão por dívida praticada na *sierra. Huasipango,* obra de Jorge Icaza, publicada em 1934, tornou-se o mais famoso romance indigenista dos Andes. As brutais condições que ele descreve nunca foram aplicadas de modo geral em toda a *sierra.* Para o antropólogo mexicano Moisés Sáenz, por exemplo, que escreveu em 1933, essa população não era oprimida em toda a parte.

CONCLUSÃO

Entre 1880 e 1930, nem a Colômbia nem o Equador atraíram mais do que a atenção fugaz de alguma grande potência. Tirando o Panamá, a Colômbia não era uma região estratégica; suspeitava-se que as ilhas Galapagos tinham maiores possibilidades estratégicas, nessa era de postos de abastecimento de carvão, do que o próprio Equador continental. A Venezuela, em 1895, era objeto de confronto entre ingleses e norte-americanos, por causa da disputa de fronteiras com a Guiana, e foi vítima, em 1902/1903, de um bloqueio europeu invulgarmente espetacular, mas somente depois da Primeira Guerra Mundial, com a consciência do petróleo que a guerra deu às grandes potências, é que os recursos venezuelanos se tornaram uma constante preocupação da Inglaterra e dos Estados Unidos. Na guerra as três Repúblicas mantiveram-se neutras. Mesmo que a Colômbia e o Equador tenham tido rápidos confrontos com o Peru em suas fronteiras meridionais e tenham ocorrido algumas ações piratas, nenhuma das três Repúblicas participou de uma guerra internacional nesses 50 anos. A Colômbia e o Equador avançaram um pouco no mundo burguês, numa época em que essa noção ainda era respeitável. Com o petróleo a Venezuela enveredou numa corrida que era mais espetacular, pelo menos estatisticamente. Um exame da evolução dos três países nesse período mostra que, por semelhantes que possam ter parecido ser, em grande parte desse tempo, para observadores distantes, em termos políticos eles o adentraram individualmente e emergiram dele mais individuais ainda. Grande parte da lógica dessa individualidade aguarda uma investigação mais detalhada. Nos anos recentes estudos regionais foram feitos, e continuam a sê-lo, os quais acrescentam e acrescentarão ao quadro nuances e sofisticação. Existe um leve perigo de que os predicamentos, os julgamentos e atribulações, até mesmo as realizações dos governos nacionais corram o risco de receber menor atenção do que a que lhes é devida.

6

AS ORIGENS DO PERU MODERNO, 1880–1930

O ANO DE 1879 não foi isento de catástrofes para o povo peruano. Foi marcado pelo início da Guerra do Pacífico, um conflito que acarretaria dificuldades e humilhação inimagináveis e, no final, a derrota nacional. Entretanto, a destruição generalizada gerada pela guerra abriu o caminho para a modernização econômica. Nos cinqüenta anos que se seguiram a seu término, o Peru, a sociedade "feudal" por excelência da América Latina, seria impelido para a economia mundial então em crescimento e reformularia seus modos de produção, tendo em vista as exigências especiais do capitalismo industrial do Ocidente na era de expansão imperial.

Pode-se dizer que o meio século seguinte a 1879 foi a alvorada do Peru moderno, um período não só de grande modernização econômica mas também de mudanças políticas e sociais. Novas elites surgiram ao longo do litoral e amalgamaram-se para formar uma poderosa oligarquia, cuja expressão política, o Partido Civilista, conseguiu, antes do final do século, apossar-se do controle do novo Estado[1]. Sob a égide paternalista e sob a orientação das doutrinas do positivismo liberal e *laissez-faire*, em voga em todo o continente na época, nasceu a "República Aristocrata" (1895–1919), expressão com que Jorge Basadre, o decano dos historiadores peruanos, denominou esse período. As Forças Armadas foram reorganizadas, profissionalizadas e, pelo menos temporariamente, postas sob o controle dos civis pela primeira vez desde a Independência. A máquina do governo, embora ainda não divorciada totalmente da tradicional *empleomanía* característica das estruturas e formas do passado colonial, foi desmontada, modernizada e expandida para acomodar-se melhor às exigências e crescentes complexidades da moderna econo-

1. Sobre as origens do Partido Civilista, que ascendeu à presidência do país pela primeira vez em 1872, ver HERACLIO BONILLA, *História da América Latina*, São Paulo, 2001, vol. III, cap. 11.

mia de exportação. Foi, em suma, um período marcado pela prosperidade econômica, pela estabilidade política e por uma relativa paz social, que nunca se haviam encontrado na história pós-colonial do país.

Mas foi um período também de profundas mudanças na sociedade, das quais deveriam surgir as configurações sociopolíticas do Peru contemporâneo. Com o avanço progressivo do capitalismo, os camponeses migraram e tornaram-se proletários, empregados nos encraves industriais que foram constituídos nas cidades e em algumas áreas da zona rural. Aqui os sistemas tradicionais da *hacienda* e da mineração em pequena escala cederam lugar em medida crescente à grande lavoura agro-industrial e ao complexo mineiro modernos, ambos equipados com tecnologia e economias de escala para produzir com eficiência e com lucro para os mercados estrangeiros que se estavam expandindo. Finalmente, a partir desse vórtice de mudanças socioeconômicas constituiu-se e mobilizou-se um moderno movimento trabalhista. Sua reação coletiva às crises econômicas generalizadas que a Primeira Guerra Mundial produziu na periferia peruana destruiu uma década de relativa paz social e sinalizou o fim da "República Aristocrata" civilista.

Num sentido mais amplo, porém, foi a crise econômica mundial de 1929 que, em última análise, pôs em questão a eficácia da economia orientada para a exportação. Construída de forma tão elaborada pelos civilistas e, na verdade, expandida em novas direções por seus sucessores da classe média durante o *oncenio* (os onze anos de governo de Augusto B. Leguía, 1919–1930), essa economia se viu abalada em seus próprios alicerces pelo declínio dos preços internacionais das mercadorias depois de 1925 e por seu colapso em 1929. A partir dessa época passou-se a perceber cada vez mais que a dependência da exportação era o centro do dilema do subdesenvolvimento em que o país continuava mergulhado. A maneira de mudar essa estrutura econômica e de resolver esse dilema constituiu o núcleo de um debate nacional, inaugurado pelo grande reformador Victor Raúl Haya de la Torre e pelo revolucionário José Carlos Mariátegui. A crise mundial assinalou ainda o ingresso das massas peruanas na arena política numa base sustentada, a longo prazo. Daí em diante, partidos políticos populistas, modernos, especialmente a APRA (Alianza Popular Revolucionaria Americana), fundada em 1924, por Haya de la Torre, influenciariam grandemente e reformulariam o destino político da nação.

O Peru é um país com uma configuração geográfica e uma distribuição demográfica tão problemáticas quanto sua economia e sua política. Com efeito, sua geografia é tão torturada e fraturada pelos Andes e sua população tão dividida por raça, classe e etnia que ainda hoje, um século e meio após a Independência, a integração nacional continua sendo uma aspiração irrealizada.

Em termos geográficos, o país está dividido em três regiões principais: litoral, *sierra* e selva. Uma estreita faixa litorânea constitui 12 por cento do território nacional. (Atualmente, o litoral abriga cerca de 45 por cento da população, embora nem sempre isso tenha acontecido. Reflete o enorme fluxo migratório, durante a maior parte desse século, do interior rural atrasado para o litoral urbanizado mais moderno.) A terra em toda a extensão da costa era fértil, mas a escassez de chuvas, em virtude das peculiaridades da Corrente Humboldt, torna-a deserta em sua maior parte. Em alguns lugares esse deserto é irrigado por vários rios que correm dos Andes no sentido leste–oeste, escavando vales amplos e férteis no local onde desembocam no Pacífico. A região da *sierra* compreende três cadeias de montanhas andinas que correm do norte para o sul e apresentam graves problemas para o transporte e a agricultura. Coração do antigo Império Inca, a capacidade única de produção da *sierra* nunca se recobrou das devastações da conquista espanhola do século XVI. Aqui a maioria da população, de etnia índia e mestiça, vivia uma vida marginalizada em fazendas isoladas e em comunidades camponesas que criavam gado e/ou cultivavam trigo, milho e batata em escala extremamente pequena. Aqui também podem ser encontradas ricas jazidas de minérios, o que tendeu a levar grande parcela da população para os encraves urbanos. (Nesse século, a economia da *sierra* tornou-se cada vez mais aberta e articulou-se com os mercados do litoral e com a economia mundial.) Finalmente, a selva parece grande tanto no território nacional, do qual ela constitui 60 por cento, quanto na imaginação dos políticos que, historicamente, viram em seus recursos e em seu vasto espaço uma panacéia potencial para a solução do subdesenvolvimento crônico do país. (Com apenas seis por cento da população e ainda isolada dos principais centros produtivos do país, a selva continua sendo, como a própria integração nacional, um sonho amplamente irrealizado do futuro.)

Se o determinismo da geografia concorre para aumentar o problema do Peru tanto quanto para alimentar sua promessa, certos legados históricos, particularmente o colonialismo, deixaram uma marca na consciência nacional ao mesmo tempo em que formularam em ampla medida o problema do subdesenvolvimento atual. As revoluções em favor da independência, na década de 1820, puseram fim a quase 300 anos de domínio colonial espanhol. No entanto, com exceção de uma grande mudança política que catapultou as elites *crio-*

llas locais ao poder, a ordem colonial permaneceu em grande parte intacta. Como em outros países do continente, não era do interesse dessa elite realizar uma revolução social que pudesse ameaçar suas aspirações políticas. O livre comércio, que em parte motivara a reivindicação de independência, revelou-se uma faca de dois gumes, ampliando as oportunidades de comércio para alguns setores da classe comerciante e da classe agrária, mas mostrando-se prejudicial aos industriais locais, obrigados a competir com a entrada de mercadorias estrangeiras. A formação de uma nação-Estado nova, estável, do mesmo modo que a consecução da independência e prosperidade econômicas, revelou-se enganosa na era pós-colonial imediata. A predominância do caudilhismo, complicado pelo regionalismo e pelo particularismo, impediu a consolidação da nova nação. Somente depois do desenvolvimento espetacular da indústria do guano, por volta de meados do século, que, aumentando as receitas públicas, lançou a base de uma expansão geral do poder e influência do Estado central, é que a esperança de unidade nacional pôde tornar-se uma possibilidade realista. A eclosão da Guerra do Pacífico em 1879, porém, deteve esse movimento rumo à consolidação nacional e levou o país de volta a um período de fragmentação e anarquia, que lembra os primeiros dias de independência.

O IMPACTO DA GUERRA: EXTERNO E INTERNO

Foram várias as causas complexas da Guerra do Pacífico, que envolveu, de um lado, o Chile e, de outro, o Peru e a Bolívia. Seu núcleo foi a descoberta e subseqüente competição por valiosa riqueza mineral, primeiramente ouro e prata e depois nitrato, no deserto de Atacama, uma região desolada e em grande parte desabitada. Para complicar o problema, essa região fora muito mal definida e demarcada durante o período colonial; diante disso, as três nações que surgiram na costa ocidental da América do Sul tentaram reivindicar as riquezas recém-descobertas. Esse estopim internacional foi atiçado ainda mais pelos antigos antagonismos políticos, oriundos de um delicado equilíbrio regional de poder, e pela interferência e intrigas de potências e empresários estrangeiros. O Peru tentou, desesperadamente mas sem sucesso, evitar um confronto militar com seu rival do sul, muito mais poderoso e mais bem organizado. No entanto, não pôde eximir-se de assinar um tratado secreto de aliança com a Bolívia, de modo que, no início de 1879, o país entrou em guerra.

Arrastado a uma luta para a qual estava muito mal preparado, o Peru sofreu seu primeiro revés no mar. O núcleo de sua pequena marinha, decisiva para a defesa de uma costa de quase cinco mil quilômetros no Pacífico, consistia de dois couraçados, o *Independencia* e o *Huáscar*. O primeiro foi induzido a encalhar na Batalha de Iquique no início da guerra. O segundo, comandado pelo lendário Miguel Grau, conseguiu durante algum tempo levar a destruição a alguns portos e navios inimigos. Não obstante, um pouco mais tarde no mesmo ano, numa ação que praticamente selou o destino do Peru na guerra, o *Huáscar* foi capturado ao largo de Punta Angamos pela esquadra chilena, maior e mais poderosa. Numa das primeiras grandes batalhas navais do mundo entre couraçados, o *Huáscar*, com um contingente muito maior de homens, foi inutilizado e capturado, depois de quase afundar o navio chileno e sair vencedor.

Tão logo dominaram as rotas marítimas, as forças chilenas invadiram três províncias peruanas localizadas no extremo sul, entre elas Tarapacá, grande produtora de nitratos e o foco do conflito internacional em virtude de suas riquezas minerais e das disputas de fronteira. Ao mesmo tempo em que dominou o sul, o Chile bloqueou os principais portos peruanos, impedindo a saída dos principais produtos de exportação do país (guano, nitrato e açúcar) e conseguindo paralisar o esforço de guerra mediante a exaustão do tesouro nacional. Em meio a esses reveses, o presidente Mariano Ignacio Prado, num ato sem precedentes da parte de um líder nacional, abandonou o país e seguiu para a Europa, sob a pífia desculpa de levantar pessoalmente alguns empréstimos no exterior para sustentar o esforço de guerra.

Não obstante, falido militar e politicamente, o Peru recusou-se a capitular, levando os chilenos a empreender, em setembro de 1880, uma invasão do litoral norte por terra. Com o objetivo de "castigar" o país e levá-lo à submissão, uma força chilena de três mil homens, comandados pelo general Patrick Lynch, assolou os vales da região plantados com cana-de-açúcar, despojando o país do único recurso econômico que lhe restava para continuar a guerra. Ainda assim, os peruanos não se mostraram dispostos a assinar a paz, particularmente diante da severidade das exigências territoriais do Chile. O dobre de finados da causa peruana soou no início do ano seguinte, quando uma força invasora chilena, formada por 25 mil homens, capturou Lima depois de uma luta feroz. No entanto, quando finalmente o exército de invasão entrou na capital, a 17 de janeiro, não encontrou um governo com quem pudesse negociar a rendição.

Nicolás de Piérola, que assumira poderes ditatoriais após a partida de Prado para a Europa e organizara a malfadada defesa de Lima, fugira para a *sierra*, onde tentou levantar um novo exército para prosseguir na guerra. (Piérola era um ex-ministro do Tesouro, um anticivilista decidido e uma figura controvertida e voltaria a ocupar a presidência do país em 1895.) Contudo, suas esperanças de organizar uma resistência unificada desvaneceram-se em conseqüência de nova luta pelo poder entre facções rivais e caudilhos. De um lado estavam os civilistas, um grupo de fazendeiros, de consignatários do guano e de banqueiros progressistas, que haviam conquistado poder no início da década de 1870. Após a retirada de Piérola para a *sierra*, o líder do grupo, Francisco García Calderón, agiu rapidamente para formar, em Lima, um novo governo, com o objetivo de negociar imediatamente um acordo de paz. Do outro lado estava uma frouxa coalizão de oficiais militares com o propósito confesso de continuar a resistência, inicialmente em torno de Piérola, que depois foi deposto numa luta pelo poder em favor de Andrés Cáceres, o herói de uma vitória peruana em Tarapacá. Para eles a disposição dos civilistas a negociar era um ato de traição nacional.

As questões de guerra e paz tenderam a definir a evolução da luta política, mas isso assumiu também uma dimensão social mais ominosa. A derrota no campo de batalha acarretara a falência do Estado oligárquico, construído tão dolorosamente no meio século após a Independência. Mais expressivamente ainda, aos olhos do povo a autoridade e mesmo a legitimidade das classes dirigentes que haviam levado o país a enveredar para a guerra era uma questão aberta à discussão. Tratava-se de um problema sério numa sociedade desordenada e dividida segundo linhas de classe, de casta e de hierarquia. Arruinada a capacidade de produção do país e com o espectro da fome espreitando a terra, esse colapso da autoridade punha em xeque a capacidade histórica da elite de continuar a exercer seu domínio unilateral sobre as massas. Se fosse deixado sem controle, podia até levar a um levante popular de proporções revolucionárias.

Na verdade, já se podiam ver sinais de dissolução social. Em Lima, a plebe atacou o bairro chinês, numa tentativa de *pogrom* – algo que se tornara cada vez mais comum em períodos de tensão, depois que grande número de cules chineses (cerca de cem mil entre 1849 e 1874) foram importados pelo país para substituir os negros escravos, emancipados em 1854. O mesmo populacho levou algumas famílias ricas do país a procurar refúgio por algum tempo na embaixada britânica. A situação mais perigosa do ponto de vista das classes agrárias, porém, ocorreu nas regiões rurais do litoral, onde os trabalhadores das grandes lavouras (cules chineses) em alguns casos saudaram os exércitos invasores como "libertadores" ou em outros, como em Cañete, voltaram-se contra seus patrões numa orgia de matanças e pilhagens. Na verdade, o medo de um levante geral dessas "classes perigosas" serviu para induzir a oligarquia civilista a defender a paz, esperando com isso aliciar o exército invasor na defesa da propriedade e na causa da "lei e da ordem" e, desse modo, evitar o caos social.

Quando, no final de 1881, a guerra chegou à *sierra* central, levada por uma força expedicionária chilena, a luta nacional mostrou outros sinais de estar sendo transformada em luta social. Então, a classe camponesa indígena, oprimida há muito tempo por seus senhores, percebeu que as terras sagradas de suas comunidades estavam ameaçadas por um novo "opressor". Enquanto se mobilizaram decididamente para defender sua pátria de um inimigo, alguns abrigaram a idéia de uma emancipação mais completa. Para eles a guerra transformou-se numa luta revolucionária contra todos os brancos, fossem invasores chilenos ou a elite local proprietária de terras.

Não é de admirar que esse sentimento de alguns setores das massas indígenas tenha influenciado enormemente o curso do esforço de guerra, bem como a luta por poder político que se seguiu entre facções rivais e caudilhos. Desejosa, no início, de ajudar os esforços de Cáceres para formar um exército local de resistência, posteriormente a elite da região desistiu da idéia quando percebeu que ele estava conseguindo mobilizar grandes forças irregulares de guerrilhas camponesas (chamadas de *motoneros* desde a época das guerras pela independência). Muitos fazendeiros, logicamente, temeram que essas forças pudessem voltar-se contra eles numa guerra de classe/casta, assim que os invasores fossem rechaçados. Tradicionalmente, essas mobilizações populares enchiam de medo os corações das elites andinas, cuja hegemonia de classe fora ameaçada mais de uma vez no passado por movimentos semelhantes. De fato, o fantasma de Túpac Amaru II, o mestiço descendente da casa real dos incas que mobilizou os índios da *sierra* contra as injustiças do governo espanhol e foi executado em Cuzco pelas autoridades vice-reais em 1782, continuava a obsedar a mente coletiva da classe alta da região. Conseqüentemente, importantes setores dessa classe abandonaram a resistência nacionalista e, acreditando que a negociação e a acomodação com o inimigo serviam melhor a seus interesses pessoais e classistas, adotaram uma atitude colaboracionista.

Essa mudança de atitude em relação à guerra da parte de setores da elite *sierrana* originou uma série de ramificações importantes. Primeiramente, deu ao aspirante a caudilho Miguel Iglesias, um fazendeiro de Cajamarca e antigo partidário de Piérola (cuja fortuna política estava momentaneamente em eclipse), a oportunidade de ampliar sua base política como paladino do partido da paz. Em agosto de 1882, Iglesias fez uma proclamação (Grito de Montán), que, além de anunciar suas aspirações presidenciais, declarou a disposição a negociar com os chilenos. Essa atitude, embora acusada de traidora por Cáceres, conseguiu amplo apoio entre oficiais descontentes e políticos e fazendeiros cansados da guerra. Iglesias conseguiu formar um novo governo e, em 1883, negociou um tratado de paz com o inimigo. Pelo Tratado de Ancón, o Peru cedeu ao Chile a região desértica de Tarapacá, ao sul, com seu importante centro produtor de nitrato, Iquique. Autorizou-o também a ocupar e administrar as províncias de Tacna e Arica por dez anos, após o que seria realizado um plebiscito para determinar a posse final.

Cáceres aceitou a paz com certa relutância, mas não concordou com as pretensões de Iglesias à presidência. Assim, quando a guerra externa chegou a seu término, com a retirada das forças chilenas no final de 1883, teve início uma guerra civil entre Iglesias e Cáceres. Na *sierra* central, os *montoneros* de Cáceres atacaram não só as forças do governo, mas também aqueles membros da elite suspeitos de ter colaborado com o inimigo. Em alguns lugares, ocuparam as terras de algumas fazendas (reclamadas muitas vezes por comunidades indígenas adjacentes) e obrigaram os fazendeiros e suas famílias a fugir para salvar suas vidas.

Também na *sierra* setentrional explodiram as tensões sociais exacerbadas pela guerra e converteram-se num dos maiores levantes camponeses desde Túpac Amaru II. A revolta de Atusparia irrompeu com uma fúria violenta em 1885 em toda a extensão do Callejón de Huaylas, no departamento de Ancash. Adotando muitos dos atributos de um conflito de classes e de uma guerra de castas, a revolta foi desencadeada por uma série de medidas tributárias mal concebidas e pouco oportunas aplicadas pelo governo de Iglesias. Desesperado para encher seus cofres vazios, o governo voltou a cobrar o odiado tributo ou imposto por cabeça (*contribución personal de Indígenas*) dos camponeses índios já depauperados pela guerra. Ao imposto (dois *soles* por semana) somou-se a revitalização do trabalho de corvéia, semelhante à odiada *mita* dos tempos coloniais. Atusparia, um *curaca* (chefe de aldeia) índio respeitado que apoiou a facção de Cáceres na guerra civil, recusou-se a cumprir as novas medidas e, fugindo da prisão, levantou um exército de camponeses, que tomou e manteve por várias semanas a capital do departamento, Huarás. Mais tarde, as tropas do governo recuperaram a cidade e reprimiram cruelmente a rebelião.

Tais incidentes de levante de massas, junto com um aprofundamento do estado nacional de frustração e insatisfação do pós-guerra, enfraqueceu fortemente o já precário domínio de Iglesias sobre o governo. Despojado de recursos e cada vez mais identificado pelo hábil Cáceres com a derrota nacional, Iglesias capitulou, em dezembro de 1885, diante do exército guerrilheiro do adversário, que estava à beira de capturar Lima. Quatro meses depois, Cáceres, disputando sem oposição, foi eleito presidente por esmagadora maioria de votos.

O novo presidente tinha diante de si uma tarefa hercúlea de reconstrução nacional. Em termos econômicos, o país estava prostrado, como se pode ver pelo declínio violento do orçamento nacional, que de um alto patamar de 74 milhões antes da guerra desceu a níveis que variavam de um a treze milhões na década seguinte ao tratado de paz. Todas as classes sociais estavam pauperizadas em maior ou menor nível. Uma tentativa impressionista, não sistemática, embora reveladora, de um contemporâneo de quantificar as dimensões dessa tragédia humana produziu os números mostrados na tabela[2].

	1870	1894
Millionarios	18	–
Ricos	11 587	1 721
Acomodados	22 148	2 000
Mendigos	–	500 000
Obreros	1 236 000	345 000

Além de induzir uma acentuada propensão para a violência no corpo político, esse empobrecimento do pós-guerra produziu algumas mudanças importantes na composição dos antigos grupos dirigentes cujas propriedades haviam constituído a base de poder na era do guano anterior à guerra. Elementos dessa elite agrária foram levados rapidamente à bancarrota pela guerra e entraram num período de grande eclipse político e social. Seriam substituídos, nos anos futuros, particularmente na costa setentrional e central de grandes lavouras, por um novo grupo de empresários, com grandes possibilidades de ascensão social, cuja *mentalité* estava mais sintonizada com a nova era capitalista. No final, iriam formar o núcleo de uma nova classe

2. Cf. ERNESTO YEPES DEL CASTILLO, *Perú, 1820–1920: Un Siglo de Desarrollo Capitalista*, 2. ed., Lima, 1981, p. 124.

dirigente, burguesa, que, trabalhando em conjunção com o capital estrangeiro, tornar-se-ia a ponta de lança da recuperação econômica do país.

Quando a adiada crise política e social do pós-guerra começou finalmente a desvanecer-se, após a instauração da ditadura militar de Cáceres, que se prolongaria por uma década (1886–1895), alguns peruanos imaginativos começaram a debater não apenas o futuro caminho da reconstrução, como também e em primeiro lugar o que causara a derrocada nacional. Envoltos no estado geral de frustração, introspecção e autocrítica nacionais, membros da intelectualidade perguntavam-se o que acontecera de errado num país que, havia apenas uma geração, parecia achar-se no limiar do progresso e desenvolvimento nacional. Apesar da variedade de respostas, uma visão consensual enfatizava a grave fragmentação étnica, cultural, geográfica e racial que flagelara o país a partir da Independência. De qualquer modo, tinha-se de descobrir meios de eliminar não só a enorme divisão geográfica entre a *sierra* e a costa, mas também fechar o fosso aberto entre o "mundo feudal" da classe camponesa índia e a sociedade *criolla* mais "moderna". Muitos argumentavam que a tarefa fundamental era construir um Estado-nação forte, moderno, para que no futuro não se repetisse a experiência chilena.

Manuel González Prada (1848–1918), embora resolutamente afastado da corrente intelectual de sua classe, foi talvez o crítico nacional mais notável desse período[3]. Influenciado alternadamente por diversas correntes filosóficas como o positivismo, o romantismo, o socialismo e o anarquismo, González Prada foi menos o pensador sistemático do que o crítico ferrenho de tudo o que era considerado sagrado e santo na sociedade peruana. Um tanto parecido com um Voltaire latino-americano, que sentia profunda humilhação pessoal pela maneira como o Peru perdera a guerra, verberou sem dó a corrupção e as injustiças da ordem existente. Com efeito, seus ataques moralistas questionaram pela primeira vez a própria legitimidade da classe dirigente do Peru. Criticou impiedosamente os líderes do exército, os fazendeiros e os padres – em suma, os governantes do país – por sua incapacidade de organizar e dirigir com eficiência a nação. Na verdade, responsabilizou-os pela derrota do Peru,

3. Podemos encontrar uma seleção representativa de suas obras em *Anarquía*, Santiago, 1936. A maioria de seus extensos escritos foram editados e publicados por seu filho após sua morte. A biografia-padrão continua sendo LUIS ALBERTO SÁNCHEZ, *Don Manuel*, Lima, 1929. Cf. também BRUNO PODESTÁ, *Pensamiento Político de González Prada*, Lima, 1975.

acusando-os de colocar seus próprios interesses pessoais e classistas acima dos interesses da pátria. Além disso, argumentou, foi uma loucura admitir que se pudesse realizar a integração nacional sem uma revolução social que libertasse as massas oprimidas de camponeses índios, que constituíam o próprio núcleo da incipiente nação peruana. Enquanto não se libertasse do domínio explorador e vicioso das elites agrárias, a unidade nacional nunca passaria de um sonho vazio. Não obstante, apesar de González Prada ter sido proscrito e ridicularizado por muitos de seus contemporâneos, sua crítica social estridente mas aguda iria influenciar profundamente as gerações futuras e transformá-lo sob muitos aspectos no pai do nacionalismo peruano moderno.

As opiniões de González Prada foram consideradas ameaçadoras e perigosas pela elite civilista que voltava a aparecer no país. Em conseqüência, foi prontamente rotulado de extremista desvairado, de vira-casaca de sua classe e colocado sumariamente à margem do debate sobre a reconstrução. Essa tarefa foi entregue a uma nova geração de intelectuais civilistas progressistas, muitos dos quais faziam parte do corpo docente da venerável Universidade de San Marcos. Nas duas décadas seguintes, esse grupo de intelectuais, escrevendo nos principais jornais e revistas e participando periodicamente dos altos postos do governo, seriam os arquitetos da reconstrução e modernização do Peru no pós-guerra. Todos eram influenciados, de uma maneira ou de outra, pelo positivismo, em cujas doutrinas da ciência e racionalismo, da ordem e progresso, descobriram o veículo ideológico perfeito em que poderiam caminhar para a reabilitação nacional. A maioria deles eram racionalistas, materialistas e utilitários na tradição positivista, moderadamente anticlericais, firmemente contrários às tradições hispânicas "feudais" da colônia e partidários da "modernização" nacional. Para eles a modernização viria através da industrialização, da democracia representativa limitada, da educação técnica e científica e de um modo de pensar que fosse ao mesmo tempo não-escolástico e não-idealista. Não concordavam com a crítica de José Enrique Rodó, em *Ariel* (Montevideo, 1900), às nações burguesas emergentes do Ocidente, particularmente os Estados Unidos. Ao contrário, admiravam os Estados Unidos e queriam imitar seu sucesso na realização do desenvolvimento material e da democracia política.

Dois dos expoentes civilistas mais representativos do positivismo foram Francisco García Calderón, filho de proeminente família agrária e ex-presidente durante a ocupação chilena, e Manuel Vicente Villarán, originário de distinguida família limenha de advogados. No entanto, García Calderón, embora tenha sido expatriado relativamente cedo na vida, com 30 anos de idade, e nunca se tenha mostrado um membro realmente ativo da elite civilista, foi quem melhor refletiu e expressou a ideologia nascente de sua classe e geração. Autor de diversos livros sobre a filosofia ocidental e sobre a sociedade latino-americana, sua principal obra sobre o Peru, com o título de *Le Pérou contemporain* (1907), foi publicada, reveladoramente, em Paris, cidade que durante muito tempo foi o principal ponto de referência cultural da elite *criolla* ocidentalizada do país. Nessa obra, e em outro volume sobre a América Latina, publicado igualmente em Paris, vários anos depois[4], falava da necessidade que tinha o Peru de uma liderança forte oriunda de uma oligarquia culta, unificada e progressista, guiada se necessário por um líder forte, aquilo que o venezuelano Vallenilla Lanz chamaria depois um "César democrático"[5]. Essa elite deveria capitalizar a economia, centralizar e modernizar o Estado e aos poucos incorporar as massas de camponeses índios à nação por meio de um sistema de ensino universal. Villarán, um advogado praticante e principal ideólogo do Partido Civilista, complementou essa ideologia com uma ênfase sobre a necessidade de uma reforma educacional. Extremamente crítico das antiquadas tradições escolásticas no ensino superior do Peru, Villarán propugnava a adoção urgente, pela Universidade, de um currículo utilitário que produzisse mais engenheiros do que advogados e desse modo servisse melhor à comunidade capitalista que começava a surgir[6].

A RECUPERAÇÃO ECONÔMICA E A REFORMA DO ESTADO OLIGÁRQUICO LIBERAL

O primeiro passo tangível rumo à reconstrução, e que na prática refletia claramente a ideologia positivista, foi o chamado Contrato Grace. Todos os

4. *Les démocraties latines de l'Amérique*, Paris, 1912 (trad. para o inglês: *Latin America: Its Rise and Progress*, New York, 1913). Cf. também *La creación de un continente*, Paris, 1913.
5. LAUREANO VALLENILLA CRUZ, *Cesarismo Democrático*, Caracas, 1919.
6. Por exemplo, *Las Professiones Liberales en el Perú*, Lima, 1900. Pode-se encontrar uma amostra representativa das idéias de Villarán também em *Páginas Escogidas*, ed. Jorge Basadre, Lima, 1962. Outro notável expoente do positivismo foi Javier Prado. Cf. suas obras *El Estado Social del Perú Durante la Dominación Española*, Lima, 1941, e *La Nueva Época y los Destinos Históricos de los Estados Unidos*, Lima, 1919.

conselheiros de Cáceres sabiam muito bem que, para a reconstrução do Peru depois da guerra, um país que deixara de pagar sua dívida externa em 1876 e que agora perdera seus dois principais ativos financeiros, o guano e os nitratos, era preciso que recuperasse o acesso aos mercados de capital do Ocidente. A oportunidade de realizar esse objetivo apresentou-se em 1886, na forma de uma proposta de Michael Grace, um imigrante fundador de Grace and Company, uma casa de comércio florescente da costa ocidental. A proposta previa o cancelamento da dívida nacional em troca da concessão da rede ferroviária do país, que seria modernizada e ampliada, aos estrangeiros portadores de títulos peruanos, por um período de 75 anos. Essa proposta de longo alcance, que levantou não só a delicada questão da soberania nacional, mas também provocou questões sobre o modelo de desenvolvimento econômico do país, estava fadada a produzir controvérsias e debates generalizados. Cáceres formou, portanto, uma comissão de alto nível, composta de proeminentes civilistas (que tinham feito uma aliança com o Partido Constitucionalista de Cáceres), com a missão de estudar a proposta e fazer recomendações ao governo. A comissão endossou plenamente o plano que, no seu parecer, constituiria uma base para o futuro relacionamento econômico do país com as nações metropolitanas ocidentais. O Contrato Grace, no seu entender, firmaria solidamente as finanças do país, servindo assim para revitalizar o comércio internacional do Peru e atrair do exterior o capital de investimento, a tecnologia e a mão-de-obra necessárias para estimular a recuperação econômica, o progresso e a prosperidade. Consciente de que essa mesma estratégia de desenvolvimento já estava desencadeando um profundo avanço econômico no Sul, na Argentina e no Chile, o governo de Cáceres, em 1889, submeteu o contrato, depois de feitas algumas modificações, a um Congresso recalcitrante. A versão final cedeu as estradas de ferro peruanas por um período de 66 anos, juntamente com a livre navegação do lago Titicaca e mais de três milhões de toneladas de guano, a uma corporação de portadores de títulos (a Peruvian Corporation of London) em troca do cancelamento de toda a dívida externa e de um pagamento anual de 80 mil libras durante 33 anos[7].

7. Sobre o Contrato Grace, cf. RORY MILLER, "The Making of the Grace Contract: British Bondholders and the Peruvian Government, 1885–1890", *Journal of Latin American Studies (JLAS)*, 8(1): 73–100, 1976.

O Contrato Grace, reforçado por forte recuperação da produção da prata (33 milhões de pesos em 1895), lançou os alicerces para a reconstrução capitalista; no entanto, a luta política precipitada pela sucessão presidencial de 1890 mais uma vez ameaçou a estabilidade interna. Contra os desejos de seus aliados civilistas, que defendiam o retorno a um governo civil para o qual apresentavam o seu próprio candidato, Cáceres impôs como seu sucessor um subordinado leal, o coronel Remigio Morales Bermúdez. Sem os civilistas, o novo governo, no qual Cáceres continuava sendo a verdadeira fonte do poder nos bastidores, assumiu um caráter decididamente militar.

Isso preparou o cenário para a volta de Piérola, que retornou do exílio para organizar o movimento que ficou conhecido pelo nome de "Revolução de 1895". Filho de uma família ultracatólica, aristocrática, mas empobrecida de Arequipa, no sul, Piérola há muito tempo nutria ambições presidenciais. Jovem ministro do Tesouro em 1869, planejou a histórica mudança da comercialização do guano, que foi tirada dos consignatários nacionais e entregue ao estrangeiro Auguste Dreyfus. Esse ato audacioso valeu-lhe o ódio eterno da oligarquia civilista que enriquecera com o guano, a qual conseguiu barrá-lo do poder até a guerra com o Chile. Então, sua personalidade impulsiva, ousada e carismática levou-o, no tempo da guerra, rapidamente à presidência, onde desempenhou papel de destaque nos embates políticos durante as guerras civis que se seguiram.

Por trás da ascensão de Piérola ao poder na década de 1890 existiu uma base considerável, embora disparatada, de apoio e um programa político. O Partido Democrata, que ele fundou em 1889, era essencialmente antimilitar, pró-clerical, antiliberal (embora não necessariamente anticapitalista) e ostensivamente nacionalista. Foi apoiado no topo por um grupo poderoso de ricos fazendeiros do sul, pela hierarquia da Igreja e por elementos da antiga classe média que tinham grande orgulho de suas tradições hispânicas e católicas e procuravam mantê-las. O que deu ao partido e a seu chefe uma crescente base popular, porém, foi a crise monetária do princípio da década de 1890, que trouxe em sua esteira convulsões econômicas generalizadas. A recuperação econômica do Peru, um dos maiores produtores mundiais de prata, foi interrompida pelo abandono geral do padrão-prata e adoção do padrão ouro em todo o mundo. A contínua depreciação da moeda peruana lastreada com prata acarretou grande penúria e sofrimento aos artesãos e trabalhadores urbanos, a quem Piérola conseguiu mobilizar em sua tentativa de chegar ao poder.

Em 1895, numa manhã tipicamente nublada de março, Piérola galopou para Lima à testa de vários milhares de soldados irregulares. Após sangrento combate de rua, por dois dias, com vários milhares de baixas de ambos os lados, Piérola obrigou Cáceres a se render e ocupou o palácio presidencial. Alguns meses depois, às vésperas das eleições nacionais, Piérola concordou em formar uma aliança histórica com seus antigos inimigos, os civilistas. Ao contrário de Cáceres, Piérola entendeu que era impossível governar sem o apoio da oligarquia civilista. Os civilistas, por sua vez, estavam prontos a abandonar sua longa antipatia pessoal por Piérola. Antes de qualquer coisa, as duas partes não estavam tão distantes em suas idéias sobre a recuperação econômica. Aqui também tínhamos o "homem a cavalo", o caudilho carismático capaz de estender a *pax Andina*, a paz e a ordem tão desejadas pelos positivistas civilistas. Assim, estava aberto o caminho para a eleição de Piérola em 1895, que devia marcar o começo de nova era na política peruana. Isso porque, uma vez no poder, Piérola conseguiria governar com amplo consenso, coisa rara na história do país. Isso lhe deu condições de empreender uma série de reformas importantes, muitas das quais fortaleceram ainda mais a crescente recuperação econômica do Peru com base na exportação.

Piérola, o primeiro civil a ocupar a presidência em trinta anos, pretendia restaurar a legitimidade e o prestígio do governo civil e reduzir a proeminência dos militares nos assuntos políticos nacionais. Tendo em vista a importância histórica do exército durante todo o século passado, essa tarefa não seria fácil. Desde a Independência o exército peruano vinha sendo a única instituição relativamente unificada e coerente num governo extremamente fragmentado e desarticulado. Já se disse que no século XIX o exército era o Estado[8]. A guerra com o Chile engrossara ainda mais as fileiras das forças armadas, fortalecendo com isso sua influência política nas questões nacionais.

Piérola tinha uma consciência bastante aguda do problema. Em sua opinião, a predominância do caudilhismo e golpismo militares subvertera por um tempo demasiado longo os processos regulares e constitucionais do governo. Estava-se precisando então de uma grande reforma das forças armadas, não só para oferecer-lhes uma base tecnicamente mais proficiente e

8. SINESIO LÓPEZ J., "El Estado Oligárquico en el Perú: Un Ensayo de Interpretación", *Revista Mexicana de Sociología*, 40(3): 1000, 1978.

moderna, mas também para despolitizá-las e subordiná-las ao poder do Estado controlado por civis.

Para cumprir essa meta, Piérola primeiro reduziu fortemente o Exército regular e sua cota do orçamento nacional, aposentando ou exonerando grande número de oficiais leais ao derrotado Cáceres. Em seguida, trouxe uma missão francesa para realizar o desmonte total e a reorganização da força militar. Foi construída uma nova academia militar em Chorillos, nos arredores de Lima, com a tarefa de criar um corpo de oficiais mais bem instruído e tecnicamente competente. Em Chorillos, os franceses procuraram instilar em seus graduados uma nova ética profissional, com base na sua própria concepção elitista das forças armadas francesas. A primeira e única missão do militar era o sagrado ideal de defender a pátria. Para a nova geração de oficiais a ingerência nos assuntos políticos não seria apropriada a um homem de uniforme cuja missão mais alta e patriótica na defesa da pátria alçava-o acima das preocupações comuns e sórdidas como a política. No entanto, esses esforços de instilar nos militares uma atitude mais profissional, embora bem-sucedidos a curto prazo, estavam fadados a fracassar no final. A tendência histórica das forças armadas a intervir na política na qualidade de guardiães dos interesses da elite contra ameaças vindas de baixo voltou a afirmar-se em 1914, em 1919 e em 1929, tornando-se "endêmicas" mais uma vez.

Todavia, Piérola teve mais sucesso nas mudanças que introduziu nas forças armadas por outros meios. Decretou em 1898 o serviço militar obrigatório e com ele a expansão gradual das Forças Armadas, cujo efetivo nos dez anos seguintes mais do que triplicou. Além disso, aumentou os salários e introduziu o mérito em lugar da linhagem como o meio mais adequado de qualificar o militar para o oficialato. O resultado disso foi a abertura de grandes avenidas de mobilidade para a nova classe média que, com o correr do tempo, dominaria as Forças Armadas e contribuiria ainda mais para mudar o seu caráter. Eventualmente, mesmo elementos excepcionais das massas poderiam aspirar a seguir uma carreira militar como oficial. O militarismo tornou-se, com o avançar do século XX, um dos principais veículos de mobilidade numa sociedade há muito calcificada em torno das linhas de classe.

Em sua política fiscal e econômica, Piérola mostrou-se, paradoxalmente, tanto um capitalista civilista e modernista quanto um tradicionalista católico e hispanófilo. Empreendeu rapidamente a reforma dos mecanismos antiquados do Estado para ajustá-los à recuperação econômica e executá-la melhor. O sistema tributário, por exemplo, foi totalmente reorganizado. Foram abolidas as taxas alfandegárias sobre os principais produtos de exportação, como o açúcar e o algodão, ao mesmo tempo em que foram elevadas gradualmente as tarifas sobre as mercadorias importadas, com exceção das máquinas, a fim de estimular a criação de indústrias, como as têxteis. Por outro lado, o imposto *per capita* cobrado dos índios, causa de tanto abuso e injustiça no passado, foi finalmente abolido, junto com a velha prática espanhola do arrendamento de impostos. Para melhorar a eficiência da cobrança tributária, foi criada uma nova corporação particular, que acabou por ser nacionalizada como empresa estatal. O sistema bancário e monetário também foi desmontado. Foi adotado o padrão ouro, o que não só favoreceu os exportadores da costa (aliados civilistas de Piérola), como também beneficiou as receitas do Estado derivadas do aumento das exportações. Para promover a recuperação econômica, Piérola criou o Ministério do Desenvolvimento, que foi ajudado nessa tarefa pela constituição de várias associações profissionais, das quais as mais importantes foram a Sociedad Nacional Agraria (1896), a Sociedad Nacional de Minería (1896) e a Sociedad Nacional de Industrias (1895). Num de seus primeiros atos, o novo ministério empreendeu a revisão das leis anacrônicas que regiam o comércio e a mineração, algumas das quais datavam das reformas dos Bourbons no século XVIII.

Para a massa da população, porém, Piérola aparentemente fez pouquíssimo. Na verdade, o destacado historiador do Peru, Jorge Basadre, sugeriu que Piérola perdeu excelente oportunidade, talvez a última, de integrar as classes populares no quadro do processo político do país. Isso se explica, em parte, pela mentalidade profundamente elitista e aristocrática do presidente. Como os senhores do Peru colonial, adotou a atitude paternalista do pai protetor para com seus filhos, o povo. Gostava de dizer: "Quando o povo está em perigo, eles vêm a mim"[9]. Estava claramente fora do propósito de Piérola qualquer mudança estrutural na condição tradicional das massas ou na sua relação histórica com as classes dirigentes e com o Estado.

Foi, porém, Piérola quem inaugurou a "República Aristocrata" (1895–1919), um período de estabilidade política e de progresso econômico sem paralelos na história moderna do país. A aurora dessa nova era, em grande parte burguesa, foi o resultado da recuperação econômica com base na exportação,

9. *Apud* JESÚS CHAVARRÍA, "La Desaparición del Perú Colonial: 1870–1919", *Aportes*, 23: 132–133, enero 1972.

particularmente a partir do final da década de 1890 (ver Figura 1), quando começou a produzir efeito o impacto do Contrato Grace e a filosofia positivista da oligarquia civilista nascente. Num sentido mais amplo, isso representou a reação local à expansão capitalista dos centros metropolitanos durante a segunda revolução industrial. Procurando matérias-primas para alimentar o avanço e um escoadouro para o excedente de capital de investimento e de produtos manufaturados acabados, os países industrializados descobriram na economia peruana estilhaçada um campo de operação particularmente atraente e vulnerável. Como sua capacidade de produção muitas vezes antiquada e arcaica fora amplamente desmontada pela guerra, a reconstrução podia coincidir mais facilmente tanto com as exigências da metrópole quanto com as especificações capitalistas da nova era.

No período seguinte à Independência, os ingleses conquistaram rapidamente uma posição de preeminência na economia peruana. Durante o meio século seguinte ou mais, a maior parte das exportações do Peru, notadamente de guano, de nitrato e de lã, eram destinadas à Inglaterra, trocadas por manufaturados têxteis e de outro tipo. Com efeito, no Peru, a Inglaterra, pelo menos economicamente, substituiu a Espanha como potência "colonial" hegemônica. Todavia, no século XX, o capital norte-americano começou a erodir e desafiar a preeminência econômica dos ingleses no Peru. As importações norte-americanas, por exemplo, subiram de sete por cento do total das importações do país em 1892 para quase 30 por cento em 1913, pularam para mais de 60 por cento durante a Primeira Grande Guerra e finalmente estabilizaram-se em torno de 40 por cento no final da década de 20 (ver Figura 2). Os investimentos privados diretos dos Estados Unidos cresceram de sete milhões de dólares em 1897 para 23 milhões em 1908, pularam para 110 milhões em 1919 e para 140 milhões em 1924. Além disso, tão logo foi aberto o canal do Panamá, os Estados Unidos alcançaram e ultrapassaram a Inglaterra em volume de exportações peruanas (ver Figura 3). Durante o primeiro quarto do século XX, o Peru estava colocado entre os quatro ou cinco principais países latino-americanos que recebiam investimentos norte-americanos, atrás apenas do México, de Cuba e alternadamente da Colômbia (1897), do Chile (1908, 1914, 1924) e da Venezuela (1924). Por comparação, à medida que aumentava o nível de investimentos norte-americanos, o capital inglês no Peru declinava. Em 1880, seu nível atingia 181 milhões de dólares, caindo em 1890 para 95 milhões e depois subindo para 131 milhões em 1928, antes de retomar seu descenso definitivo de maneira contínua depois disso.

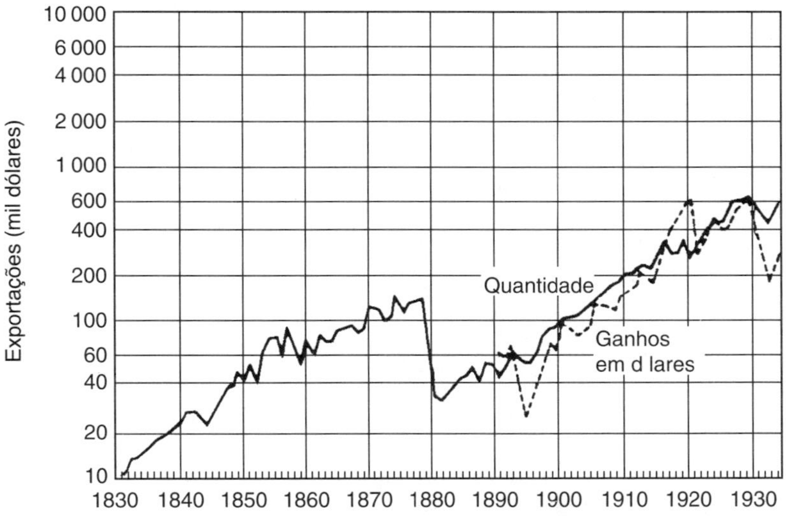

Fig. 1. Exportações peruanas, 1830–1930: quantidade e valor em dólar (1900 = 100).
Fonte: ROSEMARY THORP & GEOFFREY BERTRAM, *Peru 1890–1977: Growth and Policy in a Open Economy*, London, 1978, p. 5.

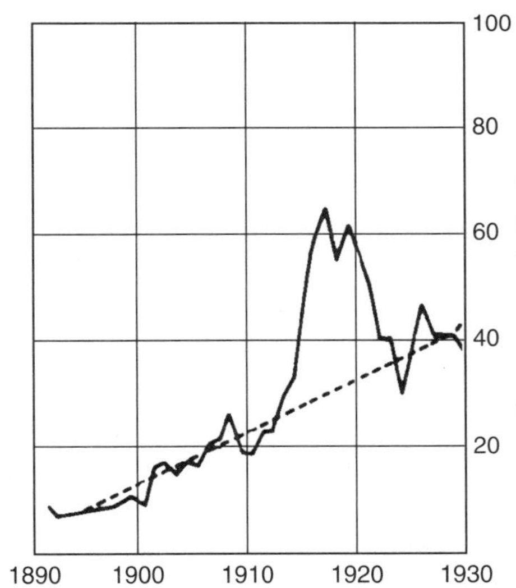

Fig. 2. Porcentagem das importações peruanas dos Estados Unidos, 1891–1930.
Fonte: WILLIAM BOLLINGER, "The Rise of United States Influence on the Peruvian Economy, 1869–1921", tese de M.A. inédita, University of California, Los Angeles, 1972, p. 18.

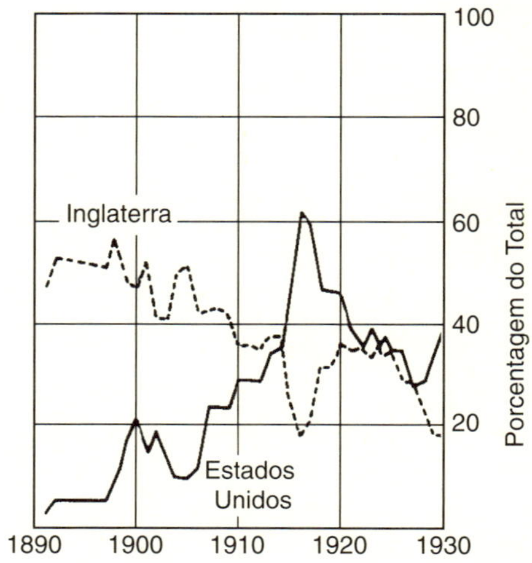

Fig. 3. Porcentagem das exportações peruanas para os Estados Unidos e a Grã-Bretanha, 1891–1930. As exportações peruanas para a Grã-Bretanha subiram em termos absolutos. O gráfico reflete seu relativo declínio em relação às exportações peruanas para os Estados Unidos. *Fonte*: BOLLINGER, "The Rise of United States Influence", p. 21.

A essa mudança da preeminência inglesa no Peru para a norte-americana seguiu-se também uma alteração no tipo de penetração capitalista do país. Durante a fase comercial ou mercantil, o capital inglês, e o norte-americano em menor escala, tinham sido primordialmente um agente de facilitação, de "intermediação" entre a economia peruana "natural" e cheia de recursos e o mercado internacional. Com efeito, ele dinamizou a economia peruana quando forneceu aos produtores do país – agricultores, pecuaristas e mineiros – os mecanismos financeiros e de comercialização passíveis tanto de incentivar a produção quanto de comercializar seus produtos. No final do século, as casas de comércio estrangeiras, como Graham Rowe (açúcar), Anthony Gibbs (lã), Duncan Fox (algodão) e os Irmãos Grace (*commodities* e transporte marítimo) articularam a crescente relação comercial do Peru com o mercado metropolitano. No século XX, porém, o capital norte-americano começou a entrar no estágio da produção. Aconteceu principalmente no campo da mineração, mas estendeu-se também em graus variados a outros setores da economia. Nas primeiras três décadas do novo século, grandes companhias dos Estados Unidos começaram a ocupar e monopolizar áreas da produção no setor de exportação antes controlado exclusivamente por empresários peruanos.

A indústria mineira, em grande parte devido à sua dependência tecnológica e ao emprego intensivo de mão-de-obra, tornou-se o exemplo clássico de substituição dos naturais da terra por estrangeiros. Em decadência desde a Independência, a mineração, em conseqüência da grande expansão ferroviária na era do guano, retomara com vigor suas atividades. Instigada por empresários nativos, a recuperação, ajudada pela construção de novas linhas ferroviárias pela Peruvian Corporation ligando as ricas zonas de cobre da *sierra* central, principalmente Casapalca em 1892 e La Oroya em 1893, prosseguiu depois da Guerra do Pacífico e das guerras civis subseqüentes. A produção peruana de cobre (ver Figura 4), estimulada pela constante elevação dos preços no mercado internacional depois de 1895, aumentou entre 1897 e 1903 para dez mil toneladas anuais. Já em 1901, porém, com a promulgação de novo código de mineração, houve na indústria um período de intensa transferência, reorganização e absorção por parte de companhias estrangeiras que culminou na aquisição das grandes minas de Cerro de Pasco por um consórcio norte-americano. Em alguns anos a companhia construiu um ramal ferroviário que ligava suas jazidas com La Oroya e com Tinyahuarco, onde estava instalada uma usina de processamento. Além disso, a partir de 1896, as jazidas de cobre de Casapalca passaram a ser exploradas pelos norte-americanos Backus e Johnston, as quais, junto com a Cerro, chegaram a controlar 92 por cento da produção peruana de cobre na época da Primeira Guerra Mundial.

É oportuno mencionar dois outros exemplos de penetração estrangeira no setor da mineração. Teve início a exploração de campos de petróleo nas *haciendas* La Brea e Pariñas, no departamento de Piura, pela London and Pacific Petroleum Company, vendida mais tarde à Standard Oil, e transformada, em 1913, na International Petroleum Company. Depois disso, a produção e as exportações de petróleo (ver Figura 5) começaram a subir, chegando a 10 por cento do total das exportações peruanas em 1915 e a 30 por cento em 1930.

Uma intervenção mais devastadora, do ponto de vista da população nativa, aconteceu na região amazônica, entre 1892 e 1910, quando um aumento da produção de borracha elevou, momentaneamente, suas exportações para 30 por cento do total. Alguns ganharam fortunas da noite para o dia à custa de milhares de mortes dos índios usados sem piedade na produção da borracha

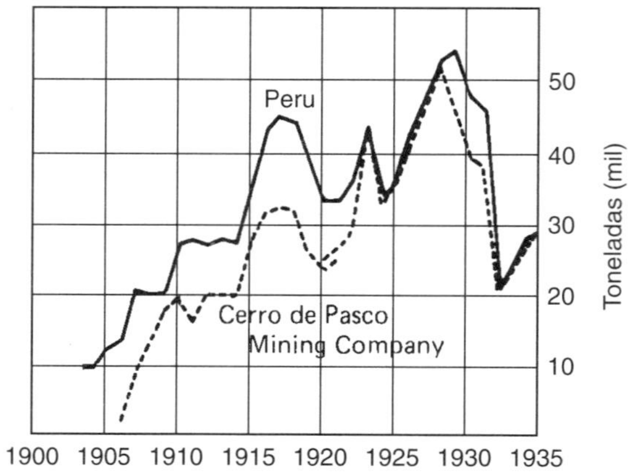

Fig. 4. Produção peruana de cobre, 1903–1935. Os dados com respeito à Cerro de Pasco para 1906–1921 e 1920–1935 são diferentes: a última série inclui minério comprado de outras minas que foi fundido e exportado pela Cerro e incluído na sua produção total. O motivo de uma elevação tão violenta na porcentagem total da produção de cobre do Peru controlada pela Cerro entre 1922 e 1925 foi a abertura, em 1922, da fundidora de La Oroya, com uma capacidade mínima de 2 500 toneladas por dia, o que tornou obsoletas as fornalhas da maioria das outras empresas.

Fonte: BOLLINGER, "The Rise of United States Influence", p. 43.

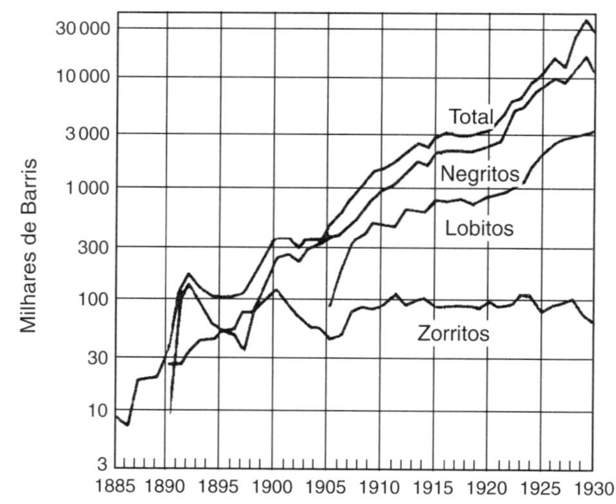

Fig. 5. Produção peruana de óleo cru, 1885–1930.

Fonte: THORP & BERTRAM, *Peru 1890–1977*, p. 97.

e mortos por excesso de trabalho, desnutrição e doenças. Todavia, a expansão desapareceu com a mesma rapidez com que surgiu, tão logo os ingleses deslocaram sua produção para a Índia e o Ceilão, onde a seringueira cultivada revelou-se mais eficiente e lucrativa.

Os estrangeiros também desempenharam papel expressivo na reorganização e dinamização da agricultura do litoral dirigida para a exportação. Desde a era colonial, as grandes lavouras de cana-de-açúcar haviam sido uma característica da agricultura do litoral na região de Lima na direção norte. No entanto, essa região foi também pontuada de pequenas comunidades agrícolas, remanescentes a maior parte delas dos sistemas pré-colombianos, e de *haciendas* de tamanho médio, operadas de maneira rudimentar e pouco capitalizadas, ligadas de forma casual e muitas vezes precária a mercados locais. Uma série de mudanças econômicas, tecnológicas e políticas, introduzidas por volta da metade do século XIX, entre as quais o advento da navegação transoceânica a vapor a baixo custo, o excesso de acumulação de capital oriundo da expansão da indústria do guano, a abolição da escravidão e a importação de mão-de-obra chinesa contratada e a desvinculação das terras da Igreja, serviram para desencadear um processo a longo prazo de "monoculturalização" para a exportação de açúcar. Esse processo envolveu uma concentração e monopolização geral da terra em detrimento das pequenas propriedades, uma especialização e mecanização agrícolas e uma gradual proletarização da força de trabalho – em suma, a construção de um setor agrícola monocultural moderno e em grande escala. Mesmo que esse processo tenha sido interrompido pelas guerras, foi retomado com maior intensidade durante a reconstrução que se seguiu aos conflitos[10].

O açúcar foi o principal produto comercial envolvido nessa transformação, e sua produção acompanhou a tendência de alta dos preços nos mercados internacionais de mercadorias (ver Figura 6). No entanto, a cultura do algodão também apareceu na agricultura comercial do litoral, no momento em que a escassez mundial do produto causada pela guerra civil norte-americana aumentou a procura. Nunca atingiria, porém, a importância do açúcar na economia até a virada do século, particularmente a partir da Primeira

10. Cf. PETER F. KLARÉN, "The Social and Economic Consequences of Modernization in the Peruvian Sugar Industry, 1870–1930", em KENNETH DUNCAN & IAN RUTLEDGE (eds.), *Land and Labour in Latin America*, Cambridge, 1977, pp. 229–252.

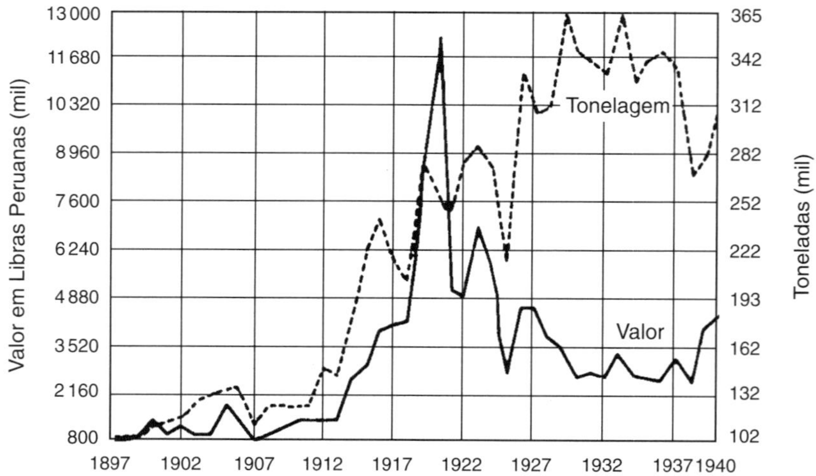

Fig. 6. Exportações peruanas de açúcar, 1897–1940.
Fonte: PETER F. KLARÉN, *Modernization, Dislocation and Aprismo: Origins of the Peruvian Aprista Party, 1870–1932*, Austin (Texas), 1973, p. 13.

Guerra Mundial (ver.Figura 7). Os plantadores peruanos reagiram rapidamente aos aumentos de preços no mercado internacional. Não só o cultivo expandiu-se rapidamente, como também seu rendimento aumentou enormemente graças a uma nova fibra, maior, mais resistente, desenvolvida pelo plantador Fermín Tangüis. A produção de algodão concentrou-se nos vales fluviais costeiros ao sul de Lima, principalmente nos departamentos de Lima e de Ica. Nessa região, embora as fazendas tenham aumentado de tamanho, o sistema de produção usado continuava sendo o trabalho a meias (chamado na costa *yanaconaje*). Todavia, a grande expansão do algodão no século XX tornou anacrônicos esses arranjos. Com o predomínio das economias de escala, os *yanaconas* foram expulsos das fazendas de algodão e passou-se a contar com um excedente de mão-de-obra sazonal (migrantes das comunidades indígenas da *sierra* adjacente, denominados *enganchados*). O algodão nunca atingiu o nível de produção, concentração ou sofisticação tecnológica do açúcar, mas proporcionou uma base financeira a várias famílias oligárquicas importantes, como os Graña, os Mujica e os Beltrán.

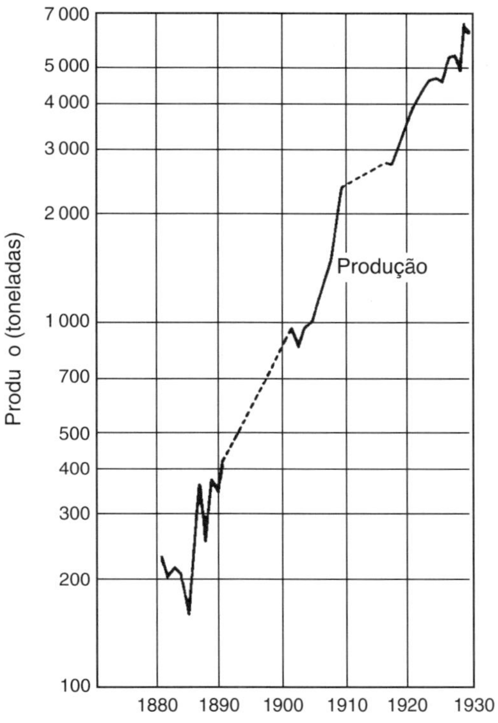

Fig. 7. Produção peruana de algodão, 1880–1930.
Fonte: THORP & BERTRAM, *Peru 1890–1977*, p. 55.

Na indústria do açúcar, que estava concentrada no norte, a modernização foi comandada, depois das guerras, por um grupo de imigrantes arrojados (os italianos Larco, os irlandeses Grace e os alemães Gildemeister), alguns dos quais, "peruanos" da segunda ou terceira geração, estavam em processo de incorporação social e política à elite do país. Juntaram-se a eles nativos progressistas, educados freqüentemente no estrangeiro, como os Aspíllaga, os Chopitea, os Pardo e os adventícios Leguía, e mais tarde os de la Piedra, plantadores que haviam assimilado as concepções fundamentais – uma tecnologia do espírito – da agricultura moderna, científica e capitalista. No entanto, ainda que a produção agrária, ao contrário da mineração, permanecesse geralmente nas mãos dos naturais do país ou de imigrantes nacionalizados (segunda geração), o financiamento e a comercialização continuavam controlados pelas antigas casas de comércio estrangeiras (Grace, Graham Rowe, Gildemeister e outros).

Os imigrantes estrangeiros ainda desempenharam papel importante em outros setores da "moderna" economia. Por exemplo, segundo o censo de 1908, quase dez por cento da população de Lima (16 649) haviam nascido no estrangeiro; quase um quarto desse total era constituído por italianos (3 944). Estes impuseram sua marca no pequeno comércio e na indústria de pequena escala, tendo alguns alcançado notável sucesso, como o fabricante de sorvetes D'Onofrio e o Banco Italiano (que se tornou mais tarde Banco de Crédito). Todavia, o poder econômico dos estrangeiros na capital foi muito maior do que sua quantidade. Segundo um registro comercial de 1896, os estrangeiros controlavam 103 das 113 casas comerciais importadoras da cidade, 161 das 196 mercearias de varejo, 83 dos 94 armazéns de outro tipo, 30 dos 43 escritórios comerciais, 74 das 92 fábricas e 720 das 800 *pulperías* (tabernas). Diante desse fato, o civilista Manuel Vicente Villarán chegou a afirmar que "estamos nos tornando rapidamente uma colônia de estrangeiros administrada por funcionários públicos peruanos"[11].

Contudo, se a economia e a sociedade peruanas estavam sendo forjadas cada vez mais pelos empresários e capital estrangeiros, a maioria dos membros da oligarquia civilista em ascensão aparentemente não faziam qualquer objeção. Isso se devia, em parte, à mentalidade desse grupo, que reprovava muita coisa que era "peruana" ao mesmo tempo em que gabava geralmente tudo o que era ocidental, uma visão de mundo que era escorada principalmente pelo racismo. É verdade que os peruanos foram afastados da mineração e se viram marginalizados em setores importantes do comércio internacional e da atividade bancária, mas, em sua maioria, mantiveram o controle da produção agrária numa era de expansão da agricultura de exportação. Além disso, graças a uma conjuntura incomum de condições favoráveis na década de 1890, esse grupo saiu temporariamente dos estreitos limites do setor de exportação para atuar nas mais diversas indústrias de substituição de

11. *Apud* RICHARD M. MORSE, "The Lima of Joaquín Capelo: A Latin American Archetype", *Journal of Contemporary History*, 4(3): 107, 1969. Quase a metade desse total eram chineses (7 693), remanescentes da onda de cules que entraram no país na metade do século XIX, os quais haviam abandonado as lavouras e se estabelecido nas cidades costeiras, onde constituíram uma força importante no pequeno comércio.

importações. Entre esses fatores podemos incluir a constante elevação da demanda local por parte dos trabalhadores assalariados dos encraves de exportação, o aumento da estabilidade política à medida que a "República Aristocrata" tomava forma e um alto índice de lucro e de acumulação de capital do comércio exportador. O crescimento industrial foi estimulado ainda mais pela elevação das tarifas e pela forte depreciação da taxa cambial, fatores ambos que desestimularam a entrada de produtos importados concorrentes. Isso levou dois destacados historiadores econômicos revisionistas a modificar um pouco a visão estabelecida de dominação estrangeira que prevaleceu na historiografia peruana nos anos recentes. Afirmam eles que, embora reconheçam que a economia peruana continuava baseada em grande parte na exportação e orientada para os mercados metropolitanos, existem muitas provas de que "o Peru conseguiu na década de 1890 pelo menos uma certa medida de 'desenvolvimento autônomo' "[12].

Ainda que esse modesto grau de diversificação econômica e industrialização internas tenha tido uma vida bastante curta, já que durou apenas até a recessão de 1907/1908, serviu para ampliar e consolidar o poder econômico e político da classe dos plantadores, que se estava transformando rapidamente numa nova plutocracia. Assim, na virada do século, quando a economia urbana se expandiu para servir ao setor de exportação, os mais proeminentes plantadores de cana-de-açúcar e de algodão passaram a participar com maior freqüência das diretorias de bancos, de companhias de seguro, de indústrias têxteis e de empresas de serviços públicos de criação recente. Já haviam fundado a Sociedad Nacional Agraria, que se transformou num poderoso *lobby* semi-oficial junto aos mais altos escalões do governo na defesa de seus interesses. Faltava apenas o Estado cair totalmente sob o domínio do Partido Civilista para que essa nova burguesia assumisse o controle total dos negócios do país.

Depois de apoiar Piérola em 1895, em grande parte por não terem um líder carismático em seu próprio meio[13], os civilistas usaram a aliança para

12. ROSEMARY THORP & GEOFFREY BERTRAM, *Peru 1890–1977: Growth and Policy in an Open Economy*, London, 1978, p. 36.

13. A propósito, dizem que Rosas, o líder de seu partido, perguntou num momento a seus colegas com grande seriedade: "Quem de nós sabe andar a cavalo?", JORGE BASADRE, *Historia de la República del Perú*, 6. ed., Lima, 1968–1969, vol. X, p. 100.

garantir os cargos importantes do governo e posicionar-se para as futuras eleições. Em 1899, Piérola renunciou em favor do fazendeiro Eduardo López de Romaña. E, em 1903, os civilistas romperam a aliança e conquistaram diretamente a presidência por intermédio de seu líder Manuel Candamo, um astuto estrategista. Então, o poder econômico juntara-se formalmente ao poder político para formar o novo Estado oligárquico liberal que perduraria praticamente sem interrupção, se não sem contestação, até 1919.

Não obstante, já houve quem dissesse que esse novo Estado era tudo menos um Estado verdadeiramente nacional[14]. Em primeiro lugar, assim como o país estava dividido numa base regional, do mesmo modo também sua classe dirigente era regionalizada. Em alguns aspectos, as elites locais eram mais coesas e mais poderosas do que qualquer elite nacional. Pode ser que, no centro do Estado oligárquico, tenham aparecido os grandes produtores de açúcar, como os Aspíllaga, os Leguía e os Pardo (no Norte) e os Romaña, mas outros, como os mineiros e os criadores de ovinos Fernandini, Olavegoya e Valladares na *sierra* central, e os grandes comerciantes de lã Forga, Gibson e Ricketts, junto com seus aliados *hacendados* no Sul, continuaram à margem dessa elite "nacional" e constituíram um limite regional a seu exercício do poder do Estado.

Além disso, as próprias *haciendas* representavam outro grande obstáculo à formação de um Estado oligárquico verdadeiramente nacional. Suas fronteiras constituíam muitas vezes os limites do poder central. De fato, a fraqueza inerente do Estado compelia os que administravam no centro a depender dos senhores locais (*gamonales*) e de seus aliados para manter a ordem e governar no plano local. Sem uma polícia nacional eficiente (somente na década de 1920 é que foi criada a Guardia Civil) e com o exército ainda em processo de modernização, muitas vezes o Estado oligárquico teve pouca escolha a não ser a de deixar nas mãos dos *gamonales* e de seus agentes os instrumentos de violência para reprimir e controlar as classes populares. Finalmente, os encraves da mineração e do açúcar controlados pelos estrangeiros tornaram-se até certo ponto "Estados dentro do Estado", entidades quase autônomas, impérvias à autoridade do Estado oligárquico quando seus respectivos interesses divergiam.

14. MANUEL BURGA & ALBERTO FLORES GALINDO, *Apogeo y Crísis de la República Aristocrática*, Lima, 1979, p. 89.

Com todas essas limitações, a oligarquia conseguiu impor seu domínio em grande parte porque os setores de classe média eram pequenos numericamente e "dependentes", ao passo que as classes populares continuavam heterogêneas, divididas e dotadas de um senso limitado de identidade ou solidariedade de classe. A raça, a etnia, a língua (os índios falavam quíchua e aimará), a geografia e o caráter fragmentado da sociedade rural, tudo atuava para dividir as massas, dando condições à classe governante de exercer um certo controle sobre o país. Deve-se enfatizar, porém, que durante o período da "República Aristocrata" tratou-se de um controle bastante tênue e nunca foi absoluto.

A composição e a dinâmica interna dessa oligarquia civilista foram muito bem descritas por Basadre nos seguintes termos:

> De modo geral (com algumas notórias exceções), este partido [sic] era constituído de donos de grandes propriedades urbanas, de importantes produtores de açúcar e de algodão, de prósperos homens de negócio, de famosos advogados de longa prática, de médicos com a mais seleta clientela e de professores universitários; em suma, as pessoas mais bem-sucedidas do país. O diretório do partido era integrado por cavalheiros urbanos, alguns ligados ao campo, numa espécie de adaptação *criolla* do gentil-homem rural dos ingleses. Tinham uma vida intensa no clube, residiam em casas mobiliadas no estilo colonial com tapetes grossos e cortinas numa época em que se costumava evitar o ar fresco. Vestiam sobrecasacas pretas e as calças mais modernas, feitas por alfaiates franceses na capital, e viviam num mundo feliz, interligado por casamentos dentro do grupo[15].

Dentro dessa classe, um grupo informal, chamado os "Vinte e Quatro Amigos", constituiu um núcleo de elite que se reunia regularmente no exclusivo Club Nacional para discutir a administração dos assuntos nacionais. Entre eles pôde-se observar dois homens que ocuparam a presidência por um total de 24 anos (José Pardo e Augusto B. Leguía), pelo menos oito ministros do gabinete, inclusive cinco ministros do Tesouro, três presidentes do Senado e os editores de dois importantes jornais de Lima[16]. A exemplo da maioria

15. BASADRE, *Historia de la República*, *op. cit.*, vol. XI, p. 127.

16. Cf. DENNIS GILBERT, *The Oligarchy and the Old Regime in Peru*, Cornell University, 1977, pp. 55–56, Latin American Studies Program Dissertation Series.

das elites latino-americanas, esses homens constituíam uma constelação social fechada, muito unida e coesa, ligada por laços de família e de parentesco. Na verdade, na opinião de Basadre, eram uma casta fechada:

> Os casamentos eram endógamos, dentro de um pequeno número de famílias. A educação de seus filhos era feita em escolas exclusivas. Os colegas de brinquedo continuavam camaradas de escolas e colegas de classe nas universidades [...] saudavam-se entre si com cerimônia, iam juntos às missas dominicais, jantavam, bebiam e conversavam juntos no Club Nacional, ocupavam os melhores assentos nas touradas, na pista de corrida e nos teatros, encontravam-se também no Congresso, nas associações beneficentes, nas faculdades, na Câmara de Comércio, nas reuniões de diretoria dos grandes bancos e empresas industriais, e nas festas e nas discussões de grupo realizadas nas mesmas salas de visitas, e seus nomes apareciam estampados nas páginas sociais dos mesmos jornais. Geralmente as famílias eram grandes, com um grande número de empregados, tratados às vezes como se pertencessem ao círculo familiar. Havia salas de visitas onde só podiam entrar aqueles com determinados sobrenomes e que estavam fechadas àqueles que tinham apenas o poder do dinheiro; havia famílias diante das quais muitos se ajoelhavam em sinal de respeito, por medo e por adulação. A filha de um desses disse um dia na Europa: "Em meu país eu sou tratada como uma princesa"[17].

O APARECIMENTO DA QUESTÃO SOCIAL

Enquanto a oligarquia civilista consolidava seu domínio sobre o aparelho do Estado, as forças econômicas e demográficas começavam a alterar a paisagem social do país. A população total subiu de uma estimativa de 2,7 milhões em 1876 para 3,5 milhões em 1908 e para 4,8 milhões em 1920. Isso representou um aumento médio de 0,9 por cento ao ano, mas claramente maior no final do século do que durante as guerras e depois. A população de Lima, que também refletiu o impacto das guerras, subiu apenas de maneira marginal, de cem mil em 1876 para 104 mil em 1891. Contudo, entre 1890 e 1930 a população da cidade triplicou, aumentando para 141 mil em 1908, 224 mil em 1920 e 384 mil em 1932. Em comparação, os outros grandes centros urbanos do país, Arequipa, Cuzco e Trujillo, contavam, em 1908, populações de

17. BASADRE, *História de la República*, *op. cit.*, vol. XVI, pp. 299–300.

apenas 35 mil, 18,5 mil e 10 mil respectivamente. A taxa de crescimento de Lima, muito mais alta, refletiu seu grande desenvolvimento depois de 1895 como centro financeiro e administrativo de uma economia de exportação em crescimento. Com a aceleração do ritmo econômico e a melhoria das comunicações com o interior, sobretudo com a expansão da rede ferroviária, a capital começou a atrair um número muito grande de migrantes. Provinham de todas as classes do espectro social provincial, mas a maioria deles eram originários do campo, de onde estavam sendo expulsos pelas cercas e pelas pressões demográficas (a população da *sierra* central, por exemplo, dobrou entre 1876 e 1940) e empurrados para Lima pela promessa de oportunidades de emprego. Todavia, essa tendência tendeu a enfraquecer, quando o setor de modernização foi incapaz de expandir-se com rapidez suficiente para acomodar os recém-chegados, um problema que se iria acentuar com o passar do século. Já em 1903, apareceu na capital a primeira *barriada* (favela) urbana – em San Francisco de la Tablada em Lurín. Essa migração da zona rural para as cidades refletiu-se na porcentagem da população urbana nascida fora de Lima, que subiu de 37 por cento em 1858 para 58,5 por cento em 1908 e para 63,5 por cento em 1920[18]. É oportuno observar, porém, que, apesar dessa tendência, persistiu o caráter essencialmente rural e agrário do país. Lima continua com menos de cinco por cento da população nacional, em comparação com Havana (14 por cento em 1919), Santiago (14 por cento em 1920) e Buenos Aires (19 por cento em 1914).

No entanto, depois de 1895 a migração interna representou apenas uma parte da equação demográfica. O aumento de oportunidades econômicas veio acompanhado de intensos melhoramentos na saúde pública. A melhoria no saneamento e nos serviços médicos em Lima, e até certo ponto no conjunto do país, ajudou aos poucos a reduzir doenças letais como a malária, a febre tifóide e a varíola. Depois de 1895, o índice de mortalidade começou a cair, assinalando uma mudança, abandonando o padrão tradicional de alta mortalidade e a tendência a longo prazo à estagnação populacional e adotando um padrão mais moderno definido por um aumento demográfico constante. Com efeito, o Peru estava começando a viver o processo de "modernização demográfica" ocorrido na Europa a partir de meados do século XVII.

18. CARL HERBOLD, "Peru", em RICHARD MORSE (ed.), *The Urban Development of Latin America 1750–1920*, Stanford, 1971, p. 109.

Se nessa época a população de Lima estava crescendo rapidamente, o mesmo acontecia com sua força de trabalho. Historicamente, a classe trabalhadora, na forma como se apresentava, estava agrupada tanto na cidade quanto no porto vizinho de Callao, o importante terminal da economia de exportação. Contudo, mais ou menos na virada do século, o crescimento da indústria veio acrescentar uma nova dimensão a essa força. Estava concentrada principalmente no processamento de alimento e na produção têxtil; em 1905, esse último setor recebeu uma estimativa de um milhão de libras esterlinas em investimentos de capital e supria um terço da demanda local. Na verdade, o número de fábricas na grande Lima (que incluía Callao) mais do que triplicou entre 1890 (69) e 1920 (244), embora a maioria delas fossem instalações pequenas, que empregavam apenas alguns operários. A maior concentração estava nas grandes fábricas têxteis, como El Inca ou Vitarte; essa última empregava cerca de 1 250 trabalhadores em 1902 e 3 835 em 1918.

No melhor dos casos, qualquer estimativa da população trabalhadora de Lima é arriscada. Contudo, segundo os dados dos censos (que englobaram operários e artesãos), ela chegou a 9 500 em 1876, a 24 mil em 1908 e a 44 mil em 1920. Significativamente, a proporção da classe trabalhadora subiu de 9,5 por cento da população da cidade em 1876 para 16,9 em 1908 e 19,8 em 1920[19].

Com esse tipo de crescimento não se precisou avançar no novo século para que se pudessem discernir os primeiros sinais do surgimento de um movimento trabalhista. Em 1905, foi fundada a Federação dos Trabalhadores na Panificação, "La Estrella del Perú", uma das primeiras a intentar objetivos autenticamente proletários, sobretudo a redução das horas de trabalho. Deve ser distinguida das sociedades de socorro mútuo, cujo total em 1911 chegou talvez a 62 na cidade e cujas finalidades, como o nome implica, eram mais de associação e de fraternidade do que de luta.

As sociedades de socorro mútuo foram as precursoras, mas coube aos anarquistas dar ao movimento trabalhista o caráter de militância contra o capitalismo. Sob sua égide foi realizada em Lima, em 1911, a primeira greve geral da história do país. Embora fornecendo à classe trabalhadora uma ideologia de contestação à ordem estabelecida em jornais como *La Protesta*

19. PETER BLANCHARD, *The Origins of the Peruvian Labor Movement, 1883–1919*, Pittsburgh, 1982, pp. 8–12.

(1911–1926), os anarco-sindicalistas, como em toda a parte, pareciam na época muito mais interessados em defender seu grande desígnio de eliminação do Estado do que em solucionar os problemas táticos que o proletariado urbano em expansão estava enfrentando. No final da Primeira Grande Guerra, sua influência já se achava em declínio diante de ideologias concorrentes, como o socialismo. Sua última grande vitória, como veremos, aconteceu na mobilização pela jornada de oito horas, realizada em Lima em 1919. No entanto, sua influência persistiu mesmo depois de 1919, particularmente pelo papel que desempenharam na formação ideológica de Víctor Raúl Haya de la Torre e de José Carlos Mariátegui.

Lima não foi o único lugar onde estava em formação uma classe trabalhadora. Em toda a extensão da costa setentrional apareciam encraves proletários de bom tamanho no setor rural de exportação, mais particularmente na indústria do açúcar, que se achava em expansão, e em menor grau em empresas auxiliares como na cultura do arroz. Um problema histórico dos donos de fazenda do litoral pouco povoado fora sempre uma oferta estável de mão-de-obra, principalmente após a abolição da escravatura em 1814. Era preciso garantir uma nova fonte de mão-de-obra, o que se tornou possível graças a uma indenização do Estado, financiada pelas receitas do guano, que propiciou aos fazendeiros condições de importar, nas duas décadas seguintes, cerca de cem mil servos chineses sob contrato. Mas a exploração praticada pelos fazendeiros, junto com a pouca disposição dos chineses a permanecer nas fazendas depois da expiração dos contratos, resultou no esgotamento dessa fonte de mão-de-obra um pouco antes da eclosão da Guerra do Pacífico.

Com o término das guerras e o início da expansão econômica, os fazendeiros voltaram a procurar na *sierra* uma nova oferta de mão-de-obra. Recorreram a um sistema de conscrição de força de trabalho, que recebeu o nome de *enganche*, que combinava formas pré-capitalistas de trabalho forçado com as novas exigências da agricultura capitalista de mão-de-obra assalariada. Os contratadores dessa mão-de-obra (*enganchadores*), muitas vezes prósperos comerciantes ou *hacendados* locais, recrutavam os *enganchados* entre os camponeses índios ou mestiços, que, mediante pagamentos adiantados, eram levados a trabalhar nas lavouras do litoral até saldar suas dívidas. Embora, em alguns casos, esse arranjo tenha sujeitado o trabalhador a um tipo de servidão por dívida (*peonaje*), equivalente a uma quase escravidão, ele constituiu uma fonte de capital ao alcance de pequenos fazendeiros em dificuldades financeiras numa região historicamente subdesenvolvida, onde não só o acesso do camponês à terra fora bloqueado pelo sistema de propriedade latifundiária da terra, mas também uma década de invasão estrangeira, de guerra civil e de banditismo endêmico comprimira fortemente a frágil economia camponesa. Para muitos desses o dinheiro ganho no *enganche* e no trabalho assalariado introduzido subseqüentemente nas lavouras costeiras, apesar de sua relativa dureza e dos abusos ocasionais, foi uma solução para o seu problema de sobrevivência.

Do mesmo modo, no extremo sul, onde as lavouras de algodão se estavam expandindo para atender à demanda estrangeira, as comunidades indígenas da *sierra* de Huancavelica conseguiram sobreviver a uma longa crise graças às remessas de dinheiro pelos *enganchados* que trabalhavam nas fazendas de algodão de Ica. Por outro lado, para alguns historiadores a migração de trabalhadores da *sierra* central foi mais uma conseqüência a longo prazo da penetração do capitalismo na estrutura interna da comunidade rural. Aos poucos surgiu uma burguesia rural, que monopolizou a terra e os recursos das comunidades em detrimento de uma camada pauperizada de camponeses que, não tendo acesso a esses recursos, preferiu migrar para as grandes lavouras ou para as minas onde havia trabalho à vontade[20]. Deve-se ressaltar mais um ponto relativo às causas da migração. No final da década de 1920, a população da *sierra* estava começando a crescer, criando nesse processo uma escassez cada vez mais aguda de terras, particularmente nas comunidades camponesas. Este fato não escapou à observação dos contratadores de mão-de-obra para as lavouras e as minas, cuja "colheita" aumentou nas mesmas proporções.

Grande parte desse fluxo migratório de mão-de-obra foi sazonal por natureza, coincidindo com os ciclos agrícolas da *sierra* e do litoral. Mesmo assim, números crescentes de *enganchados* foram introduzidos aos poucos no incipiente mercado capitalista do trabalho na costa, ou como trabalhadores

---

20. FLORENCIA E. MALLON, *The Defense of Community in Peru's Central Highlands: Peasant Struggle and Capitalist Transition, 1860–1940*, Princeton (N. J.), 1983, cap. 3; HENRI FAVRE, "The Dynamics of Indian Peasant Society and Migration to Coastal Plantations in Central Peru", em DUNCAN & RUTLEDGE, *Land and Labour*, pp. 253–268. Sobre o sistema de *enganche* ver também MICHAEL J. GONZALES, "Capitalist Agriculture and Labour Contracting in Northern Peru, 1880–1905", *JLAS*, 12(2): 291–315, 1980, e PETER BLANCHARD, "The Recruitment of Workers in the Peruvian Sierra at the Turn of the Century: The Enganche System", *Inter-American Economic Affairs*, 33: 63–83, 1979.

permanentes que residiam nas lavouras ou como trabalhadores transitórios, que mudavam de fazenda em fazenda e/ou mina ou projeto de obras públicas do Estado (irrigação, construção de estradas etc.), onde quer que pudessem obter melhores salários. Um trabalhador da fazenda Pomalca em Lambayeque, por exemplo, contou suas experiências nesse primeiro mercado regional do trabalho que começava a desenvolver-se:

> Nasci em Catacaos (departamento de Piura) em 1890. [...] Meu pai tinha um pedaço de terra, mas os ricos senhores de terra do vale foram tirando-o dele aos poucos. Houve muita luta em torno da água para irrigação, e os grandes proprietários sempre ganharam. [...] Depois de trabalhar em várias fazendas e minas, entre elas em San Rafael (Casma), Vilca Huaca (Huacho), San Nicolás (Supe) e Cerro de Pasco, cheguei a Pomalca em 1913. [...] Em Catacaos o salário era de seis centavos por dia e em Pomalca pagavam um *sol*; naturalmente, as pessoas vinham correndo[21].

Junto com os minifundiários proletarizados das pequenas comunidades agrícolas da costa, cujas propriedades foram absorvidas pela expansão das grandes fazendas agrícolas, e junto também com os remanescentes da antiga força de trabalho escrava e contratada, esses ex-migrantes constituíram uma parte do novo proletariado rural. No final da Primeira Guerra Mundial, quase trinta mil pessoas trabalhavam nos engenhos de açúcar e quase 35 mil nas fazendas de algodão, uma massa crítica que logo foi atraída pelo movimento trabalhista que estava começando a galvanizar a classe trabalhadora em Lima. Algumas doutrinas, principalmente as anarco-sindicalistas, espalharam-se para o norte da capital, penetrando nas regiões de Huacho e de Trujillo. O resultado foi o alargamento do círculo de agitação trabalhista, que explodiu em greves violentas ao longo da costa em 1910, 1912, 1916 e 1919.

Também nos encraves mineiros desenvolveu-se um modelo idêntico de migração, proletarização e agitação trabalhista dos camponeses. Os centros mineiros, como Cerro de Pasco (cobre), Talara (petróleo) e Quirivilca (cobre), contratavam seus trabalhadores na *sierra* vizinha, porque depois das guerras os camponeses tiveram muita dificuldade para manter-se nas suas

21. DOUGLAS HORTON, *Haciendas y Cooperatives: A Study of Estate Organization, Land Reform and New Reform Enterprise in Peru*, Cornell University, 1976, p. 149, Latin American Studies Program Dissertation Series.

comunidades tradicionais. Por exemplo, a população de Cerro de Pasco aumentou de 6 400 em 1876 para 25 500 em 1940 e ela sozinha logo passou a representar mais de 30 por cento do total do proletariado mineiro de todo o país. Do mesmo modo, o número de trabalhadores na indústria do petróleo mais do que dobrou no período: de 9 700 em 1905 para 22 500 em 1920. Essas empresas de mineração geraram as conhecidas "vilas da companhia", que tinham um caráter especial de encrave e cujos conflitos trabalhistas são lendários na história inicial do capitalismo latino-americano.

A exemplo de muitos trabalhadores nos engenhos de açúcar ou nas lavouras de algodão do litoral, os mineiros andinos conservavam vínculos estreitos e permanentes com suas comunidades e consideravam suas atividades nos encraves ocupações temporárias, ou mesmo secundárias. Migravam para as minas nos períodos de entressafra agrícola em busca de uma renda extra e muitas vezes voltavam após alguns meses, para retomar suas atividades no campo. Mesmo aqueles que preferiam ficar nas minas por períodos mais longos continuavam a manter estreitas conexões com suas aldeias por intermédio da família e dos parentes. Como se refletia externamente em suas roupas, eram ao mesmo tempo mineiros e *campesinos*, uma espécie de proletariado "misto" ou "transitório"[22], muito diferentes, na sua visão de mundo e nos objetivos de trabalho, dos trabalhadores têxteis, por exemplo, de Vitarte em Lima.

Nos planaltos centrais e meridionais do Peru, onde as estruturas agrárias diferiam fortemente do litoral norte, o impacto dos novos modos capitalistas de produção foi igualmente variado e profundo. A *sierra* que se estende de Cuzco para o sul, o núcleo do antigo Império Inca, continuou fortemente influenciada e moldada pelos modelos tradicionais de vida e trabalho dos índios. A comunidade indígena, por exemplo, sobrevivera à conquista e persistira depois disso, embora numa forma diferente e variável, como um pólo de resistência ao sistema de *hacienda* em expansão periódica.

Tal como aconteceu em toda a cordilheira andina, a sociedade rural foi dominada pela luta entre as *haciendas* e as comunidades em torno do controle dos principais fatores de produção: a terra, a água e o trabalho. Essa luta, porém, estava sendo vencida aos poucos pelas *haciendas* que, desde o começo, haviam reivindicado as terras mais férteis e dotadas de água nos vales

22. BURGA & FLORES GALINDO, *Apogeo y Crísis...*, *op. cit.*, pp. 34–47.

TABELA 1 / EXPORTAÇÕES PERUANAS DE LÃ, 1830–1929 (TONELADAS, MÉDIAS ANUAIS)

	Alpaca	Lã de ovinos	Total
1830–1839	342	8	350
1840–1849	1 162	64 1	226
1850–1859	924	1 006	1 930
1860–1869	1 167	1 671	2 838
1870–1879	1 582	1 589	3 171
1880–1889	1 584	1 040	2 624
1890–1899	1 821	1 288	3 109
1900–1909	2 492[a]	1 336[a]	3 867
1910–1919	3 097[b]	2 700[b]	5 286
1920–1929	2 730	1 840	4 570

Notas: [a] Excluídos 1901, 1903 e 1907.
[b] Somente no período 1913–1919.
Os erros na soma dada pelo total são explicados pela variação nos períodos aos quais se referem esses dados.
Fonte: THORP & BERTRAM, *Peru, 1890–1977, op. cit.*, p. 64.

entre montanhas, obrigando as comunidades a procurar as áreas menos produtivas que restavam, freqüentemente as escarpas rochosas, íngremes e áridas dos próprios Andes. A luta renasceu no final do século XIX. Formas capitalistas, dinamizadas pela procura de produtos primários pelo mercado internacional, penetraram cada vez mais a zona rural andina. Sob muitos aspectos acompanharam o caminho da construção ferroviária, que se iniciara em grande escala no período de crescimento do guano e fora interrompida abruptamente nas décadas críticas de 1870 e 1880, para ser retomada durante a reconstrução. O sonho do lendário empresário norte-americano Henry Meigg foi finalmente realizado em 1891. Posteriormente, a construção de ramais ligou Lima a Huancayo em 1908, a Cerro de Pasco logo depois e a Cuzco e a Huancavelica na década de 1920.

No Sul, a estrada Mollendo–Arequipa, concluída em 1870, chegou a Puno em 1908. Sua extensão estimulou ainda mais o comércio da lã na *sierra* meridional, um comércio que já era florescente devido ao aumento da demanda externa, principalmente da Inglaterra (ver Tabela 1). Foi organizado e articulado por várias casas de comércio centradas em Arequipa, firmas fundadas mais ou menos no período de independência por diversos imigrantes estrangeiros, entre eles os ingleses Gibson, Ricketts e Stafford. Diferentemente de seus congêneres estabelecidos no Norte, porém, esses empresários comerciantes não fizeram qualquer esforço para alterar ou mudar os modos pré-capitalistas de produção agrária da região. Ao contrário, contentaram-se em coexistir com a estrutura pastoril tradicional, fazendo negócios com os *hacendados* da região, que, por sua vez, monopolizavam a produção e a apropriação da lã dos camponeses que moravam em suas fazendas. Dessa maneira, o moderno setor da economia que comercializava a lã serviu, na verdade, para reforçar o caráter "feudal" do sistema agrário da região. Os lucros que os comerciantes de lã tiravam das exportações, em contraste com os auferidos no comércio do açúcar ou do algodão, não foram suficientemente altos para estimular a encampação e capitalização das fazendas da região. Em vez disso, reinvestiram seus lucros em empresas locais mais lucrativas, como nos setores de mineração, de construção e de indústria têxtil, as quais fortaleceram sua posição de oligarquia regional emergente.

Por outro lado, quando os preços da lã no mercado internacional começaram a subir continuamente depois de 1913, os criadores aumentaram espontaneamente sua produção mediante a expansão das pastagens e dos rebanhos, muitas vezes usurpando os direitos tradicionais dos camponeses. A reação desses camponeses cada vez mais desarticulados e explorados com uma intensidade ainda maior foi uma série de revoltas sangrentas, embora de curta duração, que no período de 1901 a 1930 alcançaram um total de mais de 300[23]. Um dos mais famosos desses levantes foi o que rebentou em Puno em 1915. Chefiado por Teodomiro Gutiérrez Cuevas, um ex-soldado e funcionário provincial, que adotou o nome índio de Rumi-Maqui (mão de pedra), tentou ressuscitar o perdido império índio de Tawantinsuyo. Desentranhando sentimentos milenários andinos profundamente arraigados, Rumi-Maqui recrutou um exército de camponeses maltrapilhos, que atacou diversas fazendas antes de ser dispersado pela força regular.

Do mesmo modo, a sociedade camponesa foi desarticulada em alguns lugares do departamento de Ayacucho pelas fazendas de gado, cujo crescimento foi estimulado no primeiro quarto do século XX pelo aumento da demanda de carne bovina no litoral que, na época, passava por ligeira urbanização. José María Arguedas, em seu romance *Yawar fiesta* (1941), conta

23. ALBERTO FLORES GALINDO, *Arequipa y el Sur Andino, Siglos XVIII–XX*, Lima, 1977, pp. 123–125.

com grande maestria o conflito, por exemplo, entre as comunidades de Puquio e os *mistis* (termo com que os índios designavam os fazendeiros brancos/mestiços do sul dos Andes), que precisavam de muita pastagem para seus rebanhos.

Com o avanço do capitalismo, ocorreram na década de 1920 alguns casos esporádicos de desarticulação da sociedade camponesa nos planaltos centrais e setentrionais. Nessa região, por exemplo, a Cerro de Pasco Mining Company, precisando de gêneros alimentícios baratos e de uma mão-de-obra estável, adquiriu e modernizou um grande número de grandes *haciendas*. Ajudada pelo dano ecológico temporário causado por suas operações de fundição, a companhia comprou perto de 30 fazendas, numa área de 270 mil hectares ou quase 2 800 quilômetros quadrados. Depois de ter destruído centenas de pequenos e médios mineiros no momento de sua consolidação da mineração de cobre, a companhia repetiu o processo nas fazendas, em detrimento dos camponeses, dos colonos e dos pequenos proprietários da região.

No processo de reorganização dessas *haciendas* arcaicas para a produção capitalista mais eficiente, foram anulados abruptamente acordos, muitas vezes de longa data, entre proprietários e trabalhadores, expulsando e desarticulando a força de trabalho tradicional das propriedades. Uma modernização semelhante, embora menos violenta, afetou as fazendas dos planaltos do Norte, onde grandes empresas de cultivo da cana-de-açúcar, como a Casa Grande, adquiriram velhas propriedades, muitas vezes decadentes, na *sierra* adjacente a fim de garantir uma oferta estável de alimento e de trabalho. Muitos colonos não só foram expulsos e proletarizados, como também foram levados às vezes a trabalhar nas plantações do litoral quando a oferta de mão-de-obra estava em baixa.

Parece, porém, que somente as empresas capitalistas maiores e mais poderosas – por exemplo, Ganadera de Cerro de Pasco, Casa Grande, Pomalca e Fernandini – tiveram sucesso nesses planos de reorganização das fazendas. É possível que outros senhores de terra da *sierra*, identicamente "progressistas" porém menos poderosos, tenham querido seguir-lhes o exemplo, na esperança de expulsar ou, antes, converter sua força de trabalho interna em trabalhadores assalariados com a finalidade de obter melhores lucros. Com muita freqüência, porém, os camponeses conseguiram frustrar essas tentativas de obrigá-los ou induzi-los a abandonar o usufruto dos recursos das *haciendas*, ou seja, os direitos de pastagem e os pedaços de terra onde plantavam uma agricultura de subsistência. Aparentemente, esses proprietários não tiveram força para aplicar seus planos de modernização[24].

O capitalismo também afetou as comunidades indígenas do planalto de outras maneiras além de cercar as terras. Com a aceleração de uma economia comercial nos planaltos centrais, desenvolvida primeiramente pelas elites da região após 1860 e depois expandida com o advento, em 1900, de grandes companhias de mineração, a "economia moral" da sociedade camponesa viu-se erodida de maneira gradual mas inexorável. No seio dessa sociedade surgiu uma burguesia camponesa, que se integrou na rede mais ampla de capitalização da economia regional, em grande parte mediante a criação de relações clientelistas com comerciantes, mineiros e *hacendados* progressistas. O resultado, alguém já disse, foi a agudização do processo de diferenciação, estratificação e conflito de classes que, sobretudo depois de 1930, deixou a sociedade aldeã fortemente polarizada. De um lado estava a burguesia rural emergente ou o pequeno fazendeiro capitalista; do outro, um estrato de camponeses proletarizados, cada vez mais pauperizados, muitos dos quais preferiram emigrar para as minas, para as grandes lavouras e para as cidades[25].

Assim, quando, no final do século e em maior escala depois disso, partes da *sierra* foram impelidas para a economia internacional, a estrutura social, inclusive a da aldeia índia, tornou-se mais complexa e diferenciada. A privatização da terra, a comercialização das *haciendas*, a expansão da mineração, o aumento da população, a urbanização e a ampliação da rede ferroviária e rodoviária, tudo operou, no plano da aldeia, para aumentar as oportunidades comerciais, intensificar as pressões sobre a terra e expandir as possibilidades do trabalho assalariado. O resultado foi uma aceleração da estratificação social quando os comerciantes e camponeses voltados para o mercado apareceram ao lado de agricultores sem terra e de camponeses trabalhadores.

Embora esteja claro que partes da sociedade rural andina estavam realmente passando por profundas mudanças desde o advento dessas novas forças econômicas, é também verdade que grande parte dessa sociedade continuava encerrada dentro de uma estrutura de tradicionalismo e estagnação que datava do século XVII. A chave dessa estrutura era a *hacienda*, cuja longe-

24. Cf. JUAN MARTÍNEZ-ALIER, *Haciendas, Plantations and Collective Farms: Agrarian Class Societies – Cuba and Peru*, London, 1977, pp. 67–92.

25. MALLON, *The Defense of Community*, cap. 3.

vidade por séculos e cuja resistência às mudanças constituíram um dos problemas desenvolvimentais permanentes do século XX. Nos dados do censo de 1876, que registrou 3 867 dessas unidades com 373 355 habitantes, ou 24,7 por cento da população rural, podemos colher alguma idéia das dimensões demográficas da *hacienda*, no começo do período que estamos examinando. Ainda que muitas fazendas tenham sido de tamanho relativamente pequeno ou médio, compreendendo entre 50 e algumas poucas centenas de hectares, outras ocupavam áreas enormes, mesmo que muitas vezes subutilizadas. Na *sierra* setentrional, por exemplo, a Fazenda Udima compreendia mais de cem mil hectares, enquanto a próspera Sociedad Ganadera del Centro já abarcava, em 1930, cerca de 230 673 hectares.

Todavia, apesar de seu tamanho, as *haciendas* caracterizavam-se geralmente pela baixa produtividade. Mesmo no século XX, as fazendas caracterizavam-se muito freqüentemente, com base nos padrões modernos, pelas más administrações (muitas vezes por proprietários ausentes), pelo pouco capital, pelo consumo dos lucros em vez de reinvestimento e pelos vínculos pouco consistentes com a limitada economia de mercado, tal como ela existia. Sua força de trabalho consistia, principalmente, de colonos índios, que, em troca de um pedaço de terra (*mañay*) onde pudessem cultivar uma agricultura de subsistência, eram requisitados para trabalhar um número determinado de dias na terra (*faenas*) da fazenda (*demnse*) e/ou na casa (*pongaje*) do patrão. Ainda que, ocasionalmente, os índios recebessem salários por seu trabalho, na maioria dos casos eram pagos em espécie ou com mercadorias a ser retiradas no armazém (*cantina*) da fazenda. Na verdade, o dinheiro era de modo geral uma mercadoria rara no mundo da *hacienda*, onde o escambo era a forma característica de comércio na feira. De fato, mesmo já bem avançado o século XX, era raro encontrar alguma fazenda andina que praticasse um sistema de contabilidade.

A mobilidade entre os trabalhadores das fazendas também era coisa rara, não só porque a servidão por dívidas (*peonaje*) freqüentemente amarrava os colonos à propriedade, mas também porque a condição relativa de colonos, que desfrutavam de uma certa segurança, era muito melhor do que a de trabalhadores assalariados ocasionais no mercado de trabalho local muitas vezes grandemente debilitado. Assim, a vida camponesa confinava-se em grande parte à fazenda onde os dias santos e as festas religiosas periódicas alegravam uma existência monótona e materialmente estéril.

As relações pessoais nesse mundo eram definidas pelo paternalismo de velha data, derivado do feudalismo ibérico e de sua hibridação nos Andes sob a influência dos costumes incaicos. Caracterizava-se por uma certa reciprocidade assimétrica em que a liberdade e a independência eram trocadas pela segurança de um pedaço de terra; a obediência, a submissão e a lealdade eram oferecidas em troca da "proteção" e da possibilidade de adquirir o mínimo necessário à vida num nível de subsistência. O tratamento dispensado pelo *patron* a "seus índios" podia ser comparado ao do pai severo com seus filhos; se fossem "bons", recebiam em troca uma certa bondade, ou mesmo ternura, mas, se se "comportassem mal", abandonassem seus papéis prescritos, desafiassem a autoridade do pai, então eram castigados, muitas vezes de maneira violenta, ou mesmo despótica.

Nessa sociedade, o poder era monopolizado, evidentemente, pelos senhores. E, quando o paternalismo benevolente se esboroava, como aconteceu muitas vezes no contexto de absenteísmo do fazendeiro, caso em que a administração diária da propriedade ficava nas mãos dos subordinados (*mayordomos*), o pouco que era oferecido à guisa de proteção podia propiciar justiça aos sem-poder. A Igreja podia exercer uma certa força moral, mas os padres locais mais freqüentemente estavam na folha de pagamento dos fazendeiros, ou pelo menos eram dependentes, como o era a própria Igreja, da liberalidade do empregador-benfeitor. O Estado, remoto e fraco, raramente penetrava nesse mundo, cedendo a autoridade aos senhores e a seus aliados locais que podiam manter a ordem e o faziam. Se e quando o Estado intervinha, como no caso de rebeliões individuais ou de grupo, colaborava com o poder local para manter a ordem estabelecida. No pior dos casos, esse mundo caracterizava-se, como González Prada colocou muito bem, pela "tirania do juiz de paz, do governador e do padre local, essa trindade brutalizadora dos índios, que os mantinha em perpétua opressão"[26].

A OLIGARQUIA LIBERAL E A QUESTÃO SOCIAL, 1904-1919

Um dos problemas centrais da época foram os transtornos e tensões sociais que acompanharam a difusão do capitalismo em toda a extensão da costa e, depois, a sua penetração na *sierra*. Nos vestíbulos do Congresso e nos

26. *Apud* JULIO COTLER, *Classes, Estado y Nación en el Perú*, Lima, 1977, p. 123: "La tiranía del juez de paz, del gobernador e del cura, esa trinidad embrutecedora del indio".

elegantes salões dos clubes, onde a elite se reunia para fazer vida social e falar de política, a questão predominante era como lidar com a nova crise que se estava aprofundando. Depois de instaurar sua hegemonia política no país, a oligarquia civilista enfrentava agora o desafio maior de solucionar as repercussões sociais do avanço capitalista que ela acalentara com tanta avidez. A crise social ameaçava seriamente dividir a oligarquia e mesmo erodir a legitimidade do Estado oligárquico.

Os primeiros sinais de discordância política dentro do Partido Civilista, o partido do governo, porém, tiveram razões mais internas do que externas. Em 1904, um conflito de gerações surgiu no seio da oligarquia em torno da escolha do candidato civilista à presidência. O candidato mais jovem e mais progressista, José Pardo, filho de um consignatário do guano e fundador do partido, Manuel Pardo, levou a melhor sobre a velha guarda e foi escolhido pelo partido. Essa escolha equivalia à eleição, uma vez que o partido controlava o Estado e sua máquina eleitoral; assim, Pardo assumiu a presidência para um mandato de quatro anos (1904–1908).

Durante sua gestão, a questão social invadiu a arena política. Em 1904, isto é, antes da irrupção de grave agitação trabalhista, José Matías Manzanilla, um destacado jurista e ideólogo civilista, que estudara o problema a partir de uma perspectiva européia, apresentou ao Congresso uma série de medidas reformistas. As leis propostas tratavam de problemas clássicos entre o capital e o trabalho, como a mediação e o arbitramento, o pagamento de indenização ao trabalhador por acidentes de trabalho, a proteção dos menores e das mulheres no local de trabalho e a duração da semana de trabalho. No entanto, as propostas atiçaram a casa de abelhas da oposição entre os conservadores do partido, que tudo fizeram, nos anos seguintes, para impedir a aprovação da maioria dessas medidas pelo Congresso.

A unidade do partido sofreu novo golpe durante o regime do sucessor e *protégé* de Pardo, Augusto B. Leguía (1908–1912). Leguía, um *selfmade man* que conseguira entrar para a oligarquia devido a seu talento, seu charme e seu sucesso nos negócios, logo rompeu com Pardo e com outros elementos da liderança do partido. Extremamente ambicioso e bastante independente, Leguía preocupou-se em promover um modo próprio de governar, de forma que logo os principais civilistas passaram a ver nele um perigoso dissidente.

Tendo conseguido sobreviver a uma tentativa de golpe dos pierolistas em 1909, Leguía indispôs-se cada vez mais com o partido ou por causa de algumas questões de política externa e de orçamento (ao propor grandes aumentos nas despesas do governo, ele abandonou as políticas *laissez-faire* históricas dos civilistas), ou por seu próprio estilo arbitrário de governo. Esses desacordos vieram a furo em 1911, quando, numa tentativa de manipular as eleições parlamentares, ele dissolveu a Junta Electoral Nacional. O resultado foi a formação no Congresso de um bloco contra Leguía (El Bloque), formado por grande número de civilistas; em seguida, quando conseguiu uma maioria legislativa, Leguía rompeu com o partido e organizou o Partido Civilista Independente.

Enfraquecidos por essa profunda divisão em suas próprias fileiras e tendo de enfrentar um aumento da agitação urbana, em 1912 os civilistas perderam momentaneamente o domínio político do país. A eleição de Antero Aspíllaga, o candidato civilista à presidência, foi impedida por uma greve geral organizada pelos partidários de Guillermo E. Billinghurst, o ex-prefeito de Lima do Partido Democrata. A disputa teve de ser decidida no Congresso. Lá Billinghurst, com grande apoio da classe trabalhadora nas ruas, negociou com as forças de Leguía e foi eleito presidente.

Uma espécie de político independente e um populista de primeira hora, Billinghurst, um homem que fizera fortuna com os negócios de nitrato da família, manteve-se, porém, afastado da oligarquia civilista. Partidário e *protégé* político de Piérola há muito tempo, construíra sua base política na classe trabalhadora de Lima, quando fora prefeito da cidade a partir de 1909. Como prefeito, demonstrara certa preocupação paternalista, se não demagógica, pelos interesses das novas classes trabalhadoras, defendendo medidas para melhorar a moradia, a educação e a condição geral da classe. Assim que assumiu a presidência, Billinghurst tentou ampliar essas medidas progressistas, numa tentativa de fechar o crescente fosso que se abria no país entre o trabalho e o capital. Formulou um programa que, com algumas exceções, legalizou o direito de organização e de greve dos sindicatos, ao mesmo tempo em que criou comissões de arbitramento compulsório formadas por representantes tanto da administração quanto do trabalho. Como não conseguiu convencer a maioria conservadora do Congresso a aprovar o programa, Billinghurst tentou mobilizar as massas diretamente para o processo político, organizando comitês de trabalhadores militantes para pressionar o Congresso. Este recuou imediatamente, quando a oligarquia ultrajada viu seu monopólio do poder político seriamente ameaçado.

Também entre os militares manifestou-se um certo descontentamento com Billinghurst. Isso se deveu em parte ao fato de terem percebido uma certa "brandura" na atitude do presidente para com o Chile numa época de delicadas negociações em torno da espinhosa questão do futuro de Tacna e Arica. Além disso, Billinghurst fizera uma tentativa de reduzir a parte das Forças Armadas no orçamento, de 25 para 21 por cento[27].

Então, apesar do grande apoio popular, a oposição da oligarquia e o afastamento do exército revelaram-se fatais para o governo de Billinghurst. No começo, os civilistas haviam tentado despolitizar os militares, mas agora conspiravam com eles para derrubar o governo. Em 1914, o coronel Oscar R. Benevides chefiou um golpe vitorioso contra Billinghurst, o que cimentou a aliança tácita entre o exército e a classe dirigente para manter a ordem estabelecida. No ano seguinte o ex-presidente José Pardo foi reeleito.

O segundo governo de Pardo (1915–1919) coincidiu com as crises econômicas na periferia da América Latina decorrentes da Primeira Grande Guerra. Primeiramente, a guerra interrompeu os negócios da economia peruana, totalmente dependente da exportação, com seus mercados europeus, precipitando uma imediata depressão. No entanto, tão logo o Peru restabeleceu seus negócios com seus antigos compradores, um ano ou dois depois, as exportações para os países beligerantes devastados pelo conflito avolumaram-se. Todavia, a prosperidade desse período trouxe em sua esteira algumas graves distorções, intensificando as tensões sociais existentes. O custo de vida em Lima, por exemplo, quase dobrou entre 1914 e 1919, enquanto os salários continuaram praticamente estacionários. Parte dessa inflação foi causada pela mudança da produção agrícola em toda a costa, que deixou de produzir gêneros alimentícios e concentrou-se naquelas culturas comerciais, como a cana-de-açúcar e o algodão, cujos preços no mercado internacional haviam subido enormemente. Uma onda de greves trabalhistas assolou Lima e os encraves de exportação, onde as interrupções da produção ameaçavam estancar as principais fontes de comércio exterior e de receita governamental do país e prejudicar os interesses de alguns dos elementos mais poderosos do Partido Civilista. Pardo reagiu com a apresentação ao Congresso de algumas das leis trabalhistas que Manzanilla introduzira uma década antes, principalmente a proteção do trabalho feminino e infantil, a determinação de dias de descanso obrigatório para os trabalhadores, o fornecimento de moradia, de escolas e de serviços médicos à classe trabalhadora e

27. ERNESTO YEPES DEL CASTILLO, "El Desarrollo Peruano en las Primeras Décadas del Siglo XX", em *Nueva Historia General del Perú*, Lima, 1979, p. 153.

a proibição do *enganche*. (Essas reformas aplicavam-se tão-somente aos setores modernos de encrave da economia, isto é, aos trabalhadores urbanos, aos das grandes lavouras e das minas. Pouco ou nada foi feito para os trabalhadores rurais sem poder político que mourejavam nas *haciendas* da *sierra*.) Todavia, esses paliativos revelaram-se ineficazes para deter a inquietação que crescia mais e mais no local de trabalho. Pouco disposto ou incapaz de avançar na direção da reforma, talvez porque a experiência de Billinghurst tivesse endurecido as atitudes da oligarquia civilista, Pardo adotou cada vez mais a consagrada receita da repressão do Estado. O resultado foi um grave confronto de classes, especialmente em Lima, quando o mandato de Pardo chegou ao fim em 1918/1919.

Uma onda de paralisações do trabalho culminou, no princípio de 1919, numa greve geral em massa que paralisou a capital. Exigindo a jornada de oito horas e a baixa geral do alto custo de vida, os grevistas lançaram um medo enregelador em toda a classe política civilista. Quando o espectro do bolchevismo foi arvorado pela primeira vez nos vestíbulos do Congresso, as ruas de Lima transformaram-se num campo de batalha sangrento entre os grevistas e as patrulhas de choque da polícia montada. O que tornou essa situação ainda mais perigosa e volátil politicamente do que antes foi o fato de outros setores da sociedade terem adotado uma atitude identicamente rebelde para com o *ancien régime*. Como vimos, nessa época os levantes de camponeses no sul estavam se intensificando. Talvez de uma forma mais ominosa ainda, setores da classe média não apenas se mostraram simpáticos aos trabalhadores nas ruas, mas também se associaram a suas manifestações. O súbito crescimento da burocracia do governo e do setor privado de exportação criara, como em outros países latino-americanos, uma nova classe média com interesses, atitudes e aspirações potencialmente diferentes dos da oligarquia civilista entrincheirada no governo.

Essa mudança da estrutura de classe foi prontamente visível na Universidade de San Marcos, uma instituição de grande projeção no país. O número de novos estudantes matriculados, originários, em sua maioria, da classe média provincial e urbana, quase dobrou entre 1907 e 1917. Organizados politicamente já em 1908, esses estudantes de classe média empenharam-se, em seguida, em reformar o currículo e as estruturas administrativas antiquadas da universidade a fim de criar um novo espaço para suas necessidades e aspirações particulares. Assim como o interlúdio Billinghurst antecipara de muitas maneiras a crise iminente da velha ordem civilista, o movimento de reforma universitária de 1918 simbolizou num microcosmo as tendências mais gerais da sociedade que estavam minando essa ordem. Somente quando esse movimento se juntou, em 1919, à luta da classe trabalhadora pela jornada de oito horas, porém, é que essa ordem pôde chegar a um fim abrupto.

Outra indicação do fermento e rebelião entre setores da nova classe média e um importante colaborador ideológico das mobilizações populares de 1919 foi o movimento indigenista. Inspirados pela grande incidência de revoltas camponesas na década passada, alguns intelectuais da classe média, muitos deles mestiços, começaram a redescobrir as virtudes e valores da civilização indígena do Peru, tanto a passada quanto a presente. As principais correntes artísticas e literárias do período expressaram forte nacionalismo étnico e cultural, que serviu para diferenciar os setores emergentes de classe média das elites "europeizadas". Criticando as estruturas econômicas e políticas criadas pelos civilistas, o indigenismo também causou o fortalecimento da incipiente rebelião das massas.

No final, as verdadeiras sementes da revolta que pôs fim ao governo civilista estavam dentro do próprio órgão político do regime, que não modificaria seu *ethos* essencialmente antidemocrático e elitista em face do protesto popular generalizado. Um problema inerente do regime foi sua incapacidade de elaborar uma cultura nacional, com raízes na consciência popular, que poderia ter servido no mínimo para unificar o país e o governo e dar legitimidade ao Estado. Em grande medida, esse fracasso deveu-se ao fato de ter a classe dominante tido uma orientação muito mais estrangeira que nacional.

Mesmo que os civilistas tivessem conseguido formular e projetar algum tipo de cultura "nacionalizadora", sua difusão entre as classes populares teria sido, no melhor dos casos, problemática. Apesar do intenso debate ocorrido, na virada do século, em torno da natureza da educação, entre, por exemplo, Alejandro Deustua, que defendia o sistema educacional elitista tradicional, e Manuel Vicente Villarán, que queria democratizá-lo e dar-lhe uma orientação científica e técnica mais moderna e mais apropriada, em seu entender, à nova era capitalista[28], o aparelho ideológico do Estado liberal, ao contrário de suas capacidades de coerção, continuou fraco e subdesenvolvido durante a

28. Cf. ALEJANDRO DEUSTUA, *La Cultura Nacional*, Lima, 1937, e MANUEL VICENTE VILLARÁN, *Páginas Escogidas*, ed. Jorge Basadre, Lima, 1962.

maior parte da "República Aristocrata". Em conseqüência disso, os gastos públicos com a educação em todo o período foram extremamente baixos, resultando num índice anormalmente alto de analfabetismo no país. Além disso, o conteúdo dessa educação pública insuficiente não forjou uma cultura nacional, mas serviu, ao contrário, para difundir entre a classe média e a classe alta os valores profundamente aristocráticos e "neofeudais" da elite, instilando ao mesmo tempo nas massas um sentimento de resignação e fatalismo.

Esse sistema educacional profundamente elitista era, evidentemente, apenas uma manifestação da mentalidade antidemocrática maior que caracterizou a oligarquia civilista. É certo, por exemplo, que na maior parte do período de governo civilista existiu, pelo menos em teoria, uma democracia parlamentar formal, mas na prática ela foi extremamente limitada. O Parlamento não só estava subordinado ao Poder Executivo, mas também não representava as várias camadas sociais e agrupamentos regionais da sociedade. Assim, a classe média urbana e a classe trabalhadora estavam representadas num grau limitado, enquanto os camponeses continuavam totalmente excluídos, a não ser que se aceite o argumento especioso de que seus interesses eram representados por seus patrões rurais, os grandes fazendeiros, ou *gamonales*, como eram chamados nos Andes. O direito de voto nessa "democracia" era restrito a cerca de três por cento do total da população (104 mil nas eleições de 1899, 147 mil em 1915). Ainda assim, mesmo com números tão reduzidos, a política eleitoral era habitualmente "manuseada" do alto pelo partido dominante, nesse caso os civilistas, que controlavam a máquina eleitoral e usavam de manipulação mediante processos fraudulentos e outros desmandos eleitorais. Em suma, a fraude eleitoral foi uma constante política do Estado liberal.

Três figuras tiveram papéis destacados na derrubada do regime civilista. Dois deles, Víctor Raúl Haya de la Torre e José Carlos Mariátegui, saíram da "geração de 1919", um como estudante ativista e revolucionário de primeira hora e o outro como ideólogo proletário. Ambos eram produtos das mudanças sociais que haviam ganhado impulso desde a virada do século e estavam agora começando a alterar o cenário político. Ambos desempenharam papéis destacados na formação de uma nova consciência nacional. Contestando as concepções ideológicas e filosóficas da ordem civilista, em grande parte como González Prada fizera uma geração atrás, começaram a formular o que, na sua opinião, era o problema fundamental que o país estava enfrentando: seu caráter semicolonial e semifeudal. A partir de uma crítica teórica da sociedade que em ambos os casos devia muito a Karl Marx, conseguiram exercer grande influência no curso da política nacional para o restante do século. Ainda assim, embora emanassem da mesma matriz social, os dois homens iriam diferir consideravelmente no caráter da política que adotavam, Haya assumindo uma postura essencialmente reformista enquanto Mariátegui adotava uma posição revolucionária.

Haya de la Torre nasceu em Trujillo em 1895. Sua família era da classe média alta, com conexões com a aristocracia açucareira da região então em declínio. Sua adolescência decorreu numa época em que o capitalismo estava se transformando e desfigurando rapidamente o caráter senhorial de sua cidade natal e região. Depois de freqüentar a universidade local, ele, a exemplo de muitos membros de sua geração e classe, abandonou as províncias pelo brilho e promessa da capital a fim de estudar direito em San Marcos. Logo engajou-se intensamente na política universitária e, em 1919, era um dos vários líderes que chefiavam os estudantes pelas ruas em apoio aos trabalhadores.

Mariátegui, nascido um ano antes, em 1894, era o produto de um casamento destruído e, de saúde delicada, cresceu num ambiente de classe média economicamente austero de Lima. Obrigado pelas condições econômicas a procurar emprego ainda em tenra idade, foi *office-boy* e depois compositor com 15 anos no jornal *La Prensa*, um prestigioso e influente diário de Lima. Logo sua mente viva, inquiridora e grandemente autodidata chamou a atenção de seus empregadores e rapidamente foi promovido no jornal, tornando-se repórter em 1911. A princípio, ganhou notoriedade pela inteligente cobertura do cenário social de Lima, mas, incitado por uma preocupação social em desenvolvimento, passou a interessar-se cada vez mais pela agitação política que então rodopiava em torno dele na capital. Tornando-se aos poucos mais radical, abandonou *La Prensa* por uma série de jornais menores e mais progressistas e, no ano de 1919, era um jornalista engajado no nascente movimento da classe trabalhadora e seu ideólogo.

O *ONCENIO* DE LEGUÍA, 1919–1930

O ex-presidente Augusto Leguía era o homem que iria colher o benefício direto e mais imediato da conjuntura sociopolítica de 1919. Leguía era um capitalista *selfmade*, um protótipo da virada do século, cujo talento empresarial deixara sua marca numa série de empreendimentos, desde exportação de açúcar, seguros e bancos, até a construção ferroviária e a extração de borracha. Como ministro das Finanças (1904–1908) do governo de José Pardo, tornara-se o líder da ala progressista do Partido Civilista e o presidente, um tanto fortalecido, do período de 1908–1912. No final, porém, rompeu com os civilistas e foi exilado no segundo mandato de Pardo. Sentindo que o Peru, em 1919, se encontrava numa encruzilhada histórica, Leguía retornou ao país e tentou capitalizar politicamente a agitação social generalizada que ameaçava derrubar a ordem civilista.

Tornou-se rapidamente o homem do momento. Prometendo reformas e atacando os civilistas com a habilidade de um político amadurecido, foi aclamado de forma selvagem por aqueles setores da classe média e da classe trabalhadora que estavam sofrendo com as fortes flutuações cíclicas da economia de exportação. Eleito para a presidência em 1919, frustrou (com a ajuda da *gendarmería*) as tentativas civilistas de impedir sua posse, dissolveu o parlamento e assumiu o poder. O pequenino presidente – media apenas 1,52 m de altura – em apenas alguns meses pôs fim a um período de 25 anos de hegemonia política dos civilistas. Deu forma a novo governo, "La Patria Nueva", que inaugurou com a promessa de fazer as reformas, mas logo degenerou numa ditadura de onze anos, conhecida pelo nome de *oncenio* (1919–1930).

Nos três primeiros anos de governo, Leguía assumiu uma postura reformista "democrática", destinada a consolidar sua base popular de apoio. Depois de varrer do governo os civilistas entrincheirados, empenhou-se em dissolver as tensões da classe trabalhadora urbana mediante a adoção de reformas como a jornada de oito horas, o arbitramento obrigatório e a adoção do salário mínimo. Ao mesmo tempo, expandiu enormemente as obras públicas, criando novos empregos para uma classe trabalhadora que estava sofrendo com o colapso das exportações no pós-guerra. Também a classe média, que constituía a espinha dorsal do regime e que sofreu um crescimento fenomenal durante o *oncenio* (ver Tabela 2), foi beneficiada pelas reformas de Leguía. Por exemplo, o novo presidente deu atenção cuidadosa às queixas dos colarinhos-brancos numa "Ley de Empleado", elaborada nos mínimos detalhes. Além disso, sua política de emprego para o setor público, que cresceu agudamente, aumentou cinco vezes o número de funcionários públicos. Quando Leguía adotou, posteriormente, uma postura mais ditatorial, um opositor contemporâneo, Víctor Andrés Belaúnde, descreveu seu regime em termos bastante apropriados, denominando-o de "cesarismo burocrático".

TABELA 2 / O CRESCIMENTO DE GRUPOS PROFISSIONAIS DO SETOR MÉDIO ESCOLHIDOS EM LIMA, 1920–1931

Ocupação	Números de empregados 1920	1931	Aumento percentual 1920–1931
Comércio	12 667	25 481	99,01
Administração pública	898	5 313	491,65
Profissão legal	460	848	84,35
Profissão médica	932	2 408	158,37
Engenheiros e técnicos	536	915	74,07
Escritores e jornalistas	137	341	153,28
Contadores	492	1 124	128,46
Estudantes	8 643	17 067	97,47

Fonte: STEVE STEIN, *Populism in Peru: The Emergence of the Masses and the Politics of Social Control*, Madison, 1980, p. 74. Os dados não foram corrigidos.

O novo presidente empenhou-se ainda em atender algumas queixas dos camponeses índios, embora não se possa dizer com certeza se ele compreendeu plenamente as implicações revolucionárias dos levantes camponeses que continuavam a assolar os planaltos meridionais. Além de instaurar uma comissão para investigar as causas desses distúrbios, criou uma secretaria de assuntos indígenas, instituiu o Día del Índio, um feriado nacional, e reconheceu na Constituição, depois de mais de um século, a legalidade da propriedade comunal dos índios nas comunidades. Leguía foi muito popular entre alguns camponeses (foi saudado em alguns círculos indígenas como o novo "Wiracocha", o deus supremo dos incas); no entanto, nenhuma dessas medidas alterou de maneira fundamental a estrutura da sociedade rural andina. Mas conseguiram atenuar o descontentamento dos índios do sul, ao mesmo tempo em que solidificaram o apoio de setores da casta mestiça urbana em ascensão, que estavam em processo de redescobrimento de suas raízes índias no movimento indigenista.

Finalmente, porém, para dissolver a inquietação social no campo, Leguía teve de reajustar a economia para harmonizá-la com as realidades da economia internacional do pós-guerra. A estratégia de Leguía para lidar com a crise do pós-guerra na economia peruana, totalmente orientada para a exportação, tinha como base acelerar o crescimento do espaço capitalista no país, ao mesmo tempo encorajando o capital estrangeiro e expandindo consideravelmente o papel econômico do Estado. A partir de seus contatos de negócio com Wall Street, percebeu que, para combater as crises econômicas internas do pós-guerra, os Estados Unidos estavam expandindo seus investimentos de capital e seus mercados na América Latina. O novo presidente entendeu também as implicações a longo prazo da abertura do Canal do Panamá, o que, inevitavelmente, aproximaria ainda mais dos Estados Unidos a periferia andina. Estimulou os investimentos norte-americanos diretos e em grande escala no setor da mineração, cuja desnacionalização foi praticamente concluída durante o *oncenio*. E, no final da década de 1920, os principais produtos de exportação do Peru passaram a ser o cobre (22 por cento das exportações) e o petróleo (32 por cento), em lugar do açúcar (16 por cento) e do algodão (25 por cento). (Todavia, a diversificação das exportações do país continuou a ser uma fonte de força econômica.) Durante o *oncenio*, o governo peruano, por intermédio da casa bancária J. W. Seligman and Company, lançou em Wall Street um número sem precedentes de obrigações do governo. Desde a era do guano que o Peru não tinha tanto sucesso em obter empréstimos nos mercados monetários estrangeiros. Entre 1920 e 1928, a dívida externa do país cresceu 105 milhões de dólares[29]. Financiou uma enorme expansão da infra-estrutura do país para atender à economia de exportação: projetos de obras públicas com vistas a modernizar as principais cidades do país, especialmente Lima (saneamento, estradas etc.), ampliação dos transportes nacionais e da rede de comunicações, construção de sistemas de irrigação na costa e aumento da burocracia do governo.

É verdade que essas medidas concordavam com a visão de Leguía de expandir e modernizar a capacidade de exportação do país, mas o impacto político de cada despesa foi calculado cuidadosamente para aumentar a base de poder do presidente. A modernização urbana beneficiou não só a classe média, cuja voz passou a ser ouvida cada vez mais na arena política, como também um novo grupo de especuladores e construtores com estreitos vínculos políticos com o presidente. Na verdade, Leguía favoreceu o surgimento no país de uma nova plutocracia, que em grande medida substituiu politicamente a velha oligarquia civilista. Ao mesmo tempo, a moralidade oficial e pública desceu a um ponto tão baixo que o nível de especulação, concussão e fraude só foi comparável ao vigente na era do guano.

29. THORP & BERTRAM, *Peru, 1890–1977, op. cit.*, p. 115.

O recurso de Leguía aos empréstimos externos para atender aos gastos públicos e o estímulo que deu ao capital estrangeiro, embora vitoriosos no curto prazo, distorceram ainda mais a crônica dependência das exportações em que vivia o país. As tarifas internas durante a década tenderam a cair ainda mais, tornando a indústria nascente cada vez mais vulnerável aos produtos importados. Além disso, o pouco excedente de capital que se acumulou no setor de exportação (açúcar, algodão, lã e outros) não fluiu para a aventureira industrialização de substituição de importação, mas para a construção e especulação imobiliária urbana, onde havia uma garantia de lucros rápidos.

A indústria, que por volta da virada do século sinalizara uma promessa de conduzir a um desenvolvimento autônomo e mais equilibrado, continuou seu longo declínio iniciado em 1908. Isso pode ser visto claramente na produção de tecidos de algodão, o setor industrial interno de maior destaque. Depois de triplicar na década de 1898–1908, a produção têxtil aumentou na década seguinte apenas cerca de 50 por cento; depois disso, o crescimento parou por completo. Ao mesmo tempo, as firmas estrangeiras aumentavam continuamente sua posição na indústria, representando 29 por cento da capacidade em 1902, 45 em 1910, 55 em 1918 e mais de 80 em 1935. No geral, o número de novas empresas industriais subiu apenas 13 por cento no período de 15 anos entre 1918 e 1933. A maioria delas estavam limitadas a produzir materiais para atender ao crescimento da construção no pós-guerra, induzido pelo Estado, surto que durou até 1926. No entanto, mesmo esse setor foi dominado por uma firma estrangeira, a gigantesca American Foundation Company, que recebeu favores especiais do governo de Leguía. No final da década de 1920, o contínuo declínio da industrialização desde 1908 "era o indicador mais visível do declínio do próprio capitalismo nacional"[30].

Nesse meio tempo, o setor de exportação, particularmente de algodão, de minérios e, em menor grau, de açúcar, continuou a brilhar intensamente na economia na década de 1920. Todavia, logo o açúcar entrou em dificuldades (ver Figura 6). Os donos de engenho calcularam mal a tendência dos preços internacionais e investiram todos os lucros que haviam obtido no tempo da guerra em novas instalações e equipamentos para aumentar a produção. Esse investimento foi comprometido seriamente pelos caprichos da natureza: a um extenso período de secas seguiram-se chuvas catastróficas e grandes

30. *Idem*, p. 142.

inundações no meio da década. Então, de repente o mercado internacional do açúcar começou a subir a partir de 1925, causando perdas em grande escala e nova onda de concentração e apropriação da indústria por parte dos estrangeiros em 1930.

Os empréstimos externos e os gastos deficitários deram ao governo central um grau de poder durante a era Leguía que ele nunca mais tivera desde o ciclo do guano. Em conseqüência disso, sua força e influência começaram a ampliar-se e foram sentidas no interior do país como nunca tinham sido antes. A ampliação da rede nacional de transporte/comunicações, por exemplo, um ambicioso programa de construção rodoviária de Leguía, realizado com o recrutamento dos camponeses índios (Ley de Conscripción Vial), aumentou o poder do Estado às custas da autonomia das províncias. Com o melhoramento do acesso a regiões remotas do interior, Leguía organizou uma campanha, apoiada unanimemente, para erradicar o banditismo, que continuava endêmico em determinadas regiões do campo e mesmo nos arredores de Lima. Para isso foi criada uma Guarda Civil especial, que, para alguns detratores de Leguía, era muito mais uma espécie de guarda pretoriana a ser usada contra seus inimigos políticos. Essa presença maior da polícia no interior propiciou ao governo a possibilidade de controlar mais de perto aqueles fazendeiros que, ajudados por seus exércitos particulares, haviam monopolizado historicamente a política local e tinham chegado às vezes a desafiar a autoridade do governo central. Um bom exemplo desse novo poder do Estado nas províncias foi a forma como sufocou a rebelião de Eleodoro Benel (1924–1927), um poderoso *hacendado* que exercia um controle quase autônomo sobre algumas partes do departamento de Cajamarca.

Leguía usou com habilidade os recursos financeiros do Estado, agora em maior volume, para elaborar um sistema de política clientelista, produzindo uma nova casta "oficial" de funcionários públicos e empresários, tanto no plano nacional quanto no local, que para seu próprio bem-estar dependiam totalmente do Estado, na verdade do próprio Leguía. Além disso, sabia como adquirir e distribuir os novos poderes do Estado de uma maneira personalista, cada vez mais ditatorial. Já no início de seu governo, empenhou-se em emascular o Legislativo, manipulando de tal forma as eleições que somente os seus partidários e camaradas foram eleitos. Logo o Congresso se transformou em pouco mais do que um carimbador do presidente. Ainda em 1922, Leguía começara a abandonar as políticas populistas e reformistas que o tinham levado ao poder. A maioria das greves eram reprimidas pela força e o exército foi mobilizado para controlar os levantes dos camponeses no sul. Aos poucos Leguía estreitou sua base de apoio até ficar apenas com a nova plutocracia e reprimiu brutalmente seus opositores.

A única contestação mais séria de seu governo aconteceu em 1923 quando, numa tentativa de conseguir o apoio da Igreja à sua "reeleição", propôs consagrar o país ao Sagrado Coração de Jesus, numa cerimônia pública muito bem preparada. O catolicismo sempre fora usado pela classe dirigente como uma ideologia para legitimar seu governo, mas agora Leguía estava tentando utilizar o poder da Igreja em seu próprio proveito político. Todavia, esse movimento cínico e espalhafatosamente pró-clerical suscitou uma oposição generalizada que o líder estudantil Haya de la Torre soube galvanizar contra o governo. Várias manifestações de rua viraram rebeliões antes que Leguía conseguisse sufocar o movimento e exilar seus líderes.

Haya de la Torre já começara a assumir uma posição antioligárquica e antiimperialista, nascida de suas experiências da mocidade com os anarcosindicalistas em Trujillo e depois como líder das alianças entre estudantes e trabalhadores na Universidade de San Marcos. Exilado por Leguía, desenvolveu ainda mais essas posições enquanto era hóspede do Estado no México, onde teve oportunidade de observar não só os efeitos da revolução de 1910, mas também o impacto da expansão econômica dos Estados Unidos para o sul, para o Caribe e a América Central. Em 1924, durante o tempo em que esteve no México, fundou a Alianza Popular Revolucionaria Americana (APRA), uma organização política amorfa, populista, antiimperialista e nacionalista que, depois de 1930, criaria raízes no Peru e em outros países. De volta ao México em 1928, depois de uma viagem pela Europa – visitou a Alemanha, a União Soviética e a Inglaterra, onde estudou em Oxford – expressou sua ideologia política ainda incipiente numa obra fecunda, *El antiimperialismo y el apra*, cuja primeira edição apareceu em Santiago em 1936. (Escrito em 1928, o manuscrito permaneceu inédito por vários anos, porque, segundo Haya, não dispunha de recursos e depois estava ocupado demais com os acontecimentos políticos diários para revisá-lo.)

Nesse seu livro mais radical e em menor grau em textos ulteriores, Haya analisou e atacou, de uma perspectiva em grande parte marxista embora nacionalista, o impacto geralmente exploratório e destruidor da penetração dos estrangeiros na América Latina que, para ele, foi o primeiro estágio da transição do feudalismo para o capitalismo. Baseando-se nas experiências que viveu no Peru e no México, descreveu uma sociedade tradicional e em grande parte paternalista, subitamente dominada e transformada em gigantescas concentrações de empresas capitalistas, estrangeiras e monopolistas. Essas empresas, favorecidas por uma classe governante nativa gananciosa e corrupta (os civilistas), que na verdade traíram os interesses reais do país, proletarizaram a classe camponesa e alguns setores da antiga classe média e passaram a controlar a economia nacional, que manipulavam para seu próprio proveito egoísta. Para deter esse processo, propôs a criação de uma aliança de ampla base popular das classes "exploradas", camponeses, trabalhadores e os setores radicalizados da classe média (APRA), com o objetivo de derrubar os imperialistas e construir *el Estado anti-imperialista*, radical e nacionalista. Na América Latina, a classe trabalhadora, dizia ele, não era suficientemente grande em termos numéricos nem suficientemente consciente em termos políticos para sustentar sozinha a luta antiimperialista. Tampouco era ela, necessariamente, a principal vítima do imperialismo; os salários nos encraves de exportação eram realmente mais altos do que na economia tradicional e alguns setores da classe média eram muitas vezes explorados e maltratados com muito mais selvageria. Tornou-se, assim, um dos primeiros de uma nova geração de pensadores políticos latino-americanos nacionalistas a aplicar e readaptar o pensamento marxista a um contexto neocolonial, não-europeu, no qual as condições diferiam fortemente da experiência histórica da metrópole. Mais tarde, depois da derrubada de Leguía em 1930, Haya iria aplicar essa análise com grande sucesso ao Peru, onde organizaria e lideraria, no meio século seguinte, o Partido Aprista, populista mas ligado em grande parte à pequena burguesia.

O principal rival de Haya na organização das forças populares contra a ditadura de Leguía, pelo menos após 1928, foi o jornalista Mariátegui. Exilado por Leguía depois da mobilização da classe trabalhadora em 1919, passou os quatro anos seguintes primeiro na França e depois na Itália. Nesses países absorveu o pensamento radical de Marx, Engels e Lênin, bem como de socialistas europeus revolucionários como Barbusse, Sorel e Gramsci. De volta ao Peru, colaborou por algum tempo com Haya, que fundara uma série de "universidades populares", dirigidas pelos estudantes, destinadas a instruir, organizar e elevar de modo geral o nível de cultura e consciência política dos trabalhadores, e organizou as manifestações de 1923 contra Leguía. Aos poucos, porém, por causa de diferenças ideológicas e táticas e por rivalidade política, os dois homens afastaram-se um do outro, até que acabaram por romper definitivamente em 1928 depois de acrimoniosa troca de cartas públicas.

Mariátegui, autor de importante obra, *Siete ensayos en interpretación de la realidad Peruana* (1928)[31], adotou uma visão marxista mais ortodoxa da realidade latino-americana e peruana. O livro é constituído, em sua grande parte, por ensaios publicados em seu admirável jornal *Amauta* (1926–1930), em cujas páginas tentou estimular um discurso nos círculos intelectuais progressistas sobre a problemática da revolução na sociedade andina. Nesses artigos formulou uma análise histórica completa da sociedade a partir de uma perspectiva marxista e lançou sua fórmula de mudança revolucionária no futuro. Ao contrário da opinião de Haya, para Mariátegui o capitalismo e o imperialismo na América Latina são forças totalmente destrutivas. (Haya viu efetivamente alguns aspectos positivos no investimento de capital estrangeiro e mais tarde modificou suas opiniões a ponto de tornar-se um defensor do capital estrangeiro no Peru – embora com alguns controles do Estado.) Acreditava também que o capitalismo já evoluíra até alcançar um estágio maduro. Via algumas virtudes numa aliança entre as muitas classes, mas rejeitava categoricamente a idéia defendida por Haya, segundo a qual era a classe média muito mais do que a trabalhadora que devia dominar essa aliança na luta revolucionária. Para Mariátegui, os setores da classe média, embora radicalizados, alimentavam valores essencialmente pequeno-burgueses, os quais no final iriam comprometer a revolução e desembocar no fascismo. Além disso, ainda que Haya tivesse relegado a classe camponesa a um papel secundário nessa luta, Mariátegui acreditava que ela tinha grande potencial revolucionário; para ele, o mineiro/*campesino* de Cerro de Pasco, por exemplo, encarnava um nexo decisivo entre a problemática revolucionária urbana e a rural. No final, Mariátegui acreditou que o marxismo podia ligar-se a tradições revolucionárias andinas autóctones, como o movimento indigenista, o "socialismo" incaico, a longa história de levantes camponeses (Atusparia, Rumi-Maqui) e o movimento trabalhista. Não contente em apenas teorizar, Mariátegui trabalhou diligentemente, até sua morte prematura em 1930, para levar a efeito essa revolução, fundando o Partido Comunista Peruano em 1928[32] e a Confederação Geral dos Trabalhadores Peruanos em 1929.

31. Lima, 1928. Foi traduzida para o inglês sob o título de *Seven Interpretative Essays on Peruvian Reality* (Austin, Texas, 1971).

32. Há uma certa controvérsia sobre a questão de saber se Mariátegui realmente permaneceu comunista, pois divergiu da linha adotada pelo Partido: a Internacional Comunista orientada

Nem Mariátegui nem Haya, porém, conseguiram derrubar a ditadura de Leguía. Na esteira da crise econômica mundial de 1929, o regime caiu vítima de um golpe militar que, é oportuno observar, pôs fim a um período de governos civis (com exceção de Benavides) que datava de 1895. As exportações peruanas caíram em média 59 por cento e as importações, 63 por cento. O orçamento nacional diminuiu, em três anos, de 50 milhões para 16 milhões de pesos, causando a interrupção abrupta de obras públicas e a suspensão do pagamento de salários aos funcionários do governo. O prestigioso e venerável Bank of Peru and London foi obrigado a fechar as portas, resultando numa crise econômica especialmente intensa no setor agrícola, particularmente no Sul onde teve origem o golpe militar. O desemprego somente na cidade de Lima foi estimado em 25 por cento, afetando principalmente os trabalhadores da construção e os funcionários públicos. Os empregados dos setores encravistas da economia foram afetados com mais gravidade ainda devido à paralisação das exportações. A força de trabalho de Cerro de Pasco diminuiu de doze mil em 1929 para cinco mil em 1932, enquanto os salários nas lavouras de cana foram reduzidos drasticamente. A dura realidade do colapso econômico foi talvez melhor resumida em 1932 nas palavras do ministro das Finanças, que, ao assumir o cargo, disse ter "encontrado o *sol* desvalorizado, o serviço da dívida pública suspenso, os salários e pensões em atraso, as obras públicas paralisadas, o desemprego em alta, o tesouro nacional vazio, a confiança nacional diminuída e o crédito quase totalmente exaurido"[33].

O povo peruano voltou-se contra Leguía enquanto procurava desesperadamente uma nova liderança política capaz de deter o declínio econômico. Alguns iriam encontrá-la no jovem mestiço e coronel do exército, Luis M. Sánchez Cerro, que em agosto de 1930 sublevara a guarnição de Arequipa e derrubara a ditadura de onze anos de Leguía. Outros olhariam para o jovem carismático Haya de la Torre e seu noviço Partido Aprista, cujo *slogan* vibrante – "sólo el aprismo salvará el Perú" – capturou o estado geral de polarização, desespero e desesperança. Com quem quer que escolhessem, as classes populares, marginalizadas durante a "República Aristocrata" e novamente durante

por Moscou, sendo criticado por isso na primeira reunião dos Partidos Comunistas latino-americanos, realizada em 1929 em Buenos Aires.

33. *Apud* ANÍBAL QUIJANO, *Imperialismo, Clases Sociales y Estado en el Perú, 1890–1930*, Lima, 1978, p. 114.

o *oncenio*, iriam entrar com ímpeto na corrente principal da política peruana, para nunca mais serem excluídas totalmente do processo político nacional.

UMA LIMA EM DESAPARECIMENTO

Em 1921, José Gálvez escreveu um livro nostálgico, *Una Lima que se va*. Nele o autor lamentava o desaparecimento do estilo de vida senhorial e de muitos dos antigos costumes característicos da cidade desde os tempos coloniais. O que Gálvez deplorava era, em termos sociológicos, a rápida "massificação" da sociedade urbana que fora inspirada pelo encontro do Peru, no começo do século XX, com o capitalismo ocidental. Os camponeses, expulsos da terra, estavam migrando em números cada vez maiores para as cidades e para os encraves agro-industriais da nova economia de exportação. Nesses novos lares o crescimento econômico oferecia a promessa, embora nem sempre a realidade, de trabalho constante e de uma nova vida. Amontoada em vilas da companhia e em favelas urbanas, essa nova classe trabalhadora, amputada de uma ordem rural relativamente estável, viveu os efeitos desorganizadores e desagregadores da anomia urbana e da exploração pela fábrica, pela mina e pela grande lavoura. O Estado civilista, inspirado como era por noções de liberalismo *laissez-faire* e de darwinismo social spenceriano, oferecia aos trabalhadores pouca ou nenhuma proteção das oscilações cíclicas da economia de mercado internacional. Essas condições acabaram por alimentar um profundo descontentamento popular, que se expressou, primeiramente, no movimento trabalhista e depois numa dissensão política mais radical articulada por Haya de la Torre e por Mariátegui, o primeiro de uma perspectiva em grande parte nacionalista-populista e o segundo de um ponto de vista socialista mais ortodoxo.

A "República Aristocrata" teve de enfrentar não só uma nova questão social perigosa, mas também ao mesmo tempo uma nova classe média urbana, de grande mobilidade social. Destituída de participação política por força do monopólio civilista do poder, com a prosperidade econômica ameaçada pela crise da Primeira Guerra Mundial e suas seqüelas, a classe média urbana, fortalecida pelo descontentamento popular e mobilizada por Leguía, pôs fim, em 1919, a uma geração de governo civilista.

Todavia, o *oncenio* de Leguía serviu para aprofundar o avanço capitalista no país e reforçar a dependência em que a nação se encontrava dos caprichos do mercado internacional. Isso foi enfatizado pela irrupção, em 1929, da crise econômica e grande depressão, que tragou a economia do Peru dependente da exportação, radicalizou as massas e derrubou Leguía do poder. A tarefa de regeneração nacional foi empalmada pela geração de 1919, que tinha um espírito reformista, e tanto Haya de la Torre e a APRA, de um lado, quanto os sucessores de Mariátegui no Partido Comunista, de outro, procuraram momentaneamente reformular uma visão do futuro mais nacional e revolucionária. No final, porém, a oligarquia reagrupou-se atrás do caudilho militar populista Sánchez Cerro. Em aliança com as forças armadas, ela conseguiu reprimir as massas e estabelecer um período de governo "indireto" que perdurou por mais uma geração e refletiu, de uma maneira mais sutil, sua hegemonia durante a "República Aristocrata".

7

A Bolívia da Guerra do Pacífico à Guerra do Chaco, 1880–1932

O ANO DE 1880 foi o marco de importante reviravolta na história da Bolívia. O acontecimento mais dramático foi a derrota do exército boliviano diante dos invasores chilenos na Guerra do Pacífico e a conseqüente perda de todo o território que lhe dava acesso ao mar. Menos dramático mas igualmente importante foi o estabelecimento de novo governo em substituição ao regime anterior dos caudilhos. Na verdade, a substituição de governos através de golpes militares não fora uma característica incomum na vida política da República no meio século que se seguiu à sua criação, mas o novo regime sinalizou certamente uma mudança fundamental no desenvolvimento político nacional. Representou o primeiro governo republicano viável comandado pela oligarquia civil. De 1880 até hoje, a perda do acesso direto ao mar continuou sendo o problema internacional que a Bolívia nunca conseguiu superar; todavia, a instituição de um moderno sistema político-partidário e de um governo dominado por civis produziu mudanças políticas, econômicas e afinal sociais e culturais que conformaram profundamente a evolução histórica da Bolívia.

Fundamentalmente, a estabilização e o amadurecimento da política boliviana a partir de 1880 não foi uma decorrência da guerra com o Chile; foi, antes, o produto de mudanças básicas introduzidas na economia boliviana, mudanças iniciadas pelo menos 30 anos antes dessa época. Embora tenha sido grande exportador de minérios em todo o período de domínio espanhol, a Bolívia no período republicano exportava apenas uma pequena quantidade de prata e um pouco de outros minérios. A falência da economia imperial na década de 1790, os desastres agrícolas regionais de 1804 e 1805, a devastação produzida pelas guerras civis e pelos conflitos internacionais no período da luta em prol da independência (1809–1825), a desintegração da união alfandegária imperial e, finalmente, o abandono, depois de 1825, do sistema *mita* de trabalho forçado, tudo isso contribuiu para o declínio da indústria de mineração da prata. Na década de 1840, a produção não atingiu a metade da alcançada nos anos 1790. Calculou-se que, em 1846, existiam na República cerca de dez mil minas abandonadas, dois terços das quais, embora ainda contivessem prata, estavam inundadas e incapacitadas de produzir, a não ser que se fizesse um grande investimento de capital e se introduzissem máquinas. Na verdade, em 1846 apenas 282 minas na República mantinham-se ativas, empregando cerca de nove mil trabalhadores, a maioria deles especializados, que trabalhavam em tempo parcial e gastavam o resto do tempo na agricultura.

Tirando as minas, as indústrias nacionais predominantes eram as fábricas de tecidos de lã para consumo interno ou local e as instalações de processamento de alimentos. Nos anos que se seguiram à Independência, o governo republicano tentou desenvolver a indústria têxtil de algodão. No entanto, apesar das proibições esporádicas de importação de tecidos de algodão baratos da Inglaterra e da imposição de pesadas tarifas sobre eles, a indústria têxtil de Cochabamba, produtora do *tocuyo* (roupa grosseira de algodão), nunca readquiriu a importância alcançada no século XVIII. Segundo os cálculos, a indústria de *tocuyo* de Cochabamba tinha, no período colonial, várias centenas de *obrajes* (oficinas) trabalhando na produção de roupas; em 1846 elas não chegavam a mais de uma centena. As necessidades bolivianas de tecido barato de algodão eram satisfeitas agora pelas roupas inglesas, que dominaram o mercado.

Desse modo, a Bolívia permaneceu uma sociedade predominantemente rural. Quase 90 por cento dos seus 1,4 milhões de habitantes viviam fora das cidades e povoados e eram responsáveis por mais de dois terços do produto nacional. Na sociedade rural, o equilíbrio entre as *haciendas* e as comunidades índias livres continuou mais ou menos da mesma maneira que fora no fim do período colonial. Em 1846, existiam mais de cinco mil fazendas, no valor de vinte milhões de pesos, e cerca de quatro mil comunidades livres, cujo valor não chegava a mais de seis milhões de pesos. No entanto, a maior parte da força de trabalho vivia nas comunidades livres. O censo de 1846 registra 5 135 chefes de família *hacendados* e 138 104 vivendo nas comunidades. Nas comunidades moravam mais de 620 mil índios, ou 51 por cento do total da população rural. Desse total, entre 375 mil e 400 mil eram *yanaconas* (lavradores sem terra) e viviam nas *haciendas*; os 200 mil restantes eram provavelmente proprietários livres nas regiões meridionais ou trabalhadores migrantes sem terra, que trabalhavam em terras arrendadas às comunidades ou às *haciendas*.

Obviamente, as *haciendas* eram as propriedades mais valorizadas em termos comerciais; no entanto, nunca desceram a um estado de relativa estagnação e nunca foram uma ameaça mais séria às regiões de densa população onde predominavam as comunidades livres, com exceção de duas áreas excepcionais: os *yungas* e o vale de Cochabamba. A primeira era a principal fonte de produção de coca. A última, aparentemente, havia se recuperado do choque econômico produzido pela crise do fim do período colonial e era agora o principal produtor nacional dos dois cereais básicos: trigo e milho.

Nas comunidades livres, porém, as mudanças eram contínuas e a estratificação interna, enorme. A abolição da *mita*, o sistema de trabalho forçado obrigatório, favorecera claramente os *originarios*, os membros originais das comunidades que tinham acesso mais fácil à terra. Ao que parece, seu número cresceu ou pelo menos estabilizou-se: algumas estimativas feitas na década de 1840 avaliavam em 35 por cento a proporção dos chefes de família que viviam nas comunidades livres. Os *agregados* com terra (ou os que chegaram depois e possuíam propriedades menores nas comunidades) constituíam 41 por cento das famílias; e um grupo novo e importante, os *foresteros* sem terra alguma, representava 23 por cento de todas as famílias índias. Evidentemente, o lento crescimento da população começou a criar nas próprias comunidades livres uma classe de índios sem terra.

No primeiro quarto de século de sua existência – de 1825 até boa parte da década de 1850 – época em que a indústria de mineração estagnou-se e as manufaturas nacionais deixaram de satisfazer as demandas locais, a Bolívia viu-se numa posição incomum: sua balança de negócios apresentava um déficit constante, que somente a exportação ilegal de prata e um comércio bastante ativo de contrabando puderam remediar. Os déficits do governo foram um fenômeno constante, visto que os gastos, especialmente os de natureza militar, superavam em muito os recursos do tesouro nacional. Na metade do século, o país encontrava-se em piores condições – se é que podia haver pior – do que estivera no começo de sua vida de república e parecia que a tendência era a deterioração das coisas. Todavia, nas décadas posteriores a 1850, coincidindo paradoxalmente com a mais caótica agitação e violência políticas, o setor de exportação – a mineração – mostrou um crescimento contínuo, primeiramente no altiplano tradicional e, depois, em novas regiões da costa do Pacífico.

Ainda não foi possível determinar inteiramente a causa desse crescimento. A princípio, é claro que uma série de acontecimentos externos ao país desempenharam papel decisivo no despertar do gigante mineiro. O aumento de produtividade e a diminuição dos custos com o emprego do motor a vapor na Europa e na América do Norte, na primeira metade do século XIX, tinham provado que a máquina a vapor das décadas de 1850 e 1860 era um item muito mais barato e mais disponível e confiável do que fora na década de 1820. Assim, era possível explorar uma mina inundada a custos bastante reduzidos. Além disso, o crescimento da mineração peruana e chilena nesse período proporcionou um substrato regional geral de capital e de conhecimento técnico facilmente exportáveis para a incipiente indústria boliviana. Finalmente, o declínio dos preços internacionais do mercúrio reduziu um item importante de custo tradicional na extração da prata.

Foram essas as condições internacionais gerais que, no terceiro quarto do século XIX, favoreceram a expansão da indústria mineira no altiplano boliviano. No começo, o capital era boliviano, mas persiste a questão principal: de onde proveio esse capital, já que a economia boliviana sofrera relativa estagnação durante todo o quarto de século posterior à Independência? A partir de uma análise das primeiras companhias mineiras de Potosí e Oruro, pode-se ver que uma enorme parcela do estoque de capital proveio da aristocracia comerciante e fundiária produtora de grãos do vale de Cochabamba. Assim, parecia que o crescimento contínuo e pouco espetacular da população nacional, apesar das epidemias um tanto severas de cólera na década de 1850, criara um mercado interno expansível para os produtos agrícolas, especialmente o milho e o trigo. Com isso, a elite de Cochabamba pôde obter um excedente de capital. Além disso, parece que Cochabamba gerou uma classe de empresários novatos que se dispuseram a correr os riscos de investir fortemente na indústria mineira, um negócio que, por tradição, sempre foi bastante imprevisível.

A partir da década de 1830, tornou-se bastante comum a fundação de companhias nacionais por ações para a exploração da prata; a mais importante delas foi a Companhia Mineira de Huanchaca, fundada em 1832 para explorar as minas Porco, na província de Potosí. Depois de pesados investimentos e muitas dificuldades, foi vendida, em 1852, ao comerciante Aniceto Arce, que no final ainda obteve lucros com sua produção. Também em meados da década de 1850 a família Aramayo comprou uma empresa falida de Potosí, a Companhia de Mineração Real Socavón. Finalmente, em 1855, o comerciante Gregorio Pacheco recebeu de um de seus devedores as minas Guadalupe, no distrito de Chicas, na província de Potosí. Desse modo, em poucos anos as três principais dinastias da mineração de prata estavam instaladas nos distritos mineiros de Potosí. Fazendo novas inversões de capital e empregando novos administradores executivos, conseguiram reorganizar as companhias, que passaram a produzir lucro. Na década de 1860, os três líderes racionalizaram suas operações e fizeram mudanças estruturais de longo prazo na indústria: introduziram máquinas modernas e operações de bombeamento e reconstruíram poços. Na década de 1870, quando as minas de prata de Caracoles, na costa do Pacífico, entraram em atividade plena, o capital estrangeiro começou a chegar em quantidades cada vez mais substanciais. Pode-se dizer que, na segunda metade da década, a indústria boliviana de mineração de prata alcançou níveis internacionais de capitalização, de desenvolvimento tecnológico e de eficiência. No final dessa mesma década, a Bolívia voltou a ser um dos principais produtores mundiais de prata refinada e, num esforço vital de exportação, revitalizou tanto sua economia interna quanto seu comércio exterior (Tabela 2).

O desenvolvimento de um setor moderno criou novas demandas tanto de mão-de-obra quanto de gêneros alimentícios. O setor de agricultura comercial ganhou um novo dinamismo e a construção de novos ramais de estradas de ferro criou novos mercados para regiões até então marginalizadas. Em conseqüência, o sistema da *hacienda*, que, como a mineração, esteve estagnado por quase meio século, começou a recuperar-se e expandir-se. Ao mesmo tempo, com a queda na arrecadação do tributo índio, que em algum momento fora a principal fonte de receita governamental, o governo nacional deixou de preocupar-se em proteger as terras das comunidades livres. Na década de 1860, na administração de Mariano Melgarejo, os títulos de posse das comunidades livres foram contestados, mas os índios resistiram e no final as comunidades acabaram mantendo suas terras. Contudo, nos anos 1870, os brancos e os *cholos* (mestiços) aumentaram a pressão e, com a criação de novos mercados, a elite fundiária foi estimulada economicamente a empreender um ataque em escala total. Justificaram esses ataques com os clássicos argumentos liberais do século XIX, segundo os quais as comunidades eram um sistema anacrônico de propriedade da terra e constituíam um empecilho à integração social. Na década de 1880, a classe fundiária dominante impôs às comunidades um sistema de compra direta da terra com base na alegação de que os direitos pertenciam aos indivíduos e não ao grupo corporativo. Assim, o "camponês" índio livre recebeu um título de posse *de jure*; isso deu possibilidades aos *hacendados* de comprar algumas parcelas pequenas, dissolvendo o controle *de facto* da comunidade e destruindo sua coesão. O resto foi fácil, com o emprego de fraude e de força ou com a simples compra; logo as *haciendas* começaram sua enorme expansão por todos os altiplanos e pelos vales contíguos abaixo das *punas*.

Desse modo, no período de 1880 a 1930, a Bolívia viveu a segunda grande época de construção da *hacienda*. Se, em 1880, as comunidades índias ainda controlavam a metade das terras e constituíam mais ou menos a metade da população rural, em 1930 suas terras representavam apenas um terço do total e sua população tinha a mesma proporção. Quebrou-se definitivamente o poder das comunidades livres, que só não foram totalmente liquidadas devido ao caráter marginal das terras que ainda controlavam e à estagnação da economia nacional após a década de 1930.

Com seu progressivo declínio, a comunidade perdeu o direito à terra e sua coesão social. Quando muitas das *haciendas* recriaram a organização política e social das comunidades livres, os *ayllus* de *hacienda* ou os governos, muitas vezes, não tiveram o poder de evitar a expulsão de seus membros das propriedades. Além disso, agora as propriedades tinham menor necessidade de trabalhadores do que as comunidades livres na sua época. O resultado foi a dissolução das normas sociais índias, a migração para as cidades e a expansão da população *chola* (ou mestiça), rural e urbana. O único fato que impediu a destruição total da cultura indígena foi o crescimento contínuo da população de camponeses índios em todo o século XIX. Na metade do século, uma série de epidemias diminuiu o ritmo desse crescimento, mas, com o desaparecimento de doenças transmissíveis como o cólera, no último quarto do século, os grandes índices de aumento voltaram a imperar. Além disso, por falta de ensino público na zona rural antes da década de 1930, a massa da população rural permaneceu analfabeta, com a grande maioria ignorando a própria língua nacional. O idioma predominante continuou sendo o quíchua, com o aimará ocupando o segundo lugar.

Até boa parte do século XX, a Bolívia continuou sendo uma nação predominantemente rural, constituída em sua maior parte de camponeses índios, apesar do desenvolvimento de um setor moderno de exportação, da grande expansão da agricultura comercial e do sistema de *hacienda*, e mesmo com o crescimento de modernos centros urbanos. Em 1900, pelo menos três quartos da população continuavam rurais e os índios eram responsáveis por um pouco mais de 50 por cento dos 1,6 milhões de habitantes (ver Tabela 1). O espanhol era falado somente por uma minoria, apesar de ser a única língua usada na vida econômica e política da República.

TABELA 1 / A POPULAÇÃO DA BOLÍVIA NOS PRINCIPAIS DEPARTAMENTOS E EM SUAS CAPITAIS, 1846, 1900, 1950

Departamento / *Capital*	1846	1900	1950
La Paz	412 867	426 930	948 446
La Paz	42 849	52 697	321 073
Cochabamba	279 048	326 163	490 475
Cochabamba	30 396	21 881	80 795
Oruro	95 324	86 081	210 260
Oruro	5 687	13 575	62 975
Potosí	243 269	325 615	534 399
Potosí	16 711	20 910	45 758
Chuquisaca	156 041	196 434	282 980
Sucre	19 235	20 907	40 128
Santa Cruz	78 581	171 592	286 145
Santa Cruz	6 005	15 874	42 746
Tarija	63 800	67 887	126 752
Tarija	5 129	6 980	16 869
Beni	48 406	25 680	119 770
Trinidad	3 194	2 556	10 759
Total	1 378 896	1 633 610	3 019 031

Fontes: 1846: JOSÉ M. DALENCE, *Bosquejo Estadístico de Bolívia*, Chuquisaca, 1851. 1900: República de Bolívia, Oficina Nacional de Inmigración, Estadística y Propaganda Geográfica, *Censo General de Población, 10 de septiembre de 1900*, La Paz, 1902–1904, 2 vols. 1900: República de Bolívia, Dirección General de Estadística y Census, *Censo Demográfico, 1950*, La Paz, 1955.

Os governos civis da Bolívia que foram constituídos depois de 1880 tiveram como base de apoio uma pequena porcentagem da população nacional. Para todos os efeitos, esse apoio provinha unicamente dos falantes de espanhol, no máximo um quarto da população do país. E, levando em conta os requisitos de alfabetização para ser eleitor, bem como as restrições financeiras à ocupação de cargos públicos, o regime boliviano era, no pleno sentido da palavra, um sistema político de participação limitada. No período até 1900, o eleitorado não totalizava mais de 30 a 40 mil pessoas. A elite preocupara-se em manter as massas indígenas fora da política e em negar-lhes acesso às armas ou a qualquer outro meio eficaz de protesto. Para manter a submissão dos índios, um instrumento indispensável foi o exército, sobretudo após sua profissionalização e modernização, chamado continuamente para reprimir os periódicos levantes indígenas. A elite dividiu-se em partidos políticos e chegou a pegar em armas para derrubar os governos. Contudo, esses atos de conflito e violência foram bastante circunscritos e, em grande parte, constituíram questões urbanas e intraclassistas. Muito raramente a elite apelou aos grupos de não-elite e de fala não espanhola, e a vida política do período 1880–1892 obedeceu, em grande parte, a regras muito bem definidas. Uma única vez, em 1899, os camponeses índios tiveram permissão para participar de um conflito político nacional, e ainda assim em caráter temporário, e essa intervenção terminou com a total supressão dos *kurakas* (caciques) índios. Para as massas rurais indígenas, a manifestação política restringiu-se aos tradicionais anciãos de aldeia ou aos líderes temporários de revoltas em "guerras de casta". Mesmo esses levantes estiveram confinados às pequenas comunidades e foram de natureza exclusivamente defensiva, em protesto ou contra o aumento da exploração em geral ou contra os ataques aos direitos da terra em particular. Até boa parte do século XX, a política nacional continuou exclusivamente nas mãos de dez a vinte por cento da população.

A vida intelectual, que se estagnara a partir da Independência, reviveu depois de 1880 sob o impacto combinado de um governo civil relativamente estável, do aumento da riqueza nacional, da profissionalização das ocupações e da criação de modernos currículos nas escolas. Escritores individuais descobriram grupos afins, e alguns indivíduos das famílias da elite tiveram ampla oportunidade de viver no exterior e de participar dos últimos movimentos europeus ou latino-americanos. Assim, o poeta boliviano Ricardo Jaimes Freyre ligou-se a Rubén Darío em Buenos Aires e tornou-se uma voz poderosa no movimento modernista que invadiu as letras hispano-americanas e espanholas. Escritores como Gabriel René Moreno, destacado historiador da Bolívia, encontrou emprego nas bibliotecas e arquivos do Chile, e romancistas e ensaístas, como Alcides Arguedas, que vivia em Paris, tornaram-se conhecidos em todas as Américas. Os escritores que chegaram à maturidade nesse período os bolivianos chamaram a "geração dos anos 1880". Foi a primeira geração realmente coerente a surgir na vida literária da

TABELA 2 / PRODUÇÃO DE PRATA NA BOLÍVIA, 1780–1909 (EM MARCOS DE PRATA)

	Produção média anual	Produção máxima anual	Produção mínima anual
1590–1599[a]	803 272	887 448	723 591
1740–1749[b]	92 119[c]	111 947	81 081
1780–1789	387 170	416 676	335 848
1790–1799	385 283	404 025	369 371
1800–1809	297 472	371 416	194 347
1810–1819	208 032	338 034	67 347
1820–1829	156 110	177 727	132 433
1830–1839	188 319	288 154	169 035
1840–1849	191 923	256 064	142 029
1850–1859	201 482	224 313	189 573
1860–1869	344 435[c]	391 304	312 174
1870–1879	955 629[c]	1 150 770	391 304
1880–1889	1 111 568[c]	1 660 804	597 686
1890–1899	1 655 762	2 630 907	1 202 927
1900–1909	799 791	1 288 452	385 522

Notas: [a] Década de produção máxima no período colonial.
b Década de produção mínima no período colonial.
c Produção estimada. Todos os dados da produção foram convertidos de quilos para marcos à taxa de conversão de 230 gramas = 1 marco.

Fontes: **Antes de 1870**: ver a tabela mais completa em HERBERT S. KLEIN, *Bolivia: The Evolution of a Multi-Ethnic Society*, New York, 1982, appendix table 2; **1755–1859**: ERNESTO RÜCK, *Guía General de Bolivia, primer año*, Sucre, 1865, pp. 170–171; **1860–1865**: ADOLF SOETBEER, *Edelmetallproduction und Wertverhältnis zwischen Gold und Silber*, Gotha, 1879; **1876–1891**: *The Mining Industry, Its Statistics, Technology and Trade*, 1892, vol. I, p. 207; **1892–1893**: *ibid.*, 1893, vol. II, p. 333; **1894**: *ibid.*, 1898, vol. VII, p. 203; **1895–1904**: República de Bolívia, Oficina Nacional de Inmigración, Estadística y Propaganda Geográfica, *Geografía de la República de Bolivia*, La Paz, 1905, pp. 354–355; **1905–1909**: WALTER GÓMEZ, *La Minería en el Desarrollo Económico de Bolivia*, La Paz, 1978, pp. 218–220.

República e forneceu uma base importante sobre a qual foram construídos todos os desenvolvimentos culturais futuros. Sob muitos aspectos, o período de 1880 a 1920 foi a idade de ouro da literatura nacional.

Nas ciências, porém, as estruturas tradicionais das universidades nacionais impediram qualquer avanço sério. Decerto, na década de 1880, a indústria mineira da Bolívia usava uma tecnologia tão adiantada quanto qualquer outra no mundo, mas todo o seu maquinário e seus engenheiros foram importados das melhores escolas da Europa e da América do Norte. Poucos engenheiros nativos foram formados e não ocorreu no país nenhuma descoberta importante, nem mesmo no setor da metalurgia. O problema nas chamadas "ciências exatas" foi a total ausência de infra-estrutura. Orçamentos baixos e professores em tempo parcial impediram o desenvolvimento de laboratórios científicos ou de pesquisa sistemática. Enquanto romancistas, poetas, ensaístas, historiadores e mesmo cientistas sociais puderam desenvolver-se mesmo trabalhando em profissões tradicionais, como direito, teologia e medicina, isso não foi possível no caso das ciências ou da tecnologia. Muitos bolivianos formados trabalharam no exterior e de fato participaram do desenvolvimento da ciência moderna nos países adiantados, mas até hoje a Bolívia continua sendo um importador de ciência e de tecnologia.

Nas artes plásticas, a estagnação econômica e o declínio concomitante da Igreja católica nas primeiras décadas do século XIX tinham posto um fim à grande era de atividade artística criativa do período colonial. A abolição dos dízimos e o confisco das rendas e propriedades eclesiásticas no governo de Sucre haviam interrompido a construção de templos. Como a Igreja e os cidadãos pios ricos já não tinham condições de oferecer patrocínio, a demanda de pinturas e de obras de entalhe também caiu. Além disso, a Igreja do século XIX tornou-se menos tolerante com o catolicismo popular, mais tímida na aceitação dos estilos nativos de arte indígena e *chola* e astutamente conservadora em seu gosto artístico global. Assim, quando as rendas da Igreja voltaram a crescer depois de 1880 e as construções foram retomadas, o clero e a elite branca rejeitaram o rico legado artístico do período colonial e adotaram servilmente os modelos mais reacionários da Europa. O resultado desses fatores foi a estagnação da arte plástica boliviana até boa parte do século XX e a eliminação das massas indígenas e *cholas* de uma participação expressiva na vida cultural do país.

O desenvolvimento do setor de exportação, especialmente a indústria de mineração de prata na segunda metade do século XIX, e em particular nas duas décadas depois de 1880 (sobre a produção de prata em 1880–1899 ver a Tabela 2), tornaram a economia boliviana cada vez mais vulnerável às forças econômicas internacionais. Agora, tanto os importadores de produtos manufaturados, que pagavam suas compras com um dinheiro difícil ganho com as exportações de minérios, quanto o governo, que se tornara totalmente dependente dos impostos arrecadados com o comércio exterior, estavam muito comprometidos com os caprichos do setor de exportação, que, por sua vez, por mais bem sucedida que tenha sido, se tornou cada vez mais vulnerável às flutuações da demanda internacional. Assim, o governo, os donos de minas e a elite nacional estavam sujeitos às coerções internacionais, que criavam problemas de estabilidade e sobre as quais tinham pouco controle.

A Bolívia foi um exemplo clássico de economia aberta. Como a maior parte do seu poder de compra interno provinha do importante setor da mineração, ela era extremamente vulnerável às mudanças de preço dos produtos primários de exportação. Além disso, mesmo no setor mineiro, até quase o final do século XX, foi uma economia dominada por um único metal: a prata até 1900 e a partir daí o estanho. Desse modo, qualquer mudança nos preços mundiais provocava um impacto direto e imediato sobre a economia local. Poderosas elites regionais podiam ser eliminadas da noite para o dia por mudanças abruptas nos preços internacionais com a conseqüente desintegração das próprias bases da elite dirigente. Os bolivianos aprenderam a viver com essa incerteza e tentaram reagir tão rapidamente quanto possível aos novos incentivos de preço. Mas, graças às limitações dos recursos naturais, sua reação também tinha limites e não havia uma certeza do progresso econômico a longo prazo para a nação como um todo. Foi essa incerteza a razão de grande parte do comportamento dos donos de minas, os líderes que dominaram a política no período pós-1880.

A nova elite da mineração, depois de se organizar politicamente para abolir o monopólio do governo sobre as vendas externas e forçar as compras locais, formou um grupo de pressão mais coerente para atuar com vistas a eleger governos mais sensíveis às suas necessidades. Com suas minas em plena produção num momento em que se iniciava, no mercado mundial, um declínio secular dos preços da prata, a nova elite foi forçada continuamente a baixar os custos e a aumentar a produtividade. Isso significou o uso de máquinas, de eletricidade e, acima de tudo, a modernização dos transportes, o item mais caro no processo de mineração. A única preocupação dos donos de minas bolivianos devia ser a mecanização das minas e sua eletrificação; no entanto, os problemas de transporte excederam até mesmo seus recursos de capital. Os subsídios do governo e as finanças internacionais eram imperativos. Por isso, os mineiros queriam governos civis estáveis cujos recursos fiscais pudessem ser devotados a uma intensa construção de estradas de ferro.

Os partidos políticos bolivianos foram criados no calor das divisões e dos debates sobre a Guerra do Pacífico. Para os donos de minas a eclosão da guerra em 1879 representou um terrível choque. Significou para eles o estancamento fatal de suas novas fontes de capital no Chile e um sério transtorno do comércio internacional. Responsabilizando os regimes militares anteriores pela guerra, agruparam-se em torno de duas figuras centrais, Mariano Baptista, um advogado das companhias mineiras, e Aniceto Arce, o maior proprietário individual de minas do país, e formaram um poderoso partido, que defendia a paz com os chilenos. Subseqüentemente, o partido jogou todo o seu peso sobre o esclarecido general Narciso Campero, que, em dezembro de 1879, ajudara a destronar o regime militar de Daza e no momento dirigia o pequeno esforço de guerra boliviano. Os donos de minas exigiram um fim rápido do conflito e uma indenização por todos os territórios perdidos, dinheiro que deveria ser usado exclusivamente na construção de estradas de ferro. Nesse meio tempo, o grupo contrário ao Chile e à paz reuniu suas forças em torno do popular coronel Eliodoro Camacho, o chefe da revolta contra Daza e importante teórico liberal. Foi assim que, no final da guerra, apareceram o Partido Conservador e o Partido Liberal. Supostamente, defendiam ideologias opostas. Mas os conservadores, que se pautaram por outros partidos latino-americanos semelhantes, eram, por exemplo, um pouco favoráveis à Igreja. E, embora o Partido Liberal fosse fortemente anticlerical, a Igreja boliviana, nacionalizada pelo primeiro governo republicano, era fraca demais para provocar um conflito mais sério. Na verdade, ambos os partidos concentraram suas energias nas questões de modernização política e econômica.

O general Campero completou seu mandato legal na presidência e realizou, em 1884, eleições totalmente livres. O vencedor final, após uma segunda contagem feita pelo Congresso, foi o proprietário de mina independente, Gregorio Pacheco, o segundo maior produtor de prata do país. Tendo Mariano Baptista como vice-presidente, Pacheco deu início à chamada era da "Oligarquia Conservadora", que se manteve no governo de 1884 a 1899. Nesse período, os dois partidos definiram totalmente sua linha política e os sucessivos governos concentraram-se em fazer um acordo com o Chile e promover a construção de importantes estradas de ferro.

Pacheco prometera manter-se neutro nas eleições de 1888; no entanto, o regime conservador apoiou Aniceto Arce. Em conseqüência, as eleições de 1888 agitaram violentamente a vida política do país, fazendo com que os liberais, irritados, se abstivessem de participar. Assim, no final da década de 1880 a política voltou a ser comandada pela violência. Esse recurso sempre era usado quando os governos conservadores e, depois, os liberais se recusavam a entregar a presidência ao partido de oposição. Uma vez no cargo e próximos da única grande fonte de renda além da mineração e das *haciendas*, os políticos não queriam desistir dos benefícios do cargo. Como a votação em todas as eleições era aberta e facilmente controlada pelos asseclas do governo central em todos os distritos locais, as vitórias tanto nas eleições presidenciais quanto nas parlamentares eram facilmente manipuladas. O partido do governo garantia a maioria no Congresso, mas permitia uma representação substancial dos partidos de oposição, para fornecer uma válvula de escape facilmente tolerável e que não ameaçasse seriamente seu próprio controle do cargo. Todavia, o cargo de presidente tinha de ser obtido a qualquer custo. Por isso, durante toda a era dos conservadores e a dos liberais, a violência política foi endêmica. Deve-se ressaltar, porém, que essa violência restringiu-se habitualmente aos civis, ao ambiente urbano, e significou pouco derramamento de sangue. Parece também que a violência se limitava aos períodos imediatamente posteriores às eleições, quando o partido de oposição derrotado e a maioria dos eleitores acusavam o governo de haver violado seus direitos. A tradição dos golpes de Estado continuou sendo uma parte permanente da paisagem política, mas não representaram necessariamente a interrupção do governo civil ou a instabilidade da vida política. Estudos posteriores sobre a Bolívia insistem em enumerar a quantidade de revoltas e reconhecem um desarranjo total, mas, na verdade, o período de 1880 a 1936 foi de notável continuidade e estabilidade apesar do recurso periódico a uma violência limitada.

A gestão de Aniceto Arce na presidência (1888–1892) foi digna de nota, primeiro, por causa do início da construção de um ramal ferroviário vital, que ligava o porto chileno de Antofagasta à cidade de La Paz e dava à Bolívia o acesso ao mar pela primeira vez na história, e, segundo, devido ao estabelecimento inicial de moderna rede rodoviária. Arce, naquele que foi comprovadamente o governo conservador mais produtivo, foi igualmente fundamental na profissionalização e no controle do exército. Em 1892, outra eleição fraudulenta levou à presidência Mariano Baptista, o ideólogo do Partido Conservador. Como seus antecessores, Baptista (1892–1896) concentrou-se na construção de estradas de ferro. Assinou um tratado de paz preliminar com o Chile e iniciou a exploração de borracha natural nos territórios do Acre. No final de seu mandato, entregou a presidência ao último dos oligarcas conservadores, o proprietário de mina Sergio Fernández Alonso (1896–1899). Nessa época, porém, o poder dos conservadores, escorado firmemente nas zonas de mineração de prata ao sul e na cidade de Sucre, estava sendo erodido progressivamente pela queda brutal dos preços da prata no mercado internacional. Em contrapartida, os liberais sentiram crescer sua força, associados que estavam às novas classes profissionais urbanas de La Paz e aos grupos exploradores de outros minérios fora da prata, sobretudo aos novos mineiros do estanho, que queriam derrubar a oligarquia conservadora.

O aumento da produção do estanho, que, depois de 1900, se tornou a principal indústria da Bolívia, teve sua origem nos desenvolvimentos obtidos na era dominada pelos conservadores. No grande período da moderna mineração de prata, a Bolívia usava o que havia de mais atual em tecnologia mineira, inclusive ferramentas mecânicas e eletricidade. Ao mesmo tempo, os magnatas da prata e seus governos conservadores escolheram como tarefa principal a modernização das comunicações; em particular, construíram um ramal ferroviário vital para ligar as regiões mineiras à costa do Pacífico.

Quando começou o declínio da prata no mercado internacional, foi fácil transferir a tecnologia e as comunicações existentes para a exploração de outros metais. Nesse caso, um aumento fortuito da demanda mundial de estanho (para a fabricação de latas e uma centena de outros novos usos industriais), coincidindo com a exaustão das tradicionais minas de estanho da Europa, deu à Bolívia condições de capitalizar seus recursos e reagir com rapidez e eficiência. O estanho fora, desde os primeiros tempos, importante subproduto da mineração da prata. Todavia, os custos de seu transporte a granel para as fundições européias sempre tinham sido proibitivos, principalmente por causa do isolamento geográfico da Bolívia e da natureza primitiva de suas comunicações. De repente, com a disponibilidade de transporte ferroviário barato, pela primeira vez sua exportação tornou-se lucrativa para o país. Além disso, já que o estanho era encontrado nas mesmas zonas de mineração de prata e muitas vezes nas mesmas minas, a mudança da prata para o estanho representou um transtorno econômico ou social relativamente pequeno.

Para a tradicional elite da prata, a transição foi menos fácil. Antes de qualquer coisa, o crescimento da mineração de estanho assumiu proporções grandiosas, porque num período de menos de dez anos sua produção subiu de níveis mínimos para maciças exportações do produto (Tabela 3). As zonas de mineração continuaram as mesmas; no entanto, agora que as minas ao norte de Potosí e ao sul de Oruro passaram a dominar a produção, a ênfase

TABELA 3 / A PRODUÇÃO DE ESTANHO NA BOLÍVIA, 1900–1939 (EM TONELADAS)

	Produção média anual	Produção máxima anual	Produção mínima anual
1900–1909	14 909	21 342	9 739
1910–1919	24 710	29 100	21 324
1920–1929	33 216	47 191[a]	19 086
1930–1939	25 864	38 723	14 957[b]

Notas: [a] 1929.
[b] 1933.

Fonte: WALTER GÓMEZ, *La Minería en el Desarrollo Económico de Bolívia*, La Paz, 1978, pp. 218–220.

deslocara-se de maneira sutil mas importante para o Norte. O deslocamento foi tão repentino e o investimento de capital nos ativos fixos tão intenso que muitos mineradores de prata tiveram dificuldade de mudar para o estanho. O resultado foi a entrada de grande quantidade de companhias estrangeiras no mercado e o surgimento de novo grupo de empresários bolivianos pela primeira vez no cenário nacional.

Todas essas mudanças provocaram importante ruptura no cenário político nacional. A antiga elite do Partido Conservador, entrincheirada em Potosí e na sua cidade de apoio, Sucre, viu-se incapaz de conter o crescimento do Partido Liberal, então na oposição. Por outro lado, a enorme expansão de La Paz, que agora passava a ser o principal centro de serviços para a nova indústria do estanho, ressaltou ainda mais sua predominância na vida econômica e social do país. Isso provocou, em 1899, uma revolta combinada de liberais e regionalistas, na qual a elite de La Paz, pertencente, em sua maioria, ao Partido Liberal, exigiu autonomia local e a derrubada do governo conservador.

Na verdade, a revolta de 1899 foi uma operação militar extensiva e um tanto cara, cuja vitória foi tão difícil que os políticos do Partido Liberal foram além dos governos tradicionais e encorajaram a participação das massas de camponeses índios. Resultou desse fato a intervenção temporária de alguns grupos indígenas na vida política nacional, pela primeira vez desde os tempos iniciais da República. Contudo, tão logo os liberais garantiram a vitória, não só o federalismo foi esquecido quando La Paz se tornou a capital *de facto* do país, como também os soldados índios foram desarmados e seus chefes, executados.

Desse modo, o novo século viu o estabelecimento de um novo governo e a criação de uma nova indústria da mineração. O regime liberal diferiu do conservador em poucos aspectos fundamentais. Ambos subsidiaram fortemente os transportes, apoiaram energicamente a indústria mineira e desenvolveram e modernizaram seus centros urbanos. Ambos tentaram ativamente destruir as comunidades indígenas e expandir o sistema da *hacienda*. Finalmente, ambos mostraram-se indiferentes à questão da Igreja, ao contrário da maioria dos outros Estados latino-americanos, onde essa questão provocou grandes conflitos.

Durante a era liberal, os antigos modelos de participação política persistiram. As eleições parlamentares permaneceram relativamente livres, mas as presidenciais foram controladas, usando-se muitas vezes de reduzida violência, o único meio que os políticos de fora do governo tinham de chegar a um cargo executivo. A liberdade de imprensa e as liberdades civis (para brancos e *cholos*) foram mantidas. Mas apareceu um novo tipo de liderança política. Refletindo as complexidades da nova era da mineração, os mineiros do estanho estavam envolvidos demais em seus próprios negócios para ter condições de participar diretamente da vida nacional. Por outro lado, o apoio sistemático dado pelos conservadores ao ensino e à profissionalização criara uma classe de advogados e letrados suficientemente numerosos e experientes para gerir os negócios do governo. Nasceu, assim, a *rosca*, nome que os analistas políticos posteriores deram ao governo de políticos profissionais, que agiam primordialmente segundo os interesses dos principais barões do estanho. Agora, para alcançar seus próprios objetivos, os grupos econômicos de poder já não precisavam intervir diretamente no processo político. Os mineiros do estanho conseguiram concentrar-se totalmente na luta intensa e competitiva pelo domínio das minas do país.

Não houve qualquer restrição aos investimentos estrangeiros nas minas de estanho e, desde o começo desse ciclo econômico, a Bolívia esteve aberta a todos os tipos de empresários e engenheiros do exterior. O capital europeu, o norte-americano e até o chileno competiram com capitalistas locais pelo controle desse setor da mineração, fundando centenas de companhias, muitas das quais trabalhavam freqüentemente na mesma montanha. Talvez surpreenda, portanto, que, após três décadas de intensa competição, os bolivianos tenham saído, na década de 1920, como o grupo dominante dessa indústria.

Dos três principais proprietários de minas, o mais poderoso foi sem dúvida Simón I. Patiño. Nascido, em 1860, no vale de Cochabamba, Patiño parece ter-se originado de um meio artesão e parcialmente *cholo*. Recebeu educação secundária no local e, depois, na década de 1880 e no início dos anos 1890, quando a indústria da prata ainda predominava, trabalhou como aprendiz em várias firmas importadoras de equipamento para mineração. Em 1894, comprou sua primeira ação de uma mina de estanho de Oruro, no cantão de Uncía, na fronteira da província de Potosí. Em 1897, Patiño obteve por compra o controle total da mina e, em 1900, descobriu um dos veios mais ricos de estanho já encontrados no país. Em 1905, La Salvadora, de sua propriedade, era a maior mina de estanho da Bolívia pertencente a um único dono, e Patiño tinha uma equipe completa de técnicos estrangeiros e o mais moderno equipamento de refino. A partir desse investimento inicial, Patiño expandiu rapidamente suas empresas tanto no sentido vertical quanto no horizontal. Em 1910, comprou dos ingleses a mina vizinha, Uncía Mining Company, e em 1924 completou seu domínio dos dois centros mineradores de Uncía e Llallagua quando adquiriu a Companhia Llallagua, de propriedade chilena. Então passou a controlar cerca de 50 por cento da produção nacional e empregava mais de dez mil trabalhadores.

Nesse meio tempo, Patiño voltou sua atenção para a integração vertical de suas operações mineiras e, num lance raro nos círculos capitalistas latino-americanos, tentou controlar os refinadores europeus. Depois de juntar forças com seus clientes norte-americanos, assumiu, em 1916, a direção da maior fundidora de estanho boliviano do mundo, Williams, Harvey and Company, de Liverpool. No começo da década de 1920, Patiño passou a viver permanentemente no exterior e então pôde ser chamado com mais correção de capitalista europeu, já que a grande maioria de seus negócios estavam fora da Bolívia. Não obstante, continuou sendo até sua morte, em 1843, o maior mineiro da Bolívia, seu maior banqueiro privado e seu mais poderoso capitalista.

Dos outros dois maiores mineiros do estanho que surgiram para dividir por igual a outra metade da produção total, um também era boliviano, pertencente a antiga família de mineiros de prata, os Aramayos, e o outro, Mauricio Hochschild, era um judeu da Europa. Tanto na empresa de Aramayo quanto na de Hochschild foram feitas grandes inversões de capital europeu, mas ambas – ao contrário das firmas de Patiño – eram administradas a partir da própria Bolívia. Hochschild tinha alguns investimentos no Chile, mas sua residência principal quase até o fim de sua carreira foi na Bolívia e foi aqui também sua principal área de investimento. Também para a família Aramayo, a Bolívia foi a principal região de atividade. Assim, na década de 1930, as três maiores companhias mineiras que dominavam a produção de estanho e uma boa parcela das minas locais de chumbo, zinco, volfrâmio e de outros minérios tinham sua sede basicamente na Bolívia ou, como as de Patiño, pertenciam totalmente a cidadãos bolivianos. Levando em conta a natureza totalmente aberta da indústria mineira da Bolívia, desde os meados do século XIX, a todos os empresários estrangeiros, tal controle nacional foi realmente notável.

O afastamento de Patiño e dos outros novos magnatas do estanho da participação direta nas questões nacionais deixou a política boliviana nas mãos de uma elite formada por profissionais liberais da classe média alta urbana em ascensão e por representantes da elite agrária das províncias (homens de propriedades modestas e relativamente poucos camponeses, mas com sólidos antecedentes sociais). Quase todos esses homens eram formados em direito e, embora tivessem uma concepção liberal do governo parlamentar e do direito constitucional, acreditavam firmemente no sistema de castas e no governo da oligarquia branca.

A estrutura social da Bolívia continuou surpreendentemente estável, apesar das mudanças recentes e muito rápidas. No censo de 1900, apenas treze por cento da população foram registrados como "brancos". Além disso, embora o censo sugerisse um grande crescimento da população urbana a partir de 1846, ele se baseava na definição algo generosa de urbano, ou seja, qualquer comunidade acima de 200 pessoas. Todavia, se usássemos a definição mais realista de cidades com mais de 20 mil habitantes, poucas mudanças significativas haviam ocorrido. De 1846 a 1900, a porcentagem da população que vivia nessas cidades aumentara de seis por cento para apenas sete por cento. Mesmo La Paz, o maior centro urbano do país, registrara, em 1900, apenas 55 mil habitantes a mais, ou apenas 12 mil a mais do que meio século antes. Ainda que as novas minas tivessem criado diversas cidades novas ao sul de Oruro e ao norte de Potosí, o grande desenvolvimento da indústria mineira em 1900, com seus 13 mil trabalhadores, continuava a absorver apenas um por cento da população economicamente ativa.

Desse modo, apesar do crescimento de um novo setor de exportação, da expansão de uma nova elite, tanto branca quanto *chola*, e da desintegração maciça da propriedade indígena nas zonas rurais, a Bolívia permaneceu surpreendentemente tradicional em sua composição social. Por isso, os liberais sentiram-se pouco coagidos a preocupar-se com os sérios problemas de classe e de casta que dividiam essa sociedade multiétnica.

O primeiro presidente saído das fileiras do Partido Liberal foi José Manuel Pando (1899–1904), o grande líder do partido em seus anos de oposição. Os liberais, tão logo assumiram o cargo, adotaram praticamente todas as políticas do Partido Conservador e, por exemplo, rejeitaram totalmente o federalismo. Contudo, a administração de Pando é mais conhecida por haver abandonado as tradicionais posições internacionais e ter perdido boa parte do território nacional. O primeiro dos dois grandes desastres internacionais foi a disputa do Acre. No centro da região do grande desenvolvimento da borracha na Amazônia, os territórios do Acre eram contíguos à fronteira com o Brasil e habitados, em sua grande parte, por migrantes brasileiros. Quando o último governo dos conservadores criou uma alfândega no rio Acre, em Puerto Alonso, e arrecadou enorme soma sobre a borracha embarcada através do Brasil, os seringueiros locais se revoltaram. O governo liberal enviou tropas às distantes planícies orientais para reprimir a revolta, mas o apoio disfarçado dos brasileiros deu aos rebeldes força suficiente para resistir. O resultado foi a derrota total das forças bolivianas e a anexação do território do Acre ao Brasil, em troca da soma de 2,5 milhões de libras esterlinas, acordo estabelecido em 1903 no Tratado de Petrópolis.

Com relação ao território do Acre, o governo liberal adotara uma posição de resistência – e perdera. Na frente chilena foi muito menos agressivo. Nesse caso, numa tentativa de obter recursos e acabar com uma questão já muito dilatada e politicamente sensível que, no seu entender, estava desviando o patrimônio nacional, superou as mais extremas concessões propostas pelos seus antecessores. Invertendo sua atitude anterior de irredentismo, que exigia a devolução incondicional do território ocupado na Guerra do Pacífico, os liberais assinaram um tratado de paz formal com o Chile em 1904. A Bolívia concordou em ceder ao Chile todas as suas terras tomadas ao longo do litoral e desistiu de suas exigências sobre a construção de um porto no Pacífico. Em troca, o Chile construiria uma estrada de ferro de Arica a La Paz, pagaria uma indenização formal de 300 mil libras esterlinas, garantiria empréstimos internos para a construção ferroviária e renunciaria aos acordos especiais de nação privilegiada no comércio com a Bolívia. Embora a questão do litoral do Pacífico tenha sido resolvida formalmente pelo tratado, na verdade continua sendo até hoje o principal problema das relações internacionais nos Andes. Na época, esses acordos na questão do Acre e no conflito com o Chile deram aos liberais uma paz relativa na frente internacional e um suporte financeiro bastante grande para dar continuidade ao programa de construção ferroviária.

O segundo presidente da era liberal foi Ismael Montes (1904–1909). Advogado de formação, Montes representava a nova linhagem de políticos da classe média urbana. Personalidade poderosa, com um instinto apurado para a política, Montes conseguiu impedir com eficácia, até depois da Primeira Guerra Mundial, o surgimento de um partido de oposição formado pelos que estavam fora do governo. Foi auxiliado, nesse esforço, pelo grande crescimento da economia em decorrência do aumento da exportação de estanho (ver Tabela 4). Isso lhe forneceu os recursos para expandir a burocracia do Estado, que ele, por sua vez, usou para comprar qualquer oposição em potencial.

Além disso, Montes conquistou a adesão da elite nacional à nova era liberal por meio de um firme compromisso com o programa de obras públicas. Respaldado por um bom superávit na balança comercial, o presidente conseguiu alguns empréstimos junto aos bancos internacionais privados. Em 1906, fez um grande empréstimo de um banco privado norte-americano, que lhe deu condições de concluir as ligações ferroviárias internacionais com a construção de ramais para as principais cidades interioranas de Cochabamba e Sucre, bem como as ligações internacionais com os centros mineiros de Potosí e Oruro. Construiu uma nova ferrovia para Guaqui, no lago Titicaca, ligando-se à rede ferroviária peruana. Executou os principais projetos de construção urbana, saneamento e iluminação, acarretando uma grande expansão da atividade econômica, até a crise de 1913–1914 às vésperas da Primeira Guerra Mundial.

Montes conseguiu dirigir a escolha de seu sucessor, Eliodoro Villazón, e com isso garantir sua própria reeleição formal em 1913. No entanto, o segundo governo de Montes (1913–1917) não foi o triunfo irrestrito que fora o primeiro. As tentativas dos liberais de fundar um banco nacional provocaram forte oposição dos principais elementos da elite. Em seguida, a súbita crise do comércio internacional no período anterior à guerra reduziu um terço das exportações de minérios entre 1913 e 1914 (ver Tabela 4). Por outro lado, condições atmosféricas adversas provocaram grave crise na agricultura. Com a redução das receitas do governo, Montes de repente teve de enfrentar dentro do partido uma oposição intransigente, que ele não conseguiu comprar. Além disso, estando no poder há tanto tempo, tinha pouca disposição a usar de tato ou de sutileza para acalmá-la. O resultado foi o racha quase inevitável do Partido Liberal em dois grupos separados. Dessa divisão emergiu uma nova agremiação, que recebeu o nome de Partido Republicano, fundado formalmente em 1914.

TABELA 4 / O COMÉRCIO EXTERIOR DA BOLÍVIA, 1895–1930 (EM MILHARES DE BOLIVIANOS DA ÉPOCA)

Ano	Exportações	Valor relativo dos minérios (%)	Importações	Diferença
1895	20 914	n.a.	13 897	7 017
1896	22 047	n.a.	12 952	9 091
1897	21 990	n.a.	12 457	9 533
1898	27 457	n.a.	11 897	15 559
1899	27 366	n.a.	12 840	14 526
1900	35 568	(67)	13 344	22 314
1901	37 578	(72)	16 953	20 625
1902	28 042	(79)	14 143	13 898
1903	25 162	n.a.	16 253	8 909
1904	31 465	n.a.	21 137	10 328
1905	42 061	n.a.	27 870	14 191
1906	55 155	n.a.	35 810	19 344
1907	50 332	n.a.	37 898	12 434
1908	43 786	(89)	40 808	2 978
1909	63 764	(64)	36 940	26 825
1910	77 622	(72)	48 802	28 820
1911	82 631	(76)	58 371	24 260
1912	90 123	(81)	49 509	40 614
1913	93 722	(82)	54 763	38 959
1914	65 801	(85)	39 761	26 040
1915	95 210	(86)	22 575	72 636
1916	101 485	(81)	31 098	70 387
1917	157 748	(87)	33 481	124 267
1918	182 613	(91)	34 970	147 643
1919	144 252	(88)	61 997	82 254
1920	156 019	(91)	65 340	90 679
1921	66 920	(91)	70 853	– 3 934
1922	94 770	(94)	49 967	44 802
1923	107 694	(94)	62 915	44 779
1924	115 191	(95)	62 863	52 328
1925	109 286	(90)	68 665	40 621
1926	122 681	(92)	70 831	51 850
1927	127 084	(92)	96 105	30 979
1928	116 073	(93)	64 391	51 683
1929	140 007	(94)	71 417	68 590
1930	100 306	(93)	52 442	47 864

Fontes: GÓMEZ, *La Minería*, pp. 191–192, 208–209; República de Bolivia, Oficina Nacional de Inmigración, Estadística y Propaganda Geográfica, *Sinopsis Estadística y Geográfica de la República de Bolivia*, La Paz, 1903–1904, 3 vols.; a informação aparece no vol. II, pp. 294, 300.

Tanto Montes quanto o fundador do novo partido, Daniel Salamanca, admitiram que a nova agremiação política era uma cópia de carbono do Partido Liberal. Sua força decorria das mesmas classes; apoiava inquestionavelmente todas as reivindicações dos mineiros; e era tão racista e oligárquico quanto seus adversários. Montes acusava os republicanos de serem os "apóstatas" do Partido Liberal, e Salamanca proclamava que o objetivo de seu partido era apenas garantir eleições livres e opor restrições ao poder do presidente. O resultado final do retorno ao sistema bipartidário foi uma recorrência de eleições presidenciais fechadas e fraudulentas e o apelo da oposição novamente à violência e aos golpes de Estado.

A recuperação das exportações da Bolívia durante a Primeira Guerra Mundial (ver Tabela 4) propiciou a Montes condições de realizar uma reforma bancária e financeira sem grande oposição do Partido Republicano e mesmo de conquistar o apoio popular entre os 80 mil ou mais eleitores da República nas eleições parlamentares e presidenciais. Em 1917, transmitiu o governo a um sucessor mais moderado, José Gutiérrez Guerra, que foi incapaz de controlar os republicanos. Com forte apoio de elementos descontentes da comunidade empresarial, os republicanos progrediram enormemente e, quando Gutiérrez Guerra tentou controlar as eleições de 1920, eles se insurgiram numa revolta que, vitoriosa, pôs fim ao governo do Partido Liberal.

O advento do governo republicano, um regime que durou até 1934, introduziu uma mudança sutil mas importante no sistema político que vinha se desenvolvendo desde o término da Guerra do Pacífico. De um sistema bipartidário simples a política nacional começou a evoluir para um sistema multipartidário. Por outro lado, as normas culturais herdadas da ideologia liberal do século XIX e escoradas por forte elemento de racismo começariam a mudar lentamente. Finalmente, graças à natureza extraordinariamente aberta de sua economia, a Bolívia foi uma das primeiras nações do mundo a sentir os efeitos totais da grande depressão que se seguiu à quebra da Wall Street em 1929.

Inicialmente, o crescimento econômico, que fora a marca tanto dos governos conservadores quanto dos liberais, afetara apenas determinados grupos da elite. Na segunda década do século XX, esse crescimento começava a produzir efeitos importantes nos setores dos índios e dos *cholos*. A expansão das *haciendas* gerou maior número de conflitos com as comunidades indígenas por causa de terra, o que, por sua vez, descambou numa série de grandes revoltas na década de 1920. De importância até mais imediata para a elite foi a organização dos primeiros sindicatos trabalhistas modernos. As atividades organizacionais tiveram origem no século XIX, mas a Bolívia sempre esteve várias décadas atrasada em relação a seus vizinhos em agitação e em organização trabalhista. Somente em 1912 é que o Primeiro de Maio foi festejado pela primeira vez e não antes de 1916 e 1917 foram fundadas as primeiras confederações trabalhistas urbanas. Até 1920 não aconteceram greves nacionais importantes.

Na década de 1920, a elite tomou consciência da existência de reivindicações alternativas e de grupos potencialmente ameaçadores fora da sua arena política. Quando a vida política se complicou na era dos republicanos, apareceram partidos menores que, pela primeira vez, discutiram com seriedade os problemas e as potencialidades do conflito de classe. Além disso, os anos 1920 foram testemunhas das primeiras agitações do pensamento marxista europeu quando ele entrou na Bolívia por meio dos escritores argentinos, chilenos e peruanos.

Quase imediatamente depois de assumir o poder, o Partido Republicano dividiu-se em dois ramos contrários, um chefiado por Bautista Saavedra, um intelectual da classe média urbana, e o outro por Daniel Salamanca, um *hacendado* e político de Cochabamba. Foi Saavedra e seus partidários que tomaram a iniciativa e assumiram o controle do governo e do partido em 1921. Salamanca e suas forças fundaram nova agremiação, o Partido "Republicano Genuíno", e empenharam-se em fazer grandes agitações contra o novo regime.

Na década de 1920, a violência política e o conflito social foram mais intensos do que qualquer coisa vivida nas décadas anteriores. Tão logo Saavedra assumiu o cargo, um grande levante indígena em Jesús de Machaca, no distrito de Lago Titicaca, provocou a morte de centenas de índios e de dezenas de brancos e *cholos* locais. Saavedra não hesitou em usar força total para reprimir a revolta e atacou os governos das comunidades (*ayllus*), acusando essas de reacionárias e preconizando sua supressão a qualquer custo. Assim, assumiu na questão indígena uma posição liberal clássica, típica do século XIX.

No entanto, em suas idéias sobre a organização do trabalho Saavedra revelou-se muito mais aberto. A princípio viu nela uma importante área de apoio em potencial, num momento em que suas próprias bases na classe alta e na classe média estavam sendo erodidas pela oposição do Partido Republicano Genuíno e do Partido Liberal. Propôs a primeira legislação trabalhista e social moderna na história da Bolívia e manifestou sua disposição de apoiar uma atividade grevista limitada e campanhas de sindicalização – a primeira vez em que um presidente nacional fez isso. Todavia, diante do crescimento das atividades grevistas, entre elas uma séria agitação nas minas e a primeira greve geral, ocorrida em 1922, Saavedra rapidamente retirou seu apoio ainda no começo. Com efeito, em 1923 suas tropas reprimiram sangrentamente os mineiros de Uncía, um dos primeiros dos muitos massacres praticados contra essa classe profissional.

A década de 1920 foi o período em que outros membros da elite começaram lentamente a adotar posições não-tradicionais. Em 1920, foram formados os primeiros partidos socialistas locais. No final de 1921 foi fundado um partido socialista nacional, constituído por um pequeno grupo de intelectuais e com pouco apoio dos trabalhadores; no entanto, ele começou a discutir questões fundamentais como a servidão dos índios (*pongueaje*), o reconhecimento legal dos governos das comunidades indígenas e os direitos do trabalho e das mulheres. No contexto boliviano essas idéias eram novas e revolucionárias, mas já faziam parte da tradição política marxista bem estabelecida e mais radical de todos os vizinhos da Bolívia, entre eles o Peru. O famoso racha dos partidos socialistas marxistas da América Latina e a ascensão dos movimentos comunistas na América do Sul nos anos 1920, por exemplo, não encontraram eco em terras bolivianas. Até o final da década de 1920, o país não produziu nem mesmo um partido marxista moderado e somente na década de 1950 foi fundado o partido comunista.

Grande parte dessa primeira agitação trabalhista esteve associada à breve porém fortíssima depressão do começo da década de 1920, que resultou numa redução intensa embora temporária da produção e das exportações de minérios (ver Tabela 4). Assim que a produção retomou seu ritmo no final de 1922, a agitação trabalhista começou a declinar. Além disso, na opinião de Saavedra, o nascente movimento trabalhista organizado, mesmo que tenha criado suas primeiras federações nacionais e tenha produzido sua primeira greve geral, constituía uma escora fraca demais para seu regime. O sustentáculo de Saavedra foi a classe média baixa, que pela primeira vez se viu favorecida por uma legislação social moderada. Todavia, levando em conta a forte personalidade do presidente, era inevitável que o Partido Liberal e o Partido Republicano Genuíno unissem suas forças para fazer oposição a seu governo, dificultando cada vez mais suas ações políticas. Na busca de apoio popular, Saavedra voltou-se para os mercados estrangeiros de capital privado à procura de recursos que lhe permitissem promover grandes projetos de desenvolvimento. Negociou um empréstimo de 33 milhões de dólares com bancos privados de New York, destinado a financiar a construção ferroviária, as obras públicas e a criação de um banco nacional. Tinham sido essas as clássicas preocupações de liberais e conservadores antes dele. Todavia, o serviço da dívida estava alto e as condições do empréstimo, que incluíam controle direto dos Estados Unidos sobre os órgãos de tributação do país, eram totalmente inaceitáveis para a maioria dos bolivianos. Na verdade, era quase certo que os negociadores de seu país tinham sido corrompidos e que, apesar de sua excelente categorização de crédito, a nação fora forçada a pagar juros muito altos. A oposição ao chamado empréstimo "Nicolaus" foi imediata e intensa.

Para agravar ainda mais seus problemas, Saavedra, à maneira arbitrária de Montes, também tentou resolver o grande debate que envolvia as concessões de petróleo na região das planícies orientais. Em 1920, depois que ficou provada a incapacidade dos empresários bolivianos de desenvolver poços produtivos, os republicanos abriram aos estrangeiros as áreas de reserva. Em 1920 e em 1921, alguns empresários norte-americanos obtiveram algumas concessões, mas essas companhias menores foram apenas testas-de-ferro da Standard Oil Company of New Jersey, que em 1921 recebeu do governo permissão para comprar essas concessões, adquiriu outras mais e fundou a Standard Oil Company of Bolivia. Considerando todo o tratamento especial concedido à Standard Oil e a intensa oposição da elite a Saavedra, o clamor público foi inevitável.

A todas as questões habituais de corrupção, favoritismo e dominação presidencial, Salamanca e seus partidários mais conservadores acrescentaram um tema totalmente novo: o nacionalismo econômico. Na Bolívia, a oposição à exploração dos recursos naturais por companhias estrangeiras começou virtualmente assim que foi feita a primeira concessão no ramo petrolífero. Com respeito à mineração não houve qualquer clamor público, e Guggenheim e outras companhias norte-americanas participaram ativamente da economia do país, mas o petróleo sempre constituiu uma questão especial e o ataque à Standard Oil passou a fazer parte da retórica tanto da direita tradicional quanto dos nascentes movimentos bolivianos de esquerda.

No final do seu mandato, Saavedra estava tentando desesperadamente agradar a todas as facções. De um lado, ajudou os donos de minas a reprimir a greve de Uncía em junho de 1923, com a matança indiscriminada de trabalhadores e suas famílias. De outro, realizou, no final de 1923, importante revisão da estrutura tributária no setor da mineração e conseguiu dobrar os impostos sobre a produção de estanho. No início de 1924, Patiño, irado, mudou a sede de sua companhia da Bolívia para os Estados Unidos e fundou a Patiño Mines and Enterprises em Delaware. Também emprestou ao governo 600 mil libras esterlinas destinadas à construção de estradas de ferro, em troca da garantia de que não haveria aumento de impostos nos cinco anos seguintes.

Apesar de sua tentativa de dirigir a escolha de seu sucessor e mesmo de prorrogar seu próprio mandato, Saavedra foi forçado, no final de 1925, a entregar o governo ao candidato de seu próprio partido, Hernando Siles, seu adversário político. O período seguinte assistiu a mais um racha dos partidos tradicionais. Siles, vendo que Saavedra controlava o Partido Republicano, criou seu próprio agrupamento político, o Partido Nacionalista. Apoiou o movimento de reforma universitária e, em 1928, os estudantes radicais fundaram a primeira FUB (Federação Nacional de Estudantes Universitários da Bolívia). Agora os socialistas e a FUB, embora ainda continuassem pequenos agrupamentos de intelectuais, sugeriam transformações radicais da sociedade, exigindo a reforma agrária e o fim do "feudalismo". Reivindicaram ainda a nacionalização dos recursos naturais do país e mudanças na definição de propriedade privada e deram forte apoio ao nascente movimento trabalhista.

Ao mesmo tempo em que o cenário político evoluía para uma arena mais complexa de ideologias de classe conflitantes, a economia boliviana começou a deteriorar-se a um grau alarmante. No período de 1926–1929, o governo enfrentou o aumento dos déficits orçamentários e as crescentes dificuldades para saldar suas obrigações internacionais. Isso ocorria precisamente no momento em que o preço do estanho no mercado internacional, depois de atingir um pico, estava começando seu longo declínio, prenunciando a catástrofe da grande depressão. Numa tentativa de solucionar essa crise, cuja extensão ainda era desconhecida, o governo adotou algumas medidas tradicionais e outras um pouco mais radicais. Em 1927 e em 1928, respaldado pela criação de impostos especiais, o governo conseguiu novos empréstimos junto aos bancos privados norte-americanos. Em 1928, adotou as reformas propostas pela missão norte-americana Kemmerer e finalmente fundou seu Banco Central, controlado pelo governo, com a missão de fiscalizar todos os aspectos da oferta nacional de dinheiro. Quase no final de 1928, o ressurgimento temporário da disputa com o Paraguai em torno da fronteira do Chaco, prenunciando conflitos futuros ainda mais sérios, obrigou Siles a convocar as forças de reserva e ordenar represálias. Todavia, não era seu desejo travar uma guerra em escala total; assim, no início de 1929 negociou com o Paraguai um Ato de Conciliação.

Em termos políticos, Siles já mostrara que seguia demais o estilo tradicional para permitir o livre jogo das forças democráticas. O incidente de fronteira com o Paraguai forneceu-lhe o pretexto para declarar um estado de sítio formal, que usou para controlar seus inimigos internos. O resultado disso, por sua vez, foi a galvanização do Partido Liberal, do Partido Republicano Genuíno e do Partido Republicano Saavedrista numa frente unida temporária.

Nesse meio tempo, a deterioração dos preços internacionais do estanho produzia seus efeitos. Em 1929, a Bolívia atingiu a maior produção de estanho de todos os tempos: foram exportadas 47 mil toneladas, mas a um preço inferior aos praticados nos primeiros anos da década. Em 1927, a tonelada do estanho estava cotada a 917 dólares; em 1929 caiu para 794 dólares e no final desceu ainda mais, chegando, em 1932, a 385 dólares. Com a redução dos preços do minério, a receita do governo também caiu, baseada que estava sobretudo nos impostos cobrados sobre a exportação do estanho. Em 1929, 37 por cento do orçamento do governo eram destinados ao pagamento do serviço da dívida, 20 por cento gastos com os militares, ficando muito pouco para atender às necessidades simples do governo, sem falar das obras públicas ou das obras sociais.

Justificando suas atitudes, a exemplo de seus antecessores, com a existência de uma crise nacional, Siles tentou continuar no cargo após a conclusão de seu mandato. Em meados de 1930, anunciou um plano pelo qual o Parlamento o escolheria para nova gestão. Assim, entregou o governo a uma junta militar que superintenderia sua reeleição formal. Mas essa manobra suscitou uma oposição universal. Pela primeira vez na política nacional, os estudantes universitários fizeram sentir o seu poder e realizaram grandes manifestações contra o governo. Em resposta, o Exército rebelou-se e a junta foi forçada a fugir. (Em meio a essas desordens a cidade de Villazón, na fronteira meridional, chegou a ser invadida pelos radicais marxistas. Tentaram liderar uma revolta de camponeses e trabalhadores, uma ação que encontrou alguma ressonância no movimento trabalhista urbano.)

Nos meses seguintes, mediante um pacto celebrado entre todos os partidos, Daniel Salamanca concorreu como candidato único às eleições presidenciais de janeiro de 1931. Salamanca, que assumiu o cargo em março, era, porém, um político muito menos sintonizado com os novos desenvolvimentos na frente estudantil e trabalhista do que Saavedra ou Siles. Era um proprietário rural de Cochabamba, um famoso orador parlamentar e, quanto ao mais, um liberal no estilo oitocentista extremamente imoderado e inflexível. Seus únicos programas imediatos eram um governo honesto e eleições livres, e mesmo esses *slogans* sem significado ele violou tão rapidamente quanto seus antecessores.

Está claro que, em 1930/1931, o governo republicano oligárquico de participação limitada, que os conservadores instauraram na década de 1880 e os liberais continuaram depois de 1900, estava começando a ruir. A depressão vivida pelo mundo afetava com uma severidade sem paralelos a economia aberta da Bolívia. Os preços do estanho caíram violentamente, a produção diminuiu e a receita do governo declinou precipitadamente. Por outro lado, os acordos no tocante ao serviço da dívida praticamente destruíram a capacidade do governo de gerar novos impostos não comprometidos ou de encontrar recursos para as mínimas necessidades. A mudança sutil mas agora claramente importante de ideologia política das classes dirigentes começou também a se fazer sentir. Pela primeira vez na política nacional a reforma universitária introduzira o pensamento marxista radical nos lares da elite branca. Os movimentos trabalhistas começaram a atrair a atenção do país com uma atividade grevista cada vez mais forte, acarretando a intervenção militar nas minas e um estado de guerra franca. A única classe popular que permaneceu relativamente pacífica nesse período agitado foram os camponeses índios, que durante toda a década anterior haviam se mostrado incomumente rebeldes; alguns levantes em massa, um em Jesús de Machaca em 1921 e outro em Chayanta (Potosí) em 1927, foram reprimidos com muito sangue derramado.

Sob muitos aspectos, a depressão deu uma trégua ao governo de Salamanca. As dispensas em massa de trabalhadores forçaram o retorno de muitos mineiros para o campo e para a agricultura de subsistência, enquanto a depressão anulava a maioria dos ganhos do movimento trabalhista ainda fracamente organizado. Os camponeses índios tornavam-se cada vez mais passivos à medida que a grande época de expansão da *hacienda* chegava a seu término com o fim dos grandes investimentos nas propriedades rurais. Por outro lado, a juventude universitária não iria desaparecer de modo silencioso, e a depressão criou uma maior consciência política à qual Salamanca foi incapaz de reagir, a não ser com repressão. Pelos padrões dos outros países da América do Sul, o radicalismo boliviano continuou fraco e relativamente pouco sofisticado e uns quarenta a sessenta anos atrasado em relação ao ritmo que tomou nos países limítrofes. Todavia, com a consistente recusa de

Salamanca e seus partidários a dar abrigo a essas idéias, ao contrário dos republicanos da década de 1920, os grupos radicais e reformistas marginais viram-se forçados a um confronto cada vez mais violento com o sistema político tradicional. Não obstante, esses grupos continuavam sendo apenas um setor pequeno da sociedade de elite, e talvez nunca teriam sido a ameaça que foram se a Bolívia não tivesse sofrido, sob a liderança de Daniel Salamanca, o maior desastre militar de sua história. A Guerra do Chaco iria fornecer a força desintegradora decisiva pela qual o sistema tradicional do período de 1880–1932 seria no final destruído.

As origens da crise anterior à guerra remontam à redução dos preços do estanho, mais ou menos em 1927. Em 1929, os estoques de estanho no país também estavam subindo, o que diminuiu ainda mais os preços. Nessa época, a Bolívia, junto com outras três regiões produtoras de estanho (Nigéria, Malásia e Indonésia), forneciam perto de 80 por cento da produção mundial. Dessas quatro regiões, a Bolívia era a que tinha o minério de qualidade mais inferior e os custos de transporte mais altos; portanto, o seu estanho era o mais caro. Assim, foi a primeira a sentir as ondas de choque e viu que era impossível forçar os outros grandes produtores a diminuir sua produção espontaneamente, porque estes, mesmo vendendo a preços que para os bolivianos eram negativos, ainda obtinham algum lucro. Em julho de 1929, a pedido de Patiño foi criado um programa voluntário de controle da produção, com a fundação da Tin Producers Association, formada pelas companhias particulares que trabalhavam nos quatro principais centros de produção. Fizeram um acordo para diminuir a produção; as três maiores companhias bolivianas aceitaram-no rapidamente no final de 1929 e começo de 1930. Mas as companhias de fora da Bolívia não obedeceram ao acordo e, no meio do ano de 1930, o programa voluntário foi considerado um fracasso.

Enfrentando condições intoleráveis de livre mercado e reduções voluntárias de produção impossíveis de cumprir, os produtores decidiram, no final de 1930, adotar uma medida drástica: exigir a participação do governo no programa de controle da produção. Tratava-se de mudança importante e abrupta em relação à antiga atitude de beligerância dos proprietários de minas, que até então não tinham concordado com nenhum tipo de intervenção do governo na empresa privada. Pela primeira vez, foi dado ao governo boliviano o direito não só de tributar a indústria mas também de controlar as cotas de produção, o que, nas décadas seguintes, acarretaria um controle sobre as vendas externas. Foi visivelmente um ato de desespero com o qual os principais produtores esperavam manter o controle direto sobre as decisões do governo que os afetassem. Mas também possibilitou a primeira intervenção realmente poderosa do governo nos negócios da mineração. Embora tivessem sido feitos acordos preliminares com relação ao estabelecimento de cotas, os programas de grande redução da produção para todas as firmas significavam que qualquer uma delas podia fácil e rapidamente aumentar sua produção se suas cotas de mercado fossem mudadas por decreto do governo. Isso gerou rapidamente uma tensão especial na relação entre os três grandes donos de minas e levou seus conflitos de concorrência para os próprios corredores do palácio governamental. As grandes companhias de mineração começaram a dar uma atenção muito mais direta ao cenário político do que tinham feito até então e passaram a apoiar facções diferentes dentro da própria elite.

Como eram apenas três os principais governos envolvidos – a Bolívia, a Holanda e a Inglaterra – viu-se que se podia facilmente pôr em prática um sistema forçado de cota de produção; no começo de 1931, teve início o Programa Internacional de Controle do Estanho. Em 1º de março de 1931, poucos dias antes de se iniciar o novo mandato de Salamanca, foi posto em prática o sistema de cotas e a produção boliviana foi reduzida drasticamente, criando uma grande crise econômica interna para a República. O programa de limitação da produção reduziu os estoques de estanho do mundo e estabilizou os preços, mas somente em 1933 é que a produção boliviana começou lentamente a alcançar níveis modestos.

Todas essas mudanças no plano internacional e o choque resultante sobre a economia local foram acompanhados de perto pela elite do país. O governo interino (junho de 1930–março de 1931) fizera experiências com alguns programas de obras públicas e dera todo o apoio aos planos de produção de Patiño. Além disso, cortou as despesas do orçamento ao mínimo. Procurou conhecer os vários projetos de recuperação nacional que estavam sendo tentados em outras partes do mundo. De todos os grupos que estiveram envolvidos nesse debate sobre a economia nacional, foram os liberais os que ofereceram as propostas mais concretas. Embora ortodoxas, suas idéias sugeriam séria intervenção do governo. Todavia, Salamanca parecia esquecido de todo o problema. Perguntado muitas vezes sobre suas idéias econômicas, respondia com evasivas e falava da necessidade de um governo honesto. Essas idéias vazias poderiam ser aceitáveis em tempos de crescimento com uma ordem social estável, mas não tinham sentido no contexto do momento. O resultado foi que seu Partido Republicano Genuíno sofreu uma derrota fragorosa nas eleições parlamentares de janeiro de 1931, e o novo Congresso ficou com o Partido Liberal, que obteve maioria absoluta de votos. De repente, o rígido Salamanca viu-se diante de um Congresso hostil e totalmente fora de seu controle, com uma economia que ele pouco entendia e uma sociedade em grandes dificuldades que ele não sabia como resolver.

Quase imediatamente depois de assumir o governo, Salamanca passou a indispor-se com a maioria dos principais grupos da sociedade. Enquanto o governo anterior dera continuidade essencialmente às políticas de Saavedra e Siles, que, em conseqüência da crise econômica, defendiam uma reforma moderada e mostravam grande interesse pelo social, o governo de Salamanca foi uma volta às ortodoxias mais rígidas do passado. Indispôs-se também com os partidos tradicionais da elite, quando tentou governar apenas com um partido, apesar de ter sido levado ao poder pelo apoio que recebeu de todas as agremiações partidárias.

Seu primeiro ministério, não obstante o domínio do Congresso pelos liberais e da reivindicação geral de um governo de conciliação para administrar a crise econômica, foi formado unicamente por membros do Partido Republicano Genuíno. Em seguida, anunciou ao povo um tanto surpreso que o principal problema que o país devia enfrentar não era a crise econômica, mas o radicalismo e o comunismo. Os grupos radicais e os comunistas tinham conseguido estabelecer-se na vida nacional na década de 1920, mas continuaram sendo essencialmente uma minoria marginalizada, mesmo entre a juventude universitária e as organizações trabalhistas. Essa obsessão com a ameaça "vermelha" era coisa inteiramente nova num político tradicional. Além disso, Salamanca mudou radicalmente a política do governo com relação ao trabalho: de uma atitude neutra moderada passou a franca hostilidade. Salamanca não só foi contrário a uma greve do Sindicato dos Trabalhadores no Telégrafo, um órgão legal, mas também dissolveu o sindicato e reprimiu com energia uma greve geral de solidariedade da Federação dos Trabalhadores de La Paz e mandou prender seus líderes. Em seguida, anunciou que, devido ao déficit orçamentário, os funcionários públicos seriam pagos com notas promissórias; e, no final de julho de 1931, anunciou que a Bolívia estava deixando de pagar sua dívida externa.

Quando o cenário político e econômico interno se tornou cada vez mais tenso, Salamanca passou a dar muito maior atenção à questão fronteiriça do Chaco. Na verdade, elaborou o mais ambicioso e caro programa de penetração militar do Chaco já imaginado por um presidente boliviano. Esse programa significava importante mudança na política nacional: de uma posição amplamente defensiva o governo passou a adotar uma atitude totalmente ofensiva. Em 1º de julho de 1931, Salamanca aproveitou-se de um incidente típico de fronteira para romper relações diplomáticas com o Paraguai. Depois, em sua fala presidencial de agosto, anunciou que, em virtude do contínuo declínio na receita do governo, virtualmente todos os serviços públicos tinham sido cortados, mas no mesmo discurso anunciou que os orçamentos militares seriam aumentados. Por outro lado, propôs uma política de supressão total dos sindicatos e da atividade grevista entre as classes trabalhadoras organizadas. Assim, Salamanca definira posições extremas ao mesmo tempo em que limitava todas as suas opções políticas.

Em junho, Salamanca chamara Demetrio Canelas, um líder partidário de Oruro, para ocupar a pasta das finanças. O novo ministro suspendeu a política conservadora dos meses anteriores e fez pressões junto a Salamanca para a adoção de medidas econômicas mais radicais para combater a crise. Sua principal proposta para deter a inflação foi uma solução monetária que muitos países do mundo estavam adotando. Queria que a Bolívia abandonasse o padrão ouro, adotasse o papel-moeda inconversível e, em seguida, aumentasse a oferta de dinheiro. A princípio os liberais foram contrários a essas mudanças, especialmente porque tinham o controle tanto do Banco Central quanto do Congresso. Todavia, foram forçados a aceitá-las quando a própria Inglaterra anunciou, em setembro, sua desistência do padrão ouro. A Bolívia, como parte do bloco da libra esterlina, foi obrigada a fazer o mesmo, e Canelas deu início a suas reformas. No entanto, os preços começaram a subir imediatamente e a posição do governo tornou-se extremamente impopular. Os liberais reagiram e voltaram a pressionar o governo e, depois de uma série de questões parlamentares agressivas encaminhadas aos ministros, obrigaram-no a fazer um acordo. Entre seus termos estava incluído um pacto bipartidário formal e a concessão aos liberais de poder de veto em todas as decisões econômicas.

Frustrado em suas iniciativas e independência na esfera econômica, Salamanca tentou implementar suas idéias de governo autoritário. Denunciando uma ameaça comunista que alguns outros líderes partidários tradicionais pareciam temer, apresentou no final de 1931 um projeto de lei de "Defesa Social". Segundo a proposta, seriam concedidos ao presidente poderes extraordinários para lidar com a oposição política da esquerda e com o movimento trabalhista. A reação foi enorme e, em janeiro de 1932, diante das manifestações dos trabalhadores, dos pequenos partidos de esquerda, dos estudantes e dos partidários de Saavedra, o governo foi obrigado a retirar o projeto do Congresso. Por outro lado, Salamanca tentou novamente fugir da oposição dos liberais nas questões econômicas. Precisando antecipar receitas para atender à metade das despesas básicas planejadas, o presidente propôs lançar um empréstimo internacional com base em obrigações negociáveis do governo. A proposta foi rejeitada pelos liberais, que não só conseguiram a destituição formal do odiado Canelas do Ministério das Finanças, mas também obrigaram Salamanca, em março de 1932, a aceitar em seu gabinete três ministros indicados por eles.

Agora Salamanca dependia totalmente dos liberais em todas as decisões fundamentais relacionadas com a economia. Além disso, enfrentava uma oposição cada vez mais radical, que ele próprio criara com suas ações de repressão às greves e com seu projeto de lei da "Defesa Social". Assim, sua irritação diante do cenário político nacional cresceu ainda mais. Todavia, na frente internacional, sua impotência não foi a mesma que na política nacional, e nos difíceis dias de 1932 voltou suas energias para o Chaco. No seu entender, era uma questão com que ele podia lidar, pois confiava que a nação o acompanharia aonde quer que ele a levasse e tinha certeza de que os liberais e os radicais não podiam obstar seu campo de ação.

Organizou sistematicamente o Exército às custas de todos os outros serviços do governo. Lançou-o também num programa cada vez mais intensivo de exploração e colonização do Chaco. As intenções da Bolívia tornaram-se tão claramente agressivas que, nos primeiros meses do ano, alguns grupos radicais exigiram o fim dos preparativos de guerra. No entanto, os grupos estavam divididos quanto a essa questão: de um lado, os radicais e os estudantes e de outro os partidos mais tradicionais. Os saavedristas, que agora se congregavam no Partido Socialista Republicano e que se haviam aliado à esquerda contra a Lei de Defesa Social, apoiaram totalmente a aventura de Salamanca no Chaco, enquanto os liberais se dividiram no apoio que deram à organização do Exército.

Desse modo, Salamanca sentiu-se fortemente apoiado pelos tradicionais, um apoio que ele decidiu explorar até seu limite absoluto. Em maio e em junho, uma articulação entre duas divisões do Exército gerou um conflito característico, de pequena monta, acerca de importante ponto de água no Chaco. Os soldados bolivianos desalojaram uma força paraguaia entrincheirada no local. Afirmando depois que o forte paraguaio não existia, o exército boliviano recusou-se a abandonar o novo posto e começou rapidamente a se preparar para resistir ao esperado contra-ataque dos paraguaios. Nos últimos dias de junho, aconteceu a contra-ofensiva, repelida pelos bolivianos. Até esse ponto, este incidente não foi diferente de dezenas de outros, e o número de soldados envolvidos foi pequeno e o conflito, limitado. O procedimento-padrão agora era uma negociação formal, mas nessa altura Salamanca decidiu romper com todos os precedentes e prosseguiu em seu ataque, e no final de julho começou uma guerra em escala total.

Essa decisão de Salamanca teve muito a ver com sua grande frustração na política nacional e com seus sentimentos de que o agravamento da crise econômica acarretaria a anarquia social. Em maio, o Programa Internacional de Controle do Estanho adotou o procedimento radical de proibir toda e qualquer produção do minério nos meses de maio e junho e reduzir a produção depois disso a um terço da de 1929. Isso queria dizer que os cortes mais extremos foram propostos exatamente às vésperas das decisões de Salamanca no tocante ao Chaco. Em reação ao fechamento das minas por dois meses e à situação extremamente desequilibrada do comércio que resultou dessa medida, o governo assumiu o controle total de todos os negócios com ouro de seus cidadãos e obrigou os donos de minas a entregar ao Banco Central 65 por cento de todas as suas letras de câmbio sobre moedas estrangeiras. Restam poucas dúvidas de que essa interrupção bastante extrema da economia de exportação do país teve importância fundamental na decisão tomada pelo governo nas semanas seguintes.

Pelos documentos que apareceram desde a guerra, não há dúvida de que Salamanca e o governo boliviano transformaram um típico incidente de fronteira numa guerra em escala total para surpresa até mesmo dos paraguaios. É evidente também que, quando as decisões finais foram tomadas, foi Salamanca quem, contra o parecer por escrito de seu Estado-Maior, levou o conflito a uma tal situação que eliminou qualquer acordo de paz e deu início a uma guerra que se tornaria a mais cara para a Bolívia em sua história republicana.

A crença popular, porém, aceitou quase imediatamente como verdade que a Guerra do Chaco foi o resultado de um conflito basilar em torno das terras de petróleo entre a Standard Oil of New Jersey, que apoiava os direitos bolivianos, e a Royal Dutch Shell, que estava entrincheirada no Paraguai. Não há dúvida de que, no final desse conflito longo e sangrento, quando as tropas paraguaias vitoriosas chegaram ao limite da região do Chaco e aproximaram-se das escarpas andinas, o petróleo tornou-se uma importante questão em seus objetivos de guerra. No entanto, até o final de 1935, a guerra estava sendo travada a centenas de quilômetros dos campos petrolíferos mais próximos. Ademais, ficou evidente, após a guerra, que a Standard Oil vendera ilegalmente petróleo boliviano à Argentina e depois ao Paraguai, ao mesmo tempo em que dizia que nada podia produzir para a Bolívia nesses mesmos campos. Deve-se procurar a causa da guerra mais exatamente no complexo conflito político dentro da Bolívia e nas coerções que a depressão de 1929 exerceu sobre um sistema político frágil. Só se pode entender seu prosseguimento com base no apoio que a Argentina deu aos objetivos paraguaios. A capacidade da Argentina de obstar todos os movimentos de paz até o fim, junto com as contínuas vitórias paraguaias, significou que, assim que a guerra começou, a Bolívia teve pouca capacidade de deter a investida. Isso não diminui a importância da crença generalizada de que a Guerra do Chaco foi um conflito por causa de petróleo. As decisões políticas e econômicas fundamentais tomadas depois da guerra, entre elas o confisco da Standard Oil em 1937 e a criação do monopólio do petróleo pelo Estado, foram uma conseqüência direta dessa crença.

Com efeito, a Guerra do Chaco destruiu o sistema político existente na Bolívia desde 1880. O fim da guerra assistiu à falência do governo civil e dos partidos políticos tradicionais. Idéias que anteriormente tinham sido a marca apenas de um pequeno grupo de intelectuais radicais tornaram-se agora a preocupação da maioria dos jovens politicamente conscientes e de ex-combatentes. Tão clara foi essa mudança que os próprios bolivianos chamaram de "geração do Chaco" os grupos que atingiram a maturidade na época dessa guerra. Os novos temas do debate nacional passaram a ser a questão indígena, a questão trabalhista, a questão agrária e a dependência econômica em relação aos donos de minas. Essas discussões acarretaram, no final da década de 1930 e nos anos 1940, a criação de novos partidos e movimentos revolucionários e finalmente geraram a revolução social de 1952.

A Guerra do Chaco marcou também importante reviravolta na história econômica do país. A depressão de 1929 e o conflito do Chaco daí resultante marcaram o fim da expansão e mesmo da capitalização da indústria de mineração. Depois disso, a produção e a produtividade começaram a diminuir numa indústria que até 1952 não sofreu praticamente nenhuma mudança em sua estrutura ou nos padrões de investimento. Também na zona rural, a relativa estagnação da economia nacional pôs fim à grande expansão das *haciendas*, da década de 1880 até o final dos anos 1920. No final desse período, os peões sem terra tinham praticamente dobrado de quantidade e o total de índios de comunidade livre era agora muito menor do que o de camponeses sem terra. Mas essa reestruturação fundamental da economia rural terminou antes da destruição completa das comunidades livres e proporcionou uma fonte interminável de conflito no período posterior à Guerra do Chaco quando as *haciendas* se colocaram na defensiva.

Todo o crescimento que ocorrera em virtude da grande expansão do estanho produziu pouco impacto sobre a modernização como um todo. Foi estimado ainda que, em 1940, mais de dois terços dos bolivianos estavam fora da economia de mercado, e ainda em 1950 o número de artesãos urbanos na economia nacional era igual ao total de trabalhadores nas fábricas. Ainda que dois terços da população economicamente ativa trabalhassem na agricultura, a Bolívia continuava a ser um importador de gêneros alimentícios, inclusive dos tradicionais produtos de raiz cultivados nas terras altas. Assim, enquanto o desenvolvimento do estanho afetava o terço urbano e de fala espanhola da nação, seus efeitos multiplicadores tinham pouco impacto sobre a população rural, exceto talvez para diminuir seu padrão de vida em conseqüência da expansão correspondente do sistema latifundiário.

Quando a Bolívia entrou na Guerra do Chaco, tinha uma economia altamente tradicional, subdesenvolvida e dominada pela exportação e, quando saiu do conflito, mantinha as mesmas características. Contudo, de uma das sociedades da América Latina menos mobilizadas em termos de ideologia radical e de organização sindical, tornara-se um país mais adiantado do que muitos de seus vizinhos. Isso porque a guerra destroçou os pressupostos tradicionais da elite e suscitou um repensar fundamental da natureza da sociedade boliviana. O resultado foi a criação de um movimento político revolucionário que esposou algumas das idéias mais radicais que apareceram no continente. A guerra criaria clima também para o desenvolvimento de um dos movimentos trabalhistas mais poderosos, independentes e radicais nas Américas. A partir dessas perspectivas, a Guerra do Chaco, como a Guerra do Pacífico antes dela, revelar-se-ia um dos acontecimentos fundamentais da história da Bolívia.

8

O Chile da Guerra do Pacífico à Grande Depressão, 1880–1930

QUANDO O CHILE entrou na década de 1870, a República podia lembrar-se dos quarenta anos praticamente ininterruptos de estabilidade constitucional – caso único na América espanhola – e, na política, o desenvolvimento de um sistema multipartidário que funcionava bem. Podia recordar ainda o crescimento de uma economia modesta mas promissora, baseada na exportação de produtos primários extraídos da terra e das minas. Sua população dobrara desde a Independência, passara de um para dois milhões em 1875; seu comércio exterior, dominado de 1830 a 1870 pelas exportações de cobre, crescera a passos acelerados, propiciando receita para que os sucessivos governos introduzissem melhorias nos transportes, notadamente nas estradas de ferro, desenvolvessem programas educacionais, fornecessem comodidades urbanas – e preservassem a lei e a ordem. Nas questões externas, o Chile mantivera sua independência e impedira, na década de 1830, a tentativa combinada do Peru e da Bolívia de firmar hegemonia na costa do Pacífico.

Sem dúvida, a capacidade do país de alcançar esses objetivos foi o resultado, em grande parte, do sistema constitucional criado por Diego Portales (1793–1837), um sistema que fora apoiado por uma aristocracia fundiária notavelmente homogênea e que se baseava na constituição autoritária e centralizadora de 1833. Essa constituição, friamente realista, reconheceu que o Chile era muito mais do que poderia pretender: valorizou o que Portales chamou "o peso da noite", o puro tradicionalismo de trezentos anos de governo colonial, durante o qual foram traçados os lineamentos básicos da sociedade, e admitiu que separar-se da Espanha fora realmente uma ação política fundamental, mas que na prática não tivera nenhum conteúdo econômico ou social. Isso porque a sociedade do Chile era essencialmente rural: uma aristocracia da terra, branca, dirigia a vida nacional em todos os seus setores, enquanto uma classe camponesa analfabeta, mestiça em sua grande parte, obedecia. A característica social e econômica básica da nova República continuava sendo, como fora por trezentos anos, as grandes propriedades, virtualmente feudos separados onde a ordem do *hacendado* ignorava as leis da terra.

Essa sociedade altamente estratificada desenvolvera um sistema político muito mais sofisticado do que o de seus vizinhos. Todas as revoluções polarizam as opiniões; o Chile não foi exceção. Em termos políticos, o período de independência produziu conservadores e liberais, os primeiros aceitando a separação da Espanha mas desejosos de manter o *status quo* social, os últimos vendo nessa convulsão uma oportunidade para ampliar a liberdade – liberdade em relação à Igreja nas questões intelectuais e educacionais, e em relação à autoridade arbitrária na política. Os conservadores prevaleceram na década de 1830, mas a corrente liberal continuou a fortalecer-se: de 1830 a 1880, conseguiu modificar a estrutura autoritária do governo mediante uma reforma constitucional limitada, sem, porém, de nenhum modo destruí-la. E começou por atacar as práticas e a forma de autoridade do governo, a principal das quais era a interferência do Executivo, o presidente, nas eleições para o Legislativo, o Congresso, por meio do que o primeiro geralmente obtinha uma maioria dócil a seus planos. Seguindo as regras do sistema, homens e grupos de opiniões diferentes formaram partidos embrionários e contestaram as eleições; e, evitando os excessos do caudilhismo e a intervenção dos militares no processo político, o Chile em 1870 desenvolvera um sistema político e constitucional que funcionava e era viável pelos padrões europeus ou norte-americanos, dando-lhe o galardão de ser "a Inglaterra da América do Sul".

O país progrediu também em termos econômicos, à medida que, no curso do século, as exportações de produtos agrícolas (sobretudo trigo) e de minérios (especialmente cobre) se expandiram. A partir da década de 1860, as reivindicações de melhoramentos na infra-estrutura, especialmente as ferrovias, induziram o governo a complementar as receitas do comércio com empréstimos no exterior; mas, também nesse caso, com uma administração sólida e com probidade, o Chile adquiriu uma reputação que nenhum outro país da América Latina conseguiu, a de pagar prontamente suas dívidas, fato pouco habitual na época. Na verdade, em 1870, a maturidade política, a responsabilidade financeira e a evolução ordeira eram consideradas, no âmbito internacional, marcas distintivas do Chile num continente um tanto desordeiro. Unicamente o Brasil competia com ele na estima internacional.

No entanto, a década de 1870 foi um período de desilusão. O desencadear da depressão no comércio internacional afetou duramente o país, um produtor primário, e a disputa política interna entre os diversos partidos ameaçou sua elogiada tradição de continuidade governamental. O presidente Aníbal Pinto (1876–1881), um homem de maneiras moderadas, tentou muito mais acomodar-se com a oposição política do que usar os extensos poderes que a Constituição lhe facultava; acabou descobrindo que, em meio a forte depressão econômica e muitas agruras sociais, essa conciliação era interpretada como fraqueza. Seu governo, emergindo ainda cambaleante dos efeitos da crise econômica mundial, fora obrigado, em 1878, a abandonar o padrão ouro e a adotar um regime de papel inconversível, um duro golpe no orgulho chileno e um choque para a opinião pública internacional. Para aqueles que acreditavam que a Constituição autoritária de 1833 e o sistema presidencial estavam caminhando para o fracasso, parecia haver chegado o momento do confronto.

Foi então que acontecimentos externos intervieram. Desde a Independência, o Chile e seus vizinhos do norte, a Bolívia e o Peru, vinham disputando a linha de fronteira no deserto de Atacama, no norte, mas até esse momento a questão mantivera-se num compasso de espera; foi então que os recursos dessa terra árida – principalmente o guano e o nitrato – se tornaram suscetíveis de exploração comercial e o capital e o empresariado estrangeiros alvoroçaram-se para explorá-los. As relações eram regidas por uma sucessão de tratados estabelecidos entre os Estados separadamente, mas a anulação unilateral por parte da Bolívia, em 1878, de um tratado com o Chile sobre os interesses estrangeiros em Antofagasta, cidade que fazia parte do território boliviano, precipitou uma crise diplomática. O Peru, ligado à Bolívia por um tratado de aliança defensiva e ofensiva, tentou desesperadamente evitar o conflito; o Chile, tendo conhecimento desse tratado, procurou pressionar ambos os países vizinhos e, diante da recusa das autoridades bolivianas de ceder, declarou guerra. Foi a chamada Guerra do Pacífico (1879–1883), travada numa época em que o Chile estava totalmente despreparado para ela, tanto política quanto economicamente. Aconteceu, porém, que sua falta de preparação, sua fraqueza econômica e sua incerteza política – sem falar do estado deplorável de suas Forças Armadas – pareciam um planejamento meticuloso em comparação com seus adversários, e o forte sentimento de nacionalismo – que não existia no Peru e na Bolívia – revelar-se-ia uma vantagem decisiva. Após um início incerto, as forças terrestres e navais chilenas derrotaram resolutamente as da Bolívia e do Peru, como tinham feito na década de 1830, e o Chile, de um país que, em 1879, oscilava à beira da desintegração política e do colapso econômico, emergiu da guerra, em 1883, com as perspectivas mudadas. Resistindo à forte pressão pan-americana em favor de um tratamento magnânimo aos inimigos derrotados, o Chile saiu com seu território nacional aumentado não menos de um terço e ganhou, nas regiões de nitrato do Atacama – a cidade de Tarapacá, peruana, e a de Antofagasta, boliviana – uma riqueza em minérios que nos 40 anos seguintes iria representar mais ou menos a metade da receita comum do governo.

Pelo Tratado de Ancón (outubro de 1883), celebrado entre o Chile e um governo peruano que as forças chilenas haviam ajudado a instalar, o Peru cedeu-lhe incondicionalmente e para sempre a província de Tarapacá. Aceitou também a ocupação pelo Chile de suas províncias de Tacna e Arica por uma década; após esse período, um plebiscito definiria a posse final, ficando o vencedor obrigado a pagar ao perdedor dez milhões de pesos de prata chilenos. Outras condições foram acertadas com os credores do Peru, cujos diminutos investimentos eram garantidos em parte pelas jazidas de minérios de Tarapacá. Por uma trégua separada – o tratado de paz final só foi assinado vinte anos depois – a Bolívia cedeu ao Chile a única saída para o mar de que dispunha, a cidade de Antofagasta, cujas jazidas de nitrato só perdiam em importância para as de Tarapacá.

A própria guerra dera grande impulso à industrialização do país graças ao fornecimento de material e ao mesmo tempo incentivara a agricultura e os meios de transporte em virtude da necessidade de abastecer, a partir do centro, o Exército no deserto e as forças que ocuparam subseqüentemente o Peru. Essa galvanização da economia chilena, tirando-a de seu estado de torpor em 1879, seria mantida na década de 1880 mediante o crescimento dinâmico da nova indústria do nitrato. O futuro do país parecia assegurado, e o impacto mais significativo de seu sucesso na guerra foi talvez aumentar uma reputação já grande, imbuindo seus líderes de um sentimento de autoconfiança nacional, que contrastava com os sentimentos de pessimismo quase universais de alguns anos antes. Nenhum estadista chileno do século XIX encarnou melhor essa combinação de aspiração nacional e orgulho patriótico do que os dois ocupantes da presidência na década de 1880, Domingo Santa María (1881–1886) e José Manuel Balmaceda (1886–1891). Ambos eram profundamente liberais por convicção; ambos não tinham um temperamento menos autocrático, e a ascensão à presidência acentuou esse traço de caráter: com efeito, iriam superintender o paradoxo do maior progresso material do Chile que o século veria, combinado com o colapso político e constitucional do sistema criado após a Independência por Diego Portales.

Domingo Santa María assumiu a presidência do país em 18 de setembro de 1881, quando a maré da guerra já virara decisivamente em favor do Chile. Como a maioria de seus antecessores, fora escolhido pelo presidente anterior e, como eles, fora eleito com firme intervenção do governo na votação. Apesar da guerra, as paixões políticas corriam soltas, ainda mais que a oposição parlamentar, e sobretudo o clerical Partido Conservador, sabia muito bem que não podia garantir eleições livres. Os meses anteriores haviam sido marcados por "muitas cenas violentas e indecorosas" no Legislativo, como bem disse o ministro inglês[1]. Não obstante isso, o campo de Santa María estava desanuviado. Todavia, a forma como foi eleito e as medidas políticas que iria adotar, particularmente nas questões religiosas, iriam exacerbar ainda mais a vida política.

O novo governo herdara uma situação religiosa um tanto delicada. A morte, em 1878, do ultramontano Rafael Valentín Valdivieso, arcebispo de Santiago por cerca de 30 anos, reabrira a questão muito debatida do *patronato* com o Vaticano. (O *patronato* era o direito que a coroa tinha de fazer nomeações para altos cargos eclesiásticos, direito que o governo, como sucessor da coroa espanhola desde a independência, reivindicava para si.) Com a morte de Valdivieso, que durante muito tempo fora o espinho na carne dos liberais, o governo do presidente Pinto nomeara um homem de temperamento mais moderado, Francisco de Paula Taforo, mas a Santa Sé não aceitara a indicação. Agora, Santa María tinha de descascar esse abacaxi e convidou a vir a Santiago o núncio apostólico Celestino del Frate. Mas a missão foi um fracasso total: del Frate aconselhou o Papa a rejeitar a nomeação de Taforo, e Santa María devolveu-lhe suas credenciais. A questão do *patronato* continuou sem solução, mas para Santa María a missão de del Frate forneceu o pretexto para um confronto direto com a Igreja: apresentou um projeto de lei que atacava suas prerrogativas ainda substanciais em três conjunturas críticas da vida humana: o nascimento, o casamento e a morte.

Em sua mensagem presidencial de 1883, após intervir resolutamente nas eleições parlamentares de 1882 para assegurar uma maioria favorável à legis-

1. Pakenham to the Earl of Granville, Santiago, 6 July 1881. No. 38. Diplomatic. London, Public Record Office, Foreign Office Archives, Chile (FO 16), vol. 213.

lação anticlerical, Santa María anunciou seu programa: retirar da jurisdição eclesiástica o registro de óbitos e nascimentos e transferi-los para o Estado; instituir o casamento civil; garantir liberdade de consciência; e permitir que os mortos de qualquer crença religiosa fossem enterrados em cemitérios até então restritos aos católicos e controlados pela Igreja católica. A José Manuel Balmaceda, ministro do Interior, que fora educado num seminário e destinado originalmente ao sacerdócio, coube a difícil tarefa de transformar essas medidas controversas em lei. Isso porque o governo, mesmo que contasse com maioria no Congresso, teria de enfrentar o poder da Igreja fora do Legislativo, e esse poder ainda era muito grande. "Não há dúvida", escreveu o correspondente de *The Times* em 1880, "que o homem de capuz ou de tonsura continua sendo o 'senhor de tudo' nesse país; e tendo controle sobre as mulheres, pode muito bem escarnecer dos homens céticos e desafiar os estatutos da lei civil"[2].

Era uma observação profética. De fato, as leis liberais foram impostas através do Congresso, apesar da oposição acrimoniosa dos católicos, mas fora do Legislativo os efeitos foram violentos: por exemplo, o vigário capitular de Santiago não só condenou a lei sobre os cemitérios, como também recusou-se a aplicá-la, e em retaliação o governo fechou os campos santos católicos e proibiu os enterros dentro das igrejas, uma prática que vinha sendo usada há muito tempo mas claramente anti-higiênica. Resultaram algumas cenas lúgubres, como enterros clandestinos de católicos devotos em desobediência às ordens do governo, a colocação de soldados armados à porta dos cemitérios, a ocultação de doenças terminais e a subseqüente saída clandestina de cadáveres das casas em todos os tipos de caixões e por todos os meios de transporte possíveis[3].

Mas a lei era a lei. Apesar da feroz resistência dos católicos, a legislação, uma vez regulamentada, foi aplicada com uma freqüência cada vez maior. As leis religiosas do governo de Santa María significaram uma diminuição decisiva do poder e influência da Igreja: marcaram também o apogeu do liberalismo chileno no século XIX e valeram a Balmaceda o ódio implacável dos conservadores. Muito mais importante do que isso, porém, foi o paradoxo

2. *The Times*, 27 August 1880.

3. ABDÓN CIFUENTES, *Memorias*, Santiago, 1936, 2 vols.; ver especialmente vol. I, pp. 182–185.

que aconteceu e que somente o tempo iria revelar: com a aprovação das leis o cimento do anticlericalismo que ligara muitos homens e grupos diferentes de convicção amplamente liberal começou a rachar, e não havia outro vínculo ideológico a ligá-los. Os radicais e o Partido Nacional, mesmo que nem sempre se tivessem beneficiado das intervenções eleitorais de Santa María, estavam prontos a apoiar no Congresso suas políticas anticlericais, pois compartilhavam a apaixonada convicção de que os poderes da Igreja precisavam ser reduzidos. Mas, tão logo esse objetivo foi alcançado, vieram à tona suas objeções naturais à intervenção eleitoral. Quanto ao presidente, com a nova receita obtida com o nitrato, tinha agora melhores possibilidades de pôr em prática programas mais ambiciosos, mas as dificuldades para executá-los eram muito maiores, e, num país de elite tão consciente politicamente quanto a do Chile, não lhe bastaria fazer uso do clientelismo para construir uma base personalista. Santa María sucedera a Aníbal Pinto que, como é de consenso geral, não seguiu a tradição de Portales. Todavia, tanto Santa María quanto Balmaceda foram homens de vontade excepcionalmente forte, absolutamente determinados a manter as prerrogativas presidenciais que a constituição escrita lhes dava, e ambos viram na presidência o motor dinâmico de toda a máquina. A própria mudança de estilo entre Pinto e Santa María, que Balmaceda iria ressaltar quando subisse ao poder em 1886, parecia aos partidos de oposição não só uma mudança de personalidade mas também de poder, pois onde Pinto cedeu Santa María e Balmaceda teriam lutado. Assim, a oposição acabou confundindo uma teoria bem fundamentada das limitações do poder presidencial com simples objeções a seu exercício pelos homens fortes que o empunharam. Além do mais, numa equação constitucional e política já por si complexa foram injetadas a quantidade nunca vista e desconhecida de riqueza produzida pelo nitrato, e a espinhosa questão de como o governo iria gastá-la.

A INDÚSTRIA DO NITRATO APÓS A GUERRA DO PACÍFICO

Com o término da Guerra do Pacífico e o acesso do Chile às regiões produtoras de nitrato no Norte, o governo viu-se diante de uma questão fundamental: como estabelecer a propriedade dessa indústria e como explorar em proveito do Chile esse recurso natural singular. E não deixava de ser uma questão complicada, primeiramente porque a guerra, ao atravessar as regiões de nitrato, desarranjara uma indústria que, já no final da década de 1870, fora marcada pela incerteza. Diga-se de passagem que essa incerteza fora criada pelo próprio governo peruano, quando em 1875 tentou sem sucesso adotar uma forma de controle estatal dessa indústria. Nos termos dessa medida, os campos de nitrato e as *oficinas* (refinarias), até então nas mãos de particulares, nacionais e estrangeiros, passaram à propriedade do governo, em troca de títulos que rendiam juros, pagáveis ao portador e resgatáveis pelo governo peruano quando ele conseguisse levantar fundos suficientes. Com efeito, esses títulos, em 1879, eram os documentos de propriedade dos campos e fábricas de nitrato pertencentes então a particulares (com exclusão daqueles inexplorados até aquela data e ainda não alienados), facilmente transferíveis a terceiros. No entanto, o Peru, com o crédito internacional há muito exaurido, nunca conseguiu levantar um empréstimo para resgatar essas obrigações. Por conseguinte, seu valor de face começou a flutuar e, com a guerra e a provável vitória chilena no final, o preço dos títulos caiu verticalmente. Todos os envolvidos tinham certeza de que o Chile iria arrancar do Peru e da Bolívia grandes concessões territoriais, mas ninguém sabia qual a linha que o governo chileno iria adotar com relação ao nitrato em geral e às companhias estrangeiras em particular. Pior ainda, um grande número de descontentes credores do Peru no exterior há muito vinham enfatizando que os empréstimos concedidos ao governo tinham como garantia a província peruana de Tarapacá, uma região com grandes depósitos de nitrato, e já vinham buscando o apoio diplomático de seus governos para subscrever o seu direito. Assim, se o Chile ficasse com esse território peruano, também assumiria as dívidas que a região supostamente garantia? E, em caso contrário, que preço teria o futuro de uma indústria atormentada por esses imponderáveis? Nessas circunstâncias, muitos portadores de títulos entraram em pânico e desovaram-nos a preços ridiculamente baixos para especuladores mais corajosos, prontos a assumir os riscos da incerteza. Entre esses destacou-se um engenheiro inglês, John Thomas North, que já participara de inúmeras empresas em Tarapacá, quando o território ainda pertencia ao Peru, e onde residira e trabalhara por mais de vinte anos.

Já em 1880, o governo chileno começou a discutir a questão e criou uma comissão deliberativa e consultiva, seguida de outra formada em 1881. Os relatórios das comissões aconselharam o abandono do modelo peruano de intervenção do Estado, recomendaram a devolução da indústria aos particulares e, para garantir a parte do governo, prescreveram a cobrança de taxas de exportação sobre as remessas de nitratos. Já que os certificados de nitrato emitidos pelo governo peruano eram os únicos títulos legais de propriedade, seus portadores foram considerados os proprietários legítimos; foi assim que John Thomas North, o "Rei do Nitrato", e outros não-chilenos garantiram um grande quinhão da indústria a um custo comparativamente pequeno, obtendo imensos lucros não só sobre o valor real das propriedades, mas também por sua venda subseqüente a sociedades anônimas que eles mesmos lançaram na Bolsa de Londres na década de 1880.

As empresas inglesas, que em 1875 ocupavam uma posição minoritária na indústria do nitrato, passaram a controlar 70 por cento (em valor) em 1890. Desde então, essa intrusão dos ingleses foi tema de controvérsia, em grande parte porque se dizia que o governo chileno da época perdera uma oportunidade de ouro para adquirir a indústria para o Estado e permitira, com isso, que importante fonte de receita para o governo nos 40 anos seguintes fosse entregue ao controle estrangeiro. Na verdade, alguns historiadores ainda vão mais longe e afirmam que houve conluio entre os chilenos encarregados de tomar essa decisão e os estrangeiros, mais eficientes e vorazes, com maiores reservas de capital e uma tecnologia superior, a quem entregaram os interesses chilenos no nitrato[4]. Pesquisa recente, porém, modificou bastante essas opiniões. Embora não haja dúvida quanto à filosofia de livre-empresa dos líderes chilenos da época, está claro agora que, em suas decisões, prevaleceram outras idéias acerca dos interesses nacionais do Chile. Em primeiro lugar, ao devolver a indústria do nitrato aos particulares, o governo chileno contrariou interesses estrangeiros e tornou impossível a seus governos intervir sem parecer que estavam favorecendo um conjunto de cidadãos contra outro. Assim, enquanto os empresários do nitrato ficaram satisfeitos, os portadores dos títulos peruanos mostraram-se consternados, e somente vinte anos depois conseguiu-se encontrar uma solução satisfatória para o problema. Em segundo lugar, entregando às companhias particulares a produção, o transporte, a comercialização e a venda, ao mesmo tempo em que tributava a exportação do produto, o governo chileno obtinha uma fonte imediata e importante de receita sem se envolver em tais questões. Finalmente, com relação aos interesses chilenos em Tarapacá antes da guerra, está claro agora

4. Em especial HERNÁN RAMÍREZ NECOCHEA, *Balmaceda y la Contrarrevolución de 1891*, 2. ed., Santiago, 1969.

que eles já tinham sido minados totalmente pela política peruana na década de 1870 e que, mesmo que possam ter tido um domínio mais substancial do que os ingleses em 1875, foi mais entre 1875 e 1879 do que na década de 1880 que esse domínio sofreu reduções drásticas.

Para o governo chileno as receitas do nitrato foram uma bênção, e a grande expansão da indústria e comércio do produto na década de 1880 proporcionou-lhe uma receita que lhe forneceu recursos não só para executar os programas ambiciosos de gastos públicos como também para não ter de modernizar o sistema de tributação interna, o que teria colocado o governo em confronto com os interesses adquiridos que dominavam a vida política, econômica e social do país. Aconteceu que, de uma contribuição de 5,52 por cento da receita ordinária do governo em 1880, os tributos arrecadados com a exportação de nitrato e de iodo (um subproduto) subiram para 33,7 por cento em 1885 e 52,06 por cento em 1890[5]. Mas a vantagem que essa riqueza inesperada trouxe foi mista. O mercado internacional do nitrato era extremamente instável, porque o produto era usado principalmente como fertilizante e, portanto, estava sujeito aos caprichos do clima e da agricultura, muitas vezes de impacto repentino e comportamento imprevisível. Com a superprodução e a conseqüente saturação do mercado mundial, os preços caíram para os produtores e os distribuidores. Logo estes pensaram em restabelecer o equilíbrio entre a oferta e a procura, e o meio mais comum era um acordo entre os produtores para limitar a produção por intermédio de um sistema de cotas até que se atingisse um equilíbrio; no entanto, no final da década de 1880, a maioria desses produtores e comerciantes eram estrangeiros e, portanto, menos sensíveis às necessidades nacionais do Chile do que aos interesses de seus acionistas e de suas próprias fortunas. Para o governo chileno, cada vez mais dependente dessa receita, que representava importante parcela do orçamento, a imprevisibilidade do mercado significava incerteza de receita e de planejamento e os acordos de produtores eram o meio mais seguro de reduzir ao mesmo tempo a entrada de dinheiro. Outra preocupação do governo era o fato de que o controle da indústria, na década de 1880, parecia estar passando para um número cada vez menor de mãos e para mãos duvidosas. North e seus sócios, por exemplo, no período da Guerra do Pacífico, compraram as ações da *oficina* Pampa Lagunas por 110 mil libras esterlinas e

5. R. HERNÁNDEZ CORNEJO, *El Salitre*, Valparaiso, 1930, p. 177.

gastaram mais 140 mil em instalações, lançando depois na Bolsa de Londres duas companhias para explorar a propriedade, levantando um capital de 2,122 milhões de libras. A expansão de suas empresas – e de suas ambições – em Tarapacá, na década de 1880, excitou a admiração de investidores de Londres freqüentemente iludidos e causou apreensão nos chilenos, principalmente aqueles cujas ações políticas se baseavam numa receita certa e constante dos nitratos. O conflito inerente a essa situação manifestou-se na gestão de Balmaceda, exatamente no instante em que apareceram os problemas chilenos internos, políticos e constitucionais, que há tanto tempo estavam em gestação, produzindo uma crise nacional tão grave quanto nenhuma outra na história da República.

A PRESIDÊNCIA DE BALMACEDA, 1886–1891

Poucos presidentes chilenos assumiram o cargo sob circunstâncias mais auspiciosas do que José Manuel Balmaceda; no entanto, o ambiente político no momento de sua ascensão ao poder era de acrimônia e conflito. Para Santa María, o presidente que deixava o cargo, Balmaceda era o sucessor natural e ele, como candidato oficial do Partido Liberal, recebeu todo o peso da máquina governamental, não só para desgosto da oposição conservadora clerical – para quem o nome de Balmaceda era anátema – mas também para tristeza de alguns grupos irrestritamente liberais, para quem a intervenção eleitoral era uma coisa odiosa. Esses grupos reconheciam os notáveis serviços prestados por Balmaceda ao Chile – membro do Congresso desde 1870, embaixador na Argentina no ano crítico de 1879, ministro das Relações Exteriores em 1881 e ministro do Interior de 1882 a 1885 – e admiravam seus poderes de oratória e de persuasão, mas faziam objeções ao sistema que o colocara no poder; assim, uniram-se aos conservadores moderados e a um pequeno grupo de oposicionistas do Partido Radical e apoiaram um ex-ministro, José F. Vergara. Esses liberais, os *sueltos* ou partido *free-lancer*, liderados por Miguel Luís Amunátegui, conhecido intelectual, historiador e pedagogo, forneceram a primeira prova de que o Partido Liberal, o partido do governo, antes unido, estava perdendo a coesão. Mas o *juggernaut* da intervenção eleitoral continuava sem obstáculos; Vergara retirou sua candidatura antes da contagem final dos votos e Balmaceda assumiu a presidência em 18 de setembro de 1886.

Nos cinco anos desde o final do primeiro mandato de Balmaceda, o Chile mudara consideravelmente. Graças à Guerra do Pacífico, a fronteira setentrional avançara cerca de 900 quilômetros e começara a ganhar impulso o controle central mais efetivo do governo sobre as terras índias ao sul do rio Bío-Bío, ainda independentes, e sobre o território ainda mais remoto de Magallanes. Nesse processo, as duas armas dos sucessivos governos chilenos, nos trinta anos que se seguiram à década de 1850, tinham sido a força militar e a colonização, mas o movimento foi intermitente e hesitante, porque entre o Bío-Bío e o rio Toltén, que ficava ainda mais ao sul, estava Araucânia, habitada pelos ferozes e independentes índios mapuche, cujas revoltas esporádicas e depredações mais freqüentes inibiram o avanço da colonização. O último levante geral dos mapuche aconteceu em 1880–1882: sua repressão, feita em sua maior parte pelas forças chilenas transferidas das vitoriosas campanhas do deserto no Norte, foi o prego final no caixão da independência indígena, mantida teimosamente desde os primórdios da conquista espanhola. A construção de fortes em Temuco e em Villarica, no coração do território índio, respectivamente em 1881 e em 1883, foi a expressão física desse fato, e a criação na Europa, em 1882, de uma Agência Geral de Colonização para recrutar imigrantes para o Sul do Chile foi, na verdade, a retomada deliberada de políticas iniciadas três décadas antes, mas até então nunca postas em prática realmente. Em 1883, chegaram a Talcahuano os primeiros colonos alemães, seguidos nos anos seguintes por uma leva de imigrantes europeus, numa média de mais de mil por ano em toda a década de 1880.

Do mesmo modo, em Magallanes e na Tierra del Fuego, a década de 1875–1885 foi um período de grande volume de pesquisas geográficas, seguidas de exploração econômica, sobretudo no setor de criação de carneiros. Em 1876, o governador do território, Diego Dublé Almeida, de volta de uma visita às ilhas Falkland, trouxe diversas matrizes ovinas, mas não conseguiu persuadir os ilhéus a acompanhá-las. Com essas matrizes, lançou as bases da principal atividade da região. Magallanes e Tierra del Fuego deixaram de ser simples apêndices remotos da República chilena, muito aclamados por sua importância estratégica; tornaram-se regiões de caráter distintivo e significação econômica. Mais uma vez, a imigração européia desempenhou papel fundamental nesse desenvolvimento. Os números eram pequenos – o Sul do Chile tinha, em 1885, pouco mais de dois mil habitantes –, mas a qualidade era mais importante do que a quantidade, e os criadores de carneiros, sobretudo ingleses e escoceses, tiveram importância fundamental.

Com relação ao principal custo da Guerra do Pacífico, as regiões produtoras de nitrato, Balmaceda assumiu a presidência no momento exato em que essa indústria entrava em sua fase mais dinâmica. Entre 1884 e 1886, época em que o mercado mundial atingiu seu ponto de saturação, fora feito o primeiro acordo de produtores para limitar a produção, mas fracassara. Com o aumento da procura internacional do produto, as *oficinas* de Tarapacá voltaram a operar a pleno vapor. Ao mesmo tempo, John Thomas North e seus sócios lançavam na Bolsa de Londres grande número de novas companhias. Tarapacá e, em menor grau, Antofagasta iniciaram novo surto de produção: alguns portos, como Iquique e Pisagua, viveram um período de crescimento das exportações de nitrato e das importações de gêneros alimentícios, de máquinas e equipamento para manter as comunidades mineiras altamente artificiais do deserto de Atacama, que dependiam quase totalmente do mundo exterior. O curto período de prosperidade do setor do nitrato já trouxera para a economia regional grande número de migrantes – trabalhadores do Chile central, da Bolívia e do Peru, engenheiros e mecânicos da Europa, especialmente da Inglaterra, e negociantes, banqueiros e empresários; a população de Antofagasta subiu de 5 384 em 1875 para 21 213 dez anos depois; a do conjunto de Tarapacá, de 38 255 para 45 086 no mesmo período; e Iquique, o principal escoadouro do nitrato dessa região, aumentou de cerca de 9 200 habitantes para quase 16 mil.

As manifestações regionais de mudança econômica, na década de 1880, fizeram parte de um processo nacional de crescimento e desenvolvimento, com conseqüências sociais e culturais. Seus principais motores foram dois fatores que aparecem irmanados: o crescimento populacional e o aumento de urbanização. Entre 1875 e 1885, a população total do Chile aumentou de 2 075 971 para 2 497 797; muito mais impressionante, porém, foi a estrutura da população. Enquanto, em 1875, moravam no campo quase o dobro da população das cidades – 1 350 426 para 725 545 –, em 1885 as proporções haviam mudado drasticamente: a população rural subira lentamente para 1 456 032, mas a urbana aumentara para 1 041 765, com um crescimento de um quarto do total[6]. Os aumentos mais notáveis da população urbana em

6. Notoriamente, os dados sobre a população da América Latina não são confiáveis. No entanto, os números referentes ao Chile são mais dignos de confiança do que a maioria dos outros, devido à existência, desde 1843, de um competente Departamento Nacional de

relação à rural ocorreram exatamente em dois locais: as regiões exploradoras de nitrato – cuja população se concentrava cada vez mais nos portos de entrada e saída de mercadorias, pois as *oficinas* de nitrato estavam espalhadas por toda a Antofagasta e Tarapacá – e aquelas províncias onde a incipiente industrialização experimentara algum avanço: Santiago, Valparaíso e Concepción. Na província de Santiago, enquanto a população urbana subiu, em 1875–1885, de cerca de 186 mil para 228 mil, a rural caiu de forma impressionante, de 180 mil para 102 mil.

Uma característica particular da história chilena durante muito tempo, ainda mais devido à forma peculiar do país, foi a migração de grandes números de trabalhadores rurais que não estavam presos a pedaços específicos de terra como estavam os *inquilinos*, por exemplo: os migrantes mudavam-se para o Norte e para o Sul segundo as estações do ano agrícola e o ciclo de produção das culturas. Todavia, a partir de meados do século, acompanhando o crescimento da atividade mineira no Norte, a extração de carvão nas proximidades de Arauco, de Coronel e de Lebú, a construção de estradas de ferro e o desenvolvimento das grandes cidades com suas fábricas de processamento de alimento e de bebida, seus curtumes, suas lojas de móveis, suas indústrias têxteis e outras indústrias básicas de consumo, a população mudou-se, em números crescentes, da zona rural para os ambientes e profissões urbanas. No período da Guerra do Pacífico, esse movimento intensificou-se conforme a disseminação das indústrias; mesmo antes da guerra, muitos acreditavam que o Chile, em vez de ficar totalmente dependente do seu comércio exterior, da exportação dos produtos primários extraídos da terra e das minas, devia industrializar-se. No entanto, na década de 1870, as tentativas de organizar os industriais, para transformá-los em grupos de pressão, tiveram pouco efeito. Mas, em 1883, significativamente depois do repentino surto de industrialização estimulado pela Guerra do Pacífico, foi fundada a Sociedad de Fomento Fabril (SFF), um órgão do governo cujo objetivo principal era oferecer incentivos e subvenções com essa finalidade. Um historiador da industrialização chilena escreveu sobre a SFF:

Estatística, embora não totalmente perfeito, e graças ao estudo de MARKOS J. MAMALAKIS, *Historical Statistics of Chile* (4 vols., Yale University, mimeo.), obra publicada posteriormente em quatro volumes (Westport, Conn., 1978–1983). Os números citados aqui foram extraídos do vol. II da versão mimeografada, Tabela IIAlfl.

> [A SFF] era em parte um grupo de pressão, que resolvia os conflitos industriais internos, organizava o serviço técnico e funcionava como clube social; [representou] a institucionalização do setor industrial do Chile num núcleo coesivo grande bastante para manter os objetivos industriais perante a opinião pública e servir de ligação direta com o governo[7].

Nada melhor do que a SFF para simbolizar o processo de mudança da economia chilena. Esse processo, embora lento e imperceptível a princípio, ganhou impulso, produzindo diversificação social e o surgimento de novas forças políticas. Mas o Chile que Balmaceda herdou era na verdade um país em transição; no entanto, a crise que em pouco tempo iria abalar os alicerces da antiga ordem constitucional não se originou fora mas dentro da estrutura tradicional de poder.

Balmaceda assumiu a presidência com a pretensão de conciliar os diversos grupos liberais e, ao mesmo tempo, aplacar os conservadores. Entre seus primeiros atos podemos citar o restabelecimento de relações com a Santa Sé e a nomeação de um candidato de consenso para o arcebispado de Santiago: Mariano Casanova, um destacado teólogo e amigo pessoal do presidente. Casanova deveria comandar, em 1888, a fundação da Universidade Católica do Chile, a primeira universidade particular do país. O primeiro ministério de Balmaceda, composto de representantes do Partido Liberal e do Partido Nacional, teve um caráter conciliatório; e o novo presidente logo deu provas de que seu objetivo era evitar as duras lutas políticas do passado: as eleições municipais de Santiago, ocorridas no final de 1886, foram totalmente isentas da interferência do governo, e seus candidatos foram derrotados. No entanto, todos os políticos, diante de sua neutralidade, mostraram um espírito de boa vontade para com ele.

O objetivo desses ramos de oliveira que acalmaram o cenário político era criar uma ampla base de apoio à política interna de Balmaceda, na verdade uma continuação do programa de Santa María, mas que agora podia ser ampliado, graças à vultosa receita que fluía dos impostos cobrados sobre o nitrato. Agora o governo podia investir pesadamente em importantes projetos de construção, como as estradas de ferro e as docas, e em obras sociais, parti-

7. HENRY KIRSCH, *Industrial Development in a Traditional Society: The Conflict of Entrepreneurship and Modernization in Chile*, Gainesville, 1977, p. 42.

cularmente educação, colonização e edifícios municipais. Destinou recursos adicionais para reforçar a capacidade militar do Chile, tanto defensiva quanto ofensiva, fortificando os portos, adquirindo novos navios de linha e construindo quartéis adequados e escolas militares – propostas compreensíveis se pensarmos que vinham de um político que tivera nas mãos durante muito tempo as rédeas da política externa e agora, como presidente e comandante-chefe das forças armadas, era responsável pela segurança nacional.

O programa de Balmaceda era ambicioso e foi executado com energia. Em 1887 o presidente criou um novo Ministério da Indústria e Obras Públicas, que em um ano estava recebendo mais de um quinto do orçamento nacional, enquanto ao Ministério da Educação tocava apenas um sétimo. Nas estimativas orçamentárias para 1890, com uma previsão de despesas de 67 069 808 pesos, mais de 21 milhões eram destinados ao Ministério de Obras Públicas e cerca de 6,628 milhões para a educação. As intenções do governo representadas por esses números foram traduzidas em ato: de mais ou menos 79 mil matrículas nas escolas em 1886, esse número subiu para 150 mil em 1890; a construção ferroviária recebeu grande impulso, com a construção, no Sul, de uma ponte sobre o Bío-Bío, o rio mais largo do Chile; foi concluída a grande doca seca de Talcahuano e aberto um canal ao longo do Mapocho, um rio que banha Santiago. Estimulou-se a imigração estrangeira com a ajuda do governo: entre 1886 e 1890, quase 24 mil europeus fixaram-se no Chile, como fazendeiros nas florestas da fronteira e como artesãos especializados nas cidades em crescimento. Foram construídos novos hospitais, prisões, edifícios para o governo e para as prefeituras.

No entanto, um programa como esse trouxe muitas conseqüências. Em primeiro lugar, estava baseado na continuidade de uma receita elevada com as exportações de nitrato, e isso não era coisa garantida devido à instabilidade do mercado internacional. Em segundo lugar, colocou nas mãos do governo um enorme instrumento de patrocínio, na forma de cargos públicos e de concessão de contratos, bem como da mão-de-obra necessária para cumpri-los. Em terceiro lugar, apesar de ter agradado a alguns, desapontou a muitos que tiveram as aspirações, pessoais ou públicas, despertadas pelo próprio programa. Um novo edifício municipal ou uma nova escola numa comunidade poderia ser objeto de orgulho para seus cidadãos, mas podia causar inveja em vizinhos menos favorecidos. E problemas maiores apareceram com respeito à principal questão da política e do governo: a alocação de recursos. Desde a adoção do papel-moeda na crise de 1878, o principal objetivo econômico do país para uma parte cada vez maior da opinião pública deveria ser o retorno a um padrão metálico, mesmo que entre os políticos essa idéia fosse defendida apenas por uma minoria, porque muitos deles, como ricos fazendeiros que eram, lucraram muito com o regime de papel inconversível. Contudo, para os *oreros*, que estavam cada vez mais apreensivos com o volume de papel em circulação, com a pouca firmeza das leis bancárias que concediam direitos liberais de fazer emissão, com as flutuações das taxas de câmbio e com os grandes gastos públicos, a nova riqueza obtida com o nitrato representava literalmente uma oportunidade de ouro para retirar papel-moeda de circulação e retornar àquilo que consideravam respeitabilidade financeira; portanto, o adiamento da reforma seria um desastre nacional. Para Balmaceda, porém, esse programa era fundamental e identificou-se de tal modo com o que, no seu entender, constituía o interesse nacional que a oposição a qualquer parte desse projeto parecia-lhe facciosa e egoísta, se não antipatriótica.

O período de lua-de-mel na política nacional que se seguiu à ascensão de Balmaceda durou pouco mais de um ano. Em 1888, os diversos grupos liberais que formavam o governo já estavam competindo entre si pela obtenção de cargos. Em março, a antiga política de conciliação entrou em colapso. Pressionado por seus partidários mais fortes, os Liberales de Gobierno, Balmaceda permitiu a intervenção nas eleições parlamentares e, inevitavelmente vitoriosos, foram eles, e exclusivamente eles, que ocuparam os cargos ministeriais. O Partido Nacional – pequeno em número mas forte em talento e controlando uma grande parcela da imprensa chilena – ficou particularmente indignado: daí em diante sua lealdade ao forte Executivo, uma característica do partido desde a presidência de Manuel Montt (1851–1861), não estava mais garantida. Quanto a Balmaceda, cada vez mais obcecado por seu programa, a concessão de favores aumentou proporcionalmente à expansão da receita. O programa de obras públicas aumentou o valor dos tecnocratas e dos administradores, mas as pessoas com talento nesse setor não iriam ser encontradas necessariamente dentro da oligarquia tradicional. Por isso, apareceram "novos homens", como José Miguel Valdés Carrera, ministro da Indústria e Obras Públicas, ou Hermógenes Pérez de Arce, superintendente das estradas de ferro, tecnocratas até a raiz dos cabelos, que acreditavam firmemente no que estavam fazendo e na obra que seu chefe lhes confiara. Em tais circunstâncias, não foi difícil, para uma oposição já convencida do egoísmo obsessivo de Balmaceda, acreditar que o presidente da república estava construindo uma base pessoal que obedeceria cegamente ao seu capricho.

As suspeitas da oposição no tocante às intenções de Balmaceda fortaleceram-se em 1889, quando já se especulava sobre os prováveis sucessores do presidente em 1891. Entre os mais próximos do poder, Enrique Salvador Sanfuentes, um rico *hacendado* mas sem grande projeção política, era considerado por todos o candidato de Balmaceda, pois caíra nas suas graças rapidamente em 1888, ao ser nomeado ministro da Fazenda em abril e ministro de Obras Públicas em outubro. Em março de 1889, como principal ministro do gabinete – era responsável pelo papel central do programa do presidente – Sanfuentes acompanhou Balmaceda às regiões de nitrato, a primeira visita de um chefe de Estado chileno a essas partes incorporadas havia pouco à República. Vários foram os motivos dessa viagem muito propalada às províncias do Norte. Além de seu valor de propaganda para um presidente hostilizado politicamente em Santiago e que buscava apoio na província, uma razão econômica fundamental tornava a época oportuna para essa visita às regiões do nitrato. Em 1889, as atividades de John Thomas North em Tarapacá haviam crescido em ritmo acelerado; além das companhias que exploravam o nitrato, suas novas empresas – no setor bancário com seu novo Bank of Tarapacá and London, no fornecimento de água a Iquique controlado pela Tarapacá Waterworks Company, na oferta de suprimentos através da Nitrates Provisions Supply Company e, acima de tudo, no transporte ferroviário com a Nitrate Railways Company, que se apoderou da linha que ligava as *oficinas* mais importantes aos portos – prenunciavam uma tentativa de monopolizar o setor, o que aos olhos de muitos representava uma ameaça a todos os outros interesses na província, e mais ainda aos do governo, cuja receita agora apoiava-se tão precariamente nos impostos sobre o nitrato.

Num certo sentido, o confronto acontecera anteriormente. Em 1886, o governo de Santa María, sob a alegação de rompimento de contrato, cancelara os privilégios da Nitrate Railways Company, deixando de herança para Balmaceda uma questão legal complicada, isso porque a companhia contestou o governo nos tribunais, alegando inconstitucionalidade na revogação de seus privilégios. Além disso, seus advogados arrolaram em sua defesa uma série de proeminentes políticos chilenos contrários a Balmaceda, notadamente Julio Zegers, o principal advogado de North no Chile e até então um companheiro de longa data do presidente no Partido Liberal, mas que em 1889 passou a liderar um grupo do partido, os *convencionalistas*, cujo principal propósito era eliminar o personalismo na escolha de futuros presidentes mediante a indicação de um candidato de consenso escolhido numa convenção de todos os grupos liberais. No entanto, diante da posição de Zegers como advogado de North associada à sua atitude política, Balmaceda e seus auxiliares passaram a vê-lo como um traidor do interesse nacional que, segundo acreditavam, eles representavam.

Os discursos de Balmaceda em sua viagem pelo Norte foram muito bem preparados para incitar o orgulho e as expectativas dos moradores locais; mas o presidente aproveitou igualmente a oportunidade para fazer importantes pronunciamentos sobre a indústria do nitrato, especialmente em Iquique, a capital de Tarapacá. Nessa cidade, falou dos perigos de um monopólio estrangeiro da indústria, deu a entender que seu governo iria olhar com mais atenção a possibilidade de incentivar a participação dos chilenos nessa atividade e convenceu de modo geral uma série de analistas políticos de que pretendia impor uma linha mais nacionalista. Não obstante, fez todo o possível para garantir às companhias existentes de que o Chile precisava de seu capital e de seu empreendimento. Com efeito, foi um discurso que podia significar tudo para todos, mas, já se vislumbrando no horizonte um novo acordo sobre o nitrato, foi uma tática astuta para induzir a hesitação entre os produtores predominantemente estrangeiros, dos quais o principal, John Thomas North, estava em visita ao Chile nessa época. À volta de Balmaceda ao Sul, os dois homens encontraram-se em três oportunidades, mas nada de impressionante resultou desses encontros. O governo chileno continuou a atacar o monopólio ferroviário de North em Tarapacá, explorando habilmente outros interesses britânicos que igualmente se lhe opunham, mas pouco fez para minar a predominância do interesse estrangeiro no conjunto da indústria do nitrato.

É possível que preocupações políticas, que aumentaram de intensidade em 1889 e em 1890, tenham levado Balmaceda a engavetar alguns planos que possa ter tido: é igualmente possível, e conforme as provas existentes muito mais provável, que tais planos tivessem um objetivo limitado e uma intenção vaga, de modo que a reputação póstuma que Balmaceda conquistou de nacionalista econômico foi grandemente exagerada. Sua principal preocupação com relação ao nitrato nada teve a ver com predominância estrangeira, e sim com controle monopolista, um perigo que, no seu entender, North simbolizava. Essa apreensão foi compartilhada por outros produtores estrangeiros (sobretudo ingleses). Por outro lado, com a queda dos preços do produto num mercado internacional superestocado, *todos* os produtores, estrangeiros e chilenos, tinham pouca opção em 1890, a não ser a de formar uma frente comum para restabelecer o equilíbrio, e portanto a lucratividade, mediante um acordo para restringir a produção e equilibrar a oferta e a procura. Nesse caso, Balmaceda não teve qualquer aliado na indústria do nitrato e pouco poder para influenciar os acontecimentos.

De qualquer modo, porém, a crise político-constitucional predominou. A volta de Balmaceda de sua viagem ao Norte, em março de 1889, foi seguida imediatamente por uma crise ministerial, provocada pela renúncia de Sanfuentes, considerada um gesto para refutar a idéia de que seria escolhido por Balmaceda como candidato à presidência em 1891. Além disso, o presidente demorou muito tempo para escolher um sucessor entre os vários grupos liberais. Dentro de menos de dois meses, um voto contrário no Senado derrubou o ministério, e Balmaceda precisou fazer nova tentativa. Aproximou-se dessa vez do Partido Nacional, mas não pôde aceitar suas condições. Em reação, formou um ministério com aqueles conhecidos por sua antipatia para com o Partido Nacional, que foi para a oposição aberta. Assim, automaticamente o presidente perdeu a maioria no Senado, e na Câmara dos Deputados ela diminuiu para apenas dez parlamentares. Mais uma crise em outubro piorou as coisas: aparentemente, Balmaceda concordou em não influir na futura eleição presidencial em troca do apoio da oposição no Congresso, e nomeou um ministério "neutro", mas um mês depois esse ministério também renunciou porque, segundo suas palavras, não podia confiar no presidente.

Em 1889, enquanto os partidos engalfinhavam-se por um posto no ministério, as questões constitucionais cruciais se haviam cristalizado e a oposição declarava-se cada vez mais favorável a elas. Quando Balmaceda assumiu a presidência, o único objetivo importante professado da oposição eram eleições livres; mas agora, em 1890, essa meta fora ampliada e incluía a independência dos partidos em relação ao presidente e a subordinação do Executivo ao Legislativo. Essa última reivindicação expressava-se melhor num sistema constitucional, um verdadeiro governo parlamentar, em que nenhum ministério ou gabinete sobrevive sem o apoio da maioria do Congresso ou Parlamento. Nos termos da Constituição de 1833, e apesar das alterações subseqüentes que reduziram os poderes do Executivo, os ministros chilenos eram responsáveis unicamente perante o presidente, que os nomeava e exonerava à vontade. A constituição era inequívoca nessa questão. Por outro lado, nenhum presidente, por mais persuasivo ou preponderante que fosse, podia ignorar o fato de que essa mesma constituição dera ao Congresso o direito de aceitar ou rejeitar leis essenciais, particularmente a aprovação do orçamento e a elevação do efetivo das Forças Armadas: esses poderes legislativos eram o principal instrumento de que dispunha o Congresso para combater presidentes pouco cooperativos, mesmo que a intervenção do Executivo nas eleições e o estabelecimento conseqüente de legislativos dóceis os tivessem enfraquecidos (*de facto* mas não *de jure*). Agora, porém, o progressivo afastamento de antigos partidários por causa do caráter e das medidas políticas de Balmaceda realmente tornara nula essa força, a menos que o presidente estivesse pronto a enfrentar a opinião do Congresso, a insistir em dizer que os ministros eram responsáveis exclusivamente perante ele, e a demonstrar que a insistência do Congresso em reafirmar seus direitos podia ser neutralizada ou com o suborno de seus membros ou com a eliminação à força, por quaisquer meios que fossem, de uma oposição que Balmaceda considerava facciosa.

O presidente parecia pronto a fazê-lo. No ministério seguinte, nomeou para o Ministério da Indústria e Obras Públicas José Miguel Valdés Carrera, o mais conhecido protagonista das reivindicações de Sanfuentes, o suposto candidato "oficial" à presidência em 1891. Foi esse ato que levou Julio Zegers e os *convencionalistas* a retirar o apoio ao governo, deixando o presidente em minoria no Congresso. Então, Balmaceda fechou o Parlamento e indicou um novo ministério, que incluía Valdés Carrera. Os primeiros seis meses de 1890 foram marcados pelos ataques da oposição ao presidente, através da imprensa que controlavam ou em comícios públicos, e pelas reações do governo, entre elas a fundação de dois novos jornais para defender sua causa. Totalmente contrário ao precedente, Balmaceda não convocou nesse período nenhuma sessão extraordinária do Congresso e a batalha só poderia ser retomada na sessão ordinária marcada para 1º de junho, como a Constituição determinava. O Congresso foi aberto com um discurso exaltado de Balmaceda, no qual propunha reformas constitucionais, mas as moções de censura ao novo ministério apresentadas pela oposição foram aprovadas por ampla maioria nas duas casas. Em 12 de junho, Julio Zegers apresentou uma moção na Câmara dos Deputados, propondo o adiamento de toda e qualquer discussão do projeto de lei sobre impostos até que o presidente nomeasse um ministério que gozasse da confiança do Congresso; a moção recebeu amplo apoio. Como Balmaceda mantinha-se firme em suas prerrogativas e o

Congresso mostrava-se inflexível na defesa de seus direitos, chegou-se a um impasse, e nada foi discutido a não ser recriminações. Nas palavras de um observador estrangeiro, o presidente estava, na verdade, "perdendo o controle do país" e "existem dúvidas até que ponto Sua Excelência pode comandar as tropas contra o Congresso"[8]. No entanto, em pouco tempo as tropas seriam empregadas em outras frentes de batalha.

Com o governo aparentemente paralisado no centro, a periferia do território chileno foi sacudida por violentos acontecimentos. No princípio de julho, os estivadores de Iquique, em Tarapacá, fizeram uma greve, na qual reivindicavam, entre outras coisas, pagamento em moeda nacional em vez das *fichas*, os vales de salário dos empregadores que só podiam ser trocados nos armazéns da companhia. Juntaram-se a eles os carroceiros, os trabalhadores eventuais e, logo em seguida, os próprios trabalhadores do nitrato, e teve início um saque indiscriminado a armazéns e lojas. Os empregadores solicitaram ao governo medidas imediatas para reprimir as agitações, mas Balmaceda não tomou qualquer atitude: apenas insistiu com eles para que fizessem um acordo com os grevistas. Mas eles se mostraram inflexíveis, não quiseram nem mesmo iniciar negociações. Diante disso, alguns mineiros começaram a fazer sabotagens, danificando o maquinário em algumas *oficinas* e destruindo totalmente as máquinas de San Donato, a mina de importantes sócios de John Thomas North. Nessa altura, o governo interveio: enviou tropas para o Norte, que travaram sangrentas batalhas com os grevistas e fecharam indiscriminadamente seus sindicatos. Mas a onda de greves espalhara-se para todas as províncias produtoras de nitrato; a ordem só foi restabelecida quase um mês depois. Isso custou caro a Balmaceda. Sua inatividade inicial irritou os proprietários das empresas e alarmou a oligarquia, e sua decisão final de enviar tropas afastou de vez os mineiros que, em menos de um ano, tornar-se-iam os soldados que iriam lutar contra ele. Apesar de tudo, as greves de 1890, o primeiro grande conflito social da história chilena, foram também um presságio. Suas causas principais foram as duras condições de vida e de trabalho nos *pampas* de nitrato e a exploração dos trabalhadores, que não tinham qualquer representação no sistema político do Chile. Certamente, no final dos anos 1880, tinham aparecido em Santiago forças políticas novas mas ainda pouco importantes, principalmente o Partido

8. Kennedy to Salisbury, Santiago, 21 June 1890, No. 47, Diplomatic. FO 16/259.

Democrata, fundado em 1887 por representantes do Partido Radical e que congregava aqueles políticos que, como Malaquías Concha, achavam que se devia dar mais atenção aos interesses da classe trabalhadora. Mas foi no Norte, nos desertos de nitrato, que se encontraram as verdadeiras origens da militância da classe trabalhadora; foi no Norte que os conflitos trabalhistas tiveram expressão mais aguda no futuro e onde, na época, apareceram organizadores pioneiros que forjaram movimentos políticos genuínos para representar as reivindicações da classe trabalhadora.

A agitação trabalhista de meados de 1890 fora um fato inerente às condições locais; os distúrbios não tinham qualquer relação com a situação política geral e nem com a tensão que crescia em todo o Chile à medida que a crise constitucional continuava sem solução. Durante todo o inverno de 1890, nem o presidente nem o Congresso cederam: Balmaceda não mudou o ministério conforme exigia o Congresso e este continuava recusando-se a discutir os projetos de lei do presidente e ao mesmo tempo aprovava muitas propostas dos parlamentares. Apareceram na imprensa ataques pessoais de ambos os lados; uma manifestação pública, que reuniu cerca de oito mil pessoas em Santiago, exigiu que o presidente cedesse, mas Balmaceda respondeu que lutaria até o amargo fim. Em 24 de julho, Zegers solicitou ao Congresso que decretasse o *impeachment* do ministério e declarasse Balmaceda incompetente para prosseguir no cargo; diante disso, este, usando seus direitos constitucionais estritos, dissolveu o Congresso. Novas mediações entre o governo e a oposição foram infrutíferas; daí até o final do ano, a situação tendeu a deteriorar-se. O Congresso continuou na sua recusa de aprovar leis essenciais, como o orçamento para 1891 e o projeto sobre o efetivo das Forças Armadas; além disso, gastou o tempo discutindo e censurando os crimes e loucuras – na sua opinião – da administração Balmaceda. Este, de seu lado, convencido agora de que era impossível uma conciliação, dera início a um expurgo no exército, afastando aqueles elementos de cuja lealdade suspeitava. Estava-se chegando a 1º de janeiro de 1891, o último dia determinado pela Constituição para a aprovação do orçamento e do projeto sobre as Forças Armadas. Se não fossem aprovadas até essa data, ou Balmaceda teria de agir ao arrepio da Constituição ou seria obrigado a ceder às exigências do Congresso e nomear um ministério que os congressistas considerassem confiável. Agora, a maioria parlamentar tinha poucas dúvidas de que Balmaceda iria lutar; quase no final de dezembro, formou uma junta de governo e procurou apoio dos oficiais mais antigos do Exército e da Marinha. O ídolo do Exército, general Manuel Baquedano, não aceitou a proposta dos congressistas; o comandante da marinha, almirante Jorge Montt, ao contrário, concordou em apoiá-los. Em 1º de janeiro de 1891, um manifesto de justificativa de Balmaceda, no qual declarava que as leis essenciais continuavam em vigor, pôs em movimento as rodas da revolta dos parlamentares. Uma semana depois, desafiando as ordens de Balmaceda, quase toda a frota chilena, com um grande número de congressistas a bordo, viajou de Valparaíso para o Norte, desencadeando uma guerra civil que duraria oito meses, tiraria as vidas de dez mil pessoas e no processo destruiria o sistema portaliano de governo presidencial autoritário.

A guerra em si foi um acontecimento bastante estranho. Ajudado por expurgos anteriores e por aumentos imediatos de salário para o Exército, Balmaceda manteve, em grande parte, a lealdade da instituição. Contudo, a Marinha apoiou o Congresso e, em fevereiro, tomou a província de Tarapacá, no Norte, grande produtora de nitrato, e instalou um governo rival em Iquique. Balmaceda não tinha meios de transportar tropas para a região e atacar as forças dos congressistas, e o Congresso não tinha um exército para atacar o presidente no centro do Chile: assim, ambos os lados foram forçados a renunciar a combates mais cruciais até que tivessem uma superioridade decisiva em armas. Entre eles estendia-se o deserto de Atacama. Na verdade, a guerra transferiu-se para o exterior, quando ambos os lados procuraram na América e na Europa os armamentos de que necessitavam – Balmaceda, navios de guerra; o Congresso, munições de solo –, apoio diplomático e a simpatia da opinião pública internacional. Nisso, os congressistas foram mais bem-sucedidos. Nesse meio tempo, porém, os combatentes, embora em sua maioria passivos, não ficaram no ócio. Os congressistas recrutaram e treinaram um exército formado pelos trabalhadores do nitrato; um fator fundamental foi a presença de um consultor militar prussiano, Emil Körner, que o governo Balmaceda contratara em 1886 para modernizar e profissionalizar o exército chileno; brigou com o presidente por causa de prioridades de serviço e jogou toda a sua grande experiência na formação de um exército para os congressistas. O governo de Balmaceda, que controlava o vale central, teve de enfrentar um populacho intratável e esporádicas sabotagens e não hesitou em usar de medidas repressivas, afastando com isso boa parte da opinião pública que até então se mantivera neutra no conflito constitucional. O presidente estava numa posição difícil: privado da receita do nitrato que, desde fevereiro, fluía para os cofres do Congresso; carecendo de recursos para prosseguir na guerra e, na verdade, para bloquear os postos do Congresso de outra forma a não ser no papel, por decretos que os governos estrangeiros se recusavam a aceitar; e perdendo progressivamente a guerra de propaganda no exterior, só podia aguardar, esperançosamente, a chegada em Valparaíso de dois couraçados que estavam sendo construídos na França e esperar que seus agentes conseguissem frustrar as tentativas do Congresso de adquirir armas para seu novo exército. Essa corrida ele perdeu: no final de agosto, a frota do Congresso, equipada com homens bem treinados e bem armados, desembarcou perto de Valparaíso e, nas sangrentas batalhas de Concón e Placilla, desbaratou o exército balmacedista, equipado com armas antiquadas e muito mal dirigido. Sua vitória foi total. Balmaceda refugiou-se na embaixada argentina em Santiago, onde escreveu suas reflexões sobre a tragédia que acabara com ele, despediu-se de sua família e de amigos numa série de cartas pungentes e, em 19 de setembro, quase cinco anos depois de sua ascensão à presidência, tirou a própria vida com um tiro de pistola na cabeça. Seus adeptos, do alto e do baixo escalão, foram punidos com o exílio, com a perda dos bens, com a exoneração do serviço público e, em alguns casos, com a morte. A guerra civil, como a luta política que a antecedeu, fora longa e amarga e seus resultados teriam efeitos de longo alcance sobre a história chilena subseqüente.

Esse conflito envolve uma controvérsia relativa à importância do papel que as companhias estrangeiras exploradoras de nitrato desempenharam na gênese e no desenvolvimento da crise anterior à guerra e no triunfo final da revolta contra Balmaceda. Segundo uma opinião, do programa geral do presidente de ampliação do papel do Estado na economia nacional fazia parte uma política nacional concreta para o nitrato, que acarretaria menos controle dos estrangeiros. Houve quem afirmasse, porém, que, ao lado da ameaça aos interesses estrangeiros, personificados por North, corria em paralelo uma ameaça à oligarquia interna dominante através do crescimento do poder do Estado; por isso, essas duas forças aliaram-se para derrubar Balmaceda. Circunstancialmente, esta opinião parece um caso forte de *prima facie* e muitos observadores contemporâneos a compartilham. Pesquisa mais recente, porém, modificou e mesmo derrubou totalmente essa interpretação. Primeiramente, revelou que Balmaceda não tinha nada parecido com uma política clara sobre a intervenção do Estado na economia – inclusive na indústria do nitrato – que lhe imputaram; segundo, demonstrou que os principais agentes que Balmaceda usou para derrubar as tentativas de North de criar um controle monopolista foram outros estrangeiros com quem o presidente estava pronto a negociar; e, terceiro, revelou que a política aplicada pelos sucessores de Balmaceda com relação ao nitrato, longe de ser favorável aos interesses estrangeiros como se afirmou anteriormente, foi de fato muito mais contrária a eles do que a do presidente-mártir. Essas opiniões revisionistas também restabeleceram – pelo menos por enquanto e até que disponhamos de novas provas – interpretações mais tradicionais sobre a luta entre Balmaceda e seu Congresso. Segundo essas interpretações, essa luta foi primordialmente constitucional e política, muito mais do que econômica, e nela o fator pessoal representou papel importante. Alguns acontecimentos da história interna do Chile que se sucederam à guerra civil de 1891 confirmam de forma indireta que os determinantes da ação foram sobretudo políticos, como atestou o próprio Balmaceda.

A "REPÚBLICA PARLAMENTAR", 1891-1920

No "testamento político" que escreveu um pouco antes de cometer suicídio, Balmaceda profetizou:

> [...] embora o Chile tenha agora um governo parlamentar [...] não haverá liberdade eleitoral, nem partidos claramente definidos, nem paz entre os grupos do Congresso. Com a vitória e a submissão dos vencidos haverá uma calma temporária; mas logo as antigas divisões ressurgirão, com as mesmas situações amargas e as dificuldades morais para o Chefe de Estado [...]. O regime parlamentar foi vitorioso no campo de batalha, mas essa vitória não perdurará [...][9].

A história iria provar que ele estava certo, embora por motivos parcialmente errados.

A vitória do Congresso em 1891 marcou importante divisão na história política e constitucional. Tendo se rebelado para afirmar a predominância do poder Legislativo sobre o Executivo, os partidos que estavam representados no Congresso, vitoriosos mas heterogêneos, é que controlavam agora o Chile.

9. Traduzido a partir de J. BAÑADOS ESPINOSA, *Balmaceda, su Gobierno y la Revolución de 1891*, Paris, 1894, 2 vols.; a citação aparece no vol. II, pp. 653-654.

Anteriormente, o faccionalismo fora impedido pelos enormes poderes do presidente e sobretudo por sua capacidade de intervir nas eleições para eleger um Congresso dócil, até certo ponto pelo menos; mas agora essas restrições tinham sido removidas totalmente, ainda que esse processo de remoção tenha começado muito tempo antes. O Congresso forjara uma unidade temporária por meio de um objeto comum de aversão: Balmaceda e o sistema do qual ele foi o último representante; no entanto, removido este, a unidade foi-se com ele, como o ex-presidente previra. Agora o Legislativo não apenas predominava sobre o Executivo; controlava-o, pois a este último faltava a arma essencial num sistema parlamentar para enfrentar a obstrução ou derrota no Legislativo, ou seja, o poder de dissolvê-lo e tentar conseguir um novo mandato por meio de novas eleições. Assim, foi imposta ao Chile uma forma espúria de governo parlamentar e os fatores pessoais tiveram grande participação nessa transformação. O almirante Jorge Montt, o comandante-chefe de uma força militar rebelde que saiu vitoriosa no final, personificara a revolução de uniforme. Como não era político, podia ser um perfeito candidato de consenso dos partidos vitoriosos para a gestão presidencial de 1891 a 1896: conciliador, maneiroso, sem muito poder e bastante consciente dos princípios do antiautoritarismo pelos quais fora feita a revolução.

> Sua intenção [disse ele ao ministro inglês] foi dar aos ministros grande independência de ação em seus vários Departamentos de Estado; abster-se de interferir nos órgãos legislativos e restringir os Intendentes e Governadores de províncias a suas obrigações administrativas, proibindo a interferência em questões políticas e especialmente nas eleições[10].

A adoção de um sistema parlamentar eliminou a necessidade de reescrever a Constituição vigente, e a aceitação do novo papel do presidente por Montt – muito longe das idéias da maioria dos seus antecessores – mostrou que as alterações na prática foram muito mais importantes do que as modificações na forma. A mudança essencial entre todas foi a eliminação da interferência direta do governo nas eleições, o principal objetivo da oposição a Balmaceda: a remoção dessa arma do Executivo depois de 1891 significou que, doravante, os presidentes teriam de confiar em alianças e coligações

10. Kennedy to Salisbury, Santiago, 7 November 1891. No. 121. Diplomatic. FO 16/266.

dentro de um Congresso multipartidário. Assim, deixaram de existir as maiorias automáticas na aprovação das iniciativas do governo, e este passou a viver ao sabor de lealdades mutáveis e de alianças temporárias. Os resultados inevitáveis foram um domínio indefinido e um compromisso hesitante.

Dois outros fatores vieram somar-se a essa situação. O primeiro foi a nova lei da Autonomia das Comunas aprovada pelo Congresso em 1892. Preconizada há muito tempo, sobretudo pelos conservadores, e em especial por M. J. Irrarázaval, encantado com o exemplo da Suíça, e defendida por alguns grupos liberais, que viam na concessão de maiores poderes às autoridades locais um obstáculo a mais à influência do Executivo, essa medida tencionava libertar as prefeituras do controle central. Todavia, o uso eficiente de maior autonomia local dependia de recursos financeiros adequados, e esses o Legislativo não providenciou. Por isso, o controle central foi substituído pelo poder igualmente dúbio dos poderosos locais; e nas eleições os agentes do governo cederam lugar ao poder da bolsa local e os *hacendados* e outras pessoas de recursos substituíram a interferência central pelo suborno e pela corrupção, de modo que no final do século as cadeiras do Congresso estavam cotadas a um preço fixo.

O segundo fator, e um total paradoxo, foram o caráter e as medidas políticas dos herdeiros de Balmaceda, aqueles políticos que lhe haviam dado apoio em vida e que, agora que ele estava morto, queriam vindicar seus pontos de vista. A perseguição aos balmacedistas, rigorosa enquanto durou em 1891 e 1892, diminuiu em 1893 com a aprovação de uma anistia seletiva, seguida em 1894 por uma medida mais abrangente. Assim, em 1894 os partidários mais importantes de Balmaceda, como Enrique Sanfuentes e Julio Bañados Espinosa, haviam retornado à vida pública com toda a força. A *convivencia chilena*, a solidariedade social da classe alta chilena nesse período, reafirmara-se claramente, e os balmacedistas, ou democratas liberais como se chamavam, voltaram à política como se fosse coisa rotineira. Mas não completamente: afinal de contas, eram os legatários do testamento político de seu chefe, que previra a política faccional na ausência de um Executivo firme. A tarefa desses homens era tornar verdadeiras as palavras do mártir. Assim, para expor a debilidade de um Executivo febril, eles, mais do que os outros, uniam-se aos outros grupos em troca de uma vantagem puramente faccional, e os deixavam pela mesma razão: uma característica saliente do período foi seu esforço para tornar a república parlamentar ingovernável.

Em 1896, no final do mandato presidencial de Montt, o panorama político parecia um mosaico: num extremo estava o Partido Conservador, clerical, liderado pelo patriarca Manuel José Irrarázaval, que continuava sendo o partido da Igreja e estava determinado a defender suas prerrogativas remanescentes, especialmente em educação católica; no outro, ficava o Partido Radical, distinguido sobretudo por seu anticlericalismo virulento e pela determinação em transformar o Estado no distribuidor universal de educação, mas esquizofrênico em sua atitude com relação à classe, sem saber se era o porta-voz exclusivamente da classe média e da classe profissional ou se devia abranger também as camadas inferiores. Entre esses dois grupos genuinamente ideológicos estendia-se a massa amorfa dos liberais – o Partido Liberal, que rompera com Balmaceda por causa de sua intervenção nas eleições mas que agora não tinha qualquer ideologia a uni-lo a não ser crenças vagas em eleições livres, na liberdade de imprensa e de associação, no amplo anticlericalismo e na supremacia do Legislativo sobre o Executivo; o Partido Nacional, cada vez menor, e destacado principalmente por sua fidelidade ao governo impessoal e, paradoxalmente, por sua lealdade à tradição e ao nome da família Montt; e, finalmente, os balmacedistas, ou o Partido Democrata Liberal, com uma veneração comum pelo presidente morto e uma fidelidade pouco precisa àquilo pelo que, no seu entender, ele lutara, mas unidos principalmente pelo propósito de ser uma força desintegradora, determinados a tirar do novo sistema a máxima vantagem como grande partido de minoria com poder para impedir que qualquer outro grupo governasse com eficiência. Assim, o sistema multipartidário do Chile, que antedatava da revolução de 1891, mas fora exacerbado por ela, distinguiu-se, de um lado, por uma falta de coesão ideológica que pudesse contribuir para um verdadeiro sistema partidário e, de outro, por uma solidariedade social que ultrapassava as linhas dos partidos. O credo da maioria era o oportunismo, e, tirando o ainda minúsculo Partido Democrata, que sozinho buscava apoio tanto entre os artesãos quanto na classe média, somente o Partido Conservador e o Partido Radical tinham uma ideologia distintiva, que girava em torno das questões religiosas. No entanto, somente em 1894 o Partido Democrata conseguiu eleger representantes para a Câmara dos Deputados e em 1912 para o Senado, tão dominante era o controle da oligarquia tradicional e tão restrito o direito de voto. A forma constitucional e política do país permitiu que a oligarquia jogasse um jogo político no qual diferentes grupos se atropelavam em busca de poder e influência contra um pano de fundo nacional de mudanças econômicas e sociais que não se refletiam na representação política.

Assim, os trinta anos do período entre 1890 e 1920 caracterizaram-se por um aumento da tensão social à medida que as mudanças econômicas provocavam um crescimento da classe trabalhadora e da população urbana, e as pressões a favor de reforma social – em habitação, educação, saúde e condições do trabalho – não podiam ser expressas através dos canais políticos. A saída alternativa – o protesto violento esporádico – foi enfrentada geralmente com repressão, e viu-se que os méritos indubitáveis do sistema parlamentar chileno, um método civilizado de conduzir a questão política segundo diretrizes estritamente constitucionais para a pequena minoria que tomava parte nele, eram cada vez mais incongruentes para uma sociedade nacional em rápida transição.

Entre 1895 e 1920, a população chilena aumentou de cerca de 2,688 milhões para 3,715 milhões; no mesmo período, o crescimento da população urbana e rural manteve mais ou menos o mesmo ritmo, em torno de 500 mil cada uma no âmbito nacional. Contudo, as cidades maiores – Santiago, Valparaíso e Concepción – cresceram desproporcionalmente mais do que a população rural de suas respectivas províncias. Assim, a população de Santiago aumentou de cerca de 300 mil para 547 mil, ao passo que a população rural da província subiu apenas de 116 mil para 139 mil; os dados correspondentes para Valparaíso mostram um crescimento urbano de 173 mil para 266 mil e um aumento na zona rural de 48 mil para apenas 55 mil; os de Concepción não são menos surpreendentes, com um crescimento da população urbana de 95 mil para 142 mil e da rural de 94 mil para 105 mil.

O crescimento das principais cidades refletiu, em parte, um desenvolvimento nacional em que a receita obtida com o imposto sobre o nitrato foi como que o motor de toda a economia. Muito tempo antes que as receitas do nitrato exercessem seu impacto, o Chile estava se tornando uma unidade econômica nacional integrada, quando, a partir de meados do século XIX, as melhorias nas comunicações e ainda mais as estradas de ferro uniram o país, dando ao governo condições de atuar em regiões (como o Norte Chico e a zona de florestas ao sul) que até então tinham ficado à margem das preocupações do governo central. A expansão da cultura do trigo no Sul, da viticultura no vale central, de indústrias de bens de consumo de baixa tecnologia como tecidos, cerâmica e materiais de construção – todas em franco progresso devido à Guerra do Pacífico – refletiram esse fato; e já se podia notar uma certa concentração industrial. Contudo, a entrada do nitrato na economia nacional acelerou bastante esses processos. As necessidades de consumo das *oficinas* e portos do Norte galvanizaram outras partes da estrutura, fazendo com que o crescimento da indústria do nitrato influenciasse positivamente, por exemplo, a agricultura no Sul. Em 1887 o cônsul-geral inglês escrevia:

Feijão, milho, lentilha, ervilha, frutas secas etc. raramente são exportados; para esses produtos, como para a farinha de trigo e a cevada, o produtor chileno tem um mercado melhor no deserto ao norte. [...] Do mesmo modo, a grande e ainda crescente produção de vinho e de cerveja do Sul encontra mercado no Norte. [...][11].

Além disso, o aumento da receita do governo com a exportação do nitrato também teve sua influência. Apesar dos decréscimos cíclicos na receita do governo causados pela natureza intermitente desse comércio, a tendência geral de crescimento da receita provinda dos impostos sobre a exportação desse produto, entre 1891 e 1920, deu possibilidades aos sucessivos governos de executar projetos de infra-estrutura, que empregavam grande volume de mão-de-obra, criaram necessidades de consumo e ampliaram a burocracia do governo em Santiago, cidade que, por sua vez, se expandiu rapidamente. As estradas de ferro são um exemplo clássico. Em 1893, a grande linha central de importância estratégica, construída pelo governo, chegara até Temuco, 690 quilômetros na direção sul, e em 1913 avançou mais 400 quilômetros, atingindo Puerto Montt, enquanto, ao norte, a linha central chegou, em 1914, a Pintados, no extremo sul da província de Tarapacá, ligando-a com o sistema ferroviário de transporte do nitrato de propriedade de particulares. Também em 1914, a linha Arica–La Paz (Bolívia), com 438 quilômetros de extensão, construída pelo Chile em cumprimento parcial de seu tratado com a Bolívia celebrado em 1904, foi aberta ao tráfego, vindo ligar-se à linha já existente e de propriedade dos ingleses que ia de Antofagasta a La Paz. A linha transandina, que ligava Santiago a Buenos Aires e vinha sendo construída desde a década de 1880, um grande feito da engenharia de montanha, também foi aberta ao tráfego em 1910; ao mesmo tempo nesses anos continuou em ritmo acelerado a expansão dos ramais transversais a partir do tronco central em todo o coração do Chile, muitos deles de propriedade privada. Em 1914, o Chile possuía 8 638 quilômetros de estradas de ferro, mais de 60 por cento dos quais (5 584 quilômetros) eram de propriedade do

11. Newman to Salisbury, Valparaiso, August 1887. Report on the Trade and Commerce of Chile for the Year 1886, *Parliamentary Papers*, London, 1888, C, 3.

Estado, em comparação com o que possuía apenas sete anos antes, menos de 50 por cento de toda a rede nacional.

Certamente, os empregos criados pelas estradas de ferro na construção e a mão-de-obra permanente que empregou, cujo número absoluto é difícil quantificar, foram consideráveis; de todo modo, pesaram grandemente na migração rural. A industrialização estava crescendo da mesma maneira. Durante o período parlamentar, a indústria chilena expandiu bastante em termos do número de estabelecimentos e de sua variedade, e da força de trabalho para operá-los. A indústria de processamento de alimentos e de bebida, as fábricas de cimento, as cerâmicas, as refinarias de açúcar, as indústrias de roupa; artigos de couro, de madeira e de papel, produtos químicos, fundições, lojas de máquinas e fábricas de usinagem de metal, todos esses estabelecimentos expandiram-se enormemente no período, dirigidos em sua maioria por particulares. A tecnologia, em sua maior parte, era importada; muitos dos empresários eram estrangeiros, e boa soma de capital procedeu do exterior. Não obstante, em 1914 o Chile possuía uma indústria manufatureira cada vez mais importante, que atendia sobretudo às necessidades nacionais. Ainda assim, algumas das maiores empresas mantinham mercados de exportação em países vizinhos.

É evidente que o incentivo que o governo deu à atividade econômica no período parlamentar não proveio totalmente da receita dos impostos sobre as exportações de nitrato, nem das taxas cobradas sobre as importações e as exportações em geral, nem da tributação. Uma grande parcela dos recursos derivou de empréstimos externos. Com efeito, entre 1885 e 1914, entraram no país mais de 50 milhões de libras esterlinas provenientes de empréstimos levantados no exterior, mais de 60 por cento dos quais foram gastos em obras públicas, principalmente em estradas de ferro. A posse do nitrato, associada à reputação de bom pagador de que desfrutava o Chile – essa fama foi mantida até mesmo durante o ano de 1891 – proporcionou ao país uma ótima posição nas finanças internacionais; assim, era fácil levantar empréstimos em condições razoáveis. E foi com esses recursos que as principais cidades – sobretudo Santiago e Valparaíso – foram modernizadas mediante a expansão dos meios de transporte, a melhoria da iluminação pública, melhoramentos sanitários e impressionantes edifícios públicos. Derivaram também daí os avanços no campo da educação. Isso porque, apesar da instabilidade dos gabinetes, o governo e a administração continuaram incentivando a expansão dos serviços públicos, entre os quais a educação. O desenvolvimento educacional refletiu-se na diminuição do analfabetismo: em 1885, estimou-se que 28,9 por cento da população do Chile eram instruídos, mas em 1910 essa proporção subiu para mais de 50 por cento, ainda que fortemente concentrados nas cidades em crescimento.

Assim, na história chilena, o período parlamentar, de 1891 a 1920, foi um paradoxo. Foi uma época de grandes mudanças sociais e econômicas, mas foi também um tempo de impasses políticos. Houve grandes melhorias urbanas combinadas com uma estagnação no campo, no que diz respeito às vidas da classe camponesa. Em termos sociais profissionais, foi uma era de transformação; a oligarquia tradicional, que, por meio do ímã social da aceitabilidade, atraiu em todas as partes do país "os novos homens" da atividade bancária, do comércio, da indústria e das profissões liberais, continuou a dominar a vida pública, mas novos grupos apareceram – gerentes, burocratas e professores – e novas classes de trabalhadores urbanos, mineiros do setor do nitrato, o funcionalismo público de baixo escalão e os pequenos funcionários de todos os tipos de empresa. Além disso, mesmo que a economia se tenha desenvolvido e alguns serviços tenham melhorado, outros continuaram na mesma situação. A grande expansão das cidades foi marcada por uma disparidade na habitação entre a opulência urbana dos ricos e os esquálidos bairros de favelas dos pobres. Um norte-americano que visitou Santiago em 1900 escreveu: "Em Santiago estive em casas que tinham mais de cinqüenta quartos e mobiliados com móveis tão caros quanto alguns palácios da Europa"[12], mas os *conventillos* nos subúrbios onde morava a classe trabalhadora apresentavam um quadro diferente. Eram edifícios de um ou dois andares, onde às vezes famílias inteiras residiam num único quarto; "muitas vezes as camas eram usadas as vinte quatro horas do dia, aquecidas durante o dia pelos trabalhadores do turno da noite, e deixadas para aqueles que retornavam à noitinha". Mas, se os contrastes de habitação entre ricos e pobres eram enormes nas grandes cidades, as diferenças entre o ambiente urbano e o rural eram ainda maiores. "As casas dos *rotos* (operários) eram um pouco melhores do que nossas pocilgas", escreveu nosso visitante norte-americano sobre as casas dos camponeses do vale central[13]. As disparidades no setor de saúde eram ainda maiores: em caso

12. FRANK G. CARPENTER, *South America, Social, Industrial and Political*, New York, 1900, p. 218.

13. *Idem*, p. 239.

de doenças pertinazes, o aristocrata de Santiago poderia consultar médicos em Paris ou em Londres, o pobre do Chile morria. A taxa geral de mortalidade infantil (mortes por mil nascimentos vivos) entre 1890 e 1915 era de 293[14], mas incidia de maneira desproporcional sobre os pobres. E na educação, os avanços gerais não foram insignificantes, mas novamente as áreas urbanas é que foram beneficiadas, enquanto as rurais nada receberam.

Foram essas imensas diferenças que criaram a questão social no Chile no período parlamentar e acabaram por levantar o problema de saber se o mecanismo constitucional e político tinha capacidade de enfrentá-la. As agitações de 1890 nas regiões produtoras de nitrato tinham sido um presságio das coisas que estavam por vir. Nas duas primeiras décadas do século XX o conflito social recrudesceu; essa intensificação derivou de causas particulares mas provocadas por uma situação geral. Um fator que afetou todas as classes, porém mais os pobres do que a maioria dos outros, foi a contínua depreciação do peso chileno e a inflação. O aumento médio anual do custo de vida foi de cinco por cento entre 1890 e 1900, de oito por cento entre 1900 e 1910 e de seis por cento entre 1910 e 1920, taxas modestas pelos padrões atuais, mas exacerbadas em seus efeitos sobre o Chile da época pelo impacto da inconversibilidade do papel-moeda: os produtores e exportadores contavam seus lucros em moedas internacionais, cujos valores oscilavam pouco, mas pagavam seus empregados em papel, que tinha o valor real continuamente depreciado. A estabilidade dos preços no Chile fora enganosa desde 1878 e estava destinada a permanecer da mesma forma por mais cem anos. Uma tentativa de restaurá-la entre 1895 e 1898, quando o Chile voltou temporariamente ao padrão ouro, fracassou, em grande parte porque as condições de conversão eram as mais desfavoráveis possíveis – o período de 1895–1898 foi o ponto mais baixo da queda dos preços mundiais das *commodities*, queda que se iniciara na década de 1870; além disso, uma ameaça de guerra com a Argentina levou o governo a orientar grande parte das despesas para as compras emergenciais de armamento. A derrota dos *oreros* em 1898 confirmou o sistema monetário de papel inconversível, cujo valor interno caía consistentemente. Não surpreende, portanto, que os trabalhadores tenham reagido.

14. MARKOS J. MAMALAKIS, *Historical Statistics of Chile*, Westport (Conn.), 1980. Ver vol. II, *Demography and Labor Force*, p. 40. Este número foi calculado a partir dos dados básicos do prof. Mamalakis.

Em 1903, os portuários de Valparaíso entraram em greve por melhores salários e menor jornada de trabalho; o uso de fura-greves provocou motins, que as tropas enviadas de Santiago para restaurar a ordem reprimiram ao preço de 32 mortos e 84 feridos. Em 1905, quando o governo, defendendo os interesses dos criadores nacionais, decretou a cobrança de taxas de importação sobre o gado trazido da Argentina, a alta dos preços provocou em Santiago muitas agitações; duraram uma semana e foram reprimidas à custa de 60 mortos e 300 feridos. A esta *semana roja* seguiu-se, em 1906, uma greve mais séria em Antofagasta, quando a companhia de estrada de ferro e de nitrato, de propriedade dos ingleses, recusou conceder um aumento de salários e ampliar o horário para a refeição do meio-dia; um ano depois, uma greve maciça no porto de Iquique foi reprimida com grande derramamento de sangue, com os mortos sendo contados às centenas. A expressão violenta de protesto social teve sua contrapartida na resistência organizacional à exploração do trabalho e no questionamento intelectual do "sistema".

A figura principal do crescimento do movimento trabalhista organizado foi Luis Emilio Recabarren (1876–1924), filho de modesta família de Valparaíso e impressor de profissão. Dos primeiros e mais destacados membros do Partido Democrata, ao qual se filiou em 1894, descobriu sua verdadeira vocação em 1903, quando foi convidado a fundar e dirigir um jornal para a associação de benefício mútuo (*mancomunal*) dos portuários de Tocopilla, um porto do norte do país grande exportador de nitrato. *El Trabajo* foi apenas o primeiro dos muitos órgãos de trabalhadores que ele viria a criar e editar. Eleito deputado, em 1906, por Antofagasta, o Congresso não permitiu que assumisse sua cadeira. Depois de um período de exílio na Argentina e na Europa – onde declarações não confirmadas dizem que manteve contato com Lênin – voltou ao Chile em 1908, rompeu com o Partido Democrata em 1911 e fundou o Partido Obrero Socialista em 1912. Foi a personalidade e a energia de Recabarren que manteve unido o POS, que em 1915 tinha uma série de sucursais no setor do nitrato no Norte, em Santiago e em Punta Arenas. De sua base em Tarapacá, no centro da indústria do nitrato, esse homem, que se tornara uma figura nacional, criou jornais de partido, muitas vezes de vida efêmera mas de impacto permanente, e desse modo recrutou um bando pequeno mas dedicado de adeptos e uma força cada vez maior favorável às mudanças sociais radicais no Chile. Em 1915, o POS realizou seu primeiro congresso nacional e começou a elaborar sua estrutura institucional e a radicalizar as organizações sindicais existentes.

As origens dessas organizações foram várias e sua história, bastante diversificada. Com o crescimento da classe trabalhadora chilena, e sobretudo o setor não-agrário, eles tiveram de enfrentar seus empregadores ou aqueles que, pelo menos em teoria, os representavam no Congresso, que primavam por não compreender a dificuldade de suas condições de vida e de trabalho. No final do século XIX, não tendo um canal constitucional ou político por meio do qual pudessem expressar suas queixas, os trabalhadores de localidades particulares e de profissões específicas passaram a formar uma série de organizações de auxílio mútuo. Na verdade, os primeiros embriões de sindicato haviam aparecido no Chile em 1870: sociedades mutualistas criadas pelos artesãos urbanos, órgãos cooperativos com a finalidade de oferecer alguma segurança social a seus membros e fornecer algum tipo de educação por meio de aulas e de publicações de auto-ajuda; no entanto, preconizavam não o confronto, mas a cooperação com os empregadores e o governo. Por isso, não tinham qualquer interesse numa mudança violenta da ordem social, mas, em vez disso, procuravam ocupar nela um lugar respeitável. Para os governos e para a Igreja católica essa atitude era totalmente aceitável, sobretudo para essa última que, seguindo a encíclica papal *De Rerum Novarum* de 1891 (o primeiro pronunciamento *ex cathedra* a tratar seriamente de questões sociais e econômicas), defendera uma visão filantrópica das classes baixas. Já as chamadas "sociedades de resistência" foram radicalmente diferentes em concepção e em propósito. Criadas sob a influência de idéias anarquistas e socialistas importadas da Argentina por trabalhadores migrantes e por líderes sindicalistas, eram baseadas geralmente na indústria e tinham objetivos práticos imediatos, relacionados com as condições de trabalho. O que unia seus membros era a profissão, como, por exemplo, os portuários, os trabalhadores nos transportes, os gráficos etc. Foram os precursores das futuras formas de sindicalismo chileno, ainda mais em sua concepção política; sua importância, porém, diminuiu quando o anarquismo perdeu sua atração. Finalmente, as sociedades mais importantes foram as "irmandades", ou *mancomunales*, que surgiram principalmente na indústria do nitrato no Norte, onde a população mineira tomou grande impulso até 1914, graças essencialmente à migração interna vinda do Sul. Em termos sociais, os *mancomunales* eram extremamente homogêneos e, mesmo com a dispersão da população envolvida na indústria do nitrato – cada *oficina* era praticamente um Estado independente – foi grande a mobilidade da mão-de-obra, pois os mineiros mudavam de um lugar para o outro em busca de melhores condições. Por isso, sua organização estava mais ligada por natureza ao território do que à profissão e suas principais preocupações eram as condições de vida e de trabalho, e melhorias sociais como a educação. Mas os *mancomunales* distinguiram-se sobretudo por seu caráter classista, e foram eles que, embora reprimidos, organizaram a série de greves cada vez mais graves que ocorreram na indústria do nitrato durante o período parlamentar.

Ainda assim, os primeiros sindicatos propriamente ditos surgiram, nas primeiras décadas do século XX, sob a influência dos anarquistas, entre as artes e ofícios das principais cidades. Foram eles a Federação dos Carpinteiros e a Federação dos Sapateiros e, o mais importante de todos, o Sindicato dos Ferroviários que, um ano depois de um corte dos salários praticado pelas Ferrovías Nacionales em 1908, fundaram sua primeira federação. Essa organização foi na origem um órgão de socorro mútuo; em 1911 chamou-se Gran Federación Obrera Chilena até que, em 1917, com o nome mudado para Federación Obrera Chilena (FOCH), abriu suas portas a todos os trabalhadores. Obteve grande apoio entre estes, principalmente no Norte e no Sul, menos em Santiago e em Valparaíso, onde a influência anarquista ainda era muito forte. Com o passar do tempo, diante do aumento das tensões sociais e da deterioração das condições econômicas, sobretudo no período imediatamente posterior à Primeira Guerra Mundial, a FOCH tornou-se mais ativista. Na verdade, naqueles anos as greves e o total de trabalhadores envolvidos aumentaram drasticamente no Chile: de 16 greves em que se envolveram 18 mil trabalhadores em 1916 esse número subiu para 105 em 1920, com a participação de 50 mil operários[15].

Recabarren, apesar de ter procurado manter separados embora coordenados seu POS e a FOCH, desempenhou importante papel nesses movimentos. Em 1919, a FOCH sofreu uma reorganização: a partir daí, seu *slogan* mais popular era o sindicato que filiou todos os trabalhadores numa área específica, independentemente de suas profissões, e entre seus objetivos manifestos – como os do POS – incluía-se a abolição do sistema capitalista. A progressiva radicalização da FOCH, o impacto da Revolução Russa de 1917 e o crescimento de um movimento comunista internacional aprofundaram a divisão do movimento trabalhista chileno entre dois grupos: aqueles que, como o Partido Democrata, desempenharam papel importante na organização da

15. BRIAN LOVEMAN, *Chile: The Legacy of Hispanic Capitalism*, New York, 1979, p. 227.

classe trabalhadora e procuraram atuar dentro do sistema político existente e aqueles que, como Recabarren, acabaram por rejeitá-lo na década de 1920. Em 1921, o racha aconteceu: a FOCH decidiu filiar-se aos Sindicatos Internacionais Vermelhos comandados a partir de Moscou e, um ano depois, o POS tornou-se o Partido Comunista Chileno, mas ambos perderam membros por causa disso. Estimou-se que na FOCH o número de filiados caiu 50 por cento entre 1921 e 1922, de cerca de 60 mil para 30 mil. Nessa altura, a república parlamentar chegara a um ponto crítico.

Durante todo o período da república parlamentar, os partidos e personalidades políticas, com exceção do Partido Democrata (que nunca obteve o apoio de mais do que uma pequena minoria de um eleitorado muito limitado), chegaram ao poder, habitualmente por breve tempo, num sistema político caracterizado por alianças e coligações que mudavam rapidamente. Com efeito, durante grande parte do período, os grupos opostos costumavam chamar-se Alianza e Coalición, que se distinguiam pela presença do Partido Radical no primeiro e do Partido Conservador no segundo. Ambos eram partidos minoritários fortes, profundamente alicerçados em ideologias antagonistas a respeito do Estado e da Igreja, que eram a única coesão ideológica – nem sempre muito forte – dentro dos dois organismos. As outras agremiações políticas – o Partido Liberal, o Partido Democrata Liberal e o Partido Nacional etc. – ora apoiavam um candidato presidencial diferente ora outro, o mesmo acontecendo com relação aos ministérios subseqüentes. O jogo aristocrático que jogaram, uma espécie de "cadeiras musicais" da política, era um meio obsessivo de conduzir as questões nacionais; no entanto, até mesmo o político mais conservador sabia que o Chile estava mudando e que as forças extraparlamentares estavam tomando grande impulso. As reações variaram, porém. Durante todo o período, muitos intelectuais e romancistas, como Luis Orrego Luco e Baldomero Lillo, dissecaram criticamente os males que afetavam a República e particularmente a "questão social", essa brecha cada vez maior entre os ricos e os pobres que o sistema político aparentemente era incapaz de fechar. Ensaístas, como Alejandro Venegas (que usou o pseudônimo de J. Valdés Canje) e Francisco Encina, em *Nuestra inferioridad económica* (1912), increparam a incapacidade do país de desenvolver um sistema educacional útil e mais amplo e de construir uma economia realmente nacional em lugar da atual, sujeita aos caprichos dos mercados internacionais ou dos empresários estrangeiros. Embora se tenha progredido um pouco no campo da legislação trabalhista e do bem-estar social – uma lei sobre habitação para os trabalhadores em 1906, o descanso obrigatório aos domingos em 1907, leis de seguro contra acidentes de trabalho na indústria em 1917 – isso constituiu um mero paliativo, tão grande fora o crescimento da classe trabalhadora e tão limitada a tentativa de atacar questões sociais fundamentais. E o trabalho rural continuava desorganizado, desalentado, com padrões de vida deploravelmente baixos.

Nesse período, os governantes do Chile tiveram algumas realizações a seu crédito. Na sua administração desenvolveram a economia; introduziram grandes melhorias nos serviços sociais das principais cidades e, ainda mais, mantiveram o país em paz. Na década de 1890, algumas ameaças de guerra no Sul, por causa de disputas de fronteira com a Argentina, resultaram em corridas às armas, em detrimento de ambos os países. No final, prevaleceu o bom senso: em 1902, com arbitramento da Inglaterra, o Chile e a Argentina resolveram seus problemas territoriais em conflito no extremo sul e assinaram um tratado geral de arbitramento para possíveis disputas futuras. Dois anos mais tarde, um tratado de paz definitivo com a Bolívia pôs fim ao armistício incerto da Guerra do Pacífico. Apesar das freqüentes tentativas de ressuscitar os dispositivos do Tratado de Ancón, nenhum avanço ocorreu no caso da disputa com o Peru sobre Tacna–Arica, uma herança da mesma guerra. O Chile continuou a controlar ambos os territórios e, conforme reclamações amargas e persistentes do Peru, a molestar os moradores peruanos, a trazer colonos chilenos para que, no momento do plebiscito, a balança da população pendesse a seu favor. (Ao mesmo tempo, os governos investiram boas somas de dinheiro em Tacna e em Arica, principalmente na área da educação.) Não obstante, essa questão continuava sendo uma guerra de palavras, dilatada e amarga como foi durante todo o período.

No que os líderes parlamentares merecem crítica é em sua aparente incapacidade não de reconhecer uma sociedade em transição, pois a maioria tinha consciência das mudanças que estavam ocorrendo, mas de reformar as instituições de modo a provê-las. Durante os governos mais fortes do período – e notadamente no de Pedro Montt (1906–1910) – registrou-se um grande avanço em obras de infra-estrutura, como, por exemplo, na construção de estradas de ferro; Montt também enfrentou, em 1906, um terremoto devastador que quase destruiu Valparaíso e em 1907/1908 uma crise econômica, desencadeada pela especulação da espécie mais irresponsável na bolsa de ações. No entanto, a liderança que imprimiu à República em seu curto período no cargo (morreu prematuramente) foi invalidada, em grande parte, pelo sistema em que ele teve de atuar, resultando nove ministérios em quatro anos, com uma vida média de quatro meses e vinte e um dias. Seu sucessor, Ramón Luco, que contava 75 anos de idade quando assumiu a presidência, teve quinze ministérios nos cinco anos de seu mandato, quatro dos quais duraram menos de três semanas. No período de 1891 a 1915, foram constituídos nada menos de 60 ministérios, com uma vida média de pouco mais de quatro meses. Evidentemente, a rotação ministerial era altamente democrática na forma e estritamente parlamentar na prática, pois muitos partidos lutavam por poder e posição. Nesses anos, o Chile não sofreu nenhum governo ditatorial nem intervenção militar na política; essas duas coisas faziam parte de valiosa tradição histórica que o período parlamentar apenas enfatizou. Mas o preço foi a estultificação da iniciativa ministerial, a falta de um planejamento a longo prazo e, sobretudo, uma certa descontinuidade da política do governo, o que levou os presidentes a concentrar-se em objetivos imediatos e necessários, como, por exemplo, a aprovação do orçamento ou a compra de armas, e a negligenciar medidas mais dilatadas como a reforma social. Não surpreende que, no fim do período, fossem agudas as tensões na estrutura social do Chile. Mais digno de nota foi talvez o refreamento dessas tensões até essa data pelo sistema, apesar do confronto feroz, esporádico e geralmente sangrento dos trabalhadores com as forças do governo. Nesse aspecto, a continuidade da administração contrastou fortemente com a instabilidade da política e do governo, mas foi um patrimônio nacional bastante erodido. Quando os funcionários públicos e os oficiais das Forças Armadas começaram a ter deterioradas suas condições sociais e econômicas, não se podia garantir sua obediência a um sistema de governo que há muito tempo era sabidamente impotente.

ALESSANDRI, INTERVENÇÃO MILITAR E IBÁÑEZ

A "questão social" manifestou-se durante e após a Primeira Guerra Mundial. O Chile nunca participou da guerra, mas sua economia externa estava tão integrada no sistema de comércio mundial, então extremamente arruinado, que se pode enumerar o país entre as baixas diretas do conflito. Seus dois maiores parceiros comerciais eram a Inglaterra e a Alemanha; na verdade, os ingleses o tinham sido durante a maior parte da vida independente do Chile e agora as duas principais potências marítimas estavam em guerra e seus navios eram exigidos em outros lugares. Nos dois meses imediatamente após o início da guerra, o volume das exportações chilenas de nitrato caíra mais da metade e a população da região diminuíra drasticamente com o fechamento das *oficinas* e o retorno dos trabalhadores a seus lares no Sul. Como o nitrato era o motor da economia chilena, a queda violenta de sua produção – de 154 *oficinas* que operavam em julho de 1914, apenas 43 continuavam em atividade em janeiro de 1915 – teve um efeito negativo sobre quase toda a estrutura. No entanto, a crise foi forte, mas de curta duração. Em 1915, a indústria do nitrato estava se recuperando rapidamente, primeiro porque a Inglaterra e seus aliados precisaram de crescentes quantidades do produto para a fabricação de explosivos e, segundo, porque o bloqueio dos principais mercados tradicionais, como a Alemanha e a Bélgica, transformou os países neutros, principalmente os Estados Unidos, em grandes fornecedores de munição aos Aliados. E os americanos passaram a comprá-lo em maiores quantidades. Isso era um presságio: um dos importantes efeitos da guerra foi tornar os Estados Unidos o principal parceiro comercial do Chile, pois a Alemanha fora praticamente eliminada e os interesses britânicos – sobretudo no comércio chileno de importação – foram inevitavelmente reduzidos. Esse processo acentuou-se depois que os Estados Unidos entraram na guerra, em 1917; então o aumento da produção das mercadorias de exportação provocou um recrudescimento da atividade econômica geral e da expansão industrial, parte da qual – os têxteis, por exemplo – se desenvolveu para compensar a falta de produtos importados de fornecedores tradicionais como a Inglaterra. Todavia, como a depressão que a antecedeu, a prosperidade foi relativamente breve. A depressão do pós-guerra abrangeu o mundo inteiro, mas, no caso do Chile, foi exacerbada por outros fatores: a queda da procura de nitrato com o término das hostilidades, o grande acúmulo de estoques do produto nos países consumidores e o impulso que a Alemanha deu durante a guerra à fabricação de nitrato sintético. Essa nuvem, que na época não era maior do que a mão de um homem, iria crescer inexoravelmente à medida que o processo se estendesse a outros países e, no final, iria destruir o mercado do nitrato natural. No princípio de 1919, grande número de *oficinas* voltou a interromper suas atividades e, conseqüentemente, grande parte da mão-de-obra, como no passado, migrou para o Sul em busca de trabalho. Numa crise econômica cada vez mais severa, a agitação trabalhista cresceu acentuadamente em 1918 e em 1919 com greves, manifestações em massa (diz-se que uma dessas, ocorrida em Santiago, em novembro, envolveu

50 mil trabalhadores) e inevitavelmente, dada a reação quase pânica das classes altas, confrontos com a polícia. Esses quase sempre acabaram em derramamento de sangue: em fevereiro de 1919, uma greve realizada em Puerto Natales (Magallanes), na qual estiveram envolvidos quase todos os trabalhadores das indústrias de processamento do setor ovino, foi perversamente reprimida ao custo de 15 mortos, quatro deles soldados, e 28 gravemente feridos. Em setembro, a FOCH, cuja sucursal provincial de Magallanes convocara a greve de Puerto Natales, organizou uma greve geral em Santiago, embora durante a maior parte do ano as províncias de Antofagasta e Tarapacá, produtoras de nitrato, tivessem estado sob virtual lei marcial, com os líderes trabalhistas sendo enviados para o Sul.

Foi esse o pano de fundo da ascensão à proeminência nacional de uma das figuras mais importantes e controversas da história moderna do Chile, Arturo Alessandri Palma, presidente da República por duas vezes (1920–1925, 1932–1938). Filho de imigrantes italianos do século XIX, Alessandri, nascido em 1868 numa fazenda da província agrícola de Linares, foi adversário de Balmaceda na época de estudante em 1891, foi eleito para o Congresso em 1897 e teve sua primeira experiência ministerial, curta, um ano depois. Produto típico do período parlamentar, Alessandri, do Partido Liberal, passara quase vinte anos no Congresso antes que os acontecimentos de 1915 o lançassem na linha de frente da vida nacional. Indicado pelo Partido Liberal candidato a uma cadeira no Senado pela província de Tarapacá nas eleições daquele ano, Alessandri fez uma campanha demagógica na qual as paixões de seus partidários – muitos deles da classe trabalhadora – e de seus opositores extravasaram em violência, culminando no assassinato, em março, de um inspetor de polícia. A candidatura de Alessandri era um desafio direto aos chefes políticos tradicionais, que haviam administrado a província como se fosse um feudo particular; obteve 70 por cento de um total de votos muito reduzido numa eleição que se caracterizou por muita corrupção de ambos os lados. O mais importante para o futuro é que chamou a atenção nacional por causa de sua energia e eloqüência e por seus ataques cáusticos à ala de oposição de um *establishment* ao qual, evidentemente, ele mesmo pertencera por duas décadas. Mas o "leão de Tarapacá", como foi chamado depois dessa campanha, colocou-se também como um possível futuro candidato presidencial.

As eleições parlamentares de março de 1915 deram a maioria no Senado à Alianza Liberal – os partidos Liberal, Radical e Democrata – e na Câmara à Coalición – os partidos Conservador, Democrata Liberal, ou os balmacedistas, e Nacional. As eleições presidenciais realizaram-se em junho. Concorria pela Coalición Juan Luis Sanfuentes, irmão mais novo de Enrique Salvador Sanfuentes, cuja suposta candidatura em 1890 por indicação do presidente fora um dos fatores fundamentais na queda deste; Javier Angel Figueiroa Larraín era o candidato da Alianza. Sanfuentes ganhou por uma pequena margem, em parte devido à sua própria personalidade mas também não menos por ter à disposição dinheiro de contado. Apoiado por uma coligação instável de partidos heterogêneos e hostilizado no Senado por uma aliança igualmente rebelde, Sanfuentes não teve outra solução senão mostrar seus não poucos talentos para a manobra política a fim de resolver o impasse da impotência presidencial, uma tarefa muito demorada e, como se revelou, infrutífera. As eleições parlamentares seguintes, em março de 1918, deram à Alianza uma grande maioria no Senado e o domínio da Câmara. Todavia, dentro da própria Alianza, que não só representava mas também refletia aspirações mal definidas da classe média e da classe trabalhadora, existia uma profunda divisão entre aqueles que, como Alessandri, haviam percebido um novo estado de ânimo nacional e aqueles cujos horizontes políticos continuavam limitados pela luta mais rigorosa por poder e patrocínio dentro do sistema existente, do qual, evidentemente, tiravam proveito.

A administração Sanfuentes manteve pelo menos a neutralidade chilena durante a Primeira Guerra Mundial, apesar da grande pressão dos Estados Unidos depois de 1917, e não há dúvida de que isso foi de interesse nacional. Mas criou complicações. Tanto o Peru quanto a Bolívia, onde era muito forte o sentimento revanchista contra o Chile, tinham seguido o conselho de Washington e rompido relações com as potências da Europa Central, em grande parte na esperança de conseguir depois da guerra algum apoio para seus respectivos casos contra o Chile. Todavia, pouca coisa resultou disso: a guerra de palavras, especialmente em torno de Tacna e de Arica, tornou-se mais injuriosa até que, em 1918, o Chile e o Peru retiraram seus respectivos cônsules do território um do outro, mas as reais ameaças de guerra nunca se tornaram realidade. A questão continuou no gelo, embora em 1920 isso tenha sido útil para certos interesses políticos chilenos.

Nessa época, a atenção nacional – num período de aguda depressão econômica do pós-guerra – concentrou-se cada vez mais nas eleições presidenciais de 1920. Alessandri, que estivera à frente do ministério por apenas seis meses em 1918, apenas para ver rejeitado seu programa de reforma, surgira agora claramente como o candidato daquelas forças da Alianza Liberal que acreditavam na mudança; e ele viera trabalhando muito para assegurar sua indicação. Dentro da aliança, o Partido Radical estava se tornando a força dominante: fizera uma declaração oficial onde condenava tanto a oligarquia governante quanto o sistema capitalista, mas sua ascensão estava irritando os políticos do Partido Liberal, muitos dos quais, não menos alarmados com a proeminência de Alessandri, retiraram seu apoio. Esses dissidentes juntaram-se ao Partido Democrata Liberal e ao Partido Nacional e proclamaram como seu candidato Luis Barros Borgoño; em abril de 1920, o outro grupo indicou Alessandri como seu candidato oficial. O Partido Conservador, reconhecendo em Alessandri a principal ameaça a seus interesses e não tendo candidato próprio, decidiu jogar sua sorte no mal menor e apoiou Barros Borgoño.

A campanha foi marcada pela grande energia pessoal de Alessandri e por sua denúncia mordaz da oligarquia, acompanhada de promessas de um programa abrangente de reformas. Disse ele no discurso de indicação: "Eu quero ser uma ameaça a todos os espíritos reacionários, àqueles que se opõem a toda reforma justa e necessária, pois eles são os propagandistas da confusão e da perturbação"[16]. O resultado foi muito apertado. Em 25 de junho, em meio a cenas nunca vistas de clamor público, foi anunciado que no colégio eleitoral (na época, as eleições eram indiretas ao modelo das dos Estados Unidos) Alessandri obtivera 179 votos contra 174 dados a seu oponente. Ambos os lados contestaram o resultado: no final, o plenário do Congresso transferiu a questão para um Tribunal de Honra, que em 30 de setembro declarou Alessandri eleito por 177 votos contra 176. No começo de outubro, o Congresso ratificou o resultado por 87 votos contra 29, e Alessandri assumiu a presidência em 23 de dezembro de 1920.

No período entre a eleição e a posse de Alessandri acontecera um incidente peculiar. Numa época de grande incerteza nacional sobre o resultado das eleições e com a agitação trabalhista atingindo seu auge nas regiões de nitrato, o governo, por intermédio de seu ministro da Guerra, Ladislao Errázuriz, de repente mobilizou as Forças Armadas, sob a alegação de que tropas peruanas e bolivianas estavam se concentrando na fronteira setentrional para invadirem o Chile. Tratava-se de coisa fabricada, embora durante todo o mês de julho e de agosto um grande exército chileno, enviado às pressas para o

16. *El Presidente Alessandri y su Gobierno*, Santiago, 1926, p. 32. Não há indicação de autor nem de compilador.

Norte, tenha esperado inutilmente por ação na região do deserto. Enquanto isso, muitos de seus membros perceberam que não tinham material nem provisões; que suas condições de vida eram duras e totalmente anti-higiênicas; que os comandos estavam divididos e a direção, inapropriada. Verdade ou não, desenvolveu-se a idéia de que o Exército estava sendo usado para fins puramente políticos, e o próprio Alessandri – que em 1919 mantivera contatos com oficiais indóceis do exército desejosos de uma reforma – não desaprovava esse ponto de vista. O episódio, que ficou conhecido como "a Guerra de Don Ladislao", fortaleceu a opinião daquelas pessoas que criticavam fortemente a política e o governo chilenos, as quais começaram a surgir durante algum tempo em número cada vez maior entre os oficiais das Forças Armadas. Já em 1907, fora criada uma Liga Militar, uma espécie de organização secreta dos oficiais do Exército descontentes com as ineficiências do sistema parlamentar e principalmente aquelas que afetavam a eficiência do serviço. Cinco anos mais tarde, foi criado um órgão similar na Marinha, igualmente clandestino, mas não menos inquieto com as deficiências profissionais e com o sistema que as permitia. Embora esses órgãos nunca tenham aparecido à superfície e, na verdade, tenham sido dispersados, o que eles representavam persistiu nas mentes de alguns membros do funcionalismo, que nada mais viam em suas próprias cadeias de comando, mal-pagas, mal-equipadas e, no que diz respeito à promoção, rigidamente hierárquicas e imóveis, do que a imagem refletida da própria República.

O programa presidencial de Alessandri em 1920 foi uma elaboração de seu programa ministerial de 1918. Seu primeiro ministro do Interior, Pedro Aguirre Cerda (eleito presidente em 1938), foi encarregado de executar um programa de reformas sociais e medidas econômicas destinadas a aliviar os piores efeitos da grande depressão que no momento engolfava o Chile. Logo se tornou evidente a obstrução do Congresso, mas a batalha parlamentar foi ofuscada, no começo de 1921, por um acontecimento trágico ocorrido nas regiões de nitrato. Na *oficina* de San Gregorio, fechada no final de janeiro devido à crise no mercado do produto, uma disputa entre os trabalhadores e a polícia acabou em violência na qual 41 pessoas morreram e 80 ficaram feridas, 32 das quais morreram mais tarde em conseqüência dos ferimentos. Para a opinião conservadora, Alessandri tinha grande parte da responsabilidade por ter inflamado as massas em sua campanha; para o campo oposto, ele era igualmente responsável como chefe de Estado, encarregado, em última análise, de impor a lei e a ordem. Em Santiago, a obstrução do Congresso a seu programa persistia, e a oposição manteve o controle do Senado nas eleições de março de 1921, embora a Câmara dos Deputados tenha pendido para a Alianza, com a conquista pelo Partido Radical de um terço das cadeiras. Nos quatro anos seguintes, pouca coisa foi feita, contra um pano de fundo de grande aperto econômico e de inquietação social.

Em 1920, o primeiro recenseamento nacional, que devia abranger os últimos 25 anos, mostrou que a população nacional aumentara um milhão, de 2,695 milhões para 3,730 milhões. Santiago dobrou a sua população e tinha agora meio milhão de habitantes. Outras cidades, embora de crescimento menos dramático, continuavam se expandindo a uma taxa totalmente desproporcional à capacidade das economias regionais de absorver seu adicional em emprego produtivo. Dezesseis gabinetes em rápida sucessão haviam tentado governar num período de quatro anos, tempo durante o qual o valor do peso caíra à metade e a receita do governo despencara. Em 1924, o tesouro estava tão exaurido que o pagamento do funcionalismo público e das Forças Armadas atrasou seis meses, como lembrou muitos anos depois uma importante figura militar:

> Não tínhamos nenhuma certeza de conseguir pão, carne ou verduras para os soldados, nem forragem para os cavalos. Um dia, o intendente do regimento me informou que nosso fornecedor de carne não entregara os pedidos porque já fazia seis meses que não recebia. [...] O máximo que pudemos fazer foi catar em nossos próprios bolsos [...] e conseguimos levantar 100 pesos. Você pode imaginar isso? [...] com 100 pesos para comprar carne, tínhamos de alimentar um regimento de 250 homens[17].

Com as dificuldades aumentaram as manifestações públicas e nasceram várias organizações de protesto, a maioria delas em apoio a Alessandri e contra o obstrucionismo do Senado, onde a União Nacional, nome que a antiga *Coalición* adotara, tinha maioria.

Em meio a boatos sobre guerra civil, Alessandri e a oposição tentaram um acordo e, no final de janeiro de 1924, chegaram a um compromisso de curto prazo. Em troca da promessa de Alessandri de não usar pressão nas eleições parlamentares a realizar-se em março, o oposição concordou em

17. General da reserva Bartolomé Blanche, entrevistado por Wilfredo Mayorga, *Ercilla*, 7 julio 1965, p. 5.

introduzir algumas mudanças no regimento do Congresso a fim de acelerar as votações. Também concordaram – e a decisão estava prenhe de conseqüências inesperadas – em apoiar uma proposta de pagar um salário aos membros do Congresso, medida contrária à prática anterior. Mas, como em 1890, nenhum dos lados confiava no outro. Por isso, Alessandri decidiu não só intervir maciçamente nas eleições parlamentares, mas também usar o Exército nesse processo. "Existe no Senado", disse ele um pouco antes das eleições, "uma maioria que [...] procurou frustrar o movimento que represento e que, nesse momento, está corporificado em mim. [...] Eu mesmo tomei a peito purificar os bancos parlamentares"[18]. Logo depois, foram enviadas por telégrafo a todos os funcionários do governo nas províncias instruções sobre as eleições, e o Exército foi usado para "manter a ordem", um eufemismo para disfarçar a hostilização muitas vezes espalhafatosa da oposição. Mas esta não ficou de modo nenhum inerte e ambos os lados usaram livremente a intimidação e o suborno. No final, levando em conta o maior poder da máquina do governo, a Aliança Liberal aumentou sua maioria na Câmara dos Deputados e ganhou o controle do Senado. Para Alessandri, porém, foi uma vitória de Pirro. Isso porque o que se viu na seqüência foram meses de debate estéril no Congresso sobre questões pouco importantes, no qual a própria base do governo não se mostrou mais responsável no caso de problemas nacionais do que a oposição. Chegaram a um acordo sobre o projeto de lei relativo aos salários dos parlamentares, que passou da Câmara dos Deputados para o Senado em junho. Nessa altura, porém, a impaciência das forças armadas chegara a seu limite; mas a expressão de sua exasperação não foi absolutamente uniforme.

Nos altos escalões do Exército uma organização chamada TEA (Tenacidade, Entusiasmo e Abnegação), na qual estava envolvido o general Luis Altamirano, inspetor-geral do Exército, comandou uma conspiração com políticos da União para derrubar Alessandri. Um pouco abaixo na escala, alguns oficiais do médio escalão vinham mantendo encontros no Clube Militar de Santiago para discutir suas reclamações profissionais e a situação nacional: os mais destacados deles eram o major Marmaduke Grove Vallejo e o major Carlos Ibáñez del Campo. Aconteceu que esse mesmo grupo apropriou-se, no início de setembro, dos planos da TEA de uma ação direta, embora de tipo moderado.

18. ALBERTO CABRERO, *Chile y los Chilenos*, Santiago, 1926, p. 258.

Quando o projeto de lei sobre os salários dos parlamentares estava sendo debatido no Senado em 2 de setembro, cerca de 50 oficiais jovens do Exército, postados na galeria, pontuaram o debate com ruidosos aplausos àqueles que se opunham ao projeto; no dia seguinte repetiram a ação. Quando o ministro da Guerra, um civil, pediu ao capitão Luis Pinochet uma lista dos presentes, este declarou que não era escriturário, mas os oficiais concordaram em deixar o edifício se o ministro Mora os encontrasse mais tarde. Assim, foram embora, com os sabres tinindo à medida que saíam. "O tinir dos sabres", como foi denominado o episódio, deu início a um processo de consultas entre o governo e o Exército; o resultado foi o pedido feito por Alessandri de uma lista dos projetos que considerassem essenciais, para que fossem apresentados ao Congresso: se este os recusasse, declarou o presidente, ele o fecharia e, com o Exército, "faria um novo Chile". Ibáñez, que surgia então como o líder dos jovens oficiais, e seu ajudante, tenente Alejandro Lazo, elaboraram a lista, aprovada por seus colegas e entregue a Alessandri no dia 5 de setembro. Era uma lista grande de reivindicações: veto ao projeto de salários para os parlamentares; ação na discussão do orçamento (tema de disputas intermináveis no Congresso); legislação sobre o imposto de renda; novas leis sobre promoção, salários e pensões para o funcionalismo; estabilização do peso; pagamento imediato dos salários atrasados a todos os funcionários públicos; um código do trabalho e outras leis sociais; e, além da exoneração de três ministros nominados especificamente, a futura exclusão das Forças Armadas da supervisão das eleições. Antes de apresentar a lista, Ibáñez convenceu seus colegas a criar uma junta, que seria seu órgão executivo (a Junta Militar y Naval), e foi esse órgão que se encontrou com o presidente. Não foi um encontro ameno, no qual Alessandri rejeitou o pedido de exoneração dos ministros, por considerá-lo uma insubordinação, mas disse que faria o melhor nas outras questões. Lazo declarou: "Não viemos aqui pedir, mas exigir", e somente as palavras conciliatórias de um oficial mais graduado presente convenceram Alessandri a não dar por terminado o encontro. Mandou-os procurar Aguirre Cerda, o primeiro-ministro, a quem leram a lista mais uma vez; suas tentativas de discuti-la foram bruscamente interrompidas, e o encontro terminou com a renúncia do ministro da Guerra Mora – uma das reivindicações da junta – e a concordância desta em comunicar-se através do general Altamirano do Alto Comando.

Não há dúvida de que Alessandri acreditava poder usar os oficiais para seus próprios propósitos; é igualmente claro que, por mais que simpatizassem com ele com relação ao comportamento do Congresso, não confiavam nele e estavam decididos a não desempenhar apenas um papel ativo na regeneração do Chile, mas o papel principal. Na mesma tarde, o gabinete renunciou e Alessandri nomeou o general Altamirano para o Ministério do Interior: Altamirano designou outro general, Juan Pablo Bennet, para o Ministério da Guerra e o almirante Francisco Neff para o Ministério das Finanças, dando assim às Forças Armadas um forte controle da administração. Ainda que alguns membros da junta desconfiassem de Altamirano, foi formada uma aliança de conveniência entre as alas militares. Em 8 de setembro, um dia após o veto de Alessandri ao projeto de lei salarial, o Congresso aprovou numa tarde toda a legislação preconizada pela junta, mas essa insistiu em permanecer reunida até que todos os seus objetivos fossem realmente alcançados. Então, Alessandri lançou sua última cartada: apresentou sua renúncia como presidente, mas a junta rejeitou-a, sugerindo em seu lugar uma licença de seis meses no exterior, o que foi aprovado também por Altamirano. Mais tarde na mesma noite, Alessandri e sua família procuraram asilo na embaixada dos Estados Unidos e dois dias depois partiram para a Argentina, tranqüilamente e sem qualquer reação da parte do povo que, quatro anos antes, o instalara com grande aclamação no palácio presidencial.

O Congresso foi fechado; os membros civis do ministério renunciaram, e uma junta de governo formada por Altamirano, Bennet e Neff assumiu o poder, com a intenção confessa de devolvê-lo aos civis tão logo fosse possível. A outra junta, porém, tinha outros planos; rejeitou principalmente a idéia de restabelecer o governo civil sem antes realizar uma reforma constitucional que impedisse a repetição daquilo que os levara a intervir. E, ao contrário do novo governo militar, cujos representantes eram oficiais de alta patente e de grande *status* social, os oficiais jovens, liderados por Ibáñez e Grove, tinham uma aguda consciência das tensões sociais do Chile e tinham em vista uma mudança não só social e econômica, mas também política. Durante os três meses seguintes, ampliou-se a diferença entre as duas alas do movimento militar, contra um pano de fundo de apoio generalizado à própria intervenção. A brecha aumentou progressivamente de outubro de 1924 a janeiro de 1925, à medida que a junta militar tomou consciência de que o governo era unha-e-carne com os políticos da ala direita e estava pouco interessado em reformas mais amplas.

Finalmente, em janeiro de 1925 chegou-se a um ponto crítico. Muitos oficiais proeminentes da junta foram transferidos para áreas de comando onde teriam pouco poder e substituídos por homens simpáticos ao governo. Em 16 de janeiro, Ladislao Errázuriz, o conservador arquetípico da maneira de pensar da junta, anunciou sua candidatura à presidência com o apoio do governo. Em 23 de janeiro, após cuidadosa preparação, Grove e Ibáñez deram um golpe, tomaram o palácio presidencial, forçaram a renúncia de seu ocupante e instalaram uma nova junta provisória, chefiada pelo inspetor-geral do Exército. Quatro dias depois, como parte de um acordo negociado com o Alto Comando da Marinha, a princípio pouco favorável ao golpe, este foi substituído por um civil respeitado, Emilio Bello Codecido, genro de Balmaceda. Um almirante e um general juntaram-se a Bello Codecido na nova junta, mas seu ministério era constituído, em sua grande maioria, de partidários de Alessandri, todos reformistas. Um telegrama enviado a Alessandri, em Roma, pedia-lhe que retornasse para reassumir a presidência e, em março, sua volta foi feita sob aclamação em massa.

Em todos esses dias de turbulência e, na verdade, desde a intervenção militar inicial em setembro de 1924, o papel principal nas atividades da junta militar fora desempenhado por Carlos Ibáñez e ele é que no final iria surgir como a principal força no governo chileno nos sete anos seguintes, e, como o próprio Alessandri, permaneceria uma figura dominante na vida nacional quase até sua morte em 1960. Apesar de sua longa carreira pública, de seus dois mandatos presidenciais (1927–1931 e 1952–1958), de suas administrações controvertidas e do vasto volume de literatura que se escreveu sobre ele, Carlos Ibáñez del Campo continua uma figura muito enigmática da história chilena. Nada em sua carreira anterior sugeria o papel que iria desempenhar a partir de 1924. Nascido em 1877, como Alessandri, na província de Linares, entrou em 1896 para a Academia Militar em Santiago. Foi conhecido entre seus colegas como um cadete taciturno, metódico e aplicado, mas com poucos amigos íntimos. Em 1900, depois de graduar-se e ser promovido a primeiro-tenente, foi para El Salvador com uma missão de treinamento militar chilena, casou-se com uma natural do país e, acima de tudo, distinguiu-se num conflito com forças guatemaltecas em 1906. Depois disso, sua carreira foi a de um militar chileno do médio escalão. Consumado cavaleiro, foi comandante da Escola de Cavalaria de Santiago em 1921 e ocupava esse posto quando rebentou a crise política de 1924. Até então, sua experiência como soldado fora variada e ampla, mas fora uma carreira profissional e ele não demonstrara qualquer ambição política. A partir de 1924, porém, em circunstâncias que, a seu ver, exigiam patriotismo, disciplina, ordem e um claro senso de direção,

Ibáñez encontrou sua verdadeira vocação no cenário nacional. Em 1927, suas características foram resumidas de forma admirável pelo ministro inglês:

> É um homem de poucas palavras, muito reservado e sabe guardar segredos; é pobre [...] sua casa é um modelo de simplicidade espartana; é um dos pouquíssimos homens na vida pública do Chile contra quem nunca se ouviu uma acusação de corrupção ou de venalidade. Acredito que seja inspirado exclusivamente pelo desejo de servir a seu país com o melhor de sua capacidade e de suas luzes. [...][19].

Seu tempo, porém, ainda não chegara totalmente.

Durante seu exílio involuntário, Alessandri não ficara parado. Passara muito tempo pensando no sistema constitucional do Chile. À sua volta triunfante, tendo ainda seis meses antes de expirar seu mandato presidencial, deu início à sua reforma num clima político que o governo interino de Bello Codecido procurara melhorar. Ainda que Alessandri tenha criado, em abril, uma Comissão Consultiva bastante ampla para deliberar sobre o assunto, a idéia de uma assembléia constituinte para redigir uma nova constituição fracassou. No entanto, a obra efetiva foi feita por uma subcomissão sob sua própria direção, que fez a minuta da nova Constituição a ser submetida a um plebiscito nacional. Ainda assim, contrariamente a todas as aparências em Santiago, o país não estava calmo. Em maio e em junho, o descontentamento nas regiões de nitrato evoluiu para a violência, e Alessandri convocou o Exército para dominá-la. Após um confronto sangrento, os mineiros capitularam, mas um massacre na *oficina* de La Coruña tirou a vida de mais 600 pessoas. Em 30 de agosto a nova Constituição foi submetida a um plebiscito. Aos eleitores, que totalizavam apenas 302 mil de uma população de mais de três milhões, oferecia três opções: aprovação total, rejeição total, ou aceitação com emendas para permitir a continuação do governo parlamentar. Somente 134 mil votaram, 127 mil dos quais optaram por aprovação total; o Partido Conservador absteve-se, porque fazia objeções à separação entre a Igreja e o Estado, decretada pela nova Constituição; o Partido Radical – o maior e mais importante partido político – fez o mesmo, pois seu desejo era a continuação do antigo sistema parlamentar.

19. Hohler to Chamberlain, Santiago, 25 January 1928. Annual Report on Chile for 1927. FO/A 1630/9.

A Constituição de 1925 restabeleceu o governo presidencial forte. Estabeleceu eleições presidenciais diretas em vez do sistema indireto anterior, determinou um mandato de seis anos em vez de cinco, mas não permitiu a reeleição imediata, e criou um tribunal especial permanente para fiscalizar as eleições. Separou a Igreja do Estado, com o arcebispo de Santiago, Crescente Errázuriz, atuando como uma influência moderadora sobre os católicos extremados que se opunham à separação. Limitou os poderes do Congresso de retardar os projetos de lei sobre dinheiro e incluiu toda uma série de dispositivos sociais importantes, entre eles um que dava ao Estado o poder de limitar a posse de propriedade se assim o exigisse o bem comum. Derrubou as práticas do período parlamentar, tornando os ministros responsáveis perante o presidente e não perante o Congresso e eles mesmos não podiam ser parlamentares. Não obstante, continha também alguns dispositivos que, como o tempo mostrou, enfraqueceram suas principais intenções. Assim, separando as datas das eleições presidenciais, parlamentares e municipais, sujeitou o sistema político a uma campanha eleitoral permanente em detrimento dos negócios. Permitiu a escolha final do presidente por uma maioria geral de votos no Congresso mesmo que nenhum candidato obtivesse maioria na votação popular e, num sistema multipartidário onde havia probabilidade de uma ocorrência desse tipo, isso implicava barganhas e compromissos para validar a escolha do candidato vitorioso na eleição popular, mais um fator de enfraquecimento de um executivo forte. Não obstante, era uma reação – na forma pelo menos – aos anos de indecisão, 1891–1925, e marcou a expansão definitiva da intervenção do Estado nas questões econômicas nacionais. Mas ainda tinha de ser aplicada.

O próprio Alessandri teve pouca chance de usar seu novo instrumento, porque em seus últimos meses de governo o presidente esteve preocupado com seu ministro da Guerra, Carlos Ibáñez. Este via com muita apreensão o retorno do governo civil e Alessandri, que à sua volta se cercara de seus antigos partidários sicofânticos, não fazia segredo de sua animosidade para com Ibáñez, a encarnação da intervenção militar de 1924. Fora obrigado a manter o poderoso ministro na pasta da Guerra, mas esperava que as eleições presidenciais no final do ano de 1925 afastassem os militares da política. Ibáñez, porém, tinha outras idéias. Cada vez mais convencido – e com alguma razão – de que a oligarquia e os políticos haviam aprendido pouca coisa com os recentes acontecimentos, apresentou-se como candidato à presidência, mas recusou-se – como os precedentes exigiam – a deixar o Ministério da Guerra, sua alavanca para o poder. Temeroso das conseqüências de um conflito frontal, Alessandri renunciou em outubro, transmitindo o poder *ad interim* a seu adversário de 1920, Luis Barros Borgoño. Mas nessa altura, por motivos ainda obscuros, Ibáñez vacilou e aceitou retirar sua candidatura se *todos* os partidos políticos concordassem com um candidato único; eles o fizeram, escolhendo uma figura pública idosa, amistosa mas pouco astuta, Emiliano Figueroa Larraín. Somente um candidato permaneceu na luta, um antigo médico do exército e ministro da Saúde no governo que antecedeu o retorno de Alessandri, José Santos Salas, que, com uma campanha que partiu do zero, sem partido político que o apoiasse e sem recursos, obteve 80 mil votos contra 184 mil dados a Figueroa. Nessa eleição Santos Salas representava as classes baixas: não ganhou mas sua candidatura foi um sinal de que os velhos partidos políticos não continuariam sem adversários.

Por um ano e meio, o infeliz Figueroa lutou contra um Congresso recalcitrante, em que os partidos tinham voltado a seus velhos jogos políticos, e ainda contra seu ministro da Guerra, Ibáñez, que calma, eficiente e impiedosamente construiu sua posição pessoal até que, em fevereiro de 1927, conseguiu que o ministro do Interior renunciasse e ele próprio fosse indicado para o posto. Dois meses depois, Figueroa renunciou; a causa imediata foi a exigência feita por Ibáñez de que o presidente exonerasse seu irmão da presidência do Supremo Tribunal, como parte de uma limpeza geral dos serviços públicos que ele iniciara da qual resultou a prisão e o exílio de muitas pessoas. Quando Figueroa saiu, Ibáñez assumiu a presidência até que fossem realizadas eleições. Ao mesmo tempo, declarou sua intenção de candidatar-se, e conseguiu um apoio generalizado. Somente o novo Partido Comunista – pois esse também sofrera com Ibánez, que era um anticomunista ferrenho – apresentou um candidato à disputa, Elias Lafferte, então no exílio na ilha de Más Afuera, no Pacífico. Nas eleições de maio, Lafferte obteve quatro mil votos; Ibáñez, 127 mil dos 137 mil apurados. Assim, eleito constitucionalmente embora não de todo de maneira correta, assumiu a presidência do Chile, com a missão que vinha aprimorando desde 1924, a de regenerar a República à sua maneira.

Ibánez deu ao Chile quatro anos de um governo autocrático – alguns diriam repressivo – eficiente, honesto e próspero. Escolhia seus ministros não por terem alguma relação com os partidos no Congresso, mas por serem indivíduos de competência técnica e capacidade administrativa. Na verdade, sua intenção deliberada era ignorar o Congresso exceto quando fosse necessário, sob a nova Constituição, para colaborar na aprovação das leis. E não toleraria oposição: como o ministro britânico relatou em 1928, o Congresso

> recebeu tratamento crowelliano nas mãos do Presidente, que deixou claro que as flores da oratória que medravam com tanta luxúria em sua atmosfera não são de seu agrado; que elas, as duas Câmaras, estão ali para dar uma aparência de constitucionalidade às medidas de seu governo e que se poderia aceitar uma pequena crítica construtiva, obstrução ou oposição [...] não será tolerada[20].

E não o foi: os agitadores de esquerda (era como Ibánez chamava os comunistas e os socialistas), os políticos profissionais (que no conjunto ele desprezava profundamente), os líderes aristocratas da sociedade – todos aqueles que se opunham a seu governo foram tratados do mesmo modo, e enfrentaram a prisão ou o exílio por oposição persistente e incômoda. Restringiu as liberdades a que os chilenos estavam acostumados desde pequenos, como a de imprensa que, se não foi censurada com rigor, foi com certeza vigiada. Reduziu os privilégios do Congresso, que sob o regime anterior haviam degenerado em licenciosidade; procurou controlar os sindicatos e foi duro com seus líderes. Mas essa limitação dos direitos desfrutados anteriormente, e com não menos freqüência mal usados, Ibáñez justificou com a necessidade nacional, no momento em que começava a pôr em prática um ambicioso programa administrativo, econômico e social.

Criou instituições de crédito para estimular tanto a agricultura quanto a indústria e inaugurou um amplo programa de obras públicas. Deu início a toda uma série de reformas educacionais – o orçamento da educação dobrou entre 1925 e 1930 – nas quais estavam incluídos dispositivos específicos sobre o desenvolvimento da educação técnica, cuja ausência fora tão lamentada pelos críticos sociais da era parlamentar. Codificou e elaborou a "legislação social" de 1924/1925; criou a moderna força policial do Chile, os *carabineros*, mediante sua reorganização e melhoria de treinamento, e as Forças Armadas foram ainda mais profissionalizadas e equipadas. Muitas dessas reformas tiveram seu lado pouco atraente: as novas leis trabalhistas, por exemplo, eram extremamente paternalistas, mas de fato reconheciam pela primeira vez os

20. Hohler to Chamberlain, Santiago, 25 January 1928. Annual Report on Chile for 1927. FO/A 1630/9.

direitos dos trabalhadores a organizar-se, a negociar melhores condições de trabalho com seus empregadores e ainda, embora de forma limitada, a fazer greves. Parece haver poucas dúvidas de que, com o crescimento do emprego e com claros sinais de recuperação econômica em toda a parte nas novas obras – portos, estradas, escolas, docas, projetos de irrigação na zona rural, edifícios públicos impressionantes nas cidades – a era Ibáñez proporcionou à população chilena como um todo um padrão de vida muito melhor do que tivera antes, e pode-se perguntar quantos estavam tacitamente prontos a pagar o preço da perda de algumas liberdades para obter esse resultado. Evidentemente, os políticos não estavam: durante toda a sua gestão, Ibáñez foi perseguido por conspirações e boatos de conspiração, inspiradas e muitas vezes organizadas por antigos amigos que agora tinham virado inimigos. No entanto, enquanto a economia continuasse a crescer, enquanto a massa do povo permanecesse contente e enquanto as forças armadas se mantivessem leais e os dissidentes políticos controlados, tudo caminharia bem.

Durante três anos tudo caminhou muito bem realmente. Os índices de produção por setores – produto nacional bruto, produção agrícola, mineração, produção industrial e construção – para o período de 1914–1930 alcançaram em 1927–1930 seu nível mais alto[21]. O setor da construção avançou de maneira espetacular; e o mesmo aconteceu com a mineração, devido à recuperação do nitrato da crise de meados da década de 1920 e devido ao grande crescimento da mineração de cobre, exemplificado pela mina Chuquicamata no norte e pela El Teniente no vale central. As exportações chilenas, medidas em libras esterlinas, subiu de cerca de 22 milhões em 1926 para mais de 34 milhões em 1929; as importações também cresceram de quase 18 milhões para 24 milhões, dando assim ao Chile uma balança comercial extremamente favorável. Ao mesmo tempo, o crescimento do investimento estrangeiro foi substancial: mesmo que Ibáñez tenha decretado leis de proteção a algumas indústrias nascentes, sua atitude para com o capital estrangeiro no caso de projetos importantes, como na mineração de cobre e nas obras públicas, foi de liberalidade, e durante sua gestão muito dinheiro estrangeiro foi investido no Chile. Os investimentos norte-americanos subiram de apenas cinco milhões de dólares em 1900 para 625 milhões em 1929, grande parte dele

21. GABRIEL PALMA, "Chile, 1914–1935: De Economía Exportadora a Sustitutiva de Importaciones", *Nueva Historia*, 1982, p. 7.

durante os anos de Ibáñez. Na verdade, a posição de predominância dos interesses norte-americanos na mineração de cobre deriva realmente desse período. O governo de Ibáñez também contraiu volumosos empréstimos no exterior para financiar o programa de obras públicas, e nesses anos de euforia teve pouca dificuldade para fazê-lo. Ainda assim, os excedentes orçamentários foram a regra, apesar dos grandes desembolsos destinados às novas instituições de crédito, em parte porque Pablo Ramírez, o ministro do Tesouro durante grande parte de seu mandato, realizou uma reforma da estrutura tributária interna, que gerou em 1929 quase 33 por cento de receita com os impostos internos, comparados aos 24 por cento de 1927.

Ibáñez teve outra grande realização a seu crédito: a solução definitiva da vexatória e duradoura disputa de fronteira com o Peru pelos territórios de Tacna e Arica. O próprio presidente Alessandri reabrira a questão com o Peru e, em 1922, ambos os países haviam concordado em submeter a questão ao arbitramento do presidente Harding, dos Estados Unidos; todavia, não estava muito clara qual a questão que deveria ser arbitrada. Quando as partes se encontraram em Washington, foi somente depois de muita tergiversação e de disputas legais que chegaram aos termos da questão, mas, em 1925, o presidente Coolidge, sucessor de Harding, proferiu sua sentença: ordenou a realização de um plebiscito e, desse modo, favoreceu grandemente a posição chilena, ao mesmo tempo em que concedeu ao Peru o direito definitivo a pequena porção de território ainda em disputa, não claramente em Tacna. Foi criada uma comissão para fiscalizar o plebiscito e foram feitos arranjos detalhados para realizá-lo. A turbulência política do Chile em 1925 e outras disputas legais, acusações de violência e a própria violência marcaram a história da comissão norte-americana até junho de 1926, quando, tendo chegado a um impasse total, ela retornou a seu país. Antes disso, porém, o governo dos Estados Unidos oferecera ao Chile e ao Peru seus bons ofícios como mediador para tentar chegar a um acordo através de negociações diretas. Ambos os lados aceitaram, embora antes de julho de 1928 não tenham restabelecido de verdade as relações diplomáticas, rompidas muito tempo antes. Foi Ibáñez quem descascou o abacaxi e, ironicamente, foi Emiliano Figueroa quem partiu, em 1928, para o Peru como embaixador com as propostas do presidente. Depois de uma negociação minuciosa, mas agora num clima de crescente cordialidade, chegou-se a uma solução em 1929; Tacna foi devolvida ao Peru; o Chile conservou Arica. O Peru devia receber ainda seis milhões de dólares em compensação pela cessão definitiva de Arica e outras cláusulas regulamentaram as futuras relações de fronteira e o tráfico comercial entre elas. Foi uma iniciativa diplomática e internacional importante, mas não agradou a todos os chilenos e ofereceu aos inimigos de Ibáñez mais munição para acusá-lo não só de repressão interna mas também de traição ao país.

Se o bem-estar econômico foi o principal pilar do governo eficiente mas duro de Ibáñez, a erosão que o atacou com a quebra da Wall Street em 1929 iria solapá-lo e pô-lo abaixo. O Chile estava, no final da década de 20, tão dependente de suas exportações de produtos primários, nitratos e cobre, dos empréstimos e investimentos estrangeiros para dar continuidade às suas obras públicas e ao desenvolvimento em geral, que a violenta interrupção da exportação de mercadorias e da importação de capital, que começou no final de 1929 mas alcançou o auge de seu impacto em 1930–1932, fez do Chile uma das primeiras vítimas da grande depressão que então se instalou. Em 1929, as exportações chilenas totalizaram, em valor, 2 293 milhões de pesos-ouro, as importações 1 617 milhões; houve um saldo favorável da balança comercial no valor de 676 milhões de pesos-ouro. Em 1930, as exportações haviam caído para 1 326 milhões de pesos-ouro e as importações para 1 400 milhões, deixando um déficit de 74 milhões. Em 1932, as exportações caíram em valor para 282 milhões de pesos-ouro e as importações para 214 milhões no auge da depressão mundial – de fato, o comércio exterior do Chile sofreu mais do que o de qualquer outro país do mundo. Os investimentos foram interrompidos e, em 1932, o Chile foi obrigado a suspender os pagamentos de sua dívida externa pela primeira vez em mais de cem anos.

As conseqüências sociais da violenta crise econômica apareceram primeiramente na mineração. No final de dezembro de 1929, 91 mil homens estavam empregados na indústria; dois anos depois, apenas 31 mil estavam trabalhando e, como em situações semelhantes anteriores, os efeitos-cascata da queda na procura de minérios apareceu em outros setores da economia, principalmente na agricultura quando os mercados de gêneros alimentícios declinaram. Durante o ano de 1930, os jornais de Santiago estiveram cheios de reportagens sobre o aumento do desemprego, a abrupta paralisação das obras públicas, estudos ministeriais de economias em administração, cortes nos salários dos servidores públicos e indicações semelhantes de um aprofundamento da crise.

A única reação do governo foi o corte de despesas, mas as receitas caíram mais rápido do que sua capacidade de cortar gastos. E, visto que os benefícios econômicos introduzidos no Chile pelo regime de Ibáñez eram a principal justificativa para a aceitação de suas limitações políticas, o desaparecimento desses ganhos reviveu a crítica e a censura políticas. O governo tornou-se cada vez mais impopular: os ataques pela imprensa a seu modo de administrar a crise aumentaram e começaram as manifestações. Ibáñez, lutando contra uma situação que não podia ter previsto, reagiu com uma tentativa de silenciar os críticos, e a natureza autoritária de seu governo intensificou-se no controle mais estrito da imprensa, em mais prisões de líderes da oposição e na repressão física às manifestações. Nos primeiros meses de 1931, a situação era crítica e a estrutura central do poder estava começando a ruir.

Em 9 de julho de 1931, o ministro das Finanças renunciou "por motivo de saúde" e todo o gabinete o acompanhou, para dar liberdade a Ibáñez, mas ele levou vários dias para formar um novo ministério. O novo ministro do Interior foi Juan Estéban Moreno, do Partido Liberal, que, com o ministro das Finanças, admitiu abertamente os recentes erros, políticos e econômicos. Estimulados por essa abertura, os grupos de oposição animaram-se: em 19 de julho, por exemplo, numa reunião da Associação Nacional dos Estudantes Católicos, um participante atacou o envolvimento dos militares no governo e elogiou o novo ministério. Suas esperanças eram prematuras, pois dois dias depois, incapaz de chegar a um acordo com Ibáñez, o gabinete renunciou e foi indicado outro cujos membros estavam mais próximos da maneira de pensar do presidente. Maciças manifestações de rua começaram a formar-se no final da tarde e cresceram em violência com a chegada da noite. Entre cenas de crescente tensão, os membros civis do novo ministério renunciaram, mas o gabinete seguinte, formado em 23 de julho, enfrentou manifestações de rua, nas quais grande número de pessoas foram feridas e culminaram, em 25 de julho, com uma escalada de violência em vários bairros. Os médicos entraram em greve, seguidos pelos advogados; os bancos cerraram suas portas ao meio-dia e a atividade comercial parou. Foi noticiado que, no dia anterior, um jovem estudante de medicina, Jaime Pinto Riesco, quando lia um jornal com um grupo de amigos, foi morto a tiros, a sangue frio, por um policial que tentara lhe tirar o jornal. Esse incidente foi o catalisador final da resistência ao governo: um grande número de associações profissionais (*gremios*) – advogados, médicos, engenheiros, dentistas, professores e bancários – todas exigiram o restabelecimento das plenas liberdades públicas e, enquanto a agitação pública crescia, um professor foi morto pela polícia. Em 26 de julho, estava bastante claro que Santiago se achava à beira do caos e, curvando-se ao inevitável, Ibáñez renunciou. A notícia foi recebida com cenas selvagens de regozijo e manifestações públicas. Como um destacado diário de Santiago escreveu: "O que derrubou a ditadura não foi a revolução, mas totalmente o contrário. Foi a força irresistível da opinião pública que procurou pôr um fim a uma situação revolucionária e promover o retorno a uma normalidade constitucional e legal"[22]. O redator poderia ter sido menos eufórico se tivesse podido prever que, nos dezoito meses depois da queda de Ibáñez, o Chile iria ter não menos que nove governos, variando do conservador moderado ao socialista confesso, duas greves gerais, um motim na frota e vários golpes, à medida que o país mergulhava cada vez mais na depressão econômica. Tudo isso ficava para o futuro quando Ibáñez, isolado então mais pelas circunstâncias do que por temperamento, seguiu para o exílio na Argentina. Mas, como o de Arturo Alessandri em 1925, seu eclipse em 1931 foi temporário. Ambos ainda iriam lançar longas sombras sobre a futura história chilena.

22. *El Diario Ilustrado*, 24 agosto 1931.

3

As Repúblicas Platinas

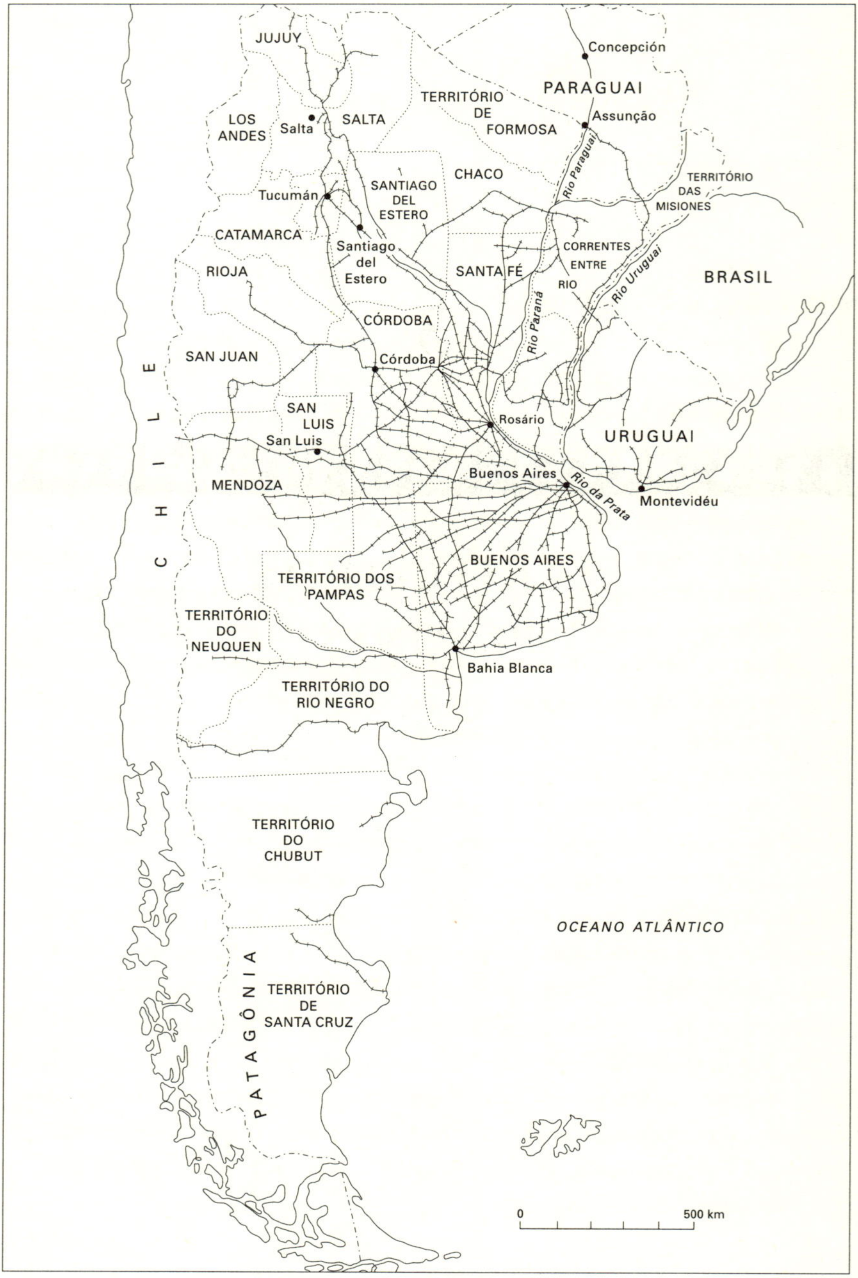

As Repúblicas Platinas

9

O Crescimento da Economia Argentina, c. 1870–1914

UM VIAJANTE QUE tivesse chegado à região do rio da Prata na década de 1870 teria ficado impressionado primeiro com a largura do estuário e depois, ao adentrar o porto de Buenos Aires, com a baixa altura e a simplicidade dos edifícios*. Se tivesse viajado para o interior, teria ficado estupefato diante das vastas extensões de terra plana, sem árvores, os pampas, que se estendiam até onde a vista alcança, onde a esmagadora sensação de solidão era mitigada apenas pela visão de um rebanho de gado, ou pelo súbito aparecimento de uma avestruz ou de algum outro espécime da fauna local. Nessa época, a atividade comercial mais importante era praticada numa faixa costeira ao longo do estuário do Prata e do Paraná e em toda a extensão do curso meridional do rio Uruguai em seus trechos navegáveis. Além das enormes distâncias, a escassez de madeira era um empecilho à fixação de assentamentos permanentes no interior: os colonos em potencial eram obrigados a trazer os materiais de construção de portos ou áreas urbanas distantes. Com exceção do Paraná, de uma parte do Uruguai e do rio Negro, que ficava no território ainda ocupado pelos índios, os rios da Argentina não eram navegáveis e as estradas de ferro estavam apenas iniciando sua construção. Além do mais, o chamado "deserto", não muito longe das áreas povoadas das províncias de Buenos Aires e de Santa Fe, era ocupado pelos índios, cujos ataques constituíam um fato bastante corriqueiro. Salvo as capitais de província, centros administrativos que datavam dos tempos coloniais, não havia no interior uma rede muito extensa de cidades e a população rural era esparsa. No entanto, mesmo que houvesse muita coisa a desencorajar a colonização e o uso produtivo da terra, o clima temperado era favorável e as condições, embora severas, eram menos difíceis do que em algumas partes da Europa.

---

* O Editor deseja agradecer ao dr. Colin Lewis sua ajuda na preparação final deste capítulo.

Na primeira metade do século XIX, a principal atividade econômica na região de colonização efetiva, o Nordeste e o corredor ribeirinho e costeiro que o ligava a Buenos Aires, fora a criação de gado, um negócio que exigia pouca mão-de-obra e pouco capital. Produzia-se o charque, que era exportado junto com o couro, e o resto da carne era vendida para o consumo interno. Não é que não existisse agricultura, mas o alto custo dos transportes limitava a atividade agrícola àquelas áreas próximas dos centros urbanos onde estavam localizados os mercados. Até a década de 1870, o custo do transporte terrestre tornava mais conveniente importar trigo e farinha de trigo.

Enquanto, no período colonial, o centro da vida econômica localizara-se no Alto Peru, cujos campos de mineração em Potosí eram ligados a Buenos Aires por uma rota comercial que passava por Salta, Tucumán e Córdoba, formara-se, na primeira metade do século XIX, um novo eixo econômico, baseado inicialmente nas chamadas províncias mesopotâmicas (Entre Ríos e Corrientes) e mais tarde na província de Buenos Aires, onde a pecuária se desenvolveu e usou o sistema fluvial para escoar seus produtos. Posteriormente, novas circunstâncias exigiram a expansão das fronteiras em busca de novos territórios, para o oeste e para o sul, em Buenos Aires, em Córdoba e em Santa Fe e na região onde hoje se localiza a província de La Pampa.

Isso porque não se podia admitir que não houve quaisquer mudanças antes de 1870. O couro encontrou mercado nos países industrializados, gerando um aumento expressivo do comércio, apesar das flutuações, causadas, entre outras coisas, por bloqueios e guerras. Às exportações de couro e de charque acrescentaram-se, na década de 1840, as vendas de banha de porco e de sebo. Ademais, na década de 1820 tivera início a criação de carneiros, de modo que, na década de 1840, já se exportavam importantes quantidades de lã suja. Em 1822, as exportações da Argentina atingiram o valor de cinco milhões de pesos de prata e, apesar das grandes variações anuais, permaneceram nesse patamar até a década de 1840. Depois dessa data sofreram um aumento e chegaram no final do período aos sete milhões de pesos. Aconteceu outro salto nas exportações logo depois de 1860, quando alcançaram o valor de 14 milhões e, uma década mais tarde, em 1870, cresceram ainda mais, chegando aos 30 milhões de pesos[1]. O aumento do valor das exportações argentinas foi uma decorrência, de um lado, da recuperação dos preços internacio-

1. FRANCISCO LATZINA, *El Comercio Exterior Argentino*, Buenos Aires, 1916.

nais, que tinham diminuído da década de 1820 até o final dos anos 1840, e, de outro, do crescimento das vendas de banha, de sebo e sobretudo de lã. Este último produto foi responsável, em 1837, por 10,8 por cento das exportações, subiu em 1848 para 12,5 por cento e chegou em 1859 a 33,7 por cento[2].

O aumento da produção de lã e, por conseguinte, de suas exportações foi uma conseqüência do crescimento da demanda do produto nos países da Europa continental, particularmente na França, e nos Estados Unidos. A produção de lã exigia muita terra, muita mão-de-obra e muito capital. Para oferecer um melhor trato aos carneiros, tinha-se de levar a força de trabalho para as zonas rurais e, assim, era imprescindível melhorar tanto os meios de transporte quanto a segurança interna. Além disso, o crescimento global do rebanho de animais, especialmente de carneiros – seu número subiu de 23 milhões de cabeças em 1846 para 70 milhões em 1884, o gado vacum de 10 milhões para 23 milhões – provocou uma procura ainda maior de novas terras. No entanto, na década de 1870, o país, com uma economia fundamentalmente pastoril, ainda possuía vastas extensões de terra não-utilizadas, que ficavam além da "fronteira". A população era esparsa, a rede ferroviária rudimentar, os serviços portuários inadequados e o capital escasso.

OS FATORES DE PRODUÇÃO

A Terra

Na opinião de muitos autores, o extraordinário crescimento econômico da Argentina no período de 1870 a 1914, mantido a uma taxa anual de mais ou menos cinco por cento[3], foi o resultado de grandes mudanças no comércio internacional, mudanças que colocaram os Novos Mundos da América e

2. JONATHAN C. BROWN, *A Socio-Economic History of Argentina, 1776–1860*, Cambridge, 1979. Cf. também TULIO HALPERÍN DONGHI, "La Expansión Ganadera en la Campaña de Buenos Aires", *Desarrollo Económico*, 3, abril–septiembre 1963. E sobre a Argentina em geral antes de 1870, cf. JOHN LYNCH, *História da América Latina*, Edusp, 2001, vol. III, cap. 13.

3. CARLOS DÍAZ ALEJANDRO, *Essays on the Economic History of the Argentine Republic*, New Haven, 1970, p. 3.

da Oceania na corrente principal do comércio mundial. Houve quem afirmasse também que o fator decisivo no estabelecimento de novas rotas comerciais foi a redução dos custos do transporte marítimo. Não menos importante do que o aumento do comércio mundial e uma certa divisão internacional do trabalho foi o movimento entre os continentes dos fatores de produção, como o capital e o trabalho, tornando possíveis tais mudanças. No entanto, esse ponto de vista, apesar de correto em termos gerais, não reflete toda a complexidade e riqueza de um processo histórico que apresentou outras facetas menos óbvias. Teve-se de enfrentar inúmeros obstáculos e dificuldades; e foram necessários vários ajustes para que, no que diz respeito à oferta, se pudesse oferecer uma resposta adequada aos aumentos reais ou potenciais da procura mundial. Alguns autores que estudaram o período concentraram-se nos aspectos relacionados com o crescimento da demanda de produtos primários nos principais centros de consumo; os ajustes da oferta nas principais economias produtoras de bens primários ainda não foram estudados em profundidade.

Os produtores tiveram de reorganizar-se de modo a aumentar a produção daquelas mercadorias (cereais e depois a carne no caso da Argentina) em que houve o máximo de vantagem comparativa. Para isso, tiveram de explorar recursos de produção que até então não tinham sido usados. Na Argentina havia terra em abundância, mas as vastas extensões de território ocupadas pelas tribos indígenas ainda não tinham sido colonizadas. Além disso, a colonização da terra pressupunha meios adequados de transporte para levar os colonos para regiões isoladas e trazer seus produtos para o mercado. Como e quando esse processo foi posto em prática? Embora sua complexidade desafie o estabelecimento de uma cronologia simples, a incorporação de vastas extensões de terra é o ponto de partida mais importante.

Na década de 1870, tornou-se cada vez mais evidente a necessidade de estender a fronteira para acomodar os crescentes rebanhos de carneiros e facilitar a relocalização do gado crioulo longe das terras originais, agora cedidas aos carneiros. O aumento do rebanho acarretou o pastejo em excesso e a erosão do solo nas terras usadas por tempo mais longo, um fato curioso num país novo. Nessa época, não houve excesso de população à procura de terras desocupadas, pelo menos até as décadas de 1870 e de 1880. Ao contrário, houve necessidade de novos pastos para um rebanho de gado que estava crescendo dia a dia. No entanto, bastante curiosamente, esse aumento do plantel em toda a década de 1870 não foi causado por alguma expansão significativa da procura internacional transmitida pelo mecanismo de preços; decorreu, ao contrário, de um fenômeno diferente. O preço dos produtos agrícolas de exportação (couro, lã etc.) caiu após a metade do século. Isso acarretou uma queda da lucratividade da pecuária, que somente um aumento do volume da produção podia compensar, contanto que esse aumento fosse obtido a custos menores a fim de preservar a margem de lucro. O único meio de fazê-lo era incorporar novas terras a custo baixo ou mesmo zero, de modo a possibilitar o aumento dos rebanhos (bens de capital) a um custo mínimo adicional para expandir a produção (lã ou couro), elevando dessa maneira os ganhos. Uma característica da pecuária é que ela produz ao mesmo tempo bens de consumo e bens de capital. A maior disponibilidade de terra de pastagem significa que mais animais podem ser mantidos como estoque de criação, aumentando assim os bens de capital. Dessa forma, a incorporação de novas terras teve o efeito definido de aumentar os rebanhos e expandir a produção a um custo mínimo, compensando assim a queda dos preços e mantendo a lucratividade do negócio. Assim, a expansão não foi gerada por um aumento dos preços, mas, antes, pela disponibilidade de novas terras e pela necessidade de reduzir os custos a fim de manter a viabilidade econômica da pecuária.

É verdade que a expansão territorial somente se tornou possível graças a um crescimento anterior da atividade econômica; esse crescimento possibilitou também a ocupação militar dos novos territórios. Dois componentes importantes na conquista do deserto foram a estrada de ferro, que deu condições de alcançar a antiga fronteira mais depressa, e o telégrafo, que permitiu a condução da campanha indígena de 1879/1880, comandada pelo general Julio A. Roca, a partir de longa distância; mas isso não quer dizer que a rede de trilhos, os colonos e a agricultura tenham sido introduzidos nas novas regiões. Ao contrário, em 1881 as áreas colonizadas além da fronteira indígena de 1876 foram entregues quase totalmente ao gado. A proporção de colonos envolvidos na agricultura foi mínima. Somente mais tarde, nas regiões atingidas pelas estradas de ferro, é que a agricultura começou a expandir-se e a fronteira dos grãos ultrapassou a antiga fronteira do gado. No início da década de 1880, as estradas de ferro não tinham chegado às regiões incorporadas após a "conquista do deserto", num total de trinta milhões de hectares (cerca de oito milhões na província de Buenos Aires, cinco milhões em Santa Fe, dois milhões em Córdoba e mais 14 milhões em todo o território de La Pampa).

Em contrapartida, a expansão da agricultura no final das décadas de 1880 e de 1890, e sobretudo a produção de trigo, primeiro em Santa Fe entre 1888 e 1895, depois em Buenos Aires após 1895, esteve associada diretamente ao crescimento da rede ferroviária. De 732 quilômetros de trilhos em 1870 e 1 313 quilômetros em 1880, aumentou em 1890 para 9 254 quilômetros. A tonelagem transportada subiu de 275 mil toneladas em 1870 e 742 mil toneladas em 1880 para 5,42 milhões em 1890. No norte da província de Buenos Aires, a região de colonização mais antiga, cerca de 7,1 por cento da terra estavam plantados em 1884; na região central e no Sul, que compreendiam extensos territórios incorporados na década de 1870 e no começo dos anos 1880, estavam sendo cultivados 1,1 e 0,3 por cento respectivamente. Em 1896, 44,5 por cento das terras do Norte, 28,3 por cento do Centro e 14,6 por cento do Sul tinham sido entregues ao cultivo. E cerca de 83,7 por cento do trigo e 53,7 por cento do milho produzidos eram transportados por trem[4].

Foram as características regionais, porém, mais especialmente a proximidade dos mercados (o que foi influenciado pelos custos do transporte), que determinaram o modelo de uso da terra em diferentes épocas e em diferentes regiões nesse período. Nas regiões isoladas, onde não existiam rios navegáveis nem estradas de ferro e onde, portanto, os custos do transporte eram altos, a probabilidade de assentamento e de desenvolvimento da agricultura foi menor. Nessas regiões praticou-se uma pecuária extensiva em propriedades de tamanho considerável, trabalhadas pelos próprios donos. Empregou-se também um sistema de arrendamento e de parceria a meia, sobretudo na criação de carneiros, mas ele nunca se generalizou como aconteceu na agricultura depois. Nas regiões onde as condições do solo e os custos do transporte permitiram, expandiu-se a agricultura. Entre 1888 e 1895, a área cultivada aumentou de 2,5 milhões para quase cinco milhões de hectares. O maior crescimento aconteceu na província de Santa Fe, onde as propriedades eram pequenas e muitas delas, trabalhadas pelos próprios donos. No final do século XIX e nas primeiras duas décadas do século XX, nova onda expansionista da agricultura invadiu as terras que já haviam sido cedidas, total ou par-

4. Sobre a ligação entre a expansão ferroviária e a incorporação de novas terras, cf. COLIN M. LEWIS, "La Consolidación de la Frontera Argentina a Fines de la Década del Setenta: Los Índios, Roca y los Ferrocarriles", em GUSTAVO FERRARI & EZEQUIEL GALLO (eds.), *La Argentina del Ochenta al Centenario*, Buenos Aires, 1980; ROBERTO CORTÉS CONDE, "Patrones de Asentamiento y Explotación Agropecuaria en los Nuevos Territorios Argentinos (1890–1910)", em ALVARO JARA (ed.), *Tierras Nuevas*, México, 1969.

cialmente, à criação de gado. Uma das características desse processo é que ele não acarretou a substituição da pecuária pela agricultura; ao contrário, as duas complementaram-se. O resultado foi a separação, nas fazendas de gado, de determinadas áreas para a produção de grãos, que foram alugadas a arrendatários, cujo número cresceu enormemente no período de 1885 a 1914.

A existência de um número tão grande de arrendatários influenciou a composição de um retrato comum da historiografia argentina, que teve como dignos antepassados autores de grande importância como Miguel Angel Cárcano e Jacinto Oddone, sem falar dos estudiosos mais recentes como Sergio Bagú e James Scobie. Eis o que escreveu Scobie sobre o assunto:

> Aqueles indivíduos cujos antepassados lograram adquirir e manter enormes concessões de terra ou que conseguiram agora suas fazendas tiveram uma boa vida. As terras cujo único valor tinham sido as manadas de gado selvagem que nelas viviam, as terras que só podiam ser alcançadas no lombo de um burro ou por carro de boi, as terras ocupadas em grande parte por índios hostis sofreram total transformação. O capital inglês construíra estradas de ferro. As técnicas pastoris tinham sido melhoradas e os recursos dos pampas estavam sendo muito mais utilizados. Agora havia imigrantes, recém-chegados da pobreza européia, não só para a construção ferroviária e urbana, mas também para trabalhar como meeiros, arrendatários, ou peões, no cultivo do milho, do trigo, do linho e da alfafa, para fazer cercas e para cuidar dos bois e dos carneiros. Sob tais condições, a terra propiciava um retorno anual de 12 a 15 por cento para o proprietário e seus valores subiram muitas vezes mil por cento numa única década. Aqueles que já tinham terra, poder, ou dinheiro monopolizavam a recém-desenvolvida riqueza dos pampas. O homem que arava o solo ou cuidava dos rebanhos ganhava a vida com dificuldade. Se deixara a Europa por causa da pobreza e do desespero, pelo menos não passava fome na Argentina, mas poucos incentivos lhe eram oferecidos e, na maioria das vezes, o direito à terra estava longe de seu alcance[5].

Podemos resumir da seguinte maneira as opiniões daqueles que apoiaram essa tese: para aumentar os ganhos com o arrendamento da terra, os grandes fazendeiros restringiram a oferta de terra mantendo-a fora do mercado; depois, deixaram sem cultivo as terras que monopolizavam. Mas, na realida-

5. JAMES SCOBIE, *Revolution on the Pampas: A Social History of Argentine Wheat*, Austin (Texas), 1964, p. 5.

de, a situação foi muito mais complexa; a compra e venda de terra foi muito mais fluida do que se supôs; e o tamanho das fazendas, tanto quanto o sistema de arrendamento, esteve ligado a outras circunstâncias relacionadas com o modelo particular de desenvolvimento agrícola e pastoril da região. Na verdade, aconteceu que, enquanto no final do século grandes quantidades de terra estavam sendo abertas à agricultura à medida que as estradas de ferro criavam novas ligações com os mercados, não havia número suficiente de agricultores dispostos a cultivá-las. Não houve, portanto, um recurso limitado nem uma procura de terra não satisfeita. Ao contrário, na segunda década do século XX, com vinte milhões de hectares em cultivo, os novos agricultores iriam competir com os antigos pelas melhores terras numa situação em que não havia qualquer possibilidade de incorporar novas terras adequadas à agricultura.

O sistema de arrendamento não impediu o acesso à propriedade da terra. Na verdade, em muitos casos, constituiu uma etapa intermediária desse acesso. O trabalho de agricultor arrendatário produzia melhores retornos do que como proprietário, porque a escala era maior. Também, propiciava pleno emprego ao grupo de trabalhadores da família que imigrara exatamente por causa da disponibilidade de terra. Finalmente, existia um mercado razoavelmente ativo das fazendas de tamanho médio e pequeno, embora fossem poucas as transações com propriedades maiores. Além disso, mesmo que tenham subido na década de 1880, os preços da terra caíram nos anos 1890, aumentando as possibilidades de sua aquisição. Em seu relatório anual de 1893, o cônsul inglês comentava:

> Em 1891 e em 1892, os preços das terras estiveram excessivamente baixos em ouro; atualmente as terras estão mais caras, mas ainda são razoavelmente baratas. A queda no valor da terra após a crise de 1890 foi extraordinária. [...] O preço da terra logo é resgatado com boas safras, e são grandes as facilidades de tornar-se um fazendeiro em pequena escala. Na República Argentina, todas as terras são livres de quaisquer encargos. A transferência e o registro das propriedades e o exame dos títulos é uma coisa notavelmente simples em comparação com o que acontece na Inglaterra[6].

---

6. Great Britain, Foreign Office, Report for the year 1893 on the agricultural condition of the Argentine Republic, 1893, Annual Series, 1893, Diplomatic and Consular Reports on Trade and Finance, No. 1283.

Na primeira década do século XX, o preço da terra voltou a aumentar fortemente. Contudo, isso não resultou de uma especulação, mas foi o reflexo de um aumento expressivo na lucratividade da terra, sobretudo daquela cedida à pecuária em virtude da mudança para a produção de carne e da introdução de linhagens inglesas.

A Oferta de Mão-de-obra

A escassez de potencial humano na Argentina foi um problema persistente durante todo o século XIX e, desde as primeiras propostas de Bernardino Rivadavia sobre a questão, na década de 1820, suscitara a idéia de adotar uma política de imigração e colonização que alcançou limitado sucesso antes de 1870. Além do pouco interesse demonstrado pelos fazendeiros e da total falta de interesse de líderes políticos como Juan Manuel de Rosas, que supostamente não incentivaram projetos de colonização por estrangeiros, não foi dada atenção ao fato de que o maior obstáculo ao assentamento de colonos em áreas muito distantes do interior eram os altos custos do transporte, impedindo a comercialização dos produtos de longa distância. A partir dos primeiros anos da Confederação, foram feitas tentativas mais felizes de estimular a imigração e a colonização. Em 1869, o ano do Primeiro Censo Nacional, a Argentina tinha menos de 1,8 milhão de habitantes. Em 1895, vinte e cinco anos depois, conforme o Segundo Censo Nacional, a população aumentara para quase quatro milhões, e na época do Terceiro Censo, em 1914, chegara a quase oito milhões (ver Tabela 1). Dificilmente se poderia atribuir esse aumento surpreendente apenas ao crescimento natural. Foi um resultado em grande parte da imigração estrangeira. Entre 1870 e 1914, quase seis milhões de imigrantes, a maioria deles espanhóis e italianos, aportaram à Argentina; no entanto, apenas um pouco mais da metade desse total se fixou de forma permanente (com relação aos números anuais, ver Tabela 2). Os estrangeiros representaram 12,1 por cento do total da população em 1869, 25,4 por cento em 1895 e 29,9 por cento em 1914. É importante observar não só o efeito da imigração sobre o tamanho absoluto da população, como também sua influência sobre as mudanças na taxa de natalidade através de seu impacto sobre a estrutura etária. Entre 1869 e 1895, o total da população aumentou a uma taxa anual de 30,4 por mil, sendo a imigração responsável por 17,2 e o crescimento natural por 13,2. Entre 1895 e 1914, o índice anual

TABELA 1 / POPULAÇÃO È TAXAS DE CRESCIMENTO

Ano	População	Aumento médio anual por mil habitantes
1869	1 736 923[a]	28,5
1895	3 954 911	30,4
1914	7 885 237	4,8

Nota: [a]Exclusive a população índia e os argentinos que estavam no exterior ou que serviam no Exército no Paraguai.

Fontes: **1869**: Argentina, *Primer Censo de la República Argentina, 1869,* Buenos Aires, 1872; 1895: Argentina, *Segundo Censo de la República Argentina, 1895,* Buenos Aires, 1898, vol. II; 1914: Argentina, *Tercer Censo Nacional, 1914,* Buenos Aires, 1916; vol. II; ZULMA L. RECCHINI DE LATTES & ALFREDO E. LATTES, *Migraciones en la Argentina,* Buenos Aires, 1969.

de crescimento do total da população aumentou para 34,8 por mil; dessa porcentagem 17, 2 coube à imigração e 17,6 ao crescimento natural[7].

A influência da migração sobre a formação da força de trabalho refletiu-se de várias maneiras: primeiro, em sua contribuição direta para o crescimento do total da população e para o aumento da taxa de crescimento natural da população; e, segundo, em sua oferta anual de mão-de-obra que entrou diretamente no mercado de trabalho. A vasta maioria dos imigrantes eram jovens e do sexo masculino. Em 1895, 47,4 por cento dos estrangeiros e 23,4 por cento do total dos naturais do país estavam na faixa etária de 20–40 anos. Os números para o grupo de 0–20 anos eram 21,8 por cento de estrangeiros e 60 por cento de argentinos[8]. Em 1914, na faixa etária de 20–40 anos havia mais homens entre os estrangeiros do que entre os naturais da Argentina. Isso explica a maior influência dos imigrantes na força de trabalho do que na população como um todo. Entre os estrangeiros, a relação de homens para mulheres foi de 1,7 tanto em 1895 quanto em 1914. Na população nativa, havia mais mulheres, com uma relação homem/mulher de 0,97 em 1895 e 0,98 em 1914. A imigração também afetou a distribuição regional, visto que, até 1914, 84 por cento dos imigrantes estavam estabelecidos nos pampas. Finalmente, os estrangeiros foram mais propensos a fixar-se nas áreas urbanas do que os nativos (ver Tabela 3).

7. ZULMA L. RECCHINI DE LATTES & ALFREDO E. LATTES, *Migraciones en la Argentina,* Buenos Aires, 1969, pp. 79, 86.

8. *Segundo Censo de la República Argentina,* 1895, vol. II, p. XCIX.

TABELA 2 / IMIGRAÇÃO E EMIGRAÇÃO, 1870–1914[a]

Ano	Imigrantes	Emigrantes	Ganho ou perda líquida
1870	39 967	–	+ 39 967
1871	20 933	10 686	+ 10 247
1872	37 037	9 153	+ 27 884
1873	76 332	18 236	+ 58 096
1874	68 277	21 340	+ 46 937
1875	42 036	25 578	+ 16 458
1876	30 965	13 487	+ 17 478
1877	36 325	18 350	+ 17 975
1878	42 958	14 860	+ 28 098
1879	55 155	23 696	+ 31 459
1880	41 651	20 377	+ 21 274
1881	47 484	22 374	+ 25 110
1882	51 503	8 720	+ 42 783
1883	63 243	9 510	+ 53 733
1884	77 805	14 444	+ 63 361
1885	108 722	14 585	+ 94 137
1886	93 116	13 907	+ 79 209
1887	120 842	13 630	+ 107 212
1888	155 632	16 842	+ 138 790
1889	260 909	40 649	+ 220 060
1890	110 594	80 219	+ 30 375
1891	52 097	81 392	– 29 835
1892	73 294	43 853	+ 29 441
1893	84 420	48 794	+ 35 626
1894	80 671	41 399	+ 39 272
1895	80 989	36 820	+ 44 169
1896	135 205	45 921	+ 89 284
1897	105 143	57 457	+ 47 686
1898	95 190	53 536	+ 41 654
1899	111 083	62 241	+ 48 842
1900	105 902	55 417	+ 50 485
1901	125 951	80 251	+ 45 700
1902	96 080	79 427	+ 16 653
1903	112 671	74 776	+ 37 895
1904	161 078	66 597	+ 94 481
1905	221 622	82 772	+ 138 850
1906	302 249	103 852	+ 198 397
1907	257 924	138 063	+ 119 861
1908	303 112	127 032	+ 176 080
1909	278 148	137 508	+ 140 640
1910	345 275	136 405	+ 208 870
1911	281 622	172 041	+ 109 581
1912	379 117	172 996	+ 206 121
1913	364 271	191 643	+ 172 628
1914	182 659	221 008	– 38 349

Nota: [a] Exclusive os passageiros de primeira classe.

Fonte: *Extracto Estadístico de la República Argentina, Correspondiente al Año 1915*, Buenos Aires, 1916.

TABELA 3 / POPULAÇÃO URBANA E RURAL (PORCENTAGENS)

Ano	Total		Estrangeiros	
	Rural	Urbano	Rural	Urbano
1869	71	29	32	48
1895	63	37	41	59
1914	47	53	37	63

Fonte: *Primer, Segundo e Tercer Censos de la República Argentina*, 1869, 1895, 1914.

Não existem estudos que mostrem os níveis gerais de emprego na Argentina no final do século XIX. No entanto, os números dos censos sobre os empregos, apesar de todas as suas imperfeições, fornecem informações sobre as pessoas economicamente ativas. Em 1869, totalizavam 857 164 indivíduos de um total de 1 014 075 (85 por cento) de pessoas potencialmente ativas com quatorze anos e acima. Em 1895, os economicamente ativos representavam 1 645 830 pessoas de uma população potencialmente ativa de 2 451 761 (67 por cento) e, em 1914, os números eram 3 235 520 de um total de 5 026 914 (64 por cento).

Com relação a 1895 e 1914 respectivamente, aqueles que tinham um emprego regular estavam distribuídos da seguinte maneira: 24 e 16 por cento na agricultura ou na pecuária, 22 e 26 por cento na indústria e 29 e 33 por cento nas atividades de serviço. Cerca de 21 e 28 por cento não tinham ocupação fixa – uma categoria constituída, em sua grande maioria, por diaristas (*jornaleros*) e peões, basicamente uma grande massa de trabalhadores sazonais que na época da colheita empregavam-se no campo e viviam o resto do ano na cidade. Os indicadores mais úteis para estudar as mudanças nos padrões de emprego, não em seu nível absoluto mas em suas variações, são, com relação ao emprego urbano, os dados relativos ao investimento em obras públicas e na construção privada; no tocante ao emprego na construção de infra-estrutura, são as variações na extensão da rede ferroviária; e com referência ao emprego agrícola, são as variações na área de terra cultivada. Esses setores, com exceção do emprego industrial onde as variações eram menos acentuadas, eram os que apresentavam maior demanda de força de trabalho. Os números da imigração anual (ver Tabela 2, acima) medem as variações na oferta de mão-de-obra. Outro indicador útil são os dados sobre as importações (ver Tabela 5, abaixo). Elas determinam até certo ponto as variações na atividade industrial, nas obras públicas e na construção ferroviária, setores que requerem insumos importados; mas nada informam sobre as variações na construção privada e na terra cultivada, que são setores que não necessitam de produtos importados. Dever-se-ia ressaltar que existe uma correlação bastante estreita entre as variações nas importações e os números da imigração líquida.

No período em exame, ocorreram súbitas mudanças na oferta e na demanda de mão-de-obra. O aumento das importações e da atividade econômica que as acompanhou produziu uma expansão contínua da procura de mão-de-obra. Com a crise de 1890 e a queda repentina das importações, seguidas de um declínio nas obras públicas e na construção ferroviária, não só a demanda de mão-de-obra caiu, como também houve uma redução perceptível na sua oferta, devido à enorme diminuição da imigração. Um relatório do cônsul inglês sobre esse assunto é revelador:

> Pode-se observar que, em 1890, não só a imigração caiu 60 por cento em comparação com o ano anterior, como também que a emigração aumentou 107 por cento. Os dados estimados para 1891 mostram que a imigração continua caindo a uma taxa alarmante e que a emigração nesse ano, com toda a probabilidade, excedeu as partidas do ano passado. Cabe notar que, em 1888/1889, a imigração direta somente do exterior, não incluindo as chegadas via Monte Video, excedeu em muito os 90 a 100 mil imigrantes calculados em seu relatório pelo chefe do Departamento de Imigração, que diz ser o número máximo que o país pode absorver e empregar de modo apropriado em um ano; o número era 130 271 e 218 744 respectivamente. É de admirar que, com a entrada total (incluindo via Monte Video) de mais de 548 mil pessoas durante os últimos três anos, não exista uma miséria maior nesse país; e ainda mais quando nos últimos seis anos, 1885–1890, 871 mil imigrantes chegaram à República Argentina, ou 52 por cento do total da imigração dos últimos 34 anos. Estima-se que esse país tem apenas quatro milhões de habitantes, de modo que o número de imigrantes que desembarcaram aqui nos últimos seis anos constitui 22 por cento da população total do país. Nunca antes uma imigração proporcionalmente tão grande entrou num país em tão curto tempo[9].

Uma parte da força de trabalho que já estava no país mudou-se para o setor rural, onde a área cultivada continuou a crescer durante a crise da déca-

9. Great Britain, Foreign Office, Consular Reports, Report on emigration to the Argentine Republic and demand of labour, 1891, Miscellaneous Series, 1892, No. 216.

da de 1890. Isso aliviou o problema do desemprego e impediu que a crise se agravasse. A demanda de mão-de-obra voltou a aumentar quando a atividade econômica renasceu, sobretudo depois de 1900, e foi atendida imediatamente por uma entrada mais substancial de imigrantes. Depois de 1910, época em que começou a diminuir a área cultivada, o mercado do trabalho, que se caracterizava por um excesso de demanda, voltou a distinguir-se por um excesso de oferta[10].

Admite-se geralmente que o notável aumento de riqueza na Argentina no período que vai de 1870 à Primeira Guerra Mundial não beneficiou por igual todos os setores da população. Enquanto os fazendeiros tiveram os maiores ganhos, os trabalhadores não receberam um quinhão proporcional do aumento da riqueza nacional. Chegou-se a afirmar que por várias razões os níveis salariais caíram durante a maior parte do período em exame. Por exemplo, Ricardo M. Ortiz asseverou que

> a limitação da propriedade da terra [...] [aumentou] a taxa de emigração, estimulou a migração temporária e levou os recém-chegados a procurar ocupações com as quais não estavam habituados e que não correspondiam de maneira nenhuma a seus objetivos. Essas pessoas acabaram constituindo um proletariado urbano, um setor social grande e instável. Esse setor era composto de imigrantes que vendiam seu trabalho a baixo preço e viviam uma vida de pobreza e de extrema privação, pensando na hora em que pudessem retornar a sua terra natal com economias que lhes garantissem um futuro[11].

Geralmente os salários baixos e em queda na década de 1880 foram atribuídos, primeiro, aos efeitos da inflação e, segundo, ao excesso de mão-de-obra no setor urbano, excesso causado pela falta de oportunidades no setor rural devido a um sistema de propriedade da terra que não favorecia os imigrantes pobres. James Scobie afirmou também que os salários foram baixos durante a maior parte do período em estudo, sobretudo na década de 1890; todavia, começaram a subir depois de 1905. Segundo ele, pode-se chegar a

10. Cf. ALEJANDRO E. BUNGE, *La Desocupación en la Argentina, Actual Crísis del Trabajo*, Buenos Aires, 1917.

11. RICARDO M. ORTIZ, *Historia Económica de la Argentina, 1850–1930*, Buenos Aires, 1955, 2 vols.; a citação se acha no vol. I, p. 209.

uma firme estimativa das flutuações salariais se convertermos os salários pagos em papel-moeda aos diaristas e trabalhadores especializados para uma unidade-ouro comum. Em 1871 os salários diários pagos em notas de peso valiam 1,20 em pesos-ouro; em 1880, 0,75 pesos-ouro; em 1885, 1,00; em 1890, 0,60; em 1896, entre 0,50 e 0,60; em 1901, 0,55 e, em 1910, entre 1,20 e 1,50[12]. O alto custo de vida, acrescentou Scobie, teve um efeito adverso sobre os níveis salariais.

Na verdade, em termos reais (isto é, em termos de seu poder de compra), os salários subiram até 1886, depois caíram até meados da década de 1890. Todavia, entre 1890–1895 e o final do século, houve um crescimento real significativo, decorrente de um aumento dos salários em dinheiro, que haviam ficado defasados em relação à inflação no final da década de 1880 e início dos anos 1890, mas que voltaram a crescer aos poucos à medida que o custo de vida caiu depois de 1895. O aumento ocorrido após 1905 foi menos acentuado do que acreditou Scobie, por causa do aumento dos preços de alimentos nesse período. Alguns autores confundiram estabilidade da taxa cambial com estabilidade dos preços nesse período. Em termos reais, o aumento dos salários entre 1900 e 1910 foi mínimo em virtude do efeito dos aumentos dos preços de alimento.

Admitindo-se as importantes flutuações que ocorreram em mais de 30 anos, os salários reais na Argentina aumentaram nesse período. Próximo do final do período, um trabalhador podia adquirir um terço a mais de mercadorias e serviços do que três décadas antes. O aumento teria sido maior para aqueles que haviam começado a trabalhar 30 anos antes, devido ao melhor treinamento, ao tempo de serviço e à grande experiência, que sem dúvida tiveram algum efeito sobre seus salários. Isso não significa que os trabalhadores tiveram suas vidas facilitadas e que não experimentaram períodos de alto custo de vida, de desemprego e de pobreza, como se pode ver claramente neles próprios e em seus contemporâneos[13]. E é verdade que os imigrantes que esperavam voltar para seu país enfrentaram o problema de queda dos salários em pesos-ouro no período entre 1889 e 1895. Por várias vezes cônsules estrangeiros advertiram os imigrantes em potencial que não confundissem salários

12. JAMES SCOBIE, *Buenos Aires, Plaza to Suburb, 1870–1910*, New York, 1974, p. 266.

13. Para maiores discussões sobre os salários reais, cf. ROBERTO CORTÉS CONDE, *El Progreso Argentino*, 1880–1914, Buenos Aires, 1979.

pagos em pesos-ouro com os pagos em pesos-papel[14]. Todavia, esse problema particular não afetou aqueles que residiam em base permanente.

O Capital

Numa economia tão primitiva quanto a da Argentina no início desse período, o capital era escasso. Os naturais do país possuíam ativos fixos na forma de grandes extensões de terra ou casas na cidade e ativos móveis, como o gado, por exemplo; praticamente não havia outro negócio onde pudessem investir suas economias. As instituições financeiras eram poucas. No entanto, a necessidade de enormes investimentos em infra-estrutura era crítica. Num país novo de dimensões tão vastas como a Argentina, onde não havia população assentada nas zonas rurais e cuja economia estava apoiada na exportação de produtos para o outro lado do Atlântico, era absolutamente indispensável transporte marítimo e terrestre barato. Os portos e os armazéns eram igualmente importantes. Havia grande atividade dos grupos privados, nacionais e estrangeiros, principalmente ingleses, com vínculos com os bancos internacionais, sobretudo no setor ferroviário. Mas o impulso inicial foi dado pelo Estado. Contudo, como era incapaz de prover todos os recursos financeiros para consolidar os investimentos sociais, porque suas receitas, baseadas principalmente nas taxas alfandegárias, eram insuficientes, o Estado tinha de obtê-los por meio de empréstimos na Europa, sobretudo na Inglaterra. (Sobre os investimentos ingleses diretos e em carteira de títulos na Argentina no período de 1865–1913, ver Tabela 4.)

Já se disse que a Argentina não tinha as instituições capazes de canalizar os recursos para áreas lucrativas de investimento. Na realidade, a situação era um pouco diferente. Os setores da economia que procuravam financiamento sempre acharam que o governo devia fornecer dinheiro através dos bancos públicos a juros mais baixos do que os de mercado. Durante grande parte do período em estudo, essas instituições, em primeiro plano o Banco de la Provincia de Buenos Aires, fundado em 1854, e depois, sobretudo a partir da década de

14. Cf., por exemplo, Great Britain, Foreign Office, Consular Reports, Report on emigration to the Argentine Republic and demand for labour, 1891 (Miscellaneous Series, 1892, No. 216), e relatórios de cônsules dos anos 1892, 1895 e 1899.

TABELA 4 / INVESTIMENTOS INGLESES DIRETOS E EM CARTEIRA DE TÍTULOS NA ARGENTINA, 1865–1913 (MILHÕES DE LIBRAS ESTERLINAS)

	1865	1875	1885	1895	1905	1913
Total dos investimentos	2,7	22,6	46,0	190,9	253,6	479,8
Investimentos diretos	0,5	6,1	19,3	97,0	150,4	258,7
Investimentos em títulos	2,2	16,5	26,7	93,9	103,2	221,6
Empréstimos ao governo	2,2	16,5	26,7	90,5	101,0	184,6
Ações de companhias	—	—	—	3,4	2,2	37,0

Fonte: IRVING STONE, "British Direct and Portfolio Investment in Latin American before 1914", *Journal of Economic History*, 37: 706, 1977. Os dados não foram corrigidos.

1880, o Banco Nacional, expandiram consideravelmente a oferta de dinheiro, aumentando enormemente o crédito tanto para o setor privado quanto para o setor público e reduzindo suas reservas à vista a tal ponto que não conseguiram atender às demandas de seus depositantes – o que, em duas ocasiões separadas, em 1873 e em 1885, embora em circunstâncias diferentes, gerou uma declaração de iliquidez e em 1890, como veremos, seu colapso final.

O principal foco das operações bancárias privadas e estrangeiras era o comércio, principalmente o exterior. Isso não quer dizer que os bancos comerciais tivessem alguma preferência intrínseca por essas atividades; acontece que eram as áreas de operação mais segura e lucrativa. Vale lembrar que o setor rural contava com outras fontes de capital, a mais conhecida das quais era a hipoteca, facilitada pelos bancos hipotecários nacionais e provinciais. Mas podia-se conseguir crédito também junto aos fornecedores comerciais ou seus agentes, nacionais ou estrangeiros; é o caso dos exportadores de grãos que ofereciam adiantamentos garantidos pela safra. Assim, importaram-se materiais de cerca e máquinas agrícolas, cercaram-se os pastos e semearam-se milhões de hectares. Além disso, importou-se gado de raça e, com isso, o valor do rebanho e da terra, um dos principais componentes da riqueza nacional, aumentou enormemente.

Não se pode dizer que a formação de todo o capital teve origem no exterior. Vimos que o capital local não desempenhou um papel pequeno nos melhoramentos da terra e do gado e na construção urbana. A Tabela 5 dá uma indicação do enorme crescimento do estoque de capital na Argentina no período em estudo. Portos, estradas de ferro, estradas de rodagem, residências, máquinas e fazendas de gado, tudo era parte de um grande volume de

TABELA 5 / FORMAÇÃO DE CAPITAL: CRESCIMENTO DO ESTOQUE DE CAPITAL, 1857–1914

Ano	Milhões de pesos (ouro)	Milhões de pesos (papel)	Índice de Preços ao Consumidor[a] (IPC) (1884 =100)	Em pesos-papel deflacionados pelo IPC
1857	368	—	—	—
1884	1 875	1 875	100	1 875
1892	1 407	3 264	159	2 052
1893	2 840	8 577	190	4 514
1914	14 955	33 989	206	16 499

Nota: [a] Com base no Índice de Preços ao Consumidor (Preços de Alimento) em ROBERTO CORTÉS CONDE, *El Progreso Argentino (1880–1914)*, Buenos Aires, 1979.

Fontes: 1857, 1884 e 1892: M. G. & E. T. MULHALL, *Handbook of the River Plate*, reprint, Buenos Aires/London, 1982; 1895: *El Segundo Censo Nacional*; 1914: Estudo de Alberto Martínez para o Tercer Censo Nacional.

capital estabelecido nas três décadas desde o período de unificação nacional até às vésperas da Primeira Guerra Mundial. Na Tabela 5, tanto a série de moeda de ouro quanto a de moeda corrente mostraram para o conjunto do período uma taxa de crescimento de 7,5 por cento, embora a crise de 1890, quando a depreciação do peso em relação ao ouro foi maior do que a perda de seu poder de compra interno, tenha gerado uma redução temporária do valor em ouro do estoque de capital do país.

AS FASES DO CRESCIMENTO

Pode-se dividir a história econômica da Argentina da década de 1870 à Primeira Guerra Mundial em três períodos: o primeiro, que começou com o término da crise de 1873–1876 e alcançou seu clímax com o *crash* de 1890, foi um período de crescimento rápido e dinâmico; o segundo, que teve início em 1890 e terminou na segunda metade da década, foi um período de depressão; e o último, a partir do final da década de 1890, foi uma época de grande expansão, que, salvo duas curtas recessões em 1899 e em 1907, se manteve até a crise de 1912.

O fator que determinou se houve expansão ou recessão a curto ou médio prazo foi o balanço de pagamentos, que, por sua vez, foi determinado pelo comércio e pelo movimento de capital (em sua maior parte inglês). Variações nesses dados afetaram a oferta de dinheiro, os níveis de emprego e a demanda de mão-de-obra (a última pelo efeito que a importação de bens de capital exerceu sobre o nível de atividade econômica). Outras variáveis que exerceram importante efeito sobre a economia, tais como a extensão da terra cultivada e a construção privada, oscilaram independentemente das mudanças do setor externo.

O Período de 1880 a 1890

Na primeira metade da década de 1880, o desenvolvimento mais expressivo foi o aumento do número de cabeças de gado e de produtos da pecuária. A produção ovina diminuiu muito em relação à década anterior, mas a agricultura começou a tomar impulso, alcançando níveis consideráveis na segunda metade da década. Contudo, ao contrário do que geralmente se pensa, o crescimento nessa década não foi desencadeado pelos setores de exportação de produtos agrícolas e pecuários, mas pelo investimento em transportes, em obras públicas e na construção privada. Graças ao grande ingresso de investimentos externos diretos e indiretos, obtiveram-se recursos para importar bens de capital, que foram transformados em milhares de quilômetros de trilhos ferroviários e em importantes obras públicas. Tudo isso manteve a atividade econômica em alta e foi o principal fator da expansão que ocorreu nesse período.

As exportações cresceram, mas a um ritmo mais lento do que as importações. Além disso, embora seu volume tenha aumentado consideravelmente na década de 1880, elas foram compensadas por uma queda dos preços. Houve déficit comercial em todo o período (ver Tabela 6), mas a entrada de capital manteve positivo o balanço de pagamentos. O resultado disso foi o aumento do dinheiro em circulação, bem como a incorporação dos bens de capital e o aumento da receita fiscal graças à expansão das importações, que deram novo impulso à atividade econômica.

No ano de 1881 pela primeira vez foi emitida uma moeda única para todo o país: o peso-ouro nacional (1 peso-ouro = 25 pesos-papel (*corrientes*); 5 pesos-ouro = £1). Quatro bancos, entre eles os importantes Banco Nacional e Banco de la Provincia de Buenos Aires, já emitiam notas bancárias desde 1883. Com a ajuda de um empréstimo estrangeiro, o Banco Nacional elevou seu capital de oito para vinte milhões de pesos e com isso aumentou

TABELA 6 / O COMÉRCIO EXTERIOR DA ARGENTINA, 1870–1914) (EM MILHÕES DE PESOS-OURO)

Ano	Importações	Exportações	Balanço
1870	49,1	30,2	– 18,9
1871	45,6	27,0	– 18,6
1872	61,6	47,3	– 14,3
1873	73,4	47,4	– 26,0
1874	57,8	44,5	– 13,3
1875	57,6	52,0	– 5,6
1876	36,1	48,1	+ 12,0
1877	40,4	44,8	+ 4,3
1878	43,7	37,5	– 6,2
1879	46,4	49,4	+ 3,0
1880	45,5	58,4	+ 12,8
1881	55,7	58,0	+ 2,2
1882	61,2	60,4	– 0,9
1883	80,4	60,2	– 20,2
1884	94,0	68,0	– 26,0
1885	92,2	83,9	– 8,3
1886	95,4	69,8	– 25,6
1887	117,4	84,4	– 33,0
1888	128,4	100,1	– 28,3
1889	164,6	90,1	– 74,4
1890	142,2	100,8	– 41,4
1891	67,2	103,2	+ 36,0
1892	91,5	113,4	+ 21,9
1893	96,2	94,1	– 2,1
1894	92,8	101,7	+ 8,9
1895	95,1	120,1	+ 25,0
1896	112,2	116,8	+ 4,6
1897	98,3	101,2	+ 2,9
1898	107,4	133,8	+ 26,4
1899	116,9	184,9	+ 68,0
1900	113,5	154,6	+ 41,1
1901	113,9	167,7	+ 53,8
1902	103,0	179,5	+ 76,4
1903	131,2	221,0	+ 89,8
1904	187,3	264,2	+ 76,8
1905	205,2	322,8	+ 117,7
1906	270,0	292,3	+ 22,3
1907	286,0	296,2	+ 10,3
1908	273,0	366,0	+ 93,0
1909	302,8	397,4	+ 94,6
1910	351,6	372,6	+ 21,0
1911	366,8	324,7	–42,1
1912	384,9	480,4	+ 95,5
1913	421,3	483,5	+ 62,2
1914	271,8	349,2	+ 77,4

Fonte: Extracto Estadístico de la República Argentina Correspondiente al Año 1915, Buenos Aires, 1916.

consideravelmente a emissão de dinheiro, passando de 42 milhões em 1883 para 75 milhões em 1885. Nesse último ano, porém, devido a uma grande demanda de ouro causada pelo déficit no balanço de pagamentos e por uma política de expansão do crédito, o Banco Nacional, ao sentir que suas reservas estavam se exaurindo, solicitou ao governo que suspendesse a conversibilidade de suas cédulas bancárias. O governo atendeu ao pedido e, mais tarde, estendeu a suspensão aos outros bancos de emissão. Assim, a Argentina retornou ao sistema de papel-moeda inconversível. Com a Lei dos Bancos de Garantia, promulgada em 1887, as casas bancárias multiplicaram-se no interior, onde até então dominara um padrão-prata. Esses bancos foram um fator determinante no aumento de moeda em circulação em 1889, que subiu para 165 milhões de pesos.

Ao contrário do sistema norte-americano no qual era baseado, o arranjo argentino estabelecido pela Lei dos Bancos de Garantia não implicava a garantia do governo a todas as notas em circulação. A lei exigia que os bancos adquirissem obrigações do governo em troca de ouro. Então, cada banco recebia do governo autorização para emitir notas no valor das obrigações que tivesse adquirido. Todavia, o princípio de uma moeda nacional garantida por ouro foi quebrado em dois momentos importantes: primeiro, o governo isentou o Banco Nacional, o maior banco de emissão, da exigência de comprar obrigações nacionais; segundo, aceitou dos outros bancos, inclusive dos provinciais, *documentos a oro* (notas promissórias em ouro) em vez do metal. O resultado foi que, embora a emissão tivesse chegado a cerca de 150 milhões de notas de peso garantidas por ouro, na verdade as reservas de ouro mantiveram-se no patamar de 76 milhões. Os novos regulamentos causaram um aumento abrupto das emissões – mais de 95 por cento em três anos – do que resultou uma depreciação de 41 por cento da moeda. O forte aumento dos preços que se seguiu provocou uma escassez da oferta de moeda e, enquanto o público necessitava de mais dinheiro para financiar suas transações, os bancos não conseguiam obter ouro para comprar as obrigações do governo e, portanto, colocar mais notas bancárias em circulação. A conseqüência foi a volta a um período de escassez de ouro, exacerbada pela necessidade de fazer remessas de pagamentos ao exterior. Várias tentativas foram feitas para resolver a situação: inclusive uma emissão desautorizada de 35 milhões de pesos, um dos antecedentes da revolução de julho de 1890 que derrubou o governo de Juárez Celman[15]. Todavia, o

15. Cf. EZEQUIEL GALLO, neste volume, cap. 12.

novo governo de Carlos Pellegrini não teve outra alternativa senão emitir mais 60 milhões de pesos. Em Londres, o representante argentino tentou conseguir uma moratória junto ao Baring Brothers, os principais credores do país. Em novembro de 1890, a crise explodiu quando foi divulgada a notícia de que os Barings não iriam concordar com novo adiamento dos pagamentos nem continuariam a fazer a transferência trimestral do restante do empréstimo.

A enorme dívida externa contraída nesse período – subiu de 100 milhões de pesos em 1885 para 300 milhões em 1892 – foi outro fator determinante da crise. Os empréstimos externos tinham tido extensos efeitos sobre a expansão dos gastos públicos, sobre o aumento das importações e sobre o altíssimo crescimento da oferta de dinheiro. O fim da entrada de empréstimos (com a emissão da última série de 25 milhões de pesos para obras de saneamento em 1889), junto com a obrigação de enviar remessas para o exterior para pagamento de empréstimos e do serviço da dívida, inverteu a posição do balanço de pagamentos (que, em 1888, por exemplo, registrara um superávit de 150 milhões apesar do déficit comercial de 28 milhões). Em termos concretos, isso teve o efeito de uma contração e exerceu enorme pressão sobre o mercado do ouro.

Os gastos do governo haviam subido de 26,9 milhões de pesos em 1880 para 107 milhões em 1889 e 95 milhões em 1890 (em pesos-ouro de 26,9 para 55,8 e 38,1 milhões). A receita, por outro lado, embora tenha aumentado também, não cresceu tanto, subindo de 19,6 milhões em 1880 para 72,9 milhões em 1889 e 73,1 milhões em 1890 (em pesos-ouro de 19,6 para 38,2 e 29,1 milhões). O déficit fora coberto principalmente com empréstimos externos. Entre 1890 e 1891, o governo viu que precisava fazer pagamentos muito grandes e os cofres do tesouro estavam vazios, a receita em declínio e os preços do ouro em alta em virtude da forte demanda no mercado para socorrer o Banco Nacional, cujas reservas metálicas tinham se exaurido. A recusa dos Barings em conceder uma moratória colocou um ponto final nas tentativas iniciais de impedir a crise e desencadeou um período de dificuldades ainda maiores. Em abril de 1891, o Banco Nacional e o Banco de la Provincia de Buenos Aires foram liquidados, seguidos em junho por vários bancos de província. O governo adotou medidas fiscais severas, restabelecendo os impostos sobre as exportações e passando a cobrar uma taxa de dois por cento sobre os depósitos bancários e outros impostos sobre o fumo e o álcool, por exemplo. Em Londres, Victorino de la Plaza retomou as negociações com o Comitê do Banco da Inglaterra. Depois de intensas deliberações, foi concedido um empréstimo de 15 milhões de libras para consolidar dívidas anteriores e foi declarada uma moratória do capital e dos juros. Em 1º de dezembro de 1891, o Banco de la Nación reabriu suas portas e emitiu mais 50 milhões de pesos. Em concordância com os arranjos feitos com os credores, não seria feita nenhuma outra emissão até o final do século. (Na verdade, a moeda em circulação foi reduzida em vários milhões de pesos – de 306 milhões em 1893 para 295 milhões em 1898.) Em 1893, um novo arranjo – o Acordo Romero – dilatou o prazo para pagamento da dívida. Dentro de um estrito programa de disciplina monetária e com a ajuda de notável aumento da quantidade e do valor das exportações agrícolas, a situação financeira da Argentina foi revertida: o preço do ouro caiu, houve uma valorização do peso e o país procurou cumprir suas obrigações externas com antecedência.

O Período de 1890 a 1900

Em 1891, no auge da crise financeira, foram os seguintes os comentários de Allois Fliess num relatório ao ministro das Finanças, Vicente López:

> A produção da agricultura e da pecuária melhorou sob os mais favoráveis auspícios. Mas o fato de maior interesse para toda a República e que deu a todas as classes sociais um sentimento de profunda satisfação foi a excelente colheita de trigo [...] De qualidade superior e com um rendimento extraordinariamente alto em Santa Fe, em Entre Ríos e em alguns distritos das outras províncias, de bom a normal em praticamente toda a República, obtendo preços razoavelmente altos nos grandes mercados consumidores da Europa ocidental, em parte por causa das notícias de más colheitas na América do Norte e na Rússia. [...] As vendas para o exterior foram negociadas com grande rapidez e nos primeiros quatro meses foram exportadas cerca de 220 mil toneladas, enquanto todo o trigo que se via nos grandes depósitos e silos de Rosario e de Buenos Aires já fora vendido e estava nas mãos dos exportadores[16].

A exportação de trigo, que em 1888 atingiu um montante de 179 mil toneladas, subiu em 1894 para 1,608 milhão de toneladas. A produção, que

16. ALLOIS E. FLIESS, *La Produción Agrícola-Ganadera de la República Argentina en el Año 1891*, Buenos Aires, 1892, p. 10.

em 1891 totalizou 845 mil toneladas, cresceu em 1894, alcançando 2,138 milhões de toneladas[17]. No setor urbano, a situação foi diferente. Em razão do decréscimo das importações, a construção da rede ferroviária, que, no período de 1890–1892, continuou a terminar obras iniciadas no final da década de 1880, chegou quase a parar depois de 1893. Durante a maior parte da década a construção ferroviária praticamente parou e só voltou a recuperar-se no final do período. Não obstante, aumentou de 11 700 quilômetros de trilhos em 1891 para 16 700 quilômetros em 1900; e o volume de mercadorias transportadas subiu de 4,6 milhões de toneladas em 1891 para 12,6 milhões em 1901.

O setor de construção privada, que não dependia tanto de insumos importados, continuou a crescer apesar da crise, aliviando, assim, o desemprego urbano; no entanto, as obras públicas, como até certo ponto as ferrovias, diminuíram bruscamente. Usando 1885 como ano-base (1885 = 100), o índice de construção privada subiu de 108 em 1891 para 171 em 1900 e, no caso das obras públicas, caiu de 244 em 1891 para 58 em 1900. A produção industrial, ajudada pela aquisição de máquinas e de bens de capital no período anterior, sofreu grande impulso graças à proteção da taxa cambial, que elevou o custo dos artigos importados. Todavia, o crescimento industrial não decorreu de tarifas protecionistas, mas da redução dos custos e da conquista de novos mercados. Isso aconteceu principalmente com produtos que usavam matérias-primas locais (alimentos e bebida). Com isso, a indústria conseguiu desenvolver-se quando os mercados se ampliaram graças às estradas de ferro. Foi o caso, por exemplo, do açúcar em Tucumán, do vinho em Mendoza e dos moinhos de trigo em Santa Fe e em Córdoba.

As exportações subiram de 103 milhões de pesos-ouro em 1891 (valores nominais) para 154,6 milhões em 1900, em grande parte devido às exportações de produtos agrícolas, principalmente trigo, enquanto as importações cresceram de 67,2 em 1891 para 113,5 milhões em 1900 (ver acima, Tabela 6). Contrastando fortemente com a década de 1880, a balança comercial foi favorável durante quase toda a década de 1890.

A partir de 1893, o governo impôs uma política restritiva no que diz respeito à oferta de moeda. Entre 1893 e 1899, como vimos, o dinheiro em cir-

17. Cf. Ministerio de Agricultura, *Estadísticas Agrícolas*, Buenos Aires, 1912, e E. TORNQUIST, *Desarrollo Económico en la República Argentina*, Buenos Aires, 1919.

culação diminuiu. A proporção de notas e moedas em circulação em relação às exportações (se essas fossem tomadas como medida do crescimento da atividade econômica), levando em conta que não se dispunha de dados sobre o produto interno bruto, caiu de 2,43 em 1890 para 1,59 em 1899, isto é, uma queda de 79 por cento. A partir de 1895, o peso-papel sofreu um processo de revalorização. Todavia, essa situação teve um efeito adverso sobre os exportadores e sobre os produtores agrícolas, que procuraram deter a contínua valorização do peso. Isso suscitou uma reforma monetária em 1899 e o retorno ao padrão ouro.

Entrementes, os gastos do governo, que haviam diminuído de 55,8 milhões de pesos-ouro em 1889 para 33,6 milhões em 1891, permaneceram abaixo dos 50 milhões até 1895. Daí em diante, voltaram a subir, chegando a 69,6 milhões em 1900.

O Período de 1900 a 1912

Dois fatores são fundamentais nesse período. Primeiro, a produção de cereais, que até então estivera confinada em grande parte à região de Santa Fe, onde a área de terra cultivada com trigo triplicou entre 1887 e 1897, espalhou-se por toda a província de Buenos Aires, embora complementando muito mais do que substituindo a criação de gado. Segundo, a carne adquiriu tanta importância no comércio exportador da Argentina quanto os cereais.

Inúmeras queixas tinham sido feitas contra o conservadorismo dos criadores de gado de Buenos Aires por causa do reduzido desenvolvimento da produção de cereais na província. As grandes propriedades, diziam, eram um empecilho à agricultura, que exigia um sistema de exploração apoiado nos pequenos produtores. No entanto, na década de 1890, a situação estava começando a mudar. Vários fatores contribuíam para estimular a produção de grãos e a agricultura mista. A estrada de ferro possibilitou o assentamento nas áreas mais remotas da província e, seguindo os trilhos, o cultivo de trigo espalhou-se para o sul e o oeste da província, e para o norte até o distante departamento de General López, em Santa Fe. Ao mesmo tempo, novas técnicas de congelamento e de transporte refrigerado na travessia do Atlântico transformaram a indústria da carne. Sua produção passou a empregar mais pessoal, mas agora exigia a formação de pastos artificiais para o ano inteiro onde o gado (de raça importada melhorada) pudesse ser engordado. Isso acarretou o cultivo de alfafa, de milho e de outras forrageiras nas zonas produtoras de gado da província de Buenos Aires e nas regiões de Córdoba e La Pampa que até então viviam apenas do gado. No final do período, os pampas cultivavam mais alfafa do que trigo e um número maior de carneiros foram enxotados dos pampas para a Patagônia. Tudo isso foi uma conseqüência do aumento significativo das exportações de carne frigorificada e congelada (principalmente para a Inglaterra), que, junto com a expansão sustentada das vendas de trigo e de milho para o exterior, elevou o total das exportações para quase 500 milhões de pesos-ouro em 1912 e em 1913 (ver acima, Tabela 6).

A produção de carne de qualidade para os mercados do exterior exigiu importantes medidas de adaptação interna. Entre estas incluíam-se mudanças no uso da terra, no sistema de propriedade da terra e no tamanho das fazendas de gado. Essas mudanças refletiram-se num bom aumento da produtividade medida em quilos de carne por hectare e na produtividade por empregado. Tudo isso teve outras conseqüências: novos assentamentos nas zonas rurais, a criação de vilas e o estabelecimento de rotas de transporte e de redes comerciais. Nas zonas de pecuária, tornou-se comum o arrendamento onde antes predominara a grande fazenda de gado. Diminuiu o número das *estancias* grandes e pequenas, enquanto aumentou o das propriedades de tamanho médio. Essa nova onda de atividade agrícola e pastoril foi menor do que a antiga de criação de gado, porém maior do que as colônias agrícolas de Santa Fe. Um aumento significativo da produtividade e da lucratividade da terra produziu um salto dos preços depois de 1905.

A construção da rede ferroviária teve diferentes efeitos sobre a formação dos mercados. Em primeiro lugar, os antigos mercados regionais foram restabelecidos, mas agora estavam ligados ao litoral, formando assim um único mercado nacional. Em segundo lugar, a produção era transportada primeiro para os centros ferroviários, que desse modo se tornaram mercados primários, e depois para os mercados secundários na costa. Era transportada em vagões para os terminais ferroviários, que nunca distavam mais de 18 quilômetros do local de produção. Nas estações, foram criados mercados primários, onde a safra era vendida e despachada para os mercados secundários, ou armazenada quando não havia vagões de carga disponíveis. Mais de 70 por cento da produção de cereais tinham de ser transportados entre os meses de dezembro e maio; por isso, em muitas estações do interior foi preciso construir galpões e armazéns rudimentares. Dos mercados primários, os cereais eram transportados diretamente ou para os centros de consumo (quando destinados ao uso interno), ou para os portos de exportação. Cerca de 30 por cento da carga total dos trens destinavam-se à exportação e uns 28 por cento eram dirigidos para o consumo interno[18]. Outros 34 por cento do tráfico ferroviário correspondiam a mercadorias importadas, distribuídas em todo o mercado nacional. Em 1904, as estradas de ferro transportaram quase 12,5 milhões de toneladas, excluindo 1,4 milhão de toneladas de materiais diversos para uso das ferrovias. Deve-se chamar atenção aqui não só para o volume do tráfego entre mercados distantes, mas também para a importância do transporte de mercadorias produzidas no local para consumo interno, ou seja, 28 por cento do tráfico ferroviário total, e a quantidade de produtos importados embarcados para o interior para o consumo local.

Uma outra característica desse comércio foi o fato de os mercados primários terem tido um balanço positivo em relação aos secundários em termos do volume físico de mercadorias transportadas. Os mercados secundários estavam concentrados nas zonas litorâneas. Conforme o volume de mercadorias exportadas, os principais mercados em 1906 eram os centros de Buenos Aires, de Rosario, de Paraná e de Santa Fe. Em 1914, muitos mercados secundários transferiram-se das zonas ribeirinhas para a costa marítima. Depois de Rosario e de Buenos Aires, Bahía Blanca tornou-se o terceiro porto de embarque de produtos exportados, seguida por San Nicolás, La Plata e Santa Fe. Enquanto os mercados secundários se estabeleceram primeiramente em alguns portos pequenos, as estradas de ferro aos poucos provocaram a concentração dos três principais mercados secundários em Rosario (por causa da Ferrovia Argentina Central, que transportava cereais de Córdoba e de Santa Fe), em Buenos Aires para atender ao centro e ao oeste de Buenos Aires, e em Bahía Blanca, que servia ao sul de Buenos Aires e a La Pampa. Todavia, muito mais importante foi o crescimento dos mercados primários, principalmente nas novas regiões. Entre 1885 e 1914, o número de estações (mercados primários) nas zonas costeiras mais antigas da província de Buenos Aires subiu de cinco em 1885 para 22 em 1895 e para 36 em 1914. No sul e no oeste, nos mesmos anos o número de estações aumentou de 33 para 123. No sul de Santa Fe, o número de estações subiu de 111 em 1895 para 141 em 1914; na zona central, houve um aumento de 68

18. EMILIO LAHITTE, *Informes y Estudios de la Dirección de Economía Rural y Estadística*, Buenos Aires, Ministerio de Agricultura, 1916.

para 80. Na zona dos pampas de Córdoba, o número de estações subiu de 55 em 1895 para 172 em 1914; no noroeste da província, aumentaram de 14 para 21. Deve-se chamar atenção não só para o grande crescimento de mercados novos, mas também para algumas diferenças importantes. Entre 1895 e 1914, a expansão foi muito maior na região dos pampas de Córdoba do que na província de Santa Fe. Isso foi o resultado do grande desenvolvimento anterior de Santa Fe, que em 1895 já atingira um tamanho considerável. A diferença está no fato de terem aparecido mais mercados primários novos nas novas áreas de Córdoba que estavam ligadas à região geral dos pampas, e não naquelas ligadas à zona setentrional tradicional, onde o desenvolvimento foi muito pequeno, quando houve.

O caráter tecnológico da agricultura teve efeitos importantes sobre a economia. O fato de ser uma atividade que empregava uma mão-de-obra maior acarretou uma distribuição de renda mais favorável. Causou também o assentamento de trabalhadores nas zonas rurais, a criação de diversos serviços de transporte e o aparecimento de várias atividades para fornecer bens e serviços à população rural. Disso resultou a formação de centros urbanos em distritos rurais e a constituição, no setor rural, de um mercado que não existia anteriormente. As estradas de ferro ligaram os mercados do interior aos mercados urbanos do litoral e com isso acabaram criando um mercado nacional. Na época em que foi realizado o censo de 1914, a produção local já estava atendendo a uma alta porcentagem da demanda interna, cerca de 91 por cento no setor de alimentos, 88 por cento na área têxtil, 80 por cento no domínio da construção, 70 por cento na fabricação de móveis e 33 por cento no setor metalúrgico[19]. A demanda local começou a competir com os mercados estrangeiros pelos gêneros alimentícios produzidos no país.

Assim, o crescimento não se limitou ao setor de exportação. A demanda interna aumentou levando-se em conta os processos correlativos de crescimento da população rural, de urbanização e de melhoramento dos meios de comunicação interna. Um aumento do número de assalariados e o crescimento da renda real favoreceram a expansão do mercado interno e propiciaram uma gama crescente de oportunidades de investimento interno. Estas estavam associadas ao transporte e comércio, à construção, ao processamento de alimentos e à produção têxtil.

19. *Tercer Censo Nacional*, 1914, vol. VII, p. 71.

Algumas dessas atividades, como os serviços e a construção, somente podiam ser abastecidas no local. Outras eram supridas, em primeiro lugar, pelas importações. Todavia, quando os custos do transporte tornaram as mercadorias importadas mais caras do que as produzidas no país, a produção local recebeu grande incentivo, que aumentou ainda mais quando foram encontradas no país matérias-primas baratas. Vários fatores determinaram a localização da indústria: 1) o local das matérias-primas (farinha de trigo, vinho, açúcar); 2) a existência de um porto de saída para os mercados externos no caso da carne congelada; 3) a existência de um porto para o desembarque de combustível, de matérias-primas ou de insumos importados; e 4) a existência de mercados com alta densidade populacional e maior capacidade de consumo.

Cerca de 30 por cento de todos os estabelecimentos industriais nacionais e dos investimentos na indústria concentraram-se na capital federal. Entre 1895 e 1913, essa preponderância tendeu a diminuir, de 35,1 por cento em 1895 para 21,1 por cento em 1913, no que diz respeito aos estabelecimentos, e de 36 para 30 por cento no tocante ao capital investido. Inversamente, na província de Buenos Aires, o número de estabelecimentos subiu de 23,9 para 30,4 por cento e o montante de capital industrial aumentou de 21,6 para 26,3 por cento no mesmo período. Outras províncias onde a indústria cresceu, relacionadas pela ordem de volume do capital investido no setor, foram, em 1895, Santa Fe, Tucumán, Entre Ríos e Mendoza e, em 1913, Santa Fe, Mendoza, Tucumán, Córdoba e Entre Ríos. Entre 1895 e 1914, o número de estabelecimentos industriais aumentou de 22 204 para 48 779. O capital subiu de 327 milhões de pesos para 1,787 bilhão e o número de trabalhadores empregados na indústria de 175 mil para 410 mil.

O fato mais importante nesse período foi a reforma monetária de 1899, que determinou o retorno ao padrão ouro depois de vários anos de contínua revalorização da moeda. Desde 1893 vinha sendo aplicada uma política monetária rígida; o estoque de dinheiro permaneceu quase constante durante o restante da década – na verdade diminuiu ligeiramente – resultando no aumento do valor externo do peso-papel nos anos imediatamente anteriores ao retorno ao ouro. A valorização da moeda foi facilitada também pelos balanços comerciais favoráveis, não só devido ao menor volume de importações e aos acordos concluídos para pagamento da dívida externa, mas também por causa do aumento significativo das exportações e dos preços mais altos que esses produtos alcançaram. A paridade foi fixada em 2,2727 pesos-papel para cada peso-ouro. No entanto, essa nova paridade, apesar de ter levado em conta o novo poder de compra da moeda argentina e o de outros países exportadores como os Estados Unidos, teve como conseqüência uma certa desvalorização do peso em relação ao dólar.

Criou-se um Departamento de Conversão para regulamentar a emissão de papel-moeda e para constituir uma reserva de ouro. Em 1903, conseguiu-se acumular uma reserva metálica de 38,7 milhões de pesos-ouro; subiu para 55,5 milhões em 1904, para 101,9 milhões em 1905 e chegou a 263,2 milhões em 1913. A emissão de notas foi então regulada automaticamente pelas flutuações das reservas de ouro, e essas, por sua vez, foram vinculadas ao balanço de pagamentos. Devido aos excelentes resultados alcançados pelas exportações e ao aumento dos preços, houve uma vultosa expansão da circulação de notas, embora não na mesma proporção, uma vez que a reserva legal subiu de 23,1 por cento em 1903 e 30,9 por cento em 1904 para 72,7 por cento em 1913.

O estoque de notas, que diminuíra para 291,3 milhões de pesos em 1899, subiu para 380,2 milhões em 1903, saltando para 823,3 milhões em 1913, a uma taxa de 8,0 por cento ao ano. A relação entre a moeda e as exportações foi de 1,72 em 1903 e 1,70 em 1913. Em pesos ao valor de 1903, o estoque de moeda subiu de 324 milhões em 1900 para 615 milhões em 1912. Em outras palavras, em doze anos o estoque de moeda subiu, a preços constantes, 90 por cento, a uma taxa de 5,5 por cento ao ano.

A grande expansão das exportações refletiu-se na atividade comercial e repercutiu também no setor bancário. O Banco de la Nación, fundado em 1890, desempenhou papel de destaque e representou 24 por cento do capital de todos os bancos, foi responsável por 32 por cento dos empréstimos e conquistou 37 por cento dos depósitos. Os bancos estrangeiros representaram 11 por cento do capital, fizeram 20 por cento dos empréstimos e conseguiram 20 por cento dos depósitos; o restante ficou com os outros bancos argentinos independentes[20]. Com a fundação de numerosas sucursais no interior do país, o Banco de la Nación levou o crédito às zonas rurais mais distantes, onde desempenhou importante papel. Em 1905, a carta-patente do Banco de la Nación foi mudada. Entre outras coisas, foi transformado

20. ANGEL M. QUINTERO RAMOS, *Historia Monetaria y Bancaria de Argentina (1500–1949)*, México, 1970.

numa entidade exclusivamente oficial e autorizado a redescontar títulos de outros bancos. Ele, que tinha em seus cofres 41 por cento das reservas de ouro de todos os bancos, procurou diminuir as súbitas flutuações na oferta e demanda de ouro, retirando-o do mercado quando havia abundância e vendendo-o quando a oferta decrescia. Outros bancos comerciais logo lhe seguiram o exemplo.

O processo de expansão geral foi acompanhado de um aumento dos gastos do governo, que subiram de 69,6 milhões de pesos-ouro em 1900 para 189,6 milhões em 1914 (158 milhões de pesos-papel em 1900 para 419 milhões em 1914). Todavia, as receitas não aumentaram na mesma proporção: subiram de 148 milhões para 250 milhões em 1914. Comparando 1900 e 1912 com base no peso ao valor de 1903, pode-se ver que as receitas subiram de 162,6 milhões em 1900 para 258,5 milhões em 1912 e as despesas aumentaram de 173,6 milhões em 1900 para 380 milhões em 1912. Isso quer dizer que, a preços constantes, as receitas aumentaram 59 por cento enquanto as despesas cresceram 118 por cento. A dívida pública, que se expandira continuamente de 47,5 milhões de pesos-ouro em 1870 para 88,3 milhões em 1880, 355,7 milhões em 1890 e 447,1 milhões em 1900, subiu mais 28 por cento, alcançando o total de 545 milhões em 1914.

CONCLUSÃO

A característica proeminente do período 1880–1912, com exceção dos anos 1890–1895, foi o rápido crescimento econômico. Todos os indicadores apontam para uma taxa anual média de crescimento de mais de cinco por cento nas três décadas, o que distingue esse período de qualquer outro na história argentina. Contudo, não houve apenas crescimento. Ocorreram ao mesmo tempo grandes mudanças, que modificaram a cara da Argentina e mudaram o caráter de sua economia.

Às vésperas da Primeira Guerra Mundial, a Argentina, com quase oito milhões de habitantes, deixara de ser um país relativamente atrasado e transformara-se numa nação moderna. Os espaços vazios dos pampas tinham sido ocupados e 24 milhões de hectares de terra estavam sendo cultivados, em comparação com menos de meio milhão de hectares quarenta anos antes dessa data. Formara-se nas zonas rurais uma vasta rede de cidades e construíra-se uma extensa malha ferroviária, com 34 mil quilômetros de trilhos em

1914, que haviam permitido o movimento da população para o interior do país e o desenvolvimento de um mercado de fatores de produção e de mercadorias de âmbito nacional. Além disso, tinham sido construídos portos para facilitar a entrada e a saída de mercadorias e de pessoas e dera-se grande impulso à construção urbana.

Esse crescimento que mudou a Argentina apoiou-se na exploração de mercadorias básicas: produtos da agricultura e da pecuária, escoados para os mercados internacionais. Todavia, não se limitou a isso. Pelo fato de empregarem um número muito maior de trabalhadores, a agricultura e a produção de carne tiveram mais integrações, sobretudo retro-integrações. De um lado, a população das novas áreas agrícolas e dos centros urbanos que se desenvolveram nas proximidades, além dos portos, precisou de transporte, de moradia e de roupas. Estes centros foram os mercados primários e secundários da produção agrícola. A procura desses artigos provocou o surgimento de indústrias nacionais no setor de construção residencial, na produção de alimento, de bebida e de artigos têxteis, cuja localização e vantagens relativas dependeram das proximidades dos mercados, dos baixos custos de transporte e, no caso do alimento, do preço menor da matéria-prima local.

O uso mais intensivo de mão-de-obra permitiu também melhor distribuição de renda e um aumento da demanda. Forneceu igualmente maior incentivo aos investimentos em outras atividades dentro do mercado interno.

Mesmo que a influência do setor externo tenha sido grande, isso não quer dizer que outros setores continuaram subdesenvolvidos, especialmente no mercado interno. Na verdade, esses outros setores tiveram facilidades, num período de grandes excedentes, para importar bens de capital. Por outro lado, as exportações diversificaram-se bastante e ajustaram-se rapidamente às flutuações dos preços. Durante o período que estamos estudando, um grande esforço foi feito para estimular a formação de capital.

Sem qualquer sombra de dúvida, o fator decisivo no crescimento da economia argentina nesse período foi a existência de uma demanda externa, possibilitada pela redução dos fretes transoceânicos. Contudo, com exceção da procura de gêneros alimentícios, o período foi testemunha de uma maior fluidez no mercado internacional de dinheiro, possibilitada pela maior freqüência e velocidade das comunicações. Deve-se acrescentar ainda que, durante o longo ciclo de recessão que se iniciou na década de 1870 e prosseguiu até o final do século, os preços e as taxas de juro caíram na maioria dos países desenvolvidos, levando o capital a procurar maiores lucros fora dos mercados internos. Por outro lado, deve-se chamar atenção para o fato de que, durante um período de febre ferroviária, foi forte a tendência a produzir e exportar bens de capital, como equipamentos para as estradas de ferro.

No que diz respeito à população, os mesmos fatores que afetaram o mercado comercial e monetário possibilitaram o deslocamento da força de trabalho, em escala maciça, para o outro lado do Atlântico. A queda dos custos do frete, dos seguros e sobretudo o decréscimo dos preços agrícolas em decorrência das ofertas de cereais norte-americanos, todos esses fatores foram responsáveis pelo deslocamento da população rural da Europa para a América. A mão-de-obra rural foi usada com maior eficiência nas terras novas e férteis. Disso resultaram maior renda e salários mais elevados. Embora não tenha sido o foco principal deste capítulo, deve-se fazer menção ao aspecto político e legal. O exercício efetivo da liberdade civil e a segurança legal prometida pela constituição, e que foi posta em prática com a organização final do Estado – isto é, com a organização do supremo tribunal de justiça e de tribunais federais nas províncias – foram pré-requisitos importantes para garantir os livres movimentos do trabalho e do capital.

Todos esses fatores estão relacionados com a questão da demanda. Todavia, não se pode esquecer a questão da oferta. Como dissemos, em torno da década de 1870 a produção de carne e de grãos para o mercado interno não foi tão grande, de modo que, quando cresceu a demanda externa transmitida por meio dos mecanismos de preço, não se pôde aumentar tão depressa a produção de carne e de grãos para atender ao mercado de exportação. A produção interna era muito pequena em comparação com o que seria exportado depois, mas, basicamente, não houve quaisquer incentivos para um aumento da demanda, visto que os preços estavam em baixa devido à forte demanda de cereais norte-americanos por parte da Europa nas décadas de 1870 e de 1880. A Argentina precisava fazer diferentes ajustes a fim de incorporar recursos que não eram usados, como, por exemplo, a terra, e obter outros, como capital e trabalho, e dessa forma reduzir seus custos de produção para competir nos mercados internacionais. Foi isso exatamente o que fez quando começou a fazer uso produtivo de vasta área de terra fértil, organizando a produção agrícola em grande escala a fim de torná-la mais competitiva e ao mesmo tempo reduzindo os custos de transporte e de mão-de-obra. Finalmente, as exportações argentinas chegaram aos mercados europeus no momento em que podiam competir em preço e em qualidade com a produção de outros países novos.

Para pôr em prática tudo isso num país novo e tão vasto, era necessário, além de um esforço individual, investimento em bens públicos, como portos e meios de transporte. Esse investimento tinha de ser fornecido dentro de um período curto e numa escala até então desconhecida. Contudo, basicamente, a maior parte do esforço proveio do setor privado, que abriu novas terras, introduziu melhoramentos e máquinas agrícolas, formou pastos, importou matrizes de raça e melhorou os mercados do gado, enquanto ao mesmo tempo realizava a construção urbana e desenvolvia as indústrias. Foram as mudanças que ocorreram na oferta que deram condições à Argentina de alcançar altas taxas de crescimento econômico, de competir nos mercados estrangeiros e, eventualmente, tornar-se um dos maiores exportadores mundiais de gêneros alimentícios às vésperas da Primeira Guerra Mundial.

10

A Argentina: Sociedade e Política, 1880–1916

NO FINAL DA DÉCADA de 1870, poucos argentinos teriam imaginado que estavam às vésperas de um prodigioso processo de transformação social. Pouca coisa acontecera nesse decênio para que se pudesse esperar a realização dos sonhos de progresso dos políticos que atuaram no período de "Organização Nacional" (1852–1862). Ao contrário, o progresso econômico e social nas presidências de Domingo F. Sarmiento (1868–1874) e de Nicolás Avellaneda (1874–1880), embora expressivo, fora lento e laborioso. Dos fatores que contribuíram, subseqüentemente, para o grande crescimento econômico da Argentina, alguns ainda não haviam aparecido e outros estavam começando a aparecer. A qualidade da pecuária continuava pequena; o país importava trigo; a rede de transportes cobria apenas pequena parte do território; os serviços bancários ainda se achavam em estado rudimentar; e a entrada de capital e de imigrantes era modesta. Mesmo esse progresso vacilante fora interrompido pela grave crise econômica de 1874–1877. Não é de surpreender, portanto, que algumas pessoas começassem a duvidar de que o progresso do país pudesse basear-se na fertilidade dos pampas, como sempre se imaginara. Alguns dos claros indícios desse princípio de atitude foram os vários estudos feitos na época com o propósito de determinar a localização de recursos minerais, e a ideologia "protecionista" que apareceu nos debates parlamentares de 1876.

O primeiro censo nacional, realizado em 1869, fornecera provas claras do atraso generalizado da Argentina. Essa vasta região tinha menos de 1,8 milhão de habitantes, com uma densidade de 0,43 pessoa por quilômetro quadrado. A pobreza refletia-se na baixa qualidade da moradia: 78,6 por cento dos argentinos viviam em ranchos miseráveis, construídos de barro e de palha. Além disso, 77,9 por cento das pessoas acima de seis anos de idade não sabiam ler nem escrever. Uma grande parte do território era totalmente desabitada e as regiões que mais tarde se transformariam nos férteis pastos das províncias de Buenos Aires, de Santa Fe e de Córdoba quase não eram exploradas. O "deserto", a obsessão dos argentinos, parecia indomável, não só devido às distâncias impossíveis de transpor, mas também por causa da indômita resistência armada das tribos indígenas que habitavam a região. Até boa parte da década de 1870, as incursões dos índios tinham sido um pesadelo constante para as autoridades e os produtores rurais.

O presidente Avellaneda estava certo quando afirmou que "a questão fronteiriça é a mais importante de todas [...] é o princípio e o fim [...] para nos livrarmos dos índios, e a fronteira significa [...] povoar o deserto"[1]. Foi em sua gestão na presidência que a campanha militar comandada pelo general Julio A. Roca, em 1879, pôs fim ao longo problema. Até então, as incursões dos índios tinham acontecido com repetida freqüência. Em 1872, por exemplo, chegaram até Cañada de Gómez, a poucos minutos de Rosario, a segunda cidade do país. Em 1875 e em 1876, uma série de invasões de uma confederação de tribos indígenas comandadas por seus caciques mais obstinados devastaram importantes distritos da província de Buenos Aires, entre eles Azul, Olavarría e Tres Arroyos. Eis como o coronel Manuel Pardo lembra essas incursões: "Os povoados ardiam, como se o fogo dos Céus houvesse descido sobre eles, os campos cultivados eram arrasados [...] acompanhando a trilha das fazendas invadidas [...] e nesse meio tempo ouvíamos os boatos [...] de homens que tiveram as gargantas cortadas e de mulheres e crianças que foram levadas em cativeiro [...]"[2].

A violência não se limitou à fronteira indígena. Em 1870 a longa guerra com o Paraguai chegara ao fim, mas o conflito armado entre diferentes regiões dentro do país não terminara. Na década de 1870, duas grandes rebeliões comandadas por López Jordan, o chefe político de Entre Ríos, ameaçaram seriamente a paz interna. E em 1880, como veremos adiante, a mais temível de todas as forças provinciais, as milícias da província de Buenos Aires, comandadas pelo governador Tejedor, pegaram em armas contra as autoridades nacionais. Não é possível dar aqui uma descrição detalhada das muitas pequenas insurreições de vários tipos que aconteceram nas províncias nesses anos. No entanto, uma revolta ocorrida em 1874 foi particularmente importante. Comandada pelo general Mitre, um ex-presidente e líder do

1. Nicolás Avellaneda, no prefácio que escreveu para ALVARO BARROS, *Indios, Fronteras y Seguridad Interior* (1. ed.: 1872–1876), Buenos Aires, 1975, p. 137.

2. *Apud* J. C. WALTHER, *La Conquista del Desierto*, Buenos Aires, 1973, p. 384.

Partido Nacionalista, sua finalidade foi impedir a posse do presidente eleito Avellaneda.

Os anos anteriores e posteriores a 1874 foram marcados por grandes disputas entre os dois partidos que tinham sede em Buenos Aires e dominavam a política da Argentina na época: o Partido Nacionalista e o Partido Autonomista, comandado pelo dr. Adolfo Alsina. Em 1877, o presidente Avellaneda tentou solucionar a crise institucional com a chamada política de *conciliación*. Muitos oposicionistas ao governo de Avellaneda (que compunham o Partido Nacionalista) aceitaram o convite, e alguns de seus líderes chegaram a participar do governo nacional. Todavia, essa paz durou pouco e, nas eleições presidenciais de 1880, os argentinos voltaram a dividir-se em duas facções inconciliáveis: os partidários do general Roca e os adeptos de Tejedor, governador de Buenos Aires. A força econômica da província de Buenos Aires era tão superior que o representante dos Baring Brothers, por exemplo, prenunciou a vitória decisiva do governador Tejedor.

No final, Roca saiu vencedor. Em primeiro lugar, contou com o apoio da maioria dos oficiais do exército nacional. Segundo, a recém-formada Liga de Governadores garantiu-lhe a adesão de quase todas as províncias. Além disso, apesar de Tejedor ter recebido apoio da maior parte da opinião pública de Buenos Aires, Roca conseguiu conquistar aliados poderosos em setores importantes da vida política e econômica da província, como, por exemplo, alguns elementos do Partido Autonomista e alguns adeptos do general Mitre. O grande confronto de 1880 não foi uma simples escaramuça; foi uma guerra militar e política, com a participação de cerca de vinte mil pessoas, 2 500 das quais foram mortas ou feridas. O combate mais acirrado travou-se nos arredores de Buenos Aires, e muitos dos habitantes da cidade lutaram do lado derrotado. A chave da vitória final de Roca deve ser buscada na escala e coesão da coligação política e militar formada nos últimos anos da década de 1870. Por outro lado, dando mostras de grande intuição política, Roca colocou-se à frente de um corpo de opinião cada vez mais amplo, que acreditava ser o fortalecimento do governo central a única solução para os problemas políticos do país. Até mesmo velhos liberais como Domingo Sarmiento passaram a enfatizar a importância do binômio "ordem e paz": "A síntese do republicano moderno é menos sublime [do que '*fraternidade*, *igualdade* e *liberdade*']; [...] é *paz*, *tranqüilidade* e *liberdade*"[3].

3. DOMINGO F. SARMIENTO, *Obras Completas*, Buenos Aires, 1953, vol. XXXIX, p. 68.

"É como se fôssemos um povo nascido há pouco tempo para a vida nacional, pois temos de legislar sobre tudo o que constitui os atributos, os recursos e o poder da nação"[4]. Com essas palavras o presidente Roca (1880–1886) inaugurou a sessão legislativa de 1881. Nos anos seguintes, foram aprovadas uma série de leis que cederam grande parte do poder ao governo central. Federalizou-se a cidade de Buenos Aires, enfraquecendo em parte a posição dominante de que a província desfrutava. O exército nacional recebeu uma posição sólida e as milícias provinciais foram licenciadas. Pela primeira vez adotou-se uma moeda comum para todo o país. O ensino primário e o registro civil (que até então tinham estado nas mãos da Igreja católica) foram subordinados à jurisdição das autoridades nacionais. Uma série de leis deram nova organização ao sistema judiciário, às prefeituras e a outras esferas da administração pública.

Muitos simpatizantes do presidente Roca no interior haviam acreditado que a derrota de Buenos Aires fortaleceria suas respectivas províncias. No entanto, as conseqüências da vitória de Roca pareceram confirmar as previsões mais sombrias dos derrotados. Leandro N. Alem, o futuro líder do partido de oposição Unión Cívica Radical, não estava muito longe da verdade quando afirmou, em 1880, que o futuro veria a criação de um governo central tão forte que absorveria "toda a força das pessoas e cidades da República"[5]. A legislação aprovada na década de 1880 consolidou a autoridade do governo central e colocou as rédeas do poder firmemente nas mãos do chefe do Executivo nacional. Em certo sentido, o regime presidencialista adotado em seguida foi apenas uma conseqüência do exercício das idéias proclamadas originariamente pelos que redigiram a Constituição de 1853. A implantação dessas idéias antes de 1880 fora impedida pela escassez de recursos, pelas insuperáveis barreiras geográficas e pelas fortes tradições políticas locais.

A partir dessa data, a Argentina viveu várias décadas de relativas unidade e estabilidade políticas. Isso coincidiu com um crescimento econômico excepcional, a uma taxa média de cinco por cento ao ano até a Primeira

4. Sobre a mensagem do presidente Roca, cf. H. MABRAGAÑA, *Los Mensajes. Historia del Desenvolvimento de la Nnación Argentina, Redactada Cronológicamente por sus Gobernantes, 1810–1910*, Buenos Aires, 1910, 6 vols.; a citação aparece no vol. IV, p. 1.

5. *Apud* H. RIVAROLA & C. GARCÍA BELSUNCE, "Presidencia de Roca", em R. LEVILLIER (ed.), *Historia Argentina*, Buenos Aires, 1968, vol. IV, p. 2 489.

Guerra Mundial e mesmo além[6]. Aliás, essas unidade e estabilidade facilitaram e mesmo sustentaram o grande crescimento econômico argentino do período, o que resultou, por sua vez, em mudanças fundamentais na estrutura demográfica e social do país. Pode-se dizer que esse crescimento foi até certo ponto uma conseqüência dessas mudanças. Os pampas em particular foram totalmente transformados, como descobriu Walter Larden, que viveu e trabalhou até 1888 numa fazenda ao sul de Santa Fe. Quando voltou à região em 1908, encontrou tudo mudado: "Quanta tristeza! todas essas mudanças. Chegou a prosperidade mas o romance foi embora para sempre!"[7].

A SOCIEDADE, 1880-1914

Em 1869, a Argentina tinha 1 736 490 habitantes, 3 956 060 em 1895 e 7 885 237 em 1914. A principal causa desse aumento acentuado da população foi a entrada em massa de imigrantes. Entre 1871 e 1914, entraram na Argentina 5 917 259 pessoas; desse total, 2 722 384 retornaram a suas terras de origem e 3 194 875 estabeleceram-se no país. A grande maioria desses imigrantes eram originários da Itália e da Espanha; mas não se pode esquecer os grandes contingentes da Europa central, da França, Alemanha, Inglaterra e do Império Otomano. Daqueles que se fixaram no país um grande número escolheu as províncias do litoral (a capital federal e as províncias de Buenos Aires, Santa Fe, Córdoba e Entre Ríos), consolidando e reforçando uma tendência cujas origens remontam às últimas décadas do século XVIII. Ao mesmo tempo, a migração interna, embora em muito menor quantidade do que a externa, não foi menos expressiva. Entre 1869 e 1914, as províncias do litoral aumentaram de 48 para 72 por cento sua proporção em relação ao total da população. Nesse período, o crescimento populacional nas províncias isoladamente variou de um aumento espetacular de 909 por cento em Santa Fe a 216,8 em Entre Ríos. Foram registrados ainda grandes aumentos nos territórios novos (sobretudo em La Pampa e no Chaco), cuja população era bastante esparsa em 1869. Com exceção de Mendoza e de Tucumán, que tiveram suas populações aumentadas 324,5 e 205,6 por cento respectivamen-

6. Cf. ROBERTO CORTÉS CONDE, neste volume, cap. 9.

7. WALTER LARDEN, *Argentina Plains and Andean Glaciers*, London, 1911, p. 49.

te, os dados referentes às províncias restantes são muito inferiores aos registrados para o litoral. Nessas outras províncias, o aumento demográfico para o período de intervalo entre os censos de 1869 e 1914 variou de 118,2 por cento em San Luis a meros 25,4 por cento em Catamarca.

A relação entre a população urbana e a rural também mudou consideravelmente. A porcentagem de habitantes das áreas urbanas subiu de 29 por cento em 1869 para 53 por cento em 1914. O aumento registrado na cidade de Buenos Aires foi simplesmente fenomenal: o total de habitantes pulou de 181 838 em 1869 para 1 575 814 em 1914. A população da cidade de Rosario, na província de Santa Fe, aumentou de 23 139 em 1869 para 224 592 em 1914. Também na cidade de Córdoba, cujo crescimento foi estimulado pelo desenvolvimento da cultura de cereais nos departamentos do sul da província, o aumento foi expressivo, de 28 523 habitantes em 1869 para 121 982 em 1914. As cidades de Mendoza e de Tucumán também cresceram enormemente, em conseqüência do desenvolvimento dos vinhedos na primeira cidade e da indústria açucareira na segunda. Mendoza subiu de 8 124 habitantes em 1869 para 58 790 em 1914, e Tucumán aumentou, no mesmo período, de 17 438 para 92 824 habitantes. Podemos encontrar outros exemplos desse grande aumento da população urbana nos distritos que formam hoje a Grande Buenos Aires, mas que àquela altura ainda não tinham sido incorporados à capital federal. Avellaneda, por exemplo, que em 1869 contava apenas 5 645 habitantes, aumentou para 139 527 em 1914, enquanto La Plata, que nem mesmo existia em 1869, registrava 137 413 habitantes em 1914. Outros centros urbanos da província de Buenos Aires também mostraram grande expansão; por exemplo, a população do porto de Bahía Blanca, ao sul da província, aumentou de 1 057 em 1869 para 62 191 em 1914.

Além do grande crescimento das cidades, foi enorme também o aumento do número de pequenas vilas no litoral. Foi esse um dos fatores que, junto com a expansão da rede ferroviária, ajudaram a diminuir o tradicional isolamento das zonas rurais. O aparecimento desses centros populacionais foi uma conseqüência das mudanças ocorridas na estrutura econômica da região. A princípio, a expansão da criação de carneiros não só acarretou uma redução significativa na escala da criação de gado vacum, mas também causou um aumento da divisão do trabalho no setor. Esses dois desenvolvimentos estimularam o assentamento de uma quantidade maior de pessoas na região e diversificaram notavelmente a estrutura social e profissional. Em conseqüência desse processo, que aconteceu de cerca de 1860 até mais ou menos 1880, apareceram os primeiros assentamentos rurais de alguma importância, especialmente nas províncias de Buenos Aires e de Entre Ríos. Muito mais forte, porém, foi o impacto da expansão da cultura de cereais no período posterior a 1880. Esse processo, que teve origem no centro e no sul da província de Santa Fe, espalhou-se para o sul de Córdoba e para o noroeste da província de Buenos Aires. A expansão do cultivo de cereais acarretou um aumento expressivo, nos pampas, dos assentamentos rurais de dois a dez mil habitantes, que de apenas 20 que existiam em 1869 passaram a 221 em 1914.

A entrada em massa de imigrantes nesse período desordenou o equilíbrio demográfico e regional da Argentina. Ao mesmo tempo, foi causa de importantes mudanças na estrutura social e profissional do país. Do censo de 1869 para o de 1895, a expansão do setor agrícola e das atividades terciárias coincidiu com uma redução do mercado do trabalho nas tradicionais indústrias artesanais e no obsoleto sistema de transporte. No período entre o censo de 1895 e o de 1914, a mecanização da agricultura provocou uma relativa redução do nível de emprego do setor primário, o das recém-instaladas indústrias do litoral aumentou e o setor terciário continuou a crescer; ocorreu notável expansão da indústria da construção, sobretudo nas grandes cidades do litoral. O papel desempenhado pelos imigrantes na estrutura profissional foi muito importante e talvez não tenha paralelo em outras partes do mundo. Em 1914, não menos de 62,1 por cento dos empregados no comércio, 44,3 por cento dos trabalhadores na indústria e 38,9 por cento dos envolvidos no setor agrícola e pecuário tinham nascido fora do país. Os números são um pouco menores no caso da administração pública e do setor educacional, onde as proporções foram 17,6 e 14 por cento respectivamente. Houve um aumento significativo em todas essas porcentagens nas três áreas que receberam maior número de imigrantes. Na cidade de Buenos Aires, os imigrantes empregados no comércio e na indústria representaram 72,5 e 68,8 por cento dos respectivos totais. Na província de Buenos Aires, a proporção de estrangeiros empregados no setor rural era de 55,1 por cento, enquanto em Santa Fe foi mais alta, chegando a 60,9 por cento. Nesses dados não estão incluídos os filhos de imigrantes que, conforme a legislação da época, eram considerados argentinos. Se os contarmos, então é ainda maior o número de pessoas de origem imigrante recente no total da população economicamente ativa. Em cidades como Buenos Aires e Rosario e em zonas de cultivo de cereais, como Santa Fe, os argentinos de terceira geração não constituíam mais de 20 por cento do total da população.

No plano empresarial, esse fenômeno é ainda mais surpreendente. A maioria dos proprietários de estabelecimentos comerciais (68,4 por cento) e de fábricas (68,7 por cento) e uma expressiva proporção dos donos de empresas agrícolas e de pecuária (31,9 por cento) tinham nascido fora da Argentina. Nas três áreas do litoral já mencionadas, foram as seguintes as porcentagens: 78,3 por cento dos empresários comerciais, 73,4 por cento dos industriais e 56,9 por cento dos proprietários rurais. No setor rural, houve diferenças apreciáveis entre os agricultores e os criadores de gado. Na primeira categoria, a proporção de estrangeiros no conjunto do país era de 40,7 por cento, subindo para 62,4 por cento na província de Buenos Aires e em Santa Fe. Entre os criadores de gado, os estrangeiros constituíam 22,2 por cento no total do país e 49,1 por cento em Buenos Aires e em Santa Fe.

A disparidade entre o setor rural e o urbano refletia o fato de que o comércio e a indústria estavam concentrados na região (o litoral) onde se tinham fixado a maioria dos imigrantes. Em contrapartida, as empresas rurais estavam distribuídas por igual em todo o país e, portanto, cobriam regiões onde o impacto da imigração fora muito pequeno. No que se refere às diferenças entre a agricultura e a pecuária, dois fatores merecem menção. Primeiro, a pecuária era a atividade que mais se desenvolvera mesmo antes do início da imigração em massa de europeus, ao passo que a expansão da agricultura coincidiu com a chegada dos imigrantes em grande escala. Segundo, considerando o tamanho das empresas de pecuária, as exigências de capital eram muito maiores do que as necessárias para iniciar atividades agrícolas.

Todos esses números indicam um processo muito acentuado de mobilidade ascendente, que atingiu sua maior escala nas zonas urbanas e na região de cultivo de cereais. Mas essa mobilidade é significativa também na região de criação de gado, onde os dados seriam muito mais surpreendentes se incluíssemos os filhos de imigrantes. As mudanças nas posições sociais relativas das pessoas afetaram com igual intensidade todos os estratos da sociedade local. Em algumas épocas e em alguns lugares, esse processo foi tão violento que desconcertou até mesmo os observadores mais perceptivos. Em 1888, o gerente da filial de Rosario do Bank of London and the River Plate escrevia num relatório enviado a Londres: "Devido ao grande progresso dessa província está se tornando muito difícil para nós mantermo-nos inteirados da solvência de nossos clientes, pois acontece muitas vezes que basta um ano para melhorar tanto a posição de um homem que não podemos mantê-lo preso a seus antigos limites"[8].

Uma conseqüência desse processo rápido de mobilidade social foi a grande expansão dos setores médios da sociedade. As estimativas feitas com base nos dados dos censos não são muito precisas, mas pode-se calcular, *grosso modo*, que esses grupos passaram de 12–15 por cento da população economicamente ativa em 1869 para mais ou menos 35–40 por cento em 1914. Nas áreas urbanas, esse aumento estava associado ao crescimento do setor terciário e, em menor grau, ao desenvolvimento industrial. A expansão da máquina administrativa e do sistema educacional foi igualmente grande. Nas zonas rurais, ao contrário, o crescimento registrado nos setores médios esteve ligado estreitamente à disseminação do cultivo de cereais. A diminuição do tamanho das empresas agrícolas possibilitou a expansão de um estrato de pequenos e médios proprietários, cujo número fora limitado no período de predomínio da pecuária. Ao mesmo tempo, a maior complexidade dos empreendimentos de cultivo de cereais suscitou o aparecimento de uma gama de atividades conexas (comércio, indústria e transportes), que surgiram nos povoados e cidades fundadas nesses anos. Apareceu, assim, um setor intermediário bastante amplo nas zonas rurais, e isso acabou se tornando uma das características distintivas da sociedade platina em relação ao conjunto do subcontinente.

Evidentemente, nem todos os membros dos grupos intermediários se achavam na mesma situação, como bem demonstrou o caso dos arrendatários. Até o final do século, foi relativamente fácil para os arrendatários adquirir a posse das propriedades que trabalhavam[9]. Depois dessa data, uma mudança na escala das empresas agrícolas, a introdução de modernas máquinas racionais e um aumento dos preços da terra devido à exaustão das novas áreas de fronteira tornaram sobremaneira difícil essa aquisição. Esse fenômeno (que ocorreu igualmente em outros países, como a Austrália e os Estados Unidos) provocou um aumento acentuado dos números relativos de arrendatários, que por volta de 1914 representavam 60 por cento de todos os agricultores.

8. Rosario Manager to Buenos Aires (19 June 1888), Bank of London and South America Archives, University College London library.

9. Sobre esse ponto, cf. ROBERTO CORTÉS CONDE, neste volume, cap. 9, e DAVID ROCK, neste volume, cap. 11.

A situação do imigrante argentino que se tornou arrendatário foi bastante diferente da de seu congênere europeu. Trabalhando um pedaço de terra de 200 a 400 hectares, ele próprio era um empregador de força de trabalho, principalmente na época da colheita. Contudo, mesmo que sua posição fosse melhor do que a situação comum no seu país de origem, não era melhor do que a daqueles que haviam adquirido a posse da terra na Argentina. Essa diferença deveu-se ao caráter incerto do arrendamento, o que se refletiu num padrão de vida (moradia, por exemplo) muito inferior ao dos agricultores-proprietários.

Dos imigrantes que se fixaram em caráter permanente, nem todos alcançaram posições elevadas ou mesmo intermediárias na sociedade. Muitos continuaram a exercer as mesmas atividades que exerciam quando chegaram. A indústria que surgiu na área do litoral empregou, em sua maior parte, mão-de-obra de origem estrangeira. Na cidade de Buenos Aires, por exemplo, 72 por cento dos operários e empregados eram imigrantes. As condições de vida da classe trabalhadora urbana variou de acordo com as circunstâncias. Evidentemente, os salários eram muito maiores do que os pagos nos países de origem dos imigrantes. Em certos períodos, a Argentina viveu o curioso fenômeno da imigração estrangeira de caráter sazonal. Os famosos *golondrinas* ("andorinhas") imigravam da Itália para trabalhar nos três meses da colheita: "em busca dos perpétuos salários da época de colheita, como andorinhas em busca de um eterno verão"[10].

Dentro do país, as condições tenderam em geral a melhorar de forma acentuada no período de 1878 a 1914. Apesar do aumento da população, houve forte redução do analfabetismo, que caiu de 77,9 por cento em 1869 para 35 por cento em 1914. Registrou-se ainda acentuada melhora na saúde pública e não houve novas epidemias de febre amarela e de cólera nas grandes cidades. Além disso, o setor de habitação progrediu enormemente. Enquanto, em 1869, 79 por cento da população viviam, como dissemos, em ranchos construídos de barro e de palha, esse número caiu para 50 por cento em 1895. Com relação a 1914, não dispomos de dados, mas todos os indícios mostram uma continuação da tendência observável entre o censo de 1869 e o de 1895. No entanto, a entrada em massa de imigrantes causou

10. "Correspondence Respecting Emigration to the Argentine Republic", em *Parliamentary Papers: Commercial Reports*, London, 1889, vol. LXXVI.

sérios problemas no setor da habitação. Nos últimos vinte anos do período, principalmente nas grandes cidades, aumentou o número de pessoas por residência, o que deu origem a uma série de problemas que a literatura do período atesta amplamente. O avanço no âmbito da legislação trabalhista foi hesitante e lento. Não obstante, foram aprovadas algumas leis sobre o descanso nos domingos e feriados nacionais; foi regulamentado o trabalho das mulheres e dos menores e apresentada uma legislação sobre acidentes de trabalho na indústria. Nesse período, a jornada de trabalho sofreu uma contínua redução, de modo que, no início da Primeira Guerra Mundial, a jornada de oito horas já estava se tornando uma regra na maioria das empresas urbanas.

As condições no litoral diferiram das predominantes no resto do país. É verdade que houve um avanço em quase toda a parte, mas as disparidades entre as regiões continuaram muito expressivas. Essas diferenças foram uma decorrência de diversos fatores, muitos dos quais já imperavam antes do começo do período que estamos discutindo. O deslocamento do centro de atividade econômica do Alto Peru para o Río de la Plata, que tivera início no final do período colonial, provocou a estagnação relativa daquelas economias regionais que não se adaptaram de maneira apropriada às novas condições. Isso aconteceu no caso de Santiago del Estero e da maioria das velhas províncias do Noroeste. Embora com menor intensidade, processo semelhante ocorreu na região de Cuyo, uma área ligada estreitamente à economia chilena. Mesmo no litoral, a província de Corrientes, na fronteira com o Paraguai, sofreu relativo declínio no período de 1870–1914.

Pode-se também detectar disparidades entre regiões que experimentaram grande crescimento nesse período. Em Tucumán, por exemplo, que se tornou uma região de migração sazonal de trabalhadores das províncias vizinhas, como Santiago del Estero e Catamarca, e cujo crescimento teve como base o grande desenvolvimento da indústria açucareira, as condições sociais continuaram claramente inferiores às vigentes nas áreas onde predominava o cultivo de cereais. Na verdade, entre as províncias do interior somente Mendoza registrou padrões de vida mais ou menos semelhantes aos encontrados no litoral.

O nível da educação das diversas províncias ajuda a ilustrar o problema da disparidade regional. Em 1914, o índice nacional de analfabetismo chegava a 35,2 por cento. No litoral, porém, era de apenas 26,9 por cento, ao passo que subia para 57,6 por cento no resto do país. Essas diferenças tornam-se mais impressionantes quando comparamos os extremos: por exemplo, a cidade de Buenos Aires (22,2 por cento) e a província de Jujuy (64,9 por cento). O censo de 1914 não fornece dados sobre os diferentes tipos de moradia, mas os números do censo de 1895, embora indiquem uma recuperação visível em termos absolutos em relação a 1869, ainda não mostram mudanças significativas nas posições relativas das províncias. A proporção de moradias abaixo do padrão (*ranchos*), que era de mais ou menos 50 por cento no conjunto do país, caiu para apenas 35 por cento no litoral, mas subiu para 78 por cento no resto do país.

É evidente que um progresso econômico dessa natureza produziu suas vítimas, encontradas geralmente entre os habitantes das regiões de menor desenvolvimento. O caso mais notável é o daquelas pessoas cujos negócios foram afetados fortemente pela modernização da economia. Entre essas podemos citar os tecelões individuais do interior, cujas atividades artesanais não conseguiram competir com os produtos importados, e os empregados em transporte interno, que de repente foram afastados do negócio pela expansão extremamente rápida da malha ferroviária. Em outros casos, o impacto dessa expansão não causou uma queda das rendas, mas afetou as condições de vida nas regiões envolvidas. A reorganização e a modernização das empresas de pecuária tiveram profundo efeito sobre o ritmo estabelecido do trabalho e sobre o estilo de vida. O desaparecimento da fronteira indígena, a crescente comercialização de todos os produtos da pecuária e o notável crescimento dos pastos cercados, tudo isso estabeleceu ritmos de trabalho menos intermitentes e limitou a grande mobilidade que caracterizara a vida nas regiões de criação de gado. Não obstante suas distorções pitorescas e românticas, a literatura contemporânea refletiu alguns desses aspectos em sua evocação nostálgica da vida passada dos *gauchos* da região do Prata.

Os diferentes setores sociais em que a população se dividiu começaram aos poucos a organizar-se. Já em 1854, foi fundada a Bolsa de Comércio de Buenos Aires e, no período que se seguiu a 1870, foram instituídas várias câmaras de comércio menores, na capital e nas principais cidades do país. Em 1866, foi fundada a influente Sociedade Rural Argentina, constituída pelos pecuaristas da província de Buenos Aires. No entanto, ela somente veio a firmar-se realmente depois de 1880, com a fundação de organizações semelhantes em outras províncias. A União Industrial Argentina, formada pelos industriais de todo o país, foi criada em 1886. Também nessa época surgiram as primeiras organizações de trabalhadores, as quais assumiram dimensões muito expressivas em Buenos Aires, em Rosario e nos principais centros ferroviários. Até o final do século XIX o avanço do sindicalismo foi lento e intermitente; mas cresceu rapidamente na primeira década do século XX. Em 1901, foi fundada a FOA (Federación Obrera Argentina), logo substituída pela FORA (Federación Obrera Regional Argentina). Em 1905, a FORA, em seu V Congresso, caiu sob o controle dos anarquistas. A influência desse grupo diminuiu depois de 1910, mas a FORA permaneceu sob seu controle até seu IX Congresso em 1915, quando os sindicalistas assumiram o comando da maior parte do movimento trabalhista. Em 1907, foi fundada a UGT (Unión General del Trabajo), uma organização minoritária formada pelos sindicatos com tendências socialistas. Nesse período, o movimento trabalhista teve dois centros principais: primeiro, os grandes portos, na época verdadeiros empórios de mão-de-obra, nos quais as mais variadas atividades e profissões estavam estreitamente interligadas. Mais tarde, a rede de transportes e indústrias associadas que se desenvolveram em todos os principais centros ferroviários tornou-se o segundo centro.

A entrada em massa de imigrantes, sua assimilação pela sociedade, a ascensão e o declínio dos grupos sociais e a velocidade do processo de mudança social provocaram, naturalmente, uma série de conflitos e tensões. Na década de 1870, registraram-se vários conflitos entre os argentinos nativos e os estrangeiros, alguns dos quais, como os massacres de Tandil em 1871, envolveram derramamento de sangue. As regiões mais afetadas foram os distritos rurais de Santa Fe e de Buenos Aires; a capital e a cidade de Rosario foram palco de conflitos idênticos. Entre 1890 e 1895, conflitos semelhantes envolveram mais uma vez as colônias agrícolas da província de Santa Fe. Na cidade de Buenos Aires, a crise de 1890 produziu reações "chauvinistas", mas de pouca gravidade. Depois disso, as disputas desse tipo diminuíram, mas reapareceram ocasionalmente nas greves e ações terroristas, atribuídas por alguns à ação de agitadores externos.

Muito mais importantes foram as várias pendências que envolveram diversos setores da população. Os confrontos entre agricultores e industriais, ou entre empresas nacionais e estrangeiras, foram raros e pouco significativos na Argentina. Não faltaram, porém, os conflitos comuns entre empregadores e trabalhadores e às vezes entre os sindicatos e as autoridades nacionais. De 1907 a 1916, um período para o qual dispomos de dados confiáveis, houve 1 290 greves na cidade de Buenos Aires, cinco delas greves gerais.

Os setores mais afetados pelas paralisações do trabalho foram a indústria de madeira, a confecção de roupas, o setor da construção, os gêneros alimentícios, a metalurgia e a indústria têxtil. Mais da metade dessas greves reivindicavam aumento de salários ou a redução da jornada de trabalho. Como seria de supor nesse período de formação dos sindicatos, muitas delas (33 por cento) tiveram como objetivo principal a consolidação das organizações sindicais. Em quase 40 por cento das greves, os trabalhadores foram atendidos total ou parcialmente em suas reivindicações; a maioria delas, porém, foram no final desvantajosas para os trabalhadores.

Os dados acima são um pouco distorcidos devido à ocorrência de greves gerais de natureza política, que quase sempre não tiveram sucesso. Na Argentina, a teoria da greve geral que estava em voga em alguns países da Europa ficou restrita a alguns distritos. Na maioria das vezes, essas greves nem mesmo envolveram todas as fábricas das grandes cidades: restringiram-se normalmente às areas portuárias de Buenos Aires e de Rosario e aos principais centros ferroviários. Uma reivindicação que sempre apareceu nessas greves gerais foi a revogação da chamada Lei de Residência, aprovada em 1902, que deu ao poder executivo direitos de deportar estrangeiros considerados perigosos para a segurança interna.

Na zona rural, a agitação trabalhista não registrou a mesma amplitude que nas grandes cidades. O conflito mais sério aconteceu em 1912. Ocorrido no sul da província de Santa Fe, com ramificações em Córdoba e em Buenos Aires, envolveu os arrendatários da próspera região do milho, que na época enfrentavam baixos preços do produto e altos custos do arrendamento da terra. Por dois meses, os arrendatários recusaram-se a colher a safra e somente o fizeram quando algumas de suas reivindicações foram atendidas pelos proprietários. Ao término desse curioso episódio, uma mistura de greve e de *lockout*, os arrendatários da região cerealífera fundaram a Federação Agrária Argentina. Em contrapartida, nesse período, os peões das regiões de pecuária e os trabalhadores do Norte criaram organizações de forma bastante intermitente.

A imigração em massa causou profundo impacto sobre o estilo de vida predominante no litoral platino. Não obstante as tensões e os conflitos, porém, o processo de assimilação foi, falando genericamente, rápido e pacífico. Os bairros residenciais de Buenos Aires e as colônias agrícolas de Santa Fe, para citar dois exemplos, logo evoluíram para verdadeiros centros cosmopolitas, onde vivia uma mistura de pessoas de diferentes nacionalidades.

Todos os aspectos da vida quotidiana, desde os hábitos alimentares à língua, foram afetados por essa rápida assimilação dos imigrantes à sociedade local.

Vários fatores contribuíram para aumentar a rapidez do processo de assimilação. Primeiramente, em muitas regiões, como já observamos acima, os imigrantes nunca foram uma minoria étnica; ao contrário, eram muitas vezes mais numerosos do que os habitantes nativos. Além disso, a maioria dos imigrantes eram originários de países como a Itália e a Espanha, cujas características culturais, lingüísticas e religiosas eram semelhantes. Ademais, a legislação civil e a prática diária eram extremamente liberais com os recém-chegados, a ponto de algumas pessoas se queixarem da discriminação sofrida pelos naturais da terra. De importância fundamental foi o papel desempenhado pelo sistema de ensino primário (conforme a Lei nº 1 420), que criou escolas do Estado sem discriminação religiosa ou étnica e imprimiu um forte caráter integrativo à educação. Finalmente, a participação em muitas atividades comuns acelerou o processo de integração. Por volta de 1914, por exemplo, Buenos Aires tinha 214 sociedades de auxílio mútuo, com 255 mil membros. A maioria de seus filiados (51,4 por cento) pertenciam a sociedades mistas, constituídas de pessoas de origens diferentes. As segundas em importância foram as sociedades cujos membros eram imigrantes da mesma nacionalidade; e na parte de baixo da lista vinha uma pequena minoria de sociedades formadas por argentinos nativos.

Não foi apenas a imigração que transformou os usos e costumes locais, mas também a súbita prosperidade resultante do longo desenvolvimento econômico. Já observamos como a introdução da cultura de cereais modificou o caráter físico e social das regiões envolvidas. Na região de pecuária houve transformações semelhantes em menor medida. As compridas cercas de arame farpado, os campos plantados de alfafa e o rebanho de alta qualidade contrastavam com o caráter rústico da antiga fazenda de gado. Aquelas casas de fazenda austeras e simples que tanto impressionaram W. H. Hudson e outros viajantes estrangeiros por sua pobreza foram substituídas por residências rurais mais elaboradas e às vezes luxuosas, como aquelas que, por volta de 1910, deslumbraram o viajante francês Jules Huret.

Nas grandes cidades a transformação foi mais discernível. Buenos Aires, como todas as metrópoles da época, era uma cidade de contrastes: "[...] tem seu Picadilly e sua Whitechapel, que aqui é chamado 'os montes de lixo' [...] tem seus 'palácios', mas também tem seus 'cortiços' ". Esses eram os contrastes entre a zona sul e a zona norte da cidade, contrastes denunciados continuamente nos discursos políticos dos socialistas de Buenos Aires[11]. O sul e o norte representavam os dois extremos da cidade e essas áreas em particular impressionaram aqueles que as visitaram. No entanto, o fenômeno mais importante foi menos espetacular: os novos distritos formados por casas térreas da classe média baixa que brotaram em inúmeros lotes de terra não aproveitada. Todavia, mesmo em 1914, ainda se podiam ver alguns terrenos vazios, como que um símbolo do quanto os pampas estavam próximos do próprio coração da cidade.

Na verdade, quase tudo na cidade era novo. Pouca coisa restara da Buenos Aires austera e provinciana dos tempos antigos. Para alguém que a tivesse visitado em 1880 era irreconhecível. Logo se observava o aumento de riqueza no refinamento e na opulência dos edifícios públicos. Os grandes prédios da administração, os extensos parques com seus monumentos caros, as novas avenidas, os bondes e o metrô subterrâneo, tudo testemunhava esse súbito enriquecimento coletivo. Os costumes e modas da Europa eram transplantados para a região platina a uma velocidade incomum, não só porque eram trazidos pelos imigrantes, mas também porque era muito maior o número de argentinos que cruzavam o Atlântico em ambas as direções. Buenos Aires estava mudando rapidamente na mesma proporção em que a composição de sua população se transformava. Em cada um dos vinte distritos que constituíam a cidade, pelo menos 43 por cento da população tinham nascido no estrangeiro. Nos cinco distritos mais centrais, que eram os mais populosos e mais ativos e onde estavam concentrados os estabelecimentos comerciais, os teatros, os cafés e os edifícios públicos, a proporção de estrangeiros oscilava entre 54 e 62 por cento. "Onde está o sangue espanhol, pode-se indagar. O que é um argentino?" perguntava-se o francês Jules Huret com espanto[12].

No entanto, juntamente com o tráfico de pessoas, de mercadorias e de costumes, vinham, naturalmente, as idéias. Na virada do século, Buenos Aires mostrou-se receptiva a todas as correntes de pensamento científico, literário e político que estavam em voga. Essa receptividade foi favorecida pela grande expansão da educação secundária e universitária e pela criação de inúmeras

11. J. HURET, *En Argentine: De Buenos Ayres au Gran Chaco*, Paris, 1914, p. 30. Com relação do ponto de vista dos socialistas, cf., por exemplo, o panfleto de MARIO BRAVO, *La Ciudad Libre*, Buenos Aires, 1917.

12. JULES HURET, *En Argentine*, p. 40.

sociedades científicas e literárias. Por volta de 1914, centenas de publicações periódicas, muitas delas em línguas estrangeiras (italiano, inglês, francês, alemão, russo, grego, dinamarquês e árabe), circulavam em Buenos Aires e várias delas transformaram-se em veículos de algumas das novas idéias que estavam entrando no país.

O liberalismo continuou sendo o credo predominante entre os grupos que dirigiam a vida cultural, social, econômica e política. Em alguns grupos, esse liberalismo refletiu uma certa tensão entre o otimismo característico do período e acentuado ainda mais pelo espetacular progresso material do país e um certo ceticismo causado pela lembrança de um passado recente que se caracterizara pela instabilidade, pelo conflito e pela violência. Esse ceticismo intensificou-se com a suspeita de que a combinação de vasta região geográfica com a raça latina não era a melhor base para uma sólida estabilidade. Essas atitudes encontraram expressão na ânsia de superar a síndrome sul-americana, como ficou conhecida, e na crença de que isso somente seria possível se as rédeas do poder continuassem firmemente nas mãos daqueles que vinham governando o país desde 1880. Foi encontrada também, com bastante freqüência, a curiosa combinação de admiração por determinados países europeus e um ardente patriotismo, criado pelo sentimento de ser os fundadores de uma nova República. Essa atitude ficou demonstrada claramente na política externa. Por exemplo, no Primeiro Congresso Pan-Americano (1889) a delegação argentina desafiou com orgulho e com sucesso a tentativa dos Estados Unidos de criar uma união alfandegária no âmbito continental. Durante as negociações com os credores europeus depois da crise financeira de 1890, o ministro das Relações Exteriores adotou uma linha igualmente firme. Não menos consistente foi a política de defesa, cujo objetivo era fazer que a balança do poder com o Chile e com o Brasil pendesse em favor da Argentina. Na análise final, os políticos argentinos não tentaram esconder o orgulho que sentiam em guiar os destinos do país que, no começo do século XX, se tornara o mais poderoso e próspero da América do Sul.

Ao lado desse tipo de liberalismo existia outra variante, popular nos círculos intelectuais e políticos e de caráter mais decididamente otimista e universalista. Essa corrente do liberalismo recebeu forte influência de Darwin, Spencer, Lombroso e outros, e de quase todas as teorias positivistas e evolutivas em voga na época. Essas tendências iriam refletir-se em publicações oficiais recheadas de estatísticas, que demonstravam com orgulho o contínuo progresso do país. Seriam encontradas também em alguns lugares inesperados, como nos novos e sofisticados Jardins Zoológicos cuja construção foi influenciada pelas idéias contidas na *Origem das Espécies* de Darwin.

Tais idéias, ou suas várias combinações, não sofreram qualquer contestação séria no período que antecedeu a Primeira Guerra Mundial. Durante a discussão das leis de secularização aprovadas na década de 1880, os católicos contrários a essas leis proclamaram o mesmo liberalismo político e econômico que embasava as idéias dos legisladores que apoiavam as propostas do governo. Talvez seja essa uma das razões pelas quais apenas esporadicamente o fator religioso foi causa de dissensão política na Argentina. Tampouco as idéias da oposição política eram francamente dissonantes daquelas que predominavam entre os grupos dirigentes; não, pelo menos, na esfera econômica e social e tampouco na das instituições existentes. No caso da principal força de oposição, a Unión Cívica Radical, a crítica ao regime assumiu fortes conotações moralistas em reação ao que era considerado uma sociedade excessivamente cosmopolita e demasiado obcecada pelo bem-estar material. A reação antipositivista e nacionalista que começou a surgir depois de 1900 pode ser vista nos discursos e documentos da Unión Cívica Radical.

Até mais ou menos 1910–1915, como vimos, o movimento trabalhista foi dominado pelos anarquistas. Todavia, os anarquistas argentinos eram fundamentalmente diferentes de seus congêneres europeus. Certamente, os dois grupos recusavam-se peremptoriamente a participar do processo parlamentar e eleitoral e eram contrários à intervenção do Estado nas negociações entre empregadores e sindicatos, mas na Argentina a doutrina que prevaleceu foi um tipo de anarco-sindicalismo *avant la lettre*, que concentrava suas atividades quase que exclusivamente no sindicato. Com base nesse, os anarquistas organizaram uma série de atividades cooperativas, recreativas e culturais que lhes deram uma certa popularidade nos distritos de Buenos Aires e de Rosario habitados pela classe trabalhadora. No entanto, apesar de sua retórica bakunista, os anarquistas argentinos foram muito mais moderados do que seus pares europeus e suas facções mais radicais (inclusive os terroristas) tiveram pouca aceitação no ambiente argentino.

Pode-se afirmar quase a mesma coisa com relação aos socialistas, que foram moderados mesmo quando comparados às correntes contemporâneas de pensamento reformista que apareceram na Europa. Os socialistas argentinos logo substituíram uma série de premissas marxistas por idéias derivadas da tradição liberal e positivista. Entretanto, os modelos políticos que eles mais admiravam eram os movimentos trabalhistas britânicos e australianos, o cooperativismo belga e a tradição radical-socialista francesa. Não causa surpresa, por conseguinte, que, em sua visita a Buenos Aires, o socialista italiano Enrico Ferri tenha afirmado que seus confrades argentinos eram membros de um "Partido Socialista da lua"[13]. Tal como os anarquistas, os socialistas não questionaram os fundamentos básicos da economia argentina: apoiaram o livre comércio e defenderam ardentemente uma política monetária estritamente ortodoxa. Com efeito, em ambas as questões, foram muito mais enfáticos do que os políticos que apoiavam o governo. Alfredo Palacios, o primeiro membro do Partido Socialista nas Américas a ser eleito para um parlamento (1904), ao rejeitar os argumentos protecionistas apresentados pelos legisladores partidários do governo, resumiu com muita correção a ideologia econômica de seu partido: "Enquanto as indústrias eternamente protegidas gozam dos benefícios de uma legislação restritiva, nossa verdadeira riqueza nacional, ou seja, a pecuária e a agricultura, é negligenciada"[14].

As profundas mudanças econômicas que aconteceram depois de 1870 tiveram forte influência sobre a sociedade argentina e, entre outras coisas, provocaram novos conflitos sociais. Esses conflitos, porém, foram por sua vez condicionados pelo aumento do bem-estar, pelo alto índice de mobilidade social e pelo sucesso de um processo econômico que produziu mais beneficiários do que vítimas. A Argentina, em 1914, mostrava pouca semelhança com o resto da América Latina e, não obstante a europeização de muitos costumes e idéias, era diferente também do Velho Mundo. Era de certa forma semelhante às novas sociedades que haviam surgido nas planícies da Austrália e da América do Norte. Mas, como veremos agora, a situação social não se refletiu na vida política e institucional.

A POLÍTICA NO PERÍODO ENTRE 1880 E 1912

A vitória do general Roca na luta de 1880 foi seguida da formação do Partido Autonomista Nacional (PAN), a primeira organização política argen-

13. JUAN B. JUSTO, "El Profesor Ferri y el Partido Socialista Argentino", *Socialismo*, Buenos Aires, 1920, pp. 129 e segs.

14. *Apud* O. CORNBLIT, "Sindicatos Obreros y Asociaciones Empresarias", em G. FERRARI & E. GALLO (eds.), *La Argentina del Ochenta al Centenario*, Buenos Aires, 1980, pp. 595–626.

tina de âmbito nacional. Além disso, o exército nacional adquiriu o monopólio da força e tornou-se, com eventuais exceções, o firme sustentáculo das autoridades nacionais. Em comparação com períodos anteriores, a nova estabilidade política baseava-se numa supremacia reconhecida amplamente do Executivo nacional e no correspondente declínio de poder dos chefes provinciais e caudilhos. O governo central mantinha o controle sobre as províncias por meio de um sistema graduado de recompensas e castigos, destinado a conseguir um delicado equilíbrio entre a necessidade de obter o apoio das autoridades governantes e o desejo de evitar a repetição de atos sediciosos. Na coligação oficial (PAN), os governadores de província desempenhavam um papel importante, embora subordinado, e eram recompensados com postos de prestígio numa escala nacional. As sanções não eram menos eficientes. Consistiam de intervenção federal, que o Executivo podia decretar mesmo durante o recesso do Congresso (cuja duração era de até seis meses). Este foi um instrumento poderoso para lidar com movimentos de insatisfação. Osvaldo Magnasco, um dos mais proeminentes políticos do partido oficial, definiu nos seguintes termos o papel da intervenção federal:

> As intervenções federais neste país, senhores, têm sido determinadas invariavelmente tendo em vista um destes objetivos: suprimir uma certa influência ou restabelecê-la, instalar um governo local capaz de garantir a posição interna do Executivo, ou derrubar um governo local oposto ao governo central[15].

A constituição tornara mais fácil a supremacia do presidente por meio de mecanismos como a intervenção federal. Mas colocou também alguns obstáculos em seu caminho: principalmente, o princípio que proibiu a reeleição presidencial (uma importante diferença, por exemplo, do México de Porfirio Díaz) e o controle exercido pelo Judiciário e pelo Legislativo sobre o Executivo. O Judiciário, em particular, conseguiu manter um certo grau de independência dos poderes centrais. Além do mais, os princípios liberais da constituição possibilitaram o desenvolvimento de uma imprensa extremamente influente, que mantinha sob estreita vigilância os atos das autoridades nacionais. Essa imprensa, pelo menos até o início do século XX, teve mais importância na formação da opinião pública do que as atividades eleitorais. Ramón

15. *Apud* J. IRAZUSTA, *El Tránsito del Siglo XIX al XX*, Buenos Aires, 1975, p. 169.

Cárcano não estava tão longe da verdade quando disse ao sucessor de Roca, Juárez Celman (1886–1890): "um jornal para um homem público é como uma faca para um *gaucho* brigão: ele deveria sempre tê-la à mão"[16]. O comparecimento às eleições facilitou as coisas: foi baixo em comparação com períodos subseqüentes, mas não tão baixo quando comparado com o usual nesses anos em outros países do mundo. Em circunstâncias normais, compareciam às urnas entre 10 e 15 por cento da população com direito de voto (argentinos do sexo masculino com mais de 18 anos de idade; não havia quaisquer exigências de alfabetização). Em épocas de grande entusiasmo político (os anos de 1890–1895, por exemplo), o comparecimento às urnas poderia aumentar, chegando a 20 ou 25 por cento dos eleitores registrados. Além disso, nas zonas rurais o comparecimento era muito maior do que nas cidades.

Se o comparecimento foi baixo entre aqueles que tinham direito de voto, o número de eleitores foi ainda mais baixo em relação ao total da população masculina com idade de votar. Uma das razões foi o grande número de estrangeiros residentes no país, cuja grande maioria não adquirira a cidadania. Não são muito claras as razões para não tê-lo feito. Em primeiro lugar, os estrangeiros não tinham imigrado com esse objetivo em mente e a legislação argentina não estabeleceu qualquer tipo de discriminação com respeito ao exercício de suas atividades na sociedade. Além disso, se não se naturalizassem, podiam contar com o suporte dos cônsules de seus respectivos países, alguns dos quais, como os italianos, tudo faziam para manter os imigrantes fiéis a seus países de origem. Em segundo lugar, não precisavam de documentos de cidadania para fazer petições às autoridades e pressioná-las: isso podia ser feito através das organizações de empregadores e de trabalhadores. Além disso, os anarquistas e os sindicalistas não deram qualquer importância à aquisição de cidadania. Finalmente, os partidos de oposição, com exceção dos socialistas, mostraram pouco interesse em recrutar estrangeiros para suas fileiras.

Nessa época, a atitude típica da maioria da população foi a indiferença política. Não era obrigatório votar (como passou a sê-lo depois de 1912); ao contrário, desde sua inclusão no registro eleitoral até o dia do pleito, o cidadão, para ser eleitor, tinha de mostrar interesse e diligência. Além do mais, as

16. *Apud* T. DUNCAN, "La Prensa Política en la Argentina: Sud-América, 1885–1892", em G. FERRARI & E. GALLO (eds.), *La Argentina del Ochenta ao Centenario*, *op. cit.*, pp. 761–784.

eleições caracterizavam-se mais do que antes por práticas fraudulentas de diversos tipos, coisa bastante comum na época. Evidentemente, a fraude não ocorria sistematicamente, porque a apatia da população tornava-a desnecessária. Foi usada, porém, onde quer que a oposição conseguiu vencer essa apatia e ameaçou a estabilidade das autoridades governantes. Houve fraudes de diversos tipos, das tramóias mais inofensivas e da compra de votos ao uso aberto de violência física. Para que fossem eficazes, porém, aqueles que as praticavam (às vezes a oposição) tinham de contar com o apoio firme de sua clientela política e ter uma organização adequada.

Era essa organização política que fornecia os homens para preencher os muitos cargos de diversos tipos na administração nacional, provincial e municipal, e fornecia também os parlamentares e os jornalistas para rebater os ataques da oposição. Todavia, precisava conquistar algum apoio popular a fim de estar preparada para as eleições e mesmo para as revoltas armadas, que continuaram sendo uma característica importante da política argentina. Isso porque não eram apenas as forças militares regulares que tomavam parte nas revoltas armadas. Em muitas ocasiões, também participaram grandes contingentes de civis. Até 1881, o envolvimento dos civis nas revoltas, sobretudo nas zonas rurais, se deu principalmente através das milícias provinciais. Essas milícias, que geralmente eram comandadas por caudilhos políticos com experiência militar, eram o principal sustentáculo dos governos provinciais. Algumas delas, como os santafesinos em 1880, chegaram a desempenhar importante papel na política nacional.

Depois que as milícias foram licenciadas (1881), continuaram a ocorrer revoltas armadas com grande envolvimento de civis. A revolução de 1890, que não conseguiu derrubar o sistema político mas provocou a queda de Juárez Celman, foi em matéria de organização uma revolta clássica de civis e militares liderada por uma facção política. Mas a participação de civis foi muito menor do que nos eventos sangrentos de 1880. Não obstante, nas revoltas provinciais de 1893 em Santa Fe, Buenos Aires, Corrientes, San Luis e Tucumán, grandes grupos de civis juntaram-se aos combatentes. Em Santa Fe, várias centenas de agricultores imigrantes pegaram em armas em defesa dos revolucionários. O número de pessoas envolvidas nessas rebeliões foi semelhante ao número de eleitores nas eleições de 1894 nos distritos de Santa Fe e de Buenos Aires.

Em conseqüência dessa violência, o recrutamento na política tinha de ser feito tendo em vista a possibilidade de os recrutas se envolverem na luta com grande risco de vida. Por isso, os vínculos de lealdade entre os líderes e seus seguidores tinham de ser fortes. Os responsáveis pelo estreitamento desses vínculos não eram os líderes nacionais, mas os caudilhos (chefes) dos distritos rurais ou das áreas urbanas. Esses indivíduos desempenharam papel importante na máquina política, porque eram o verdadeiro elo entre o regime e sua clientela. A lealdade dessa clientela não era oferecida livremente, mas conquistada com base num complicado sistema de favores recíprocos. O chefe político fornecia uma série de serviços, que variavam da solução de problemas da comunidade à atividade menos altruísta de proteção de atos criminosos. Entre esses dois extremos colocavam-se os pequenos favores pessoais, entre os quais a obtenção de emprego era o mais importante.

Os caudilhos eram homens das mais diversas origens (pequenos fazendeiros ou comerciantes, capatazes de fazendas e, mais usualmente, ex-oficiais das milícias provinciais licenciadas) e, mesmo que às vezes fizessem indicações políticas de pouca importância (como juízes de paz, deputados etc.), contentavam-se habitualmente em exercer uma influência e poder extra-oficial em sua região. Foram elogiados e vilipendiados e esses dois extremos representam, de certa maneira, as verdadeiras facetas de uma realidade extremamente complexa. Assim, podia-se afirmar que "para esses caudilhos o governo [...] dá tudo e autoriza qualquer coisa – a polícia, a municipalidade, a agência do correio [...] o roubo de gado, o jogo de roleta, em suma todos os tipos de ajuda a seus amigos e de perseguição aos inimigos". Por outro lado, podia-se definir o caudilho como "o homem que é útil a seus vizinhos e está sempre pronto para servir"[17]. O que é bastante evidente é que possuem grande grau de independência e que, para obter o seu apoio, eram necessárias intensas negociações. Nas palavras de um dos mais influentes caudilhos da província de Buenos Aires, por ocasião da elaboração da lista de candidatos para as eleições provinciais de 1894:

> O que denominamos convencionalmente União Provincial [o nome do PAN na província de Buenos Aires] compõe-se de duas partes: uma decorativa, constituída de alguns fazendeiros absenteístas que residem na cidade de Buenos Aires, cuja importância é mais social e metropolitana do que rural, e a outra, o verdadeiro eleitorado

17. Francisco Seguí, *apud* D. PECK, *Argentine Politics and the Province of Mendoza, 1890–1916*, tese de Ph. D., inédita, Oxford, 1977, p. 36, e MARIANO DE VEDIA, *apud idem.*, p. 32.

militante, constituída por nós, que são aqueles que [...] lutaram na província. [...] Respeitamos o valor decorativo da outra parte, mas só o fazemos se forem levados em conta os reais interesses do campo, ou seja, do verdadeiro partido provincial...[18]

Acima dessa rede complexa e extensa de chefes locais estavam o diretório nacional e o diretório provincial do partido oficial, que era um grupo igualmente complexo e variável de líderes políticos. Esses homens eram governadores, ministros, legisladores e assim por diante, e de suas fileiras saíam o presidente da República e o líder do PAN, que muitas vezes eram uma única e mesma pessoa. De 1880 a 1916, esse grupo dirigente controlou a política nacional e, com pouquíssimas exceções, governou os destinos das províncias argentinas. A oposição política e alguns observadores mais ou menos neutros acusaram-no de ser uma oligarquia monolítica e fechada, que usava quaisquer meios para manter sua posição de predominância; uma descrição até certo ponto correta, especialmente no que diz respeito à bem conhecida exclusividade política de que o grupo dirigente dava mostras. Todavia, esse quadro corre o risco de ser um tanto estereotipado. Entre outras coisas, não leva em conta o fato de que o grupo dirigente que surgiu em 1880 foi até certo ponto o produto de importante mudança dentro da liderança política da Argentina. Carlos Melo, um dos primeiros historiadores a observar esse fenômeno, descreveu-o nos seguintes termos:

Ao mesmo tempo, a conquista do deserto e a distribuição de terra [...] haviam aumentado o número de proprietários rurais mediante o acréscimo de personagens grosseiros de extração humilde, e soldados não menos obscuros que foram recompensados por serviços militares. [...] Tanto o novo grupo urbano de classe média quanto os novos proprietários rurais eram combatidos pelos núcleos patrícios da velha sociedade argentina, o que explica por que o primeiro, por sua aversão aos últimos, emprestou seu apoio ao presidente [Roca][19].

A descrição do novo tipo de político feita por Melo é exagerada e expressa uma dicotomia demasiado rígida. Contudo, é uma boa descrição de uma tendência acentuada e, ao mesmo tempo, reflete com precisão como o grupo

18. *La Prensa*, Buenos Aires, 20 diciembre 1893.

19. C. R. MELO, *La Campaña Presidencial de 1885–6*, Córdoba, 1949, p. 22.

dirigente era visto por seus opositores políticos. Essa percepção, bastante visível em lugares como Buenos Aires, Córdoba e Tucumán, foi típica da década de 1880 e persistiu até pelo menos os meados da década seguinte. Era um fenômeno político que refletia o que estava acontecendo na esfera social.

Não se pode exagerar a homogeneidade política desse grupo dirigente. Era constituído de pessoas que representavam interesses regionais muitas vezes divergentes. A história do regime foi marcada por numerosos conflitos mutuamente destrutivos, que tiveram alguma influência sobre o seu colapso final. Os períodos de estabilidade coincidiram com épocas de forte liderança pessoal, especialmente nos mandatos de Roca na presidência (1880–1886, 1898–1904). Entretanto, quando a ausência de uma liderança forte abriu campo para todos aqueles interesses opostos o que predominou foi a instabilidade.

Nesse período, o termo "oligarquia" foi usado em seu sentido político clássico. O PAN contava certamente entre seus membros muitas pessoas importantes da vida social e econômica. Contudo, muitos membros da elite atuavam nos partidos de oposição e, por conseguinte, eram às vezes excluídos da vida pública. Além disso, a maioria das figuras mais proeminentes do mundo dos negócios revelavam notória indiferença pela política, possivelmente porque os grupos contendores não diferiam muito em sua concepção da organização econômica. Um episódio fornece uma boa ilustração desse fenômeno, porque é o único exemplo de uma conexão explícita estabelecida entre a facção oficial e um importante grupo de pecuaristas na província de Buenos Aires. Nas eleições para governador provincial em 1894, a União Provincial (o partido oficial) foi apelidado de "partido do gado" em virtude do conhecido envolvimento dos pecuaristas de Buenos Aires nessa agremiação. O jornal radical, *El Argentino*, anunciou que o candidato oficial deveria ter as seguintes características:

> ele terá de ser um tanto *high life* (sic). Deve acima de tudo ter ligações com o Jóquei Clube, porque isso parece ser uma condição indispensável para uma pessoa governar. [...] Esse cavalheiro terá a vantagem de ser [...] um proprietário rural, comerciante, político e financista...[20].

Os membros do "partido do gado" não rejeitaram o apelido. Alguns, como Miguel Cané, adotaram-no com orgulho complacente: "Sim, cava-

20. *El Argentino*, Buenos Aires, 9 noviembre 1893.

lheiros, somos 'gado' e 'carneiro' porque estamos lutando pelo enriquecimento de cada distrito da província. Como 'gado' e 'carneiro' pedimos liberdade para os homens, segurança para os rebanhos de gado e melhorias na produção de lã..." Ao mesmo tempo, a imprensa oficial chamou o partido da oposição, a Unión Cívica Radical, de "porcos", aludindo claramente ao apoio que tinham recebido da Liga Agrária. Contudo, a retórica política do período esconde o fato de que os partidos de oposição (os radicais e os *cívicos*) também tinham entre seus membros proeminentes pecuaristas de Buenos Aires. A própria Liga Agrária era formada por proprietários rurais que estavam longe de ocupar a humilde condição econômica sugerida pelo apelido "porcos". Finalmente, nessa ocasião a oposição conseguiu conquistar grande apoio em outros importantes círculos financeiros e comerciais, nacionais e estrangeiros[21].

A preeminência do governo pessoal também provocou algumas divisões nas fileiras do partido oficial. Juárez Celman, por exemplo, tentou afastar Roca da liderança do PAN e minou a posição que este e seus partidários detinham tanto nesse partido quanto nas províncias. A partir de 1889, os adeptos de Juárez Celman também lançaram corajosa ofensiva política contra a capital federal, principal reduto da oposição. Todavia, seu plano fracassou, porque a crise financeira de 1890 criou condições favoráveis à revolta militar da oposição. Não obstante, não foi a oposição quem se beneficiou com a revolta; os maiores beneficiários foram Roca, que recuperou a posição que perdera no PAN, e o vice-presidente Carlos Pellegrini, que foi guindado à presidência (1890–1892). As forças que apoiaram Juárez Celman não foram derrotadas totalmente e logo voltaram a agrupar-se no Partido Modernista, obrigando Roca e Pellegrini a buscar o apoio de Bartolomé Mitre, que liderara a ala moderada dos revolucionários e esperava ser o próximo presidente em 1892. No final, um fraco candidato de conciliação, Luis Sáenz Peña, foi eleito presidente (1892–1894). Sua gestão caracterizou-se pela formação de gabinetes ins-

21. Discurso de Cané em *La Tribuna*, Buenos Aires, 11 enero 1894. De fato, a maioria da comunidade empresarial mostrou-se um tanto indiferente com os desdobramentos políticos. Com relação às atitudes daqueles que participaram de verdade na política, cf. EZEQUIEL GALLO, "Un Quinquenio Difícil. Las Presidencias de Carlos Pellegrini y Luis Sáenz Pena (1890–93)", em FERRARI & GALLO (eds.), *La Argentina del Ochenta al Centenario*, *op. cit.*, pp. 215–244.

táveis de partidos coligados e ainda mais por insurreições armadas organizadas pela Unión Cívica Radical. A renúncia de Sáenz Pena por motivos de saúde, sua substituição pelo vice-presidente José Evaristo Uriburu (1894–1898), claramente um partidário de Roca, e a derrota das revoltas armadas possibilitaram uma nova consolidação do poder de Roca, que culminou com sua eleição para a presidência pela segunda vez (1898–1904). No entanto, em 1901, Carlos Pellegrini, na época um senador, rompeu com Roca em razão das negociações da dívida externa. Roca foi obrigado a formar uma nova coligação, que em 1904 elegeu para presidente Manuel Quintana (1904–1906), antigo simpatizante de Mitre, e para vice-presidente um membro do Partido Modernista, José Figueiroa Alcorta. Quando Quintana morreu em 1906, foi substituído por Figueiroa Alcorta (1906–1910), que, com o apoio dos dissidentes do partido oficial e de alguns elementos da oposição, destruiu a coligação política (especialmente no interior) que fora a base da predominância política de Roca por vinte e cinco anos.

Roca foi derrubado pelo próprio instrumento sobre o qual fundamentara sua predominância: o enorme poder do cargo presidencial. Esse poder derivava de duas fontes: um legado histórico fortemente personalista e uma constituição nacional que concedera poderes muito extensos ao Executivo nacional. Somou-se a tudo isso o medo do caos e da anarquia, herança de décadas difíceis antes de 1880. Roca descreveu com clareza a tremenda tensão existente entre estabilidade e ordem, de um lado, e liberdade política, de outro. Tinha consciência dos inúmeros defeitos que infestavam a democracia argentina, mas acreditava que eles estavam enraizados nos velhos hábitos do povo. A cura para os males políticos tinha, portanto, de ser lenta, gradual e baseada firmemente em instituições nacionais consolidadas e estáveis. Em 1903, numa de suas últimas falas presidenciais, indicou com clareza o quanto de progresso se alcançara e que outras medidas deveriam ser adotadas para coroar a realização da organização institucional do país:

> Em nossa breve e momentosa existência como nação percorremos [...] através de guerras civis, de tirania e desordem, uma enorme distância, e hoje podemos visualizar o futuro sem as incertezas e ansiedades dos primeiros tempos. [...] Sem dúvida, restam-nos [...] muitas conquistas a ganhar sobre nós mesmos, que temos a propensão a estabelecer ideais elevados e exigir do governo, dos partidos políticos e da prática constitucional a última palavra em sabedoria política, que pressupõe um certo grau de perfeição [...] que não foi alcançado nem mesmo por povos que têm uma história

secular. Mais do que sobre leis escritas, uma forma republicana de governo é fundamentada sobre hábitos e costumes públicos[22].

Roca não acreditava, portanto, que se pudesse alcançar às pressas uma democracia representativa perfeita. Já no fim de sua vida, voltou a enfatizar suas antigas obsessões e defendeu com firmeza os princípios que norteavam seu pensamento político:

para defender [...] duas coisas essenciais que sempre estão em perigo: o princípio da autoridade e da união nacional contra as forças, latentes mas sempre ameaçadoras, da rebelião, da anarquia e da dissolução. Isso porque não se deve abrigar ilusões quanto à solidez de nossa organização, ou da unidade nacional. [...] A anarquia não é uma planta que desaparece em meio século ou num século, em sociedades mal unidas como a nossa[23].

A Oposição

Entre 1880 e 1914, a oposição era constituída de diversos grupos e partidos. Alguns tiveram uma vida efêmera, como os grupos católicos na década de 1880, e outros estiveram confinados a uma província particular. Dos partidos que tinham sua base nas províncias apenas dois, o Partido Socialista na capital federal e a Liga Sul (que posteriormente mudou o nome para Partido Democrata Progressista) em Santa Fe, exerceram alguma influência no âmbito nacional. A oposição tradicional ao PAN era feita pelas forças derrotadas em 1880, especialmente os partidários do general Bartolomé Mitre. Esses grupos adotaram vários nomes (nacionalistas, liberais, cívicos, republicanos) e sobreviveram até o final do período. Em 1890 foi constituída a Unión Cívica, que logo se dividiu em duas facções: a Unión Cívica Nacional (UCN), chefiada por Mitre, e a Unión Cívica Radical (UCR), liderada por Leandro Alem. Embora tenha sofrido vários casos de dissensão interna, habitualmente devido às tentativas de alguns membros de formar coligações com o partido oficial ou com os adeptos de Mitre, logo a Unión Cívica Radical tornou-se o

22. H. MABRAGAÑA, *Los Mensajes*, vol. IV, pp. 66–67.

23. *Apud* J. DE VEDIA, *Como los Vi yo*, Buenos Aires, 1922, pp. 60 e segs.

principal partido de oposição. Após o suicídio de Alem em 1896, seu sobrinho Hipólito Yrigoyen transformou-se na principal figura da UCR e manteve essa posição até sua morte, em 1933.

A oposição não tinha mais militantes do que o partido do governo. Ao contrário, o PAN estava mais bem organizado e tinha uma clientela política mais suscetível à mobilização, especialmente nas zonas rurais. Somente em alguns períodos de agitação política é que a oposição conseguiu mobilizar seus partidários. Em todo o período de 1890–1894, com eleições relativamente honestas, o número de eleitores subiu significativamente e a oposição obteve vitórias parciais em locais mais desenvolvidos do país (a capital, a província de Buenos Aires e os distritos dos cereais de Santa Fe). Todavia, mesmo nesses distritos as principais forças políticas equiparavam-se e gozavam de um apoio social bastante homogêneo. Somente depois da aprovação da Lei Sáenz Peña, em 1912 (ver abaixo), iriam surgir diferenças entre a força eleitoral do partido oficial e a da oposição.

Também não havia diferenças importantes entre os líderes do partido oficial e os da oposição, como já vimos. Evidentemente, não havia quaisquer diferenças com a UCN, um velho e tradicional partido de Buenos Aires. A UCR fora formada inicialmente por membros proeminentes dos partidos tradicionais. É verdade, porém, que ela deu a algumas pessoas que, por uma razão ou por outra, haviam sido excluídas da vida pública, a possibilidade de retornar à política. Em 1912, esse quadro mudara um pouco, mas as diferenças de caráter continuavam pouco importantes. Algum tempo depois, Federico Pinedo, falando dessas diferenças, apontou:

> não se pode dizer que tenha havido alguma diferença acentuada entre um partido e outro, *especialmente até 1916*, porque os homens dos diversos partidos tinham a mesma concepção de vida coletiva e concepções semelhantes no que diz respeito à organização econômica, mas havia uma certa base social – de categoria, se não de classe – para o antagonismo político, e isso talvez se tenha acentuado[24].

A oposição, com algumas exceções, não apresentou programas muito diferentes dos do partido oficial e poucas foram as diferenças com relação a matérias econômicas e sociais. De fato, com exceção do Partido Socialista no

24. FEDERICO PINEDO, *En Tiempo de la República*, Buenos Aires, 1946, vol. I, p. 25.

campo do trabalho, as reformas propostas nesse período vieram todas das fileiras do PAN. Em certos setores (como política tarifária e monetária), também foi o partido oficial que apresentou as propostas mais heterodoxas. A oposição sempre procurou centrar o debate nos problemas políticos e constitucionais e desinteressou-se mais ou menos de qualquer outro tópico. A própria Unión Cívica Radical sabia que o nome do partido era talvez demasiado "extremado" tendo em vista a natureza modesta de algumas de suas reivindicações.

Os partidos de oposição exigiam eleições honestas, criticavam a concentração de poder e freqüentemente faziam duros ataques à administração, a quem consideravam excessivamente materialista e, às vezes, corrupta. Mas não apresentavam qualquer proposta específica nesse campo. As duas propostas de reforma eleitoral (as de 1904 e 1912) foram de autoria do partido oficial. Ao contrário, a oposição exigia que a constituição fosse aplicada ao pé da letra, e suas declarações tinham forte conteúdo moralista. Foi essa a impressão causada pelos protestos comoventes de Sarmiento em toda a década de 1880 (até sua morte em 1888) contra a "arrogância" do poder e a indiferença dos cidadãos ("essa é uma monarquia tolerada"[25]), e os ferozes discursos de Alem a partir de 1888 até sua morte em 1896, em que denunciou a concentração de poder e protestou contra a limitação da autonomia das províncias e dos direitos políticos. Impressão semelhante e até mais forte é provocada pelos escritos abstrusos de Hipólito Yrigoyen, com sua distinção precisa do mundo entre um mau "Regime" e uma boa "Causa" (a UCR). O mesmo se poderia dizer das exortações mais cautelosas e prudentes de Bartolomé Mitre, que exigia uma volta a práticas mais austeras de governo republicano. Mesmo o socialista moderado Juan B. Justo, fundador do partido em 1894 e seu líder até sua morte em 1928, seguiu uma linha parecida com suas referências irônicas àquilo que chamou de maneira escarninha "política *criolla*".

É claro que a oposição não foi totalmente isenta dos defeitos (fraude, influência dos chefes políticos etc.) que criticou no partido oficial. Tampouco o personalismo esteve ausente de seus quadros. Personalidades como Mitre, Alem, Yrigoyen e mesmo Justo desempenharam nos partidos de oposição um papel muito semelhante ao de Roca, Pellegrini ou Roque Sáenz Peña no partido do governo. O que a oposição contestava, basicamente, era um estilo de

25. *Epistolario Sarmiento-Posse*, Buenos Aires, 1946, vol. II, p. 419.

vida política orientado implacavelmente para a exclusão dos oposicionistas. É verdade que na época se pode encontrar também em outros países os vícios da política argentina. Todavia, mesmo onde isso aconteceu, como na Espanha, as forças de oposição conseguiram uma alternância de poder. Na Argentina isso não ocorreu, exceto nas poucas ocasiões em que, por força de divisões no seio da facção oficial, esta foi obrigada a formar coligações, embora instáveis e efêmeras, com elementos mais moderados da oposição.

Esse estilo de política afetou as formas de ação adotadas pela oposição. Houve um acentuado contraste entre a virulência de sua retórica e a moderação de suas propostas e de seu programa. A UCR ocasionalmente transformou a "Intransigência", sua obstinada recusa em participar de qualquer tipo de acordo ou coalizão política, num dogma religioso. Além do mais, a oposição recorreu algumas vezes à insurreição armada como único meio de chegar ao poder. Para isso, contou com o apoio de alguns setores das forças armadas que não se haviam esquecido dos antigos hábitos. O incidente mais sério foi a revolta da Unión Cívica em julho de 1890, que, como vimos, forçou a renúncia de Juárez Celman. Posteriormente, em 1892/1893, aconteceu uma série de revoltas nas províncias, no fim das quais os radicais chegaram ao poder por breve tempo em algumas administrações provinciais. Em 1905, os radicais, agora comandados por Yrigoyen, tentaram outra insurreição, mas, quando essa fracassou, passaram a concentrar-se mais em ampliar sua base política na classe média urbana e rural em expansão. Nesse meio tempo, a perspectiva revolucionária dos radicais e sua propensão quase mecânica a usar os levantes armados foram exploradas com grande habilidade pelos grupos do governo, para demonstrar que o futuro seria o caos e a anarquia se os radicais chegassem ao poder.

O FIM DO REGIME, 1912–1916

Em 1916, o principal partido de oposição, a Unión Cívica Radical, chegou ao poder depois de ganhar as eleições presidenciais daquele ano. Essa vitória dos radicais tornou-se possível graças à lei eleitoral proposta pelo presidente Roque Sáenz Peña (1910–1914) e aprovada pelo parlamento em 1912. Essa lei estabeleceu o sufrágio universal, secreto e obrigatório para os cidadãos do sexo masculino acima de 18 anos de idade. Além disso, o registro eleitoral e o controle das eleições foram entregues ao exército em lugar das forças de polícia das províncias, que tinham se mostrado demasiado suscetíveis às pressões exercidas pelo governador do momento. A chamada Lei Sáenz Peña foi uma conseqüência da luta dentro do PAN e da vitória final das forças contrárias a Roca que, desde 1861, vinham fazendo pressões em favor de uma mudança nas práticas eleitorais. Foi também uma reação dos conservadores à ameaça que as atividades conspiratórias dos radicais fazia à estabilidade e, em menor medida, uma reação ao crescimento do Partido Socialista e às greves comandadas pelos anarquistas. Nos debates parlamentares sobre a lei em 1911, o partido oficial estava confiante e seguro de sua vitória eleitoral em 1916, que legitimaria seu domínio. E de fato as eleições mostraram que o partido continuava uma força eleitoral importante. Contudo, foi o líder da UCR, Hipólito Yrigoyen, quem saiu eleito presidente. O que dera errado?

Em primeiro lugar, o partido oficial entrou na disputa eleitoral de 1916 totalmente enfraquecido e dividido por causa do confronto entre Roca e Pellegrini durante o segundo mandato de Roca (1898–1904) e devido à presidência de Figueiroa Alcorta (1906–1910) contrária à Roca. Os setores liberais apresentaram a candidatura de Lisandro de la Torre, o líder do Partido Democrata Progressista, um partido que originariamente fizera parte da oposição. Os fortes chefes provinciais conservadores, liderados pelo mais poderoso deles, Marcelino Ugarte, governador da província de Buenos Aires, foram contrários a essa candidatura. Em conseqüência, o partido oficial entrou na disputa eleitoral de 1916 dividido e com dois candidatos, o que diminuía enormemente suas chances de vitória. A coligação política que governara o país por 35 anos era constituída por forças provinciais extremamente heterogêneas, com acentuadas tendências centrífugas. Somente a presença de personalidades fortes, especialmente a de Roca, mantivera a unidade dessa coligação. Roca morreu em 1914, e em 1916 já não existiam também seus principais adversários nos partidos oficiais, Pellegrini (falecido em 1906) e Sáenz Peña (em agosto de 1914). O último foi substituído na presidência por Victoriano de la Plaza (1914–1916), um político experimentado mas que não tinha as qualidades necessárias para a tarefa árdua e complexa de unir o partido em 1916. Em segundo lugar, o início do ciclo eleitoral de 1912–1916 coincidiu com a primeira recessão econômica em quase vinte anos. Em terceiro lugar, a Lei Sáenz Peña provocou em todo o país uma mobilização política sem precedentes. O número de eleitores aumentou três ou quatro vezes nas eleições parlamentares de 1912, 1913 e 1914 e subiu ainda mais nas eleições presidenciais de 1916. Entre 1912 e 1914, a Unión Cívica Radical elegeu grande número de governadores e em duas ocasiões (1913 e 1914) o Partido Socialista ganhou na capital federal. O que a oposição não conseguira fazer num quarto de século, a lei realizara em poucos anos.

A UCR, unida em torno de um candidato forte, rapidamente tirou proveito da nova situação. Criou comitês do partido em todo o país, aos quais se associaram grupos de diferentes origens, que viram nessa força política alguma chance de sucesso. Nas grandes cidades e em alguns distritos ligados à produção de cereais, esses comitês foram organizados de acordo com diretrizes bastante modernas. No restante do país, sua organização foi uma réplica do sistema de chefes políticos e favores pessoais que haviam caracterizado o regime autonomista.

A UCR foi vitoriosa nos lugares mais prósperos do país. No litoral dos pampas, ganharam na capital federal, em Santa Fe, em Córdoba e em Entre Ríos. Nessa região, os votos dados ao partido concentraram-se nas cidades e nas zonas rurais envolvidas no cultivo de cereais. Nas zonas pecuaristas não conseguiram maioria, mas obtiveram importante votação. Nas cidades, seus votos vieram principalmente dos distritos de classe média, embora não se possa desprezar os sufrágios recebidos nos distritos da classe trabalhadora e, em menor grau, em algumas áreas residenciais da classe alta. No interior do país, ganharam nas províncias mais desenvolvidas (Mendoza e Tucumán) e, com exceção de Santiago del Estero, foram derrotados nas regiões que tiveram menor desenvolvimento a partir de 1888. O eleitorado da UCR concentrou-se, portanto, nos setores intermediários (urbano e rural) dos lugares mais adiantados do país, mas o partido recebeu apoio significativo em todas as regiões e em todas as classes sociais. Esses resultados foram um reflexo das qualificações que caracterizavam a liderança do partido: moderação, flexibilidade e aversão a definir com clareza sua ideologia ou programas políticos.

Os partidos oficiais receberam maior apoio eleitoral nas províncias do interior e nas zonas pecuaristas do litoral. Nessa última região, somente na província de Buenos Aires é que a tradicional organização eleitoral conservadora conseguiu competir com sucesso com os radicais. O caráter populista de alguns de seus caudilhos deu-lhe condições de vitória mesmo em algumas cidades importantes como Avellaneda. Uma das fraquezas políticas mais evidentes dos conservadores foi sua fraca campanha eleitoral nas áreas mais adiantadas do país, ou seja, a cidade de Buenos Aires e a província de Santa Fe. Paradoxalmente, os partidos oficiais sofreram suas piores derrotas naquelas regiões que foram mais beneficiadas com o desenvolvimento econômico iniciado em 1880.

Juntos, os partidos oficiais e a UCR obtiveram mais de 85 por cento dos votos. O Partido Socialista ocupou o terceiro lugar longe, pois sua votação restringiu-se, na prática, à cidade de Buenos Aires e a alguns distritos vizinhos e mesmo aí enfrentaram forte concorrência dos radicais. O caráter moderado do Partido Socialista deu-lhes condições de compensar parte de suas perdas de votos da classe trabalhadora com um apoio expressivo, embora minoritário, nos distritos de classe média. No restante do país, o partido conquistou votos em algumas cidades, especialmente nos principais centros ferroviários. Em algumas grandes cidades, como Rosario e Bahía Blanca, alguns trabalhadores votaram com a UCR, possivelmente por instigação dos líderes de sindicato de orientação sindicalista ou anarquista. O Partido Socialista obteve pouquíssimos votos nas zonas rurais, mesmo em Tucumán, importante centro industrial de açúcar.

Trinta e seis anos de governo do PAN produziram um sistema político e legal relativamente estável, fornecendo assim um dos pré-requisitos de um processo rápido e sustentado de crescimento econômico e social. No final, porém, foi a oposição radical e seu líder Hipólito Yrigoyen que se beneficiaram com as momentosas mudanças sofridas pela sociedade argentina a partir de 1880. Para os adeptos de Roca e de Pellegrini, tudo o que restou foi o consolo de ter presidido uma transição política ao mesmo tempo pacífica e honrosa.

À reforma eleitoral de 1912 seguiu-se um período de quase duas décadas em que pela primeira vez um governo constitucional e uma estabilidade política se combinaram com eleições livres e honestas. No entanto, apenas em parte os males políticos da Argentina resultaram de sua legislação eleitoral. Decorreram, antes, de hábitos e tradições institucionais duradouros que deixavam pouco espaço para a conciliação e o compartilhamento do poder político. Yrigoyen acreditava tão firmemente quanto Roca no poder da presidência e de um governo central forte. Usou com muito mais constância do que seus antecessores a poderosa arma política que teve à sua disposição (a intervenção federal). Assim, as duradouras tradições políticas de governo exclusivista e oposição sediciosa não foram rompidas e as sementes da futura instabilidade foram deixadas intactas. Em 1930, numa época de forte crise econômica e política, a oposição, como fizera em 1874, 1880, 1893 e 1903, preferiu associar-se a um golpe militar a continuar vivendo conforme as regras do jogo democrático. Nessa época, o golpe foi vitorioso, e não só a experiência democrática da Argentina mas também setenta anos de governo constitucional chegaram abruptamente a seu fim.

11

A ARGENTINA DE 1914 A 1930

OS PAMPAS, O INTERIOR, BUENOS AIRES EM 1914

Às vésperas da Primeira Guerra Mundial, a Argentina podia dizer que, desde 1880, havia desfrutado de quase 35 anos de notável crescimento econômico, com exceção de um qüinqüênio de depressão no início da década de 1890. O impulso para esse crescimento partira principalmente de fora: mão-de-obra imigrante, capital estrangeiro e mercados externos favoráveis para seus produtos de exportação. Em 1914, dos quase oito milhões de indivíduos que constituíam a população argentina, que, pelos dados do terceiro censo nacional, aumentara mais de quatro vezes, mais ou menos um terço tinham nascido no estrangeiro; um quarto pelo menos eram descendentes de imigrantes das duas gerações passadas. Segundo estimativas feitas mais tarde pela Comissão Econômica para a América Latina (Cepal), um órgão das Nações Unidas, os investimentos externos em 1914 (mais ou menos 60 por cento vieram da Inglaterra), públicos e privados, representavam a metade do estoque de capital do país, equivalente a dois anos e meio do valor do produto interno bruto. Desde 1900, os investimentos externos vinham aumentando a uma taxa anual de 11,41 por cento. Os investidores ingleses eram donos de cerca de 80 por cento do sistema ferroviário argentino, de grandes extensões de terra, da maioria das companhias de bondes e de serviços urbanos e de algumas de suas indústrias e instalações de embalagem de carne. Novas estimativas da Cepal afirmam que a taxa anual de crescimento do setor rural, que era de sete por cento entre 1895 e 1908, subiu para nove por cento entre 1908 e 1914. No grande compêndio que editou, em 1911, sobre as questões da República[1], o Lloyd's Bank of London assinalou que, embora o comércio exterior da Argentina e do Brasil até mais ou menos 1903 tenha sido exatamente igual em valor, em 1909 o da Argentina crescera 50 por cento em rela-

1. REGINALD LLOYD (ed.), *Twentieth Century Impression of Argentina*, London, 1911.

ção ao de seu grande rival no subcontinente. Às vésperas da guerra, o comércio exterior *per capita* da Argentina era quase seis vezes a média dos outros países da América Latina. Sua magnitude era superior ao do Canadá e já era um quarto do dos Estados Unidos. O país ocupava agora os primeiros lugares da lista dos grandes exportadores mundiais de cereais e de carne. Era o maior exportador de milho e de linhaça. Era o segundo na exportação de lã e o terceiro no comércio de gado e cavalo vivos. Embora fosse apenas o sexto produtor de trigo, continuava sendo o terceiro e em alguns anos o segundo maior exportador do produto. Apesar da competição pela terra entre a pecuária e agricultura, a expansão da produção de trigo após 1900 foi maior do que a do Canadá.

Salvo os entrepostos como a Holanda e a Bélgica, nenhum outro país do mundo importava mais mercadorias *per capita* do que a Argentina. Sua renda *per capita* era comparável à da Alemanha e dos Países Baixos e maior do que a da Espanha, da Itália, da Suécia e da Suíça. Buenos Aires, a capital federal, com seu 1,5 milhão de habitantes, era proclamada a "Paris da América do Sul". Graças a seu crescimento a uma taxa média de 6,5 por cento a partir de 1869, era agora a segunda cidade mais populosa da costa do Atlântico, depois de New York. Era de longe a maior cidade da América Latina, ultrapassando pela primeira vez Rio de Janeiro, Cidade do México, Santiago; as outras ficavam muito para trás.

A euforia dos anos que antecederam a guerra era contida freqüentemente por um sentimento de que a Argentina ainda tinha enorme caminho a percorrer. Entre os muitos europeus requintados que visitaram o país na época e discutiram avidamente suas realizações, havia um consenso geral de que a infância havia passado; mas a adolescência ainda não. A maturidade acenava com ingressos ainda maiores de capital e de mão-de-obra. A transferência de uma população nova para a República; a construção no país de um dos maiores sistemas ferroviários do mundo; o cercamento dos pampas e a cessão de 20 milhões de hectares de terra à agricultura; a dotação de Buenos Aires e de Rosario das mais adiantadas instalações portuárias; a introdução nessas e em outras cidades, de Bahía Blanca a Salta, de serviços de bondes, gás, água e eletricidade; todas essas realizações eram sem dúvida consideráveis. Apesar disso, o país ainda estava muito longe de cumprir o destino que o general Roca e seus sucessores tinham invocado continuamente desde 1880. Para essa geração a Argentina seria não apenas o líder da América Latina, mas também o contrapeso antipodal aos Estados Unidos. Sonhara com uma República de cem milhões de habitantes ou mais, imbuídos do mesmo ritmo de pulsação que seu núcleo oriental[2]. Não obstante, em 1914 uma população inferior a oito milhões habitava uma massa de terra igual a toda a Europa continental entre o Báltico, o Mediterrâneo e o estuário do Danúbio. E na maioria dos casos a mão da mudança era visível apenas na capital e nos pampas imediatos. Além do raio de 800 quilômetros, a maior parcela do interior continuava em estado de atraso moribundo.

As ambições da geração passada radicavam-se na continuação indefinida do presente. Mas, objetivamente, já havia muitos motivos para duvidar de sua realização algum dia. Já em 1913 uma nova depressão pusera fim à afluência de imigrantes e de capital externo. Eram os sinais de que as condições no mundo exterior estavam mudando. Sugeriam em parte também que a capacidade da Argentina de absorver os recursos vindos do exterior estava chegando a seu ponto de saturação. Já fazia algum tempo que a melhor terra do país fora entregue à produção. Grande parte das terras restantes iria proporcionar aos investidores e aos pioneiros retornos muito pequenos. Parecia agora que a probabilidade de o antigo interior imitar os pampas na exportação não era maior do que fora algum dia em sua história. O máximo que se podia esperar era que o crescimento dos pampas continuasse a ampliar o mercado interno e, desse modo, despertasse lentamente as regiões que ficavam além deles.

Em 1914, ainda não havia uma alternativa para a economia de exportação de produtos primários. Apesar do recente crescimento da indústria – em 1913 a indústria local fornecia um terço dos produtos alimentícios processados da Argentina, um oitavo de seus metais e um sexto de seus têxteis[3] – ainda não havia uma prova conclusiva de que o país tinha um futuro iminente como potência industrial plenamente desenvolvida. A indústria local dependia fortemente do crescimento da procura interna e das receitas do setor de exportação e da entrada de investimentos externos. Nessa altura, apesar da extensa adoção da energia a vapor, a maioria das indústrias não passavam de simples oficinas artesanais que empregavam pouco capital ou

2. Cf. Carlos Pellegrini em ALBERTO B MARTÍNEZ & MAURICE LEWANDOWSKI, *The Argentine in the Twentieth Century*, London, 1911, p. XV.
3. JORGE SCHVARZER, "Algunos Rasgos del Desarrollo Industrial de Buenos Aires", mimeo. CISEA, Buenos Aires, 1979.

poucas máquinas. Os gêneros alimentícios fabricados no local eram de alta qualidade e suas matérias-primas, abundantes e baratas. Já não havia razão para importar cerveja e vinho de mesa, ou farinha de trigo e massas italianas. Mas, novamente, essas indústrias eram muito mais uma excrescência dos setores rurais de exportação do que indicadores inteiramente convincentes de uma nova economia em formação. A indústria metalúrgica e a indústria têxtil eram muito menos sólidas. As usinas metalúrgicas locais usavam matérias-primas importadas e, portanto, dependiam extremamente de fretes interoceânicos baratos. A nova indústria têxtil de Buenos Aires também usava grande proporção de matéria-prima importada. A base mercantil da maior parte dela ainda era a "fação" feita por mulheres costureiras. Nessa altura, a indústria têxtil da Argentina era muito menos desenvolvida do que no Brasil. Em 1911, a Argentina tinha nove mil fusos e 1 200 teares contra uma estimativa de um milhão de fusos e 35 mil teares no Brasil.

Em 1914, a Argentina tinha poucos embriões de indústria pesada ou de indústria de bens de capital integradas. Suas reservas relativamente escassas de carvão e de minério de ferro encontravam-se em regiões distantes e portanto inacessíveis, a maioria delas no extremo sudoeste. Para começar a desenvolver essas regiões seria necessário um enorme desembolso de capital novo. E do exterior estaria vindo uma parte não muito grande dele, pelo menos não até que o Estado ou os investidores nacionais tomassem a iniciativa, como haviam feito com as estradas de ferro meio século antes. Com exceção do açúcar, dos vinhos e da farinha de trigo, recentes experiências modestas com proteção tarifária deram a entender que o país ainda não podia diminuir sua dependência das importações. A limitação dos mercados reduzia a liberdade de ação dos produtores industriais na adoção de tecnologia avançada e economias de escala. O mercado interno era rico mas ainda relativamente pequeno, enquanto os mercados externos eram dominados pelos gigantes industriais do mundo. Era difícil imaginar aqui as integrações entre a indústria e a agricultura que ocorreram nos Estados Unidos. Tampouco a sociedade argentina tinha muita coisa em comum com a Alemanha, com o Japão, ou com a Inglaterra do começo do século XIX. Os altos padrões de vida de sua nova classe média foram construídos em cima de um ingresso fácil e indolor de produtos importados do exterior. Não iriam tolerar facilmente produtos nacionais de custo elevado e necessariamente experimentais por algum tempo. A verdadeira questão aqui era saber se a Argentina tinha as reservas de mão-de-obra para sustentar algum grande aprofundamento e diversificação de seu setor industrial. Na região dos pampas, algumas condições, análogas talvez à clássica revolução agrária, estavam expulsando as pessoas da terra e das vilas. O recente crescimento da indústria era até certo ponto uma expressão desse fato. Contudo, essa fonte de mão-de-obra era limitada e não havia outra como ela nem em outros locais da Argentina nem nos países adjacentes. Assim, o crescimento da força de trabalho urbana dependia, em grande parte, do poder de atração do país para os emigrantes da Europa. No entanto, se a tentativa de industrializar provocasse a compressão dos salários reais, como fizera quase em toda a parte com exceção dos Estados Unidos, era muito mais provável que a Argentina se tornasse não um importador mas um exportador de mão-de-obra. Por último, parecia sumamente impossível remanejar a estrutura política para acomodar uma mudança dessa magnitude. Se as opiniões no caso estavam às vezes fortemente divididas no tocante à dose de participação formal que o sistema poderia admitir, quase todos os setores da população concordavam em suas preferências pelas presentes instituições liberais. A elas atribuía-se a recente transformação do país. Abandoná-las seria convidar a um retorno ao estéril início do século XIX.

Assim, em 1914, parecia bastante improvável que o futuro imediato da Argentina fosse muito diferente do seu passado imediato. Apesar disso, agora que já não era tão fácil expandir a fronteira aberta de terra, os ganhos com a exportação e, através deles, em grande parte a capacidade da economia de dar continuidade a sua prosperidade seriam determinados cada vez mais pelos preços internacionais e pelas condições da demanda de carne, de cereais e de lã dos países importadores da Europa Ocidental: já não era possível para a Argentina reagir à depressão apenas aumentando sua produção nas terras virgens, como fizera na década de 1870 e no começo dos anos 1890. Desse modo, parecia vislumbrar-se no horizonte um período de crescimento mais modesto do que antes.

Os Pampas

Em 1914, a Argentina era um país de surpreendentes contrastes regionais. Acompanhando a recente onda de crescimento, e tirando sua periferia mais seca (como partes de Córdoba e o território de La Pampa), ou as áreas menos acessíveis (como Entre Ríos), a região dos pampas (a província de Buenos

Aires, o sul de Santa Fe, o leste de Córdoba, Entre Ríos e o território de La Pampa) estava, na época, muito mais adiantada do que o resto do país. Uma densa rede de estradas de ferro cortava toda a região. Suas propriedades rurais estavam claramente demarcadas por cercas de arame farpado; sua paisagem era pontilhada de vilarejos, cata-ventos, casas de fazenda espalhadas e cochos d'água. Segundo o economista e estatístico Alejandro E. Bunge, que escreveu logo após a Primeira Guerra Mundial, mais de 90 por cento dos automóveis e telefones que a Argentina possuía encontravam-se nessa parte do país, incluindo a cidade de Buenos Aires. Estavam aqui também não menos de 42 por cento das estradas de ferro de toda a América Latina. Os pampas argentinos eram a fonte de metade do comércio exterior do subcontinente, e na mesma região eram gastos cerca de três quartos das despesas com educação de toda a América Latina[4].

Nas duas gerações passadas, grande quantidade de municípios haviam brotado em toda a região dos pampas, a maioria deles ao longo das vias férreas. Alguns foram, originariamente, aldeias diminutas, ou simples *pulperías*, da época de Rosas ou de Mitre. Outros, além da antiga fronteira, resultaram de projetos de colonização das companhias de terra ou das estradas de ferro. Eram, em sua maioria, terminais ferroviários ou mercados locais. Eram centros igualmente de pequenas operações de crédito ou bancárias, ou de pequenos negócios e oficinas de artesãos, de forma que muitos deles pareciam miniaturas de Buenos Aires cercadas de terra. O crescimento de muitos deles acompanhara o índice de aumento do conjunto da população, no mínimo dobrando de tamanho desde 1890. Todos tinham em seu meio grandes congregações de imigrantes. Muitos davam a aparência de ser prósperos centros cívicos. Se muitos deles não tiveram recurso para construir estradas pavimentadas ou modernos esgotos e usinas de energia, no entanto fundaram seus próprios jornais, escolas, hospitais e bibliotecas. Em 1914, a maioria das pequenas cidades dos pampas eram de origem recente e por ora nenhuma era visivelmente grande. Azul, com uma população de 40 mil em 1914, era o quarto maior município da província de Buenos Aires, depois de Avellaneda (um subúrbio industrial da capital federal), de La Plata (a capital da província) e de Bahía Blanca (o importante porto ao sul dos pampas). Nessa provín-

4. ALEJANDRO E. BUNGE, *La Economía Argentina*, Buenos Aires, 1928–1930, 4 vols.; ver principalmente vol. I, pp. 104–123.

cia, uma região do tamanho da França e relativamente dotada de recursos, por enquanto apenas dez municípios tinham mais de 12 mil habitantes. Seus outros 50 ou mais centros urbanos dignos de nota eram pouco mais do que aldeias e, apesar de suas ligações ferroviárias com o estuário do Prata, subsistiam quais oásis espalhados e isolados entre as fazendas e as *estancias*.

Nestes e em outros aspectos, toda a região dos pampas assemelhava-se a uma sociedade de fronteira num primeiro estágio paralelo de desenvolvimento. Notavam-se, porém, algumas diferenças, que ameaçavam minar a capacidade das cidades de continuar evoluindo de centros rudimentares que eram para as grandes cidades que seus primeiros habitantes pioneiros esperavam que se tornariam um dia, pelo menos algumas delas. Períodos sucessivos de desenvolvimento não conseguiram induzir uma grande população permanente e proprietária a viver fora das cidades na própria zona rural. Em muitas regiões, a plebe rural não passava de uma quantidade muito pequena de colonos agrícolas, peões de gado ou pastores e trabalhadores sazonais. Onde os rebanhos de gado predominaram, não havia mais de uma ou duas pessoas por quilômetro quadrado. Na região de cultura do trigo havia em média três ou quatro. As regiões dos pampas com maior densidade populacional foram aquelas associadas geralmente ao cultivo do milho, onde se registraram até quinze pessoas por quilômetro quadrado. A partir de 1900, as máquinas agrícolas passaram a ser adotadas nos pampas em escala bem extensa, e em 1914 chegaram a constituir quase um quarto do estoque de capital no setor rural. Não obstante, a agricultura continuou fortemente dependente da mão-de-obra braçal. Nos períodos de colheita, a população total dos pampas era acrescida de cerca de 300 mil pessoas. Em regiões como Santa Fe ou Córdoba, relativamente próximas de centros populosos do interior, freqüentemente eram os migrantes sazonais de Santiago del Estero, de Catamarca ou de San Juan que vinham fazer a colheita. No entanto, muitos daqueles que se dirigiram para a província de Buenos Aires antes da Primeira Guerra Mundial, e antes da mecanização em grande escala da agricultura na década de 1920, foram europeus que imigraram por curto período e geralmente retornavam à sua terra após a colheita. Esses "andorinhas" (*golondrinas*) foram uma nova encarnação do desenraizamento que caracterizara a sociedade dos pampas desde os primórdios da colonização espanhola; neles renascera uma qualidade exemplificada pelos antigos *gauchos*. Numa proporção que pareceu anômala nessa rica sociedade agrária, muitas fazendas e cidades abrigaram uma população flutuante, semi-empregada. Essas condições anunciaram maus pressságios para as novas cidades dos pampas. Uma classe média rural mais densa, mais rica e mais enraizada, em contraposição a esses proletários transientes, teria favorecido o surgimento de um mercado mais amplo para os serviços urbanos locais, concedendo-lhes maiores oportunidades de crescimento e diversificação.

Em essência, essa foi uma exposição sobre o sistema de propriedade da terra e sobre a sobrevivência das grandes fazendas até dentro do século XX. Na Argentina, as fazendas haviam surgido após a Independência em ondas sucessivas, acompanhando a abertura da fronteira contra os índios e a distribuição da terra pelo Estado. Após 1850, a criação de carneiros, a depressão econômica e mais tarde a agricultura haviam ajudado a reduzir o tamanho de muitas delas. Não obstante, a partir de mais ou menos 1860 essa tendência fora amenizada e muitas vezes negada pela enorme valorização da terra. Cada período sucessivo de prosperidade fez da propriedade da terra, em proporções tão grandes quanto possível, uma garantia de segurança pessoal e mais recentemente de grande riqueza. Ainda assim, a mesma inflação, combinada com um sistema pouco desenvolvido e freqüentemente injusto de crédito através da hipoteca da terra, como as *cédulas* de papel do final da década de 1880, que normalmente permitia a compra de mais terra somente por aqueles que já possuíam alguma, diminuíra recorrentemente a gama de compradores em potencial. Suas principais baixas foram muitos agricultores imigrantes com recursos de capital modestos ou magros. Em 1914, a grande maioria dos donos de empresas industriais eram estrangeiros; com relação aos proprietários rurais, apenas um terço deles não haviam nascido na Argentina.

Em todo o século XIX, boa parte da opinião pública argentina mostrava-se hostil às grandes propriedades. Defendia sua abolição e a adoção de políticas que favorecessem a criação de pequenas fazendas como as existentes nos Estados Unidos. Belgrano, Rivadavia, Alberdi, Sarmiento e Avellaneda, todos foram representantes dessa tradição, cada um à sua maneira. Prognosticaram a organização pelo Estado de grandes programas de colonização e a concessão de títulos de propriedade a agricultores imigrantes, mas não tiveram poder nem apoio para cumprir esse objetivo. Esse não era um país onde o ideal de Lincoln de recompensar o despossuído com "quarenta acres e uma mula" poderia algum dia ter a chance realista de ser realizado. Tampouco era parecido com o Canadá, a Austrália, ou a Nova Zelândia, onde a presença de um Estado colonial longe do controle dos interesses adquiridos locais emprestara peso e autoridade às pretensões do pequeno fazendeiro. Desde

1810 a Argentina vinha sendo dominada por uma *mélange* variável de fazendeiros, comerciantes e bandos de financistas e especuladores, todos *criollos*. Do início da década de 1820 à década de 1880, haviam posto em prática políticas agrárias que ao mesmo tempo favoreceram a concentração e lhes proporcionaram os maiores benefícios produzidos pela abertura da fronteira. Na geração imediatamente anterior a 1914, essa manipulação monopolista foi menos freqüente do que antes. No intervalo, porém, o jogo das forças de mercado não conseguira expulsar totalmente o íncubo do passado. Conforme os dados do censo de 1914, elaborado por Carlos Díaz Alejandro, as fazendas menores dos pampas (isto é, entre 500 e mil hectares) constituíam apenas 23,5 por cento da área total de terras. As fazendas de mil hectares ou mais representavam 61 por cento. As 584 maiores propriedades dos pampas ocupavam quase um quinto da área total[5]. A propriedade da terra estava menos concentrada nos pampas do que na maioria das outras partes do país, porém muito mais do que nas regiões de fronteira de todos os países. O tamanho médio das propriedades na Argentina era de 350 hectares. Em New South Wales (Austrália) era de 70 hectares, nos Estados Unidos de 50 (e, por comparação, de apenas 25 na Inglaterra e em Gales).

Em muitas partes da América colonizada pelos ingleses e na Australásia, o gado e os carneiros acabaram cedendo grande parte da terra à agricultura de pequena escala, acarretando grandes mudanças na propriedade da terra e um assentamento muito mais denso. Ainda em 1900, alguns, acreditando que aqui também a agricultura temperada acabaria realizando sua propensão a construir uma sociedade firme e baseada na família, constituída por pequenos fazendeiros independentes, continuavam a esperar que a Argentina seguisse um caminho semelhante. Existem provas dispersas de que isso ocorrera na década de 1890. Mas, em 1900, começaram a aparecer os estabelecimentos de embalagem de carne, primeiro ingleses e depois norte-americanos. As classes agrárias, estimuladas pela procura de carne bovina e ajudadas pelas políticas de crédito dos bancos de Buenos Aires, voltaram a dedicar-se à pecuária, investindo fortemente em matrizes importadas. As vendas de terra, que antes foram causa de subdivisão, cessaram. O gado estimulou o uso mais extensivo da terra e deu novo impulso às propriedades maiores. Foi também

5. CARLOS F. DÍAZ ALEJANDRO, *Essays on the Economic History of the Argentine Republic*, New Haven, 1970, pp. 152–162.

uma oportunidade para empregar menos mão-de-obra numa época em que os custos de salário no campo mostravam uma tendência de alta. No início da década de 1890, o alto ágio do ouro criara uma enorme disparidade entre os salários pagos em pesos depreciados e os ganhos com as exportações, pagas em ouro. Na época, o principal efeito disso foi dar impulso à agricultura. Mas, a partir de então, o peso fora valorizado, provocando um aumento do preço relativo da mão-de-obra agrícola. Ainda assim, a revitalização da pecuária não teve um impacto imediato sobre a produção no setor agrícola, que manteve seu crescimento. Primeiro, tomou a terra dos carneiros. A criação ovina foi empurrada dos pampas para a Patagônia, provocando a queda dos rebanhos de carneiros da província de Buenos Aires de cerca de 56 milhões de cabeças em 1895 para apenas 18 milhões em 1915. Todavia, nas grandes propriedades havia agora uma justaposição e um entrelaçamento muito mais fortes entre o pastoreio e a agricultura. A ampla adoção de práticas de rotação, em que os cereais e a linhaça se alternavam com alfafa e gado, foi um sinal de que a agricultura perdera o papel de destaque anterior na economia rural e passara a subordinar-se à pecuária.

A agricultura dos pampas, em sua maior parte, era praticada sob o sistema de arrendamento ou parceria. Em 1916, apenas 31 por cento das lavouras de cereais eram cultivadas por seus próprios donos. Em muitos casos, os próprios agricultores – muitos deles italianos – foram cúmplices voluntários nesse arranjo, pois ele os desobrigava dos onerosos custos de investimento no desenvolvimento de suas propriedades. Também a condição de arrendatário ou meeiro não constituía necessariamente um obstáculo à prosperidade. Mas, de modo geral, as instituições de arrendamento, junto com as inclemências recorrentes da natureza – secas, inundações ou pragas de gafanhotos – impediam que a agricultura se tornasse algum dia um passaporte direto para a prosperidade. Anos de preços excepcionalmente favoráveis eram seguidos de perto por aumentos nos aluguéis da terra ou nos preços dos fretes. As mudanças do sistema bancário em 1890, em conseqüência da crise Baring, pouco contribuíram para facilitar aos agricultores o crédito necessário para a compra de terra ou para o financiamento da produção. Muitos tornaram-se devedores crônicos dos proprietários da terra, dos donos de armazém da zona rural, ou das grandes casas exportadoras de cereais de Buenos Aires, como Bunge y Born, Weil Brothers e Dreyfus and Co. Além disso, eram esses grandes oligopsônios que detinham o poder de decisão na hora de ajustar os preços pagos aos produtores. Até a greve rural de 1912, o Grito de Alcorta, muitos arrendatários não dispunham nem mesmo da proteção de um contrato escrito e dependiam fortemente da boa vontade paternalista dos proprietários rurais. A adoção da rotação de culturas deixou os arrendatários pouco dispostos a fazer os mínimos melhoramentos que fossem nas propriedades que trabalhavam. Um dos resultados disso foi que os chalés e casas de fazenda de madeira desbastada, relativamente comuns antes de 1900, cederam lugar, depois da adoção da rotação de culturas, a moradas de qualidade muito pior, muitas vezes simples choupanas temporárias. Foram esses os resultados de "*sembrar con gringos*" (semear a terra com *gringos*).

O produto final disso tudo foi uma sociedade rural *sui generis*. Além do encolhimento das tradicionais *estancias* de gado, poucos de seus membros assemelhavam-se ao arquétipo do camponês abatido e preso à fazenda que se encontrava no resto da América Latina e que padecia sob o peso de obrigações senhoriais antiquadas. Muitos foram verdadeiros pioneiros com a mesma mentalidade aquisitiva e enérgica que tiveram seus pares em outros países. Todavia, em meio a tudo isso estava o legado deixado pelo século XIX, visível na sobrevivência de muitas grandes propriedades, numa distribuição muitas vezes desigual de riqueza e de renda e numa população flutuante de tamanho relativo. Na maior parte dos pampas, a fazenda de família predominou muito menos do que nas comunidades de fronteira de língua inglesa de outros países. Nas duas gerações passadas, os pampas tinham sido deixados abertos à força total do capitalismo. Muitas fazendas e *estancias* operavam como empresas altamente eficientes. Por outro lado, o sistema de propriedade da terra, sobretudo do modo como estava sendo desenvolvido agora com o gado na linha de frente, impôs limites à sua capacidade de absorver e manter a população.

O Interior

Se para alguns a vida nos pampas teve suas deficiências, as oportunidades que ofereceu foram, habitualmente, muito maiores do que no resto do país fora de Buenos Aires. Uma exceção foi o vale facilmente irrigado do Rio Negro. Após sua colonização por companhias de terra nacionais e estrangeiras, entre elas uma subsidiária da Buenos Aires Great Southern Railway, essa região começou a desenvolver o cultivo de frutas, explorado com grandes lucros pela classe média, que vendia seus produtos na cidade de Buenos Aires.

Parecia uma promessa do que iria acontecer no território de Chubut: em 1907, ao cavar um poço artesiano para suprimento de água, ricas jazidas de petróleo foram descobertas na área conhecida a partir dessa data pelo nome de Comodoro Rivadavia. Novas descobertas seguiram-se em Neuquén, a sudoeste do rio Negro, num lugar chamado Plaza Huincul. Todavia, adiante desses encraves e das intrépidas comunidades agrícolas dos galeses do Chubut, no rumo sul, a vasta região da Patagônia continuava subdesenvolvida. Por enquanto evoluíra pouco em relação ao paraíso dos naturalistas encontrado por Charles Darwin, cerca de oitenta anos antes, na viagem do *Beagle*. O grande e árido platô varrido pelos ventos nada mais continha que grandes fazendas de carneiros, muitas delas do tamanho de principados europeus. Em parte, essas gigantescas concentrações de terra revelavam que, em média, as pastagens da Patagônia não poderiam criar mais que um décimo dos carneiros criados na província de Buenos Aires. Isso se devia também à maneira como o governo nacional esbanjara as terras conquistadas pelo general Roca na campanha de 1879. Em 1885, não menos de 4,5 milhões de hectares foram distribuídos entre 541 oficiais e soldados da expedição de conquista. A chegada dos carneiros logo depois introduziu na região apenas as mais simples sensações de atividade; depois de 1900, o comércio argentino de lã começou a estagnar à medida que perdia sua posição anterior de principal item das exportações. Em 1914, a Patagônia, cerca de um terço da área territorial do país, tinha apenas 80 mil habitantes, ou um por cento do total do país, grande parte deles vivendo na região do rio Negro. O número dos colonos nascidos no país era relativamente pequeno. Eram, em sua maioria, simples pastores, expulsos da província de Buenos Aires junto com seus rebanhos após a revitalização da pecuária, ou pessoal do exército e da marinha em guarnições ao longo da costa do Atlântico e um punhado desordenado de funcionários públicos. Muitos fazendeiros da Patagônia eram ingleses, do mesmo modo que muitos agricultores do vale do rio Negro. A região era marcada também por forte influência chilena. O apetite de terra do outro lado da *cordillera* obrigara grande número de camponeses a retomar os caminhos dos guerreiros araucanos e a voltar a estabelecer-se na Patagônia argentina. Na Bolívia e no Peru, trinta anos antes, uma emigração semelhante de chilenos provocara uma guerra e a anexação de território peruano e boliviano por parte do Chile. Por isso, as autoridades argentinas olhavam os chilenos com certa suspeita. De tempos em tempos, a Patagônia, especialmente a região do estreito de Magalhães, era teatro de disputas de fronteira entre os dois países.

Na outra extremidade do país, o Nordeste era uma região de maior variedade topográfica e econômica do que a Patagônia, porém muito menos desenvolvida. Com a morte de seu grande caudilho Justo José de Urquiza e a repressão da rebelião de López Jordán na década de 1870 chegara ao fim a grande era da província de Entre Ríos. Agora Entre Ríos estava ligada aos portos do rio Paraná por estradas de ferro. No entanto, com exceção de algumas colônias agrícolas, razoavelmente pequenas, formadas freqüentemente por judeus, a região continuava sendo uma periferia de gado, que criava rebanhos de gado crioulo não-melhorado para produzir couro ou charque. A maior parte da província de Corrientes, um pouco mais ao norte, apresentava um aspecto semelhante, embora aqui se pudesse observar alguma atividade agrícola dos camponeses guaranis, muito semelhante à encontrada no Paraguai do outro lado da fronteira. Em 1914, mesmo que o comércio de fumo com Buenos Aires continuasse desprezível, cerca de dez mil hectares das terras de Corrientes estavam plantados com essa cultura, a maior parte nas mãos de pequenos proprietários. Havia sinais mais acentuados de progresso no território de Misiones, que permanecera quase vazio por mais de cem anos após a expulsão dos jesuítas em 1767. Como o vale do rio Negro, Misiones começara a atrair capital e mão-de-obra no final do século XIX e início do século XX. Muitos colonos europeus, principalmente alemães e poloneses, estavam se mudando para a região, cultivando suas lavouras em derrubadas nas florestas, do mesmo modo que outros iguais a eles faziam no Brasil, do outro lado da fronteira. Analogamente, a região oriental do Chaco, sobretudo em volta da cidade de Resistencia, estava se tornando um pequeno centro produtor de algodão.

Nesse período, a principal cultura comercial do Nordeste era a erva-mate, embora as fontes domésticas suprissem apenas um quinto do consumo nacional total. O contraste entre a agricultura nos pampas e as condições nas plantações de erva-mate não podia ter sido mais extraordinário. Parecia que, nesse canto isolado da República, se tivesse retrocedido imediatamente ao século XVIII. A produção de erva-mate na Argentina, enfrentando a forte concorrência dos fornecedores paraguaios e brasileiros, surgira em sua maior parte nos anos recentes, sobretudo em Misiones, em locais adjacentes de Corrientes e nas franjas orientais do Chaco. Do outro lado da fronteira os produtores praticavam o trabalho semiforçado. Assim, os argentinos, tanto os pequenos quanto os grandes produtores, foram obrigados a copiar as mesmas práticas. Os índices salariais mensais pagos aos trabalhadores sazonais, os chamados *mensús*, eram freqüentemente inferiores a um terço dos salários que recebiam os trabalhadores não-especializados empregados o ano inteiro em Buenos Aires. A sorte mais comum dessa pequena força de trabalho permanente era ficar virtualmente presa nas lavouras. Muitas vezes eram mantidos sob tutela por capatazes e sufocados por dívidas aos armazéns da companhia, sob condições físicas que para a maioria dos observadores não eram diferentes da escravidão.

Outra indústria do Nordeste, praticada nos confins setentrionais de Santiago del Estero, em Santa Fe, em partes de Corrientes e no Chaco, era a extração do quebracho, uma madeira de lei. Durante todo esse período as matas de quebracho foram dizimadas com um vigor incansável, em sua maior parte por consórcios ingleses. Algumas tentativas de substituir a cobertura florestal foram apenas simuladas. Vastas extensões de terras viraram desertos desolados, cobertos de pó ou de arbustos. A madeira das florestas do Noroeste foi usada, em grande parte, como dormentes nas estradas de ferro e a do Leste, em virtude de seu teor de tanino, foi embarcada a granel para a Europa para ser usada no tratamento do couro. Durante a Primeira Guerra Mundial, o quebracho foi usado também, em toda a parte, como substituto do carvão nas ferrovias. Nessa época, a indústria adquiriu uma certa má fama por conta das suas práticas de trabalho. No entanto, em tempos normais um sistema de salários era suficiente para atrair os guaranis de Corrientes, alguns índios do Chaco, ou trabalhadores de Santiago del Estero, que muitas vezes se alternavam entre a indústria do quebracho e a colheita de trigo em Santa Fe ou em Córdoba.

Com exceção das planícies mesopotâmicas de Corrientes e Entre Ríos, a região mais parecida com elas em caráter ficava a oeste de Buenos Aires, em Cuyo, especialmente a província de Mendoza. Na geração passada, Cuyo tornara-se uma região florescente, onde tanto a produção quanto a população estavam aumentando a uma taxa muito maior do que no restante do interior. O núcleo central da economia de Cuyo era a viticultura. Os vinhos locais, com a proteção tarifária que receberam na década de 1880, conquistaram sólida posição no mercado de Buenos Aires. Entre 1895 e 1910, a área dedicada aos vinhedos em todo o Cuyo aumentou cinco vezes, chegando ao total de 120 mil hectares. Em 1914, a produção vinícola anual estava se aproximando de quatro milhões de litros, superando a do Chile e alcançando o dobro da da Califórnia. Os vinhedos estavam se espalhando rapidamente para além de Mendoza até San Juan e os pequenos bolsões de Catamarca e La Rioja. A indústria vinícola desse período fora criada em grande parte pelos imigrantes, franceses e italianos, que tinham o capital e a capacidade de organizá-la segundo diretrizes eficientes; Mendoza era praticamente a única região fora dos pampas que continuava a atrair grande número de europeus. No entanto, aqui, a disseminação da viticultura provocou uma subdivisão da terra maior do que a que ocorrera nos pampas. Grande parte das antigas *haciendas* de gado envolvidas no comércio com o Chile do outro lado dos Andes foram substituídas pelas pequenas propriedades. A prosperidade adquirida na terra refletia-se numa aparência de bem-estar e na expansão de Mendoza. Em 1914, a cidade tinha 59 mil habitantes. Isso representava quatro vezes a população das capitais provinciais do interior de tamanho médio, como Santiago del Estero ou Salta, e dez vezes a das mais pobres, La Rioja e Catamarca. Tanto Mendoza quanto San Juan estavam se tornando províncias de grande vitalidade política. Por trás desse desenvolvimento estiveram as mudanças na propriedade da terra que acompanharam a transição da pecuária para os vinhedos, as invasões de terra por grupos rivais de especuladores, as lutas intensas por direitos de água e as discussões sobre as condições do crédito, quando os bancos de Buenos Aires estrangularam financeiramente a indústria. Houve um grau razoavelmente elevado de concentração na indústria vinícola, embora o modelo de propriedade da terra em Mendoza tenha favorecido os pequenos proprietários. A discussão em torno dos preços pagos aos cultivadores pelas *bodegas* que processavam as uvas tornou-se outra fonte de conflito endêmico. Em 1914, essas duas províncias haviam se transformado em centros de um populismo local florescente, com conotações de hostilidade neofederalista com relação a Buenos Aires.

O segundo centro de crescimento do antigo interior foi Tucumán. Aproveitando as oportunidades proporcionadas por seu clima naturalmente úmido, pela chegada das estradas de ferro em 1876 e pelos generosos privilégios tarifários concedidos pelo governo nacional, Tucumán lançara-se com toda a energia na produção de açúcar. Nos primeiros anos do século XX, ainda se podiam encontrar aqui algumas atividades tradicionais, como curtume, mas foram sobrepujadas extensamente pelas plantações de cana, que ocuparam quatro quintos da área de terra cultivada da província. A época mais importante no desenvolvimento do açúcar em Tucumán foi o intervalo entre 1890 e 1895. Nesse período, os benefícios iniciais da proteção tarifária aumentaram enormemente graças ao efeito desestimulador do alto ágio do ouro sobre as importações. Nessa época, a produção aumentou dez vezes.

Esse crescimento foi acompanhado de uma superprodução em 1896 e de cinco anos de crise, quando muitos engenhos pequenos foram obrigados a entrar em liquidação. Entre 1900 e 1914, a produção voltou a triplicar, enquanto o açúcar importado atendia uma proporção cada vez menor do consumo total. Entre 1897 e 1903, subvenções do governo possibilitaram a exportação de pequenas quantidades de açúcar de Tucumán, mas essa breve fase terminou abruptamente com os acordos feitos na Europa no sentido de não se comprar açúcar subsidiado nessas condições. A cana-de-açúcar em Tucumán avançou mais ou menos ao mesmo ritmo que as vinhas em Mendoza, e em 1914 ocupava uma área de terra relativamente grande. Depois, na década de 1920, os campos de cana caminharam na direção norte, mudando-se para Salta e Jujuy. Antes dessa dispersão rumo ao norte, as variações climáticas de Tucumán freqüentemente haviam acarretado grandes oscilações na produção anual. Os distribuidores internos de açúcar adotaram a prática de manipular as ofertas a fim de aumentar seus lucros, enquanto ao mesmo tempo diminuíam ao mínimo a compra do artigo importado. Foi essa uma das várias razões pelas quais a indústria do açúcar adquiriu má fama entre os consumidores de Buenos Aires.

A exemplo de muitas atividades agrícolas semitropicais semelhantes na América Latina, a indústria do açúcar foi uma mistura diversa de elementos modernos, altamente capitalistas, e de outros que evocavam um passado pré-capitalista. Com exceção do quebracho, das frutas e da criação de carneiros, e dos vinhos mas de maneira diferente, o açúcar foi a única atividade de alguma importância fora dos pampas que atraiu capital externo. Muitos dos engenhos de açúcar eram sociedades anônimas com acionistas estrangeiros e empregavam máquinas importadas, principalmente da Inglaterra. A produção de cana em Tucumán esteve nas mãos principalmente dos pequenos proprietários. Todavia, eram *minifundistas mestizos*, muito diferentes dos plantadores de uva de Mendoza. Oitenta por cento dos agricultores de Tucumán trabalhavam sete ou oito hectares de terra, e os outros vinte por cento, muitas vezes áreas menores. Durante todo esse tempo, os engenhos foram mantidos sob o controle de uma oligarquia aparentemente impenetrável, capaz de ditar preços tanto aos produtores quanto aos consumidores e supostamente donos de extraordinária riqueza graças à sua condição protegida no mercado nacional.

As relações de trabalho na indústria de açúcar de Tucumán apresentaram características semelhantes àquelas que prevaleceram na região de erva-mate, no Nordeste. Nas décadas de 1880 e de 1890, várias tentativas foram feitas para criar uma força de trabalho composta de imigrantes europeus. Mas as terríveis histórias das condições de trabalho em Tucumán chegaram até Buenos Aires e essa fonte de mão-de-obra depressa evaporou. Os imigrantes foram então substituídos por índios primitivos, apanhados nas incursões dos contratantes de mão-de-obra no Chaco, e por camponeses mestiços de Catamarca, La Rioja e Santiago del Estero, mais ao sul. Freqüentemente eram seduzidos a contrair dívidas e então arrebanhados e levados por trem e por carroça para Tucumán. Enquanto durasse a colheita, essas pessoas ingênuas e sem recursos ficavam acampadas na terra, muitas vezes sob as condições mais extremas e deploráveis.

Muitas pessoas de Buenos Aires e do exterior viram na indústria do açúcar o próprio símbolo da infâmia capitalista do sistema de *plantation*. Até mesmo o Lloyd's Bank, que procurou fazer os mais felizes comentários sobre os negócios da República, chamou essa indústria de "uma mancha grande e feia" sobre o país.

> Enquanto os ricos fazendeiros e os grandes empregadores, os últimos em sua maioria de nacionalidade ultramarina, estão colhendo frutos cada vez mais opimos, permite-se que aqueles que executam penosamente o verdadeiro trabalho que produz esses frutos passem suas vidas em condições que não se ajustam aos mínimos padrões de existência. O país que permite condições servis em grande escala entre a maioria de seu povo deve sofrer inevitavelmente da falta dessa virilidade necessária para seu contínuo progresso ao longo de uma trajetória ascendente[6].

Em comparação com Mendoza ou com Tucumán, o resto do interior enlanguescia em estagnação e atraso. As estradas de ferro construídas e operadas pelo governo nacional, que agora ligavam todas as capitais de província a Buenos Aires, não induziram as mudanças que aconteceram em outros lugares. Além desse raio imediato servido pelas ferrovias, as mercadorias continuavam a ser transportadas em carros de boi ou em mulas. Em 1914, ainda estava por realizar o sonho antigo de que partes dessa região próxima à *cordillera* iriam transformar-se em centros de mineração. Muitas áreas permaneciam quase intocadas desde a época do Vice-reino do Río de la Plata, no final do século XVIII. As tradicionais *haciendas* continuavam a predominar, coexis-

6. LLOYD, *Twentieth Century Impressions, op. cit*, p. 346.

tindo às vezes com minifúndios, os dois juntos reproduzindo as clássicas polaridades sociais da América andina. As comunidades de camponeses permaneciam sujeitas a corvéias senhoriais. As indústrias camponesas eram vítimas da incessante concorrência dos produtos importados e de seu próprio atraso tecnológico. Com exceção dos punhados de pequenos comerciantes, muitos deles originários do Levante, a região tinha pouca população nova. Suas cidades ainda eram pequenas e o aspecto deprimido e derruído delas refletia a pobreza de suas cercanias. Aqui as administrações provinciais e a educação exigiam subsídios quase constantes de Buenos Aires. Em meio a tudo isso havia explosões periódicas de agitação política. Eram comuns os golpes locais entre facções hostis de proprietários rurais, cada uma lutando para monopolizar os miseráveis orçamentos provinciais. Apesar disso, em outros aspectos a política mudara nas duas gerações passadas. A violenta revolta contra Buenos Aires, tão freqüente antes de 1870 entre os antigos federalistas, fora agora totalmente reprimida. Junto com esta tinham também desaparecido as insurreições de camponeses ou de *gauchos* desde o tempo de "El Chacho" Peñaloza, ou Felipe Varela. Agora aparecia pouco conflito político arraigado em antagonismos regionais ou sociais. Grande parte da sociedade parecia estar sendo arrastada para um equilíbrio paroquial, contente e ignorante.

A maioria da população do interior sofria de pneumonia brônquica, de tuberculose e de várias doenças gástricas. A taxa de mortalidade infantil era o dobro e às vezes o triplo da de Buenos Aires. Os índices de analfabetismo chegavam próximo dos 50 por cento. O interior estava também relativamente vazio, menos do que a Patagônia, porém mais do que os pampas. Em 1910 estimou-se que apenas um por cento do total da terra estava sendo cultivado. Nos locais mais atrasados, La Rioja e Catamarca, a distribuição de uma preciosa provisão de água dos pequenos riachos e rios que corriam montanhas abaixo era feita de acordo com os mesmos ritos antiquados do século XVIII. No final do século XIX houve uma revivescência temporária dos antigos comércios de gado e mula para o Chile e para a Bolívia. No caso chileno, foi ajudada pelo crescimento da mineração e pelo desenvolvimento dos campos de nitrato na costa do Pacífico. No caso da Bolívia, acompanhou a revitalização da rota de Salta para o rio da Prata, já que o país perdera o acesso ao Pacífico na guerra com o Chile, no início da década de 1880. Por algum tempo, isso reviveu a prosperidade dos *llaneros* de La Rioja e de Catamarca, e a importância de Salta como centro de negócios. Todavia, em 1914 esse comércio ou quase desaparecera ou se deslocara na direção de Mendoza e de

Tucumán. As províncias menores, embora tenham sido absorvidas pelos novos centros de crescimento, subsistiram num estado de semi-autarcia pouco especializada. Santiago del Estero, cujo aumento populacional a transformou na principal fonte de migrantes internos na época, tinha em 1914 uma economia agrícola e pastoril tão diversificada quanto tivera 150 anos antes. A agricultura inundada ao longo do rio Dulce possibilitava a produção de açúcar, vinho, algodão e fumo; continuava-se a criar mulas para exportar para a Bolívia. Tudo isso, porém, era feito numa escala muito pequena, pois o alto teor salínico do solo restringia um maior desenvolvimento agora como acontecera nos séculos passados. Até o advento do açúcar numa escala mais expressiva nas décadas de 1920 e de 1930, Jujuy, no extremo noroeste, tinha contatos mínimos com os mercados do Sul. O comércio estava restrito em grande parte às comunidades indígenas sobreviventes, que trocavam lã de alpaca e de lhama por sal e coca bolivianos, do outro lado de uma fronteira ainda pouco definida. Em algumas regiões, chegou a haver um retrocesso. As antigas minas de prata de La Rioja, no oeste, em conseqüência da queda dos preços mundiais da prata no final do século XIX, tinham sido quase todas fechadas, e às vezes até mesmo esquecidas suas localizações. Em toda a parte as forças da tradição foram mais fortes do que as da mudança. Mesmo na cidade de Córdoba, que atraíra grande número de imigrantes europeus e cujo interior na direção leste e sul fazia parte agora da economia dos pampas e ostentava importante indústria de sapatos e botas, recusava-se teimosamente a cruzar o limiar do século XX. A cidade e a província que a rodeava continuavam governadas por uma oligarquia imutável de famílias locais. A vida política e social estava centrada na universidade, uma instituição muito apegada ao conservadorismo, ao escolasticismo e ao clericalismo.

Buenos Aires

No momento da eclosão da Primeira Guerra Mundial, nenhum outro lugar das províncias, nem mesmo outros centros comerciais dinâmicos como Rosario e Bahía Blanca, podiam comparar-se a Buenos Aires. Sob muitos aspectos, a cidade ainda era, como Sarmiento a descrevera, um solitário posto avançado da civilização européia adiantada, no limite externo das vastas regiões subpovoadas ou atrasadas à sua retaguarda. Era também um grande vórtice para o qual fluía grande parte da riqueza da nova economia de exportação. Buenos Aires dominava seu grande interior imediato, primeiro por meio de sua posição estratégica nos interstícios do comércio internacional. Controlava o sistema ferroviário em forma de leque que se estendia a partir do estuário do Prata através dos pampas e rumo ao interior. Apesar de ter perdido terreno, pouco antes de 1900, para Rosario e Bahía Blanca como exportador e ter adquirido, depois disso, mais importância no comércio de carne do que no de cereais, a cidade manteve seu tradicional monopólio lucrativo sobre a distribuição de produtos importados. Mais do que em qualquer período anterior de sua história, foi o empório do serviço bancário e das finanças. Foi beneficiada também pela sobrevivência das grandes propriedades nos pampas; a riqueza que, em outras circunstâncias, poderia ter permanecido na economia agrária foi transferida em parte para os grandes palácios de estuque que os fazendeiros, os banqueiros e os comerciantes tinham começado a construir a partir do início da década de 1880. Esta cidade foi ainda o eixo do governo, dos gastos do Estado e do emprego público. Após a lei de federalização de 1880, é possível que sua cota anterior das receitas do comércio tenha diminuído ligeiramente, mas, com o crescimento do comércio, multiplicaram-se os recursos totais que colheu, a ser partilhados entre suas elites e suas falanges de funcionários, de trabalhadores na construção e de manufatureiros. Buenos Aires era dotada nessa época de instalações portuárias modernas, que ainda iriam suprir suas necessidades por quase 30 anos. Os visitantes que chegavam não eram mais obrigados a desembarcar em esquifes para chegar à praia. Suas grandes estações ferroviárias em Plaza Constitución ou em Retiro eram quase réplicas das de Londres ou de Liverpool. Com suas redes de bondes e de metrô subterrâneo, seus modernos serviços de esgoto, de água, gás e eletricidade, seus sólidos e imponentes edifícios de escritório no centro, suas amplas avenidas com renques de jacarandás e às vezes pavimentadas com granito sueco, tornara-se uma cidade tão bem dotada quanto qualquer outra no mundo nessa época. Em 1914, três quartos das crianças de Buenos Aires freqüentavam a escola primária. Embora a tuberculose, segundo estimativas da época, continuasse matando cerca de 20 por cento dos habitantes, as epidemias de febre amarela e de cólera, que haviam dizimado a população na década de 1870, foram as últimas de sua espécie.

Em 1914, nem todo o território que em 1880 fora cedido à capital federal recebera construções. Ainda se podiam encontrar, dentro de seus limites, culturas agrícolas e pastos. Mas a nova construção, em sua maior parte residências térreas, de teto plano, todas planejadas no sólido modelo de grade criado pelos espanhóis, progredira rapidamente com a chegada dos imigrantes. Os bondes haviam influenciado os valores da terra na cidade, como as estradas de ferro haviam feito no interior. Entre 1904 e 1912, os valores da propriedade tinham crescido até dez vezes. Agora a cidade estava dividida em zonas residenciais claramente demarcadas, correspondentes a seus principais agrupamentos de classe. Na zona norte perto do estuário do Prata localizavam-se as casas dos ricos ou da *gente bien*. Estas variavam das mansões de Barrio Norte e Palermo na direção do centro da cidade passando por Belgrano às *quintas* suburbanas de lazer para o fim de semana em Vicente López, Olivos e San Isidro já na província de Buenos Aires. No centro e a oeste da cidade localizavam-se muitos bairros de classe média que se estendiam até Flores. O sul era a zona da classe trabalhadora e das indústrias. Aqui em meio às modestas moradas de Nueva Pompeya, Barracas, Avellaneda e partes do Boca ficavam os precursores das *villas miserias* da década de 1940 e depois. Esses barracos eram construídos muitas vezes de tábuas toscas, de caixas de papelão descartadas, e com um teto simples de zinco galvanizado. Eram caldeirões sufocantes de calor no verão e caixas de gelo no inverno gelado e úmido do Prata. Muitos eram inundados periodicamente pelas águas fétidas do Riachuelo, o riacho que fazia a fronteira entre a capital e a província em seu lado sul. Nesse período, as residências mais comuns dos pobres, que abrigavam por volta de 150 mil pessoas, eram os *conventillos* (cortiços) próximos do centro da cidade. Meio século antes, as mais antigas dessas construções de dois andares, retangulares, cujo interior continha grandes pátios no estilo espanhol, tinham sido residências dos ricos. Depois das epidemias da década de 1870 e da chegada dos primeiros imigrantes, os ricos mudaram-se para outros lugares. Suas residências viraram casas de cômodos. Mais tarde, outras como elas foram construídas para abrigar os imigrantes. Onde 50 anos antes tinham abrigado uma única família extensa e seus empregados domésticos, os *conventillos* eram ocupados, nos primeiros anos do século XX, por várias famílias, que subsistiam numa existência congestionada, turbulenta e insalubre. Muitas vezes um desses quartos pardacentos abrigava três, quatro ou mais pessoas; entre 25 e 30 partilhavam os tanques de lavar e os lavatórios. No entanto, provavelmente não era pior do que as alternativas: Milão, Gênova, Nápoles, Barcelona, Brooklyn, Filadélfia ou Chicago.

Uma característica que distinguia Buenos Aires de muitas cidades dos Estados Unidos nesse período era o fato de os imigrantes, com algumas exceções, como, por exemplo, a comunidade judaica, se terem misturado desde o começo com muita facilidade. Os diferentes agrupamentos nacionais criaram uma grande profusão de clubes, escolas, hospitais e sociedades de auxílio mútuo. Apesar disso, poucos procuravam perpetuar suas origens nacionais em bairros-gueto separados, por causa sem dúvida das estreitas afinidades lingüísticas entre espanhóis e italianos. Outra diferença entre Buenos Aires e cidades comparáveis de outros países foi o fato de o desemprego permanente ter sido habitualmente baixo, até o começo da depressão financeira e econômica de 1913. Para aqueles imigrantes descontentes com sua sorte na cidade bastava passar um verão trabalhando na colheita dos campos para levantar a soma necessária para a viagem de retorno à Europa. Mesmo assim, o desemprego deixou a cidade com seus indigentes miseráveis, especialmente mulheres e crianças. De tempos em tempos, os jornais publicavam dramáticas reportagens sobre a chamada "indústria da mendicância" na qual vinham à tona práticas intrujonas, como o aluguel de crianças doentes ou aleijadas para pedir esmolas[7]. A cidade também era abalada pelo crime, embora não excessivamente segundo os padrões prevalecentes em outros lugares. Buenos Aires não possuía uma máfia italiana organizada. No entanto, nesses anos, a cidade ganhou grande notoriedade pelo volume do tráfico de escravas brancas. A partir de mais ou menos 1903, grande número de mocinhas necessitadas e desprotegidas de Gênova, Barcelona, Amsterdã ou Varsóvia eram seqüestradas e vendidas para uma vida de prostituição na Argentina. Em 1913, havia em Buenos Aires 300 bordéis registrados. Aliás, o registro obrigatório foi a única medida adotada pelas autoridades para controlar a disseminação do vício e daqueles que viviam dele. Essas condições refletiam a presença, na população da cidade, de grande número de homens solteiros imigrantes.

Na geração anterior a 1914, todos os setores da estrutura social de Buenos Aires haviam pelo menos dobrado de tamanho. Junto com isso veio um aumento de complexidade e de diversidade. No ápice da sociedade estava uma elite composta dos grandes fazendeiros e de outros donos de grandes propriedades, de banqueiros e daqueles que controlavam o fluxo principal dos investimentos e do comércio externos. Em 1914, esse grupo mudara substancialmente em relação aos 50 anos anteriores. Não mais compreendia apenas algumas dezenas de famílias *criollas*, em sua maioria descendentes diretos dos comerciantes da Espanha de Bourbon do final do século XVIII.

7. Cf., por exemplo, *Revista Popular*, marzo 1919.

Tornara-se um organismo maior e altamente heterodoxo com acréscimos de todos os países da Europa meridional e ocidental. De um lado, continuavam a existir os ubíquos Anchorenas, ou os Guerricos, os Campos, ou os Casares, sobreviventes de quatro ou cinco gerações passadas. Mas do outro lado estavam muitas outras criações *parvenues*. Entre esses de origem italiana mais recente figuravam homens como Antonio Devoto, que deu seu nome à Villa Devoto, que logo se tornaria um bairro de classe média famoso na zona ocidental da capital federal. De uma maneira típica da elite como um todo, Devoto tinha múltiplos negócios: terra, bancos, comércio, contratos de obras públicas e indústria. Entre suas grandes propriedades de terra em 1910, podemos citar 80 mil hectares e sete *estancias* na província de Buenos Aires, 26 mil hectares em Santa Fe em duas *estancias*, outros 75 mil em Córdoba divididos em quatro fazendas de gado e 30 mil numa fazenda no mais remoto território de La Pampa. Possuía também grande número de propriedades urbanas no centro de Buenos Aires e foi o fundador e presidente do Banco de Italia y Río de la Plata. Outros, como Luis Zuberbühler, um suíço-argentino da segunda geração, possuíram fortunas comparáveis distribuídas entre fazendas de gado, companhias de colonização de terra, empresas de silvicultura e indústrias. Do mesmo modo, em 1914, Nicolás Mihanovich, um imigrante que chegara da Dalmácia cerca de 50 anos antes, sem um centavo no bolso, tinha um quase monopólio dos navios a vapor de cabotagem que trafegavam entre Buenos Aires e Assunção pelo rio Paraná ou navegavam para o sul até as colônias da Patagônia no Atlântico[8]. Os apêndices de família da elite estavam disseminados por todas as profissões como o direito, as forças armadas e a administração pública. Seus membros estavam separados até certo ponto por afiliações políticas rivais e por redes de família do tipo clã. Todavia, habitualmente essas eram dominadas pelos vínculos formados graças à proximidade de moradia, e por um sentimento de pertinência comum a uma classe fomentado por associações como a Sociedade Rural ou o Jóquei Clube. Grande parte dos membros da classe alta viviam com uma ostentação que rivalizava com seus congêneres de Londres ou de New York. Suas mansões evocavam a arquitetura e a magnificência de Paris. Seus interiores continham muitas vezes os mais suntuosos móveis e *objets d'art* importados. Atrás

8. JORGE FEDERICO SÁBATO, "Notas sobre la Formación de la Clase Dominante en la Argentina Moderna", mimeo., CISEA, Buenos Aires, 1979, pp. 92–96.

dessas mansões estendiam-se grandes jardins ornamentados do tipo pátio. Nos últimos anos os membros da elite haviam se tornado ávidos consumidores das mais luxuosas limusines norte-americanas ou européias.

Observadores desse setor proeminente da sociedade argentina reconheceram de modo geral que ele diferia de seus iguais da América Latina por exemplificarem um senso genuíno de identidade nacional. Nas palavras de Georges Clemenceau, "A mim me parece que o verdadeiro argentino está convencido de que existe um elixir mágico da juventude que brota de seu solo e o converte num novo homem, descendente de ninguém, mas ancestral de intermináveis gerações vindouras"[9]. Outros acharam que o ardoroso orgulho nacional com que se depararam lembrava a doutrina do Destino Manifesto dos Estados Unidos. Todavia, algumas vezes também o que se afigurava nacionalismo era considerado mais parecido com um mero nativismo, típico de um grupo altamente privilegiado que se via confrontado por ondas crescentes de imigrantes. Enquanto alguns deram crédito à elite por seu sucesso em promover a *haute culture*, mais notadamente a grande ópera, observadores mais ansiosos criticaram sua aparente obsessão pelas corridas de cavalo e por outros jogos de azar, considerando-os típicos de uma classe cujas fortunas foram construídas em grande parte sobre a especulação da terra. Os observadores mais negativos também viram fortes evocações da velha Espanha nas liberdades de que muitos homens gozavam em oposição ao isolamento forçado do lar e da família. Algumas mulheres que também faziam parte da elite eram às vezes bastante ativas fora do lar, especialmente em obras de caridade da Igreja católica. Houve igualmente um pequeno movimento feminista em Buenos Aires. No entanto, numa época em que a campanha sufragista estava chegando a seu clímax na Inglaterra e nos Estados Unidos, as realizações das mulheres aqui pareciam pouco impressionantes.

Um segundo grupo social importante em Buenos Aires foi a classe média, que nessa época se tornara de longe a maior de sua espécie em toda a América Latina. Esse foi mais um indicador do aumento de riqueza do país. Atestou também as grandes forças centralizadoras dentro dele, que empurraram para os estreitos confins da cidade um grupo que poderia, em outras circunstâncias, ter se desenvolvido muito mais fora dela. A classe média tinha sua origem em grande parte nos imigrantes. Sob outros aspectos, dividiu-se em dois

9. *Apud* LLOYD, *Twentieth Century Impressions*, *op. cit.*, p. 337.

grandes estratos, cada um dos quais com um *status* muito diferente na sociedade em geral. O estrato inferior era composto de um número crescente de pequenos produtores industriais, lojistas e negociantes. Conforme o censo de 1914, cerca de quatro quintos desse grupo em Buenos Aires eram constituídos de estrangeiros. Seu tamanho – talvez de 15 a 20 mil pessoas – foi outra das notáveis singularidades da geração passada. Espalhados por toda a cidade havia uma multidão de padeiros, alfaiates, fabricantes de sapatos e de sandálias, pequenos cervejeiros, produtores de chocolate, de sabão ou de cigarro, impressores, carpinteiros, ferreiros e fabricantes de fósforos, ao lado de um número mais ou menos igual de donos de armazéns (*almaceneros*). A maioria dos manufatureiros desse grupo trabalhavam mais em oficinas do que em fábricas. Com exceção das instalações de embalagem de carne, dos moinhos de trigo, ou de um pequeno número de empresas têxteis e metalúrgicas, cada unidade empregava habitualmente não mais de uma dúzia de pessoas e usava ferramentas manuais em vez de máquinas e muitas vezes comercializava seus produtos na vizinhança imediata. Essa situação não era muito diferente da predominante em muitas capitais da Europa, de Londres ou Dublin a Constantinopla. Mas em nenhum lugar da Argentina houve um centro nacional de indústria pesada para equilibrar a indústria leve. Por mais que a indústria local tenha crescido depois de 1890, as importações pelo menos mantiveram o ritmo. Foi, portanto, Manchester, Birmingham ou Lyons, e mais tarde Bremen, Essen e Detroit que supriram uma grande proporção das necessidades de consumo industrial da Argentina. Os industriais de Buenos Aires não passavam até agora de apêndices de uma economia ainda regida pelos cereais e pela carne. O setor de exportação, as mercadorias com que operava, a riqueza que produziu, influenciaram bastante o desenvolvimento da indústria nacional; seu acesso às matérias-primas e à mão-de-obra, e o crescimento do poder aquisitivo nos mercados que serviu. Em 1914, os industriais ocupavam uma posição relativamente baixa na comunidade em geral. Eram fracos e extremamente fragmentados e por enquanto tinham pouca voz política.

O segmento superior da classe média estava enraizado nas ocupações vocacionais e de serviço, na administração pública e nos postos colarinhos-brancos do setor privado, como, por exemplo, nos transportes. Diferia dos industriais e dos lojistas pelo fato de na época seus membros serem em sua maior parte naturais do país. Por outro lado, muitos não passavam de argentinos de primeira geração e tipicamente filhos da classe industrial e da comercial que conseguiram ascender na escala social. A introdução ao censo da cidade de 1910 registra que, entre 1905 e 1909, o emprego na indústria aumentara de 127 mil para 218 mil, ou 71 por cento. Contudo, o crescimento dos serviços, de médicos, professores, funcionários públicos a simples funileiros, foi de 57 mil a uma estimativa de 150 mil, ou 163 por cento[10]. O componente classe-média desse setor terciário, grande e em rápida expansão, devia muito ao recente crescimento da burocracia, tanto nacional quanto municipal. Os gastos do governo nacional, por exemplo, chegaram em 1900 a 160 milhões de pesos-papel. Em 1910 subiram para 400 milhões. Isso representou um aumento *per capita* de 30 para 58 pesos; seu resultado mais visível foi o surgimento de um novo estrato de funcionários públicos. Em 1914, muitos membros desse setor da classe média, e aqueles que tinham aspirações de juntar-se a ela, estavam envolvidos profundamente na questão da educação superior, já que o diploma secundário e a graduação universitária eram os pré-requisitos normais para ingresso nas profissões liberais e no funcionalismo. Assim, ao contrário dos industriais e dos negociantes, tinham se tornado um foco do ativismo político. No forte apoio que deram à continuidade da expansão da burocracia e da educação superior, entraram repetidas vezes em disputa com as elites. Mas, sob outros aspectos, esses dois setores da sociedade tiveram muita coisa em comum. Ambos eram fortemente conservadores em política econômica. A classe média tinha pouco interesse no desenvolvimento da indústria nacional; preferiam que as necessidades de consumo fossem supridas de maneira barata e fácil pelas importações. Onde quer que seus membros puderam fazê-lo, tornaram-se ávidos compradores de terra junto com as elites, embora quase nunca as tenham explorado. Assim, apesar de sua fama de radicalismo político, seus interesses e orientações não indicavam nenhuma promessa de uma mudança importante, por exemplo, nas condições que enfraqueceram os arrendatários de terra, ou que empurraram os imigrantes recém-chegados para os *conventillos* urbanos.

Em 1914, três quartos da classe trabalhadora de Buenos Aires eram imigrantes e uma proporção esmagadora do restante eram seus filhos. O censo de 1914 sugere que a classe trabalhadora constituía talvez dois terços da população empregada da cidade, em torno de 405 mil de um total de 626 mil, que compunha a força de trabalho do sexo masculino. Os trabalhadores estavam empregados em grande número no comércio e nas estradas de ferro.

10. *Recensement Général de la Ville de Buenos Aires*, Buenos Aires, 1910, p. LIII.

Havia outros grandes ajuntamentos nos serviços públicos, nas empresas de bonde, nas companhias de gás etc., ou em empregos mais humildes, como serviços de esgoto e coleta de lixo. Um contingente ainda maior estava empregado na indústria, em grandes firmas como as fábricas de embalagem de carne ou nas pequenas oficinas que eram encontradas por toda a cidade. A estrutura da classe trabalhadora foi influenciada também pelo crescimento do setor de serviços. Talvez uns 20 por cento estivessem empregados no serviço doméstico, apenas cerca da metade dos quais nessa época eram mulheres. Um quinto da classe trabalhadora empregada era constituído de mulheres e crianças. Do grande setor não-especializado um pouco antes de 1914 uma grande parcela cruzava o Atlântico de ida e de volta, ou alternava o trabalho na cidade com serviços sazonais de colheita fora dela. Nos anos anteriores, porém, a classe trabalhadora tornara-se também cada vez mais estratificada. Havia muitos grupos altamente especializados nas artes e ofícios, na construção, na metalurgia ou nos transportes. Alguns dos escalões superiores exibiam os traços de uma aristocracia do trabalho: uma visível moderação nas atitudes políticas, uma preocupação com o caráter relativo dos salários, ou a filiação a uma irmandade baseada na profissão.

Na legislação social para a classe trabalhadora, em 1914 Buenos Aires estava visivelmente atrasada em relação a muitas cidades da Europa ocidental, e inclusive à sua vizinha Montevidéu do outro lado do Prata. Não havia lei do salário mínimo, lei sobre a jornada de oito ou de dez horas, pensões ou provisão para aposentadoria. Além disso, as falhas do Estado nesse particular não foram realmente remediadas pelas sociedades cooperativas ou de auxílio mútuo nem pelos sindicatos. Mas qualquer descontentamento devido a isso foi freqüentemente sobrepujado por insatisfações de outro tipo. Em Buenos Aires, a principal desgraça da vida de quase todo trabalhador era a habitação. Muitos dos *conventillos*, como vimos, eram totalmente deploráveis. Em 1914, quatro quintos das famílias da classe trabalhadora viviam num único quarto. Sob outros aspectos, as condições dos trabalhadores como um todo refletiram as características mais amplas da economia nacional. Os artigos importados, nesse caso principalmente as roupas, eram caros, em parte devido às tarifas do governo que tributavam alguns produtos de consumo essencial da classe trabalhadora. No entanto, isso foi compensado normalmente pelo barateamento dos gêneros alimentícios mais comuns e pela disponibilidade de uma dieta nutritiva. De modo geral, as rendas reais dos trabalhadores em Buenos Aires comparavam-se às da maioria das cidades da Europa ocidental.

O desenvolvimento, nesses anos, de uma cultura da classe trabalhadora – os bares de tango, o boxe e os clubes de futebol, os sindicatos e muitas outras associações – sugere que uma boa parcela da população tinha um excedente de renda e tempo de lazer para viver uma vida variegada e rica. Mesmo assim, existem muitas provas da existência de condições que variavam de insatisfatórias a miseráveis. Entre os grandes empregadores estrangeiros de mão-de-obra, as empresas de embalagem de carne eram famosas pelos baixos salários e pelas condições opressivas de trabalho. Alguns dos piores abusos foram perpetrados pelos pequenos empregadores, a maioria deles imigrantes. Os salários nos pequenos armazéns da cidade eram, no melhor dos casos, insignificantes e os turnos de dezoito horas, bastante comuns.

Assim, a Argentina transformara-se, em 1914, numa sociedade extremamente misturada e diversificada. De um lado ao outro de algumas regiões, muitas estruturas extremamente adiantadas ou sofisticadas coexistiam com outras imutavelmente atrasadas. No período imediatamente anterior à Primeira Guerra Mundial, ainda havia grandes esperanças de que os desequilíbrios iriam diminuir se a presente onda de crescimento tivesse continuidade. Com base nesse pressuposto, a questão mais premente era política: o país precisava de novas instituições que dirigissem o arbitramento entre a nova classe e os interesses regionais. Para isso, era oportuno livrar-se do sistema oligárquico de governo e lançar-se na busca de uma democracia representativa. A preparação para a reforma deveu-se de algum modo às tensões sociais que surgiram depois de 1900; foi também, ao mesmo tempo, uma expressão de confiança na capacidade do país de manter seu impulso anterior. Alguns fatos iriam mostrar que essa suposição era em parte malfundada. Em 1914, algumas regiões do país tinham um futuro aparentemente promissor. O desenvolvimento do algodão no Nordeste e do petróleo no Sul, por exemplo, sugeriam meios não só de reduzir a conta de importação mas também de dar novo impulso à indústria nacional. Entretanto, os pampas estavam perto de atingir o apogeu de seu desenvolvimento. Em 1914, o potencial de crescimento da Argentina e, sob alguns aspectos, sua liberdade de manobra estavam diminuindo. Em vez da suave curva ascendente de crescimento anterior, o período que se seguiu trouxe uma seqüência alternativa de altos e baixos, de um aumento mais lento do consumo e de mudanças a curto prazo às vezes extremamente voláteis na distribuição de renda entre os diversos setores sociais. Contra esse pano de fundo houve uma tentativa de reforma democrática.

A Economia da Guerra e do Pós-Guerra

A década e meia compreendida entre o início da Primeira Guerra Mundial e o desencadear da grande depressão foi testemunha de que a prosperidade econômica da Argentina antes da guerra com base no crescimento do setor de exportação não sofreu solução de continuidade. Em 1929, a Argentina continuava sendo o maior exportador mundial de carne resfriada, de milho, de linhaça e aveia e o terceiro maior exportador de trigo e de farinha de trigo. Comparando as médias anuais de 1910–1914 com as de 1925–1929, as exportações de trigo aumentaram de 2,1 milhões de toneladas para 4,2 milhões, as de milho de 3,1 para 3,5 milhões e as de linhaça de 680 mil para 1,6 milhão. As exportações de carne resfriada, que haviam alcançado em média apenas 25 mil toneladas entre 1910 e 1914, subiram para mais de 400 mil entre 1925 e 1929. O total das exportações em 1910–1914, avaliadas numa média de 4,48 milhões de pesos-papel aos preços de 1950, subiram para 7,914 milhões em 1925–1929. A renda *per capita* da Argentina ainda se comparava com vantagem às da maioria dos países da Europa ocidental. O padrão de vida melhorara, enquanto o analfabetismo voltou a cair. Parte considerável da população refestelava-se na prosperidade e no bem-estar. Em 1930, havia em toda a Argentina 435 mil automóveis, um número muito superior ao de muitos países da Europa ocidental, e com um aumento de sete vezes em relação a oito anos atrás. Ajudada mais uma vez pela imigração, a população cresceu quase quatro milhões entre 1914 e 1930, subindo de 7,9 milhões para 11,6 milhões. Num único setor, o petróleo nacional, o crescimento foi espetacular. Em 1913, a Argentina produzia menos de 21 mil metros cúbicos de óleo combustível. Em 1929, a produção subira para 1,4 milhão.

Entretanto, o crescimento foi menor e menos suave do que no período anterior à Primeira Grande Guerra. Nos quarenta anos antes de 1910–1914, o produto nacional bruto ao custo de fator aumentou a uma taxa média anual de 6,3 por cento. No intervalo de 1910–1914 a 1925–1930 esse índice caiu para 3,5 por cento. O volume das exportações cresceu a uma taxa de mais de cinco por cento antes de 1914 e somente de 3,9 por cento depois dessa data. O índice de crescimento da área de terra cultivada também caiu de 8,3 por cento para 1,3 por cento. Nos pampas a área de terra usada praticamente não cresceu: o aumento foi nulo em Santa Fe e mínimo em Córdoba, em Entre Ríos e na província de Buenos Aires. Durante todo esse período a população dos pampas continuou a crescer mas a uma taxa visivelmente menor do que antes da guerra. No período de 1895 a 1914, o aumento da população rural foi de mais ou menos um milhão, mas de apenas 270 mil entre 1914 e 1930. No período anterior, a taxa de aumento anual foi de 50 mil e de apenas 22 500 no último período. Houve igualmente uma queda acentuada no índice de criação de novos municípios. Os avanços da agricultura resultaram menos do aumento da população rural do que da mecanização. A Argentina era agora um grande mercado para as máquinas agrícolas importadas. As máquinas, que em 1914 totalizavam 24 por cento do estoque de capital no setor rural, cresceram em 1929 para cerca de 40 por cento. Calculou-se que nesse ano existiam na Argentina 32 mil ceifeiras-debulhadoras, 16 mil tratores e dez mil debulhadoras. Os aumentos da produção agrícola na década de 1920 foram uma conseqüência até certo ponto das substituições no uso da terra. O aumento da produção de cereais e de linhaça para o dobro entre 1922 e 1929 resultou, em parte, da redução de cinco milhões de cabeças de gado nesses anos e da diminuição conseqüente da área de terra dedicada ao gado e ao cultivo de alfafa. Calcularam-se os rebanhos de gado, em 1922, em 37 milhões de cabeças, mas em 1930 esse número desceu para 32,2 milhões. Nesse mesmo período a área de terra cultivada com alfafa caiu de sete para cinco milhões de hectares. Com a mecanização diminuiu também o volume de terra dedicado ao pastoreio de cavalos. Por outro lado, a área de terra cultivada com cereais subiu de 11 para 19 milhões de hectares. Em 1921/1922, os cereais e a linhaça eram responsáveis por apenas 56,5 por cento da área cultivada nos pampas, mas em 1929/1930 esse número subira para 73,5 por cento.

Após 1913, os novos investimentos externos na construção de estradas de ferro foram pequenos. Entre esse ano e 1927, a rede ferroviária foi acrescida de apenas 1 200 quilômetros de novos trilhos, e a maioria desses foram ramais ou parte de linhas novas construídos pelo governo no interior. Entre 1865–1869 e 1910–1914, as estradas de ferro cresceram a uma média anual de 15,4 por cento. Entre 1910–1914 e 1925–1929, esse aumento caiu para 1,4 por cento. Os investimentos ingleses na Argentina cessaram totalmente durante a guerra e no pós-guerra imediato e só voltaram a recuperar-se um pouco no final da década de 1920. De modo geral, a entrada de capital externo foi de apenas um quinto do que entrou antes da guerra, enquanto a proporção do capital externo para o nacional diminuiu de 48 para 34 por cento entre 1913 e 1927. Do mesmo modo, após 1913 a imigração praticamente parou por uma década. E, entre 1921 e 1930, o balanço líquido de migrantes foi de apenas 856 mil em comparação com 1,1 milhão do período entre 1901 e 1910. A população cresceu no pós-guerra imediato a uma média de apenas 2,8 por cento, em comparação com os 4,3 por cento que aumentou no período imediatamente anterior à guerra[11].

Enquanto, entre 1895 e 1913, o crescimento econômico foi contínuo, o período que se inicia em 1913 começou com uma depressão (1913–1917), seguida por uma recuperação e por novo surto de crescimento (1918–1921); veio em seguida outra recessão (1921–1924), acompanhada novamente de uma expansão, que perdurou até 1929[12]. Essas recessões apresentaram muitas características idênticas àquelas que apareceram nas depressões de meados da década de 1870 e início dos anos 1890. Foram o resultado de contrações dos mercados de exportação da Argentina e de uma diminuição dos preços de suas mercadorias exportadas. Isso provocou crises no balanço de pagamentos, corrigidas eventualmente com a redução das importações, mas às custas da diminuição das receitas do governo. A depressão de 1913, como a de 1873 e a de 1890, foi exacerbada por uma interrupção dos investimentos externos. Em 1914, os programas de padrão ouro e de conversibilidade do peso, criados em 1899, foram abandonados. (Foram restaurados mais tarde por um breve período de dois anos, de 1927 a 1929.) A depressão de 1913 e a de 1921 causaram desemprego nas cidades e no campo, uma queda nos valores da terra urbana e rural, uma grande quantidade de falências e severos apertos no crédito. Por outro lado, nesse período, a Argentina conseguiu evitar crises na dívida externa como a de 1890. Em 1913, cerca de três quartos dos investimentos externos eram privados e o governo libertou-se em grande parte da obrigação anterior de conceder garantia de lucro mínimo com base no ouro.

A depressão de 1913 teve início quando o Banco da Inglaterra, numa tentativa de corrigir um déficit no balanço de pagamentos do país e controlar a incerteza financeira causada pelas guerras dos Bálcãs, aumentou as taxas de

11. A maioria desses dados aparecem em CARLOS F. DÍAZ ALEJANDRO, *Essays in the Economic History of the Argentine Republic*, New Haven, 1970, cap. I.

12. Esses ciclos são acompanhados mais facilmente em GUIDO DI TELLA & MANUEL ZYMELMAN, *Las Etapas del Desarrollo Económico Argentino*, Buenos Aires, 1967, pp. 295–420.

juros. Isso provocou uma evasão líquida de capital da Argentina através de pagamentos de juros e de amortização. A crise agravou-se com uma grande diminuição dos preços internacionais da carne e dos cereais e com a fraca colheita de 1913/1914. Alguns meses depois, quando parecia que as coisas iam melhorar, o início da guerra na Europa e a interrupção da navegação de alto mar paralisaram quase totalmente o comércio exterior, forçando o governo de la Plaza a decretar uma moratória financeira por todo o mês de agosto de 1914. O ano seguinte trouxe alguma melhoria para as exportações. Mas, quando a Inglaterra e a França deslocaram sua capacidade de produção para a fabricação de munições e os Aliados impuseram um bloqueio à Alemanha, aumentou a escassez de produtos importados, remediada apenas em parte pelas compras nos Estados Unidos.

A depressão persistiu até o final de 1917. A partir de então, os preços dos produtos exportados, estimulados pelo aumento da procura causado pela guerra, avançaram rapidamente. Foi o caso sobretudo da carne enlatada e congelada, consumida em enormes quantidades pelos soldados aliados na Frente Ocidental. Os ganhos com a exportação, em torno de 400 milhões de pesos-ouro em 1913/1914, quase triplicaram em 1919/1920, chegando a 1,1 bilhão. Mesmo assim, o aumento dos preços dos produtos exportados foi muito menor do que o dos importados: uma aguda escassez mundial de produtos manufaturados influenciou fortemente as condições de comércio em detrimento dos produtores primários. O volume de importações da Argentina caiu de uma estimativa de dez milhões de toneladas em 1913, das quais a maior parte era constituída de carvão, para apenas 2,6 milhões em 1918. Apesar disso, seu custo, inflacionado pela quadruplicação dos fretes marítimos durante a guerra, mais do que dobrou, passando de cerca de 400 milhões de pesos-ouro em 1913/1914 para quase 850 milhões em 1919/1920. Como país totalmente neutro, a Argentina escapou da destruição física da guerra, inclusive das depredações de submarinos no rio da Prata, mas não conseguiu isolar-se dos seus efeitos econômicos extremamente desintegradores.

Até 1918, contrariando toda a lógica, o índice de desemprego em Buenos Aires foi alto. No passado, em situações semelhantes, conseguira-se "exportar" desemprego com a volta de antigos imigrantes. Embora, depois de 1913, as saídas tenham superado consistentemente, pela primeira vez desde 1890, as chegadas, o grande aumento dos fretes marítimos e a escassez de navios impediram a atuação do mecanismo normal de escape, que podia conter parte do desemprego na própria Argentina. Em 1914, estimou-se que entre

16 e 20 por cento da força de trabalho de Buenos Aires estavam desempregados. Apesar da emigração, o desemprego não desapareceu inteiramente até 1918. Assim, os três primeiros anos da guerra produziram uma redução dos salários, um aumento da jornada de trabalho e condições extremamente desfavoráveis para os sindicatos. Entre 1912, o último ano de prosperidade antes da guerra, e o final de 1916, não ocorreram greves importantes. O setor público foi o mais afetado pela guerra. Após 1913, com a queda das importações, o governo de de la Plaza enfrentou a redução das receitas tarifárias, sua principal fonte de renda. Além disso, foi obrigado a usar uma parcela maior das receitas para pagar o serviço da dívida externa. Assim, tal como acontecera em meados da década de 1870 e no início dos anos 1890, a depressão obrigou o governo a envidar vigorosos esforços para reduzir suas despesas correntes. De la Plaza suspendeu os programas de obras públicas e cortou cuidadosamente as despesas do governo na administração diária. Isso alimentou o desemprego. Contribuiu também para uma grande onda de falências dos negócios. As províncias e os municípios também perfilharam as políticas do governo central. Todos foram obrigados a adotar o corte de despesas e a austeridade com rigidez.

O quadro mudou um pouco durante a fase ascendente do ciclo, entre 1917 e 1921. Nesse momento, quando ocorreram os maiores aumentos dos preços dos produtos exportados, os empreendimentos agrícolas e comerciais desfrutaram de uma prosperidade nunca vista. Afirmou-se que em 1918 algumas das empresas de embalagem de carne estavam tendo um retorno de quase 50 por cento sobre o capital investido. No entanto, o alívio imediato para outros setores da população foi pequeno. Em lugar do desemprego surgiu rapidamente aumento de inflação e uma pesada redistribuição de renda em detrimento da classe média e especialmente da classe baixa. Com exceção dos aluguéis, que a emigração durante a guerra ajudou a manter razoavelmente estáveis, a inflação corroeu profundamente todos os principais componentes do consumo popular. Entre 1914 e 1918, o preço dos gêneros alimentícios aumentou 50 por cento. O preço do vestuário simples, a maioria dele usualmente importado, triplicou. A indústria têxtil nacional, que empregava principalmente a lã, proporcionou um pequeno alívio. Ajudou a reduzir o desemprego, embora talvez mais entre as mulheres do que entre os homens, mas não conseguiu deter o aumento dos preços. Para muitas famílias da classe trabalhadora de Buenos Aires, entre o início da depressão de 1913 e o Armistício de novembro de 1918, os níveis reais de salário caíram à metade[13]. O declínio do desemprego e a diminuição dos padrões de vida provaram ser uma combinação explosiva. A calmaria anterior no meio trabalhista cessou abruptamente. Entre 1917 e 1921, os sindicatos da Argentina brotaram numa escala desconhecida anteriormente e que não voltou a repetir-se até meados da década de 1940; as greves, antes tão visivelmente ausentes, cresceram em número, em intensidade e vez por outra em violência.

Entrementes, durante todo o período da guerra, as importações e, portanto, as receitas continuaram a cair. O governo, enquanto aguardava mudanças no sistema tributário para reduzir sua dependência da receita das tarifas alfandegárias das importações, somente podia minorar suas dificuldades se contraísse novas dívidas. Ele o conseguiu até certo ponto com alguns empréstimos de curto prazo que levantou junto aos bancos de New York e com o lançamento de títulos do governo no mercado interno. Entre 1914 e 1918, com os novos empréstimos, a dívida pública flutuante quase triplicou, passando de 256 milhões de pesos-papel para 711 milhões. No entanto, o total dos gastos de 421 milhões em 1918 foi mais ou menos o mesmo de 1914 e não muito acima dos 375 milhões de 1916, os mais baixos de todo o período. Isso voltou a mudar drasticamente após o Armistício, quando os produtos importados começaram a entrar novamente. A partir desse instante, as despesas públicas sofreram um grande aumento. Em 1922, chegaram a 614 milhões de pesos-papel, quase 50 por cento a mais do que em 1918[14].

A depressão do pós-guerra, que teve início em 1921, provocou mais uma vez o desemprego, o colapso do movimento sindical, a redução das importações e a diminuição das receitas do Estado. Em 1920, as importações alcançaram o valor de 2,12 milhões de pesos-papel e apenas 1,57 milhão em 1922. Em virtude de um aumento das tarifas em 1920, as receitas caíram no mesmo período apenas 20 milhões, de 481 para 461 milhões. Contudo, como os gastos públicos saltaram de 503 para 614 milhões, a dívida flutuante do governo também aumentou de maneira acentuada, de 682 para 893 milhões. Sob outros aspectos, o principal efeito da depressão do pós-guerra recaiu sobre o

13. GUIDO DI TELLA & MANUEL ZYMELMAN, *Las Etapas del Desarrollo Económico Argentino*, *op. cit.*, p. 317. Sobre os detalhes da inflação no tempo da guerra, cf. ALEJANDRO E. BUNGE, *Los Problemas Económicos del Presente* (1919), Buenos Aires, 1979.

14. Os dados sobre as contas públicas aparecem em DAVID ROCK, *Politics in Argentina, 1890–1930: The Rise and Fall of Radicalism*, Cambridge, 1975, p. 224.

setor da pecuária, à medida que o grande período de prosperidade chegava ao fim. Depois disso, a agricultura é que voltou a crescer.

No final da década de 1920, grande parte do crescimento real do setor rural aconteceu além da região dos pampas. No Noroeste, Salta e Jujuy desenvolveram-se como produtores de açúcar juntamente com Tucumán. Em 1920, as duas primeiras cidades contribuíram com menos de 16 por cento da produção nacional de açúcar. Em 1930, sua participação subiu para quase 26 por cento. A região do açúcar mais ao norte diferiu de Tucumán pelo fato de sua produção ser conduzida principalmente em grandes propriedades. A partir da década de 1920 e até boa parte da década seguinte, passou a ser comum a compra de propriedades no Norte pelos donos de engenhos de Tucumán. Em algumas delas, plantaram cana-de-açúcar. Outras eles adquiriram aparentemente com a intenção de aproveitar sua força de trabalho camponesa nas suas lavouras[15]. Posteriormente, desenvolveu-se a produção de frutas no vale do rio Negro, de algodão, arroz, amendoim e mandioca no Chaco e de frutas e erva-mate em Misiones. A produção nacional de algodão em rama aumentou de uma média anual de seis mil toneladas entre 1920 e 1924 para 35 mil toneladas em 1930–1934. O aumento da produção de erva-mate foi de 12 mil para 46 mil toneladas. Río Negro, Chaco e Misiones cresceram rapidamente com a entrada de novos imigrantes europeus e a disseminação da pequena agricultura. Eram territórios nacionais administrados pelo governo federal a partir de Buenos Aires e, nesse período, a administração central desempenhou um papel positivo na colonização. Em conseqüência, em 1930 a pequena agricultura capitalista estava estabelecida numa escala muito mais expressiva do que antes da guerra. Por outro lado, todas essas regiões dependiam fortemente da mão-de-obra camponesa barata contratada. Foram importados grande número de chilenos para trabalhar nas fazendas de Río Negro e de Neuquén, e paraguaios, *chaqueños* e *correntinos* para as do Nordeste[16].

15. Cf. IAN RUTLEDGE, "Plantations and Peasants in Northern Argentina: The Sugar Cane Industry of Salta and Jujuy, 1930–43", em DAVID ROCK (ed.), *Argentina in the Twentieth Century*, London, 1975, pp. 88–113.

16. Sobre a agricultura no interior, cf. JAIME FUCHS, *Argentina: Su Desarrollo Económico*, Buenos Aires, 1965, pp. 217–224; também RICARDO M. ORTIZ, *Historia Económica de la Argentina, 1850–1930*, Buenos Aires, 1955, 2 vols. Ver, especialmente, vol. II, pp. 131–148.

Após 1913, a indústria nacional cresceu de modo global a uma taxa mais ou menos igual à do crescimento da economia em geral; deve-se dizer, porém, que seu crescimento durante a guerra foi muito menor do que depois do conflito. Tomando o ano de 1950 igual a 100, o índice de produção industrial foi de 20,3 em 1914 e de 22,1 em 1918. No entanto, em 1929 chegou a 45,6. Durante a guerra, a taxa anual de aumento do índice foi de 0,36 e de 2,10 depois da guerra[17]. Na década de 1920, a indústria também diversificou-se até certo ponto em setores como bens de consumo duráveis, produtos químicos, eletricidade e particularmente na metalurgia. No final da década de 1920, a indústria metalúrgica cresceu consideravelmente. Entre 1926 e 1929, a taxa de produção aumentou de 19 para 43 (1950 = 100)[18]. Mesmo assim, a maior parte desse aumento industrial concentrou-se novamente na indústria leve e na indústria tradicional, continuando o padrão dos anos anteriores a 1914. Nesse meio tempo, a indústria têxtil praticamente estagnou. A expansão da indústria não afetou o alto coeficiente de importação da Argentina, que permaneceu mais ou menos o mesmo em 1914, em torno de 25 por cento.

Do volume muito menor de investimentos externos que entrou na Argentina na década de 1920 em comparação com o período anterior à guerra, agora a principal fonte eram os Estados Unidos. Nesse período, os investimentos norte-americanos foram quase o dobro dos ingleses. Em 1930, totalizou mais ou menos um terço dos investimentos britânicos, tendo subido de uma estimativa de 40 milhões de pesos-ouro em 1913 para 611 milhões em 1929. Enquanto antes o interesse dos norte-americanos concentrara-se quase que exclusivamente nos negócios de carne, agora tanto emprestavam ativamente ao governo quanto atuavam como exportadores e investidores na indústria local. Entre 1924 e 1933, vinte e três subsidiárias de empresas industriais norte-americanas foram instaladas na Argentina; outros produtos norte-americanos eram fabricados no país sob licença. Na superfície, isso sugeria o aumento de maturidade da economia e a capacidade de diversificar além dos produtos agrários de exportação e de gerar novas fontes de emprego. Não obstante, na década de 1920 a indústria voltou a crescer sem mudar muito a estrutura econômica básica. Com exceção do

17. DI TELLA & ZYMELMAN, *Las Etapas del Desarrollo, op. cit.*, pp. 309, 393.

18. *Idem*, p. 391.

setor petrolífero, houve poucas retro-integrações. As máquinas, ainda grande parte do combustível, as matérias-primas e a tecnologia das empresas norte-americanas ou de firmas nacionais que usavam patentes norte-americanas, quase tudo era importado. Assim, o resultado global foi a imposição de acréscimos obrigatórios à conta das importações, deixando a indústria e o emprego urbano tão dependentes quanto antes dos ganhos estrangeiros nas exportações.

Enquanto isso, o aumento das importações de produtos dos Estados Unidos provocou alguma tensão nas relações entre a Argentina e a Inglaterra. Em 1914, o valor das entradas de produtos norte-americanos foi de 43 milhões de pesos-ouro. Esse número subiu para 169 milhões em 1918 e chegou a 310 milhões em 1920. Essa tendência persistiu por toda a década de 1920. Em 1929, as exportações dos Estados Unidos para a Argentina totalizaram 516 milhões de pesos-ouro. Durante a guerra, os norte-americanos lucraram sobretudo às custas da Alemanha, mas em seguida quem perdeu foram os ingleses, que na década de 1920 se viram seriamente importunados num mercado que haviam dominado amplamente nos últimos cem anos. A participação dos ingleses no mercado argentino caiu de 30 por cento em 1911–1913 para apenas 19 por cento em 1929/1930, enquanto a dos norte-americanos subiu de 15 para 24 por cento. Mesmo que os ingleses tenham aumentado as exportações de carvão e de material ferroviário para a Argentina, não puderam competir com os norte-americanos naquelas mercadorias cuja procura estava em expansão: automóveis e bens de capital para a agricultura e para a indústria. Essas mudanças no comércio de importação não foram acompanhadas de uma alteração paralela nas exportações: a Argentina não conseguiu conquistar mercados estáveis e crescentes nos Estados Unidos. Apesar do aumento temporário durante a guerra, as exportações para os Estados Unidos, que foram de 6,3 por cento do total em 1911–1913, mantiveram-se em apenas 9,3 por cento em 1928–1930. No final da década de 1920, 85 por cento das exportações da Argentina continuavam dirigidas para a Europa ocidental. Na verdade, a tendência das exportações foi quase o inverso direto das importações. Agora a Argentina comprava relativamente muito menos da Inglaterra, mas suas exportações para este país cresceram de 26,1 por cento em 1911–1913 para 32,5 por cento em 1928–1930: o país estava diversificando suas fontes de produtos exportados, mas restringindo seus mercados de exportação.

Yrigoyen, 1916–1922

Politicamente, a Argentina tentou, entre 1916 e 1930, a primeira e mais longa das muitas experiências fracassadas de democracia representativa. Junto com o vizinho Uruguai, ela foi, no início do século XX, a pioneira das nações latino-americanas na tentativa de desenvolver o sistema e instituições políticas mais características das sociedades ocidentais adiantadas. Em 1912, a antiga classe dirigente, estimulada por sua ala progressista comandada por Roque Sáenz Peña, presidente do país de 1910 a 1914, reformara o sistema político num esforço, em grande parte, para legitimar e estabilizar sua própria autoridade. Desde o aparecimento da Unión Cívica Radical no início da década de 1890, a confiança da oligarquia na durabilidade do governo fora minada aos poucos. Após o fracasso da insurreição de 1905, os radicais começaram a ampliar sua base de poder, atraindo um grande número de partidários entre a classe média urbana e rural que começava a expandir-se. Atuando na semiclandestinidade, continuaram a ameaçar a derrubada da ordem existente pela força se suas exigências de "democracia" e de "restabelecimento da constituição" não fossem atendidas. Um segundo foco de insatisfação foi a classe trabalhadora de Buenos Aires. Depois de 1900, ocorreu uma sucessão de greves gerais às vezes violentas, comandadas pelos militantes anarquistas. Na época da eleição de Sáenz Peña em 1910, parecia que o movimento soçobrara com a prisão ou deportação de muitos anarquistas suspeitos. No entanto, a maioria das condições que haviam produzido a agitação urbana não tinham mudado. Em resposta a essa dupla ameaça à estabilidade o que Sáenz Peña ofereceu em sua reforma eleitoral de 1912 foi o sufrágio da população masculina, a representação das minorias no Congresso e o fim das fraudes eleitorais. No seu entender, a ordem política era essencial para a continuidade da expansão econômica:

> Se começamos a nos auto-exaltar, é porque tínhamos sido capazes de demonstrar o enorme poder do governo nacional, que inspira um sentimento de segurança, de paz e de confiança. Não tolerarei a opressão, mas condeno as revoluções [...] Não acredito

que possamos consolidar nossa posição atual, a não ser que nos aperfeiçoemos num clima de ordem[19].

Referindo-se à Unión Cívica Radical, Ramón Cárcano, um dos partidários de Sáenz Peña no Congresso, declarou:

Por vinte anos existiu no país um partido organizado, popular e dinâmico, que levantou a bandeira da liberdade de sufrágio e preconiza como único meio de alcançar seus ideais uma revolução apoiada abertamente [...] Por uma geração, tanto o governo quanto a nação têm sido forçados constantemente ou a reprimir uma rebelião ou a temer a iminência de uma rebelião [...] Uma mudança no sistema eleitoral [...] é adotar nesse momento crítico a única política em torno da qual o país está unido: a política do desarmamento, eliminar das eleições a abstenção e banir a rebelião; incorporar cada força política ativa no processo eleitoral[20].

O objetivo, além de satisfazer os radicais, era dar às associações moderadas da classe trabalhadora, especialmente ao Partido Socialista (fundado em 1894), uma oportunidade de substituir os anarquistas. Em 1912, um membro conservador do Senado nacional, Benito Villanueva, sugeriu a necessidade de "abrir uma válvula de escape e permitir dois ou três socialistas no Congresso, sobretudo nessa época de inquietação da classe trabalhadora em que está para ser discutida uma legislação sobre greves"[21]. Por último, Sáenz Peña e seu grupo esperavam também incentivar as facções oligárquicas a criar um partido conservador forte, unido, capaz de reunir uma ampla base popular. Em 1912, parecia haver ampla perspectiva de realizar esses objetivos. Assim, no final de seu mandato em 1916, Sáenz Peña transmitiria o poder a um conservador progressista como ele, fortalecido por ter conquistado a presidência de maneira franca e legítima nas urnas. Isso enfraqueceria os radicais, que viriam minado seu principal pretexto para uma revolução. Mesmo que não conseguisse amansar os trabalhadores, fortaleceria o poder do governo no caso de novo conflito.

19. ROQUE SÁENZ PEÑA, *Discursos del Dr. Roque Sáenz Peña al Asumir la Presidencia de la Nación*, Buenos Aires, 1910, p. 40.

20. *Diario de Sesiones*, Cámara de Deputados, 1911, vol. II, p. 160.

21. *Idem*, Senadores, 1911, vol. II, p. 338.

Depois de 1912, os acontecimentos determinaram um rumo muito diferente daquele que fora previsto. O Partido Socialista construiu uma grande base eleitoral na cidade de Buenos Aires, mas não conseguiu conquistar o controle sobre os sindicatos da classe trabalhadora. O anarquismo continuou a decair, mas em seu lugar surgiu um novo movimento sindicalista, que, em 1915, se apoderou da principal federação sindical, a Federación Obrera Regional Argentina (FORA). Enquanto isso, a Unión Cívica Radical crescia espetacularmente em todas as partes do país. No entanto, os conservadores estavam estagnados. Suas tentativas de autodemocratização alcançaram um sucesso apenas parcial: ao contrário de seus principais adversários, não conseguiram criar um movimento nacional unido. Depois de 1912, dividiram seu apoio entre o governador da província de Buenos Aires, Marcelino Ugarte, e o líder do Partido Democrata Progressista com base em Santa Fe, Lisandro de la Torre. Essa desunião foi até certo ponto um sintoma de depressão econômica; após 1912, a queda dos preços da terra, as restrições de crédito e a redução dos ganhos com a exportação desordenaram ainda mais o campo conservador. Sáenz Peña nada fez para deter o processo de fragmentação e decadência e, quando sucumbiu ao câncer em agosto de 1914, as questões tinham se aprofundado demais para serem remediadas facilmente. O sucessor de Sáenz Peña na presidência, o financista septuagenário Victorino de la Plaza, logo se viu enredado nas repercussões econômicas da guerra; tinha pouca oportunidade de manobra política. Assim, o resultado inesperado das eleições de 1916 foi uma vitória da Unión Cívica Radical e de seu líder Hipólito Yrigoyen, embora por uma margem muito pequena de votos.

A eleição de Yrigoyen para a presidência em 1916, nas primeiras eleições nacionais sob o sufrágio universal masculino, foi considerada por muitos o presságio de nova era no desenvolvimento político do país. O novo partido do governo abarcava grandes segmentos da população que antes haviam desfrutado de pouca representação real. Seria de esperar que fizessem pressões em favor de inovações. Mas, apesar da sua derrota e da desconfiança que sentiam por Yrigoyen, os conservadores não ficaram muito alarmados. Ao aceitar a política eleitoral, parecia que os radicais haviam abandonado a idéia de revolução. Yrigoyen não mostrara nenhum indício de que estava comprometido com importantes mudanças. Apesar do grande apoio que recebeu da classe média, seu partido conquistou uma boa porção dos membros da elite. As recentes eleições pouco mais haviam feito que mudar o presidente. Os conservadores dominavam o Congresso graças à maioria esmagadora que tinham no

Senado. Controlavam firmemente diversas províncias. Do mesmo modo, sua influência sobre outras instituições proeminentes: o Exército, a Igreja, a Sociedade Rural etc. não diminuíra. Tinham criado uma democracia popular por concessão; o que haviam dado, também poderiam tirar. O mandato que Yrigoyen conquistou tanto por cortesia da antiga classe dirigente quanto por seus próprios esforços era extremamente condicional: ele teria de manter o *status quo* e ao mesmo tempo reduzir o nível de inquietação popular.

O primeiro mandato de seis anos de Hipólito Yrigoyen (1916–1922) esteve longe de ser a suave transição para a democracia representativa que os conservadores tinham esperado. Foi influenciado de perto pela inflação causada pela guerra, que alterou a distribuição de renda entre as principais classes sociais, e pelos ciclos de depressão e prosperidade durante todo o período de 1916 a 1922. A inflação, como vimos, foi a causa de prolongada inquietação da classe trabalhadora de Buenos Aires e de outras partes do país. Seus principais episódios foram uma greve geral em Buenos Aires em janeiro de 1919 e uma onda de agitação trabalhista rural na Patagônia entre 1920 e 1922. Os ciclos econômicos provocaram oscilações na entrada de produtos importados e, portanto, nas receitas do governo. Isso, por sua vez, exerceu grande impacto sobre a capacidade do governo de ampliar sua base de apoio popular e de reduzir a influência da oposição conservadora. Afetou bastante suas relações com o terço superior da classe média com direito de voto, muitos de cujos membros eram funcionários da administração pública. Até 1919 o governo da Unión Cívica Radical incensou a classe média, principalmente através de seu apoio à mudança e expansão do ensino universitário. Depois disso, passou a depender cada vez mais dos laços clientelistas. No prazo mais longo, Yrigoyen foi levado por diversas forças a estreitar sua base política, que no final era constituída em grande parte pela classe média. Nasceram daí as fissuras de classe na política argentina que tiveram estreita relação com sua derrubada em 1930.

No começo houve uma forte aparência de continuidade entre a nova administração dos radicais e seus antecessores conservadores. Yrigoyen procurou cuidadosamente o apoio de instituições conservadoras como a Igreja e formou seu gabinete com membros das elites tradicionais. A maioria dos ministros eram filiados à Sociedade Rural, o principal guardião dos interesses da pecuária. Quando Yrigoyen reafirmou a neutralidade argentina na guerra, os negócios internacionais também não sofreram solução de continuidade. Nos primeiros meses no cargo, o novo presidente irritou persistentemente a opinião pública conservadora com suas manobras políticas secretas e com uma atitude arrogante no protocolo, como, por exemplo, ignorar a prática aceita de comparecer à abertura do Congresso. Ainda assim, com relação à maioria das amplas questões de política ele se comportou de maneira segura e convencional.

As propostas legislativas do novo governo, submetidas ao Congresso no final de 1916, foram medidas levadas à discussão pública por algum tempo e consideradas moderadas em seu conteúdo. O governo solicitou recursos para novos programas de colonização nas terras do Estado, um fundo de emergência para ajudar os fazendeiros prejudicados por recente seca, um novo banco do Estado para fornecer melhores formas de crédito para a agricultura e a aquisição de navios para atacar o problema dos altos preços dos fretes decorrentes da guerra. Propôs ainda, em 1918, a introdução de um imposto sobre a renda. O erro de Yrigoyen, em 1916, foi pedir ao Congresso a grande soma de 100 milhões de pesos-papel para pôr em prática essas várias medidas. Os conservadores concluíram imediatamente que os fundos seriam empregados para finalidades partidárias. Defendendo a necessidade de economizar, o Congresso atribuiu pouca importância às propostas e rejeitou-as. Não era tanto que o Congresso se opusesse às medidas em si; é que ele estava pouco disposto a conceder independência financeira ao Executivo – Yrigoyen seria menos impertinente se dispusesse de recursos mínimos. Disputas desse tipo em torno da aprovação e liberação de fundos públicos continuaram a pontuar todo o seu mandato na presidência e foram uma das origens principais do aumento do fosso entre o governo e os conservadores da oposição. Houve anos em que o Congresso não votou o orçamento anual, levando o governo a continuar fazendo seus gastos por simples resolução do gabinete. Após 1919 esse se tornou o principal método de Yrigoyen para aumentar os gastos do Estado. A constante disputa entre o Executivo e o Congresso em assuntos financeiros foi uma das principais razões do trabalho um tanto estéril do Legislativo antes de 1922. A principal obra de Yrigoyen foi a criação de um banco de hipoteca agrícola em 1920 pela Lei nº 10 676. Nos termos dessa lei, foram dadas aos fazendeiros condições mais liberais de crédito para a aquisição de terra. A lei ajudou as tentativas de colonização nos limites externos dos pampas e nos territórios nacionais[22].

22. Cf. ROBERTO ETCHEPAREBORDA, *Yrigoyen y el Congreso*, Buenos Aires, 1956; com relação à legislação agrária, cf. ORTIZ, *Historia Económica*, vol. I, p. 57.

O presidente só poderia prevalecer sobre o Congresso se mudasse a composição deste e obtivesse maioria. Para consegui-lo, teria de controlar as províncias e suplantar os governadores conservadores e suas máquinas partidárias. Como Roca, Pellegrini e Figueiroa Alcorta antes dele, Yrigoyen recorreu à intervenção federal. Essas intervenções nas províncias e problemas relacionados com eleições foram a fonte de algumas das mais ferozes controvérsias nos três primeiros anos de seu mandato. As mais sérias aconteceram no início de 1917 quando Yrigoyen, ignorando a alegação do Congresso de que em tais assuntos era necessária uma lei, decretou a intervenção na província de Buenos Aires contra Marcelino Ugarte. Nos seis anos de seu governo foram realizadas cerca de vinte intervenções federais sem precedentes, quinze delas por decreto. No entanto, a maioria delas aconteceram depois de 1918, quando a luta pelo poder entre os radicais e os conservadores entrou em sua fase mais intensa. Além disso, a maioria delas foram praticadas nas províncias atrasadas do interior, onde o controle sobre o executivo e seu arsenal de favores, empregos e créditos, era a chave para a dominação política. Graças em grande parte à intervenção federal, a Unión Cívica Radical obteve maioria na Câmara Nacional dos Deputados em 1918. Mas não conseguiu controlar o Senado, cujos membros tinham um longo mandato de nove anos e somente um terço era renovável a cada três anos[23].

Antes de 1919, o governo dos radicais procurou estreitar seus vínculos com as classes médias apoiando o movimento de reforma universitária, *La Reforma*, que começou em Córdoba em 1918, depois da crescente agitação em favor de mudanças no ensino superior. Nessa época, a Argentina tinha três universidades: Córdoba (fundada em 1617 pelos jesuítas), Buenos Aires (1821) e La Plata (1890). A freqüência a essas instituições aumentara de mais ou menos três mil em 1900 para 14 mil em 1918. Antes de 1918, por uma década ou mais haviam crescido em Córdoba as tensões entre a ordem eclesiástica encarregada e imutável e as novas classes médias de origem imigrante cujos números estavam se expandindo continuamente no corpo estudantil. Nos anos da guerra, as persistentes reivindicações de melhorias do ensino universitário e a dinamização de seus currículos foram radicalizadas por acontecimentos externos ao país – especialmente as revoluções da Rússia e do México. O movimento de reforma começou em Córdoba com uma série de

23. Cf. RODOLFO MORENO, *Intervenciones Federales en las Provincias*, Buenos Aires, 1924.

greves de ativistas e uma enxurrada de manifestos, organizados por uma nova associação estudantil, a Federación Universitaria Argentina. Entre as reivindicações figuravam a representação dos estudantes na gestão da universidade, a reforma das práticas de exame e o fim do nepotismo na indicação dos professores. Durante grande parte do ano de 1918, a Universidade de Córdoba e a cidade se viram envoltas num turbilhão. No ano seguinte, as greves estudantis se espalharam para Buenos Aires e La Plata.

O governo dos radicais deu aos estudantes um apoio constante. Em 1918, Yrigoyen enviou a Córdoba delegados pessoais, conhecidos por sua adesão ao movimento de reforma. Implantaram muitas das mudanças que os estudantes julgavam necessárias e tentaram unir os vagos ideais democráticos do radicalismo com o difuso corpo de doutrina que emanava do movimento reformista. Posteriormente, o governo realizou reformas semelhantes na Universidade de Buenos Aires. No final, as três universidades receberam novas cartas, que supostamente garantiam sua autonomia, mas na verdade colocavam-nas sob o controle mais direto do governo central. Quando as novas universidades de Santa Fe e de Tucumán foram criadas em 1919 e em 1921, o mesmo regime foi implantado. O apoio do governo radical à reforma universitária foi considerado por muito tempo uma de suas obras mais positivas e duradouras. Aqui Yrigoyen conseguiu desafiar uma área de privilégio e associar-se à democratização, sem ser impedido pela oposição dos conservadores.

Em seu contato com a classe trabalhadora e os sindicatos de Buenos Aires seu sucesso foi muito menor, fruto das agudas rivalidades entre os radicais e os socialistas por uma maioria popular na capital. A competição entre os dois partidos teve início nas primeiras eleições realizadas na cidade depois da Lei Sáenz Peña de 1912 e perdurou durante todo o período até 1930. Em 1912, o Partido Socialista já havia conseguido mais de trinta mil votos na cidade. Posteriormente, esse número dobrou e depois triplicou à medida que o partido firmava sua posição entre o eleitorado. No entanto, o partido era controlado por intelectuais da classe média e, embora sua principal força eleitoral fossem os trabalhadores, conseguiu atrair muitos grupos colarinhos-brancos e proprietários de pequenos negócios. Seu programa dava pouca ênfase à socialização da propriedade; sua principal preocupação era proteger os interesses do consumidor urbano. A principal fraqueza do partido, que derivou em grande parte das atitudes moderadas que assumiu, era a falta de apoio dos sindicatos. Antes de 1910, estes eram manobrados pelos anarquistas e depois dessa data pelos sindicalistas, que, em 1915, como vimos, assumiram o comando da principal federação trabalhista de Buenos Aires, a FORA. O principal objetivo da Unión Cívica Radical foi explorar a fissura entre o partido e o sindicato e conseguir que os membros dos sindicatos votassem com ela.

A competição pelo voto da classe trabalhadora, que já na eleição presidencial de 1916 se tornou uma questão importante em Buenos Aires, continuou sem solução quando Yrigoyen assumiu o governo. A ofensiva dos radicais começou no final de 1916, quando rebentou uma greve no porto de Buenos Aires. O movimento foi organizado por um grupo denominado Federación Obrera Marítima, uma associação comandada pelos sindicalistas. Era um grupo um pouco diferente dos anarquistas, seus antecessores. Em sua maioria, não eram imigrantes, mas naturais do país. Apenas fingiam defender a meta da revolução de classe, mas estavam interessados quase que exclusivamente em questões salariais. Yrigoyen viu na greve dos marítimos a oportunidade de melhorar sua reputação entre a classe trabalhadora e enfraquecer os socialistas. Quando o movimento grevista começou, a reação das autoridades deu a entender que eram simpáticos à causa dos trabalhadores. Alardearam o fato de não terem empregado medidas policiais para reprimi-la, como fora a prática habitual até aquele dia. Em vez disso, vários líderes sindicais foram convidados a reunir-se com membros do governo e instados a aceitar sua mediação. No acerto final, os grevistas obtiveram um acordo que atendeu à maioria das suas reivindicações.

A intervenção do governo nessa greve e em outras transformou-se rapidamente em importante questão política. Por algum tempo, ela valeu aos radicais uma certa popularidade entre os sindicatos e a classe trabalhadora eleitora, que ajudou o partido a ganhar as eleições contra os socialistas. Nas eleições parlamentares de 1916, a Unión Cívica Radical obteve 59 061 votos na cidade de Buenos Aires, ou 47,1 por cento do total; em 1918, esse número aumentou para 74 180 (51,7 por cento do total). No entanto, o partido obteve essas vitórias eleitorais à custa da oposição vigorosa dos conservadores, que rapidamente saíram dos limites do Congresso e da imprensa e agregaram as importantes associações de interesse especial lideradas pela Sociedade Rural. Em 1917 e em 1918, as greves transbordaram as fronteiras de Buenos Aires e chegaram às companhias ferroviárias inglesas. Aqui, em grande parte devido ao alto custo do carvão importado durante a guerra, as condições de trabalho haviam deteriorado e os salários tinham baixado. Quando o governo voltou a aparecer para apoiar os grevistas, a oposição alastrou-se para as empresas comerciais inglesas, que acusaram o governo de ser pró-alemão.

Industriados pelas principais companhias inglesas, os empregadores fundaram um órgão fura-greves, a Associação Nacional do Trabalho, que se propôs uma guerra total contra os "agitadores" dos sindicatos.

Depois disso, por vários meses a frente trabalhista permaneceu razoavelmente tranqüila. Então, no início de janeiro de 1919, a insatisfação da classe trabalhadora reapareceu de repente com uma intensidade ainda maior. Este episódio, conhecido depois como *La Semana Trágica*, originou-se de uma greve de operários metalúrgicos no começo de dezembro de 1918. A indústria metalúrgica sofrera talvez mais do que qualquer outra durante a guerra. Era totalmente dependente de matérias-primas importadas numa época em que os preços tinham alcançado níveis astronômicos em virtude das altas taxas de embarque e da escassez mundial de diversos produtos devido à fabricação de armamentos. Quando o preço das matérias-primas deu um salto para cima, os salários caíram. No fim da guerra, os metalúrgicos achavam-se em situação desesperadora. A greve foi uma luta pela sobrevivência. O movimento evoluiu imediatamente para a violência, e a polícia foi obrigada a intervir. Quando os grevistas assassinaram um policial da cidade, a força organizou uma ataque de retaliação. Dois dias depois cinco pessoas foram mortas num tumulto entre os dois lados.

Diante disso, a cidade explodiu em violência. Ignorando os pedidos de moderação dos sindicalistas, os trabalhadores entraram em greve em massa, organizando um grande cortejo através da cidade em homenagem às vítimas da polícia. Seguiram-se outras explosões de violência. As coisas tomaram uma velocidade tal que paralisou o governo. Quando ele hesitou, o exército interveio. Comandados pelo general Luis F. Dellepiane, antigo chefe de polícia de Buenos Aires, destacamentos militares, equipados com artilharia e metralhadoras, apareceram para reprimir o tumulto. Dellepiane executou sua tarefa com alguma facilidade. Os grevistas logo foram dispersados. E tudo o que restou do movimento foram esporádicos motins por alimentos, quando eles escassearam na cidade.

Enquanto isso acontecia, Yrigoyen na maior parte do tempo estava sentado tranqüilamente no segundo plano. Ele sabia da perigosa onda de oposição que se difundia nos círculos do exército e da marinha. Era uma conseqüência não só de suas políticas trabalhistas, mas também de seu malabarismo com as promoções do exército para favorecer os simpatizantes da Unión Cívica Radical e do uso da instituição nas recentes intervenções federais. Em janeiro de 1919, alguns elementos das forças armadas estavam prontos para derrubá-lo. Nesse clima, o governo radical foi vítima de uma reação dos conservadores determinados a vingar-se das recentes desordens. Logo depois da greve, grupos civis de vigilantes brotaram em grande número. Depois de rápido treinamento e de exercício de tiro com rifles dados pelo exército, essas gangues eram soltas nas ruas. No entanto, logo suas atividades concentraram-se na comunidade judio-russa da cidade. Seus membros tornaram-se os principais alvos, sob o pretexto de que a greve geral fora o prelúdio de uma revolução bolchevique, parte de uma suposta conspiração mundial dirigida a partir da União Soviética para a derrubada do capitalismo. Na Argentina, como em outros países das Américas e da Europa ocidental infectados por temores semelhantes, essa suspeita não tinha fundamento. Não obstante, a reação que provocou tirou as vidas de mais de duzentas pessoas. A xenofobia, junto com sentimentos antitrabalhistas, anticomunistas e anti-semíticos, foi usada pelos conservadores para acabar com o isolamento e a desunião que lhes haviam custado a eleição de 1916. Haviam pensado num grande movimento popular, que incluía muitos radicais, e o apoio do exército transformou-o num foco paralelo e potencialmente competitivo de autoridade contra o governo. Quando a violência finalmente diminuiu, os grupos de vigilantes organizaram-se numa associação no estilo da Liga Patriótica Argentina.

Em março de 1919, foi disputada na capital federal uma eleição vital para a escolha de senadores. Essa os radicais conseguiram ganhar, mas por uma diferença de apenas três mil votos num total de 99 mil apurados. Em pouco mais de um ano, sua votação caíra de mais de 51 por cento para menos de 40 por cento. No entanto, os conservadores, representados pelo Partido Democrata Progressista, aumentaram sua votação de 9 030 para mais de 36 mil sufrágios. Isso queria dizer que as classes médias de Buenos Aires tinham-se afastado fortemente dos radicais. Foi ao mesmo tempo um voto de censura ao governo pelas recentes greves e um forte gesto de apoio na direção dos conservadores.

No final de 1920, surgiu outra importante onda de inquietação – dessa vez na Patagônia. Iniciada nas cidades, espalhou-se rapidamente para as grandes fazendas de criação de carneiros. Para impor a greve nas regiões mais remotas, seus adeptos organizaram-se em bandos armados. Algumas escaramuças com os fazendeiros suscitaram ansiosos pedidos de ajuda a Buenos Aires. Alegando que a greve era uma capa para encobrir tramas chilenas para anexar a região, a Liga Patriótica exigiu ação imediata. Mais uma vez Yrigoyen foi incapaz de resistir. Foi organizada uma expedição militar para reprimir a greve. Em longa campanha que perdurou por todos os anos de

1921 e 1922, pontuada por uma torrente de relatos de brutalidade do exército, a greve foi reprimida[24].

Essa saga da agitação trabalhista revelou repetidas vezes a fragilidade da autoridade de Yrigoyen. Numa tentativa de reconstruir sua base de apoio, ele recorreu ao populismo e ao clientelismo. Depois de meados de 1919, com a recuperação das importações e das receitas, os gastos do Estado começaram sua marcha ascendente. A corrente de intervenções federais nas províncias virou uma torrente. Abrindo a burocracia a seus partidários e recompensando-os nas províncias, Yrigoyen recuperou rapidamente sua popularidade pessoal. No fim de 1919, uma tentativa do Senado de votar o *impeachment* do presidente foi obstruída pelos radicais até a questão cair no esquecimento, enquanto a greve na Patagônia tornou-se em parte um meio de desviar as atenções do exército e da Liga Patriótica da política em Buenos Aires. Nas eleições parlamentares do início de 1920, a Unión Cívica Radical voltou a ganhar a disputa com o Partido Socialista e o Partido Democrata Progressista; a votação deste último diminuiu substancialmente. Depois disso, a força eleitoral dos conservadores decresceu rapidamente. (Em 1922, como em 1916, entraram na campanha para as eleições presidenciais divididos: os democratas-progressistas obtiveram apenas 5,8 por cento dos votos e um novo grupo conservador criado para disputar as eleições presidenciais, a Concentração Nacional, recebeu 12,2 por cento da votação.) Em 1922, no conjunto do país, os radicais tinham uma organização política que lhes deu vantagem sobre todos os seus oponentes reunidos. Mas o uso indiscriminado da intervenção federal por Yrigoyen e suas políticas de grandes gastos, quando as receitas voltaram a cair durante a depressão do pós-guerra, provocaram novas e pesadas críticas dos conservadores. Ao recompensar sua clientela da classe média, Yrigoyen também provocou atritos com a ala patrícia de seu próprio partido. Tanto os conservadores quanto os dissidentes dos radicais atacaram fortemente a liderança "personalista" do presidente, acusando-o de fomentar o caos financeiro e de promover funcionários corruptos e incompetentes do partido para postos decisivos do governo. Alguns previram a sua derrocada a não ser que o governo parasse de resvalar para a "demagogia". Em 1916, os interesses conservadores aceitaram Yrigoyen na crença de que

24. O relato desse movimento na Patagônia foi feito de maneira dramática e fascinante por OSVALDO BAYER, *Los Vengadores de la Patagonia Trágica*, Buenos Aires, 1972, 2 vols.

ele protegeria a continuidade e a estabilidade. Sem dúvida houve continuidade na maioria das regiões: as obras de reforma dos radicais foram insignificantes. No entanto, a estabilidade parecia em 1922 tão distante quanto em qualquer outro momento dos últimos trinta anos.

Alvear, 1922–1928

Para grande alívio de seus adversários políticos, o mandato de Yrigoyen chegou ao fim em 1922. Seu sucessor, eleito por uma grande maioria das províncias e por uma pluralidade do voto popular contra a oposição dos conservadores e dos socialistas, foi Marcelo T. de Alvear, membro de uma das famílias mais antigas e mais ricas do país. O novo presidente assumiu o poder no auge da depressão do pós-guerra. O ciclo econômico novamente eclipsou alguns dos principais problemas que enfrentou: a crise na indústria da carne, a reforma tarifária e a questão da dívida pública. O primeiro desses problemas, principalmente, era muito importante porque ilustrava o poder que as indústrias de embalagem de carne tinham adquirido na política nacional. O segundo mostrava que as atitudes do século XIX com relação às tarifas e à proteção industrial continuavam a prevalecer na década de 1920. Enquanto isso, a condução do problema da dívida pública por Alvear influenciou bastante a política durante toda a década de 1920. Foi uma das causas da divisão da Unión Cívica Radical em 1924, revelou a crescente fraqueza de Alvear como presidente e deu condições a Yrigoyen de reaparecer como líder popular pronto para disputar as eleições presidenciais de 1928.

A instalação de fábricas norte-americanas e inglesas de embalagem de carne depois de 1900 e o aumento das exportações de carne refrigerada de alta qualidade provocaram grandes mudanças na pecuária argentina. Em muitas partes dos pampas, sobretudo na província de Buenos Aires, foram feitos pesados investimentos no melhoramento dos rebanhos, especialmente do gado Shorthorn. Desenvolveu-se ao mesmo tempo, no meio pecuarista, uma especialização entre os engordadores e os criadores de gado. No entanto, durante a guerra essas tendências cessaram abruptamente. O negócio de carne refrigerada foi suspenso, enquanto as exportações de carne congelada ou enlatada aumentaram bastante; com a mudança para uma carne de menor qualidade, deixou de ser essencial o uso de rebanho excelente, ou de engordá-lo em pastos especiais antes do abate. Entre 1914 e 1921, todos os pecuaristas, independentemente da qualidade de seu plantel, trabalharam com carne congelada e enlatada e lucraram mais ou menos o mesmo que no período de grande desenvolvimento desse comércio. Várias novas empresas de embalagem de carne foram fundadas em Zárate, em Concordia e em La Plata. A prosperidade ultrapassou as fronteiras da província de Buenos Aires e chegou às regiões menos centrais de criação de gado, como Entre Ríos e Corrientes, onde os rebanhos eram formados em sua maior parte pelas raças crioulas tradicionais. Ao mesmo tempo, empresas urbanas de Buenos Aires e de Rosario, contando com generosos créditos bancários, foram atraídas para a pecuária em grande escala. Entre 1914 e 1921, o rebanho bovino da Argentina aumentou cerca de 50 por cento, passando de 26 para 37 milhões de cabeças.

O surto de prosperidade terminou em 1921 quando o governo inglês parou de estocar os suprimentos vindos da Argentina, aboliu o controle da carne e começou a liquidar seus valores mobiliários acumulados. Na Argentina, o abate para exportação em 1921 foi menos da metade do realizado em 1918. Os preços também caíram pela metade. A produção de carne congelada e enlatada diminuiu drasticamente e quase desapareceu. Depois disso, o pouco que restou do negócio voltou a ser dominado, após um intervalo de sete anos, pela carne refrigerada. Por algum tempo, todos os setores da economia pecuária, desde os humildes plantadores de alfafa às grandes indústrias de embalagem de carne como a Armour and Swift, sofreram os percalços da depressão. Entretanto, em virtude da organização vertical da indústria, as perdas que ela ocasionou não foram distribuídas por igual. Alguns setores conseguiram proteger até certo ponto suas margens de lucro forçando a baixa dos preços que pagavam àqueles que os supriam. Esse poder e liberdade de manobra foram uma exclusividade sobretudo das fábricas de embalagem de carne. Os pecuaristas que trabalhavam com gado Shorthorn também conseguiram evitar o impacto total da depressão mudando para o negócio de carne refrigerada, ao passo que os especializados em gado de corte acompanharam os frigoríficos e cortaram os preços que pagavam aos criadores. Além desses últimos, as principais vítimas da depressão foram os fazendeiros de Entre Ríos e Corrientes, que tinham cometido o erro de investir alto no rebanho crioulo, e a grande quantidade de especuladores do tempo da guerra, que também tinham grandes rebanhos inúteis, e agora tinham de enfrentar grandes pagamentos de suas hipotecas.

No auge da crise, um segmento dos pecuaristas assumiu o controle da Sociedade Rural. Essa prestigiosa instituição foi usada para pressionar o governo a intervir contra os frigoríficos. Acusaram-nos de formar um *pool* de compra a fim de salvaguardar seus lucros. Para contrapor-se a esse monopsônio, a Sociedade Rural propôs a fundação de um frigorífico nacional que pagasse melhores preços do que os norte-americanos e ingleses. Outras medidas foram concebidas para ajudar os fazendeiros superestocados com gado crioulo. Recomendaram um preço mínimo para o gado pelo critério do peso em vez de raça e, em segundo lugar, a proibição dos frigoríficos estrangeiros de fornecer para o mercado interno, reservando-o para aqueles que tinham rebanho inferior. Em 1923, com o apoio do governo, o Congresso aprovou uma lei que incorporou a maioria dessas propostas, mas a tentativa de regulamentá-la foi um enorme fracasso. Os frigoríficos reagiram com a imposição de um embargo a todas as compras de gado, uma atitude que rapidamente confundiu e dividiu os fazendeiros. Logo depois, o governo arquivou todo o programa e não foi tomada nenhuma outra medida. Os criadores foram obrigados a agüentar a depressão sem a ajuda do governo.

Tem-se afirmado às vezes que as propostas de mudanças das tarifas nacionais que Alvear levou ao Congresso em 1923 apresentavam uma forte tendência protecionista, com o objetivo de incentivar a indústria nacional. Esse foi, certamente, o propósito declarado do presidente na justificação da medida. Sugeriu a redução das taxas alfandegárias sobre as matérias-primas importadas pela indústria metalúrgica e, em segundo lugar, pediu que a proteção dada ao açúcar e aos vinhos na década de 1880 fosse estendida ao algodão, à erva-mate e às frutas temperadas. Contudo, o impacto dessa medida sobre o conjunto da indústria foi pequeno. Levando em conta o caráter protecionista dessa parte da medida, ela foi muito mais uma continuação das políticas adotadas no final do século XIX. Teve grande importância para as regiões agrícolas que o governo estava tentando colonizar, como o Chaco e Río Negro. Além disso, Alvear recomendou um aumento uniforme de 80 por cento nas avaliações dos produtos importados para a aplicação da tarifa. A mudança aqui não foi nos impostos alfandegários em si, mas na avaliação feita pelas alfândegas dos valores dos produtos importados. Sobre esses valores era aplicada uma lista variável de taxas alfandegárias. O aumento nas avaliações, que o Congresso reduziu para 60 por cento, era calculado sobre o valor já acrescido de 20 por cento em 1920, no governo de Yrigoyen. Um aumento de 80 por cento distribuído em três anos parecia grande, mas na verdade apenas compensava a inflação dos preços dos produtos importados durante a guerra. Foi, como vimos, uma mudança nos valores sobre os quais deviam incidir as tarifas, e não, em sua maior parte, nas taxas em si; esta última teria propiciado a real oportunidade de conduzir o desenvolvimento da economia interna. Tudo o que se fez foi mais ou menos um retorno a 1914, oito anos depois que as avaliações originais tinham sido feitas. Devido à inflação, as avaliações, que em 1906 montavam a cerca de 25 por cento dos valores reais, haviam caído para uma média de apenas 9,4 por cento em 1921. Assim, a reforma tarifária de 1923 foi protecionista apenas até certo ponto muito limitado. Seus principais objetivos eram diferentes: aumentar as receitas do governo enquanto reduzia ao mesmo tempo as importações durante a recessão do pós-guerra, para ajudar os programas de colonização e evitar uma repetição dos acontecimentos de 1920 que geraram uma onda de *dumping* da parte dos industriais estrangeiros. Desses objetivos o aumento das receitas foi o mais importante. A mensagem de Alvear ao Congresso, em 1923, dizia que as avaliações atuais para aplicação das alíquotas eram uma "flagrante injustiça" e causa de "uma redução inconveniente das receitas nacionais".

As idéias sobre a questão tarifária e sobre a indústria nacional na década de 1920 foram afetadas fortemente pelos acontecimentos da década passada. Entre 1913 e 1920, primeiro com a depressão e depois com a guerra, a indústria local desfrutara de uma proteção sem precedentes, embora totalmente involuntária. Ainda assim, aos olhos da geração do pós-guerra, tudo o que pareceu ter sido feito foi uma inflação incontrolável, lucros injustificadamente altos para *pools* de empresários exploradores às custas dos consumidores e uma onda de greves que estiveram a ponto de provocar uma revolução dos trabalhadores. Contra isso era essencial um retorno à estabilidade do pré-guerra. As opiniões a respeito da indústria nacional eram em grande parte as mesmas que haviam surgido em quase todo o século XIX. A proteção somente se justificava para os produtos nacionais que pudessem rapidamente competir em preço com os importados, na maioria dos casos os agrícolas; os outros eram "artificiais": promovê-los mediante proteção induziria falhas crônicas na economia. Embora ajudassem a aumentar o emprego e reduzissem a necessidade de importações, também inflacionavam os preços e diminuíam o consumo global. É provável que a reforma tarifária de 1923 tenha exercido, na década de 1920, pouco impacto sobre a indústria, que cresceu principalmente com a chegada de novos imigrantes e com os primeiros investimentos norte-americanos. Se na década de 1920 o conjunto da indústria desfrutou de alguma proteção significativamente maior do que antes de

1914, isso decorreu talvez muito mais da sobretaxa disfarçada sobre os produtos importados resultante da depreciação do peso entre 1921 e 1926.

Para complementar suas mudanças na tarifa, Alvear também atacou a questão dos gastos do governo e a dívida pública. Em 1923, seu ministro das Finanças, Rafael Herrera Vegas, profetizou a "ruína nacional" com "o pagamento de um bilhão de dívida flutuante e de 604 milhões de gastos orçamentários"[25]. Tanto ele quanto Alvear decidiram deter o resvalamento, que vinha ocorrendo desde 1919, para o que consideravam a anarquia financeira. Contudo, a austeridade fiscal era extremamente impopular entre os membros da Unión Cívica Radical. Para eles, altos gastos do Estado não eram apenas uma questão de oportunidades de carreira e de mobilidade social, mas também um meio de escapar da depressão. Para controlar os gastos do Estado era essencial anular as nomeações de Yrigoyen para a administração, muitas das quais tinham sido feitas um pouco antes das eleições presidenciais de 1922. Sem pensar nos perigos e em seu provável efeito sobre suas relações com Yrigoyen, Alvear entregou-se a essa tarefa. Abandonou a prática contestada de seu antecessor de autorizar despesas por simples resolução de gabinete e restabeleceu a total supervisão do Congresso nas questões financeiras. Entre o final do ano de 1922 e 1924 houve uma enxurrada de campanhas contra a corrupção administrativa e uma longa sucessão de expurgos e demissões. Em 1925, predominava uma aparência de ordem. Com as mudanças de tarifas e a recuperação da depressão, as receitas do governo melhoraram sensivelmente. Embora não tenha conseguido de modo geral deter a tendência ascendente nos gastos públicos, Alvear acabou por equilibrar as receitas com as despesas e empenhou-se em diminuir o ritmo de crescimento da dívida flutuante.

Mas isso lhe saiu caro nas relações com o partido. Sob o impacto dos expurgos e dos enormes cortes de despesa, o controle de Alvear sobre o partido entrou rapidamente em colapso. Em meados de 1924, os radicais dividiram-se em dois bandos inconciliáveis. Um, a maioria no Congresso e nos comitês eleitorais, desistiu de apoiar Alvear e reafirmou sua fidelidade a Yrigoyen. Chamavam-se a si mesmos yrigoyenistas. Os outros tornaram-se os radicais "antipersonalistas", adotando esse título para expressar sua oposição a Yrigoyen. O último grupo era composto principalmente pela ala patrícia e conservadora do partido e por muitos radicais das províncias que se tinham

25. *Apud* ROCK, *Politics in Argentina, op. cit.*, p. 225.

afastado de Yrigoyen devido às intervenções federais em suas províncias depois de 1919. Após 1924, as duas facções entraram numa luta feroz por supremacia. Agora o que dominava a administração Alvear era a política, e não as políticas. A maioria yrigoyenista na Câmara dos Deputados torpedeou seu programa legislativo. A princípio o presidente coligou-se com os antipersonalistas, mas em 1925, numa tentativa de reunificar o partido, rompeu com eles, recusando-se a aceitar seu pedido de uma intervenção federal contra os yrigoyenistas da província de Buenos Aires. Em julho de 1925, Vicente Gallo, o ministro do Interior, um antipersonalista, renunciou ao cargo. Sem o apoio de Alvear, a força dos antipersonalistas logo enfraqueceu. Passaram a ser apenas mais uma facção conservadora, pouco mais do que uma coligação de grupos provinciais dominados por sua sucursal de Santa Fe.

A relutância de Alvear em seguir os antipersonalistas e em usar os poderes do presidente para favorecê-los deixou o caminho aberto para Yrigoyen. Depois de 1924, seus adeptos logo reconstituíram sua organização partidária. Na época das eleições parlamentares interinas de 1926, os comitês do partido yrigoyenista brotavam tanto nas cidades quanto no campo, conseguindo o apoio entusiasta de ampla variedade de grupos populares. Nesse período, os adeptos de Yrigoyen revelaram-se incomparáveis praticantes da arte da mobilização popular. Inundaram o país com propaganda pela imprensa e pelo rádio. Buscaram um apoio indiscriminado, não fazendo nenhum esforço para construir um partido com grupos cujos interesses fossem compatíveis. Ajudados pela volta da prosperidade em meados da década de 1920, alimentaram as expectativas de toda a população eleitora de uma volta à época da bonança clientelista de 1919–1922, insinuando que todos os setores da população iriam partilhar de seus frutos. Ao mesmo tempo, procuravam exaltar a pessoa de seu líder, expressando-se longamente sobre suas virtudes de líder popular e aumentando ao exagero suas realizações passadas. Em 1928, Hipólito Yrigoyen gozava de uma popularidade desconhecida na história anterior da Argentina. Estava preparada sua volta triunfal à presidência.

Não obstante, à medida que se aproximavam as eleições, Yrigoyen continuava a contar com muitos inimigos poderosos. As animosidades destes aumentaram quando ele entrou na disputa pelo poder. Em algumas províncias controladas pelos antipersonalistas e pelos conservadores sua posição era fraca. Ainda estavam vivas as lembranças da enxurrada de intervenções de sua administração anterior, que na memória dos políticos foram usurpações violentas e arbitrárias dos direitos das províncias. Esse tipo de oposição não se restringia mais às oligarquias agrárias das províncias. Em Mendoza e em San Juan, sob a liderança das famílias Lencinas e Cantoni, a oposição democratizara-se e tornara-se uma réplica localista do próprio movimento popular de Yrigoyen. O antagonismo contra ele ainda era muito amargo entre os conservadores que entre 1919 e 1921 haviam atiçado as chamas do chauvinismo, do anti-semitismo e do anticomunismo. Novamente a oposição do exército era indisfarçada e manifesta. Mais uma vez pairavam no ar boatos de um golpe militar. Quase no fim do mandato de Alvear vieram à tona relatos de uma conspiração do exército para impedir sua volta ao poder, orquestrada pelo ministro da Guerra, general Agustín P. Justo.

Entre esses diversos grupos Yrigoyen foi repetidas vezes denunciado pela maneira irresponsável e aparentemente demagógica com que manobrava sua base popular atual. Seus principais simpatizantes, as classes médias à caça de emprego, eram vistos pelos grupos conservadores como irremediavelmente corruptos. Nesse momento, Yrigoyen parecia uma proposta muito mais perigosa do que em 1916. Depois da divisão do partido em 1924, deixaram de existir os controles anteriores que a ala mais conservadora do radicalismo sempre exercera contra ele até certo ponto. Era suspeito de tramar uma ditadura popular. Nessa época, uma interminável sucessão de derrotas eleitorais deixara a oposição dos conservadores com pouca confiança na reforma de Sáenz Peña. Ela não produzira o tipo de governo que queriam. Embora alguns conservadores, como Justo, por exemplo, tivessem ficado satisfeitos com o governo dos antipersonalistas, outros tinham sofrido recentemente um acentuado deslocamento para a direita. Eram admiradores da Itália de Mussolini e da Espanha de Primo de Rivera e advogavam uma ditadura militar. Mas, com Yrigoyen chegando perto de atingir o zênite de sua popularidade, pouco se podia fazer. Uma tentativa de sobrestar seu retorno ao poder corria o risco de provocar a guerra civil. Nessa conjuntura, não havia nenhuma garantia de que os conservadores saíssem dela vitoriosos. Os conservadores tinham de esperar.

O Petróleo e as Relações Internacionais

Na campanha eleitoral de 1928, os yrigoyenistas levantaram uma questão que se revelou decisiva para levar seu líder de volta à presidência: o monopólio estatal do petróleo. Essa campanha nacionalista atacava as companhias petrolíferas norte-americanas, particularmente a Standard Oil of New Jersey. Acabou evoluindo para a questão mais ampla das relações entre a Argentina e os Estados Unidos.

A campanha do petróleo do final da década de 1920 começou uns vinte anos após a descoberta dos ricos campos petrolíferos na Patagônia, em Comodoro Rivadavia, em 1907, e de outros menores em Neuquén, em Mendoza e em Salta. As peculiaridades da história do petróleo argentino eram o papel proeminente do Estado na indústria desde seu início e a forte determinação de impedir que os recursos petrolíferos caíssem nas mãos de companhias estrangeiras. Em 1910, foi aprovada uma lei que estabelecia uma reserva do Estado sobre uma área de cinco mil hectares em Comodoro Rivadavia, da qual foram excluídos por algum tempo todos os direitos particulares. Logo depois, o próprio Estado iniciou operações de perfuração no local. As companhias privadas ficaram confinadas, inicialmente, aos campos petrolíferos menores de Neuquén e das províncias. Sáenz Peña foi um forte adepto dos esforços para desenvolver o petróleo nacional, em grande parte porque algumas greves organizadas na Inglaterra um pouco antes da guerra pareciam ameaçar as importações de carvão. Por outro lado, nessa época o conflito entre essa pequena empresa estatal e as companhias estrangeiras tinha pouca importância. Nesse momento, estas últimas mostravam pouco interesse em desenvolver a produção na Argentina e operavam no país apenas como importadores. Nesses anos iniciais, o progresso da indústria, tendo à frente o setor estatal, revelou-se um pouco desapontador. As esperanças de reduzir as importações, que vinham principalmente do Texas e do México, não se realizaram. Antes de 1914 a produção local era de apenas sete por cento do consumo total. O Congresso não se mostrava disposto a conceder recursos suficientes. Surgiram outras dificuldades na obtenção de equipamento e de pessoal especializado, dificuldades comuns a empreendimentos desse tipo fora dos países industrializados. Durante a guerra os Estados Unidos haviam decretado um embargo à exportação de equipamento de perfuração e de refino. Embora as tentativas de aumentar a produção interna tenham recebido durante a guerra um apoio crescente do exército e da marinha por causa das necessidades de defesa, o avanço pouco fez para aliviar a crise causada pela redução das importações do carvão inglês. Além disso, da produção total ainda pequena de óleo cru apenas uma fração podia ser refinada.

A crise de combustível no período da guerra acabou com alguns preconceitos mais extremados contra o capital estrangeiro. Cresceu o sentimento de que ele era um mal necessário para garantir um desenvolvimento mais rápido. Parece que o governo dos radicais partilhava essa opinião. Entre 1916 e 1922, Yrigoyen foi talvez menos nacionalista na questão do petróleo do que seus antecessores imediatos. Não manifestou nenhuma oposição à presença de um setor privado, cuja maior parte estava nas mãos dos estrangeiros. Em seu governo, as companhias particulares aumentaram sua participação na produção total de um pouco expressivo três por cento para 20 por cento. Usou Comodoro Rivadavia como fonte de seu patrocínio político. Quaisquer tentativas de reforma que fez no caso, como em tantos outros, colidiram com um Congresso hostil. Sua medida mais importante foi a criação em 1922, um pouco antes de sua saída da presidência, da Dirección General de los Yacimientos Petrolíferos Fiscales (YPF), um conselho de supervisão e administração do petróleo nacional. No governo de Alvear, com condições mais favoráveis de importação de equipamentos, a indústria começou a reviver. Alvear nomeou para dirigir a YPF um administrador militar enérgico e empenhado, o general Enrique Mosconi, concedendo a ambos ao mesmo tempo uma boa soma de autonomia. Na gestão de Mosconi muitas das dificuldades iniciais da indústria estatal foram resolvidas. Em 1925 foi instalada uma grande refinaria em La Plata. Além disso, a YPF desenvolveu sua própria rede varejista, que produzia e distribuía petróleo e parafina. No pós-guerra imediato, finalmente o petróleo argentino começou a atrair grande interesse das principais companhias do exterior. Nesses anos, o crescimento da YPF foi ofuscado pelo do setor privado, que em 1928 aumentara sua participação na produção para quase 38 por cento. Não obstante isso, não se conseguiu equilibrar o ritmo com a demanda interna. Apesar de ter triplicado a produção total de óleo cru entre 1922 e 1928, as importações de carvão também aumentaram um terço e as de petróleo quase dobraram. Em 1928, os campos petrolíferos nacionais ainda forneciam menos da metade do total do consumo interno de combustível.

Assim, no final da década de 1920, muito tempo antes da campanha yrigoyenista, existia uma tradição de envolvimento do Estado na indústria do petróleo. Estava baseada em sentimentos nacionalistas, que freqüentemente atravessavam as linhas político-partidárias. Do mesmo modo, a Argentina era o primeiro país fora da União Soviética a constituir uma indústria estatal do petróleo com integração vertical. Contudo, esse esforço não foi tão grande a ponto de excluir a participação privada ou estrangeira da indústria. Tendo em vista o aumento da produção e a garantia de eficiência, a política de cada governo permitia o crescimento ao mesmo tempo do setor estatal e do privado. A intervenção assumiu a forma principalmente de uma proteção da parte do setor estatal no mercado e de uma proibição da exportação regular do produto. Depois da guerra, isso deu condições para que várias companhias estrangeiras realizassem operações de alguma escala no país, que acabaram por lhes conceder a parte do leão na produção. Em 1928, as companhias particulares eram responsáveis por um terço da produção de Comodoro Rivadavia, por dois terços da de Plaza Huincul em Neuquén e por toda a produção dos campos menores de Salta e Mendoza.

Nessa época a Standard Oil era a mais proeminente das companhias particulares. No momento, seus interesses estavam espalhados por quase toda a indústria. Continuava sendo, como fora antes da guerra, o principal importador de petróleo e controlava os principais canais de distribuição interna. Tinha grandes interesses no refino e, apesar da YPF, era a maior vendedora de parafina e de combustíveis para automóvel. Mas as atividades que chamavam maior atenção eram as operações de perfuração na província de Salta. A Standard Oil estabeleceu-se na região através de um namoro cuidadoso com as autoridades da província, que controlavam os direitos do subsolo no local como o governo nacional fazia nos territórios nacionais do Sul. Na década de 1920, Salta continuava controlada por uma oligarquia de proprietários rurais, o mais poderoso dos quais operava no ramo do açúcar. Até recentes anos, a província fora acometida fortemente pela pobreza. Com as condições que ofereceu, a Standard Oil teve pouca dificuldade em reunir uma vasta área sobre a qual recebera direitos exclusivos de prospecção e perfuração. A empresa adquiriu os campos petrolíferos de Salta com o intuito de ligá-los com um campo que possuía na Bolívia. Sua intenção era estabelecer uma esfera transnacional de influência neste canto da América do Sul. A posição que comandou em Buenos Aires dar-lhe-ia o escoadouro para as exportações que pretendia desenvolver a partir da Bolívia e, se pudesse, a partir da própria Salta.

Na década de 1920, diante de um conflito por supremacia ora exacerbado e bastante divulgado entre as companhias petrolíferas particulares e a YPF, a opinião pública de Buenos Aires retomou sua antiga hostilidade do pré-guerra contra o capital estrangeiro. De uma forma caracteristicamente zelosa e ebuliente, os yrigoyenistas lançaram-se numa campanha para ganhar dividendos políticos com o estado de ânimo popular predominante. Em julho de 1927, divulgaram um compromisso eleitoral de colocar todos os campos de petróleo do país sob o controle do Estado e estender esse monopólio ao refino, aos subprodutos e à distribuição. Expuseram o compromisso ao eleitorado com uma típica ostentação, alimentando as aspirações populares de um controle local incontestado sobre os recursos nacionais e despertando ressentimentos latentes contra os negócios estrangeiros. Afirmou-se que a nacionalização do petróleo era o remédio soberano para todos os males da nação. Fizeram-se promessas grandiosas de que as receitas do petróleo, estando sob o controle nacional, permitiriam acabar com a dívida externa e tornariam desnecessários novos empréstimos. Os industriais nacionais teriam uma fonte ilimitada de energia barata, que permitiria uma transição milagrosa e indolor para uma sociedade industrial. O monopólio estatal do petróleo possibilitaria abolir todas as outras formas de tributação, aliviando finalmente as camadas populares dos penosos impostos sobre as importações que inflacionavam o custo de vida.

A nacionalização logo conquistou enorme popularidade entre as classes médias: as receitas do Estado, uma vez atreladas à produção de petróleo, não mais estariam sujeitas ao fluxo e refluxo do comércio exterior; depois disso, não haveria limites à expansão do setor público e da burocracia. O compromisso também se misturava estreitamente com a luta mais ampla de Yrigoyen contra os antipersonalistas e os conservadores: nas palavras de seus partidários, o estado de coisas em Salta era a aliança retrógrada da Oligarquia com o Imperialismo, que um monopólio estatal iria esfacelar. Se Yrigoyen conseguisse colocar o controle sobre o petróleo nas mãos do governo nacional e tirá-lo das províncias, destruiria um dos principais sustentáculos da oposição. Com os *royalties* do petróleo em suas próprias mãos, os yrigoyenistas se sentiam confiantes numa supremacia perpétua.

O componente nacionalista dessa campanha voltou-se exclusivamente contra a Standard Oil. Os consórcios petrolíferos ingleses, como a Royal Dutch Shell, foram em grande parte deixados de lado. As manobras da Shell foram feitas com menos barulho e até agora haviam alcançado menos sucesso do que as da companhia norte-americana de New Jersey. Mas, por trás dos bastidores, raramente tiveram um propósito menos ambicioso. Nos anos recentes, o controle do petróleo argentino fora um objetivo tanto dos norte-americanos quanto dos ingleses. No entanto, a Standard Oil tornara-se o alvo preferido por causa de suas ligações locais mal-avisadas com a oligarquia de Salta, por causa de sua má fama internacional – e muito simplesmente porque era uma companhia norte-americana. A questão do petróleo invadia o campo maior das relações internacionais e das relações entre Yrigoyen e os grupos conservadores de poder.

Além disso, o antiamericanismo não emanava das classes médias, nem do partido radical, mas dos conservadores e das companhias agrárias e exportadoras dos pampas. Sua origem estava sobretudo nas longas disputas por causa do comércio. Embora, desde a virada do século, primeiro com o petróleo do Texas e depois com os automóveis e muitos bens de capital, os norte-americanos tivessem conquistado uma grande fatia do mercado da Argentina, esta não conseguira desenvolver relações comerciais recíprocas com os Estados Unidos. Em razão das pressões da agricultura norte-americana, os governos republicanos dos Estados Unidos impediram persistentemente a entrada da maioria dos produtos da Argentina. Esta protestou com vigor, repetidas vezes, contra essa política, mas inutilmente. Em 1914, apesar da chegada de empresas de embalagem de carne de Chicago, a Argentina continuava sem mercado para sua carne bovina nos Estados Unidos. Os norte-americanos estavam dispostos a aceitar apenas mercadorias de segunda categoria, como couro e linhaça. No período da guerra de 1914–1918, as exportações da Argentina para os Estados Unidos aumentaram dez vezes em valor. Mas, terminado o conflito, em 1922, a Tarifa Frodney-McCumber restabeleceu e até certo ponto ampliou a política anterior de exclusão.

Na década de 1920, como sua posição no mercado norte-americano continuava fraca, a Argentina dependia fortemente de suas exportações para a Inglaterra. Mas a continuidade dessa ligação por um prazo mais longo estava ameaçada, porque o país estava importando cada vez mais dos Estados Unidos do que da Inglaterra. No final da década de 1920, o superávit da balança comercial da Argentina com a Inglaterra era mais ou menos igual a seu déficit com os Estados Unidos. Por outro lado, começara na Inglaterra uma campanha muito forte para favorecer os produtos do Império. Se, num esforço para reduzir os desequilíbrios comerciais da Inglaterra, essa política fosse adotada, a parte da Argentina no mercado inglês seria transferida para os produtores do Domínio britânico: Canadá, Austrália, Nova Zelândia e África do Sul.

Esses problemas ligaram-se muito de perto à questão do petróleo argentino e às relações com a Standard Oil of New Jersey. Em 1926, a administração Coolidge proibiu qualquer importação de carne processada da região platina. O objetivo da medida era, ostensivamente, proteger-se da febre aftosa. Mas em Buenos Aires levantou-se uma reação furiosa contra ela, acusada de ser mais um ato de proteção discriminatória. Instantaneamente, procuraram-se meios de retaliar: a Standard Oil estava convenientemente à mão. Da parte de Yrigoyen, a campanha contra a Standard Oil foi um ato de grande astúcia política. Deu-lhe condições não só de levantar a maré popular, mas também de posar de paladino dos interesses nacionais maiores e da elite de pecuaristas dos pampas. Por outro lado, no tratamento da questão do petróleo, era essencial evitar ofender de algum modo os ingleses, que poderiam tomar isso como um pretexto para dar início a represálias comerciais. Assim, foi somente a Standard Oil que agüentou o repuxo da campanha contra o capital estrangeiro. Evidentemente, Yrigoyen, depois de eliminar a Standard Oil, pretendia dar aos ingleses o papel de principais exportadores de petróleo e do equipamento de que a YPF necessitava. Isso ajudaria a reduzir o superávit comercial com a Inglaterra e melhoraria o poder de negociação da Argentina diante da preferência pelos produtos do Império.

O Golpe Militar de 1930

Em 1928, Yrigoyen reconquistou a presidência com cerca de 60 por cento dos votos populares, quase 840 mil votos contra 537 mil dados à oposição coligada. Quando reassumiu o cargo em outubro, a lisonja que recebeu lembrou as honras concedidas aos imperadores de Roma. Ainda assim, este momento, o acme de uma carreira pública que durara mais de meio século, acabou sendo seu último triunfo pessoal. Menos de dois anos depois, em setembro de 1930, com a reputação arruinada, foi derrubado ignominiosamente por um golpe de Estado militar.

Hipólito Yrigoyen voltou à presidência com a idade avançada de 76 anos. Algumas pessoas suspeitaram de que estava senil e, dois anos depois, isso apareceu entre os pretextos para sua derrubada. A verdade era que, em 1928, ele reapareceu com uma estratégia e propósito definidos com muito mais clareza do que doze anos antes, em 1916. Sabia que, qualquer que fosse seu aparente apoio popular, a sobrevivência de seu governo estava baseada na sua capacidade de manter acuada a oposição dos conservadores e dos militares. A questão do petróleo continuava sem solução; seu retorno ao cargo significava pouco mais do que um começo auspicioso na batalha pelo seu controle. Seus adeptos haviam submetido ao Congresso, em 1927, um projeto de lei a favor da nacionalização. A medida fora aprovada pela Câmara dos Deputados, eleita por voto popular, onde os yrigoyenistas tinham maioria. Mas foi simplesmente ignorada no Senado, onde as vozes das províncias do interior lideradas por Salta e por outros adversários de Yrigoyen continuavam a predominar. O presidente teve de enfrentar o mesmo problema que atormentara sua administração anterior. Para fazer o projeto avançar, precisava de maioria no Senado. Para ganhar as eleições senatoriais, precisava controlar os legislativos provinciais; os senadores nacionais eram eleitos por eles e não pelo voto popular. Isso significava mais intervenções federais para expurgar os governos das províncias, mas com o risco de exacerbar o federalismo que ressurgia no interior. Nessa altura, estavam para realizar-se eleições para o Senado em Mendoza e em San Juan. Essas duas províncias eram os centros do *lencinismo* e do *cantonismo* onde, como em Salta, a oposição ao governo era particularmente virulenta e arraigada. Assim, o novo governo concedeu grande parte de sua atenção imediata à política nas províncias de Cuyo. Envolveu-se rapidamente numa luta exacerbada e muitas vezes violenta por supremacia. A questão foi resolvida em dois episódios progressivos. No final de 1929, o líder da oposição em Mendoza, Carlos Wáshington Lencinas, foi assassinado por yrigoyenistas. No ano seguinte, após um debate áspero e quase interminável, os partidários do presidente conseguiram impugnar a eleição de Federico Cantoni e de um de seus principais adeptos a senadores por San Juan. Assim, em meados de 1930, os yrigoyenistas estavam perto da vitória final. Tinham subjugado a oposição mais extremada do interior. Estavam prestes também a conseguir maioria no Senado. Sua intenção era voltar a apresentar o projeto sobre o petróleo quando o Congresso reabrisse suas portas em 1931.

Durante o ano de 1929 e boa parte de 1930, Yrigoyen conseguira também manter encurralados seus adversários conservadores de Buenos Aires, cultivando habilmente suas simpatias na questão das relações comerciais com a Inglaterra e com os Estados Unidos. Em 1927, logo depois que os Estados Unidos proibiram a importação de carne argentina e enquanto o confronto político com a Standard Oil estava em seu auge, a Sociedade Rural liderou uma campanha de defesa de um tratamento favorável aos produtos importados da Inglaterra. Seu *slogan*, "Comprem de quem compra de nós", foi adotado rapidamente pela nova administração. Quando Herbert Hoover fez uma visita a Buenos Aires, como presidente eleito, no final de 1928, numa viagem de promoção comercial pelas repúblicas da América Latina, enfrentou uma recepção hostil e foi virtualmente insultado pelo próprio Yrigoyen. No entanto, no ano seguinte, uma missão comercial inglesa recebeu um tratamento muito diferente. Yrigoyen insinuou ao chefe da missão, Lorde D'Abernon, seu desejo de oferecer um "gesto moral" à Inglaterra em reconhecimento pelos "estreitos laços históricos" entre os dois países. Sem tentar um compromisso de aumentos compensatórios das exportações argentinas para a Inglaterra, prometeu inúmeras concessões a firmas inglesas e a produtos ingleses no mercado argentino. Entre elas figurava o compromisso de adquirir na Inglaterra todos os futuros suprimentos para as estradas de ferro do Estado, abandonando a prática normal de procurar ofertas internacionais.

Assim, diversos aspectos da segunda administração de Yrigoyen sugerem uma estratégia sofisticada e cuidadosamente calculada que exigiu uma lenta compreensão e desfrutou de considerável sucesso. O presidente estava tentando encontrar um caminho intermediário viável entre as aspirações de seus adeptos populares sobre a questão do petróleo e a preocupação das elites com o comércio internacional. Isso foi feito à custa dos norte-americanos e das províncias. Tivesse o governo conseguido continuar nessas direções, teria tido muito pouco a temer do exército. Em 1929, havia poucos sinais da confusão, incompetência ou paralisia que o assaltou no ano seguinte e pela qual foi lembrado na maioria das vezes. O que transformou esses primeiros sucessos relativos em fracasso, de onde as coisas resvalaram suavemente para o colapso e a catástrofe, foi a grande depressão que se seguiu à quebra da Wall Street. Atingiu a Argentina no final de 1929, após dois anos de queda lenta dos preços das mercadorias e de diminuição das reservas de ouro. Quando a crise se acelerou, o governo de Yrigoyen reagiu com medidas anticíclicas ortodoxas do tipo empregado pelos conservadores em 1913/1914. Abandonou a conversibilidade do peso e tentou novos empréstimos na Inglaterra e nos Estados Unidos para evitar dificuldades com a dívida externa. Essas foram respostas razoáveis embora pouco inspiradoras. Expressavam a expectativa inicial do governo e dos círculos bancários de que a crise teria vida curta. A rápida erosão da autoridade do governo começou quando foi obrigado a cortar os gastos do Estado. No caso, Yrigoyen acabou pagando o preço por seu rompimento com as elites, por sua inclinação para os setores populares e pelos métodos que usara desde 1924 para atrair seu apoio.

À volta de Yrigoyen ao poder, seus partidários haviam se lançado rapidamente numa campanha para apossar-se da burocracia. Em meados de 1929, todos os departamentos da administração haviam se tornado virtuais agências de emprego para atender aos objetivos políticos do governo. O regime logo ficou saturado de concussões de pequena monta. Os gastos do Estado tomaram imediatamente um curso ascendente. Em 1928, a queda das receitas em relação ao ano anterior foi de apenas dez por cento, mas as despesas aumentaram 22 por cento. Em 1929, essa diferença cresceu ainda mais. Nesse ano, houve uma melhora de nove por cento nas receitas, mas as despesas subiram mais 12 por cento. Em 1930, quando as receitas voltaram a diminuir para mais ou menos o nível de 1928, as despesas foram cerca de 23 por cento mais altas do que naquele ano[26]. Finalmente, o governo foi obrigado a pensar em fazer economia. Na época em que aconteceu o golpe, em setembro, havia sinais de que o salto para cima nas despesas estava começando a equilibrar-se. Contudo, a economia e a austeridade chegaram exatamente no momento em que, com o aumento do desemprego e com a diminuição da renda, estava crescendo o pedido de socorro. Em 1930, Yrigoyen caiu numa armadilha semelhante àquela que armara para Alvear em 1922. A depressão desordenou lentamente o partido do governo e a base de apoio popular. Os partidários de Yrigoyen estavam transtornados e logo começaram a abandonar o barco em números crescentes.

Nas eleições parlamentares de março de 1930, a votação dos yrigoyenistas diminuiu 23 por cento em comparação com o ano de 1928, de 840 mil para pouco mais de 620 mil. Na cidade de Buenos Aires, perderam uma eleição pela primeira vez desde o racha do partido em 1924. Foram derrotados pelo Partido Socialista Independente, uma excrescência recém-formada do antigo Partido Socialista, que agora se coligara com os conservadores. Nos meses seguintes, a desilusão com o governo converteu-se em inflamada oposição. Alguns acontecimentos nas províncias de Cuyo, que antes foram freqüentemente ignorados, passaram a ser objeto de intenso debate diário. A imprensa estampava longos e detalhados relatos de corrupção administrativa. Os estudantes, que depois de *La Reforma* figuraram entre os mais eloqüentes partidários de Yrigoyen, precipitaram-se em manifestações contra ele. As facções rivais dos yrigoyenistas e uma organização de direita, chamada Liga Republicana, lutavam abertamente pelo controle das ruas. O gabinete desintegrou-se em facções contrárias. Foram espalhados com grande insistência boatos sobre a senilidade do presidente.

Finalmente, os oposicionistas mais inveterados de Yrigoyen, muitos deles que haviam alimentado queixas contra ele por mais de uma década, tiveram a

26. Os números detalhados aparecem em CARL E. SOLBERG, *Oil and Nationalism in Argentina*, Stanford, 1979, p. 149.

oportunidade de reunir forças para derrubá-lo. O líder do golpe militar, general José F. Uriburu, tendo o general Justo na retaguarda, há muito tempo vinha denunciando intrigas de Yrigoyen com relação às listas de promoção do exército. Fora um dos principais opositores das políticas trabalhistas de Yrigoyen no pós-guerra. Na década de 1920, assimilara doutrinas fascistas e corporativistas. Falava com desdém da Lei Sáenz Peña. Era membro também da oligarquia de Salta que dera início à questão com a Standard Oil. O levante de setembro de 1930 recebeu o apoio ativo apenas de uma minoria do exército. Mas foi o suficiente para alcançar seu propósito. Quando Yrigoyen renunciou, uma luta rancorosa pela sucessão entre os membros do gabinete desnudou a total falência da administração. Poucos partidários de Yrigoyen vieram em seu socorro. Alguns se juntaram à multidão que saqueou e incendiou sua casa em Buenos Aires.

O golpe de 1930 foi uma questão inteiramente doméstica. Se a Standard Oil tinha um interesse óbvio em garantir a queda de Yrigoyen, não existem provas de que tenha feito algum movimento nesse sentido. O golpe foi saudado em Washington com alguma expectativa e com uma esperança de melhores relações com a Argentina, embora desdobramentos subseqüentes na década de 1930 as tenham deixado irrealizadas. Qualquer possível influência norte-americana nos acontecimentos de 1930 foi negada pela presença dos ingleses. Estes foram os últimos partidários de Yrigoyen e relutaram em rejubilar-se com sua queda. Parecia que suas esperanças de concessões comerciais iriam perecer com ele. Após sua queda, Hipólito Yrigoyen foi banido para a ilha de Martín García, no estuário do Prata, onde passou grande parte do que lhe restou de vida. (Morreu em 1933.) Com essa figura agora frágil, às vezes falível moralmente, mas nunca totalmente má intencionada, a democracia representativa da Argentina vivera e morrera. Com seu afastamento, a política argentina assumiu novas direções. As classes médias foram lesadas em suas expectativas de uma supremacia perpétua. Os conservadores retornaram ao poder sob a proteção dos militares e ali ficaram por mais de uma década, até o golpe militar de 1943 e a ascensão de Perón.

12

A Formação do Uruguai Moderno, c. 1870–1930

O URUGUAI TRADICIONAL: GADO E CAUDILHOS

Na década de 1860, o Uruguai era um país de não mais que 300 mil habitantes, mais de um quarto dos quais viviam em Montevidéu, seu principal porto e sua capital política*. A proporção de estrangeiros estava entre as mais altas da América Latina. Conforme o recenseamento de 1860, de cada três habitantes (de cada dois em Montevidéu) um era estrangeiro: em sua maioria italianos, espanhóis, brasileiros, franceses, argentinos ou ingleses (provavelmente nessa ordem). A única estrada de ferro do Uruguai, inaugurada em 1869, tinha apenas 20 quilômetros de extensão. Na realidade, o sistema de transportes do país consistia de pouco mais do que caminhos primitivos; felizmente, o principal produto da sociedade, o gado, tinha a virtude da mobilidade. Para o transporte das pessoas, no Leste e no Centro do país usavam-se carroças, enquanto no Oeste o uso de barcos a vela e a vapor no rio Uruguai proporcionou a essa região comunicações muito mais eficientes com a capital. Apesar da pequena extensão do país – cerca de 180 mil quilômetros quadrados – a viagem pelo interior era lenta, especialmente no inverno, época em que as enchentes dos rios e riachos bloqueavam as estradas. Nesse tempo, na segunda metade do século da máquina a vapor, tanto o governo central quanto os fazendeiros e os comerciantes pareciam estar vivendo mais num país medieval do que numa nação do mundo moderno.

A economia baseava-se na exploração extensiva de gado nativo (crioulo). Seus pesados couros eram embarcados para a Europa, enquanto parte de sua carne magra, depois de salgada e seca nos *saladeros*, onde se transformava em *tasajo* (charque), era consumida pelas populações escravas de Cuba e do Brasil. Por essa razão, tal qual no período colonial, o valor de um animal era determinado muito mais pelo peso do couro do que pelo seu rendimento de

* O Editor deseja agradecer ao Dr. Henry Finch a ajuda na preparação final deste capítulo.

carne. O abate desse gado ainda não era um crime capital e o livre fornecimento de alimento extraído dessa fonte às *estancias* não era absolutamente irracional em termos econômicos. Dois aspectos típicos da vida política e social do período, as guerras civis endêmicas e o paternalismo do fazendeiro-caudilho com o pobre do campo, são explicados em parte por essas características da economia.

Para esse país produtor de matérias-primas e de alimentos a importância do comércio era algo incomum. A localização do porto de Montevidéu no rio da Prata, e suas vantagens naturais em relação a Buenos Aires e aos portos do Rio Grande do Sul, converteram-no num centro comercial de primeira grandeza. Desenvolveu-se como principal ponto de distribuição das mercadorias européias com destino às províncias argentinas de Entre Ríos, Corrientes e Santa Fe, ao Rio Grande do Sul e mesmo ao Paraguai.

Os ricos comerciantes que operavam no negócio de importação e exportação, junto com os grandes fazendeiros, constituíam a espinha dorsal das classes altas do Uruguai. Em 1857, fundaram o primeiro banco nacional, o Banco Comercial. As classes médias, extremamente fracas no interior, desenvolveram-se muito mais em Montevidéu, tendo como base o comércio e as primeiras atividades industriais. Havia uma pequena classe trabalhadora urbana criada pela indústria *saladera*, mas o grosso das camadas inferiores da sociedade consistia daqueles que eram dependentes dos pecuaristas e que, como peões e trabalhadores eventuais, viviam em assentamentos dispersos nas vastas propriedades. No Norte, continuava a existir às escondidas uma força de trabalho escrava, importada do Rio Grande do Sul pelos ricos fazendeiros brasileiros.

Essa sociedade e essa economia não gerou, porém, desigualdades e tensões sociais. Ao contrário, sob alguns aspectos o Uruguai destacava-se numa América Latina caracterizada no século XIX por classes sociais fortemente diferenciadas. No interior, a oferta de alimentos ainda não era o monopólio daqueles que possuíam gado e terra; portanto, ser assalariado era até certo ponto uma questão mais de escolha do que de necessidade. A distância econômica entre os indivíduos era de origem recente e não fora ampliada por diferenças raciais como no México, no Peru ou no Brasil e, portanto, poderia ser mudada com relativa facilidade. Além disso, sendo um país novo povoado por imigrantes, a mobilidade social ascendente no Uruguai não era difícil. Em 1847, um membro da elite social queixava-se com amargura, e com razão, de que no Uruguai "todo mundo que tem uma pele branca pensa que tem direitos iguais".

A luta civil era endêmica. Da Independência (em 1826) até 1870, mais de um presidente enfrentou rebeliões e foi forçado a deixar o cargo antes de concluir seu mandato legal de quatro anos. Vários fatores estimulavam as lutas entre os *blancos* (do Partido Nacionalista) e os *colorados*, os dois partidos tradicionais. O governo central era incapaz de impor sua autoridade sobre uma sociedade de criadores de gado. Não só apareciam centros rivais de poder – os caudilhos rurais – mas também o uso de violência e de armas era parte integrante da produção pecuária. Por conseguinte, a economia não punia o caos, mas, antes, estimulava o conflito, já que a propriedade da terra continuava em disputa. Além disso, a falta de um sentimento claramente definido de nação, juntamente com as ambições das classes dominantes dos poderosos vizinhos do Uruguai, o Brasil e a Argentina, incentivava as revoltas contra o governo central em Montevidéu daqueles que não queriam vê-lo fortalecido.

Já na década de 1860, porém, a maioria dessas características do país haviam começado a mudar. E, em 1870, o Uruguai tradicional, chamado pelo Barão de Mauá, empresário brasileiro, "politicamente, economicamente e financeiramente um cadáver", estava em processo de fragmentação. Os comerciantes, muitos deles de origem estrangeira, haviam aumentado sua influência em razão da prosperidade alcançada na Guerra da Tríplice Aliança com o Paraguai (1865–1870). Exigiam agora uma garantia da manutenção de sua riqueza e proeminência: um governo forte e a paz interna. Os fazendeiros já não se restringiam ao gado crioulo; na década de 1860 a criação de carneiros se desenvolvera. Até mesmo a luta pela terra estava chegando ao fim, visto que surgira um grupo de grandes proprietários rurais, uma classe que não precisava do apoio do sistema caudilhista para afirmar seus direitos. Rebeliões que anteriormente haviam causado a destruição do gado, uma mercadoria de pouco valor, agora acarretavam prejuízos para *estancias* relativamente bem equipadas, que criavam carneiros reprodutores de raça. Esses estabelecimentos precisavam introduzir a cerca de arame, mas não podiam fazê-lo enquanto a violência política constituísse uma ameaça. Matar um boi numa época em que o mercado do charque estava em recessão tinha uma importância relativamente pequena. Matar uma ovelha que fornecia anualmente o velo que alcançava bom preço num mercado internacional interessado era um crime. Além disso, a produção de lã ajudava a fortalecer a posição de uma classe média rural, visto que a ovelha precisava de menos terra de baixa qualidade. Assim, um elemento adicional contribuiu para a estabilidade social e política de uma sociedade que antes fora turbulenta.

A modernização de Montevidéu começara, agora com quase cem mil habitantes. O viajante inglês Thomas Hutchinson, que em 1861 observou a "arquitetura mourisca de suas casas de teto plano", teria achado difícil imaginar a expansão febril dos anos seguintes. Embora o Cerro (a colina sobranceira ao porto) e a catedral – as duas montanhas da Nova Tróia descrita por Alexandre Dumas – ainda dominassem uma visão distante da pálida cidade cingida por pequenas fazendas e *saladeros*, a abertura de novas ruas e a construção de prédios de dois andares indicavam o rápido crescimento da capital. Ela se expandira para além dos velhos muros coloniais e agora se estava desenvolvendo ao longo da rua principal, a 18 de Julio, rumo às moradias humildes dos subúrbios orientais e das luxuosas residências dos ricos às margens do riacho Miguelete.

Tivera início também o processo de investimento externo, principalmente por parte da Inglaterra. Empréstimos ao Estado, compras de terra por companhias com escritórios em Londres, a instalação da Liebig's Extract of Meat Company em Fray Bentos (1863): esses fatos foram os precursores do que iria desenvolver-se depois de 1870, quando os ingleses introduziram as estradas de ferro e os serviços de água e de gás. A condição mínima desses investimentos era, evidentemente, a manutenção da ordem.

Finalmente, o país integrava-se cada vez mais na economia mundial mediante a facilidade e o preço barato do transporte de homens e mercadorias da e para a Europa. Os melhoramentos dos navios, mas sobretudo o sucesso da energia a vapor nas rotas oceânicas, colocavam o Uruguai em maior contato com as necessidades, o capital, os imigrantes, a cultura e os costumes do outro lado do Atlântico. Os contatos de Montevidéu com Londres, Marseille e Le Havre começavam a mostrar segurança e regularidade. Estabelecia-se o comércio de importação e exportação e crescia seu volume, enquanto caía o preço dos fretes. O cordão umbilical que ligava o país à Europa não podia mais ser rompido; o tempo só iria fortalecê-lo.

A MODERNIZAÇÃO E O MERCADO MUNDIAL, 1870–1904

Em 1865, às vésperas da guerra com o Paraguai, um governo *blanco* foi derrubado pelas forças *coloradas* comandadas por Venancio Flores, com a ajuda do Brasil e da Argentina. Em 1870, no final da Guerra do Paraguai, a rebelião do caudilho Timoteo Aparicio, um *blanco*, evoluiu para a "Guerra das Lanças", uma tentativa de conseguir pelo menos uma parcela do poder que os *colorados* haviam monopolizado durante todo o período da guerra. O violento conflito durou dois anos, com perdas substanciais, especialmente para os grandes fazendeiros. Quando, em abril de 1872, foi concluída uma paz negociada, um novo grupo político separou-se dos partidos tradicionais, acusando-os de serem os responsáveis pelo caos político. Esse grupo – os *principistas* – era formado por jovens intelectuais, filhos das famílias mais antigas, porém já não as mais ricas do Uruguai. Guiados por um liberalismo doutrinário extremado, os *principistas* defendiam ardorosamente uma ordem legal baseada em idéias e modelos europeus na qual eram fundamentais a desconfiança do Estado e uma crença arraigada nos direitos do indivíduo. Esses princípios, e o total compromisso do grupo com a constituição, não se conformavam à aspiração das classes altas de conquistar um governo forte. As facções tradicionais dos partidos venceram as eleições de 1872, mas isso não impediu a entrada dos líderes *principistas* no Congresso, que se manteve sob sua influência até 1875. Além disso, graças a um acordo eleitoral, no início de 1873 José Ellauri, um descendente da aristocracia colonial, foi eleito presidente e, como não conseguiu conquistar o apoio de um partido forte, seu governo caracterizou-se pela indiferença e pela fraqueza. Nesse mesmo ano, o Legislativo deu início a um programa de reformas da administração, do judiciário e do sistema eleitoral; seu objetivo principal era fortalecer os direitos individuais contra o poder do Estado. Representantes dos interesses econômicos – os fazendeiros e os comerciantes – rejeitaram prontamente esse arranjo institucional, por verem nele uma moldura legal que apenas adiaria a construção de uma ordem econômica que tornasse seus investimentos mais seguros e lucrativos. Por exemplo, foram patentes as perdas do setor pecuário. E, embora um banco tivesse sido fundado em 1857, as facilidades de crédito não supriram nem mesmo as necessidades básicas dos produtores. Empréstimos comerciais de curto prazo e especulação com o valor das propriedades ou com emissões de dívida pública restringiram a disponibilidade de crédito em Montevidéu e impediram que essas facilidades chegassem à economia rural do interior. Essa distorção, prejudicial aos interesses da pecuária, acentuou-se particularmente nos anos instáveis de 1868 a 1875. Além disso, foi durante esse período que o setor, diante dos primeiros sinais de progresso técnico, precisou de mais crédito para cercar seus pastos e fazer investimentos. À insatisfação desse grupo somou-se um sentimento mais generalizado de descontentamento quando, em 1874, ficaram patentes os primeiros sintomas de uma crise financeira. Isolados da opinião pública, já que não tinham apoio fora de seu próprio círculo, desprovidos de recursos econômicos e contando com pouco suporte da parte de um Executivo indeciso, os *principistas* foram afastados do poder por um grupo de oficiais do exército preocupados em acabar com o impasse criado pela crise e com os infrutíferos esforços do governo para superá-la.

Com a imposição de um governo militar em 1876 e o afastamento dos *principistas*, a ditadura do coronel Lorenzo Latorre atendeu às reivindicações essenciais das classes proprietárias. Latorre pôs em prática a política que os negociantes, os produtores rurais e os investidores estrangeiros precisavam num período de tendências favoráveis nos mercados de exportação. A influência dos caudilhos rurais foi anulada temporariamente por um governo forte e centralizado. Esse regime permitiu que a ordem capitalista se estendesse à economia rural, aplicando uma justiça tosca e ágil. Pelos seus termos, os desempregados rurais, uma população marginalizada pela cerca dos pastos e pelo novo *status* que a *estancia* assumira de empresa comercial, eram equiparados aos criminosos. Para dar-lhe condição de funcionar como tal, sobretudo num período de grande modernização, os direitos do fazendeiro à propriedade foram consolidados. A estabilidade interna foi firmada através do fortalecimento do exército (e, portanto, do poder do Estado) mediante a melhoria do armamento. Agora a autoridade central estava equipada com armas sofisticadas do século XIX – o rifle de repetição e o canhão Krupp – e, com isso, o governo conquistava lenta mas inexoravelmente o monopólio da força física sobre os habitantes do país. Por essa obra os grandes fazendeiros que compunham a Associação Rural (fundada em 1871) nunca cessaram de agradecer.

Após a inesperada renúncia de Latorre em 1880, o general Máximo Santos governou o país até 1886. Santos fortaleceu a estrutura dos *colorados*, dos quais se tornou o chefe. Além disso, um fator novo e significativo, o partido passou a receber o apoio franco do exército. A partir dessa data e por quase um século, as forças armadas e os *colorados* mantiveram uma aliança tácita. Esse pacto político, com todas as vantagens e salvaguardas que ofereceu às forças armadas, neutralizou quaisquer possíveis aspirações de sua parte a uma forma mais direta de participação política; isso, junto com outros fatores, ajudou a garantir a estabilidade política dos anos seguintes e, a longo prazo, assegurou com eficiência a ordem institucional. Nesses termos é que deveríamos ver a evolução do militarismo no Uruguai, seu rápido declínio depois de 1866 e sua submissão (ou talvez aquiescência) à autoridade civil.

Santos não foi o mero braço executivo das oligarquias econômicas; foi também – e isso era coisa nova no Uruguai – o representante de uma ordem militar que possuía uma casta embrionária de oficiais. Esse grupo manifestou sua ambição e cultivou um estilo de vida ostentatório, cercado por uma corte modesta de parentes e sequazes que ascenderam rapidamente na escala social. Foi uma época de desfiles e cerimônias, mas também de transações comerciais e concessões duvidosas, que solaparam o prestígio do sistema construído por Latorre. Para os militares foi sua *belle époque*, um período de euforia.

O aparecimento de uma frente oposicionista composta das facções "legalistas" dos *blancos* e *colorados* provocou uma reação autoritária de Santos, que o levou a um beco-sem-saída de uma repressão em escalada. Um levante popular fracassado foi seguido por um atentado contra sua vida; finalmente, uma tentativa de conciliação pôs fim a seu governo. Durante os anos de governo de Santos, o militarismo formal desintegrou-se. As acusações de nepotismo e de venalidade que a oposição fez ao governo foram exageradas mas não infundadas. A aquiescência tácita inicial que a classe alta rural deu a um regime que lhe propiciaria estabilidade, agora que seu projeto de modernização estava quase completo, transformou-se em franca desilusão tão logo as falhas do sistema começaram a predominar sobre suas vantagens limitadas. Em novembro de 1886, Santos partiu para a Europa, deixando como sucessor um de seus partidários, general Tajes, uma figura inofensiva, em cujo governo o militarismo foi finalmente eliminado. Mesmo em condições favoráveis, seus líderes tinham se mostrado incapazes de manter um modelo autoritário rígido. Embora no governo de Latorre um ditadura modernizadora tenha beneficiado as classes proprietárias, na administração de Santos o militarismo não conseguiu sobreviver à prosperidade que ele ajudou decisivamente a criar.

O militarismo conseguiu consolidar não só a paz interna, que acabou temporariamente com a anarquia dos caudilhos, mas também a dependência externa, baseada, como revelam muitos relatórios diplomáticos entusiasmados, em vínculos mais estreitos com as potências imperialistas. Esse desenvolvimento trouxe consigo um crescimento da produção e algumas mudanças em sua composição. Enquanto a exportação de couro cresceu 30 por cento no decênio 1876–1886, as exportações de lã aumentaram 40 por cento. Na verdade, em 1884 o valor da lã superou pela primeira vez o dos produtos pecuários. Os pastos estavam sendo cercados rapidamente – 60 por cento das *estancias* investiram em arame nos cinco anos posteriores a 1877 – e a força de trabalho excedente foi desamparada pelo fazendeiro-capitalista, que então substituiu o fazendeiro-caudilho, especialmente no oeste e no sul do país. Os mercados de exportação diversificaram-se. Aos compradores tradicionais de produtos pecuários (Grã-Bretanha, Estados Unidos, Brasil e Cuba) acrescentaram-se os de lã fina de merino: França, Bélgica e Alemanha.

Os ingleses, estimulados por um governo forte e pelas garantias de taxas mínimas de retorno de seus investimentos, reforçaram sua presença no Uruguai. O crescimento concentrou-se particularmente na aquisição de títulos da dívida pública e nos serviços públicos. *The Economist* calculou em 3,5 milhões de libras o volume dos investimentos ingleses em obrigações do governo, em 1884, e mais 3 milhões em empresas. No último caso, o aumento da rede ferroviária foi especialmente grande; cresceu de 474 quilômetros em 1882 para 1 571 quilômetros em 1892.

Esse período de relativa prosperidade foi seguido de grande crescimento populacional no quarto final do século, uma conseqüência em grande parte da imigração. Conforme os dados mais antigos, em 1873 o Uruguai tinha 450 mil habitantes, dos quais 103 mil eram estrangeiros. Depois de 1875, quando cerca de 24 mil imigrantes desembarcaram no país num único ano, a crise financeira e o colapso do governo institucional anunciaram uma década de imigração limitada para o Uruguai, enquanto grandes quantidades se dirigiram para a Argentina e para o Sul do Brasil. Somente depois de 1882 é que houve nova onda de imigrantes. Eram, em sua maioria, italianos, produzindo um efeito decisivo sobre o crescimento de Montevidéu. Comparando os censos de 1884 e de 1889, fica claro que, embora o número de italianos estivesse crescendo bastante, o de espanhóis estava estacionado e os franceses tinham quase desaparecido. No período de 1887–1889, época em que a imigração atingiu o nível mais alto do século XIX, a imigração líquida superou provavelmente 45 mil, refletindo a demanda de mão-de-obra gerada pelo crescimento econômico que precedeu a crise de 1890.

Embora a estabilidade e a prosperidade fossem, em certa medida, produtos de um governo forte, logo voltaram a aparecer os antigos problemas relativos à economia, à sociedade e ao sistema político, acrescidos de novas dificuldades. A restauração do governo civil foi obra dos *colorados*, que se aproveitaram do que restou do governo de Santos depois que as bases políticas do poder militar foram desmontadas. A transição foi feita pelo novo ministro do Governo, Julio Herrera y Obes (que fora uma figura importante entre os *principistas* destituídos em 1875). Deste posto à presidência (em

1890) foi apenas uma passada curta para um político hábil que canalizou em seu favor os ressentimentos acumulados contra Santos. A máquina eleitoral desenvolvida no Ministério do Governo, na administração do general Tajes, deu a Herrera y Obes condições de criar uma base de poder ligada estreitamente à oligarquia, que por sua vez apregoou sua infalibilidade e o peso de sua opinião contra a da maioria dos *colorados*. Seu despotismo esclarecido proclamou, com uma franqueza que raiava o cinismo, a necessidade de uma "influência orientadora" na escolha dos candidatos e isso suscitou grande antagonismo dentro de ambos os partidos.

Logo ficou patente que o retorno ao governo civil era, na verdade, o instrumento de uma nova opressão – a do poder presidencial – legitimada por uma fachada de democracia. Com a influência dos caudilhos temporariamente suspensa e com o exército recolhido aos quartéis, o governo dispunha de extenso poder para exercer sua coerção política. Os instrumentos técnicos – estradas de ferro, telégrafo e armamento moderno – tinham sido melhorados ainda mais, desde o governo de Latorre. No plano político, o interior estava sendo controlado firmemente pela autoridade dos *jefes* políticos, que dependiam diretamente das ordens do Executivo. A autoridade do presidente era consolidada por esses expedientes, mas ao mesmo tempo era dissipada pelo aumento da distância entre esse posto e o país em geral e as novas forças sociais dentro dele. A massa popular dos *colorados*, organizada por José Batlle y Ordóñez, começou a procurar uma organização partidária mais sintonizada com os interesses dos novos setores da sociedade, aqueles que estavam surgindo tanto da migração externa quanto da interna. De seu lado, o Partido Blanco decidiu, em 1893, abster-se do processo eleitoral e preparou-se mais uma vez para a luta armada. A classe dos comerciantes, os banqueiros, os empresários e a maioria dos produtores rurais, todos manifestaram de várias maneiras sua insatisfação com Herrera y Obes. Além disso, o desencadear da crise econômica de 1890 aumentou a oposição da classe capitalista a um presidente que representava cada vez menos seus interesses e que se limitava a defender os derradeiros privilégios de uma aristocracia anacrônica e empobrecida.

A crise de 1890 teve origens complexas. Logo em seguida à queda de Santos, a situação internacional favorável estimulou a entrada de capital argentino que, nas mãos de financistas mais aventureiros atraídos pelas vantagens do mercado uruguaio, ajudou a aumentar a disponibilidade de crédito. Nesse contexto, a fundação, em 1887, do Banco Nacional por capitalistas estrangeiros com a participação nominal do governo contribuiu para uma alta dos preços, gerando um período de prosperidade e subseqüente depressão. Todavia, não se pode explicar a crise de 1890 apenas como o resultado de uma atividade especulativa interna, mas deve-se considerá-la em termos de fatores mais fundamentais. A bancarrota do Banco Nacional em 1891 e a recusa do mercado a aceitar suas notas bancárias tiveram como conseqüência, como em 1875, a derrota do governo. Implicou também o triunfo daqueles – negociantes e investidores estrangeiros – cujos interesses estavam ligados ao ouro e que não queriam outra base monetária senão o ouro que já tinham em mãos. A vitória dessa oligarquia financeira garantiu-lhe um monopólio da oferta de crédito nos cinco anos seguintes, um monopólio construído sobre as ruínas da crise que restabeleceu condições usurárias nos empréstimos ao setor rural, como em épocas há muito passadas. A fundação do Banco de la República em 1896 pôs fim ao monopólio, mas esse sucesso de seus opositores – fazendeiros, pequenos negociantes, a aristocracia empobrecida e as massas populares – foi parcial. Conseguiu apenas facilitar formalmente o crédito para aqueles grupos que até então tinham sido excluídos quase totalmente de seus benefícios. Foi uma medida importante, mas a tradição de uma moeda conversível com base no ouro, que a nova instituição oficial se comprometeu a adotar, permaneceu intacta.

A fundação do Banco de la República representou uma ampla intervenção do Estado na economia. No mesmo ano, a Electric Light Company foi transferida para a administração municipal de Montevidéu por seus proprietários, que estavam em dívida com o Estado, e, em 1901, teve início a construção do porto da cidade. Essas três iniciativas do Estado marcaram, como mostrou a obra de José Pedro Barrán e Benjamín Nahum, o abandono do liberalismo primitivo pela elite política e prepararam o caminho para a ideologia dominante do período pós-1904, o *batllismo*. Cabe observar, porém, que nesse estágio o Estado ou estava atendendo às exigências de setores particulares do capital externo ou interno, ou simplesmente corrigindo suas falhas. Não houve confronto com o capital, como deveria ocorrer mais tarde nas gestões de José Batlle y Ordóñez.

A eleição presidencial que escolheu o sucessor de Herrera y Obes, no início de 1894, demonstrou ao mesmo tempo o aumento da força da oposição e os esforços obstinados dos partidários do governo para se manter no poder. Conseguiu 40 votos e levou 21 dias de sessões infrutíferas no parlamento para chegar a um acordo. Quando, finalmente, um candidato, Juan

Idiarte Borda, emergiu desse processo, o país começou a marchar cada vez mais para a guerra civil. As minorias políticas ficaram sem representação. O acordo de 1872, que praticamente sancionara a co-participação dos *blancos* no governo, dando-lhes o controle de quatro dos treze departamentos no interior, estava sendo solapado. Primeiramente, pelos mecanismos habituais de coação e fraude e, segundo, pelo aumento do número de departamentos para dezenove e pela redução, a partir de 1893, para três do número dos departamentos entregues ao controle dos *blancos*. Juntava-se a isso a crescente insatisfação das classes dominantes com o governo, de modo que bastava uma faísca, ou mesmo um pretexto, para desencadear um conflito armado. Uma exibição desafiadora de força militar pelo caudilho Aparicio Saravia às vésperas das eleições legislativas no final de 1896 foi o prelúdio de uma rebelião no ano seguinte.

A revolta foi um protesto dos *blancos* contra sua exclusão do poder, mas é importante ter em mente os antecedentes sociais da rebelião. A partir da década de 1870 e da modernização acelerada das *estancias* tradicionais, as mudanças técnicas haviam deixado a classe trabalhadora rural indefesa. A cerca de arame, a mecanização e a melhoria dos transportes resultaram num aumento do desemprego, além do severo golpe que a crise de 1890 aplicou no setor da pecuária. Em 1891, nos departamentos de criação de gado, a proporção mão-de-obra/terra era de um peão para mil hectares. O desemprego, a vadiagem, a pauperização, o êxodo das zonas rurais, a queda dos salários reais, a fome e a mendicância, todos esses fatores reduziam os trabalhadores rurais a condições de miséria. A presença do pobre rural no exército de Saravia foi uma reação a essa situação. O recrutamento militar feito pelo governo também absorveu grande parte da força de trabalho rural desempregada. No total, foram mobilizados mais ou menos quinze mil homens, um terço deles pelos rebeldes *blancos*.

A intransigência do governo e a natureza inconclusiva da própria guerra revelaram-se danosas para a classe dos fazendeiros. A perda de cavalos e de gado, apropriados pelos rebeldes ou pelas forças do governo na campanha militar, veio somar-se aos problemas associados a uma aguda escassez de mão-de-obra para o trato dos carneiros ou para a colheita agrícola. A imprensa de Montevidéu repercutiu os protestos das classes proprietárias e a campanha que daí resultou em favor da celebração da paz foi dirigida contra o próprio presidente Borda, um opositor obstinado a qualquer fórmula de paz. O assassinato de Borda, em agosto de 1897, removeu esse obstáculo. A guerra terminou no mês seguinte com o acordo de La Cruz, pelo qual o governo do país foi dividido *de facto*, num equilíbrio de força, entre os dois partidos políticos. O novo acordo de co-participação concedeu seis dos 19 departamentos aos *blancos* e, ao fazê-lo, pôs em questão mais uma vez a unidade política do país e a soberania do poder executivo do Estado.

Somente após a morte de Aparicio Saravia em 1904, diante das novas exigências dos *blancos* e com a retomada da guerra civil, a autoridade do governo central foi estabelecida decisivamente e a estrutura de um Estado moderno, consolidada. O conflito civil no final de 1904 – sangrento, imensamente destrutivo, estendendo-se por nove longos meses e ocorrendo numa época em que as guerras entre os partidos políticos eram consideradas coisa do passado – chamou a atenção tanto dos contemporâneos quanto dos historiadores. Com efeito, a luta foi travada entre dois Uruguais. Um, constituído em sua maioria de *blancos*, exigia liberdade eleitoral e uma democracia política completa, mas também era apoiado pelo Uruguai tradicional do gado crioulo, do *saladero* e do paternalismo dos fazendeiros caudilhos (alguns deles conseguiram sobreviver) para com seus peões. O outro, formado sobretudo por *colorados*, defendia o princípio de um governo unificado, mas também representava o novo Uruguai dos carneiros, do gado melhorado criado para o frigorífico e para o mercado inglês, e do fazendeiro ao mesmo tempo empresário capitalista. Para Batlle, eleito presidente em 1903, a guerra de 1904 foi a prova final de que a produção extensiva da pecuária e seu corolário, os latifúndios improdutivos nos quais os caudilhos *blancos* tinham seu último refúgio, precisavam ser eliminados e implementada uma reforma da propriedade da terra. No entanto, o objetivo nunca pôde ser alcançado, em parte devido à enorme oposição que teria despertado dentro dos dois Uruguais.

No final do século XIX, a incorporação do Uruguai à economia mundial com base nas exportações de seu setor rural foi total. O preço pago por esse grau de integração e prosperidade foi a instabilidade econômica. A exportação de lã, o item mais importante da lista depois de 1884, foi prejudicada pela diminuição dos rebanhos e pela queda dos preços internacionais no ano de 1890/1891. A carne enlatada e o extrato de carne oscilaram gravemente nos mercados europeus: o extrato de carne de Liebig sofreu aumento de preços até 1890, mas logo em seguida houve um forte declínio, enquanto para a carne enlatada a demanda diminuiu depois de 1886, provocando uma queda da produção. Outros produtos tradicionais da pecuária, como o couro, também perderam importância. As exportações de charque caíram enormemente em 1875, mas depois experimentaram um crescimento sustentado até o final do século; não obstante, as flutuações no preço que o charque podia comandar foram consideráveis e a economia do gado passou por um período de superprodução. A partir da década de 1870, portanto, a economia do Uruguai estava cada vez mais sujeita às oscilações das exportações de seus produtos primários. Essa dependência implicou um alto grau de vulnerabilidade a mudanças econômicas externas, que tiveram efeitos acentuados e contraditórios sobre a estabilidade do país.

O REFORMISMO E A ECONOMIA DE EXPORTAÇÃO, 1904–1918

Desde sua primeira eleição em 1903 até sua morte em 1929, José Batlle y Ordóñez dominou a vida política do Uruguai. Presidente por duas vezes (1903–1907 e 1911–1915), o comando que imprimiu ao país foi fruto, em grande parte, de sua capacidade de dar expressão tanto à sua ânsia de modernizar quanto às novas forças sociais que estavam surgindo numa sociedade que já não era dominada pela elite. Filho de um presidente e neto de um comerciante que pertencera à aristocracia colonial, jornalista e fundador do jornal *El Día* em 1886, Batlle trabalhara desde 1890 para a normalização das instituições e para que a economia do Uruguai se libertasse das exigências do capital europeu. Além disso, endossou as primeiras reivindicações da classe média e da classe trabalhadora (especialmente de Montevidéu) contra os regimes trabalhistas autocráticos tanto dos empregadores nacionais quanto dos investidores estrangeiros no Uruguai.

Batlle foi eleito para seu primeiro mandato de presidente, em 1903, pela velha oligarquia *colorada*. A vitória militar de seu governo sobre Saravia em 1904 deu-lhe condições de consolidar sua posição de líder do partido e ao mesmo tempo resguardar a unidade política e administrativa do país. A instituição de um governo de partido único, em vez do governo dos acordos de co-participação, conformava-se tanto às suas convicções pessoais quanto às necessidades de seu programa. Precisava do apoio de grandes maiorias; daí as reformas eleitorais introduzidas em 1904, que fortaleceram ainda mais a representação do Partido Colorado, o partido do governo. A julgar, porém, pelo grau de participação, as metas estiveram longe de ser alcançadas; apenas cinco por cento da população total de um milhão de pessoas exerciam o direito de voto. Para mudar essa situação, Batlle propôs destruir a velha estrutura oligárquica do partido e obter uma representação mais direta do eleitorado de todos os níveis. O melhor instrumento para isso foi o clube político de distrito, que introduziu tanto nos distritos eleitorais do interior quanto nos da cidade a prática quotidiana de uma ativa democracia interna. As assembléias de partido também colocaram o povo em maior contato com a vida pública, num lugar onde anteriormente as questões eram discutidas em círculos fechados. Ambas as instituições foram usadas para realizar o ideal de uma ampla participação política, no quadro de um governo de partido único eleito pelo povo.

Apesar da persistente insatisfação dos *blancos*, a pacificação do país era um fato incontestável depois de 1904. É simbólico que nesse ano tenha sido instalado o primeiro frigorífico em Montevidéu. A estabilidade financeira e o aumento dos níveis de produção exportável deram a Batlle condições de adotar um programa de reformas de longo alcance em consonância com as mudanças que estavam ocorrendo na sociedade uruguaia. A imigração continuava a exercer um certo impacto sobre a estrutura demográfica. Conforme os dados do censo de 1908, 17 por cento da população total – 181 mil pessoas – não tinham nascido no país. A metade dessa população estrangeira vivia em Montevidéu, responsável por cerca de um terço de pouco mais de um milhão de habitantes. Mas a importância dessa afluência de população não foi apenas quantitativa. Sobretudo nas áreas urbanas, os imigrantes estiveram associados ao surgimento de uma classe média forte à qual o acesso era relativamente fácil; e ajudaram a criar uma base ideológica para o proletariado urbano, especialmente nos primeiros estágios do desenvolvimento sindical.

As reformas de Batlle ampliaram consideravelmente a base para a modernização do país. O Estado fortaleceu-se com o aumento do número de ministérios e a criação do Supremo Tribunal de Justiça em 1907. Ao mesmo tempo, a Igreja teve sua influência diminuída pela progressiva limitação de suas prerrogativas e pela aprovação de leis liberais sobre o divórcio em 1907 e em 1913. A última delas dava direitos à esposa de requerer o divórcio à sua vontade e sem declarar a causa. Os benefícios da educação foram ampliados com a criação, em 1912, de escolas secundárias departamentais e o livre acesso, em 1916, ao ensino secundário e superior. Em matéria trabalhista, o Estado assumiu o papel de conciliador entre as classes, intervindo em favor dos assalariados mais fracos mediante uma legislação protetora ou com garantias efetivas do direito de sindicalização. A peça mais ultrajante dessa legislação (aos olhos dos empregadores) foi a aprovação, em 1915, da jornada de trabalho de oito horas para todos os trabalhadores urbanos.

Além dessas medidas sociais, o Estado empenhou-se também em promover um padrão de desenvolvimento econômico com forte ênfase nacionalista. A introdução, em 1912, de uma política protecionista coordenada estimulou a expansão da indústria manufatureira. Batlle tentou ainda limitar o grau de penetração estrangeira (principalmente dos ingleses) na economia. O capital estrangeiro assumiu a forma de empréstimos ao governo uruguaio e de investimentos diretos. Em ambos, a posição da Inglaterra era dominante. Em 1910, os empréstimos colocados em Londres totalizaram 26,5 milhões de libras e geraram uma das maiores dívidas externas *per capita* da América Latina. Depois disso, a proporção da dívida inglesa diminuiu à medida que os empréstimos passaram a ser levantados nos bancos de New York. No setor de serviços públicos, os investimentos dos ingleses em estradas de ferro, bondes, telefones, água e gás aumentaram muito no período 1905–1913. Batlle via com grande apreensão a presença dessas companhias e as concessões que lhe deram o direito de operar. Diante do consenso geral de que as tarifas eram excessivamente altas e os serviços deficientes, o governo tentou conseguir o apoio dos investimentos norte-americanos (antes de 1914 estiveram restritos em grande parte à indústria frigorífica) para desafiar sua posição, mas com pouco sucesso. Todavia, foram criadas algumas empresas estatais para resguardar ou contestar o controle de determinados setores da economia dominados tradicionalmente pelo capital europeu, como os seguros, as estradas de ferro, os telefones e a destilação de álcool. O Estado interferiu ainda no setor financeiro, nacionalizando totalmente o capital do Banco de la República, em 1911, para criar um banco estatal e colocando o Banco Hipotecário sob seu controle no ano seguinte.

Essas reformas realizadas por Batlle basearam-se fundamentalmente numa concepção particular do papel do Estado: ele seria um catalisador político destinado a efetuar as mudanças que a dinâmica da sociedade uruguaia tornava necessárias. Essa concepção levou Batlle a enfatizar os perigos implícitos nos poderes mantidos tradicionalmente pelo presidente. Em seu ponto de vista, a crescente complexidade do Estado impunha a cessão a um cargo (e a um homem) de poderes extraordinários, cujo mau uso marcara a história política do Uruguai em grande parte do século XIX. Baseando seu argumento nesses riscos e na necessidade de garantir a continuidade da política de governo, Batlle propôs, em 1913, uma reforma da constituição. Em essência, sua proposta considerava a substituição do Executivo presidencial por um colegiado composto de nove membros do partido majoritário. Dois deles deviam ser indicados pela Assembléia Geral para um mandato de seis anos; os outros sete seriam eleitos pelo voto popular, substituindo-se um deles a cada ano. Era uma proposta audaciosa. De um lado, era um desafio a um consenso interpartidário que durara quase um século. De outro, revelava uma tentativa de perpetuar o Partido Colorado no poder, pois teria de perder cinco eleições sucessivas para ser afastado do controle do novo Executivo.

O Partido Blanco, ainda sofrendo os contratempos causados pelo término do regime de co-participação em 1904, penalizado pela legislação eleitoral subseqüente que reduziu a representação das minorias no parlamento e comandado por um diretório oriundo, em sua maior parte, das classes conservadoras, foi um oponente previsível e decidido do novo sistema de governo proposto. Claramente, as causas de sua oposição não eram apenas políticas, mas se relacionavam também com o caráter das reformas sociais de Batlle. Assim, formou-se uma frente de oposição na qual o diretório dos *blancos* se aliou aos *riveristas*, um importante grupo conservador resultante da divisão dos *colorados* em março de 1913. Eles, como todos os outros grupos que romperam em seguida com os batllistas, tentaram estabelecer sua identidade em termos das tradições do antigo Partido Colorado e acusaram os batllistas de, com suas simpatias "socialistas", estarem traindo essas tradições. Dentro de ambos os grupos partidários, o estreito interesse de classe que unia os grandes fazendeiros com os banqueiros, os comerciantes e os investidores estrangeiros levou os primeiros a desconfiar e em seguida a alarmar-se com as atividades do governo *colorado*, e isso acabou virando uma questão polêmica que dividiu o país em dois campos inconciliáveis. As classes sociais que orgulhosamente se proclamavam "conservadoras" passaram a identificar-se, independentemente de partido, com a defesa de uma ordem social ameaçada. O debate sobre a constituição do colegiado não foi apenas um desacordo em torno do sistema presidencial, mas significou na verdade apoio ou oposição a todo o programa de reforma desde 1903.

As eleições para a Assembléia Constitucional a quem cabia estudar a proposta, em julho de 1916, deu uma vitória clara aos seus opositores. O sucessor de Batlle na presidência, Feliciano Viera, influenciado presumivelmente por esse resultado, anunciou que o programa de reforma social seria suspenso. Oriundo do mesmo partido de Batlle, cujas idéias aceitara anteriormente com reservas, Viera, com sua atitude, abriu um fosso perigoso nas fileiras dos partidários de Batlle. As associações de empregadores comunicaram ao presidente sua satisfação com esse deslocamento para o conservadorismo. A disputa com Viera, somada a uma outra com Manini Rios que liderava os *riveristas*, revelou a natureza multiclassista dos *colorados*.

Logo depois, as eleições parlamentares de 1917 representaram um segundo e decisivo teste para a proposta do colegiado; dessa vez, seus adeptos saíram vitoriosos. Abriu-se, assim, o caminho para a nova constituição, que entrou em vigor em março de 1919. A composição do Executivo – a causa ostensiva da longa controvérsia – refletiu duas opiniões irresolutas. A constituição estabeleceu um poder executivo de duas cabeças, no qual a autoridade do presidente da República era partilhada com um Conselho Nacional de Administração, composto de nove membros. O primeiro mantinha alguns poderes tradicionais na segurança interna, nas relações exteriores e na chefia das forças armadas, que Batlle tinha esperanças de arrebatar. O último, restrito às funções administrativas do Estado, revelou a fraqueza de uma instituição que não tinha apoio efetivo entre eles próprios e era, portanto, totalmente subordinada ao poder do presidente.

No período de 1904–1918, o caráter da economia foi determinado por processos paralelos de modernização e dependência. A consolidação do Estado e a complexidade de suas funções transformaram-no num agente efetivo de desenvolvimento econômico, mas isso tornou mais evidentes as contradições de um "desenvolvimento dirigido de fora". A contínua expansão das exportações de produtos agrícolas demonstrou a dependência dos setores básicos de produção (e muito mais da pecuária) em relação aos mercados consumidores do exterior. A nova indústria frigorífica produziu uma das mudanças mais características do período, a gradual substituição do charque pela carne congelada como principal produto de carne para exportação. Mas o produto individual de exportação mais importante continuava sendo a lã, responsável por 40 por cento das vendas externas no lustro 1906–1910, comparados aos 25 por cento do couro e aos 16 por cento da carne e dos extratos. A expansão do setor rural continuou durante toda a primeira década do século e a maior parte da segunda, salvo a breve interrupção causada pela crise financeira de 1913. A Primeira Guerra Mundial acelerou o abandono do charque, quando a demanda de lã e de carne congelada e processada aumentou fortemente na Europa.

O desenvolvimento dos transportes e das comunicações viveu uma fase decisiva na década que antecedeu a guerra. O porto de Montevidéu, em construção desde o começo da década, foi inaugurado em 1909. Com a chegada do carro a motor em 1904 e a eletrificação dos bondes em 1907, a cidade de Montevidéu expandiu-se e incorporou os subúrbios mais distantes. As ferrovias cruzavam o país de norte a sul, com a malha ferroviária refletindo as exigências de um desenvolvimento voltado para a exportação, que também se adequava aos interesses comerciais ingleses. De 1 964 quilômetros em 1902, a extensão dos trilhos chegou a 2 668 quilômetros em 1919.

No setor industrial, um número cada vez maior de estabelecimentos têxteis, de produtos químicos domésticos, de fumo e de bebidas, de trabalho em metal, de papel etc. causou o crescimento do emprego industrial, de 30 mil em 1889 para 41 mil em 1908 e para 50 mil em 1920. Mais significativa do que essas estimativas quantitativas do tamanho da força de trabalho, porém, é a natureza de suas reivindicações. Quase invariavelmente lutaram pela melhoria dos padrões de vida (maiores salários, jornadas mais curtas), tornando freqüentes as greves a partir do início do século, época em que Montevidéu se tornou o refúgio de "agitadores" expulsos da Argentina. Foi o começo de uma tradição da classe trabalhadora na qual várias instituições desempenharam papéis fundamentais: o Centro de Trabalhadores Socialistas, fundado em 1896, o Centro Internacional de Estudos Sociais (1898) e o Centro Karl Marx (1904). Mas, acima de tudo, a organização da classe trabalhadora e talvez também a natureza particular de suas lutas foram atribuíveis ao apoio indisfarçado que Batlle lhe deu.

OS LIMITES DO REFORMISMO, 1918–1930

A Primeira Guerra Mundial trouxe prosperidade à economia uruguaia em virtude do alto nível de demanda de produtos agrícolas na Europa. Ao mesmo tempo, a indústria nacional cresceu enormemente com base na demanda interna. O censo de 1920 registrou não menos de 3 704 estabelecimentos envolvidos na manufatura e 401 empresas industriais. Mas o término da guerra foi também o fim desse período de prosperidade, seguido por uma época de dificuldades econômicas. Entre 1919 e 1922, as exportações diminuíram sensivelmente, em grande parte por causa das tendências adversas na demanda da carne. A instabilidade do mercado europeu resultou num período de fortes oscilações. Nesse ínterim, o capital norte-americano, estimulado ao mesmo tempo pela prosperidade da economia dos Estados Unidos na década de 1920, pela obsolescência da indústria inglesa e pelo declínio de competitividade de seus produtos nos mercados internacionais, deu início a vigorosa ofensiva na região do Prata. Após a guerra, tanto o governo norte-americano quanto seu setor privado fizeram esforços mais sistemáticos para conquistar a supremacia econômica na região. Foram estabelecidos ou consolidados serviços de navegação regulares e tiveram início as comunicações diretas por cabo com New York. Ao mesmo tempo, novas agências de notícias dos Estados Unidos começaram a suprir a imprensa uruguaia.

O comércio dos Estados Unidos com o Uruguai não foi realizado com base na reciprocidade. Todos os produtos primários exportáveis do Uruguai tiveram de competir com produtos similares dos Estados Unidos. As únicas mercadorias que podiam ser realmente exportadas para o mercado norte-americano, a lã e o couro, estavam sujeitas à grande instabilidade desse mercado e dependiam em grande parte de mudanças favoráveis na legislação protecionista dos Estados Unidos. Por outro lado, as importações de produtos norte-americanos pelo Uruguai aumentaram a tal ponto que, em 1916, o Reino Unido deixou de ser a principal fonte de mercadorias importadas. Os EUA mantiveram sua supremacia após a crise de 1920–1922 até a depressão. Forneciam petróleo e veículos motorizados, bem como uma variedade de máquinas e equipamento agrícolas, mas foi realmente na exportação de novos produtos manufaturados, sobretudo a gama de aparelhos elétricos domésticos, que os produtores norte-americanos conseguiram quebrar a tradicional hegemonia comercial da Inglaterra. Além disso, a venda de veículos e os vários investimentos subsidiários na produção de pneus e cimento, bem como na montagem de veículos, destruíram o principal bastião da influência inglesa na região, a estrada de ferro. Na década de 1920, a entrada de capital acompanhou o ritmo do crescimento das vendas ao Uruguai; Wall Street, diante do aumento das vendas de veículos, forneceu ajuda financeira para a construção ou melhoria de estradas, ou para programas ambiciosos de obras públicas. Em 1923, quando foram registrados mais de dez mil veículos no país, existiam quase 300 quilômetros de estradas. Em 1929, foram construídos mais 550 quilômetros.

Não obstante, a presença inglesa continuava decisiva. Embora, durante a guerra, os investimentos ingleses no Uruguai praticamente tenham cessado e alguns acréscimos feitos na década de 1920 não tenham invertido a tendência de queda, o volume de capital inglês no final dessa mesma década ainda era superior a 41 milhões de libras. Como no século XIX, os empréstimos ao governo e as estradas de ferro continuavam sendo os principais setores de investimento do capital inglês acumulado. Os empréstimos montaram a mais ou menos 20 milhões de libras, ainda que nenhum empréstimo novo tenha sido colocado em Londres desde 1919; esse tipo de negócio era feito agora em New York, apesar de suas taxas de juro geralmente mais altas. Entre os investimentos diretos (responsáveis por mais de 20 milhões de libras no total) figuravam os serviços públicos e um frigorífico. O sistema ferroviário, de propriedade da Central Uruguay Railway e de outras companhias inglesas de menor vulto, estava ingressando numa fase de declínio. Afligidas por uma escassez de capital que piorou depois da guerra, com material rodante antigo, altos preços das passagens e dos fretes e uma ausência de novos desenvolvimentos, as estradas de ferro justificavam sua fama de meio de transporte caro e obsoleto. A concorrência dos veículos rodoviários aconteceu no contexto de uma política de desenvolvimento das estradas de rodagem implementada pelo governo e apoiada (como vimos) pelo capital norte-americano.

A posição da Inglaterra no comércio exterior do Uruguai no final da década era ambígua. Continuava sendo o mercado mais importante para a carne, mas já não conseguia manter sua tradicional hegemonia. Como no restante da América Latina, o pouco crescimento das exportações inglesas nos anos de prosperidade antes da crise de 1929 foi uma prova clara de que sua competitividade estava extremamente enfraquecida. A indústria e o comércio ingleses continuaram a oferecer as mesmas mercadorias que vinham vendendo há meio século, a preços e condições de crédito facilmente sobrepujados pelas empresas mais empreendedoras e imaginativas dos Estados Unidos.

A imigração, que praticamente havia cessado no período da guerra de 1914–1918, foi retomada na década de 1920. Entre 1919 e 1930, quase 200 mil imigrantes ingressaram no país, embora provavelmente três quartos desse total tenham reemigrado para o Brasil ou para a Argentina durante a década. As novas chegadas eram constituídas de ampla variedade de nacionalidades, uma conseqüência dos desarranjos políticos e das dificuldades econômicas na Europa do pós-guerra. Além da tradicional afluência de espanhóis e italianos, vieram também poloneses, romenos, bálticos, sérvios e croatas, alemães e austro-húngaros, sírios e armênios, todos os quais contribuíram para um processo de diversificação cultural e religiosa. Os judeus chegaram em números expressivos; conseguindo um grande avanço econômico mediante suas habilidades e engenhosidade, formaram uma comunidade bastante fechada. A distribuição ocupacional dos novos imigrantes era ditada pelo padrão de demanda de mão-de-obra. A indústria frigorífica, os escritórios de engenharia e as fábricas têxteis, mas acima de tudo o comércio de distribuição, absorveram essa nova mão-de-obra e o pequeno volume de economias que trouxeram consigo. Invariavelmente fixaram-se de preferência em Montevidéu, onde exerceram importante influência no processo de urbanização. Em 1930, Montevidéu tinha 655 mil habitantes, quase 35 por cento do total da população do país. Nesse ano, Julio Martínez Lamas publicou importante tratado, *Riqueza e pobreza del Uruguay*, cujo tema central era o funcionamento do capital como bomba de sucção em detrimento do Uruguai rural.

Na indústria da carne, duas tendências a longo prazo interligadas estavam chegando ao fim: o crescimento da indústria frigorífica e o aumento de importância da carne frigorificada em relação à congelada, e o declínio final dos *saladeros*, responsáveis agora por apenas cinco por cento do abate. A integração dos frigoríficos com o mercado mundial da carne depois da guerra teve como contrapartida o virtual desaparecimento do comércio do charque, que datava dos tempos coloniais, e a adoção generalizada de raças de gado melhoradas, que produziam carne da qualidade exigida na época. A indústria frigorífica, porém, era dominada pelo capital estrangeiro (principalmente norte-americano), que era dono dos principais estabelecimentos e controlava as compras de gado em Tablada. A política de preços combinados e os sucessivos acordos de *pool* pelos quais elas dividiram o mercado uruguaio deram a essas companhias internacionais um monopólio efetivo, intolerável para os produtores de gado, principalmente os médios e os pequenos. Foi nesse contexto que apareceram algumas propostas de participação do Estado no setor, resultando na criação do Frigorífico Nacional em 1928. No entanto, os resultados de suas primeiras operações foram insatisfatórios e os problemas que acarretaram sua criação não foram solucionados.

Os cinco anos que antecederam a crise de 1929 foram marcados por outro surto de crescimento das exportações, por força da recuperação do mercado internacional. Os produtos da pecuária continuaram a representar 95 por cento das exportações, sendo os principais itens a lã e a carne frigorificada. Os altos valores das exportações e a taxa reduzida de crescimento da procura de produtos importados permitiram uma valorização do peso na década de 1920 e deram uma impressão de relativa estabilidade vista favoravelmente pelos investidores. Ainda assim, o balanço de pagamentos registrou alguns itens incômodos, notadamente o nível da dívida externa, que revelavam a vulnerabilidade da aparente prosperidade; em 1929, o Uruguai remeteu ao exterior cerca de 3,7 milhões de libras para pagamentos do serviço da dívida. Os primeiros sintomas da crise chegaram ao país no ano de 1929 com balanças comerciais adversas, a exportação de ouro e a desvalorização do peso. Esses contratempos ressaltaram as limitações de uma estrutura econômica baseada no setor rural, tendo em vista sua acentuada dependência de um mercado internacional instável.

A trégua que os dois partidos tradicionais concluíram tacitamente sobre a época em que seria adotado o colegiado aceito na Constituição de 1929 fundamentou-se numa série de acordos políticos complicados. Para os *blancos*, esse quadro oferecia a vantagem de impedir o retorno de Batlle à presidência. Significava igualmente (como também para os *colorados*) que uma condição inevitável de governo era a aceitação de um acordo interpartidário. Por quinze anos uma sucessão de tais entendimentos garantiu uma frágil estabilidade institucional. A presidência foi ocupada por três figuras de diferentes facções dos *colorados*: Baltasar Brum (1919–1923), um batllista ortodoxo e o arquiteto do novo sistema de diplomacia interamericana; José Serrato (1923–1927), um engenheiro e empresário, e um *colorado* mas sem vínculos muito estreitos com nenhum dos grupos principais; e Juan Campisteguy (1927–1931), um advogado e membro proeminente da facção *riverista* dissidente.

O sistema de co-participação implícito na Constituição de 1919 tendeu a agravar as divisões internas dos dois movimentos políticos. Entre os *blancos* e apesar das tendências conflitantes, ganhou proeminência a figura de Luis Alberto de Herrera, que se identificava de perto com os setores rurais mais conservadores. No Partido Colorado, uma série de cismas a partir de 1913 ameaçou provocar sua desintegração, mas isso foi sempre impedido pela influência poderosa e inquestionável de Batlle. Sua morte, no final de 1929, abriu um período de incertezas. O vazio de poder criado por sua perda foi um duro teste, nos anos seguintes, para a estabilidade das instituições que ele inspirara e que em seguida passaram a depender não menos decisivamente do peso de sua autoridade. A falta de um líder de sua estatura – atribuível em parte à própria relutância de Batlle em preparar um sucessor – e a luta inevitável por seu legado político intensificaram ainda mais as tensões entre os *colorados*. As eleições presidenciais de 1930, vencidas por Gabriel Terra, revelaram até que ponto a coexistência de tendências conflitantes entre os batllistas dependera das qualidades do próprio Batlle.

Não obstante, nos anos finais de dominação batllista houve uma nova onda de medidas reformistas. Já fizemos menção à intervenção do Estado no mercado do gado por meio da criação do Frigorífico Nacional, com o apoio da classe dos fazendeiros. Em 1931, num importante complemento às atividades do Estado na produção direta, foi criada a Administración Nacional de Combustibles, Alcohol y Portland (Ancap). A tarefa da nova organização era fabricar álcool e cimento; além disso, tinha o monopólio da exploração das jazidas de petróleo que tinha esperança de encontrar e o monopólio mais expressivo da importação e refino do óleo cru, poderes que a colocaram em conflito com a Standard Oil e a Shell. A "praga socialista", como a chamaram os investidores externos e os capitalistas nacionais, intensificou-se ainda mais no final da década de 1920 com propostas de salário mínimo para o comércio e a indústria e um programa de pensões para empregados das companhias a ser financiado em parte pelo empregador.

Nesse contexto, no qual as tensões políticas do país foram intensificadas ainda mais pelas repercussões internas da crise econômica mundial, foi preparado o golpe de 1933. Ele colocou um fim nesse *modus vivendi* político, baseado em negociações pragmáticas e em acordos oportunistas entre grupos sociais e políticos antagônicos, para os quais a prosperidade econômica dos anos anteriores a 1929 fora tão necessária.

13

O Paraguai da Guerra da Tríplice Aliança à Guerra do Chaco, 1870–1932

O PARAGUAI SOB A OCUPAÇÃO DOS ALIADOS

NO DIA DE Ano Novo de 1869, tropas estrangeiras ocuparam Assunção, a capital do Paraguai. A cidade, quase deserta, foi entregue à pilhagem dos soldados – em sua maioria brasileiros, acompanhados de alguns argentinos e uruguaios – que a percorreram em busca de espólio e mulheres. Os Aliados tinham estado em guerra com o Paraguai por mais de quatro anos e agora, finalmente, as poucas defesas exauridas do país haviam caído. No entanto, a guerra não chegara ao fim. O presidente do Paraguai, marechal Francisco Solano López, continuava a luta a partir de quartéis improvisados no meio da floresta ao norte, com um reduzido exército mantido apenas graças ao recrutamento de jovens com idade entre dez e quatorze anos. Em 1º de março de 1870, finalmente López foi cercado em Cerro Corá, na fronteira com o Brasil, onde foi morto.

Nesse meio tempo, os Aliados tinham instalado em Assunção um governo-fantoche. Um triunvirato, formado por elementos contrários a López, declararam proscrito o marechal e confiscaram todos os seus bens. O novo governo prometeu realizar eleições, no ano seguinte, para uma assembléia constituinte, que seria a base para a criação de um Estado democrático, após mais de meio século de ditadura, durante a qual o país foi governado, sucessivamente, pelo dr. José Gaspar Rodríguez de Francia (1814–1840), que após a Independência fechara o país ao mundo exterior; por Carlos Antonio López (1840–1862), que pusera fim ao isolamento do Paraguai e dera início a um processo de modernização econômica e militar; e por Francisco Solano López (1862–1870), cujos sonhos de um império sul-americano, junto com as ambições territoriais de seus vizinhos, Argentina e Brasil, haviam conduzido o Paraguai a uma guerra desastrosa. No começo do conflito, o Paraguai contava mais de meio milhão de habitantes, mas os combates, a fome e a doença haviam-na reduzido a menos de 50 por cento. De uma estimativa de

221 mil sobreviventes, a guerra poupara apenas 28 mil pessoas do sexo masculino, a maioria delas ou muito jovens ou muito velhas. O país estava totalmente em ruínas. Vilas e fazendas haviam sido abandonadas; a maioria das propriedades, destruídas, ou pelo saque dos Aliados ou pela tática da terra arrasada de López. Milhares de pessoas viviam vagando sem teto, morrendo, ao longo das estradas, de fome e inanição. O tesouro estava vazio e os Aliados mostravam pouco interesse em fornecer ajuda financeira.

Considerando as enormes tarefas que enfrentaram, os triúnviros – Cirilo Rivarola, José Díaz de Bedoya e Carlos Loizaga – tiveram um bom desempenho. Criaram campos de trabalho de emergência para famílias sem teto, formaram uma milícia para reprimir os saques e o banditismo, instituíram novos sistemas tributários e judiciais, deram início a um programa de obras públicas para oferecer trabalho e colocaram os inválidos e os órfãos sob a tutela do Estado. A tarefa de administração foi mais difícil, porque todas as medidas tinham de ser aprovadas pelos Aliados. E estes raramente concordavam com as propostas, porque, assim que López foi morto, argentinos e brasileiros retomaram suas antigas rivalidades. Isso propiciou aos paraguaios, até certo ponto, mais espaço para manobra, mas ao mesmo tempo os submeteu a pressões cruzadas. A influência argentina era exercida através da Legião Paraguaia, um bando de antigos exilados, que viviam em Buenos Aires no momento da eclosão da guerra e se tinham juntado ao exército argentino na luta contra López. Eram liderados por três homens: Benigno Ferreira, que comandava a milícia recém-criada do triunvirato, Facundo Machaín e José Segundo Decoud, que seria o principal autor da Constituição de 1870. Os brasileiros, a maior força de ocupação, apoiavam Cirilo A. Rivarola, um dos triúnviros. Rivarola tinha pouca instrução ou talento político, mas era útil porque não era nem a favor da Legião nem de López. Ex-sargento do exército paraguaio, fora preso e torturado durante a guerra em conseqüência de uma das freqüentes explosões de raiva paranóica do marechal. Assim, podia afirmar ter lutado por seu país como um bom patriota, mas não tinha saudades do antigo regime. Finalmente, havia uma terceira facção, que se poderia chamar lopista, já que era formada por aqueles que ainda reverenciavam o ditador caído. Era chefiada por Candido Bareiro, o agente comercial de López na Europa. Bareiro, impedido de retornar ao Paraguai na época da guerra pelo bloqueio aliado, empenhava-se agora em reagrupar os desalentados lopistas. Seu principal recrutado era o general Bernardino Caballero, que voltara há pouco de um campo de prisioneiros de guerra. O general Caballero era o maior herói vivo para os nacionalistas paraguaios, pois lutara ao lado do Marechal até o fim e somente em Cerro Corá caíra em mãos inimigas.

Em 1870, realizaram-se as eleições para a assembléia constituinte. Depois de dura disputa, perturbada por muita invectiva e ocasionais brigas de rua, os Legionários conquistaram a maioria das cadeiras. A assembléia reuniu-se em agosto e sua primeira medida foi dissolver o triunvirato e nomear Facundo Machaín como presidente provisório da República. Entretanto, aos olhos do exército brasileiro tratava-se de um golpe disfarçado e, no dia seguinte, suas tropas cercaram a assembléia. Machaín foi forçado a renunciar e Rivarola assumiu a presidência em seu lugar. Feito isso, a assembléia devotou-se à tarefa de escrever a constituição. O documento resultante refletiu as idéias liberais dos antilopistas. O antigo regime baseara-se numa economia controlada pelo Estado; assim, o novo Estado devia estimular a propriedade privada e o livre comércio. López fora um déspota absoluto; a constituição devia estabelecer uma república democrática, baseada na separação entre os poderes Legislativo, Executivo e Judiciário. Refletindo a influência da constituição norte-americana, cada ramo do governo paraguaio seria controlado pelos poderes dos outros ramos.

Nos termos da Constituição promulgada em 1870, o Poder Executivo seria chefiado por um presidente, escolhido por um colégio eleitoral para um mandato de quatro anos. Para impedir qualquer veleidade de ditador, era proibida a reeleição para um segundo mandato até oito anos depois da primeira gestão. Elegia-se ao mesmo tempo um vice-presidente. O chefe do Executivo era assistido por um gabinete de cinco membros, formado pelos ministros das Relações Exteriores; da Justiça, Culto e Instrução Pública; do Tesouro; do Interior; e da Guerra. O Poder Legislativo compunha-se de um Congresso bicameral, constituído de 13 senadores e 20 deputados. A cada dois anos seriam realizadas eleições para renovar a metade da Câmara dos Deputados e um terço do Senado. Foi criada mais uma salvaguarda contra a ditadura: o Congresso, sempre que entrasse em recesso, devia nomear uma Comissão Permanente para manter sob vigilância os atos do presidente. O Poder Judiciário era chefiado por um Supremo Tribunal, composto de três juízes. Imediatamente abaixo dele estavam os tribunais de apelação para casos cíveis e criminais. A Constituição estabeleceu um governo fortemente centralizado, no qual as questões locais eram administradas por *jefes políticos*, nomeados pelo ministro do Interior. Às prefeituras foi dado o direito de eleger seus próprios conselhos locais, mas tinham pouco poder para decidir quase que a maioria das questões de pequena monta.

Essa Constituição democrática não tinha qualquer possibilidade de funcionar numa sociedade como a do Paraguai, onde a maioria do povo era desesperadamente pobre e pouco instruído. Além disso, a situação do país no final da guerra exigia um Estado forte para guiar o processo de reconstrução. Por outro lado, os Aliados não estavam dispostos a concordar com a presença de um governo realmente livre no Paraguai. Mesmo aqueles que escreveram a Constituição não tiveram paciência para fazer o tipo de negociação e de conciliação que a democracia exige. O governo constituía uma das poucas oportunidades que tinha um cidadão para enriquecer; por isso, a luta para controlá-lo era feroz. Nesse tipo de clima, era cada um por si. Amigos antigos tornavam-se inimigos e todos buscavam o apoio do exército de ocupação para favorecer suas ambições.

Uma figura central em toda essa intriga do pós-guerra foi Juan Bautista Gill, o ministro do Tesouro de Rivarola. Político brilhante mas impiedoso, Gill logo convenceu os brasileiros de que era mais capaz de governar o país como eles queriam do que o tosco e inepto ocupante do cargo. Assim, com o apoio dos brasileiros, depôs Rivarola e empossou o vice-presidente Salvador Jovellanos. No entanto, antes que pudesse destituir Jovellanos e apossar-se da presidência, de repente Gill foi preso e mandado para fora do país pelo general Benigno Ferreira, que continuava no comando da milícia. Agora, a figura dominante passava a ser Ferreira, embora a presidência continuasse ocupada por Jovellanos, o que significava um ressurgimento da influência argentina. Durou pouco, porém, essa situação; em 1874 uma revolta nacionalista comandada pelo general Caballero enviou Ferreira para o exílio. Os brasileiros voltaram a intervir. Em vez de os lopistas tomarem o poder, Gill foi trazido de volta ao Paraguai num navio de guerra brasileiro e instalado no palácio presidencial.

Em 1876, tanto os argentinos quanto os brasileiros decidiram que os custos da ocupação do Paraguai estavam ficando altos demais. Anteriormente, para assinar um tratado de paz, os argentinos haviam reivindicado do Paraguai grandes concessões territoriais que, se fossem aceitas, lhes dariam a maior parte da região a oeste do rio Paraguai, o conhecido Chaco. Agora, concordaram com um arbitramento internacional e, quando a decisão final favoreceu o Paraguai, aceitaram-na e se retiraram. Os brasileiros, como já tinham negociado um tratado pelo qual o Paraguai lhes cedia alguns territórios no norte e no leste, não viam outra razão para ficar. Suas tropas também foram retiradas do Paraguai.

Sem os brasileiros para protegê-lo, o governo de Gill não conseguiu sobreviver por muito tempo. Ele foi assassinado em 12 de abril de 1877 enquanto se dirigia de sua casa para o palácio. O grupo de homens responsável por seu assassinato não pertencia a nenhum partido definido, mas poderiam ser rotulados de lopistas independentes. Eram contrários a Gill por ser um fantoche do Brasil e se indispuseram com Bareiro e Caballero. Seus planos eram coordenar o assassínio de Gill com uma revolta comandada pelo ex-presidente Rivarola. Infelizmente para eles, a morte de Gill não provocou a desordem com que haviam contado. Em vez disso, o vice-presidente Higinio Uriarte assumiu o governo como presidente provisório, com o apoio do general Caballero e de seu amigo, general Patricio Escobar, ministro da Guerra. Escobar convocou o exército e, em 17 de abril, esmagou completamente os rebeldes. Vários de seus líderes foram feitos prisioneiros e levados de volta a Assunção em correntes.

A medida seguinte de Uriarte foi marcar as eleições para 1878. Os lopistas, tendo o controle do governo, tinham a melhor oportunidade para eleger seu líder Bareiro para a presidência. Os Legionários não só tinham perdido a vantagem, como também estavam divididos por causa de uma rixa pessoal entre Facundo Machaín e José Segundo Decoud. De fato, em conseqüência da briga, Decoud abandonou o partido e ofereceu seu apoio a Bareiro. No entanto, os lopistas consideravam Machaín um inimigo perigoso. Fora o principal negociador do vantajoso tratado de paz assinado com a Argentina, o que lhe valera grande popularidade. Agora, atiçava a opinião pública, ao fazer a defesa dos assassinos de Gill e divulgar o cruel tratamento que recebiam na prisão. Afinal de contas, Gill fora uma figura desprezível; pouco faltou para que apresentasse seus assassinos como patriotas. Com esse tipo de fórum público, Machaín seria um temível oponente.

Bareiro, Caballero e Escobar não iriam correr o risco de ser afastados do poder. Por conseguinte, acusaram Machaín de estar mancomunado com Rivarola, que continuava em liberdade, e de tramar a derrubada do governo. Embora falsas, a propalação dessas acusações deu ao governo um pretexto para prender Machaín. Assim, em 15 de outubro foi juntar-se a seus clientes na prisão. Isso não foi suficiente, porém, pois mesmo em sua cela Machaín continuou objeto de grande simpatia pública. Diante disso, na noite de 28/29 de outubro a polícia de Uriarte arquitetou uma fuga, que lhes deu uma desculpa para invadir o prédio e assassinar os prisioneiros indefesos, entre eles Machaín.

Agora, apesar da indignação pública que se levantou contra esse ato odioso, não havia ninguém que se atrevesse a opor-se aos lopistas. Bareiro foi devidamente empossado como presidente. No entanto, antes de consolidar plenamente seu poder, havia mais um a eliminar. O ex-presidente Rivarola continuava a instigar uma revolta nas montanhas no leste. Portanto, um dos primeiros atos de Bareiro foi oferecer-lhe anistia. Rivarola mordeu a isca e voltou a Assunção em dezembro de 1878. Uma semana depois foi assassinado, apunhalado até a morte numa rua do centro, diante de espectadores horrorizados, que tiveram medo de acorrer em sua ajuda. Agora, os lopistas tinham o comando total, mas Bareiro não iria colher os frutos do poder por muito tempo. Acometido de um mal súbito em 4 de setembro de 1880, morreu poucas horas depois. Imediatamente, o Exército assumiu o poder, afastou o vice-presidente civil e instalou o general Caballero na presidência.

O PERÍODO COLORADO, 1880–1904

O golpe do general Caballero pôs fim a uma era de estabilidade política de quase um quarto de século. Respaldado firmemente pelo Exército, conseguiu controlar o governo, ou diretamente como presidente ou indiretamente a partir dos quartéis. Depois de concluir o resto do mandato de Bareiro, foi eleito para outra gestão de quatro anos. Então, de conformidade com a constituição, entregou o cargo em 1886 – mas somente depois de garantir que seu amigo íntimo, general Patricio Escobar, fosse escolhido para sucedê-lo.

Um governo ordeiro deu ao Paraguai condições de cuidar de seus sérios problemas econômicos. Até então pouquíssima coisa fora feita desde a guerra para reconstruir o país e, além disso, a administração Jovellanos sobrecarregara o tesouro com pesadas dívidas. Dois grandes empréstimos, num total de dois milhões de libras, tinham sido negociados com a casa bancária inglesa dos Baring Brothers em 1871 e em 1872. Grande parte desse dinheiro foi desviada diretamente por Jovellanos e sua panelinha e o restante foi esbanjado. Em 1880, o montante dos juros não pagos sobre o empréstimo elevou a dívida do Paraguai para mais de três milhões de libras. Com o tesouro vazio, eram necessárias medidas de emergência para restaurar o crédito do governo. Isso significava a venda de propriedades do Estado, já que eram o único patrimônio que possuía. Era um grande patrimônio, porém, pois, sob o antigo regime, quase toda a terra do Paraguai e a maior parte de sua indústria eram de propriedade do Estado.

As leis sobre a venda de terra, aprovadas em 1883 e em 1885, provocaram uma alienação indiscriminada do domínio público. Terras de primeira qualidade foram vendidas a 1 200 pesos a légua quadrada, enquanto as marginais custavam pouco menos de 100 pesos. Todavia, os pequenos compradores viram-se desestimulados diante da exigência de terem de comprar pelo menos meia légua quadrada. Mesmo a esses preços vantajosos, os camponeses paraguaios, arruinados pela guerra e pelo caos político, não conseguiam adquirir as fazendas que antes haviam arrendado tão barato do Estado. Foram rebaixados ao nível de peões, obrigados a alugar seu trabalho e produção a grandes senhores de terra. Por outro lado, Caballero e sua turma enriqueceram, porque com os empréstimos que conseguiram no banco do Estado adquiriram as melhores propriedades. De posse desses títulos de terra, puderam optar entre administrar suas próprias fazendas ou vender a terra aos especuladores estrangeiros com enormes lucros.

A transferência da maior parte da terra do Paraguai do domínio público para a propriedade privada não resultou em progresso econômico, como seria de supor pela clássica teoria liberal. Deu origem a latifúndios: grandes propriedades agrárias, freqüentemente de fazendeiros absenteístas. Sob muitos aspectos, assemelhavam-se a domínios feudais, porque seus poderosos donos, fossem estrangeiros ricos ou políticos influentes, toleravam pouca interferência do Estado. Não pagavam impostos e ministravam sua própria forma de justiça aos infelizes peões que, afundados em dívidas e amarrados à terra, se assemelhavam mais a servos medievais que a cidadãos de uma república. Com o passar do tempo e com as vendas de novas terras, os latifúndios existentes cresceram. No final do século, cerca de 79 pessoas eram donas de quase a metade da terra do Paraguai; e, em 1930, esse número desceu para apenas 19, a maioria deles grandes companhias estrangeiras. Os investidores argentinos, como as famílias Casado, Sastre e Pinasco, adquiriram enormes propriedades no Chaco e ao longo das margens setentrionais do rio Paraguai. Seus interesses concentraram-se na pecuária e na extração de madeira. Outras grandes extensões de terra foram transferidas para as mãos de ingleses, franceses e norte-americanos. La Industrial, uma firma inglesa, controlava grande parte do comércio de erva-mate, cultivada em grandes plantações no Sul. Uma companhia norte-americana, International Products, era dona de grandes ranchos e de uma fábrica de embalagem de carne; era o principal exportador de couro e de carne salgada. Firmas norte-americanas também controlavam a produção de extrato de quebracho, um tanino produzido a partir da árvore "quebra-machado", uma madeira de lei muito comum no Paraguai.

Naturalmente, muitos paraguaios instruídos indignaram-se com as políticas entreguistas de Caballero e com a fraude eleitoral e a corrupção oficial que as acompanhavam. Em 1887, antigos Legionários, que continuavam a odiar Caballero por suas origens lopistas, ex-lopistas, que haviam rompido com ele, e uma nova geração de reformadores idealistas, que preconizavam um governo honesto, a livre empresa e o controle dos militares pelos civis, uniram-se para formar um movimento de oposição, que recebeu o nome de Centro Democrático. Numa reação à criação do Centro, Caballero procurou organizar seus partidários com mais eficiência. Um mês depois, anunciou a formação de um partido oficial, a Associação Republicana Nacional.

O partido de Caballero, a exemplo do Centro Democrático, tinha como base uma confusa mescla de interesses: antigos lopistas agora se misturavam com ex-Legionários como José Segundo Decoud, que se juntara ao governo por oportunismo ou em conseqüência de brigas com antigos aliados. Adotaram o vermelho como cor de sua bandeira e, por isso, seus membros foram apelidados de *colorados*. Entrementes, o Centro Democrático, que, em 1894, mudou o nome para Partido Liberal, adotou o azul como cor da oposição. Pouca coisa mais distinguia os dois grupos. Enquanto os *colorados* agitavam a camisa cor de sangue e proclamavam-se os herdeiros políticos de López, as políticas do governo seguiam os mesmos princípios *laissez-faire* professados pelos liberais. Mesmo assim, as batalhas entre os dois partidos foram freqüentemente amargas e sangrentas, porque na hora de escolher o lado estiveram envolvidas lealdades pessoais e de família. Assim, os paraguaios usaram literalmente sua política nas mangas, ostentando as cores de seu partido nos ponchos ou blusões. Essas afinidades também não ficaram confinadas às elites educadas. Num país onde os humildes tinham que ter patrocínio e proteção para sobreviver, o envolvimento político chegou até os camponeses – que nas lutas políticas do país foram mobilizados ora como eleitores, ora como bucha de canhão.

Em 1890, apareceram sinais de que o general Caballero estava perdendo o domínio do sistema político. Conseguiu eleger seu sucessor, Juan G. González, mas não impediu uma tendência de *rapprochement* com os liberais. O próprio presidente González era um exemplo do novo estado de ânimo de muitos *colorados*. Mesmo sendo um dos fundadores da Associação Republicana Nacional, fora originariamente um membro da Legião, como na verdade tinham sido outros *colorados*. Por conseguinte, contava com muitos amigos entre os liberais, e estes o tinham induzido a descobrir uma forma acomodatícia que lhes permitisse participar do governo. Por sua insistência, a vice-presidência fora oferecida aos liberais. Alguns se sentiram inclinados a aceitar a oferta, mas no final os mais intransigentes prevaleceram e o país continuou polarizado.

Nesse meio tempo, o Exército começou a olhar enviesado para González, que, afinal de contas, era um civil, o que constituía um problema, porque todos os governos paraguaios precisavam do apoio do exército para sobreviver. Embora não fosse muito grande – apenas cerca de 2 500 homens em meio a uma população de 600 mil – suas armas e sua organização transformaram-no num fator decisivo na política. Pode-se ver sua importância para o governo na parte do orçamento nacional destinada à sua manutenção: cerca de um quinto de todos os gastos. No entanto, o presidente tinha a bênção de Caballero, de modo que não parecia possível qualquer rebelião contra ele. Isso permaneceu válido até que a revolta dos liberais, em outubro de 1891, mudou a situação. O ataque liberal fora inesperado e quase derrubou González. Somente a ação rápida e decisiva do ministro da Guerra, general Juan B. Egusquiza, salvou o regime. Após uma batalha sangrenta, a revolta dos liberais foi sufocada. Egusquiza saiu dela como o novo herói militar dos *colorados*.

A exemplo de González, Egusquiza era um ex-Legionário que passara para o lado de Caballero. Endossava as idéias moderadas do presidente. Considerando suas credenciais políticas e seu alto posto no exército, era, e ele mesmo se considerava, a escolha óbvia dos *colorados* para ocupar a presidência em 1894. Todavia, o presidente González acreditava num governo civil e preferia José Segundo Decoud para seu sucessor. Para frustrar Egusquiza, que já estava fazendo campanha como se fosse candidato, González anunciou publicamente a escolha de Decoud como seu candidato à indicação pelo partido. Egusquiza foi apanhado de surpresa, pois, em obediência aos preceitos constitucionais que proibiam a campanha política de detentores de cargos públicos, renunciara ao Ministério da Guerra um pouco antes. No entanto, os muitos partidários com que contava no exército atenderam à sua convocação para uma revolta e González foi derrubado em junho de 1893. Seu vice-presidente, Marcos Morinigo, chefiou um governo-tampão até que Egusquiza fosse eleito.

Tão logo assumiu o poder, Egusquiza tentou formar um governo de conciliação com elementos moderados de ambos os partidos. Naturalmente, os *colorados* de Caballero acusaram-no de traição e a ala radical intransigente do Partido Liberal, comandada por jovens intelectuais como Cecilio Báez e Manuel Gondra, recusaram-se a aceitar qualquer cargo em qualquer outro governo que não fosse um liberal puro. Entretanto, o Partido Liberal Cívico (os cívicos), liderado pelo velho veterano general Benigno Ferreira, concordou em colaborar. Com seu apoio e o de seus próprios adeptos *colorados*, Egusquiza conseguiu dar ao Paraguai quatro anos de governo estável e de progresso econômico (1894–1898). No final do seu mandato, eram visíveis os sinais de que o Paraguai finalmente se estava recuperando da guerra e de suas seqüelas turbulentas. Um censo realizado em 1899 mostrou que a população estacionara em torno de 635 mil, em comparação com os 231 mil de 1872. Parte desse crescimento resultava do aumento natural e parte da entrada contínua de imigrantes, e ainda do retorno dos expatriados que haviam fugido do país durante seus piores dias de anarquia. Imigrantes e expatriados sentiram-se encorajados pela revivescência do comércio e da produção. Quando os *colorados* assumiram o poder pela primeira vez em 1880, o comércio do Paraguai caíra para a metade do seu valor antes da guerra; a partir de então, tanto as exportações quanto as importações cresceram, em termos reais, cerca de 250 por cento. Um dos maiores recursos do país, seus rebanhos de gado, se tinham reconstituído inteiramente. De apenas quinze mil cabeças em 1870, agora estimavam-se os rebanhos em mais ou menos 2,6 milhões. Além disso, a qualidade do plantel fora melhorada graças ao estímulo do governo à importação de linhagens superiores. Finalmente, outro indicador da recuperação do Paraguai foi o grande avanço na educação, com a construção de novas escolas primárias e secundárias e a fundação de um Colegio Nacional.

Como seus antecessores, porém, Egusquiza acabou enfrentando uma crise sucessória, porque a constituição o impedia de reeleger-se para um segundo mandato consecutivo. Em vez de apoiar outro oficial militar, que poderia mais tarde tornar-se um concorrente, escolheu para compor a chapa do partido um civil moderado do partido *colorado*, Emilio Aceval. Insistiu também com os liberais para que escolhessem um candidato próprio, o que teria dado ao Paraguai a primeira eleição presidencial disputada. Infelizmente, os liberais estavam tão divididos que ambas as facções preferiram não entrar na corrida a ter de enfrentar uma derrota certa. Conseqüentemente, Aceval assumiu o cargo sem um claro mandato popular. Além disso, como civil tinha muito menos controle do exército do que tivera Egusquiza. O general Caballero tinha agora uma oportunidade para reafirmar sua liderança. Continuava a ter amigos entre os oficiais e sentiu pouca dificuldade em manipular o tradicional desprezo do militar pelos políticos civis. Em janeiro de 1902, os caballeristas retornaram ao poder, depois de um golpe desfechado pelo ministro da Guerra, o coronel Juan Antonio Ezcurra. Com isso, os egusquizistas, os cívicos e os radicais uniram suas forças. Conseguiram ajuda da Argentina, que considerava Caballero favorável demais aos brasileiros. Em 1904, tendo à frente o general Ferreira, os revolucionários empreenderam uma invasão do Paraguai. A luta durou dois meses até que as forças do governo, desencorajadas pelas deserções de seus principais comandantes militares e por uma pressão diplomática incansável da Argentina, deram-se por vencidas. Em dezembro de 1904, Ezcurra assinou uma trégua e entregou o poder aos liberais.

LIBERALISMO E ANARQUIA, 1904–1923

Depois de derrotarem seu inimigo comum, os radicais e os liberais cívicos retomaram sua briga antiga. Cecilio Báez, o líder dos radicais, era arrogante, intransigente e arredio; para ele, o liberalismo era uma força civilizatória, importada da Europa, cuja missão era tirar o Paraguai da bárbarie. O general Ferreira, o chefe dos cívicos, era um pragmatista cínico, que via na política a arte de manipular a força e a diplomacia por meio de um ajuste da mistura à ocasião. Báez foi escolhido para assumir o cargo como presidente provisório, mas Ferreira manteve o comando das forças armadas. A partir desse posto conseguiu forçar sua própria indicação para presidente na convenção do Partido Liberal em 1906 e foi eleito sem oposição. Como os *colorados* não acreditavam no compromisso professado dos liberais de realizar eleições honestas, recusaram-se a apresentar candidatos.

A verdade é que os *colorados* adotaram uma política oficial de abstencionismo. Desde seu afastamento do poder em 1904 até 1927 recusaram-se a participar de quaisquer eleições. Desse modo, não tinham representação no Congresso e em nenhum governo local. Uma oposição desconjuntada e desleal, seu objetivo era estimular a fragmentação dos liberais e então aproveitar-se da ocasião para arrebatar o poder. De seu lado, os liberais cívicos não estavam dispostos a procurar o apoio dos *colorados* para compensar a força da facção radical, muito maior. Nesse meio tempo, os radicais juntaram-se ao exército para derrubar Ferreira, a quem se recusavam a aceitar no poder.

A chave para a situação era o coronel Albino Jara, o comandante-chefe do exército, que agora estava sendo cortejado por todas as facções. Ainda que fosse nominalmente um liberal, na verdade era um simples oportunista que queria o poder para si. Obviamente, Ferreira era o principal empecilho à sua ascensão à presidência; assim, Jara prestou-se de bom grado às intrigas dos radicais. Em 1908, de repente convocou as tropas para uma revolta que pegou Ferreira de surpresa, apeou-o do poder, mandou-o para o exílio e pôs um fim definitivo à sua longa carreira política. Então, ao instalar no cargo como presidente provisório um civil, Emiliano González Navarro, sua popularidade aumentou e foram acalmadas as suspeitas de que estivesse planejando reclamar o poder para si.

As eleições foram realizadas em 1910. Dessa vez, os *colorados* e os cívicos se abstiveram, de modo que os radicais conseguiram eleger seu candidato, Manuel Gondra, sem oposição. Gondra, como Cecilio Báez, era um escritor e intelectual que deixara as letras pela política. Assumira a liderança dos radicais quando Báez se retirara repentinamente da vida partidária. Báez, ainda no início da carreira, avaliara corretamente que seus talentos seriam mais bem aproveitados no mundo acadêmico do que na política prática. Por exemplo, perdera grande popularidade entre seus colegas de partido quando, frustrado com o caos em que o país continuava mergulhado, invectivou publicamente o "cretinismo" dos paraguaios. Com isso, os liberais radicais, incomodados, começaram a ver nele um perigo e sua influência dentro do partido despencou. Sem qualquer pesar, Báez retirou-se para ocupar a reitoria do Colegio Nacional, um cargo que desempenhou com distinção por muitos anos. Entrementes, Gondra, que fora seu discípulo e colega íntimo, assumira seu lugar à frente dos radicais. É questionável, porém, se como líder político foi um pouco mais astuto do que Báez. Tinha muitas das qualidades pessoais e intelectuais desse e seus dois mandatos na presidência (1910–1911 e 1920–1922) terminaram antes do final com seu afastamento do cargo. Pode ser que Gondra tenha sido apenas infeliz, mas é inegável que tendeu a polarizar a controvérsia e que foi consistentemente incapaz de segurar o poder.

A primeira administração de Gondra tinha apenas dois meses quando de repente o coronel Jara se insurgiu e afastou-o do cargo. O golpe desencadeou um dos piores períodos de anarquia na história do Paraguai. Depois de tomar o poder em janeiro de 1911, Jara enfrentou em março uma grave revolta dos radicais, comandada por Adolfo Riquelme, um dos ministros de Gondra, que sempre fora ardoroso defensor do controle dos militares pelos civis. Após uma dura luta, Jara conseguiu derrotar os rebeldes e fazer vários prisioneiros, entre eles Riquelme. Mas, então, sob o pretexto de dar um aviso a outros, cometeu o erro de executar os líderes radicais. Até então, adquirira popularidade por sua postura de moderado responsável, de árbitro entre facções liberais intransigentes. Estava claro agora que tinha intenção de ser tirano – e sangrento ainda por cima. Além disso, a posição de Jara era fraca, pois não contava com o apoio dos civis. Como liberal, era um inimigo aos olhos dos *colorados*; e como alguém que traíra tanto os cívicos quanto os radicais, era anátema para todos os liberais. Nem mesmo o exército lhe podia fornecer uma base segura, porque habitualmente os oficiais estavam ligados pela família ou por amigos a uma ou outra das facções políticas civis. Por conseguinte, era apenas uma questão de tempo a derrubada de Jara. Em julho, houve um segundo levante, dessa vez chefiado por uma coligação de cívicos e *colorados*, que conseguiu afastar Jara do poder.

O novo governo foi chefiado por Liberato M. Rojas, um cívico que continuou a receber apoio dos *colorados*. Entrementes, os radicais vinham se reagrupando logo depois da fronteira com a Argentina. Finalmente, em novembro, invadiram o país. Seu líder dessa vez era um ousado caudilho chamado Eduardo Schaerer. Ele preparara a invasão cuidadosamente e suas forças estavam bem equipadas, pois conseguira um empréstimo de 250 mil pesos-ouro de um agiota português, Manoel Rodrigues, sob a promessa de devolvê-lo com juros com dinheiro retirado do tesouro paraguaio se a revolução conseguisse êxito. Felizmente para Rodrigues, Schaerer obteve sucesso. Em fevereiro de 1912, os revolucionários tinham progredido tanto em seu avanço para a capital que Liberato Rojas renunciou à presidência e fugiu. Os *colorados*, liderados por Pedro Peña, lutaram sozinhos, mas em março finalmente os radicais entraram em Assunção em triunfo. Todavia, antes que pudessem consolidar sua vitória, foram desafiados mais uma vez pelo coronel Jara, que se revoltou em agosto. Dessa vez, Jara fracassou e foi morto na luta. Com isso, os radicais haviam derrotado o restante da oposição e o Paraguai finalmente restabelecera – embora por um período muito curto – uma aparência de ordem. Schaerer foi eleito presidente pelos agradecidos radicais e Rodrigues recebeu seu empréstimo acrescido de uma taxa usurária de juros, num total de 2 219 247 pesos.

Schaerer era um tipo de político muito diferente de Báez ou de Gondra; era um homem prático, que se fizera por si mesmo, com pouca paciência para os intelectuais ou para teorização. Diferentemente de seus antecessores, não seguia a doutrina do *laissez-faire*; ao contrário, empenhou-se em curar a instabilidade endêmica do Paraguai com a modernização da administração e o uso dos poderes do Estado para estimular o crescimento econômico. No primeiro caso, tomou as primeiras medidas para substituir o empreguismo por um funcionalismo civil com base no mérito e tentou elevar as qualificações para o cargo de juiz. Para promover a expansão econômica criou um Departamento de Desenvolvimento e um Escritório de Comércio Exterior e aumentou o poder de empréstimo do Banco Agrícola. Isso refletia o fato de que o Paraguai continuava sendo um país predominantemente agrícola e que a maioria de seus produtos se destinavam ao consumo local. Existiam indústrias simples, produtoras de erva-mate, extrato de quebracho e subprodutos de carne para exportação. Além disso, eram vendidos para o exterior um pouco de madeira, fumo, algodão e frutas cítricas. No entanto, a maior parte da agricultura do país estava concentrada no cultivo de milho, arroz, cana-de-açúcar e mandioca para o mercado interno. O mesmo se podia dizer das poucas indústrias rudes e pequenas existentes, que envolviam atividades como a fabricação de tijolos e telhas, serrarias, fábricas de charuto e confecção de roupas. No entanto, Schaerer estava determinado a promover o desenvolvimento econômico estimulando o comércio externo e os investimentos. A linha ferroviária do país estendia-se na direção sul até o porto ribeirinho de Encarnación, onde se ligava ao sistema argentino. Nesse meio tempo, as instalações portuárias de Assunção foram modernizadas para atender às exigências do aumento de tráfego pelo rio. Tentou-se negociar algum capital estrangeiro para a criação de bancos, que com seus empréstimos poderiam estimular a produção local. Os franceses fundaram o Banco de la República, com as funções de um banco oficial, emitindo moeda, recebendo depósitos do governo e administrando as questões financeiras externas do Estado, além de manter as operações bancárias comuns de poupança e hipoteca. Nos assuntos bancários puramente comerciais, os estabelecimentos mais importantes foram o Banco Mercantil, de propriedade dos ingleses, e o Banco de España y América, cujos donos eram espanhóis.

A administração Schaerer foi beneficiada pela eclosão da Primeira Guerra Mundial, pois em 1914 a demanda de gêneros alimentícios do Paraguai, especialmente de carne, aumentou repentinamente. Para atender a essa demanda, o presidente ordenou a construção de várias instalações de embalagem de carne. O crescimento das exportações gerou um período de grande prosperidade, que só fez aumentar a popularidade de Schaerer. Nesse meio tempo, converteu sabiamente o aumento de receitas do governo, derivadas dos impostos sobre importações e exportações, em mais melhorias internas. Todavia, as coisas nem sempre correram suavemente. Em 1915, os cívicos fizeram uma séria tentativa de conquistar o poder por meio de um golpe que obrigou Schaerer a abandonar a capital. No entanto, após alguns dias, conseguiu sufocar a revolta e restabelecer a ordem. Quando finalmente chegou ao fim de sua gestão em 1916, tornou-se o primeiro presidente civil desde o antigo regime a completar seu mandato.

Como os *colorados* continuaram a abster-se das eleições e os cívicos estavam proscritos, os radicais conseguiram eleger Manuel Franco para a presidência sem candidato de oposição. Franco representou uma solução de compromisso entre a ala schaererista e a gondrista do partido. Schaerer, proibido pela constituição de reeleger-se, vetara a candidatura de Gondra, a quem menosprezava pessoalmente. Havia pouca coisa em comum entre Schaerer, o "arrogante" impetuoso e açodado, e o erudito e aristocrata Gondra; assim, não surpreende que os dois líderes odiassem um ao outro. Cada um deles tinha um grande séquito pessoal e uma forma distintiva de abordar o governo. Infelizmente, sua briga pessoal teria trágicas conseqüências para o Paraguai.

O presidente Franco revelou-se um administrador competente e popular. Seu estilo era muito diferente do de Schaerer, porém. Tinha pouco interesse em reforma econômica e administrou o governo de uma maneira austera, mais conforme com a ala *laissez-faire* do partido. Os orçamentos foram equilibrados cuidadosamente e as funções do Estado restringiram-se principalmente à manutenção da ordem. No entanto, Franco fez duas importantes reformas políticas: o voto secreto e o registro civil dos eleitores. Sua moderação e imparcialidade levaram os *colorados* a pensar em abandonar sua atitude de não-participação e a cooperar no processo de democratização. No conjunto, Franco foi um dos presidentes mais populares que o Paraguai já teve. Sua maneira de governar adequou-se ao estado dos tempos, que era de otimismo em relação à inevitabilidade do "Progresso" do qual havia provas em toda a volta: no contínuo crescimento da população para cerca de 800 mil, no aumento do comércio exterior do Paraguai para o dobro entre 1900 e 1919 e na transformação de Assunção de uma cidade pequena e humilde de 38 mil habitantes na virada do século para uma cidade grande e próspera de 90 mil no final da Primeira Guerra Mundial.

Na verdade, a sociedade paraguaia nessa época tinha um caráter *belle époque*. Com o desaparecimento dos conflitos partidários, pouca coisa perturbava a ordem social: nenhuma divisão religiosa, racial, ou lingüística que pudesse causar algum transtorno. O Paraguai era um país firmemente católico; seu povo era uma mistura homogênea de espanhóis e índios guaranis, e a fusão dessas duas culturas estava refletida no bilingüismo quase universal que ajudava os paraguaios a se sentirem um povo singular. Evidentemente, existiam estratos sociais, mas as linhas entre eles não eram tão rígidas. A antiga classe alta que remontava sua linhagem aos tempos coloniais empobrecera por causa da guerra e da revolução; além disso, mesmo nas veias do paraguaio mais aristocrata corria um pouco de sangue índio. Além da antiga classe alta, que se dedicava principalmente ao direito, à política ou à agricultura, percebia-se uma nova elite comercial, azafamada, originária principalmente dos imigrantes italianos, espanhóis, alemães, franceses e ingleses. Esses recém-chegados eram aceitos rapidamente pela sociedade local e no prazo de uma geração já estavam totalmente integrados. Abaixo desses dois grupos principais estava a grande massa de camponeses. Suas vidas quotidianas raramente eram afetadas por quaisquer tentativas de modernização, cujos efeitos ficavam restritos quase inteiramente à capital. Finalmente, havia um número pequeno mas crescente de trabalhadores urbanos. Foi entre esses que surgiram os primeiros sinais de um real descontentamento com a ordem estabelecida. Os portuários, os marítimos e os trabalhadores nos transportes foram os primeiros a tentar formar sindicatos e convocar greves para melhorar seus salários e suas condições de trabalho. No entanto, mais uma década depois é que conseguiram força suficiente para causar alguma impressão real. Nesse meio tempo, o país esteve inclinado a menosprezar desdenhosamente as queixas dos trabalhadores, dizendo serem obra de anarquistas, e que dificilmente se iria permitir que sua malevolência perturbasse a paz.

Essa atitude de complacência foi interrompida de repente em 1919. Primeiro, o paternalista Franco morreu inesperadamente, removendo o próprio símbolo dos "bons tempos". Segundo, e verdadeiramente fatal para o sistema que ele representava, o término da guerra na Europa estourou a bolha de prosperidade do Paraguai. O vice-presidente José P. Montero, que assumiu o governo após a morte de Franco, viu-se diante de uma economia em falência quando as encomendas de produtos exportados foram suspensas drasticamente e as mercadorias não vendidas começaram a estragar-se nos portos.

O pânico generalizou-se e com ele as recriminações. O fim da prosperidade sinalizou também o término da era política dos "bons sentimentos".

A convenção do Partido Radical em 1920 para indicação do candidato à presidência estava dividida, como era esperado, entre Gondra e Schaerer. O primeiro, que passara os últimos três anos numa espécie de exílio honroso como embaixador nos Estados Unidos, estava retornando para reclamar seu direito à presidência, da qual fora destituído anteriormente pelo coronel Jara. Seus longos anos de serviços prestados convertiam-no no "grande ancião" do Partido Liberal. Schaerer tinha também seus partidários entusiastas, mas no fim foi obrigado a reconhecer que Gondra tinha o apoio da maioria da convenção. Foi tentada uma negociação pela qual Schaerer seria compensado com a presidência do Partido Liberal.

Esse compromisso não iria durar mais de dois meses. Com sua paixão pela eficiência e pela organização, Schaerer tentou transformar o Partido Liberal de uma frouxa aglomeração de notáveis locais numa máquina bem disciplinada, com uma hierarquia de comando e controle rígido a partir do centro. Obviamente, sua intenção era dominar o partido e garantir sua indicação para a presidência nas eleições seguintes. Os gondristas alarmaram-se e, para frustrar os planos de Schaerer, o ministro do Interior, José P. Guggiari, fomentou uma rebelião da juventude do partido contra ele. Schaerer retaliou com um ataque ao governo pelas colunas de seu jornal diário, *La Tribuna*. Seguiu-se uma escalada de ataque e contra-ataque com tanto rancor que Schaerer e seus simpatizantes partiram para a revolta aberta. Em 29 de outubro de 1921, ocuparam os quartéis da polícia de Assunção e ameaçaram o governo com uma rebelião sangrenta se Guggiari não fosse demitido do cargo. Diante desse desafio à sua autoridade legal, Gondra ordenou ao exército que prendesse os schaereristas. Quando soube que os militares relutavam em obedecer às ordens, renunciou.

A renúncia de Gondra deixou a situação política no caos. A intenção de Schaerer não era depor o presidente, mas apenas impor-lhe suas condições. Agora era acusado de fomentar o próprio tipo de anarquia que ele um dia ajudara a reprimir. Forçadas a procurar uma conciliação, as duas facções concordaram em indicar Eusebio Ayala como presidente provisório. Ayala era um escritor e diplomata cujas lealdades faccionais não eram muito claras, pois passara grande parte dos últimos anos viajando pela Europa. Assumiu sob a condição de que logo fossem realizadas novas eleições. Para garantir isso, uma lei foi aprovada às pressas pelo Congresso e enviada ao presidente para assinatura.

Nessa conjuntura, porém, os *colorados* resolveram pescar em águas turvas. Seu líder, Manuel Domínguez, vinha tentando encontrar um oficial do exército para chefiar um golpe contra os liberais. A escolha óbvia recaiu sobre o coronel Adolfo Chirife, o comandante-chefe da instituição. Chirife recusara-se a prosseguir com a idéia, mas continuou mantendo negociações amistosas com Domínguez. Então, os *colorados* anunciaram que apoiariam a candidatura de Chirife, que poderia tornar-se um presidente não-partidário, "acima da política". A idéia atraiu também os schaereristas, pois desde o sacrifício de Gondra a probabilidade de que Schaerer obtivesse a indicação de seu partido era muito menor.

Os radicais gondristas explodiram quando souberam do esquema. Do recinto do Congresso desancaram Schaerer, chamando-o de traidor, e chegaram a acusar o coronel Chirife de ter conspirado contra Gondra, pois sabia que, ao se recusar a apoiar o presidente contra Schaerer, estava abrindo para si mesmo um caminho até o palácio. Com isso, Chirife virou as costas aos liberais e concordou em ser o candidato da coligação *colorado*–schaererista. Percebendo que provavelmente Chirife ganharia as eleições, os radicais pediram um adiamento. O presidente Ayala ainda não havia assinado a lei que fixava a data das eleições e mostrou suas verdadeiras cores gondristas ao vetá-la. Permaneceria no cargo, disse ele, até o fim do mandato de Gondra. Assim, não haveria eleições até 1924. A decisão de Ayala mergulhou o país numa guerra civil.

Em maio de 1922, o coronel Chirife ergueu a bandeira da revolta, depois de garantir o apoio da maioria de seus colegas oficiais. Ayala rapidamente voltou atrás na sua decisão de adiar as eleições a fim de manter a paz, mas era tarde demais. Os rebeldes marcharam sobre Assunção e em 9 de junho a luta invadiu as ruas. De algum modo, milagrosamente, as forças do governo, formadas apenas por um batalhão de engenharia e pelos cadetes da Escola Militar, mantiveram a cidade. Mesmo assim, combates sérios prosseguiram por treze meses com batalhas travadas em toda a República. Ambos os lados trocaram seus líderes durante o conflito. Chirife morreu e foi substituído no comando dos rebeldes pelo coronel Pedro Mendoza. Do lado do governo, Eusebio Ayala renunciou e Eligio Ayala (não são parentes), um antigo ministro das Finanças de Gondra, ocupou seu lugar. Reunindo em torno de si um grupo de jovens e brilhantes oficiais, alguns dos quais – como José Félix Estigarribia e Arturo Bray – iriam tornar-se os principais chefes militares da próxima geração, Ayala continuou a guerra com mais energia. Pouco a pouco a maré da batalha começou a virar.

Apesar de o coronel Mendoza ter executado uma hábil manobra que quase capturou a capital em julho de 1923, as forças do governo agüentaram firme mais uma vez e os atacantes foram forçados a levantar o cerco. Com o fracasso dessa segunda ofensiva, a revolução exauriu-se. Schaerer e seus simpatizantes fugiram para o exílio e a paz finalmente foi restaurada. No ano seguinte, Eligio Ayala, o presidente provisório, foi eleito para mais um mandato.

A QUESTÃO SOCIAL, A DIPLOMACIA E O TRATAMENTO DA GUERRA, 1923–1932

Eligio Ayala, que governou o país de 1923 a 1928, realizou no Paraguai uma das administrações mais progressistas. Em alguns aspectos, foi um típico gondrista da melhor espécie: absolutamente honesto e extremamente parcimonioso com o dinheiro público. Atacou com mão pesada a corrupção e o favoritismo e administrou as finanças do país com tanto cuidado que deixou o cargo com um superávit do orçamento. Além disso, como Báez e Gondra, era um intelectual austero e solitário – na verdade, solitário a ponto de ser quase um misantropo. Nas horas da manhã, as portas da sala presidencial estavam sempre fechadas, enquanto Ayala, sentado em sua escrivaninha, sozinho, escrevia seus pensamentos: notas que seus amigos reuniram após sua morte e publicaram com o título de *Migraciones*. Ayala viajara bastante em sua juventude e suas viagens pela Europa estimularam suas idéias sobre os problemas de seu país.

Os principais problemas do Paraguai nessa época eram uma pobreza permanente e uma vulnerabilidade à crescente ameaça estrangeira. Ayala acreditava que somente se podia superar o primeiro problema mediante uma combinação de paz política e reforma do sistema de propriedade da terra. Para conquistar a paz, decretou uma nova lei eleitoral, que assegurava a representação das minorias no Congresso e acompanhou essa lei de uma garantia de eleições livres aos *colorados*. O resultado foi o racha desses entre abstencionistas e participacionistas; os últimos concordaram em testar a sinceridade do governo participando das eleições legislativas de 1927. Ayala cumpriu sua palavra e o resultado foi que não só os *colorados* assumiram suas cadeiras no Congresso, como também decidiram indicar um candidato para as eleições presidenciais de 1928. Seria a primeira vez na história do Paraguai que iria acontecer uma verdadeira disputa pela presidência.

A questão agrária foi tratada pela Lei da Terra de 1926. Segundo as estimativas do censo, pouco mais de seis por cento dos que cultivavam a terra nesse país agrário eram donos das fazendas. Desse modo, o objetivo da lei foi criar uma grande classe de proprietários rurais, que possuíssem fazendas tamanho-família entre seis e sessenta hectares. Isso seria feito por camponeses colonos nas terras do Estado, ou mediante desapropriação dos latifúndios privados, caso em que os proprietários seriam indenizados pelo preço original de compra. Na maioria dos casos, entre 1926 e 1931 o caminho adotado foi realmente o primeiro. Cerca de 230 mil hectares foram distribuídos a 17 697 famílias, que, depois de trabalhar suas fazendas por quatro anos e reembolsar o Estado em módicas prestações, receberam seus títulos de propriedade. Para impedir qualquer tipo de especulação, ou a excessiva subdivisão das propriedades, a lei impôs restrições à sua sublocação, revenda e hipoteca; e proibiu a herança de parcelas inferiores a meio hectare. Ao mesmo tempo, refletindo a visão liberal clássica do governo, a lei vetou qualquer forma coletiva ou cooperativa de trabalhar essas terras.

A ameaça estrangeira ao Paraguai proveio da Bolívia. Ambos os países reclamavam o Chaco, a vasta terra inculta entre o altiplano andino e o rio Paraguai. No século anterior, a Bolívia perdera para o Chile o território que lhe dava acesso ao Pacífico e agora estava procurando uma saída alternativa para o mar. O controle do Chaco dar-lhe-ia acesso ao rio Paraguai, que corre na direção sul para a bacia fluvial Paraná–Prata e daí para o Atlântico. Um outro incentivo foi a descoberta de petróleo no Chaco, numa faixa de território que estava sob controle da Bolívia. Era razoável supor, portanto, que toda a região abrigasse uma riqueza fantástica.

Enquanto o Paraguai estava distraído com seus problemas internos, a Bolívia começara a entrar cada vez mais fundo no Chaco, estendendo uma linha de fortes na direção leste rumo ao rio Paraguai. Era um processo contínuo. Ocasionalmente o governo paraguaio poderia protestar e os bolivianos, pouco dispostos a correr o risco de uma guerra, concordariam com uma conferência diplomática para resolver as reclamações conflitantes e seria traçada uma linha de fronteira, como acontecera nos tratados de 1907 e 1913. Como os paraguaios estavam igualmente despreparados para a guerra, as fronteiras resultantes tenderiam a aceitar o *status quo*, o que significava o reconhecimento do direito da Bolívia ao território sob seu controle, mas com a promessa de que não continuasse a penetrar. Não passou muito tempo, porém, e o avanço boliviano recomeçou, mas os governos liberais em Assunção habitualmente preferiam passar por cima das violações, pois seus tesouros vazios não suportariam o custo de uma mobilização. Foi então que, com a descoberta de petróleo na década de 1920, o avanço dos bolivianos acelerou. As receitas do petróleo, pagas pela Standard Oil pelos direitos de perfuração e bombeamento, permitiram-lhes fazer preparativos muito mais elaborados para a guerra. Trouxeram oficiais alemães para treinar o exército e compraram armas modernas, inclusive tanques.

Na época em que José P. Guggiari, outro gondrista, sucedeu a Ayala na presidência do Paraguai, em 1928, a situação no Chaco era explosiva. O avanço boliviano chegara às águas superiores do rio Paraguai, onde foi construído um forte, chamado emblematicamente Fortín Vanguardia. Durante todo esse tempo, o exército paraguaio fora forçado a apenas observar, sem recursos, enquanto o governo liberal vacilava; mas, finalmente, em 5 de dezembro de 1928, um major jovem e orgulhoso, de nome Rafael Franco, perdeu a paciência e chefiou seus homens num ataque ao Vanguardia e o destruiu. Afrontados, os bolivianos retaliaram com a tomada de dois fortes paraguaios. Agora ambos os lados estavam mobilizados para a guerra, mas, quando os recrutas paraguaios se apresentaram para o serviço, não havia uniformes, nem armas, nem comida, nem munição, nem mesmo suprimentos médicos. O Paraguai estava totalmente despreparado para a luta. O governo não fizera planos para a defesa do país, pois apostara fortemente na sua capacidade de apelar para a razão com os bolivianos. Agora que a Bolívia pagou para ver, a administração Guggiari foi forçada a recuar e assinar um tratado humilhante que, entre outras coisas, exigia do Paraguai a reconstrução do Vanguardia.

Por enquanto a guerra fora evitada, mas os liberais nunca se recuperaram desse golpe desferido contra o orgulho da nação. Guggiari tentou pacificar a oposição ao incluir no Conselho Nacional de Defesa schaereristas, *colorados* e membros de uma nova organização nacionalista, a Liga Nacional Independiente, mas seu governo foi inundado por uma crescente onda de críticas. Viu-se que as armas compradas às pressas da Espanha eram tão antiquadas e tão perigosas que foram apelidadas popularmente de *mataparaguayos*. O major Franco, que se tornara um herói nacional, era um espinho constante na ilharga de Guggiari. Quando acabou sendo preso numa conspiração contra o governo e dispensado do exército, os opositores de Guggiari acusaram-no de perseguir os patriotas. Os grupos de oposição usaram o Conselho Nacional de Defesa como um fórum para atacar os planos de guerra do governo.

As emoções atingiram o auge em 23 de outubro de 1931, quando um grupo de manifestantes estudantis foram metralhados na frente do palácio presidencial pelos soldados que faziam sua defesa. Os estudantes, estimulados pelas principais figuras da oposição, haviam tomado as ruas e apedrejado a residência de Guggiari em protesto contra a inação do governo diante de recente conflito no Chaco em que um soldado paraguaio fora morto. Tenham sido os guardas que perderam o sangue frio na frente da multidão, ou se – como o governo insistia em dizer – tenha sido um dos estudantes a atirar primeiro, o certo é que o tiroteio deixou onze mortos e muitos outros feridos. Foi o nadir do governo do Partido Liberal. A opinião pública estava tão irritada que Guggiari renunciou temporariamente enquanto o Congresso realizava uma investigação do incidente. Mesmo que no final tenha sido absolvido e reassumido o cargo poucos meses depois, o "23 de Outubro" ainda iria ter conseqüências de longo alcance, pois afastou toda uma geração da elite intelectual do país. Iria culminar, em 1936, numa revolução que expulsaria os liberais do poder.

Nesse meio tempo, os liberais viram-se atormentados também pela grave depressão econômica que assolou o mundo em 1929. Como uma grande parte da população paraguaia era constituída de camponeses auto-suficientes, os efeitos da depressão foram limitados. Em Assunção, porém, os preços caíram entre 1928 e 1932, o que sugere alguma contração do mercado local. O comércio exterior também caiu. As exportações desceram de um valor total de 15,9 milhões de pesos-ouro para 13,9 milhões, principalmente porque a Argentina reduziu suas compras. O Paraguai conseguiu manter um superávit comercial apenas porque diminuiu ao máximo suas importações, de 14,3 para 6,5 milhões de pesos. É possível que esse aperto do cinto tenha sido inevitável, e mesmo necessário para preparar o país para a guerra, mas pode ser também que tenha contribuído para o descontentamento que infectou a população urbana durante toda a gestão de Guggiari.

Com a oposição mais uma vez embirrada e ausente, as eleições de 1932 voltaram ao padrão tradicional de um plebiscito para o candidato oficial. O preferido dos liberais foi o ex-presidente Eusebio Ayala, uma infeliz escolha por várias razões. Ele estava contaminado pelas maquinações partidárias que desembocaram na guerra civil de 1922/1923; tanto os schaereristas quanto os *colorados* lembravam-se dele como o presidente que tentou permanecer no poder usando seu veto para adiar as eleições. A opinião pública nacionalista tinha razão em desprezá-lo também, pois fora o representante do Paraguai na assinatura do tratado de fronteiras com a Bolívia em 1913. Em sua visita ao Chaco na época, notara que as posições militares do inimigo estavam bem longe das linhas acertadas em 1907, mas preferira ignorá-las levando em conta o preço da paz. Na verdade, concordara inclusive em inserir uma frase no tratado que dizia que nenhum país modificara suas posições desde 1907, embora soubesse que isso não era verdade. Foi um erro que o obsedou a vida inteira.

De qualquer modo, nada podia ter preservado a paz em 1932. Os bolivianos estavam totalmente inclinados para a guerra, acreditando que sua superioridade militar era esmagadora. Em julho, tomaram o forte paraguaio Carlos Antonio López em Pitiantuta. Nessa altura, nenhum governo paraguaio podia suportar uma provocação como essa e sobreviver. Mais uma vez foram convocadas as reservas – e dessa vez, preparadas ou não, marcharam para a luta no Chaco. A guerra, a mais sangrenta da história latino-americana, durou até junho de 1935, época em que a Bolívia foi surpreendentemente derrotada e o Paraguai ganhou o controle de quase todo o território em disputa.

4

O Brasil

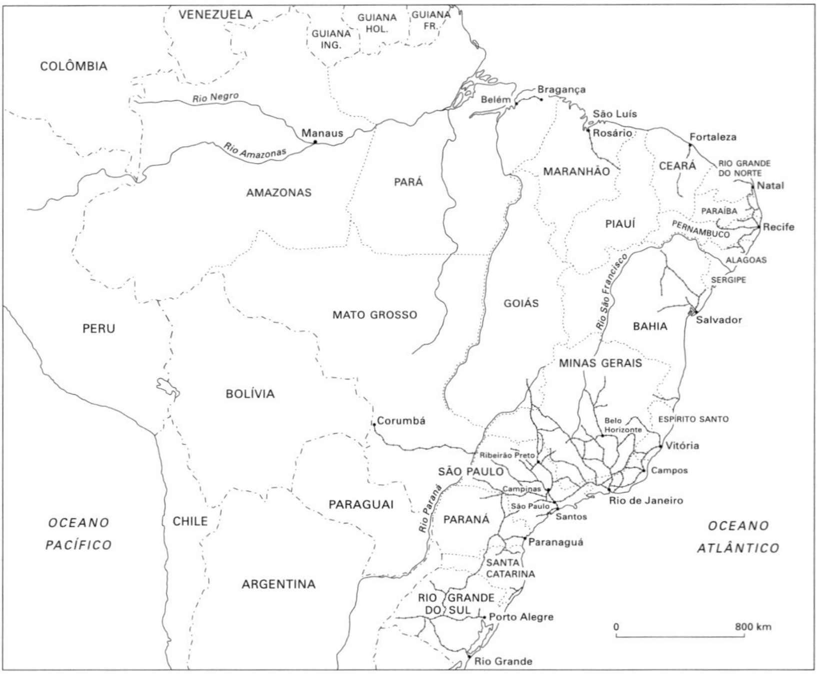
VENEZUELA
GUIANA ING.
GUIANA HOL.
GUIANA FR.
COLÔMBIA
Rio Negro
Manaus
Rio Amazonas
Belém
Bragança
São Luís
Rosário
Fortaleza
CEARÁ
RIO GRANDE DO NORTE
Natal
MARANHÃO
PARÁ
AMAZONAS
PIAUÍ
PARAÍBA
PERNAMBUCO
Recife
ALAGOAS
SERGIPE
Rio São Francisco
GOIÁS
MATO GROSSO
PERU
BAHIA
Salvador
MINAS GERAIS
BOLÍVIA
Corumbá
Belo Horizonte
ESPÍRITO SANTO
Vitória
Ribeirão Preto
SÃO PAULO
Campos
Campinas
Rio de Janeiro
São Paulo
Santos
PARAGUAI
Rio Paraná
PARANÁ
OCEANO PACÍFICO
CHILE
OCEANO ATLÂNTICO
Paranaguá
SANTA CATARINA
ARGENTINA
RIO GRANDE DO SUL
Porto Alegre
0
800 km
Rio Grande

O Brasil

14

A ECONOMIA BRASILEIRA, 1870–1930

OS SESSENTA ANOS que abrangem as duas últimas décadas do Império e toda a Primeira República, entre 1870 e 1930, representam, na história econômica brasileira, o apogeu da orientação para a exportação. O governo e o setor privado deslocaram recursos para a produção com vistas ao comércio externo, provocando, entre a década de 1870 e a de 1920, um aumento *per capita* das exportações de 1,31 para 2,83 libras, um ganho de cerca de 1,6 por cento ao ano. Grande parte das mudanças sociais e da diversificação econômica experimentadas no período, inclusive a imigração européia, a urbanização, as melhorias nas comunicações e nos transportes e um nível modesto de industrialização, foram claramente um produto da expansão do comércio exterior. Foi essa expansão também que atraiu, primordialmente, o capital estrangeiro. O nível de investimentos ingleses e norte-americanos cresceu, passando de 53 milhões de libras em 1880 para 385 milhões em 1929. No entanto, essa prosperidade chegou ao fim com a grande depressão da década de 1930. As exportações cessaram de exercer uma influência dinâmica sobre a economia; depois disso, para tentar estimular o crescimento passou-se a empregar com mais freqüência a auto-suficiência e a substituição de importações.

É bastante verossímil que as exportações tenham sido o principal estímulo para desencadear o crescimento econômico *per capita*, que parece ter se iniciado um pouco antes de 1900. Não existe uma certeza quanto ao ritmo desse crescimento, porque somente a partir de 1947 é que se começou a conservar as contas nacionais. Foi feita uma estimativa, porém, de que, no período de 1900 a 1929, o produto interno bruto *per capita* cresceu a uma taxa média de quase 2,5 por cento ao ano; mas talvez seja preciso fazer uma pequena correção desse número para baixo[1]. O índice estimado supera qual-

1. Cf. C. CONTADOR & C. HADDAD, "Produto Real, Moeda e Preços: A Experiência Brasileira no Período 1861–1970", *Revista Brasileira de Estatística*, 1975; O. DIAS CARNEIRO, "Past

quer crescimento dos países industrializados na época. É possível que, no final do período de 1925–1929, o produto nacional bruto *per capita* tenha chegado a 110 dólares ao câmbio corrente.

O caráter central da produção para a exportação no período de 1870–1930 significou, num sentido importante, uma continuidade com o passado brasileiro. Da Descoberta, em 1500, à Independência, em 1822, as exportações foram o principal meio usado pela coroa portuguesa e pelos comerciantes de ultramar para extrair da colônia lucros de monopólio; portanto, a preocupação central foi promover as exportações. Elaboraram um sistema de *plantation* e instalaram-no para o cultivo da cana-de-açúcar, em alguns pontos ao longo da imensa linha de costa, do Maranhão a São Vicente, e sobretudo em Pernambuco e na Bahia, empregando mão-de-obra escrava ameríndia e africana e administrado no local por uma classe latifundiária colonial. O açúcar, apesar do decréscimo em valor de suas exportações a partir do final do século XVII, manteve-se durante todo o período colonial como a principal cultura comercial do Brasil. Quase no final do século XVIII, a coroa incentivou, com algum sucesso, a diversificação da agricultura brasileira. As exportações de algodão, índigo, arroz, cacau e outras mercadorias cresceram de forma significativa e o açúcar reviveu, em parte devido às interrupções do comércio colonial no Caribe entre 1776 e 1815. A maioria dos outros produtos brasileiros de exportação eram extrativos. As florestas do litoral forneceram madeira e outras provisões navais. Nas regiões do interior de Minas Gerais, Goiás e Mato Grosso, teve início, um pouco antes de 1700, uma corrida do ouro que persistiu por um século. Os comerciantes itinerantes avançaram ainda mais para o interior, coletando pau-tinta, cacau, peles, penas, papagaios, essências, ipecacuanha, salsaparrilha e artigos semelhantes para vender aos exportadores. A colônia mandava para as feitorias africanas dos portugueses fumo e outras mercadorias para trocar por escravos e contrabandeava para a região do Prata uma variedade de produtos europeus, que trocava pela prata do Potosí. A política mercantilista dos portugueses esforçou-se para fornecer mão-de-obra escrava barata às lavouras do litoral, limitar o acesso às zonas de mineração, impedir a fabricação local de artigos que pudessem ser enviados de Lisboa com lucros e deter a evasão dos ganhos para outros além dos comerciantes lusos de ultramar e da coroa.

trends in the economic evolution of Brazil, 1920–1965", mimeo, Cambridge (Mass.), 1966, Table 1B.

Apesar de a população (pouco mais de três milhões em 1800, incluindo os índios não controlados pelos portugueses, cerca de três pessoas em média por dez quilômetros quadrados) ter-se concentrado no litoral, houve um assentamento irregular em todo o vasto sertão. Os centros agrícolas e mineiros geraram um comércio interno de escravos, de mulas e gado, que estendeu o domínio português sobre uma grande área interior da colônia. Mesmo adiante dessas zonas uma forma de atividade pioneira foi praticada pelos colonizadores, mestiços (descendentes de ameríndios e de europeus) na técnica e nos genes. Seu sistema de agricultura – derrubada e queimada – era itinerante, dependente da caça e pesca no sertão, ocupando os interstícios e franjas da economia colonial. Eles forneciam aos mercados da vila porcos, fumo, milho e feijão e recebiam em troca pouco mais do que sal e pólvora. Não se pode considerar essa economia de subsistência, que sobreviveu até boa parte do século XX, o complemento de uma economia dual, um setor atrasado que aguardava ser absorvido pelo moderno. Seu atraso resultou da recusa em fornecer títulos de posse da terra aos pobres e da retenção das rendas públicas nas cidades onde viviam os burocratas da coroa, os comerciantes de ultramar, os principais fazendeiros agrícolas e os concessionários de minas. Seu atraso continuado foi útil para a colônia do litoral: era um lugar para onde se podia mandar os não conformistas, um escudo contra o ataque dos povos tribais e um meio conveniente de "civilizá-los" e um instrumento gratuito para derrubar a floresta onipresente e resistente ao machado. Esse assentamento pioneiro, ao longo das fronteiras vagas e remotas do Brasil com os territórios espanhóis, do Rio Grande do Sul ao Mato Grosso, foi inclusive um projeto da coroa.

Depois de 1808, quando a corte portuguesa, fugindo do exército de Napoleão, se transferiu para o Rio de Janeiro, a política econômica do Brasil deixou de ser decidida no exterior. No entanto, as estruturas coloniais, e com elas a centralidade do comércio de exportação (açúcar, algodão e agora café), permaneceram em grande parte intactas. Os conflitos entre a classe de proprietários rurais e os comerciantes portugueses de ultramar logo acarretaram a independência política do Brasil. Entretanto, a Independência, comandada por um príncipe português que se proclamou imperador, introduziu poucas inovações. O novo governo viu-se onerado com parte da dívida de Portugal contraída em Londres, muitos dos funcionários coloniais foram mantidos no cargo, a classe dos fazendeiros confirmou seu monopólio sobre os direitos da terra e suas peças escravas, e os comerciantes ingleses, favorecidos por um tratado comercial desigual – o preço do reconhecimento da Inglaterra – substituíram nos principais portos as casas exportadoras portuguesas. O novo governo central teve dificuldades para estabelecer sua autoridade no país. Ocorreram rebeliões nas províncias periféricas, revoltas dos artesãos urbanos e insurreições de escravos, que no fundo foram reações contra os efeitos social e economicamente desagregadores do neocolonialismo. A estabilidade política não foi conseguida antes do final da década de 1840. Na época, os debilitadores tratados comerciais celebrados após a Independência haviam expirado, liberando assim a política tarifária. Em 1850, foi escrito um código comercial segundo o modelo inglês e foi aprovada uma lei da terra. No mesmo ano, por pressão do governo inglês foi abolido o comércio de escravos africanos, gerando dificuldades para a elite imperial, mas forçando-a, apesar disso, a pensar de forma mais criativa no aumento da oferta de mão-de-obra.

A POLÍTICA ECONÔMICA E A CRIAÇÃO DE UM MERCADO NACIONAL

O Império, que sobreviveu até 1889, não adotou com persistência ou energia objetivos econômicos que se pudesse chamar desenvolvimentistas. Poucos projetos nacionais foram propostos e um menor número ainda, executados: os mais notáveis foram o recenseamento de 1872 e a instalação de uma rede de telégrafos operada pelo Estado. Em vez disso, os interesses das classes altas regionais foram apoiados com um nível modesto de recursos financeiros ou com garantias de lucro. Os fazendeiros da província do Rio de Janeiro foram aqueles que tiveram maiores probabilidades de receber ajuda, e de fato eles foram o sustentáculo político do Império. Quando o café, em particular, experimentou taxas significativas de crescimento, os burocratas do governo central passaram a dar maior atenção à política de exportação. Como as alfândegas eram a fonte quase exclusiva de suas receitas e determinadas importações eram fundamentais para o funcionamento do governo, eles tiveram razões particulares para apoiar essa política.

No entanto, de modo geral o "clima dos negócios" do Império foi um tanto hostil ao empresariado capitalista. O empresário mais ativo e inovador das décadas de 1850 e 1860, Irineu Evangelista de Souza, embora tenha sido agraciado com o título de Barão de Mauá, queixava-se do fato de sua carreira ter terminado em falência, em parte por causa da colaboração hesitante do governo ou da aversão por suas atividades. A oferta de dinheiro, com exceção de breves intervalos, era controlada por um único banco público, cuja orientação era conter em vez de favorecer a empresa privada. A legislação que autorizava a criação individual de sociedades anônimas ficou retida até 1882. O Conselho de Estado do imperador, pretextando tendências irresponsáveis dos empresários brasileiros, insistia em afirmar a necessidade de examinar atentamente as incorporações. O incentivo do governo aos negócios, quando houve, assumiu geralmente a forma de privilégios exclusivos. Os grandes fazendeiros e os comerciantes, eles próprios sensíveis ao motivo do lucro, preferiam que a economia fosse mantida dentro de canais que lhes permitissem controlar os recursos e o governo. Sua economia precisava crescer lentamente e não tinha nenhuma necessidade de diversificar-se, já que os ganhos deviam afluir para uma única classe, muito pequena. Como observou um historiador, "os interesses de classe eram tão diversos que se podia duvidar seriamente da validade de usar a nação como a unidade de análise"[2].

No entanto, a República libertou o "espírito de associação" e transformou a natureza do debate econômico. O governo provisório transformou as questões econômicas em sua principal preocupação e promoveu agressivamente o crescimento da economia. Os aspirantes a capitalistas e a industriais, junto com certos profissionais liberais urbanos e oficiais do exército politicamente ativos, indignados com a incompetência demonstrada na Guerra do Paraguai e com os escassos orçamentos militares depois da guerra, preconizaram um programa econômico intervencionista. Nos últimos meses do Império, com a abolição da escravatura, foram lançados títulos do governo para ajudar os fazendeiros que tinham sofrido a perda de seus escravos sem qualquer compensação. Esses fundos foram destinados diretamente aos credores da cidade, desencadeando um repentino surto de prosperidade. O governo provisório autorizou também a criação de bancos de emissão, de sociedades anônimas e de programas de desenvolvimento numa grande onda especulativa, apelidada de *encilhamento*. Embora numerosas iniciativas desse ebuliente período transitório tenham sido duradouras, a coligação nacionalista, exaurida por seus

2. N. LEFF, *Underdevelopment and Development in Brazil*, London, 1982, 2 vols.; a citação aparece no vol. I, p. 7.

próprios excessos, obrigada a reprimir uma rebelião da marinha e outra no Rio Grande do Sul e dominada pela inflação e pelo acúmulo da dívida externa, perdeu o controle em 1894.

Pode-se observar que os governos que se seguiram, aparentemente muito menos intervencionistas do que os dos nacionalistas, colocaram embaraços ao desenvolvimento interno. O primeiro governo civil, por exemplo, cancelou os contratos que haviam sido assinados com estaleiros do Rio de Janeiro para a construção de navios de guerra da classe couraçado. O governo patrocinado pelos fazendeiros, considerando ser mais prudente comprar seus vasos navais de firmas inglesas, para garantir a manutenção dos mercados britânicos e um fluxo ininterrupto de capital inglês, deixou os cascos semiconstruídos enferrujados a atrapalhar a passagem. No entanto, circunstâncias e contradições inerentes a tais políticas induziram a adoção de um bom número de medidas desenvolvimentistas e suscitaram a intervenção direta do governo[3]. Os programas dos fazendeiros eram muito caros e grandes em escala. Freqüentemente, coube ao governo implementá-los quando as concessionárias estrangeiras ou os empresários nativos hesitaram ou se mostraram demasiado exigentes de subsídios oficiais.

Já se observou muitas vezes que os interesses da agricultura e da exportação queriam implementar políticas monetárias e fiscais que induzissem uma inflação progressiva, levando com isso a renda real para eles. A partir de 1894, a preocupação dominante dos governos civis foi mostrar aos banqueiros estrangeiros que eram merecedores de crédito. Esse ponto de vista foi essencial, porque os mesmos interesses que instalaram esses governos estavam pouco dispostos a acompanhar seu mandato com receitas adequadas para fazer frente aos gastos. Até mais do que o Império, a República produziu déficits: 32 em seus 41 anos de existência e, em treze deles, o déficit foi superior a 25 por cento da receita. Esses déficits não podiam ser resolvidos com empréstimos internos. Os mercados locais de títulos estavam desorganizados, o que levou o governo à prática desabonadora de pagar algumas de suas obrigações com outros títulos, que eram rapidamente descontados por aqueles que os recebiam. Além disso, os empréstimos internos não serviam para pagar as dívidas externas já contraídas, que deviam ser saldadas em ouro. Por

3. Cf. S. TOPIK, "The evolution of the economic role of the Brazilian state, 1889–1930", *Journal of Latin American Studies*, 11(2): 325–342, 1979.

outro lado, as condições que acompanhavam os empréstimos externos comprometiam até mesmo os órgãos administrativos do governo, que eram como que usurpados. Os Rothschilds de Londres salvaram as finanças do novo governo civil quando lhe concederam, em 1898, um *funding loan** de 10 milhões de libras, com uma carência de treze anos para o pagamento do principal. Mas exigiram, em troca, uma sobretaxa sobre as importações, cujo valor arrecadado devia ser depositado em Londres numa conta-reserva, e uma retirada gradual de papel-moeda da circulação no valor equivalente ao do empréstimo. Esse programa deflacionário, apesar de seu severo impacto depressivo sobre a produção e o emprego, foi a peça central da política do governo até 1905.

Apesar dos empréstimos externos, os déficits federais continuaram a acumular-se. Nos termos da constituição da República, os estados e os municípios também podiam contrair empréstimos. E o fizeram: de 1900 a 1912 suas dívidas externas aumentaram de cinco milhões para 50 milhões de libras; essa última quantia equivalia a 37 por cento da dívida federal. O governo central, pressionado por seus próprios credores, eximiu-se de qualquer responsabilidade pelas dívidas dos governos locais. Para os interesses da agricultura e da exportação, o exercício deflacionário iniciado em 1898 foi extremamente doloroso, pois reduziu seus ganhos em mil-réis. Diante disso, assumiram um compromisso em 1905: estabeleceram uma nova paridade, um pouco maior, de 15 pence, para o mil-réis, mas o governo deveria impedir a alta desse valor, mediante a criação de um Fundo de Conversão. O Fundo receberia a essa taxa moedas de ouro que fossem depositadas e ao mesmo tempo ampliaria a oferta de dinheiro mediante a emissão de notas de papel na mesma quantidade.

A consolidação periódica da dívida externa brasileira não pôde ser feita com regularidade devido à natureza cíclica do comércio de exportação, exacerbada pelas políticas que os próprios banqueiros instigavam. Os ciclos de prosperidade dos países industrializados aumentaram a demanda de mercadorias brasileiras de exportação, provocando uma alta dos preços. A elevação dos preços das mercadorias atraiu o capital externo, que acentuou a recuperação no Brasil e estimulou um aumento desproporcional das importações e da produção interna. A recessão foi igualmente exorbitante, porém mais

* O *funding loan* era um empréstimo feito para a consolidação de dívida anterior.

dolorosa, quando moedas lastreadas com ouro saíram do país e as alfândegas ficaram abarrotadas de produtos importados não pagos e a dívida externa subiu ainda mais. O governo voltou a importunar os banqueiros estrangeiros com o pedido de novos empréstimos, mas agora seus cofres estavam vazios ou as condições que ofereciam eram demasiado lesivas à soberania nacional para serem aceitas. O único recurso que restou ao governo brasileiro em tal conjuntura, como em agosto de 1914, foi suspender as regras do jogo. Aboliu a conversão em ouro e emitiu 250 mil contos de réis em papel-moeda. A ortodoxia monetária, embora seguida retoricamente, era apenas um benefício relativo quando comparado com a sobrevivência do governo; a inflação, apesar de sua aparência endêmica, geralmente foi intentada apenas como o último recurso[4].

A implantação de uma política econômica desenvolvimentista na esfera nacional exigia a criação de um mercado nacional, mas isso era difícil de fazer. O Brasil, geograficamente um subcontinente, era um arquipélago em termos demográficos e econômicos. Com a importante exceção de Minas Gerais, a maior parte de sua população, um pouco menos de dez milhões em 1870 e dezessete milhões em 1900, continuava vivendo na extensa orla costeira, aglomerada em volta das cidades portuárias, que, na maioria dos casos, eram as capitais dos estados. As linhas de navegação costeira mantinham navios ultrapassados e malconservados, horários que raramente eram cumpridos e tarifas que eram o dobro ou o triplo das praticadas pelos transportes transoceânicos. As cidades portuárias menores, sem canais profundos e dependentes de vapores costeiros, procuravam obter recursos para aprofundar seus ancoradouros a fim de poderem receber navios transatlânticos. Esforços que as elites das cidades maiores, como Salvador e Recife, desejosas de conservar seu papel de entrepostos, lutavam para reprimir.

Rumo ao interior das cidades costeiras estendiam-se, a distâncias menores ou maiores, redes de trilhos, estradas e caminhos. Somente em casos esporádicos essas redes eram tangenciais uma à outra e, algumas vezes, estavam separadas entre si por centenas de quilômetros de ermo completo. O estado litorâneo do Espírito Santo, por exemplo, estava ligado a Minas Gerais, que lhe era adjacente, apenas por uma passagem extremamente difícil

4. Cf. W. FRITSCH, "Aspectos da Política Econômica no Brasil, 1906–1914", em P. NEUHAUS (ed.), *Economia Brasileira: Uma Visão Histórica*, Rio de Janeiro, 1980.

do rio Doce. Somente em 1905 foi iniciada a construção de uma estrada de ferro paralela ao rio, que não chegou a Belo Horizonte antes de 1930. Goiás e Minas Gerais eram estados isolados e distantes do mar, enquanto Mato Grosso e o Acre eram acessíveis apenas por rios cheios de muitos meandros. Pode-se imaginar que o custo dos transportes, por mais altas que fossem as tarifas externas, representava uma barreira ao comércio inter-regional de dimensão ainda mais imponente.

A esses obstáculos somavam-se as tarifas interestaduais e mesmo as intermunicipais. Teve início no Império a prática de tributar mercadorias trazidas de outros estados e cidades. Nos termos da constituição republicana, uma carta federalista, as tarifas de importação eram da jurisdição exclusiva do governo central, mas os tributos sobre as exportações eram cobrados exclusivamente pelos estados. Evidentemente, essa cláusula foi inspirada pelos Estados que tinham grandes receitas de exportação, sobretudo São Paulo, obrigando os menos afortunados, que não tinham exportações a tributar, a recorrer a esses impostos interestaduais. Muitas vezes tributavam de maneira indiscriminada tanto as mercadorias importadas quanto os produtos originários de outros estados, ocasionando uma espécie de sobretaxa. Os tribunais federais condenaram esses impostos, que não tinham qualquer base constitucional, mas nunca foram suprimidos. Essa mera possibilidade já mostra como os interesses das classes altas regionais se misturavam aos daqueles que controlavam os estados dominantes, exportadores. Embora o governo central tenha intervindo militarmente, repetidas vezes, nos estados menores para depor uma ou outra facção dessas oligarquias menores, ele nunca tentou estancar essa fonte de receita no interesse de criar um mercado nacional.

Não há dúvida de que alguns republicanos nacionalistas afirmaram seu desejo de criar esse mercado, mas esse objetivo esteve provavelmente além de suas intenções num outro sentido, muito mais profundo. O acesso aos fatores de produção no Brasil dependia muito pouco do funcionamento de um mercado. Eram fatores políticos e sociais que, em grande parte, determinavam o acesso ao crédito, o direito à terra e as condições de emprego. Essa realidade foi atenuada pela imigração européia e pela urbanização no período que estamos examinando, mas o pleito das classes proprietárias sempre foi que suas recompensas derivassem de sua posição social, que sua capacidade de comandar os recursos fosse superior àquela a que poderiam ter direito por sua posição no mercado e que fossem mantidos imunes à competição com pessoas de condição social inferior. Nessas circunstâncias, as ambições dos jovens concentraram-se em metas políticas, um caminho mais seguro para a ascensão social do que a condição de empresário; e os negócios arriscados, mesmo quando bem-sucedidos, eram obrigados a manter o passo com o poder.

Pode-se dizer que o deslocamento dos recursos internos para a expansão do setor de exportação foi, do ponto de vista das condições nacionais, o resultado das preferências das classes sociais dominantes, que consideravam essa política muito proveitosa, conveniente e adaptável a seu desejo de adquirir autonomia local e de continuar a manter seu monopólio do exercício do poder político. No entanto, essas políticas não foram isentas de contradições, oriundas de circunstâncias e fatores inerentes a elas próprias. As ligações dessas classes dominantes com suas fontes externas de recursos eram especialmente problemáticas e vulneráveis a reações internas ao próprio governo brasileiro. Ainda assim, na maior parte do período em estudo, foi possível persuadir as classes médias do seu próprio interesse em participar da crescente incorporação do Brasil ao sistema mundial de comércio e finanças por intermédio do incentivo às exportações.

O AUMENTO DA DEMANDA DE PRODUTOS EXPORTADOS

Em 1870, o comércio mundial estava ingressando numa nova fase, uma fase em que as oportunidades comerciais deveriam ampliar-se consideravelmente. Em toda a década de 1870, os cargueiros a vapor implantaram um serviço regular no Atlântico sul, cortando pela metade os custos dos transportes, regularizando as entregas e aumentando bastante a gama e o volume de mercadorias que poderiam ser transportadas. A industrialização da Inglaterra aumentara enormemente a variedade e a utilidade dessas mercadorias. Com efeito, o orientação do Brasil para a exportação também estava entrando em nova fase. O país começava a participar da revolução industrial, trocando seus produtos extrativos e agrícolas por artigos manufaturados que incorporavam as novas tecnologias. Na mesma década, os cabos submarinos ligavam as cidades portuárias do Brasil com a Europa e indiretamente com os Estados Unidos, reduzindo assim as incertezas dos preços e da oferta e facilitando em muito a transferência de crédito comercial. A disseminação do sistema industrial para a Alemanha, para os Estados Unidos e alguns outros países intensificou a concorrência entre os industriais, melhorando a posição dos fornecedores de matérias-primas e gêneros alimentícios como o Brasil, que experimentou melhores condições de comércio da década de 1870 até o início da Primeira Guerra Mundial.

Apesar de sua lentidão em todo esse período, o aumento das exportações foi fundamental para o crescimento econômico do país. A maior parte do aumento das exportações brasileiras em valor aconteceu entre pânicos financeiros e guerras e depressões na Europa e nos Estados Unidos. Além disso, foi problemático. O número de produtos básicos no comércio internacional era pequeno e fatores geográficos determinaram a exclusão do Brasil do fornecimento de alguns deles. Os preços oscilaram fortemente e a ameaça de entrar numa competição mais aguda, de ser excluído de alguns mercados e a descoberta de produtos sintéticos anuviaram as perspectivas tanto dos empresários quanto dos responsáveis pela política. Para o Brasil, poder-se-ia dizer, a maior desvantagem da política de orientação para a exportação foi a fraqueza do estímulo à demanda no exterior. Pode-se ver a dificuldade por uma análise dos principais artigos de comércio nesse período.

O café era de longe o único produto brasileiro bem-sucedido no comércio internacional. A planta fora introduzida no século XVIII, mas somente na década da Independência ele veio a ocupar um lugar expressivo na lista dos produtos de exportação. O café era uma cultura sumamente adequada ao clima e aos solos do sudeste do Brasil e os grãos eram de fácil transporte e armazenagem. Não havia necessidade de processos industriais complicados para prepará-los para o mercado. Na década de 1870 foram introduzidos vários tipos de despolpadoras mecânicas e aperfeiçoadas as técnicas comerciais de torrefação. No final da década de 1880, uma praga assolou os concorrentes asiáticos do Brasil. Em face dessa conjuntura promissora, os cafeicultores brasileiros expandiram rapidamente suas plantações. Mas o café brasileiro era em sua maior parte de baixa qualidade. Ao contrário da Colômbia, da Jamaica e de outras regiões produtoras, onde era cultivado por pequenos fazendeiros, no Brasil o café não era sombreado e seu cultivo e colheita eram realizados com um mínimo de cuidado. No entanto, resultava um produto mais barato, que teve sua demanda aumentada ainda mais a partir de metade do século, graças ao surgimento de um mercado massificado, principalmente nos Estados Unidos. Nesse país o consumo chegou, em 1921, a 5,5 quilogramas *per capita*, à medida que o vício da cafeína se disseminou entre uma população em processo de urbanização.

Na década de 1830, as exportações de café alcançaram o total de 60 mil toneladas anuais; em 1871, esse número subiu para 216 mil toneladas. Em

1872, com a chegada da estrada de ferro a Campinas, o grande planalto fértil de São Paulo foi aberto a essa cultura. O estado logo passou a encabeçar a lista de vendas. Estimulados pela entrada de investimentos externos no decênio que se seguiu a 1885 e pelo dinheiro barato do governo republicano provisório, os novos plantios em São Paulo dobraram os cafezais do Brasil. Em 1901, as exportações alcançaram o volume de 888 mil toneladas. O preço do produto viveu três ciclos entre a Independência e o ano de 1907, terminando cada período a um preço próximo de 15 centavos de dólar por quilo. A repetida tendência de baixa dos preços desestimulou os concorrentes em potencial. Mesmo que se admita que o produto brasileiro perdeu parte do mercado entre 1870 e 1930, dos 3,2 bilhões de pés de café existentes no mundo no final da década de 1920, 2,1 bilhões estavam no Brasil. Em todo esse período, o país forneceu mais da metade do café vendido no comércio internacional. Infelizmente, nenhum dos outros produtos brasileiros de exportação teve o mesmo sucesso continuado; em conseqüência disso, o café representou, no qüinqüênio 1925–1929, 71 por cento dos ganhos com o comércio exterior. Assim, a economia brasileira caracterizava-se por uma altíssima dependência do preço de um único produto de exportação.

A borracha natural, o segundo artigo mais importante no comércio exterior brasileiro no final da década de 1880, passou de um período de prosperidade para um colapso repentino. No último quarto do século XIX, as aplicações industriais da borracha multiplicaram-se rapidamente, provocando um aumento extraordinário da procura mundial. Seu preço, 45 libras por tonelada em 1840, subiu para 182 em 1870 e para 512 em 1911. Os coletores de látex difundiram a magnitude do vale do Amazonas, o hábitat nativo de diversas espécies de árvores produtoras de borracha, de grande valor comercial. Dessas a mais produtiva era a *Hevea brasiliensis*. Em 1870, foram exportadas 6 591 toneladas de borracha natural; em 1911, esse número subiu para 38 547 toneladas. Na primeira década do século XX, a borracha representava mais de um quarto dos ganhos do Brasil com o comércio exterior. Imediatamente depois, houve um decréscimo catastrófico dos preços. No final da Primeira Guerra Mundial, o Brasil perdera quase todo o seu mercado externo do produto. A *Hevea brasiliensis* fora introduzida e aclimatada na Malásia e nas Índias Orientais Holandesas, onde se formaram grandes plantações, que produziram borracha a um custo muito mais baixo. O governo brasileiro projetou um plano caro para desenvolver a infra-estrutura da região amazônica, mas não o executou; a curto prazo, revelou-se impossível praticar o cultivo dessas árvores na região. A rede de coleta da borracha foi desmontada aos poucos e as exportações caíram para seis mil toneladas em 1930.

O açúcar, o mais tradicional dos produtos agrícolas e o dínamo da colonização do Brasil, experimentou, no final do século XIX, uma revivescência no mercado internacional. Técnicas de processamento modernas e mais eficientes transformaram o açúcar num artigo de consumo de massa, o mais barato de todos os carboidratos, o suplemento calórico sempre disponível para a dieta dos trabalhadores. O Brasil participou dessa revitalização no começo da década de 1880, mas a partir de então sofreu um decréscimo das exportações do produto, que baixaram ainda mais depois de 1900. A concorrência do açúcar de beterraba, protegido nos países industrializados, e a do açúcar de cana em regiões produtoras mais recentes suplantaram os senhores de engenho brasileiros. Cuba, Porto Rico e as Filipinas, depois que foram absorvidos pelos Estados Unidos em decorrência da vitória sobre a Espanha em 1898, ganharam acesso preferencial ao mercado de açúcar norte-americano. Na década seguinte, Cuba, reduzida a um protetorado, recebeu uma infusão de um bilhão de dólares destinados a seu setor açucareiro. Na época, as exportações de açúcar brasileiro tinham estagnado. O valor das vendas externas de Pernambuco, o maior produtor de açúcar dos estados brasileiros, alcançou, em 1898, apenas a metade de quinze anos atrás. A participação do Brasil no mercado mundial, dez por cento na década de 1850, caiu progressivamente; na primeira década do século XX, era inferior a 0,5 por cento.

O algodão também tinha sido, tradicionalmente, um item importante do comércio exterior brasileiro. No início do século XIX, uma espécie arbórea nativa de fibra longa supria dez por cento do mercado mundial. Embora a demanda de algodão em rama tenha aumentado enormemente em todo o século XIX, as fiações da Inglaterra eram supridas pelos Estados Unidos. No período da guerra civil norte-americana (1861–1865), motivada pela tentativa de secessão dos estados do Sul, e durante alguns anos depois, o algodão brasileiro voltou a competir no mercado por breve período. Em 1870, o Brasil exportou 42 mil toneladas. No entanto, com o renascimento do comércio algodoeiro nos Estados Unidos e o aumento do cultivo no Egito, o Brasil perdeu o mercado inglês; em 1880, suas exportações caíram à metade do volume de dez anos antes.

O Brasil vinha vendendo cacau desde os tempos coloniais, a maior parte dele colhido nos estandes selvagens do vale do Amazonas. Na década de 1880, pela primeira vez foi plantado em grande escala no sul da Bahia. Logo depois disso, a demanda mundial, estimulada por novas formas de consumo, aumentou de um pouco mais de cem mil toneladas para quase 550 mil em 1928. No entanto, a participação brasileira nesse mercado era modesta: no final da década de 1920 supria um pouco mais de um décimo da demanda mundial. A maior parte do cacau do mundo vinha das colônias inglesas da África ocidental. No início da Primeira Guerra Mundial, foram instaladas algumas fábricas de embalagem de carne no Rio Grande do Sul e em São Paulo. Todavia, seu sucesso inicial de venda para o exterior não durou muito tempo após o período de escassez causado pela guerra. Além desses produtos, o Brasil vendia anualmente alguns milhares de toneladas de couro, erva-mate, sementes oleaginosas, madeira, manganês, peles e fumo. Embora tenham sido estímulos expressivos dentro dos mercados regionais do Nordeste e do Sul, nenhum desses produtos acrescentou muito aos ganhos com a exportação. Além disso, o Brasil produzia imensas quantidades de alguns outros produtos básicos, como milho, feijão, banana e farinha de mandioca, mas somente em circunstâncias incomuns conseguia vender algum desses produtos para o exterior.

É surpreendente que o Brasil, um país de imenso território e de recursos variados, tenha participado do comércio mundial essencialmente como produtor de uma única mercadoria: o café. Os fatores externos não explicam totalmente a estreita gama de oportunidades exploradas nem a deterioração de participações no mercado ocorrida nos períodos iniciais. As dificuldades excederam até certo ponto o remédio. Estiveram presentes algumas desvantagens naturais, que se tornaram mais graves ou mais óbvias à medida que cresceu a demanda mundial. Por exemplo, a vantagem decisiva dos produtores cubanos de açúcar foi seu terreno mais plano, mais apropriado às necessidades dos engenhos de grande capacidade, já que permitia a entrega mais rápida da cana na porta do engenho, e a rapidez da entrega era essencial porque os sucos da cana evaporam rapidamente. O cultivo da borracha foi tentado em grande escala no vale do Amazonas somente na década de 1920, mas na época descobriu-se que uma praga exclusiva do gênero *Hevea* destruía as seringueiras quando eram plantadas em estandes próximos. Esse fungo não acompanhou as sementes que foram transplantadas para o sudeste da Ásia. Em outros casos, as dificuldades parecem ter sido remediáveis, mas os remédios foram aplicados de forma incompleta. A perda dos mercados ultramarinos de algodão aconteceu mesmo depois que o algodão de fibra curta foi introduzido nas plantações brasileiras na década de 1860.

O comércio exterior brasileiro parece ter-se limitado àquelas mercadorias que tinham enormes vantagens relativas que pudessem compensar os altos custos de produção e comercialização e os altos impostos internos. Os recursos de capital necessários para melhorar os métodos de produção e organizar processos de comercialização mais eficientes foram realmente escassos, mas não indisponíveis. Na falta de iniciativas privadas, os governos central e estaduais pareceram inclinados a oferecer garantias e mesmo recursos financeiros. Mas parece que freqüentemente esses programas, quando foram empreendidos, se revelaram tardios, mal concebidos ou executados de forma incompleta. Mesmo no setor cafeeiro, que gerou recursos para melhorar a produtividade em grande escala, deu-se pouca atenção à concorrência. Em vez disso, o problema do decréscimo de participação no mercado foi considerado apenas um problema de diminuição dos preços. Enfatizou-se, portanto, quase que exclusivamente a manutenção dos preços.

O governo brasileiro procurou, numa escala imensa, estabilizar o preço de seu principal produto no comércio mundial. Depois de ampliar enormemente os cafezais após 1885, os cafeicultores brasileiros enfrentaram, no final da década de 1890, a diminuição dos preços internacionais e os efeitos da política interna de deflação, condição *sine qua non* do *funding loan* de 1898. Os representantes brasileiros na Conferência Internacional do Café, realizada em 1902, insistiram, portanto, na criação de um cartel, mas foram repelidos. No mesmo ano, o Estado de São Paulo anunciou a proibição de qualquer novo plantio, mais tarde estendida até 1912. Em 1906, São Paulo tinha convencido os outros principais Estados produtores de café, Minas Gerais e Rio de Janeiro, a participar de um programa denominado "valorização". Esses Estados comprariam café a um preço-base de 15 centavos de dólar por quilo e armazená-lo-iam até a hora em que os preços pudessem compensar o custo da operação. Os recursos foram conseguidos com bancos europeus e norte-americanos mediante a intercessão dos importadores de café. Desse modo, 660 mil toneladas foram retiradas do mercado em seis meses. Foi acrescentada uma sobretaxa às novas vendas de café, para ajudar a pagar os custos de armazenagem, e o governo federal foi finalmente persuadido a garantir os empréstimos. Os preços do produto voltaram a subir e, em 1912, já tinham alcançado uma média de 31 centavos de dólar por quilo. No final desse ano, diante da crescente irritação que grassava no país, todo o café armazenado nos Estados Unidos foi vendido às pressas.

Parece que a valorização diminuiu o impacto da recessão mundial de 1907/1908 sobre o Brasil, é possível que tenha beneficiado os cafeicultores e foi certamente lucrativo para os banqueiros e intermediários, que ganharam boas comissões e, em conseqüência, aumentaram sua presença no negócio. Pode ser que o preço do café tivesse subido de qualquer modo, uma vez que a demanda mundial continuava a crescer. Contudo, os fazendeiros conseguiram conquistar o governo federal para o programa, que patrocinou uma segunda valorização na crise causada pela Primeira Guerra Mundial. Dessa vez, foram compradas e armazenadas 180 mil toneladas, os preços subiram fortemente, em parte por causa de forte geada em São Paulo e o governo teve lucro. Com a queda dos preços do produto após a guerra, teve início um terceiro programa de valorização. Na época, porém, houve um equilíbrio da demanda mundial e a retomada de novos plantios em São Paulo sepultou a aventura. O governo federal abandonou o programa, mas São Paulo foi instigado por seus fazendeiros a assumir sozinho a compra do café. Proclamou um estado de "defesa permanente" em 1925 e continuou, até a crise de 1929, a comprar desesperadamente e a armazenar uma série de colheitas-recorde. O efeito dessa política, que desviou recursos dos outros setores da economia e ignorou a questão da produtividade, seria estimular a expansão da concorrência estrangeira.

A perda de cotas nos mercados e a incapacidade de desenvolver mercados potenciais podem, no caso de outros produtos de exportação, ser atribuídos também em parte à política pública. A fase de expansão de cada produto foi acompanhada invulgarmente por esforços paralelos dos produtores estabelecidos para impedir, por intermédio do governo, a criação de mais unidades de produção. Isso é facilmente observável no caso do café, pois ele se espalhou dentro do estado e alimentou rivalidades interestaduais. Na verdade, o entusiasmo dos cafeicultores de São Paulo pelo republicanismo depois de 1870 pode ser atribuído, em grande medida, à sua indignação com as preferências demonstradas pelo Império em relação aos cafeicultores do Rio de Janeiro. Essa rivalidade foi registrada também entre os produtores de açúcar e de algodão do Nordeste, que se opuseram à transferência dessas culturas para São Paulo, e foi evidente entre os comerciantes que controlavam a coleta de borracha e execravam a perspectiva de um regime doméstico de *plantation* de seringueiras. Entre as vitórias enumeradas pelos fazendeiros estabelecidos pode-se mencionar o extremo atraso na construção de estradas, ferrovias e portos no interior da região do cacau no sul da Bahia.

A forte tributação das exportações reduziu a competitividade do Brasil no mercado internacional. Além disso, grande parte dos recursos do governo não foram gastos em programas de desenvolvimento. Grandes somas foram empregadas pelos governos federal e estaduais no embelezamento de suas respectivas capitais e em outras finalidades suntuosas; porém mesmo os projetos aparentemente desenvolvimentistas foram muitas vezes disfarces para outras finalidades. Os programas de colonização da terra, cuja primeira medida era a compra de uma fazenda existente, por exemplo, foram na verdade missões de resgate de fazendeiros falidos e, quando essas propriedades foram subdivididas, os prováveis beneficiários deviam ser muito mais os membros do partido que desejavam especular com terra do que ativos agricultores. O governo gastou grande parte de suas receitas, de fato, pelo simples propósito de continuar no poder. A perda de competitividade nos mercados internacionais foi um resultado direto e cumulativo. Isso, em termos políticos, não foi um desastre total. Os produtos que desapareceram da lista de exportações, como o açúcar e o algodão, receberam proteção no mercado interno. Levando em conta o tamanho e o crescimento desse mercado, isso representou um consolo moderado e mesmo prazenteiro. Por exemplo, em 1921–1923, o próprio Brasil consumia 77 por cento de suas 115 mil toneladas de algodão colhidas.

O Brasil foi menos dependente de um único cliente ou fornecedor do que a maioria dos outros países não industrializados da época. Seu café e sua borracha tinham como destino principal os Estados Unidos, que não tributavam esses produtos; na verdade, esses dois artigos, junto com a seda pura, eram os itens mais importantes que os Estados Unidos importavam com isenção de tarifas. Em troca, pediam maior aceitação para seu trigo e farinha, querosene, madeira e produtos manufaturados. No entanto, a Inglaterra foi, até depois da Primeira Guerra Mundial, o principal fornecedor de produtos manufaturados – e de crédito. A Alemanha vinha em segundo lugar. O comércio complementar existente ou potencial com a África ou o resto da América do Sul foi pouco explorado. O único comércio de alguma importância do Brasil com a América Latina foi a compra de trigo argentino, um negócio explorado por intermediários ingleses, em troca de erva-mate, cuja demanda estava estagnada. Não parece ter sido examinada a possibilidade de uma união tarifária com os prósperos vizinhos, a Argentina, o Uruguai e o Chile.

O sistema mundial de comércio e investimento sobre o qual se apoiavam as exportações brasileiras sofreu terríveis reveses na Primeira Guerra Mundial. A guerra resgatou do esquecimento, temporariamente, a borracha brasileira e forneceu melhores oportunidades para a venda de alguns de seus artigos menos importantes de exportação – açúcar, carne bovina, feijão e manganês – a antagonistas desesperados, mas o café não ocupou um posto muito alto na lista de prioridades dos Aliados, nem estes estavam muito preocupados se a economia brasileira poderia entrar em colapso por falta de peças sobressalentes e combustível. O valor das exportações brasileiras em libras esterlinas caiu 16 por cento nos cinco anos da guerra, em comparação com os cinco anos anteriores de prosperidade, enquanto as importações diminuíram 2,4 por cento. O custo do transporte marítimo subiu fortemente, acarretando o aumento dos preços dos importados. Por exemplo, os tecidos importados, que custavam em média 98 centavos de dólar por quilo em 1913, subiram para 3,46 dólares por quilo em 1918. Como mais da metade das importações do Brasil eram constituídas de alimentos e matérias-primas, o impacto sobre a economia interna foi severo. No âmbito interno, os preços duplicaram, sustentados pelas emissões de papel-moeda necessário para a repatriação de moedas estrangeiras e de ouro. O governo federal foi salvo no último instante da inadimplência em sua dívida externa em outubro de 1914 por um *funding loan* de 15 milhões de libras levantado em Londres. Não foi tentado um racionamento; foram impostos preços máximos, mas somente no Rio de Janeiro e mesmo assim sem muita eficácia. Aparentemente os salários não acompanharam o ritmo dos preços, causando terríveis dificuldades para a população urbana e provocando, em 1917, manifestações e greves generalizadas no Rio de Janeiro e em São Paulo.

Em conseqüência da entrada do Brasil na guerra, em outubro de 1917, do lado dos Aliados, os bancos e companhias de seguro alemãs foram fechados e as firmas que tinham vínculos com o capital germânico foram hostilizadas ou colocadas fora do negócio mediante a aplicação da "Lista Negra" dos ingleses. O governo brasileiro adquiriu, como espólios de guerra, pouco mais de 40 navios alemães retidos nos portos do país, dobrando assim sua tonelagem mercante, mas perdeu uma parte substancial do valor de contas bancárias que tinham sido abertas na Bélgica com os produtos de suas vendas de estoques valorizados. Mais conseqüentes do que qualquer outra coisa foram os efeitos a longo prazo da guerra, que enfraqueceram as economias de todos os parceiros comerciais do Brasil (com exceção dos Estados Unidos), reduzindo sua capacidade de adiantar crédito e de importar de países como o Brasil. A vacilação do centro financeiro inglês, decisivo para o comércio de exportação do Brasil, revelou-se especialmente problemática na década de 1920.

A Terra

Evidentemente, a terra, no sentido de superfície terrestre seca, era abundante no Brasil, a ponto de chegar quase a ser um bem livre. O que a resgatou dessa categoria foi a qualidade efêmera da fertilidade de seu solo, pelo menos na forma como a agricultura era praticada no Brasil, e a extrema concentração de sua propriedade. A prática da agricultura no Brasil limitou-se aos solos de mata. Os mais acessíveis desses solos localizavam-se ao longo do litoral, a uma distância de 100 a 400 quilômetros para o interior. Atrás deles estendiam-se solos mais secos, mais pobres, considerados apropriados apenas para a criação de gado. As terras cujas florestas primárias tinham sido derrubadas há pouco eram valorizadas por causa de seus rendimentos espetaculares. O café, pelo menos é o que se acreditava, só podia produzir bem em solos de mata virgem. Desse modo, o plantio do café estimulou uma rápida expansão da fronteira no sudeste do Brasil. Os cafezais conseguiam produzir com lucro por quarenta anos, mas a imprudência na localização dos plantios reduziu freqüentemente esse período. Já que na maior parte dessa faixa costeira de terras de mata as chuvas eram uma conseqüência de sua topografia acidentada de montanha, seu húmus perdia-se rapidamente por erosão.

A especulação com as terras de café introduziu uma forma nova de empresa dinâmica. Antigamente, a terra aumentava de valor depois de derrubada a mata e legalizada sua posse; depois disso, à medida que a fertilidade desaparecia aos poucos, seu valor também diminuía. O simples fato de dispor as mudas de café tornou-se um negócio em si que inflacionou notavelmente os preços da terra. Poder-se-ia afirmar que grande parte do plantio de café foi feito sem qualquer idéia de cultivá-lo, mas, sim, de especular com novos cafezais maduros. A fronteira do café avançou como fogo no mato, obliterando milhares de quilômetros quadrados de madeira e de outros recursos florestais. No recenseamento de 1920, as fazendas de São Paulo, que compreendiam oito por cento da área de todas as propriedades rurais do Brasil, eram responsáveis por mais de 27 por cento de seu valor, o equivalente a 2,6 bilhões de dólares ao câmbio corrente. Nenhum dos ganhos com a especulação reverteu para o Estado. São Paulo, como quase todos os outros Estados, não cobrava impostos sobre a terra rural.

Tradicionalmente, a concentração da propriedade da terra no Brasil alcançou o grau máximo. Era crença da coroa portuguesa que somente os aristocratas fundiários poderiam produzir para os mercados de ultramar e, por isso, lhes fez enormes concessões, tipicamente numa extensão de 40 quilômetros quadrados. Na época do Império, essa tradição se manteve porque o governo central foi demasiado fraco para implantar uma lei (1850) que determinava a venda das terras da coroa em leilão. Em vez disso, elites locais poderosas simplesmente usurparam as terras públicas, usando de fraude nos registros de terra e expulsando no processo os posseiros de pequenas propriedades. Somente nos Estados do sul, Rio Grande do Sul e Santa Catarina, o Império favoreceu efetivamente a pequena propriedade. Nesses estados, seguindo a política da coroa portuguesa de povoamento das zonas de fronteira, ele assentou imigrantes alemães e italianos em colônias oficiais. Seus descendentes espalharam-se dentro dessas províncias e formaram outras colônias, mas sua influência sobre a economia nacional foi reduzida. Não obstante, apresentaram uma estrutura econômica que contrastou fortemente com as fazendas agrícolas e com as grandes fazendas de gado.

Quanto à República, na verdade concedeu anistia aos usurpadores de terra, quando deu aos estados as terras restantes da coroa. Então, os governos estaduais demonstraram a mesma incapacidade que o Império de conservar o patrimônio público. Uma sucessão de leis estaduais concedeu títulos de propriedade a todos aqueles cuja proeminência social tinha conferido aquiescência local a suas desapropriações privadas. Durante todo esse tempo, nenhum governo havia reconhecido os direitos dos povos tribais à terra ou tinha posto de parte para seu uso alguma coisa a não ser as reservas mais inconseqüentes. Embora em 1910 a proteção dos povos tribais tenha passado para a responsabilidade federal, com base num serviço chefiado pelo general Cândido Rondon, continuou a ser praticado o assassínio de tribos inteiras, numa prévia da apropriação das terras do estado pelos particulares. A propriedade da terra, em conseqüência dessas políticas ou por falta delas, continuou extremamente concentrada. Em 1920, não mais de três por cento dos moradores no campo possuíam títulos das propriedades rurais incluídas no recenseamento; desse grupo diminuto de proprietários rurais, dez por cento controlavam três quartos dessas terras.

A população brasileira aumentou, entre 1872 e 1920, de 10,1 milhões para 30,6 milhões. Sua taxa de crescimento nesse período acelerou de 1,85 para 2,15 ao ano e nesse período a expectativa de vida subiu de 27,4 anos em 1872 (quando a expectativa de vida dos escravos era de cerca de 21,0 anos) para aproximadamente 34,6 anos em 1930. A população urbana constituía uma pequena minoria, que tendeu a aumentar não tão depressa quanto o conjunto da população. Em 1872, as pessoas que moravam nas cidades de vinte mil habitantes ou mais compreendiam um pouco menos de oito por cento do total; em 1920, essa proporção diminuiu para apenas 13 por cento. Grande parte desse aumento pode ser atribuída à influência do comércio de exportação, já que as cidades que mais cresceram foram exatamente as mais envolvidas nesse comércio. Em 1920, mais da metade da população urbana residia no Rio de Janeiro e em São Paulo, que a partir de 1870 tinha subido do décimo para o segundo lugar entre as cidades brasileiras. A força de trabalho aumentou, entre 1872 e 1930, a uma taxa de cerca de dois por cento ao ano. Na verdade, é difícil calcular a porção economicamente ativa da população, porque o recenseamento de 1920 introduziu definições mais rígidas de emprego, sobretudo com relação às mulheres. Desse modo, entre 1872 e 1920 a porcentagem de mulheres com dez ou mais anos de idade registradas como economicamente ativas caiu de 51 para 14 por cento. Como a proporção de homens economicamente ativos também caiu de 77 para 75 por cento, é possível que esses números mais baixos tenham sido até certo ponto um sinal da reduzida capacidade da economia de absorver o crescimento da força de trabalho.

No entanto, os proprietários rurais e os empregadores queixavam-se incessantemente de escassez de mão-de-obra. A partir de 1870, a oferta de trabalhadores escravos, que em 1872 constituíam cerca de 20 por cento das pessoas economicamente ativas e 70 por cento da mão-de-obra das lavouras, foi certamente precária. Do final do século XVI à metade do século XIX, foram transportados para o Brasil um número de africanos muito maior do que para qualquer outra região do Novo Mundo. Com a supressão efetiva do tráfico de escravos após 1850, porém, a população escrava começou a diminuir. A causa do declínio parece ter sido principalmente o alto índice de mortalidade, isto é, uma taxa de expropriação que excede os custos de subsistência e de reprodução, ou simplesmente o manejo incompetente e brutal da mão-de-obra. A alforria e a fuga também ocorreram com regularidade, talvez como válvulas de escape, mais baratas de tolerar do que uma maior aplicação da força repressiva. Reagindo em parte a um aumento da resistência dos escravos, foi aprovada, em 1871, uma lei que tornava livres as crianças nascidas de mães escravas depois dessa data. Acabava-se a escravidão de bens pessoais; a escravidão vitalícia devia ser extinguida aos poucos.

Como não se pôde evitar que a população livre ocupasse terras públicas não reclamadas, onde sua agricultura era tão produtiva quanto a das grandes propriedades, não se conseguiu seduzi-la a trabalhar por salários que teriam dado lucro para os donos de fazenda. Portanto, nas regiões onde existiam terras não reclamadas ou desocupadas, a população livre constituiu, em sua maior parte, uma força de trabalho eventual, disposta somente a pagar rendas nominais em troca de um trabalho nominal. Nas zonas muito afastadas da fronteira, porém, onde toda a terra já estava nas mãos dos particulares e os pequenos proprietários eram espremidos pelas grandes fazendas, a parceria e várias formas de arrendamento aumentaram de forma significativa a força de trabalho disponível para as lavouras, mesmo antes da libertação dos escravos.

A diminuição do número de escravos foi atenuada, primeiramente, por um tráfico interno do Nordeste estagnado para os Estados produtores de café, Rio de Janeiro e São Paulo, e das zonas urbanas para as lavouras. No final da década de 1870, esse comércio era insuficiente e muitos fazendeiros do Sul, cujas primeiras experiências com a contratação de mão-de-obra imigrante tinham fracassado, estavam totalmente descorçoados, prevendo sua ruína e a bancarrota do governo central. Até um ano ou dois antes da abolição, nunca alguém tinha sugerido que a escravidão brasileira não fosse lucrativa. Na verdade, vários estudos haviam demonstrado o contrário. Enquanto durou a escravidão, foi pelo menos tão lucrativa quanto os investimentos alternativos. Não obstante, em 1888, reagindo à pressão política dos fazendeiros das novas zonas de produção que não tinham esperança de conseguir uma força de trabalho escrava, da classe média urbana, inclusive dos oficiais do exército e dos servidores públicos impacientes para criar uma sociedade mais moderna, e de ex-escravos e dos próprios cativos que estavam organizando uma violenta oposição e o abandono em grande escala das fazendas, a Assembléia Legislativa Geral votou a abolição final da escravidão.

A transição final do trabalho escravo para a mão-de-obra livre revelou-se surpreendentemente fácil, do ponto de vista dos grandes proprietários rurais.

É verdade que muitos libertos fugiram para as cidades, mas a maioria aceitou trabalhar por salários ou contratos de parceria nas fazendas próximas ou até nas mesmas propriedades onde viviam antes. A pressão sobre as pequenas propriedades por causa do crescimento da população (a lei brasileira dividia a herança por igual entre a prole), as repetidas secas no interior do Nordeste e a contínua impotência política das classes baixas obrigaram muitos homens livres a trabalhar nas lavouras. No Nordeste, os custos efetivos da mão-de-obra livre para os fazendeiros eram, aparentemente, inferiores às despesas anteriores com a manutenção dos escravos[5]. Houve uma grande migração para as novas zonas que exploravam em grande escala para a exportação, como no sul da Bahia (cacau) e no oeste da Amazônia (borracha). Na Amazônia, os altos salários exerceram uma atração efetiva, mas o controle dos preços dos produtos de subsistência pelos fornecedores dos coletores de látex e pelos donos de armazéns contrabalançou as esperadas vantagens e o alto índice de mortalidade por doenças converteu a região num sorvedouro de população do qual poucos escaparam.

Para a região de café migrou uma imensa onda de trabalhadores italianos, espanhóis e portugueses. A imigração líquida para o Brasil, entre 1872 e 1930, alcançou o total de cerca de 2,2 milhões. Em 1920, os imigrantes representavam dez por cento da força de trabalho masculina. Grande parte dessa migração foi subsidiada pelos governos estaduais e federal, socializando assim os custos dos fazendeiros com a reprodução de mão-de-obra. Ofereceram-se aos imigrantes contratos anuais que combinavam salários em dinheiro para o trato e a colheita dos cafezais com o direito de plantar roças de subsistência. Nas regiões cafeeiras os ex-escravos que continuaram a trabalhar nas lavouras foram forçados a aceitar empregos mais precários, ganhando cerca da metade dos salários pagos aos europeus, dando desse modo sua contribuição para subsidiar a imigração. Até a Primeira Guerra Mundial, o fluxo de imigrantes foi mantido tão alto quanto possível, e mesmo durante toda a década de 1920 o estado de São Paulo continuou a pagar parte do preço das passagens. Isso se tornou necessário porque os imigrantes, após algumas colheitas, tenderam a procurar outros empregos ou mesmo a emigrar de volta à terra natal. Houve também uma clara intenção

5. Cf. D. DENSLOW, "As Origens da Desigualdade Regional no Brasil", *Estudos Econômicos* (1975); P. EISENBERG, *The Sugar Industry in Pernambuco, 1840–1910*, Berkeley, 1974.

de manter baixos os salários. Segundo cálculos de um historiador, entre 1870 e 1914 os salários na indústria do café não aumentaram[6].

Mesmo que a abolição da escravidão tenha colocado a mão-de-obra mais ou menos dentro de um mercado, tenha melhorado sua mobilidade e monetarizado até certo ponto seus pagamentos, deve-se considerar que o período em estudo constitui uma transição da época de um regime baseado na coerção física. As condições sociais de grande parte do Brasil rural aproximavam-se da servidão. Mesmo nas regiões de imigração européia, os grandes fazendeiros exigiam deferência e contratavam os serviços de pistoleiros particulares para intimidar seus trabalhadores. Os assalariados, conforme as leis em vigor ainda em 1890, eram sujeitos a prisão se não cumprissem seus contratos. Em 1902, a Itália, diante dos relatórios de seus cônsules, proibiu o oferecimento de qualquer subsídio a seus cidadãos para emigrarem para o Brasil. Em resposta, o Estado de São Paulo criou juntas de arbitramento para ouvir as queixas. Somente em 1916 foi estabelecida em lei federal a igualdade de contrato. Na verdade, nenhum outro direito trabalhista foi aprovado antes da década de 1930.

O ensino público pouco contribuiu para elevar os níveis gerais de especialização. O recenseamento de 1872 mostrou que quase 90 por cento das mulheres e 80 por cento dos homens eram analfabetos. Em 1920, esses índices tinham diminuído apenas 10 pontos percentuais cada um. A elite dirigente tendeu a considerar as classes baixas naturais do país pouco propícias à educação; na verdade, foi essa uma das principais razões pelas quais ela colaborou com os fazendeiros em programas de imigração européia. Geralmente os imigrantes eram mais alfabetizados do que a população nativa; segundo o recenseamento de 1920, em São Paulo apenas 56 por cento eram alfabetizados, em comparação com 73 por cento da população geral. Tivesse o governo gasto em ensino primário os recursos que destinou a subsidiar a imigração, poderia ter obtido resultados econômicos semelhantes e se desobrigado de suas responsabilidades de forma mais humana. Pouquíssimo treinamento em habilidades produtivas foi oferecido à classe trabalhadora, ou mesmo à classe média. Em 1920, apenas 62 500 pessoas estavam matriculadas nas escolas secundárias e técnicas, públicas e particulares. Embora os primeiros estágios

6. MICHAEL HALL, "The origins of mass immigration in Brazil, 1871–1914", tese de Ph. D., inédita, Columbia University, 1969.

da produção mecanizada tenha incluído inovações bem-sucedidas feitas por brasileiros, notadamente nas máquinas de processamento de café e de erva-mate, foram os imigrantes que forneceram as capacidades organizacionais e as técnicas necessárias para a instalação de empresas industriais e comerciais.

O Capital

Não há estimativas de formação de capital bruto antes da década de 1920. Calculou-se que alcançou em média 13,7 por cento do produto nacional bruto nessa década, ou 14 dólares ao ano *per capita*, em dólares correntes. Segundo a mesma estimativa, a entrada líquida de capital do exterior na década de 1920 atingiu em média 8,8 por cento da formação de capital bruto e o estoque de capital líquido chegou, em 1929, a 260 dólares *per capita*, em dólares correntes[7].

A mobilização do capital interno não foi altamente institucionalizada, pelo menos na primeira metade desse período. Até muito depois de 1900, o crédito agrícola, em sua maior parte, era informal e privado: adiantamentos feitos pelos corretores ou pelos importadores, ou empréstimos de particulares, muitos dos quais limitados a transações com parentes e vizinhos. As taxas de juro começaram em 12 por cento e chegaram muitas vezes a 24 por cento. Nos empréstimos para a agricultura, quase até a época da abolição, a garantia eram os escravos, e não a terra. Com exceção dos fazendeiros que trabalhavam para a exportação, raramente obtinham qualquer tipo de crédito e era muito difícil para os cafeicultores conseguirem hipotecar suas terras.

Em 1870, existiam apenas seis bancos no Rio de Janeiro, dois deles ingleses, e outros nove no resto do país. Esses bancos operavam quase que exclusivamente com depósitos e com o desconto de títulos comerciais de curto prazo. Os bancos estrangeiros limitavam-se em grande parte às transações de comércio exterior e gastavam seus melhores esforços na especulação cambial. Na década de 1860, o Banco do Brasil, controlado pelo governo, começou a conceder alguns empréstimos agrícolas. Além disso, depois de 1875 foram fundados alguns bancos de crédito agrícola, mas, como não existia uma lei de hipoteca adequada, não tiveram muito sucesso. Somente depois de 1900 é

7. DIAS CARNEIRO, "Past trends", Table 8A.

que alguns bancos hipotecários do governo, no estado de São Paulo e de Minas Gerais, passaram a fornecer uma soma limitada de recursos. Em 1909, finalmente pôde-se dispor em São Paulo de um sistema de *warrants*, uma inovação relacionada com os esquemas de valorização do café, que reduziu os juros para nove por cento. O valor das hipotecas registradas nos cartórios de registro imobiliário em todo o Brasil cresceram dez vezes entre 1909 e 1929, ano em que alcançaram o equivalente a 181 milhões de dólares ao câmbio corrente. É possível que grande parte desse valor tenha financiado as transações reais de propriedade urbana. Em 1929, a grande maioria dessas hipotecas tinham sido negociadas a juros inferiores a dez por cento, dando a entender que o mercado se tornara mais eficiente. Mesmo assim, a soma total ainda era bastante modesta, comparada com o valor das terras de agricultura revelado no recenseamento de 1920, mostrando que as hipotecas continuavam incomuns.

Foi calculada, para a década de 1920, uma baixa produtividade média dos investimentos derivados da poupança nacional[8]. Parece improvável que a produtividade do capital nas décadas anteriores tenha sido um pouco mais alta. As empresas nacionais tiveram dificuldade para crescer a uma escala que lhes desse condições de aplicar novas técnicas e abranger um mercado nacional. A posse de ações fora dos limites da família era quase desconhecida, exceto na organização de bancos e estradas de ferro. O capital ou provinha do reinvestimento dos lucros, que algumas vezes envolvia uma fixação monopolística de preços, ou vinha junto com os empréstimos comerciais. Não havia um mercado significativo para os títulos e ações industriais. Em suma, durante o período de prosperidade de 1888 a 1893, alguns bancos que tinham permissão de emitir dinheiro desempenharam o papel de financistas para alguns grandes empreendimentos industriais, mas esses na maioria das vezes foram à falência. Nenhum outro banco, nem mesmo o do Brasil, praticou essa política depois disso. Assim, quase não existiram no Brasil aquelas forças que em outros países tinham fundido as empresas de família em grandes companhias de capital aberto. Ocasionalmente, foram formados consórcios de duas ou mais famílias, mais ou menos estáveis, normalmente dentro de grupos étnicos, e que às vezes terminaram em casamentos entre seus membros. Surgiram quando houve necessidade de instalar tecnologias mais

8. DIAS CARNEIRO, "Past trends", Table 27 e 29E.

modernas e mais complexas; por exemplo, nos têxteis sintéticos, no papel e celulose e nas indústrias químicas.

Os investimentos externos na América Latina aumentaram em ondas cíclicas, notadamente de 1888 a 1895, de 1905 a 1913 e de 1924 a 1929. Em cada um desses períodos, o Brasil recebeu uma parcela relativamente grande dos investimentos europeus na América Latina, quando não uma porção proporcional à sua parte na população do subcontinente. Mais da metade do capital externo dirigido para o Brasil financiou os governos central e locais. Consolidou também a maioria dos bancos, dos sistemas de eletricidade, telefone e gás, as instalações portuárias, as estradas de ferro, as linhas de navegação a vapor e, no final do período em estudo, as linhas de transporte aéreo. Até a Primeira Guerra Mundial esse capital provinha, em sua esmagadora maioria, da Inglaterra. Os Rothschilds de Londres eram os agentes exclusivos de lançamento dos títulos do Império, todos os maiores exportadores e importadores foram ingleses e quase todas as estradas de ferro foram financiadas pelos ingleses ou eram de sua propriedade. O maior banco inglês, o London and Brazilian, possuía recursos financeiros muito maiores do que o semi-oficial Banco do Brasil, e mesmo em 1929 os bancos estrangeiros ainda executavam a metade de todas as transações bancárias do comércio. Entretanto, os interesses estrangeiros em terra, em recursos naturais e empresas de produção eram bastante limitados, ao contrário das economias mais "penetradas" da América Latina e do mundo colonial da época; e nesse período determinados setores – seguros, engenhos de açúcar, bancos e estradas de ferro – estavam sendo retomados pelo capital privado brasileiro ou por interesses públicos. Além disso, a taxa média de retorno sobre o capital, embora o retorno inglês seja típico, não passava de modestos cinco por cento. Não obstante, remessas de juros e de lucros, que aumentaram gradualmente durante o período em estudo, representavam um ônus considerável para a economia. Em 1923, o serviço da dívida dos governos federal e locais custou 20 por cento das receitas das exportações.

Podemos afirmar que as atividades das firmas inglesas até a Primeira Guerra Mundial eram geralmente "compradoristas", na medida em que concentravam seus investimentos no setor de exportação. Os empresários locais, que muitas vezes se vangloriavam de construir fábricas para competir com os produtos importados, freqüentemente não conseguiam financiamentos. Podemos citar o caso espetacular de um fábrica de linhas de costura em Alagoas, comprada por uma firma inglesa, que a desmontou e jogou as máquinas no rio São Francisco. Com relação aos bancos ingleses, prosperaram na maioria das vezes quando as taxas de câmbio eram voláteis. Envolveram-se em manobras para desestabilizar o mil-réis e se irritaram com os esforços do Banco do Brasil para interferir nessas transações. Relutaram em fazer empréstimos a companhias de propriedade do Estado e algumas vezes recusaram cédulas bancárias emitidas pelo Banco do Brasil. As medidas extremas de deflação impostas ao governo federal como condição do *funding loan* de 1898 causaram uma onda de falências que assolou muitas firmas comerciais e alguns bancos nacionais, reduzindo a concorrência com as empresas inglesas e de outras nacionalidades.

Todavia, a preeminência inglesa na economia brasileira foi submetida a grandes desafios após 1900. Sua vulnerabilidade derivou de sua posição de financistas e de agentes de trasbordo: como os maiores compradores de café antes da Primeira Grande Guerra eram os Estados Unidos e a Alemanha, as torrefadoras e os importadores de café norte-americanos conseguiram ocupar o lugar dos intermediários britânicos, e as casas exportadoras alemãs, com o apoio da ofensiva comercial de seu governo, avançaram fortemente no mercado de bens de capital e adquiriram partes das companhias que compravam seu equipamento. A "Lista Negra" revelou a extensão com que as firmas comerciais alemãs suplantaram seus competidores. Na fabricação de cerveja, num extremo, controlavam toda a produção interna.

A AGRICULTURA E A PECUÁRIA

O atraso tecnológico da agricultura brasileira era extremo. O sistema de cultivo – a derrubada e queimada – era principalmente extrativo; implicava a existência de imensas reservas de florestas que suprissem muitas das necessidades do agricultor, em especial proteína e matérias-primas. Os solos das matas recém-derrubadas e queimadas eram extraordinariamente férteis, embora apenas temporariamente. As cinzas da floresta forneciam abundantes nutrientes vegetais, muitas vezes o único fertilizante aplicado. Troncos e toras de madeira eram deixados para apodrecer e o plantio quase sempre era feito seguindo as ondulações do terreno, estimulando a erosão. Muitas vezes plantas "cultivadas", como mamão, coco, banana, abacaxi e frutas cítricas, eram simplesmente deixadas a crescer silvestres. Quando a área plantada era invadida por ervas daninhas e pragas, era abandonada, transformando-se em bosque secundário ou pastagem, por assim dizer. Depois que todas as matas eram derrubadas numa região, os agricultores geralmente se retiravam, e as terras eram entregues ao gado. Nesse sistema, o arado tinha pouca importância; na verdade, em algumas regiões nem mesmo existia. Em 1920, menos de 14 por cento das fazendas agrícolas incluídas no recenseamento os empregavam, e muitos dos usados eram com certeza de madeira. Assim, os rendimentos da agricultura eram função quase que totalmente da fertilidade inicial dos solos de floresta. A produção de fertilizante no Brasil era mínima, e 90 por cento do produto eram exportados na década de 1920. Empregavam-se com muito mais freqüência rituais, amuletos e rezas do que adubo animal, que, segundo a agronomia popular, "queimava" a terra.

Os cafezais recebiam melhor trato do que a agricultura em geral, mas mesmo nessas lavouras era considerável o atraso em relação ao conhecimento agrícola da época. Os fertilizantes orgânicos que existiam eram aplicados apenas de maneira intermitente, seleção de sementes nem pensar, não se admitiam as abelhas como agentes polinizadores e os arados eram utilizados de forma imprópria. As maiores plantações ficavam geralmente nas mãos de administradores, porque os donos possuíam mais de uma fazenda e tinham múltiplos interesses nas cidades. A forma dos contratos de trabalho desestimulava qualquer cuidado no cultivo e na colheita e dava vantagens excessivas àqueles que cuidavam dos cafezais novos, incentivando ainda mais a expansão e a dissipação das reservas florestais e o plantio em excesso. Nas lavouras de cana do Nordeste, onde já estavam em uso os solos de planícies superiores, a expansão, na década de 1880, era conseguida com a derrubada das matas das encostas dos morros. Esses solos eram menos apropriados para a cana, exigiam mais mão-de-obra e eram sujeitos à erosão. Como não se tinha a preocupação de remover os troncos de madeira, não se podia empregar arados nos morros. Os plantadores de cana não aplicavam adubo, mas deixavam suas terras em pousio por vários períodos. Todavia, o aparecimento de uma doença fúngica, depois de 1879, estimulou a introdução de algumas variedades novas de cana, uma certa experimentação local de novos cultivares e, em suma, algumas tentativas de uso de fertilizantes importados. A mão-de-obra nos campos de cana permaneceu extremamente sazonal e intensiva, sendo o plantio, o cultivo e o corte feitos a mão. O melhoramento mais significativo na plantação de cana foi a introdução, na década de 1870, dos trens leves para carregar a cana para os engenhos, primeiramente puxados por cavalos, depois movidos a vapor. Sobretudo após a proclamação da República, foram instalados muitos engenhos de açúcar centrais, modernizados, movidos a vapor e fortemente subsidiados pelo governo. Esses melhoraram bastante a produtividade, de modo que, em 1910, obtinham-se rendimentos mais ou menos iguais à média mundial do período.

Em 1873, existiam duas escolas agrícolas imperiais e, logo após a proclamação da República, muitas outras foram fundadas em diversos estados, mas parece que influenciaram pouco as práticas agrícolas, exceto talvez em São Paulo. Na verdade, muitas dessas instituições do estado eram escolas práticas para órfãos, e não há certeza se seus diplomados tiveram alguma oportunidade de aplicar o que aprenderam. Nesse período, somente São Paulo possuía um sistema de agentes de extensão agrícola.

A produção de alimentos para o mercado interno nesse período foi pouco estudada, mas parece ter sido um setor que se manteve muito defasado. Até a Primeira Guerra Mundial os preços dos gêneros alimentícios aumentaram mais ou menos três vezes mais do que os dos produtos exportados e importados. Quando o plantio de café e a coleta de borracha se desenvolveram na década de 1890, os preços – e as importações – de alimentos também aumentaram. Evidentemente, o crescimento da exportação baseou-se em parte no desvio dos recursos de capital do setor de alimentos. O abastecimento das cidades era feito, na maioria das vezes, por pequenos agricultores próximos do local, que vendiam seus excedentes quando tinham. Nas vizinhanças de São Paulo e do Rio de Janeiro, foram organizadas algumas colônias oficiais, abertas tanto às famílias de agricultores nativos quanto aos imigrantes, para tentar aumentar os estoques de alimentos da cidade. No entanto, os pequenos agricultores que trabalhavam para o mercado, limitados às terras abandonadas pelos grandes fazendeiros ou àquelas de baixa qualidade, ou definhavam por falta de crédito ou eram roubados pelos intermediários.

Mesmo assim, a produção para o mercado interno não se estagnou. Certamente os preços dos alimentos subiram demais, mas não parecem ter subido mais do que os salários, no Rio de Janeiro pelo menos, no período que estamos examinando, exceto na crise durante a Primeira Grande Guerra. Além disso, pode-se observar que as importações de gêneros alimentícios foram reduzidas progressivamente após 1900: entre 1903 e 1929 as importações de alimentos *per capita* caíram de 142 para 34 quilos. No entanto, o aumento da expectativa de vida sugere que o consumo *per capita* de alimento não estava diminuindo; ao contrário, é possível que tenha aumentado ligeiramente. Além de alguns antigos produtos de exportação, como o açúcar e o algodão, terem passado a suprir a demanda interna, houve uma certa diversificação, principalmente por parte dos pequenos produtores, que começaram a produzir vinho, óleos e gorduras e laticínios. O trigo, introduzido na dieta pelos imigrantes, revelou-se de cultivo muito difícil no Brasil, mas as batatas foram cultivadas com sucesso e a plantação de arroz foi ampliada. No Rio Grande do Sul, os grandes fazendeiros começaram a cultivar arroz em grande escala para venda nos mercados nacionais.

A criação de gado ocupou vastas áreas de pastos naturais e savanas e as terras degradadas pela agricultura. Os brasileiros sempre foram inclinados a grande consumo de carne bovina. O Estado do Rio Grande do Sul, no extremo sul, demasiado distante para fazer a entrega de animais vivos, industrializou sua carne, transformando-a em charque. Em todo o período que estamos estudando, a população brasileira de gado foi um pouco mais numerosa do que a humana. Grande parte desse gado eram cruzas de zebu, importado da Índia na década de 1880 e muito apreciado por sua resistência às doenças e à seca. A criação de gado, tal como era praticada no interior, era extremamente econômica de mão-de-obra e de capital. Quase nunca eram construídos currais, cercas ou aguadas; os animais, depois de ferrados, eram deixados a pastar e a procriar à vontade. Em 1920, a densidade do gado na pastagem natural chegava a cerca de 18 reses por quilômetro quadrado. A única modificação do ambiente feita comumente era a queima dos campos, para induzir o crescimento de renovos mais tenros. No entanto, essa prática tendeu a favorecer o nascimento de gramas desagradáveis ao paladar e resistentes ao fogo. Perto dos terminais ferroviários eram plantadas gramas exóticas na terra de antigas florestas, para restaurar os animais trazidos de longas distâncias e engordá-los para o mercado.

A ENERGIA E OS TRANSPORTES

As jazidas de carvão do Brasil eram exíguas e de baixa qualidade; em 1929, a produção das minas de Santa Catarina alcançaram o total de apenas 360 mil toneladas. Na falta desse recurso, foram usados madeira e carvão vegetal, com severas conseqüências futuras para as reservas florestais, as bacias fluviais e a camada superficial do solo. Calculou-se em dois metros cúbicos por ano o uso doméstico de combustível *per capita*. Em 1930, o Brasil derrubava 330 mil hectares de matas por ano apenas para atender a essa demanda. Como a renovação das matas levava cerca de vinte anos, isso queria dizer que se precisava de uma reserva de 66 mil quilômetros quadrados; mas, na verdade, quase não existiam reservas. As dificuldades para a obtenção de madeira e carvão vegetal limitaram as atividades das estradas de ferro, das fundições e das indústrias. Algumas ferrovias recorreram à plantação de eucaliptos, mas numa escala inadequada. O carvão importado era usado nos terminais portuários e nas fábricas localizadas em cidades portuárias, mas no interior a regra eram as caldeiras a lenha. Algumas das primeiras fábricas usaram também energia hidráulica, de fácil instalação numa região de chuvas abundantes e terreno acidentado.

Antes da Segunda Guerra Mundial não se descobriram fontes domésticas de petróleo em quantidade comercial. As importações de petróleo eram necessariamente limitadas, restringindo-se sua aplicação a motores de combustão interna. No entanto, na segunda metade da década de 1920 as importações de veículos a motor cresceram enormemente. Em 1929, foram registrados mais de 160 mil veículos rodoviários e mais de 21 mil quilômetros de estradas tinham sido melhoradas. A primeira linha de transporte aéreo projetada começou a operar em 1927 e, em 1930, quatro já estavam em funcionamento.

A geração térmica de eletricidade teve início na década de 1880. Todavia, compelida pela necessidade de importar carvão, foi superada em 1900 pela geração hídrica. A capacidade elétrica total do Brasil chegou a mais de um *megawatt* em 1890, a dez em 1900 e a uma centena em 1908. Em São Paulo e no Rio de Janeiro, na década de 1920, foram construídas grandes represas e realizadas melhorias na geração e transmissão de energia, de modo que no final da década havia uma disponibilidade de quase 780 *megawatts*. Embora tenha sido um crescimento impressionante, representava apenas 22 *watts per capita*, um quinto da capacidade dos Estados Unidos na época. Para o Sul e o Sudeste do Brasil a energia hidrelétrica foi um avanço tecnológico tão fortuito quanto fora o coque na Inglaterra dois séculos antes. Não é possível imaginar o desenvolvimento da indústria com base no fornecimento limitado de carvão vegetal, e o custo de importação de carvão e petróleo teria sido tão deletério ao crescimento industrial quanto o foi na Argentina, onde a industrialização diminuiu seu ritmo após rápidos ganhos iniciais.

A energia a vapor foi aplicada inicialmente nos portos e na navegação fluvial. Em 1873, com os subsídios que recebeu, o serviço de cabotagem e a navegação fluvial espalharam-se por 36 300 quilômetros de rotas. O total embarcado pelo serviço de cabotagem subiu de pouco menos de um milhão de toneladas em 1870 para 19 milhões em 1930 (o total embarcado para portos estrangeiros subiu no mesmo período de dois milhões para 28 milhões de toneladas). A navegação a vapor tornou possível estender o comércio da borracha ao alto Amazonas e seus afluentes e melhorou o contato com o Mato Grosso via o rio da Prata. As dificuldades de navegação nos rios do interior eram muito grandes, porém. A falta de recursos para melhorar os rios e a navegação tornou necessária a cobrança de portagens e de ancoragem noturna. O transporte de cargas entre o alto Xingu e Belém por volta de 1912, um exemplo extremo, alcançou um total quase dez vezes superior ao volume transportado entre Belém e New York.

Em 1873, existiam apenas 132 quilômetros de canais de mais de dois quilômetros de extensão e apenas 607 quilômetros de estradas melhoradas. O transporte por terra continuava a depender quase inteiramente dos comboios de mulas. Todavia, em 1889, foram assentados nove mil quilômetros de trilhos e, em 1930, 32 mil quilômetros. As estradas de ferro foram, em primeiro lugar, uma resposta às oportunidades do mercado de exportação, pois todo o seu equipamento, com exceção dos dormentes, teve de ser importado e, portanto, foi pago em moeda estrangeira. Destinadas a trazer do interior mercadorias exportáveis, não constituíram uma rede nacional. Empregaram-se bitolas largas e estreitas, inclusive na mesma rede regional. O maior sistema era o de São Paulo, com meia dúzia de linhas que se abriam em leque na direção das zonas de café. Uma única linha desceu, na época, as escarpas costeiras, ligando São Paulo ao porto de Santos. São Paulo ligou-se também ao Rio de Janeiro e aos Estados do Sul por meio da Estrada de Ferro Sorocabana.

A partir da década de 1860, as estradas de ferro foram o principal setor de investimento do governo central. A maior companhia ferroviária, a Central do Brasil, era de sua propriedade. Algumas vezes as companhias particulares, estrangeiras e nacionais, receberam subsídios diretos do governo para estender suas linhas; esses subsídios tiveram, na maioria das vezes, a forma de garantias de lucro. Os Estados também ofereceram garantias de lucro numa escala mais modesta. Os preços dos fretes eram estabelecidos pelo governo federal, normalmente num nível baixo, com o propósito sobretudo de apaziguar os fazendeiros; desse modo, somente as linhas usadas intensamente para transportar as safras de exportação conseguiam obter lucros. No final da década de 1890, as despesas para cobrir as garantias de lucro atingiram níveis intoleráveis e, como eram contabilizadas em ouro, pressionaram fortemente a balança de pagamentos. Diante disso, o governo republicano desapropriou muitas dessas linhas, arrendando a maioria delas a concessionários. A construção de ferrovias estimulou a produção agrícola para o mercado interno, e ajudou a transportar os produtos de exportação até às docas. Estações suburbanas nas linhas-tronco e nas linhas suburbanas de bitola estreita permitiram um aumento do fluxo de gêneros alimentícios e de madeira para queimar. Os trilhos assentados além das zonas de agricultura transportaram gado vivo das pastagens naturais do interior, reduzindo assim a perda de peso que sofriam nas marchas; transportaram ainda madeira das matas virgens em rápido desaparecimento, reduzindo o desperdício de madeira de lei e barateando os custos da construção. É fora de dúvida que as estradas de ferro foram um instrumento importante usado pelo Brasil para escapar da estagnação econômica, embora se deva observar que seu estímulo foi tardio e esteve limitado a algumas regiões.

A INDÚSTRIA

Pode-se dizer que o desenvolvimento da indústria no Brasil foi um processo de substituição da produção artesanal e de substituição das importações. Dos dois, o segundo é registrado mais comumente, porque afetou de maneira mais visível as populações urbanas e pode ser acompanhado nas listas de produtos importados. Mas o primeiro revelou-se mais importante, pelo menos nos primeiros estágios. O mercado brasileiro de produtos não agrícolas era suprido principalmente pelo artesanato. Afinal de contas, a capacidade de importação da economia era limitada, de modo que grande parte dos bens de consumo importados eram artigos de luxo para os emergentes. Os produtos artesanais fabricados em casa destinavam-se ao próprio consumo da família e a venda ou troca, e os produzidos nas oficinas artesanais eram vendidos nos mercados locais. Os tecidos de algodão e de lã, por exemplo, antes da instalação de fábricas têxteis, eram produzidos em grande parte pelas famílias. Quase toda casa de família e cubata de escravos tinha alguém que sabia fiar e tecer num tear a mão. A escala da produção artesanal do país é sugerida pela desproporção no consumo aparente de linha de costura. Em 1903, o Brasil consumiu aparentemente 1 045 toneladas de linha de costura de algodão, todas importadas. No entanto, no mesmo ano, foram consumidas 21 900 toneladas de roupas tecidas, nacionais e importadas. Essa relação de 1:21 é anômala, levando em conta a relação moderna de mais ou menos 1:60. Parece provável que pelo menos metade da linha importada foi empregada na confecção de roupas com tecido fiado em casa e na fabricação de enfeites. Além disso, muitos tipos de produção doméstica – lençóis, redes, ponchos, capas – não usavam linha. Mesmo em 1966, uma pesquisa das famílias rurais de Minas Gerais mostrou que metade daqueles que plantavam algodão continuavam a fiar e tecer seus próprios tecidos[9].

Normalmente, a passagem da produção artesanal para a fábrica não foi abrupta ou descontínua. O artesanato complementava a produção da fábrica local, por exemplo, na fação de roupa no comércio de confecções. Grande parte da indústria de processamento de alimentos desenvolveu-se a partir das oficinas domésticas, que aos poucos adquiriram técnicas mecanizadas. É difícil muitas vezes descobrir o ponto em que as oficinas de conserto começaram a produzir máquinas inteiras em vez de partes sobressalentes, e o momento em que passaram a produzir em série. Durante todo esse período, muitas fábricas não empregavam absolutamente energia elétrica ou a vapor. Conforme o recenseamento de 1920, o trabalhador médio aplicava apenas 1,1 cavalo-vapor em seu trabalho. Além do mais, 10 por cento da força de trabalho na fábrica trabalhavam em firmas com quatro ou menos empregados.

Os colonos alemães do Rio Grande do Sul demonstram a progressiva incorporação da produção doméstica aos mercados regionais e nacional. Durante a primeira geração do assentamento, os pioneiros integraram a cultura material de seus vizinhos mestiços com a sua própria. Cultivavam e processavam alimentos, e seus artesãos produziam uma ampla gama de bens de consumo e de construção e implementos agrícolas. Quando os barcos a vapor foram introduzidos na década de 1860, os comerciantes das pequenas cidades começaram a fazer o trasbordo dos produtos dos colonos para o Rio de Janeiro e outros portos. Na década de 1870, os recursos originários desse comércio foram empregados para construir fábricas de bens de consumo nas principais cidades. Os artesãos rurais, excluídos dos mercados das cidades, especializaram-se então numa gama mais estreita de mercadorias processadas, proporcionando desse modo a procura de produtos feitos na fábrica.

9. MARIA DE LOURDES BORGES RIBEIRO, *Inquérito sobre Práticas e Superstições Agrícolas de Minas Gerais*, Rio de Janeiro, 1971, pp. 37–38.

Em São Paulo e no Rio de Janeiro, os outros centros industriais incipientes importantes, foi o setor de exportação que proporcionou a demanda e o capital para as primeiras fábricas. Em São Paulo, o breve crescimento das exportações de algodão no final da década de 1860 deu condições a alguns empresários, principalmente fazendeiros, a construir pequenas fábricas de fiar e de tecer. Onze foram construídas em 1884, época em que proporcionaram o único mercado disponível para os plantadores de algodão locais. Essas fábricas vendiam tecido às grandes lavouras para ensacar a produção e fazer roupas para os escravos. Na época, os fazendeiros do oeste de São Paulo mostraram-se inclinados a comprar roupas fabricadas para seus escravos, porque os custos da mão-de-obra escrava estavam crescendo mais do que suas outras despesas.

A abolição criou condições para outros desenvolvimentos. A auto-suficiência da fazenda tocada por escravos e seu efeito geralmente depressivo sobre os salários no campo e nas cidades haviam impedido o crescimento da demanda além de suas porteiras. O mercado, pelo menos no Sul e no Sudeste brasileiro, expandiu-se enormemente com a chegada dos agricultores imigrantes. Quer recebendo salários quer vendendo sua produção, seu objetivo foi muito mais maximizar suas rendas do que obter auto-suficiência. Portanto, compravam muitos dos produtos de primeira necessidade. Essa demanda em massa foi suprida em sua maior parte pela indústria local. Os custos da mão-de-obra brasileira eram menores do que os incorporados aos produtos importados. Os primeiros produtos manufaturados foram mercadorias de baixo valor por peso, fáceis de substituir quando havia matéria-prima no local. Tijolos e telhas, cerveja e garrafas de cerveja foram os primeiros artigos a ser fabricados com sucesso. Os imensos rebanhos de gado e de suínos tornavam competitiva a produção local de sabão, velas e artigos de couro; a banha de porco enlatada tornou-se um modesto item de exportação. Na Primeira Guerra Mundial, segundo os registros de impostos, as importações totalizavam menos de cinco por cento do consumo de sapatos e botinas, menos de 15 por cento de chapéus e menos de 20 por cento dos têxteis. A indústria têxtil de algodão, que em 1919 ostentava 1,3 milhão de fusos, substituiu progressivamente as importações, a começar pelos panos crus grosseiros e prosseguindo com os tecidos de qualidade mais fina.

Até 1920, o capital investido na indústria brasileira era obtido principalmente junto aos importadores de origem imigrante e no exterior, em grande parte por intermédio de empresários emigrados. O capital do fazendeiro, importante na fase inicial da industrialização em São Paulo, esteve mais ligado à exportação ou à transformação de suas próprias matérias-primas e aos poucos foi substituído pelo capital dos importadores. Alguns destes últimos recorreram à indústria para realizar operações de acabamento nos produtos que importavam. Compradores habituais de uma variedade de mercadorias, conheciam a composição da lista de importações, as tarifas e taxas internas e a demanda local. Muitas vezes operavam como atacadistas para industriais independentes e lhes adiantavam crédito. Quase todos os industriais mais importantes mantiveram suas agências de importação, para garantir abastecimento contínuo de componentes importados e acompanhar a evolução da demanda diversificada.

Em sua primeira fase, a indústria brasileira, ao servir de mercado para as matérias-primas produzidas pelos fazendeiros e sem perspectivas de exportação, favoreceu diretamente os interesses dessa classe. No entanto, os fazendeiros exigiram a cobrança de altas tarifas de alguns produtos importados, como a juta, que concorria com o algodão brasileiro, e invectivaram as indústrias "artificiais" que os utilizavam. E empenharam-se para que as tarifas sobre os implementos agrícolas se mantivessem baixas. Detestavam as fábricas que levavam embora sua força de trabalho. Costumavam enunciar uma frase repetida mais tarde com ironia pelos entusiastas do desenvolvimento: "O Brasil é um país essencialmente agrícola". Os industriais, por outro lado, não desafiaram diretamente os fazendeiros. Em vez disso, associaram-se politicamente aos interesses agrícolas, em parte sob a alegação de que sua prosperidade dependia do crescimento das exportações e em parte porque tiravam proveito dessa associação e teriam sido repelidos pela idéia de uma aliança com as classes médias urbanas ou com seus próprios operários.

Apesar da preeminência política dos interesses ligados à exportação, particularmente os do café, foram realmente adotadas algumas medidas favoráveis à indústria. O aumento das tarifas, como já se disse, foi em grande parte o resultado inadvertido da falta de dinheiro do governo. A indústria nacional também foi beneficiada com a preferência dos fazendeiros por uma queda da taxa de câmbio, que tornou as importações mais caras. Não obstante, a indústria desfrutou de uma certa dose de simpatia no Congresso, de cujos membros alguns eram partidários ou sobreviventes do primeiro governo provisório da República. Os industriais conseguiram a aprovação de leis contra as compras pelo governo de produtos importados quando existiam "similares" nacionais, contra as isenções de tarifas para as máquinas, contra os empréstimos federais e as garantias de juros para novas linhas de produção e, finalmente, contra interpretações benevolentes de leis sobre patentes e direitos de reprodução.

Aparentemente, a Primeira Guerra Mundial representou uma oportunidade para a indústria brasileira, já que reduziu o volume de importações de produtos acabados e ao mesmo tempo elevou seus preços e inundou o país com o dinheiro ganho com as exportações ou emitido pelo governo. O fato de os salários não ter acompanhado a inflação resultante aumentou a taxa de lucro. Embora a interrupção da importação de máquinas impedisse a renovação ou ampliação da instalação industrial, algumas fábricas foram estimuladas a trabalhar turnos extras e aumentar sua produção. Mesmo assim, as importações de matérias-primas e combustíveis foram reduzidas ainda mais fortemente do que as de produtos acabados; a escassez e os altos custos dos insumos, ao lado da alta dos impostos, reduziram as margens de lucro dos industriais. É possível que se tenha exagerado no aumento relatado da produção industrial, porque se baseou na arrecadação de impostos, que aumentaram muito mais quando caíram as receitas das importações. Entre 1914 e 1917, a produção de tecidos de algodão subiu de 70 milhões para 160 milhões de metros. Todavia, grande parte dessa produção parece ter sido estocada pelos fabricantes, que especulavam com um aumento futuro dos preços; viram-se descorçoados no final da guerra com os armazéns cheios de estoques sem venda, que usaram como garantias para pedir empréstimos ao governo. Mesmo assim, a capacidade das indústrias nacionais de sustentar a economia durante a crise aumentou sua aceitação entre os consumidores e lhes valeu um certo crédito junto à burocracia, que ficou agradecida pela nova fonte de receita do governo.

Até a década de 1920, a produção industrial limitou-se principalmente aos bens de consumo. O recenseamento de 1920 relacionou mais de 13 mil empresas industriais que empregavam 275 mil operários, menos de três por cento da população economicamente ativa. (O recenseamento da população desse ano registrou 1,264 milhões de empregados na indústria e nas confecções – uma grosseira comparação entre o emprego industrial e o artesanal talvez.) A indústria têxtil representava 40 por cento do capital investido nessas empresas, e o processamento de alimentos, o vestuário, a fabricação de sabão e de velas, outros 45 por cento. Dentro de um pequeno setor de bens intermediários, foram investidos quase duas vezes mais em serrarias do que na metalurgia.

São dignas de nota, porém, as origens da indústria do ferro e do aço e da metalurgia, por causa de suas altas exigências técnicas e de capital, de sua tendência a concentrar-se nas cidades e de suas ligações com a mineração e com a fabricação de máquinas. Desde o século XVII fazia-se fundição de ferro no Brasil, e nos últimos dias da colônia a coroa construíra alguns altos-fornos. No curso do século XIX, pequenos fornos de ferro continuaram a operar de maneira intermitente em Minas Gerais, com uma produção de alguns milhares de toneladas de lingotes. Nesse meio tempo, o trabalho com ferro e a fabricação de implementos generalizaram-se, de modo que as importações de ferro e de aço assumiram a forma de insumos para a indústria local, como arame, folhas, trilhos, barras e chapas. O trabalho com metal apresentou a vantagem de equipar o comércio de exportação, já que seus próprios insumos, inclusive operários especializados, foram importados e melhorados tecnicamente. Os pátios de reparo das companhias ferroviárias e os estaleiros foram, portanto, as maiores e mais bem equipadas oficinas metalúrgicas.

No entanto, a indústria de ferro e aço em grande escala só veio a experimentar um ligeiro desenvolvimento na última década do período em estudo. Na década de 1920, uma firma belga acrescentou fornalhas de aço e um laminador a uma usina de ferro recém-instalada em Minas Gerais, movida a carvão vegetal, e em São Paulo e no Rio de Janeiro pequenos fornos elétricos começaram a reciclar sucata. Em 1910, um consórcio inglês dirigido por um patrocinador norte-americano, Farquhar, tendo obtido os direitos das minas de Itabira, em Minas Gerais, tentou junto ao governo federal uma concessão exclusiva para exportar minério de ferro pela estrada de ferro que planejavam reconstruir até o porto de Vitória. Prometiam ao mesmo tempo construir uma fundição integrada, que usaria coque trazido pelos mesmos navios que transportassem o minério. As negociações se prolongaram. Levantou-se uma grande onda nacionalista em oposição a uma concessão tão grande e exclusiva; os donos de usinas a carvão vegetal e elétricas também se opuseram à medida. A grande depressão acabou diminuindo a demanda internacional de aço e o consórcio abandonou o projeto. É provável que tenham atrasado o mais possível a entrega da usina porque o cartel internacional do ferro e do aço da época teria sido contrário à sua instalação. No entanto, a proposta de Farquhar absorveu a atenção do governo por vinte anos e desencorajou outros produtores de aço em potencial. Em 1929, a produção brasileira de aço era de apenas 17 mil toneladas, 11 por cento do consumo.

A Primeira Guerra Mundial, como vimos, ocasionou um declínio acentuado no valor das exportações brasileiras. Com o término do ciclo da borracha no final da guerra, o Brasil voltou a depender exclusivamente do café, que tirava três quartos de seus ganhos do comércio exterior. E, após breve crescimento de outras mercadorias, os preços do café voltaram a despencar. Como já se observou, o governo federal reagiu com uma terceira tentativa de valorização. É possível que essa terceira valorização e a "defesa permanente" tenham conseguido evitar uma queda maior dos preços do café em dólares, mas o nivelamento da demanda e a maior competição no exterior impediram o Brasil de realizar um maior volume de vendas. As receitas do café chegaram, em 1923, a 12 por cento do produto nacional bruto e, em seguida, teve início um longo declínio. A intervenção pouco mais fizera que garantir a renda dos fazendeiros e estimular novos investimentos no setor.

Em 1924, o governo federal, alarmado com o solapamento de sua estabilidade pelas forças inflacionárias que ele havia liberado, pôs em prática uma política de deflação. Em seguida, no final de 1926, como tinha feito vinte anos antes, tentou aderir ao padrão ouro através do mecanismo de um fundo de conversão. Essa medida mais uma vez ajudou a atrair capital externo, que se tornava essencial para manter o nível das importações diante do aumento da demanda. O Brasil precisava de uma gama maior de produtos importados que incorporassem tecnologias modernas e melhorassem sua competitividade nos mercados internacionais, como equipamento de telecomunicações e de aviação. Os bancos dos Estados Unidos estavam prontos e ansiosos para adiantar os recursos. Seus créditos tornaram possível uma diminuição do superávit comercial de 22 para 11 por cento das receitas das exportações entre a primeira e a segunda metade da década. A dívida consolidada dos governos federal e locais do Brasil quase dobrou entre 1924 e 1930, aumentando para 1,295 bilhão de dólares. A dívida interna cresceu mais ainda, alimentada pelos enormes déficits da primeira metade da década de 1920. Estranhamente, não foram revistas as tarifas de antes da guerra, corroídas de tal modo pela inflação que chegaram a valer quase a metade. A tributação interna, sobretudo sobre as transações, tornava-se a principal fonte das finanças do governo federal; no final do período em estudo chegou a representar cerca de 45 por cento das receitas.

A indústria nacional foi muito afetada por essas vicissitudes. Além disso, os preços dos manufaturados importados estavam diminuindo enquanto sua própria competitividade tinha-se enfraquecido com a interrupção de reequipamento das instalações no período da guerra. A parte dos produtos importados no consumo interno de tecidos de algodão subiu de sete por cento em 1921–1923 para 17 por cento em 1925–1928, e os preços dos artigos nacionais de algodão decresceram 25 por cento entre 1925 e 1927. Os tecidos de algodão representaram o pior caso, porém, visto que esse setor estava experimentando uma superprodução, ainda que os industriais desse mesmo setor que tinham conseguido adquirir novas máquinas estivessem realizando lucros. Outras indústrias já estabelecidas registraram lucro e, na segunda metade da década, mesmo aquelas incluídas nas listas de tributação estavam crescendo a uma taxa anual de cerca de cinco por cento. Além disso, a década de 1920 presenciou uma grande diversificação da produção: produtos farmacêuticos, produtos químicos, máquinas têxteis, maquinário para engenhos de açúcar, peças de automóvel, aparelhos de pesagem, chassis de caminhão, fogões a gás e ferramentas agrícolas. Uma medida indireta do progresso dessas empresas é o consumo aparente de aço plano, que subiu de uma média anual de 50 mil toneladas em 1901–1905 para 288 mil toneladas no período 1926–1930. Muitos desses novos empreendimentos desenvolveram-se a partir de oficinas de reparos que haviam aprendido a copiar e adaptar máquinas importadas e contrataram técnicos estrangeiros ou mandaram seus próprios empregados ao exterior para adquirir as técnicas necessárias.

A Primeira Grande Guerra aumentou o interesse das companhias norte-americanas pelo mercado brasileiro. Bancos norte-americanos estabeleceram-se no Rio de Janeiro e em São Paulo e linhas regulares de navegação a vapor começaram a operar pela primeira vez entre os portos dos Estados Unidos e o Brasil. Caracteristicamente, os norte-americanos fizeram investimentos diretos, um fenômeno estimulado pela estrutura dos negócios nesse país após o movimento de fusão. Empresas norte-americanas passaram a dominar a distribuição de petróleo e a exportação de café, setor em que ladearam o sistema estabelecido de comissários. Os fabricantes de equipamentos elétricos e telefônicos estabeleceram escritórios de instalação de seus produtos nas redes de energia e de comunicações urbanas então em expansão. Outras multinacionais norte-americanas e européias passaram a fabricar fibra de *rayon*, máquinas de escritório, papel fotográfico, discos de música, lâmpadas e pneus de automóvel e começaram a montar automóveis. Pode-se ver que alguns desses empreendimentos foram estimulados por tarifas protecionistas, como no caso da niquelação e dos produtos farmacêuticos; outros estabeleceram-se a convite de investidores ligados: a primeira fábrica de cimento de propriedade de estrangeiros, por exemplo, foi construída na expectativa de abastecer a companhia de energia elétrica de São Paulo, pertencente a canadenses. Em muitos casos, esses investimentos foram determinados por cartéis internacionais, como foi a fabricação de fósforos de um truste sueco e a de cigarros de um consórcio anglo-americano. No entanto, muitos investimentos que poderiam ter sido feitos por multinacionais foram abortados por acordos internacionais nos quais o Brasil não tomou parte e dos quais às vezes nem mesmo tomou conhecimento.

O mercado brasileiro não esteve isento por si mesmo de cartelização. É provável que, na década de 1920, muitas sociedades comerciais tenham se envolvido na fixação de preços e de cotas no setor metalúrgico, na fabricação de sapatos, no couro curtido, no couro cru, na madeira e nos produtos farmacêuticos. Uma vez ou outra fizeram-se acordos também para restringir o comércio nos moinhos de trigo, na fabricação de papel, de chapéus, de sacos de juta, de manteiga e de açúcar refinado. Na maioria das outras linhas de produção mecanizada, o número das empresas eram tão pequeno que elas tinham liberdade para operar de forma oligopolística dentro de seus mercados regionais. Somente no caso dos tecidos de algodão não houve acordos de preços, principalmente porque a eficiência variou tanto entre as fiações e tecelagens que deixaram de ter um interesse comum; no entanto, mesmo nessa indústria, os índices salariais foram decididos por acordo entre os proprietários. O governo não aplicava sanções contra essas práticas. De 1928 a 1930, foi tentada no Rio Grande do Sul uma política oficial de cartelização dos distribuidores de charque, vinho, banha de porco e madeira. Esses programas, precursores do planejamento corporativista do governo federal depois de 1930, lograram estimular o reequipamento do setor da banha, mas em outros negócios seu principal efeito foi diminuir as margens de lucro dos produtores.

O colapso dos países capitalistas adiantados em decorrência da quebra da Wall Street em outubro de 1929 causou profundo impacto sobre o comércio e as finanças brasileiras. O café, cotado a cinqüenta centavos de dólar por quilo no final de 1929, despencou para 29 centavos no início do ano seguinte. O governo brasileiro, tentando desesperadamente salvar seu crédito, entregou todas as suas reservas de ouro, no valor de 150 milhões de dólares, aos portadores estrangeiros de suas obrigações. O Estado de São Paulo, com um estoque de 875 mil toneladas de café invendável, avaliado, em 1929, em dez por cento de todo o produto nacional bruto, correu atrás de recursos para manter o programa de valorização; surpreendentemente, conseguiu um empréstimo de mais 20 milhões de libras. Nesse momento, porém, o mil-réis caiu quase um quarto do valor, o dinheiro em circulação diminuiu um sexto e o fundo de conversão entrou em bancarrota. O produto nacional bruto decresceu 14 por cento entre 1929 e 1931, o tamanho da depressão no Brasil, momento em que o café caiu a 17 centavos de dólar por quilo. No final do ano de 1930, em meio a falências de firmas, desemprego e agitação social, a República foi derrubada.

CONCLUSÃO

Segundo Celso Furtado, o período de 80 anos antes de 1930 foi uma fase de transição: foi necessária a importação de capital, de tecnologia e de mão-de-obra especializada para levar a efeito um aumento da produtividade, um mercado monetarizado e o início da acumulação de capital. Tomando 1930 como um divisor de águas, ele viu um deslocamento do estímulo externo para um incentivo interno ao crescimento, uma transformação causada pela crise mundial, mas à qual ele foi claramente favorável. O ponto de vista mais difundido no Brasil, porém, é que a orientação para a exportação funcionou contraditoriamente como um obstáculo ao crescimento, que os interesses vinculados a ela não desejavam maior desenvolvimento e que, por conseguinte, a industrialização efetuou-se em "ondas" somente naqueles momentos em que a economia internacional tinha sido desorganizada por guerra ou por depressão. Por baixo dessa interpretação existe uma suspeita de que a economia capitalista tradicional era simplesmente imperialista em suas operações. Alguns historiadores econômicos procuraram demonstrar que a economia brasileira, ao contrário, cresceu e diversificou-se rapidamente em decorrência direta de sua integração na economia mundial, que as condições globais foram na época favoráveis ao desenvolvimento do Brasil e que o governo brasileiro, costumeiramente, agiu com sagacidade e no interesse nacional. Outros, numa tentativa de fazer uma síntese parcial, afirmaram que a alternância de períodos de crescimento e crise na economia mundial é que determinou por si mesma a industrialização do Brasil.

Pode ser que a elite política e burocrática que construiu as políticas de orientação para a exportação não tenha tido a intenção de entregar a economia nacional aos interesses estrangeiros, tão importante quanto foi o capital externo para sua estratégia, embora tenham aceitado um conjunto de receitas de política importadas e tenham sentido que quaisquer desvios delas eram aberrantes, ou mesmo patológicos. Na verdade, escondido no programa de orientação para a exportação há um incômodo sentimento de inferioridade que deve ter sido fatal para a iniciativa do pessoal dirigente e mesmo da massa da população. A prática generalizada de falsificar etiquetas estrangeiras sugere não apenas uma fase de aprendizado por imitação, mas também uma epidemia de dúvida de si próprio e de alienação.

A orientação exportadora foi uma estratégia posta em prática por uma elite burocrática para favorecer a estabilidade do governo e o crescimento econômico nos interesses de uma classe de proprietários rurais cujos horizontes não iam muito além de uma pequena especulação. Não foi realmente uma política nacional, muito menos redistributiva. Os ganhos que ela proporcionou não foram partilhados entre todos. A pesquisa recente sobre o período não levantou a questão da concentração de renda, mas parece provável que ela aumentou. A diversificação econômica e o pleno funcionamento do mercado nas vilas e cidades realmente possibilitou uma mobilidade social para uma pequena minoria do Sul e do Sudeste, privilegiando os imigrantes europeus – uma pequena burguesia de lojistas e artesãos e um grupo de pequenos proprietários rurais que vendiam para os mercados das cidades. A elite dirigente não estendeu suas preocupações além dessa camada. Para ela os sindicatos eram subversivos; os trabalhadores, dependentes indigentes; e os desempregados, preguiçosos e criminosos em potencial. As relações trabalhistas nas cidades, quando praticadas, foram consideradas uma forma de caridade e esperava-se que os trabalhadores as compensassem com humildade e gratidão. O destino dos trabalhadores rurais que não estavam sob os olhos dos cônsules estrangeiros não preocupou os governos federal e estaduais. É claro que essas atitudes não contribuíram para suscitar uma maior produtividade ou para promover o desenvolvimento além de uma agricultura extrativa de *plantation*.

O período em estudo presenciou a implantação de mais uma forma de concentração de renda: um fosso entre os padrões de vida da região Sudeste e os do resto do país. Em 1920, por exemplo, a relação entre o capital e o trabalhador na indústria já era 59 por cento mais alta em São Paulo do que no

Nordeste. Esse fenômeno foi explicado de várias maneiras, mas parece provável que, em seu começo, tenha sido o resultado do maior desenvolvimento no Sudeste de mercados e forças produtivas, sob o incentivo do comércio exportador, e da conseqüente iniciação de um mercado em massa. O federalismo da Constituição de 1891, porém, e um pacto informal que o Partido Republicano de São Paulo concluiu com o de Minas Gerais garantiram a esses dois estados o controle da política econômica do governo central. Mesmo os estados exportadores de borracha, como o Pará e o Amazonas, imensos mas pouco povoados e rivais entre si, foram incapazes de reter as receitas federais arrecadadas dentro de suas fronteiras, ou de reivindicar os recursos do território do Acre, que em vez disso foram transferidos para o governo federal. Somente uma vez foram investidos fora do Sudeste uma parte expressiva dos gastos em desenvolvimento: a construção de açudes no Nordeste para proteger das secas na presidência de Epitácio Pessoa (1919–1922), o único nordestino que chegou ao cargo.

A participação do Brasil na grande expansão do comércio e das finanças mundiais depois de 1870, por modesta que tenha sido, teve a importante conseqüência de dar início ao crescimento econômico e ao desenvolvimento. As transformações que ela operou na sociedade, porém, foram desiguais e abafadas por uma classe dominante cujas metas desenvolvimentistas ficaram muito aquém das oportunidades de que ela dispunha. Os meios de produção e os recursos organizacionais acumulados durante a fase da orientação exportadora constituíram, não obstante, um valioso recurso, a ser usado nas crises subseqüentes da economia mundial para promover um desenvolvimento concebido com mais ambição.

15

BRASIL: A ERA DA REFORMA, 1870–1889

NO BRASIL, DO MESMO modo que em muitos outros países latino-americanos, as décadas de 1870 e de 1880 foram um período de reforma e de compromisso com as mudanças. Intelectuais, profissionais liberais, oficiais militares – pessoas urbanas embora freqüentemente com raízes rurais – uniram-se a associações em prol da abolição da escravatura e a organizações para a promoção da imigração européia em massa, saíram em defesa do federalismo e da autonomia das províncias, empenharam-se na separação entre a Igreja e o Estado, participaram de campanhas pela reforma eleitoral e deram seu apoio ao Partido Republicano. Os representantes da classe dominante agromercantil, conhecidos por seu conservadorismo, também não ficaram de todo imunes às idéias progressistas. Na década anterior a 1870, membros fiéis do Partido Conservador abandonaram suas tradicionais fidelidades e associaram-se ao Partido Liberal, e, em 1870, muitos liberais dedicados deixaram sua agremiação partidária para criar o Partido Republicano. Os intelectuais criticaram a filosofia tradicional, condenaram as convenções literárias românticas e ridicularizaram o sistema de ensino; cultivaram idéias positivistas e evolucionistas, adotaram novas formas de expressão e propuseram um novo sistema de ensino mais orientado para a ciência e a tecnologia; repudiaram o que consideravam uma retórica liberal vazia, criticaram as classes dirigentes e adotaram o "povo" como tema.

No início dos anos 1890, os reformistas podiam orgulhar-se de ter realizado muitos de seus objetivos. Uma reforma eleitoral fora levada a cabo em 1881. O parlamento abolira a escravidão em 1888. Grande número de imigrantes europeus estavam começando a entrar no país. E, em 1889, um golpe militar derrubara a monarquia. O novo regime republicano adotou um sistema federativo e ampliou o sufrágio. Os poderes da Igreja e do Estado foram separados. Ainda assim, aquilo que algumas pessoas consideraram um sucesso a outras pareceu um fracasso. Muitos daqueles que haviam lutado para criar um novo sistema político logo manifestaram seu desaponto. As oligarquias rurais continuavam a controlar os governos federal e estaduais. E a grande maioria da população brasileira, pobres livres, ex-escravos – e imigrantes – continuou explorada como sempre fora. Após duas décadas de reforma, não parecia que o país tivesse mudado fundamentalmente.

Alguns historiadores atribuíram as reformas do final do século XIX à influência das idéias estrangeiras sobre a sociedade brasileira. O abolicionismo, o darwinismo social, o spencerismo e o positivismo – diziam – tudo levou os brasileiros instruídos a questionar as instituições existentes e a preocupar-se em mudá-las. Outros historiadores viram nas reformas o produto de um conflito de gerações, descrito geralmente como um antagonismo entre um grupo rural e um urbano, ou entre os *mores* modernos e os tradicionais. Os jovens diplomados das escolas profissionais e acostumados ao estilo urbano de vida tornaram-se críticos das instituições criadas pelas elites agrárias, das quais muitos deles eram descendentes[1]. Houve quem interpretasse o conflito entre o oligarca rural (o patriarca) e seu filho profissional (o bacharel) em termos psicanalíticos[2]. Mas a interpretação que encontrou maior aceitação nos recentes anos relaciona as reformas com mudanças da estrutura econômica e social do Brasil no século XIX e com o surgimento de uma burguesia urbana, que se aliou aos segmentos mais progressistas das oligarquias rurais para combater as elites tradicionais.

Essas abordagens concorrentes, que alguns consideraram alternativas, são na verdade totalmente compatíveis e mesmo complementares. Mas não são suficientes por si mesmas para explicar o momento e o conteúdo das reformas e levantam problemas que não conseguem resolver. Não existem dúvidas, por exemplo, de que os reformistas brasileiros citaram autores europeus para sustentar suas opiniões. Todavia, não se pode admitir que tivessem essas opiniões *porque* haviam lido autores europeus. Na realidade, o contrário poderia ser verdadeiro. Talvez fosse mais correto dizer que seu desejo de mudar a sociedade de certo modo os predispôs a preferir alguns autores europeus a outros. De outra maneira, como se pode explicar terem preferido Comte a Marx ou Spencer a Fourier? E como podemos explicar o fato de as idéias abolicionistas terem se tornado populares no Brasil somente na

1. Veja-se, por exemplo, a obra clássica de GILBERTO FREYRE, *Sobrados e Mucambos: Decadência do Patriarcado Rural e Desenvolvimento Urbano*, 2. ed., Rio de Janeiro, 1951, 2 vols.
2. LUÍS MARTINS, *O Patriarca e o Bacharel*, São Paulo, 1953.

segunda metade do século, quando a escravidão fora condenada na Europa desde o Iluminismo?

Se não conseguimos explicar as reformas por mera referência a influências externas, é igualmente insuficiente a interpretação que opõe um grupo urbano a um rural ou profissionais liberais a proprietários de terra, considerando um a vanguarda do progresso e o outro o reduto da tradição. Na verdade, alguns dos mais eloqüentes porta-vozes das oligarquias rurais e líderes do Partido Conservador eram advogados, burocratas e médicos – homens com profundas raízes no ambiente urbano. E, se na maioria das províncias o Partido Republicano encontrou partidários principalmente entre os grupos de profissionais, o núcleo do partido em São Paulo era formado de fazendeiros de café.

Entretanto, mesmo que possamos demonstrar que a maioria dos reformistas eram membros das classes médias urbanas, ainda precisamos explicar por que se alhearam do regime. Do mesmo modo, ainda que possamos mostrar que a maioria dos reformistas militantes pertenciam à geração nascida na segunda metade do século e estavam com trinta ou quarenta anos de idade na época da proclamação da República, ainda teremos de explicar por que eles, e não a geração passada, lançaram um ataque tão sistemático contra as instituições tradicionais.

De maneira geral, podemos dizer que a reforma no Brasil, como em outros países da América Latina, foi uma reação às novas realidades econômicas e sociais resultantes do desenvolvimento capitalista não só como fenômeno mundial mas também em suas manifestações especificamente brasileiras. Aqui, como alhures, o desenvolvimento econômico (urbanização, imigração, melhorias dos transportes, início da indústria de manufatura e acumulação de capital) provocou desarranjos sociais: o surgimento de novos grupos sociais e o declínio das elites tradicionais. Para os novos grupos as instituições criadas depois que o Brasil se separou de Portugal em 1822 e a hegemonia política das oligarquias agrárias e comerciais tradicionais haviam se tornado, nas décadas de 1870 e de 1880, obstáculos anacrônicos ao progresso.

Contudo, reconhecer que as mudanças econômicas e sociais suscitaram reivindicações de mudança institucional não é suficiente para explicar por que as oligarquias tradicionais foram incapazes de cooptar os novos grupos ou de atender às suas exigências. Para explicar esse fracasso e entender o propósito e a retórica dos reformistas, a natureza de suas petições, e seus motivos para combater mais algumas instituições do que outras, devemos examinar, para além da mudança econômica, as instituições políticas e culturais existentes que eles atacaram. Antes que possamos explicar por que o sistema político criado em 1822 tornou-se alvo de críticas nas décadas de 1870 e 1880, precisamos saber como o sistema realmente funcionou.

AS MUDANÇAS ECONÔMICAS E SOCIAIS

No século XIX houve grandes mudanças demográficas no Brasil. A população aumentou de 3,8 milhões, em 1822, para um pouco mais de 10 milhões em 1872, chegando a mais de 14 milhões na época da proclamação da República, em 1889. A mudança demográfica foi maior em algumas regiões do que em outras, alterando a distribuição inicial de população que servira de base para a representação. Entre 1822 e 1870, a população do Nordeste aumentou dois por cento ao ano. No mesmo período, o Pará, que foi beneficiado pelo desenvolvimento da borracha, cresceu a uma taxa anual de três por cento e São Paulo a 3,5 por cento, sobretudo em conseqüência da expansão da cafeicultura. Houve mudanças também na população de escravos. Estes, que em 1822 constituíam mais da metade da população e 15,8 por cento em 1872, representavam em 1888 apenas cinco por cento. A população cativa diminuiu nas cidades e concentrou-se nas regiões de grandes lavouras onde a economia estava em processo de expansão. Em 1822, quase 70 por cento dos escravos viviam nas zonas de açúcar do Nordeste e do Leste. Sessenta anos mais tarde, apenas 35 por cento do total dessa população viviam nessas regiões, enquanto quase 65 por cento se encontravam nas províncias cafeicultoras do Sul.

Os imigrantes também mostraram tendências a estabelecer-se mais no Sul do que no Norte ou no Nordeste. Aqueles que chegaram ao país entre 1872 e 1889 localizaram-se, em sua maioria, nas zonas rurais de São Paulo, Santa Catarina e Rio Grande do Sul. Muitos, porém, fixaram-se nos centros urbanos. Em 1872, o Rio de Janeiro tinha 275 mil habitantes, 84 mil dos quais nascidos no exterior. Na mesma data, os imigrantes constituíam 12 por cento da população de Porto Alegre, 11 por cento da de Curitiba e 8 por cento da de São Paulo. Seu número continuava aumentando. O recenseamento de 1890 mostrou que 22 por cento da população total de São Paulo eram estrangeiros. Nessa época, havia no país 150 mil estrangeiros, 70 por cento deles vivendo no Rio de Janeiro, em São Paulo e em Minas Gerais, e outros 17,6 por cento no Rio Grande do Sul.

Um fenômeno mais importante, porém, do que o crescimento da população ou a chegada de imigrantes foi a acumulação de capital graças ao extraordinário desenvolvimento das exportações de café e, em menor grau, das vendas de borracha e cacau, sobretudo depois de 1860. O crescimento econômico beneficiou algumas províncias mais do que outras, alterando sua importância econômica relativa no cenário nacional. Na segunda metade do século XIX, as exportações de café do Centro-Sul, e principalmente de São Paulo, aumentaram 341 por cento e os preços do produto subiram 91 por cento, ao passo que as vendas de açúcar do Nordeste para o exterior cresceram apenas 33 por cento e seus preços caíram 11 por cento. Apesar do contínuo aumento das importações, o Brasil apresentou, depois de 1861, um considerável superávit de sua balança comercial. Mas a remessa de lucros, sobretudo para as companhias inglesas que haviam investido fortemente nos setores mais lucrativos da economia, os pagamentos de juros sobre repetidos empréstimos ingleses para financiar os gastos do governo, que tenderam a subir mais do que as receitas (nas últimas décadas do Império, os pagamentos de juros sobre a dívida externa consumiam em média 40 por cento do excedente da balança comercial), e a manipulação da taxa de câmbio pelos ingleses, tudo isso limitou a acumulação de capital local. Além disso, o capital tendeu a acumular-se nas mãos dos cafeicultores e dos comerciantes ligados às exportações e importações. Desses grupos derivou parte do capital investido nas estradas de ferro, nos bancos e nas indústrias. Apenas secundariamente houve acumulação de capital nas mãos dos grupos voltados exclusivamente para o mercado interno. E esse mercado, apesar de sua expansão, continuou limitado. Esse modo peculiar de acumulação de capital no Brasil – uma conseqüência não só de sua posição no mercado internacional, de sua subordinação ao mercado e ao capital externos, mas também das decisões tomadas pelas classes dirigentes brasileiras – explica tanto a natureza quanto as limitações das mudanças feitas na sociedade na segunda metade do século e define até certo ponto os limites do reformismo brasileiro.

Uma das conseqüências desse tipo de crescimento econômico foi o fato de a acumulação de capital ter favorecido principalmente os centros urbanos e as zonas rurais ligadas aos setores de importação-exportação da economia. Entre 1872 e 1890, a cidade do Rio de Janeiro quase dobrou sua população. Entre 1872 e 1886, a cidade de São Paulo cresceu a uma taxa de cinco por cento ao ano e de 1886 a 1890 seu crescimento anual chegou a oito por cento. A população da cidade de Salvador passou de 129 mil em 1872 para 174 mil em 1890.

A concentração de capital, estrangeiro e local, tornou possível introduzir melhorias nos serviços urbanos. Os serviços de água, de esgoto e de gás, a pavimentação das ruas e os novos sistemas de transporte urbano mudaram a vida nas grandes cidades. Entre 1868 e 1888, os bondes foram introduzidos em Recife, Salvador, Rio de Janeiro, São Luís, São Paulo e Campinas. Na década de 1870, uma linha de telégrafo ligava o Brasil à Europa e, nos anos seguintes, a maioria das cidades brasileiras estavam ligadas entre si. Em 1861, foram despachados 62 233 telegramas; esse número aumentou para 390 277 em 1885/1886. Na década de 1880, São Paulo, Salvador, Rio de Janeiro e Campinas contavam com serviços telefônicos. Em 1887, sete linhas de bonde transportavam um milhão e meio de passageiros em São Paulo.

O número de escolas também aumentou nas cidades e o analfabetismo diminuiu. Mas continuou alto nas zonas rurais. Em 1835, a taxa de alfabetização na cidade de São Paulo era de cerca de cinco por cento. Subiu para 42 por cento em 1882. Nessa época, apenas 29 por cento da população rural eram alfabetizados. Jornais e revistas, associações artísticas e culturais, restaurantes, teatros, cafés e lojas brotaram em grande número e as grandes cidades adquiriram uma atmosfera mais cosmopolita. Nos bairros ricos, as tradicionais casas construídas de taipa foram substituídas aos poucos por residências de tijolo no estilo europeu. No seu interior, os pesados móveis coloniais de pau-rosa cederam lugar aos leves móveis ingleses de mogno. Os bairros de escravos desapareceram progressivamente. Os trabalhadores livres que substituíram os escravos amontoavam-se em casas de cômodos nos centros das cidades ou viviam em pequenas casas na periferia da cidade. As ruas deixaram de ser o território exclusivo dos homens, dos escravos e das classes baixas. As mulheres da classe alta e da classe média eram vistas com mais freqüência nas ruas centrais e passou-se a encontrar homens e mulheres juntos nas praças públicas. Apareceram mais escolas e empregos abertos às mulheres do que antes. Podiam trabalhar como professoras, costureiras e auxiliares de escritório. Nas últimas décadas do Império, os costumes estavam mudando; porém, o que era mais importante, havia oportunidades novas de investimento, de emprego, de mobilidade social e de mobilização política.

Tudo isso, porém, aconteceu principalmente nas cidades portuárias. No interior, apenas algumas cidades que funcionavam como importantes centros comerciais – como São Paulo, Campinas e Pelotas – se desenvolveram. Os donos de propriedades agrícolas trouxeram algum progresso para as zonas rurais. Modernizaram suas casas de fazenda e jardins e incentivaram a fundação de associações culturais e artísticas nas cidades do interior. Mas, com essas exceções, o contraste entre as cidades portuárias e as zonas rurais continuou enorme. Sendo produtos mais da expansão do mercado internacional do que do crescimento de um mercado interno, as cidades brasileiras, até mais do que as de outros países do continente, tinham os olhos voltados primordialmente para a Europa; seu papel na transformação do interior do Brasil foi relativamente insignificante.

As estradas de ferro, construídas em sua maioria com capital estrangeiro, começaram a substituir os sistemas tradicionais de transporte em lombo de burro, carros de boi e barcaças. Entre 1854 e 1872, foram assentados 933,3 quilômetros de trilhos; entre 1873 e 1889, acrescentaram-se mais oito mil quilômetros; e no fim do Império 15 mil quilômetros estavam em construção. Em algumas regiões, a ferrovia criou efetivamente melhores condições para a integração do mercado interno. No entanto, o principal objetivo de sua construção foi facilitar o fluxo de produtos brasileiros para o mercado internacional; daí sua tendência a concentrar-se nas regiões de café e de açúcar e sua orientação para as cidades portuárias.

O melhoramento dos meios de transporte, o crescimento do mercado interno, a acumulação de capital e, acima de tudo, o aumento dos impostos sobre importação que o governo foi obrigado a adotar para melhorar suas receitas, tudo isso favoreceu o desenvolvimento das indústrias. Entre 1875 e 1890, o número de fábricas aumentou de 175 para mais de 600. Em 1880, o recenseamento registrou 18 100 pessoas como trabalhadores industriais; dez anos depois, esse número subira para cerca de 50 mil. As fábricas que produziam bens de consumo – tecidos, cerveja, cigarros, sabões, velas, fósforos, chapéus – assim como os curtumes, fundições, serrarias e fábricas de papel e de vidro, estavam concentrados nos centros urbanos de Minas Gerais, Rio de Janeiro, São Paulo e Rio Grande do Sul, onde a disponibilidade de mão-de-obra e de capital, uma infra-estrutura de crédito e de transportes e a existência de um mercado relativamente certo criaram condições favoráveis. A Guerra do Paraguai estimulou a fabricação de produtos náuticos, ópticos e químicos. Na década de 1880, os industriais – embora ainda em pequeno número – sentiram-se suficientemente fortes para fundar a Associação Industrial, no Rio de Janeiro, com a finalidade de defender seus interesses.

Constituíam um dos muitos grupos de interesse que haviam surgido no cenário político em conseqüência das mudanças ocorridas no Brasil na segunda metade do século. Com as mudanças econômicas e sociais tornou-se cada vez mais difícil para as elites políticas conduzir a nação de acordo com as regras tradicionais, e nas últimas décadas do século o regime imperial tornou-se alvo de críticas de muitos grupos da sociedade.

O crescimento econômico gerou desequilíbrios entre o poder econômico e o poder político. A diversificação econômica criou conflitos de interesse entre as províncias cuja economia estava orientada principalmente para o mercado interno e aquelas voltadas sobretudo para o mercado externo, entre aquelas que continuavam a depender do trabalho escravo e aquelas onde a escravidão já não constituía problema. As províncias competiam entre si por subsídios e créditos do governo. E a pressão para expandir a infra-estrutura tornou-as mais conscientes de sua dependência da administração central. A situação era agravada pelos conflitos, dentro de cada província, entre os agricultores que modernizaram seus métodos de produção e aqueles que continuavam a empregar técnicas tradicionais. A produção de açúcar sofreu uma transformação fundamental. Em 1857, 66 por cento dos engenhos de Pernambuco ainda eram movidos a energia animal, 31 por cento a água e apenas dois por cento a vapor. Mas, após 1870, o número das unidades movidas a vapor cresceu rapidamente, chegando a uma proporção de 21,5 por cento em 1881. Foram introduzidos tachos a vácuo, centrífugas e outros melhoramentos nos fornos. O processamento do café também foi melhorado com o uso de secadores, despolpadoras e trilhadores. Tudo isso ocasionou um grande aumento da produtividade. Junto com as alterações no processamento foram introduzidas mudanças no sistema de trabalho, e o número de trabalhadores livres aumentou em algumas regiões enquanto outras continuaram a recorrer ao trabalho escravo. Como nem todos os donos de propriedades agrícolas dispunham de capital suficiente para modernizar suas lavouras, muitos foram forçados a manter as práticas tradicionais. Entravam freqüentemente em conflito no legislativo com os representantes das regiões mais produtivas em torno de questões relativas às políticas de terra e de trabalho, ao itinerário das estradas de ferro e aos subsídios do governo. Alguns queriam substituir os escravos por cules, outros preferiam imigrantes europeus aos chineses. Alguns achavam que o governo devia subsidiar a imigração e que os imigrantes não deviam ter acesso à terra; assim, iriam trabalhar nas lavouras. Outros queriam atrair imigração espontânea mediante a concessão de terra.

O crescimento e a diversificação econômicas não produziram apenas conflitos no interior dos grupos agrários; criaram grupos de interesse ligados às estradas de ferro, às indústrias, aos bancos, às empresas de seguro, às companhias de imigração e aos serviços de utilidade pública. Esses grupos tinham suas próprias reivindicações, e seus interesses nem sempre coincidiam com os daqueles que controlavam o governo central. Os industriais, por exemplo, pediam tarifas protecionistas e apoio do governo, mas ao mesmo tempo indignavam-se com a interferência política e com o controle do poder central. O manifesto lançado em 1881 pela recém-criada Associação Industrial acusava o governo de ignorar os esforços dos industriais e de criar obstáculos para suas empresas. Criticava o governo por favorecer os fazendeiros de café ao adotar uma política de livre comércio que tolhia o desenvolvimento industrial. O manifesto criticava igualmente o ensino oferecido às classes dirigentes nas escolas de direito, que transformava os dirigentes do país em homens de letras em vez de homens de ciência. Finalmente, queixava-se da falta de representação das "classes produtivas" no parlamento[3].

Os industriais tinham outras razões para estar descontentes. As freqüentes crises que assolaram o mundo capitalista no século XIX afetaram os homens de negócio brasileiros. Quando os bancos de Londres e de New York fecharam o crédito e os preços dos produtos de exportação caíram no mercado internacional, seguiram-se as falências. Em 1857, 1864 e 1873, importantes empresas foram forçadas a entrar em liquidação, causando pânico no mercado financeiro e um descontentamento geral, traduzidos muitas vezes em críticas às políticas econômicas do governo.

Os homens de negócio e os empresários não foram os únicos grupos a indignar-se com as elites políticas, a criticar as classes dirigentes e a ter esperanças de mudança. Os pobres das cidades, oprimidos pelo aumento dos preços dos gêneros alimentícios, muitas vezes responsabilizaram as políticas do governo pelo seu infortúnio. O número crescente de trabalhadores assalariados nas cidades levantou novas questões e levantou problemas de controle

3. "Manifesto da Associação Industrial", *Temas*, 1: 91–100, 1977.

social, que uma elite acostumada a escravos disciplinados ainda não sabia como tratar. A Revolta dos Vinténs, que provocou a queda de um gabinete, foi talvez a mais importante do período. Aconteceu em 1º de janeiro de 1880, no Rio de Janeiro, quando a multidão, indignada por causa do aumento do preço das passagens de bonde, enfrentou a polícia e foi reprimida com violência, após três dias de tumultos.

Alguns artesãos e trabalhadores, irritados com a concorrência dos produtos estrangeiros, protestavam freqüentemente contra as políticas do governo e exigiam proteção para os produtos nacionais. Seus manifestos às vezes pareciam ecoar as reivindicações dos industriais. Em 1885, por exemplo, em carta dirigida ao imperador, o Corpo Coletivo União Operária solicitou isenção de impostos para a importação de máquinas industriais, isenção dos impostos sobre a propriedade para as fábricas, abolição dos privilégios e monopólios concedidos a determinados negócios, tarifas sobre os manufaturados estrangeiros e facilidades de crédito[4]. Mas ao mesmo tempo uma retórica de luta de classes começou a aparecer com mais freqüência nos jornais dirigidos aos trabalhadores. Na última década do Império aumentou o número de organizações trabalhistas e apareceram os primeiros grupos socialistas. Na década de 1880, manifestações ocasionais de trabalhadores mudaram o ritmo de vida das cidades.

As novas massas urbanas não constituíam apenas uma fonte de perturbação e de preocupação; eram também um eleitorado em potencial. Pela primeira vez os políticos falaram às massas nas praças públicas. O primeiro grupo a fazê-lo sistematicamente foram os abolicionistas. Homens como Lopes Trovão (um dos poucos socialistas da época) abandonaram as salas de conferência e os salões e foram falar ao povo nas ruas. Os costumes políticos estavam mudando. Um número cada vez maior de mulheres participavam de associações abolicionistas. As revistas femininas multiplicaram-se e apareceu a primeira imprensa feminista, exigindo o acesso das mulheres às escolas profissionais.

Também as mudanças econômicas no campo causaram profundos desarranjos sociais, que repercutiram na arena política. Com a expansão do mercado interno e as melhorias dos meios de transporte, populações que tradi-

4. Em EDGARD CARONE, *Movimento Operário no Brasil (1877–1944)*, São Paulo, 1979, pp. 204–210.

cionalmente se dedicavam à agricultura de subsistência começaram a dirigir sua produção para o mercado. Essa transição foi favorecida às vezes pela criação de impostos destinados a dar ao governo os recursos necessários para desenvolver a infra-estrutura econômica. No interior, a acumulação de capital nas mãos dos comerciantes e de alguns artesãos e pequenos agricultores acentuou a desigualdade social, rompendo parentescos tradicionais e formas de acomodação e gerando profundo mal-estar social expresso freqüentemente em rebeliões populares.

Um bom exemplo desse processo foi a revolta dos Muckers (beatos), ocorrida no Rio Grande do Sul entre 1868 e 1874. No curso desses anos, as comunidades alemãs de São Leopoldo, tradicionalmente pacíficas, foram agitadas por um movimento messiânico que terminou em violento confronto entre os rebeldes e as autoridades locais. Os revoltosos, conhecidos pelo nome de Muckers, condenavam o dinheiro e o comércio e rejeitavam os novos modelos de mobilidade social, prestígio e relações de classe baseados no dinheiro. Acusavam os ricos de obscurantismo e tentaram inverter os padrões sociais organizando um grupo regido por princípios de fraternidade e igualdade. Os Muckers recusaram-se a votar e abandonaram as escolas e igrejas para criar sua própria religião, uma religião sem templos, que valorizava a comunicação direta com Deus. O movimento foi reprimido pelas autoridades, mas tornou as elites políticas conscientes dos perigos de uma rebelião popular.

Mais ou menos na mesma época em que os Muckers causavam perturbação no Sul, o sertão nordestino foi assolado por levantes chamados *quebra-quilos*, porque os rebeldes protestavam contra o sistema métrico. Mas havia neles mais do que apenas os quilos. Junto com o quilo, os agricultores pobres recusaram-se a aceitar o recrutamento e os novos impostos decretados pelo governo. Homens e mulheres enraivecidos invadiram as prefeituras e cartórios, destruíram as listas de impostos e de recrutamento, saquearam armazéns e aterrorizaram os comerciantes estrangeiros. O governo suspeitou de que por trás dos rebeldes estavam os padres que se opunham ao governo por causa de sua proteção aos maçons, condenados pelo papa. Mas o *slogan* "Abaixo os Maçons", gritado pelos revoltosos, teve mais a ver com sua hostilidade às classes dirigentes do que com sua lealdade ao clero. Mas a Revolta Quebra-quilos e a rebelião dos Muckers expressaram a frustração causada pelo aumento das desigualdades e exploração sociais e pelo desarranjo dos meios de vida tradicionais.

O SISTEMA POLÍTICO DO IMPÉRIO

O sistema político criado na época da Independência refletiu as necessidades de uma elite de proprietários rurais e de comerciantes e sua clientela. Estes tinham em comum um interesse pela manutenção das estruturas tradicionais de produção com base no trabalho escravo e na exportação de produtos básicos coloniais para o mercado internacional. Acima de tudo, pretendiam governar o país sem qualquer consideração pela massa da população, a quem temiam e desprezavam. O sistema era extremamente centralizado, oligárquico e pouco representativo. Não foi suficientemente flexível para ajustar-se às mudanças da estrutura socioeconômica na segunda metade do século XIX.

Pelos termos da Constituição de 1824, o chefe do Executivo, o imperador, era responsável pela nomeação e promoção do pessoal da burocracia civil e militar. O imperador também aplicava a legislação aprovada pelo parlamento e tinha a última palavra na distribuição dos recursos entre os diversos ramos administrativos. Uma das suas responsabilidades mais importantes era dar ou negar permissão para a aplicação das bulas papais no país. O imperador tinha ainda o poder de nomear bispos e de conceder benefícios eclesiásticos. Além daqueles inerentes ao chefe do Executivo, o imperador gozava de outros poderes decorrentes do Poder Moderador, uma criação do publicista francês Benjamin Constant, que empolgara os redatores da Constituição. Entre essas prerrogativas adicionais, tinha liberdade de escolher e exonerar seu primeiro-ministro independentemente do parlamento, suspender, prorrogar e dissolver a Câmara dos Deputados e convocar novas eleições. Isso significava que, se a Câmara negasse confiança a um gabinete, o imperador podia mantê-lo e dissolver a Câmara, convocando novas eleições. Tinha o direito ainda de nomear os membros do Conselho de Estado e de escolher cada senador de uma lista de três candidatos que houvessem recebido o maior número de votos numa eleição senatorial. Parecia que a constituição concedera poderes quase absolutos ao imperador e, de fato, foi essa a opinião comum no Primeiro e no Segundo Reinados. Na verdade, a constituição, ao dispor que suas decisões fossem submetidas ao Conselho de Estado, limitara seu poder. Poder-se-ia argumentar que, como os conselheiros eram escolhidos pelo imperador, a tendência era que concordassem com ele e, mesmo que eventualmente divergissem, não tinham o poder de vetar suas decisões. Não obstante, a gratidão não era necessariamente sinônimo de subserviência. Os conselheiros eram vitalícios e podiam até certo ponto ser independentes do imperador.

Quando se olha além da letra da constituição e se examina a prática real, fica evidente que, ao contrário do que disseram seus críticos, D. Pedro II – tanto por convicção quanto por temperamento – nunca tentou impor sua vontade em questões de importância nacional. Na verdade, pressionado por seus conselheiros, agiu muitas vezes contra suas próprias inclinações. O país era governado pelas oligarquias, e não pelo imperador. Mas a posição oficial que o monarca ocupava na arena política atraía para ele todas as esperanças e ressentimentos. Se o candidato a senador que estava em primeiro lugar na lista fosse preterido por ele em favor do segundo ou terceiro, o prejudicado manifestava seu desaponto com um ataque ao Poder Moderador. Se o imperador escolhesse um senador da oposição, era criticado pelo partido que estava no poder e, se optasse por um do partido oficial, era atacado pela oposição. Assim, o direito de nomear senadores e conselheiros, cuja intenção original fora aumentar os poderes régios, a longo prazo enfraqueceu sua posição. Vale o mesmo com relação a seu poder de intervir no parlamento. Entre 1840 e 1889, o imperador dissolveu a Câmara onze vezes. Em oito dessas ocasiões sua intervenção motivou uma inversão da situação política: os liberais foram substituídos pelos conservadores, ou vice-versa. Toda vez, os que foram forçados a sair fizeram altos protestos contra os abusos do Poder Moderador.

Durante toda a década de 1850 e no início da seguinte, período conhecido como a Conciliação, essas crises não tiveram grande impacto porque havia um grau relativo de consenso entre as elites, com liberais e conservadores fazendo parte dos mesmos gabinetes. Mas, com os crescentes conflitos de interesse resultantes das mudanças socioeconômicas, a Conciliação foi rompida. Os liberais e os conservadores competiam pelo poder em plataformas diferentes e dentro de cada partido membros que representavam interesses diferentes e muitas vezes conflitantes divergiam sobre questões políticas importantes. Em conseqüência, não só os gabinetes eram instáveis, como também a intervenção do imperador se tornava particularmente relevante e provocava reações ainda mais fortes. O uso freqüente da prerrogativa régia de dissolver a Câmara e convocar novas eleições minou o prestígio tanto do imperador quanto do sistema monárquico.

O processo político foi viciado pela fraude eleitoral, que permitia a manipulação das eleições por um gabinete em favor de seu próprio partido. Uma vez que as eleições não significavam uma consulta real à nação, as intervenções do imperador eram consideradas gestos arbitrários e ilegítimos com a intenção de forçar a renovação política. A fraude eleitoral foi facilitada pelo pequeno tamanho do eleitorado. As qualificações de renda e o sistema de eleições indiretas reduziram o número de eleitores a uma pequena porcentagem do total da população. Somente os homens acima de 25 anos (com exceção dos oficiais militares e dos homens casados com mais de 21 anos) que tivessem uma renda anual de 100 mil-réis podiam ser votantes e somente aqueles que tinham uma renda de 200 mil-réis podiam ser eleitores. Todas as mulheres, os escravos e os serviçais domésticos (com algumas exceções, como contadores, administradores de fazenda e caixeiros-chefe) eram excluídos do eleitorado. Em 1872, o número de eleitores do país chegou a mais ou menos 200 mil de uma população total de 10 milhões de pessoas. Um eleitorado tão pequeno podia ser facilmente manipulado.

No curso das eleições, os gabinetes recorriam a todas as espécies de manobras para silenciar a oposição. Substituíam os presidentes de província e funcionários leais a ela por outros que prestassem fidelidade ao governo. Criavam paróquias onde tinham amigos e aboliam aquelas onde tinham inimigos. Molestavam a massa votante da oposição, ameaçando-a com recrutamento para o exército, e recompensavam aqueles que apoiavam o gabinete com empregos, promoções e sinecuras. Chegaram algumas vezes a mobilizar a Guarda Nacional para intimidar a oposição, obrigando seus votantes a permanecer em casa no dia da eleição.

Em 1842, 1855 e 1860, foram tentadas algumas reformas para eliminar a fraude eleitoral e garantir a representação da oposição, mas todas fracassaram. Nenhuma delas atacou as raízes do problema: o monopólio da terra da qual dependia a maior parte da população rural, a marginalização de grandes segmentos da população dos setores produtivos da economia e a falta de instituições que garantissem a independência dos eleitores e servissem de mediadores entre eles e o governo. Acima de tudo, as reformas eleitorais não mexeram nas fontes do clientelismo que permitia o controle da nação por uma minoria.

Esse controle do eleitorado por uma minoria lançou as bases de uma oligarquia forte, que, ao impedir o acesso ao poder de todos aqueles que não estavam dispostos a ajustar-se às regras do clientelismo, acabou se perpetuando. A nomeação de conselheiros do Estado e de senadores vitalícios ajudou a consolidar essa oligarquia. Um homem que fosse nomeado senador com 40 anos (a idade mínima exigida por lei) podia ficar no Senado por três ou quatro décadas. Alguns que foram nomeados na metade do século ainda estavam no Senado quando a monarquia caiu, quase 40 anos depois. Estes, evidentemente, foram exceções. Na média, o Senado era renovado a cada quinze anos. Mas, para os membros da Câmara que tinham aspirações a ocupar uma posição no Senado, isso deve ter parecido tempo demais para esperar.

Os senadores constituíam um grupo poderoso que monopolizou postos importantes no governo. Os membros permanentes do Conselho de Estado eram todos recrutados no Senado. E todos os presidentes de gabinete do Império, com exceção de um, foram senadores. Muitos se tornaram presidentes de província e mais de 40 por cento deles foram agraciados com títulos de nobreza.

Os homens que criaram esses corpos permanentes tinham confiado que a nomeação vitalícia – colocando os senadores e os conselheiros acima das lutas eleitorais – os tornasse imunes às paixões políticas. O que não tinham previsto era que, com o tempo, esses órgãos careceriam da flexibilidade necessária para reagir às mudanças que ocorressem na sociedade. Isso explica por que a abolição da vitaliciedade dos senadores e a dissolução do Conselho de Estado ou a redução de sua jurisdição foram reivindicações freqüentes nas plataformas dos reformistas.

Outra fonte de descontentamento foi a falta de equilíbrio, que se tornou aparente nos anos finais do Império, entre o poder político e o econômico. Originalmente, o número de representantes por província era mais ou menos proporcional ao total da população (inclusive escravos) e a concentração demográfica correspondia à importância econômica e ao poder político. O crescimento econômico e o aumento demográfico acabaram com essa correspondência e, no final do Império, as novas elites econômicas, concentradas em algumas províncias prósperas, perceberam que suas províncias estavam sub-representadas. Desde o início, a maior delegação, com vinte representantes, era a de Minas Gerais, a antiga região de mineração de ouro e a província mais populosa; São Paulo tinha nove, o Ceará e o Rio de Janeiro, oito cada. No fim do Império, Minas continuava a ter o maior número de representantes e a maioria das outras províncias tinham aumentado sua representação, com exceção de São Paulo, embora fosse a província mais rica do país graças à produção cafeeira. No final do Império, levando em conta os recursos das províncias, São Paulo, o Pará e o Rio Grande do Sul estavam claramente sub-representados.

A preponderância política de algumas províncias também era patente no Senado e no Conselho de Estado, cujos membros eram, em sua maioria, representantes do Rio de Janeiro, Bahia, Minas Gerais e Pernambuco. Além disso, os senadores não precisavam ser naturais de uma província ou ter residência fixa nela para representá-la. Rio Branco, natural da Bahia, representou Mato Grosso no Senado. Sales Torres Homem, natural do Rio de Janeiro, foi representante do Rio Grande do Sul. Alfredo de Taunay, igualmente do Rio, representou Santa Catarina. Quatro províncias tinham uma representação no Senado quase idêntica a todas as províncias juntas e ainda monopolizavam os postos do gabinete. Entre 1847, ano da criação do posto de presidente do gabinete, ou primeiro-ministro, e o final do Império, tivemos 30 primeiros-ministros: onze da Bahia, cinco de Minas Gerais, cinco de Pernambuco, quatro do Rio de Janeiro, dois de São Paulo, dois do Piauí e um de Alagoas. De 1840 a 1889, a maioria dos membros do gabinete foram da Bahia (57), seguida pelo Rio de Janeiro (47), Minas Gerais (35) e Pernambuco (29). Essas quatro províncias monopolizaram o governo central, enquanto outras que se desenvolveram nas últimas décadas da monarquia, como São Paulo, o Pará e o Rio Grande do Sul, tiveram uma representação relativamente pequena no governo e mostraram-se cada vez mais insatisfeitas com sua falta de poder político.

A representação não constituiu um problema sério até que o desenvolvimento econômico gerou necessidades contraditórias e elites nacionais diferentes, que não mais concordavam em coisas como tarifas, políticas do trabalho e da terra e subsídios do governo. A monopolização do poder por uma oligarquia que não representava de maneira apropriada os interesses das regiões mais desenvolvidas do país cedeu lugar a críticas bem amargas.

A situação não se teria tornado tão crítica se as províncias tivessem gozado de maior autonomia e se o governo central não tivesse exercido tanto controle sobre a nação. Mas a centralização do sistema político permitiu que um pequeno grupo de políticos, muitos deles com um cargo vitalício, interviessem em vários aspectos diferentes da vida nacional.

As províncias eram dependentes economicamente do governo central. Os dados relativos a 1868 mostram que este recebia 80 por cento de todas as rendas públicas, enquanto as províncias ficavam com apenas 16,7 por cento e os municípios, com 2,5 por cento. Os presidentes de província eram nomeados pelo governo central. Quando um gabinete liberal substituía um conservador, ou vice-versa, o novo gabinete trocava imediatamente todos os presidentes de província por outros mais compatíveis com a nova situação política. Essa prática facilitava as relações entre os governos central e provinciais, mas podia causar dificuldades no plano local. O presidente provincial vinha muitas vezes de fora da província. Habitualmente seu mandato não era tão longo que lhe permitisse criar vínculos fortes; além disso, mudava de uma província para outra. José Antônio Saraiva, por exemplo, foi sucessivamente presidente das províncias do Piauí, Pernambuco, Alagoas e São Paulo. João Lins de Sinimbu presidiu Alagoas, Sergipe e o Rio Grande do Sul. O presidente de província tinha grandes poderes. Muitos burocratas provinciais importantes, os chefes de polícia, os juízes, o oficial comandante da Guarda Nacional e o comandante do exército dependiam dele para suas nomeações. Indiretamente, isso dava ao governo central grande controle sobre as províncias. Enquanto os interesses dos políticos que controlavam o governo central e os das elites regionais coincidissem, o sistema funcionava sem grandes tensões; mas, quando as mudanças socioeconômicas geravam interesses contraditórios ou concorrentes entre as províncias, a situação ficava tensa. Nos últimos anos do Império, os grupos dominantes do Pará e de Pernambuco, bem como os de São Paulo e do Rio Grande do Sul, queixavam-se de que o governo central não fizera o bastante para atender a suas necessidades. Uma dessas questões parecia ser maior autonomia provincial; com isso, muitos se tornaram simpatizantes do federalismo.

Outra fonte de conflito nas últimas décadas do Império foi a interferência política no exército. Os militares indignaram-se com sua subordinação aos presidentes de província e solicitaram a criação de uma hierarquia militar independente, subordinada diretamente ao ministro da Guerra. Irritaram-se também com o fato de as promoções aos escalões mais altos da instituição militar dependerem do imperador e do Conselho de Estado. Para aqueles que não tinham ligações pessoais com políticos – e seu número estava crescendo na segunda metade do século XIX – a promoção poderia parecer um sonho irreal. Outro motivo de queixa dos oficiais do exército foi o uso do recrutamento por parte dos políticos para ameaçar a oposição na época das eleições, bem como os adiamentos de recrutamento que os políticos distribuíam à sua clientela. Enquanto os oficiais do exército foram recrutados principalmente nas classes altas, o alheamento ao sistema não constituiu um problema sério; mas, com a democratização do exército, aumentou o número daqueles que se sentiram prejudicados pelo sistema de uma maneira ou de outra e a situação tornou-se mais tensa.

Depois das guerras contra a Argentina na década de 1850 e contra o Paraguai na década de 1860, o Exército tornou-se não só mais democrático, como também mais coesivo e desenvolveu um *esprit de corps*. Os conflitos pessoais entre oficiais e políticos passaram a traduzir-se então em conflitos entre o exército e os civis. As guerras também mostraram que o exército brasileiro era mal-equipado e desorganizado. Os oficiais responsabilizaram o governo por seus fracassos e, quando um grupo de oficiais decidiu, nas décadas de 1870 e 1880, melhorar as condições do exército, viram na influência política o principal obstáculo a seus objetivos e tornaram-se cada vez mais críticos das instituições e das elites políticas.

Os padres comprometidos com a nova linha agressiva adotada por Pio IX partilhavam alguns desses sentimentos. A Constituição de 1824 declarara o catolicismo a religião do Estado, mas ao mesmo tempo a Igreja continuava sob o domínio do Estado. Foi dado ao governo o direito de intervir nos mínimos detalhes da vida religiosa, como a criação ou o fechamento de paróquias, a determinação dos salários dos padres e a adoção de livros nos seminários. Questões mais sérias, como a aplicação das bulas papais ou a recomendação de bispos ao papa, também foram deixadas a critério do governo. Durante todo o Império, todas essas decisões que afetavam de perto a vida da Igreja foram tomadas pelos políticos e muitas vezes por razões políticas. A Igreja, como outras instituições, estava atrelada ao Estado e dependia do clientelismo político. Os padres reformistas que defendiam uma disciplina religiosa mais estrita indignaram-se com a ingerência dos políticos nos negócios da Igreja. Isso provocou um conflito entre a Igreja e o Estado na década de 1870.

O governo central não interferia apenas no exército e na Igreja; desempenhava um papel importante também na economia. Legislava sobre as tarifas de importação e exportação, supervisionava a distribuição de terras desocupadas, formulava políticas de trabalho e de imigração e negociava empréstimos. Controlava os bancos, as estradas de ferro e as sociedades anônimas. Nenhuma companhia de responsabilidade podia ser criada no país sem a permissão do Conselho de Estado. O governo não era apenas o regulador mas também o protetor das empresas nacionais e estrangeiras, autorizando-as ou proibindo-as, dando-lhes subsídios, garantindo-lhes os interesses, estabelecendo suas prioridades, concedendo-lhes isenção de impostos. O patronato do Estado, ou, em outras palavras, o patronato dos políticos, podia determinar o sucesso ou o fracasso de muitas iniciativas. Numa extensão significativa, os empresários estavam à mercê dos políticos. Enquanto o número de firmas era relativamente pequeno e os empresários pertenciam às elites ou podiam encontrar patronos facilmente através de seus contatos pessoais, esse sistema teve condições de funcionar sem muitos problemas. Mas o sistema de patronato tornou-se mais ineficiente quando os empreendimentos comerciais se multiplicaram. Assim, não é de surpreender que, quase no final do século, a condenação da intervenção do Estado na economia – e, por extensão, do poder oligárquico e das instituições que o sustentavam – tenha aumentado. Na verdade, a maioria dos empresários, como o Barão de Mauá, o mais proeminente construtor ferroviário e industrial do Brasil do século XIX, não podiam ter sobrevivido sem o apoio do governo. Seu sucesso dependeu das tarifas, dos contratos do governo, das concessões do governo, dos créditos e subsídios do governo e mesmo às vezes da diplomacia do governo. O capitalismo no Brasil desenvolveu-se dentro de uma rede de patronato e a tensão entre o sistema de patronato e as idéias de livre empresa afirmadas cada vez mais pelo mundo dos negócios não desapareceu com o Império.

Aqueles que controlavam o governo central mostraram-se relutantes em abandonar o sistema de patronato porque ele lhes possibilitava dominar as elites regionais e manter um controle estreito sobre o Exército, a Igreja e as empresas econômicas. O patronato era sua principal fonte de poder e prestígio políticos. Em conseqüência dessa prática, os políticos no Brasil eram vistos não só como representantes, mas também como benfeitores, dependendo seu poder político de sua capacidade de distribuir favores.

Pelas mesmas razões, as oligarquias sentiram-se pouco inclinadas a criar um sistema de serviço público, que teria emancipado a burocracia do patronato político, como o próprio imperador recomendou. A criação de um corpo permanente de burocratas, nomeados segundo critérios de mérito e talento, tiraria dos políticos uma de suas principais fontes de favores. Os critérios que prevaleceram no recrutamento da burocracia foram a amizade pessoal e a fidelidade ao partido. A substituição do partido político no poder sempre resultou numa substituição perturbadora da burocracia. Os burocratas perdiam seus empregos da noite para o dia quando seu partido sofria uma derrota. A regra na burocracia era a perseguição do adversário político. Um político que foi nomeado presidente de província registra, em suas memórias, que os dirigentes locais do partido esperavam que ele transferisse professoras primárias para localidades distantes para punir seus maridos por terem dado apoio à oposição[5]. É fácil imaginar a hostilidade e o ressentimento daqueles que

5. ALFREDO D'ESCRAGNOLLE TAUNAY, *Memórias*, Rio de Janeiro, 1960, p. 416.

viam suas carreiras interrompidas de repente pela intervenção de líderes políticos poderosos. Com o tempo, homens totalmente dependentes do patronato político chegaram a odiar o sistema que tornou suas vidas tão inseguras e sonharam com um que recompensasse o mérito e a competência.

Mas o patronato, e não o talento, continuou a ser o pré-requisito do sucesso. O livre jogo do mercado não era suficiente para garantir a mobilidade social. Por trás de cada *self-made man* sempre havia um patrono. O provérbio, ainda válido no Brasil de hoje, "quem tem padrinho não morre pagão" descreve muito bem a situação no Império. Políticos não fizeram sucesso em suas carreiras, funcionários não ocuparam cargos públicos, escritores não ficaram famosos, generais não foram promovidos, bispos não foram nomeados, empresas não foram organizadas sem a ajuda de um patrono.

A carreira da maioria dos políticos do Império mostra que não era seu programa que recomendava um candidato ao eleitorado mas seu parentesco e suas ligações com figuras poderosas. A carreira política de um jovem era uma decisão de família. Suas opções políticas eram decididas *a priori* por sua família. E a luta política era, acima de tudo, uma luta entre facções sob a liderança de famílias de prestígio. Quer proviessem da elite de proprietários rurais, como o Barão de Cotegipe, que era dono de um engenho de açúcar na Bahia, quer de uma família de profissionais liberais, como Paulino José Soares de Sousa, o visconde do Uruguai, cujo pai era médico e ele mesmo era advogado, mas se casou numa família de políticos e proprietários rurais do Rio de Janeiro, muitas vezes os políticos representavam na Câmara, no Senado ou no Conselho de Estado os interesses dos donos de propriedades agrícolas e de comerciantes a quem estavam atrelados por vínculos de patronato e clientela.

Esse sistema de alianças e barganhas e a manipulação do eleitorado favoreceram a criação de dinastias de políticos: os Ferreira França, os Nabuco de Araújo, os Cavalcanti de Albuquerque, os Soares de Sousa. Os pais promoviam seus filhos; os tios, os sobrinhos; e os parentes e amigos apoiavam um ao outro. Escrevendo sobre os Cavalcanti, donos de um terço dos engenhos de açúcar na província de Pernambuco, diz Joaquim Nabuco que tinham a influência que *devia* ter uma família grande, rica e bem estabelecida, cujos membros sempre ocuparam posições proeminentes no governo e no Legislativo. Políticos como Nabuco, que assumiu uma cadeira no parlamento por causa de ligações de família, tenderam a reconhecer que o poder das grandes famílias como os Cavalcanti derivava "da natureza das coisas". Reconhecimentos como esse só podiam produzir ambivalência nas mentes daqueles que, como Nabuco, mudaram posteriormente para a reforma liberal e contestaram a oligarquia tradicional e as instituições políticas do Império.

Essa ambivalência seria compartilhada por outras pessoas, uma vez que, como vimos, o sistema de patronato não se limitou ao favorecimento de carreiras políticas. Burocratas, jornalistas, escritores, artistas, empresários e comerciantes, todos tinham de seguir as regras do patronato. Caracterizando a situação na década de 1860, o romancista José de Alencar comentou: "Empresas industriais, associações mercantis, bancos, obras públicas, operações financeiras, privilégios [...] todas essas fontes abundantes de riqueza emanam das alturas do poder. A burocracia as despeja a flux para os prediletos; estanca para os desvalidos. [...] Os jornais, como tudo neste império, vivem da benevolência da administração[6].

A primeira geração de intelectuais que atingiu a idade madura na época da Independência ou imediatamente depois foi quase toda absorvida pelo sistema político. Se o mercado para seus livros era limitado num país em que a maioria da população era analfabeta, podiam pelo menos sobreviver do patronato e fazer carreira na política e na administração. Tornaram-se representantes, conselheiros, senadores, embaixadores, funcionários públicos. Muitos receberam títulos de nobreza. Domingos Gonçalves de Magalhães, considerado o pai do romantismo no Brasil, foi membro da Câmara, diplomata na Europa, membro do Conselho de Estado e amigo pessoal do imperador. Recebeu muitas decorações e foi feito barão e visconde do Araguaia. Antônio Gonçalves Dias, um dos mais destacados poetas do período, foi nomeado professor de Latim e História no famoso Colégio Pedro II e depois enviado à Europa em missão oficial. José de Alencar, o mais importante romancista romântico da época, foi membro da Câmara, ministro da Justiça e conselheiro do Estado. E, assim como os políticos organizaram a nação depois da Independência de acordo com os governos constitucionais da Europa, essa primeira geração de escritores brasileiros, embora fortemente nacionalistas, importaram modelos europeus e idealizaram a realidade brasileira: um escritor da segunda geração tinha um personagem que se queixava: "Retrataram as florestas sem mosquitos nem febres"[7]. Aos poucos,

6. JOSÉ DE ALENCAR, *Obras Completas*, Rio de Janeiro, 1960, vol. IV, pp. 1099, 1098.

7. MANUEL ANTÔNIO ÁLVARES DE AZEVEDO, "Macário", em *Obras Completas de Álvares de Azevedo*, 8. ed., São Paulo, 1942, 2 vols.; a citação aparece no vol. II, p. 66.

porém, as oportunidades de carreira política foram diminuindo, à medida que mais cargos foram preenchidos, e restaram apenas empregos menores na burocracia ou no sistema judiciário. Com algumas exceções, escritores nascidos na década de 1830, como Bernardo de Guimarães, Casimiro de Abreu, Álvares de Azevedo – porque morreram jovens ou porque não tiveram as oportunidades da geração anterior – nem participaram da política nem ocuparam cargos importantes na administração. Também não conseguiram ganhar a vida como escritores. Assim, não surpreende que tenham sentido que haviam chegado a um impasse. Posavam de boêmios; Byron e Musset foram seus modelos. Alienados do mundo à sua volta – um mundo que se sentiam incapazes de mudar – mergulharam em seus tormentos pessoais, perscrutaram suas almas indefinidamente, exploraram o grotesco ou zombaram da sociedade.

O crescimento do mercado livreiro – embora modesto – e a proliferação de revistas e jornais na segunda metade do século abriram novas oportunidades para uma carreira literária. A crítica social e o reformismo militante ofereceram uma alternativa para o desespero e a solidão. Enquanto Álvares de Azevedo era obsedado por fantasmas pessoais, Castro Alves encontrava na luta entre os homens e a sociedade sua fonte de inspiração e tornou-se o poeta dos escravos. Essa terceira geração de escritores condenou a retórica, o estilo e os temas das gerações anteriores, exigindo uma visão mais "objetiva" do mundo. O realismo e o naturalismo, em vez do romantismo, foram os seus modelos. Jovens romancistas e poetas abandonaram a retórica parlamentar, a prosa convencional dos salões, as intrigas dos abastados, a idealização do indianismo, o desespero lírico das gerações anteriores, para focalizar a vida do "povo". Nos últimos anos do Império e nos primeiros da Primeira República, Aluísio de Azevedo descreveu as atribulações da vida num cortiço; Euclides da Cunha, a rebelião no sertão. Sílvio Romero coligiu contos e canções populares e condenou "os livros de história sem ciência ou paixão, páginas pelas quais desfilam homens grandes e poderosos, mas das quais está ausente o eterno sofredor, o eterno rebelde, o eterno herói: o povo"[8]. Mas as contradições entre o velho e o novo, entre a tendência "aristocrata" e a "burguesa", permaneceram. Essas contradições refletiram até certo ponto a posição do intelectual. Mesmo então, quando havia um novo

8. SÍLVIO ROMERO, *Novos Estudos de Literatura Contemporânea*, Rio de Janeiro, 1898, p. 7.

mercado para as idéias, suficiente para alimentar as fantasias de independência dos escritores, as vidas dos intelectuais brasileiros continuaram a depender do patronato.

Essa dependência, que, como vimos, era também um fato da vida no mundo dos negócios, na política e na administração, permitiu que as classes dirigentes controlassem a mobilidade social. Atravessando as linhas de classe e de cor e preparando os membros mais talentosos das novas classes emergentes para a elite, o patronato atenuou os conflitos raciais e classistas. Mas o patronato tinha suas próprias contradições. Garantiu lealdades, mas gerou ressentimentos. Podia cooptar o inimigo mas afastar o aliado, silenciar o crítico do sistema mas transformar um simpatizante num oposicionista.

Alguns dos arrivistas sociais esconderam sua ambivalência com dificuldade. Outros sofreram em silêncio as contradições de sua situação. Luís Gama, um mulato, filho de mãe escrava e pai branco, vendido como escravo e mais tarde emancipado, tornou-se um advogado praticante, um abolicionista militante e um dos fundadores do Partido Republicano em São Paulo. Poeta satírico, Gama escarneceu em seus versos de uma elite preconceituosa que negava suas raízes africanas. Ainda assim, isso não o impediu de tornar-se um de seus membros. Embora tenha sido líder de um partido político que defendia a derrubada da monarquia e um abolicionista numa área controlada pelos senhores de escravo, Gama morreu reverenciado pela elite. Uma multidão de pessoas, desde ex-escravos que ele ajudara a emancipar até figuras proeminentes da política e da administração, compareceu a seu funeral. Se Gama expressou seu desconforto em termos satíricos, Machado de Assis, outro mulato, escondeu-se atrás de um véu de ironia sutil, ao mesmo tempo em que desempenhou com consciência o papel que o mundo dos brancos lhe ofereceu. Como romancista, dedicou a maior parte de seu tempo ao estudo dos brancos e de suas ansiedades pessoais, raramente referindo-se a negros ou a escravos e mantendo uma atitude reservada com relação à abolição e à política. Embora as experiências de homens como Machado de Assis e Luís Gama tenham sido bastante excepcionais, puderam ser vistas como uma prova da eficácia do sistema de patronato, e suas vidas alimentaram o mito da democracia racial e do paternalismo das elites brasileiras.

Caracterizando a aliança das classes dirigentes com homens de talento, José de Alencar escreveu, em 1865, que as elites brasileiras eram constituídas de duas espécies de pessoa: "há talentos puros, e riquezas modestas". Os primeiros, movidos por necessidade e por amor à ostentação, procuravam obter posições importantes na administração; os segundos ofereciam seu apoio em troca de consideração e respeito[9].

Essa aliança de homens de talento com homens de poder explica em parte por que, na obra de Machado de Assis e de outros romancistas, a ética do liberalismo e a ética do favor existiam lado a lado. Seus romances foram escritos de duas perspectivas contraditórias: de um lado, do ponto de vista de uma ideologia burguesa, que postulava a autonomia do indivíduo, a universalidade da lei, a cultura desinteressada e o compromisso com a parcimônia e o trabalho; e, do outro lado, da perspectiva da ética do favor, que enfatizava a dependência do indivíduo, cultivava a exceção à regra, louvava o ócio e a ostentação, validava a "cultura engajada". A ideologia ambivalente que resultava dessa estranha combinação exprimia a experiência não só dos escritores mas também de muitos outros brasileiros. A coexistência de uma ética do favor com uma ética liberal reproduzia, no plano da ideologia e da linguagem, a experiência humana de pessoas que viviam numa sociedade em que o capitalismo se desenvolvia numa rede de patronato. A ambivalência dessa ideologia traduzia as contradições do *bourgeois gentilhomme*, que vivia no Brasil mas tinha a Europa como seu ponto de referência, que usava escravos para produzir para o mercado internacional, que "tinha um olho no lucro e outro na fidalguia" – uma contradição que também existia na aliança precária de intelectuais negros e mulatos com as classes dirigentes, de empresários com as oligarquias rurais, de homens de origens modestas com a elite do poder. A ideologia expressava contradições que permeavam de alto a baixo a sociedade brasileira.

Quando o desenvolvimento dos mercados urbanos, a proliferação das escolas e instituições culturais e o aumento do número de leitores abriram novas oportunidades – mesmo que ainda limitadas – aos empresários, profissionais liberais, escritores, artistas e políticos que sonhavam em emancipar-se das coerções do patronato, esses homens encontraram no liberalismo os argumentos de que precisavam para combater o sistema. Contudo, mesmo então, seu compromisso com o liberalismo não foi menos ambivalente. Continuaram a julgar o patronato do ponto de vista do liberalismo e a julgar o liberalismo do ponto de vista do patronato.

9. JOSÉ DE ALENCAR, *Obras Completas, op. cit.*, vol. IV, p. 1 080.

Enquanto na Europa a crítica ao liberalismo era feita muitas vezes da perspectiva das classes trabalhadoras, no Brasil a ausência de uma revolução industrial e de um proletariado e a sobrevivência de relações tradicionais de produção em muitas partes do país tornaram esse tipo de crítica, se não impossível, pelo menos excepcional. Em conseqüência, enquanto na Europa o liberalismo ficou na defensiva, no Brasil ele permaneceu – nas mentes de muitos – uma promessa a ser cumprida. A esperança de que a promessa *pudesse* ser cumprida é que, na década de 1870, esteve por trás da crítica às instituições imperiais – uma crítica que expressava uma crença ingênua no resgate das qualidades de progresso, ciência e reforma. No entanto, paralela a essa tendência para a reforma e às vezes dentro dela continuou a fluir uma corrente conservadora que manava da experiência do patronato. A natureza contraditória desse processo foi captada de forma admirável pelos romances de Machado de Assis, nos quais tanto as personagens quanto a linguagem estão mudando constantemente entre a ética do favor e a ética do liberalismo.

A arquitetura brasileira desse período sugere, até com mais clareza, as relações entre o elemento "velho" e o "novo" na cultura brasileira. Nela o "velho" e o "novo" foram justapostos do mesmo modo que o haviam sido na Inglaterra mas de maneira invertida. Na Inglaterra, a nova tecnologia foi disfarçada, freqüentemente, sob a respeitável fachada gótica ou renascença. No Brasil, ao contrário, os edifícios continuaram a ser construídos segundo os métodos tradicionais, mas as paredes espessas foram cobertas com papel e espelhos importados da Europa e as fachadas foram decoradas com janelas de vidro, substituindo as tradicionais treliças. O moderno era o detalhe, algo a ser mostrado, o exterior refinado que escondia as estruturas grosseiras na arte, tanto quanto na política.

Se o desenvolvimento econômico e as mudanças sociais nas últimas décadas do Império não foram suficientes para destruir as tradicionais estruturas, foram bastantes para gerar uma crescente insatisfação – uma insatisfação expressa com uma freqüência cada vez maior pelos políticos e pelos intelectuais. Nas últimas décadas do Império, os velhos políticos que se sentiram marginalizados pelas panelinhas de seu partido e os jovens que tinham de abrir seu caminho na política e queriam substituir "a influência das pessoas pela influência das idéias"[10], como disse um contemporâneo, encontrou num

10. *Apud* SÉRGIO BUARQUE DE HOLANDA (org.), *História Geral da Civilização Brasileira*, II: *O Brasil Monárquico*, vol. IV: *Declínio e Queda do Império*, São Paulo, 1971, p. 307.

programa de reformas a alavanca para uma carreira bem-sucedida. Isso também foi válido com respeito a muitos intelectuais. "Só há nesta quadra dois caminhos para a popularidade subir", escreveu José de Alencar na década de 1860: "a audácia ou a lisonja ou atacar ou rojar"[11]. Assim que a relativa unanimidade das elites foi rompida e grupos novos desafiaram as oligarquias tradicionais, a dissensão tornou-se um instrumento para o progresso pessoal tão bom quanto a cumplicidade. Para a nova geração de políticos e intelectuais a reforma ofereceu ao mesmo tempo um tema e um eleitorado. Quando se empenhavam na reforma, não estavam expressando apenas o interesse dos grupos sociais dos quais descendiam ou com os quais se identificavam. Eram movidos também por suas necessidades específicas de políticos e intelectuais com vistas à criação de clientelas. A mudança socioeconômica forneceu-lhes uma clientela pronta a acolher as propostas reformistas. E, quando os políticos e intelectuais adotaram uma retórica reformista, ajudaram a provocar um descontentamento ainda latente e aumentaram o número daqueles que viam nas reformas uma panacéia para todos os problemas sociais.

Os reformistas tinham seu próprio vocabulário e seus próprios temas. Em sua retórica, "o Povo" aparecia junto com outras palavras prediletas como "progresso", "razão" e "ciência". Mas na verdade, por simpáticos que alguns deles pudessem parecer, não tinham quaisquer ligações reais com as pessoas que eles preferiam proteger a representar e preferiam representar a permitir que falassem por si mesmas.

Aos olhos dos reformistas, a Europa era o símbolo do progresso e ser progressista significava recriar as modas das elites européias. Vivendo num país dependente dos mercados europeus, eles procuravam na Europa argumentos e modelos que não só servissem de guias mas que também conferissem prestígio e autoridade. Apesar da proliferação das instituições culturais, das revistas e jornais e do aumento constante do número de pessoas alfabetizadas, as condições para a produção independente de idéias ainda estavam longe do ideal. A maioria da população continuava analfabeta (78 por cento em 1872). Havia poucas casas impressoras, e os escritores brasileiros muitas vezes eram forçados a imprimir seus livros na Europa. As livrarias eram poucas (em São Paulo, no final do século, havia apenas cinco) e a distribuição interna de livros, difícil. Era mais fácil importar livros do que produzi-los no país. Tudo

11. JOSÉ DE ALENCAR, *Obras Completas*, *op. cit.*, vol. IV, p. 1 075.

isso criou obstáculos para um debate interno das idéias que pudesse conduzir à criação de uma cultura relativamente autônoma. "Somos consumidores, e não produtores de idéias", comentou Tobias Barreto, um proeminente intelectual das décadas de 1870 e 1880[12].

Os reformadores importaram idéias, mas essa importação continuava a ser seletiva, como sempre fora. Escolhiam o que fazia sentido para eles. Isso explica por que, para alguns indivíduos excêntricos, o socialismo cristão de Lammenais, o socialismo utópico de Saint-Simon, Proudhon, ou Fourier e o socialismo científico de Marx e Engels foram apenas matérias de especulação. Homens como Spencer e Comte, que haviam tentado conciliar ordem e progresso e tinham pretendido regenerar a sociedade por meio de uma revolução moral, tiveram mais atrativo para os intelectuais e políticos brasileiros do que aqueles que punham sua confiança na luta de classes e no proletariado.

Colocados entre uma oligarquia que desejavam combater e as massas em quem não confiavam, os reformadores das décadas de 1870 e 1880 encontraram inspiração no positivismo. Abandonaram o ecletismo de Cousin e Jouffroy – que servira para as elites da Regência na década de 1830 e da Conciliação nos anos 1850 e 1860 – para adotar Comte e Spencer. Esses autores lhes ofereciam uma doutrina, um método de análise, uma teoria política e, acima de tudo, a convicção tranqüilizadora de que a humanidade era impelida inevitavelmente para o progresso e de que era possível mudar sem subverter a ordem social.

Desde a década de 1830, alguns brasileiros que haviam estudado em Paris tinham trazido para o país as idéias comtistas, mas foi somente nos anos 1860 que essas idéias se tornaram populares. Em Comte, a geração de reformadores encontrou apoio para seu programa de reduzir o Estado a mero guardião da ordem social. O apreço de Comte pelas liberdades civis e seu firme compromisso com a liberdade religiosa, a livre associação, a liberdade de expressão e a livre empresa só podiam atrair aqueles que se ressentiam com o sistema político centralizado e com o opressivo patronato das elites. Esse grupo um tanto conservador de reformadores achou igualmente atraentes o apreço de Comte pela hierarquia social e pelas desigualdades sociais e sua convicção de que a liberdade era um direito, mas a igualdade, um mito. Numa época em que as mulheres estavam dando os primeiros passos rumo à

12. TOBIAS BARRETO, *Ensaios de Sociologia*, Rio de Janeiro, 1962, p. 10.

educação superior, a crença comtista de que a família era a unidade social básica e de que as mulheres deviam ser subordinadas a seus maridos somente podia atrair homens educados numa sociedade patriarcal que viam com suspeita a emancipação das mulheres. Agradava-lhes também o fato de Comte defender uma elite de técnicos e homens de ciência, distinguidos por suas virtudes e conhecimento – uma elite que, no seu entender, iria substituir a "pedantocracia", a elite dos literatos, que os reformadores identificavam com as oligarquias brasileiras. E nada podia ser-lhes mais atrativo do que a convicção de Comte de que esse novo tipo de intelectual tinha um papel importante a cumprir na transformação do mundo. As idéias de Comte sensibilizaram em particular os médicos, professores, engenheiros, empresários e estudantes da Academia Militar, que se indignavam com o clientelismo das elites tradicionais. Assim, com exceção de alguns indivíduos como Farias Brito, um discípulo de Hartman e Schopenhauer, Soriano de Sousa, que encontrava inspiração no neotomismo, e Tobias Barreto, que devorava tudo o que podia ler, especialmente a literatura alemã, a maioria dos intelectuais desse período tornaram-se positivistas. Mesmo aqueles que, como Sílvio Romero, mudaram mais tarde para posições diferentes tiveram sua fase positivista. Alguns preferiam o evolucionismo de Spencer, mas a maioria seguia Comte na versão de Littré. O interesse por essas novas idéias desenvolveu-se lado a lado com a crítica do sistema e as exigências de reforma.

A POLÍTICA DE REFORMA

No início da década de 1860, um grupo de importantes políticos conservadores, entre eles Pedro de Araújo Lima (marquês de Olinda), José Tomás Nabuco de Araújo, Zacarias de Góes e Vasconcelos, o Marquês de Paranaguá, Sinimbu e Saraiva, convencidos da necessidade de reformar o sistema político, deixaram seu partido e, juntando-se ao Partido Liberal, criaram a Liga Progressista. Em 1864, a Liga apresentou seu programa. Reivindicava, entre outras coisas, descentralização, reforma eleitoral, reforma do sistema judiciário, um novo Código Civil e mudanças no Código Comercial, especialmente nas seções relativas às sociedades anônimas e à falência. Com a eclosão da Guerra do Paraguai em 1865, porém, a campanha reformista arrefeceu por algum tempo. Mas a pressão a favor de reformas continuou a crescer nas fileiras do Partido Liberal, dando margem à criação de uma facção mais radical.

O conflito entre os radicais e os moderados dentro do partido acabou provocando a queda do gabinete liberal em 1868. Para formar o novo gabinete, o imperador convocou os conservadores, que deveriam permanecer no poder nos dez anos seguintes. Os liberais uniram-se e começaram a atacar o governo e o imperador. Em maio de 1869, lançaram um manifesto (escrito, ao que parece, pelo senador Nabuco de Araújo), exigindo descentralização, autonomia do Judiciário, criação de um sistema de ensino mais independente do Estado, a transformação do Conselho de Estado num órgão exclusivamente administrativo, a abolição da vitaliciedade do Senado, eleições diretas, a criação do Registro Civil, a secularização dos cemitérios, liberdade religiosa, a extensão do direito de voto aos não-católicos e a emancipação progressiva dos escravos. O manifesto terminava com uma ameaça: "Ou Reforma ou Revolução", seguida de uma observação conciliatória: "Reformem e o país será salvo".

Apesar de seu tom, o manifesto dos liberais não satisfez os radicais do partido, que alguns meses depois lançaram o seu. O novo manifesto exigia a abolição do Poder Moderador, da Guarda Nacional, do Conselho de Estado e da escravidão. Defendia eleições para os presidentes de província e para os chefes de polícia, sufrágio universal e eleições diretas. Pedia ainda que o governo se limitasse a ministrar a justiça, a manter a ordem, a punir os crimes e a arrecadar os impostos: as funções de um Estado liberal típico, que asseguraria a livre iniciativa e garantiria os direitos civis. Em todo o país formaram-se clubes radicais. E, com o término da Guerra do Paraguai, em março de 1870, a oposição intensificou sua campanha contra o governo. Em dezembro, foi fundado no Rio o Partido Republicano, que lançou um manifesto, publicado no primeiro número do jornal *A República*. Dos homens que assinaram o documento, apenas um era fazendeiro. Os outros identificaram-se como advogados (quatorze), jornalistas (dez), médicos (nove), comerciantes (oito), engenheiros (cinco), burocratas (três) e professores (dois). Alguns tinham militado no Partido Liberal e haviam ocupado importantes postos na política e na administração. Em reação ao manifesto, vários clubes radicais declararam-se favoráveis à república e foram fundados diversos outros clubes republicanos. Esse manifesto não acrescentou muita coisa aos outros. Apresentou, no entanto, importante sugestão: a criação de uma Convenção Nacional com poderes para mudar o regime.

Em substância, os três manifestos lançados em 1868–1870 – dos liberais, dos radicais e dos republicanos – embora diferissem na extensão de seu radicalismo, tinham os mesmos objetivos. Pretendiam diminuir a interferência do governo no setor privado, aumentar a autonomia provincial e minar o poder das oligarquias tradicionais. Seu programa de reformas invocava um amplo espectro de interesses. Sensibilizava o burocrata, o juiz e o professor cansados das incertezas do patrocínio. Falava de perto ao homem de negócios oprimido pelas políticas do governo e ao clero e ao oficial militar que condenavam a interferência política em suas instituições. Sensibilizava o imigrante que queria regularizar sua situação e as massas urbanas e rurais oneradas pelo recrutamento e pelos impostos. Atraía especialmente a nova geração de políticos que acreditava poder, com o programa de reformas, conquistar um crescente eleitorado e ao intelectual que encontrava na reforma novas fontes de inspiração e novas clientelas. Se o programa parecia sensibilizar os grupos urbanos emergentes, atraía igualmente os fazendeiros progressistas e as elites provinciais insatisfeitas com as políticas do governo central. Mas o programa foi usado, principalmente, pelos políticos do Partido Liberal para atacar os conservadores nos dez anos, de 1868 a 1878, em que os liberais estiveram em ostracismo político.

Todavia, os problemas levantados pelos manifestos transcenderam as fronteiras partidárias. Entre os membros do Partido Liberal alguns não endossariam as reivindicações dos mais radicais. E no Partido Conservador havia aqueles que poderiam apoiar um programa moderado de reformas. Poderiam conquistar alguns dos membros mais relutantes de seu partido se apresentassem as reformas como um meio de combater a oposição. Essa estratégia virou uma necessidade quando o próprio imperador manifestou sua simpatia por algumas delas. No conselho que deu à regente, a princesa Isabel, antes de partir em viagem para a Europa em 1871, o imperador enfatizou a necessidade de reformar o sistema eleitoral, o Judiciário, a Guarda Nacional e o sistema de recrutamento e promoção no exército. Sugeriu também a concessão de incentivo à imigração e a emancipação gradual dos escravos. Numa questão o monarca foi além dos liberais e dos republicanos: sugeriu a criação de uma carreira no serviço público que evitasse a manipulação da burocracia pelas elites políticas. Em outras questões, porém, adotou uma linha mais conservadora. Foi contrário à separação entre a Igreja e o Estado, à extinção do Poder Moderador, à abolição da vitaliciedade do Senado e do Conselho de Estado e à descentralização. Desaprovou também a concessão de direitos políticos aos estrangeiros. O apoio do imperador a um programa moderado de reformas só fez aumentar sua popularidade. Isso explica por que um gabinete conservador, chefiado pelo Barão do Rio Branco (1871–1874), empenhou-se numa série de reformas, a mais importante das quais foi a emancipação dos filhos nascidos de mães escravas (a lei do ventre livre).

A questão da emancipação dos escravos não era nova. Na época da Independência, alguns políticos levantaram a questão sem sucesso. Pressionado pelos ingleses, o governo brasileiro proibiu o tráfico negreiro em 1831, mas ele prosseguiu de maneira ilegal até 1850, quando finalmente foi suprimido. No final da década de 1840 e início da de 1850, os fazendeiros de café, preocupados com o problema da oferta de mão-de-obra, tentaram usar imigrantes em suas lavouras. A experiência terminou com um sério confronto entre os trabalhadores e os fazendeiros. Os governos estrangeiros protestaram contra os maus tratos infligidos aos imigrantes e alguns proibiram a imigração para o Brasil. Depois disso, somente alguns mais teimosos continuaram a empregar imigrantes em suas plantações. A esmagadora maioria recorreu aos escravos, comprados nas cidades ou nas zonas rurais menos dependentes do trabalho cativo. Conseqüentemente, os escravos foram transferidos de áreas de menor produtividade para regiões de maior produtividade e dos centros urbanos para as zonas rurais. A população escrava diminuiu no Nordeste e aumentou nas zonas cafeeiras.

Nas décadas de 1850 e 1860, foram apresentados à Câmara vários projetos de lei propondo a emancipação gradual dos escravos; todos foram rejeitados. Somente depois da guerra civil norte-americana a abolição conquistou mais adeptos, porque o Brasil passou a ser um dos poucos países a manter a escravidão. Em 1867, o imperador fez um discurso em favor da abolição progressiva. O parlamento recusou-se a discutir a questão. Todavia, dois anos depois, aprovou uma lei que proibia os leilões de escravos, bem como separar o marido da esposa e os pais dos filhos inferiores a 15 anos. Durante a Guerra do Paraguai, os escravos pertencentes ao Estado que serviram ao exército foram emancipados (novembro de 1866) e, em 1870, o senador Nabuco de Araújo conseguiu aprovar no Senado uma emenda ao orçamento que destinava a soma de mil contos de réis para a emancipação de escravos. Todas essas medidas, embora pequenas, eram indicativas de um aumento da pressão abolicionista. Diante da inclusão da abolição no manifesto dos liberais e da adesão do imperador à emancipação progressiva, tornou-se impossível aos conservadores adiar o debate parlamentar. No entanto, dois gabinetes conservadores renunciaram antes que a questão fosse posta em discussão. Chamado pelo imperador para formar um novo gabinete conservador, Rio Branco apresentou à Câmara, em 1871, um projeto de lei no qual propunha a emancipação dos filhos nascidos de mães escravas. Durante os debates, os interesses regionais prevaleceram sobre as fidelidades partidárias. Foram os representantes das zonas cafeeiras os principais opositores ao projeto. Falaram de falência, de desordem social, de caos político, dos perigos de uma rebelião de escravos. Chegaram a argumentar que o projeto era prejudicial aos escravos porque dividiria as famílias e geraria a discórdia entre eles. E não se esqueceram de fazer as clássicas observações sobre a benevolência dos senhores e as boas condições de vida dos escravos em relação às dos trabalhadores nas sociedades industriais. Mas o argumento mais importante contra o projeto foi que ele violaria o direito de propriedade. Alguns chegaram ao extremo: acusaram o projeto de ser uma invenção comunista. Os seus defensores recorreram a uma grande diversidade de argumentos. Além de condenarem a instituição em termos morais, afirmaram também que o trabalho escravo era menos produtivo do que a mão-de-obra livre. Alguns questionaram a aplicação do direito de propriedade a pessoas. Longe de basear-se em lei natural, a escravidão, diziam, era uma "violação monstruosa" dessa lei. Dentro e fora do parlamento, a questão foi debatida com grande emoção. Petições favoráveis e contrárias ao projeto inundaram o parlamento, onde os acalorados discursos favoráveis eram aplaudidos entusiasticamente pelas galerias. Finalmente, apesar da forte oposição, a medida foi aprovada na Câmara por 65 votos contra 45. A lei foi promulgada em 26 de setembro de 1871, após sua aprovação no Senado por 33 votos a 7.

A lei constituiu um duro golpe na instituição da escravidão, embora seus efeitos só tenham sido sentidos a longo prazo. Segundo seus termos, os filhos recém-nascidos de mães escravas seriam livres, mas os senhores eram obrigados a cuidar deles até os oito anos de idade. Depois disso, os senhores de escravos podiam entregar as crianças ao Estado em troca de uma compensação financeira, ou usar seu trabalho até que completassem 21 anos de idade.

Aprovada a lei do ventre livre, o governo dedicou-se a outras reformas e, em menos de quatro anos, o gabinete reformou o sistema judiciário, a Guarda Nacional (1873), o sistema de recrutamento militar (1874), as escolas militares e as pensões. Aprovou ainda um aumento salarial para os militares, cujos vencimentos estavam congelados desde a década de 1850. Além disso, o gabinete estimulou a expansão das estradas de ferro, dobrando a extensão de trilhos assentados, instalou linhas telegráficas ligando o Brasil à Europa e as províncias entre si e concedeu subsídios à imigração, aumentando de oito para 50 mil o número de imigrantes que entravam anualmente no Brasil. Todas essas medidas foram favorecidas por um período de extraordinária prosperidade econômica. Logo, porém, a recessão mundial de 1873 começou a fazer efeito no Brasil, pondo fim a essa euforia e provocando a queda do gabinete – que já se tinha enfraquecido por causa de um conflito sobrevindo entre a Igreja e o Estado.

As raízes do conflito estavam nas políticas de Pio IX destinadas a fortalecer a autoridade da Igreja católica. As opiniões intolerantes do Papa em matéria de disciplina e fé religiosas e sua agressiva campanha religiosa teriam forçosamente de provocar confrontos entre a Igreja e o Estado, principalmente em países como o Brasil, onde a Igreja era subordinada ao Estado. A situação agravou-se depois que as encíclicas do papa, *Quanta Cura* e *Syllabus* (1868), condenaram muitos aspectos da vida moderna e que o Concílio do Vaticano proclamou o dogma da infalibilidade papal (1870).

A nova linha agressiva do papa foi adotada por muitos padres brasileiros, especialmente aqueles jovens que se tinham formado nos seminários europeus e haviam retornado ao Brasil com um renovado senso de missão religiosa. Para esse clero militante a subordinação da Igreja ao Estado era intolerável. Indignaram-se com a falta de firmeza do clero tradicional, que se havia acomodado às regras do patronato político. Os novos padres lutavam por mais autonomia para a Igreja e por mais disciplina religiosa.

Aparentemente, o que desencadeou o conflito foi uma questão de somenos. O papa condenara a maçonaria e proibira os católicos de se filiarem às sociedades maçônicas. O bispo de Olinda, Dom Vital, agindo de maneira independente, decidiu proibir aos maçons a participação nas irmandades religiosas. Isso poderia ter sido apenas um ato de insubordinação, já que a constituição estabelecia que as bulas papais não tinham validade sem a aprovação do imperador. O conflito complicou-se porque, apesar do número pequeno de maçons, muitos políticos importantes faziam parte da maçonaria, inclusive o Visconde do Rio Branco, o chefe do gabinete. Muitos padres também eram maçons. As sociedades maçônicas opuseram-se à decisão do bispo e apelaram ao governo. Este ordenou ao bispo que retirasse suas interdições, mas ele se recusou a fazê-lo. Criou-se um sério impasse: ou o governo cederia à posição ultramontana do prelado ou teria de puni-lo por sua desobediência. Após solicitar inutilmente ao papa que desencorajasse seu comandado, o gabinete decidiu punir o bispo, que, detido e julgado, foi sentenciado à prisão em 1874. O conflito poderia ter terminado aí, se outros membros do clero não tivessem manifestado solidariedade ao bispo. Mas o incidente teve amplas repercussões. Nas cidades e no interior surgiram manifestações favoráveis e contrárias ao bispo, enquanto a imprensa e o parlamento debatiam a questão. A prisão de outro bispo, D. Antônio Macedo Costa, que seguira o exemplo de D. Vital, acompanhada de um segundo julgamento e condenação, agravou ainda mais a situação.

O apoio que o Gabinete Conservador recebeu na questão não foi unânime nem mesmo nas próprias fileiras do partido. Importantes dirigentes conservadores, como Paulino José Soares de Sousa, Antônio Ferreira Viana e Cândido Mendes, condenaram as prisões. Os liberais também se dividiram. Muitos republicanos viram-se forçados a apoiar o imperador e condenar os bispos. Alguns deles, porém, usaram o incidente para promover a causa republicana, argüindo em favor da separação entre a Igreja e o Estado.

A prisão do bispo causou profundo mal-estar entre os católicos e criou um sério problema para o gabinete. Um conflito, que no começo fora uma pequena questão sobre os direitos dos maçons, transformara-se num confronto entre a Igreja e o Estado para o qual não havia solução aparente. Para o governo, a única alternativa era anistiar os dois prelados, mas para isso o Gabinete Rio Branco tinha de cair. Em 1874, ele foi substituído e a anistia, concedida em 1875; ao mesmo tempo o papa ordenou a suspensão das proibições contra os maçons. Isso punha fim ao conflito. Não houve ganhadores nem perdedores, mas o número daqueles que defendiam a separação entre a Igreja e o Estado aumentara em ambos os lados; assim, a longo prazo a monarquia perdeu. Muitos anos depois, alguns meses após a proclamação da República, D. Antônio Macedo Costa, numa carta pastoral, escrevia em triunfo: "O trono desapareceu [...] E o altar? O altar ainda está de pé"[13].

A historiografia tradicional, ignorando o fato de que a nação ficou dividida sobre a questão, atribuiu a esse conflito um papel importante na queda do Império. Além disso, a posição adotada pelo Conselho de Estado contra os bispos representava a opinião da maioria dos grupos de elite. Com efeito, as elites brasileiras, com notáveis exceções, sempre haviam cultivado uma postura anticlerical, e mesmo uma grande quantidade de seus membros posavam de livres-pensadores. Essa era também a atitude do imperador, a quem o

13. JOAQUIM NABUCO, *Um Estadista do Império*, Rio de Janeiro, 1975, p. 830.

ultramontanismo do bispo não agradava. Durante a crise, até a Igreja ficou dividida. Muitos padres continuaram defendendo os direitos do padroado real. Por essas razões, não se deve superestimar o papel da chamada questão religiosa na derrubada da monarquia.

Se o Estado mostrou-se duro com os padres, revelou-se mais generoso com outro grupo descontente, os militares. Suas queixas contra o sistema político tinham uma história que remontava à década de 1850. Mas, naquela época, a maioria dos queixosos tinham se ajustado mais ou menos ao sistema de patronato. Associaram-se aos partidos e foram cortejados pelos políticos. Alguns generais famosos participaram de gabinetes. A Guerra do Paraguai expusera a fraqueza do exército brasileiro e muitos oficiais reconheceram a necessidade de aumentar a eficiência da instituição. Em 1874, um jovem oficial, Sena Madureira, depois de viajar pela Europa, apresentou ao ministro da Guerra algumas sugestões para a reorganização do exército. Propôs, entre outras coisas, um novo sistema de recrutamento e de promoção com base no mérito e novos tipos de treinamento. Muitos oficiais jovens partilharam suas idéias. Oficiais com espírito reformista fundaram jornais, candidataram-se a cargos públicos e divulgaram suas queixas pela imprensa nacional. Muitos perceberam que o patronato era um obstáculo à modernização do exército. Na sua luta, desenvolveram um novo *esprit de corps*, que transcendeu as linhas dos partidos políticos tradicionais. Procuraram apoio entre outros grupos sociais igualmente interessados em reformar o sistema político. Passaram a encarar as oligarquias tradicionais cada vez mais como seus inimigos. Sua indignação expressou-se no aumento de interesse que demonstraram pelo positivismo e pelas idéias republicanas.

Numa tentativa de atender às suas reivindicações, o governo adotou diversas medidas. Aumentou seus salários, mudou o sistema de formação de oficiais, tornando-o mais especializado, e em 1874 aprovou uma nova lei sobre o recrutamento. Em 1875, alterou o sistema de promoção, estipulando que o tempo de serviço na guerra contasse em dobro para promoção ou aposentadoria. No entanto, a maioria dessas reformas nunca se tornariam realidade. A recessão de 1875 adiou o esperado aumento de salários por mais de dez anos. E, em 1876, Sena Madureira divulgou os esquemas usados pelas elites para evitar o recrutamento de membros de sua família ou clientela. Com o passar do tempo, o fosso entre as oligarquias e os militares ampliou-se. A nomeação do Duque de Caxias, comandante do exército brasileiro na Guerra do Paraguai, para primeiro-ministro em 1875 e a presença de outros dois generais populares (Osório e Pelotas) em gabinetes posteriores adiaram a crise por alguns anos. Mas o conflito veio a furo na década de 1880, com dramáticas conseqüências para a monarquia.

Em 1878, os conservadores foram, finalmente, afastados do poder depois de dez anos de governo. Foi o debate sobre a reforma eleitoral que provocou a queda do gabinete. Em 1876, fora aprovada uma reforma eleitoral com o objetivo principal de garantir a representação da oposição e diminuir a intervenção do governo nas eleições. Mas a reforma revelara-se um fracasso. Nas eleições seguintes, apenas 16 liberais haviam sido eleitos, em vez dos 25 que a lei estipulara como o mínimo. Os conservadores conquistaram 85 por cento das cadeiras na Câmara. A oposição retornou imediatamente à questão, propondo um sistema de eleições diretas.

Ao fim de dez anos, os liberais podiam afirmar que muitas das reformas implementadas pelos conservadores tinham sido meros paliativos. Mas as reformas que pareciam insuficientes à oposição liberal eram consideradas demasiado radicais por muitos conservadores. Em 1878, o Partido Conservador estava dividido em torno de algumas questões fundamentais, tal como acontecera com os liberais em 1868. Essas divisões refletiam as mudanças que estavam ocorrendo na sociedade e o surgimento de grupos conflitantes de interesse, que se manifestavam em ambos os partidos. Sob essas condições, tornava-se cada vez mais difícil para qualquer gabinete obter o apoio unânime dos membros do partido na Câmara. Assim, embora alguns conservadores importantes, como Paulino Soares de Sousa, Ferreira Viana e Francisco Belisário, fossem favoráveis à reforma eleitoral, o imperador, sabendo da divisão nas fileiras conservadoras, convidou os liberais para organizar o novo gabinete.

Após dez anos de ostracismo político, os liberais estavam de volta ao poder com um programa que não diferia muito do projeto dos conservadores. Propunham expandir a rede ferroviária e as linhas telegráficas, efetuar melhoramentos urbanos no Rio de Janeiro, subsidiar a imigração, ampliar a rede de escolas elementares e realizar a reforma eleitoral. As novas eleições levaram para Câmara um grupo de políticos jovens – entre eles Joaquim Nabuco, Rui Barbosa, Afonso Pena e Rodolfo Dantas – que se tornaram importantes figuras políticas nas últimas décadas do Império e nos primeiros anos da Primeira República.

Os debates sobre a reforma eleitoral revelaram profundas brechas internas no Partido Liberal entre moderados e radicais. Essa divisão acabou provocando a renúncia do gabinete. A causa imediata, porém, foi a Revolta dos Vinténs, irrompida no Rio de Janeiro em 1880 (ver acima). Pela primeira vez um movimento popular derrubava um governo. Era o início de uma nova era. E não foi por acaso que o voto dos analfabetos se tornou uma das questões mais controvertidas nos debates em torno da reforma eleitoral. A segunda questão que levantou acaloradas discussões foi a concessão de direitos políticos aos não católicos, uma medida que os políticos interessados em agradar os imigrantes estavam ansiosos por ver aprovada.

Mais uma vez, como acontecera nos debates sobre a lei do ventre livre, ou no confronto entre a Igreja e o Estado, não houve coesão partidária. Entre os conservadores havia elementos favoráveis e contrários ao projeto de reforma eleitoral, e o mesmo era válido com relação aos liberais. A lei aprovada no final foi um meio-termo. Não aprovou o voto dos analfabetos, mas concedeu-o aos não católicos, aos homens livres e aos estrangeiros naturalizados. Aboliu as eleições indiretas, mas manteve a qualificação de renda. Conferiu direito de voto a todos os homens acima de 21 anos que tivessem uma renda líquida de 200 mil-réis e fossem alfabetizados. Uma das inovações importantes foi o título de eleitor, que eliminou alguns tipos de manipulação no processo de registro.

A reforma apresentou um resultado curioso. Ao eliminar as duas etapas características do sistema de eleições indiretas, ao fixar em 200 mil-réis a renda mínima exigida e tornar a alfabetização um pré-requisito, na verdade ela reduziu o número daqueles que tinham direito de voto. Antes da reforma, 1 114 066 pessoas estavam registradas como votantes e 240 mil como eleitores. Com a institucionalização das eleições diretas, o número daqueles dotados de direito de voto caiu para 145 296, cerca de um por cento do total da população. Ao mesmo tempo, o poder político deslocou-se ligeiramente das zonas rurais para as áreas urbanas, onde os índices de alfabetização e a renda eram maiores.

A esperança daqueles que haviam apoiado a reforma pareceu confirmar-se em 1881, quando 75 liberais e 47 conservadores foram eleitos. Pela primeira vez a oposição obtinha uma representação significativa na Câmara. Nos anos seguintes, porém, seus efeitos positivos tornaram-se menos evidentes. Em 1884, foram eleitos 67 liberais, 55 conservadores e 3 republicanos. Mas, nas eleições realizadas em 1885, sob a gestão de um gabinete conservador, de um total de 125 deputados eleitos apenas 22 eram liberais. Nessa altura, estava claro que mais uma vez a reforma eleitoral não conseguira corrigir a fraude.

Os resultados encorajadores nas primeiras eleições após a reforma foram atribuídos à integridade do gabinete que a havia apoiado. Quando os conservadores assumiram o poder, não mostraram o mesmo compromisso com a reforma e ganharam as eleições por uma maioria extraordinária. Mais uma vez, a legislação não atacara as raízes do problema e o voto continuava controlado pelo dinheiro, pelo prestígio e pelas ligações de família. E, quando esses meios falhavam, a violência ainda era uma estratégia útil. Mesmo assim, a política de opinião fazia lentos avanços na esteira dos debates sobre a centralização, sobre a abolição do Senado e do Conselho de Estado, a imigração, as políticas financeiras e a emancipação dos escravos. Embora fosse verdadeiro o fato de que o apoio do chefe local contava mais do que a plataforma de um candidato, o aparecimento de um novo eleitorado urbano e a quebra do consenso de elite criou condições para um novo tipo de política. Em 1884, o líder abolicionista Joaquim Nabuco andou de casa em casa no Recife para pedir o apoio dos eleitores contra o candidato concorrente, João Mariano.

A crise econômica da década de 1880 trouxe novas questões ao debate político e intensificou o conflito político. Os liberais haviam herdado uma situação financeira difícil. A expansão da rede ferroviária e das linhas telegráficas, os subsídios concedidos à imigração e a centralização dos engenhos de açúcar e a ajuda dada à população do Nordeste, assolada por uma série de secas na década de 1870, significaram um grande ônus financeiro para o Estado. Muitos empréstimos foram levantados nesse período e somente a dívida externa absorvia a metade do total das receitas do Estado, e a amortização da dívida era mínima. Apesar do aumento das exportações de café e de borracha, os gastos do governo eram maiores do que as receitas. A situação ficou mais difícil ainda no início da década de 1880, devido à queda dos preços dos produtos brasileiros no mercado internacional. O gabinete liberal que assumiu o poder em 1881 foi forçado a adiar o programa de reformas a fim de enfrentar uma questão mais urgente: o aumento do déficit. Tinha ao mesmo tempo de atender aos pedidos de mais crédito.

Como era inevitável, a recessão pôs às claras conflitos de interesse. Já que os grupos vinculados às exportações – super-representados no governo – se mostravam contrários aos impostos sobre a terra e sobre as exportações, a alternativa era aumentar as taxas sobre as importações. Mas isso prejudicava os importadores e os consumidores. Reduzir os gastos – a outra alternativa viável – significava interromper importantes projetos para o desenvolvimento da infra-estrutura econômica. O governo estava num impasse. A melhor saída a curto prazo era, como sempre acontecia, recorrer a empréstimos ou à emissão de dinheiro. Num caso ou no outro, isso somente agravaria o déficit a longo prazo. Oprimidos por problemas financeiros e minados pelos conflitos entre os radicais e as facções conservadoras dentro do partido, os gabinetes liberais careceram de estabilidade. Quatro gabinetes se sucederam um ao outro entre 1882 e 1884, sem conseguir obter maioria na Câmara.

Com exceção da reforma eleitoral, a maioria das reivindicações liberais de 1869 ainda estavam por ser atendidas. Cada novo gabinete anunciava seu propósito de assegurar a independência do judiciário, descentralizar a administração, dar mais autonomia às províncias, expandir as escolas do Estado e equilibrar o orçamento. Mas, com exceção da expansão do sistema escolar primário, não conseguiram pôr em prática seu programa.

Esse fracasso deveu-se em parte à relutância dos liberais em realizar reformas que haviam proposto quando se achavam na oposição, mas que agora podiam minar seu próprio poder. Agora que estavam no governo, os liberais, com exceção dos mais radicais, não estavam dispostos a ir mais longe do que tinham ido os conservadores. Martinho Campos, o chefe do novo gabinete de 1882, disse, com correção, que nada se assemelhava mais a um liberal do que um conservador – ou mesmo um republicano[14]. Pareciam membros de uma mesma família. As diferenças ideológicas eram irrelevantes. Sua opinião era semelhante à da personagem de Machado de Assis, que, tentando consolar um político derrotado, procurou convencê-lo de que ele podia mudar de lado. "Você estava com eles, como a gente está num baile, onde não é preciso ter as mesmas idéias para dançar a mesma quadrilha"[15].

Uma análise cuidadosa da composição dos partidos revelou que os grupos agrários (fazendeiros) correspondiam a cerca da metade tanto de um partido quanto de outro, enquanto a outra metade era composta de burocratas e profissionais liberais, com os primeiros predominando no Partido Conservador e os segundos no Liberal[16]. A predominância dos burocratas no

14. ARQUIVO NACIONAL, *Organizações e Programas Ministeriais: Regime Parlamentar do Império*, 2. ed., Rio de Janeiro, 1962, p. 196.

15. MACHADO DE ASSIS, *Esaú e Jacó*, São Paulo, 1961, p. 181.

16. JOSÉ MURILO DE CARVALHO, "A Composição Social dos Partidos Políticos Imperiais", *Cadernos DCP*, 1974, p. 15.

Partido Conservador não deve surpreender, porque eles estavam há mais tempo no poder do que os liberais e tiveram mais chance de controlar as nomeações burocráticas. Mas, levando em conta a instabilidade da burocracia e seu recrutamento sobretudo de profissionais liberais, os dois partidos parecem ter representado basicamente os mesmos grupos sociais e deles receberam apoio. As diferenças entre liberais e conservadores eram sobretudo teóricas. Quando no poder, os conservadores podiam pôr em prática muitas das reformas propostas pelos liberais, e estes, quando assumiam o governo, não iam muito além dos limites aceitos pela maioria dos conservadores. E, em ambos os partidos, eram grandes as lutas internas entre moderados e radicais, como vimos. As facções moderadas tendiam a representar o interesse das elites agrárias tradicionais; as outras falavam pelo novo grupo de interesses que estava surgindo. Após a queda do gabinete Rio Branco, essa divisão intestina contribuiu para criar uma grande instabilidade política. Entre 1880 e a queda do Império, dez gabinetes foram formados e destituídos; os sete primeiros (1880–1885) foram liberais. Por três vezes a Câmara foi dissolvida e o governo convocou novas eleições. Nesse período, nenhuma legislatura completou seu mandato legal.

Em conseqüência da instabilidade política, o imperador foi solicitado muitas vezes a intervir na arena política. A constante intervenção do Poder Moderador gerou ressentimentos e críticas, produzindo uma crise do sistema político. Até mesmo as elites políticas tradicionais começaram a questionar o regime. Os partidos monárquicos não poupavam acusações ao regime monárquico que supostamente deviam defender. O alvo principal de suas críticas era o Poder Moderador. As palavras de um político experiente, Ferreira Viana, no Senado, em 5 de julho de 1884, expressaram o estado de ânimo de muitos de seus colegas: "Estou cansado de representar essa comédia política".

Logo os políticos tiveram de enfrentar um teste difícil. A pressão dos abolicionistas trouxe de volta ao parlamento a questão da abolição da escravatura. A maioria dos políticos conservadores tinham imaginado que a lei de 1871 tivesse resolvido o problema, porque a escravidão deveria ser extinta progressivamente. Mas, conforme argumentou um ardoroso abolicionista, se nada fosse feito para acelerar o processo, os brasileiros chegariam à terceira ou quarta década do século XX ainda possuindo escravos. Isso não parecia preocupar a maioria dos representantes na Câmara dos Deputados. Nem mesmo quando, de volta ao poder em 1878, tentaram discutir o problema, os liberais receberam apoio. Um projeto de lei apresentado por Nabuco foi rejeitado por 77 votos; apenas 16 deputados votaram a favor. E, no ano seguinte, Nabuco não foi reeleito, porque o seu próprio partido não lhe deu apoio total. Nesse meio tempo, a campanha abolicionista ganhava novos aliados fora do parlamento.

Diversos fatores explicam o avanço da campanha de abolição e a reabertura da questão no parlamento. Um número cada vez menor de pessoas dependia dos escravos; além disso, aqueles que continuavam a usar o trabalho cativo estavam tomando consciência da necessidade de procurar outras alternativas. Os cafeicultores só podiam expandir suas lavouras se contassem com uma oferta apropriada de mão-de-obra, mas a população escrava caiu de 1 566 416 em 1873 para 1 346 097 em 1883, e continuava a diminuir, descendo para 1 133 228 em 1885 e para 723 419 em 1887. A população de escravos diminuiu mais rapidamente no Nordeste do que no Sul, onde tendeu a concentrar-se; no entanto, mesmo aqui ela decresceu em termos relativos. Em São Paulo, os escravos representavam 28,2 por cento da população total em 1854 e 8,7 por cento em 1886. E, como não podia renovar-se, a população escrava estava envelhecendo. O reconhecimento de que cedo ou tarde não haveria mais escravos forçou os fazendeiros de café a procurar alternativas. Num encontro efetuado em 1878, alguns sugeriram o emprego de imigrantes chineses. Mas a sugestão não agradou à maioria, que defenderam o uso de população rural livre brasileira ou de europeus. No fim a última solução prevaleceu. Em São Paulo, a assembléia provincial aprovou muitos projetos de lei sobre a concessão de subsídios à imigração e, entre 1875 e 1885, entraram na província 42 mil imigrantes, em sua esmagadora maioria italianos e portugueses. Nos dois anos seguintes, chegaram outros 114 mil. No entanto até o início da década de 1880, grande parte dos fazendeiros de café continuavam a usar quase exclusivamente o trabalho escravo. Quanto ao Nordeste, a população que fugiu das secas da década de 1870 amontoou-se nas regiões de cana-de-açúcar, oferecendo mão-de-obra barata aos donos de engenho.

Com as mudanças introduzidas no sistema de processamento do açúcar e do café e as melhorias nos meios de transporte, ficou mais fácil para os fazendeiros o uso do trabalho livre. A produtividade cresceu e o sistema de trabalho pôde ser racionalizado. Em alguns casos, podia até ser mais lucrativo do que a mão-de-obra escrava. A abertura de novas oportunidades de investimento favoreceu também o processo de transição da escravidão para o trabalho livre. Os bancos, as estradas de ferro, os serviços urbanos, as companhias de seguro e as indústrias ofereceram alternativas de investimento de capital. E, mesmo quando não rendiam mais do que o investimento em escravos, o fazendeiro podia proteger-se das incertezas da agricultura com inversões de capital em outros setores. Quando os preços do café caíram de repente no começo da década de 1880, ficou patente a necessidade de diversificar os investimentos. Isso tornava o trabalho livre mais atraente que a mão-de-obra escrava, porque não exigia imobilização de capital. Além disso, na década de 1870 o preço dos escravos e o custo de sua manutenção tinham aumentado tanto em algumas regiões que ficou mais caro trabalhar com escravos do que com trabalhadores livres. Apesar disso, embora no final do século XIX tudo parecesse apontar nessa última direção, a maioria dos fazendeiros continuavam a resistir à abolição. Afinal de contas, além de os escravos representarem um capital já investido, os fazendeiros continuavam a depender de seu trabalho e se mostravam cépticos sobre as possibilidades de substituí-los por trabalhadores livres. Os motins de imigrantes nas principais zonas cafeeiras haviam revelado que não se podia manobrá-los como tinha sido feito com os negros cativos.

Enquanto os fazendeiros se angustiavam com o problema da mão-de-obra, os abolicionistas faziam progressos, especialmente no seio da população urbana, e aos poucos transformaram-se numa força política. Em 1884, a escravidão foi abolida de fato nas províncias do Ceará e do Amazonas. Em São Paulo, um advogado, Antônio Bento, organizou um sistema subterrâneo, com o apoio dos artesãos e dos ferroviários, em sua maioria negros e mulatos, para ajudar a fuga dos cativos. E estes começaram a fugir das fazendas em grandes números. Haviam desenvolvido uma nova consciência, à medida que os abolicionistas lhes forneciam uma nova ideologia e uma estratégia. A opinião pública também tinha sido mudada pelos abolicionistas e os atos de insubordinação, que sempre tinham existido desde o começo da escravidão, assumiram um novo significado. No passado, os escravos fugitivos eram perseguidos, mas agora encontravam um apoio cada vez maior na população. Aquelas pessoas, nas cidades, que no passado haviam perseguido os negros fugitivos agora zombavam da polícia. Juízes e advogados aplicavam com rigor as leis que protegiam os escravos e eram lenientes no uso das leis de repressão. A imprensa, tanto a abolicionista quanto a outra – embora por motivos diferentes – divulgavam boatos de rebelião de escravos: a primeira para enfatizar a violência de um sistema que levava esses homens a tal desespero, a outra para ressaltar a necessidade de maior repressão. Os senhores de escravos apelavam para todos os meios no combate à campanha de abolição. Atacavam os oradores abolicionistas, expulsavam seus líderes de suas comunidades, protestavam na imprensa contra a incapacidade do governo de controlar a desordem social e inundavam o parlamento com petições. Quando visitou o Rio de Janeiro e São Paulo em 1883, a impressão que ficou ao engenheiro francês Louis Couty é que o país se achava à beira de uma revolução social.

Foi nesse clima de excitação dos abolicionistas e de angústia dos fazendeiros que Souza Dantas, um liberal, foi convidado a formar um novo gabinete em 1884. No programa que apresentou à Câmara, definiu sua posição no tocante à emancipação dos escravos: "Nem recuar, nem parar, mas não precipitar [...] marcar a linha que a prudência exige e a civilização recomenda". Propôs um projeto de lei para emancipar, sem qualquer compensação, todos os escravos que atingissem a idade de 60 anos. O projeto provocou uma crise de grandes proporções e acabou ocasionando a queda do gabinete liberal e sua substituição pelos conservadores. Mais uma vez a questão transcendeu as fidelidades partidárias e na Câmara havia liberais e conservadores em ambos os lados. Dezessete liberais, três de São Paulo, um do Rio, seis de Minas e sete de outras províncias, votaram contra o Gabinete. A ata final mostrou 55 votos contrários ao Gabinete e 52 a favor. A oposição ao projeto partira, predominantemente, das zonas cafeeiras (dos 41 deputados dessas regiões, apenas sete votaram com o Gabinete). A Câmara foi dissolvida e o Gabinete convocou novas eleições.

Nunca o país presenciara campanha eleitoral tão disputada. Homens de negócio, banqueiros e fazendeiros reuniam-se em Clubes de Lavoura e Comércio e acusavam os abolicionistas de subversivos, de ameaçar o país com a desorganização econômica e o caos político. "Os abolicionistas são como aquelas pessoas que na Rússia pertencem ao partido niilista, na Alemanha são socialistas, e na França, comunistas", observou um deputado na Câmara. Os abolicionistas, de seu lado, promoviam comícios públicos e faziam campanha pela imprensa, argumentando que a escravidão inibia o desenvolvimento industrial e a inovação nos métodos agrícolas. Era responsável pela instabilidade das fortunas e pela desorganização da família. Gerava o ódio racial, desmoralizava o trabalho e ajudava a manter a ignorância e a pobreza da população livre. Mas, acima de tudo – e esse era um argumento decisivo – constituía um obstáculo ao progresso.

As eleições levaram para o parlamento 67 liberais, 55 conservadores e 3 republicanos. Foram reeleitos 38 deputados que haviam votado a favor do projeto e 18 opositores. Parecia que o Gabinete havia ganho. Mas, na verdade, tinham sido eleitos muitos outros contrários ao projeto e alguns, como

Nabuco, que se batera por ele, tiveram dificuldade para se reeleger. Na abertura da nova legislatura, um deputado de São Paulo apresentou uma moção de censura ao Gabinete, e a votação terminou empatada. Três semanas depois, estava claro que o Gabinete não teria condições de governar. Foi posta em votação uma nova moção de censura e, dessa vez, os conservadores votaram quase por unanimidade contra o Gabinete (apenas três votos a favor) e nove liberais acompanharam a oposição. O imperador convidou outro membro do Partido Liberal para formar um novo Gabinete, na esperança de que essa mudança desse a maioria na Câmara aos liberais. Todavia, mais uma vez, ficou claro que os liberais não tinham apoio suficiente para governar. Finalmente, em 1885, o imperador chamou Cotegipe, um conservador, para formar o novo Gabinete. Com os conservadores de volta ao poder, foi aprovado um projeto de lei mais moderado do que o original e transformado em lei em setembro de 1885. A lei sancionada determinava a alforria dos escravos com 60 anos de idade, mas, como uma forma de compensação, teriam de prestar a seus donos serviços não-remunerados por mais três anos ou até que completassem a idade de 65 anos.

Nos quatro meses de debates ocorrera uma mudança fundamental na posição de um dos líderes conservadores mais firmes das zonas cafeeiras. Antônio Prado, que se opusera sistematicamente a toda e qualquer legislação sobre a emancipação, manifestou seu apoio ao projeto. Em discurso na Câmara, afirmou que não havia necessidade de indenização se os senhores tivessem permissão de conservar seus escravos até que conseguissem substituí-los por trabalhadores livres. Os paulistas tinham consciência das vantagens do trabalho livre e estavam tomando medidas para solucionar o problema, acrescentou. Essa mudança de opinião teve a ver não só com a crescente desorganização do trabalho, que resultava na fuga de escravos das fazendas, mas também com as novas perspectivas da imigração.

Enquanto alguns fazendeiros pensavam nos imigrantes, outros decidiram que, para conter a fuga de seus escravos, deviam conceder-lhes liberdade condicional. Emancipariam seus escravos desde que eles permanecessem nas lavouras por alguns anos. Em 1887, o número de alforrias em São Paulo subiu para 40 mil e a assembléia provincial enviou uma petição ao parlamento solicitando a abolição imediata. Os fazendeiros haviam chegado à conclusão de que a abolição era o único meio de evitar um tumulto social. Isso ficara ainda mais evidente quando o exército solicitou à Princesa Regente que fosse dispensado da tarefa de caçar escravos fugitivos.

Quando a legislatura reabriu em 1888, o novo primeiro-ministro, João Alfredo Correia de Oliveira, anunciou sua intenção de abolir a escravidão sem qualquer indenização e o projeto foi aprovado sem demora e convertido em lei em 13 de maio de 1888. Apenas nove representantes votaram contra ele; oito do Rio de Janeiro – uma região onde as lavouras de café estavam em declínio e os fazendeiros oprimidos pelas hipotecas. Contrariamente ao que as Cassandras haviam previsto, a economia não sofreu com a abolição do trabalho escravo. Recuperou-se rapidamente da inevitável ruína dos primeiros anos, quando várias colheitas foram perdidas. Alguns fazendeiros cujas lavouras já se encontravam em situação crítica enfrentaram a falência – mas não a nação.

A abolição não mudou fundamentalmente as condições de trabalho na lavoura. Nas zonas cafeeiras, os imigrantes que vieram substituir os escravos descobriram freqüentemente que a vida numa fazenda não era tão idílica quanto haviam imaginado e mudaram-se para as cidades, ou deixaram o Brasil. Mas a entrada constante de imigrantes manteve a oferta de mão-de-obra necessária aos fazendeiros para expandir suas lavouras. Muitos ex-escravos ficaram nas fazendas e continuaram a executar suas tarefas habituais, pelas quais recebiam magros salários. Outros que se mudaram para as cidades dedicaram-se a tarefas menos importantes, permanecendo na camada mais baixa da sociedade. Aparentemente, os abolicionistas tinham se esquecido dos negros.

Como acontecera com outras reformas promovidas nesse período – a reforma eleitoral, a reforma do recrutamento militar, a reforma da Guarda Nacional – os resultados da abolição não corresponderam aos temores dos conservadores nem às esperanças dos reformadores. Foram suficientes, porém, para gerar frustração entre os monarquistas, que não perdoaram ao governo o fato de ter abolido a escravidão sem compensação financeira. Se a emancipação dos escravos não engrossou as fileiras do Partido Republicano – como alguns historiadores sugeriram – ajudou a minar o sistema monárquico. Durante a campanha, o imperador fora criticado por todas as facções. Para os abolicionistas radicais, como Silva Jardim, o pecado do imperador foi não ter intervindo com mais energia a favor da abolição. Para os antiabolicionistas, seu pecado foi ter feito demais.

A abolição chegou em 1888 após uma tumultuada campanha popular. Um ano depois, a República chegou em silêncio, na forma de um golpe militar – uma conspiração que uniu os membros do Partido Republicano de São Paulo e do Rio a alguns oficiais do exército.

Desde 1870, os republicanos tinham feito progressos. No começo, eram um grupo pequeno. No Rio, o núcleo original do Partido Republicano contava cerca de 30 pessoas. Em seu primeiro ano, a circulação do jornal *A República* alcançou dois mil exemplares, mas no final do ano estava circulando no Rio de Janeiro, em Alagoas, Pernambuco, Rio Grande do Sul, São Paulo e Minas Gerais. O número de edições cresceu rapidamente e, dois anos depois, gabava-se de uma circulação de 12 mil exemplares. Em várias províncias apareceram novos clubes republicanos, embora concentrados no Rio de Janeiro, em São Paulo, no Rio Grande do Sul e em Minas Gerais. Em 1889, estavam localizados nessas regiões 79 por cento dos jornais e 89 por cento dos clubes.

Em quase todo o país o Partido Republicano recrutara seus partidários entre a população urbana. No Rio, em Minas Gerais e no Rio Grande do Sul, o núcleo do Partido Republicano era constituído por estudantes e profissionais liberais, ao lado de alguns industriais. Em São Paulo, porém, a maioria dos republicanos era composta de fazendeiros. É verdade que, conforme já se mostrou, apenas 30 por cento dos membros do partido eram fazendeiros, enquanto 55 por cento eram profissionais liberais e 11 por cento comerciantes[17]; no entanto, muitos desses fazendeiros tinham diplomas de escolas de direito, medicina e engenharia e podiam perfeitamente ser relacionados ou como profissionais liberais ou como fazendeiros. Dos 133 delegados que compareceram ao primeiro encontro republicano importante, realizado em 1873 em São Paulo, 76 declararam a agricultura como sua profissão. Outros identificaram-se como homens de negócio, advogados, "capitalistas", "artistas" e "proprietários". Muitos haviam estudado na Faculdade de Direito de São Paulo – um centro de abolicionismo e republicanismo. Alguns pertenciam à segunda ou terceira geração de fazendeiros, outros eram profissionais liberais que haviam comprado fazendas ou tinham contraído matrimônio em famílias de fazendeiros. Manuel Moraes Barros era advogado e fazendeiro. Francisco Aguiar de Barros era funcionário público, tinha uma casa importadora e também era fazendeiro. Muniz de Souza era deputado na assembléia provincial e fazendeiro de café. Elias Pacheco Chaves era um cafeicultor, um industrial, um magistrado responsável pelos órfãos, chefe de polícia e deputado provincial.

17. JOSÉ MURILO DE CARVALHO, "A Composição Social dos Partidos Políticos Imperiais", em *op. cit.*, p. 15.

Graças ao apoio que recebeu de homens de posição e de riqueza, o Partido Republicano de São Paulo tornou-se um dos mais poderosos do país. Já em 1877, conseguiu eleger três deputados para a assembléia provincial. Diga-se, no entanto, que dois dos republicanos eleitos concorreram como candidatos do Partido Liberal – uma estratégia adotada com freqüência pelos republicanos. Embora tenha sido o núcleo republicano mais importante do país, o Partido Republicano Paulista (PRP) tinha, em 1880, apenas 900 membros registrados. Quatro anos depois, aliando-se aos conservadores, conseguiram enviar dois representantes à Câmara, Prudente de Morais e Campos Sales, que mais tarde, após a proclamação da República, vieram a ser os dois primeiros presidentes civis do Brasil. No final da década, contavam-se cerca de 50 clubes republicanos em São Paulo. Segundo as estimativas para 1889, um quarto do eleitorado da província era republicano (3 593 republicanos, 6 637 liberais, 3 957 conservadores). O partido aliou-se várias vezes aos liberais ou aos conservadores – dependendo de qual partido estava na oposição – e adotou uma linha bastante flexível em questões fundamentais como a abolição da escravidão e o conflito entre a Igreja e o Estado.

Os republicanos também foram importantes em Minas Gerais, onde muitos jovens políticos de famílias conservadoras tradicionais, como Álvaro Botelho, ou de famílias liberais, como Afonso Celso, se converteram ao republicanismo. Alguns que tinham sido políticos importantes nos partidos monarquistas viraram republicanos no último minuto. Foi o que aconteceu com Antônio Carlos Ribeiro de Andrada, que em 1886 decidiu juntar-se aos republicanos, carreando muitos votos para o partido.

De modo geral, porém, os republicanos receberam em Minas um número muito pequeno de votos e até 1887 os mineiros não tinham criado uma organização que conseguisse unir todos os clubes da província. E, em Minas como em outras províncias, muitos indivíduos que se diziam republicanos não eram qualificados como eleitores. No entanto, aqui como alhures, os candidatos republicanos receberam o apoio de seus amigos e parentes monarquistas. A lealdade de família foi muitas vezes mais importante do que as convicções políticas. Em 1888, quando os republicanos de Minas concorreram a uma cadeira do Senado, receberam um terço dos votos. Somente então é que o Partido Republicano foi criado em Minas. Nessa altura, já tinham três representantes na Câmara dos Deputados e vários na assembléia provincial. Às vésperas da proclamação da República, o Partido Republicano de Minas tornara-se tão forte quanto as outras duas agremiações. Alguns políticos que tinham estado na Câmara por vários anos – João Penido, Felício dos Santos, Cesário Alvim – declararam-se republicanos. Segundo os registros eleitorais, os republicanos receberam 36 por cento dos votos. O que é bastante estranho é que, no Rio, onde o partido foi criado originalmente, os republicanos tiveram menos sucesso. O Rio era o centro da burocracia monarquista e do grande negócio. Nessa província, os republicanos conquistaram o apoio principalmente dos militares e dos profissionais liberais. As zonas rurais eram maciçamente monarquistas. Repetidas vezes os candidatos republicanos que concorreram às eleições no Rio foram derrotados, e os jornais republicanos apareciam e desapareciam. Um dos poucos que conseguiram eleger-se para a assembléia provincial foi José do Patrocínio, um jornalista e líder abolicionista, que fora apoiado pela Confederação Abolicionista. Mas, apesar de seu lento progresso, o partido recebeu um sétimo dos votos nas eleições para senador em 1887 e seus candidatos à assembléia provincial conquistaram um quinto dos votos.

No Rio Grande do Sul, os republicanos organizaram seu partido em 1882. Aqui como em outras províncias, fundaram clubes, criaram jornais e concorreram às eleições – sem muito êxito. Em 1886, pela primeira vez conseguiram eleger um representante para a assembléia provincial, Assis Brasil. Muitos republicanos do Rio Grande do Sul eram estrangeiros que se sentiam especialmente atraídos pelo programa do partido. A economia sul-rio-grandense estava orientada principalmente para o mercado interno. A província era o principal fornecedor de carne, charque, couro e gêneros alimentícios. Os imigrantes haviam desenvolvido uma vigorosa agricultura com base nas pequenas propriedades. A peculiaridade da organização econômica e social do Rio Grande do Sul tornou sua população particularmente sensível às questões da descentralização, naturalização e separação entre a Igreja e o Estado. Isso explica por que, em 1889, os republicanos receberam mais votos do que os conservadores. Não impediram, porém, que os liberais, que sempre contaram com grande apoio na província, ganhassem as eleições por uma larga maioria.

A semelhança entre o programa dos liberais e o dos republicanos constituiu uma das vantagens destes últimos, não só no Rio Grande do Sul como em todo o país. Quando os liberais retornaram ao poder em 1878, muitos desertaram as fileiras republicanas para juntar-se aos liberais. Mesmo alguns daqueles que haviam deixado o Partido Liberal, em 1868, para fundar o Partido Republicano – Lafayette Rodrigues Pereira, Cristiano Otoni, Salvador de Mendonça – logo voltaram ao antigo partido, e Lafayette Rodrigues

Pereira chegou a ser primeiro-ministro. Quando os liberais retornaram ao poder em 1878, a única alternativa que restou ao Partido Republicano foi atacar seus antigos aliados. Com esse propósito, apoiaram muitas vezes os conservadores, que agora eram oposição. Entre 1878 e 1884 – um período de hegemonia dos liberais – os republicanos não fizeram grandes avanços. Somente em 1885, quando os conservadores voltaram a assumir o governo, os republicanos adotaram uma nova forma de vida. Mas, enquanto avançavam nas províncias meridionais, sua situação em outras partes do país não melhorou muito. Somente no Pará, onde o desenvolvimento da borracha criara uma elite indignada com a centralização, chegaram a conquistar um apoio mais expressivo; porém, mesmo nessa província, constituíram uma minoria ativista. Na maioria das outras províncias, o número de clubes republicanos foi pequeno, localizados nos centros urbanos maiores e reunindo uma dúzia ou pouco mais de profissionais liberais idealistas.

Como eram defensores da federação, os republicanos haviam se recusado inicialmente a criar uma organização nacional; com isso, os clubes mantiveram sua autonomia. Os republicanos de diferentes províncias freqüentemente divergiram com respeito à emancipação, embora a maioria acreditasse que a questão deveria ser decidida pelas próprias províncias, e não pelo governo central. Em 1884, no curso dos debates da lei dos sexagenários, Felício dos Santos, um republicano de Minas Gerais, recusou-se a apoiar qualquer projeto de lei que não reconhecesse o direito do senhor de escravos à compensação financeira. Mas os outros dois republicanos da Câmara, que representavam São Paulo, Prudente de Morais e Campos Sales, apoiaram o projeto. Os republicanos divergiam também com relação à estratégia. A grande maioria seguia a opinião de Quintino Bocayuva, o líder do partido no Rio, que adotava uma linha gradualista, legalista e democrática. Seu programa era ampliar a base eleitoral do partido através da propaganda política. Outros, como Silva Jardim, adotavam uma linha revolucionária, cultivando a idéia de uma revolução popular. Havia ainda aqueles que defendiam a conspiração dos republicanos com os militares para derrubar o governo. Divergiram também no tocante à forma ideal de governo. A maioria defendia os princípios de soberania do povo e eram favoráveis a uma forma representativa de governo; alguns sonhavam com um regime republicano autoritário, como Comte sugerira.

As divergências entre os republicanos foram de diversos tipos, mas a maioria parecia concordar com os princípios estabelecidos na constituição que escreveram para o Estado de São Paulo em 1873: autonomia provincial, um sistema bicameral de governo, onde o Executivo seria um instrumento do Legislativo, sufrágio universal, liberdade de consciência, de trabalho, de imprensa e de educação, separação entre a Igreja e o Estado, abolição dos privilégios e dos títulos de nobreza, garantia da propriedade privada e revogação do sistema de recrutamento para a Guarda Nacional. De todas essas questões a mais importante era a federação. A indignação contra a centralização crescera tanto que originou, em São Paulo, um pequeno grupo secessionista. Um de seus líderes, Martim Francisco, lamentava, em 1879, na assembléia provincial, o fluxo de riqueza provincial que ia para os cofres imperiais, a interferência do governo central nos assuntos provinciais e a representação inadequada de São Paulo na administração central. "Quando queremos progredir", ele observava com amargura, "a teia central nos envolve, nossos cargos políticos são preenchidos com pessoas alheias ao nosso modo de vida, a nossos interesses e a nossos costumes". Anos depois, após a reforma eleitoral de 1881, observou que cada um dos nove deputados de São Paulo representava quase o dobro de toda a população do Espírito Santo, uma província que elegia dois deputados, e quase três vezes a população do Amazonas, que também elegia dois. Queixava-se de que São Paulo contribuía anualmente com 20 mil contos de réis para o tesouro nacional, um sexto de toda a renda nacional, mas recebia de volta apenas três mil contos – uma soma que correspondia à arrecadação de taxas alfandegárias em três meses em Santos, o principal porto exportador de café. Esses fatos pareciam a Martim Francisco suficientes para justificar uma secessão[18].

Suas queixas não eram infundadas. Em 1883, São Paulo tinha quatro senadores, enquanto Minas tinha dez, a Bahia sete, e Pernambuco e o Rio de Janeiro, seis cada um. Enquanto cada senador paulista representava 326 568 habitantes, um senador de Pernambuco representava 185 138 e um do Amazonas, 80 654. As mesmas diferenças estridentes eram observadas na Câmara, onde cada deputado paulista representava 145 141 habitantes, enquanto os de Pernambuco representavam 85 448 e os do Amazonas, 40 327. Em 1889, apenas três dos 69 senadores vieram de São Paulo, a província mais rica do país (com uma quarta cadeira vaga). Províncias pequenas, como Sergipe, Alagoas e Paraíba, tinham dois, enquanto o Rio tinha cinco, a Bahia

18. TÁCITO DE ALMEIDA, *O Movimento de São Paulo*, São Paulo, 1934; EMÍLIA VIOTTI DA COSTA, *Da Monarquia à República: Momentos Decisivos*, São Paulo, 1977, pp. 313–316.

seis, Pernambuco seis e Minas Gerais dez. Como vimos, enquanto São Paulo contava com apenas nove deputados, o Ceará, uma das províncias mais pobres, tinha oito, o Rio de Janeiro doze, Pernambuco treze, a Bahia quatorze e Minas Gerais vinte. Era raro um paulista das novas zonas cafeeiras – a mais progressista do país – ocupar um lugar no Conselho de Estado, que foi dominado por Minas Gerais, Bahia, Rio Grande do Sul e Rio de Janeiro; a maioria dos paulistas que conseguiram esses postos representavam os fazendeiros do Vale do Paraíba, onde o café estava em declínio desde 1870. Para agravar a situação, políticos de outras províncias eram nomeados freqüentemente para presidir o estado de São Paulo.

Os paulistas das partes ocidentais da província – a mais produtiva –, sentindo que sua representação no governo não era justa, passaram a pensar na federação como a única forma conveniente de organização política. Essa opinião era partilhada por muitas pessoas de outras províncias. Os paraenses, por exemplo, também se indignavam com o governo central e no Rio Grande do Sul e em Pernambuco eram comuns as críticas à centralização. Num congresso agrícola realizado em outubro de 1878, os senhores de engenho de Pernambuco queixaram-se com amargura do banco de emissão do governo que emprestara 25 mil contos de réis, na década de 1870, às províncias do Centro-Sul, como Rio de Janeiro, São Paulo, Espírito Santo e Minas Gerais. Para essas províncias, eles diziam, iam todos os favores. "Enquanto o agricultor dessas províncias, protegido pelo governo, com a vantagem do crédito, goza de todo o conforto e ostenta um luxo asiático [...] os do Norte são, com poucas exceções, obrigados a restringir-se à sua subsistência", disse um deles[19]. Em toda a parte, por razões diferentes, adquiriu-se uma consciência cada vez maior de que a centralização era uma fonte de favoritismo e um obstáculo ao desenvolvimento e ao progresso. O federalismo tornou-se a bandeira de todos aqueles que se sentiam constrangidos pelo governo e estavam ressentidos com as oligarquias políticas que se perpetuavam no poder através de um sistema de patronato e clientela e através do monopólio dos postos no Senado e no Conselho de Estado. Em 1885, foi apresentada à Câmara uma proposta, assinada por 39

19. *Trabalhos do Congresso Agrícola do Recife. Outubro de 1878. Sociedade Auxiliadora da Agricultura de Pernambuco. Edição Facsimilar Comemorativa do Primeiro Centenário 1878–1978*, Recife, Fundação Estadual de Planejamento Agrícola de Pernambuco, 1978, pp. 17, 92, 114, 139, 147 e 183.

deputados liberais, que sugeria transferir para o eleitorado a decisão de emendar a constituição para dar ao país um sistema federalista. A emenda proposta nunca se transformou em lei, e somente com a proclamação da República é que foi adotado um sistema federativo.

O federalismo tornou-se uma das principais metas dos republicanos em sua campanha contra o sistema monárquico. A partir do momento em que os conservadores assumiram o poder em 1885, os republicanos intensificaram sua campanha, tentando ampliar suas bases e definir novas estratégias. Num congresso que realizaram em São Paulo em maio de 1888, a estratégia revolucionária foi repudiada e sancionada a estratégia "evolucionista", com a nomeação de Quintino Bocayuva como líder nacional do partido. Esse fato gerou uma crise interna na agremiação. Silva Jardim publicou um manifesto em 28 de maio, no qual atacava violentamente a facção moderada. Mas seu protesto produziu poucos efeitos. No final, a facção pacífica prevaleceu. Um ano depois, porém, a monarquia foi derrubada por um golpe militar.

Em 1887, a liderança do Partido Republicano começara a pensar na possibilidade de pedir ajuda aos militares. Rangel Pestana, um membro do Partido Republicano de São Paulo, sugeriu à Comissão Permanente do partido que se associasse aos militares para dar um golpe. No congresso nacional do partido realizado no Rio de Janeiro, manteve esse ponto de vista e, apesar da desaprovação da comissão, fez contato com alguns militares, entre eles Sena Madureira, Serzedelo Correia e o Visconde de Pelotas. Essa tática foi defendida por Francisco Glicério, outro líder republicano de São Paulo, que, em março de 1888, escreveu a Bocayuva, instando-o a estabelecer contato com os militares. Américo Werneck, um líder do partido no Rio de Janeiro, também argumentou que a vitória da revolução republicana somente seria conseguida através do uso da força militar. Ao mesmo tempo, o alto comando republicano do Rio Grande do Sul manifestou-se a favor de uma solução militarista.

Tão logo chegaram a um consenso sobre a importância do apoio militar, os republicanos começaram a cortejar o exército de várias maneiras. Os líderes republicanos mantiveram contato com alguns oficiais simpáticos à idéia republicana e a imprensa republicana deu cobertura aos conflitos entre o exército e o governo, nunca perdendo a oportunidade de instigar os militares contra a monarquia, ao mesmo tempo em que lhes asseverava o apoio dos republicanos.

O republicanismo encontrou grande receptividade no exército, cuja insatisfação era crescente. O período em que os oficiais mais se afastaram do sistema monárquico coincidiu com o declínio de sua participação no governo.

Durante os nove anos do Primeiro Reinado (1822–1831), doze militares tiveram assento no Senado e cinco no Conselho de Estado. D. Pedro nomeara quatro oficiais para o Senado na década de 1840 e dois na década de 1850, mas nos trinta anos seguintes de seu reinado nomeou apenas dois. A representação militar no Conselho de Estado também diminuíra. No momento da proclamação da República, não havia nenhum representante militar no Conselho de Estado. A representação militar nos gabinetes e na Câmara também decrescera. O que é mais importante, entre 1881 e 1889 os ministros da Guerra foram todos civis.

Na gestão do Gabinete conservador de Cotegipe (1885–1888), vários conflitos opuseram civis e militares, conflitos exacerbados tanto pelos liberais quanto pelos republicanos em suas tentativas de minar o prestígio dos conservadores. Cortejados pelos políticos e pela imprensa, os militares sentiram-se muito importantes. Em 1886, quando Cotegipe puniu dois oficiais (Cunha Matos e Sena Madureira), porque, desobedecendo às ordens do governo, usaram a imprensa para defender-se de acusações feitas por funcionários públicos, o incidente teve fortes repercussões e muitos oficiais manifestaram solidariedade aos colegas. O marechal Deodoro da Fonseca, desrespeitando as ordens do ministro da Guerra, recusou-se a punir Sena Madureira, que estava sob seu comando. Deodoro renunciou a seu posto no Rio Grande do Sul e mudou-se para o Rio de Janeiro, onde se tornou o centro das atenções. No Senado, o Visconde de Pelotas (Rio Grande do Sul), um político experiente e um oficial dedicado e respeitado, advertiu o governo sobre o risco iminente de um levante militar. No entanto, o governo manteve sua política de disciplinar os oficiais desobedientes, provocando mais insatisfação no exército. Em 1887, foi criado o Clube Militar, que se transformou no local de reunião dos oficiais descontentes. Os militares estavam cada vez mais desiludidos com o sistema político. Expressando sua decepção, Floriano Peixoto, que seria mais tarde presidente da nova República, escreveu ao general Neiva, em julho de 1887, nos seguintes termos: "Nosso país encontra-se em adiantado estado de corrupção moral e precisa de uma ditadura militar para limpá-lo"[20].

O conflito com o Exército contribuiu para a queda de Cotegipe, que foi substituído por João Alfredo, outro conservador, em março de 1888. Todavia, o novo Gabinete, que aboliu a escravidão em maio, não durou muito. E foi

20. J. F. OLIVEIRA VIANNA, *O Ocaso do Império*, São Paulo, 1925, p. 137.

num clima de inquietação militar e de agitação republicana que Ouro Preto, um liberal, foi chamado, em junho de 1889, para formar novo Gabinete. Ouro Preto disse ao imperador que a única maneira de enfrentar a propaganda republicana era provar que o sistema monárquico podia atender a suas reivindicações e realizar suas promessas. Para alcançar esse objetivo, o novo ministro idealizou um programa de reformas políticas, econômicas e sociais. Mas o programa que apresentou à sessão do parlamento, em 11 de junho, foi uma versão ligeiramente modificada daquele apresentado vinte anos antes pelo Partido Liberal. Ouro Preto propunha a limitação do mandato de senador; a redução do Conselho de Estado a mero órgão administrativo; eleição das autoridades municipais; nomeação dos presidentes e vice-presidentes de província a partir de uma lista escolhida pelos eleitores; e sufrágio universal. Sugeria ainda a concessão geral de liberdade de culto e propunha a reforma do sistema de ensino para dar mais liberdade à iniciativa privada. Com referência às questões econômicas, recomendava a redução das taxas de exportação, a promulgação de uma lei que facilitasse a aquisição de terras, o desenvolvimento de meios rápidos de transporte, a amortização da dívida externa, o equilíbrio do orçamento federal e a criação de instituições de crédito para a emissão de papel-moeda. Não incluiu, porém, nenhum dispositivo sobre a adoção do sistema federativo, uma das reivindicações mais importantes dos críticos da monarquia.

Quando o primeiro-ministro apresentou sua proposta à Câmara, Pedro Luís Soares de Sousa, um deputado do Rio de Janeiro, não pôde reprimir uma exclamação, que certamente expressava os sentimentos da maioria dos presentes: "É o começo da República", ele disse. Ouro Preto respondeu: "Não, é a derrota da República". Estava errado – alguns meses depois a monarquia caiu.

O programa de Ouro Preto não contentou os radicais e irritou os conservadores. Estes propuseram uma moção de censura, aprovada por 79 votos contra 20. Alguns dias depois, em 17 de junho, a Câmara foi dissolvida e o governo convocou novas eleições. A situação estava cada vez mais tensa. Ouro Preto tomou algumas medidas que ofenderam figuras importantes do exército. A nomeação de Silveira Martins para a presidência do Rio Grande do Sul afastou ainda mais o marechal Deodoro da Fonseca, que tinha uma história de conflitos pessoais com Martins. E a nomeação de Cunha Matos para um posto no Mato Grosso também provocou descontentamento. No final de outubro, cresceram os rumores de que o governo poderia licenciar guarnições insubordinadas ou exilá-las para áreas distantes do país.

Os republicanos aproveitaram-se da irritação nos meios militares. Em 11 de novembro, alguns dias antes da data marcada para a reunião da Câmara, Rui Barbosa, Benjamin Constant, Aristides Lobo, Bocayuva, Glicério e coronel Sólon tiveram um encontro com o marechal Deodoro, quando tentaram convencê-lo a tomar a iniciativa da derrubada da monarquia. O velho soldado continuava hesitante. Sempre fora leal ao imperador e, não obstante sua indignação com o Gabinete, não estava disposto a apoiar um golpe militar que provocasse a queda da monarquia. Em 15 de novembro, porém, quando deixou sua casa para forçar a renúncia de Ouro Preto, encontrou o teimoso ministro decidido a resistir a qualquer custo. O impasse não durou muito. Poucas horas depois, um grupo de republicanos anunciou à nação atônita a queda da monarquia e a instauração da República. A família real foi enviada para o exílio. Ninguém se levantou para defender a monarquia.

A proclamação foi uma conseqüência da ação combinada de três grupos: uma facção militar (que representava no máximo um quinto do exército), os fazendeiros do oeste de São Paulo e alguns membros das classes médias urbanas. Foram ajudados indiretamente na consecução de seu objetivo pelo declínio de prestígio da monarquia. Embora os "revolucionários" estivessem unidos momentaneamente por seu ideal republicano, profundas divergências entre eles viriam à tona nas primeiras tentativas de organizar o novo regime. Nos primeiros anos da República, contradições latentes explodiram em conflitos que contribuíram para a instabilidade do novo regime.

CONCLUSÃO

O ano de 1889 não representou na história brasileira uma ruptura significativa. O país continuou a depender, como sempre o fizera, da exportação de produtos agrários para o mercado internacional e de investimentos externos. O poder permaneceu nas mãos dos fazendeiros e dos comerciantes e de seus aliados. O sufrágio universal não aumentou muito o eleitorado, visto que a exigência de alfabetização privava a maior parte da população brasileira do direito de voto. O sistema de patronato permaneceu intato e os grupos oligárquicos continuaram a controlar a nação com a exclusão das massas. O sufrágio universal, a adoção de um sistema federativo, a anulação da vitaliciedade dos senadores, a abolição do Conselho de Estado e do Poder Moderador, a separação entre a Igreja e o Estado – todos esses objetivos pelos quais os reformadores tinham lutado – não produziram, afinal de contas, os milagrosos efeitos que haviam esperado. A principal realização da República foi levar ao poder a nova oligarquia dos fazendeiros de café e seus clientes, que defendiam apenas aquelas mudanças institucionais necessárias para atender a suas próprias exigências. Para todos os outros grupos sociais que tinham esperado que a República representasse uma ruptura com o passado, o 15 de Novembro foi uma *journée des dupes.*

16

Brasil: Estrutura Social e Política da Primeira República, 1889–1930

MUDANÇAS DEMOGRÁFICAS E SOCIAIS

Em 1889, época da proclamação da República, o Brasil era um país com baixa densidade populacional. No Norte e no Oeste havia extensas regiões praticamente desabitadas ou com uma população muito dispersa. No entanto, ainda que essas generalizações tenham continuado válidas em todo o período da Primeira República (1889–1930), registrou-se um grande crescimento demográfico. Entre 1890 e 1920, a população quase dobrou, aumentando de 14,3 para 27,0 milhões. Esse aumento decorreu do processo de crescimento natural, combinado com a imigração européia em massa para o Centro-Sul. Todavia, a pirâmide de idade mostra a forma característica dos países subdesenvolvidos: uma base muito ampla que vai se afinando fortemente para um vértice bastante estreito, resultado de uma taxa de natalidade muito alta associada com altos índices de mortalidade, especialmente infantil. Em 1890 e em 1920, os menores de 20 anos constituíam, respectivamente, 51 por cento e 56 por cento da população. Em 1890, o grupo etário de quarenta a cinqüenta anos era quase três vezes superior ao dos maiores de 60 anos e, em 1920, chegou a mais do que o triplo. O grupo dos maiores de 60 anos representou 4,7 e 4 por cento da população nesses mesmos anos. As estimativas para o período compreendido entre 1920 e 1940 sugerem uma expectativa média de vida de apenas 36–37 anos; para o período 1900–1920 ela era mais baixa ainda[1].

No Centro-Sul, onde a imigração desempenhou papel importante no crescimento da população e no desenvolvimento da estratificação social, São Paulo foi o estado que absorveu a maior parte dos imigrantes: 51,9 por cento dos 304 054 que entraram no país entre 1888 e 1890, 64,9 por cento dos

1. ANÍBAL VILANOVA VILLELA & WILSON SUZIGAN, *Política do Governo e Crescimento da Economia Brasileira, 1889–1945*, Rio de Janeiro, 1973, p. 256.

1 129 315 que chegaram no período de 1891 a 1900 e 58,3 por cento dos 1 469 095 que aportaram no período 1901–1920. A imigração para o Estado de São Paulo foi o resultado de um planejamento do governo, com o objetivo principal de fornecer mão-de-obra para o setor cafeeiro, centro dinâmico do crescimento econômico nas décadas imediatamente anteriores e posteriores à abolição da escravatura (1888). Após o fracasso de experiências com a parceria, a burguesia do café idealizou um sistema de produção baseado no colonato. O fazendeiro contratava uma família de colonos e pagava-lhes um salário anual para que cuidassem de suas lavouras de café. A colheita em si era paga separadamente, em qualquer área agrícola produtiva na fazenda. Não havia, por conseguinte, nenhum vínculo necessário entre o trato do cafezal por uma família e a colheita da safra. Além disso, o colono prestava uma certa soma de trabalho eventual, relacionado habitualmente com a manutenção da propriedade e com o transporte, que era pago numa base diária e num montante muito pequeno. Os colonos recebiam alojamento e pedaços de terra onde cultivavam produtos de subsistência, cujos excedentes vendiam eventualmente nos mercados locais. Algumas vezes recebiam permissão de manter uma ou duas cabeças de gado nos vales mais profundos suscetíveis a geadas e, portanto, inadequados para o cultivo do café. O colonato combinou um sistema capitalista de produção com um sistema não-capitalista de arrendamento da terra. Isso foi particularmente correto no caso do tipo de acordo contratual que era praticado comumente nos cafezais novos e que de fato foi o preferido pelos imigrantes. O colono e sua família plantavam o café e cuidavam da plantação por um período de quatro a seis anos, já que normalmente o cafezal já no quarto ano começava a produzir uma pequena safra. Na prática, os colonos não recebiam qualquer pagamento em dinheiro, mas podiam dedicar-se ao cultivo de gêneros alimentícios, sobretudo milho e feijão, entre as linhas dos novos cafezais. Normalmente, tinham direito também à primeira safra. A produção de gêneros alimentícios não se destinava apenas ao consumo da família; seu excedente era vendido no mercado local; na verdade, existem provas de que essa última prática constituiu um fator particularmente importante.

A questão da mobilidade social na São Paulo rural continua motivo de controvérsia. Segundo afirma um estudo do período compreendido entre 1871 e 1914, eram muito limitadas as oportunidades dos colonos de se tornarem pequenos proprietários ou donos de propriedades de tamanho médio. Embora o preço da terra não fosse alto, o acesso à terra exigia influências e, para fazer a terra dar lucros, os compradores em potencial precisavam de recursos que lhes eram relativamente inacessíveis. Informa ainda esse estudo que, em 1903, apenas seis por cento, no máximo, dos proprietários rurais eram de origem italiana[2]. Outro estudo que abrange um período mais longo (1886–1934), embora não negue as dificuldades e pressões sofridas pelos imigrantes, chega a conclusão diferente. Afirma ele que uma proporção significativa dos trabalhadores imigrantes que se estabeleceram nas zonas rurais tiveram condições de ascender na escala social e, através dos anos, chegaram a constituir importante setor de pequenos e médios proprietários, especialmente no oeste de São Paulo, a região mais dinâmica do Estado. Esse processo teria resultado basicamente do sistema de colonização, que permitia aos colonos fazer uma poupança, e inclusive teria estimulado alguns fazendeiros a vender partes de suas propriedades com o intuito de investir em outros setores. Pode ser discutível a freqüência real desse fenômeno, mas não há dúvidas quanto à sua importância. Pesquisa realizada pela Secretaria da Agricultura do Estado de São Paulo em 1923, abrangendo os municípios produtores de café, mostrou que 37,6 por cento das propriedades rurais contadas pertenciam a italianos, espanhóis ou portugueses, que juntos representaram 87 por cento do total de imigrantes que chegaram em São Paulo entre 1886 e 1923. Os nativos desses três países possuíam 24,2 por cento do total de cafezais inspecionados, com uma média de 15 700 pés produtivos por fazenda[3]. Obviamente, eram pequenos proprietários, já que mais da metade das fazendas de São Paulo tinham mais de cem mil pés de café cada uma e algumas chegavam a mais de um milhão.

Inevitavelmente, levanta-se a questão de saber por que a burguesia agromercantil de São Paulo preferiu os trabalhadores imigrantes, especialmente os italianos, a outras fontes alternativas de mão-de-obra. No que se refere aos ex-escravos, deve-se recordar que, nos últimos anos do regime escravista, as relações de trabalho se tinham deteriorado. A crescente ocorrência de fugas ou de revoltas levantou grandes problemas quando se precisou decidir como transformar essa força de trabalho em assalariados. À medida que os trabalhadores imigrantes chegavam às fazendas de café e cresciam os problemas com a

2. MICHAEL M. HALL, "The origins of mass immigration in Brazil, 1871–1914", tese de Ph. D., Columbia University, 1969.

3. THOMAS H. HOLLOWAY, *Immigrants on the Land: Coffee and Society in São Paulo, 1886–1934*, Chapel Hill, NC, 1980.

população escrava, os fazendeiros convenciam-se cada vez mais da qualidade superior da mão-de-obra imigrante. Falando genericamente, a população negra que permaneceu na zona rural de São Paulo depois da abolição seguiu um destes dois caminhos: ou estabeleceu-se em áreas isoladas, onde se dedicou à agricultura de subsistência, ou foi relegada nas fazendas de café a formas mais servis de trabalho, sem ligação direta com a produção. No que tange aos trabalhadores rurais livres pobres, já se dedicavam primordialmente à agricultura de subsistência e, portanto, conseguiram manter um grau relativo de independência. Submeter esse setor da população às exigências disciplinares do trabalho na fazenda era um problema que os fazendeiros preferiam evitar, pois eram disponíveis outras formas de mão-de-obra. Finalmente, a preferência dos fazendeiros pelos trabalhadores imigrantes, sobretudo os italianos, em relação à mão-de-obra brasileira trazida de outros estados, é explicada por diversos fatores: o preconceito dos proprietários rurais contra a força de trabalho nativa do Brasil, a existência de poderosos grupos de interesse na Itália prontos a fornecer mão-de-obra barata em quantidade razoável, o custo relativamente baixo do transporte internacional em comparação com o transporte inter-regional dentro do Brasil e a oposição de grandes grupos de interesse à migração interna de mão-de-obra. Cabe ressaltar ainda que, embora sobrasse mão-de-obra especialmente no Nordeste, não era suficiente nesse momento para satisfazer às necessidades dos cafeicultores de São Paulo, que estavam interessados numa oferta rápida e em grande escala. Além disso, grande parte do excedente de força de trabalho disponível no Nordeste foi absorvida pelo crescimento repentino da borracha no Norte entre 1880 e 1912.

As variações no nível de imigração dependeram das condições internacionais, das condições no país de origem e, sobretudo, do estado da economia cafeeira brasileira. O período de maior imigração, tanto em termos absolutos quanto relativos, foram os dez anos compreendidos entre 1890 a 1900. A longa crise econômica italiana, que persistiu de meados da década de 1880 à metade da década de 1890, estimulou a emigração, particularmente do norte do país. E, enquanto a Argentina e os Estados Unidos experimentavam um período de recessão depois de 1890, o Brasil, graças ao café, ingressava numa época de grande prosperidade, num momento em que precisava urgentemente substituir sua mão-de-obra escrava e aumentar sua força de trabalho em geral. Os imigrantes, em sua maior parte, foram atraídos pelo programa de passagens subvencionadas do governo brasileiro. Quase 80 por cento dos que chegaram ao estado de São Paulo entre 1890 e 1900 tiveram sua viagem paga por esse sistema. No entanto, nos últimos anos da década houve uma inversão dessa tendência. A economia cafeeira do Brasil entrou num período de superprodução e crise. Em 1902, o governo adotou medidas para limitar a plantação de novos cafezais no estado. Ao mesmo tempo, o governo italiano, reagindo às contínuas queixas de seus conterrâneos sobre as condições de vida nas lavouras paulistas, proibiu, pelo chamado Decreto Prinetti, quaisquer imigrações subvencionadas para o Brasil. Os anos de 1903 e 1904 registraram um balanço negativo na imigração líquida para o estado de São Paulo. Com a recuperação da economia brasileira, a imigração voltou a apresentar uma alta acentuada, alcançando um pico nos anos imediatamente anteriores à Primeira Guerra Mundial. Em 1913, entraram no país 116 640 estrangeiros, um número igual aos melhores anos da década de 1890–1900. No entanto, a guerra interrompeu esse fluxo, de modo que em 1918 apenas 10 772 novas chegadas foram registradas. Quando a imigração voltou a crescer na década de 1920, já não estava ligada às oscilações da economia cafeeira. A imigração direta para as grandes cidades virou rapidamente uma norma. Agora, nas zonas rurais de São Paulo e do Sul do país, eram muito maiores as possibilidades para os pequenos agricultores dedicados à produção de gêneros alimentícios.

Contando todo o período compreendido entre 1884 e 1933, os três grupos principais de imigração foram os italianos (1,4 milhão), os portugueses (1,1 milhão) e os espanhóis (577 mil). Como vimos, os primeiros estabeleceram-se principalmente no estado de São Paulo e, em menor grau, nas áreas de colonização no Sul. Entre 1884 e 1903, foram de longe o grupo estrangeiro mais numeroso a entrar no país. A partir de 1903, o número de entradas de italianos diminuiu consideravelmente, caindo para o terceiro lugar em todas as décadas seguintes. A imigração portuguesa foi a mais estável durante o período em estudo, ocupando o primeiro lugar nos dez anos de 1904 a 1913 e nos períodos posteriores. Os portugueses estabeleceram-se geralmente nas cidades, onde ocuparam postos no comércio e em empresas de serviço. Em 1920, 39,8 por cento dos portugueses estabelecidos no Brasil residiam no Rio de Janeiro, onde constituíam o grupo estrangeiro mais numeroso. Predominaram também no porto de Santos, em contraste com sua proporção em São Paulo. Os espanhóis estavam distribuídos de modo mais ou menos uniforme por todo o estado de São Paulo. No porto de Santos formavam o segundo grupo mais numeroso de estrangeiros, atrás dos portugueses.

Depois dos italianos, dos portugueses e dos espanhóis, os seguintes em importância eram os alemães e os japoneses. A imigração alemã foi particularmente significativa no Sul, ligada, inicialmente, ao estabelecimento de pequenas fazendas agrícolas. Os alemães não se assimilavam com tanta facilidade quanto os portugueses, os italianos ou os espanhóis, e ainda na década de 1930 formavam uma comunidade cultural distinta – fator que iria tornar-se uma fonte de ansiedade para o governo Vargas. Quanto aos japoneses, começaram a aportar ao Brasil em 1908, graças a um acordo entre o Estado de São Paulo e algumas companhias japonesas de imigração, que ofereceu aos imigrantes passagens subvencionadas e subsídios. Foram trazidos a princípio para trabalhar na agricultura como empregados, mas, a partir de 1912, o governo do Estado começou a conceder-lhes terra. Até meados da década de 1920, a imigração japonesa foi relativamente insignificante. Todavia, no período entre 1924 e 1933, tornou-se a segunda maior corrente migratória, chegando a entrar no país de cerca de 110 mil japoneses. Estabeleceram-se, em sua maior parte, no Estado de São Paulo, onde se tornaram pequenos e médios proprietários rurais vinculados à produção de alimentos.

O Norte e o Nordeste do país atraíram poucos imigrantes: o crescimento econômico da região era pequeno (com exceção do desenvolvimento da borracha) e não havia escassez de mão-de-obra. O fim do sistema escravista significou, em sua maior parte, um fortalecimento das condições existentes. No cinturão da cana-de-açúcar, o problema da mão-de-obra assalariada foi resolvido com o recurso a uma prática que datava dos tempos coloniais: o estabelecimento de pequenos proprietários dependentes do grande proprietário fundiário. Localizados em pequenos pedaços de terra, nos quais cultivavam produtos de subsistência, os trabalhadores eram requisitados a prestar serviço nas lavouras de cana sempre que fosse necessário. Esse trabalho, de modo geral, não era remunerado ou, quando o era, os salários pagos eram escandalosamente baixos. Um sistema semelhante de relações foi estabelecido igualmente entre os pequenos proprietários e os criadores de gado. Embora no Nordeste existissem propriedades independentes de tamanho médio, especialmente no setor açucareiro, o sistema dominante de relações sociais ajudou a impedir a formação de um mercado de trabalho livre e o desenvolvimento de uma economia camponesa.

No Extremo Sul, a pecuária nos latifúndios localizados no sudoeste do Rio Grande do Sul – que produzia charque para o consumo principalmente dos grupos de baixa renda nos centros urbanos do Centro-Sul e do Nordeste – exigiu uma força de trabalho muito pequena e não atraiu imigrantes. No entanto, grande número de alemães e italianos, seduzidos pela possibilidade de adquirir terras, estabeleceram-se em outras partes do Estado. Desenvolveram na zona de planalto a cultura do trigo e do arroz, sob um regime misto de agricultura de subsistência e comercial, cuja produção, em sua maior parte, encontrava mercado no Estado de São Paulo. O Rio Grande do Sul foi, portanto, um caso singular, na medida em que desenvolveu uma economia atrelada ao mercado interno, dando origem, graças a isso, a um núcleo expressivo de proprietários rurais independentes de tamanho médio.

Paralelamente ao estabelecimento de grande número de imigrantes europeus no Centro-Sul nas últimas décadas do século XIX, houve importante movimento migratório interno entre o Nordeste e o Norte. Todavia, o impacto desse deslocamento sobre a estrutura social foi relativamente limitado. A partir da década de 1870, o desenvolvimento de atividades associadas à extração da borracha na bacia amazônica atraiu migrantes do Nordeste. Outro fator importante que contribuiu para o deslocamento da população foram os períodos de seca que assolaram a região nordestina nas décadas de 1870 e 1880. Segundo uma estimativa grosseira, cerca de 160 mil pessoas foram impelidas para o Amazonas entre 1890 e 1900. Em todo o período compreendido entre 1872 e 1920, o Ceará, o Estado nordestino mais próximo da região amazônica, apresentou um balanço negativo em termos de migração. No entanto, por volta de 1912, a produção brasileira, diante da concorrência da borracha produzida nas colônias inglesas e holandesas da Ásia, entrou em colapso, produzindo um rápido efeito sobre a migração interna. O *boom* da borracha estimulou o crescimento de algumas cidades e favoreceu a mobilidade social entre determinados grupos urbanos. Contudo, a migração de trabalhadores não originou nenhuma transformação social significativa na região. A força de trabalho, espalhada por toda a região de floresta pluvial, foi submetida a extrema exploração e apanhada em diversas formas de servidão por dívida que impediram a mudança social.

Nos últimos anos do século XIX, e na verdade antes de 1920, a migração interna para o Centro-Sul, e dentro da região, foi limitada. Seus focos mais importantes foram as áreas urbanas e, particularmente, a capital da República (o Distrito Federal). Deve-se ressaltar que, a partir de 1890, Minas Gerais apresentou, uniformemente, um balanço negativo em termos de migração, porque uma porção significativa de sua população mudou-se para o cinturão agrícola de São Paulo e para o Rio de Janeiro. O deslocamento "espontâneo" da população negra nos anos que se seguiram imediatamente à abolição da escravidão constitui um tema que sempre provocou controvérsias. Parece mais provável que a abolição tenha ocasionado a volta de um número bastante grande de ex-escravos do Estado de São Paulo para o Nordeste, de onde tinham vindo vendidos nos anos do tráfico interno. A migração para a capital do Estado de São Paulo não foi especialmente significativa. Por outro lado, segundo parece, o Distrito Federal recebeu grande número de ex-escravos que haviam abandonado as lavouras de café do interior do Estado do Rio de Janeiro, então em franco declínio. Entre 1890 e 1900, o total líquido de migrantes internos de origem brasileira que entraram na capital da República alcançou a cifra de 85 547, ao passo que, no mesmo período, o estado do Rio apresentou um balanço negativo, em termos de migração, de 84 280 pessoas.

A partir do início da década de 1920, as condições que haviam limitado a migração interna no Centro-Sul durante a fase de sua expansão econômica começaram a mudar. Os migrantes de Minas e do Nordeste começaram a entrar no Estado de São Paulo em números cada vez maiores. Em 1928, os migrantes internos superaram o total de imigrantes, e assim continuou acontecendo uniformemente a partir de 1934. Embora o índice de imigração tenha se mantido grande na década de 1930, as características do movimento imigratório iriam alterar-se definitivamente, passando os migrantes de origem brasileira a desempenhar papel importante na oferta de mão-de-obra tanto nas zonas rurais do Centro-Sul quanto na indústria, que então iniciava sua expansão. Essa tendência foi reforçada, no âmbito internacional, pela crise mundial de 1929 e, no âmbito nacional, pelas medidas adotadas para "nacionalizar" a força de trabalho e estabelecer um sistema de cotas para a entrada de imigrantes.

Muitos imigrantes estabeleceram-se diretamente nas cidades, ou foram responsáveis mais tarde, em grande medida, pela migração interna das zonas rurais para as áreas urbanas. Essa corrente migratória foi motivada, de um lado, pela insatisfação com as condições de trabalho vigentes na São Paulo rural, sobretudo nos períodos de crise do setor cafeeiro, e, de outro, pelas oportunidades de emprego fornecidas pelas cidades nas atividades industriais e artesanais. Não foi por acaso que, entre 1890 e 1900, a década de maior afluência de estrangeiros, a capital do Estado de São Paulo cresceu 14 por cento ao ano, passando sua população de 64 934 para 239 820 habitantes. São Paulo converteu-se numa "cidade italiana", onde, em 1893, os estrangeiros constituíam 14 por cento da população total. Seu número na administração pública e nas profissões liberais era pequeno; representavam, porém, 79 por cento da força de trabalho nas indústrias de manufatura e 71,6 por cento no comércio. No Rio de Janeiro, a capital federal, a contribuição dos imigrantes também foi significativa. Em 1890, os imigrantes já constituíam 39 por cento da mão-de-obra industrial e 51 por cento dos envolvidos no comércio.

Durante todo o período da Primeira República, o Brasil continuou sendo um país predominantemente rural. Em 1920, 69,7 por cento da população trabalhadora estavam envolvidos com a agricultura, 13, 8 por cento com a indústria e 16,5 por cento com o setor de serviços. No mesmo ano, 74 cidades tinham mais de 20 mil habitantes e o conjunto da população urbana constituía 16,6 por cento da população total (cerca de 4,5 milhões de pessoas). Distribuindo por região, em 1920 as cidades representavam 15,6 por cento da população no Norte, 10,1 por cento no Nordeste, 14,5 por cento no Leste, 29,2 por cento no Estado de São Paulo, 14,6 por cento no Sul e 2,8 por cento no Centro-Oeste. Por outro lado, entre 1890 e 1920 as cidades maiores – as capitais de Estado – experimentaram um crescimento constante. No decênio de 1890 a 1900, São Paulo, que estava iniciando seu crescimento espetacular, e Belém, o centro de exportação da borracha, cresceram 6,8 por cento ao ano, enquanto o índice de crescimento global das capitais de Estado chegou a 4,3 por cento. Entre 1900 e 1920, o ritmo de crescimento das capitais de Estado caiu para 2,7 por cento; São Paulo, porém, continuou a expandir-se rapidamente (embora a um índice menor, 4,5 por cento) e outras cidades, como Porto Alegre (Rio Grande do Sul), aumentaram de importância.

Desde o início do século, a rede urbana apresentou uma tendência uniforme à concentração. A urbanização aumentou em termos absolutos, mas as grandes cidades expandiram-se muito mais do que os centros urbanos médios ou pequenos. Essa tendência tornar-se-ia mais aguda no período entre 1920 e 1940. No entanto, em 1920, apenas duas grandes cidades brasileiras tinham mais de 500 mil habitantes: o Distrito Federal, com uma população de 1,15 milhão de habitantes, e São Paulo com 570 mil.

AS ESTRUTURAS SOCIAIS E POLÍTICAS

O estabelecimento e consolidação do Império brasileiro, na primeira metade do século XIX, foi o resultado de uma coalizão entre os burocratas do alto escalão, especialmente magistrados, alguns setores da classe de proprietários rurais, particularmente do Rio de Janeiro, mas, em menor extensão, da

Bahia e de Pernambuco, e os comerciantes das principais cidades, todos ansiosos para conter a agitação política e social urbana. No conflito entre centralização e autonomia provincial que caracterizou as primeiras décadas do Império, a vitória inclinou-se claramente para o aumento da centralização política e administrativa. Apoiados pelos fazendeiros do café do Rio de Janeiro, os burocratas, educados na tradição do absolutismo português, foram os principais teóricos e executores da centralização.

A oposição ao regime centralizado da monarquia reapareceu nas últimas décadas do século XIX. As classes sociais que surgiram nas novas áreas de expansão econômica, em especial a burguesia cafeeira de São Paulo, começaram a manifestar-se a favor de uma república federativa, com uma autonomia das províncias o suficiente para que pudessem arrecadar impostos, formular seu próprio programa de imigração, criar sua força militar e contratar empréstimos no exterior. Foi a luta por uma estrutura federal, por uma descentralização política e administrativa, e não, como se disse às vezes, a questão da abolição da escravatura, que uniu os opositores da monarquia no Partido Republicano de São Paulo. Após o triunfo da República, ou, mais precisamente, daqueles interesses regionais de classe responsáveis pela formação da República, o governo central perdeu grande parte do poder para as províncias, que passaram a chamar-se Estados, e para seus presidentes eleitos.

À medida que as classes dominantes de cada Estado se foram articulando melhor e que aqueles setores não vinculados à atividade econômica, como o Judiciário, começaram a perder sua influência sobre a máquina do Estado, houve maior convergência entre a classe dominante e a elite política e administrativa. Esta última ligou-se mais a suas próprias regiões e, com a redução de sua base geográfica, tornou-se mais representativa. Os interesses das classes dominantes, por sua vez, mantiveram-se totalmente dentro do quadro político do Estado, como se vê claramente pela constituição dos partidos políticos, que foram concebidos originariamente como organizações estaduais e mantiveram essa característica básica durante toda a Primeira República. Os chamados partidos nacionais, como o Partido Republicano Federal ou o Partido Republicano Conservador, nunca passaram de esforços efêmeros para organizar uma federação de oligarquias estaduais. Mesmo a tentativa, no final da década de 1920, de lançar um Partido Democrático nacional com base nos partidos democráticos de oposição no âmbito estadual não foi uma exceção à regra.

É fora de dúvida que a ênfase posta na regionalização e na descentralização políticas servia a interesses bem definidos. O novo quadro institucional criou as condições que permitiram à burguesia de São Paulo ganhar força e consolidar sua posição no Estado, e na nação. Ao mesmo tempo, o regionalismo continha as sementes de sua própria destruição, na medida em que nem o Estado como um todo nem as classes dirigentes tinham capacidade de legitimar-se como representantes dos interesses gerais da nação.

Costuma-se dizer que o sistema político da Primeira República, apresentado em termos simples, estava fundamentado em três núcleos de poder. Na base da pirâmide achavam-se os potentados locais, os chamados *coronéis*, que controlavam a população rural de uma determinada área. Num nível intermediário encontravam-se as oligarquias estaduais, constituídas em maior ou menor medida por "federações de coronéis", cujas funções diferiam em termos institucionais das dos coronéis isoladamente. No ápice da estrutura de poder estava o governo federal, que era o produto de uma aliança entre as oligarquias dos Estados mais importantes e, portanto, era a expressão de uma "federação de oligarquias". Uma característica de todo o sistema era o baixo nível de participação política da massa da população. Além do mais, as relações entre as classes e os grupos sociais eram expressas verticalmente, de conformidade com a hierarquia inerente às relações clientelistas, e não horizontalmente, como uma expressão de interesses de classe opostos. Dava-se muita atenção ao papel estratégico das oligarquias estaduais no azeitamento das rodas do governo. Embora, basicamente, fornecessem votos, os coronéis dependiam da influência das oligarquias estaduais no governo para obter toda uma série de favores, inclusive empregos e investimentos, que, por sua vez, constituíam a base de seu poder sobre a população local. Por outro lado, a relação entre as oligarquias estaduais e o governo central era interpretada como sendo de igualdade, pondo-se muito mais ênfase no baixo nível de institucionalização no plano nacional. A máquina política no âmbito estadual determinava a escolha do presidente da República. De seu lado, o governo federal fazia o maior esforço possível para resguardar a supremacia das facções dominantes no âmbito estadual, evitando fomentar a dissidência política.

Não há dúvida de que existe uma grande dose de verdade nesse quadro, mas, dado o grau de generalização, deixa-se, inevitavelmente, de levar em conta todas as características do sistema político. As relações entre os coronéis e a população que controlavam, assim como entre os próprios coronéis, a oligarquia do Estado e o governo federal, variavam bastante de região para região. As características socioeconômicas do país não eram de modo nenhum homogêneas. Num extremo estava o Estado de São Paulo, no outro os Estados do Norte e do Nordeste, sem falar das vastas áreas de população esparsa. Enquanto São Paulo iniciava uma fase de desenvolvimento capitalista caracterizada por intenso nível de imigração, os Estados do Norte e do Nordeste, onde predominavam relações pré-capitalistas, experimentavam um nível de crescimento muito inferior, quando não estavam estagnados ou mesmo em recessão. O paternalismo associado com violência, sobretudo em relação à população rural, estendia-se por todo o país como se fossem os dois lados da mesma moeda, mas o emprego desses dois instrumentos de dominação variavam em estilo, em freqüência e em intensidade.

Durante todo o período da Primeira República, a vida social e a vida política eram dominadas por relações clientelistas, mesmo nos principais centros urbanos, como o Rio de Janeiro e São Paulo. No entanto, eram particularmente fortes nas zonas rurais, porque nelas havia condições ideais para assegurar a manutenção de relações sociais baseadas na troca desigual de favores entre homens situados nos lados opostos da escala social. Os recursos de produção eram controlados por uma minoria diminuta; havia uma ausência quase total de bem-estar social público ou privado; e as condições geralmente precárias de sobrevivência não permitiam às classes dominadas fazer outra coisa se não procurar individualmente a proteção dos elementos mais poderosos. A proteção, em forma de terra, ajuda financeira ou emprego, era trocada por uma garantia de lealdade, que, dependendo dos casos individuais, significava estar pronto a defender fisicamente o coronel, ou a obedecer à sua vontade nas urnas.

Um instrumento de poder particularmente eficaz para os coronéis era a estrutura familiar, conhecida pelo nome de *parentela*, típica do Nordeste. A parentela incluía a família extensa, formada por parentes por casamento, tanto verticais quanto colaterais, bem como as relações de afinidade resultantes de rituais, como os padrinhos, ou de adoção. Todavia, nem todos os membros da família estavam incluídos na parentela, na medida em que esta se baseava na lealdade a um patriarca[4]. Por essa razão, certas pessoas ligadas entre si por sangue ou por casamento não faziam parte da parentela, mesmo que fossem aparentadas. Vale observar também que as normas familiares não atuavam necessariamente quando se escolhia um novo cabeça de parentela.

4. Cf. LINDA LEVIN, "Some historical implications of kinship organization for family-based politics in Brazilian northeast", *Comparative Studies in Society and History*, 21(2), April 1979.

Os descendentes em linha direta de um patriarca podiam ser ignorados em benefício de parentes colaterais ou parentes por casamento.

Institucionalmente, a República fortaleceu o poder dos coronéis, na medida em que a descentralização deu maior poder aos municípios, as menores unidades políticas e administrativas de cada Estado. Os municípios não só ganharam maior autonomia nominal, como também maior controle sobre a renda pública. É reveladora a comparação entre os anos 1868/1869 e 1910: no primeiro ano, o governo imperial recebeu 80,8 por cento de toda a renda pública, as províncias 16,7 por cento e os municípios 2,5 por cento; no último, o governo central recebeu 59,9 por cento da renda total, os estados 21,5 por cento e os municípios 18,6 por cento. Além disso, a ampliação do sufrágio estabelecida na Constituição de 1891 fortaleceu os coronéis que, no plano local, adquiriram maior poder de negociação[5]. Ao mesmo tempo, porém, o fortalecimento do poder dos Estados limitou consideravelmente a ação dos coronéis, ou pelo menos criou um foco de tensão entre eles e as oligarquias estaduais.

Nessa altura, é oportuno fazer algumas distinções. Nos Estados do Norte e do Nordeste, havia dois modelos políticos principais. Em certos casos, uma oligarquia familiar poderosa apoderava-se da máquina do governo, minimizando assim a distinção entre os coronéis locais e a oligarquia do estado. Em outros, os grupos que representavam interesses urbanos, entre eles muitos políticos profissionais, ou zonas rurais ligadas ao comércio de exportação, é que se apossavam do poder. No entanto, sua posição era frágil, e os chamados "coronéis do interior" mantinham um grau considerável de autonomia. Foi o que aconteceu em toda uma vasta região em ambos os lados do rio São Francisco, onde floresceram autênticas "nações de coronéis". Com o apoio de seus exércitos particulares, converteram-se, em sua área de influência, em verdadeiros senhores de baraço e cutelo. Além disso, o desenvolvimento de um comércio interno em Estados como a Bahia, Goiás, Pernambuco, Piauí e Maranhão estimulou entre os coronéis a formação de alianças que ultrapassaram as fronteiras do Estado. Via de regra, os coronéis preferiam manter o máximo de autonomia dentro de sua área e não faziam objeção ao fato de as capitais do Estado e as zonas litorâneas receberem uma parcela proporcionalmente maior da renda pública. Ademais, reagiam contra as tentativas de inte-

5. JOSEPH L. LOVE, "Political participation in Brazil, 1881–1969", *Luso-Brazilian Review*, 7(2): 7, 1970.

grá-los em partidos ou outras organizações que pudessem contribuir para a eliminação das rixas familiares e do banditismo.

Naqueles Estados que não faziam parte da poderosa constelação centrada em São Paulo, Minas Gerais e Rio Grande do Sul, o governo federal desempenhava primordialmente um papel de árbitro, ora emprestando seu apoio à oligarquia política local, ora negociando diretamente com os coronéis. Um exemplo foi o Estado da Bahia, que se caracterizou pela autonomia dos coronéis do interior e pela fraqueza dos partidos e das instituições políticas da oligarquia. O apoio militar do governo federal durante a gestão do marechal Hermes da Fonseca (1910–1914) foi decisivo nas eleições para a presidência do Estado em 1912, que levaram ao poder J. J. Seabra, um político apoiado pela área urbana de Salvador, a capital do Estado. Durante vários anos, Seabra conseguiu controlar o poder dos coronéis por meio de uma série de reformas políticas. Alguns anos depois, em 1920, na administração seguinte, os coronéis do interior revoltaram-se contra o governo do Estado, derrotaram suas forças militares em várias refregas e ameaçaram tomar a própria cidade de Salvador. O presidente da República arbitrou a disputa por intermédio do comandante militar da Bahia. O arbitramento demonstrou o poder dos coronéis. O mais famoso deles, Horácio de Matos, obteve o direito de conservar suas armas e munições, bem como a posse dos doze municípios que controlava; as autoridades que ele instalara foram reconhecidas pelo governo federal. Na década de 1920, no caso da Bahia, o modelo tradicional pelo qual o governador servia de intermediário entre os coronéis e o presidente da República foi extinguido de uma vez por todas. Este último converteu-se num árbitro da política local e regional. Os coronéis do interior ganharam maior autonomia em face do governo do Estado e a Bahia fragmentou-se numa série de estados dentro de um Estado. O resultado foi um tipo de federalismo muito afastado do modelo estabelecido na Constituição de 1891.

Em contrapartida, nos Estados mais desenvolvidos, os coronéis não tinham autonomia e associavam-se a estruturas mais amplas, como o partido político dominante e a máquina política estadual. Nesses Estados, o elemento dominante na rede total de relações clientelistas era o governo estadual, que distribuía terras, créditos e cargos públicos. A diferença não deixava de ter sua importância. Exteriormente, o Estado era apenas um coronel em grande escala, que sustentava um sistema de dominação semelhante ao existente no Nordeste. No entanto, a verdade era que as relações entre a sociedade como um todo e o Estado estavam começando a mudar. O Estado tendia cada vez mais a expressar classes e não apenas grupos de interesses e a estabelecer uma esfera de autonomia em face da sociedade. O melhor exemplo desse processo é São Paulo, onde se formara uma classe dominante homogênea e a diferenciação social era mais intensa. O poder local dos coronéis persistiu sobretudo nas regiões de fronteira, mas subordinado, em maior ou menor grau, ao governo do Estado, que controlava a maioria dos recursos de que os coronéis dependiam para manter-se no poder. O governo do Estado também tinha à sua disposição um considerável poder militar, que praticamente assegurava sua superioridade em caso de conflito armado. Além disso, o Partido Republicano Paulista (PRP) tinha um grau extraordinário de coesão e disciplina organizacional e era claramente algo mais do que uma rede elaborada de relações de parentesco e de clientela, embora esses aspectos também fossem importantes. Já foi dito que o PRP representou uma etapa intermediária entre um agrupamento baseado em relações verticais de "clientela" e um partido político moderno organizado "horizontalmente"[6]. É indubitável que as relações entre o Estado e a sociedade continuavam fundamentalmente clientelistas. No entanto, dado seu papel de executor dos interesses de classe, o Estado de vez em quando adotava medidas com o propósito de reduzir o poder local em áreas sensíveis. Em 1906, por exemplo, o presidente do Estado de São Paulo, Jorge Tibiriçá, não só delegou poderes extraordinários à milícia estadual, como também instituiu uma força de polícia civil em tempo integral. Embora haja dúvidas quanto ao grau de independência dessa polícia, essa medida representou mesmo assim uma tentativa de tirar a polícia de sua posição tradicional de apêndice dos grandes proprietários de terra. Do mesmo modo, em 1921, o presidente do estado, Washington Luís, estimulou a profissionalização do Judiciário, que se tornou menos dependente do poder local. Entre outras medidas, foi estabelecido um exame de acesso ao cargo, as promoções foram sistematizadas e os salários, aumentados.

Minas Gerais foi um caso curioso. Em termos de estrutura econômica, apresentou uma certa semelhança com o Estado da Bahia[7]. Contudo, os dois diferiam no grau de desenvolvimento econômico e, sobretudo, no poder de suas instituições de governo. Em Minas Gerais, o serviço público constituía um instrumento eficiente de patrocínio, controlado pelo partido e pelo

6. JOSEPH L. LOVE, *São Paulo in the Brazilian Federation, 1889–1937*, Stanford, 1980, p. 115.

7. JOHN D. WIRTH, *Minas Gerais in the Brazilian Federation, 1889–1937*, Stanford, 1977, p. 118.

governo do Estado. Este, embora tratasse as diferentes regiões de forma desigual, podia oferecer empréstimos, favores e obras públicas, especialmente no campo dos transportes. Enquanto na Bahia os coronéis do interior estiveram até 1930 isolados comercialmente da capital, em Minas as áreas mais afastadas dos centros urbanos, como o norte do Estado, sempre tiveram esperança de obter melhorias nos meios de transporte que pudessem integrá-las nos mercados do Sul. Além disso, desde a formação do Partido Republicano de Minas (PRM) em 1897, os coronéis estavam subordinados politicamente ao governador do Estado e à máquina política estadual. "Não existe salvação sem o PRM" era um *slogan* bem conhecido entre os coronéis de Minas durante a República Velha. No Rio Grande do Sul, a figura do "coronel burocrata" foi uma clara demonstração do maior poder do governo estadual e do Partido Republicano do Estado (PRR). Se o "coronel burocrata" devia sua posição a seu poder econômico e prestígio social numa área determinada, também tinha de estar pronto para receber ordens de cima. O cargo de intendente, que em teoria era o domínio dos coronéis, foi ocupado freqüentemente por pessoas designadas provisoriamente pelo governo do Estado[8].

A Constituição de 1891 formalizou o sistema federal, dando ao mesmo tempo expressão à distinção de poder entre os Estados mais poderosos e os mais fracos. Contra a opinião de alguns líderes militares, que queriam representação igual para todos os Estados, a Câmara dos Deputados foi criada com base na representação proporcional ao número de habitantes de cada Estado (conforme o recenseamento de 1890). A autonomia dos Estados, que beneficiava as maiores unidades, era assegurada nas questões vitais da distribuição da renda pública e do poder militar. A arrecadação de determinados impostos, o mais significativo dos quais foi o dos direitos alfandegários sobre as exportações, a segunda fonte mais importante de receita durante o Império, foi tirada das mãos do governo central. Isso representou um benefício considerável para São Paulo, que chegou a superar o próprio governo central em termos financeiros. O direito dos Estados de contrair empréstimos no exterior permitiu a São Paulo financiar a expansão de sua economia cafeeira e a melhoria de seus serviços urbanos. Os Estados menores, com baixas receitas

8. Cf. JOSEPH L. LOVE, *Rio Grande do Sul and Brazilian Regionalism, 1882–1930*, Stanford, 1971, p. 118.

da exportação e que na prática careciam do poder de cobrar tributos das grandes propriedades rurais, tentaram inutilmente obter uma parcela das taxas alfandegárias sobre as importações, arrecadadas pelo governo central. Cada Estado tinha o direito de organizar suas próprias forças militares. Nisso mais uma vez, os Estados maiores, graças a seus recursos, tiraram ampla vantagem. A milícia estadual de São Paulo, em particular, foi bem equipada e seus membros ativos sempre foram superiores em número aos regimentos do exército federal alojados no Estado. Em 1925 e em 1926, a milícia estadual tinha 14 mil homens, treinados a partir de 1906 por uma missão militar francesa. Dessa forma, os Estados mais poderosos tiveram os recursos financeiros e militares para limitar as pressões intervencionistas do governo federal.

A eleição do presidente da República refletia o grau de acordo ou desacordo entre os Estados mais poderosos. Tem-se afirmado com freqüência que a chamada aliança *café-com-leite* entre São Paulo e Minas Gerais controlou efetivamente a Primeira República. Certamente, isso é verdadeiro até certo ponto. No entanto, é importante ter em mente que houve áreas de conflito dentro da aliança, particularmente depois de 1910, quando a entrada na cena política de um terceiro Estado, o Rio Grande do Sul, desestabilizou seu equilíbrio. Finalmente, quase no final da década de 1920, a ruptura entre as oligarquias de São Paulo e de Minas Gerais desencadeou a cadeia de acontecimentos que desembocou na Revolução de 1930. No entanto, falando genericamente, é verdade que na República Velha o poder residiu no eixo São Paulo–Minas. Em onze disputas presidenciais, nove dos presidentes eleitos procederam desses dois Estados, seis de São Paulo e três de Minas Gerais. Considerando o tamanho de sua população, o Estado de Minas iria representar um papel influente na Câmara dos Deputados, onde conquistou 37 cadeiras, seguido de São Paulo e da Bahia, com 22 cada um. Embora não fosse absolutamente desprezível, a economia de Minas não podia competir com a de São Paulo. Minas produzia alimentos derivados principalmente da pecuária. Além disso, era produtor de café. As poucas oportunidades no campo econômico estimularam a elite política de Minas Gerais a expandir-se e a buscar postos no governo central. Durante seu apogeu, entre 1898 e 1930, a oligarquia de Minas não apenas exerceu influência na Câmara dos Deputados, como também foi o grupo que esteve à frente de ministérios importantes por um maior número de anos. A dominação direta da política federal pela oligarquia de São Paulo, que teve início quase com o nascimento da República, diminuiu a partir de mais ou menos 1905. No entanto, embora isso tenha complicado a questão, não se pode dizer que os interesses de

São Paulo deixaram de ser predominantes no âmbito federal. Levando em conta os aspectos característicos do sistema federal, era vital para São Paulo controlar a política federal apenas nas áreas em que uma ação na esfera estadual fosse impossível ou inadequada: na área de regulamentação cambial e de políticas financeiras, que garantiam os empréstimos estrangeiros contraídos principalmente para manter o valor do café, e na questão das leis de imigração e da distribuição de rendas públicas entre os governos federal e estaduais.

Obviamente, o poder político de cada unidade regional dependia em grande medida de seu poder econômico. No entanto, era de fundamental importância o grau de coesão das classes dirigentes estaduais e dos partidos regionais. Pode-se ilustrar esse ponto com uma breve análise das estruturas políticas de São Paulo, de Minas Gerais e do Rio Grande do Sul. Em 1920, os três Estados eram responsáveis por mais da metade do valor total da produção agrícola e industrial do país, excluindo-se o Distrito Federal. Em São Paulo, a burguesia do café emprestou seu apoio político ao PRP em conseqüência de uma longa luta, que datava da década de 1870, em defesa da República e, sobretudo, do federalismo. Nenhum outro partido expressou tão claramente os interesses de classe. Apesar do rápido crescimento econômico de São Paulo e da conseqüente diferenciação social, o PRP conseguiu manter sua posição de único partido da classe dirigente até 1926, quando foi fundado o Partido Democrático (PD). O núcleo básico para a expansão econômica no Estado de São Paulo era o complexo do café, do qual dependiam direta ou indiretamente todas as outras atividades econômicas, e a máquina administrativa do Estado. As diferenças internas na burguesia do café entre os principais produtores, os banqueiros e os comissários nunca foram expressas com clareza. Por sua vez, a industrialização nascente não deu origem a uma classe que se opusesse de forma radical aos empresários do café. O desenvolvimento da indústria aconteceu como uma atividade subsidiária da economia de exportação, que criou um mercado regional e foi responsável pela entrada do capital necessário para a compra de maquinário. O investimento industrial foi muitas vezes uma opção paralela ao investimento no complexo cafeeiro e ajustou-se às condições da economia do café. Estas circunstâncias facilitaram a fusão do proprietário rural e do industrial numa única pessoa, ou pelo menos num grupo familiar. Somente em 1928 apareceu em São Paulo um órgão representativo da burguesia industrial. Mesmo então, Roberto Simonsen – o primeiro nome importante entre os ideólogos da industrialização de São Paulo – não deixou nenhuma dúvida sobre a efetividade da iniciativa, quando afirmou que a estrutura econômica do Brasil devia continuar repousando principalmente sobre o cultivo do solo. O próprio PRP, portanto, foi capaz de representar os interesses limitados e subordinados dos industriais de São Paulo, como se pôde ver, por exemplo, na luta dentro do Congresso Nacional para impor barreiras alfandegárias à importação de produtos têxteis (1928).

Em Minas Gerais, a atividade econômica da classe dirigente dividiu-se entre o café, a pecuária e, em menor medida, a indústria, em sub-regiões geograficamente distintas. A disputa política interna foi enorme, especialmente nos primeiros anos da República. No entanto, apesar das freqüentes desavenças e rivalidades entre as facções, o Partido Republicano de Minas (PRM) tendeu a ganhar forças e a apresentar uma frente unida na esfera da política federal. Em Minas Gerais, na década de 1920, não houve sequer o surgimento de um partido de oposição de alguma importância, ao passo que, em São Paulo, a diferenciação social, sobretudo a expansão das classes médias urbanas, acabou abrindo a possibilidade de uma articulação horizontal de interesses e a fundação do PD. Em Minas, a estreita aliança entre o PRM e o Estado através do patronato foi sempre o meio mais seguro (na verdade o único) pelo qual os interesses de classe poderiam expressar-se ou pelo qual o indivíduo poderia progredir na arena política.

Em contrapartida, no Rio Grande do Sul a unidade da classe dirigente regional foi sempre problemática. Aqui, as disputas entre facções expressavam-se predominantemente através de partidos concorrentes, mais do que através de rivalidades dentro de um único partido. Seria errôneo, porém, estabelecer uma relação causal direta entre os interesses econômicos diferentes (criação de gado, produção de trigo etc.) e esse traço peculiar da política gaúcha. Desde o começo da República, o Partido Republicano do Rio Grande do Sul (PRR) assumiu o poder no plano regional, embora tenha sido obrigado a enfrentar a oposição dos partidos rivais. Entre 1893 e 1895, esteve envolvido em violenta guerra civil com o Partido Federal, fundado pelos antigos liberais do Império e pelos dissidentes do PRR. Em 1923, novo conflito armado opôs o PRR e os grupos de oposição da Aliança Liberal. Essa divisão política contribuiu, sem dúvida, para reduzir a influência do Rio Grande do Sul no âmbito federal, onde por longo período manteve o equilíbrio mas nunca foi um sério contendor na luta pelo poder. Não foi por acaso, portanto, que, na campanha presidencial de 1929/1930 e na revolução subseqüente que levou Getúlio Vargas ao poder, as forças políticas da região tenham conseguido finalmente apresentar uma frente unida na forma da Frente Única Gaúcha.

Com relação aos Estados do Nordeste, una ação concertada de sua parte poderia teoricamente dar-lhes um certo peso na política federal, quer na escolha do presidente da República, quer na Câmara dos Deputados. Na Câmara, a Bahia com 22 cadeiras e Pernambuco com 17 constituíam um grupo relativamente importante. Entre 1896 e 1911, o estado de Pernambuco exerceu por algum tempo uma certa influência no âmbito federal, por intermédio de seu líder Francisco Rosa e Silva. No entanto, apenas esporadicamente conseguiu formar uma coalizão dos estados do Nordeste, como em 1906, quando tentou impedir a aprovação pelos parlamentares do programa de valorização do café, formulado pelos Estados de São Paulo, Minas Gerais e Rio de Janeiro. Na verdade, qualquer coalizão entre os Estados do Nordeste foi tolhida firmemente, entre outras razões, pelos problemas que emanavam das características do sistema federal com respeito à tributação. Dados os escassos recursos da região, as várias oligarquias competiam pelos favores do governo federal e entravam em longas disputas entre si pelo direito de arrecadar as receitas interestaduais no caso de mercadorias que circulavam em mais de um Estado.

Um fator potencial de desestabilização durante a Primeira República foi o fracasso do sistema político oligárquico em integrar as forças armadas, especialmente o exército. Até a década de 1880, o exército desempenhara papel secundário na tomada de decisões políticas nacionais. O governo imperial, embora tivesse cooptado algumas figuras militares, era fundamentalmente civil, e os políticos tinham orgulho em apontar as vantagens do sistema brasileiro sobre o das Repúblicas vizinhas, que estavam sujeitas invariavelmente ao domínio militar. Após a repressão da última das rebeliões provinciais na metade do século XIX, o exército teve seu papel reduzido enormemente; foi empregado primordialmente na proteção das fronteiras e nas colônias militares. À Guarda Nacional cabia manter a ordem civil, pelo menos até o início da década de 1870[9]. Ela mobilizou praticamente toda a população adulta masculina, sob o comando de oficiais recrutados entre os proprietários de

9. Essa discussão sobre as forças armadas baseia-se em JOSÉ MURILO DE CARVALHO, "As Forças Armadas na Primeira República: O Poder Desestabilizador" e em FERNANDO HENRIQUE CARDOSO, "Dos Governos Militares a Prudente–Campos Sales", em BORIS FAUSTO (ed.), *História Geral da Civilização Brasileira*, III: *O Brasil Republicano*, vols. I e II, São Paulo, 1975–1977.

terra locais. Após a Guerra do Paraguai (1865–1870), o exército tornou-se mais consciente de seu potencial e ao mesmo tempo mais cônscio de seu papel subordinado. A crueza de sua luta na guerra contrastou também com as acusações de corrupção, favoritismo e ingerência política, ventilados pela imprensa em sucessivos gabinetes. Progressivamente, alguns oficiais começaram a ver no exército uma "entidade" cívica, independente da classe social e do Império. Encaravam o exército como uma instituição disposta a fazer sacrifícios materiais e destinada a tomar o poder para regenerar a nação, visto que as forças armadas encarnavam em si mesmas a noção de patriotismo. Além dessa visão global, muitos oficiais queixavam-se da discriminação sofrida pelos militares e demonstravam abertamente sua oposição à política geral do governo. Punham grande ênfase na importância do ensino, no desenvolvimento industrial e na abolição da escravatura.

No entanto, o corpo de oficiais não era um grupo homogêneo. De um lado, estavam os oficiais jovens que haviam freqüentado a Escola Militar da Praia Vermelha, no Rio de Janeiro, que se notabilizara mais como um centro de estudos de matemática, filosofia e letras do que das ciências militares. Esse grupo recebeu influências do positivismo de Comte, particularmente depois que Benjamin Constant se tornou professor da escola, em 1872. De fato, a Escola Militar foi responsável pela formação de um grupo de "graduados de uniforme", que, com uma visão de mundo particular, começou a competir com os graduados tradicionais das escolas de direito e medicina. Foi neste círculo de oficiais que nasceram o conceito de "soldado cidadão", bem como as críticas ao Império em favor da modernização e contra o regime escravista. Do outro lado, estavam os *tarimbeiros*, um grupo de oficiais mais velhos, quase todos veteranos da Guerra do Paraguai, muitos dos quais não tinham passado pela Escola Militar. Menos preocupado com questões de reforma social, esse grupo era, no entanto, profundamente consciente da honra da comunidade militar. Na década de 1880, os dois grupos uniram-se contra o governo imperial. Na Questão Militar, os tarimbeiros tomaram a iniciativa de defender os militares contra "as ofensas à sua honra". No entanto, foram os graduados militares que prepararam o golpe de 15 de novembro de 1889 e arrastaram consigo os tarimbeiros, muitos dos quais, entre eles o marechal Deodoro da Fonseca, que proclamou a República, não eram de fato republicanos.

Apesar dessas diferenças de formação, que correspondiam em parte à diversidade de origens sociais, é possível determinar certas características comuns entre os militares. Os historiadores brasileiros têm freqüentemente interpretado os militares como os porta-vozes das classes médias contra a oligarquia de proprietários rurais. No entanto, esta visão é um tanto estreita. Sem dúvida, muitos oficiais do exército tinham origem na classe média, mas, nas décadas finais do Império e durante toda a Primeira República, a carreira militar também representou uma opção limitada mas viável para os filhos daqueles ramos familiares da oligarquia que estavam em declínio econômico, especialmente no Norte e no Nordeste. Além disso, é importante reconhecer o processo de socialização pelo qual o exército foi responsável, como instituição dotada de valores específicos e relativamente independente da sociedade em geral. Os oficiais foram recrutados também entre aquelas famílias que se tornaram famílias militares, principalmente em estados como o Rio Grande do Sul. Os antecedentes regionais dos oficiais militares brasileiros são revelados nos dados limitados de que se dispõe. Dos 52 oficiais que foram membros do primeiro Congresso da República, 24 eram do Nordeste e 9 do Rio Grande do Sul e do Distrito Federal conjuntamente, e apenas um viera de São Paulo e de Minas Gerais. Dos 30 comandantes de divisão e de brigada em 1895, oito eram do Rio Grande do Sul, nenhum de Minas e um de São Paulo; em 1930, oito eram do Rio Grande do Sul, nenhum de Minas ou de São Paulo. No caso, a contribuição do Rio Grande do Sul era grande, porque havia nesse estado uma guarnição relativamente importante, responsável pela segurança da fronteira. A ausência quase total de líderes militares de São Paulo ou de Minas contribuiu para o enfraquecimento das relações entre o exército e os dois estados politicamente mais poderosos da República.

Dependendo de suas origens, os oficiais do exército obtiveram freqüentemente um *status* distintivo dentro da corporação militar, um *status* reforçado pelo sistema de recrutamento endógeno. Esse *status* não podia ser trocado facilmente por outro e, por essa razão, era protegido ciosamente. Ao mesmo tempo, muitos oficiais eram pessoas de antecedentes urbanos ilustrados, cuja profissão os ligava diretamente ao centro de poder. Considerando sua tradição militar e as ligações de família que muitos deles tinham com a oligarquia, o mundo da política não lhes era estranho. Por outro lado, não se identificavam com as oligarquias civis e muito menos com as dos estados dominantes. Os oficiais consideravam-se os protetores da nação, os criadores de um Estado austero mas progressista, livre da ingerência política dos *legistas* (os graduados que formavam o *staff* político das oligarquias) e dos *casacas* (os novos-ricos que acumularam fortunas no mercado monetário). Esse Estado integraria o povo – uma categoria indiferenciada inerente ao conceito de nação – e fortaleceria a unidade nacional. Esse ideal era muito diferente do pragmatismo das oligarquias mais poderosas, como a de São Paulo, para as quais a República representava a proteção de interesses econômicos específicos, a defesa da autonomia dos Estados e o fortalecimento das desigualdades regionais.

Não se pode dizer que o exército foi um fator persistente de desestabilização na República oligárquica. Sua disposição a agir dependia de uma variedade de circunstâncias históricas e os elementos mais ativos mudavam continuamente. Havia, porém, uma incompatibilidade básica entre as oligarquias dos Estados mais poderosos e o aparelho militar, embora ela tenha sido atenuada por alianças táticas e defensivas. No final, a queda da Primeira República deveu-se em parte à permanente insatisfação, na verdade, insurreição, dos oficiais do escalão intermediário do exército e, em última análise, à intervenção do alto comando das forças armadas.

O sistema político da Primeira República caracterizou-se por uma participação popular mínima. A Constituição da República (1891) ampliou formalmente a base da representação política. Em lugar do sufrágio baseado nos bens e na renda, como tinha acontecido em todo o Império, o direito de voto foi estendido a todos os homens brasileiros *alfabetizados* com mais de 21 anos de idade. A ampliação do eleitorado da República em relação ao Império produziu resultados significativos. A comparação das últimas eleições parlamentares do Império (1886) com a primeira eleição presidencial na qual tomaram parte votantes de todos os Estados (1898) mostra um aumento de quase 400 por cento no número de eleitores. Em 1886, de um total de 13,2 milhões de habitantes votaram 111 700, o que significa 0,89 por cento da população. Em 1898, votaram 462 mil eleitores, correspondendo a 2,7 por cento de uma população de 17,1 milhões. Contudo, a ampliação do direito de voto não altera o fato de que o número de eleitores em relação à população total do país foi extremamente baixo em todo o período da Primeira República. Nas três eleições para a presidência da República (1910, 1922 e 1930), os votos computados corresponderam, respectivamente, a 2,8, 1,9 e 5,7 por cento da população. O voto era facultativo; as mulheres não tinham direito a ele; e os analfabetos eram excluídos num país onde, em 1890, 85,2 por cento da população eram analfabetos e 75,6 por cento em 1920[10].

10. LOVE, "Political participation in Brazil", p. 7.

Mais importante talvez do que o baixo nível de participação nas eleições foi a dependência do eleitorado em relação às oligarquias locais. A subordinação do eleitorado foi facilitada pelo voto aberto; portanto, não surpreende que a oposição urbana tenha feito campanha, durante todo o período, pela adoção do voto secreto. Quando se fazia necessário quebrar o poder de uma facção particular ou quando os mecanismos normais de controle deixavam de funcionar, sempre era possível recorrer à fraude, incluindo, por exemplo, o voto dos estrangeiros ou dos falecidos recentemente, ou falsificando as cédulas (um processo que se tornou muito mais fácil devido à ausência de uma burocracia estadual bem estruturada), ou ainda, se necessário, usando a força. Obviamente, quaisquer medidas adotadas para aumentar o eleitorado, como dar direito de voto aos analfabetos, não teriam alterado essa situação. Ao contrário, talvez a tivesse piorado, pelo menos inicialmente. Num país com um baixo nível de participação popular e onde a cidadania política era usada quase sempre como moeda para a troca desigual de favores, a República federal, embora em teoria estivesse baseada no ideal de representação democrática, não passava na prática de um instrumento das oligarquias regionais.

Nas zonas rurais, onde a massa da população era dependente dos grandes proprietários de terra, a população rural estava diferenciada horizontalmente de acordo com uma hierarquia de privilégios menores relacionados com as condições sob as quais ela se achava estabelecida e trabalhava a terra. No sentido vertical, a fragmentação era ainda maior, devido à necessidade de manter relações de lealdade com os grandes proprietários rurais e seus parentes. Os pequenos e médios proprietários, em sua maioria de origem estrangeira, que se estabeleceram, por exemplo, no Rio Grande do Sul, tampouco constituíam uma classe independente do ponto de vista político, embora por razões diferentes. Estavam menos sujeitos à dominação dos coronéis, porém mais à do Estado com respeito a obrigações tributárias, concessões de terra etc. Além disso, como estrangeiros e brasileiros de primeira geração, estavam menos integrados cultural e politicamente; seus objetivos básicos relacionavam-se principalmente com o progresso econômico. Tudo isso explica por que o partido dominante no Rio Grande do Sul (PRR) conseguiu manter um controle proporcionalmente maior nos municípios onde predominavam os proprietários rurais de origem estrangeira do que no resto do estado[11].

11. LOVE, *Rio Grande do Sul and Brazilian Regionalism, op. cit.*, p. 134.

Quanto aos trabalhadores nas grandes fazendas de café de São Paulo, uma série de circunstâncias criaram obstáculos à sua organização social. A massa de imigrantes que entravam numa terra estranha dispersava-se entre fazendas isoladas. Este fato impediu o tipo de contato que poderia ter conduzido a uma consciência de sua situação comum e, por conseguinte, a uma ação comum. Dentro das fronteiras de sua propriedade, o fazendeiro gozava de amplos poderes baseados no paternalismo e na coerção. O tratamento paternalista era reforçado por certas características do sistema de colonização; o fornecimento de moradia e de pedaços de terra para o plantio de culturas alimentícias era encarado muito mais como uma concessão do empregador do que como um pagamento por serviços prestados. A coerção era a regra quando o fazendeiro gozava de poder absoluto dentro de sua fazenda ou quando dominava instituições do estado, como a polícia e a magistratura, e tinha condições de colocá-las a seu serviço.

Seria errôneo supor, porém, que o sistema de dominação nas zonas rurais não produziu alguma reação entre a massa de trabalhadores na lavoura. Nas fazendas de São Paulo, foram constantes os choques entre os fazendeiros e os colonos, particularmente nos primeiros anos da imigração em massa. Em todos esses anos, as disputas individuais, os casos de famílias inteiras que abandonavam as fazendas e as queixas aos representantes consulares foram ocorrências comuns. Há provas também de ameaças de greve, sobretudo no final de abril e começo de maio – o período da colheita – quando os fazendeiros eram mais vulneráveis à pressão. Contudo, nesse período houve apenas um ciclo importante de greves. Aconteceram em 1913, na região de Ribeirão Preto, próximo de um centro urbano, e envolveram alguns milhares de colonos das grandes fazendas.

Em outras regiões do país, a insatisfação da população rural era expressa através de movimentos de tipo religioso, os mais importantes dos quais foram os de Canudos e do Contestado. Canudos era uma fazenda abandonada no norte do estado da Bahia, onde, em 1893, Antônio Vicente Mendes Maciel – mais conhecido como Antônio Conselheiro – e seus seguidores se estabeleceram. No fundo do sertão surgiu uma cidade com uma população que oscilou entre vinte e trinta mil habitantes. O povo de Canudos, apesar da desigualdade de forças, derrotou uma série de expedições militares enviadas para reprimi-los. Finalmente, em outubro de 1897, após uma luta de muitos meses, Canudos foi destruída. Seus defensores, que totalizavam cerca de cinco mil na fase final da guerra, ou foram mortos em combate ou capturados e executados.

O movimento do Contestado aconteceu no sul do país, numa área de fronteira disputada pelos Estados do Paraná e de Santa Catarina. Teve início em 1911, sob a liderança de José Maria, que morreu nos primeiros choques e foi proclamado santo pelos rebeldes do Contestado. Diferentemente de Canudos, este movimento não se restringiu a um centro particular, mas, sob pressão das forças militares, deslocou-se para vários pontos da região. A rebelião foi sufocada no final do ano de 1915, quando os redutos rebeldes foram atacados e destruídos por seis mil soldados do exército e da força policial, ajudados por mil civis que se juntaram ao processo de repressão.

Ao analisar os principais movimentos sociais do interior do Brasil durante a Primeira República, também merece menção Juazeiro, uma cidade do sul do Estado do Ceará, que, entre 1872 e 1924, se tornou o centro das atividades do padre Cícero Romão. São muitas as características comuns entre os acontecimentos de Juazeiro e os movimentos de Canudos e do Contestado. Por exemplo, do ponto de vista da história da transformação da Igreja católica no Brasil, particularmente no Nordeste – um tema que está fora do escopo deste capítulo[12] – Canudos e Juazeiro foram manifestações de desenvolvimentos semelhantes. Por outro lado, se considerarmos os movimentos sociais como manifestações de rebelião, Juazeiro tem pouca coisa em comum com os outros dois movimentos. Embora o padre Cícero tenha se chocado continuamente com as autoridades eclesiásticas, e às vezes com facções da oligarquia, seu movimento, para o melhor ou para o pior, encaixava-se no sistema de dominação que prevalecia na Primeira República. Colocando em termos simples, a cidade de Juazeiro pode ser considerada uma área controlada por um coronel-padre, que contou com considerável influência dentro da oligarquia política, particularmente depois de 1909, quando o padre Cícero começou a envolver-se diretamente nas lutas políticas.

Os movimentos de Canudos e do Contestado foram tentativas de criar uma forma de vida alternativa e foram considerados suficientemente perigosos para que fossem brutalmente esmagados pelas forças militares. Isso não quer dizer que se opusessem totalmente à estrutura de poder dos coronéis. Antes de estabelecer-se em Canudos, Antônio Conselheiro fora um membro praticante da Igreja católica, vivendo uma vida ascética e nômade. Reunia as

12. Uma discussão da Igreja católica no Brasil durante esse período aparece em JOHN LYNCH, *História da América Latina*, Edusp, 2001, vol. IV, cap. 9.

pessoas para construir ou reconstruir igrejas. Edificou muros em volta dos cemitérios e mostrou interesse pelas pequenas igrejas paroquiais do interior. Existem provas de que, nesta fase de sua vida, era visto com bons olhos por alguns coronéis, para os quais seus seguidores disciplinados construíram estradas e açudes. A própria aldeia de Canudos não era muito diferente do modelo tradicional de assentamento do interior. Havia um certo grau de diferenciação social e econômica, um nível considerável de comércio com as áreas circundantes e laços religiosos com os padres das paróquias vizinhas. Em época de eleição Canudos era também uma fonte de votos e de influência.

Os instigadores do movimento do Contestado foram os seguidores de um coronel, membro da oposição e considerado um amigo dos pobres. Uniram-se a este grupo outras pessoas de diversas origens, entre elas as vítimas do processo de modernização tanto nas zonas urbanas quanto nas rurais: camponeses expulsos da terra pela construção de uma estrada de ferro e de uma serraria, pessoas que haviam sido recrutadas entre os desempregados das grandes cidades para trabalhar na construção da ferrovia e depois abandonadas no final de seu contrato, e criminosos que viviam às soltas na região. Contudo, as aldeias que se desenvolveram durante o Contestado, com sua ênfase na igualdade e na fraternidade, entraram em choque com os valores sociais estabelecidos e assumiram características claramente messiânicas. Isso se torna evidente, entre outras coisas, na forma como muitos membros do Contestado permaneceram leais à monarquia que, conforme disse um autor, representava para eles mais um reino escatológico do que uma instituição política[13]. O tema da monarquia, quer pela forma que assumiu, quer pelo período em que ocorreu o movimento do Contestado, não foi explorado em nenhum sentido pelo governo. Em contrapartida, o monarquismo inicial de Antônio Conselheiro, com seus ataques à República, responsável pela introdução do casamento civil e pela retirada dos cemitérios do controle da Igreja, assumiu formas mais concretas. Por conseguinte, foi um fator de mobilização contra Canudos nos centros urbanos, numa época em que a possibilidade de restauração da monarquia era considerada uma ameaça real.

Canudos, Contestado e Juazeiro não foram episódios isentos de importância; tampouco foram expressões isoladas de uma população rural ignara,

13. DUGLAS TEIXEIRA MONTEIRO, *Os Errantes do Novo Século: Um Estudo sobre o Surto Milenário do Contestado*, São Paulo, 1974.

em contraste com os centros de civilização da costa. Em graus diferentes, podemos considerar esses movimentos vinculados a mudanças na Igreja católica, a mudanças socioeconômicas em suas respectivas regiões e ao desenvolvimento político da própria nação. Não podemos ignorar sua força política como demonstração de crenças religiosas populares. Não obstante, na qualidade de tentativas de organização independente da parte da população rural, ilustram efetivamente as fortes limitações dessa organização no período da Primeira República.

O banditismo social, paralelo a esses movimentos sociais messiânicos, foi às vezes considerado a prova de rebelião da população rural e dos pequenos centros urbanos do interior. Estamos nos referindo aqui ao fenômeno do cangaço, bandos belicosos de homens armados que brotaram no Nordeste do país, na segunda metade do século XIX, e cuja história se prolonga até boa parte do século XX, e só chegou a seu término no final da década de 1930. No princípio, o cangaço esteve ligado estreitamente aos laços de parentesco e sua esfera de ação restringiu-se a pequena região. Aos poucos, surgiram novas formas, que evoluíram para organizações de bandidos profissionais, com um campo de atuação muito mais amplo. Foi o caso do famoso grupo de bandoleiros liderados por Lampião, alcunha de Virgulino Ferreira. Lampião e seus homens agiram por longo período de 1920 a 1938, e sua ação espalhou-se por mais de sete Estados do Nordeste até o confronto final com a polícia no qual o cangaceiro foi morto.

Via de regra, os cangaceiros eram brancos, de famílias de pequenos proprietários de terra ou membros da elite que foram malsucedidos em disputas de terra, em negócios ou no confronto com o poder político local. Embora tenham sido esses os antecedentes gerais, alguns tiveram razões pessoais específicas para tornar-se bandidos. A associação ao cangaço era resultado muitas vezes de uma série de acontecimentos desencadeados pela morte violenta de um parente próximo. Não tendo qualquer motivo para acreditar nos poderes da polícia ou do Judiciário, o futuro bandido punha em mente resgatar a honra da família por suas próprias mãos e terminava reunindo um bando de seguidores. Significativamente, a morte do pai nas circunstâncias descritas aparece nas biografias de Lampião e de outro famoso cangaceiro, Antônio Silvino, que atuou entre 1897 e 1914. Os exércitos de bandoleiros eram recrutados entre os pobres, de pele escura, que formavam a massa da população rural. Para eles, o banditismo significava a possibilidade de maior independência individual associada a incentivos materiais atraentes.

Na mitologia dos pobres do Nordeste brasileiro, e nos filmes e canções da década de 1960, os cangaceiros são vistos como bandidos sociais ou mesmo como equivalentes brasileiros de Robin Hood. Os cangaceiros rompiam com a ordem estabelecida ao se recusarem a reconhecer a autoridade da polícia e do judiciário, bem como pela natureza de suas atividades. Entre estas estavam a invasão de fazendas e o saque de aldeias e vilas, relacionados muitas vezes com o desejo de prejudicar um grupo ou um indivíduo particular da classe dirigente. É fora de dúvida também que muitos cangaceiros conquistaram a colaboração dos pobres, cujo apoio era vital para a sobrevivência dos bandos armados. Antônio Silvino, por exemplo, adquiriu grande prestígio popular ao distribuir dinheiro e parte do espólio entre a população pobre. Contudo, já foi demonstrado de forma convincente que entre o cangaço e a estrutura de poder dos coronéis sempre houve uma relação de interdependência, na qual os coronéis representavam o setor dominante[14]. Para os cangaceiros, a possibilidade de quebrar o poder dos coronéis estava além de sua conveniência e de sua mentalidade. O bando de homens armados contava com a simpatia dos pobres, mas para sua segurança permanente dependia do couto e das munições que somente os poderosos podiam fornecer. Do ponto de vista das elites locais, o cangaço representou uma importante força de reserva, numa situação em que o poder político estava segmentado e era contestado violentamente pelos grupos rivais.

A desintegração e destruição final do cangaço foi o resultado de um processo pelo qual a intervenção do Estado, com sua crescente capacidade de castigar e favorecer, reduziu a instabilidade da elite local e transformou os cangaceiros em meros bandidos, cujas ações perderam qualquer utilidade para seus antigos protetores. Persistiu a mitologia enraizada na figura do cangaceiro, que é a personificação de uma violência física suprema que os pobres, sob a opressão de seus potentados locais, jamais podiam pensar em emular.

O quadro de relações sociais que prevaleceu nos centros urbanos foi, sem dúvida, diferente. Desde os primeiros anos da República, a importância das cidades excedeu em muito sua significação econômica e seu peso eleitoral. Nelas é que os grupos e classes sociais que formavam a estreita camarilha

14. Cf. LINDA LEWIN, "The oligarchical limitations of social banditry in Brazil: The case of the "good" thief Antônio Silvino", *Past and Present*, 82, February 1979.

política da opinião pública se concentraram. Entre estes estavam representantes do setor mais esclarecido da classe dirigente, elementos da classe média e, no caso do Distrito Federal, os militares. Encontravam-se também entre eles os setores potencialmente mais perigosos: a classe trabalhadora, os empregados colarinhos-brancos mal remunerados e os desempregados e subempregados urbanos.

Tanto no Rio de Janeiro quanto em São Paulo floresceram os coronéis urbanos, embora seu campo de ação tenha sido mais limitado do que nas zonas rurais; a dominação pela oligarquia confiava mais na manipulação do voto. Como sede do governo central, o prefeito do Distrito Federal era nomeado pelo presidente da República. Em 1928, o PRP conseguiu introduzir uma emenda à constituição do Estado de São Paulo, incluindo uma cláusula pela qual era dado ao presidente do Estado o poder de escolher o prefeito da capital. E o prefeito de Recife, capital de Pernambuco, também deixou de ser eleito – por uma decisão do Legislativo.

As referências indiscriminadas à classe média urbana ajudaram a obscurecer seu papel político na Primeira República. Este setor, mais do que qualquer outro, era heterogêneo, estava dividido em termos de renda, de mobilidade social, de origem racial e de grau de dependência da classe dirigente regional. Os industriais e os comerciantes, em sua maioria de origem imigrante, interessados em avanço econômico e social, parecem ter representado um papel limitado na política. A classe média nascida no Brasil, com pequeno poder econômico, mas ligada por laços de família à classe dirigente, foi um caso diferente. Eram o que se podia chamar os "parentes pobres" da oligarquia. Para eles a sobrevivência não residia geralmente na atividade econômica, mas no aparelho do Estado, do qual freqüentemente dependiam como servidores públicos. Nessa classe média "nacional" estavam incluídos aqueles que formavam a opinião pública, como jornalistas e figuras prestigiosas das profissões liberais. Esses setores, em sua luta para estabelecer uma democracia liberal através de medidas como o voto secreto e a criação de uma comissão eleitoral para combater a fraude, geralmente entravam em conflito com as oligarquias. No entanto, a participação da classe média nas campanhas em favor de uma democracia liberal variou de acordo com o setor da classe média envolvido, bem como da influência de características regionais específicas. Via de regra, a ideologia liberal atraía os estratos mais altos da classe média, enquanto as massas assalariadas do setor de serviços, como empregados dos bancos e do comércio e os funcionários públicos do baixo escalão, parecem ter tendido mais para reivindicações de tipo semelhante às das classes trabalhadoras, isto é, aumento de salário ou melhoria da habitação. Não obstante, essa interpretação corre o risco de ser demasiado simplista se não considerarmos as relações interclasse em certas cidades. Tomando como exemplos as cidades do Rio de Janeiro e São Paulo, é possível distinguir em seus movimentos sociais características particulares, explicáveis em parte pela diversidade no seio da estrutura da classe média bem como pelo papel hegemônico desempenhado pela burguesia de São Paulo.

Em 1890, no Rio de Janeiro, a única cidade brasileira de um certo tamanho na época e a única que tinha uma estrutura social diversificada, o funcionalismo, as profissões liberais e o clero representavam 8,6 por cento da população empregada (comparados aos 4,6 por cento em São Paulo em 1893). A capital da República estar-se-ia transformando rapidamente numa cidade de serviços. Em 1919, apenas 38,4 por cento da população economicamente ativa dedicavam-se à produção física real, enquanto 61,6 por cento estavam envolvidos no fornecimento de serviços, 15 por cento desses no serviço doméstico. No Rio de Janeiro, a classe média não dependia tanto da burguesia agrária. Compreendia a classe média profissional e burocrática e, mais particularmente, os grupos funcionais que não estavam vinculados à burguesia do café, como os oficiais militares de carreira, os estudantes da Escola Militar da Praia Vermelha e os estudantes do ensino superior. Esses setores tentaram aliar-se à classe trabalhadora e forneceram uma base multiclassista a vários movimentos sociais no Rio de Janeiro, como o movimento jacobinista, que surgiu nos últimos anos do século XIX. O jacobinismo tinha suas raízes na insatisfação de amplos setores da população da capital, afetados pela inflação e pelas más condições de vida, e era permeado por uma vaga ideologia patriótica. Para esses setores, a causa tangível de suas dificuldades residia no fato de ser o comércio controlado pelos portugueses. Além do mais, o jacobinismo, na sua tentativa de impedir que Prudente de Morais assumisse a presidência da República em 1894, foi uma reação contra a ascensão ao poder da oligarquia paulista do café.

Em São Paulo, as tentativas de setores da classe média de aliar-se às classes baixas foram muito mais tênues. O grande setor imigrante carecia ao mesmo tempo das condições e das razões para apresentar-se como força social. A classe média tradicional gravitava em torno da burguesia do café, da qual dependia econômica e culturalmente. Essas características, aliadas ao fato de não existirem grupos capazes de formar uma oposição, como os estudantes da Escola Militar ou os oficiais das forças armadas, significaram que o protesto social em São Paulo limitou-se à classe trabalhadora. O liberal Partido Democrático (PD) foi fundado em 1926 com o propósito de fortalecer "a pureza das instituições republicanas" e recrutou seus membros e eleitores entre a classe média urbana. No entanto, um ano após a Revolução de 1930, o PD uniu-se ao PRP contra o governo de Getúlio Vargas.

A classe trabalhadora concentrava-se principalmente no Distrito Federal e nas maiores cidades do Estado de São Paulo, particularmente na capital. Quantitativamente, a estrutura da indústria baseava-se, em grande medida, nas pequenas empresas, que operavam com capital e tecnologia limitadas. Por outro lado, as unidades maiores, particularmente no campo da produção têxtil, congregavam uma proporção considerável da população trabalhadora. Em 1919, companhias com 500 ou mais empregados reuniam 36,4 por cento da força de trabalho no estado de São Paulo e 35,7 por cento no Distrito Federal.

Nessas cidades havia as condições necessárias para o surgimento de um movimento trabalhista. As relações sociais eram menos clientelistas e paternalistas; a exploração era mais objetiva; a maior possibilidade de estabelecer contatos e comunicações facilitou o nascimento de uma consciência coletiva. Apesar da limitação de suas atividades, os ideólogos e organizadores revolucionários estabeleceram-se no meio urbano. Por outro lado, uma série de fatores limitou a força do movimento trabalhista, que nunca foi capaz de exercer pressão suficiente para obter maior participação no campo político. De modo geral, havia uma abundância de mão-de-obra tanto em São Paulo quanto no Rio de Janeiro. Em São Paulo, o setor cafeeiro, em vista de seu caráter cíclico, desempenhou importante papel na oferta de mão-de-obra urbana. Quando estava em expansão, o café estimulou um volume de imigração que excedeu suas próprias necessidades; isso, por sua vez, significou que esse excedente somou-se à força de trabalho urbana. Nos tempos de crise das zonas rurais, os trabalhadores nas fazendas de café não tinham outra alternativa senão migrar para os centros urbanos ou retornar a seus países de origem, já que os outros setores da economia agrícola de exportação eram incapazes de absorvê-los. No caso do Rio de Janeiro, a migração interna para os maiores centros urbanos do país foi um fator importante no crescimento da força de trabalho. O tamanho do contingente de mão-de-obra deu origem a atritos étnicos – entre brasileiros e imigrantes estrangeiros, portugueses e italianos, e mesmo entre italianos de partes diferentes da Itália. Ao mesmo tempo, como a expansão industrial não era regular, o emprego nas indústrias de manufatura era apenas intermitente, e isso significava lentidão nas melhorias das condições de trabalho. Finalmente, podia-se dizer que o anarquismo, ao dar ênfase aos movimentos de classe espontâneos e recusar-se a organizar-se, alimentou as características estruturais do sistema social que militavam contra a coesão social. Dadas suas perspectivas ideológicas, contribuiu também para que a classe trabalhadora organizada deixasse de adotar um programa de reformas que favorecesse a ampliação da base do sistema político. Ao mesmo tempo, embora a indústria tenha tido uma importância apenas secundária para a economia, os principais industriais puderam exercer um grau de influência considerável sobre o centro de poder e contar com a força repressiva do governo. A semilegalidade dos sindicatos, a violência usada contra os grevistas e a expulsão de líderes trabalhistas estrangeiros, tudo isso contribuiu para a desunião da classe trabalhadora.

Desde o final do século XIX foram registradas greves nas áreas urbanas do Brasil. Contudo, a fase de maior crescimento do movimento trabalhista nesse período em estudo aconteceu entre 1917 e 1920, sob a influência da inflação causada pela guerra e dentro do modelo geral de inquietação trabalhista que se seguiu ao término do conflito mundial. Seu ponto alto foi a greve geral em São Paulo, em julho de 1917, que envolveu 50 mil trabalhadores. Nesse período não só ocorreram grande número de greves, mas também, em alguns casos, o número de sindicalizados aumentou. No final de 1918, o sindicato dos têxteis do Rio de Janeiro, por exemplo, tinha nada menos que 20 mil filiados, número bastante notável se imaginarmos que uma grande proporção da força de trabalho nesse setor em particular era constituída de mulheres e crianças que não se filiavam ao sindicato.

Até o início da década de 1920, as idéias anarco-sindicalistas predominaram entre os pequenos grupos de trabalhadores organizados na cidade de São Paulo. No Rio de Janeiro, o anarco-sindicalismo foi menos influente. O clima de opinião tendia a favorecer o "sindicalismo apolítico", dirigido exclusivamente para as melhorias das condições de trabalho e dos salários. Essa tendência era particularmente forte entre os ferroviários e os portuários. Os socialistas nunca conseguiram criar mais do que pequenas seitas partidárias, o que não causa surpresa num país onde a transformação da sociedade por meio da participação política parecia pouco mais do que um sonho utópico.

As grandes greves de 1917–1920 não trouxeram qualquer melhoria para as condições dos trabalhadores brasileiros em termos de estabilidade organizacional. Durante toda a década de 1920, o movimento trabalhista estagnou. Em seguida ao fracasso das greves e na esteira da Revolução Russa, o anarquismo viveu um período de crise. Em 1922, um grupo de antigos anarquistas, ligados mais estreitamente à luta dos trabalhadores, junto com alguns socialistas, fundaram o Partido Comunista Brasileiro (PCB). Com efeito, uma das características do PCB foi o fato de seus principais dirigentes serem originários do anarco-sindicalismo, e não do socialismo. Novos conceitos foram formulados sobre uma ampla diversidade de temas, tais como o papel dos sindicatos e do partido, as alianças de classe, o antiimperialismo e a reforma agrária. Todavia, o partido não se expandiu muito nos anos vinte, e o número de seus filiados oscilou entre 73 em 1922 e mil em 1929.

Não obstante, as claras advertências dadas pelas greves de 1917–1920, somadas ao crescimento constante da classe trabalhadora, produziram os primeiros sinais, no seio da classe dirigente, da nova atitude diante do "problema social", uma que não se curvava apenas pela repressão. Alguns direitos sociais foram reconhecidos, sobretudo no setor de serviços, uma área estrategicamente importante para a economia agrícola de exportação. Quando o movimento ganhou novo ímpeto, logo em seguida à crise de 1929 e à Revolução de 1930, as tentativas de criar organizações trabalhistas autônomas tiveram de competir, numa posição desigual, com as medidas do governo destinadas a organizar, e controlar, a classe trabalhadora urbana.

O PROCESSO POLÍTICO

Os aspectos críticos mais sensíveis do sistema oligárquico da Primeira República residiam nas dificuldades de ajuste entre as diversas oligarquias regionais, nas pressões exercidas pela classe média urbana por maior participação política e na presença das forças armadas como fator desestabilizador dentro da máquina do Estado. A longo prazo, a dominação da oligarquia foi afetada pela alteração progressiva da base estrutural sobre a qual se assentava o sistema de clientelismo nas relações sociais. Isso, por sua vez, foi o resultado da migração interna e do crescimento urbano, da maior diferenciação de classe e, finalmente, do desenvolvimento industrial. Uma rápida análise do processo político durante a Primeira República mostrará em termos mais concretos como o sistema oligárquico se consolidou depois de 1899 e como sua crise se desenvolveu no período que vai até a Revolução de 1930.

A queda da monarquia em 15 de novembro de 1899 foi uma conseqüência de um golpe militar, planejado por um grupo de oficiais jovens do exército no

Rio de Janeiro. O grupo republicano civil mais bem organizado, representante da burguesia paulista do café, teve poucos contatos com os militares e questionou a conveniência de envolver o exército em sua campanha. Os militares tomaram o poder e deram ao Brasil republicano os dois primeiros presidentes, Deodoro da Fonseca (novembro de 1889–novembro de 1891) e Floriano Peixoto (novembro de 1891–novembro de 1894). Nos primeiros anos da República, a metade dos Estados era governada por elementos das forças armadas. Por outro lado, as grandes oligarquias eram o poder social dominante, e a Constituição de 1891, como vimos, protegia os interesses dos Estados maiores, especialmente de São Paulo. As forças armadas não agiram como um grupo homogêneo diante de uma classe social cujo partido, o PRP, apesar de algumas dissensões internas, tinha clara consciência dos interesses que representava. Havia dentro das forças armadas uma rivalidade entre o exército e a marinha e entre os partidários de Deodoro e os de Floriano. Enquanto o primeiro simbolizava os interesses dos tarimbeiros, o último foi buscar seu apoio entre os graduados da Escola Militar da Praia Vermelha, os soldados cidadãos que militaram ativamente no movimento jacobinista no Rio de Janeiro. No final, as ameaças reais ou imaginárias à consolidação do regime republicano causaram um *rapprochement* entre a burguesia do café e o setor militar. Floriano Peixoto, por exemplo, na Revolução Federalista e na Revolta Naval, recebeu o apoio dos ricos financistas de São Paulo e de sua poderosa milícia estadual. Floriano, ao mesmo tempo em que consolidou a República, abriu caminho também, de certo modo contra a sua vontade, para que as novas classes dirigentes do Brasil entrassem na arena política. Seu ministro da Fazenda, Rodrigues Alves, num gabinete projetado estrategicamente, representava os interesses políticos de São Paulo. As presidências da Câmara e do Senado estavam nas mãos das principais figuras do PRP. A hesitação dos militares entre indignação contra a oligarquia e apreço pela legalidade do regime republicano que haviam ajudado a criar facilitou a vitória da oligarquia dos principais estados, sobretudo de São Paulo. Em 15 de novembro de 1894, o primeiro presidente civil da República, o paulista Prudente de Morais, assumiu o poder. A oposição restringiu-se aos setores populares e aos jovens oficiais e cadetes da Escola da Praia Vermelha no Rio de Janeiro. Dez anos mais tarde, em 1904, manifestações contrárias à decisão do governo de promover a vacinação obrigatória para combater a febre amarela voltaram a unir duas correntes de oposição: os elementos populares, cujo protesto era dirigido em grande parte contra o alto custo de vida e a evacuação dos que viviam nas casas condenadas como anti-higiênicas, e os oficiais militares e os cadetes da Escola Militar que, ao mesmo tempo em que protestavam contra a vacinação, levantavam suas vistas para um alvo mais elevado, ou seja, "a república dos fazendeiros". Contudo, a própria hierarquia militar retirou-se gradualmente da política nacional. O Clube Militar – que havia coordenado a atividade política – ficou fechado entre 1896 e 1901.

Agora que já não havia qualquer ameaça da parte dos militares, restava institucionalizar o sistema oligárquico. O segundo presidente civil, outro paulista, Campos Sales (1898–1902), se dispôs a enfrentar essa tarefa com três objetivos principais em mente: pôr fim à hostilidade existente entre o Executivo e o Legislativo, minimizar o máximo possível o impacto da dissidência em Estados isolados e conseguir um consenso básico entre os governos central e estaduais. Nasceu, assim, o conceito de "política dos governadores", uma "doutrina" que em grande parte carecia de substância, mas que mesmo assim foi suficiente para estabelecer a base do sistema oligárquico. Em princípio, tentava-se um acordo recíproco. O governo central sustentaria os grupos políticos dominantes nos Estados, enquanto estes, em troca, apoiariam as políticas do presidente da República. Dessa forma, Campos Sales tentou neutralizar a oposição no plano regional.

Para amansar o Congresso, cuja função chegou a ser muito diferente da prevista na divisão constitucional dos poderes, modificou, entre outras medidas, o processo de eleição dos membros da Câmara dos Deputados. Por ocasião das eleições para a Câmara, os candidatos eleitos em seus Estados recebiam um diploma e as primeiras sessões da nova legislatura eram realizadas com os deputados portando devidamente seus diplomas. Contudo, muitas vezes esses diplomas eram contestados, e sua validez dependia da decisão de uma comissão de verificação de poderes, constituída de deputados escolhidos pelo plenário da nova Câmara. O presidente da nova Câmara eleita desempenhava um papel decisivo na escolha dos membros da comissão. Até a reforma incentivada por Campos Sales, o presidente temporário da Câmara, de acordo com o regimento, era o mais velho dos deputados diplomados. Depois da reforma, o deputado que fora presidente na legislatura anterior permanecia na presidência, desde que tivesse sido eleito para a nova legislatura, um fato bastante normal. A escolha do deputado mais velho introduzia um elemento de incerteza, ao passo que o presidente da Câmara da legislatura anterior era, inevitavelmente, alguém mais afinado com o presidente da República. Desse modo, o Executivo obtinha maior controle dos candidatos a ser confirmados oficialmente como deputados.

A oligarquia de São Paulo e o PRP dominaram a cena política no início da República, mas contaram com o apoio de Minas Gerais nos momentos vitais, como na votação da Constituição (1891) e na eleição de Prudente de Morais. Os três primeiros presidentes civis da República foram paulistas: Prudente de Morais, Campos Sales e Rodrigues Alves (1902–1906). Até 1897, ano da fundação do PRM, a oligarquia de Minas Gerais esteve dividida entre várias facções (correspondentes principalmente aos setores econômicos do estado: café, cereais, pecuária); isso reduziu sua influência no plano federal. A partir de 1898, graças ao apoio que concedeu à eleição de Campos Sales para a presidência e às políticas monetária e fiscal resultantes do acordo assinado com os Rothschilds para a consolidação da dívida nacional brasileira, Minas colocou todo o seu peso na sustentação da política federal. O quarto presidente civil da República foi um mineiro, Afonso Pena, eleito em 1906, porém falecido em 1909, em plena vigência do mandato.

Cicatrizadas as feridas da guerra civil e consolidado o PRP, o Rio Grande do Sul começou a despontar como a terceira estrela principal na constelação oligárquica. No âmbito federal, a influência do senador Pinheiro Machado ilustrava esse aumento de poder. Sob sua liderança, os gaúchos emprestaram seu apoio constante aos presidentes paulistas e às propostas apresentadas por São Paulo com o propósito de obter a aprovação do governo central para os empréstimos externos destinados a amparar a economia cafeeira. Todavia, Pinheiro Machado não foi exatamente um "cliente" de São Paulo. Adotando uma posição estratégica no Senado, conseguiu criar uma nova rede de alianças. Controlando a comissão de verificação de poderes do Senado e exercendo sua influência sobre o mesmo órgão da Câmara, Pinheiro dominou os representantes dos estados mais fracos. O resultado foi o estabelecimento de uma aliança entre o Rio Grande do Sul e alguns estados-satélite do Nordeste, que seria até certo ponto institucionalizada em novembro de 1910 com a fundação do Partido Republicano Conservador (PRC), uma tentativa de criar um partido nacional da oligarquia. A primeira oportunidade que o Rio Grande do Sul teve de usar sua influência numa sucessão presidencial chegou em 1909, quando as dissensões internas na oligarquia de Minas facilitaram a candidatura do marechal Hermes da Fonseca à presidência da República. Hermes era sobrinho de Deodoro e foi ministro da Guerra de 1906 a 1910. Minas e o Rio Grande do Sul uniram-se para apoiá-lo. O candidato apresentado por São Paulo, com o apoio da Bahia (que desde o Império fora reduzido a uma posição de importância secundária), foi Rui Barbosa, cuja carreira política datava do Império e representava a pequena elite ilustrada do período. Pela primeira vez, a aliança café-com-leite passava por dificuldades.

Significativamente, os gaúchos surgiram como força na política federal apoiando um candidato militar. Diversos fatores determinaram a afinidade entre a oligarquia gaúcha e o exército. A importância da guarnição alojada no Rio Grande do Sul (e posteriormente, em 1919, a criação da III Região Militar) parece ter incentivado os gaúchos de um certo nível social a seguir a carreira das armas. As intermitentes lutas armadas na região também favoreceram o contato entre os oficiais e os partidos políticos. A Revolução Federalista estabeleceu diversos vínculos entre vários oficiais e o PRR. Alguns traços ideológicos e peculiaridades políticas concorreram também para a aproximação. O Rio Grande do Sul, sob a presidência de Júlio de Castilhos e, posteriormente, do importante líder estadual Borges de Medeiros, era uma região onde a influência do positivismo foi particularmente forte, uma ideologia que se disseminou igualmente nas fileiras do exército. Além disso, por razões econômicas e ideológicas a política econômica e financeira defendida pelos gaúchos tendeu a coincidir de várias maneiras com os ideais dos militares. O Rio Grande do Sul, cuja economia se baseava essencialmente no mercado interno, era um centro de oposição aos interesses agroexportadores, com os quais o exército pouco simpatizava e mantinha poucas ligações. Os gaúchos defendiam a estabilização dos preços ao lado de uma política fiscal conservadora, essencialmente porque a inflação causaria problemas ao mercado do charque em particular. O produto era consumido principalmente pelas classes populares do Nordeste e do Distrito Federal. Qualquer redução do poder aquisitivo dessas classes resultava em restrição da demanda. Uma política financeira conservadora sempre desfrutou da aprovação dos militares, e não apenas entre aqueles do escalão superior. As rebeliões tenentistas da década de 1920 iriam acusar a inflação e o desequilíbrio orçamentário de males tão graves quanto seriam a fraude e as desigualdades regionais.

Pode-se colocar a candidatura de Hermes da Fonseca num contexto diferente daquele das lutas que se seguiram à proclamação da República. O exército foi aceito como parceiro político para acabar com o impasse causado pela dissensão dentro das oligarquias. Não se apresentou como força autônoma. Foi Rui Barbosa quem criticou a intervenção do exército na política durante a campanha eleitoral de 1909/1910. Atacou o corpo de oficiais e insuflou as milícias estaduais contra o exército. Embora a base política de Rui fosse, essencialmente, a oligarquia de São Paulo, sua plataforma ideológica era a da luta da intelectualidade em prol das liberdades civis, da cultura e das tradições liberais, contra o Brasil ignorante, oligárquico e autoritário. Rui procurou conquistar o voto urbano. Defendeu os princípios democráticos e o voto secreto. Pronunciou-se pela necessidade de um poder central forte, que seria conseguido unificando o poder judicial, punindo aqueles estados que violassem a constituição federal, intervindo com mais freqüência nos conflitos econômicos e fiscais dentro dos Estados, controlando o direito de cada Estado de contrair empréstimos no exterior e garantindo proteção federal à economia cafeeira. Do seu programa pode-se deduzir que São Paulo não estava tão interessado numa extrema autonomia estadual quanto em ser o poder dominante num país mais ou menos integrado. O programa de Hermes da Fonseca defendia o equilíbrio do orçamento, a impermeabilidade da Constituição, ampla autonomia estadual e enfatizava particularmente os pontos de vista e interesses do Rio Grande do Sul. Convém lembrar, porém, que a questão da autonomia era particularmente importante para os políticos do Rio Grande do Sul, mas não, em geral, para os militares. As forças armadas sempre tinham apoiado programas destinados a reforçar a centralização do poder. Além disso, Hermes referiu-se deliberadamente aos direitos e queixas dos trabalhadores. E, durante sua administração, apoiou a realização de um congresso nacional de trabalhadores, do qual participaram alguns elementos moderados sob os auspícios do governo.

Na administração de Hermes da Fonseca (1910–1914) o processo de tomada de decisões fragmentou-se, dividindo-se entre três setores: as oligarquias civis de Minas e, especialmente, do Rio Grande do Sul, o próprio presidente e um grupo de oficiais do exército, particularmente os coronéis, que pretendia introduzir modificações no controle do poder dentro dos Estados. Os oficiais do exército formaram um grupo de pressão em torno do presidente e foram responsáveis, em grande parte, pelo movimento "salvacionista", cujo propósito era "preservar" a pureza das instituições republicanas.

Os "salvacionistas", antecipando o movimento tenentista no Nordeste após a Revolução de 1930, intervieram em Pernambuco, Alagoas, Bahia e Ceará, com a finalidade de derrubar os líderes oligárquicos que, na maioria dos casos, contavam com o apoio do PRC. Por trás de muitas dessas intrusões militares houve casos de ambição pessoal, mas o movimento refletia questões mais complexas que estavam em jogo dentro do exército. Entrincheirados no governo central, os "salvacionistas" tentaram combater o poder político das oligarquias, reduzindo ao mesmo tempo os aspectos mais flagrantes de desigualdade social. Seu êxito foi relativo embora transitório no Nordeste, dada a fraqueza das elites locais, mas fracassaram em suas tentativas de nomear um candidato militar para a presidência do Rio Grande do Sul e de intervir em São Paulo.

Os perigosos levantes que ocorreram na administração de Hermes serviram de advertência às elites políticas de São Paulo e Minas Gerais, que reataram a aliança café-com-leite em 1914 e elegeram para a presidência Wenceslau Brás (1914–1918), de Minas Gerais. O PRC, fortemente prejudicado pelo movimento "salvacionista", entrou num período de crise, que veio a furo em 1915, com o assassínio de Pinheiro Machado.

O início da Primeira Guerra Mundial marcou o fim da *belle époque* da oligarquia. As dificuldades econômicas decorrentes da situação internacional estimularam, como vimos, o surgimento da agitação trabalhista entre 1917 e 1920. A onda de greves amainou com relativa rapidez, mas outras forças sociais iriam ameaçar a estabilidade da República Velha. As pressões da classe média urbana, num esforço para ampliar a base do sistema oligárquico, e os ataques de oficiais do exército do médio escalão iriam alterar o quadro político. Embora esses setores carecessem de autonomia, dariam maior dimensão às divisões entre as oligarquias regionais e no seu interior.

Nas eleições presidenciais de 1919, foi claramente visível o aumento de participação política da população urbana. As eleições realizaram-se em circunstâncias excepcionais devido à morte do presidente eleito Rodrigues Alves (um paulista, que fora presidente em 1902–1906 e foi reeleito em 1918). Foi vitorioso o candidato "oficial" de compromisso, Epitácio Pessoa, da Paraíba, o primeiro – e único – presidente nordestino (1919–1922) durante a Primeira República. No entanto, Rui Barbosa, que fora derrotado em 1910 e em 1914, apresentou-se como candidato independente, fez campanha com um programa reformista moderado que incluía a legislação trabalhista, e obteve cerca de um terço dos votos. Foi o vencedor inequívoco no Distrito Federal.

As eleições de 1922 revelaram as crescentes tensões regionais no seio da classe dirigente; foram as únicas eleições em que se registrou uma clara divisão entre, de um lado, os dois maiores Estados e, de outro, um bloco de estados intermediários. Além disso, o Exército, impulsionado por alguns episódios que envolviam sua honra, interveio do lado da oposição. A aliança São Paulo–Minas, nos primeiros meses de 1921, propôs como candidato o político mineiro Artur Bernardes. O Rio Grande do Sul contestou essa candidatura e denunciou o arranjo político, afirmando ser um meio de garantir recursos para a valorização do café, numa época em que o país necessitava de estabilização financeira. Os políticos gaúchos temiam ainda uma possível revisão da Constituição no sentido de limitar a autonomia dos Estados, como, de fato, Bernardes a realizou em 1906. Uniram-se ao Rio Grande Sul a Bahia, Pernambuco e o Estado do Rio de Janeiro, situados em quarto, quinto e sexto lugares em importância eleitoral, e, sob a bandeira da "Reação Republicana", propuseram Nilo Peçanha como candidato. Nilo já ocupara a presidência em 1909 por seis meses, após a morte de Afonso Pena no cargo, e garantira a vitória eleitoral subseqüente de Hermes da Fonseca. Homem de origem humilde, fora partidário de Floriano Peixoto e tinha sua base política na oligarquia de seu Estado natal, Rio de Janeiro. O programa da "Reação Republicana", inspirado diretamente pelos políticos do Rio Grande do Sul, estava centrado em medidas contra a inflação e em favor da conversibilidade da moeda e da estabilidade orçamentária. Os Estados mais poderosos foram acusados de imperialismo, e exigiram-se medidas protecionistas para todos os produtos brasileiros de exportação, e não apenas para o café. Nilo não era contrário à política corrente de valorização do café, que também beneficiava o Estado do Rio de Janeiro, mas criticava o tratamento preferencial dado ao produto. Este era um tema de especial predileção aos representantes do Rio Grande do Sul. A intervenção dos militares no problema sucessório foi facilitada pelos vínculos que mantinham com os políticos do Rio Grande do Sul e com o próprio candidato. Superficialmente, porém, buscavam preservar os valores e a honra da instituição militar, que fora alvo de virulento ataque através de cartas publicadas no jornal do Rio, *Correio da Manhã*, em outubro de 1921, assinadas supostamente por Bernardes.

Bernardes, o candidato "oficial", ganhou as eleições de março de 1922. Faltava apenas a confirmação do resultado pelo Congresso. Do ponto de vista das oligarquias regionais, tão logo um dos candidatos fosse considerado vitorioso, os partidos derrotados deviam chegar a um acordo a fim de preservar o sistema. Em 1922, a regra quase foi quebrada. Por causa da tensa situação em face dos militares, pensou-se em afastar o presidente eleito e escolher um terceiro candidato. Algumas declarações revolucionárias surgiram também entre a hierarquia do exército. Finalmente, porém, o líder da oligarquia do Rio Grande do Sul, Borges de Medeiros, recusou-se a continuar prestando apoio à oposição. A luta entre o governo e a oposição extinguiu-se aos poucos. Os dissidentes dentro das oligarquias regionais derrotadas e a hierarquia militar foram neutralizadas progressivamente, embora a administração Bernardes tenha tido de recorrer repetidas vezes a declarações de estado de sítio.

Em outra esfera, a crise do sistema oligárquico revelou-se na ruptura do monopólio político do PRP em São Paulo, onde em 1926 foi fundado o Partido Democrático (PD). A criação do PD foi o resultado dos efeitos da diferenciação social em São Paulo, das pressões das novas gerações em favor da ampliação das oportunidades de carreira e do acesso ao sistema político, e das divergências ideológicas. Entre suas principais figuras estavam os filhos jovens dos fazendeiros de café e de famílias brasileiras tradicionais, alguns industriais e, sobretudo, todos os profissionais liberais de classe média, como advogados, jornalistas e professores da faculdade de direito. O PD surgiu no cenário político como um partido democrático liberal. Seus objetivos eram separar as instituições republicanas da prática republicana por meio do voto secreto, da representação das minorias, a separação entre os poderes Executivo, Legislativo e Judiciário e a supervisão das eleições pelo Judiciário. Acenou vagamente para a realização de reformas sociais, embora na frente econômica e financeira suas diferenças com o PRP fossem superficiais. O jornal oficial do PD transmitiu uma mensagem particularmente relevante para as aspirações da classe média urbana tradicional durante a década de 1920. Seus alvos favoritos de ataque foram a "industrialização artificial", associada a poderosos industriais de origem estrangeira, a massa de imigrantes controlada pelo PRP e as companhias estrangeiras responsáveis pelos serviços básicos na cidade de São Paulo. Os acontecimentos que se seguiram à Revolução de 1930 iriam mostrar que o PD não sacrificaria seus interesses regionais para aliar-se a outros grupos de oposição. Não obstante, nos últimos anos da década de 1920, sua atividade contribuiu para o enfraquecimento do poder político da oligarquia de São Paulo no âmbito nacional.

Nesse entretempo, os quadros intermediários do exército (tenentes) haviam rompido com a "ordem republicana" numa série de rebeliões tenentistas. Em julho de 1922, rebentou uma revolta no Forte de Copacabana, no Rio de Janeiro. Em julho de 1924, os rebeldes conseguiram controlar a cidade de São Paulo por mais de duas semanas. Em outubro de 1924 e em 1926, explodiram revoltas em várias cidades do Rio Grande do Sul. Contudo, o grande mito do movimento tenentista foi criado pelas atividades da Coluna Prestes, uma força militar que se juntou aos revolucionários de São Paulo e do Rio Grande do Sul. Sob o comando de Miguel Costa e de Luís Carlos Prestes, futuro líder do Partido Comunista Brasileiro, a coluna empreendeu uma "longa marcha" pelo interior do país, percorrendo 24 mil quilômetros entre abril de 1925 e fevereiro de 1927, quando seus remanescentes cruzaram a fronteira com a Bolívia.

As insurreições da década de 1920 continuaram a tradição de rebelião entre os oficiais jovens do exército que datava do começo da República, Houve, porém, diferenças importantes, resultantes das mudanças no aparelho militar, na relação estabelecida ao longo dos anos entre o exército e o sistema oligárquico e no próprio sistema político.

Os tenentes tinham sido educados num período em que tanto os militares quanto a sociedade estavam passando por um processo de transição. O corpo de oficiais começara a mudar com a criação da Academia Militar de Realengo em 1911, que substituiu a antiga escola da Praia Vermelha, fechada definitivamente em 1904, após sua última revolta. A ideologia que embasava a nova escola era muito diferente da de sua antecessora. Oferecendo ensino e disciplina acentuadamente militares, ela tentava produzir um soldado profissional, afastado da política e dirigido exclusivamente para fins militares. Os tenentes, embora produtos de Realengo, adotaram um dos princípios da doutrina do soldado cidadão, ou seja, o do direito dos militares de intervir na política, mesmo contra os desejos das autoridades civis e militares. No entanto, os ideólogos positivistas da Praia Vermelha haviam tendido a colocar maior ênfase no cidadão em oposição ao soldado. Em sua forma mais extrema, conforme o pensamento de Benjamin Constant, o positivismo sustentava que o "regime industrial", no final, tornaria inúteis os exércitos; "os exércitos usados até agora como instrumentos de destruição [estariam] confinados ao museu da história". Esse corolário da doutrina do soldado cidadão era desconhecido dos tenentes. Sua ideologia não se baseava na interdependência entre o mundo civil e o militar, mas na função geral das forças armadas como protetoras do povo. Essa consciência militar foi ajudada pela maior organização do exército e pelo conceito do soldado como uma pessoa afastada da vida civil. A exemplo dos antigos tarimbeiros, os tenentes eram extremamente conscientes dos valores especiais da "casta" a que pertenciam. O incentivo inicial a suas ações derivava em parte dos insultos dirigidos ao exército nas chamadas cartas forjadas de outubro de 1921.

Ao mesmo tempo, o movimento tenentista produziu uma brecha dentro da instituição militar, entre os oficiais do quadro intermediário e seus comandantes. Os rebeldes, apesar de sempre procurarem associar-se com certas pessoas do alto escalão, a fim de dar algum prestígio a suas rebeliões, nunca conseguiram atrair a hierarquia militar, com exceção do apoio ocasional de algumas figuras individuais. Por causa disso, apegaram-se ainda mais à sua resolução de limpar não só a sociedade em geral, como também a própria instituição a que pertenciam. Um dos líderes revolucionários, Juarez Távora, por exemplo, atacou abertamente o ministro da Guerra, acusando-o de complacência com um militarismo "tacanho e porco", feito sob medida para atender aos caprichos e fraquezas do presidente Bernardes.

Essa divisão entre uma parte do corpo de oficiais e a hierarquia do exército pode ser atribuída a diversos fatores. A coesão do corpo de oficiais como um todo nunca fora forte no exército e a situação tendia a tornar-se mais aguda em conseqüência da atitude cautelosa adotada pelos oficiais do alto comando com o sistema oligárquico. Dentro da própria esfera militar, o sistema lento de promoção criou um grande corpo de homens em postos intermediários, cujas perspectivas de alcançar patentes mais altas eram escassas. De seu lado, a hierarquia gozava de privilégios, mas era incapaz de impor um controle total sobre toda a organização. A situação era muito diferente da existente na marinha, que, desde os tempos do Império, fora considerada um reduto da aristocracia e onde a divisão básica limitava-se àquela entre o corpo de oficiais e os marinheiros. Não foi por acaso que o principal movimento de tropa dentro das forças armadas durante a Primeira República, a Revolta dos Marinheiros de 1910, tenha ocorrido na marinha – em protesto contra o sistema de castigos corporais. A marinha permaneceu relativamente imune à influência tenentista, sendo a única prova de rebelião a revolta de 1924 no couraçado *São Paulo*.

Com respeito aos objetivos sociais e políticos do tenentismo, houve importante mudança de rumo com a Revolução de 1930 e a entrada de tenentes, junto com outras facções, no governo. (Em maio, Prestes rompera com o movimento, ao lançar um manifesto no qual proclamava sua adesão ao socialismo revolucionário.) Durante a década de 1920, porém, os tenentes estiveram fora efetivamente da máquina do governo e envolveram-se numa luta contra a estrutura de poder. Fizeram sentir sua presença através de ações militares, mas suas diferenças internas ainda não haviam sido debatidas claramente. Apesar disso, porém, apareceram duas tendências em forma embrionária dentro do próprio movimento. Uma delas, formada por Prestes, Siqueira Campos e Miguel Costa, associava a derrubada das oligarquias a um programa nacionalista vagamente popular. A outra, cuja figura mais representativa era Juarez Távora, não se preocupava com a mobilização popular;

via na intervenção militar um meio de destruir o sistema oligárquico, subjugando ao mesmo tempo "os excessos de indisciplina entre as massas".

Podemos considerar o tenentismo um movimento nascido num ponto particularmente sensível da máquina estatal. Expôs a crise do sistema oligárquico e, em seu lugar, ofereceu a perspectiva de uma estrutura dentro de um modelo corporativista. O tipo de reforma política preconizado pelos tenentes estava baseado na necessidade de ampliar a esfera de ação do governo central e incluía, em sua ideologia, elementos de antiliberalismo que estavam em voga na época. Esse foi o tom essencial do movimento durante a década de 1920, pregando como fez um tipo um tanto ingênuo de reforma social, acoplado a um tipo igualmente vago de nacionalismo. Suas declarações teóricas na década de 1920 estavam muito mais impregnadas de "sentimento nacionalista" do que de objetivos atribuíveis diretamente aos interesses de uma classe social. O fortalecimento do poder do Estado exigia a uniformidade das instituições, a expansão do ensino e a consolidação do governo no plano nacional. As questões econômicas, entre elas a industrialização, ou foram ignoradas ou receberam uma atenção muito pequena. Levando em conta a pouca definição de seus objetivos, em contraste com a afirmação inequívoca de seu idealismo altruísta, os tenentes conseguiram atrair a simpatia daqueles setores sociais opostos à ordem prevalecente, inclusive da classe trabalhadora. Por outro lado, no que se refere aos setores dissidentes mais representativos dentro da oligarquia, os tenentes representaram uma força de reserva que puderam manipular, ao mesmo tempo em que evitavam quaisquer compromissos permanentes. Não obstante, o recurso a métodos radicais, ou seja, a violência, embora para fins limitados, rompeu com os procedimentos políticos normais e criou fissuras que só puderam ser fechadas em conseqüência das circunstâncias especiais de 1929/1930.

No final da década de 1920, os tenentes tinham sido marginalizados ou estavam no exílio, e a classe média urbana estava claramente limitada em sua capacidade de mobilizar-se. O aprofundamento da crise do sistema oligárquico deveu-se, portanto, mais ao reaparecimento de conflitos entre os Estados e de problemas de ajuste do pacto oligárquico, embora já num novo contexto. Em 1926, o candidato paulista, Washington Luís, assumiu a presidência sem quaisquer problemas e com o apoio de Minas Gerais e do Rio Grande do Sul. (Para implementar seu programa de estabilização financeira, que foi bem recebido pelo Rio Grande do Sul, Washington Luís nomeou para o Ministério da Fazenda um político gaúcho que estava ganhando ascendência dentro da oligarquia política de seu Estado, Getúlio Vargas.) A dificuldade em chegar a um consenso unânime em torno da questão sucessória em 1929 pode ser atribuída à iniciativa política do próprio presidente. Durante todo o ano de 1928, tornara-se claro que o grupo político dominante de São Paulo, estimulado por Washington Luís, não pretendia perder o governo central. O nome de Júlio Prestes, presidente do Estado paulista, surgiu como candidato à presidência. Este fato alterava todas as regras do jogo. Desde 1914, a presidência vinha se alternando entre São Paulo e Minas, com exceção de 1919, em seguida à morte do presidente eleito Rodrigues Alves. O normal seria que, em 1930, um mineiro ocupasse o poder. Podemos atribuir a intransigência de Washington Luís a seu caráter particular e a motivos de natureza mais geral. Dando como certa a inflexibilidade do sistema oligárquico, que tornava muito difícil para a oposição adotar qualquer medida de sucesso, o presidente procurou assegurar a continuidade de sua política de estabilização financeira, mediante a escolha de um sucessor em quem pudesse confiar. Havia pelo menos um precedente histórico em seu favor: em 1902, Campos Sales garantira a continuidade de uma política financeira deflacionária através da (primeira) eleição de Rodrigues Alves, que resultou na sucessão de um paulista a outro paulista na presidência. A atitude de Washington Luís também poderia ser interpretada à luz de uma situação em que a elite de São Paulo estava perdendo progressivamente os mais importantes postos administrativos para homens do Rio Grande do Sul e de Minas Gerais, uma tendência que deveria aumentar substancialmente depois de 1930.

Com a imposição da candidatura de Júlio Prestes, Washington Luís acreditou que podia neutralizar qualquer dissensão mais séria que pudesse surgir, considerando que as relações entre o governo federal e o Rio Grande do Sul eram boas. No máximo, parecia que Minas Gerais iria entrar na luta sozinho, não só sem muita chance de sucesso, mas também sem produzir quaisquer repercussões sérias. Com efeito, foi o presidente de Minas, Antônio Carlos Ribeiro de Andrada, quem tomou a iniciativa das negociações em torno da indicação de um candidato de oposição. A fim de impelir o Rio Grande do Sul para uma disputa que significaria o rompimento do acordo com o governo federal e a perda das vantagens que isso implicava, era preciso oferecer a presidência a esse Estado. Em junho de 1929, depois de várias negociações, Minas Gerais e o Rio Grande do Sul concordaram em lançar como candidato o reticente Getúlio Vargas, na época governador do Estado gaúcho. Conseguiram a adesão da Paraíba, um pequeno Estado do Nordeste, que apresentou João Pessoa como candidato à vice-presidência. As chances desse grupo de alcançar a vitória nas eleições eram escassas, visto que o governo central tinha o apoio não só da oligarquia de São Paulo, mas também de dezessete outros estados.

Constituíram a Aliança Liberal, na forma de uma frente regional, que compreendia a ampla maioria de representantes políticos do Rio Grande do Sul e de Minas Gerais, à qual se uniu o Partido Democrático de São Paulo. Quanto à Paraíba, a luta interna no seio da oligarquia levou um setor bastante influente a apoiar o governo. Parecia que se estava produzindo uma nova fissura regional, mais importante do que todas as anteriores, mas que, ainda assim, seguia o modelo tradicional das disputas sucessórias típicas da Primeira República. A Aliança fez ingentes esforços para permanecer dentro dos limites do sistema, com o qual a maioria de seus líderes estavam comprometidos. Até mesmo Vargas expressou abertamente sua intenção numa carta a Washington Luís em julho de 1929, e João Neves da Fontoura – líder do Rio Grande do Sul na Câmara Federal – declarou que a oposição estava disposta a prestar sua consideração simpática a outros candidatos de São Paulo.

O programa da Aliança Liberal refletia as aspirações daquelas classes dirigentes regionais não vinculadas diretamente ao café. Seu objetivo era também sensibilizar a classe média – e em certa medida a classe trabalhadora. Defendia a necessidade de incentivar a produção nacional em geral, e não apenas a do café. Combatia os vários esquemas de valorização do café em nome da ortodoxia financeira e, por isso mesmo, não discordava, nesse ponto particular, da política de Washington Luís. Propunha algumas medidas de proteção aos trabalhadores, como o direito à aposentadoria, a regulamentação especial do trabalho das mulheres e dos menores e o direito a férias remuneradas. (Nos maiores centros urbanos, onde foi obrigado a fazer campanha um pouco contra sua vontade, Vargas foi recebido com entusiasmo – mesmo em São Paulo onde teria sido fácil explorar o caráter antipaulista da Aliança Liberal.) Numa clara resposta ao presidente, que afirmara ser a questão social do Brasil "uma questão de polícia", a plataforma da oposição dizia não se poder negar sua existência, como "um dos problemas que teriam de ser encarados com seriedade pelos poderes públicos". Sua insistência maior concentrava-se na defesa das liberdades individuais, da anistia (com o que se acenava para os tenentes) e da reforma política, para assegurar eleições verdadeiramente representativas. Com relação ao tema da industrialização, seu programa estabelecia a antiga distinção entre indústrias naturais e artificiais, ou seja, aquelas que operavam com matérias-primas disponíveis no país e aquelas cujos materiais tinham de ser importados. Condenava o protecionismo concedido a estas últimas, sob a alegação de que ele favorecia o aumento do custo de vida, embora beneficiasse uma ou duas empresas privilegiadas. A proteção dos direitos do trabalhador era, por sua vez, estabelecida em termos destinados a contrastar com os privilégios de que gozavam os industriais. As associações que representavam a maioria das indústrias de São Paulo apoiaram Júlio Prestes, o candidato oficial. Essa atitude pode ser explicada pelas firmes relações que tinham sido estabelecidas entre os diversos setores da classe dirigente de São Paulo e pelo fato de que a oposição não conseguiu apresentar-se à burguesia industrial como atrativa.

Em meio à campanha eleitoral, em outubro de 1929, estourou a crise econômica mundial. Os líderes da oposição passaram a usá-la como um novo argumento para demonstrar a inépcia do governo. Quase não se conseguiu perceber o resultado imediato. No entanto, a crise provocou um desentendimento entre o setor cafeeiro e o governo central. Nesse momento, estavam se tornando cada vez mais sérios os problemas da superprodução. O setor cafeeiro pediu a Washington Luís a concessão de novos financiamentos e de uma moratória de seus débitos. Os financiamentos seriam feitos pelo Banco do Brasil, tendo em vista as dificuldades pelas quais passava o banco do Estado de São Paulo. O presidente, preocupado particularmente em manter seu plano de estabilidade monetária, que teria certamente entrado em colapso se fossem feitas essas concessões, recusou-se a atender às reivindicações de um setor que ele teoricamente representava. Uma onda de descontentamento levantou-se em São Paulo. Uma clara manifestação dessas queixas foi o Congresso de Lavradores, realizado no final de dezembro de 1929 e início de janeiro de 1930 e organizado pelos partidários do PD, e por todas as associações rurais cujos dirigentes, em sua maioria, estavam ligados ao PRP. Apesar disso, a situação não chegou a um ponto de ruptura. Após o Congresso, a mobilização dos cafeicultores diminuiu e o benefício para o PD em termos de votos foi relativamente insignificante. O setor cafeeiro, apesar de sua insatisfação, não tinha motivos para acreditar que a vitória da Aliança Liberal redundasse em atenção maior aos seus interesses. Na verdade, pela composição regional da oposição e por um ou dois pronunciamentos formulados com muito cuidado era possível até prever o contrário.

As eleições de 1º de março de 1930 foram realizadas de conformidade com as tradições da República Velha. Tanto o governo quanto a oposição recorreram à fraude em grande escala. Basta lembrar que Getúlio Vargas obteve, em seu próprio estado, 298 677 votos contra 982 dados ao outro candidato. A vitória de Júlio Prestes, admitida publicamente por Borges de Medeiros, parecia sinalizar o fim da cisão regional. Mas, nesse momento, começaram a manifestar-se diferenças de opinião dentro da Aliança Liberal. Podemos explicá-las mais em termos de um conflito de gerações do que de divergência ideológica. Ao lado dos políticos tradicionais constituíra-se em Minas Gerais e no Rio Grande do Sul uma camada mais jovem, educada, que estava ocupada em ascender na escada social à sombra da velha oligarquia. No Rio Grande do Sul, homens como o próprio Vargas, Flores da Cunha, Osvaldo Aranha, Lindolfo Collor, João Neves e Maurício Cardoso constituíam um grupo conhecido como "a geração de 1907", ano em que terminaram seus estudos. Em Minas Gerais, apareceram também figuras políticas mais novas, como Virgílio de Melo Franco e Francisco Campos, descendentes de famílias tradicionais da região. Até os fins da década de 1920, esses homens não se haviam destacado por nenhuma atitude aberta contra o sistema político da Primeira República. Em 1930, porém, esse setor da elite política dispunha-se a seguir o caminho que até então os tenentes haviam tomado sozinhos.

Embora derrotado, o movimento tenentista continuava sendo uma força de importância, por sua experiência militar e seu prestígio dentro do exército. Agora havia condições para uma reaproximação entre os políticos mais jovens e os oficiais rebeldes. Já durante a campanha eleitoral alguns passos haviam sido dados nesse sentido. No entanto, os tenentes procediam com muita cautela. O balanço de suas relações com a oposição consentida era bastante negativo. Eles tinham sido usados para proveito próprio da oposição sem nada receber em troca. Além disso, estavam na Aliança Liberal alguns de seus maiores inimigos: por exemplo, o ex-presidente Bernardes, o perseguidor da Coluna Prestes e a síntese de todos os vícios da República; e João Pessoa, responsável pela perseguição a muitos militares rebeldes. Entre os políticos jovens, vários deles, como Osvaldo Aranha, tinham se destacado na luta contra as insurreições no Rio Grande do Sul. Apesar dessas restrições, que, aliás, eram recíprocas, chegou-se a um acordo. Significativamente, porém, o comando militar do movimento revolucionário foi entregue a um homem que representava "os setores mais responsáveis das forças armadas" e que contava com a mais completa confiança dos líderes gaúchos. Era Góes Monteiro, tenente-coronel na época, nascido em Alagoas, mas cuja carreira estava ligada estreitamente ao Rio Grande do Sul. Góes Monteiro não fora membro da facção revolucionária dos anos de 1920. Ao contrário, combatera a Coluna Prestes nos Estados do Nordeste.

A conspiração, planejada entre março e outubro de 1930, passou por uma série de altos e baixos, ajudados por um acontecimento dramático ocasional, como o assassinato de João Pessoa, em agosto, por questões políticas locais. Finalmente, a rebelião estourou em 3 de outubro no Rio Grande do Sul e, no dia seguinte, no Nordeste. Nos Estados rebelados, as milícias estaduais declararam sua lealdade à Revolução. No Sul, a adesão do exército foi imediata, ao passo que em Minas Gerais e em alguns estados do Nordeste surgiram alguns focos de resistência. Washington Luís permaneceu no poder no Rio de Janeiro. A principal base de apoio de seu governo era São Paulo, onde tanto a força pública quanto o exército se prepararam para resistir às tropas que avançavam do Sul. O clima geral que predominava em São Paulo, porém, estava longe de ser eufórico. A classe dirigente paulista, em desacordo com seus representantes no governo central, não havia chegado ao ponto de transferir sua lealdade para a oposição. Contudo, não tinha intenção de se lançar num conflito armado mobilizando a população sob seu controle. Além disso, o grande setor da classe média estava unida em torno do Partido Democrático, que, embora tenha estado praticamente à margem dos planos para a revolução, apoiava os revolucionários. Esses fatores contribuíram para criar um clima de expectativa em São Paulo, onde uma tentativa do governo central de convocar os reservistas fracassou de forma lamentável.

Em todo caso, a intervenção da hierarquia das forças armadas no Rio de Janeiro evitou qualquer confronto militar sério em São Paulo. Pela primeira vez, os altos comandos do exército e da marinha se uniram para levar a cabo uma "intervenção moderadora", que depôs Washington Luís em 24 de outubro. A hierarquia militar tentou permanecer no poder e chegou a formar uma junta de governo. Entretanto, a pressão das forças revolucionárias que avançavam do Sul e as manifestações populares no Rio de Janeiro garantiram a Getúlio Vargas a presidência, que ele assumiu devidamente em 3 de novembro de 1930, como chefe de um governo provisório. Poucos poderiam prever que Vargas ficaria no poder pelos quinze anos seguintes.

A Revolução de 1930 foi o produto de vários grupos sociais cujos valores e objetivos diferiam enormemente: oligarquias regionais dissidentes, setores da classe média urbana e quadros intermediários do exército. Com algumas exceções, os trabalhadores urbanos permaneceram de fora do movimento. No entanto, os revolucionários gozavam de sua simpatia em virtude do prestígio dos tenentes e da retórica vagamente reformista da Aliança Liberal. (O diminuto Partido Comunista indicara seu próprio candidato às eleições e denunciara o caráter "fascista" da Aliança. É oportuno lembrar, porém, que, pelo menos até às vésperas das eleições, os dirigentes do partido estiveram distribuindo armas e mantendo contatos com elementos tenentistas que conspiravam em São Paulo.) Quando se examina a década de 1920 como um todo, é particularmente notável o papel da geração mais jovem na expressão de oposição política ou na atividade revolucionária. O PD de São Paulo contrastou claramente com o PRP na relativa juventude de seus dirigentes. O tenentismo foi um movimento de oficiais jovens do exército. Entre os setores dissidentes da oligarquia, os elementos mais jovens é que tomaram atitudes revolucionárias. Desse ponto de vista, pode-se considerar a crise no sistema oligárquico uma conseqüência da incapacidade do sistema de responder às exigências que se lhe faziam, as quais, por sua vez, eram o resultado da diferenciação social e da mobilidade social tanto para cima quanto para baixo.

O desaparecimento da República Velha em 1930 pôs fim ao sistema de governo oligárquico que garantira a hegemonia da burguesia do café de São Paulo. No entanto, não assinalou o fim do coronelismo, particularmente nas zonas rurais. Surgiram novos coronéis em substituição aos antigos e o sistema de patrocínio permaneceu e adaptou-se lentamente ao pacto corporativo, estabelecido progressivamente entre a sociedade civil e o Estado. A permanência do clientelismo, se bem que de forma modificada, deveu-se em grande parte ao fato de que a Revolução de 1930 nada fez para mudar o sistema de produção nas zonas rurais, embora nessa época a reforma agrária tenha se tornado um tema relevante de debate político. Os desenvolvimentos depois de 1930 combinaram dois elementos que, historicamente, são impossíveis de separar: a vitória de um movimento revolucionário heterogêneo e os efeitos da crise econômica mundial. Esta última transformou problemas de muitos anos em questões urgentes e acelerou, inevitavelmente, o lento processo de mudanças. Dadas as condições históricas em que se formara a burguesia industrial, foi preciso uma crise mundial e a ruptura da hegemonia da burguesia do café de São Paulo para que, por exemplo, fosse dado novo ímpeto ao processo de industrialização. A expansão e centralização do poder do Estado foi a principal característica da mudança institucional nos anos que se seguiram à Revolução de 1930. Foi um movimento ditado pelas exigências da nova ordem econômica e financeira, mas também correspondeu aos interesses e conceitos de algumas dessas forças, e não menos das forças militares, que foram responsáveis pela Revolução. A burocracia central expandiu-se e transformou-se virtualmente numa nova categoria social com seus próprios interesses, além de executar sua função de porta-voz dos interesses da classe dominante. Além disso, a relação entre a sociedade civil e o Estado mudou na medida em que os diversos setores da classe dominante, a classe média urbana e pelo menos uma parte da classe trabalhadora agora enfrentavam-se entre si e chegavam a um acordo em grande parte à sombra de um Estado cada vez mais poderoso.

Ensaios Bibliográficos

LISTA DE ABREVIATURAS:

AESC	*Annales: Economies, Sociétés, Civilisations*
BELC	*Boletín de Estudios Latinoamericanos y del Caribe*
BHR	*Business History Review*
BLAR	*Bulletin of Latin American Research*
CEPAL	Comissão Econômica para a América Latina
CSSH	*Comparative Studies in Society and History*
DE	*Desarrollo Económico*
ESC	*Estudios Sociales Centroamericanos*
HAHR	*Hispanic American Historical Review*
HM	*Historia Mexicana*
I-AA	*Ibero-Amerikanisches Archiv*
JGSWGL	*Jahrbuch für Geschichte von Staat, Wirtschaft und Gesellschaft Lateinamerika*
JIAS	*Journal of Inter-American Studies and World Affairs*
JLAS	*Journal of Latin American Studies*
LAP	*Latin American Perspectives*
LARR	*Latin America Research Review*
L-BR	*Luso-Brazilian Review*
RBE	*Revista Brasileira de Economia*
RIB	*Revista Interamericana de Bibliografía*
RMS	*Revista Mexicana de Sociología*
SALA	*Statistical Abstract of Latin America*
TA	*The Americas*
TE	*El Trimestre Económico*

1. O México: A República Restaurada e o Porfiriato, 1867–1910

Em 1958, Daniel Cosío Villegas, um dos maiores historiadores do México e um especialista na história mexicana do período 1867–1910, afirmou que, excetuando o período da República Restaurada (1867–1876), foram escritos quase dois mil livros e panfletos somente sobre o Porfiriato (1876–1910). Mesmo assim, com algumas exceções significativas, as obras mais importantes sobre este período da história mexicana foram publicadas a partir da década de 1950. A literatura secundária sobre o período de 1867–1910, e especialmente sobre o Porfiriato, é examinada em Daniel Cosío Villegas, "El Porfiriato: Su historiografía o arte histórico", em *Extremos de América* (Ciudad de México, 1949), pp. 113–182; John Womack, Jr., "Mexican political historiography, 1959–1969", em *Investigaciones contemporáneas sobre historia de México* (Ciudad de México, e Austin, Tex., 1971); Enrique Florescano, *El poder y la lucha por el poder en la bistoriografía mexicana* (Ciudad de México, 1980); e Thomas Benjamin & Marcial Ocasio-Meléndez, "Organizing the memory of modern Mexico: Porfirian historiography in perspective, 1880s–1980s", *HAHR,* 64(2): 323–364, 1984. A obra mais importante e mais abrangente sobre todo o período de 1867 a 1910 é a monumental *Historia moderna de México* (México, D. F, 1958–1972), uma obra coletiva imensa, com 13 volumes, editada e escrita em parte por Daniel Cosío Villegas. Foi escrita nas décadas de 1950 e 1960 sob a direção de Cosío por uma equipe de historiadores que foram buscar toda prova existente nos arquivos mexicanos, norte-americanos e europeus e examinaram todos os aspectos da vida no México, que abrangiam a histórica política, econômica e social, bem como intelectual.

A obra geral mais importante que foi publicada sobre o período de Díaz desde a história de Cosío Villegas é François-Xavier Guerra, *Le Méxique: De l'ancien régime à la revolution,* 2 vols. (Paris, 1985). Com base em vários milhares de notas biográficas, Guerra examina a estrutura, a ideologia, a composição social e as relações da elite porfiriana de nível médio e superior. Ao mesmo tempo, ele postula um conflito fundamental entre a sociedade tradicional, tal como ela é representada, de um lado, pelas comunidades de aldeia ou pela Igreja e, de outro, pelas elites modernizadoras que tentam minar essa sociedade em nome da modernização liberal. Para ele essa foi a principal causa que levou à Revolução Mexicana.

No conjunto, a República Restaurada provocou muito menos discussão, controvérsia e literatura do que a era Díaz que se lhe seguiu. A maior parte da controvérsia sobre o período anterior concentrou-se no homem Juárez, nas medidas políticas de seu governo e na natureza e na base do liberalismo. Cf., por exemplo, Jesús Reyes Heroles, *El liberalismo mexicano* (Ciudad de México, 1957). Sobre a questão de saber se o regime de Juárez foi diferente basicamente do de Porfirio Díaz, foram expressos três pontos de vista diferentes: Francisco Bulnes, *El verdadero Juárez y la verdad sobre la intervención y el imperio* (Paris, 1904); Daniel Cosío Villegas (ed.), *Historia moderna,* vol. I; e Laurens B. Perry, *Juárez and Díaz, Machine Politics in Mexico* (DeKalb, Ill., 1978). A presidência de Lerdo não produziu tantas controvérsias e não existem diferenças realmente agudas entre a interpretação de Cosío Villegas e a de Frank A. Knapp, *The Life of Sebastián Lerdo de Tejada, 1823–1899* (Austin, Tex., 1951).

Quatro obras contemporâneas ou quase contemporâneas são representativas do amplo espectro de opinião sobre o Porfiriato: *México y su evolución social* (Ciudad de México, 1901), uma coletânea de ensaios em três volumes, que constitui um auto-retrato e autojustificativa do regime de Porfirio Díaz, editada por Justo Sierra, o mais conhecido intelectual que apoiou Díaz; *El verdadero Díaz y la revolución* (Ciudad de México, 1920), obra de Francisco Bulnes, outros dos intelectuais mais influentes do regime de Díaz e seu defensor mais crítico e inteligente durante e após a Revolução Mexicana; e John Kenneth Turner, *Barbarous Mexico,* 2nd ed. (1910; reimpressão, Austin, Tex., 1969) e Carleton Beals, *Porfirio Díaz, Dictator of Mexico* (New York, 1932), duas obras escritas por norte-americanos que constituem os mais fortes indiciamentos do regime de Díaz. José C. Valadés, *El porfirismo: Historia de un régimen,* 3 vols. (Ciudad de México, 1941–1947) foi o primeiro estudo geral do regime de Díaz que utiliza um grande conjunto de documentos internos do regime, até então indisponíveis.

Um dos pontos de debate mais importantes, ligado estreitamente aos desenvolvimentos econômicos do México no período de 1867 a 1910, é a discussão das origens do subdesenvolvimento econômico do México. Terá sido ele o resultado primordialmente da economia *laissez-faire* do regime de Díaz? Ou o subdesenvolvimento do México se deveu principalmente à herança do período colonial e às incessantes guerras civis dos primeiros 50 anos depois que o México conquistou sua independência? Houve uma alternativa real? Quais foram os efeitos do investimento e da penetração estrangeiras? Pode-se caracterizar a economia do México desse período como feudal, capitalista e dependente? Que outras teorias mais gerais (imperialismo, dependência, etc.) pode-se aplicar ao caso mexicano? Essas são algumas das questões tratadas de maneiras muito diferentes em Ciro Cardoso (ed.), *México en el siglo XIX: Historia económica y de la estructura social* (Ciudad de México, 1980); John Coatsworth, *Growth Against Development: The Economic Impact of*

Railroads in Porfirian Mexico (DeKalb, Ill., 1981; 2. ed em esp., Ciudad de México, 1984); Sergio de la Peña, *La formación del capitalismo en México* (Ciudad de México, 1976); e Enrique Semo (ed.), *México bajo la dictadura porfiriana* (Ciudad de México, 1983). A obra mais recente e uma das mais interessantes e originais sobre a história econômica do período Díaz é Stephen Haber, *Industry and Underdevelopment: The Industrialization of Mexico, 1890–1940* (Stanford, Calif., 1989). Ela examina o processo de industrialização na região de Monterrey, um dos principais centros industriais do México, e depois tenta extrair de seus dados microeconômicos conclusões mais gerais sobre todo o processo de industrialização.

Um problema secundário que tem sido o centro de controvérsia e discussão sobre o período de Díaz podia ser resumido geralmente como a questão agrária. Isso envolve um conjunto muito diferente de problemas. Que importância teve a expropriação das terras das aldeias livres e quais foram as conseqüências econômicas e sociais desse fato? Quais foram as condições de trabalho nas grandes *haciendas* do México? O trabalho foi predominantemente livre ou a forma dominante de trabalho nas fazendas foi a *peonaje*? Os *hacendados* foram principalmente senhores feudais sobretudo em termos de poder e de prestígio, ou foram "capitalistas" que procuraram maximizar seus lucros e tomar decisões economicamente racionais? Os termos da discussão da questão agrária foram estabelecidos por dois autores que escreveram sobre o período porfiriano: Andrés Molina Enríquez, *Los grandes problemas nacionales* (Ciudad de México, 1909), e Wistano Luis Orozco, *Legislación y jurisprudencia sobre terrenos baldíos,* 2 vols. (Ciudad de México, 1895). De 1910 até hoje praticamente todos os textos sobre a questão agrária foram de um modo ou de outro confirmados, refutados ou de algum maneira se apóiam nas teorias expostas por esses dois autores. Alguns dos pontos de vista muito diferentes sobre a questão agrária estão expressos em Friedrich Katz, "Labour conditions on haciendas in Porfirian Mexico: Some trends and tendencies", *HAHR,* 54 (1): 1–47, 1974, e em Katz (ed.), *La servidumbre agraria en México en la época porfiriana* (Ciudad de México, 1977); e em Frank Tannenbaum, *The Mexican Agrarian Revolution* (Washington, D. C., 1929). O problema agrário em Morelos, berço do movimento revolucionário de Emiliano Zapata, é o tema de duas obras notáveis: Arturo Warman, *Venimos a contradecir: Los campesinos de Morelos y el estado nacional* (Ciudad de México, 1976; trad. ingl.: *We Come to Object: The Peasants of Morelos and the National State,* Baltimore, 1981), e John Womack, Jr., *Zapata and the Mexican Revolution* (New York, 1969). Duas obras que procuram estudar a estrutura agrária do México a partir de perspectivas amplas e comparativas são John Tutino, *From Insurrection to Revolution in Mexico: Social Bases of Agrarian Violence, 1750–1940* (Princeton, N. J., 1986), e Friedrich Katz (ed.), *Riot, Rebellion and Revolution: Rural Social Conflict in Mexico* (Princeton, N. J., 1988).

Um tema mais recente de discussão tem sido a natureza e o poder e a eficiência reais do Estado mexicano, que foram investigados de diferentes pontos de vista em John H. Coatsworth, "Los orígenes del autoritarismo moderno en México", *Foro Internacional,* 16: 205–232, 1975, e Juan Felipe Leal, *La burguesía y el estado mexicano* (Ciudad de México, 1972). O banditismo e o papel da polícia, sobretudo da polícia rural, foram estudados por Paul Vanderwood, *Disorder and Progress: Bandits, Police and Mexican Development* (Lincoln, Nebr., 1981). A discussão sobre a natureza do Estado está ligada estreitamente à pesquisa sobre a ideologia, sobretudo o positivismo e o darwinismo social, dos líderes mexicanos durante a República Restaurada e a era porfiriana; por exemplo, Arnaldo Córdova, *La ideología de la Revolución Mexicana: La formación del nuevo régimen* (Ciudad de México, 1973); William D. Raat, *El positivismo durante el Porfiriato: 1876–1910* (Ciudad de México, 1975); e Leopoldo Zea, *Positivism in Mexico* (Austin, Tex., 1974). A obra mais recente sobre esse assunto, que dá a visão mais abrangente e convincente da ideologia da elite "científica" dirigente do México, é Charles Hale, *The Transformation of Liberalism in Late 19th Century Mexico* (Princeton, N. J., 1989).

Um importante corolário à análise do poder do Estado central é um exame da importância e influência das instituições locais e regionais. Este é talvez o campo onde, tanto em termos de qualidade quanto de quantidade, foram feitas algumas obras históricas mais notáveis sobre o período de Díaz. Este problema foi examinado nos últimos anos não só por historiadores mas também por antropólogos. Duas obras extraordinárias tratam da história local nesse período, Luis González y González, *Pueblo en vilo: Microhistoria de San José de Gracia* (Ciudad de México, 1972; trad. ingl.: *San José de Gracia: Mexican Village in Transition,* Austin, Tex., 1974); e Paul Friedrich, *Agrarian Revolt in a Mexican Village* (Englewood Cliffs, N. J., 1970). Algumas das obras mais importantes sobre a história regional são Thomas Benjamin, A *Rich Land of Poor People: Politics and Society in Modern Chiapas* (Albuquerque, N. Mex., 1989); Héctor Aguilar Camín, *La frontera nómada: Sonora y la Revo-*

lución Mexicana (Ciudad de México, 1977); Antonio García de León, *Resistencia y utopia: Memorial de agravios y crónicas de revueltas y profecías acaecidas en la provincia de Chiapas durante los últimos quinientos años de su historia*, 2 vols. (Ciudad de México, 1985); G. M. Joseph, *Revolution from Without: Yucatán, Mexico and the United States, 1880–1924* (Cambridge, Eng., 1982); Jane-Dale Lloyd, *El proceso de modernización capitalista del noroeste de Chihuahua, 1880–1910* (Ciudad de México, 1987); Ramón Eduardo Ruiz, *The People of Sonora and Yankee Capitalists* (Tucson, Ariz., 1988); Mark Wasserman, *Capitalists, Caciques, and Revolution: Elite and Foreign Enterprise in Chihuahua, 1854–1911* (Chapel Hill, N. C., 1984); Allen Wells, *Yucatán's Gilded Age: Haciendas, Henequen, and International Harvester, 1860–1915* (Albuquerque, N. Mex., 1985). Igualmente importante para a história regional é uma notável série de livros editados por Eugenia Meyer, do Instituto María Luis Mora, sobre a história da maioria dos estados mexicanos, e ilustrados com documentos editados.

Esses estudos locais estão ligados inextricavelmente a tentativas de analisar as diversas classes sociais que se desenvolveram no período porfiriano no âmbito local, regional e nacional. Com exceção dos camponeses, foi dada muita atenção à classe trabalhadora: ver Rodney Anderson, *Outcasts in Their Own Land: Mexican Industrial Workers, 1906–1911* (DeKalb, Ill., 1976); Ciro F. S. Cardoso, Francisco G. Hermosillo & Salvador Hernández, *La clase obrera en la historia de México, de la dictadura porfirista a los tiempos libertarios* (Ciudad de México, 1980); John M. Hart, *Anarchism and the Mexican Working Class, 1860–1931* (Austin, Tex., 1978); Juan Felipe Leal & José Woldenberg, *La clase obrera en la historia de México: Del estado liberal a los inicios de la dictadura porfirista* (Ciudad de México, 1980); e David Walker, "Porfirian labor politics: Working class organizations in Mexico City and Porfirio Diaz, 1876–1902", *TA*, 37: 257–287, 1981. Sobre os intelectuais, ver Jesús Silva Herzog, *El agrarismo mexicano y la reforma agraria* (Ciudad de México, 1964), e James Cockcroft, *Intellectual Precursors of the Mexican Revolution, 1900–1913* (Austin, Tex., 1968). A obra mais abrangente sobre a educação porfiriana e sobre a política educacional é Mary Kay Vaughan, *The State, Education and Social Class in Mexico, 1880–1928* (DeKalb, Ill., 1982).

Um campo que tem sido tema de longa e variada discussão é o das relações do México com outros países durante a era porfiriana. Durante muito tempo, os únicos arquivos principais de que se dispunha sobre esse período eram os do Departamento de Estado dos Estados Unidos, e tanto os historiadores mexicanos quanto os norte-americanos concentraram-se nas relações do México com os Estados Unidos, com a exclusão dos outros países. Esta situação mudou na década de 1950 quando Daniel Cosío Villegas conseguiu consultar não só registros norte-americanos, mas também os mexicanos que até então eram inacessíveis. O resultado foi que escreveu uma análise detalhada das relações México–Estados Unidos entre 1867 e 1910: *The United States versus Porfirio Diaz* (Lincoln, Nebr., 1963). As relações entre o México e os Estados Unidos, tanto em termos quantitativos quanto qualitativos, são examinadas por John Mason Hart, *Revolutionary Mexico: The Coming and Process of the Mexican Revolution* (Berkeley, 1987). Sobre as relações entre o México e as principais potências européias no período de Díaz, ver Alfred Tischendorf, *Great Britain and Mexico in the Era of Porfirio Díaz* (Durham, N. C., 1961); e Friedrich Katz, *Deutschland, Diaz und die mexikanische Revolution: Die deutsche Politik in Mexiko, 1870–1920* (Berlin, 1964).

2. A Revolução Mexicana, 1910–1920

FONTES IMPRESSAS, BIBLIOGRAFIA E HISTORIOGRAFIA

O guia mais abrangente e mais bem organizado da bibliografia sobre a Revolução Mexicana é W. D. Raat, *The Mexican Revolution: An Annotated Guide to Recent Scholarship* (Boston, 1982). São guias indispensáveis para os documentos oficiais, panfletos, jornais, manifestos e correspondência publicada: L. González y González (ed.), *Fuentes de la historia contemporánea de México: Libros y* folletos, 3 vols. (Ciudad de México, 1962–1963) e S. R. Ross (ed.), *Fuentes de la historia contemporánea de México: Periódicos y revistas,* 4 vols. (Ciudad de México, 1965–1976). O corpo mais importante de materiais impressos é I. Fabela & J. E. de Fabela (eds.), *Documentos históricos de la revolución mexicana,* 27 vols. e índice (Ciudad de México, 1960–1976). Reimpressões úteis de artigos da imprensa mexicana aparecem em M. González Ramírez (ed.), *Fuentes para la historia de la revolución mexicana,* 4 vols. (Ciudad de México, 1954–1957).

Entre as bibliografias e artigos historiográficos com uma análise das principais correntes da literatura sobre a Revolução estão: D. M. Bailey, "Revisionism and the recent historiography of the Mexican Revolution",

HAHR, 58(1): 62–79, 1978; G. Bringas & D. Mascareño, *La prensa de los obreros mexicanos, 1870–1970: Hemerografía comentada* (Ciudad de México, 1979); C. W. Reynolds, "The economic historiography of twentieth-century Mexico", in *Investigaciones contemporáneas sobre la historia de México: Memorias de la tercera reunión de historiadores mexicanos y norteamericanos* (Ciudad de México, e Austin, Tex., 1971), pp. 339–357; J. D. Rutherford, *An Annotated Bibliography of the Novels of the Mexican Revolution* (Troy, N. Y., 1972); E. Suárez Gaona (ed.), *El movimiento obrero mexicano: Bibliografía* (Ciudad de México, 1978); H. W. Tobler, "Zur Historiographie der mexikanischen Revolution, 1910–1940", *JGSWGL*, 12: 286–331, 1975; e J. Womack, Jr., "Mexican political historiography, 1959–1969", em *Investigaciones contemporáneas*, pp. 478–492, "The historiography of Mexican labor", em *El trabajo y los trabajadores en la historia de México: Ponencias y comentarios presentados en la V reunión de historiadores mexicanos y norteamericanos* (Ciudad de México, e Tucson, Ariz., 1979), pp. 739–756, e "The Mexican economy during the Revolution, 1910–1920: Historiography and analysis", *Marxist Perspectives*, 1(4): 80–123, 1978.

São novos guias notáveis para a velha e a nova erudição D. G. López Rosado, *Bibliografía de la historia económica y social de México*, 12 vols., mais índice (Ciudad de México, 1979–1982) e *Bibliografía económica de la Revolución Mexicana, 1910–1930* (Ciudad de México, 1982); E. Florescano, *Bibliografía general del desarrollo económico de México, 1500–1976*, 2 vols. (Ciudad de México, 1980); M. de la L. Parcero, *Introducción bibliográfica a la historiografía política de México, siglos XIX y XX* (Ciudad de México, 1982); W. D. Raat, "La revolución global de México: Tendencias recientes de los estudios sobre la revolución mexicana en Japón, el Reino Unido y Europa continental", *HM*, 32(3): 422–448, 1983; R. L. Delorme, *Latin America, 1979–1983: A Social Science Bibliography* (Santa Barbara, Calif., 1984); E. Aguilar Cerrillo & P. Salcido Cañedo, "Desde la microhistoria, referencias bibliográficas en torno a la Revolución Mexicana", *Revista Mexicana de Ciencias Políticas y Sociales*, 122: 167–177, 1985; H. V. Nelles, "Latin American business history since 1965: A view from north of the border", *BHR*, 59(4): 543–562, 1985; W. A. Cornelius & J. A. Bustamante (eds.), *International Guide to Research on Mexico* (San Diego, Calif., 1986); T. Benjamin, "Regionalizing the Revolution: The many Mexicos in revolutionary historiography", em T. Benjamin & M. Wasserman (eds.), *Provinces of the Revolution: Essays on Regional Mexican History, 1910–1929* (Albuquerque, N. Mex., 1990), pp.

319–357; e "Appendix: Provincial historiographies and bibliographies", em *Provinces of the revolution*, pp. 359–362.

Entre os guias para as fontes primárias podemos citar: *Boletín de Investigación del Movimiento Obrero* (Puebla), vol. I (1981); V. B. Reber, "Archival sources for Latin American business history", *BHR*, 59(4): 670–679, 1985; H. C. Hernández Silva, "El archivo histórico militar de México", *HM*, 38(1): 127–142, 1988; e *Boletín de fuentes para la historia económica de México* (México), vol. I (1990).

As mais recentes coletâneas de material impresso de grande importância são G. Bonfil Batalla (ed.), *Mi pueblo durante la revolución*, 3 vols. (Ciudad de México, 1985); Instituto Nacional de Estadística, Geografía e Informática, *Estadísticas históricas de México*, 2 vols. (Ciudad de México, 1985); Secretaría de Programación y Presupuesto, *Antología de la planeación en México (1917–1985)*, 17 vols. (Ciudad de México, 1985), vol. I, *Primeros intentos de planeación en México (1917–1946)*; e D. E. Lorey (ed.), *United States–Mexico Border Statistics since 1900* (Los Angeles, 1990).

OBRAS GERAIS E INTERPRETATIVAS

A mais completa e ainda a melhor crônica da Revolução Mexicana é J. C. Valadés, *Historia general de la revolución mexicana*, 10 vols. (Ciudad de México, 1963–1967), vols. 1–7.

Obras notáveis por serem antigos padrões que defendem mais ou menos a análise da Revolução como uma grande vitória popular são M. S. Alperovich, B. T. Rudenko & N. M. Lavrov, *La revolución mexicana: Cuatro estudios soviéticos* (Ciudad de México, 1960); A. Brenner, *The Wind That Swept Mexico: The History of the Mexican Revolution* (Austin, Tex., 1970); M. González Ramírez, *La revolución social de México*, 3 vols. (Ciudad de México, 1960–1966); J. Silva Herzog, *Breve historia de la revolución mexicana*, 2 vols. (Ciudad de México, 1960); F. Tannenbaum, *Peace by Revolution: An Interpretation of Mexico* (New York, 1933); E. Wolf, *Peasant Wars of the Twentieth Century* (New York, 1969).

São dignos de menção por constituírem antigos padrões mais ou menos hostis à Revolução: F. Bulnes, *El verdadero Díaz y la revolución* (Ciudad de México, 1920); E. Gruening, *Mexico and Its Heritage* (New York, 1928); W. Thompson, *The People of Mexico: Who They Are and How They Live* (New

York, 1921); E. D. Trowbridge, *Mexico To-day and To-morrow* (New York, 1919); J. Vera Estañol, *Historia de la revolución mexicana: Orígenes y resultados* (Ciudad de México, 1957).

Entre as obras mais recentes, os ensaios mais sugestivos são Peter Calvert, "The Mexican Revolution: Theory or fact?", *JLAS*, 1(1): 51–68, 1969; Barry Carr, "Las peculiaridades del norte mexicano, 1880–1927: Ensayo de interpretación", *HM*, 22(3): 320–346, 1973; François-X. Guerra, "La révolution mexicaine: D'abord une révolution minière?", *AESC*, 36(5), 785–814, 1981; Jean A. Meyer, "Periodización e ideología", em James W. Wilkie, Michael C. Meyer & Edna Monzón de Wilkie (eds.), *Contemporary Mexico: Papers of the IV International Congress of Mexican History* (Los Angeles/Ciudad de México, 1976), pp. 711–722; Albert L. Michaels & Marvin D. Bernstein, "The modernization of the old order: Organization and periodization of twentieth-century Mexican history", em *Contemporary Mexico*, pp. 687–710; e Enrique Semo, "Las revoluciones en la historia de México", *Historia y Sociedad,* 2. sér., 8: 49–61, 1975.

As principais obras revisionistas são J. D. Cockcroft, *Mexico: Class Formation, Capital Accumulation, and the State* (New York, 1983); A. Córdova, *La ideología de la revolución mexicana: La formación del nuevo régimen* (Ciudad de México, 1973); A. Gilly, *The Mexican Revolution* (London, 1983); N. M. Lavrov, *La revolución mexicana, 1910–1917* (Ciudad de México, 1978); Jean Meyer, *La révolution mexicaine* (Paris, 1973); R. E. Ruiz, *The Great Rebellion: Mexico, 1905–1924* (New York, 1980).

São numerosos os novos ensaios interpretativos sobre diversas questões como classe, nacionalismo, provincialidade, continuações e mudanças. Os mais valiosos são J. W. Wilkie & P. D. Wilkins, "Quantifying the class structure of Mexico", *SALA,* 21:577–190, 1981; A. Knight, "La révolution mexicaine: Révolution minière ou révolution serrano?", *AESC*, 38(2): 449–459, 1983, "The Mexican Revolution: Bourgeois? Nationalist? Or just a 'Great Rebellion'?", *BLAR,* 4(2): 1–37, 1985, e "Revolutionary project, recalcitrant people: Mexico, 1910–1940", em J. E. Rodríguez O. (ed.), *The Revolutionary Process in Mexico: Essays on Political and Social Change* (Los Angeles, 1990), pp. 227–264; F.-X. Guerra, "Réponse de Francois-Xavier Guerra", *AESC*, 38(2): 460–469, 1983, e "Teoría y método en el análisis de la Revolución Mexicana", *RMS*, 51(2): 3–24, 1989; W. H. Beezley, "In search of everyday Mexicans in the Revolution", *RIB*, 33(3): 366–382, 1983; J. M. Hart, "The dynamics of the Mexican Revolution: Historiographical perspectives", *LARR*,

19(3): 223–231, 1984; L. González y González, "La Revolución Mexicana desde el punto de vista de los revolucionados", *Historias,* 8–9: 5–14, 1985; J. Tutino, *From Insurrection to Revolution in Mexico: Social Bases of Agrarian Violence, 1750–1940* (Princeton, N. J., 1986); P. J. Vanderwood, "Building blocks but yet no building", *Mexican Studies,* 3(2): 421–432, 1987, e "Explaining the Mexican Revolution", em *The Revolutionary Process,* pp. 97–114; J. H. Coatsworth, "La historiografía económica de México", *Revista de Historia Económica* (Madrid), 6(2): 277–291, 1988; F. Katz, "Rural rebellions after 1810", em F. Katz (ed.), *Riot, Rebellion, and Revolution: Rural Social Conflict in Mexico* (Princeton, N. J., 1988), pp. 521–560; H. W. Tobler, "Die mexikanische Revolution in vergleichender Perspektive: Einige Faktoren revolutionären Wandels in Mexiko, Russland und China im 20: Jahrhundert", *I-AA,* 14(4): 453–471, 1988; M. Wasserman, "Provinces of the Revolution", em *Provinces of the Revolution,* pp. 1–14; e S. F. Voss, "Nationalizing the Revolution: Culmination and circumstance", em *Provinces of the Revolution,* pp. 273–317.

Do mesmo nível das crônicas e sínteses mais antigas, na historiografia padrão ou revisionista, mas sem querer substituir nenhuma delas, existem quatro obras gerais importantes de publicação mais recente. Aquela que se baseia com mais firmeza em pesquisas de arquivos e a mais interessante e equilibrada em termos analíticos é H. W. Tobler, *Die mexikanische Revolution: Gesellschaftlicher Wandel und Politischer Umbruch, 1876–1940* (Frankfurt, 1984). A mais original em teoria e a mais rica em biografia é F.-X. Guerra, *Le Mexique, de l'ancien régime à la révolution,* 2 vols. (Paris, 1985). A mais abrangente, tradicional e interrogatória é A. Knight, *The Mexican Revolution,* 2 vols. (Cambridge, Eng., 1986). A mais curiosa em detalhes é J. M. Hart, *Revolutionary Mexico: The Coming and Process of the Mexican Revolution* (Berkeley, 1987).

AS RELAÇÕES EXTERIORES, A POLÍTICA E A GUERRA

A literatura sobre esses assuntos é mais abundante. Um importante livro trata dos três temas em conjunto: Friedrich Katz, *The Secret War in Mexico: Europe, the United States, and the Mexican Revolution* (Chicago, 1981). Os outros estudos dignos de nota nessa categoria focalizam questões de Estado específicas ou particulares. Dessas questões a mais significativa são as relações exteriores. A literatura sobre ela trata quase exclusivamente das relações do México com os Estados Unidos. Indispensável como pano de fundo é a obra de Arthur S. Link, *Wilson: The New Freedom* (Princeton, N. J., 1956), *Wilson: The Struggle for Neutrality, 1914–1915* (Princeton, N. J., 1960), *Wilson: Confusions and Crises, 1915–1916* (Princeton, N. J., 1960), e *Wilson: Campaigns for Progressivism and Peace, 1916–1917* (Princeton, N. J., 1965).

As duas abordagens mais abrangentes, de perspectivas bastante diferentes, são M. S. Alperovich & B. T. Rudenko, *La revolución mexicana de 1910–1917 y la política de los Estados Unidos* (Ciudad de México, 1960) e P. E. Haley, *Revolution and Intervention: The Diplomacy of Taft and Wilson with Mexico, 1910–1917* (Cambridge, Mass., 1970). A visão tem no mínimo a mesma amplitude, mas a focalização cronológica é mais próxima em P. Calvert, *The Mexican Revolution, 1910–1914: The Diplomacy of the Anglo-American Conflict* (Cambridge, Eng., 1968); M. T. Gilderhus, *Diplomacy and Revolution: U.S.–Mexican Relations under Wilson and Carranza* (Tucson, Ariz., 1977); K. J. Grieb, *The United States and Huerta* (Lincoln, Nebr., 1969); R. F. Smith, *The United States and Revolutionary Nationalism in Mexico, 1916–1932* (Chicago, 1972); e B. Ulloa, *La revolución intervenida: Relaciones diplomáticas entre México y Estados Unidos, 1910–1914* (Ciudad de México, 1971).

As questões particulares que ocasionaram os maiores problemas para as relações entre os Estados e o México foram o petróleo e Francisco Villa. Sobre o petróleo, ver Lorenzo Meyer, *México y los Estados Unidos en el conflicto petrolero (1917–1942)* (Ciudad de México, 1968; trad. ingl.: *Mexico and the United States in the Oil Controversy, 1917–1942,* Austin, Tex., 1977); Dennis J. O'Brien, "Petróleo e intervención: Relaciones entre Estados Unidos y México, 1917–1918", *HM,* 27(1): 103–140, 1977; e Emily S. Rosenberg, "Economic pressure in Anglo-American diplomacy in Mexico, 1917–1918", *JLAS,* 17(2): 123–152, 1975. Sobre Villa, ver Clarence C. Clendenen, *The United States and Pancho Villa: A Study in Unconventional Diplomacy* (Ithaca, N. Y., 1981); e Alberto Salinas Carranza, *La expedición punitiva,* 2. ed. (Ciudad de México, 1957). Menos importantes mas ainda dignos de nota entre os problemas externos do México durante a Revolução são os tópicos estudados por Larry D. Hill, *Emissaries to a Revolution: Woodrow Wilson's Executive Agents in Mexico* (Baton Rouge, La., 1973); e W. Dirk Raat, *Revoltosos: Mexico's Rebels in the United States, 1903–1923* (College Station, Tex., 1981).

Sobre a política, que nesta bibliografia significa a luta para dominar e manobrar o governo federal, são mais numerosos os livros e artigos. São particularmente interessantes as exposições contemporâneas: H. Baerlein, *Mexico: The Land of Unrest,* 2nd ed. (Philadelphia, 1914); E. I. Bell, *The Political Shame of Mexico* (New York, 1914); J. L. De Becker, *De cómo vino Huerta, y cómo se fue: Apuntes para la historia de un régimen militar* (Ciudad de México, 1914); R. Prida, *De la dictadura a la anarquia,* 2. ed. (Ciudad de México, 1958). Tendenciosas mas ainda assim reveladoras são certas memórias: A. Breceda, *México revolucionario, 1913–1917,* 2 vols. (Madrid, 1920, e Cuidade de México, 1914); E. González Garza, *La revolución mexicana: Mi contribución politico-literaria* (Ciudad de México, 1936); F. F. Palavicini, *Los diputados,* 2. ed. (Ciudad de México, 1976), *Historia de la constitución de 1917,* 2 vols. (Ciudad de México, 1938), e *Mi vida revolucionaria* (Ciudad de México, 1937); A. J. Pani, *Apuntes autobiográficos,* 2 vols., 2. ed. (Ciudad de México, 1950), e *Mi contribución al nuevo régimen, 1910–1933* (Ciudad de México, 1936).

As primeiras histórias profissionais das fases inicial e média da política revolucionária continuam sendo as melhores análises, apesar de seus enganos, erros e omissões: C. C. Cumberland, *Mexican Revolution: Genesis under Madero* (Austin, Tex., 1952), e *Mexican Revolution: The Constitutionalist Years* (Austin, Tex., 1972). As últimas análises da história política do período são B. Ulloa, *Historia de la revolución mexicana, período 1914–1917,* vol. 4, *La revolución escondida* (Ciudad de México, 1979), vol. 5, *La encrucijada de 1915* (Ciudad de México, 1979), e vol. 6, *La constitución de 1917* (Ciudad de México, 1983).

As monografias políticas têm caracteristicamente um foco biográfico. A obra-padrão sobre o governo madeirista continua sendo Stanley R. Ross, *Francisco I. Madero, Apostle of Mexican Democracy* (New York, 1955). Sobre o principal ajudante militar e nêmese de Madero, ver Michael C. Meyer, *Mexican Rebel, Pascual Orozco and the Mexican Revolution, 1910–1915* (Lincoln, Nebr., 1967). A obra mais intrigante sobre a oposição dos conservadores a Madero ainda é Luis Liceaga, *Félix Díaz* (Ciudad de México, 1958). E a obra-modelo sobre o general que derrubou Madero e provocou o movimento constitucionalista é Michael C. Meyer, *Huerta, A Political Portrait* (Lincoln, Nebr., 1972). Visivelmente partidárias e falhas mas ainda as abordagens mais informativas do movimento villista são Federico Cervantes, *Francisco Villa y la revolución* (Ciudad de México, 1960), e *Felipe Ángeles en la revolución,* 3. ed. (Ciudad de México, 1964). Sobre Carranza e o *carrancismo,* ver Álvaro Mature, *Historia de la revolución mexicana, período 1917–1924,* vol. 8, *La carrera del caudillo* (Ciudad de México, 1980); e Douglas W.

Richmond, *Venustiano Carranza's Nationalist Struggle, 1893–1920* (Lincoln, Nebr., 1984). Pablo González, Jr. compilou uma útil hagiografia de seu pai, *El centinela fiel del constitucionalismo* (Monterrey, 1971). Sobre o outro lugar-tenente de Carranza, mais feliz, ver Linda Hall, *Álvaro Obregón, Power and Revolution in Mexico, 1911–1920* (College Station, Tex., 1981).

A primeira monografia sobre um exercício político coletivo é Robert E. Quirk, *The Mexican Revolution, 1914–1915: The Convention of Aguascalientes* (Bloomington, Ind., 1960). Continua recomendável. Mas sobre o mesmo tópico é preferível Luis F. Amaya C., *La soberana convención revolucionaria, 1914–1916* (Ciudad de México, 1966). O relato mais preciso sobre o *congreso* que aprovou a nova constituição é E. Victor Niemeyer, Jr., *Revolution at Querétaro: The Mexican Constitutional Convention of 1916–1917* (Austin, Tex., 1974). Para uma comparação instrutiva dos dois conclaves, ver Richard Roman, *Ideología y clase en la revolución mexicana: La convención y el congreso constituyente* (Ciudad de México, 1976).

Sobre o exército na política, o estudo mais substancial e interessante é Alicia Hernández Chávez, "Militares y negocios en la revolución mexicana", *HM*, 34(2), 1984. Outra notável análise do militarismo é Jean A. Meyer, "Grandes campañas, ejércitos populares y ejército estatal en la revolución mexicana (1910–1930)", *Anuario de Estúdios Americanos*, 31: 1005–1030, 1974.

Sobre a Igreja, o melhor guia para os anos iniciais é Jean A. Meyer, "Le catholicisme social au Mexique jusqu'en 1913", *Revue Historique*, 260: 143–159, 1978. Sobre os anos intermediários e finais, ver, apesar de seu viés de princípio, Antonio Rius Facius, *La juventud católica y la revolución mejicana, 1910–1925* (Ciudad de México, 1963).

A única abordagem séria das idéias políticas é James D. Cockroft, *Intellectual Precursors of the Mexican Revolution, 1900–1913* (Austin, Tex., 1968). O único estudo de valor sobre uma instituição é Marte R. Gómez, *Historia de la Comisión Nacional Agraria* (Ciudad de México, 1975). E a única exposição das políticas e práticas orçamentárias dos governos é W. Wilkie, *The Mexican Revolution, Federal Expenditures and Social Change since 1910* (Berkeley, 1967).

A política nas províncias forneceu material para muitas descrições contemporâneas e histórias profissionais. De grande destaque é H. Aguilar Camín, *La frontera nómada: Sonora y la revolución mexicana* (Ciudad de México, 1977). Igualmente úteis sobre Sonora são Francisco Almada, *Historia de la revolución en el estado de Sonora* (Ciudad de México, 1971), e Clodoveo

Valenzuela & A. Chaverri Matamoros, *Sonora y Carranza* (Ciudad de México, 1921). Uma narrativa vívida e detalhada da luta magonista na fronteira da Califórnia durante a insurreição maderista é Lowell L. Blaisdell, *The Desert Revolution, Baja California, 1911* (Madison, Wis., 1962). As melhores exposições sobre Chihuahua são Francisco Almada, *Historia de la revolución en el estado de Chihuahua,* 2 vols. (Ciudad de México, 1964–1965), e William H. Beezley, *Insurgent Governor, Abraham González and the Mexican Revolution in Chihuahua* (Lincoln, Nebr., 1973). A única obra recomendável sobre um estado do Nordeste é Ildefonso Villarello Vélez, *Historia de la revolución mexicana en Coahuila* (Ciudad de México, 1970).

Entre os estudos sobre a política em outras regiões do país, os melhores são Romana Falcón, *Revolución y caciquismo: San Luis Potosí, 1910–1938* (Ciudad de México, 1984); Alicia Hernández Chávez, "La defensa de los finqueros en Chiapas, 1914–1920", *HM,* 28(3): 335–369, 1979; Ian Jacobs, *Ranchero Revolt: The Mexican Revolution in Guerrero* (Austin, Tex., 1983); e Gilbert M. Joseph, *Revolution from Without: Yucatán, Mexico and the United States, 1880–1924* (Cambridge, Eng., 1982). Ver também os ensaios em David A. Brading (ed.), *Caudillo and Peasant in the Mexican Revolution* (Cambridge, Eng., 1980).

Sobre a guerra no México entre 1910 e 1920, a obra mais importante ainda é J. Barragán, *Historia del ejército y de la revolución constitucionalista,* 2 vols. (Ciudad de México, 1946). Muito útil também é Miguel A. Sánchez Lamego, *Historia militar de la revolución constitucionalista,* 4 vols. (Ciudad de México, 1956–1957). Sobre as campanhas particulares dos constitucionalistas e dos carrancistas, ver as memórias de Manuel W. González, *Con Carranza: Episodios de la revolución constitucionalista, 1913–1914* (Monterrey, 1933), e *Contra Villa: Relato de la campaña, 1914–1915* (Ciudad de México, 1935); e Álvaro Obregón, *Ocho mil kilómetros en campaña,* 3. ed. (Ciudad de México, 1959). Sobre detalhes das campanhas villistas, ver Alberto Calzadíaz Barrera, *Hechos reales de la revolución,* 5 vols. (Ciudad de México, 1967–1968).

Notáveis acréscimos à bibliografia sobre os interesses externos no México durante a Revolução são E. S. Rosenberg, *Spreading the American Dream: American Economic and Cultural Expansion, 1895–1945* (New York, 1982) e *World War I and the Growth of United States Predominance in Latin America* (New York, 1987); P. V. N. Henderson, "Woodrow Wilson, Victoriano Huerta, and the recognition issue in Mexico", *TA,* 41(2): 151–172, 1984; L. Meyer, "La Revolución Mexicana y las potencias anglosajones", *HM,* 34(2): 300–352,

1984; D. M. Coerver & L. B. Hall, *Texas and the Mexican Revolution: A Study in State and National Border Policy, 1910–1920* (San Antonio, Tex., 1984) e *Revolution on the Border: The United States and Mexico, 1910–1920* (Albuquerque, N. Mex., 1989); C. Illades (ed.), *México y España durante la Revolución Mexicana* (Ciudad de México, 1985); e B. Ulloa (ed.), *Revolución Mexicana, 1910–1920,* 2. ed. (Ciudad de México, 1985).

A nova bibliografia sobre as instituições políticas e militares, os problemas, as políticas, as lutas e as questões nacionais é menos abundante. Podemos acrescentar uma análise dos dois últimos anos do período, isto é, A. Matute, *Historia de la revolución mexicana, período 1917–1924,* vol. 8: *La carrera del caudillo* (Ciudad de México, 1980). (Pelo que parece agora, os vols. 1, 2, 3 e 7 dessa série nunca serão publicados.) Outra análise, útil pela sua amplitude e pela longa perspectiva, é R. R. Flores Caballero, *Administración y política en la historia de México* (Ciudad de México, 1981). A monografia mais expressiva é M. González Navarro, *La pobreza en México* (Ciudad de México, 1985). Sobre a resistência porfiriana e os contra-revolucionários, estudos recomendáveis são P. V. N. Henderson, *Mexican Exiles in the Borderlands, 1910–1913* (El Paso, Tex., 1979) e *Felix Diaz, the Porfirians, and the Mexican Revolution* (Lincoln, Nebr., 1981); Mario Ramírez Rancaño, "Los hacendados y el huertismo", *RMS,* 48(1): 167–200, 1986; e A. Hernández Chávez, "Origen y ocaso del ejército porfiriano", *HM,* 39(1): 257–296, 1989. Sobre as várias questões revolucionárias nacionais os estudos mais recomendáveis são E. Zavala, "Los impuestos y los problemas financieros de los primeros años de la revolución", *HM,* 31(3): 325–360, 1982; L. Meyer, "La Revolución Mexicana y sus elecciones presidenciales: Una interpretación (1911–1940)", *HM,* 32(2): 143–197, 1982; D. W. Richmond, "Mexican immigration and border strategy during the Revolution, 1910–1920", *New Mexico Historical Review,* 57(3): 269–288, 1982, "Confrontation and reconciliation: Mexicans and Spaniards during the Revolution, 1910–1920", *TA,* 41(2): 215–228, 1984 e "Nationalism and class conflict in Mexico, 1910–1920", *TA,* 43(3): 279–303, 1987; A. Hernández Chávez, "Militares y negocios en la Revolución Mexicana", *HM,* 34(2): 181–212, 1984; H. W. Tobler, "La burguesía revolucionaria en México: Su origen y su papel 1915–1935", *HM,* 34(2): 213–237, 1984; J. W. Wilkie, "Changes in Mexico since 1895: Central government revenue, public sector expenditure and national economic growth", *SALA,* 24: 861–880, 1985; J. MacGregor, "La VI legislatura frente a Victoriano Huerta: ¿Un caso de parlamentarismo?", *Secuencia,* 4: 10–23, 1986; L. D. Taylor, "The great adventure: Mercenaries in the Mexican Revolution, 1910–1920", *TA*, 43(1): 25–45, 1986; B. Ulloa, *Veracruz, capital de la nación, 1914–1915* (Ciudad de México, 1986); H. Sánchez Martínez, "La política bancaria de los primeros gobiernos constitucionalistas, antecedentes inmediatos para la fundación del Banco de México (1917–1925)", em L. Ludlow & C. Marichal (eds.), *Banca y poder en México (1800–1925)* (Ciudad de México, 1986), pp. 375–407; M. González Navarro, "El maderismo y la revolución agraria", *HM*, 37(1): 5–27, 1987; E. Azuela Bernal, "La cuestión local en el Congreso Constituyente de 1917", *Secuencia*, 19: 12–22, 1987; D. LaFrance, "Many causes, movements, failures, 1910–1913: The regional nature of maderismo", em *Provinces of the Revolution*, pp. 17–40; e J. Tutino, "Revolutionary confrontation, 1913–1917: Regional factions, class conflicts, and the new national state", em *Provinces of the Revolution*, pp. 41–70. Consultar ainda duas autobiografias excelentes: G. N. Santos, *Memorias* (Ciudad de México, 1984); e L. L. León, *Crónica del poder: En los recuerdos de un político en el México revolucionario* (Ciudad de México, 1987).

Sobre a Igreja católica, o melhor guia é atualmente J. Adame Goddard, *El pensamiento político y social de los católicos mexicanos, 1867–1914* (Ciudad de México, 1981). Outras obras dignas de menção são J. Gutiérrez Casillas, *Jesuitas en México durante el siglo XX* (Ciudad de México, 1981); M. Ceballos Ramírez, "La encíclica 'Rerum Novarum' y los trabajadores católicos en la Ciudad de México (1881–1913)", *HM*, 33(1): 3–38, 1983 e "El sindicalismo católico en México, 1919–1931", *HM*, 35(4): 621–674, 1986. Sobre os rivais religiosos dos católicos, os primeiros estudos sérios e dignos de menção são J.-P. Bastian, *Protestantismo y sociedad en México* (Ciudad de México, 1983), "Los propagandistas del constitucionalismo en México (1910–1920)", *RMS*, 45(2): 321–351, 1983 e *Los disidentes: Sociedades protestantes y revolución en México, 1872–1911* (Ciudad de México, 1989); e D. J. Baldwin, *Protestants in the Mexican Revolution: Missionaries, Ministers, and Social Change* (Champaign, Ill., 1990).

Sobre os intelectuais políticos, os novos estudos mais notáveis são M. K. Vaughan, *The State, Education, and Social Class in Mexico, 1880–1928* (DeKalb, Ill., 1982); G. DeBeer, *Luis Cabrera, un intelectual de la revolución mexicana* (Ciudad de México, 1984); J. MacGregor, "La universidad y la revolución, 1910–1914", em J. L. Peset (ed.), *La ciencia moderna y el nuevo mundo* (Madrid, 1985), pp. 192–213; A. Knight, "Los intelectuales en la Revolución mexicana", *RMS*, 51(2): 25–65, 1989); e J. Garciadiego Dantan, "Movimientos estudiantiles durante la revolución mexicana", em *The Revolutionary Process*, pp. 115–160.

São inúmeras as referências na literatura a *campesinos* e *obreros*. Na verdade, praticamente todos os movimentos revolucionários, contra-revolucionários, independentes e neutralistas no México no período de 1910 a 1920 foram de "pessoas do campo" e de "trabalhadores". Mas os movimentos dos camponeses pelos camponeses, ou dos trabalhadores pelos trabalhadores, isto, movimentos camponeses ou trabalhistas, são a exceção, e não a regra.

O guia mais seguro e sugestivo na história agrária desses anos, visto que ainda não existe uma obra sobre o assunto, é F. Katz, "Peasants in the Mexican Revolution of 1910", em J. Spielberg & S. Whiteford (eds.), *Forging Nations: A Comparative View of Rural Ferment and Revolt* (Lansing, Mich., 1976), pp. 61–85.

Digno igualmente de consideração é Hans W. Tobler, "Bauernerhebungen und Agrarreform in der mexikanischen Revolution", em Manfred Mols & Hans W. Tobler, *Mexiko, die institutionalisierte Revolution* (Koln, 1976), pp. 115–170. Para saber como a distribuição da propriedade agrícola e pecuária em 1910 pouco mudou até a década de 1920, consultar Frank Tannenbaum, *The Mexican Agrarian Revolution* (Washington, D.C., 1929), um clássico.

As monografias sobre movimentos camponeses que merecem maiores atenções concentraram-se convenientemente nas províncias. Sobre o Norte, ver Friedrich Katz, "Agrarian changes in northern Mexico in the Period of Villista rule, 1913–1915", em *Contemporary Mexico,* citado acima, pp. 259–273. Sobre o Centro-Oeste, Michoacán, ver Paul Friedrich, *Agrarian Revolt in a Mexican Village* (Englewood Cliffs, N. J., 1970). E sobre o Centro-Leste do México, ver Raymond Th. J. Buve, "Peasant movements, caudillos, and landreform [*sic*] during the revolution (1910–1917) in Tlaxcala, Mexico", *BELC,* 18: 112–152, 1975, e "Movilización campesina y reforma agraria en los valles de Nativitas, Tlaxcala (1917–1923)", em *El trabajo y los trabajadores,* citado acima, pp. 533–564. O Sul, e Morelos em particular, foi o local do movimento camponês mais famoso, excepcional e expressivo, o dos zapatistas. Entre os vários artigos e livros sobre sua luta, os melhores são François Chevalier, "Un facteur décisif de la révolution agraire au Mexique: Le soulèvement de Zapata, 1911–1919", *AESC,* 16(1): 66–82, 1961; Gildardo Magaña, *Emiliano Zapata y el agrarismo en México,* 5 vols., 2. ed. (Ciudad de México, 1951–1952); Jesús Sotelo Inclán, *Raiz y razón de Zapata,* 2. ed. (Ciudad de México, 1970); e John Womack, Jr., *Zapata and the Mexican Revolution* (New

York, 1968). Para uma comparação importante e ilustrativa, ver Ronald Waterbury, "Non-revolutionary peasants: Oaxaca compared to Morelos in the Mexican Revolution", *CSSH,* 17(4): 410–442, 1975.

O primeiro estudo dos movimentos trabalhistas nos anos revolucionários continua bastante útil: V. Lombardo Toledano, *La libertad sindical en México,* 2. ed. (Ciudad de México, 1974), como o são duas antigas histórias sobre o trabalhismo: M. R. Clark, *Organized Labor in Mexico* (Chapel Hill, N. C., 1934), e A. López Aparicio, *El movimiento obrero en México: Antecedentes, desarrollo y tendencias,* 2. ed. (Ciudad de México, 1952).

Um ensaio importante que sugere as diretrizes de uma revisão importante dessa história é Marcela de Neymet, "El movimiento obrero y la revolución mexicana", *Historia y Sociedad,* 1ª série, 9: 56–73, 1967. Duas histórias revisionistas do trabalho diferentes são Barry Carr, *El movimiento obrero y la política en México, 1910–1929,* 2 vols. (Ciudad de México, 1976), e Ramón E. Ruiz, *Labor and the Ambivalent Revolutionaries, Mexico, 1911–1923* (Baltimore, 1976). Um estudo posterior mais apreciável é Sergio de la Peña, *La clase obrera en la historia de México,* vol. 4: *Trabajadores y sociedad en el siglo XX* (Ciudad de México, 1984).

Os problemas particulares sobre o história do trabalho que atraíram mais atenção são as ideologias e as federações nacionais putativas ou reais. Sobre as ideologias, ver Barry Carr, "Marxism and anarchism in the formation of the Mexican Communist party, 1910–1919", *HAHR,* 63(2): 277–305, 1983; François-X. Guerra, "De l'Espagne au Mexique: Le milieu anarchiste et la révolution mexicaine (1910–1915)", *Mélanges de la Casa de Velázquez,* 9: 653–687, 1973; e John M. Hart, *Anarchism and the Mexican Working Class, 1860–1931* (Austin, Tex., 1978). Sobre a famosa protofederação de 1914–1915 e seus "batalhões vermelhos", ver Barry Carr, "The Casa del Obrero Mundial: Constitutionalism and the pact of February, 1915", *El trabajo y los trabajadores,* pp. 603–632; John M. Hart, "The urban working class and the Mexican Revolution: The case of the Casa del Obrero Mundial", *HAHR,* 58(1): 1–20, 1978; Alicia Hernández Chávez, "Los Batallones Rojos y Obregón: Un pacto inestable", manuscrito inédito, 1979; e Jean A. Meyer, "Les Ouvriers dans la révolution mexicaine: Les bataillons rouges", *AESC,* 25(1): 30–55, 1970. Sobre essa primeira federação séria, ver Rocío Guadarrama, *Los sindicatos y la política en México: La CROM, 1918–1928* (Ciudad de México, 1981), Pablo González Casanova, *La clase obrera en la historia de México,* vol. 6, *En el primer gobierno constitucional* (*1917–1920*) (Ciudad de México, 1980); e Harry

A. Levenstein, *Labor Organizations in the United States and Mexico, a History of Their Relations* (Westport, Conn., 1971).

Existem apenas dois livros notáveis sobre os sindicatos numa indústria particular, que, por acaso, foi a mais estratégica de todas as indústrias do país. Nenhum dos dois é tão bom em termos de memória: Servando A. Alzati, *Historia de la mexicanización de los Ferrocarriles Nacionales de México* (Ciudad de México, 1946); e Marcelo N. Rodea, *Historia del movimiento obrero ferro-carrilero, 1890–1943* (Ciudad de México, 1944). E existem apenas dois notáveis estudos dos sindicatos num lugar específico: S. Lief Adleson, "La adolescencia del poder: La lucha de los obreros de Tampico para definir los derechos del trabajo, 1910–1920", *Historias,* 2: 85–101, 1982; e Francisco Ramírez Plancarte, *La ciudad de México durante la revolución constitucionalista,* 2. ed. (Ciudad de México, 1941).

Estudos atuais muito bem construídos sobre os *campesinos*, ou "pessoal do campo" na Revolução são na maioria das vezes muito repetitivos. Apenas alguns são recomendáveis. Os melhores são Tutino, *From Insurrection to Revolution,* e Katz, "Rural rebellions after 1810", em *Riot, Rebellion, and Revolution.* Igualmente substanciais são S. R. W. Sanderson, *Land Reform in Mexico, 1910–1980* (Orlando, Fla., 1984); J. F. Leal, "Campesinado, hacienda y estado en México, 1856–1914", em R. T. J. Buve (ed.), *Haciendas in Central Mexico from Late Colonial Times to the Revolution: Labour Conditions, Hacienda Management, and its Relation to the State* (Amsterdam, 1984), pp. 161–198; e Pedro González, "Los primeros pactos y la construcción de la legalidad: 1913–1917", em O. Betanzos (ed.), *Historia de la cuestión agraria mexicana,* 9 vols. (Ciudad de México, 1988), vol. 3, *Campesinos, terratenientes y revolucionarios, 1910–1920,* pp. 136–206.

Apareceu mais um volume de Pablo González Casanova, *La clase obrera en la historia de México:* J. F. Leal & J. Villaseñor, *En la revolución, 1910–1917* (Ciudad de México, 1988). Entre os novos estudos interpretativos muito bem estruturados sobre os trabalhadores e o movimento trabalhista na Revolução podemos incluir A. Knight, "The working class and the Mexican Revolution, c. 1900–1920", *JLAS,* 16(1): 51–79, 1984; M. Camareno & S. L. Adleson, "Historia social de los obreros industriales mexicanos, 1918–1929", *Historias,* 8–9: 69–90, 1985; e J. M. Calderón, "Historia social y fuerza de trabajo durante la Revolución", *Historias,* 8–9: 125–138, 1985. As outras obras são específicas ou particulares: P. Farrua, *Gli anarchici nella rivoluzione messicana: Praxedis G. Guerrero* (Ragusa, 1976); E. Tuñón Pablos, *Huerta y el movimien-*

to obrero (Ciudad de México, 1982); artigos de Ceballos Ramírez, *HM,* 33(1), 1983, e *HM,* 35(4), 1986; S. Hernández Padilla, *El magonismo: Historia de una pasión libertaria* (Ciudad de México, 1984); os artigos em V. Novelo (ed.), *Arqueología de la industria en México* (Ciudad de México, n.d., c. 1985); Paco Ignacio Taibo, *Bolshevikis: Historia narrativa de los orígenes del comunismo en México (1919–1925)* (Ciudad de México, 1986); N. Cárdenas García, "Trabajadores y lucha por el poder político en el gobierno de Carranza: Los orígenes de la acción multiple (1917–1920)", *Secuencia,* 6: 1–32, 1986; e E. Rajchenberg, "La respuesta social al trabajo: Indemnización a las actividades laborales en México, 1910–1920", *Secuencia,* 7: 24–47, 1987.

Estudos interessantes sobre outros tipos de movimentos, e.g., motins urbanos, podem ser encontrados em M. González Navarro, *Cinco crisis mexicanas* (Ciudad de México, 1983). Dois estudos recomendáveis mas bastante diferentes sobre as mulheres e suas lutas na Revolução são A. Macías, *Against All Odds: The Feminist Movement in Mexico to 1940* (London, 1982); e D. Keremetsis, "Del metate al molino: La mujer mexicana de 1910 a 1940", *HM,* 33(2): 285–302, 1983.

NEGÓCIOS, ECONOMIA E DEMOGRAFIA

Para uma bibliografia abrangente e anotada da maior parte do literatura antiga e grande parte da nova sobre esses assuntos, ver o artigo de J. Womack, Jr. em *Marxist Perspectives,* citado acima. Uma obra indispensável mas um tanto frustrante é D. G. López Rosado, *Historia y pensamiento económico de México,* 6 vols. (Ciudad de México, 1968–1974).

A história dos negócios no México, em qualquer período, é tímida, magra e obscura. É possível, porém, tirar inferências razoáveis e encontrar detalhes significativos em estudos feitos para outros fins. Sobre indústrias importantes durante a Revolução, ver Fred W. Powell, *The Railroads of Mexico* (Boston, 1921); Marvin D. Bernstein, *The Mexican Mining Industry, 1890–1950: A Study of the Interaction of Politics, Economics, and Technology* (Albany, N. Y., 1964); Manuel G. Machado, Jr., *The North Mexican Cattle Industry, 1910–1975: Ideology, Conflict, and Change* (College Station, Tex., 1980); Gonzalo Cámara Zavala, "Historia de la industria henequenera hasta 1919", *Enciclopedia Yucatanense,* 8 vols. (Ciudad de México, 1947), vol. 3, pp. 657–725; e Enrique Aznar Mendoza, "Historia de la industria henequenera desde 1919 hasta nuestros dias", *Enciclopedia Yucatanense,* vol. 3, pp. 727–787. Sobre os bancos, as análises mais úteis são Antonio Manero, *La revolución bancaria en México, 1865–1955* (Ciudad de México, 1957); Walter F. McCaleb, *Present and Past Banking in Mexico* (New York, 1920), e *The Public Finances of Mexico* (New York, 1921); e Edgar Turlington, *Mexico and Her Foreign Creditors* (New York, 1930). Sobre companhias e empresários, ver Benjamin T. Harrison, "Chandler Anderson and business interests in Mexico, 1913–1920: When economic interests failed to alter U. S. foreign policy", *Inter-American Economic Affairs,* 33(3): 3–23, 1979; J. C. M. Oglesby, *Gringos from the Far North: Essays in the History of Canadian-Latin American Relations, 1866–1968* (Toronto, 1976); e Julio Riquelme Inda, *Cuatro décadas de vida, 1917–1957* (Ciudad de México, 1957).

Os livros mais sugestivos sobre a estrutura e a operação da economia durante a Revolução continuam sendo C. L. Jones, *Mexico and Its Reconstruction* (New York, 1921), e W. Thompson, *Trading with Mexico* (New York, 1921). Entre os estudos notáveis de história econômica estão Donald B. Keesing, "Structural change early in development: Mexico's changing industrial and occupational structure from 1895 to 1950", *Journal of Economic History,* 29(4): 716–738, 1969; e Edwin W. Kemmerer, *Inflation and Revolution: Mexico's Experience of 1912–1917* (Princeton, N. J., 1940). Ver também Frédéric Mauro, "Le développement économique de Monterrey, 1890–1960", *Caravelle: Cahiers du monde hispanique et luso-brésilien,* 2: 35–126, 1964; e Isidro Vizcaya Canales, *Los orígenes de la industrialización de Monterreiy: Una historia económica y social desde la caída del segundo imperio hasta el fin de la revolución, 1867–1920* (Monterrey, 1969).

A obra mais importante sobre demografia é Moisés González Navarro, *Población y sociedad en México (1900–1970),* 2 vols. (Ciudad de México, 1974). Ver também Robert G. Greer, "The demographic impact of the Mexican Revolution, 1910–1921", manuscrito inédito (1966).

Novos acréscimos sobre movimentos demográficos são L. B. Hall, "El refugio: Migración mexicana a los Estados Unidos, 1910–1920", *Históricas,* 8: 23–38, 1982; e A. Fujigaki & A. González Galván, "Epidemias conocidas en México durante el siglo XX", em E. Florescano & E. Malvido (eds.), *Ensayos sobre la historia de las epidemias en México,* 2 vols. (Ciudad de México, 1982), vol. 2, pp. 699–723.

Na nova literatura sobre a economia, antes, durante e depois da Revolução, obras indispensáveis são S. de la Peña, "Acumulación originaria y la nación capitalista en México: Ensayo de interpretación", *TE*, 50(2): 713–732, 1983; F. Rosenzweig, "La evolución económica de México, 1870–1940", *TE*, 56(1), 11–56, 1989; e S. Haber, *Industry and Underdevelopment: The Industrialization of Mexico, 1890–1940* (Stanford, Calif., 1989). São igualmente notáveis J. Márquez, "La banca en México: 1830–1983", *TE*, 50(4): 1873–1914, 1983; e E. Cárdenas & C. Manns, "Inflación y estabilización monetaria en México durante la revolución", *TE*, 56(1): 57–79, 1989. São recomendáveis sobre indústrias específicas D. M. Coerver & L. B. Hall, "La frontera y las minas en la revolución mexicana (1910–1920)", *HM*, 32(3): 389–421, 1983 e "Oil and the Mexican Revolution: The southwestern connection", *TA*, 41(2): 229–244, 1984; J. Brown, "Domestic politics and foreign investment: British development of Mexican petroleum, 1889–1911", *BHR*, 61(3): 471–496, 1987; e A. L. Parra, "Los orígenes de la industria eléctrica en México: Las compañías británicas de electricidad (1900–1929)", *Historias*, 19: 137–158, 1988.

Sobre os negócios e os homens de negócio, as contribuições mais notáveis são H. J. Nickel, "Die Hacienda im 19. und 20. Jahrhundert: Ein Forschungsbericht zum Fall Mexiko", em G. Siebenmann (ed.), *Die lateinamerikanische Hacienda: Ihre Rolle in der Geschichte von Wirtschaft und Gesellschaft* (Diessenhofen, 1979), pp. 61–98; A. Alonso, *Los libaneses y la industria textil en Puebla* (Ciudad de México, 1983); C. González Pacheco, *Capital extranjero en la selva de Chiapas, 1863–1982* (Ciudad de México, 1983); os artigos de A. Hernández Chávez & H. W. Tobler em *HM*, 34(2), 1984; L. Gamboa, *Los empresarios de ayer: El grupo dominante de la industria textil de Puebla, 1906–1929* (Puebla, 1985); M. Wasserman, "Enrique C. Creel: Business and politics in Mexico, 1880–1930", *BHR*, 59(4): 645–662, 1985; N. Cárdenas García, "La revolución mexicana y los inicios de la organización empresarial (1917–1918)", *Secuencia*, 4: 10–23, 1986; M. del C. Collado, *La burguesía mexicana: El emporio Braniff y su participación política, 1865–1920* (Ciudad de México, 1987); Mario Ramírez Rancaño, *Burguesía textil y política en la revolución mexicana* (Ciudad de México, 1987); H. Carton de Grammont, "La presencia norteamericana en el agro sinaloense en la primera mitad del siglo XX", *Secuencia*, 7: 5–23, 1987; H. W. Konrad, "Capitalismo y trabajo en los bosques de las tierras bajas tropicales mexicanas: El caso de la industria del chicle", *HM*, 36(3): 465–506, 1987; A. M. Saragoza, *The Monterrey Elite and the Mexican State, 1880–1940* (Austin, Tex., 1988); B. von Mentz, "Empresas y empresarios alemanes en México, 1821–1945", *JGSWGL*, 25: 1–31, 1988.

A literatura erudita contemporânea sobre as províncias entre 1910 e 1920 é abundante. A maior parte desses estudos são ao mesmo tempo econômicos, sociais e políticos, qualquer que seja seu assunto específico. Muitos são bons. Alguns são excelentes.

Sobre o Nordeste, ver S. L. Adleson, "Identidad comunitaria y transformación social: Estibadores y petroleros en Tampico (1900–1925)", *Historias*, 7: 29–44, 1984; M. Cerutti (ed.), *Monterrey, Nuevo León, El Noreste: Siete estudios históricos* (Monterrey, 1987); D. E. Lorey, "Monterrey, Mexico, during the Porfiriato and the Revolution: Population and migration trends in regional evolution", *SALA*, 28: 1183–1283, 1990; e H. F. Salamini, "Tamaulipas: Land reform and the state", em *Provinces of the Revolution*, pp. 185–217.

Sobre o Norte o primeiro especialista é Friedrich Katz. Ver seus estudos "Villa: Reform governor of Chihuahua", em G. Wolfskill & D. W. Richmond (eds.), *Essays on the Mexican Revolution: Revisionist Views of the Leaders* (Austin, Tex., 1979), pp. 25–45; "Pancho Villa, peasant movements and agrarian reform in northern Mexico", em D. Brading (ed.), *Peasant and Caudillo in the Mexican Revolution*, acima citado, pp. 59–75; e "Pancho Villa y la Revolución mexicana", *RMS*, 51(2): 87–113, 1989. Ver igualmente G. E. Paulsen, "The legal battle for the Candelaria mine in Durango, Mexico, 1890–1917", *Arizona and the West*, 23(3): 243–266, 1981, e seu estudo "Reaping the whirlwind in Chihuahua: The destruction of the Minas de Corralitos, 1911–1917", *New Mexico Historical Review*, 58(3): 253–270, 1983; C. H. Harris, III & L. R. Sadler, "The 'underside' of the Mexican Revolution: El Paso, 1912", *TA*, 39(1): 69–83, 1982; O. Martínez (ed.), *Fragments of the Mexican Revolution: Personal Accounts from the Border* (Albuquerque, N. Mex., 1983); W K. Meyers, "La Comarca Lagunera: Work, protest, and popular mobilization in north central Mexico", em T. Benjamin & W. McNellie (eds.), *Other Mexicos: Essays on Regional Mexican History, 1876–1911* (Albuquerque, N. Mex., 1984), pp. 243–274, e seu "Second division of the North: Formation and fragmentation of the Laguna's Popular Movement, 1910–1911", em Katz (ed.), *Riot, Rebellion, and Revolution*, pp. 448–486; M. Vargas Lobsinger, *La hacienda de "La Concha", una empresa algodonera de la Laguna, 1883–1917* (Ciudad de México, 1984); J. A. Sandos, "Northern separatism during the Mexican Revolution: An inquiry into the role of drug trafficking, 1919–1920", *TA*, 41(2): 191–214, 1984; J. L. Sariego, "Anarquismo e historia social minera en el norte de México, 1906–1918", *Historias*, 8–9: 111–124, 1985; S. Terrazas, *El verdadero Pancho Villa: El Centauro del Norte, sus heróicas batallas y acciones revolucionarias* (Ciudad de México, 1985); e M. E. Rocha Islas, *Las defensas sociales en Chihuahua* (Ciudad de México, 1988).

Sobre o Nordeste, ver S. E. Sanderson, *Agrarian Populism and the Mexican State: The Struggle for Land in Sonora* (Berkeley, 1981); C. Radding de Murrieta (ed.), *Historia general de Sonora*, 5 vols. (1979–1985), vol. 4: *Sonora moderno: 1880–1929* (Hermosillo, 1985), "Sonora y los sonorenses: El progreso social de la Revolución de 1910", *Secuencia*, 3: 17–28, 1985 e "Las estructuras formativas del capitalismo en Sonora (1900–1930)", em M. Cerutti (ed.), *De los Borbones a la revolución: Ocho estudios regionales* (Ciudad de México, 1986), pp. 229–265; E. Hu-DeHart, "The Chinese of Baja California, 1910–1934", *Proceedings of the Pacific Coast Council on Latin American Studies*, 12: 9–30, 1985–1986; e "Peasant rebellion in the Northwest: The Yaqui Indians of Sonora, 1740–1976", em *Riot, Rebellion, and Revolution*, pp. 141–176; e L. H. Hernández Sáenz, "Smuggling for the Revolution: Illegal traffic of arms on the Arizona-Sonora border, 1912–1914", *Arizona and the West*, 28(4): 357–377, 1986.

Sobre o Oeste, ver B. Rojas, *La destrucción de la hacienda en Aguascalientes, 1910–1931* (Zamora, 1981); A. L. Craig, *The First Agraristas: An Oral History of a Mexican Agrarian Reform Movement* (Berkeley, 1983); C. B. Gil, *Life in Provincial Mexico: National and Regional History Seen from Mascota, Jalisco, 1867–1972* (Los Angeles, 1983); J. Meyer, "Historia del reparto agrario en Nayarit, 1915–1934", *Encuentro*, 3: 43–56, 1986; e M. Aldana Rendón, *Jalisco desde la revolución*, vol. 1: *Del reyismo al nuevo orden constitucional*; J. Tamayo, *Jalisco desde la revolución*, vol. 2: *La conformación del estado moderno y los conflictos políticos, 1917–1929*; L. P. Romero, *Jalisco desde la revolución*, vol. 3: *La consolidación del estado y los conflictos políticos*; e J. Tamayo, *Jalisco desde la revolución*, vol. 4: *Los movimientos sociales, 1917–1929* (Guadalajara, 1987–1989).

Sobre o Michoacán, na fronteira entre o Oeste, o Bajío, o Centro e o Sul, ver H. Moreno García, *Guaracha: Tiempos viejos, tiempos nuevos* (Zamora, 1980); H. Moreno García (ed.), *Después de los latifundios: La desintegración de los grandes latifundios en México* (Zamora, 1982); A. Ochoa, "Miguel de la Trinidad Regalado y la lucha por la tierra", *Relaciones*, 15: 109–119, 1983; e J. Uribe Salas, "Minería y poder empresarial en Michoacán: La contrarevolución en Tlalpujahua", *Relaciones*, 32: 76–97, 1987.

Sobre San Luis Potosí, ver B. Rojas, *La pequeña guerra: Los Carrera Torres y los Cedillo* (Zamora, 1983); D. Ankerson, *Agrarian Warlord: Saturnino Cedillo and the Mexican Revolution in San Luis Potosí* (DeKalb, Ill., 1984); V. Lerner, "Las zozobras de los hacendados de algunos municipios del oriente de San Luis Potosí (1910–1920)", *HM*, 36(2): 323–362, 1986, e "La suerte de las haciendas: Decadencia y cambio de propietarios (1910–1920)", *HM*, 36(4): 661–698, 1987; R. Falcón, "Charisma, tradition, and caciquismo: Revolution in San Luis Potosí", em *Riot, Rebellion, and Revolution*, pp. 417–447, e "San Luis Potosí: Confiscated estates–Revolutionary conquests or spoils?", em *Provinces of the Revolution*, pp. 133–162.

Sobre Hidalgo, Tlaxcala e Puebla, ver M. Bellingeri, "L'economia del latifondo in Messico: L'hacienda San Antonio Tochatlaco dal 1880 al 1920", *Annali della Fondazione Luigi Einaudi*, 10: 287–428, 1976; H. J. Nickel, "Zur Immobilität und Schuldknechtschaft mexikanischer Landarbeiter vor 1915", *Saeculum*, 27(3): 289–328, 1976; *Soziale Morphologie der mexikanischen Hacienda* (Wiesbaden, 1978; trad. esp., 1988), e "Agricultural laborers in the Mexican Revolution (1910–1940): Some hypotheses and facts about participation and restraint in the highlands of Puebla–Tlaxcala", em *Riot, Rebellion, and Revolution*, pp. 376–416; R. T. J. Buve, *Boerenmobilisatie en landhervorming tijdens en na de Mexicaanse revolutie: De vallei van Nativitas, Tlaxcala, tussen 1910 en 1940* (Amsterdam, 1977), "El movimiento revolucionario de Tlaxcala 1910–1914): Sus orígenes y desarrollo antes de la gran crisis del año 1914 (la rebelión arenista)", *Anuario de Humanidades*, 8: 10–83, 1984, "Agricultores, dominación política y estructura agraria en la revolución: El caso de Tlaxcala (1910–1918)", em *Haciendas in Central Mexico*, pp. 199–271, e " 'Neither Carranza nor Zapata': The rise and fall of a peasant movement that tried to challenge both, Tlaxcala, 1910–1918", em *Riot, Rebellion, and Revolution*, pp. 338–375; F. J. Schryer, *The Rancheros of Pisaflores: The History of a Peasant Bourgeoisie in Twentieth-Century Mexico* (Toronto, 1980); M. Menegus Bornemann & J. F. Leal, "Las haciendas de Mazaquiahuac y El Rosario en los albores de la revolución agraria, 1910–1914", *HM*, 31(2): 233–277, 1981, e "La violencia armada y su impacto en la economía agrícola del estado de Tlaxcala, 1915–1920", *HM*, 36(4): 595–642, 1987; H. G. Mertens, *Wirtschaftliche und Soziale Strukturen Zentralmexikanischen Weizenhaciendas aus dem Tal von Atlixco (1890–1912)* (Wiesbaden, 1983); L. Rubluo, *Historia de la revolución en el estado de Hidalgo*, 2 vols. (Ciudad de México, 1983–1985); R. Rendón Garnici, "La revolución armada, vista por el administrador de dos haciendas tlaxcaltecas (1910–1920)", em *Haciendas in Central Mexico*, pp. 237–307; I. Laviada, *Vida y muerte de un latifundio* (Ciudad de México, 1984); e D. LaFrance, *The Mexican Revolution in Puebla, 1908–1913: The Maderista Movement and the Failure of Liberal Reform* (Wilmington, Del., 1989).

Sobre o estado do México, o Distrito Federal, Morelos e Guerrero, isto é, a região zapatista, ver M. Rosovsky (ed.), *Documentos inéditos sobre Emiliano Zapata y el cuartel general* (Ciudad de México, 1979); V. López González, *Los compañeros de Zapata* (Cuernavaca, 1980); A. Lira, *Comunidades indígenas frente a la ciudad de México: Tenochtitlán y Tlatelolco, sus pueblos y barrios, 1812–1919* (Zamora, 1983); G. Peña Roja et al. (eds.), *El ejército campesino del sur: Ideología, organización y programa* (Ciudad de México, 1982); A. Mendieta Alatorre (ed.), *Juana Belén Gutiérrez de Mendoza, 1873–1942: Extraordinaria precursora de la Revolución mexicana* (Cuernavaca, 1983); N. Percheron, *Problèmes agraires de l'Ajusco: Sept communautés de banlieue de Mexico, XVIe-XXe sièles* (Ciudad de México, 1983); L. Espejel, "El cuartel general: Órgano rector de la revolución zapatista, 1914 y 1915", em H. Crespo (ed.), *Morelos: Cinco siglos de historia regional* (Cuernavaca, 1984), pp. 251–260; C. González Herrera & A. Embriz Osorio, "La reforma agraria y la desaparición de latifundio en el estado de Morelos, 1916–1927", em *Morelos*, pp. 285–298; J. M. López Victoria, *Historia de la revolución en Guerrero*, 3 vols. (Chilpancingo, 1985); D. Dahlmann, *Land und Freiheit: Machnovscina und Zapatismo als Beispiele agrarrevolutionärer Bewegungen* (Stuttgart, 1986); e R. Avila Palafox, *¿Revolución en el Estado de México?* (Toluca, 1988).

Sobre Oaxaca, ver V. R. Martínez Vásquez (ed.), *La revolución en Oaxaca, 1900–1930* (Oaxaca, 1985); F. J. Ruiz Cervantes, *La revolución en Oaxaca: El movimiento de la soberanía (1915–1920)* (Ciudad de México, 1986); V. de la Cruz, "La rebelión de los juchitecos y uno de sus líderes: Che Gómez", *Historias*, 17: 57–72, 1987; P. Garner, *La revolución en la provincia: Soberanía estatal y caudillismo en las montañas de Oaxaca* (Ciudad de México, 1988), e "Oaxaca: The rise and fall of state sovereignty", em *Provinces of the Revolution*, pp. 163–183.

Sobre Veracruz, ver S. González Marín, *Heriberto Jara: Un luchador obrero en la revolución mexicana, 1879–1917* (Ciudad de México, 1984); J. González Sierra, "Revolución y derecho obrero: Veracruz 1914–1916", *Anuario* (Universidad Veracruzana), 4: 117–140, 1986; L. Alafita Méndez, "Trabajo y condición obrera en los campamentos petroleros de la Huasteca, 1900–1935", *Anuario*, 4: 169–207, 1986; R. Corzo Ramírez et al., ... *nunca un desleal:*

Cándido Aguilar, 1889–1960 (Ciudad de México, 1986); R. Falcón & S. García, *La semilla en el surco: Adalberto Tejeda y el radicalismo en Veracruz, 1883–1960* (Ciudad de México, 1986); L. Alafita Méndez et al., *Historia gráfica de la industria petrolera y sus trabajadores (1900–1938)* (Xalapa, 1988); e B. García Díaz, *Textiles del Valle de Orizaba (1880–1925): Cinco ensayos de historia sindical y social* (Xalapa, 1990).

Sobre Chiapas, ver R. Wasserstrom, *Class and Society in Central Chiapas* (Berkeley, 1983); A. García de León, *Resistencia y utopía: Memorial de agravios y crónica de revueltas y profecías acaecidas en la provincia de Chiapas durante los últimos quinientos años de su historia*, 2 vols. (Ciudad de México, 1985), vol. 2; J. de Vos, *Oro verde: La conquista de la selva lacandona por los madereros tabasqueños, 1822–1949* (Ciudad de México, 1988); T. Benjamin, *A Rich Land, a Poor People: Politics and Society in Modern Chiapas* (Albuquerque, N. Mex., 1989).

Sobre o Yucatán, ver L. Aboites, *La revolución en Espita, 1910–1940: Microhistoria de la formación del estado de la revolución* (Ciudad de México, 1982); H. D. Chacón, "Rural educational reform in Yucatan: From the Porfiriato to the era of Salvador Alvarado, 1910–1918", *TA*, 42(2): 207–228, 1985; A. Wells, *Yucatan's Gilded Age: Haciendas, Henequen, and International Harvester, 1860–1915* (Albuquerque, N. Mex., 1985); M. Bellingeri, "Formación y circulación de la mercancía tierra-hombre en Yucatán (1880–1914)", *Historias*, 19: 109–118, 1988; G. M. Joseph & A. Wells, "Yucatan: Elite politics and rural insurgency", em *Provinces of the Revolution*, pp. 93–131, e "Seasons of upheaval: The crisis of oligarchical rule in Yucatan, 1909–1915", em *The Revolutionary Process*, pp. 161–185.

CULTURA E IMAGENS

Existe um grande corpo de literatura sobre o romance e o mural da Revolução. Mas essas ficções são fenômenos quase totalmente pós-revolucionários. Três romancistas viveram realmente o período da Revolução e escreveram notavelmente sobre ela: M. Azuela, *Obras completas*, 3 vols. (Ciudad de México, 1958–1960); M. L. Guzmán, *El águila y la serpiente* (Madrid, 1928), e *Memorias de Pancho Villa*, 4 vols. (Ciudad de México, 1938–1940); e J. Vasconcelos, *Ulises criollo* (Ciudad de México, 1935), e *La tormenta* (Ciudad de México, 1936). Outro relato contemporâneo muito útil é John Reed, *Insurgent Mexico* (New York, 1914). Ver igualmente John D. Rutherford,

Mexican Society during the Revolution: A Literary Approach (Oxford, 1970), e Merle E. Simmons, *The Mexican Corrido as a Source of Interpretive Study of Modern Mexico (1870–1950)* (Bloomington, Ind., 1957). As imagens são mais claras na grande coletânea fotográfica: Gustavo Casasola, *Historia gráfica de la revolución mexicana, 1900–1970*, 10 vols. (Ciudad de México, 1973), vols. 2–5. Um estudo sumamente importante da criação e absorção de imagens é A. de los Reyes, *Cine y sociedad en México, 1896–1930* (Ciudad de México, 1981).

Sobre a intelectualidade, o estudo contemporâneo mais rico e aguçado, interessante e sugestivo é um ensaio de C. Monsivais, "La aparición del subsuelo: Sobre la cultura de la Revolución Mexicana", *Historias*, 8–9: 159–178, 1985. Igualmente notáveis são H. C. Schmidt, *The Roots of Lo Mexicano: Self and Society in Mexican Thought, 1900–1934* (College Station, Tex., 1978), e "Los intelectuales de la revolución desde otra perspectiva", *RMS*, 51(2): 67–86, 1989. Mais interessantes sobre cultos oficiais são I. V. O'Malley, *The Myth of the Revolution: Hero Cults and the Institutionalization of the Mexican State* (West Haven, N. Y., 1986); e D. Brading, "Manuel Gamio y el indigenismo oficial en México", *RMS*, 51(2): 267–284, 1989. Sobre a produção e os usos de imagens, a obra moderna mais recomendável é A. de los Reyes, *Con Villa en México: Testimonios de camarógrafos norteamericanos en la revolución, 1911–1916* (Ciudad de México, 1985). Outros estudos nessa linha são P. J. Vanderwood & F. N. Samponaro, *Border Fury: A Picture Postcard Record of Mexico's Revolution and U. S. War Preparedness, 1910–1917* (Albuquerque, N. Mex., 1988); e J. Ruffinelli, "Trenes revolucionarios: La mitología del tren en el imaginario de la revolución", *RMS*, 51(2): 285–303, 1989.

3. O México: Revolução e Reconstrução nos Anos de 1920

O artigo de R. Potash, "The historiography of Mexico since 1821", *HAHR*, 40(3), 1960, continua útil, embora esteja agora desatualizado. Uma excelente pesquisa recente da literatura sobre a Revolução é o artigo de David M. Bailey, "Revisionism and the recent historiography of the Mexican Revolution", *HAHR*, 58(1), 1978. Ver também Barry Carr, "Recent regional studies of the Mexican Revolution", *LARR*, 15(1), 1980, e W. D. Raat, *The Mexican Revolution: An Annotated Guide to Recent Scholarship* (Boston, 1982). As atas dos encontros regulares de historiadores mexicanos e norte-americanos são inestimáveis em razão de suas análises das recentes pesquisas:

do encontro de Oaxtepec realizado em 1969, *Investigaciones contemporáneas sobre historia de México* (Ciudad de México/Austin, Tex., 1971); do de Santa Monica reunido em 1973, *Contemporary Mexico* (Los Angeles/Ciudad de México, 1976); do realizado em Pitzcuaro em 1977, *El trabajo y los trabajadores en la historia de México* (Ciudad de México/Tucson, Ariz., 1979).

Entre as obras gerais, Jorge Vera Estañol, *Historia de la revolución mexicana: Orígenes y resultados* (Ciudad de México, 1957) continua útil embora um pouco desatualizado e vago. José C. Valadés, *Historia general de la revolución mexicana*, 5 vols. (Ciudad de México, 1976) é muito mais do que uma história geral: é cheio de material de outro modo inacessível e de brilhantes idéias. John W. F. Dulles, *Yesterday in Mexico: A Chronicle of the Revolution, 1919–36* (Austin, Tex., 1961) é uma narrativa detalhada do período. Gustavo Casasola, *Historia gráfica de la revolución mexicana, 1900–1970*, 10 vols. (Ciudad de México, 1973) é uma importante coletânea de fotografias. Entre as sínteses posteriores, podemos citar Adolfo Gilly, *La revolución interrumpida* (Ciudad de México, 1972); Arnaldo Córdova, *La ideología de la revolución mexicana* (Ciudad de México, 1973), a melhor interpretação marxista; Jean Meyer, *La Révolution mexicaine* (Paris, 1973); e Ramón E. Ruiz, *The Great Rebellion* (New York, 1980).

Os antigos clássicos de autores norte-americanos, muitos dos quais tiveram estreitos contatos com líderes mexicanos, continuam indispensáveis, embora desatualizados: Charles Hackett, *The Mexican Revolution and the United States* (Boston, 1926); Frank Tannenbaum, *The Mexican Agrarian Revolution* (Washington, D. C., 1929) e *Peace by Revolution* (New York, 1933); Wilfrid Hardy Callcott, *Liberalism in Mexico, 1857–1929* (Stanford, Calif., 1931); E. N. Simpson, *The Ejido, Mexico's Way Out* (Chapel Hill, N. C., 1937); e Ernest Gruening, *Mexico and Its Heritage* (New York, 1928). Howard Cline, *The United States and Mexico* (Cambridge, Mass., 1953) representa o melhor da erudição norte-americana dos primeiros tempos sobre a Revolução Mexicana. Ver também Charles Cumberland, *Mexico: The Struggle for Modernity* (New York, 1968).

O melhor do revisionismo mexicano podemos encontrar em Luis González y González (ed.), *Historia de la Revolución Mexicana* (Ciudad de México, 1977); o vol. 8, de autoria de Alvaro Mature, trata da presidência de Obregón (1920–1924), os vols. 10 e 11, escritos por Enrique Krauze e Jean Meyer, estudam a administração Calles (1924–1928), e os vols. 12 e 13, de autoria de Lorenzo Meyer, Rafael Segovia, Alejandra Lajous e Beatriz Rojas, tratam do Maximato (1929–1934). Peter Smith, *Labyrinth of Power: Political*

Recruitment in 20th Century Mexico (Princeton, N. J., 1978), importante obra de um cientista político dos EUA, analisa todo o século e prepara uma nova teoria da revolução, como uma apoteose das classes médias.

Não existem biografias definitivas nem de Obregón nem de Calles. Mas veja-se Enrique Krauze, *Alvaro Obregón, el vértigo de la victoria; Plutarco Elias Calles, reformar desde el origen* (Ciudad de México, 1987). Sobre a carreira inicial de Obregón, ver Linda B. Hall, *Alvaro Obregón: Power and Revolution in Mexico, 1911–1920* (College Station, Tex., 1981). Narciso Bassols Batalla, *El pensamiento político de Obregón* (Ciudad de México, 1967) é útil, como o são as memórias de Jorge Prieto Lauren, *50 años de política mexicana* (Ciudad de México, 1968) e de Alberto J. Pani, *Mi contribución al nuevo régimen 1910–1933* (Ciudad de México, 1936). José Vasconcelos é demasiado importante como figura pública e como escritor para ser negligenciado. Ver suas memórias em *Obras completas*, 4 vols. (Ciudad de México, 1957–1961) e sobre episódios específicos: Claude Fell, *José Vasconcelos, los años del águila* (Ciudad de México, 1989) e John Skirrius, *Vasconcelos y la campaña presidencial de 1929* (Ciudad de México, 1978). Francisco Javier Gaxiola, *El Presidente Rodríguez (1932–1934)* (Ciudad de México, 1938) continua sendo o melhor livro sobre a última administração do Maximato. Sobre Siqueiros, ver Leonard Folgarait, *So Far from Heaven: David Alfaro Siqueiro's "The March of Humanity" and Mexican Revolutionary Politics* (New York, 1987).

Sobre as relações do México com os Estados Unidos, Robert F. Smith, *The United States and Revolutionary Nationalism in Mexico 1919–1932* (Chicago, 1972) continua sendo o melhor estudo sobre esse período, embora seja um tanto fraco com relação aos acontecimentos mexicanos. Pode-se encontrar o ponto de vista mexicano em Luis G. Zorrilla, *Historia de las relaciones entre México y los Estados Unidos de América 1800–1958*, 2 vols. (Ciudad de México, 1965) e em Lorenzo Meyer, *México y los Estados Unidos en el conflicto petrolero 1917–1942* (Ciudad de México, 1968; trad. ingl. *Mexico and the United States in the Oil Controversy, 1917–42*, Austin, Tex., 1977). George W. Grayson, *The Politics of Mexican Oil* (Pittsburgh, Pa., 1980) é outra contribuição sobre esse tema. Ver também Jonathan C. Brown, *Oil and Revolution in Mexico* (Berkeley, 1993).

A política regional e local tornou-se um novo tema de pesquisa importante. Sobre os chefes políticos dos estados do Sudeste ver, por exemplo, sobre Felipe Carrillo Puerto, Francisco Paoli & Enrique Montalvo, *El socialismo olvidado de Yucatán* (Ciudad de México, 1977), e Gilbert M. Joseph, "The fragile revolution: Cacique politics in Yucatán", *LARR*, 15(1), 1980, e *Revolution from Without: Yucatán, Mexico and the United States 1880–1924* (Cambridge, Eng., 1982); sobre Garrido Canabal, Carlos Martínez Assad, *El laboratório de la revolución* (Ciudad de México, 1979). David Brading (ed.), *Caudillo and Peasant in the Mexican Revolution* (Cambridge, Eng., 1980) inclui estudos de caso sobre Chihuahua, Guerrero, San Luis Potosí, Michoacán, Veracruz, Tlaxcala e o Yucatán. Ver também Dudley Ankerson, *Agrarian Warlord, Saturnino Cedillo and the Mexican Revolution in San Luis Potosí* (DeKalb, Ill., 1985); Ian Jacobs, *Ranchero Revolt: The Mexican Revolution in Guerrero* (Austin, Tex., 1983); Gilbert M. Joseph, *Rediscovering the Past at Mexico's Periphery: Essays on the History of Modern Yucatan* (Tuscaloosa, Ala., 1986); Beatriz Rojas, *La pequeña guerra: Los Carrera Torres y los Cedillo* (Zamora, 1983); escavando novo terreno na história local mexicana, Luis González y González, *Pueblo en vilo: Microhistoria de San José de Gracia* (Ciudad de México, 1967; trad. ingl.: *San José de Gracia: Mexican Village in Transition,* Austin, Tex., 1974). Aqui os anos 1920 são apresentados como os verdadeiros anos revolucionários, pelo menos nos estados do Centro e do Oeste, mas a revolução foi vista pela população rural como um apocalipse assassino.

Os relatos-padrão da revolução foram distorcidos por ter não ter sido levado a sério o movimento dos Cristeros. No entanto, ver David Bailey, *Viva Cristo Rey: The Cristero Rebellion and the Church–State Conflict in Mexico* (Austin, Tex., 1974); Jean Meyer, *La Cristiada*, 3 vols. (Ciudad de México, 1978) e *The Cristero Rebellion: The Mexican People between Church and State, 1926–1929* (Cambridge, Eng., 1976).

Os estudos da mão-de-obra nesse período são escassos, mas veja-se *El trabajo y los trabajadores*, mencionado acima. Marjorie R. Clark, *Organized Labor in Mexico* (Chapel Hill, N. C., 1934) continua sendo, depois de meio século, a melhor obra sobre o assunto; Alfonso López Aparicio, *El movimiento obrero en México: Antecedentes, desarrollo y tendencias* (Ciudad de México, 1952) é um relato breve mas clássico. Excelente para o período até 1924 é Barry Carr, *El movimiento obrero y la política en México, 1910–29*, 2 vols. (Ciudad de México, 1976). Ver também Ramón E. Ruiz, *Labor and the Ambivalent Revolutionaries, Mexico 1911–1923* (Baltimore, 1976).

A história econômica, social e política do México rural nesse período ainda está por ser escrita em sua maior parte. Paul Taylor, *Arandas, Spanish Mexican Peasant Community* (Berkeley, 1933) foi uma obra pioneira, e Nathan L. Whetten, *Rural Mexico* (Chicago, 1948) é excelente. Ver também

Simpson, *The Ejido*, e Tannenbaum, *The Mexican Agrarian Revolution*, mencionados acima. Matte R. Gómez, *La reforma agraria de México: Su crisis durante el período 1928–1934* (Ciudad de México, 1964) foi escrito por um agente político do período. Paul Friedrich, *Agrarian Revolt in a Mexican Village* (Englewood Cliffs, N. J., 1970) é um estudo importante sobre o Michoacán nos anos 1920. Entre as importantes publicações recentes nesse campo, podemos incluir: Heather Fowler Salamini, *Agrarian Racialism in Veracruz, 1920–1938* (Lincoln, Nebr., 1978); Frans J. Schryrer, *The Rancheros of the Pisaflores: The History of a Peasant Bourgeoisie in Twentieth Century Mexico* (Toronto, 1980); Ann L. Craig, *The First Agraristas: An Oral History of a Mexican Agrarian Reform Movement* (Berkeley, 1983); Beatriz Rojas, *La destrucción de la hacienda en Aguascalientes 1910–1931* (Zamora, Méx., 1981); e John Tutino, *From Insurrection to Revolution in Mexico: Social Bases of Agrarian Violence, 1750–1940* (Princeton, N. J., 1987).

4. A América Central: A Era Liberal, c. 1870–1930

Existe um extenso ensaio bibliográfico em R. L. Woodward, Jr., *Central America: A Nation Divided*, 2nd ed. (New York, 1985). Há também boas bibliografias sobre cada república. Ver, por exemplo, Charles Stansifer, *Costa Rica* (Oxford, 1991); Ralph Lee Woodward, Jr., *El Salvador* (Oxford, 1988); Pamela Howard-Reguindin, *Honduras* (Oxford, 1992); e sobre a Nicarágua, Latin American Bibliographic Foundation, *Nicaraguan National Bibliography, 1800–1978* (Redlands, Calif., 1986–1987).

Três obras dão uma visão geral do período de 1870–1930: Mario Rodríguez, *Central America* (Englewood Cliffs, N. J., 1965), que é um tanto favorável às políticas dos EUA no istmo; Woodward, *Central America*; e Ciro Cardoso & Héctor Pérez Brignoli, *Centroamérica y la economía occidental (1520–1930)* (San José, C. R., 1977). Ver também os capítulos relevantes em Héctor Pérez Brignoli, *Breve historia de Centroamérica* (Madrid, 1985), Victor Bulmer-Thomas, *The Political Economy of Central America since 1920* (Cambridge, Eng., 1987), e James Dunkerley, *Power in the Isthmus. A Political History of Modern Central America* (London, 1988). A melhor obra geral sobre um estado centro-americano individual é David Browning, *El Salvador: Landscape and Society* (Oxford, 1971).

Sobre as economias cafeeiras da América Central, ver C. Cardoso, "Historia económica del café en Centroamérica (siglo XIX): Estudio comparativo", *ESC*,

4(10): 9–55, 1975. Sobre o café na Guatemala na segunda metade do século XIX, ver Julio Castellanos Cambranes, *Café y campesinos en Guatemala, 1853–1897* (Ciudad de Guatemala, 1985). Sobre as plantações de banana, as obras gerais são Stacy May & Galo Plaza, *The United Fruit Company in Latin America* (Washington, D. C., 1958), que é favorável à companhia; Charles Kepner, *Social Aspects of the Banana Industry* (New York, 1936), e Kepner & Jay Soothill, *The Banana Empire* (New York, 1935), que são muito mais críticos. Ver também Thomas Karnes, *Tropical Enterprise: Standard Fruit and Steamship Company in Latin America* (Baton Rouge, La., 1978).

De longe as melhores publicações sobre a história econômica são sobre a Guatemala e a Costa Rica. Com relação à Guatemala, ver Alfredo Guerra Borges, *Geografía económica de Guatemala*, 2 vols. (Ciudad de Guatemala, 1973); Valentin Solórzano, *Evolución económica de Guatemala* (Ciudad de Guatemala, 1970); Sanford A. Mosk et al., *Economía de Guatemala* (Ciudad de Guatemala, 1958); Mauricio Domínguez T., "The development of the technological and scientific coffee industry in Guatemala 1830–1930" (tese de Ph. D., inédita, University of Tulane, 1970); Julio Castellanos Cambranes, *Aspectos del desarrollo económico y social de Guatemala a la luz de fuentes históricas alemanas 1868–1885* (Ciudad de Guatemala, 1975) e *El imperialismo alemán en Guatemala: El tratado de comercio de 1887* (Ciudad de Guatemala, 1977); Roberto Quintana, *Apuntes sobre el desarrollo monetario de Guatemala* (Ciudad de Guatemala, 1971). Com relação à Costa Rica, ver Rodrigo Facio, *Estudio sobre economía costarricense*, 2. ed. (San José, C. R., 1972), continua útil depois de mais de 30 anos; Alain Vieillard-Baron, *La production agricole et la vie rurale au Costa Rica* (Ciudad de México, 1974); C. Cardoso, "The formation of the coffee estate in nineteenth-century Costa Rica", em Kenneth Duncan & Ian Rutledge (eds.), *Land and Labour in Latin America* (Cambridge, Eng., 1975), pp. 165–202; Carolyn Hall, *El café y el desarrollo histórico-geográfico de Costa Rica* (San José, C. R., 1976) e *Formación de una hacienda cafetalera 1889–1911* (San José, C. R., 1978), os melhores textos disponíveis sobre a economia do café na Costa Rica; Ana Cecilia Román Trigo, "El comercio exterior de Costa Rica (1883–1930)" (tese inédita, Universidad de Costa Rica, 1978); Thomas Schoonover, "Costa Rican trade and navigation ties with the United States, Germany and Europe, 1840 to 1885", *JGSWGL*, 14: 269–308, 1977, que defende uma preeminência dos Estados Unidos em matéria comercial mais antiga do que se admite realmente; Carlos Araya Pochet, "El segundo ciclo minero en Costa Rica (1890–1930)" (Universidad de Costa Rica, San José, 1976, mimeo); Rufino Gil Pacheco, *Ciento cinco años de vida bancaria en Costa Rica*, 3. ed. (San

José, C. R., 1975). Ver também Lowell Gudmundson, *Hacendados, políticos y precaristas: La ganadería y el latifundismo guanacasteco, 1800–1950* (San José, C. R., 1984); Mario Samper, *Generations of Settlers: Rural Households and Markets on the Costa Rican Frontier, 1850–1935* (Boulder, Colo., 1990); Carol Smith (ed.), *Guatemalan Indians and the State, 1540–1988* (Austin, Tex., 1990); e David McCreery, " 'An odious feudalism': *Mandamiento* labor and commercial agriculture in Guatemala, 1850–1920", *LAP*, 13(1): 99–117, 1986.

Sobre a história econômica de Honduras, ver Charles A. Brand, "The background of capitalistic underdevelopment: Honduras to 1913" (tese de Ph. D., inédita, University of Pittsburgh, 1972); Vilma Laínez & Victor Meza, "El enclave bananero en la historia de Honduras", *ESC*, 2(5): 115–156, 1973; Jorge Morales, "El Ferrocarril Nacional de Honduras: Su historia e incidencia sobre el desarrollo económico", *ESC*, 1(2): 7–20, 1972; Kenneth V. Finney, *In Quest of El Dorado: Precious Metal Mining and the Modernization of Honduras, 1880–1900* (New York, 1987); *Historia financiera de Honduras* (Tegucigalpa, 1957). Sobre El Salvador, ver em particular Browning, *El Salvador*; David A. Luna, *Manual de historia económica de El Salvador* (San Salvador, 1971); E. Bradford Burns, "The modernization of underdevelopment: El Salvador, 1858–1931", *Journal of Developing Areas*, 18(3): 293–316, 1984; Hector Lindo-Fuentes, *Weak Foundations: The Economy of El Salvador in the Nineteenth Century, 1821–1898* (Berkeley, 1990); também *Legislación salvadoreña del café, 1846–1955* (San Salvador, 1956). E, sobre a Nicarágua, ver Jeffrey Gould, *To Lead as Equals: Rural Protest and Political Consciousness in Chinandega, Nicaragua, 1912–1979* (Chapel Hill, N. C., 1990); Pedro Belli, "Prolegómenos para una historia económica de Nicaragua de 1905 a 1966", *Revista del Pensamiento Centroamericano*, 30(146): 2–30, 1975.

A história social da América Central foi estudada mais por antropólogos e sociólogos do que por historiadores. Mesmo assim, ver David McCreery, " 'This life of misery and shame': Female prostitution in Guatemala City, 1880–1920", *JLAS*, 18(2): 333–353, 1986; José L. Vega Carballo, "El nacimiento de un régimen de burguesía dependiente: El caso de Costa Rica", *ESC*, 2(5 e 6), 1973); James Backer, *La iglesia y el sindicalismo en Costa Rica*, 2. ed. (San José, C. R., 1975); Mario Posas, *Las sociedades artesanales y los orígenes del movimiento obrero hondureño* (Tegucigalpa, 1978); Roque Dalton, *Miguel Mármol: Los sucesos de 1932 en El Salvador* (San José, C. R., 1972); Thomas P. Anderson, *Matanza; El Salvador's Communist Revolt of 1932* (Lincoln, Nebr., 1971) e *El Salvador 1932* (San José, C. R., 1976). Edelberto Torres Rivas,

Interpretación del desarrollo social centroamericano (San José, C. R., 1971), embora um pouco ultrapassado por recente pesquisa sobre a história econômica e política, ainda oferece uma interessante interpretação geral.

Sobre a história política, uma visão geral é dada por Edelberto Torres Rivas, "Poder nacional y sociedad dependiente: las clases y el estado en Centroamérica", *ESC*, 3(8): 27–63, 1974. Sobre os Estados Unidos e a América Central, ver Thomas Schoonover, *The United States in Central America, 1860–1911: Episodes of Social Imperialism and Imperial Rivalry in the World System* (Durham, N. C., 1991). E sobre o Comintern e a América Central, ver Rodolfo Cerdas Cruz, *La hoz y el machete* (San José, C. R., 1986; trad. ingl. *The Communist International in Central America, 1920–1936*, London, 1993).

Existe uma série de obras sobre as reformas liberais na Guatemala: Jorge M. García L., *La reforma liberal en Guatemala* (Ciudad de Guatemala/San José, C. R., 1972); Thomas R. Herrick, *Desarrollo económico y político de Guatemala durante el período de Justo Rufino Barrios (1871–1885)* (San José, 1974); Paul Burgess, *Justo Rufino Barrios* (San José, C. R., 1972); Roberto Díaz Castillo, *Legislación económica de Guatemala durante la reforma liberal: Catálogo* (Ciudad de Guatemala/San José, C. R., 1973); David McCreery, *Development and the State in Reforma Guatemala, 1871–1885* (Athens, Ohio, 1983). Sobre a história política de Costa Rica, merece destaque Samuel Stone, *La dinastía de los conquistadores* (San José, C. R., 1975; trad. ingl.: *The Heritage of the Conquistadors: Ruling Classes in Central America from the Conquest to the Sandinistas*, Lincoln, Nebr., 1990). Ver também José L. Vega C., "Etapas y procesos de la evolución sociopolitica de Costa Rica", *ESC*, 1(1): 45–72, 1972. Sobre as reformas liberais em Honduras existem duas opiniões opostas: Héctor Pérez Brignoli, "La reforma liberal en Honduras", *Cuaderno de Ciencias Sociales*, 1(2): 2–86, 1973, e Guillermo Molina Chocano, *Estado liberal y desarrollo capitalista en Honduras* (Tegucigalpa, 1976).

5. Venezuela, Colômbia e Equador, c. 1880–1930

VENEZUELA

A referência bibliográfica básica é J. V. Lombardi et al., *Venezuelan History: A Comprehensive Working Bibliography* (Boston, 1977). Importante também é o *Diccionario de historia de Venezuela*, publicado pela Fundación Polar sob a direção de M. Pérez Vila, 3 vols. (Caracas, 1988). Duas breves histórias modernas são J. V. Lombardi, *Venezuela* (New York, 1982) e J. Ewell, *Venezuela* (London, 1984).

A história política do período de 1870–1930 pode ser estudada em M. Picón Salas et al., *Venezuela independiente: Evolución política y social, 1810–1960* (Caracas, 1962), e os anos posteriores em R. J. Velásquez et al., *Venezuela moderna: Medio siglo de historia, 1926–1976*, 2. ed. (Caracas, 1979). Até o ano de 1890 os volumes relevantes de F. Guinán, *Historia contemporánea de Venezuela*, 15 vols. (Caracas, 1909–1925) ainda são muito valiosos. Três coletâneas de documentos são particularmente úteis: P. Grases & M. Pérez Vila (eds.), *Documentos que hicieron historia* (Caracas, 1862); N. Suárez Figueroa, *Programas políticos venezolanos de la primera mitad del siglo XX*, 2 vols. (Caracas, 1977); R. J. Velásquez (ed.), *El pensamiento político del siglo XX: Documentos para su estudio* (Caracas, 1983–; duas séries até agora). Ver também M. V. Magallanes, *Los partidos políticos en la evolución venezolana* (Caracas, 1973).

Sobre Guzmán Blanco, ver T. Polanco Alcántara, *Guzmán Blanco: Tragédia en tres partes y un epílogo* (Caracas, 1992); R. Díaz Sánchez, *Guzmán: Elipse de una ambición de poder*, 2 vols. (Caracas, 1968); R. A. Rondón Márquez, *Guzmán Blanco, "el autócrata civilizador"*, 2 vols. (Caracas, 1944); e R. R. Castellanos V., *Guzmán Blanco íntimo* (Caracas, 1969). Dois úteis artigos são J. Nava, " 'The illustrious American': The development of nationalism in Venezuela under Antonio Guzmán Blanco", *HAHR*, 45(4), 1965, e M. B. Floyd, "Política y economía en tiempos de Guzmán Blanco: Centralización y desarrollo, 1870–1888", em M. Izard et al., *Política y economía en Venezuela, 1810–1976* (Caracas, 1976), que traz outros úteis ensaios sobre esse período. Sobre o conflito de Guzmán Blanco com a Igreja, ver M. Watters, *A History of the Church in Venezuela* (Chapel Hill, N. C., 1934).

Das obras contemporâneas, ver A. Guzmán Blanco, *Documentos para la historia* (Caracas, 1876) e *En defensa de la causa liberal* (Paris, 1894); e M. Briceño, *Los ilustres: Páginas para la historia de Venezuela* (Bogotá, 1884; 2. ed., Caracas, 1953), uma hábil abordagem. A análise do sistema de governo de Guzmán, feita por Briceño, ainda é uma das mais completas. Outra descrição da Venezuela de Guzmán feita por um colombiano, mais favorável e com interessantes idéias sociológicas, é I. Laverde Amaya, *Un viaje a Venezuela* (Bogotá, 1889). Em geral, a literatura de viagens sobre a Venezuela nesses anos é pobre. Mas veja-se M. L. Ganzenmuller de Blay, *Contribución a la bibliografía de viajes y exploraciones de Venezuela* (Caracas, 1964).

Não existe uma biografia atual do mais proeminente dos sucessores imediatos de Guzmán, Joaquín Crespo, mas pode-se ver M. Landaeta Rosales, *Biografía del Benemérito General Joaquín Crespo* (Caracas, 1895) e A. Díaz Guerra, *Diez años en Venezuela* (Caracas, 1933). Sobre a década de 1890 a obra fundamental é R. J. Velásquez, *La caída del liberalismo amarillo; tiempo y drama de Antonio Paredes*, 2. ed. (Caracas, 1973); ver também J. A. de Armas Chitty (ed.), *El "Mocho" Hernández: Papeles de su archivo* (Caracas, 1978). O clima político, social e militar da região andina do país é captada vividamente nas memórias do operador de telégrafo N. Parada, *Vísperas y comienzos de la revolución de Cipriano Castro*, 2. ed. (Caracas, 1973). Com relação à região central há um paralelo autêntico embora ingênuo em A. Martínez Sánchez, *Nuestras contiendas civiles* (Caracas, 1949). V. Lecuna, *La revolución de Queipa* (Caracas, 1949) é um fragmento de autobiografia evocativo e informativo escrito pelo grande perito em Bolívar.

Cipriano Castro atraiu maior atenção: ver W. J. Sullivan, "The rise of despotism in Venezuela: Cipriano Castro 1899–1908" (tese de Ph. D., inédita, University of New Mexico, 1974); E. Bernardo Núñez, *El hombre de la levita gris* (Caracas, 1953); M. Picón Salas, *Los días de Cipriano Castro* (Caracas, 1953); I. Andrade, *Por qué triunfó la Revolución Restauradora* (Caracas, 1955); A. Paredes, *Cómo llegó Cipriano Castro al poder* (Caracas, 1954). O governo de Castro publicou *Documentos del General Cipriano Castro*, 6 vols. (Caracas, 1903–1908), e E. Piño Iturrieta editou *Castro, Epistolario presidencial (1899–1908)* (Caracas, 1974). Uma importante testemunha contemporânea é E. López Contreras, *El Presidente Cipriano Castro*, 2 vols. (Caracas, n.d.), com prólogo de M. Burelli Rivas. Sobre o bloqueio anglo-germano-italiano, ver M. Rodríguez Campos, *Venezuela 1902: La crisis fiscal y el bloqueo* (Caracas, 1977); D. Irwin (ed.), *Documentos británicos relacionados con el bloqueo de las costas venezolanas* (Caracas, 1982); H. H. Herwig, *Germany's Vision of Empire in Venezuela, 1817–1914* (Princeton, N. J., 1986). Um bom comentário sobre essa era, feito por um agudo observador venezuelano, é C. Zumeta, *Las potencias y la intervención en Hispanoamérica* (Caracas, 1973). A compilação de W. J. Sullivan, *Cipriano Castro en la caricatura mundial* (Caracas, 1980) é mais do que uma curiosidade. Os diários de Rufino Blanco Fombona foram reeditados: A. Rama (ed.), *Rufino Blanco Fombona, íntimo* (Caracas, 1975).

A bibliografia da era Gómez é extensa, embora de qualidade muito desigual. Com referência à defesa contemporânea, ver a obra de seu ministro do

Interior P. M. Arcaya, *The Gómez Regime in Venezuela and Its Background* (Baltimore, 1936) e *Memorias del Doctor Pedro Manuel Arcaya* (Caracas, 1963); esta última traz também interessantes reminiscências do século XIX. Ver também E. López Contreras, *Proceso político-social, 1928–1936* (Caracas, 1955). Com relação a uma denúncia contemporânea, ver J. R. Pocaterra, *Memorias de un venezolano de la decadencia* (Caracas, 1937; muitas edições subseqüentes); G. Machado & S. de la Plaza, *La verdadera situación de Venezuela* (Ciudad de México, 1929); R. Betancourt, *Venezuela: Política y petróleo*, 2. ed. (Caracas, 1967), obra de um estadista com excepcional interesse pela história; e D. Córdoba, *Los desterrados y Juan Vicente Gómez* (Caracas, 1968).

A fonte mais rica e variada sobre os anos de Castro e de Gómez é o *Boletín del Archivo Histórico de Miraflores*, que usa o arquivo presidencial, aberto com uma generosidade que não tem paralelo em nenhuma outra região, sob a direção de Ramón J. Velásquez.

Nenhuma biografia de Gómez pode ser considerada definitiva. O mais sólido dos esforços recentes é T. Polanco Alcántara, *Juan Vicente Gómez, aproximación a una biografía* (Caracas, 1990); um ensaio curto e judicioso é J. M. Medrano, *Juan Vicente Gómez* (Madrid, 1987). D. A. Rangel, *Los andinos en el poder: Balance de una hegemonía, 1899–1945* (Caracas, 1965) contém muitas intuições estimulantes sobre Castro, Gómez, López Contreras e Medina Angarita, e seu texto teve muitos imitadores. É às vezes romântico. Do mesmo autor, *Gómez, el amo del poder* (Caracas, 1975) acrescenta pouca coisa. R. J. Velásquez, *Confidencias imaginarias de Juan Vicente Gómez* (Caracas, 1979) esconde suas interessantes conclusões num diálogo imaginativo. Outros úteis estudos são L. Cordero Velásquez, *Gómez y las fuerzas vivas* (Caracas, 1971) e E. Pacheco, *De Castro a López Contreras* (Caracas, 1984). Duas obras em inglês que refletem as divisões vezenuelanas de opinião e que continuam a merecer consultas são T. Rourke (pseudônimo de D. J. Clinton), *Tyrant of the Andes, the Life of Juan Vicente Gómez* (New York, 1937) e J. Lavin, *A Halo for Gómez* (New York, 1954).

M. Briceño-Irragory, *Los Riberas* (Caracas, 1957) é um romance menos fantástico do que muita coisa escrita que foi inspirada por esse ditador permanentemente fascinante. G. Carrera Damas traz em suas coletâneas dois ensaios sobre Gómez, *Tres temas de historia*, 2. ed. (Caracas, 1978) e *Jornadas de historia crítica* (Caracas, 1983).

Sobre o exército, ver A. Ziemes, *El gomecismo y la formación del ejército nacional* (Caracas, 1979), uma obra original e bem documentada. Sobre ideologia, ver E. Pino Iturrieta, *Positivismo y gomecismo* (Caracas, 1978). Da nova edição das obras do principal ideólogo de Gómez, Laureano Vallenilla Lanz, ver particularmente N. Harwich Vallenilla & F. Brito Figueroa (eds.), *Cesarismo democrático* (Caracas, 1983).

A história econômica dessas décadas foi investigada apenas em parte. Não existe nenhum estudo satisfatório sobre o café venezuelano, embora haja intuições e dados dispersos em A. Ardao, *El café y las ciudades en los Andes venezolanos* (Caracas, 1984). Sobre Táchira existe uma excelente monografia, A. G. Muñoz, *El Táchira fronterizo: El aislamiento regional y la integración nacional en el caso de los Andes (1881–1899)* (Caracas, 1985). A agricultura e a história agrária receberam pouca atenção dos historiadores, que se contentam em repetir as conclusões de S. de la Plaza, *El problema de la tierra* (Ciudad de México, 1938). L. C. Rodríguez, *Gómez, agricultura, petróleo y dependencia* (Caracas, 1983) é um estudo da política de governo a partir de documentos oficiais.

Muito mais coisa foi escrita sobre o petróleo: ver em particular E. Lieuwen, *Petroleum in Venezuela: A History* (Berkeley, 1954) e B. S. McBeth, *Juan Vicente Gómez and the Oil Companies in Venezuela, 1908–1935* (Cambridge, Eng., 1983), que analisa seu tema escolhido com grande detalhe e a partir de muito material novo. Ambos os autores abordam a questão do impacto do petróleo sobre o resto da economia, mas não o exploram em detalhe.

São compilações estatísticas valiosas: M. Izard, *Series estadísticas para la historia de Venezuela* (Mérida, Ven., 1970); R. Veloz, *Economía y finanzas de Venezuela, 1830–1944* (Caracas, 1945); M. Landaeta Rosales, *Gran recopilación geográfica, estadística e histórica de Venezuela*, 2 vols. (Caracas, 1889; 2. ed., 1963). Sobre obras públicas, ver E. Arcila Farías, *Centenario del Ministerio de Obras Públicas: Influencia de este ministerio en desarrollo, 1874–1974* (Caracas, 1974). O. Gerstl, em suas modestas memórias, *Memorias e historias* (Caracas, 1974), descreve o mundo das casas comerciais alemãs e a Casa Boulton em particular nas primeiras décadas do século.

Sobre a ilustração, ver C. E. Misle, *Venezuela: Siglo XIX en fotografía* (Caracas, 1951) e C. Posani (ed.), *Apenas ayer ... 20 años de fotografía de Luis F. Toro* (Caracas, 1972), que contém as melhores fotografias do fotogênico general Gómez, tiradas por seu fotógrafo oficial.

Duas recentes compilações oferecem um acesso à história colombiana nesses cinqüenta anos. A. Tirado Mejia, diretor, assistido por J. O. Melo e J. A. Bejarano, *Nueva historia de Colombia*, 6 vols. (Bogotá, 1989) e J. Jaramillo Uribe, J. G. Cobo Borda & S. Mutis Durán (eds.), *Manual de historia de Colombia*, 3 vols. (Bogotá, 1978–1979).

Para descrições do país na década de 1880, ver M. Cané, *En viaje, 1881–1882* (Paris, 1884); E. Rothlisberger, *El Dorado* (Bogotá, 1963); A. Hettner, *Viajes por los Andes colombianos, 1882–1884* (Bogotá, 1976); R. Gutiérrez, *Monografías*, 2 vols. (Bogotá, 1920–1921). Uma obra mais tardia de valor excepcional é P. J. Eder, *Colombia* (London, 1913), e o diário do romancista, historiador e diplomata boliviano Alcides Argüedas, *La danza de las sombras*, nova ed. (Bogotá, 1983) descreve a política e a sociedade no final dos anos de 1920.

Os escritos ocasionais de Rafael Núñez estão reunidos em *La reforma política en Colombia*, 7 vols. (Bogotá, 1946–1950). Os escritos de Miguel Antonio Caro existem em várias compilações além das *Obras completas*, 8 vols. (Bogotá, 1918–1945). Está em curso uma nova edição feita pelo Instituto Caro y Cuervo, e essa é complementada por publicações de sua correspondência, grande parte dela erudita, mas uma parte política, e pelos volumes de estudos constitucionais e discursos. Da correspondência, ver especialmente E. Lemaitre (introd.), *Epistolario de Rafael Núñez con Miguel Antonio Caro* (Bogotá, 1977), especialmente valioso por terem sido cumpridas as instruções de Núñez de que, à sua morte, seu arquivo deveria ser lançado ao mar. Ver também de Caro, *Escritos sobre cuestiones económicas* (Bogotá, 1943).

Outras fontes políticas importantes são L. Martínez Delgado (ed.), *Revistas políticas publicadas en el Repertorio Colombiano*, 2 vols. (Bogotá, 1939); C. Holguín, *Cartas políticas* (Bogotá, 1951); R. Uribe, *Orientación republicana*, 2 vols. (Bogotá, 1972). Muita informação política também está contida na edição, feita pelo Instituto Caro y Cuervo, das *Obras Completas de Marco Fidel Suárez*, 3 vols. até agora (Bogotá, 1958–) e nos *Escritos escogidos de Luis Eduardo Nieto Caballero*, 5 vols. (Bogotá, 1984).

Sobre a política, ver I. Lievano Aguirre, *Núñez* (Bogotá, 1944); E. Rodríguez Piñeres, *Diez años de política liberal* (Bogotá, 1945); H. Delpar, *Red Against Blue: The Liberal Party in Colombian Politics, 1863–1899* (Tuscaloosa, Ala., 1981); L. Martínez Delgado, *República de Colombia, 1895–1910*, 2 vols.

(Bogotá, 1970: vol. X da *Historia Extensa de Colombia*); E. Lemaitre, *Rafael Reyes* (Bogotá, 1967); C. Bergquist, *Coffee and Conflict in Colombia, 1886–1910* (Durham, N. C., 1978). Ainda não existe nenhuma exposição coerente dos anos 1910–1930, mas em J. Villegas & J. Yunis, *Sucesos colombianos* (Medellín, 1976) contém uma compilação dos acontecimentos. Na década de 1920, ver também R. J. Navarro, *El parlamento en pijama* (Bogotá, 1935); C. Uribe Celis, *Los años veinte en Colombia: Ideología y cultura* (Bogotá, 1935).

Sobre o movimento trabalhista, ver M. Urrutia, *The Development of the Colombian Labour Movement* (New Haven, Conn., 1969); I. Torres Giraldo, *Los Inconformes*, 5 vols. (Bogotá, 1973) e María Cano, *Mujer rebelde* (Bogotá, 1972). Sobre a Igreja, ver J. Restrepo Posada, *La iglesia colombiana en dos momentos difíciles de la historia patria* (Bogotá, 1971); C. Abel, *Política, iglesia y partidos en Colombia* (Bogotá, 1987). Um ensaio alternativo sobre esse período é J. O. Melo, "La república conservadora", em M. Arrubla (ed.), *Colombia Hoy* (Bogotá, 1978). Uma obra de memória que se destaca entre outras é J. Palacio, *Historia de mi vida*, 2 vols. (Bogotá, 1944 e 1991).

Sobre as guerras civis, ver M. Deas, *Poder, gramática, pobreza, guerra civil* (Bogotá, 1992); C. E. Jaramillo, *Los guerrilleros del novecientos* (Bogotá, 1991); J. H. Palacio, *La guerra de 85* (Bogotá, 1936); L. Caballero, *Memorias de la guerra de los mil días* (Bogotá, 1939); M. Grillo, *Emociones de la guerra* (Bogotá, c. 1905).

Sobre a questão do Panamá, ver E. Lemaitre, *Panamá y su separación de Colombia* (Bogotá, 1972); T. J. Dodd, *La crisis de Panamá, 1900–1904: Cartas de Tomás Herrón* (Bogotá, 1985).

Sobre as relações internacionais, ver J. J. Caicedo Castilla, *Historia diplomática*, 2 vols. (Bogotá, 1974) em *Historia Extensa de Colombia*; E. T. Parks, *Colombia and the United States, 1765–1934* (Durham, N. C., 1935); R. L. Lael, *Arrogant Diplomacy: U.S. Policy toward Colombia, 1903–1922* (Wilmington, Del., 1987); S. J. Randall, *The Diplomacy of Modernization Colombian–American Relations, 1920–1940* (Toronto, 1977) e *Hegemony and Interdependence: Colombia and the United States since the Wars of Independence* (Atlanta, Ga., 1991).

Sobre a história econômica, as seguintes obras são importantes: L. Ospina Vásquez, *Industria y protección en Colombia, 1810–1930* (Medellín, 1955); J. A. Ocampo, *Colombia y la economía mundial, 1830–191O* (Bogotá, 1984); J. A. Ocampo (ed.), *Historia económica de Colombia* (Bogotá, 1987); S. Kalmanovitz, *Economía y nación* (Bogotá, 1985); A. Pardo Pardo,

Geografía económica y humana de Colombia (Bogotá, 1972); J. A. Ocampo & S. Montenegro, *Crisis mundial, protección e industrialización* (Bogotá, 1984); B. Tovar Zambrano, *La intervención económica del estado en Colombia, 1914–1936* (Bogotá, 1984); G. Torres García, *Historia de la moneda en Colombia*, 2. ed. (Medellín, 1980); M. Avella, *Pensamiento y política monetaria en Colombia, 1886–1945* (Bogotá, 1987); A. Patiño Roselli, *La prosperidad a debe y la gran crisis, 1925–1935* (Bogotá, 1981); J. Villegas, *Petróleo, oligarquía e imperio*, 3. ed. (Bogotá, 1975). P. L. Bell, *Colombia: A Commercial and Industrial Handbook* (Washington, D.C., 1921) constitui uma mina de informação. M. Urrutia & M. Arrubla (eds.), *Compendio de estadísticas históricas de Colombia* (Bogotá, 1970) contém séries sobre população, salários, preços, comércio externo, fumo, e café, bem como, por exemplo, eleições presidenciais.

Sobre a história agrária, J. A. Bejarano, *Economía y poder: La Sociedad de Agricultores Colombianos, 1871–1984* (Bogotá, 1985) é a melhor introdução geral; ver também sua obra *El régimen agrario – de la economía exportadora a la economía industrial* (Bogotá, 1979); F. Leal (ed.), *El agro en el desarrollo histórico colombiano* (Bogotá, 1977); M. Arrubla (ed.), *La agricultura colombiana en el siglo XX* (Bogotá, 1977). C. Legrand, *Frontier Expansion and Peasant Protest in Colombia, 1830–1936* (Albuquerque, N. Mex., 1986) abre o tema da apropriação da terra pública; deixa inevitavelmente muita coisa para ser investigada. Existem dois ensaios sobre a história agrária da Colômbia em K. Duncan & I. Rutledge (eds.), *Land and Labour in Latin America* (Cambridge, Eng., 1977); M. Deas, "A Colombian coffee estate: Santa Bárbara, Cundinamarca, 1870–1912", e M. Taussig, "The evolution of rural wage labour in the Cauca Valley of Colombia, 1700–1970".

Sobre a história do café existe uma bibliografia em rápido crescimento: ver M. Palacios, *El café en Colombia, 1850–1970: Una historia económica, política y social*, 2. ed. (Bogotá, 1983; *Coffee in Colombia 1850–1970: An Economic, Social and Political History* (Cambridge, Eng., 1980) é uma versão mais curta em inglês); A. Machado, *El café: De la aparcería al capitalismo* (Bogotá, 1977); M. Arango, *Café e industria* (Bogotá, 1977); M. Urrutia, "La creación de las condiciones iniciales para el desarrollo: El café", em E. Reveiz (ed.), *La cuestión cafetera* (Bogotá, 1980); e os capítulos de J. A. Ocampo na *Nueva historia de Colombia*, mencionada acima. Entre as fontes contemporâneas: D. Monsalve, *Colombia cafetera* (Barcelona, 1927), indispensável além de ser uma magnífica edição (seus custos arruinaram o autor); J. M. Restrepo et al., *Memorias sobre el cultivo del café* (Bogotá, 1952); R. Uribe Uribe, *Estudios sobre café,* (Bogotá, 1952); M. Rivas, *Los trabajadores de la terra caliente*, 2. ed. (Bogotá, 1946)

Sobre outros temas agrários, ver P. J. Eder, *El Fundador, Santiago M. Eder* (Bogotá, 1959), que trata das origens da indústria no açúcar no Valle; J. M. Rojas, *Empresarios y tecnología en la formación del sector azucarero en Colombia, 1860–1980* (Bogotá, 1984); A. S. Pearse, *Colombia, With Special Reference to Cotton* (Manchester, 1926); R. Herrera Soto y R. Romero Castañeda, *La zona bananera del Magdalena* (Bogotá, 1979); J. White, *Historia de una ignominia: La United Fruit Company en Colombia* (Bogotá, 1978).

Com relação a estudos regionais, ver *História da América Latina*, vol. III, ensaio bibliográfico n. 10. Também com referência à costa do Caribe, ver Eduardo Posada Carbó, "Entre las olas de Caribe: Los recursos naturales de la costa atlántica en el siglo XIX", em A. Hernández Gamarra (ed.), *Caribe–Colombia* (Bogotá, 1990). Um lúcido estudo sobre o principal político índio da Colômbia é D. Castrillón Arboleda, *El indio Quintin Lame* (Bogotá, 1973); pode ser lido em conjunto com J. Rappaport, *The Politics of Memory: Native Historical Interpretation in the Colombian Andes* (Cambridge, Eng., 1990).

Entre uma série de volumes de fotografias históricas publicados nos recentes anos, dois merecem destaque: E. Serrano, *Historia de la fotografía en Colombia* (Bogotá, 1983) e M. Carrizosa de Umaña & R. J. Herrera de la Torre, *75 años de fotografía, 1865–1940* (Bogotá, 1978).

EQUADOR

Está em curso de publicação pela Corporación Editora Nacional a *Nueva historia del Ecuador* (Quito, 1988–), planejada para 15 volumes, sob a direção geral de E. Ayala Mora. Os vols. 8, 9 and 10 cobrem o período 1870–1930. A bibliografia histórica básica continua sendo R. E. Norris, *Guía bibliográfica para el estudio de la historia ecuatoriana* (Austin, Tex., 1978).

Os seguintes relatos contemporâneos merecem menção: J. Kolberg, *Nach Ecuador* (Freiburg, 1876); C. Weiner, *América pintoresca: Descripción de viajes al nuevo continente* (Barcelona, 1884); E. Festa, *Nel Darien e nell'Ecuador, Diario de viaggio di un naturalista* (Torino, 1909); R. Enock, *Ecuador* (London, 1914); M. Sáenz, *Sobre el indio ecuatoriano y su incorporación al medio nacional* (Ciudad de México, 1933).

Sobre história política, ver E. Ayala Mora, *Lucha política y origen de los partidos en Ecuador* (Quito, 1978); H. Malo & E. Ayala Mora (eds.), *Ecuador 1830–1930*, Tomo I: *Política y sociedad* (Quito, 1980) (os dois volumes subseqüentes tratam de arte e cultura, e de economia); L. Alexander Rodríguez, *The Search for Public Policy: Regional Politics and Government Finances in Ecuador, 1830–1940* (Berkeley, 1985); J. L. Mera, *La dictadura y la restauración en la República del Ecuador* (Quito, 1982); e I. Robalino Dávila, *Orígines del Ecuador de hoy*, 7 vols. (Puebla, México, 1948–1970), uma série de estudos político-biográficos bem documentados.

Três obras que focalizam principalmente anos posteriores mas são úteis para esse período anterior: O. Hurtado, *El poder político en el Ecuador* (Quito, 1977); R. Quintero, *El mito del populismo en el Ecuador* (Quito, 1980); G. Drekonja et al., *Ecuador de hoy* (Bogotá, 1978).

Sobre Eloy Alfaro, ver F. Guarderas, *El viejo de Montecristi* (Quito, 1953); W. Loor, *Eloy Alfaro*, 3 vols. (Quito, 1947); A. Pareja Diezcanseco, *La hoguera bárbara* (Ciudad de México, 1944); R. Andrade, *Vida y muerte de Eloy Alfaro* (New York, 1916); E. Muñoz Vicuña, *La guerra civil ecuatoriana de 1895* (Guayaquil, 1976); M. Deas (introd. y ed.), *Eloy Alfaro: Narraciones históricas* (Quito, 1983). L. A. Martínez, *A la costa* (Quito, 1904; muitas reimpressões) é um romance contemporâneo vigoroso, e M. J. Calle, sob o pseudônimo Enrique de Rastignac, oferece retratos memoráveis dos protagonistas da revolução de Alfaro em *Hombres de la revuelta* (Guayaquil, 1906).

Outras biografias úteis são: C. de la Torre Reyes, *La espada sin mancha: Biografía del General Julio Andrade* (Quito, 1962); J. Pérez Concha, *Carlos Concha Torres: Biografía de un luchador incorruptible* (Quito, 1987). Ainda não existe uma biografia do general Leonidas Plaza, que junto com Alfaro é a figura política proeminente do período.

Sobre a Igreja, ver M.-D. Demélas & Y. Saint-Geours, *Jerusalén y Babilonia: Religión y política en el Ecuador, 1770–1880* (Quito, 1988); F. González Suárez, *Memorias íntimas* (Quito, 1944); E. Ayala Mora (ed.), *F. González Suárez y la polémica sobre el estado laico* (Quito, 1980); L. Dautzemberg, *El Illmo. Sr. Pedro Schumacher* (Quito, 1968).

A história do trabalho produziu interessante obra publicada recentemente: P. Ycaza, *Historia del movimiento obrero ecuatoriano* (Quito, 1984); A. Páez, *El anarquismo en el Ecuador* (Quito, 1986); V. Polit Montes de Oca (introd.), *El 15 de noviembre de 1922 y la fundación del socialismo relatados por sus protagonistas* (Quito, 1982); L. J. Muñoz, *Testimonio de lucha* (Quito,

1988); M. Luna, *Historia y conciencia popular: El artesanado en Quito, economía, organización y vida cotidiana* (Quito, 1989).

A economia do Equador no começo desse século é tratada de maneira mais completa no opulento e enciclopédico *El Ecuador: Guía comercial, agrícola e industrial de la república* (Guayaquil, 1909). Sobre o cacau, ver M. Chiriboga, *Jornaleros y gran proprietarios en 135 años de exportación cacaotera (1790–1925)* (Quito, 1980); L. Crawford de Roberts, *El Ecuador en la época cacaotera* (Quito, 1980); A. Guerrero, *Los oligarcas del cacao* (Quito, 1981). Sobre a história agrária em geral, M. Chiriboga (ed.), *El problema agrario en el Ecuador* (Quito, 1988); o relatório CIDA de R. Baraona, *Tenencia de la tierra y desarrollo socioeconómico del sector agrícola: Ecuador* (Washington, D. C., 1965). P. de la Torre, *Patronos y conciertos: Una hacienda serrana,. 1905–1929* (Quito, 1989) é um estudo bem documentado da *hacienda* "El Deán", perto de Quito. M. A. Restrepo Eusse, *El rey de la leña* (Buenos Aires, 1958), a autobiografia de um empresário colombiano no Equador, contém um relato pessoal raro da vida e do conflito na zona rural equatoriana nas décadas de 1920 e 1930.

Outros aspectos da história econômica são tratados em J. P. Deler, *Genèse de l'espace equatorien: Essai sur la territoire et la formation de l'état national* (Paris, 1981); L. A. Carbo, *Historia monetaria y cambiaria del Ecuador desde la época colonial* (Quito, 1953); L. N. Dillon, *La crisis económico-financiera del Ecuador* (Quito, 1927); e V. E. Estrada, *Moneda y bancos en el Ecuador* (Quito, 1982). A. Flores Jirón, *La conversión de la deuda anglo-ecuatoriana*, 2. ed. (Quito, 1979), com introdução de E. Santos Alvije, é um relato singular das pacientes negociações sobre a dívida externa no final do século XIX.

O Banco Central del Ecuador, que, como o Banco de la República na Colômbia e o Banco Central na Venezuela, gerou muitos estudos históricos, criou um arquivo fotográfico e está publicando uma série de histórias fotográficas, entre as quais A. Carrión A., *Imágenes de la vida política del Ecuador* (Quito, 1980). O retrato de tipos nativos, uma pequena indústria na Quito do século XIX, é mostrada em W. Hallo (ed.), *Imágenes del Ecuador del siglo XIX: Juan Antonio Guerrero* (Quito, 1988).

6. AS ORIGENS DO PERU MODERNO, 1880–1930

A historiografia peruana para o período 1880–1930 passou por grande expansão e renovação nas três últimas décadas. Essa transformação começou com o interesse universal gerado pela chamada revolução militar peruana de 1968, que inaugurou um período de intensas reformas que persistiram até 1976. Além disso, uma década de relativos crescimento e prosperidade econômicos durante a década de 1960, combinados com tendências demográficas do pós-guerra, produziu uma enorme expansão do sistema de ensino do país, particularmente no nível universitário. Em conseqüência, a ascensão de uma classe média, ansiosa por descobrir sua identidade e redefinir a experiência nacional, criou uma nova e forte demanda de conhecimento sobre a história do Peru. O resultado foi uma produção sempre crescente de obras novas e muitas vezes revisionistas, de autoria de uma nova geração de eruditos peruanos que transformaram a paisagem tradicional da historiografia do país. Essa nova produção, porém, diminuiu seu ritmo nos anos recentes, devido ao declínio econômico e à instabilidade política que o Peru experimentou desde os meados da década de 1970. Essas condições difíceis tornaram cada vez mais problemático o surgimento de uma nova geração de especialistas no Peru para fazer as inovações historiográficas do último quarto de século.

Qualquer estudo de período 1880–1930 deve começar com a dúzia ou mais obras de Jorge Basadre, o decano dos modernos historiadores peruanos. Sua obra em 17 volumes, *Historia de la República del Perú*, 6. ed. (Lima, 1968–1969), firma-se como um monumento superior nesse campo, com cinco volumes dedicados ao período 1880–1930. Ele publicou também a mais completa bibliografia anotada para os séculos XIX e XX: *Introducción a las bases documentales para la historia de la República del Perú con algunas reflexiones*, 2 vols. (Lima, 1971). Uma bibliografia igualmente anotada, acompanhada de um ensaio analítico, para a história econômica do período pode ser encontrada em Pablo Macera & Shane Hunt, "Peru", em Roberto Cortés Conde & Stanley J. Stein (eds.), *Latin America: A Guide to Economic History, 1830–1930* (Berkeley/Los Angeles, 1977). Pode-se encontrar uma discussão inteligente da nova geração de historiadores peruanos em Fred Bonner, "Peruvian historians today: Historical setting", *TA*, 43(3): 245–277, 1987. Uma pesquisa bibliográfica mais recente é John Fisher, *Peru*, World Bibliographical Series: vol. 109 (Oxford, 1989). Uma referência útil é *Diccionario histórico y biográfico del Perú, siglos XV–XX*, 9 vols. (Lima, 1986). Com relação a referências bibliográficas anteriores, ver as seções apropriadas em Raúl Porras Barrenechea, *Fuentes históricas peruanas* (Lima, 1963), em Carlos Moreyra Paz Soldán, *Bibliografía regional peruana* (Lima, 1967), e em

Carol Herbold & Steve Stein, *Guía bibliográfica para la historia social y política del Perú en el siglo XX (1895–1960)* (Lima, 1971).

De longe a melhor história do período num único volume é Manuel Burga & Alberto Flores Galindo, *Apogeo y crisis de la república aristocrática* (Lima, 1979). Abrangente, interpretativa e analítica, é a obra de dois dos melhores historiadores do Peru da jovem geração. Lamentavelmente, Alberto Flores Galindo morreu em 1990.

Duas importantes histórias andinas comparativas que abrangem a Bolívia e o Equador junto com o Peru são Magnus Mörner, *The Andean Past: Land, Societies and Conflict* (New York, 1985) e J. P. Deler & Y. Saint-Geours (eds.), *Estados y naciones en los Andes: Hacia una historia comparativa, Bolivia, Ecuador, Perú*, 2 vols. (Lima, 1986). Vários volumes (ver abaixo) da *Historia del Perú*, 12 vols., editada por Juan Mejía Baca (Lima, 1980), são devotados ao período, como o são os volumes de Ruben Vargas Ugarte, *Historia general del Perú*, particularmente o vol. 11, *La república aristocrática*, e o vol. 12, *República contemporánea*, ambos de autoria de Margarita Guerra (Lima, 1984). Ótimas fotografias dos anos 1920 podem ser encontradas em *Martín Chambi: Fotografía del Perú, 1920–1950* (Buenos Aires, 1985). São úteis também Ernesto Yepes del Castillo, *Perú, 1820–1920: Un siglo de desarrollo capitalista*, 2. ed. (Lima, 1981), "El desarrollo peruano en las primeras décadas del siglo XX", em *Nueva historia general del Perú* (Lima, 1979), pp. 137–160, e "Los inicios de la expansión mercantil capitalista en el Perú (1890–1930)", em *Historia del Perú*, vol. 7, pp. 305–403; bem como Aníbal Quijano, *Imperialismo, clases sociales y estado en el Perú, 1890–1930* (Lima, 1978), todos de uma perspectiva marxista. Uma excelente análise sócio-histórica é Julio Coder, *Clases, estado y nación en el Perú* (Lima, 1977). São dignos de nota também David Scott Palmer, *Peru: The Authoritarian Legacy* (New York, 1980), David P. Werlich, *Peru: A Short History* (Carbondale, Ill., 1974), Fredrick Pike, *A Modern History of Peru* (London, 1977), Henry E. Dobyns & Paul Doughty, *Peru: A Cultural History* (Oxford, 1976), e Washington Delgado, *Historia de la literatura republicana* (Lima, 1980).

Vários estudos regionais importantes refletem o recente esforço para captar a evolução e o desenvolvimento fraturados do Peru andino. Entre eles são dignos de nota José Armando Tamayo, *Historia del Cuzco republicano* (Lima, 1978); Nelson Manrique, *Mercado interno y región: La sierra central, 1920–1930* (Lima, 1987); e Nils Jacobsen, *Mirages of Transition: The Peruvian Altiplano, 1780–1930* (Stanford, 1992).

O estudo mais abrangente da história econômica do período é Rosemary Thorp & Geoffrey Bertram, *Peru 1890–1977: Growth and Policy in an Open Economy* (London, 1978). O melhor estudo sobre bancos e finanças é Alfonso W. Quiróz, *Banqueros en conflicto: Estructura financiera y económica peruana (1884–1930)*, 2. ed. (Lima, 1990); ver também do mesmo autor, *Domestic and Foreign Finance in Modern Peru, 1850–1950* (London, 1992). Shane Hunt foi de grande utilidade no desenvolvimento da base de dados para a análise dos modelos de crescimento econômico: por exemplo, ver suas obras *Real Wages and Economic Growth in Peru, 1900–1940* (Boston, 1977) e *Price and Quantum Estimates of Peruvian Exports, 1830–1962* (Princeton, N. J., 1973). Pablo Macera não só analisou a evolução da economia de exportação como também publicou valiosos conjuntos de dados em *Trabajos de historia*, 4 vols. (Lima, 1977). Ver também Baltazar Caravedo M., "Economía, producción y trabajo (Perú, siglo XX)", em *Historia del Perú*, vol. 8, pp. 189–361.

Outros autores escreveram de diversos pontos de vista sobre a problemática da economia de exportação e sobre a atividade econômica dos estrangeiros no Peru: por exemplo, Heraclio Bonilla (ed.), *Gran Bretaña y el Perú: 1826–1919: Informes de los cónsules británicos*, 5 vols. (Lima, 1975–1977), e "Emergence of U.S. control of the Peruvian economy, 1850–1930", em Joseph S. Tulchin (ed.), *Hemispheric Perspectives on the United States* (Westport, Conn., 1978), pp. 325–351; Rory Miller, "The making of the Grace Contract: British bondholders and the Peruvian government, 1885–1890", *JLAS*, 8(1): 73–100, 1976; "Railroads and economic development in Central Peru, 1890–1930", em J. Fisher (ed.), *Social and Economic Change in Modern Peru* (Liverpool, 1976); e "British firms and the Peruvian government, 1885–1930", em D. C. M. Platt (ed.), *Business Imperialism 1840–1930: An Inquiry Based on British Experience in Latin America* (Oxford, 1977); e William Bollinger, "The rise of United States influence in the Peruvian economy, 1869–1921" (tese de M.A., inédita, University of California, Los Angeles, 1972). Uma importante fonte de dados com relação à história fiscal do período é P. E. Dancuart & J. M. Rodríguez (eds.), *Anales de la hacienda pública del Perú*, 22 vols. (Lima, 1902–1908). A mineração peruana nesse período foi estudada por Alberto Flores Galindo, *Los mineros de la Cerro de Pasco, 1900–1930* (Lima, 1974); Julian Laite, *Industrial Development and Migrant Labour in Latin America* (Austin, Tex., 1981); Adrian DeWind, "From peasants to miners: Background to strikes in the mines of Peru", *Science and Society*, 39(1): 44–72, 1975; Dirk Kruijt & Menno

Vellinga, *Estado, clase obrera y empresa transnacional: El caso de minería Peruana, 1900–1980* (Ciudad de México, 1983); Carlos Contreras, *Mineros y campesinos en los Andes: Mercado laboral y economía campesina en la sierra central, siglo XIX*, 2. ed. (Lima, 1988); e Elizabeth Dore, *The Peruvian Mining Industry* (Boulder, Colo., 1988). O impacto da Primeira Guerra Mundial sobre o Peru é analisado com habilidade em Bill Albert, *South America and the First World War: The Impact of the War on Brazil, Argentina, Peru and Chile* (Cambridge, Eng., 1988). Sobre o início da depressão, ver Rosemary Thorp & Carlos Londoño, "The effect of the great depression on the economies of Peru and Colombia", em Rosemary Thorp (ed.), *Latin America in the 1930s: The Role of the Periphery in World Crisis* (London, 1984), pp. 81–116.

O estudo da sociedade agrária andina recebeu um grande impulso de um grupo de estudiosos franceses, alguns deles pertencentes à Escola *Annales*: François Chevalier, "L'expansion de la grande propriété dans le Haut-Pérou au XXe siècle", *AESC*, 21: 815–831, 1966; C. Collin-Delavaud, *Les régions côtières du Pérou septentrional* (Lima, 1968); Jean Piel, "The place of the peasantry in the national life of Peru in the nineteenth century", *Past and Present*, 46: 108–133, 1970, e *Crise agraire et conscience créole au Pérou* (Paris, 1982); e Henri Favre, "The dynamics of Indian peasant society and migration to coastal plantations in Central Peru", em Kenneth Duncan & Ian Rutledge (eds.), *Land and Labour in Latin America: Essays on the Development of Agrarian Capitalism* (Cambridge, Eng., 1977), pp. 253–268. Um forte impulso adicional ao estudo da sociedade agrária foi dado pela reforma agrária de 1969 na administração Velasco. Registros de várias plantações e *haciendas* foram reunidos no Archivo del Fuero Agrario, que está abrigado atualmente no Archivo General de la Nación em Lima. Sobre o açúcar, ver Peter F. Klarén, "The social and economic consequences of modernization in the Peruvian sugar industry, 1870–1930", em Duncan & Rutledge (eds.), *Land and Labour*, pp. 229–252; Bill Albert, *An Essay on the Peruvian Sugar Industry, 1880–1920* (Norwich, Eng., 1976); e Michael J. Gonzales, *Plantation Agriculture and Social Control in Northern Peru, 1875–1933* (Austin, Tex., 1984). Sobre a indústria do algodão, ver W. S. Bell, *An Essay on the Peruvian Cotton Industry, 1825–1920* (Liverpool, 1985). Sobre o comércio da lã, ver Alberto Flores Galindo, *Arequipa y el Sur andino, siglos XVIII–XX* (Lima, 1977), Benjamin S. Orlove, *Alpacas, Sheep and Men: The Wool Export Economy and Regional Society in Southern Peru* (New York, 1977) e Manuel Burga & Wilson Reátegui Chávez, *Lanas y capital mercantil en el sur: la Casa Ricketts, 1895–1935* (Lima, 1981).

Existe um grande número de bons estudos sobre os movimentos camponeses. Ver Manuel Burga & Alberto Flores Galindo, "Feudalismo andino y movimientos sociales (1866–1965)", em *Historia del Perú*, vol. 11, pp. 11–112; Florencia E. Mallon, *The Defense of Community in Peru's Central Highlands: Peasant Struggle and Capitalist Transition, 1860–1940* (Princeton, N. J., 1983); Rodrigo Montoya, "Les Luttes paysannes pour la terre au Pérou au XXe siècle" (tese de Ph. D., inédita, Université de Paris, 1977); Wilfredo Kapsoli, *Los movimientos campesinos en Cerro de Pasco, 1880–1963* (Huancayo, 1975) e *Los movimientos campesinos en el Perú, 1879–1965: Ensayos* (Lima, 1977); Juan Martínez-Alier, *Haciendas, Plantations and Collective Farms: Class Societies – Cuba and Peru* (London, 1977); Wilson Reátegui Chávez (ed.), *Documentos para la historia del campesinado peruano, siglo XX* (Lima, 1978); Peter Blanchard, "Indian unrest in the Peruvian sierra in the nineteenth century", *TA*, 38(4): 449–462, 1982, e "The recruitment of workers in the Peruvian sierra at the turn of the century: The enganche system", *Inter-American Economic Affairs*, 33(3): 63–83, 1979; Michael J. Gonzales, "Neo-colonialism and Indian unrest in southern Peru, 1867–1898", *BLAR*, 6(1): 1–26, 1987; e William W. Stein, *El levantamiento de Atusparia* (Lima, 1988). Uma astuta observação de um contemporâneo sobre a vida rural é dada por Karl Kaeger, *Condiciones agrarias de la sierra sur peruana: 1899* (Lima, 1979). Outros estudos valiosos sobre a sociedade rural podem ser encontrados em Nelson Manrique, *Yawar Mayu: Sociedades terratenientes serranas, 1879–1910* (Lima, 1988); Lewis Taylor, *Cambios capitalistas en las haciendas cajamarquinas, 1900–1935* (Cambridge, Eng., 1983); e Carmen Diana Deere, *Household and Class Relations: Peasants and Landlords in Northern Peru* (Berkeley, 1990).

Sobre as conseqüências sociais da Guerra do Pacífico, ver Henri Favre, "Remarques sur la lutte des classes au Pérou pendant la Guerre du Pacifique", em *Littérature et société au Pérou du XIXe siècle à nos jours* (Grenoble, 1975), pp. 54–81; Heraclio Bonilla, "The War of the Pacific and the national and colonial problem in Peru", *Past and Present*, 81: 92–118, 1978, e "The Indian peasantry and Peru during the War with Chile", em *Resistance, Rebellion, and Consciousness in the Andean World: 18th to 20th Centuries*, edited by Steve J. Stein (Madison, Wis., 1987), pp. 192–231; Nelson Manrique, *Campesinado y nación: Las guerillas indígenas en la guerra con Chile* (Lima, 1981); e Mallon, *The Defense of Community* e "Nationalist and anti-state coalitions in the War of the Pacific: Junín and Cajamarca, 1879–1902", em *Resistance, Rebellion, and Consciousness*, pp. 232–280. Outras obras importantes sobre a guerra são

Heraclio Bonilla, *Un siglo de la deriva: Ensayos sobre el Perú, Bolivia y la guerra* (Lima, 1980); Jorge Basadre, "Antecedentes de la guerra con Chile" e Percy Cayo, "La guerra con Chile", ambos em *Historia del Perú,* vol. 8; Comisión Permanente de la Historia del Ejército del Perú, *Reflexiones sobre la resistencia de la Breña: Significado y proyección histórica* (Lima, 1982); Tomaso Caivano, *Historia de la guerra de América entre Chile, Perú y Bolivia,* 3 vols. (Lima, 1979; tradução de *Storia della guerra d'America fra il Chili, il Peru e la Bolivia,* 1881); Percy Cayo et al., *En torno a la guerra del Pacífico* (Lima, 1983) e Andres Avelino Cáceres, *Memorias del Mariscal Andres A. Cáceres,* 3 vols. (Lima, 1986). Ver também a coletânea de ensaios em Wilson Reátegui Chávez et al., *La guerra del Pacífico* (Lima, 1979).

Sobre o índio e o indigenismo, ver o importante estudo revisionista de Efraín Kristal, *The Andes Viewed from the City: Literary and Political Discourse on the Indian in Peru, 1848–1930* (New York, 1987) e duas excelentes obras de José Tamayo Herrera, *Historia del indigenismo cuzqueño, siglos XVI–XX* (Lima, 1980) e *Historia social e indigenismo en el altiplano* (Lima, 1982), bem como José Deustua & José Luis Renique, *Intelectuales, indigenismo y descentralismo en el Perú, 1897-1931* (Cuzco, 1984) e Thomas M. Davies, Jr., *Indian Integration in Peru: A Half Century of Experience, 1900–1948* (Lincoln, Nebr., 1974).

A imigração japonesa foi examinada em C. Harvey Gardiner, *The Japanese and Peru, 1873–1973* (Albuquerque, N. Mex., 1975). Sobre os chineses no Peru, ver a excelente obra de Humberto Rodríguez Pastor, *Hijos del celeste imperio en el Perú (1850–1900): Migración, agricultura, mentalidad y explotación* (Lima, 1989). Ver também Henry Evans Maude, *Slavers in Paradise: The Peruvian Slave Trade in Polynesia, 1862–1894* (Stanford, Calif., 1981).

O estado oligárquico é o tema de Dennis Gilbert, *The Oligarchy and the Old Regime in Peru* (Ithaca, N. Y., 1977); de François Bourricaud et al., *La oligarquía en el Perú* (Lima, 1969); de Sinesio López J., "El estado oligárquico en el Perú: Un ensayo de interpretación", *RMS,* 40(3): 991–1007, 1978, e de Alfonso W. Quiróz, "Financial leadership and the formation of Peruvian elite groups, 1884–1930", *JLAS,* 20(1):49–81, 1988. Ver também a obra revisionista de Rory Miller, "The coastal elite and Peruvian politics, 1895–1919", *JLAS,* 14(1): 97–120, 1982, e o excelente estudo de Lawrence A. Clayton, *W. R. Grace & Company: The Formative Years, 1850–1930* (Ottawa, Ill., 1985). Sobre os militares, ver Victor Villanueva, *Ejército peruano: Del caudillaje anárquico al militarismo reformista* (Lima, 1973) e Frederick M. Nunn, *Yesterday's Soldiers:*

European Military Professionalism in South America, 1890–1940 (Lincoln, Nebr., 1983).

Há um interessante estudo sobre Billinghurst: Peter Blanchard, "A populist precursor: Guillermo Billinghurst", *JLAS*, 9(2): 251–273, 1977. Duas teses de Ph. D., inéditas, examinam a administração de Leguía: Howard Karno, "Augusto B. Leguía, the oligarchy and the modernization of Peru, 1870–1930" (University of California, Los Angeles, 1970), e Carl F. Herbold, "Developments in the Peruvian administrative system, 1919–1930: Modern and traditional qualities of government under authoritarian regimes" (Yale University, 1973). Sobre esse período ver também Baltazar Caravedo Molinari, *Clases, lucha política y gobierno en el Perú (1919–1933)* (Lima, 1977), Carmen Rosa Balbi & Laura Madalengoitia, *Parlamento y lucha política, Perú, 1932* (Lima, 1980) e Pedro Ugarteche, *Sánchez Cerro: Papeles y recuerdos de un presidente del Perú*, 4 vols. (Lima, 1969–1970).

Com relação às origens do partido aprista, ver Peter F. Klarén, *Modernization, Dislocation and Aprismo: Origins of the Peruvian Aprista Party, 1870–1932* (Austin, Tex., 1973), Steve Stein, *Populism in Peru: The Emergence of the Masses and the Politics of Social Control* (Madison, Wis., 1980) e a magistral biografia intelectual de Fredrick B. Pike, *The Politics of the Miraculous: Haya de la Torre and the Spiritualist Tradition* (Lincoln, Nebr., 1986). São também importantes sobre a APRA Jeffrey L. Klaiber, S. J., *Religion and Revolution in Peru, 1824–1976* (Notre Dame, Ind., 1977) e François Bourricaud, *Poder y sociedad en el Perú contemporáneo* (Buenos Aires, 1967). Podemos citar outros estudos úteis: Adam Anderle, *Los movimientos políticos en el Perú entre las dos guerras mundiales* (Havana, 1985); Imelda Vega Centeno, *Aprismo popular: Mito, cultura y historia* (Lima, 1985) e *Ideología y cultura en el aprismo popular* (Lima, 1986); Carmen Rosa Balbi, *El partido comunista y el APRA en la crisis revolucionaria de los años treinta* (Lima, 1980); e Juan Manuel Gamara Romero, *La reforma universitaria: El movimiento estudiantil de los años veinte en el Perú* (Lima, 1987). Para estudar os anos iniciais do partido são indispensáveis as memórias e obras de Victor Raúl Haya de la Torre contidas em suas *Obras completas*, 7 vols. (Lima, 1976–1977). Outro líder do partido dos primeiros tempos, Luis Alberto Sánchez, escreveu sobre o período inicial do partido, entre outras obras, *Apuntes para una biografía del APRA*, 2 vols. (Lima, 1978–1979), *Testimonio personal: el aquelarre, 1900–1931*, 2. ed. (Lima, 1987) e, com Haya de la Torre, *Correspondencia, 1924–1951* (Lima, 1982).

A história do movimento trabalhista é estudada em Denis Sulmont, *El movimiento obrero en el Perú, 1900–1956* (Lima, 1975); Piedad Pareja, *Anarquismo y sindicalismo en el Perú* (Lima, 1978); Peter Blanchard, *The Origins of the Peruvian Labor Movement, 1883–1919* (Pittsburgh, Pa., 1982) e Stein, *Populism in Peru.* Ver também a importante obra de Steve Stein, *Lima obrera, 1900–1930,* 2 vols. (Lima, 1986–1987), bem como Wilfredo Kapsoli E., *Las luchas obreras en el Perú, 1900–1919: Por las ocho horas de trabajo* (Lima, 1976); Alberto Moya Obeso, *Sindicalismo aprista y sindicalismo clasista en el Perú, 1920–1956,* 2 vols. (Lima, 1977); Piedad Pareja, *Aprismo y sindicalismo en el Perú* (Lima, 1980); e Luís Tejada, *La cuestión del pan: El anarchosindicalismo en el Perú, 1880–1914* (Lima, 1988). Wilma Derpich, José Luis Huiza & Cecilia Israel, *Lima años 30: Salarios y costo de vida de la clase trabajadora* (Lima, 1985), oferecem materiais e uma análise estatística bastante úteis. Importantes documentos sobre o período são fornecidos em Ricardo Martínez de la Torre, *Apuntes para una interpretación marxista de historia social del Perú,* 2. ed., 4 vols. (Lima, 1974) e nas memórias do primeiro organizador do trabalho Julio Portocarrero, *Sindicalismo peruano: Primera etapa, 1911–1930* (Lima, 1987).

Existe informação sobre a Igreja na obra importante de Jeffrey L. Klaiber, S. J., *La iglesia en el Perú: Su historia desde la independencia,* 2. ed. (Lima, 1988; trad. ingl., 1992).

As relações diplomáticas com os Estados Unidos no período são analisadas em Fredrick B. Pike, *The United States and the Andean Republics: Peru, Bolivia and Ecuador* (Cambridge, Mass., 1977) e Joe E. Wilson, *The United States, Chile and Peru in the Tacna and Arica Plebiscite* (Washington, D. C., 1979).

As principais fontes sobre a história intelectual são Augusto Salazar Bondy, *Historia de las ideas en el Perú contemporáneo,* 2 vols. (Lima, 1965) e a obra pujante de Alberto Flores Galindo, *Buscando un inca: Identidad y utopia en los Andes* (Lima, 1987). Ver também Jesús Chavarría, "The intellectuals and the crisis of modern Peruvian nationalism: 1870–1919", *HAHR,* 50(2): 257–278, 1970. Várias obras analisam as idéias de José Carlos Mariátegui: Jesús Chavarría, *José Carlos Mariátegui, 1894–1930, and the Rise of Modern Peru* (Albuquerque, N. Mex., 1979); Diego Meseguer Illán, *José Carlos Mariátegui y su pensamiento revolucionario* (Lima, 1974); Harry E. Vanden, *Mariátegui: Influencias en su formación ideológica* (Lima, 1975) e *National Marxism in Latin America: José Carlos Mariátegui's Thought and Politics* (Boulder, Colo., 1986); Robert Paris, *La formación ideológica de José Carlos*

Mariátegui (Ciudad de México, 1981); José Arico (ed.), *Mariátegui y los orígenes del marxismo latinoamericano* (Ciudad de México, 1978); e Alberto Flores Galindo, *La agonía de Mariátegui: La polémica con la Komintern* (Lima, 1980). Ver também Guillermo Rouillón, *Bio-bibliografía de José Carlos Mariátegui* (Lima, 1966), *La creación heroica de José Carlos Mariátegui: La edad de piedra, 1894–1919* (Lima, 1975) e *La edad revolucionaria* (Lima, 1984). A principal obra sobre Haya de la Torre é *The Politics of the Miraculous,* de Pike.

Duas boas obras sobre as mulheres na sociedade são Deere, *Household and Class Relations,* e Florencia E. Mallon, "Gender and class in the transition to capitalism: Household and mode of production in central Peru", *LAP,* 13(1): 147–174, 1986.

Finalmente, nenhum estudo do período pode ser completo sem uma consulta aos escritos de José Carlos Mariátegui, Alejandro Deustua, Manuel González Prada, Javier Prado, Francisco García Calderón, Manuel Vicente Villarán, Victor Raúl Haya de la Torre e Victor Andres Belaúnde.

7. A Bolívia da Guerra do Pacífico à Guerra do Chaco, 1880–1932

PESQUISAS GERAIS

Existem várias histórias gerais da Bolívia que cobrem o período de 1880–1932, notadamente Alcides Argüedas, *Historia general de Bolivia* (La Paz, 1922); Enrique Finot, *Nueva historia de Bolivia* (Buenos Aires, 1946); e Jorge Basadre, *Perú, Chile y Bolivia independientes* (Barcelona, 1948). Um estudo mais recente e detalhado é Herbert S. Klein, *Parties and Political Change in Bolivia, 1880–1932* (Cambridge, Eng., 1968). Grande parte da recente pesquisa sobre a história social e econômica do período é resumida em Herbert S. Klein, *Bolivia, the Evolution of a Multi-ethnic Society,* 2nd ed. (New York, 1991), enquanto em Magnus Mörner, *The Andean Past: Land, Societies and Conflict* (New York, 1985), é fornecido um útil quadro comparativo. Uma visão alternativa da história nacional é tentada em Xavier Albó & Josep M. Barnadas, *La cara campesina de nuestra historia* (La Paz, 1984). Um levantamento biobibliográfico fundamental e digno de consulta é Josep M. Barnadas, *Manual de bibliografía: Introducción a los estudios bolivianos contemporáneos, 1960–1984* (Cuzco, 1987).

Entre as obras mais especializadas, Luis Peñaloza está reescrevendo sua *Historia económica de Bolivia,* 2 vols. (La Paz, 1953–1954); e tanto essa obra mais antiga quanto sua *Nueva historia económica de Bolivia* (La Paz, 1985–), uma edição proposta para 9 volumes, oferecem uma introdução razoável embora limitada da matéria. Mais esquemático, mas com importantes dados estatísticos retrospectivos, é Eduardo Arze Cuadros, *La economía de Bolivia ... 1492–1979* (La Paz, 1979). Uma análise geral do trabalho organizado na história boliviana é dada em Guillermo Lora, *History of the Bolivian Labour Movement, 1848–1971* (Cambridge, Eng., 1977). O pensamento intelectual é tratado em Guillermo Francovich, *La filosofía en Bolivia* (Sucre, 1945); os historiadores estão bem analisados em Valentín Abecia Baldivieso, *Historiografía boliviana* (La Paz, 1965). O pensamento político é estudado em Mario Rolan Anaya, *Política y partidos en Bolivia,* ed. rev. (La Paz, 1987), que também contém a mais completa apresentação dos programas e plataformas do partido. Esses, por sua vez, podem ser muito bem complementados em Guillermo Lora, *Documentos políticos de Bolivia,* ed. rev., 2 vols. (La Paz, 1987). A única análise séria, embora desatualizada, da estrutura organizacional do governo republicano é N. Andrew N. Cleven, *The Political Organization of Bolivia* (Washington, D. C., 1940). Todas as constituições da Bolívia até a década de 1950 são encontradas na compilação e análise de Ciro Felix Trigo, *Las constituciones en Bolivia* (Madrid, 1958); enquanto toda a legislação boliviana sobre os índios e a sociedade rural encontra-se em duas úteis coletâneas: José Flores Moncayo, *Legislación boliviana del indio, recopilación, 1825–1953* (La Paz, 1953) e Abraham Maldonado, *Derecho agrario, historia–doctrina–legislación* (La Paz, 1956). Os antecedentes ideológicos por trás dessas mudanças na legislação sobre a terra e os índios do século XIX são estudados em Erick Langer, "El liberalismo y la abolición de la comunidad indígena en el siglo XIX", *Historia y Cultura,* 14, 1988.

Entre as numerosas histórias das complicadas relações internacionais da Bolívia, a melhor é a de Valentín Abecia Baldivieso, *Las relaciones internacionales en la historia de Bolivia,* 2 vols. (La Paz, 1979). As estreitas relações da Bolívia com a Inglaterra é analisada em Roberto Querejazu Calvo, *Bolivia y los ingleses, 1825–1948* (La Paz, 1971); enquanto a análise de León Enrique Bieber, *Las relaciones económicas de Bolivia con Alemania, 1880–1920* (Berlin, 1984), fornece um estudo-modelo sobre as relações econômicas entre a Bolívia e uma nação estrangeira. As relações controvertidas da Bolívia com o Chile são vistas do ponto de vista chileno por Francisco Antonio Encina, *Las relaciones entre Chile y Bolivia, 1841-1963* (Santiago, Chile, 1963).

Dois ótimos estudos abordam a literatura nacional de pontos de vista diferentes: Enrique Finot, *Historia de la literatura boliviana*, 2. ed. (La Paz, 1956); e Fernando Diez de Medina, *Literatura boliviana* (Madrid, 1954). A área mais limitada do romance é coberta com profundidade por Augusto Guzmán em seu estudo *La novela en Bolivia* (La Paz, 1955) e a obra que fez para a Pan American Union, *Diccionario de la literatura latinoamericana: Bolivia* (Washington, D.C., 1955). Ainda não existe um estudo isolado e abrangente das artes plásticas, embora, como ficará claro nas seções seguintes, a obra de José de Mesa & Teresa Gisbert seja fundamental para qualquer avaliação dessa área nos períodos de pré-conquista, colonial e nacional. Uma boa introdução à arquitetura da Bolívia é Mesa & Gisbert, *Bolivia: Monumentos históricos y arqueológicos* (Ciudad de México, 1970). A pintura recente é estudada em Pedro Querejazo (ed.), *Pintura boliviana del siglo XX* (Milano, 1989); o teatro, em Mario Soria, *Teatro boliviano en el siglo XX* (La Paz, 1980); e o cinema, em Alfonso Gumucio Dragon, *Historia del cine en Bolivia* (La Paz, 1984).

Embora existam inúmeras histórias das ordens religiosas individuais, ao lado de várias coletâneas documentais e maiores levantamentos internacionais, a única história geral da Igreja boliviana é a análise cursória feita por Felipe López Menéndez, *Compendio de la historia eclesiástica de Bolivia* (La Paz, 1965). O exército foi estudado por Julio Díaz A., *Historia del ejército de Bolivia, 1825–1932* (La Paz, 1940); e James Dunkerley, *Orígenes del poder militar en Bolivia: Historia del ejército, 1879–1935* (La Paz, 1987). A medicina é examinada em Juan Manuel Balcazar, *Historia de medicina en Bolivia* (La Paz, 1956). Mas a importante profissão de advogado não foi tratada de modo adequado. Uma análise original da evolução da profissão de engenheiro encontra-se em Manuel Contreras, "The formation of a technical elite in Latin America: Mining engineering and the engineering profession in Bolivia, 1900–1954", (tese de Ph. D., inédita, Columbia University, 1989).

Dados o importante papel da mineração e o extraordinário terreno do país, a Bolívia foi tema de extensa pesquisa por eruditos nacionais e estrangeiros nos campos geológico e geográfico. Grande parte da extensa literatura é resumida em Jorge Muñoz Reyes, *Geografía de Bolivia* (La Paz, 1977) e em Federico E. Ahlfeld, *Geología de Bolivia*, 3. ed. (La Paz, 1972). O levantamento mais recente e mais abrangente é Ismael Montes de Oca, *Geografía y recursos naturales de Bolivia*, 2. ed. rev. (La Paz, 1989). O Ministerio de

Asuntos Campesinos y Agropecuarios, *Mapa ecológico de Bolivia* (La Paz, 1975), fez recentemente uma interessante tentativa de remapear os solos e o clima da Bolívia usando critérios mais modernos. Um estudo inglês fornece uma análise mais tradicional e bastante importante dos solos da Bolívia: Thomas T. Cochrane, *Potencial agrícola del uso de la tierra de Bolivia* (La Paz, 1973). As zonas ecológicas são examinadas em C. E. Brockman (ed.), *Perfil ambiental de Bolivia* (La Paz, 1986). Limitada, mas ainda assim bastante útil é a análise da distribuição das plantas comerciais e de subsistência em Gover Barja Berrios & Armando Cardozo Gonsálvez, *Geografía agrícola del uso de la tierra de Bolivia* (La Paz, 1973). Ainda importantes por causa de suas extensas coletâneas estatísticas são os levantamentos do governo da Bolívia feitos no início do século XIX: Oficina Nacional de Inmigración, Estadística y Propaganda Geográfica, *Sinopsis estadística y geográfica de la república de Bolivia,* 2 vols. (La Paz, 1903); *Geografía de la república de Bolivia* (La Paz, 1905); e *Diccionario geográfico de la República de Bolivia,* 4 vols. (La Paz, 1890–1904). Uma interessante geografia política da Bolívia que trata de seus famosos problemas de fronteira é J. Valerie Fifer, *Bolivia: Land, Location and Politics Since 1825* (Cambridge, Eng., 1972). O cenário geográfico urbano é estudado em Wolfgang Schoop, *Ciudades bolivianas* (La Paz, 1981). A Bolívia tem extensas coletâneas de fotomapeamento aéreo e por satélite, bem como modernos mapas demográficos e geográficos, feitos pelo Instituto Militar de Geografía e pelo Instituto Nacional de Estadística. Os mapas feitos por satélite são discutidos e indexados em Lorrain E. Giddings, *Bolivia from Space* (Houston, 1977). A única tentativa séria, embora ainda limitada, de fornecer mapas históricos encontra-se em Ramiro Condarco Morales, *Atlas histórico de Bolivia* (La Paz, 1985). Finalmente, a grande literatura sobre exploração é descrita em Manuel Frontaura Argandona, *Descubridores y exploradores de Bolivia* (La Paz, 1971).

Recentemente, os estudiosos interessaram-se pela natureza da adaptação fisiológica humana em altas altitudes, do que resultou uma importante recompilação em Paul T. Baker & M. A. Little (eds.), *Man in the Andes: A Multidisciplinary Study of High-Altitude Quechua* (Stroudsburg, Pa., 1976). Parte da obra mais recente sobre o assunto apareceu no *American Journal of Physical Anthropology*: ver, for exemplo, J. Arnaud, N. Gutierrez & W. Tellez, "Hematology and erythrocyte metabolism in man at high altitudes: An Aymara–Quechua comparison", 67, 1985.

A maior parte da literatura política da segunda metade do século XIX é citada em Herbar S. Klein, *Parties and Political Change in Bolivia, 1880–1952,* e nas histórias gerais de Jorge Basadre e Alcides Argüedas. Mariano Baptista, o principal teórico político do período, teve todas as suas obras publicadas em *Obras completas,* 7 vols. (La Paz, 1932–1934), e em Nicanor Aranzaes, *Las revoluciones de Bolivia* (La Paz, 1918), vem catalogada uma interessante pesquisa sobre os levantes políticos do período. Uma pesquisa um tanto assistemática mas interessante da sociedade, da economia e das idéias políticas no último quarto do século XIX aparece em Marie-Danielle Demélas, *Nationalisme sans nation? La Bolivie aux XIX–XX siècles* (Paris, 1980). O papel do índio nos desenvolvimentos políticos nacionais tornou-se recentemente um importante item de pesquisa. Esse trabalho começou com um estudo inovador, que contesta as idéias tradicionais sobre o isolamento político do índio, executado por Ramiro Condarco Morales, *Zarate "El Temible" Wilke: Historia de la rebelión indígena de 1899,* 2. ed. rev. (La Paz, 1982). Este foi ainda mais refinado por Marie-Danielle Demélas, "Jacqueries indiennes, politique créole, la guerre civile de 1899", *Caravelle,* 44: 1985, e num estudo importante por Silvia Rivera Cusicanqui, "*Oprimidos pero no vencidos*": *Luchas del campesinado aymara y qhechwa, 1900–1980* (La Paz, 1984).

Poucos estudos sérios foram feitos sobre a vida política no final do século XIX, e ainda menos biografias ou estudos administrativos existem sobre o período. Há, contudo, um soberbo romance político que capta a era com um alcance extraordinário e é um dos melhores de seu gênero na América Latina: Armando Chirveches, *La Candidatura de Rojas* (La Paz, 1909).

Uma excelente análise da indústria da mineração de prata no século XIX é feita em Antonio Mitre, *Los patriarcas de la plata: Estructura socio-económica de la minería boliviana en el siglo XIX* (Lima, 1981). Várias biografias razoáveis existem sobre os principais mineiros da prata do período: Ernesto Rück, *Biografía de Don Avelino Aramayo* (Potosí, 1981); A. Costa du Rels, *Felix Avelino Aramayo y su época, 1846–1929* (Buenos Aires, 1942); Jaime Mendoza, *Gregorio Pacheco* (Santiago, Chile, 1924). Mas os autores se preocupam usualmente com os aspectos não-econômicos de suas vidas. Existe um estudo clássico das finanças públicas publicado por Casto Rojas, *Historia financiera de Bolivia* (La Paz, 1916), e o papel decisivo do tributo índio nas finanças do começo da república é examinado em Jorge Alejandro Ovando Sanz, *El tribu-*

to indígena en las finanzas bolivianas del siglo XIX (La Paz, 1986). Não existe nenhum estudo sério da revolução nos transportes que ocorreu nesse período, embora haja literatura primária, como se pode ver na interessante lista dada em Edgar A. Valdés, *Catálogo de folletería de ferrocarriles del repositario nacional* (La Paz, 1980).

Recentemente, ocorreu uma importante revitalização da história rural do período. Alguns dos principais temas dessa nova pesquisa foram desenvolvidos primeiramente nos estudos pioneiros de Silvia Rivera, "La expansión del latifundio en el altiplano boliviano: Elementos para la caracterización de una oligarquía regional", *Avances*, 2, 1978, e Erwin P. Greishaber, "Survival of Indian communities in nineteenth-century Bolivia: A regional comparison", *JLAS*, 12(2):223–269, 1980, entre outros. A esse se seguiram numerosos ensaios e livros, dos quais os mais importantes são Brooke Larson, *Colonialism and Agrarian Transformation in Bolivia, Cochabamba, 1550–1900* (Princeton, N. J., 1988); Erick D. Langer, *Economic Change and Rural Resistance in Southern Bolivia, 1880–1930* (Stanford, Calif., 1989); Tristan Platt, *Estado boliviano y ayllu andino: Tierra y tributo en el Norte de Potosí* (La Paz, 1982); e Herbert S. Klein, *Haciendas and Ayllus: Rural Society in the Bolivian Andes in the 18th and 19th Centuries* (Stanford, Calif., 1992). Em contraste com esse grande desenvolvimento dos estudos rurais, existem até agora poucas análises da população urbana nas principais cidades. Um desses primeiros esforços é a recente obra de Rossana Barragán, *Espacio urbano y dinámica étnica, La Paz en el siglo XIX* (La Paz, 1990).

O INÍCIO DO SÉCULO XX

As primeiras décadas do século XX foram um período de fermento intelectual. Das manifestações iniciais de uma crítica da sociedade racista nos romances e na "sociologia" de Alcides Argüedas ao desenvolvimento mais sistemático de ponto de vista indigenista em Franz Tamayo, *La creación de una pedagogía nacional* (La Paz, 1910), alguns escritores começaram a contestar as idéias de sua sociedade. Uma boa análise dessa atividade encontra-se em Guillermo Francovich, *El pensamiento boliviano en el siglo XX* (Ciudad de México, 1956), e nos estudos de literatura de Díez de Medina e Finot citados anteriormente.

Houve uma negligência geral da era liberal (1899–1920), com exceção do estudo de Juan Albarracín Millán, *El poder minero en la administración liberal*

(La Paz, 1972). Por outro lado, os intelectuais bolivianos foram atraídos para os líderes políticos das décadas de 1920 e 1930, produzindo as melhores biografias já escritas. Existem duas notáveis biografias desse período: Benigno Carrasco, *Hernando Siles* (La Paz, 1961), e David Alvéstegui, *Salamanca, su gravitación sobre el destino de Bolivia,* 3 vols. (La Paz, 1957–1962). Uma avaliação global desse período é feita em Klein, *Parties and Political Change,* e duas pesquisas admiráveis: o primeiro dos dois volumes da história política da Bolívia moderna, de autoria de Augusto Céspedes, *El dictador suicida, 40 años de historia de Bolivia* (Santiago, Chile, 1956); e nos três primeiros da série de cinco volumes de Porfirio Díaz Machicado: *Historia de Bolivia: Saavedra, 1920–1925* (La Paz, 1954), *Historia de Bolivia: Guzmán, Siles, Blanco Galindo, 1925–1931* (La Paz, 1954), e *Historia de Bolivia: Salamanca, la guerra del Chaco, Tejada Sorzano* (La Paz, 1955). A principal rebelião índia do período foi examinada por Roberto Choque, *La masacre de Jesús de Machaca* (La Paz, 1986).

A história econômica desse período atraiu uma boa dose de atenção. A indústria da mineração de estanho recebeu uma análise econômica global de alguma sofisticação no estudo de Walter Gómez, *La minería en el desarrollo económico de Bolivia, 1900–1970* (La Paz, 1978). Essa macroanálise é complementada por estudos detalhados do início da indústria, de autoria de Pedro Aniceto Blanco, *Monografía de la industria minera en Bolivia* (La Paz, 1910); Herbert S. Klein, "The creation of the Patiño tin empire", *Inter-American Economic Affairs* 19(2), 1965, que foi atualizado e publicado em espanhol em *Historia Boliviana,* 3(2), 1983; e Donaciano Ibañez C., *Historia mineral de Bolivia* (Antofagasta, 1943). Há várias biografias dos principais mineiros do estanho, entre as quais podemos citar: Charles F. Geddes, *Patiño: The Tin King* (London, 1972); e Alfonso Crespo, *Los Aramayo de Chichas: Tres generaciones de mineros bolivianos* (Barcelona, 1981). A economia do trabalho no início da indústria do estanho é estudada por Manuel E. Contreras, "Mano de obra en la minería estañífera de principios de siglo, 1900–1925", *Historia y Cultura* (La Paz), 8, 1985. Contreras estudou também "La minería estañífera boliviana en la Primera Guerra Mundial", em Raul España-Smith et al., *Minería y economía en Bolivia* (La Paz, 1984). O crescimento inicial da indústria é estudado também por John Hillman, "The emergence of the tin industry in Bolivia", *JLAS,* 16(2): 403–437, 1984. O papel político dos mineiros é analisado na obra, citada anteriormente, de Albarracín e em William Lofstrom, *Attitudes of an Industrial Pressure Group in Latin America. The "Asociación de Industriales Mineros de Bolivia", 1925–1935* (Ithaca, N. Y., 1968).

Boas análises gerais da economia nacional nessa época encontram-se em W. L. Schutz, *Bolivia: A Commercial and Industrial Handbook* (Washington, D. C., 1921), e Paul Walle, *Bolivia, Its People and Resources* (New York, 1914). Aspectos específicos da economia ou da política econômica nacional são revistos em Charles A. McQueen, *Bolivian Public Finance* (Washington, D. C., 1925) e o excelente estudo de Margaret A. Marsh, *Bankers in Bolivia: A Study in American Foreign Investment* (New York, 1928). Entre os muitos estudos sobre a história dos bancos, o de Julio Benavides, *Historia bancaria de Bolivia* (La Paz, 1955), é de grande utilidade. O curto período de prosperidade da borracha no Acre é examinado em Valerie Fifer, "The empire builders: A history of the Bolivian rubber boom and the rise of the House of Suárez", *JLAS*, 2(2): 113–146, 1970.

Mudanças sociais resultantes do crescimento da indústria do estanho, da modernização das cidades e da conclusão da expansão da *hacienda* não foram analisadas com seriedade pelos estudiosos, embora exista uma riqueza de dados que podem ser usados para estudar esse problema. Assim, em 1900 foi publicado o primeiro e único dos melhores censos nacionais: Oficina Nacional de Inmigración, Estadística y Propaganda Geográfica, *Censo nacional de la población de la República de Bolivia, 1º septiembre de 1900*, 2 vols. (La Paz, 1902–1904). Esse órgão do governo publicou também numerosos estudos geográficos que foram citados acima; e a partir do final da década de 1880, e aumentando o ritmo com os regimes liberais, quase todos os ministérios do governo publicaram estatísticas anuais.

8. O Chile da Guerra do Pacífico à Grande Depressão, 1880–1930

Entre as obras gerais que cobrem esse período, as mais atualizadas são (em inglês) Brian Loveman, *Chile: The Legacy of Hispanic Capitalism*, 2nd ed. (New York, 1988), caps. 6-7, e Fredrick B. Pike, *Chile and the United States 1880–1962* (Notre Dame, Ind., 1963) – muito mais abrangente do que sugere seu título – e (em espanhol) Leopoldo Castedo, *Resumen de la historia de Chile, 1891–1925* (Santiago, Chile, 1982), um livro brilhantemente ilustrado. Ver também uma obra ambiciosa de Gonzalo Vial, *Historia de Chile, 1891–1973* (Santiago, Chile, vol. 1 em duas partes, 1981; vol. 2, 1983; vol. 3, 1987); os volumes publicados até agora cobrem o período 1891–1925 com grande detalhe.

A história diplomática do período é tratada em Mario Barros, *Historia diplomática de Chile, 1541–1938* (Barcelona, 1970); ver também William F. Sater, *Chile and the United States: Empires in Conflict* (Athens, Ga., 1990), especialmente os caps. 3–5. Joyce Goldberg, *The "Baltimore" Affair* (Lincoln, Nebr., 1986) disseca com habilidade um momento de breve tensão nas relações entre o Chile e os EUA com talvez maior amplitude do que a própria "questão" poderia parecer justificar.

A história constitucional e política desses anos é coberta, com grande estímulo, em Julio Heise González, *Historia de Chile: El período parlamentario, 1861–1925*, 2 vols. (Santiago, Chile, 1974–1982); publicados durante a ditadura de Pinochet, esses dois volumes sublinham o conteúdo cada vez mais democrático da história do Chile no período em questão. Entre as obras gerais que tratam das dimensões sociais e econômicas podemos citar Arnold Bauer, *Chilean Rural Society from the Spanish Conquest to 1930* (Cambridge, Eng., 1975), sobretudo os últimos capítulos; Brian Loveman, *Struggle in the Countryside: Politics and Rural Labor in Chile, 1919–1973* (Bloomington, Ind., 1976), cujos primeiros capítulos são particularmente úteis; Henry Kirsch, *Industrial Development in a Traditional Society: The Conflict of Entrepreneurship and Modernization in Chile* (Gainesville, Fla., 1977); Alan Angell, *Politics and the Labour Movement in Chile* (London, 1972); Jorge Barría, *El movimiento obrero* (Santiago, Chile, 1971); e Peter De Shazo, *Urban Workers and Labor Unions in Chile, 1902–1927* (Madison, Wis., 1983), um estudo "revisionista" importante que contesta seriamente o papel de Recabarren e dos trabalhadores do nitrato como "únicos promotores" da consciência de classe e das alas esquerdistas dos partidos. Ver também Charles Bergquist, *Labor in Latin America* (Stanford, Calif., 1986), cap. 2, para uma nova interpretação interessante da história trabalhista do Chile, focalizando em sua maior parte esse período. O meio mais rápido de chegar à história do Chile é através da bibliografia contida em Carmen Cariola & Osvaldo Sunkel, "Chile", em Roberto Cortés Conde & Stanley J. Stein (eds.), *Latin America: A Guide to Economic History, 1830–1930* (Berkeley/Los Angeles, 1977); essa obra vem acompanhada de um ensaio interpretativo. A história literária é estudada em Raúl Silva Castro, *Historia crítica de la novela chilena, 1843–1956* (Madrid, 1960), e também em Castedo, *Resumen de la historia de Chile*, que cobre admiravelmente matérias culturais de maneira mais geral.

A presidência de Balmaceda e a guerra civil de 1891 dominam a primeira parte do período. Harold Blakemore, "The Chilean revolution of 1891 and its historiography", *HAHR*, 45(3):393–421, 1965, continua sendo uma valiosa discussão das questões. Também é indispensável do mesmo autor, *British Nitrates and Chilean Politics, 1886–1896: Balmaceda and North* (London, 1974). Das várias exposições contemporâneas dignas de nota, J. Bañados Espinosa, *Balmaceda, su gobierno y la revolución de 1891*, 2 vols. (Paris, 1894) continua sendo a melhor e a mais detalhada. Hernán Ramírez Necochea, *Balmaceda y la contrarrevolución de 1891*, 2. ed. (Santiago, Chile, 1969), é uma sugestiva interpretação marxista. Muito material recôndito e interpretações contrastantes podem ser encontradas em Oscar Bermúdez, *Historia del salitre desde la Guerra del Pacífico hasta la revolución de 1891* (Santiago, Chile, 1984), a continuação do primeiro volume de Bermúdez de 1963; Thomas F. O'Brien, *The Nitrate Industry and Chile's Crucial Transition, 1870–1891* (New York, 1982); Michael Monteón, *Chile in the Nitrate Era: The Evolution of Economic Dependence, 1880–1930* (Madison, Wis., 1982). Os estudiosos da questão do nitrato não podem ignorar Robert Greenhill, "The nitrate and iodine trades, 1880–1914", em D. C. M. Platt (ed.), *Business Imperialism, 1840–1930* (Oxford, 1977), pp. 231–283.

A chamada República Parlamentar (1891–1920) começou finalmente a chamar a atenção que merece dos historiadores, como testemunham as obras de Castedo, Vial e Heise González mencionadas acima. Com relação às idéias gerais sobre o período, ver Harold Blakemore, "El período parlamentario en la historia chilena: Algunos enfoques y reflexiones", em *Dos estudios sobre salitre y política en Chile* (Santiago, Chile, 1991). Paul Reinsch, "Parliamentary government in Chile", *American Political Science Review,* 3 (1908–1909), não só é um retrato brilhante, como também um notável exemplo da escrita da "história contemporânea". Dois estudos de presidências específicas merecem citação aqui: Jaime Eyzaguirre, *Chile durante el gobierno de Errázuriz Echaurren, 1896–1901* (Santiago, Chile, 1957), e Germán Riesco, *Presidencia de Riesco, 1901–1906* (Santiago, Chile, 1950). Com relação a uma exposição direta dos anos 1900–1938, ver Fernando Pinto Lagarrigue, *Crónica política del siglo XX* (Santiago, Chile, 1970). Entre as obras mais antigas, o estudo sumamente polêmico de Ricardo Donoso, *Alessandri, agitador y demoledor,* 2 vols. (Ciudad de México, 1952–1954) fornece uma crônica detalhada de todo o período, inclusive a administração de Ibáñez e a década de 1930: continua indispensável. Igualmente fundamental, embora menos organizada, é a compilação dos escritos de Manuel Rivas Vicuña, uma figura fundamental da época, *Historia política y parlamentaria de Chile,* 3 vols. (Santiago, Chile,

1964), preparada por Guillermo Feliú Cruz. É uma mina de informação, mas o historiador tem de cavar para achar o minério. Uma visão interessante da política e da legislação da época "parlamentar" pode ser encontrada em Karen L. Remmer, *Party Competition in Argentina and Chile: Political Recruitment and Public Policy, 1890–1930* (Lincoln, Nebr., 1984).

A história social das décadas parlamentares pode ser abordada num punhado de artigos úteis: Ricardo Krebs W., "Apuntes sobre la mentalidad de la aristocracia chilena en los comienzos del siglo XX", *Mentalidades* (Santiago, 1986), pp. 27–55; Eduardo Cavieres F., "Grupos intermedios e integración social: La sociedad de artesanos de Valparaiso a comienzos del siglo XX", *Cuadernos de Historia*, 6: 33–47, 1986; Isabel Torres Dujisin, "Los conventillos en Santiago (1900–1930), *Cuadernos de Historia*, 6: 67–85, 1986. Sobre a imigração (e influência) alemã, ver Jean-Pierre Blancpain, *Les allemands au Chili, 1816–1945* (Cologne, 1974), sobretudo o livro 2, caps. 5–6 e o livro 3, caps. 1–4; esse estudo magistral é difícil de ser ultrapassado. Aspectos da história do trabalho são tratados em duas contribuições francesas: Pierre Vayssière, "Militantisme et messianisme ouvriers au Chile à travers la presse de la pampa nitrière", *Caravelle*, 46: 93–108, 1986, e Maurice Fraysse, "Aspects de la violence dans la presse anarchiste du Chili, 1898–1914", *Caravelle*, 46: 79–92, 1986. Luis Emilio Recabarren, *Escritos de prensa*, 4 vols. (Santiago, Chile, 1987), é uma útil compilação dos escritos do primeiro herói trabalhista do Chile.

Como ocorre com relação a Balmaceda, existe uma literatura maciça (tanto panegírica quanto polêmica) sobre Alessandri e Ibáñez, as figuras que ofuscam a parte final de nosso período. A importante eleição presidencial de 1920 é analisada cuidadosamente em René Millar C., *La elección presidencial de 1920* (Santiago, Chile, 1981) – um frio tratamento "revisionista" da pretensa "revolta eleitoral" do período pode ser encontrado em Wolfgang Hirsch-Weber, "Aufstandt der Massen? Wahlkampf und Stimmenhaltung in Chile 1915–2l", *I-AA*, 8(1): 5–83, 1982. Além do livro de Donoso, *Alessandri*, as obras fundamentais são suas próprias (de modo nenhum autocríticas) *Memorias*, 3 vols. (Santiago, Chile, 1967); Augusto Iglesias, *Alessandri, una etapa de la democracia en América* (Santiago, Chile, 1960); e Luis Durand, *Don Arturo* (Santiago, Chile, 1952). Ibáñez, que não escreveu memórias, está bem coberto em René Montero, *La verdad sobre Ibánez* (Santiago, Chile, 1953); Victor Contreras Guzmán, *Bitácora de la dictadura* (Santiago, Chile, 1942); Ernesto Würth Rojas, *Ibáñez, caudillo enig-*

mático (Santiago, Chile, 1958); Aquiles Vergara Vicuña, *Ibáñez, césar criollo* (Santiago, Chile, 1931), um crítico forte; e Luis Correa Prieto, *El presidente Ibáñez* (Santiago, Chile, 1962), baseado em entrevistas pessoais. A invectiva mais característica é Carlos Vicuña, *La tiranía en Chile*, 2 vols. (Santiago, Chile, 1939): essa obra foi utilmente reimpressa em 1987.

O melhor livro em inglês sobre todo o período de 1920 a 1931 – e a fonte mais abrangente para outras bibliografias sobre as questões militares – é Frederick Nunn, *Chilean Politics 1920–1931: The Honorable Mission of the Armed Forces* (Albuquerque, N. Mex., 1970). Arturo Olavarría Bravo, *Chile entre dos Alessandri*, 4 vols. (Santiago, Chile, 1962–1965), vol. 1, está cheio de informações sobre uma figura próxima do coração da política chilena por quarenta anos, mas os veios mais ricos precisam ser descobertos, Uma compilação documental valiosa sobre as intervenções militares de 1924–1925 é General E. Monreal, *Historia documentada del período revolucionario 1924–1925* (Santiago, Chile, 1926), ao qual Raúl Aldunate Phillips, *Ruido de sables* (Santiago, Chile, n.d.), com suas fascinantes reproduções fotográficas, fornece um excelente *pendant*. Algumas idéias novas (e provas) relativas ao estado de ânimo do corpo de oficiais antes das intervenções podem ser encontradas em Wolfgang Ettmüller, "Germanisierte Politik, 1920–1932", *I-AA*, 8(1–2): 83–160, 1982. O papel da marinha é analisado em Philip Somervell, "Naval affairs in Chilean politics, 1910–1932", *JLAS*, 16(2): 381–402, 1982.

As questões econômicas da década de 1920 e o "grande *crash*" são bem discutidos em Santiago Macchiavello Varas, *Política económica nacional*, 2 vols. (Santiago, Chile, 1931), e em P. T. Ellsworth, *Chile, an Economy in Transition* (New York, 1945), cap. 1. Albert O. Hirschman, "Inflation in Chile", em sua obra *Journeys Towards Progress* (New York, 1963), é uma discussão brilhante e provocativa desse problema perene na história moderna do Chile. A coisa mais próxima de uma história econômica global é Markos Mamalakis, *The Growth and Structure of the Chilean Economy, from Independence to Allende* (New Haven, Conn., 1976). Ver também o notável artigo de José Gabriel Palma, "Chile, 1914–1935: De economía exportadora a sustitutiva de importaciones", *Estudios CIEPLAN* (Santiago, Chile), 12: 61–88, 1984. As primeiras perturbações causadas pela Primeira Guerra Mundial (e as mudanças na duradoura ligação entre o Chile e a Inglaterra) são abordadas de forma admirável em Juan Ricardo Couyoumdjian, *Chile y Gran Bretaña durante la primera guerra mundial y la post-guerra, 1914–1921* (Santiago, Chile, 1986). Esse tema é abordado também em Bill Albert, *South*

America and the First World War (Cambridge, Eng., 1988), que cobre o Chile junto com a Argentina, o Brasil e o Peru.

Duas outras fontes sobre o período, freqüentemente negligenciadas, merecem menção: as narrativas de viagens e as teses inéditas. As narrativas de viagem mais informativas e perspicazes são C. Wiener, *Chili et Chiliens* (Paris, 1888), Eduardo Poirier, *Chile en 1908* (Santiago, Chile, 1908), uma compilação maciça, Frank G. Carpenter, *South America, Social, Industrial and Political* (New York, 1900), Francis J. G. Maitland, *Chile, Its Land and People* (London, 1914), G. F. Scott Elliott, *Chile* (London, 1907), e Earl Chapin May, *2000 Miles through Chile* (New York, 1924). Entre as boas teses de doutorado merecem menção Andrew Barnard, "The Chilean Communist Party 1922–1947" (University of London, 1977); Peter Conoboy, "Money and politics in Chile, 1878–1925" (University of Southampton, 1977), e José Gabriel Palma, "Growth and structure of Chilean manufacturing industry from 1830 to 1935" (Oxford University, 1979).

9. O Crescimento da Economia Argentina, c. 1870–1914

O melhor e mais completo estudo bibliográfico da história econômica da Argentina no período 1870–1914 é Tulio Halperín Donghi, "Argentina", em Roberto Cortés Conde & Stanley J. Stein (eds.), *Latin America: A Guide to Economic History 1830–1930* (Berkeley/Los Angeles, 1977). Entre as obras gerais que apareceram depois da Segunda Guerra Mundial, Ricardo M. Ortiz, *Historia económica de la Argentina, 1850–1930*, 2 vols. (Buenos Aires, 1955), foi por muitos anos a obra mais lida sobre a história econômica da Argentina. Na década de 1960 duas obras nesse campo teriam grande influência: Aldo Ferrer, *La economía argentina: Las etapas de su desarrollo y problemas actuales* (Buenos Aires, 1963), que, a exemplo do estudo de Celso Furtado sobre o Brasil, examina a estrutura da economia desde o período colonial até agora e é fortemente influenciado pela literatura do desenvolvimento da CEPAL; e Guido Di Tella & Manuel Zymelman, *Las etapas del desarrollo económico argentino* (Buenos Aires, 1967), concebido originalmente como uma tese sob a supervisão de W. W. Rostow, que admite o grande crescimento do período 1880–1914 e procura explicar por que não foi sustentado depois de 1914. Ver também os ensaios em D. C. M. Platt & G. Di Tella (eds.), *The Political Economy of Argentina, 1880–1946* (London,

1986), que inclui David Rock, "The Argentine economy, 1880–1914: Some salient features".

O primeiro capítulo da importante obra de Carlos F. Díaz Alejandro, *Essays on the Economic History of the Argentine Republic* (New Haven, Conn., 1970), examina o período anterior a 1930. Díaz Alejandro afasta-se das interpretações anteriores do período e ressalta que a Argentina, como o Canadá e os Estados Unidos, merece ser vista dentro do quadro da teoria principal do crescimento econômico (sobre a qual ver Melville H. Watkins, "A staple theory of economic growth", *Canadian Journal of Economic and Political Science*, 29(2): 1963). Vicente Vásquez Presedo, *El caso argentino* (Buenos Aires, 1971), também considera o caso argentino como sendo singular e diferente dos outros países subdesenvolvidos e próximo aos países anglo-saxões estabelecidos mais recentemente. Ver também John Fogarty, Ezequiel Gallo & Hector Diéguez, *Argentina y Australia* (Buenos Aires, 1979); Tim Duncan & John Fogarty, *Australia and Argentina: On Parallel Paths* (Melbourne, Aus., 1984); e D. C. M. Platt & G. Di Tella (eds.), *Argentina, Australia and Canada: Studies in Comparative Development, 1870–1965* (New York, 1985). Os primeiros dois capítulos de Roberto Cortés Conde, *El progreso argentino 1880–1914* (Buenos Aires, 1979) examinam a formação territorial e a estrutura regional da Argentina desde o período colonial até o século XIX, enquanto os capítulos centrais discutem o desenvolvimento dos mercados da terra e do trabalho no período 1880–1910.

Outras obras gerais que merecem menção são Roque Gondra, *Historia económica de la República Argentina* (Buenos Aires, 1943), que constituiu por muitos anos um texto obrigatório no ensino, como o era Federico Pinedo, *Siglo y medio de economía argentina* (Ciudad de México, 1961). Ver também Academia Nacional de la Historia, *Historia argentina contemporánea 1862–1930*, vol. 3, *Historia económica* (Buenos Aires, 1965). Entre as obras mais antigas mas ainda assim indispensáveis estão dois estudos de Juan Alvarez, *Estudios sobre las guerras civiles argentinas* (Buenos Aires, 1914) e *Temas de historia económica argentina* (Buenos Aires, 1929), bem como o livro de Ernesto Tornquist, *The Economic Development of the Argentine Republic in the Last Fifty Years* (Buenos Aires, 1919) e Michael G. & E. T. Mulhall, *Handbook of the River Plate*, 1863, 1875, 1888, 1892 (reimpressão, Buenos Aires/London, 1982).

Sobre a mudança demográfica, e especialmente a migração interna e internacional, são indispensáveis Zulma L. Recchini de Lattes & Alfredo E.

Lattes, *Migraciones en la Argentina* (Buenos Aires, 1969) e *La población de Argentina* (Buenos Aires, 1975). Ver também *História da América Latina*, vol. IV, ensaio bibliográfico n. 9.

Por muitos anos, a obra mais aceita sobre o setor rural foi Horacio C. E. Giberti, *Historia económica de la ganadería argentina* (Buenos Aires, 1954), baseada principalmente nos excelentes ensaios do censo de 1980; tornou-se um clássico no campo. Outro livro muito conhecido é James Scobie, *Revolution on the Pampas: A Social History of Argentine Wheat* (Austin, Tex., 1964). Entre as obras posteriores podemos incluir Ezequiel Gallo, "Agricultural colonization and society in Argentina: The province of Santa Fe, 1870–95" (tese de Ph. D., inédita, Oxford, 1970; trad. esp., *La pampa gringa*, Buenos Aires, 1983); Eduardo Miguez, *Las tierras de los ingleses en la Argentina 1870–1914* (Buenos Aires, 1985); Alfredo R. Pucciarelli, *El capitalismo agrario pampeano, 1880–1930* (Buenos Aires, 1986); Carl E. Solberg, *The Prairies and the Pampas: Agrarian Policy in Canada and Argentina, 1880–1930* (Stanford, Calif., 1987); Hilda Sábato, *Agrarian Capitalism and the World Market: Buenos Aires in the Pastoral Age, 1840–1890* (Albuquerque, N. Mex., 1990), publicado originalmente em espanhol com o título de *Capitalismo y ganadería en Buenos Aires: La fiebre del lanar 1865–1890* (Buenos Aires, 1989); e Jeremy Adelman, "Agricultural credit in the Province of Buenos Aires, Argentina 1890–1914", *JLAS*, 22(1): 69–87, 1880. Ver também Aldo Montoya, *Historia de los saladeros argentinos* (Buenos Aires, 1956); Fernando Enrique Barba, "El desarrollo agropecuario de la provincia de Buenos Aires (1880–1930)", *Investigaciones y Ensayos*, 17: 210–310, 1974; Roberto Cortés Conde, "Patrones de asentamiento y explotación agropecuaria en los nuevos territorios argentinos (1890–1910)" e Ezequiel Gallo, "Ocupación de tierras y colonización agricola en Santa Fe", ambos em Alvaro Jara (ed.), *Tierras nuevas* (Ciudad de México, 1969); Roberto Cortés Conde, "Tierras, agricultura y ganadería", e Colin Lewis, "La consolidación de la frontera argentina a fines de la década del setenta: Los indios, Roca y los ferrocarriles", ambos em Gustavo Ferrari & Ezequiel Gallo (eds.), *La Argentina del ochenta al centenario* (Buenos Aires, 1980); e M. Sáenz Quesada, *Los estancieros* (Buenos Aires, 1980).

Uma série de obras mais antigas são dignas de menção especial por causa de seu valor permanente: Miguel Angel Cárcano, *Evolución histórica del régimen de la tierra pública 1810–1916* (Buenos Aires, 1917); Jacinto Oddone, *La burguesía terrateniente argentina* (Buenos Aires, 1930); Mark Jefferson, *Peopling the Argentine Pampas* (New York, 1926); Carl C. Taylor, *Rural Life in*

Argentina (Baton Rouge, La., 1948); Simon G. Hanson, *Argentine Meat and the British Market: Chapters in the History of the Argentine Meat Industry* (Stanford, Calif., 1938). Estanislao Zeballo, *Descripción amena de la República Argentina* (Buenos Aires, 1888) e os estudos realizados pela División de Economía Rural del Ministerio de Agricultura (1900) são indispensáveis.

Sobre o comércio exterior e o investimento externo, John H. Williams, *Argentine International Made under Inconvertible Paper Money, 1880–1900* (Cambridge, Mass., 1920; reimpr. New York, 1969), ainda não foi superado; por causa de sua riqueza de informações sobre o balanço de pagamentos, preços, salários etc., chegou de fato a ser considerado a melhor história econômica do período. Ver também Vásquez Presedo, *El caso argentino*, cap. 2; H. S. Ferns, *Britain and Argentina in the Nineteenth Century* (Oxford, 1960); A. G. Ford, *The Gold Standard, 1880–1914: Britain and Argentina* (Oxford, 1962); e uma obra mais antiga, Harold J. Peters, *The Foreign Debt of the Argentine Republic* (Baltimore, 1934). Héctor L. Diéguez, "Crecimiento e inestabilidad del valor y el volumen físico de las exportaciones argentinas en el período 1864–1963", *Desarrollo Económico* 12(46), 1972, é um artigo que transcreve informações da importante recompilação de provas estatísticas do comércio exterior da Argentina apresentado em Roberto Cortés Conde, Tulio Halperín Donghi & H. Gorostegui de Torres, *El comercio exterior argentino - exportaciones 1863-1963* (mimeo, Instituto Torcuato Di Tella, Buenos Aires, n. d.), que corrige muitos erros e falhas estatísticas anteriores. São também importantes D. C. M. Platt, *Finance, Trade and Politics in British Foreign Policy, 1815–1914* (Oxford, 1971) e *Latin America and British Trade, 1806–1914* (London, 1972); A. G. Ford, "British investment in Argentina and long swings, 1880–1914", *Journal of Economic History*, 31(3), 1971, reimpresso em Roderick Floud (ed.), *Essays in Quantitative Economic History* (Oxford, 1974), e "British investment and Argentine economic development, 1880–1914", em David Rock (ed.), *Argentina in the Twentieth Century* (London, 1975). Sobre os investimentos franceses há três artigos de Andres Regalsky dignos de menção: "Exportaciones de capital hacia los paises nuevos, los bancos franceses y las finanzas públicas argentinas 1881–1887", *Revista de Historia Económica*, 5(1), 1987; "Las inversiones francesas en los ferrocarriles 1887–1899", *Siglo XIX* (Universidad Autónoma de Nueva León), 3(5); 1988; e "Foreign capital, local interests and railway development in Argentina: French investments in railways, 1900–1914", *JLAS*, 21(3): 425–452, 1989.

As obras de Williams e Ford estudam principalmente o funcionamento do padrão ouro na Argentina. A obra de Williams chega até o final do século, enquanto a de Ford examina dois períodos separados, o primeiro de 1880 a 1885, que ele classifica como um fracasso do sistema, e o segundo de 1900 a 1910, que considera um sucesso. Ver também Ferns, *Britain and Argentina*, e David Joslin, *A Century of Banking in Latin America* (London, 1963). São também dignos de nota Rafael Olarra Jiménez, *El dinero y las estructuras monetarias* (Buenos Aires, 1967) junto com Olarra Jiménez, "Las reformas monetarias 1880–1910", e Charles Jones, "Los bancos británicos", ambos em Ferrari & Gallo (eds.), *La Argentina del ochenta al centenario.* Entre obras mais antigas, ver o estudo clássico de Emilio Hansen, *La moneda argentina* (Buenos Aires, 1916) e José A. Terry, *Cuestiones monetarias* (Buenos Aires, 1899) e *Finanzas* (Buenos Aires, 1918). Roberto Cortés Conde, *Dinero, deuda y crisis: Evolución fiscal y monetaria argentina, 1862–1890* (Buenos Aires, 1989) é a primeira história monetária da Argentina para o período 1860–1890. Uma tese importante que oferece uma nova série monetária a partir de 1885 é Gerardo della Paolera, "How the Argentine economy performed during the International Gold Standard: A reexamination" (tese de Ph. D., inédita, University of Chicago, 1988).

Evidentemente, a bibliografia sobre os transportes é dominada pelas estradas de ferro. A obra mais completa é Eduardo A. Zalduendo, *Libras y rieles* (Buenos Aires, 1975), que examina também os investimentos ingleses nas ferrovias do Brasil, Canadá e Índia. Importante também é Winthrop R. Wright, *British-owned Railways in Argentina: Their Effect on Economic Nationalism 1854–1948* (Austin, Tex., 1972). Ver também Colin Lewis, "Problems of railway development in Argentina, 1857–1890", *Inter-American Economic Affairs,* 22(2), 1962, e *British Railways in Argentina, 1857–1914* (London, 1983); Paul Goodwin, "The central Argentine railway and the economic development of Argentina, 1854–1881", *HAHR,* 57(4): 613–622, 1977; e Eduardo A. Zalduendo, "Aspectos económicos del sistema de transporte en la Argentina (1880–1914)", em Ferrari & Gallo (eds.), *La Argentina del ochenta al centenario.* Entre as obras mais antigas, que no entanto são indispensáveis por vários motivos, Raúl Scalabrini Ortiz, *Historia de los ferrocarriles argentinos* (Buenos Aires, 1957), uma visão antiinglesa, e merece ser mencionada a obra bem documentada de E. Bunges, *Ferrocarriles argentinos* (Buenos Aires, 1916), que, como indica o autor, é também uma contribuição ao estudo da riqueza nacional.

Sobre a indústria, o estudo de Adolfo Dorfman, publicado originalmente com o título de *La evolución industrial argentina* (Buenos Aires, 1942), mudado depois para *Historia de la industria argentina* (Buenos Aires, 1970), continua importante. Entre as obras mais recentes, ver Vásquez Presedo, *El caso argentino*, e "Evolución industrial 1880–1910", em Ferrari & Gallo (eds.), *La Argentina del ochenta al centenario*; Ezequiel Gallo, "Agrarian expansion and industrial development in Argentina", em Raymond Carr (ed.), *Latin American Affairs: St. Antony's Papers, No.* 22 (Oxford, 1970); Lucio Geller, "El crecimiento industrial argentino hasta 1914 y la teoría del bien primario exportado", em Marcos Giménez Zapiola (ed.), *El régimen oligárquico: Materiales para el estudio de la realidad argentina hasta 1930* (Buenos Aires, 1975); Colin M. Lewis, "Immigrant entrepreneurs, manufacturing and industrial policy in the Argentine, 1922–28", *Journal of Imperial and Commonwealth History*, 27: 77–109, 1987; Leandro Gutiérrez & Juan Carlos Korol, "Historia de empresas y crecimiento industrial en la Argentina: El caso de la Fábrica Argentina de Alpargatas", *DE*, 28(111), 1988; Maria Inés Barbero, "Grupos empresarios, intercambio comercial e inversiones italianas en la Argentina: El caso de Pirelli (1910–1920)", *Estudios Migratorios Latinoamericanos*, 3(15–16), 1990; e Roberto Cortés Conde, "Problemas del crecimiento industrial en Argentina 1900–1960", em Enrique Cárdenas (ed.), *La industrialización en América Latina* (Ciudad de México, 1992) que oferece uma nova série de estatísticas sobre a produção industrial para o período 1990–1935 (revisando as da Cepal publicadas em 1958).

10. A Argentina: Sociedade e Política, 1880–1916

Existe uma série de obras gerais sobre o processo político na Argentina entre 1870 e 1914: Academia Nacional de la Historia, *Historia argentina contemporánea 1862–1930*, vols. 1 e 2 (Buenos Aires, 1964, 1966); Ricardo Levillier (ed.), *Historia argentina*, vol. 4 (Buenos Aires, 1968); E. Gallo & R. Cortés Conde, *La república conservadora* (Buenos Aires, 1972); N. Borana, *El orden conservador - La política argentina entre 1880 y 1926* (Buenos Aires, 1977); G. Ferrari & E. Gallo (eds.), *La Argentina del ochenta al centenario* (Buenos Aires, 1980); e David Rock, *Argentina 1516–1987: From Spanisb Colonization to the Falklands War* (Berkeley, 1988). Continuam úteis os estudos clássicos de L. H. Sommariva, *Historia de las intervenciones federales en las provincias,* 2 vols. (Buenos Aires, 1929), José N. Matienzo, *El gobierno representativo federal en la República Argentina* (Madrid, 1917), e Rodolfo Rivarola, *Del régimen federativo al unitario* (Buenos Aires, 1908). Também merece ser consultada a compilação documental de Isidoro Ruiz Moreno (ed.), *La federalización de Buenos Aires* (Buenos Aires, 1980).

Algumas biografias contêm úteis informações sobre o período. Ver, por exemplo, dois estudos de Agustín Rivero Astengo, *Juárez Celman: Estudio histórico y documental de una época argentina* (Buenos Aires, 1940), e *Pellegrini, 1846–1906,* 2 vols. (Buenos Aires, 1941); R. Sáenz Hayes, *Miguel Cané y su tiempo, 1851–1905* (Buenos Aires, 1955); e José Arce, *Roca 1843–1914: Su vida y su obra* (Buenos Aires, 1960); R. Luna, *Soy Roca* (Buenos Aires, 1989); A. W. Bunkley, *The Life of Sarmiento* (Princeton, N. J., 1952); J. Campobassi, *Mitre y su época* (Buenos Aires, 1980); and D. E. Weinstein, *Juan B. Justo y su época* (Buenos Aires, 1978). São também dignos de consulta Leandro Alem, *Mensaje y destino,* 8 vols. (Buenos Aires, 1955), e Hipólito Yrigoyen, *Pueblo y gobierno,* 12 vols. (Buenos Aires, 1956). Entre as memórias ou autobiografias mais úteis de políticos da ativa incluem-se Paul Groussac, *Los que pasaban* (Buenos Aires, 1919); Ezequiel Ramos Mejía, *Mis memorias* (Buenos Aires, 1936); Ramón J. Cárcano, *Mis primeros ochenta años* (Buenos Aires, 1944); Nicolás Repetto, *Mi paso por la política, de Roca a Irigoyen* (Buenos Aires, 1956); Carlos Ibarguren, *La historia que he vivido* (Buenos Aires, 1955), e Enrique Dickman, *Recuerdos de un militante socialista* (Buenos Aires, 1949).

Até recentemente, não tinha sido escrita muita coisa sobre a história das idéias. O tema recebe um tratamento sumário em José L. Romero, *Las ideas políticas en la Argentina* (Ciudad de México, 1956); trad. ingl. *The History of Argentine Political Thought,* Stanford, Calif., 1963). Obra extremamente valiosa é T. Halperín Donghi, *Proyecto y construcción de una nación (Argentina 1846–1880)* (Caracas, 1980). Devia-se ler essa obra em conjunto com outros estudos do mesmo autor: "Un nuevo clima de ideas" em Ferrari & Gallo (eds.), *La Argentina del ochenta al centenario,* e "¿Para qué la inmigración? Ideología y política migratoria y aceleración del proceso modernizador: El caso argentino (1810–1914)", *JGSWGL,* 13, 1976. Os estudos seguintes também merecem ser consultados: H. Biaggini, *¿Cómo fue la generación de ochenta?* (Buenos Aires, 1980); M. Monserrat, "La mentalidad evolucionista: Una ideología del progreso" em Ferrari & Gallo (eds.), *La Argentina del ochenta al centenario*; J. C. Chiaramonte, *Nacionalismo y liberalismo económico en la Argentina* (Buenos Aires, 1971); e T. Duncan, "La prensa política: Sud-América, 1884–1914", em

Ferrari & Gallo (eds.), *La Argentina del ochenta al centenario.* Duas importantes contribuições mais recentes foram dadas por Natalio Botana: *La tradición republicana: Alberdi, Sarmiento y las ideas políticas de su tiempo* (Buenos Aires, 1984), e *La libertad política y su historia* (Buenos Aires, 1991). Ver também T. Halperín Donghi, *José Hernández y sus mundos* (Buenos Aires, 1985), e Carlos Escudé, *El fracaso del proyecto argentino: Educación e ideología* (Buenos Aires, 1990). Com relação ao catolicismo social, ver N. T. Auzá, *Corrientes sociales del catolicismo argentino* (Buenos Aires, 1984). Uma contribuição mais recente e muito valiosa é E. Zimmermann, "Liberals, reform and the social question: Argentina, 1890–1916" (tese de Ph. D., inédita, Oxford University, 1991).

Existem algumas obras gerais sobre os partidos políticos: ver Carlos Melo, *Los partidos políticos argentinos* (Córdoba, Arg., 1970); Alfredo Galletti, *La política y los partidos* (Buenos Aires, 1961); Darío Cantón, *Elecciones y partidos políticos en la Argentina: Historia, interpretación y balance, 1910–1966* (Buenos Aires, 1973); e K. Remmer, *Party Competition in Argentina and Chile: Political Recruitment and Public Policy* (Lincoln, Nebr., 1984). Sobre as práticas políticas, ver H. Sábato & E. Plati, "Quién votaba en Buenos Aires? Práctica y teoría del sufragio, 1850–1880", *Desarrollo Económico,* e E. Gallo, "Un quinquenio difícil: Las presidencias de Carlos Pellegrini y Luis Sáenz Peña", em G. Ferrari & E. Gallo, *La Argentina del ochenta al centenario.* O Partido Radical recebeu a máxima atenção dos historiadores. Além dos ensaios em Alem, *Mensaje y destino,* e de Yrigoyen, *Pueblo y gobierno,* outras obras importantes são Gabriel Del Mazo, *El radicalismo: Ensayo sobre su historia y doctrina* (Buenos Aires, 1957); David Rock, *Politics in Argentina, 1890–1930: The Rise and Fall of Radicalism* (Cambridge, Eng., 1975); e E. Gallo & S. Sigal, "La formación de los partidos políticos contemporáneos: La Unión Cívica Radical (1890–1916)", *Desarrollo Económico,* 3(1–2), 1963. Sobre o Partido Socialista, R. J. Walter, *The Socialist Party in Argentina, 1890–1930* (Austin, Tex., 1977); D. Cuneo, *Juan B. Justo y las luchas sociales en la Argentina* (Buenos Aires, 1963); J. Oddone, *Historia del socialismo argentino* (Buenos Aires, 1943); e M. Mullaney, "The Argentine Socialist Party" (tese de Ph. D., inédita, University of Essex, 1983), são todas obras úteis.

Pouca coisa foi publicada sobre as forças conservadoras na política argentina nesse período. Ver, no entanto, O. Cornblit, "La opción conservadora en la política argentina", *DE,* 15(56), 1975, e E. Gallo, "El Roquismo", *Todo Es Historia,* 100, 1975. Embora não seja dedicado especificamente ao assunto, pode-se encontrar úteis informações em J. M. Dulevich, *Caos social y crisis cívica* (Buenos Aires, 1980). Nada foi escrito sobre os diversos grupos que se uniram por trás da bandeira do *mitrismo,* e pouquíssimo sobre as facções provinciais. Sobre estas últimas, várias histórias regionais contêm informações: Juan Alvarez, *Ensayo sobre la historia de Santa Fe* (Buenos Aires, 1910); H. F. Gómez, *Los últimos sesenta años de democracia y gobierno en la provincia de Corrientes* (Buenos Aires, 1931); A. Díaz de Molina, *La oligarquía argentina: Su filiación y régimen (1840–1898)* (Buenos Aires, 1973); e Carlos Páez de la Torre, "Tucumán, vida política y cotidiana, 1904–1913", *Todo Es Historia,* 27, 1973. Existe também uma série de valiosas teses de doutorado inéditas: Donald Peck, "Argentine politics and the Province of Mendoza, 1890–1914" (University of Oxford, 1977); A. Liebscher, "Commercial expansion and political change in Santa Fe province, 1897–1916" (Indiana University, 1975); Donna Guy, "Politics and the sugar industry in Tucumán, Argentina, 1870–1900" (Indiana University, 1973), e G. Heaps-Nelson, "Argentine provincial politics in an era of expanding political participation: Buenos Aires and Mendoza, 1906–1918" (University of Florida, 1975).

As rebeliões armadas desse período atraíram grande atenção. Sobre a revolução de 1874, podemos consultar A. Terzaga, "La revolución del 74: Una estrella que sube", *Todo Es Historia,* 59, 1974. Com relação aos acontecimentos de 1880, ver B. Galíndez, *Historia política argentina: La revolución de 1880* (Buenos Aires, 1945); S. Ratto de Sambucetti, *Avellaneda y la nación versus la provincia de Buenos Aires (1873–1880)* (Buenos Aires, 1975); E. M. Sanucci, *La renovación presidencial de 1880* (Buenos Aires, 1959); e N. Botana, "1880: La federalización de Buenos Aires", em G. Ferrari & E. Gallo (eds.), *La Argentina del ochenta al centenario.* Muita coisa foi publicada sobre a revolução de 1890: J. Balestra, *El noventa: Una evolución política argentina* (Buenos Aires, 1971); H. Zorraquín Becú, *La revolución del noventa: Su sentido político* (Buenos Aires, 1960); L. V. Sommi, *La revolución del 90* (Buenos Aires, 1957); e uma edição especial da *Revista de Historia* (1957) sobre "La crisis del 90". Sobre as revoltas provinciais de 1893, ver R. Etchepareborda, *Tres revoluciones: 1890–1893–1905* (Buenos Aires, 1968), e E. Gallo, *Farmers in Revolt: The Revolution of 1893 in the Province of Santa Fe* (London, 1976). A obra de Etchepareborda analisa também a insurreição radical abortada de 1905. Ver também C. Martínez, *Alsina y Alem: Porteñismo y milicias* (Buenos Aires, 1990), e M. J. Wilde, "Las milicias santafecinas", *Revista Histórica,* 10, 1982.

Sobre as relações internacionais, ver H. S. Ferns, *Britain and Argentina in the Nineteenth Century* (Oxford, 1960); T. McGann, *Argentina, the United*

States and the Inter-American System: 1880–1914 (Cambridge, Mass., 1967); G. Ferrari, "Argentina y sus vecinos" em Ferrari & Gallo (eds.), *La Argentina del ochenta al centenario*; e Joseph S. Tulchin, *Argentina and the United States: A Conflicted Relationship* (Boston, 1990). Um assunto importante que atraiu pouca atenção é o das relações com a Itália e com a Espanha, os países natais da vasta maioria dos imigrantes.

Com relação à história social do período, são fundamentais os três excelentes censos nacionais de 1869, 1895 e 1914, e os dois censos agrícolas (1888 e 1908). Existem também dois bons relatórios de censos provinciais (Buenos Aires, 1881, e Santa Fe, Arg., 1887), e três censos municipais para a cidade de Buenos Aires (1887, 1904 e 1909). Nas descrições e estudos publicados por escritores estrangeiros pode-se encontrar muita informação sobre a vida social da Argentina. A lista é longa, mas as seguintes obras merecem menção: *Handbook of the River Plate* de M. G. & E. T. Mulhall, 1863, 1875, 1883 e 1892 (reimpressão, Buenos Aires/London, 1982); E. Daireaux, *Vida y costumbres en el Plata*, 2 vols. (Buenos Aires, 1888); Jules Huret, *En Argentine: De Buenos Ayres au Gran Chaco* (Paris, 1914); A. N. Schüster, *Argentinien: Land, Volk, Wirtschaftsleben und Kolonisation*, 2 vols. (München, 1913); e P. de Giovanni, *Sotto il sole de Maggio: Note e impressione de la Argentina* (Castielo, 1900). Pode ser bastante usado Reginald Lloyd (ed.), *Twentieth Century Impressions of Argentina: Its History, People, Commerce, Industries and Resources* (London, 1911).

Um tópico que recebeu atenção particular dos historiadores é o crescimento demográfico, sobretudo em relação à imigração. São estudos úteis J. A. Alsina, *La inmigración en el primer siglo de la independencia* (Buenos Aires, 1910); Zulma L. Recchini de Lattes & Alfredo E. Lattes, *La población de Argentina* (Buenos Aires, 1975); N. Sánchez-Albornoz, *La población de América Latina desde los tiempos pre-colombinos al año 2000* (Madrid, 1973); G. Beyhaut et al., "Los inmigrantes en el sistema ocupacional argentino", em Torcuato Di Tella et al., *Argentina, sociedad de masas* (Buenos Aires, 1965); e E. Maeder, "Población e inmigración en la Argentina entre 1880 y 1910", em Ferrari & Gallo (eds.), *La Argentina del ochenta al centenario.* Ver também Carl Solberg, *Immigration and Nationalism in Argentina and Chile, 1890–1914* (Austin, Tex., 1970). Sobre a imigração européia para as zonas rurais, ver J. C. Korol & H. Sábato, *Como fue la inmigración irlandesa en Argentina* (Buenos Aires, 1981), e Ezequiel Gallo, *La pampa gringa* (Buenos Aires, 1983).

Muita pesquisa foi feita recentemente sobre grupos específicos de imigrantes. Ver, por exemplo, os artigos em F. Korn (ed.), *Los italianos en la Argentina* (Buenos Aires, 1983); F. J. Devoto & G. Ronzoli (eds.), *L'Italia nella societá argentina* (Roma, 1988); e N. Sánchez-Albornoz (ed.), *Españoles hacia América: La emigración en masa (1880–1930)* (Madrid, 1988). Ver também O. Weyne, *El último puerto: Del Rhin al Volga y del Volga al Plata* (Buenos Aires, 1986).

Sobre o crescimento urbano, ver Z. Recchini de Lattes, "El proceso de urbanización en la Argentina: Distribución, crecimiento y algunas características de la población urbana", *DE*, 13(48), 1973, e *La población de Buenos Aires* (Buenos Aires, 1970); P. H. Randle, *La ciudad pampeana* (Buenos Aires, 1977); J. Scobie, *Buenos Aires: From Plaza to Suburb, 1870–1910* (New York, 1971); Guy Bourdé, *Urbanisation et immigration en Amérique Latine, Buenos Aires, XIXe et XXe siècles* (Paris, 1974); e F. Korn, *Buenos Aires 1895: Una ciudad moderna* (Buenos Aires, 1981). Com relação ao desenvolvimento de algumas cidades do interior, ver J. Scobie, *Secondary Cities of Argentina: The Social History of Corrientes, Salta, and Mendoza, 1850–1910*, completed and edited by Samuel L. Baily (Stanford, Calif., 1988).

Sobre a estrutura social, ver G. Germani, *Estructura social de la Argentina* (Buenos Aires, 1955); S. Bagú, *Evolución histórica de la estratificación social en la Argentina* (Buenos Aires, 1961); F. Korn, *Buenos Aires: Los huéspedes del 20* (Buenos Aires, 1974); e a tese de Ph. D., inédita, de R. Sautu, "Social stratification and economic development in Argentina (1914–1955)" (London, 1968). São igualmente úteis G. Germani, "La movilidad social en la Argentina", apêndice a S. M. Lipset & R. Bendix (eds.), *Movilidad social en la sociedad industrial* (Buenos Aires, 1963); Jorge Federico Sábato, "Notas sobre la formación de la clase dominante en la Argentina moderna (1880–1914)", mimeo, CISEA (Buenos Aires, 1979); D. Cuneo, *Comportamiento y crisis de la clase empresaria* (Buenos Aires, 1967); e O. Cornblit, "Sindicatos obreros y asociaciones empresarias" em Ferrari & Gallo (eds.), *La Argentina del ochenta al centenario*. Sobre as relações entre o setor agrário e o industrial, ver E. Gallo, "Agrarian expansion and industrial development in Argentina, 1880–1930" em R. Carr (ed.), *Latin American Affairs: St. Antony's Papers, No. 22* (Oxford, 1970). Com relação às províncias do interior, ver as teses de Ph. D., inéditas, de Donald Peck e Donna Guy citadas acima. São valiosos também Marcos Giménez Zapiola, "El interior argentino y el 'desarrollo hacia afuera': El caso de Tucumán", em M. Giménez Zapiola (ed.), *El régimen oli-*

gárquico: Materiales para el estudio de la realidad argentina hasta 1930 (Buenos Aires, 1975); E. Gallo, "The cereal boom and changes in the social and political structure of Santa Fe, Argentina 1870–95", em K. Duncan & I. Rutledge (eds.), *Land and Labour in Latin America* (Cambridge, Eng., 1977); J. Balin, "Una cuestión regional en la Argentina: Burguesías provinciales y el mercado nacional en el desarrollo exportador", *Desarrollo Económico,* 18(69), 1978; H. Sábato, *Agrarian Capitalism and the World Market: Buenos Aires in the Pastoral Age, 1840–1890* (Albuquerque, N. Mex., 1990); e H. F. Castillo & J. S. Tulchin, "Développement capitaliste et structures sociales des régions en Argentine (1880–1930)", *AESC,* 6, 1968.

Sobre as condições de vida, os estudos clássicos são A. Bunge, *Riqueza y rentas en la Argentina* (Buenos Aires, 1915) e *Los problemas económicos del presente* (Buenos Aires, 1919), e J. Bialet Masser, *Informe sobre el estado de las clases obreras en el interior de la Argentina* (Buenos Aires, 1904). Uma obra moderna importante é R. Cortés Conde, *El progreso argentino, 1880–1914* (Buenos Aires, 1979). Ver igualmente J. Panettieri, *Los trabajadores* (Buenos Aires, 1968). Um dos poucos estudos sobre a habitação é O. Yujnovsky, "Políticas de vivienda en la ciudad de Buenos Aires", *Desarrollo Económico* 14, 54, 1974. Ver, no entanto, F. Korn & L. de la Torre, "Housing in Buenos Aires: 1887–1914", em D. C. M. Platt (ed.), *Social Welfare 1850–1950, Australia, Argentina and Canada Compared* (London, 1989). Ver também no mesmo volume C. Escudé, "Health in Buenos Aires in the second half of the nineteenth century". Merecem consulta alguns dos artigos incluídos em L. L. Johnson (ed.), *The Problem of Order in Changing Societies: Essays in Crime and Policing in Argentina and Uruguay, 1750–1919* (Albuquerque, N. Mex., 1990). Sobre o ensino, ver J. C. Tedesco, *Educación y sociedad en la Argentina (1800–1900)* (Buenos Aires, 1970), e Francis Korn & L. de la Torre, "Constituir la Unión Nacional", em Ferrari & Gallo (eds.), *La Argentina del ochenta al centenario.* Diego Armus (ed.), *Mundo urbano y cultura popular: Estudios de historia argentina* (Buenos Aires, 1990) contém ensaios sobre moradia, comunidades étnicas, artesãos e o trabalho da mulher e do menor.

A literatura sobre o movimento trabalhista é mais abundante. Dos estudos publicados por aqueles que participaram ativamente na organização sindical, os mais úteis são S. Marotta, *El movimiento sindical argentino,* 3 vols. (Buenos Aires, 1960), e D. Abad de Santillán, *La FORA: Ideología y trayectoria* (Buenos Aires, 1971). Entre os estudos modernos podemos citar M. Casaretto, *Historia del movimiento obrero argentino* (Buenos Aires, 1947); Hobart A. Spalding Jr.,

La clase trabajadora argentina: Documentos para su historia (1890–1912) (Buenos Aires, 1970); e I. Oved, *El anarquismo en los sindicatos argentinos a comienzos de siglo* (Tel Aviv, 1975). Com relação a mais bibliografia sobre o trabalho, ver *História da América Latina,* vol. 4, ensaio bibliográfico n. 7.

Uma obra mais recente que compara a Argentina com a Austrália e o Canadá fornece valiosas informações e idéias sobre os desenvolvimentos políticos e sociais na Argentina. T. Duncan & J. Fogarty, *Australia and Argentina: On Parallel Paths* (Melbourne, 1984); C. Solberg, *The Prairies and the Pampas: Agrarian Policy in Canada and Argentina, 1880–1930* (Stanford, Calif., 1987); os artigos que aparecem em J. Fogarty, E. Gallo & H. Diéguez (eds.), *Argentina y Australia* (Buenos Aires, 1979); K. Boulding et al., *Argentina and Australia: Essays in Comparative Economic Development* (Victoria, 1985); D. C. M. Platt & Guido Di Tella (eds.), *Argentina, Australia and Canada: Studies in Comparative Development, 1870–1965* (London, 1985); e D. C. M. Platt (ed.), *Social Welfare, 1850–1950,* citado acima.

11. A Argentina de 1914 a 1930

Uma fonte estatística importante para o estudo da Argentina às vésperas da Primeira Guerra Mundial é Ernesto Tornquist, *The Economic Development of the Argentine Republic in the Last Fifty Years* (Buenos Aires, 1919). Com relação ao período da guerra propriamente dito, os estudiosos deveriam consultar também a publicação trimestral de Tornquist, *Business Conditions in Argentina* (Buenos Aires, 1913–1922). Uma segunda fonte de informação são os escritos de Alejandro E. Bunge. Ver seu *Ferrocarriles argentinos* (Buenos Aires, 1917) e *Los problemas económicos del presente* (1919; Buenos Aires, 1979). Ambos são coletâneas enciclopédicas de fatos e figuras. Um pouco depois veio o livro de Bunge, *La economía argentina,* 4 vols. (Buenos Aires, 1928–1930), uma obra que traz muitos dos textos do autor publicados na imprensa nos anos passados e artigos de importante revista que editou, a *Revista de Economía Argentina.* Outras importantes publicações são o censo nacional de 1914, *Tercer Censo Nacional* (Buenos Aires, 1915–1917), que é muito mais do que uma mera contagem de população, e Alberto B. Martínez & Maurice Lewandowski, *The Argentine in the Twentieth Century* (London, 1911). Com respeito à população, ver também *Recensement géneral de la ville de Buenos Aires* (Buenos Aires, 1910).

O estudo contemporâneo de maior destaque da Argentina feito no exterior é a publicação do Lloyd's Bank para comemorar o centenário do banco em 1910: Reginald Lloyd (ed.), *Twentieth Century Impressions of Argentina: Its History, People, Commerce, Industries and Resources* (London, 1911). Pierre Denis, *The Argentine Republic: Its Development and Progress*, translated by Joseph McCabe (London, 1922), é uma útil análise geográfica feita por um francês, embora muito inferior a seu predecessor da década de 1860, Martin de Moussy. Muitas idéias sobre as maneiras e os costumes aparecem em W. H. Koebel, *Argentina: Past and Present* (London, 1914). John Foster Fraser, *The Amazing Argentine* (London, 1914) tem virtudes, embora muitas vezes seja muito negativo e um pouco desgracioso. A visão da Espanha pode ser encontrada em Adolfo Posada, *La República Argentina* (Madrid, 1912), e um pouco depois nos muitos textos de José Ortega y Gasset. Outras obras importantes de tipo semelhante são James Bryce, *South America: Observations and Impressions* (London, 1912); Georges Clemenceau, *South America Today: A Study of Conditions Social, Political and Commercial in Argentina, Uruguay and Brazil* (London, 1911); John A. Hammerton, *The Real Argentine: Notes and Impressions of a Year in the Argentine and Uruguay* (New York, 1915); Jules Huret, *En Argentine: De Buenos Ayres au Gran Chaco* (Paris, 1914); Adolf N. Schüster, *Argentinien: Land, Volk, Wirtschaftsleben und Kolonisation*, 2 vols. (München, 1913); Mark C. Jefferson, *Peopling the Argentine Pampas* (New York, 1926).

Sobre a economia no período compreendido entre 1914 e 1930 existem várias fontes mais antigas: Harold J. Peters, *The Foreign Debt of the Argentine Republic* (Baltimore, 1934); Vernon L. Phelps, *The International Economic Position of Argentina* (Philadelphia, 1938); Ricardo M. Ortiz, *Historia económica de la Argentina, 1850–1930*, 2 vols. (Buenos Aires, 1955), especialmente o vol. 2. Entre os vários estudos mais recentes, os de maior destaque são Carlos F. Díaz Alejandro, *Essays in the Economic History of the Argentine Republic* (New Haven, Conn., 1970) e Guido Di Tella & Manuel Zymelman, *Las etapas del desarrollo económico argentino* (Buenos Aires, 1967). Sobre o desenvolvimento industrial, ver Javier Villanueva, "El origen de la industrialización argentina", *Desarrollo Económico*, 12(47): 451–476, 1972, e Eduardo F. Jorge, *Industria y concentración económica* (Buenos Aires, 1971).

Com relação às relações econômicas internacionais, ver Jorge Fodor & Arturo O'Connell, "La Argentina y la economía atlántica en la primera mitad del siglo XX", *Desarrollo Económico*, 13(49), 1973; Joseph S. Tulchin, *The*

Aftermath of War: World War I and U.S. Policy towards Latin America (New York, 1971) e "The Argentine economy during the First World War", *Review of the River Plate* (19 June–10 July 1970); Pedro Skupch, "El deterioro y fin de la hegemonía británica sobre la economía argentina 1914–47" em L. Marta Panaia, Ricardo Lesser & Pedro Skupch (eds.), *Estudios sobre los orígenes del peronismo,* vol. 2 (Buenos Aires, 1973); e Roger Gravil, "Anglo-U.S. trade rivalry in Argentina and the D'Abernon mission of 1929", em D. Rock (ed.), *Argentina in the Twentieth Century* (London, 1975). Ver também Harold F. Peterson, *Argentina and the United States, 1810–1960* (New York, 1964).

Para dados eleitorais completos no período 1916–1930, ver Darío Cantón, *Materiales para el estudio de la sociología política en la Argentina,* 2 vols. (Buenos Aires, 1969). Sobre o primeiro governo de Yrigoyen (1916–1922), ver David Rock, *Politics in Argentina, 1890–1930: The Rise and Fall of Radicalism* (Cambridge, Eng., 1975). Ver também Peter H. Smith, *Argentina and the Failure of Democracy: Conflict among Political Elites* (Madison, Wis., 1974), *Politics and Beef in Argentina: Patterns of Conflict and Change* (New York, 1969) e "Los radicales argentinos en la defensa de los intereses ganaderos", *DE,* 7(25): 795–829, 1967; Richard J. Walter, *Student Politics in Argentina: The University Reform and Its Effects, 1918–1964* (New York, 1968), e *The Socialist Party of Argentina, 1890–1930* (Austin, Tex., 1977); Paul B. Goodwin, *Los ferrocarriles británicos y la U.C.R., 1916–1930* (Buenos Aires, 1974); Osvaldo Bayer, *Los vengadores de la Patagonia trágica,* 2 vols. (Buenos Aires, 1972). Entre os relatos mais tradicionais, os mais úteis são Roberto Etchepareborda, *Hipólito Yrigoyen: Pueblo y gobierno,* 10 vols. (Buenos Aires, 1951); Gabriel Del Mazo, *El radicalismo: Ensayo sobre su historia y doctrina* (Buenos Aires, 1957); e Manuel Gálvez, *Vida de Hipólito Yrigoyen* (Buenos Aires, 1959). Sobre a administração Alvear (1922–1928) o campo é mais limitado, mas veja-se D. Rock, *Politics in Argentina,* Smith, *Argentina and the Failure of Democracy* e Raúl A. Molina, *Presidencia de Marcelo T. de Alvear* (Buenos Aires, 1965). Um importante estudo da política provincial é Richard J. Walter, *The Province of Buenos Aires and Argentine Politics, 1912–1943* (Cambridge, Eng., 1985). O estudo-modelo dos grupos autoritários é Marysa Navarto Gerassi, *Los nacionalistas* (Buenos Aires, 1969). São obras mais recentes Sandra McGee Deutsch, *Counterrevolution in Argentina, 1900–1932: The Argentine Patriotic League* (Lincoln, Nebr., 1986) e David Rock, *Authoritarian Argentina: The Nationalist Movement, Its History and Its Impact* (Berkeley, 1993).

Com relação à questão da carne, ver Smith, *Politics and Beef*; também Simon G. Hanson, *Argentine Meat and the British Market; Chapters in the History of the Argentine Meat Industry* (Stanford, Calif., 1938) e Oscar B. Colman, "Luchas interburguesas en el agro-argentino: La crisis de la carne en el '20'", *Estudios* (Buenos Aires, 1973). A questão das tarifas atraiu muita atenção. Da literatura mais recente a melhor obra é Díaz Alejandro, *Essays*; Laura Randall, *An Economic History of Argentina in the Twentieth Century* (New York, 1978), pp. 120–126; e Carl E. Solberg, "Tariffs and politics in Argentina, 1916–1930", *HAHR*, 53(2): 260–284, 1973. Ver também Carl E. Solberg, "Agrarian unrest and agrarian policy in Argentina, 1912–30", *JIAS*, 13: 15–55, 1971. Sobre o petróleo, ver sobretudo Carl E. Solberg, *Oil and Nationalism in Argentina* (Stanford, Calif., 1979); também Arturo Frondizi, *Petróleo y política: Contribución al estudio de la historia económica argentina y las relaciones entre el imperialismo y la vida política nacional* (Buenos Aires, 1955), e Marcos Kaplan, "Política del petróleo en la primera presidencia de Hipólito Yrigoyen, 1916–22", *DE*, 12(45): 3–24, 1972.

O exército e a revolução de 1930 são abordados melhor em Robert A. Potash, *The Army and Politics in Argentina, 1928–1945: Yrigoyen to Peron* (Stanford, Calif., 1969) e José María Sarobe, *Memorias sobre la revolución del 6 de septiembre de 1930* (Buenos Aires, 1957).

12. A Formação do Uruguai Moderno, c. 1870–1930

Durante o período em estudo, foram realizados três censos nacionais (1852, 1860, 1908). Com relação às estatísticas oficiais, ver *Cuadernos* (Montevideo, 1873–1874) e *Anuarios estadísticos* (Montevideo, 1884–); valiosa informação estatística está reunida em Juan Rial, *Estadísticas históricas del Uruguay 1850–1930* (Montevideo, 1980). Juan E. Pivel Devoto publicou uma parte substancial da correspondência enviada a suas respectivas chancelarias pelos ministros da França, Itália, Espanha e Alemanha. Ver a *Revista Histórica* do Museu Histórico Nacional, Montevidéu, vols. 32–39 (1962–1968). Com relação aos documentos diplomáticos e consulares do Reino da Itália, ver também Juan A. Oddone, *Una perspectiva europea del Uruguay: Los informes diplomáticos y consulares italianos, 1862–1914* (Montevideo, 1965). Além das revistas de grande circulação, a *Revista de la Asociación Rural* (a partir de 1872) e a *Revista de la Federación Rural* (a partir de 1915), que refletia os interesses agrários, e *El Industrial Uruguayo* (1902–1012) e a *Revista de la Unión Industrial uruguaya* (1899–1928), que representa o setor industrial, são fontes importantes. Outras fontes complementares (viajantes, escritores de memórias e ensaístas) foram analisadas em Carlos Rea de Azúa, *Viajeros y observadores extranjeros del Uruguay: Juicios e impresiones (1889–1964)* (Montevideo, 1965), *Antología del ensayo uruguayo contemporáneo,* 2 vols. (Montevideo, 1964) e "Prosa del mirar y del vivir", em *Capitulo Oriental,* 9 (Montevideo, 1968).

Entre as obras gerais podemos citar Eduardo Acevedo, *Anales históricos del Uruguay,* 6 vols., 2. ed. (Montevideo, 1933–1936); Luis C. Benvenuto, *Breve historia del Uruguay* (Montevideo, 1969); Roque Faraone, *El Uruguay en que vivimos (1900–1968)* (Montevideo, 1970); Benjamin Nahum, *La época batllista, 1905–1929* (Montevideo, 1975); M. Blanca Paris de Oddone et al., *Cronología comparada de la historia del Uruguay, 1830–1945,* 2. ed. (Montevideo, 1967); e Alberto Zum Felde, *Proceso histórico del Uruguay y esquema de su sociología,* 5. ed. (Montevideo, 1967).

Sobre o crescimento e o desenvolvimento econômicos, ver o clássico Eduardo Acevedo, *Notas y apuntes: Contribución al estudio de la historia económica y financiera de la República Oriental del Uruguay* (Montevideo, 1903); José Pedro Barrán & Benjamin Nahum, *Historia rural del Uruguay moderno,* vol. 1, *1851–1885* (Montevideo, 1967), vol. 2, *La crisis económica, 1886–1894* (Montevideo, 1971), vol. 3, *Recuperación y dependencia, 1895–1914* (Montevideo, 1977), vol. 7, *Agricultura, crédito y transporte bajo Batlle, 1905–1914* (Montevideo, 1978); Roque Faraone, *De la prosperidad a la ruina: Introducción a la historia económica del Uruguay* (Montevideo, 1987); Luis A. Faroppa, *El desarollo económico del Uruguay: Tentativa de explicación pública del Uruguay,* 2 vols. (Montevideo, 1969); M. H. J. Finch, *A Political Economy of Uruguay since 1870* (London, 1981); Simon G. Hanson, *Utopia in Uruguay* (New York, 1938); Instituto de Economía, *El proceso económico del Uruguay* (Montevideo, 1969); Raúl Jacob, *Breve historia de la industria en el Uruguay* (Montevideo, 1981) e *Modelo batllista: ¿Variación sobre un viejo tema?* (Montevideo, 1988); David Joslin, *A Century of Banking in Latin America* (London, 1963); Samuel Lichtensztejn, *Comercio internacional y problemas monetarios* (Montevideo, 1969); Julio Martínez Lamas, *Riqueza y pobreza del Uruguay* (Montevideo, 1930); Oscar Mourat, *La crisis comercial en la cuenca del Plata, 1880–1920* (Montevideo, 1973); Juan A. Oddone, *Economía y sociedad en el Uruguay liberal, 1852–1904* (Montevideo,

1967); Julio C. Rodríguez, *Los grandes negocios*, vol. 29 da *Enciclopedia uruguaya* (Montevideo, 1969); Carlos Visca, *Emilio Reus y su época* (Montevideo, 1963); Peter Winn, *El imperio informal británico en el Uruguay en el siglo XIX* (Montevideo, 1975) e Carlos Zubillaga, *El reto financiero: Deuda externa y desarrollo en Uruguay, 1903–1933* (Montevideo, 1982).

Sobre a história demográfica e social, ver José Pedro Barrán & Benjamin Nahum, *Batlle, los estancieros y el imperio británico*, vol. 1, *El Uruguay del novecientos* (Montevideo, 1979); ver também *Historia rural del Uruguay moderno*, vol. 4, *Historia social de las revoluciones de 1897 y 1904* (Montevideo, 1972); Alfredo Castellanos, *Historia del desarrollo urbanístico y edilicio de Montevideo, 1829–1914* (Montevideo, 1971); Germán d'Elia & Armando Miraldi, *Historia del movimiento obrero en el Uruguay* (Montevideo, 1984); Oscar Mourat, *La inmigración y el crecimiento de la población del Uruguay 1830–1930*: *Series estadísticas para su estudio*, em *Cinco perspectivas históricas del Uruguay moderno* (Montevideo, 1969); Juan A. Oddone, *La formación del Uruguay moderno: La inmigración y el desarrollo económico-social* (Buenos Aires, 1966); Carlos Real de Azúa, *La clase dirigente* (Montevideo, 1969); Juan Rial, *La población uruguaya y el crecimiento económico-social entre 1850 y 1939* (Montevideo, 1981) e *Población y desarrollo de un pequeño pais: Uruguay, 1830–1930* (Montevideo, 1983); Silvia Rodríguez Villamil & Graciela Sapriza, *La inmigración europea en el Uruguay: Los italianos* (Montevideo, 1982); Lucia Sala de Touron & Jorge E. Landinelli, *50 años del movimiento obrero uruguayo*, em *Historia del movimiento obrero en América Latina* (coord. por Pablo González Casanova), vol. 4 (Ciudad de México, 1984); Carlos Zubillaga & Jorge Balbis, *Historia del movimiento sindical uruguayo*, vol. 1, *Cronología y fuentes: Hasta 1905* (Montevideo, 1985), vol. 2, *Prensa obrera y obrerista, 1878–1905* (Montevideo, 1986), vol. 3, *Vida y trabajo de los sectores populares* (Montevideo, 1988).

Com relação aos desenvolvimentos políticos, ver José Pedro Barrán & Benjamin Nahum, *Batlle, los estancieros y el imperio británico*, vol. 3, *El nacimiento de batllismo* (Montevideo, 1982), vol. 4, *Las primeras reformas, 1911-1913* (Montevideo, 1983), vol. 5, *La reacción imperial-conservadora, 1911–1913* (Montevideo, 1984); Gerardo Caetano, *La agonía del reformismo* (Montevideo, 1983); Gerardo Caetano & José P. Rilla, *El joven Quijano (1900–1933): Izquierda nacional y conciencia crítica* (Montevideo, 1986); Alfredo Castellanos & Romeo Pérez, *El pluralismo: Examen de la experiencia uruguaya, 1830–1918* (Montevideo, 1981); Göran Lindahl, *Uruguay's New*

Path: A Study in Politics during the First Colegiado (Stockholm, 1962); Juan E. Pivel Devoto, *Historia de los partidos políticos en el Uruguay,* 2 vols. (Montevideo, 1942) e *La amnistía en la tradición política uruguaya* (Montevideo, 1984); Carlos Real de Azúa, *El impulso y su freno: Tres décadas de batllismo* (Montevideo, 1964) e *La historia política,* em *Enciclopedia uruguaya,* vol. 1 (Montevideo, 1968); Dante Turcatti, *El equilibrio difícil: La política internacional del batllismo* (Montevideo, 1981); Milton Vanger, *José Batlle y Ordóñez of Uruguay: The Creator of His Times, 1902–1907* (Cambridge, Mass., 1963), e *The Model Country: José Batlle y Ordóñez of Uruguay 1907–1915* (Cambridge, Mass., 1980); e Carlos Zubillaga, *Herrera, la encrucijada nacionalista* (Montevideo, 1976).

Finalmente, sobre os aspectos culturais do período, ver Arturo Ardao, *Espiritualismo y positivismo en el Uruguay* (Ciudad de México,1950) e *Racionalismo y liberalismo en el Uruguay* (Montevideo, 1962); José Pedro Barrán, *Historia de la sensibilidad en el Uruguay,* vol. 2, *El disciplinamiento, 1860–1920* (Montevideo, 1990); Juan A. Oddone & M. Blanca Paris, *Historia de la Universidad de Montevideo: La universidad vieja, 1849–1884* (Montevideo, 1963) e *La universidad uruguaya desde el militarismo a la crisis, 1885–1958,* 4 vols. (Montevideo, 1972); Angel Rama, *La belle époque,* em *Enciclopedia uruguaya,* vol. 26 (Montevideo, 1969) e *180 años de literatura,* em *Enciclopedia uruguaya,* vol. 3 (Montevideo, 1968); Alberto Zum Felde, *Proceso intelectual del Uruguay y crítica de su literatura* (Montevideo, 1967).

13. O Paraguai da Guerra da Tríplice Aliança à Guerra do Chaco, 1870–1932

Foi dada uma atenção cada vez maior ao período que trata do Paraguai entre a Guerra da Tríplice Aliança (1865–1870) e a Guerra do Chaco (1932–1935). Harris Gaylord Warren, *Paraguay and the Triple Alliance: The Postwar Decade, 1869–1878* (Austin, Tex., 1978) é um estudo sério da primeira parte desse período. A época compreendida entre 1878 e a revolução de 1904 foi analisada em Harris G. Warren & Katherine E. Warren, *Rebirth of the Paraguayan Republic: The First Colorado Era, 1878–1904* (Pittsburgh, Pa., 1985). A revolução de 1904 é o tema de ensaios de Harris G. Warren, "The Paraguayan revolution of 1904", *TA,* 36, 1980; e de Juan Carlos Herken Krauer, "La revolución de 1904 en el Paraguay: El trasfondo socio-económico y la perspectiva británica", *Revista Paraguaya de Sociología*, 22(62), 1985. Sobre a relação entre os negócios e a política, ver Diego Abente, "Foreign capital, economic elites and the state in Paraguay during the Liberal Republic, 1870–1936", *JLAS*, 21(1): 61–88, 1989; e Juan Carlos Herken Krauer, *Ferrocarriles, conspiraciones y negocios, 1910–1914* (Asunción, 1984), "Políticos, empresarios y financistas en el Paraguay, 1907–1920", *JGSWGL*, 22: 423–455, 1980, e "Ferrocarril, política y economía en el Paraguay: El acuerdo de 1907 entre el Paraguay Central Railway Company y el gobierno paraguayo", *I–AA*, 10(3): 291–316, 1984. Outros estudos de diversos aspectos desse período até então negligenciado são Juan C. Herken Krauer, *El Paraguay rural entre 1869 y 1913* (Asunción, 1984); Diego Abente, "The liberal republic and the failure of democracy", *TA*, 45(4): 525–546, 1989; Ricardo Caballero Aquino, *La segunda república paraguaya* (Asunción, 1984); e Harris G. Warren, "Journalism in Asunción under the allies and the Colorados, 1869–1904", *TA*, 39(4): 483–498, 1983.

Menos erudito do que esses estudos, mas ainda assim valioso, é Teodosio González, *Infortunios del Paraguay* (Buenos Aires, 1931). González foi um senador liberal independente na década de 1920 e seu livro é um "libelo" que não poupa nenhum partido em suas exposições das intrigas e da corrupção do Paraguai. Abarca o período da Guerra da Tríplice Aliança à própria época de González e trata dos problemas do Paraguai mais topicamente do que cronologicamente. Outra obra valiosa é a abrangente *Historia de la cultura paraguaya*, de Carlos R. Centurión, 2 vols. (Asunción, 1961). Trata principalmente da literatura, mas, já que grande parte dos escritos do Paraguai são polêmicos, o leitor irá ganhar muita informação sobre as questões e os alinhamentos políticos. Recomenda-se também o livro de Arturo Bray, *Hombres y épocas del Paraguay*, 2 vols. (Buenos Aires, 1943, 1957) e 3 vols. (1981), que aborda a história da nação através de curtas biografias de suas principais figuras. Uma tentativa de examinar o Paraguai através dos relatos de viajantes ao país que cobrem parte do período é Alicia Vidaurreta, "El Paraguay a través de los viajeros, 1843–1917", *Estudios Paraguayos*, 11(1): 51–102, 1983.

Pode-se respigar alguma informação nas histórias gerais. Efraím Cardozo, *Breve historia del Paraguay* (Buenos Aires, 1965), e Julio César Cháves, *Compendio de la historia paraguaya* (Buenos Aires, 1960) são análises introdutórias dos dois melhores historiadores do Paraguai. O primeiro, que morreu em 1973, era um liberal; o último é um *colorado*. Ver também a obra póstuma de Cardozo, *Apuntes de historia cultural del Paraguay* (Asunción, 1985). Alonso Ibarra, *Cien años de vida política paraguaya, posterior a la epopeya de 1865 al 70* (Asunción, 1973), é uma enumeração curtíssima dos principais acontecimentos desde o início da Guerra da Tríplice Aliança. Em inglês, são dignos de menção Philip Raine, *Paraguay* (New Brunswick, N. J., 1956), George Pendle, *Paraguay, a Riverside Nation* (London, 1956), e Harris Gaylord Warren, *Paraguay, an Informal History* (Norman, Okla., 1949). Os três são úteis introduções ao Paraguai, mas em cada caso o estudo do período entre as duas guerras é a parte mais fraca do livro.

F. Arturo Bordón, *Historia política del Paraguay: Era constitucional* (Asunción, 1976), merece ser lido em conjunto com a obra de Warren, *Paraguay and the Triple Aliance,* por causa de sua descrição da política no período imediatamente posterior à guerra. Contém interessantes informações sobre as origens da Legião Paraguaia. Uma obra muito mais séria é Carlos Pastore, *La lucha por la tierra en el Paraguay* (Montevideo, 1972). Apesar da parcialidade pró-liberal do autor, o livro mostra boas pesquisas e contém valiosa informação sobre a questão da terra.

O período posterior a 1904, quando os liberais assumiram o poder, recebeu menor atenção do que a era *colorada.* A maior parte dos textos se preocupam em atacar ou defender a conduta diplomática dos liberais. Alguns dos melhores exemplos desse gênero são Policarpo Artaza, *Ayala, Estigarribia y el Partido Liberal* (Buenos Aires, 1946), que apóia os liberais, e Antonio E. González, *Preparación del Paraguay para la guerra del Chaco,* 2 vols. (Asunción, 1957), que os ataca. Outra versão liberal é G. Freire Esteves, *Historia contemporánea del Paraguay, 1869–1920* (Buenos Aires, 1921; Asunción, 1983).

O tiroteio contra estudantes diante do palácio presidencial em 23 de outubro de 1931 produziu muita literatura polêmica. Efraím Cardozo defendeu o governo em *23 de octubre: Una página de historia contemporánea del Paraguay* (Buenos Aires, 1956), e ao mesmo tempo forneceu interessantes idéias sobre a luta entre a facção *gondrista* e a *schaererista* no Partido Liberal. Talvez a melhor polêmica antiliberal é Juan Stefanich, *El 23 de octubre de 1931* (Buenos Aires, 1958), que foi uma resposta direta a Cardozo. Contém igualmente uma denúncia mais ampla das três décadas de governo do Partido Liberal. Outro relato dos acontecimentos por um participante é Manuel Agustín Avila, *23 de octubre de 1931: Una página enlutada y gloriosa del estudiantado paraguayo y algunas notas sobre la Guerra del Chaco* (Asunción, 1981). Pode-se encontrar breves esboços biográficos de líderes políticos e culturais paraguaios em William Balmont Parker, *Paraguayans of Today* (New York, 1920). Finalmente, nenhum estudioso desse período pode deixar de encantar-se com a personalidade complexa de Eligio Ayala. Suas idéias sobre sua terra natal foram publicadas após sua morte. *Migraciones* (Santiago, Chile, 1941) é um longo ensaio com muitas observações penetrantes sobre a sociedade paraguaia, da autoria de um dos mais inteligentes estadistas do país.

14. A Economia Brasileira, 1870–1930

A historiografia do período 1870–1930 pode ser abordada através de Nícia Vilela Luz, "Brazil", em Roberto Cortés Conde & Stanley Stein (eds.), *Latin America: A Guide to Economic History, 1830–1930* (Berkeley, 1977), que contém várias centenas de referências anotadas de fontes primárias e secundárias, bem como um valioso artigo interpretativo. Existem importantes coletâneas que incluem várias contribuições sobre temas econômicos: Sérgio Buarque de Holanda (ed.), *História Geral da Civilização Brasileira*; Tomo II, *O Brasil Monárquico*, vols. 3 e 4 (São Paulo, 1967, 1971); e a mesma série, editada por Boris Fausto, Tomo III, *O Brasil Republicano*, vol. 1 (São Paulo, 1975); Colloque Internationale sur l'Histoire Quantitative du Brésil, *L'Histoire quantitative du Brésil de 1800 à 1930* (Paris, 1971); Paulo Neuhaus (ed.), *Economia Brasileira: Uma Visão Histórica* (Rio de Janeiro, 1980); Carlos Manuel Peláez & Mircea Buescu (eds.), *A Moderna História Econômica* (Rio de Janeiro, 1976); e Werner Baer et al., *Dimensões do Desenvolvimento Brasileiro* (Rio de Janeiro, 1978). Marcelo de Paiva Abreu (ed.), *A Ordem do Progresso: Cem Anos de Política Econômica Republicana* (Rio de Janeiro, 1990) contém excelentes artigos sucintos de Winston Fritsch e Gustavo H. B. Franco. Ver também Albert Fishlow, "Brazilian development in long-term perspective", *American Economic Review*, 70(2), 1980. Entre os estudos gerais da economia brasileira em perspectiva histórica as seguintes obras merecem menção: Werner Baer, *The Brazilian Economy: Growth and Development*, 3rd ed. (New York, 1989); Mircea Buescu, *Problemas Econômicas e Experiência Histórica* (Rio de Janeiro, 1985); João Manuel Cardoso de Mello, *O Capitalismo Tardio: Contribuição à Revisão Crítica da Formação e do Desenvolvimento da Economia Brasileira* (São Paulo, 1982); e Carlos Manuel Peláez, *História Econômica do Brasil* (São Paulo, 1979). Raymond W.

Goldsmith, *Brasil 1850–1984: Desenvolvimento Financeiro sob um Século de Inflação* (São Paulo, 1986) estuda a estrutura e o funcionamento dos mercados bancário e de capital e faz uma avaliação do crescimento e da formação de capital, o efeito das condições do comércio, a inflação e a dívida externa. Dados valiosos são encontrados em Instituto Brasileiro de Geografia e Estatística, *Estatísticas Históricas do Brasil*, 2. ed., rev. e ampl. (Rio de Janeiro, 1990). Ver também tabelas em Abreu, *A Ordem do Progresso*.

O estudo da história econômica brasileira deve muito a três figuras centrais, cujas obras foram muito debatidas e que representam tendências importantes nos debates políticos. Roberto Simonsen foi um industrial e homem do governo cujos ensaios se destinavam a demonstrar a viabilidade da industrialização. Alguns deles foram reunidos em *Evolução Industrial do Brasil e Outros Ensaios* (São Paulo, 1973). Caio Prado Júnior, um historiador marxista, escreveu principalmente sobre o período colonial, mas sua *História Econômica do Brasil* (São Paulo, 1949) e *História e Desenvolvimento* (São Paulo, 1972) merecem ser lidos. Celso Furtado procurou especificamente defender uma posição estruturalista em sua *A Economia Brasileira* (Rio de Janeiro, 1954) e em sua *Formação Econômica do Brasil* (Rio de Janeiro, 1959; trad. ingl. *The Economic Growth of Brazil* [Berkeley, 1963]). Dois outros estudos anteriores de importância são J. F. Normano, *Brazil, a Study of Economic Types* (New York, 1935; 1968) e Roy Nash, *The Conquest of Brazil* (New York, 1926; 1968).

No início, a historiografia econômica do Brasil era, em sua maior parte, institucional, na verdade mais sociológica do que econômica. Não obstante, merecem menção uma série de monografias que tratam em parte dos processos econômicos. Sobre o sistema de *plantation*, ver o clássico Stanley J. Stein, *Vassouras: A Brazilian Coffee County* (Cambridge, Mass., 1957); Peter Eisenberg, *The Sugar Industry in Pernambuco (1840–1910)* (Berkeley, 1974); Jaime Reis, "From bangüé to usina", em K. Duncan & I. Rutledge (eds.), *Land and Labour in Latin America* (Cambridge, Eng., 1977); J. H. Galloway, "The sugar industry of Pernambuco during the nineteenth century", *Annals of the Association of American Geographers*, 58(2), 1968; Thomas Holloway, *Immigrants on the Land: Coffee and Society in São Paulo, 1886–1934* (Chapel Hill, N. C., 1980); Warren Dean, *Rio Claro: A Brazilian Plantation System* (Stanford, Calif., 1976); e os diversos ensaios em II Congresso de História de São Paulo, *O Café* (São Paulo, 1975). Richard Graham analisa o impacto da Inglaterra sobre o desenvolvimento brasileiro em *Britain and the Onset of*

Modernization in Brazil (Cambridge, Eng., 1968). Pierre Monbeig, *Pionniers et planteurs de São Paulo* (Paris, 1952) e Jean Roche, *A Colonização Alemã no Rio Grande do Sul*, 2 vols. (Porto Alegre, 1969) são dois excelentes estudos regionais. Os estudos regionais de Joseph Love sobre o Rio Grande do Sul e São Paulo, de John Wirth sobre Minas Gerais e de Robert Levine sobre Pernambuco (ver mais adiante ensaio bibliográfico n. 16), embora primordialmente políticos, contêm úteis informações sobre as economias regionais. Um importante estudo da região amazônica é Roberto Santos, *História Econômica da Amazônia 1800–1920* (São Paulo, 1980).

A política econômica nesse período foi muito estudada. Um clássico é A. G. Ford, *The Gold Standard, 1880–1914: Brazil and Argentina* (Oxford, 1962). Edgard Carone, *A República Velha* (São Paulo, 1970) adota uma abordagem institucional geral. Steven Topik mostra que o governo, apesar de sua retórica liberal, adotou o intervencionismo: *The Political Economy of the Brazilian State, 1889–1930* (Austin, Tex., 1987). Aníbal Villela & Wilson Suzigan, *Política do Governo e Crescimento da Economia Brasileira, 1889–1945* (Rio de Janeiro, 1973; trad. ingl.: *Government Policy and Economic Growth of Brazil, 1889–1945*, Rio de Janeiro, 1977), é um importante estudo que enfatiza as distorções introduzidas pelos programas de apoio ao café. Gustavo Maia Gomes procura mostrar que a classe dominante sempre tomou decisões em seu próprio benefício: *The Roots of State Intervention in the Brazilian Economy* (New York, 1986). Nícia Vilela Luz, *A Luta pela Industrialização no Brasil* (São Paulo, 1961) analisa debates a favor do desenvolvimento. Evaldo Cabral de Mello, *O Norte Agrário e o Império, 1871–1889* (Rio de Janeiro, 1984); Gabriel Bittencourt, *Esforço Industrial na República do Café: O Caso do Espírito Santo, 1889–1930* (Vitória, 1982); e Janice Teodoro da Silva, *Raízes da Ideologia do Planejamento: Nordeste, 1889–1930* (São Paulo, 1978) são estudos regionais úteis. Thomas Holloway, *The Brazilian Coffee Valorization of 1906* (Madison, Wis., 1975), e o ensaio de Carlos Manuel Peláez em *Ensaios Sobre Café e Desenvolvimento Econômico* (Rio de Janeiro, 1973) tratam do apoio dado ao café. Sobre os cartéis patrocinados pelo governo, ver Joan Bak, "Cartels, cooperatives and corporativism: Getúlio Vargas in Rio Grande do Sul on the eve of Brazil's 1930 revolution", *HAHR*, 63(2): 255–275, 1983. A política do governo na agricultura e nas estradas de ferro é discutida por Eulália Lahmeyer Lobo, *História Político-Administrativa da Agricultura Brasileira, 1808–1889* (Rio de Janeiro, 1980). Pode-se encontrar uma análise do impacto das tarifas em Maria Teresa R. O. Versiani, "Proteção Tarifária e Crescimento

Industrial nos Anos 1906–12: O Caso da Cerveja", *Pesquisa e Planejamento Econômico*, Rio de Janeiro, 12(2), 1982. Um soberbo estudo das conseqüências do endividamento do Estado é Winston Fritsch, *External Constraints on Economic Policy in Brazil, 1889–1930* (Basingstoke, Eng., 1988). Ver também W. Fritsch & E. M. Modiano, "A Restrição Externa ao Crescimento Econômico: Uma Perspectiva de Longo Prazo", *Pesquisa e Planejamento Econômico*, 18(2), 1988, e Gustavo H. B. Franco, "Abertura Financeira e Crises, 1870–1900", in XVII Encontro Nacional de Economia, *Anais* (Belo Horizonte, 1988).

As obras reunidas dos diversos homens responsáveis pela política econômica do período foram publicadas. Ver: Leopoldo Bulhões, *Discursos Parlamentares* (Brasília, 1979); Serzedelo Correia, *O Problema Econômico do Brasil* (Brasília, 1980); Miguel Calmon, *Idéias Econômicas* (Brasília, 1980); Joaquim Murtinho, *Idéias Econômicas* (Brasília, 1980); e Jorge Street, *Idéias Sociais* (Brasília, 1980). Brasil, Ministério da Fazenda, Museu da Fazenda Federal, *Ministros da Fazenda, 1808–1983* (Rio de Janeiro, 1983) contém dados biográficos e econômicos.

Eulália Lahmeyer Lobo, *História do Rio de Janeiro, do Capital Comercial ao Capital Industrial e Financeiro*, 2 vols. (Rio de Janeiro, 1978) estuda aspectos econômicos da urbanização, com dados importantes sobre preços e salários. Outro valioso estudo urbano, que se concentra na tributação e no crescimento, é Nelson H. Nozoe, *São Paulo: Economia Cafeeira e Urbanização, 1889–1933* (São Paulo, 1984). A diversidade regional é estudada em Antônio Barros de Castro, *Sete Ensaios Sobre a Economia Brasileira*, 2 vols. (Rio de Janeiro, 1971); David Denslow, "As Origens da Desigualdade Regional no Brasil", *Estudos Econômicos* (1973); e Nathaniel Leff, *Underdevelopment and Development in Brazil*, 2 vols. (London, 1982).

Os estudos macroeconômicos começam com O. Dias Carneiro, "Past trends in the economic evolution of Brazil, 1920–1965" (mimeo, Cambridge, Mass., 1966). Pode-se encontrar importantes estimativas do produto nacional bruto em C. Contador & C. Haddad, "Produto Real, Moeda e Preços: A Experiência Brasileira no Período 1861–1970", *Revista Brasileira de Estatística* (1975); em Claudio Haddad, *Crescimento do Produto Real no Brasil* (Rio de Janeiro, 1978); e em Leff, *Underdevelopment and Development*, que traz junto ensaios anteriores. Sobre as condições de comércio, ver R. Gonçalves & A. Coelho, "Tendências dos Termos-de-troca: A Tese de Prebisch e a Economia Brasileira, 1850–1979", *Pesquisa e Planejamento Econômico*, 12(2), 1982. A inflação recebeu menor atenção dos historiadores do que se poderia supor, assumindo a atração do presentismo. Ver Oscar Onody, *A Inflação Brasileira, 1820–1958* (Rio de Janeiro, 1960), um estudo pioneiro; Mário Henrique Simonsen, *A Experiência Inflacionária no Brasil* (Rio de Janeiro, 1963); Mircea Buescu, *300 Anos de Inflação* (Rio de Janeiro, 1973); e Paulo Neuhaus, "A Inflação Brasileira em Perspectiva Histórica", *RBE*, 32, 1978.

O estudo clássico da política monetária é J. Pandiá Calógeras, *A Política Monetária do Brasil* (1910; São Paulo, 1960). A primeira obra erudita sobre o assunto foi Dorival Teixeira Vieira, *Evolução do Sistema Monetário Brasileiro* (1947; São Paulo, 1981). Paulo Neuhaus, *História Monetária do Brasil* (Rio de Janeiro, 1975) e Carlos Manuel Peláez & Wilson Suzigan, *História Monetária do Brasil*, 2. ed., rev. e amp. (Rio de Janeiro, 1981) são obras recentes com preocupações teóricas. O surto de especulação que acompanhou a instalação do governo republicano é analisado por Luiz Antonio Tannuri, *O Encilhamento* (São Paulo, 1981) e por Gustavo H. B. Franco, *Reforma Monetária e Instabilidade Durante a Transição Republicana* (Rio de Janeiro, 1983). As tentativas posteriores de julgar a influência das taxas de câmbio estão em "Taxa de Câmbio e Oferta de moeda – 1880–1897: Uma Análise Econométrica", *RBE*, 40(1), 1986. Eliana Cardoso estuda a questão num período mais longo: "Desvalorização Cambial, Indústria, e Café: Brasil 1862–1906", *RBE*, 35(2), 1981. Ver também um estudo de crise anterior: Maria T. Ferraz Negrão de Lima, "1875: Crise na Praça do Rio de Janeiro", *Anais do Museu Paulista*, 34, 1985.

A lucratividade da escravidão no seu estágio final é estudada em Leff, *Underdevelopment and Development*; em H. O. Portocarrero, "Viabilidade Econômica de Escravidão no Brasil, 1880–1888", *RBE*, 27(1), 1973; e em Jaime Reis, "Abolition and the economics of slavery in northeastern Brazil", *BELC*, 17, 1974. Teoricamente importantes são Robert Slenes, "The demography and economics of Brazilian slavery: 1850–1888" (tese de Ph. D., inédita, Stanford University, 1975) e Pedro Carvalho de Melo, *A Economia de Escravidão nas Fazendas de Café, 1850–1888* (Rio de Janeiro, 1984). Uma coletânea valiosa é a edição especial de *Estudos Econômicos* dedicada à escravidão: 13(1), 1983. Estudos regionais sobre a transição da mão-de-obra revelam contrastes consideráveis: ver Vilma P. F. Almada, *Escravismo e Transição: O Espírito Santo, 1850–1888* (Rio de Janeiro, 1984); Diana S. de Galliza, *O Declínio da Escravidão na Paraíba (1850–1888)* (João Pessoa, Paraíba, 1979). E veja-se especialmente Amilcar Martins Filho & Roberto B. Martins, "Slavery in a non-export economy: Nineteenth-century Minas Gerais revisited", *HAHR*, 63(3):537–568, 1983, que sugere que as exportações não eram essenciais para manter a escravidão brasileira. Uma valiosa coletânea que contém alguns ensaios de interesse econômico é Antônio Barros de Castro (ed.), *Trabalbo Escravo, Economia e Sociedade* (Rio de Janeiro, 1983).

A transição do trabalho escravo para o assalariado foi muito analisada, especialmente o fenômeno da imigração européia. O estudo essencial do crescimento populacional e da mobilidade é T. W. Merrick & D. H. Graham, *Population and Economic Development in Brazil, 1808 to the Present* (Baltimore, 1979). Ver também IV Simpósio Nacional dos Professores Universitários de História, *Anais*: *Colonização e Migração* (São Paulo, 1969) e Chiara Vangelista, *Le braccia per la fazenda: Immigranti e caipiras nella formazione del mercato del lavoro paulista (1850–1930)* (Milano, 1982). Além de sua obra *Immigrants on the Land*, Thomas Holloway contribui com ensaios sobre esse assunto em D. Alden & W. Dean (eds.), *Essays in the Socioeconomic History of Brazil and Portuguese India* (Gainesville, Fla., 1979) e Duncan & Rutledge (eds.), *Land and Labour*. Importante também é Michael Hall, "The origins of mass immigration in Brazil 1871–1914" (tese de Ph. D., inédita, Columbia University, 1969). Verena Stolcke demonstra a importância dos salários da família em *Coffee Planters, Workers and Wives; Class Conflict and Gender Relations on São Paulo Plantations, 1850–1980* (New York, 1988). A integração dos imigrantes num sistema industrial é discutido por Francisco Foot Hardman, *História da Indústria e do Trabalho no Brasil* (São Paulo, 1982).

Uma preocupação da historiografia econômica brasileira tem sido traçar as origens do capital aplicado no setor de exportações. Alcir Lenharo, *As Tropas da Moderação* (São Paulo, 1979) mostra a transferência de recursos do comércio interno nos primeiros estágios do ciclo do café. A oferta urbana de alimentos é estudada em Maria Yedda Leite Linhares, *História do Abastecimento, uma Problemática em Questão, 1530–1918* (Brasília, 1979) e em M. Y. Leite Linhares & F. C. Teixeira da Silva, *História Política do Abastecimento* (Brasília, 1979). As questões dos direitos da terra, a alienação das terras públicas, e a reforma da terra são analisadas por Maria Teresa Schorer Petrone, *O Imigrante e a Pequena Propriedade, 1824–1930*, 2. ed. (São Paulo, 1984); e por Luíza H. Schmitz Kliemann, *RG [Rio Grande do Sul]: Terra e Poder; História da Questão Agrária* (Porto Alegre, 1986).

Sobre o investimento externo e o comércio exterior nesse período, ver Leff, *Underdevelopment and Development*; Graham, *Britain and the Onset of Modernization*; Ana Célia Castro, *As Empresas Estrangeiras no Brasil,*

1860–1913 (Rio de Janeiro, 1979); e Victor Valla, *A Penetração Norte-americana na Economia Brasileira* (Rio de Janeiro, 1978). Ver ainda B. R. Magalhães, "Investimentos Ingleses no Brasil e o Banco Londrino e Brasileiro", *Revista Brasileira de Estudos Políticos*, 49, 1979; R. Fendt, "Investimentos Ingleses no Brasil, 1870–1913, uma Avaliação da Política Brasileira", *RBE*, 31, 1977; e R. F. Colson, "European investment and the Brazilian 'boom', 1886–1892", *I-AA*, 9(3–4), 1983. R. Greenhill, "The Brazilian coffee trade", em D. C. M. Platt (ed.), *Business Imperialism 1840–1930* (Oxford, 1978), contesta a tese do neo-imperialismo. Maria da Guia Santos apresenta grande número de dados sobre as ligações alemãs em *Aussenhandel und industrielle Entwicklung brasiliens unter besonderer Berücksichtigung der Beziehungen zu Deutschland (1889–1914)* (München, 1984). Emily Rosenberg, "Anglo-American economic rivalry in Brazil during World War I", *Diplomatic History*, 2, 1978, fornece diversas idéias sobre o aumento da influência dos EUA. Richard Graham, "A British industry in Brazil: Rio Flour Mills, 1886–1920", *Business History*, 17(1), 1966, examina os maiores investimentos ingleses na manufatura na época e demonstra as dificuldades de controlar as firmas de ultramar antes da Primeira Guerra Mundial. Marshall C. Eakin fornece uma análise detalhada da empresa de mineração mais importante: *British Enterprise in Brazil: The St. John d'el Rey Mining Company* (Durham, N. C., 1989).

Além desses estudos de firmas de propriedade de estrangeiros, as companhias foram pouco estudadas. Uma exceção é Gerald Dinu Reiss, "O Crescimento da Empresa Industrial na Economia Cafeeira", *Revista de Economia Política*, 3(2), 1983, que discute as estratégias de Matarazzo. Ver também Alisson Mascarenhas Vaz, "A Indústria Têxtil em Minas Gerais", *Revista de História*, 56(3) 1977, e W. Dean, "A Fábrica São Luiz de Itu: Um Estudo de Arqueologia Industrial", *Anais de História*, 8, 1976. Pouquíssima coisa existe sobre a história econômica da agricultura. Ver Nadir Aparecida Cancián, *Cafeicultura Paranaense 1900/1970* (Curitiba, 1981) e Claudio Gontijo, "A Revolução Agrícola no Brasil: Singularidades do Desenvolvimento do Capitalismo na Agricultura Brasileira, 1850–1930" *Revista de Economia Política*, 8(2), 1988; Warren Dean, "The 'green wave' of coffee: Beginnings of tropical agricultural research in Brazil", *HAHR*, 69(1): 91–115, 1989. David Denslow, *Sugar Production in Brazil and Cuba, 1858–1908* (New York, 1987), ressalta as condições de cultivo. Sobre o setor extrativo, ver Barbara Weinstein, *The Amazon Rubber Boom, 1850–1920* (Stanford, Calif.,

1983). Warren Dean fornece uma explicação ecológica para o fracasso da cultura da borracha em *Brazil and the Struggle for Rubber* (New York, 1987).

O setor agrícola teve grande interesse, em grande parte, com relação à sua contribuição para o desenvolvimento da economia industrial. Antonio Delfim Netto afirmou que o mercado internacional, até 1906, permitiu os ganhos do Brasil com o comércio de café; ver *O Problema do Café no Brasil* (1958; São Paulo, 1979). Depois disso, os lucros do café foram mantidos de forma artificial e levantou-se a questão de saber se o desenvolvimento posterior foi estimulado pelo comércio do café ou pelas crises cíclicas. Warren Dean, *The Industrialization of São Paulo, 1880–1945* (Austin, Tex., 1969); W. Baer & A. Villela, "Industrial growth and industrialization: Revisions in the stages of Brazil's economic development", *Journal of Developing Areas*, 7(1), 1973; e C. M. Peláez, *História da Industrialização Brasileira* (Rio de Janeiro, 1972) dizem que a orientação para a exportação favoreceu a industrialização, enquanto uma visão contrária é defendida por Sérgio Silva, *Expansão Cafeeira e Origens da Indústria no Brasil* (São Paulo, 1976); por José de Souza Martins, "O Café e a Gênese da Industrializaqiio em São Paulo", *Contexto*, 3, 1977; e por Wilson Cano, *Raízes da Concentração Industrial em São Paulo*, 2. ed. (São Paulo, 1981). A tentativa de síntese de Albert Fishlow, "Origins and consequences of import substitution in Brazil" aparece em L. di Marco (ed.), *International Economics and Development* (New York, 1971). Um guia nessa disputa é Flávio A. M. de Saes, "A Controvérsia sobre a Industrialização na Primeira República", *Estudos Avançados*, 3(7), 1989. Saes dá sua própria contribuição em *A Grande Empresa de Serviços Públicos na Economia Cafeeira, 1850–1930* (São Paulo, 1986). Ver também Gabriel Bittencourt, *Café e Modernização: O Espírito Santo no Século XIX* (Rio de Janeiro, 1987) e Kit Sims Taylor, *Sugar and the Underdevelopment of Northeastern Brazil, 1570–1970* (Gainesville, Fla., 1978). Maurício Font, com seu estudo das mudanças na política de São Paulo causadas pelo aparecimento de um setor rural de *non-plantation*, dá um novo rumo à discussão: *Coffee, Contention and Change in the Making of Modern Brazil* (Cambridge, Mass., 1990). No plano federal, Amilcar Vianna Martins Filho não vê nenhum motivo econômico por trás da colaboração dominante de São Paulo e Minas Gerais: *A Economia Política do Café com Leite, 1900–1930* (Belo Horizonte, 1981). Ver também um interessante estudo local: Oswaldo Truzzi, *Café e Indústria: São Carlos (1850–1950)* (São Carlos, São Paulo, 1986).

Sobre a industrialização, ver Wilson Suzigan, *Indústria Brasileira: Origem e Desenvolvimento* (São Paulo, 1986) e *Indústria: Política, Instituições e Desenvolvimento* (Rio de Janeiro, 1978); F. R. Versiani & José Roberto Mendonça de Barros (eds.), *Formação Econômica do Brasil: A Experiência da Industrialização* (São Paulo, 1977); e Frédéric Mauro (ed.), *La préindustrialisation du Brésil* (Paris, 1984). Ver também F. R. Versiani, *Industrial Investment in an Export Economy: The Brazilian Experience Before 1914* (London, Institute of Latin American Studies working paper, 1979) e *A Década de 20 na Industrialização Brasileira* (Rio de Janeiro, 1987), que apareceu numa forma reduzida em "Before the depression: Brazilian industry in the 1920s", em Rosemary Thorp (ed.), *Latin America in the 1930s* (London, 1984). Ver também Dean, *The Industrialization of São Paulo.* Outros estudos notáveis da industrialização são Armen Mamagonian, "Notas sobre o Processo de Industrialização no Brasil", *Boletim do Departamento de Geografia da FFCL Presidente Prudente* (1969); Edgard Carone (ed.), *O Pensamento Industrial no Brasil, 1880–1945* (São Paulo, 1977), uma coletânea documental, e um estudo historiográfico de E. Salvadori de Decca, "O Tema da Industrialização: Política e História", *Tudo É História: Cadernos de Pesquisa*, 2, 1978. Um importante estudo setorial é Stanley J. Stein, *The Cotton Manufacture* (Cambridge, Mass., 1957). Ver também Francisco Magalhães Gomes, *História da Siderurgia no Brasil* (Belo Horizonte, 1983). Douglas Cole Libby, *Transformação e Trabalho em uma Economia Escravista: Minas Gerais no Século XIX* (São Paulo, 1988) apresenta valiosas informações sobre o trabalho com ferro, os têxteis e a mineração.

A história dos mercados de capital, serviços bancários e intermediários comerciais foi explorada por David Joslin em *A Century of Banking in Latin America* (London, 1963) e por F. A. Arinos de Melo Franco, *História do Banco do Brasil* (1947; Rio de Janeiro, 1973). Os dois estudos de Maria Bárbara Levy, *História dos Bancos Comerciais no Brasil* (Rio de Janeiro, 1972) e *História da Bolsa de Valores do Rio de Janeiro* (Rio de Janeiro, 1977) são valiosas contribuições institucionais. Joseph E. Sweigart fornece um retrato detalhado dos comissários de café, que modifica consideravelmente o entendimento atual da comercialização desse produto: *Coffee Factorage and the Emergence of Brazilian Capital Market, 1850–1888* (New York, 1987). Ver também Flávio A. M. de Saes, "Crédito e Desenvolvimento em Economias Agroexportadoras: O Caso de São Paulo, 1850–1930", *Revista do Instituto de Estudos Brasileiros*, 29, 1988.

Rubens de Borba de Moraes & William Berrien, *Manual de Estudos Brasileiros* (Rio de Janeiro, 1949), embora antiquado, ainda é o mais importante guia bibliográfico. Especificamente sobre o Império mas agora também um tanto antiquados são Stanley Stein, "The historiography of Brazil, 1808–1889", *HAHR*, 40(2): 234–278, 1960; George Boehrer, "Brazilian historical bibliography: Some lacunae and suggestions", *HAHR*, 11(2): 137–149, 1961, e "The Brazilian Republican Revolution, old and new views", *L–BR*, 3(2): 43–57, 1966. Uma análise mais recente da historiografia das últimas duas décadas do Império é Emilia Viotti da Costa, "Sobre as Origens da República", *Da Monarquia à República: Momentos Decisivos* (São Paulo, 1977), pp. 243–290.

Pode-se encontrar uma variedade de dados interessantes nos relatos de viajantes publicados no século XIX. Particularmente informativo e com muitas tabelas úteis é Santa-Anna Nery, *Le Brésil en 1889* (Paris, 1889). Igualmente relevante para o estudo da última década do Império é Louis Couty, *Le Brésil en 1884* (Rio de Janeiro, 1884); C. F. Van Delden Laerne, *Le Brésil et Java: Rapport sur la culture du café en Amérique, Asie, et Afrique (avec chartes, planches et diagrammes)* (Haia, 1885); Max Leclerc, *Cartas do Brasil* (São Paulo, 1942); e Alfred Marc, *Le Brésil, excursion à travers de ses 20 provinces* (Paris, 1890).

Os anos compreendidos entre 1870 e 1889 foram considerados anos de crise para as instituições monárquicas. As primeiras versões da queda do Império foram escritas ou por monarquistas ou por republicanos. Os primeiros superestimaram o papel dos militares no golpe de 1889, ao passo que os segundos enfatizaram o fracasso das instituições monárquicas e o sucesso da campanha republicana. Escrito de uma perspectiva republicana é José Maria Bello, *História da República, 1889–1954*, 4. ed. (São Paulo, 1959; trad. ingl.: *A History of Modern Brazil 1889–1954,* trans. by James L. Taylor, Stanford, Calif., 1966); de uma perspectiva monarquista, F. J. Oliveira Vianna, *O Ocaso do Império* (São Paulo, 1925) e Heitor Lyra, *História da Queda do Império*, 2 vols. (São Paulo, 1964). Nas décadas de 1940 e 1950 historiadores marxistas ofereceram uma nova interpretação: ver, por exemplo, Caio Prado Júnior, *Evolução Política do Brasil* (São Paulo, 1933) e Nelson Werneck Sodré, *Formação Histórica do Brasil* (Rio de Janeiro, 1944). Praticamente ignorado foi o estudo psicanalítico da queda do Império de autoria de Luis Martins, *O Patriarca e o Bacharel* (São Paulo, 1953), que se baseia no modelo geracional de Gilberto Freyre descrito em *Casa-Grande e Senzala: Formação da Família Brasileira* (Rio de Janeiro, 1936; trad. ingl.: *The Mansions and the Shanties*, trans. by Harriet de Onis, New York, 1963). Nas décadas de 1960 e 1970, a historiografia acadêmica fez importantes contribuições para a revisão de interpretações tradicionais. A melhor síntese desse período aparece numa obra coletiva publicada sob a direção de Sérgio Buarque de Holanda, *História Geral da Civilização Brasileira, II: O Brasil Monárquico*, 5 vols. (São Paulo, 1962–1972), especialmente o vol. 4, *Declínio e Queda do Império* e o vol. 5, *Do Império à República*. Embora a qualidade dos ensaios seja desigual e muitas vezes sejam deixadas as leitor as ligações entre as mudanças econômicas, sociais, políticas e ideológicas, esta é a síntese mais completa de que se dispõe. Bem informado mas um tanto caótico é João Camillo de Oliveira Torres, *A Democracia Coroada* (Rio de Janeiro, 1957), um livro escrito a partir de uma perspectiva conservadora. De um ponto de vista liberal ver Raymundo Faoro, *Os Donos do Poder: Formação do Patronato Político Brasileiro*, 2 vols. (São Paulo, 1975). Richard Graham, *Britain and the Onset of Modernization in Brazil (1850–1914)* (Cambridge, Eng., 1968) descreve diversas mudanças importantes que ocorreram na política e na sociedade brasileiras durante esse período e é a melhor síntese de que se dispõe em inglês.

Durante muito tempo a história do Brasil foi encarada como a história de senhores e escravos. Os historiadores ignoraram a população de pequenos fazendeiros, colonos e parceiros que constituem a grande maioria da população no século XIX. Mais recentemente, esses grupos foram tema de vários estudos. Alguns dos problemas mais importantes que a população livre enfrentou são discutidos em Maria Sylvia de Carvalho Franco, *Homens Livres na Ordem Escravocrata* (São Paulo, 1969) e Hebe Maria Mattos de Castro, *Ao Sul da História: Lavradores Pobres na Crise do Trabalho Escravo* (São Paulo, 1987). Particularmente interessante é G. I. Joffley, "O Quebraquilos, a Revolta dos Matutos contra os Doutores", *Revista de História*, 34: 69–145, 1978. Ver também Roderick Barman, "The Brazilian peasantry reexamined: The implications of the Quebra-Quilos revolt (1874–1875)", *HAHR*, 7(3): 401–425, 1977. Armando Souto Maior, *Quebra-Quilos: Lutas Sociais no Outono do Império* (São Paulo, 1978) examina a Revolta Quebra-quilos como uma expressão das tensões de classe e desarranjos sociais no Nordeste brasileiro causados pelo impacto do desenvolvimento capitalista no sertão. Chega a conclusão semelhante em seu estudo sobre os Muckers Janaína Machado, *Conflito Social no Brasil: A Revolta dos Muckers: Rio Grande do Sul (1868–1878)* (São Paulo, 1978).

A história do trabalho é relativamente nova no Brasil. Por longo tempo a história dos trabalhadores esteve nas mãos de militantes e sociólogos políticos mais interessados no movimento trabalhista no século XX. Conseqüentemente, a classe trabalhadora que apareceu no século XIX recebeu pouca atenção. Edgard Carone, *Movimento Operário no Brasil (1877–1944)* (São Paulo, 1979) é uma coletânea de documentos. Estamos aguardando estudos sobre as condições de vida dos trabalhadores, suas formas de organização e sua participação no sistema político. Podemos encontrar as mesmas lacunas no estudo das manifestações urbanas e dos motins que se multiplicaram quase no final do século XIX. Sandra Lauderdale Graham, "The vintem riot and political culture: Rio de Janeiro, 1880", *HAHR*, 60(2): 431–450, 1980, mostra as muitas possibilidades que o estudo dessas multidões urbanas oferece. Outro grupo que aguarda um historiador são os *capoeiras* – negros livres e mulatos, e talvez alguns escravos, que ameaçavam a população urbana do Rio de Janeiro e que parecem ter desempenhado um papel importante na vida política dos últimos anos do Império, particularmente na campanha abolicionista. Também as mulheres não receberam muita atenção. Num artigo pioneiro, várias organizações criadas pelas mulheres das classes média e alta nas últimas décadas do Império por June Hahner, "Feminism, women's rights and the suffrage movement in Brazil", *LARR*, 16(1): 41–64, 1980. Ver também Sandra Lauderdale Graham, *House and Street: The Domestic World of Servants and Masters in Nineteenth Century Rio de Janeiro* (Cambridge, Eng., 1988).

O melhor estudo da urbanização é Paul Singer, *Desenvolvimento Econômico e Evolução Urbana* (São Paulo, 1968). Ver também Richard Morse, "Cities and societies in nineteenth century Latin America: The illustrative case of Brazil" em R. Schaedel, J. Hardoy & N. S. Kinzer (eds.), *Urbanization in the Americas from Its Beginnings to the Present* (Haia, 1978). Numa perspectiva diferente, ver Emilia Viotti da Costa, "Urbanização no Brasil no Século XIX" em *Da Monarquia à República*, e "Town and country", in *The Brazilian Empire: Myths and Histories* (Chicago, 1985). Sobre a imigração, ver adiante ensaio bibliográfico n. 16.

Pode-se encontrar uma descrição das instituições políticas em Oliveira Torres, *A Democracia Coroada*; Buarque de Holanda, *História Geral da Civilização Brasileira, II: O Brasil Monárquico*, vols. 4 e 5; Faoro, *Os Donos do*

Poder; e Nestor Duarte, *A Ordem Privada e a Organização Política Nacional* (São Paulo, 1938). Muitas instituições foram objeto de estudos específicos. O Senado é estudado em Beatriz Westin Cerqueira Leite, *O Senado nos Anos Finais do Império, 1870–1889* (Brasília, 1978), que suplanta A. E. Taunay, *O Senado do Império* (São Paulo, 1941). Com relação à Câmara, A. E. Taunay, *A Câmara dos Deputados* (São Paulo, 1950) continua valioso. O Conselho de Estado é examinado em Fernando Machado, *O Conselho de Estado e sua História no Brasil* (São Paulo, 1972).

O melhor estudo sobre os partidos e as elites políticas é José Murilo de Carvalho, "Elite and state building in imperial Brazil" (tese de Ph. D., inédita, Stanford University, 1974). A primeira parte, revista e ampliada, foi publicada em *A Construção da Ordem: A Elite Política Imperial* (Rio de Janeiro, 1980), e a segunda, também revisada e ampliada, em *Teatro de Sombras: A Política Imperial* (Rio de Janeiro, 1988). Ver também do mesmo autor, "A Composição Social dos Partidos Políticos Imperiais", *Cadernos do Departamento de Ciências Políticas*, Faculdade de Filosofia e Ciências Humanas da Universidade Federal de Minas Gerais, 2: 1–34, 1974, e "Political elites and state building: The case of nineteenth–century Brazil", *CSSH*, 24(3):, 1982. Carvalho revê muitas idéias tradicionais que predominaram na literatura. Para o estudo das elites imperiais, ver também Olavo Brasil de Lima, Jr., & Lúcia Maria de Klein, "Atores Políticos do Império", *Dados*, 7: 62–88, 1970, e Ron L. Seckinger & Eul-Soo Pang, "The mandarins of imperial Brazil", *CSSH*, 9(2), 1972. Para um estudo do sistema político-partidário de um ponto de vista jurídico, continua valioso Afonso Arinos de Melo Franco, *História e Teoria do Partido Político no Direito Constitucional Brasileiro* (Rio de Janeiro, 1948).

Embora não disponhamos de estudos monográficos sobre os dois partidos principais, existem diversos estudos do Partido Republicano. George Boehrer, *Da Monarquia à República: História do Partido Republicano no Brasil, 1870–1889* (Rio de Janeiro, 1954), é a principal fonte para o estudo do partido no plano nacional. Com relação ao estudo do partido em São Paulo, ver Emilia da Costa Nogueira, "O Movimento Republicano em Itu: Os Fazendeiros do Oeste Paulista e os Pródromos do Movimento Republicano", *Revista de História*, 20: 379–405, 1954, e José Maria dos Santos, *Bernardino de Campos e o Partido Republicano Paulista: Subsídios para a História da República* (Rio de Janeiro, 1960). A posição ambígua do Partido Republicano Paulista com respeito à abolição foi descrita por José Maria dos Santos, *Os Republicaanos Paulistas e a Abolição* (São Paulo, 1942). Nícia Vilela Luz, "O

Papel das Classes Médias Brasileiras no Movimento Republicano", *Revista de História*, 28(57): 213–228, 1964, chama a atenção para o importante papel desempenhado pelos filhos das elites tradicionais que perderam *status*. Dois estudos analisaram a participação política nas últimas décadas do Império: Joseph Love, "Political participation in Brazil, 1881–1969", *L–BR*, 7(2): 3–24, 1970, e Maria Antonieta de A. G. Parahyba, "Abertura Social e Participação Política no Brasil, 1870–1920", *Dados*, 7: 89–92, 1970.

São necessárias muitas outras investigações antes que possamos entender a sociologia do comportamento eleitoral durante o Império. Enquanto isso, vários estudos foram pulbicados sobre o sistema de patrocínio. O estudo mais completo ainda é Faoro, *Os Donos do Poder*. Pode ser complementado por Simon Schwartzman, "Regional cleavages and political patriarchalism in Brazil" (tese de Ph. D., inédita, University of California, Berkeley, 1973). Um estudo recente e importante do patrocínio político durante o Império é Richard Graham, *Patronage and Politics in Nineteenth Century Brazil* (Stanford, Calif., 1990). Uma descrição vívida do sistema de clientela e patrocínio é encontrado em Maria Isaura Pereira de Queiroz, *O Mandonismo Local na Vida Política Brasileira* (São Paulo, 1969), reimpresso a partir do ensaio original publicado na revista *Anhembi*, São Paulo, 24(6), 1956–1957. A administração no âmbito local numa província é analisada em Francisco Iglésias, *Política Econômica do Governo Provincial Mineiro, 1835–1889* (Rio de Janeiro, 1958).

As ligações formais e informais entre os homens de negócio e os políticos necessitam de mais pesquisas. Os artigos publicados por Eugene W. Ridings apontam na direção correta. São particularmente interessantes "Elite conflicts and cooperation in the Brazilian Empire: The case of Bahian businessmen and planters", *L–BR*, 12(1): 80–99, 1975; "The merchant elite and the development of Brazil during the Empire", *JIAS*, 15, 1973; "Class sector unity in an export economy: The case of nineteenth-century Brazil", *HAHR*, 58(3): 432–450, 1978; e "Internal groups and development: The case of Brazil in the nineteenth century", *JLAS*, 9(2): 225–250, 1977. E ainda temos muito a aprender sobre o papel político dos grupos econômicos, os laços de família e a importância do patrocínio na determinação da filiação partidária e no desempenho do partido. No entanto, veja-se Richard Graham, *Patronage and Politics*, mencionado acima. A leitura das biografias de importantes figuras políticas fornece interessantes informações. São particularmente úteis Joaquim Nabuco, *Um Estadista do Império: Nabuco de Araújo, sua Vida, suas*

Opiniões e sua Época, 3 vols. (São Paulo, 1936); Luís Viana Filho, *A Vida de Rui Barbosa* (São Paulo, 1965); Hermes Vieira, *Ouro Preto, o Homem e a Época* (São Paulo, 1948); José Wanderley Pinho, *Cotegipe e seu Tempo* (São Paulo, 1937); João Craveiro Costa, *O Visconde de Sinimbu, sua Vida e sua Atuação na Política Nacional, 1840–1889* (São Paulo, 1937); Luís Viana Filho, *A Vida de Joaquim Nabuco* (São Paulo, 1944); José Antônio Soares de Souza, *A Vida do Visconde de Uruguai, 1807–1866* (São Paulo, 1944); Luís Viana Filho, *A Vida do Barão do Rio Branco* (Rio de Janeiro, 1959). A melhor biografia de Pedro II é Heitor Lyra, *História do Imperador Pedro II*, 3 vols. (São Paulo, 1938–1940). Em inglês, ver Mary Wilhelmine Williams, *Dom Pedro the Magnanimous* (Chapel Hill, N. C., 1937).

Alguns políticos do Império publicaram suas memórias. São particularmente interessantes Afonso Celso, *Oito Anos de Parlamento* (São Paulo, n.d.); Alfredo d'Escragnolle Taunay, *Memórias* (Rio de Janeiro, 1960), *Homens e Coisas do Império* (São Paulo, 1924), e *Cartas Políticas* (Rio de Janeiro, 1889); Albino José Barbosa de Oliveira, *Memórias de um Magistrado do Império* (São Paulo, 1943); Júlio Belo, *Memórias de um Cavalcanti: Trechos de um Livro de Assentos de Felix Cavalcanti de Albuquerque e Melo (1821–1901)* (São Paulo, 1940); Visconde de Mauá, *Autobiografia (Exposição aos Credores e ao Público Seguida de o Meio Circulante no Brasil)* (Rio de Janeiro, 1942). Igualmente interessante é a correspondência trocada entre figuras políticas ou intelectuais. São particularmente relevantes para esse período Raymundo de Menezes (ed.), *Cartas e Diário de José de Alencar* (São Paulo, 1967); José Honório Rodrigues (ed.), *Correspondência de Capistrano de Abreu*, 3 vols. (Rio de Janeiro, 1954–1956); *Correspondência de Machado e Joaquim Nabuco* (São Paulo, 1933); Raymundo de Magalhães (ed.), *D. Pedro II e a Condessa do Barral* (Rio de Janeiro, 1956); José Wanderley de Araújo Pinho (ed.), *Cartas do Imperador D. Pedro II ao Barão de Cotegipe* (São Paulo, 1933); *Correspondência entre D. Pedro II e o Barão do Rio Branco (1889–1891)* (São Paulo, 1957). Essas duas últimas publicações constituem fontes importantes para o estudo da visão do sistema brasileiro pelo imperador. Mais relevante a esse respeito é D. Pedro II, *Conselhos à Regente*, introdução e notas de J. C. de Oliveira Torres (Rio de Janeiro, 1958).

A abolição da escravidão atraiu a atenção de muitos estudiosos. A bibliografia mais completa de que se dispõe é Robert Conrad, *Brazilian Slavery: An Annotated Research Bibliography* (Boston, 1977). Conrad é o autor também do estudo mais completo que existe em inglês, *The Destruction of*

Brazilian Slavery 1850–1889 (Berkeley, 1971). Com relação a uma abordagem diferente, ver Robert Toplin, *The Abolition of Slavery in Brazil* (New York, 1972). Existem dois ensaios que analisam as causas do declínio gradual e da abolição final da escravidão no Brasil nesse período: Richard Graham, "Causes of the abolition of negro slavery in Brazil: An interpretive essay", *HAHR*, 46(2), 1966, e Leslie Bethell, "The decline and fall of slavery in nineteenth-century Brazil", *Transactions of the Royal Historical Society*, 6th series, vol. I (1991). Emilia Viotti da Costa, *Da Senzala à Colônia* (São Paulo, 1966; 2. ed., 1982) continua sendo o estudo mais abrangente do processo de transição do trabalho escravo para a mão-de-obra livre no Brasil. Ver também Emilia Viotti da Costa, "Masters and slaves: From slave labor to free labor", em *The Brazilian Empire*. Uma interessante obra mais recente é Sidney Chalhoub, *Visões da Liberdade: Uma História das Últimas Décadas da Escravidão na Corte* (São Paulo, 1990). Sobre a lucratividade da escravidão em seu estágio final, ver o ensaio bibliográfioco anterior. Ainda não existe uma exposição satisfatória das origens, aprovação e conseqüências da lei do ventre livre de 1871 e a tentativa, especialmente com a lei de 1879, de estruturar um "mercado do trabalho livre". Mas veja-se Ademir Gebara, *O Mercado de Trabalbo Livre no Brasil (1871–1888)* (São Paulo, 1986) e Maria Lúcia Lamounier, *Da Escravidão ao Trabalho Livre: A Lei de Locação de Serviços de 1879* (Campinas, 1988). Apesar dos muitos estudos sobre a abolição, ainda não temos informações sobre as raízes populares do abolicionismo. Evaristo de Morais, *A Campanha Abolicionista (1879–1888)* (Rio de Janeiro, 1924) continua útil a esse respeito. Os *caifazes*, uma organização abolicionista que atuou em São Paulo, foram examinados por Alice Barros Fontes, "A Prática Abolicionista em São Paulo: Os Caifazes, 1882–1888" (tese de mestrado, inédita, Universidade de São Paulo, 1976). Paula Beiguelman, *Teoria e Ação no Pensamento Abolicionista* (São Paulo, 1962) chamou atenção para a importância dos mecanismos políticos na abolição da escravidão. Richard Graham em "Landowners and the overthrow of the Brazilian monarchy", *L-BR*, 7(2): 44–56, 1970, analisa o impacto do abolicionismo e da abolição sobre os fazendeiros. Ver também Eul-Soo Pang, "Modernization an slavocracy in nineteenth century Brazil", *Journal of Interdisciplinary History*, 4(4), 1979.

As relações entre a Igreja e o Estado são analisadas em George Boehrer, "The church in the second reign, 1840–1889", em Henry Keith & S. F. Edwards (eds.), *Conflict and Continuity in Brazilian Society* (Columbia, S. C., 1963), pp. 113–140; George Boehrer, "The church and the overthrow of the Brazilian monarch", *HAHR*, 48(3): 380–401, 1968; e Mary C. Thornton, *The Church and Freemasonry in Brazil, 1872–75* (Washington, D. C., 1948). Ver também David Gueirós Vieira, "Protestantism and the religious question in Brazil, 1855–1875" (tese de Ph. D., inédita, American University, Washington, D. C., 1972); Antônio Carlos Villaça, *A História da Questão Religiosa no Brasil* (Rio de Janeiro, 1974); Nilo Pereira, *Conflicto entre Igreja e Estado* (Recife, 1976); e Antônio Carlos Villaça, *O Pensamento Católico no Brasil* (Rio de Janeiro, 1975). Para entender o comportamento da elite durante o conflito, existem informações interessantes em Joaquim Nabuco, *Um Estadista do Império*.

Há quatro ensaios importantes sobre o papel dos militares brasileiros na proclamação da República: John Schulz, "O Exército e o Império", em Buarque de Holanda (ed.), *História Geral de Civilização Brasileira*, II, vol. 4, pp. 235–249; W. S. Dudley, "Institutional sources of officer discontent in the Brazilian army, 1870–1889", *HAHR*, 55(1): 44–65, 1975, e "Professionalisation and politicisation as motivational factors in the Brazilian army coup of 15 November 1889", *JLAS*, 8(1): 101–125, 1976; e June Hahner, "The Brazilian armed forces and the overthrow of the monarchy: Another perspective", *TA*, 26(2): 171–182, 1969. Para uma análise mais teórica, ver Fredrick Nunn, "Military professionalism and professional militarism in Brazil, 1870–1970: Historical perspectives and political implications", *JLAS*, 4(6): 29–54, 1972. Um estudo mais detalhado do exército durante o Império é John Schulz, "The Brazilian army in politics, 1850–1894" (tese de Ph. D., inédita, Princeton University, 1973). Nelson Werneck Sodré, *História Militar do Brasil* (Rio de Janeiro, 1968) também é informativo. Alguns estudos biográficos que focalizam importantes figuras do exército acrescentam detalhes interessantes: por exemplo, Raymundo de Magalhães, *Deodoro e a Espada contra o Império* (Rio de Janeiro, 1957), uma biografia do general que liderou o golpe de novembro de 1889. Existe um estudo biográfico de Deodoro em inglês: Charles Willis Simmons, *Marshal Deodoro and the Fall of Dom Pedro II* (Durham, N. C., 1966). A personalidade intrigante de Benjamin Constant e seu papel como republicano e como positivista são estudados por Raymundo Teixeira Mendes, *Benjamin Constant*, 2. ed. (Rio de Janeiro, 1913). A hostilidade com que alguns monarquistas leais avaliaram os militares e seu papel na derrubada do Império está bem documentada em Visconde de Ouro Preto, *Advento da Ditadura Militar no Brasil* (Paris, 1891) e Eduardo Prado, *Fastos da Ditadura Militar no Brasil* (São Paulo, 1902). Essa visão pouco simpática foi mantida viva nas obras de historiadores como Oliveira Vianna, que não escondeu sua identificação com a monarquia e as instituições monárquicas. Para um ponto de vista oposto dever-se-ia consultar A. Ximeno de Villeroy, *Benjamin Constant e a Política Republicana* (Rio de Janeiro, 1928). E para uma discussão mais equilibrada, ver Emilia Viotti da Costa, "A Proclamação da República" em *Da Monarquia à República* e "The fall of the monarchy" em *The Brazilian Empire.*

Antonio Candido de Mello e Souza, *Formação da Literatura Brasileira*, 2. ed., 2 vols. (São Paulo, 1964) traz em apêndice breves biografias dos mais importantes escritores desse período. É útil também José Aderaldo Castello, *Presença da Literatura Brasileira: História e Antologia*, 3 vols. (São Paulo, 1964). Para uma visão geral da história das idéias a melhor fonte é João Cruz Costa, *História das Idéias no Brasil* (Rio de Janeiro, 1956; trad. ingl. de Suzette Macedo, *A History of Ideas in Brazil*, Berkeley, 1964). Diversos livros foram publicados sobre o positivismo no Brasil. A maioria deles associaram as classes médias e o positivismo. Um característico é Robert Nachman, "Positivism, modernization and the Brazilian middle-class", *HAHR*, 57(1): 1–23, 1977. A fonte mais confiável publicada em português é Ivan Lins, *História do Positivismo no Brasil* (São Paulo, 1964). Ver ainda João Camillo de Oliveira Torres, *O Positivismo no Brasil* (Petrópolis, 1952). Com relação a um exame crítico do liberalismo, ver Maria Stella Martins Bresciani, "Liberalismo, Ideologia e Controle Social", 2 vols. (tese de doutorado, inédita, Universidade de São Paulo, 1976). Sobre a idéia de uma república, ver José Murilo de Carvalho, *A Formação das Almas: O Imaginário da República no Brasil* (São Paulo, 1990).

O problema da dependência cultural e as contradições geradas pela importação de idéias européias, discutidas primeiramente por Nelson Werneck Sodré, *Ideologia do Colonialismo: Seus Reflexos no Pensamento Brasileiro* (Rio de Janeiro, 1961), tornaram-se o tema de importante controvérsia com a publicação do ensaio de Roberto Schwarz, "As Idéias Fora do Lugar", *Estudos Cebrap*, 3: 151–161, 1973, mais tarde reproduzido e expandido em seu estudo de Machado de Assis, *Ao Vencedor as Batatas* (São Paulo, 1977; trad. ingl.: *Misplaced Ideas*, London, 1992). Aplicando ao estudo das idéias o modelo da "teoria da dependência", Schwarz notou uma contradição entre a ideologia do patrocínio característica da sociedade brasileira e o liberalismo europeu. Essa contradição foi negada em Maria Sylvia de Carvalho Franco, "As Idéias Estão no Lugar", *Debates*, 1976.

A ideologia racial brasileira é analisada em Thomas Skidmore, *Black into White: Race and Nationality in Brazilian Thought* (New York, 1974), que inclui uma extensa bibliografia sobre os diversos aspectos da sociedade brasileira durante o Império e a Primeira República. Ver também Thomas Skidmore, "Racial ideas and social policy in Brazil, 1870–1940", em Richard Graham (ed.), *The Idea of Race in Latin America, 1870–1940* (Austin, Tex., 1990). Para uma interpretação diferente, ver Emilia Viotti da Costa, "The myth of racial democracy: The legacy of the Empire", em *The Brazilian Empire.*

Poucos estudos foram publicados sobre as instituições culturais. Para uma visão geral, ver Fernando de Azevedo, *A Cultura Brasileira: Introdução ao Estudo da Cultura no Brasil,* 2. ed. (São Paulo, 1944; trad. ingl.: *Brazilian Culture, an Introduction to the Study of Culture in Brazil,* trans. by William Rex Crawford, New York, 1950). Mais específico é Robert Havighurst & Roberto Moreira, *Society and Education in Brazil* (Pittsburgh, Pa., 1965). A Faculdade de Direito de São Paulo, que foi a incubadora da maioria dos políticos profissionais do Império, foi tema de dois livros importantes: *A Academia de São Paulo: Tradições e Reminiscências,* 9 vols. (São Paulo, 1906–1909), e Spencer Vampré, *Memórias para a História da Academia de São Paulo,* 2 vols. (São Paulo, 1924). Maria de Lourdes Marioto Haidar examina o sistema escolar secundário em seu livro *O Ensino Secundário no Império Brasileiro* (São Paulo, 1972). Pode-se encontrar valiosas informações sobre o debate em torno da criação da universidade no século XIX em Roque Spencer Maciel de Barros, *A Ilustração Brasileira e a Idéia de Universidade* (São Paulo, 1959).

16. Brasil: Estrutura Social e Política da Primeira República, 1889–1930

Sobre a bibliografia do Brasil durante o período de 1889 a 1930, ver Thomas E. Skidmore, "The historiography of Brazil, 1889–1964", *HAHR,* 55(4): 716–748, 1975, e 56(1): 81–109, 1976 e Angela de Castro Gomes & Marieta de Moraes Ferreira, "Primeira República: Um Balanço Historiográfico", *Estudos Históricos,* 4: 244–280, 1989. Uma análise das modernas tendências na historiografia brasileira, na qual são feitas referências às obras escritas no período de 1889 a 1930, pode ser encontrada em José Roberto do Amaral Lapa, *A História em Questão* (Petrópolis, 1976).

Uma história geral do período é Boris Fausto (ed.), *História Geral da Civilização Brasileira, III: Brasil Republicano*, vols. 1 e 2 (São Paulo, 1977). Ver ainda três livros valiosos de Edgard Carone: *A República Velha: Instituições e Classes Sociais* (São Paulo, 1970), *A República Velha: Evolução Política* (São Paulo, 1971) e uma coletânea de documentos, *A Primeira República, 1889–1930: Texto e Contexto* (São Paulo, 1969). Entre os estudos mais antigos, são dignos de observação particular José Maria Bello, *História da República, 1889–1954*, 4. ed. (São Paulo, 1959; trad. inglesa de James L. Taylor, *A History of Modern Brazil, 1889–1954*, Stanford, Calif., 1966); e Leôncio Basbaum, *História Sincera da República*, 4 vols. (São Paulo, 1962–1968). Sobre a relação entre a sociedade agrária e o processo de modernização autoritária, ver Elisa M. Pereira Reis, "The agrarian roots of authoritarian modernization in Brazil, 1880–1930" (tese de Ph. D., inédita, Massachusetts Institute of Technology, 1979). A natureza classista do Estado é tema da obra de Décio Saes, *A Formação do Estado Burguês no Brasil, 1889–1891* (São Paulo, 1987). Steven Topik, *The Political Economy of the Brazilian State, 1889–1930* (Austin, Tex., 1987) analisa o papel francamente intervencionista do Estado na economia.

Poucos estudiosos tentaram uma análise global do sistema e dos processos políticos do período. O mais notável é Maria do Carmo Campello de Souza, "O Processo Político-partidário na Primeira República", em Carlos Guilherme Mota (ed.), *Brasil em Perspectiva* (São Paulo, 1968), pp. 181–252. Ver também Joseph L. Love, "Political participation in Brazil, 1881–1969", *L-BR*, 7(2): 3–24, 1970; e Maria Antonieta de A. G. Parahyba, "Abertura Social e Participação Política no Brasil, 1870–1920", *Dados*, 7: 89–102, 1970. Uma análise que enfatiza a "política dos governadores" pode ser encontrada em Renato Lessa, *A Invenção Republicana* (Rio de Janeiro, 1988). Um estudo geral do sistema eleitoral e da participação política, que contém alguns capítulos sobre o período 1889–1930 é Maria D'Alva Gil Kinzo, *Representação Política e Sistema Eleitoral no Brasil* (São Paulo, 1980). Existem estudos sobre os partidos políticos, exceto o Partido Comunista (sobre o qual ver abaixo). Os mais importantes se referem ao estado de São Paulo: José Enio Casalechi, *O Partido Republicano Faulista* (São Paulo, 1987) e Maria Lígia Coelho Prado, *A Democracia Ilustrada: O Partido Democrático de São Paulo, 1926–1934* (São Paulo, 1986).

Há vários estudos importantes sobre os estados isoladamente e seu papel na política nacional. Sobre o estado de São Paulo, ver Joseph L. Love, *São Paulo in the Brazilian Federation, 1889–1937* (Stanford, Calif., 1980); Eduardo

Kugelmas, "Difícil Hegemonia: Um Estudo sobre São Paulo na Primeira República" (tese de doutorado, inédita, Universidade de São Paulo, 1986) e Mauricio A. Font, *Coffee, Contention and Change in the Making of Modern Brazil* (Cambridge, Mass., e Oxford, 1990). Embora trate essencialmente da política econômica, existem observações interessantes sobre a hegemonia da burguesia do café em Winston Fritsch, *External Constraints on Economic Policy in Brazil, 1889–1930* (London, 1988). Ver também do mesmo autor, "Sobre as Interpretações Tradicionais da Lógica da Política Econômica na Primeira República", *Estudos Econômicos*, 15(2): 339–346, 1985. Sobre o Rio Grande do Sul, ver Joseph L. Love, *Rio Grande do Sul and Brazilian Regionalism, 1882–1930* (Stanford, Calif., 1971), Sandra Jatahy Pesavento, *República Velha Gaúcha* (Porto Alegre, 1980) e Pedro Cezar Dutra Fonseca, *Vargas: O Capitalismo em Formação* (São Paulo, 1989). Sobre Minas Gerais, as obras mais importantes são: John D. Wirth, *Minas Gerais in the Brazilian Federation, 1889–1937* (Stanford, Calif., 1977); Amílcar Martins Filho, *A Economia Política do Café com Leite* (Belo Horizonte, 1981); Paul Cammack, "The political economy of the 'politics of the states': Minas Gerais and the Brazilian Federation, 1889–1900", *BLAR*, 2(1): 51–65, 1982; e Amílcar Martins Filho, "The White Collar Republic: Patronage and interest representation in Minas Gerais, Brazil, 1889–1930" (tese de Ph. D., inédita, University of Illinois, 1987). Este último estudo desenvolve a idéia de que, sob a República Velha, o patrocínio prevaleceu sobre a representação de interesse. Sobre esse tema, ver também Simon Schwartzman, *As Bases do Autoritarismo Brasileiro* (São Paulo, 1982). Sobre Pernambuco, ver Robert M. Levine, *Pernambuco in the Brazilian Federation, 1889–1937* (Stanford, Calif., 1978), e sobre a Bahia, Eul-Soo Pang, *Bahia in the First Brazilian Republic: Coronelismo and Oligarchies, 1889–1934* (Gainesville, Fla., 1979).

Judith Edith Hahner, *Civilian-Military Relations in Brazil 1889–1898* (Columbia, S.C., 1969) é um dos melhores estudos sobre os anos que se seguiram à proclamação da República até a época em que o sistema oligárquico foi estabelecido firmemente. Maria de Lourdes M. Janotti, *Os Subversivos da República* (São Paulo, 1986) trata dos monarquistas durante os primeiros anos da República. Uma análise das mudanças políticas através dos gastos do governo pode ser encontrada em Richard Graham, "Government expenditure and political change in Brazil, 1880–1899: Who got what", *JIAS*, 19(3): 339–367, 1977. Ver também Eduardo Kugelmas, "A Primeira República no Período de 1891 a 1909", em Paula Beiguelman (ed.), *Pequenos Estudos de*

Ciência Política, 2. ed. (São Paulo, 1973). Uma biografia importante é Afonso Arinos de Melo Franco, *Rodrigues Alves: Apogeu e Declínio do Presidencialismo*, 2 vols. (Rio de Janeiro, 1973). Foi escrita pouquíssima coisa sobre os anos seguintes à crise sucessória presidencial de 1909 ou sobre os efeitos políticos da Primeira Guerra Mundial, além de textos do tipo apologético ou superficial. Por outro lado, a crise da década de 1920 e da Revolução de 1930 foram tema de uma consideração mais séria. Um estudo geral sobre a década de 1920 é Paulo Sérgio Pinheiro, *Política e Trabalho no Brasil* (Rio de Janeiro, 1975). Várias obras estudam o movimento tenentista. Um ponto de partida é Virgínio Santa Rosa, *O Sentido do Tenentismo* (Rio de Janeiro, 1933). Pode-se encontrar uma análise geral em John D. Wirth, "Tenentismo in the Brazilian Revolution of 1930", *HAHR*, 44(2): 229–242, 1964. Com respeito a episódios do movimento tenentista, ver Hélio Silva, *1922: Sangue na Areia de Copacabana* (Rio de Janeiro, 1964) e *A Grande Marcha* (Rio de Janeiro, 1965); e Neill Macaulay, *The Prestes Column: Revolution in Brazil* (New York, 1974). Uma coletânea de documentos foi publicada por Edgard Carone, *O Tenentismo: Acontecimentos – Personagens – Programas* (São Paulo, 1975). José Augusto Drummond, *O Movimento Tenentista: Intervenção Militar e Conflito Hierárquico, 1922–1935* (Rio de Janeiro, 1985), é um estudo abrangente. A relação entre o tenentismo e a classe média e o papel dos tenentes na Revolução de 1930 são discutidos em Maria Cecília Spina Forjaz, *Tenentismo e Política* (Rio de Janeiro, 1977); *Tenentismo e Aliança Liberal (1927–1930)* (Rio de Janeiro, 1978) e *Tenentismo e Forças Armadas na Revolução de 1930* (Rio de Janeiro, 1988). Uma análise da Coluna Prestes pela filha de seu principal líder é Anita Leocádia Prestes, *A Coluna Prestes* (São Paulo, 1990). Um dos estudos contemporâneos mais importantes sobre a Revolução de 1930 é Alexandre Barbosa Lima Sobrinho, *A Verdade sobre a Revolução de Outubro* (São Paulo, 1933). Podemos encontrar uma análise historiográfica em Boris Fausto, *A Revolução de 1930: Historiografla e História*. Ver também Celina do Amaral Peixoto Moreira Franco et al., "O Contexto Político da Revolução de 1930", em *Brasil em Perspectiva*, pp. 253–284. As relações entre Getúlio Vargas e a elite política paulista é o tema de Vavy Pacheco Borges, *Getúlio Vargas e a Oligarquia Paulista* (São Paulo, 1979).

Embora tenha sido escrita muita coisa sobre o movimento tenentista, os estudos específicos sobre as forças armadas são poucos. Um digno de nota é José Murilo de Carvalho, "As Forças Armadas na Primeira República: O Poder Desestabilizador", em Boris Fausto (ed.), *História Geral da Civilização*

Brasileira, III: O Brasil Republicano, vol. 2, pp. 183–234. Além de Hahner, *Civilian-Military Relations*, uma análise valiosa que estuda os primeiros anos da República é John Schulz, "The Brazilian army in politics, 1850–1894" (tese de Ph. D., inédita, Princeton University, 1973). Uma tentativa de entender o papel do exército na sociedade e na política pode ser encontrada em Edmundo Campos Coelho, *Em Busca de Identidade: O Exército e a Política na Sociedade Brasileira* (Rio de Janeiro, 1976). Pode-se encontrar dados esclarecedores sobre o processo de socialização dos militares em Nelson Werneck Sodré, *História Militar do Brasil* (Rio de Janeiro, 1965). O serviço militar obrigatório é tema da obra de Frank D. McCann, "The nation in arms: Obligatory military service during the Old Republic", em Dauril Alden & Warren Dean (eds.), *Essays Concerning the Socioeconomic History of Brazil and Portuguese India* (Gainesville, Fla., 1977), pp. 211–243. Existem um ou dois volumes úteis de memórias e biografias de figuras militares. Entre essas estão os livros de Estêvão Leitão de Carvalho, *Dever Militar e Política Partidária* (São Paulo, 1959) e *Memórias de um Soldado Legalista*, 3 vols. (Rio de Janeiro, 1961–); Pantaleão Pessoa, *Reminiscências e Imposições de uma Vida, 1885–1965* (Rio de Janeiro, 1972); Tristão de Alencar Araripe, *Tasso Fragoso: Um Pouco da História de Nosso Exército* (Rio de Janeiro, 1960). Quase nada foi escrito sobre as milícias estaduais. Uma das poucas obras de qualidade é Heloísa Fernandes, *Política e Segurança: Força Pública do Estado de São Paulo; Fundamentos Histórico-sociais* (São Paulo, 1974).

O estudo clássico sobre as relações clientelistas dentro da estrutura de poder é Victor Nunes Leal, *Coronelismo, Enxada e Voto: O Município e o Regime Representativo no Brasil* (Rio de Janeiro, 1948; trad. ingl. de June Henfrey, *Coronelismo: The Municipality and Representative Government in Brazil*, Cambridge, Eng., 1977). Uma análise importante do clientelismo no Norte e no Nordeste do Brasil, particularmente no estado do Ceará, pode ser encontrada no estudo de Ralph Della Cava sobre o padre Cícero, *Miracle at Joazeiro* (New York, 1970). Com relação ao estado da Bahia, ver Eul-Soo Pang, *Bahia in the First Brazilian Republic.* Os vínculos entre parentesco, organização familiar e relações clientelistas num estado do Nordeste são investigados em Linda Lewin, *Politics and Parentela in Paraiba: A Case Study of Family-based Oligarchy in Brazil* (Princeton, N. J., 1987). Ver também Maria Isaura Pereira de Queiroz, *O Mandonismo Local na Vida Política Brasileira* (São Paulo, 1969). Acerca do debate sobre a natureza do "coronelismo", ver Paul Cammack, "O Coronelismo e o Compromisso Coronelista:

Uma Crítica", *Cadernos do Departamento de Ciência Política*, 5: 1–20, 1979, e Amílcar Martins Filho, "Clientelismo e Representação em Minas Gerais Durante a Primeira República: Uma Crítica a Paul Cammack", *Dados*, 27: 175–197, 1984.

As relações de trabalho nas fazendas de café é o tema em parte de vários livros e artigos que tratam da imigração e do desenvolvimento do capitalismo em São Paulo. Verena Stolcke, *Cafeicultura: Homens, Mulheres e Capital, 1850–1980* (São Paulo, 1986; trad. ingl.: *Coffee Planters, Workers and Wives: Class Conflict and Gender Relations on São Paulo Coffee Plantations 1850–1980* (New York, 1988) é o mais abrangente. Os estudos sobre o papel socioeconômico e cultural dos imigrantes referem-se, em sua maioria, ao estado de São Paulo. Uma obra geral sobre o assunto é Manuel Diegues, Jr., *Imigração, Urbanização e Industrialização* (Rio de Janeiro, 1964). Uma boa análise dos dados estatísticos é Maria Stella Ferreira Levy, "O Papel da Migração Internacional na Evolução da População Brasileira, 1872–1972", *Revista de Saúde Pública*, 8: 49–90, 1974. Um estudo crítico excelente da bibliografia sobre a imigração alemã é Giralda Syferth, "Imigração e Colonização Alemã no Brasil: Uma Revisão da Bibliografia", *Boletim Informativo Bibliográfico*, 25: 3–55, 1988. Sobre os imigrantes italianos, ver Luis A. De Boni (ed.), *A Presença Italiana no Brasil*, 2 vols. (Porto Alegre, 1987 e 1990), Herbert S. Klein, "A Integração dos Imigrantes Italianos no Brasil, Argentina e Estados Unidos", *Novos Estudos Cebrap*, 25: 95–117, 1989, e Angelo Trento, *Do Outro Lado do Atlântico: Um Século de Imigração Italiana para o Brasil* (São Paulo, 1989). Sobre os imigrantes espanhóis e portugueses, ver Herbert S. Klein, "A Integração Social e Econômica dos Imigrantes Espanhóis no Brasil", *Estudos Econômicos*, 19(3): 443–456, 1989, e "The social and economic integration of Portuguese immigrants in Brazil in the later nineteenth and twentieth centuries", *JLAS*, 23: 309–337, 1991. São poucos os estudos sobre a imigração judaica; o mais notável deles é Jeffrey H. Lesser, "Pawns of the powerful: Jewish immigration to Brazil, 1904–1945" (tese de Ph. D., inédita, New York University, 1989). Sobre os japoneses, ver Hiroshi Saito & Takashi Maeyama, *Assimilação e Integração dos Japoneses no Brasil* (São Paulo, 1973) e Nobuya Tsuchida, "The Japanese in Brazil, 1908–1941" (tese de Ph. D., inédita, University of California, Los Angeles, 1978).

Todas essas obras gerais sobre a imigração no Brasil dão grande atenção ao estado de São Paulo. Para uma bibliografia sobre a imigração em São Paulo, ver Boris Fausto, *Historiografia da Imigração para São Paulo* (São

Paulo, 1991). Dos muitos estudos que tratam especificamente de São Paulo, os mais notáveis são Michael M. Hall, "The origins of mass immigration in Brazil, 1871–1914" (tese de Ph. D., inédita, Columbia University, 1969); Thomas Holloway, *Immigrants on the Land: Coffee and Society in São Paulo, 1886–1934* (Chapel Hill, N. C., 1980); Zuleika Alvim, *Brava Gente! Os Italianos em São Paulo, 1870–1920* (São Paulo, 1986); Arlinda Rocha Nogueira, *A Imigração Japonesa para a Lavoura Cafeeira Paulista, 1908–1922* (São Paulo, 1973). A imigração e a transição nas zonas de café das relações de trabalho escravo para o chamado "colonato" é o tema de José de Souza Martins, *O Cativeiro da Terra* (São Paulo, 1979). Para um sugestivo debate sobre a ascensão social dos imigrantes, a diversificação econômica e a criação de partidos políticos em São Paulo, ver Mauricio Font, "Coffee planters, politics and development in Brazil", *LARR*, 24(3): 127–135, 1989; Verena Stolcke, "Coffee planters, politics and development in Brazil: A comment on Mauricio Font's analysis", *LARR*, 24(3): 136–142, 1989; Mauricio Font, "Perspectives on social change and development in São Paulo: A reply", *LARR*, 24(3): 143–157, 1989.

Entre os movimentos sociais nas zonas rurais, o episódio de Canudos é tratado no clássico relato de Euclides da Cunha, *Os Sertões* (Rio de Janeiro, 1902; trad. ingl.: *Rebellion in the Backlands*, trans. by Samuel Putnam, Chicago, 1944). Um recente estudo muito importante é Robert M. Levine, *Vale of Tears: Revisiting the Canudos Massacre in Northeast Brazil, 1893–1897* (Berkeley, 1992). A chamada Guerra do Contestado é tema de Mauricio Vinhas de Queiroz, *Messianismo e Conflito Social: A Guerra Sertaneja do Contestado, 1912–1916* (Rio de Janeiro, 1966), Duglas Teixeira Monteiro, *Os Errantes do Novo Século: Um Estudo sobre o Surto Milenarista do Contestado* (São Paulo, 1974) e, mais recentemente, Todd A. Diacon, *Millenarian Vision, Capitalist Reality: Brazil's Contestado Rebellion, 1912–16* (Durham, N. C., 1991). A relação entre os movimentos messiânicos e a política nacional foi estudada por Ralph Della Cava, "Brazilian messianism and national institutions: A reappraisal of Canudos and Joaseiro", *HAHR*, 48(3): 402–420, 1968. Sobre o fenômeno do banditismo no Brasil, ver Maria Isaura Pereira de Queiroz, *Os Cangaceiros* (São Paulo, 1979); Linda Lewin, "The oligarchical limitations of social banditry in Brazil: The case of the "good" thief Antônio Silvino", *Past and Present*, 82, 1979; Amaury de Souza, "The cangaço and the politics of violence in northeast Brazil", em Ronald H. Chilcote (ed.), *Protest and Resistance in Angola and Brazil: Comparative Studies* (Berkeley, 1972), pp.

109–131; e Billy Jaynes Chandler, *The Bandit King: Lampião of Brazil* (College Station, Tex., 1978).

Poucos estudos históricos são dedicados à urbanização nesse período. O estudo de maior abrangência é Paul Singer, *Desenvolvimento Econômico e Evolução Urbana: Análise da Evolução Econômica de São Paulo, Blumenau, Porto Alegre e Recife* (São Paulo, 1968). Sobre a cidade de São Paulo, ver Richard M. Morse, *From Community to Metropolis: A Biography of São Paulo, Brazil* (New York, 1974). Com relação à história do Rio de Janeiro, ver Eulália Maria Lahmeyer Lobo, *História do Rio de Janeiro: Do Capital Comercial ao Capital Industrial e Financeiro*, 2 vols. (Rio de Janeiro, 1978). Michael L. Conniff, "Rio de Janeiro during the great depression, 1928–1937: Social reform and the emergence of populism in Brazil" (tese de Ph. D., inédita, Stanford University, 1976), embora se refira mais ao período pós-1930, contém ainda assim uma boa análise da política da oligarquia da cidade na década de 1920. Sobre a transformação da cidade do Rio de Janeiro, ver Jaime Larry Benchimol, "Pereira Passos – um Haussmann Tropical" (tese de mestrado, inédita, Universidade Federal do Rio de Janeiro, 1982); Jeffrey D. Needell, "Rio de Janeiro at the turn of the century: Modernization and the Parisian ideal", *JIAS*, 25(1): 83–103, 1983; e Oswaldo Porto Rocha, "A Era das Demolições: Cidade do Rio de Janeiro: 1870–1920" (tese de mestrado, inédita, Universidade Federal Fluminense, 1983). Um estudo importante é Jeffrey D. Needell, *A Tropical Belle Epoque: Elite Culture and Society in Turn-of-the-Century Rio de Janeiro* (Cambridge, Eng., 1987).

Os estudos sobre os movimentos sociais urbanos limitaram-se principalmente à classe trabalhadora. São notáveis exceções Décio Saes, *Classe Média e Política na Primeira República Brasileira* (Petrópolis, 1975), e June E. Hahner, "Jacobinos versus Galegos", *JIAS*, 118(2): 125–154, 1976, que trata do movimento nacionalista e multiclassista do Rio de Janeiro no final do século XIX. Para um estudo mais pormenorizado do mesmo tema, ver Suely Robles Reis de Queiroz, *Os Radicais da República* (São Paulo, 1986). Um estudo de maior abrangência dos pobres urbanos na política é June E. Hahner, *Poverty and Politics: The Urban Poor in Brazil, 1870–1920* (Albuquerque, N. Mex., 1986). Sidney Chalhoub, *Trabalho, Lar e Botequim: O Cotidiano dos Trabalhadores no Rio de Janeiro da "Belle Époque"* (São Paulo, 1986), é um estudo pioneiro da vida diária da classe trabalhadora do Rio de Janeiro. As relações entre a República, a urbanização do Rio de Janeiro e as classes populares são investigadas de maneira mais inovadora por José Murilo de Carvalho, *Os Bestiali-*

zados: *O Rio de Janeiro e a República que Não Foi* (São Paulo, 1985). O movimento popular de protesto contra a vacinação obrigatória que ocorreu na capital em 1904 é o tema de Nicolau Sevcenko, *A Revolta da Vacina: Mentes Insanas e Corpos Rebeldes* (São Paulo, 1984). Entre os estudos sobre os movimentos e a organização da classe trabalhadora de um ponto de vista predominantemente sociológico, os mais notáveis são Azis Simão, *Sindicato e Estado: Suas Reações na Formação do Proletariado de São Paulo* (São Paulo, 1966); José Albertino Rodrigues, *Sindicato e Desenvolvimento no Brasil* (São Paulo, 1968); Leôncio Martins Rodrigues, *Conflito Industrial e Sindicalismo no Brasil* (São Paulo, 1966). Do ponto de vista da história social, ver Sheldon L. Maram, *Anarquistas, Imigrantes e o Movimento Operário Brasileiro, 1890–1920* (Rio de Janeiro, 1979) e Boris Fausto, *Trabalho Urbano e Conflito Social* (São Paulo, 1976). Para uma crítica convincente da teoria segundo a qual o imigrante estrangeiro em São Paulo estava predisposto à ideologia radical ver Michael M. Hall, "Immigration and the early São Paulo working class", *JGSWGL*, 12, 1975. Acerca das influências anarquistas sobre a cultura da classe trabalhadora, ver Francisco Foot Hardman, *Nem Pátria, nem Patrão! Vida Operária e Cultura Anarquista no Brasil* (São Paulo, 1984). Uma descrição detalhada das organizações anarquistas e comunistas pode ser encontrada em John W. F. Dulles, *Anarchists and Communists in Brazil, 1900–1935* (Austin, Tex., 1973). Sobre a criação do Partido Comunista Brasileiro, ver Astrogildo Pereira, *Formação do PCB, 1922–1928: Notas e Documentos* (Rio de Janeiro, 1962), Ronald H. Chilcote, *The Brazilian Communist Party: Conflict and Integration, 1922–1972* (New York, 1974), e Michel Zaidan Filho, *PCB (1922–1929): Na Busca das Origens de um Marxismo Nacional* (São Paulo, 1985). Um importante estudo mais recente é Paulo Sérgio Pinheiro, *Estratégias da Ilusão: A Revolução Mundial e o Brasil, 1922–1935* (São Paulo, 1991). Documentos sobre o movimento trabalhista nesse período foram publicados em Paulo Sérgio Pinheiro & Michael M. Hall, *A Classe Operária no Brasil, 1889–1930: Documentos*, vol. 1, *O Movimento Operário* (São Paulo, 1979), vol. 2, *Condições de Vida e de Trabalho, Relações com os Empresários e o Estado* (São Paulo, 1981); e em Edgard Carone, *Movimento Operário no Brasil, 1877–1944* (São Paulo, 1979). Os seguintes testemunhos de antigos militantes são dignos de nota: Leôncio Basbaum, *Uma Vida em Seis Tempos* (São Paulo, 1976); Octavio Brandão, *Combates e Batalhas* (São Paulo, 1978); e Angela Maria de Castro Gomes (ed.), *Velhos Militantes: Depoimentos* (Rio de Janeiro, 1988). Sobre a legislação trabalhista na década de 1920, ver Luiz Werneck Vianna, *Liberalismo e Sindicato no Brasil* (Rio de Janeiro, 1978) e Angela Maria de Castro Gomes, *Burguesia e Trabalho: Política e Legislação Social no Brasil, 1917–1937* (Rio de Janeiro, 1979).

Sobre as relações entre negros e brancos no Brasil, ver Florestan Fernandes, *A Integração do Negro à Sociedade de Classes* (Rio de Janeiro, 1964); trad. ingl. numa edição abreviada: *The Negro in Brazilian Society*, New York; 1969), Thomas E. Skidmore, *Black into White: Race and Nacionality in Brazilian Thought* (New York, 1974) e, especificamente sobre São Paulo depois da abolição da escravidão, George Reid Andrews, *Blacks and Whites in São Paulo, Brazil, 1888–1988* (Madison, Wis., 1991). Sobre o papel das mulheres na sociedade brasileira, feminismo e direitos das mulheres, ver June E. Hahner, "Women and work in Brazil, 1850–1920: A preliminary investigation", em Alden & Dean (eds.), *Essays Concerning the Socioeconomic History of Brazil and Portuguese India*, pp. 87–117, "Feminism, women's rights and the movement in Brazil, 1850–1932", *LARR*, 15(1): 65–111, 1980, e *Emancipating the Female Sex: The Struggle for Women's Rights in Brazil, 1850–1940* (Durham, N. C., 1990); e Branca Moreira Alves, *Ideologia e Feminismo: A Luta da Mulher pelo Voto no Brasil* (Petrópolis, 1980). Uma bibliografia sobre as mulheres, incluindo uma história geral das mulheres, da organização familiar e do movimento feminista, foi publicada pela Fundação Carlos Chagas em São Paulo: *Mulher Brasileira: Bibliografia Anotada* (São Paulo, 1979). Um estudo raro de uma família de elite é Darrell E. Levi, *A Família Prado* (São Paulo, 1977; trad. ingl.: *The Prados of Brazil*, Athens, Ga., 1987).

Existem poucos estudos sobre a Igreja Católica nesse período. São dignos de menção Margaret Patricia Todaro, "Pastors, prophets and politicians: A study of the Brazilian Catholic church, 1916–1945" (tese de Ph. D., inédita, Columbia University, 1971); Thomas C. Bruneau, *O Catolicismo Brasileiro em uma Época de Transição* (São Paulo, 1974); Ralph Della Cava, "Catholicism and society in twentieth-century Brazil", *LARR*, 11(2): 7–50, 1976. Sérgio Miceli, *A Elite Eclesiástica Brasileira* (São Paulo, 1988) afirma que a Igreja católica não perdeu sua influência durante o primeiro regime republicano.

Os melhores estudos sobre o papel dos intelectuais e do ensino são, respectivamente, Sérgio Miceli, *Intelectuais e Classe Dirigente no Brasil, 1920–1945* (São Paulo, 1979) e Jorge Nagle, *Educação e Sociedade na Primeira República* (São Paulo, 1974). Existem poucos estudos sobre o papel do ensino superior na formação da elite política, mas pode-se ler sobre os diplomados em direito Alberto Venâncio Filho, *Das Arcadas ao Bacharelismo* (São Paulo, 1977). Uma obra importante sobre a vida cultural do Rio de Janeiro na República Velha é Nicolau Sevcenko, *Literatura como Missão: Tensões Sociais e Criação Cultural na Primeira República* (Rio de Janeiro, 1983). E sobre São Paulo, ver Nicolau Sevcenko, *Orfeu Extático na Metrópole: São Paulo, Sociedade e Cultura nos Frementes Anos 20* (São Paulo, 1992). José Murilo de Carvalho, *A Formação das Almas* (São Paulo, 1990) é uma obra imaginativa sobre a construção das várias imagens da República. Sobre a arte e a arquitetura, a música e a literatura brasileiras nesse período, ver também *História da América Latina*, vol. IV, ensaio bibliográfico n. 10. Uma obra pioneira sobre a violência do Estado contra as classes populares é Paulo Sérgio Pinheiro, "Violência do Estado e Classes Populares", *Dados*, 22: 5–24, 1979. Um estudo histórico-sociológico da criminalidade é Boris Fausto, *Crime e Quotidiano: A Criminalidade em São Paulo, 1880–1924* (São Paulo, 1984). Finalmente, pode-se encontrar um raro estudo da prostituição em Margaret Rago, *Os Prazeres da Noite* (São Paulo, 1991).

Índice Remissivo

Título	*História da América Latina, Vol. 5 de 1870 a 1930*
Organizador	Leslie Bethell
Tradutor	Geraldo Gerson de Souza
Produção	Silvana Biral Marilena Vizentin
Projeto Gráfico e Capa	Ana Luisa Escorel
Editoração Eletrônica	Ponto & Linha
Revisão de Texto	Geraldo Gerson de Souza
Revisão de Provas	Tania Mano Maeta Maurício Novaes Baraças Juliana Simionato Alice K. Miyashiro Claudia Agnelli Marilena Vizentin Carolina Lindenberg Lemos
Índice Remissivo	Ponto & Linha
Arte-final	Julia Doi Andrea Yanaguita Tereza Harumi Kikuchi
Divulgação	Regina Brandão Guilherme Maffei Leão
Secretaria Editorial	Eliane Reimberg
Formato	15 x 23 cm
Mancha	26,5 x 41,5 paicas
Tipologia	Minion 10/13,5
Papel	Cartão Supremo 450 g/m² (capa) Pólen Rustic Areia 85 g/m² (miolo)
Número de Páginas	968
Tiragem	1 500
Fotolitos, Impressão e Acabamento	Imprensa Oficial do Estado